中国年鉴精品工程
High Quality Project of China's Yearbook

海安年鉴 2023

HAIAN YEARBOOK

《海安年鉴》编纂委员会 编

方志出版社
Publishing House of Local Records

图书在版编目（CIP）数据

海安年鉴. 2023 / 《海安年鉴》编纂委员会编.—
北京：方志出版社，2023.12
ISBN 978-7-5144-3892-5

Ⅰ. ①海… Ⅱ. ①海… Ⅲ. ①海安—2023—年鉴
Ⅳ. ①Z525.34

中国国家版本馆CIP数据核字（2023）第253097号

责任编辑：李志瑜
责任校对：张玉霞
责任印制：梅中英
出 版 者：方志出版社
地　　址：北京市朝阳区潘家园东里 9 号（国家方志馆4层）
邮　　编：100021
网　　址：http://www.zgfzcb.cn
发　　行：方志出版社图书营销中心（010-67110500）
印　　刷：南京新世纪联盟印务有限公司
开　　本：889 × 1194　　1/16
印　　张：31.25
字　　数：1068千字
版　　次：2023年12月第1版
印　　次：2023年12月第1次印刷
定　　价：288.00元

编纂机构和编审人员

海安年鉴编纂委员会

主 任 委 员　于立忠　谭　真　赵男男

副主任委员　严长江　顾黎峰　侯艳秋

委　　　员　杨国来　王晓聪　王群飞　王国权　吴　兰
　　　　　　张志刚　杨　斌　许金龙　凌　勇　臧　忠
　　　　　　谢国华　刘成亮　周颖亚　涂祖凤　于俊卿
　　　　　　周树群　许　栩　吴　晶

《海安年鉴(2023)》编纂人员

主　　　编　杨　斌

副　主　编　唐仲荣　赵蓉蓉

执 行 主 编　唐仲荣　季陈娟

编　　　辑　李天姝　陈　萍

图 片 支 持　海安市融媒体中心

审　稿　人

（以姓氏笔画为序）

王　良	王　晨	王文之	王存宝	王均桦	王国华
王佳佳	王建群	王美琴	王晓聪	王鸿俊	王婷婷
毛中海	史根生	吕　远	朱　栋	朱立稳	朱海笑
刘　燕	刘冬梅	刘华骥	刘海建	汤　慧	许祥法
严　荔	严振华	李宝玲	李凌云	杨　莉	杨云根
杨玲莉	杨晓红	杨晓燕	杨霁眩	吴　丹	吴　玲
吴志元	吴金祥	吴秋月	余　澄	狄建梅	沈　俊
沈建平	张　宇	张　虎	张树林	张海军	张梅华
陈　峰	陈　焱	陈广顺	陈兴斌	陈素兰	陈莉莉
邵婷婷	茆根明	季　陈	季　然	周　健	周亚萍
周海冰	周葛莉	赵　孟	荀　忠	闾　诚	姜旭宇
姜朔昶	祝和娟	祝春涛	费小舒	夏宏年	顾宇飞
顾宝梅	顾维斌	徐　译	徐　敏	徐　颖	徐　燕
徐利娟	徐培鸿	奚海宁	涂开生	黄抒晨	黄婧婧
黄德春	曹　伟	曹　青	曹　强	曹艳阳	曹晓婕
韩　俊	韩世洋	韩湘云	景　凯	傅晓军	储张刘
谢　斌	鲍锁兵				

序

国务院办公厅2015年8月印发的《全国地方志事业发展规划纲要（2015—2020年）》（以下简称《规划纲要》）要求，到2020年要做到地方综合年鉴一年一鉴，公开出版，实现省、市、县三级综合年鉴全覆盖。《规划纲要》还要求，坚持存真求实，正确处理质量与进度的关系，将精品意识贯穿于年鉴编纂出版工作全过程。2015年12月，中国地方志指导小组办公室启动中国年鉴精品工程，将其与先期实施的中国志书精品工程视为姊妹工程，一道作为加强地方志质量建设的重要抓手。

实施中国年鉴精品工程有助于推动中华优秀传统文化传承发展。近年来，在党中央、国务院的高度重视和关心支持下，全国地方志事业发展迎来最好的发展时期。年鉴编纂发端于欧洲，鸦片战争后被引入我国，在我国走过了100多年的发展历史。在长期的编纂中，年鉴在内容和形式上不断发展，逐渐演变成为适合反映中国国情、具有鲜明中国特色的一种文化载体，并在改革开放后出现了快速发展的局面。2006年5月，国务院《地方志工作条例》颁布施行，明确将地方综合年鉴纳入地方志工作范畴，年鉴工作走上了有法可依的轨道。《规划纲要》出台，为从依法编鉴转变到依法治鉴指明了方向。2016年12月，中国地方志指导小组印发《全国年鉴事业发展规划（2016—2020年）》，更进一步明确了到2020年全国年鉴事业的任务书、时间表、路线图。经过多年的发展，年鉴工作已经成为地方志工作的重要组成部分，成为中华民族优秀文化传统的有机组成部分，其存史、育人、资政作用日益彰显。实施中国年鉴精品工程，是年鉴工作者紧扣时代脉搏、坚持创新发展的一项重要举措，对于坚定文化自信，传承弘扬好中华优秀传统文化意义重大。

实施中国年鉴精品工程有助于为全面建成小康社会提供更多智力支持和历史借鉴。党的十八大作出全面建成小康社会的战略部署。党的十八届五中全会提出到2020年如期实现全面建成小康社会的目标要求。完成《规划纲要》确定的目标任务是年鉴工作者的神圣使命，更是年鉴工作者以自身力量为全面建成小康社会献上的厚礼。一方面，可以更好地利用年鉴这种年度资料性文献，及时记录各地区在全面建成小康社会伟大征程中每年取得的新成绩和新经验、出现的新情况和新问题、涌现的优秀人物和典型事迹等；另一方面，可以更好地积累地情、国情资料，为推动经济社会发展和深化改革提供智力支持，为推进国家治理体系和治理能力现代化提供历史借鉴。

实施中国年鉴精品工程有助于全面推进地方志事业转型升级。地方志不是单纯修志编鉴工作，而是全体方志人“修志问道，以启未来”的一项事业，这项事业包含着巨大的时代担当与使命追求。地方志工作要在“五大建设”总体布局和“四个全面”战略布局中发挥与其自身价值、功能相匹配的作用，就要因时而谋、乘势而上、顺势而为，全面推进地方志事业转型升级。转型升级，当下最重要的目标就是完成“两全”目标，包括“年鉴全覆盖”目标；长远的目标就是基本形成地方志编修体系、理论研究和学科建设体系、质量保障体系、资源开发利用体系、工作保障体系“五位一体”的地方志事业发展综合体系，包括“五位一体”的年鉴事业发展综合体系。中国年鉴精品工程是一项探索工程，也是一项创新工程，是推进地方志事业转型升级的重要内容。通过实施中国年鉴精品工程，不仅有助于确保年鉴质量，不断编纂出版具有鲜明时代特征、年度特点和地域特色的精品年鉴，也有助于推动年鉴工作适应经济社会发展形势和时代需要，不断改革创新，与时俱进。

多年来，在中国地方志指导小组办公室的指导和全国各级地方志工作机构的共同努力下，年鉴种类数量快速增长，年鉴成果粲然可观，为实施中国年鉴精品工程奠定了坚实的基础。实施中国年鉴精品工程，就是要在全国地方志系统起到示范作用，进一步培育精品意识，打造精品年鉴，以点带面，在提高年鉴质量方面探索出一条切实可行之路，使这项探索工程和创新工程能够积累经验，发挥引领作用。

“万山磅礴，必有主峰；龙衮九章，但挈一领。”实施中国年鉴精品工程，是筑牢地方志事业特别是年鉴事业发展根基之举，其意义与价值不言而喻。但编修出年鉴精品佳作，绝非朝夕之功，需要付出长期艰辛的努力。希望通过实施中国年鉴精品工程，能够进一步推进年鉴质量建设，使年鉴真正成为传承中华民族优秀传统文化的重要载体，成为展示中国国情、地情的重要窗口，成为“为当代提供资政辅治之参考、为后世留下堪存堪鉴之记述”的资源宝库，在全面建成小康社会过程中作出更大贡献。

是为序。

中国社会科学院原副院长
原中国地方志指导小组常务副组长
李培林

编辑说明

一、《海安年鉴》是由中共海安市委史志工作委员会组织编纂的地方综合性、资料性年度文献。创刊于1999年,《海安年鉴(2023)》为第25卷。

二、《海安年鉴(2023)》以马克思列宁主义、毛泽东思想、邓小平理论、“三个代表”重要思想、科学发展观、习近平新时代中国特色社会主义思想为指导,坚持辩证唯物主义和历史唯物主义的立场、观点和方法,全面记述2022年海安市自然、政治、经济、文化、社会和生态文明建设状况,为各级部门决策提供依据,为社会各界人士及海内外客商提供研究海安、投资置业的系统资料。

三、《海安年鉴(2023)》收录时限为2022年1月1日至12月31日,个别事物适当追溯、下延,便于读者了解始末。收录内容以现行海安市行政区划为界,凡在区域范围内的机关、团体、企事业单位有价值的信息和资料,不论归属,均予收录。

四、《海安年鉴(2023)》采用分类编辑,分为类目、分目、条目3个层次,部分分目下设子分目。卷首设彩页、特载、专文、大事记,主体部分设市情概览、海安名片、中国共产党海安市委员会、海安市人民代表大会、海安市人民政府、中国人民政治协商会议海安市委员会、中国共产党海安市纪律检查委员会 海安市监察委员会、群众团体、法治、军事、经济管理、开发区与园区建设、对外及港澳台经济、农业、工业、建筑业、商贸服务业、旅游业、金融业、城市建设、乡村振兴、交通 物流、生态环境保护、教育、科学技术、文化、卫生健康、体育、社会生活、公共安全、街道 镇 场、人物 荣誉32个类目,卷尾设统计资料、附录、索引。与《海安年鉴(2022)》相比,卷首增设专文,主体部分增设海安名片、旅游业两个类目,卷尾增设统计资料,并对部分分目进行调整。全书设277个分目,11个子分目,1359个条目,表88张,随文插图99幅。部分条目设附、阅读延伸,收录相关资料,拓展条目的信息量。全书以条目为主要信息载体和基本结构形式。

五、《海安年鉴(2023)》文稿由各单位、各部门提供,单位负责人主审,年鉴编纂人员负责编辑修改,最后由年鉴编委会审核。凡全栏目或多个栏目系同一作者的,只在最后一个条目末署名。年鉴彩页图片由市融媒体中心及本刊图片库供稿,随文插图由各单位、各部门提供,已知作者均在图片下方署名,未知作者均注明提供图片的部门。

六、《海安年鉴(2023)》数字、标点符号、计量单位等用法按现行图书出版规定执行并保持局部统一。一次文献中人称、行文语言、数据、计量单位等均保持原状。全市综合性数据由市统计局提供,个别数据因统计口径不同而有差异;部分数据因四舍五入等原因,总计和分项之间存在合理范围内误差。

七、《海安年鉴(2023)》对所涉及的部分机构名称使用规范化简称,缩略语在首次出现时给予注释或标注全称。行文中“党”特指“中国共产党”。行文中江苏省简称省、全省,海安市简称市、全市。

八、《海安年鉴(2023)》为便于检索,目录详细至条目,索引根据年鉴内容和事物性质编制主题词索引、表格索引,所在信息均可由目录、索引、书眉查验。

海安市自然资源和规划局　海安市民政局　海安市住房和城乡建设局　海安市交通运输局　海安市水利局　海安市文化广电和旅游局　联合监制　　南通市测绘院有限公司　编制

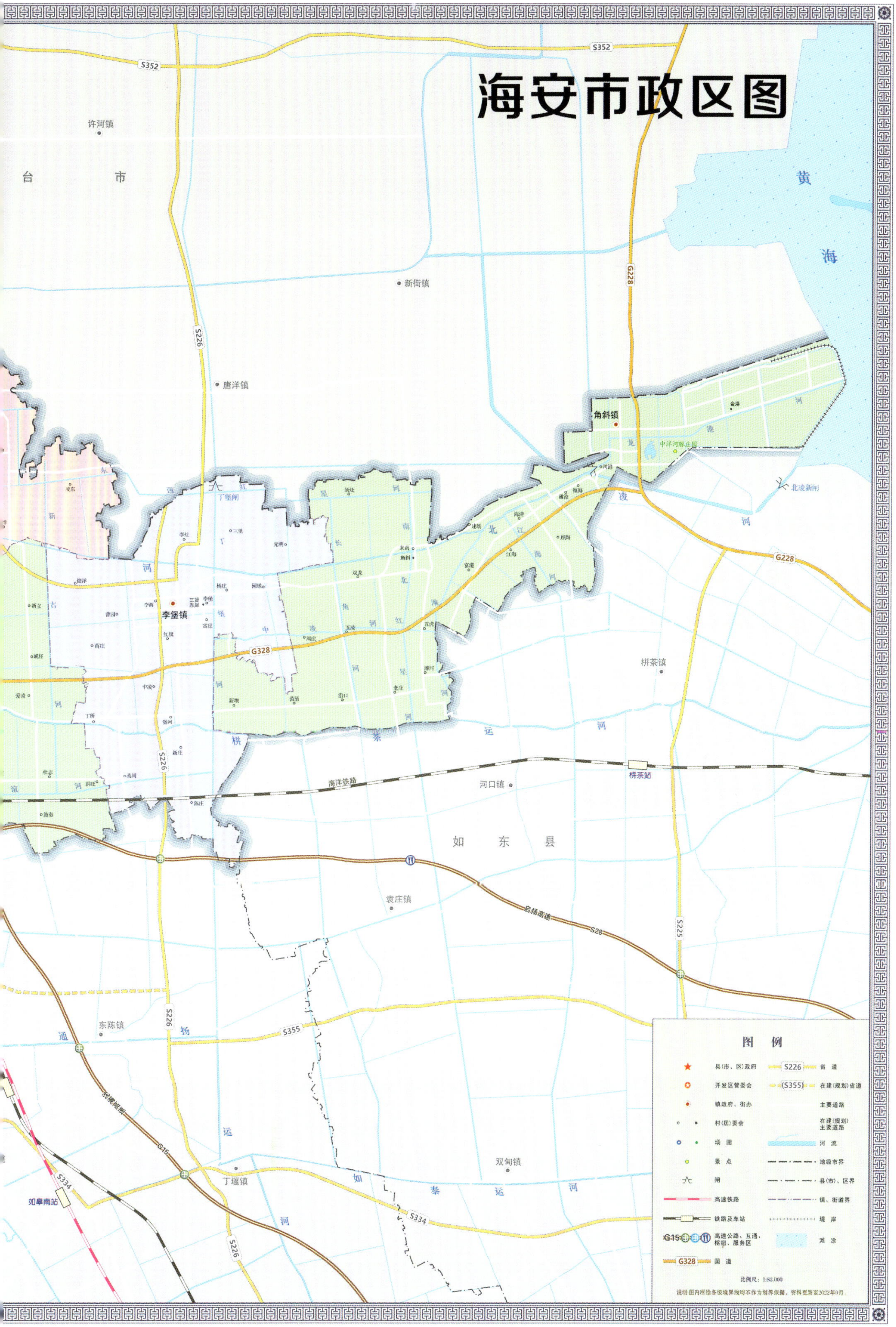
海安市政区图
S352
许河镇
台
市
黄
海
新街镇
G228
S226
唐洋镇
角斜镇
中洋河豚庄园
北凌新闸
丁堡闸
李堡镇
G328
栟茶镇
栟茶站
海洋铁路
河口镇
如
东
县
启扬高速
S28
袁庄镇
S225
东陈镇
S355
通
扬
运
河
G15
丁堰镇
双甸镇
如
泰
运
河
S334
如皋南站
图 例
县(市、区)政府
开发区管委会
镇政府、街办
村(居)委会
场 圃
景 点
闸
高速铁路
铁路及车站
高速公路、互通、枢纽、服务区
国 道
省 道
在建(规划)省道
主要道路
在建(规划)主要道路
河 流
地级市界
县(市)、区界
镇、街道界
堤 岸
滩 涂

海安市自然资源和规划局　海安市民政局　海安市住房和城乡建设局　海安市交通运输局　海安市水利局　海安市文化广电和旅游局　联合监制　　南通市测绘院有限公司　编制

审图号：苏F（2023）5号

2023年8月编制

2022年11月12日，海安新通扬河生态区美景　　姜　海/摄

数字海安 2022

辖区面积	1184 平方千米
年末常住人口	86.81 万人
年末户籍总人口	90.09 万人
地区生产总值	1379.75 亿元
工业应税销售	2187.75 亿元
规模以上工业营业收入	2098.14 亿元
固定资产投资完成额	458.44 亿元
一般公共预算收入	66.02 亿元
金融机构年末存款余额	2020.03 亿元
城镇居民人均可支配收入	57045 元
农村居民人均可支配收入	29826 元

荣誉海安 2022

全国综合实力百强县（市）第 23 位

全国工业百强县（市）第 17 位

全国创新百强县（市）第 13 位

通过国家首批创新型县（市）验收

获批创建国家现代农业产业园

全国农业社会化服务创新试点重点县（市）

入选全国农村公路“路长制”典型案例

焦港河入选国家级幸福河湖试点项目

夜幕下的海安城区

海安上湖创新区

美丽的南黄海滩涂

海安西南新城

2022年，海安市深入实施“枢纽海安 科创新城”发展战略，加快融入新发展格局，积极构建现代化经济体系，扎实推进治理体系和治理能力现代化，努力建设现代化中等城市、创新型工商城市。

天楹集团

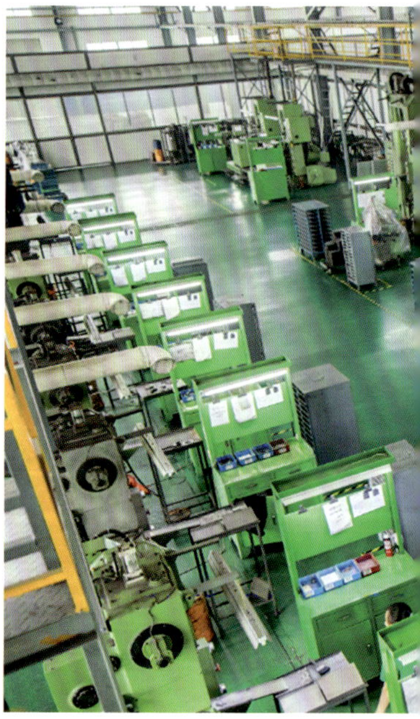

01 工业经济

2022年，海安市坚持“工业立市、产业强市”发展定位，成为苏中苏北唯一获评全省首批制造业高质量发展示范区建设地区的县级城市。

1 2022年，中国天楹股份有限公司获评第四批国家级服务型制造业示范企业，入选2022年度国家绿色工厂名单，获江苏省省长质量奖。图为公司厂区　姜　明/摄

2 江苏兴华胶带股份有限公司获评2022年第七批国家级制造业单项冠军示范企业。图为公司厂区　姜　明/摄

3 江苏鹰球集团有限公司生产的高性能粉末冶金含油轴承获评2022年第七批国家级制造业单项冠军产品。图为公司生产车间　姜　明/摄

南通双弘纺织有限公司入选2022年度国家绿色工厂名单。图为公司生产车间　翟慧勇/摄

02 科技创新

2022年，海安市坚持“科技创新、先进制造”双轮驱动，通过国家首批创新型县（市）验收。

2022年，南通跃通数控设备股份有限公司、海安浩驰科技有限公司、中机锻压江苏股份有限公司、南通江中光电有限公司、江苏万力机械股份有限公司、江苏飞亚化学工业集团股份有限公司入选全国第四批专精特新“小巨人”企业名单。

2022年7月16日，海安市举行第九届“创新创业在海安”主题活动　姜　明／摄

1 海安高科技创业园获评2022年度国家小型微型企业创业创新示范基地、2022年度国家级科技企业孵化器。图为高科技创业园一景　姜　明 / 摄

2 海安机器人及智能制造产业园科研楼
濮端建 / 摄

3 2022年，南通江中光电有限公司入选全国第四批专精特新“小巨人”企业名单。图为公司制铝合金梯级生产车间　顾华夏 / 摄

4 江苏铁锚玻璃股份有限公司获评2022年国家技术创新示范企业。图为公司汽车安全玻璃生产线
顾华夏 / 摄

03 项目建设

2022年，海安市新签约并注册5亿元以上内资项目42个，新开工5亿元以上项目21个。

2022年2月18日，海安市举行城乡建设类项目集中开工暨华新·璟元项目开工活动　　姜　明／摄

2022年2月18日，海安市举行上半年产业项目集中开工暨加百裕高能锂电池智能制造项目开工活动　　姜　明／摄

2022年9月28日，海安市举行海安天洋新材料科技有限公司年产1.5亿平方米光伏胶膜项目开工仪式　　濮端建／摄

2022年9月28日，玉米、小麦交割库揭牌暨海安进境肉类指定监管场地首单新闻发布会举行 濮端建/摄

04 开发开放

2022年，海安市中欧班列常态化开行，铁路物流基地到发量171万吨、集装箱吞吐量2.1万标箱，创历史新高。中国外运多式联动中心落户海安。海安获批上海期货交易所指定金属交割库、大连商品交易所塑料粒子指定交割库、郑州商品交易所棉花指定交割库。

2022年8月31日，海安市举行庆祝开发区建区30周年暨获批国家级开发区10周年大会 濮端建/摄

2022年4月9日，满载抗疫物资的保供上海专列驶出上海铁路局海安物流基地，开往上海闵行站　　姜　明／摄

江苏海安商贸物流产业园建成“以铁路物流为龙头、内河物流为突破、公路物流为基础”的现代物流体系，获评全国优秀物流园区、江苏省示范物流园区、江苏省重点物流基地。2022年，保税中心进出区货物值3.6亿美元。图为2022年7月10日，中国铁路上海局集团有限公司海安铁路物流基地内，大型起重设备在吊装集装箱　　翟慧勇／摄

05 农业经济

2022年，海安市依托"一粒米、一滴油、一只蛋、一条鱼、一根丝"的产业优势，打造海安特色的"苏中新鱼米之乡"现代农业发展之路，海安市现代农业产业园入选2022年国家现代农业产业园创建名单。

江苏中洋集团股份有限公司是以现代渔业生产为主的农业产业化国家重点龙头企业，获评首批国家级水产健康养殖和生态养殖示范区，2022年创成国家级刀鱼原种场。图为企业生物科技研发中心 濮端建／摄

江苏金洲粮油集团是集农产品精深加工、粮油食品、粮油仓储及物流于一体的农业产业化省级重点龙头企业，获评中国菜籽油加工10强、葵籽油加工10强企业，是全国放心粮油示范工程示范加工企业，2022年企业应税销售74.1亿元。图为公司食用油灌装生产线 顾华夏／摄

南通季和米业有限公司是专业经营大米加工、批发、零售、粮食收储和销售为一体的农业产业化省级重点龙头企业，获评第十届中国粮油榜"中国百佳粮油企业"，2022年企业应税销售2.8亿元。图为公司流水生产线 濮端建／摄

2022年9月26日，志愿者在大公镇于坝村梨园通过直播推销梨果　　大公镇 / 供图

江苏天成科技集团是集饲料生产、种禽繁殖、现代化蛋鸡养殖、蛋品深加工于一体的农业产业化国家重点龙头企业，2022年企业应税销售26.3亿元。图为公司孵化中心生产线　　顾华夏 / 摄

鑫缘茧丝绸集团股份有限公司是首批农业产业化国家重点龙头企业。公司采用“龙头企业+基地+合作社+农户”模式，打造现代精品蚕桑产业，形成蚕种繁育、栽桑养蚕、蚕茧收烘、缫丝、绢纺、织绸、服饰“一条龙”的茧丝绸产业化经营体系，2022年企业应税销售115.8亿元。图为桑蚕饲养　　顾华夏 / 摄

06 城乡建设

2022年，海安市统筹推进城市更新、空间治理和生态修复，省级美丽宜居城市创建可观可感，获批创建全省农村人居环境整治示范县（市）。

2022年，海安东洲公园一景　　翟慧勇／摄

2022年9月26日，“国家森林乡村”“全国‘一村一品’示范村”胡集街道周吴村秋景　　顾华夏／摄

1 2022年，海安市对丁所老街进行保护性修复，以独特的人文自然环境，展示老街风采。图为修复后的李堡镇丁所老街 濮端建／摄

2 2022年9月28日，328国道海安段快速路正式通车 翟慧勇／摄

3 2022年，海安市利用城区街心广场、边角转角地、闲置废弃地等进行“微空间”改造提升，建成多处“口袋公园”生态停车场。图为海安街道的一处“口袋公园” 顾华夏／摄

07 教育体育

2022年，海安市教育品牌持续擦亮，义务教育优质均衡发展通过省评估验收，获评省高质量平安校园建设县（市）。

◀ 左图：2022年10月9日，江苏省海安高级中学举办校园运动会

顾彬斌／摄

◀ 右图：2022年10月10日，城南实验小学孩子们在学习珠心算

翟慧勇／摄

2022年11月5日，海安市第五十九届北凌农民运动会开幕

姜　明／摄

1 2022年11月14日，海安市城南实验小学学生在科普课堂上零距离感受人工智能的魅力　翟慧勇／摄

2 2022年，海安市城南实验小学西校区投入使用。图为2022年9月1日开学第一天，老师们在学校门口给学生发放心愿卡　翟伟凯／摄

3 海安市将省级非物质文化遗产项目“海安花鼓”引进中小学课堂，融入教学课程。图为2022年6月9日，市教师发展中心附属小学海光校区的学生在练习“海安花鼓”操　姜　明／摄

08 社会建设

2022年，海安市社会建设持续加强，文化产业蓬勃发展，高标准完成15项民生实事，获评全省法治政府建设示范县（市）。

2022年2月8日，海安高新区举办“招本土、引周边”专场招聘会　　顾华夏／摄

2022年2月9日，海安市“欢乐大舞台”送戏下乡到胡集街道青萍港村　　顾华夏／摄

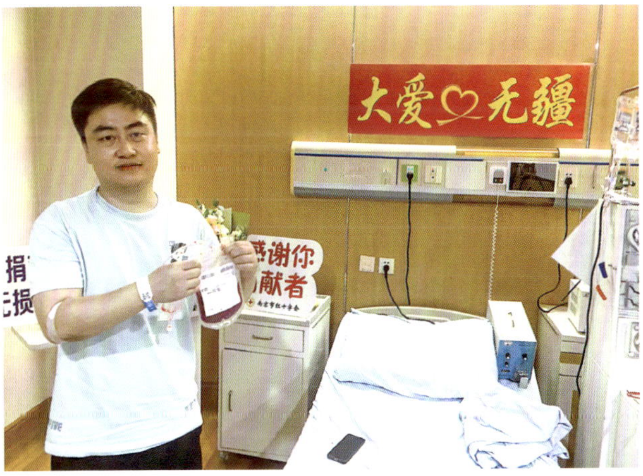

1 2022年5月23日，海安市举行纪念毛泽东同志《在延安文艺座谈会上的讲话》发表80周年暨中国·海安523文化艺术节开幕式　　姜　明／摄

2 2022年3月16日，墩头镇“百姓名嘴”向百姓宣传强农惠农政策，将“两会”声音传递到基层　　周　强／摄

3 2022年7月26日，经过168分钟的持续采集，杨士兵成功捐献173毫升造血干细胞混悬液，为一名幼儿患者送去生的希望。杨士兵成为海安市第7例造血干细胞成功捐献者　　市委组织部／供图

09 党的建设

2022年，海安市党的建设坚强有力，把迎接党的二十大胜利召开、学习宣传贯彻党的二十大精神作为鲜明工作主线和首要政治任务。

1 2022年8月13日，中共海安市委十四届三次全体会议开幕 姜 明 / 摄

2 2022年7月2日，海安市第十二届全民读书节暨第十二届江苏书展海安分展场在市图书馆开幕 顾华夏 / 摄

3 2022年10月18日，海安市理论宣讲志愿者宣讲党的二十大报告 翟慧勇 / 摄

4 2022年10月20日，海安经济技术开发区青年干部开展“学习二十大 永远跟党走”主题活动。图为青年干部进行导读和学习分享活动 向中林 / 摄

分展场图书优惠展销
喜迎二十大

用心用情提高
社会建设水平

学习党的二十大报告
推进文化自信自强
铸就社会主义文化新辉煌
全面推进乡村振兴
坚持农业农村优先发展

初心驿站
CHU XIN YI ZHAN

2013—2022年，海安市充分挖掘地方文化旅游资源，实施文旅融合，加快发展乡村旅游业，先后举办梨花节、河豚节、捕鱼节、丰收节、羊肉节等系列农旅融合的海安乡村旅游节庆活动，提升海安乡村旅游的知名度和影响力。全市拥有国家AAAA级旅游景区2家、AAA级旅游景区4家、全国休闲农业与乡村旅游示范点1家。

梨花节

2018年4月7日，海安县第八届梨花节举行

姜　明／摄

2019年4月6日，海安市第九届梨花节上斗羊比赛

姜　明／摄

2021年3月31日，海安市第十一届梨花节开幕

姜　明／摄

2022年3月，梨花盛开的季节里游客们在赏花拍景　　姜　明/摄

2022年3月31日，海安市第九届乡村旅游节暨大公镇第十二届梨花节上梨果加工产品展示　　姜　明/摄

河豚节

白汁河豚　　　　　　　　姜　明／摄

红烧河豚　　　　　　　　姜　明／摄

▲ 上图：2018年6月16日，海安市举办第八届中国海安河豚节暨河豚美食技能大赛　　姜　明／摄

◀ 左图：2020年5月10日，海安市举办第十届中国海安河豚节　　姜　明／摄

2021年4月24日，第十一届中国海安河豚节上嘉宾在参观河豚文化创意展示区　　姜　明／摄

2018年4月，中洋河豚庄园一景　　姜　明／摄

捕鱼节

2016年1月31日，海安县第五届里下河捕鱼节上鸬鹚在捕鱼
白甸镇／供图

2016年1月31日，海安县第五届里下河捕鱼节举行　　白甸镇／供图

2014年1月22日，海安县第四届捕鱼节举行，捕鱼节盛况在中央广播电视总台《新闻联播》播出　　白甸镇／供图

2018年1月27日，海安县第七届里下河捕鱼节举行　　白甸镇／供图

2019年1月26日，海安市第八届里下河捕鱼节上现场举行“鱼王”拍卖　　姜　明／摄

丰收节

2002年10月，大公镇仲洋村海安盛洋谷物农地股份合作社村民在晒稻谷　大公镇/供图

2019年10月26日，海安市第六届乡村旅游节暨第三届雅周金秋丰收季开幕式上趣味项目比赛

▶ 右图一：2019年10月26日，海安市第六届乡村旅游节暨第三届雅周金秋丰收季在雅周镇开幕
姜　明／摄

▶ 右图二：2022年9月22日，角斜镇老庄村举行庆祝第五个“中国农民丰收节”活动。图为农民参加挑箩筐比赛　　角斜镇／供图

▶ 右图三：2022年10月17日，雅周镇许家庄村种植的生态有机稻喜获丰收。图为村民忙着收割水稻　　翟慧勇／摄

姜　明／摄

羊肉节

冷切羊肉　　姜　明／摄

1 2018年12月5日，曲塘镇第五届羊肉美食文化节举行　　姜　明／摄

2 2020年10月29日，曲塘镇第七届羊肉美食文化节暨招商恳谈会举行　姜　明／摄

3 2020年10月29日，曲塘镇第七届羊肉美食文化节暨招商恳谈会上传统文化展演　　姜　明／摄

目　　录

特　　载

专　　文

大 事 记

市情概览

海安名片

中国共产党海安市委员会

海安市人民代表大会

海安市人民政府

中国人民政治协商会议海安市委员会

中国共产党海安市纪律检查委员会　海安市监察委员会

群众团体

法　　治

军　　事

经济管理

开发区与园区建设

对外及港澳台经济

农 业

工 业

建 筑 业

商贸服务业

旅游业

金融业

城市建设

乡村振兴

交通　物流

生态环境保护

教 育

科学技术

文　化

卫生健康

体　育

社会生活

公共安全

街道 镇 场

人物 荣誉

统计资料

附　录

索　引

苏中七战七捷纪念碑

特　　载

深入学习贯彻党的二十大精神 在新征程上全面推进中国式现代化海安新实践

——在市委十四届四次全会上的讲话

市委书记　于立忠

（2022年12月29日）

这次会议的主要任务是，以习近平新时代中国特色社会主义思想为指导，深入学习贯彻党的二十大精神以及中央经济工作会议精神，全面落实省委十四届三次全会、省委经济工作会议和南通市委十三届五次全会部署要求，回顾总结今年工作，研究部署今后一个时期和明年的工作任务，动员全市上下踔厉奋发、勇毅前行，致力打造“五个海安”、奋力建设“五个强市”，在新征程上全面推进中国式现代化海安新实践。

一、全面回顾总结今年工作，进一步坚定奋进现代化建设新征程的信心决心

今年以来，面对复杂严峻的外部环境和多重超预期的困难挑战，我们坚持以习近平新时代中国特色社会主义思想为指导，以迎接党的二十大、学习宣传贯彻党的二十大精神为主线，全面落实“疫情要防住、经济要稳住、发展要安全”重大要求，认真贯彻省委和南通市委决策部署，高效统筹疫情防控和经济社会发展，统筹发展和安全，全市经济社会保持难中求进、难中向好的发展态势。预计全年完成地区生产总值1410亿元，增长2%左右；完成一般公共预算收入75亿元（含留抵退税9亿元）、工业应税销售2250亿元、固定资产投资458亿元、社会消费品零售总额420亿元。在全国县级市基本现代化排行榜中列第26位。

一年来，我们保持信心、精准施策，经济运行彰显韧性。把稳增长放在突出位置，全面落实中央、省市各类助企纾困政策，出台“纾困解难54条”，深化减税降费、政银企对接、挂钩联系企业等服务举措，帮助企业复工复产、稳定市场、树立信心，新增减税降费及退税缓税近36.2亿元，惠及市场主体1.24万户。工业经济稳中向好，预计实现规上工业增加值增速6%，入选全省首批制造业高质量发展示范区建设地区，在全国工业百强县（市）排行榜跃升至第17位。大力实施“5123”大企业领航工程，全力打造“单项冠军、专精特新”双名城，新增国家级制造业单项冠军企业2家、专精特新“小巨人”企业6家，总量居南通首位。天楹集团获评国家级服务型制造业示范企业、荣获省长质量奖，严圣军获评“江苏制造突出贡献奖”先进个人；联发集团获评“江苏制造突出贡献奖”优秀企业。锦纶化纤、建工建材、电工电气等传统行业逆势前行，以产品工艺创新开拓市场销路，形成新的增长点。持续加大金融支持实体经济力度，1—11月各项贷款余额1873亿元，其中制造业贷款余额368.3亿元，占比19.7%，总量、占比均居南通首位。服务业稳中提质，进境肉类指定监管场地完成首单交易，玉米、小麦交割库正式揭牌，中国外运多式联运中心项目签约落户。中欧班列常态化开行，实现铁路到发量171万吨、集装箱吞吐量超2.1万标箱，创历史新高，有效保障疫情期间物流供应链安全稳定畅通。坚持建筑业防风险与促转型并重，组建市镇两级服务专班，充分发挥建筑业服务中心作用，在信贷融资保障、解决涉法涉诉问题、清理应收账款等方面帮助企业纾困解难，与企业携手渡过最艰难的时期，1–11月份，全市建筑企业新签订工程合同额1260亿元，在海安完成入库税金12.15亿元。乡村振兴全面推进，土壤普查试点工作获省充分肯定；粮食单产实现全省十七连冠。成功获批创建国家现代农业产业园，区域农业服务中心运行模式全国推广。5家企业入选中国农业企业500强。

一年来，我们深化改革、强化创新，发展动能加速集聚。紧紧抓住项目建设“牛鼻子”，新签约并注册5亿元以上内资项目37个，3个省级重大项目和23个南通市级重大项目全部开工建设。外资外贸保稳提质，预计实现外资到账3亿美元，外贸进出口总额200亿元。园区发展能级不断攀升，开发区获评全国绿色低碳示范园区，高新区获批省知识产权建设示范园区。聚焦市场主体诉求，持续深化“放管服”改革，优化营商环境提升举措“68条”落细落实。国企改革三年行动圆满收官，新一轮“3+2”国企重组构筑发展新格局。紧扣“大整合、大治理、大协同”理念，在南通率先组建社会治理综合服务中心并投入运行。创新驱动成效明显，新增产学研合作项目223个，高企总数突破460家，铁锚玻璃获评国家技术创新示范企业。太原理工大学海安产业研究院投入运营。高分通过首批国家创新型县（市）验收。深入实施“海安英才”计划，首次召开

人才发展大会，出台新一轮“人才强市36条”，引进国家级海外人才11人、高层次创新创业人才106人，人才综合竞争力位居全省前列。

一年来，我们统筹城乡、协调发展，城市品质不断提升。以美丽宜居城市建设为抓手，致力打造美丽江苏海安样板。不断完善立体交通网络，328国道快速化改造工程建成通车，长江路世纪大桥即将竣工。苏中苏北高铁调度指挥中心正式落户。合理把握土地上市节奏，城区10宗优质地块出让金额达36.75亿元。扎实推进城市更新，出台国有土地“房票”安置政策，“系统化推进无障碍环境城市建设”项目入选全省首批城市更新试点。完成22个老旧小区提升改造，实现旧貌换新颜。上湖创新区和新通扬河生态区建设稳步推进，成为展示城市形象的新窗口和市民休闲娱乐的“打卡地”。盘活闲置低效用地1245亩，土地节约集约利用获省通报表彰。实施农村人居环境整治提升五年行动，蒋庄村、富港村入选省特色田园乡村，唐庄村入选中国传统村落。深入打好污染防治攻坚战，推进“幸福河湖”建设，市考以上断面水质优Ⅲ比例连续两年为100%，预计全年$PM_{2.5}$平均浓度为每立方米31微克，创有监测记录以来最好水平；优良天数比例达82.2%。稳步推进“无废城市”建设，在南通率先完成建设方案编制，以精细化管理推动城市绿色低碳发展。

一年来，我们用心用情、改善民生，社会建设持续加强。坚持用政府“紧日子”换取百姓“好日子”，高标准完成15项为民办实事项目。多措并举稳就业、促增收，全市城镇新增就业1.05万人，全体居民人均可支配收入增长5.5%，多层次社会保障体系持续健全。教育现代化加快推进，教育工委实体化运行取得进展，新建、改扩建各类学校40所。推动优质医疗资源扩容和均衡布局，加快紧密型医共体建设，成功举办首届“海安中医节”，健康海安迈出新步伐。文化事业和文化产业蓬勃发展，建成2家“24小时城市书房”，艺术油画《儿时戏台·22》获省“五星工程奖”。坚持科学精准、高质高效处置疫情，组织8500名党员、7000余名微网格员奔赴抗疫一线，成功处置“4·20”“10·12”两起局部疫情；准确把握疫情防控新形势，坚持第九版、落实二十条、执行新十条，动态调整防控措施，优化应急指挥体系，全面提升医疗救治和服务保障能力，实现二级以上综合医院发热门诊全覆盖，总投资1.2亿元的应急医院做好随时投入使用的准备，全力守护人民群众生命健康安全。扎实开展“村村到、户户进、人人访”走访活动，及时有效解决一批群众合理诉求，易肇事肇祸精神病患者基本实现“应管尽管、应收尽收”。平安海安、法治海安建设守正创新，完成重大活动期间信访稳定工作，一些突发性事件第一时间得到迅速妥善处理，舆情引导和应对处置工作有力有效，获评全省法治政府建设示范县（市）。安全生产专项整治三年行动圆满收官，社会大局

海安上湖环湖景观，摄于2022年1月20日　　姜　明／摄

保持和谐稳定。

一年来，我们从严从实、团结奋进，党的建设坚强有力。把迎接党的二十大、学习宣传贯彻党的二十大精神作为鲜明工作主线和首要政治任务，广泛开展“强国复兴有我”群众性主题宣传教育、千场主题宣讲进基层等系列活动，为党的二十大胜利召开营造浓厚氛围；党的二十大闭幕后，迅速召开市委常委会会议、全市大会、市委理论学习中心组学习会等传达学习党的二十大精神，精心组织南通市委宣讲团在海安宣讲活动，组建市委宣讲团深入企业、农村、机关、校园、社区等开展集中宣讲活动54场，分层分类对各级干部开展系统培训，全方位多角度宣传解读阐释党的二十大精神，推动全市党员干部学深悟透、细照笃行。全国文明典范城市创建保持常态长效，社会文明程度不断提升。新时代文明实践工作深化拓展，“志愿之城”“慈善之城”建设走深走实。统筹抓好优秀年轻干部和女干部、党外干部配备工作，换届后领导班子整体功能不断增强；管好用活退出领导岗位干部，召开全市老干部工作会议，充分调动各级别、各年龄段干部的工作积极性。开展“领导干部能力建设提升年”活动，一月一主题举办“海陵大学堂”，推动党员干部提高能力、增强本领。充分关心关爱干部，用好用活职级晋升政策，率先出台事业单位职员等级晋升实施办法，建立社区在职干部“三岗十八级”保障体系，持续激励干部担当作为。基层党组织建设持续加强，召开党建引领城市基层治理推进会，“蜂巢”工作法获交通运输部调研肯定，新业态新就业群体“先锋指数”“蜂巢型”组织体系经验做法全省推广。深入开展“机关作风建设提升年”活动，市、镇两级围绕发展所需、基层所盼，稳步推进24项重点难点问题处置。精准落实“三项机制”，建立容错纠错工作领导小组，激励干部“疫”线担当经验做法入选省级典型案例。监督体系持续落细落实，在全省率先建立派驻监督工作规范体系。标本兼治一体推进“三不腐”，持续加大案件查办力度，采取留置措施11人，国有企业“三维一体”监督机制获省纪委监委充分肯定。聚焦群众“急难愁盼”，查处基层“蝇贪微腐”72件99人。以高度的思想自觉和政治自觉，顺利完成省委巡视海安各项工作，对巡视期间反馈的问题、交办的事项，坚持即知即改、立行立改，有力促进了各项工作的规范、政治生态的净化；巡视整改初见成效，巡视反馈的37个问题中已有6个整改落实到位。

一年来，市委常委会坚持和加强党的全面领导，注重调查研究，认真执行常委会议事决策规则，不断提高科学决策、民主决策、依法决策水平，较好地发挥了领导核心作用；市人大常委会坚持党的领导、人民当家作主、依法治市相统一，加强法律监督和执法检查，以践行全过程人民民主为主题的新时代人大工作得到丰富和发展；市政府聚焦常态化疫情防控、产业强市、创新驱动、生态文明、民生改善、安全生产等重点领域抓推进抓落实；市政协坚持把凝聚共识贯穿于政治协商、民主监督、参政议政各项职能之中，深入推进“有事好商量”协商议事，不断提高政协工作制度化规范化程序化水平；全市统战系统围绕发展大局，在服务企业、海外统战等方面做了大量工作；法院、检察院坚持司法为民，提高司法公信力，助推经济健康发展和社会和谐稳定；工青妇等群团组织创出特色亮点，深化新时代产业工人队伍建设改革全省放样，团市委、残联、文联圆满完成换届，妇儿工委实现实体化运作，社科联获评全国社科组织先进单位，有效凝聚各方力量推动现代化建设；党管武装、机构编制、档案、党校、史志、关心下一代、老科协、老区开发等工作继续走在前列，人民银行、供电公司等驻海单位主动服务中心大局，为全市经济社会高质量发展作出积极贡献。

成绩来之不易、包含巨大艰辛！这是全市上下深入学习贯彻党的二十大精神和习近平总书记重要讲话重要指示精神，坚定拥护“两个确立”、坚决做到“两个维护”的结果；是全市上下全面落实中央、省委和南通市委决策部署，团结奋斗、攻坚克难的结果。在此过程中，各级党员干部恪尽职守、冲锋在前，基层一线同志不辞辛劳、坚守岗位，广大医务工作者白衣执甲、向险而行，广大政法干警闻令而动、尽锐出战，广大企业家自强不息、迎难而上，广大群众群策群力、众志成城，凝聚了万众一心、共克时艰的强大力量。在大家的共同努力下，我们克服了一个又一个艰难险阻，创造了一个又一个发展奇迹！我们共同为海安人民的勤劳勇敢和团结拼搏而骄傲！

2022年6月9日，海安市举办“领导干部能力提升年”专题讲座

市融媒体中心／供图

在总结成绩的同时，市委常委会也分析了工作中存在的问题和不足。主要是：因受疫情冲击等多重因素影响，我市全年经济虽然实现了一定增长，但与南通和全省平均增速还有差距；大规模减税降费给财政收支平衡带来压力；空间资源硬约束日益趋紧，土地节约集约利用水平还需提高；生态环保、政府性债务等方面还存在历史欠账；民生领域还有一些短板；党员干部队伍能力素质还不能完全适应现代化建设新需要；反腐败斗争形势依然严峻复杂，存量仍未见底、增量依然多发，等等。对此，我们要高度重视，在下一步工作中采取有效措施，切实加以解决。

二、全力做好明年各项工作，扎实推动中国式现代化海安新实践开好局起好步

明年是全面贯彻落实党的二十大精神的开局之年，也是海安现代化建设的关键之年，做好明年工作意义重大。中央经济工作会议明确了明年经济工作的总体要求、预期目标、政策取向，提出积极的财政政策要加力提效、稳健的货币政策要精准有力、产业政策要发展和安全并举、科技政策要聚焦自立自强、社会政策要兜牢民生底线。我们要深入学习领会中央经济工作会议精神，善于观大势、谋要事、干实事，既要看到当前我国经济恢复的基础尚不牢固，宏观环境的不确定性不稳定性因素明显增多；更要看到我国经济长期向好的基本面不会改变，明年经济运行有望总体回升，始终坚定做好经济工作的信心，保持战略定力，坚持久久为功，心无旁骛、集中精力办好自己的事情，一步一个脚印把海安现代化建设推向前进。

做好明年工作，总体上要把握好"六个坚持"：要坚持思想一致、步调一致。深入贯彻习近平新时代中国特色社会主义思想，全面学习、全面把握、全面落实党的二十大精神，自觉站位全国、全省和南通发展大局，围绕"国之大者"谋划"海安之计"、办好"海安之事"，切实把党的二十大精神转化为指导实践、推动工作的强大力量。要坚持稳字当头、稳中求进。"稳"和"进"辩证统一，稳是底线，进是追求，既要避免冲动蛮干、急于求成，坚持高质量发展不动摇、不偏向，筑牢基础、稳扎稳打，推动经济实现质的有效提升和量的合理增长；又要防止消极应对、不思进取，坚持以经济建设为中心不动摇，统筹协调、系统推进，在把握好工作时度效的基础上积极作为。要坚持深化改革、强化创新。面对发展中的难点、痛点和堵点，牢牢扭住"牵一发而动全身"的关键环节，站在更高起点谋划和推进改革，着力增强改革的系统性、整体性、协同性，以"微改革"解决"大问题"，在深化改革、制度创新中攻坚克难、增创优势，持续激发市场活力和社会创造力。要坚持整合资源、盘活存量。资源资产盘活是打破发展瓶颈的必然选择。面对资源环境的紧约束，必须以更大决心、更大力度、更大举措整合提升现有资源、盘活闲置低效资产，最大限度发挥存量资源使用效益，释放发展潜能，形成存量资产和新增投资的良性循环，以"盘活存量"实现"发展增量"。要坚持勇于斗争、善于斗争。面对新时代新征程上的各种矛盾问题和风险挑战，必须准确把握好团结和斗争的关系，发扬斗争精神、增强斗争本领，在大是大非面前敢于亮剑，在矛盾冲突面前敢于迎难而上，在危机困难面前敢于挺身而出，在歪风邪气面前敢于坚决斗争，依靠顽强斗争打开事业发展新天地。要坚持防范风险、守牢底线。全力防范化解风险隐患、坚决守牢安全发展底线，是经济社会健康发展的前提。必须更好统筹发展和安全，正确处理好发展和环保、发展和防疫等重大关系，增强忧患意识，树牢底线思维，精准识别、科学施策，进一步提高预见性和前瞻性，把安全发展的主动权牢牢抓在手中。

明年工作的总体要求是：坚持以习近平新时代中国特色社会主义思想为指导，全面贯彻党的二十大精神和中央经济工作会议精神，深入贯彻中央、省委和南通市委决策部署，坚持稳中求进工作总基调，完整准确全面贯彻新发展理念，服务构建新发展格局，以推动高质量发展为主题，围绕"枢纽海安、科创新城"战略定位，更好统筹疫情防控和经济社会发展，更好统筹发展和安全，全面深化改革开放，大力提振市场信心，有效防范化解重大风险，持续保障和改善民生，全力推动经济运行整体好转，致力打造"枢纽海安、智慧海安、健康海安、平安海安、美丽海安"，奋力建设"产业强市、文化强市、教育强市、科技强市、人才强市"，推动中国式现代化海安新实践开好局起好步。

明年经济社会发展主要预期目标是：地区生产总值增长6%以上；一般公共预算收入74亿元；工业应税销售增长10%以上；规模以上工业增加值增长9%左右；规上服务业重点行业营收增长21%左右；固定资产投资增长3%左右，其中工业投资增长3%左右；研发经费支出占地区生产总值比重达2.79%；居民人均可支配收入增长与经济增长保持同步；单位地区生产总值能耗和主要污染物减排完成上级下达任务。围绕全年目标，重点抓好九个方面工作。

（一）坚持产业强市，着力构建现代化产业体系。要培大扶强企业集群。深入实施"5123"大企业领航工程，完善服务保障体系，集中力量培育一批行业标杆企业。聚焦打造"单项冠军、专精特新"双名城，支持中小企业坚守主业，围绕行业关键环节、关键领域，开展技术创新、产品创新、商业模式创新，形成细分市场领先优势。深化央地战略合作，鼓励更多民营企业加入"民参军"行列，将大院大所技术优势转化为民用市场竞争优势。抢抓北交所扩容、全面注册制等改革机遇，加快推进重点企业精准对接资本市场。完善新生代企业家培养体系，大力培育张謇式企业家群体，让张謇企业家精神成为建设全省首批制造业高质量发展示范区的重要动力。要加快推动产业转型。持续优化10条优势产业链和8条培育产业链布局，积极拓展生物医药、核工业等新兴领域，加快培育壮大百亿千亿级现代产业集群。坚持向存量要增量，实施传统产业焕新工程，支持传统产业加快产品创新、技术升级、品牌提升，不断增加服务要素投入比重，鼓励本土企业与大企业高位嫁接、强强联合，研发新产品新技术、开拓新领域新市场，实现存量焕新。加快发展数字经济，适度超前部署建设数字基础设施，鼓励各行各业运用数字技术向产业链价值链中高端延伸。高度重视现代服务业发展，全面推进服务业繁荣发展三年行动，促进生产型制造向服务型制造转变。全力恢复扩大消费，支持新能源汽车、养老服务、住房改善等消费，促进线上线下消费有机融合、协同发力。推进建筑业平稳健康发展，支持广大建筑企业在积极化解债务、涉诉、境外市场等领域风险的同时，抢抓北沿江高铁、南通新机场等一系列战略性基础设施建设机遇，全力争取更多合同订单，加快产业结构调整和转型升级，巩固拓展国内外市场，做大做强“海安建造”品牌。要持续做强枢纽经济。聚焦打造长三角重要陆港城市和国家物流枢纽城市，整合陆港优势资源，加强与中外运等大型综合物流企业对接合作，建设高效顺畅的现代物流体系。加快组建国际货运班列公司，加大境外回程货源组织，增强中欧班列市场化运营水平。大力发展冷链物流体系，探索开辟特色农产品冷链运输专线和高铁冷链专列，加快推动生鲜电商、预制菜等产业布局，积极创建国家骨干冷链物流基地。优化口岸营商环境，推行集团保税加工贸易监管模式，助力更多优质企业加入海关AEO高级认证，提高通关多样性选择和通关效率。加快大宗贸易发展，推动更多种类期货交割品种落户海安，持续扩大现有各类功能平台优势和影响力。

（二）*聚力项目攻坚，筑牢经济发展硬核支撑*。要加大项目招引力度。主动适应招商新形势新变化，坚定不移加大“走出去”“请进来”力度，适时开展系列专题推介活动，掀起新一轮招商引资热潮。整合优化全市招商力量，大力推进市场化招商、产业链招商、能人招商、以企引企，深入研究重点产业头部企业、技术路径、细分领域等，着力招引一批优质科创项目和外资项目。高度重视服务业项目招引，支持工业设计、技术研发、检验检测等服务类项目加快布局。优化共享平台招商机制，引导重大项目向专业园区集聚发展。密切关注、及时保障外来项目和人才在医疗、购房、子女入学等方面的多元化需求，以全方位贴心服务带动更多项目落户。要抓好重大项目建设。优化完善项目预审、决策机制，探索建立重大项目专家会审制度，从源头把牢投资强度、产出效益、环境保护等关口，提升项目建设质效。积极扩大有效投资，抢抓项目建设黄金期，全力破解项目推进难题，推动更多具备条件的项目应开尽开、能开早开，尽快形成更多实物工作量。持续实施工业企业资源利用绩效综合评价机制，并向服务业延伸推进，推动资源要素差别化配置，提升项目管理服务水平。深入盘活整合存量工业用地，加快推进产业空间再造，引导支持企业对既有产能、排放、能耗、用地等资源要素进一步精准配置、高效利用，充分释放发展活力。要持续优化营商环境。始终坚持“两个毫不动摇”，鼓励各类市场主体发展壮大，加快国企市场化转型，激发民营企业潜力优势，落实好外企国民待遇，在全社会营造尊重、爱护企业家的良好氛围。更大力度落实各类助企惠企政策，制定出台升级版优化提升举措，最大限度减轻企业用能、用工、税费、融资等负担，着力构建“市场主体向往、人民群众满意”的一流营商环境。始终坚持“法治是最好的营商环境”，恪守契约精神，依法保护权益，稳定市场预期，形成“办事情靠制度不靠人情，解决问题靠法治不靠关系”的良好风尚，推动法治成为海安发展核心竞争力。坚持亲清引领构建新型政商关系，畅通政企沟通交流渠道，提倡包容审慎监管，提供便利化、有温度的企业服务，让企业在海安敢投敢干、创新发展。

（三）*突出创新引领，推动新旧动能加速转换*。要完善科技创新生态。充分发挥科创委“总牵头”作用，深化“机关部门服务企业科技行”制度，不断强化科技创新统筹协调能力。加快科技金融创新，积极推广“投贷联动”直通车、首台（套）产品保险等定制化科技金融服务，推进科创基金市场化运作，高水平建设金融赋能海安科技创新示范区。全面落实新一轮“人才强市36条”，完善高水平人才培养评价体系，研究实施更加积极、更加开放、更加有效的人才政策，加快集聚各类适应和引领现代产业发展的“高精尖缺”人才和高技能人才。完善知识产权管理、服务和保护体系，加快综合检验检测中心、家具知识产权快维中心等平台建设，打造更多高水平知识产权建设试点。要强化企业创新能力。深入实施高新技术企业培育三年行动，加强高企全领域多元化培育，确保高企总数突破510家。加快推进更多惠企创新政策向中小企业倾斜，催生一批雏鹰企业、瞪羚企业和独角兽企业。支持行业龙头企业牵头组建产业创新联盟，针对原创和前沿技术开展联合攻关，共建共享工程中心、工程实验室和技术中心。深化制造业龙头企业主辅分离，培育一批科技服务骨干企业和科技服务团队，打造科技服务业集聚区。要锻造高水平创新平台。积极融入沿江科创带建设，加快创建国家级高新区，高水平打造上湖创新区、两区科创园等创新核心区，持续做强创新策源优势。坚持做优做精上海交大研究院、南大研究院等科创公共服务平台，支持更多企业与高校院所合作共建校企研发平台，新增省级企业工程技术研究中心5家。抢抓上海深化全球科创中心建设机遇，加强与上海高校院所、科技园区、创投公司深度合作，打造上海科创资源重点辐射地。持续开展“创新创业在海安”“两院专家走进海安”等品牌活动，搭建企业需求与科创资源精准对接桥梁，全面提高产学研合作水平。

（四）*坚持对外开放，深度融入长三角一体化*。要建强开放开发新高地。更好融入苏南、接轨上海，紧扣打造上海卫星县城，主动参与上海大都市圈空间协同规划实施，争取形成多方面、宽领域、深层次的合作。加快中意生态园规划建设，完善园区发展政策意见、组织架构和投融资体系，积极争取国家、省市层面支持，全面推进与意大利等欧盟国家优质产业、文化经贸、科技金融的交流合作，打造智能化、数字化、绿色化的国际合作园区示范区。深化开发区自贸联动创新区建设，力争在科技创新、行政审批、金融改革、环境集成改革等领域形成制度性成果，促进投资便利化、贸易自由化发展。要增创外资外贸新优势。瞄准先进制造业、高端服务业、战略性新兴产业，集聚一批欧盟、日韩等地区优质项目，更大力度引进跨国公司功能性机构，引导现有外资企业增资扩产和技术改造，不断提升产业集聚度和竞争力。深入推进“5520”重点外贸企业培育计划，培大扶强外贸主体。深度融入共建“一带一路”，高质量参与实施RCEP，支持纺织服装、建筑业、生态环保、建工建材等优势产业借船出海、抱团出海，带动商品、设备、标准、服务、人才等双向流通，实现外经外贸协同高效发展。要建强园区载体平台。深化开发园区体制机制改革，不断提升开发区、高新区产业集聚度和发展能级，全面释放园区活力。做优做强商贸物流园，打造智慧物流网络体系，促进商贸物流提质降本增效。加快机器人及智能制造产业园建设，支持智能制造与传统产业深化合作，推动产业结构加速迈向中高端。持续放大台商产业园特色优势，抓好优质台资项目招引落户，加快建设海安—昆山台商合作园区。充分放大常安纺织园政策集成改革试点效应，在更多园区推行限值限量和动态分配管理模式，形成可复制推广的“海安样本”。扎实抓好粮食储备软硬件建设，支持粮食物流产业园快速发展，推动建设区域粮食交易中心，努力创建省级优质粮食工程示范县（市）。

（五）加快城乡融合，着力推进美丽海安建设。要持续提升城市功能品质。有序实施丹凤路、南海大道改扩建工程，不断畅通城市交通“微循环”。扎实推进“亮村”工程，加强“四好农村路”建设和危桥改造，持续改善群众出行品质。加大上湖创新区和新通扬河生态区开发力度，着力引进更多高品质项目落户。以“绣花”功夫狠抓城市管理细节，持续推进城市管理科学化、精细化、智能化。深化智慧城市建设，加快5G基站、充电站（桩）等新型基础设施建设，推进数据赋能城市治理，提高城市治理的数字化水平。要稳步推进城市更新行动。有序推进城市更新三年行动，根据不同区域、不同地块的情况，制定差异化的更新政策。积极推进市场化运作，充分调动社会资本、社会力量参与城市更新的积极性和主动性，优化参与方式、强化政策支持、完善退出机制，探索老旧小区、老旧房屋经规划报批后的自拆自建自主微更新模式，努力建成一批宜居示范居住区。完善住房保障体系，全面推行“房票”安置政策，促进房地产市场健康发展。统筹推进存量建设用地资源盘活利用，持续优化土地资源配置，进一步提高节约集约用地水平。要积极打造现代特色城镇。坚持“精明增长”理念，推动各区镇功能完善、品质提升，打造一批产业特而强、功能聚而合、形态美而精的特色城镇。开发区、高新区要注重产业用地的混合利用，将城镇服务功能植入园区内部，努力营造“产城融合”微观形态；滨海新区要大力发展生态旅游休闲、临港新兴产业，打造沿海生态景观带；曲塘、李堡要扛起“省经济发达镇”“全国重点镇”责任担当，建设现代化新型小城市；大公要加快融入主城区步伐，打造北部产业新城；墩头、白甸、南莫要依托自然禀赋，打造具有里下河风情的特色水乡小镇；雅周要发挥农业资源优势，争当全省乡村振兴样板区。要不断厚植绿色发展底色。深入打好污染防治攻坚战，统筹做好农田退水、工业废水等达标排放，集中攻坚重污染天气，推动市考以上断面水质、$PM_{2.5}$平均浓度等环境质量指标持续向好，争创国家生态文明建设示范区。高标准整改中央和省生态环保督察反馈问题，高质量解决群众反映强烈的生态环境问题。加快“无废城市”建设，提高固废利用处置能力，推动固废减量化、资源化、无害化。落实“双碳”任务，坚决遏制“两高一低”项目盲目发展，扎实推进重点行业和企业节能改造，引导企业使用绿电、冷能等清洁能源，加快建筑、交通、农业等领域低碳转型，形成减污、降碳、扩绿、增长一体推进机制。积极发展新能源产业，围绕光伏制造、新型储能、地热开发等领域，加大培育扶持力度，加快形成龙头企业垂直整合、中小企业协同发展新格局。

（六）推进乡村振兴，加快农业农村现代化步伐。要大力发展“新农业”。牢记“国之大者”，树立大食物观，严格落实粮食安全责任制。深化“五个一”产业提升工程，培育一批龙头骨干企业，推动农业一二三产融合发展。建强平台载体，加快特色农产品展示展销馆建设，高标准建设国家现代农业产业园，推进农业园区提档升级。稳步提升耕地质量，积极推进高标准农田示范区建设，健全农业社会化服务体系，更好发挥区域农业服务中心作用，不断夯实农业生产基础。要积极建设“新农村”。大力培育乡村振兴示范村和先进村，着力打造可观可感、高辨识度的乡村振兴示范带。加快补齐道路、桥梁、燃气等基础设施短板，持续改善农村人居环境，建设一批特色田园乡村、宜居宜业和美乡村。有序做好宅基地和农房建设管理，持续提升乡村建设整体水平。要着力培育“新农民”。建立健全职业农民培训、激励、管理体系，构建“孵化+培训+认定+政策扶持”的高素质新型职业农民培育“海安模式”。培育壮大农民合作社、家庭农场等新型农业经营主体，组建农业发展联盟，不断提高农业生产经营效益。关于明年“三农”工作，我们将深入学习贯彻中央农村工作会议精神，筹备召开全市农村工作会议进行具体布置，推动中央决策部署在海安落地见效。

（七）深化社会建设，坚定不移保障改善民生。要推动社会事业发展。办好人民满意的教育，扩大普惠性学前教育学位供给，推进义务教育“双减”工作，加快普通高中优质特色发展，明确城区新建、改扩建学校服务范围，切实提升基础教育水平；认真贯彻落实中办国办《关于深化现代职业教育体系建设改革的意见》，结合海安实际，持续深化改革，丰富办学内涵，推动海安中专高质量发展，更好服务地方经济社会发展；支持南通理工学院、黑龙江工商学院在海发展壮大，吸引更多学生留海就业。围绕建设省健康县，持续完善公共卫生体系，积极发展中医药事业，持续完善城市社区卫生服务站布局，推进城市社区医疗卫生机构和村卫生室标准化建设，改善服务环境和装备水平，选配高素质卫生人才队伍，推广适宜诊疗技术，不断提升基层卫生服务能力和诊疗水平。落实就业优先战略，充分发挥创业带动就业作用，做好高校毕业生、返乡农民工、就业困难人员等重点群体就业创业跟踪服务，打造全省高质量就业先行区。要健全社会保障体系。把解决“一老一小”问题摆在突出位置，支持布局嵌入式养老设施、家庭适老化改造，充分发挥职工养老保险“稳定器”作用，切实保障“老有所养”，建设老年友好型社会；优化完善生育保险待遇，积极推进托幼一体化建设，多措并举减轻年轻夫妇在二孩、三孩上的生育、养育、教育负担，让每个家庭有更多获得感。织密织牢社会保障网，着力解决残疾人、精神障碍患者、失能失智等特殊群体的“急难愁盼”问题，持续完善新业态新就业群体的社会保障，打造更加广泛更可持续的社会保障体系。要大力发展社会组织。引导社会组织良性发展，加大扶持支持力度，完善激励表彰机制，推动社会组织数量、质量同步提升。积极培育发展为老服务社会组织，组建老年志愿服务队，鼓励年纪较轻的老年人发挥余热，实现老有所为。推动社会组织与社区精准对接，在创新社会治理、深化居民自治、化解社会矛盾、维护社会秩序等方面发挥更大作用，实现良性政社互动。要更好服务社会群体。把握新时代不同群体的社会需求，加强社会政策的制定完善、跟踪评估和精准供给，协同发挥社会教育、社会援助、社会救济等支持功能，在及时保障各类群体合法权益、促进利益各方及社会关系修复中营造健康公平有序的社会环境。聚焦社会群体服务的薄弱环节、边缘地带，充分利用特殊困难群体信息数据共享平台，强化主动发现机制，健全社会救助、社会福利等制度，切实“兜”住最困难群体、“保”住最基本生活。高度关注未成年人健康成长，切实抓好在校学生心理健康教育，建立县级社会心理服务指导中心。引导新的社会阶层人士和新业态就业群体发挥专业优势，履行社会责任，实现健康成长和服务社会互促共赢。要积极打造文化高地。加强对青墩遗址的保护、开发和利用，不断提升青墩文化知名度。完成海安革命纪念馆、华中新四军八路军总指挥部纪念馆、粟裕在苏中纪念馆等布展，举办纪念紫石县建县80周年主题系列活动，让红色文化、历史文化传承不息。坚持把人民满意作为文明创建的出发点和落脚点，丰富创建内涵、提升创建质效，争创全国文明典范城市。大力推动社会主义核心价值观融入日常生活，提升新时代文明实践中心运行质效，建设“志愿之城”“慈善之城”。完善城乡公共文化服务体系，推出更多戏曲、歌舞、话剧、舞台剧等演艺剧目，丰富群众文化生活。

（八）推动民主法治建设，广泛凝聚现代化建设的智慧力量。发挥党委“总揽全局、协调各方”作用，强化市委定期听取重点工作汇报、研究重大事项的工作机制，支持人大、政府、政协、法院、检察院等依法开展工作，更好地把方向、谋大局、定政策、促改革。加强和改进新时代人大工作，积极探索全过程人民民主基层创新实践，扎实推进民主选举、民主监督、民主决策有机衔接、有效贯通；聚焦重点领域、突出问题导向，持续深化法律法规实施情况报告全覆盖、新法实施发布等创新举措，围绕贯彻实施人民陪审员制度、公益诉讼制度等出台规范性文件，最大限度吸纳民意、汇聚民智，确保党委政府在决策、执行、监督落实各个环节都能听到来自人民的声音。充分发挥政协专门协商机构优势，探索完善“双召集人”“云协商”等做法，不断提升协商议事工作制度化、规范化、程序化水平，促进协商议事与基层社会治理、践行全过程人民民主有机融合。统筹推进人大协商、政府协商、政协协商、人民团体协商、基层协商以及社会组织协商，实现协商民主广泛多层制度化发展。积极发展基层民主，健全基层党组织领导的基层群众自治机制，拓宽基层各类群体有序参与基层治理渠道。坚持和完善大统战工作格局，加强统战平台载体和组织网络建设，深化民营经济统战和民族宗教工作，推动党外知识分子和新的社会阶层人士统战工作纳入党的建设总体布局，寻求最大公约数、画出最大同心圆。坚持党建带群建，充分发挥工会、共青团、妇联等群团组织的桥梁纽带作用，把联系服务群众作为“生命线”，打造组织覆盖更广、工作推进更实、群众点赞更多的新时代群团组织。一体推进法治海安、法治政府、法治社会建设，扎实推进“八五”普法，坚持办事依法、遇事找法、解决问题用法、化解矛盾靠法，全面提高依法治市水平，全力争创“全国法治政府建设示范市”。

（九）强化基层治理，实现城市安全韧性发展。要科学精准抓好疫情防控。认真落实新阶段疫情防控各项举措，全面提升医疗救治和服务保障能力，保障好群众就医用药，重点抓好老年人和患有基础性疾病群体防控，着力保健康、防重症，确保平稳转段和社会秩序稳定，最大限度保护人民生命安全和身体健康。要增强城市基层治理能力。加强和改进城市社区工作，强化城市社区基层党组织建设，推进社区居委会规范化建设，合理调整城市社区居住规模，推动更多资源向社区倾斜，实现城市社区规模适度、人员配备比例合理、服务管理便捷高效，着力提高城市社区治理能力和水平。扎实开展“物业管理服务提升年”活动，规范物业管理各方主体行为，提高管理能力和服务水平，引导居民积极参与管理小区事务，实现符合法定条件的新建商品房小区和老旧小区业主委员会、物业管理委员会全覆盖，激发基层治理活力。立足市镇两级社会治理综合服务中心，深化网格化服务管理，做细做实矛盾纠纷“大调解”工作，以“大调解”实现“大化解”。不断完善“有事好商量”协商议事平台，进一步发挥“两代表一委员”、乡贤等在基层治理中的作用。要全力防范化解风险隐患。紧扣建设更高水平平安海安，深入贯彻落实总体国家安全观，坚定维护国家政权安全、制度安全、意识形态安全，全力维护治安安全、公共安全、网络安全，统筹抓好经济金融、粮食、能源等方面的安全，扎实做好保交楼、保民生、保稳定各项工作。强化源头防范，落实社会矛盾风险隐患研判，构建全覆盖的社会稳定风险防控体系。强化政府性债务规范管理，守牢不发生系统性风险的底线。坚持“三管三必须”原则，严格落实安全生产责任制，持续巩固三年专项整治工作成效，加强重点领域、重点行业、重点企业的安全监管，建立“大应急、大安全”工作格局，加强与应急专业化社会化队伍的协作互动，不断提升本质安全水平。扎实做好食品药品安全监管工作。强化社会治安整体防控，常态化开展扫黑除恶斗争，严厉打击各类违法犯罪行为，健全个人极端事件精准防范机制。落实领导包案责任，提高初信初访一次性化解率，切实维护社会大局和谐稳定。

三、坚定不移全面从严治党，为推进中国式现代化海安新实践提供坚强保证

党的建设是事业发展的根本保证。全市上下要落实新时代党的建设总要求，坚决扛起管党治党的政治责任，持之以恒推进全面从严治党，不断提高党的建设质量和水平，为现代化建设提供坚强政治保证。

*一要捍卫“两个确立”，始终把牢正确政治方向。*深入学习贯彻习近平新时代中国特色社会主义思想和党的二十大精神，深刻领悟“两个确立”的决定性意义，增强“四个意识”、坚定“四个自信”、做到“两个维护”。强化学习宣传和研究阐释，加快推进全省首批习近平新时代中国特色社会主义思想研究中心实践调研基地建设，推动党的创新理论落地生根、开花结果。严明政治纪律政治规矩，增强党内政治生活的政治性、时代性、原则性、战斗性。胸怀“两个大局”，牢记“国之大者”，健全完善落实机制，确保总书记重要指示批示和中央、省市委决策部署落到实处。全面落实意识形态工作责任制，巩固壮大主流思想舆论，弘扬正能量，唱响主旋律，牢牢掌握意识形态工作领导权。

*二要锤炼本领素质，着力加强干部队伍建设。*坚持党管干部原则，突出新时代好干部标准，树立讲担当、重实绩、肯奉献的选人用人导向，严格规范退出领导岗位干部日常管理和作用发挥。坚持把政治标准放在首位，建立干部政治表现纪实档案，从严把好政治关、廉洁关。全面提升领导干部推进现代化建设能力本领，注重斗争精神和斗争本领养成，持续办好“海陵大学堂”，实施专业部门、专业园区、专业领域攻坚能力提升“三大行动”，建立完善干部在斗争一线磨砺、在复杂环境成长、凭实干实绩选拔的培养链条，增强“八项本领”、提高“七种能力”。抓好后继有人根本大计，实施年轻干部“天天向上”培养工程，搭建“砺兵炼才”干部实践锻炼平台，持续在关键领域、艰苦地区、吃劲岗位培养选拔优秀年轻干部。树立“重实干、重实绩”导向，强化考核结果运用，用好职务与职级并行制度，发挥“三项机制”激励作用，把政治可靠、对党忠诚，敢抓敢管、能打胜仗的干部选出来、用起来，让那些在其位不谋其政、任其职不尽其责的干部“降级降档”“退位让贤”，以有强度的激励、有底线的包容，旗帜鲜明地为担当者担当、为实干者撑腰。

*三要筑牢基层基础，不断织密建强组织体系。*坚持大抓基层的鲜明导向，以提升政治功能和组织功能为重点，统筹推进全领域党建工作，全面开展星级基层党组织评定，更高质量推动“有形覆盖”和“有效覆盖”，把基层党组织建设成为有效实现党的领导的坚强战斗堡垒。坚持把抓重大任务落实作为检验基层党组织能力的“试金石”“磨刀石”，深入推进抓党建促乡村振兴，深化实施党建引领基层治理“绣花”工作法、新就业群体党建“蜂巢”工作法，推动各级党组织把党的路线方针政策贯彻落实好，把各领域广大群众组织凝聚好。加强新兴领域党的建设，不断扩大党在新经济组织、新社会组织、新就业群体中的影响力号召力，持续健全党的组织体系。坚持以“组织链”串起“产业链”，带动“人才链”“服务链”，激发行业助力发展新动能。加强党员队伍分类管理，深入开展“双报到·通通在”活动，持续推进“攻坚有我”行动，激励广大党员发挥先锋模范作用，让党的旗帜在现代化建设阵地上高高飘扬。

*四要勇于自我革命，纵深推进廉洁海安建设。*做深做实省委巡视整改“后半篇文章”，严格实行对账销号，强化跟踪督办，确保改到位、改彻底。深化“四责协同”联动机制，强化管党治党政治责任，推动主体责任和监督责任落实同向发力。锲而不舍落实中央八项规定及其实施细则精神，持之以恒纠“四风”树新风，重点纠治形式主义、官僚主义。持续强化机关作风建设明察暗访活动，驰而不息整治突出作风问题，激发党员干部担当作为干事创业的热情。坚持依规治党、制度治党，以党内监督为主导，强化各类监督统筹衔接，增强监督全覆盖有效性。坚持政治巡察定位，加大联动巡察、专项巡察力度，充分发挥巡察利剑作用，不断提高对“一把手”和领导班子监督实效。坚持一体推进不敢腐、不能腐、不想腐，精准运用监督执纪“四种形态”，既突出工程建设、国有企业、开发园区、融资领域等关键部位，又聚焦破坏营商环境、侵害群众利益的腐败问题和不正之风，推动严厉惩治、规范权力、教育引导紧密结合、协调联动，持续加强廉洁教育和廉洁文化建设，坚决打赢反腐败斗争攻坚战持久战。

同志们，习近平总书记在党的二十大报告中强调“团结就是力量，团结才能胜利”，让我们更加紧密地团结在以习近平同志为核心的党中央周围，以党的二十大精神为指引，深刻领悟总书记的谆谆教诲，倍加珍惜“党群干群同心同德、政企各界同向同行”的发展氛围，在省委和南通市委坚强领导下，上下一条心、拧成一股绳，团结拼搏、聚力奋斗，开拓创新、苦干实干，致力打造“五个海安”、奋力建设“五个强市”，为全面推进中国式现代化海安新实践贡献更大力量！

政府工作报告

——2023年1月11日在海安市第十七届人民代表大会第二次会议上

市长 谭 真

2022年工作回顾

过去的一年，全市上下以迎接党的二十大、学习宣传贯彻党的二十大精神为主线，在上级党委、政府和海安市委的正确领导下，在市人大、市政协的监督支持下，坚持稳字当头、稳中求进，坚决落实“疫情要防住、经济要稳住、发展要安全”的要求，紧紧团结和依靠全市人民，克服严峻复杂的外部环境影响，有效应对多重超预期的困难挑战，经济社会发展取得新成绩。

——高效统筹疫情防控和经济社会发展，贯彻落实疫情防控优化措施，迅速扑灭“4·20”“10·12”两轮疫情，最大限度减少对生产生活的影响，疫情防控从防控感染转入医疗救治新阶段；精准施策、多措并举助力各类市场主体纾困解难，最大程度稳住经济社会发展基本盘。预计实现地区生产总值1400亿元；完成一般公共预算收入75.6亿元（含留抵退税9.6亿元）、固定资产投资458亿元、社会消费品零售总额420亿元；研发经费支出占地区生产总值比重达2.76%。在全国县级市基本现代化排行榜中列第26位。

——工业经济、科技创新、农业农村等领域取得重大进展，获评全省首批制造业高质量发展示范区建设地区，在全国工业百强县（市）榜中跃升至第17位，创成全国首批创新型县（市），获批创建国家现代农业产业园。

——坚持用政府“紧日子”保障百姓“好日子”，努力将事关民生的“烦心事”做成群众满意的事。全市一般公共预算中民生投入达116亿元，占一般公共预算总支出84%；城乡居民人均可支配收入57320元、29960元，分别增长4.6%、6.6%，城乡居民收入比缩小至1.91∶1；解决了“水上村庄”危房解困、李堡中大街旧城改造等一批社会呼声高的难题。

——各条战线比学赶超，全年获得国家级荣誉44项、省级荣誉135项。落实上级有关重大政策措施真抓实干成效明显，自然资源节约集约利用、科技创新、医疗卫生服务体系和队伍建设、粮食安全4项工作获省政府督查激励。

一年来，我们主要做了以下工作：

——*稳增长、促转型，实体经济稳健运行。*出台“纾困解难54条”，深化减税降费、政银企对接、挂钩联系企业等服务举措，助力市场主体增信心、稳预期。制造业提质增效，“5123”大企业领航工程扎实推进，规上企业、亿元企业分别达1306家、330家，实现工业应税销售2250亿元。新增国家制造业单项冠军2家、专精特新“小巨人”企业6家，总数南通第一。新增国家级服务型制造业示范企业1家，荣获江苏制造突出贡献奖3项。完成技改投入35亿元，新增国家级两化融合贯标企业15家、省级上云企业31家。入选省级军民融合示范企业、创新平台各1家。新增创业板报会企业1家、新三板挂牌企业4家。服务业加快转型，规上服务业重点行业营收增长21.4%。创成南通市现代服务业高质量发展集聚示范区3个，获批南通市级以上两业融合重点企业5家、重点区域2个。现代农业成果丰硕，稻麦单产全省十七连冠，乡村振兴战略实绩考核位列全省第一等次。区域农业服务中心改革经验全国推广。水稻选育项目获全国农技推广成果一等奖，创成国家级刀鱼原种场。“科学高效种粮”入选全国家庭农场典型案例，新增省级示范家庭农场5家。建筑业企稳态势进一步巩固，组建服务专班助推解决建筑企业现实困难，施工产值实现增长，新增鲁班奖1项、国优奖3项、詹天佑奖4项。

——*抓改革、谋创新，内生动能加速积蓄。*营商环境持续向好，率先建立“观察员”制度，出台优化提升举措“68条”，“万事好通·海心安”服务品牌全面叫响。“放管服”改革纵深推进，建设工程手续“六证齐发、一日办结”，市场准入“一照多址”“一址多照”降本增效。要素保障精准有力，盘活闲置低效用地4500亩。成立金融业联合会，各金融机构携手开展助企惠企“春风行动”，合计降费让利3.5亿元。国企改革三年行动顺利收官，完成“3+2”重组整合，国资监管运营水平有效提升。成立专业基金管理公司，新设信保基金、“海安英才”天使投资基金。创新活力持续增强，招引培育科创类项目86个，净增高新技术企业59家，入选国家技术创新示范企业1家、省创新型领军企业4家。新增国家级中小企业公共服务示范平台1家、省级企业研发平台11家，获批省科技专项资助项目9个。引进高层次创新创业人才106人，其中入选国家级海外人才计划11人。质量强市再上台阶，天楹集团获省长质量奖。主导或参与制定国家标准17项，新认证江苏精品5个。新增中国专利优秀奖4项，开发区、高新区分获国家、省知识产权建设试点园区。

——*扩开放、强载体，发展后劲持续增强。*枢纽优势加速释放，铁海快线、中欧班列常态化开行，苏中苏北高铁调度指挥中心、中外运多式联运中心成功落户，铁路物流基地到发量171万吨，凤山港集装箱吞吐量2.1万标箱，上港集团ICT项目累计开航23次，保税中心进出区货物值3.6亿美元。进境肉类指定监管场地正式运行，新获批玉米、小麦指定交割库。跨江融合步伐加快，新增跨江合作产业项目13个。对外合作不断拓展，预计完成外贸进出口总额200亿元、外资到账3亿美元、对外直接投资9000万美元，新增省级服务贸易基地1个、重点企业3家。健全完善项目预审制，开展线上线下联动招商，新签约并注册5亿元以上内资项目37个、3000万美元以上外资项目18个。对台招商三年行动成效初显，引进台资项目72个。项目建设扎实推进，新开工5亿元以上项目21个、竣工17个、达产18个，入选省级重大项目3个。园区功能不断增强，常安纺织园限值限量管理平台正式上线；电子信息产业园区域环评通过审查，金属表面处理中心投入运行；太原理工产业研究院落户上湖创新区；中意海安生态园完成规划选址，明确产业发展定位。

——优品质、美环境，城乡面貌有效改善。统筹推进城市更新、空间治理和生态修复，省级美丽宜居城市创建可观可感。国土空间规划“三区三线”完成划定，城镇开发边界面积达184.2平方公里。城市更新形成高效规范模式，创新出台房票安置政策，文汇公馆、新广电中心周边区域基本完成签约交房，丝厂区域等地块成功出让。新开工安置房3200套，新增人才公寓、青年公寓1000余套，房地产市场平稳有序。328国道快速通道及4条市政道路建成投用，长江路世纪大桥即将通车，邮政物联大厦、金融集聚区等重点工程加快建设。“路长制”工作入选全国典型案例，全省唯一。创成省级农村物流达标县。上湖创新区、新通扬河生态区基础设施、配套功能、公共服务不断完善，片区形象进一步提升。扎实开展市容市貌、拆违控违专项整治，改造提升老旧小区22个，整合停车泊位4600余处，全国文明典范城市创建保持常态长效。试行垃圾处理费征收管理，建成可回收物智能分选中心。小城镇建设有序有力，整治撤并集镇6个，韩洋、丁所、北凌、沙岗等老集镇焕发新生机。生态环境质量稳步改善，$PM_{2.5}$平均浓度31微克/立方米，优良天数比例南通前列，市考以上断面水质优Ⅲ比例连续两年达100%。区域治水畅流活水工程推进有序，农田退水治理模式全省推广，焦港河入选全国幸福河湖建设试点。城乡污水处理一体化高效推进，新建污水管网40公里，建成2.2万户分散式农户生活污水治理设施。新增全国乡村治理示范村1个、传统村落1个，省特色田园乡村2个、绿美村庄5个、生态文明建设典型1个，获批创建全省农村人居环境整治示范县（市）。

——惠民生、增福祉，社会大局和谐稳定。15项民生实事全面完成。新增就业、再就业1.5万人，开展职业技能培训8100人次。新增企业职工养老保险参保2万人、城乡居保转企保6940人，城乡低保、社会救助、抚恤优待和残疾人“两项补贴”等标准稳步提高。新建改建高新区实验小学、南屏小学等各类学校40所，新增学位5400个。教育品牌持续擦亮，中高考再创佳绩。义务教育优质均衡发展通过省评估验收，获评省高质量平安校园建设县（市）。紧密型医共体实体化运作，中医院急诊科研综合楼投入使用，应急医院具备运营条件，上湖医院初步完成内装，新建发热门诊3家、发热诊室49家，建成“15分钟医保服务圈”13个。“一老一幼”服务体系日益健全，实现80周岁以上老人政府购买居家养老服务全覆盖，创成全国示范性老年友好型社区1家，新增省级示范托育机构1家、普惠托育机构2家。蝉联省双拥模范城。文化强市再添新彩，新增省“五个一工程奖”3项、“五星工程奖”1项、“最美公共文化空间”1个。社会治安防控体系不断健全，巡处一体化改革成效明显，各类违法犯罪活动持续下降。建成多元合一的社会治理综合服务中心，成功化解一批信访积案。扎实推进城镇燃气、经营性自建房、危险化学品等重点领域排险除患，安全生产专项治理三年行动圆满收官，本质安全水平持续提升。

——强作风、提效能，自身建设不断加强。认真学习贯彻党的二十大精神，深刻领悟“两个确立”的决定性意义，增强“四个意识”、坚定“四个自信”、做到“两个维护”。“八五”普法纵深推进，被确定为全国4个法治文化建设联系点之一，获评省法治政府建设示范县（市）。健全完善政府常务会、市长办公会等议事决策制度，持续深化政务公开，自觉接受市人大、市政协及社会各界监督，办理人大代表建议401件、政协提案252件，办复率、满意率均达100%。府院联动协同高效，一批历史难题有效化解，行政机关负责人出庭应诉率连续16年100%。认真落实党组全面从严治党主体责任，大力开展“机关作风建设提升年”活动，从严从实抓好省委巡视和环保督察、涉粮问题专项巡视等反馈问题整改。牢固树立“过紧日子”思想，强化预算刚性约束，建立健全政府投资项目财政承受能力论证机制。切实管控政府性债务，全口径综合成本压降40个基点，债务率继续实现下降。

积极支持工会、共青团、妇联、工商联、侨联、残联、慈善总会、关工委、科协、老科协、老促会、见义勇为基金会、新四军历史研究会、工业经济联合会等群众团体开展工作。人武、机构编制、人防、消防救援、机关事务、史志、档案、供销、外事、侨务、民宗、老干部、防震减灾、气象等工作取得新成绩。海关、新长车务段、新长工务段、供电、邮政、通信、烟草、保险等部门和红十字会、商会、行业协会等组织为地方高质量发展作出新贡献。

各位代表，上下同欲者胜，风雨同舟者兴。过去的一年，我们走过了一段极其艰难、极具挑战的历程，在极不容易的年份创造了极为难得的业绩。一年来，我们保持定力、克难奋进，在疫情影响、经济下行等多重冲击下，全力以赴保主体、稳运行，抓招商、攻项目，扛住了超出预期的压力，克服了难以想象的困难，交出了一份“难中有为、干中有成、稳中有进”的发展答卷。一年来，我们勇立潮头、创先争优，紧紧围绕“五个海安”“五个强市”发展目标，深入推进“枢纽海安、科创新城”发展战略，勇闯深水区、开辟新道路，持续深化产业培育、数智赋能、科技创新、城市更新、乡村振兴、生态环境等领域改革攻坚，形成一批示范性引领性工作成果。一年来，我们激扬斗志、实干担当，始终将“求真务实、狠抓落实”作为政府工作生命线，以对事业、人民、历史负责的态度，敢为善为、奋发有为，完善了项目预审、绩效评价等一批顶层制度设计，办成了国企优化重组、社会治理资源整合等一些事关长远的大事。一年来，我们同舟共济、团结奋斗，各部门各板块始终与广大群众、市场主体携手同行、并肩奋战，各级干部用心谋事、踏实干事，广大企业主动作为、创新突破，全市人民群策群力、同心协力，各项工作干出了新业绩、展现了新气象。特别是面对疫情的反复冲击和“迎峰转段”新形势，全体党员干部闻令而动、尽锐出战，广大医护人员不顾安危、日夜奋战，众多网格员、志愿者挺身而出、迎难而上，与百万海安儿女众志成城、共克时艰，共同构筑了维护人民生命安全和身体健康的坚固防线。发展成就来之不易，这是全市人民在市委正确领导下勠力同心、勇毅前行的结果，是市人大、市政协和社会各界有力监督、鼎力支持的结果。在此，我代表市人民政府，向一直以来关心支持海安发展的社会各界朋友，致以最衷心的感谢！向所有为这片热土倾注心血的建设者、奋斗者、参与者，致以最崇高的敬意！

各位代表，思危方可居安，知忧才能克难！在肯定成绩的同时，我们也清醒地认识到，经济社会发展面临的困难和挑战依然较多：受疫情等多重因素影响，经济增速未达预期；亩均产值整体偏低，增量项目投入见效不快，多个主导行业整体利润亏损，加之大规模减税降费叠加影响，财政收支平衡压力加剧；资源集约节约利用效率不高，土地、能耗、环境等要素制约日益趋紧；大气、水等环境质量指标横向差距明显；民生领域尚有短板，教育、医疗、“一老一幼”等公共服务与群众期盼仍有差距；少数干部思想观念、能力素质还不完全适应新形势新任务新要求，等等。对此，我们已经采取一系列措施加以解决，今后将进一步加大工作力度。

2023年工作任务

党的二十大为全面建成社会主义现代化强国、实现第二个百年奋斗目标，以中国式现代化全面推进中华民族伟大复兴指明了前进方向、确立了行动指南。我们将自觉用党的二十大精神统一思想、统一意志、统一行动，在新征程上全面推进中国式现代化海安新实践。

综观当前形势，经济恢复的基础尚不牢固，需求收缩、供给冲击、预期转弱“三重压力”仍然较大，外部环境依然严峻，区域竞争日趋激烈，保持经济社会平稳健康发展面临很多困难和挑战。但我们也要看到，各级政府相继出台一揽子稳增长政策措施，形成一系列政策性配套性工具，这些是我们爬坡过坎、战胜困难的有力支撑；“长三角一体化发展”等重大战略扎实推进，上海大都市圈加快建设，省内区域协调发展战略大力实施，这些是我们乘势而上、赢得未来的重大机遇；经过多年的发展，我们拥有完备的产业基础、良好的创新生态、独特的枢纽优势，这些是我们追赶跨越、实现突破的坚定基石。更应当看到，在市委坚强领导下，锻造了敢打硬仗、能打胜仗的高素质干部队伍，营造了政企同心、干群同向的良好氛围，这些是我们勇攀高峰、逐梦前行的最大底气。只要我们抢抓历史机遇，增强历史主动，沿着既定道路一步一个脚印，就一定能够开创海安高质量发展新的辉煌！

2023年是全面贯彻落实党的二十大精神的开局之年，也是海安现代化建设的关键之年，做好各项工作意义重大、影响深远。今年政府工作的总体思路是：坚持以习近平新时代中国特色社会主义思想为指导，全面贯彻党的二十大和中央经济工作会议精神，深入贯彻国家、省和南通市决策部署，认真落实市委十四届四次全会部署要求，坚持稳中求进工作总基调，完整准确全面贯彻新发展理念，服务构建新发展格局，以推动高质量发展为主题，围绕“枢纽海安、科创新城”战略定位，更好统筹疫情防控和经济社会发展，更好统筹发展和安全，全面深化改革开放，大力提振市场信心，有效防范化解重大风险，持续保障和改善民生，全力推动经济运行整体好转，致力打造“枢纽海安、智慧海安、健康海安、平安海安、美丽海安”，奋力建设“产业强市、文化强市、教育强市、科技强市、人才强市”，推动中国式现代化海安新实践开好局起好步。

今年全市经济社会发展的主要预期目标是：地区生产总值增长6%左右；一般公共预算收入增长8%以上；工业应税销售增长10%以上；规模以上工业增加值增长9%左右；服务业应税销售增长10%左右，其中规上服务业重点行业营收增长21.5%；固定资产投资增长3%左右，其中工业投资增长3%左右；研发经费支出占地区生产总值比重达2.79%；居民人均可支配收入增长与经济增长保持同步；生态环境质量持续改善；万元地区生产总值能耗和主要污染物减排完成上级下达任务。

目标引领方向，实干成就未来。围绕实现上述目标，我们将重点抓好以下九个方面的工作：

一、在扩大有效需求中释放内生发展新动力

千方百计扩大有效需求，充分发挥消费的基础作用、投资的关键作用、出口的支撑作用，全力推动经济持续回稳向上。

*积极扩大有效投资。*聚力攻坚项目建设，加强全生命周期服务管理，推动亚太轻合金四期、铭利达二期等重大项目开工建设，入选南通市重大项目25个，其中省级重大项目4个。新开工亿元以上项目50个，其中专精特新项目8个、5亿元以上项目15个；新竣工5亿元以上项目5个、达产3个；实施技改项目350个，完成制造业投资超300亿元。推动城建交通、环保水利等领域基础设施提档升级，新增建设投资19.2亿元。积极争取上级政策扶持，科学安排资金支出，确保尽快形成更多实物工程量。发挥政府投入引导和撬动作用，着力吸引社会资本投向科技创新、产业转型、乡村振兴等领域，有效盘活闲置资产，培育壮大新增长点。

*大力提振消费市场。*支持传统商业与新业态融合发展，加快海洋广场项目建设，提升现有综合体集聚效应，打造高品质城市商圈。持续办好“海量优惠·安享消费”系列活动，鼓励扩大新能源汽车、家居、家电等大宗消费，推动住宿餐饮、批发零售、休闲娱乐等传统

消费加速回暖。大力发展首店经济、夜间经济，放大河豚节、荷花节等旅游节会效应，升腾城市“烟火气”。积极培育医疗健康、养老托育、家政服务等消费热点，满足多层次消费需求。高标准建设国家级电子商务进农村示范项目，进一步贯通物流配送体系，充分释放乡村消费潜力。用好房票安置政策，更好满足人民群众刚性和改善性住房需求，推动房地产市场平稳健康发展。

拓展对外开放空间。深入实施“5520”重点外贸企业培育计划，组建服务专班，支持企业保市场、抢订单、争份额，完成外贸进出口总额30亿美元。梯度培育海关高级认证企业，积极推广“跨境电商+海外仓”模式，推动跨境电商产业园起步见势。大力招引制造业外资项目、跨国公司功能性机构，引导外资企业增资扩股、利润再投资，促进利用外资稳存量、扩增量。全力巩固美国、欧盟等传统市场，不断扩大“一带一路”、RCEP“朋友圈”，支持建筑施工、生态环保等优势产业借船出海、抱团发展，实现对外直接投资7000万美元。

二、在构建现代化产业体系中厚植产业强市新优势

坚持“产业强市”不动摇，以省制造业高质量发展示范区建设为引领，瞄准前沿领域，巩固优势链条，加快提档升级，构建更具竞争力的现代化产业体系。

数智引领赋能产业提质增效。积极发展软件信息、大数据、云计算等数字产业，推动数字经济和实体经济深度融合，新增5G基站500个、“5G+工业互联网”应用32个，争创省级“5G+工业互联网”融合应用先导区。深化智能化改造和数字化转型，全面开展中小企业免费诊断，实施改造项目400个，新改造规上工业企业100家，新增国家级两化融合贯标企业9家、省级上云企业30家。支持中小企业深耕细分市场，新增省级以上单项冠军、专精特新“小巨人”企业10家。提升制造业企业服务化水平，新增省级以上工业设计中心、服务型制造示范企业8家。鼓励民参军、承接军转民，推动国防工业科技成果落地转化。深入实施工业企业资源利用绩效评价，稳步提升亩均产出。坚持向存量要增量，处置批而未供土地1600亩、闲置低效用地1500亩。

强链补链放大产业竞争优势。持续推进“5123”大企业领航工程，在高端装备、高端纺织等支柱产业培育一批头部企业，支持集群集采，强化链内配套，带动上下游企业协同生产、循环畅通。抢滩布局新产业、新赛道，借力战略性新兴产业固链强链。专注发展磁性材料、高温合金材料、功能膜材料三大高端新材料产业，建成投产鹰球精密轴承、亚太特种铝材、东材聚酯基膜等项目，新材料产业开票销售突破200亿元。组建新能源产业联盟，加强光伏、风电、储能技术研发攻关，融合发展新能源与节能环保产业，打造千亿级集群生力军。推进建筑业转型发展，主动进军市政设施、轨道交通等高附加值领域，全力拓展海内外市场。推广应用数字建造、精益建造、绿色建造，更大力度培育专精特新建筑企业，力争专精特新企业施工产值占比提升5个百分点。进一步完善建筑企业法人治理结构，优化股权分配机制，不断增强市场竞争力。加快发展研发、设计、咨询、专利等生产性服务业，促进现代服务业和先进制造业深度融合，新增南通市级以上两业融合重点企业2家、重点区域1个，引进楼宇经济项目15个以上。

借力资本驱动产业加速壮大。常态化开展政银企对接合作，组建长三角金融业发展联盟海安基地，为更多市场主体注入金融活水。更大力度推进企业上市挂牌，通过资本并购、境内外上市等渠道对接多层次资本市场，新增主板上市企业1家、报会企业2家，梯次培育上市后备队伍。大力引进产业资本，充分发挥各类产业基金作用，综合运用“拨投结合”“投贷联动”等方式，引导装备制造、纺织丝绸、时尚锦纶等传统产业垂直整合，支持电梯部件、电工电气等产业链资源重组，推动头部企业强强联合，带动中小企业兼并重组，加快挺进价值链中高端。

三、在深化改革创新中擦亮科创新城新名片

坚持把改革创新作为推动高质量发展的强大引擎，向改革要动力、向创新要活力，加快实现由依靠传统要素驱动向更加注重创新驱动转变。

打造创新驱动示范区。持续深化科创体制改革，集聚优势资源争创国家级高新区，更高水平建设国家创新型县（市）。梯度培育创新型企业，引培科创项目100个，净增高新技术企业55家，催生更多创新型领军企业。支持骨干企业牵头组建创新联合体，协同参与“揭榜挂帅”技术攻关，新增省级企业研发平台9家、产学研合作项目200个以上。提升新型研发机构基础研究、成果应用等核心能力，提高上海交大、太原科大等研究院运营质效，争创国家级研发机构。增强上湖创新区、两区科创园集聚吸附效应，创成省级以上孵化器、众创空间3家。放大科创基金、信保基金作用，扩大“科创贷”“海创投”惠及面。做优检测检验、首台（套）保险、知识产权等科技服务，加快科技成果市场化、产业化，完成技术合同成交额45亿元。

打造人才集聚强磁场。紧扣产业发展需求，集成完善人才政策，开展“产业精英、技能工匠、青年才俊”引培提升行动，引进顶尖团队10个、高层次创新创业人才100人、归巢学子3000人。拓宽以赛引才、以资引才、以才引才等渠道，放大“海安英才”天使投资基金撬动效应，定期举办人才项目路演大赛，广泛吸引新生创造力量。优化“订单育才”“柔性引才”模式，新增高技能人才1500人，引进海外高端人才、专业人才60人。支持南通理工学院、黑龙江工商学院在海发展壮大，吸引更多学生留海就业。稳步推进人才安居工程，布局高品质青年社区，新建人才公寓500套，优化人才服务生态，聚力建设青年和人才友好型城市。

打造改革赋能新样板。一体推进“放管服”“一件事”改革，重塑工程建设项目审批流程，最大限度减环节、减材料、减时限，打造最优营商环境。加强地上地下空间一体化开发利用，积极探索弹性出让、混合用地出让等供应模式，提高土地利用综合效益。规范安置房等不动产办证流程，完善土地出让手续，实现房地价值双提升。探索宅基地有偿使用及退出机制，深化集体经营性建设用地入市试点改革，兼顾保障农民

权益和发展用地。统筹六大资源基础数据库，扩大用能权、排放权交易和融资规模。拓宽供应链金融服务领域，创新应收账款、预付账款、动产质押等融资模式，吸引更多核心企业、供应商、金融机构入驻平台，确保融资规模突破6亿元。持续完善国资监管机制和国企治理结构，促进国有企业聚焦主责主业，进一步提升基础建设、片区开发、产业投资等专业化经营水平和市场化盈利能力。认真开展第五次全国经济普查，全面摸清家底，提高经济工作科学性、精准性。

四、在主动融入双循环中塑造开放开发新格局

突出量质并举，全力以赴扩投资、促开放、强载体，加速积蓄高质量发展强劲动能，深度融入“双循环”新发展格局。

*更高追求推进招商引资。*树牢质效导向，执行项目预审制、专家会审制，严把投资强度、科技含量、亩均效益、单位能耗等准入关，提升项目源头质量。优化整合专业招商力量，用好平台招商、活动招商，打好资本招商、顾问招商、乡贤招商“组合拳”，多渠道拓展招商路径。突出以企引企、以商引商，强化精准招商，着力招引一批强链补链项目。设立海外招商常驻机构，紧盯世界500强、国际行业领先企业，攻坚突破重大外资项目。新招引10亿元以上内资项目20个、3000万美元以上外资项目10个。

*更高层次发展枢纽经济。*聚焦打造长三角重要陆港城市和国家物流枢纽城市，巩固提升枢纽优势，推动枢纽功能从仓储、集疏运向贸易、结算等领域延伸。组建国际货运班列公司，加大中欧班列回程货源组织力度，争创省中欧班列集结中心示范工程。整合铁海快线、上港集团ICT项目资源，实现铁路物流基地到发量200万吨、凤山港集装箱吞吐量2.3万标箱。做优期货交割库平台，力争新获批交割品种2个。全力推进保税中心通关一体化，推广应用集团保税、分送集报等模式，实现进出区货物值4亿美元。加快万吨冷链港项目建设，做大进境肉类业务规模，配套布局生鲜电商、预制菜等业态，争创国家骨干冷链物流基地。

*更高质量做优专业园区。*建强十大专业园区，推动更多重大产业项目、高端科创平台、优质资源要素向园区集聚，加快提升园区经济产出率和贡献度。高标准建设中意海安生态园，紧扣“国际合作示范园区”目标定位，完善规划布局、优化组织架构，组建驻欧招商专班，同步推进开发建设与项目招引，引进储备一批引领性、支撑性强的重大外资项目。做大做强台商产业园，充分发挥两岸（海安）中小企业产业合作示范园比较优势，推动与昆山共建台商合作园区，打造台资集聚新高地。深化常安纺织园资源利用绩效评价，融合创新生态环境政策，探索形成更多改革试点经验。拓展机器人及智能制造产业园离岸孵化器合作网络，扩大协同创新成果。加速电子信息产业园项目落地、产业集聚，打造成为新增长极。加快粮食物流产业园区域粮食交易中心建设，争创省级优质粮食工程示范县（市）。

五、在建设上海卫星城中丰富宜居宜业新内涵

坚持内外兼修，提升发展能级，不断增强城市承载力、集聚力、影响力，彰显现代化上海卫星县城鲜明特色。

*接轨上海打造“卫星城”。*更高层次、更广领域、更深内涵接轨上海，主动参与上海大都市圈空间协同规划实施，深化产业协作、园区共建，精准导入优质沪资项目15个。全面加强与上海高校院所、创投机构对接合作，引进科创、人才类项目40个以上。系统整合陆港优势资源，与中外运、上港集团共建供应链协同联动体系，实现至上海方向货物发送量4.5万标箱。主动策应上海冷链产品市场需求，布局冷链货物集散、加工中心，建设上海冷链储运保障地。深化与上海配送企业、大型商超合作，助推本土优质农产品丰富上海“菜篮子”。拓宽教育、医疗、文旅等领域合作渠道，引入上海优质公共服务资源，建设高品质便民生活圈。

*完善功能打造“幸福城”。*深化“多规合一”改革成果，完成国土空间规划编制。加快规划区域城市更新，有序组织经营性用地挂牌出让。新改扩建丹凤路、南海大道等4条市政道路，建成邮政物联大厦等重点工程。持续提升公共服务能力，打造“一站式”邻里中心，试点建设完整社区。着力推动东如高速纳入上位规划，接续实施栟茶运河航道整治。上湖创新区统筹推进综合能源站、商业综合体等项目，确保黑龙江工商学院长三角产教融合园区快出形象；新通扬河生态区加快安置房建设，统筹推进特色步行街、海陵中学北校区等工程。促进产城融合、城乡融合，因地制宜建设特色小城镇，切实增强人口吸附力。

*精细管理打造“宜居城”。*以创建全国文明典范城市为统领，推进城市管理科学化、精细化、智能化，打造整洁有序的城市环境。狠抓拆违控违，加快清理存量违建，坚决遏制新增违建。深入开展文明交通、市容环境、物业管理等专项整治提升行动，打造一批规范片区、特色街区。实施破旧片区微更新、微改造，推动老旧小区物业管理市场化，支持有条件的既有住宅加装电梯。全面推广垃圾精准分类，城区“三定一督”小区达80%以上。加快建设智慧城市，融合数字城管、智慧停车等平台功能，实现信息互通共享、执法力量有效整合。

六、在加强生态环境保护中展示美丽海安新形象

牢固树立和践行“两山”理念，深入推进污染防治攻坚，加快绿色低碳转型，全力争创全国生态文明建设示范区。

*筑牢生态保护基础。*严格落实“三线一单”管控要求，更加注重生态保护修复，全面提升环境承载力。科学实施区域系统治水，打造生态河道160公里。加快城乡污水处理一体化进程，提标改造城北污水处理厂。建成污泥干化、生物质燃料等固废处置项目，推动“绿岛”项目、生态缓冲区等基础设施扩容升级。完成森林抚育5000亩、改造修复3800亩，进一步增强碳汇能力。建设环境损害替代性修复基地，打造落实生态损害赔偿制度实践引领区。

*抓实环境问题整治。*坚定不移打好蓝天、碧水、净土保卫战，推动环境质量不断提升。加强空气污染物协同控制，深化餐饮油烟、扬尘管控、移动源等专项整治，实施挥发性有机物治理项目

161个，确保$PM_{2.5}$平均浓度低于31微克/立方米，优良天数比例达82%。统筹开展入河排污口溯源整治和农田退水循环改造，保持市考以上断面水质优Ⅲ比例100%。抓好关闭搬迁企业遗留地块土壤污染调查和整治修复。用好各类环境治理监控平台，提升监管智能化、执法精准化水平，及时应对处置突发环境事件。认真落实中央、省环保督察问题整改措施，全力化解各类环境信访问题。

*推动绿色低碳发展。*坚持减污降碳增绿协同增效，科学有序落实“双碳”目标。系统推广节能降碳技术、清洁生产装备，加强绿色低碳技术应用示范，新增省级以上绿色工厂、绿色领军企业4家，通过清洁生产审核企业15家。有序推进光伏、生物质能等可再生清洁能源开发利用，规划建设地热能源站，钻探地热井2处，打造地热循环利用示范区。全力创建“无废城市”，推动工业、农业、生活源废弃物源头减量，规划建设再生资源分选中心，支持天楹集团牵头建立循环经济产业园，稳步提升可回收资源再生利用率。倡导简约适度、绿色低碳生活方式，全民共建共享绿色生态家园。

七、在推进农业农村现代化中书写乡村振兴新篇章

锚定打造新时代“苏中新鱼米之乡”目标，聚焦发展“新农业、新农村、新农民”，高位推进国家现代农业产业园创建，全力争创全国乡村振兴示范县。

*发展高质高效现代农业。*落实最严格的耕地保护制度，严防耕地非农化、非粮化，建成高标准农田4.5万亩。落实粮食安全责任制，加强粮食生产和重要农产品稳产保供，实现绿色优质农产品基地覆盖率75%以上。做优做强“五个一”特色产业，大力发展高效精品农业、绿色生态农业、高科技现代农业，新增重大农业项目30个，国家、省级农业龙头企业各1家。加快一二三产融合发展，推动天成智慧蛋鸡产业园、鑫缘工厂化养蚕、中洋水产全产业链开发等项目建设。放大区域农业服务中心改革效应，深化与北大荒、省农垦等国家级重点龙头企业合作，形成全国农业社会化服务创新样板。深入实施种业振兴行动，加快建设草鸡原种场，争创国家级桑蚕品种基因库。着力提升地理标志产品和区域公用品牌影响力，高标准建成农产品展销馆，不断提高“寻味海安”市场占有率和影响力。

*建设宜居宜业和美乡村。*大力推进乡村建设，优化村庄布局，规范农村建房审批，整治违章搭建和破落建筑，引导农民相对集中居住。加快补齐农村基础设施短板，疏浚河道16公里，改造农桥、危桥31座，新建枢纽闸站2座。巩固“四好农村路”全国示范成效，新改建农村公路10公里、亮化改造40公里，修缮县道30公里，进一步提升城乡互联互通水平。优化整合镇村公共服务资源，持续促进城乡基本公共服务均等化。扎实推进“厕所革命”“三线整治”、生活垃圾分类处置，切实改善农村人居环境。加强和改进乡村治理，高质量打造乡村振兴示范村、先进村，创成省级特色田园乡村2个、绿美村庄3个。

*拓宽助农惠农增收渠道。*深入开展富民强村帮促行动，有序落实农民收入十年倍增计划。充分发挥农业园区、产业化联合体等吸附作用，加大技术服务、保险金融等支持力度，吸引青年人才参与乡村振兴，带动更多农民就地就业创业。持续壮大新型农业经营主体，发展农民合作联盟，新增省级示范家庭农场5个、南通市级专业合作示范社5家，培育高素质农民2000人、新型职业农民150人。健全完善订单农业等利益联结机制，让农民更多分享产业增值收益。规范农村集体资产管理，开展股份权能改革，探索融合经济、服务经济、“飞地”经济等新路径，不断提高村集体经营性收入和村民分红收益。

八、在保障和改善民生中满足人民群众新期待

坚持以人民为中心，多措并举惠民生、暖民心，努力让群众生活品位更高、成色更足、质量更好。

*紧扣民生关切，让基本生活更安定。*加大高校毕业生、农民工、退役军人等重点群体就业帮扶力度，组织职业技能培训6700人次，新增就业、再就业1.4万人。推进社保扩面提质，新增城乡居保转企保6500人。深化总额控制下的医保支付方式改革，提升医保基金管理质效。健全“一老一幼”服务保障体系，支持社会力量兴办养老、托育机构。推广“机构+社区+居家”链式养老服务模式，促进医养、康养融合发展。落实生育支持政策，大力发展社区托育，扩大普惠托育覆盖面，新增普惠托育机构3家。健全分层分类救助体系，强化城乡低保、残疾人关爱、大病保险等托底政策，加强精神障碍患者管理和保护，建成残疾人综合服务中心、社会心理服务指导中心。

*均衡服务配置，让上学就医更舒心。*加快教育现代化步伐，扎实开展教育“双创”，新改迁建各类学校14所，新增学位3240个。优化城乡教育资源配置，整合镇村小微学校，新组建教育联盟7个、教育集团7个。深入推进“双减”工作，提高课后延时服务质效。深化普职融通、产教融合、校企合作，培养更多高素质技能人才。积极创建省健康县，持续提升医疗卫生服务供给质态，大力发展中医药事业，加快人民医院、中医院创建三甲医院，新建城市社区卫生服务站3家。放大紧密型医共体优势，完善分级诊疗机制，提高基层医疗卫生机构就诊率。

*提升文化内涵，让精神食粮更富足。*充分挖掘非遗文化、红色文化、名人文化等特色资源，加强对青墩遗址的保护、开发和利用，办好纪念紫石县建县80周年活动。持续推动城乡公共文化资源互联互通、共建共享，基本建成城市社区“15分钟文化圈”、乡村“十里文化圈”。建设高质量文化人才队伍，支持文艺精品创作，广泛开展文化惠民活动，讲好新时代海安故事。培育壮大现代文化产业，新增规上文化企业15家，文化产业增加值占地区生产总值比重提升至6.5%。统筹文明实践、文明培育、文明创建，有效发挥新时代文明实践阵地功能，广泛开展市民素质提升行动、志愿服务关爱行动，着力引导市民遵守公序良俗、践行文明礼仪，全力打造“志愿之城”“慈善之城”。

九、在主动防范化解风险隐患中实现治理水平新提升

加强和创新社会治理，提高重大风险应对处置能力，坚决筑牢安全防线，扎实推进社会治理体系和治理能力现代化。

持续优化疫情防控。精准做好新阶段疫情防控工作，认真落实新冠病毒感染“乙类乙管”防控措施，保障平稳转段。进一步完善工作流程和服务体系，动态调整药品储备投放、社区服务保障等措施，加快推进老年人等重点人群疫苗接种，确保顺利渡过流行期。加强医疗救治能力建设，全力抓好“一老一幼”、患基础性疾病等重点群体防护救治，有效保障群众就医用药需求，切实“保健康、防重症”。

着力提升治理效能。整合网格资源、做优精细服务、建强信息支撑，推动社会治理综合服务中心向镇村延伸，全力打造群众诉求汇集地、多元解纷主渠道、社会治理共同体。持续开展社会风险大排查大起底大化解专项行动，及时化解初信初访，妥善处置信访积案，争创全国信访工作示范县（市）。纵深推进扫黑除恶常态化，健全完善监测预警、打击整治、源头防范机制，深化网络安全治理，加快建设新一代雪亮技防工程，打造更高水平平安海安。

防范化解风险隐患。持续推进债务管理，坚决遏制增量、化解存量，确保债务率稳步下降。加快处置高成本存量债务，强化新增融资成本管控，推动债务结构优化、综合成本持续下降。健全完善监测预警、应急响应等债务风险管控机制，牢牢守住“不出险”的底线。积极防范建筑业流动性风险，加大龙头企业纾困力度，高效协调各方金融机构，满足合理融资需求。促进房地产市场健康发展，切实维护购房者权益。稳妥处置大型企业债务和担保链风险，依法严惩逃废债行为。严厉打击非法集资、金融诈骗等违法犯罪活动。

牢牢守住安全底线。扎实开展“本质安全提升”三年行动，持续拧紧安全生产责任链条，打造一批“四项举措”示范应用，争创省级安全发展城市。深化公共安全重大风险隐患“三清”专项行动，全面推进电动自行车全链条安全监管，滚动开展道路交通、建筑施工、危化品、特种设备等重点领域集中整治，坚决防范和遏制事故发生。健全突发事件应急救援联动机制，加强基层应急能力和物资保障体系建设，不断增强防灾减灾救灾综合能力。强化食品药品监管，坚决守护好人民群众“舌尖上的安全”。

各位代表，群众的急难愁盼，始终是我们最大的牵挂！今年继续推行民生实事项目人大代表票决制，市政府经广泛征求意见、充分研究论证，遴选形成了10类25件民生实事候选项目，提请大会票决。项目确定后，我们将精心组织实施，确保办实办好。

全力建设人民满意的服务型政府

新时代新征程，我们需要应对的风险挑战、矛盾问题比以往更加错综复杂，必须更加注重和加强政府自身建设，努力用我们的负重前行换取全市人民的岁月静好。

始终坚持忠诚为政。深入学习贯彻党的二十大精神，深刻领悟“两个确立”的决定性意义，增强“四个意识”、坚定“四个自信”、做到“两个维护”，不断提高政治判断力、政治领悟力、政治执行力，始终在思想上政治上行动上同以习近平同志为核心的党中央保持高度一致。坚持把党的全面领导贯穿政府工作各领域、全过程，严明政治纪律和政治规矩，持续推进政府系统党的建设。不折不扣落实好中央、省、南通市和市委决策部署，扎实推进各类巡视巡察、督察、审计等反馈问题整改。

始终坚持依法行政。深入贯彻习近平法治思想，坚决依宪施政、依法行政。持续开展“八五”普法，主动贯彻实施新颁布法律法规。严格履行重大行政决策程序，动态调整权力清单，做好行政复议和行政应诉工作，争创全国法治政府建设示范市。加强基层综合执法规范化建设，落实行政执法“三项制度”，构建市镇一体化执法监督体系，促进严格规范公正文明执法。践行全过程人民民主，自觉接受人大法律监督和工作监督、政协民主监督，主动接受社会舆论监督、群众监督，高质量办好建议、提案。持续提升政务公开质量和实效，让权力在阳光下运行。强化政府诚信建设，进一步提升政府公信力。

始终坚持为民施政。牢固树立正确的政绩观，站稳人民立场，树牢宗旨意识，坚持为人民服务、对人民负责。全面提升服务水平，健全完善一体联动、高效运行的政务服务体系，持续推进政务服务标准化、规范化、便利化。用情用力便民惠民，紧盯群众切身需求做决策、抓落实，推动政策向民生聚焦、资源向民生倾斜、服务向民生覆盖，以政府的“用心指数”赢得群众的“满意指数”。全心全意扶企暖企，持续加大减税降费、融资贷款、纾困解难等方面支持力度，以政府的“服务指数”换取企业的“发展指数”。

始终坚持勤勉理政。弘扬“马上就办、真抓实干”的优良作风，保持“夙夜在公、只争朝夕”的拼搏姿态，雷厉风行、实干善成，确保各项工作定了就干、干就干好、干就干成。倡导勇于担当、奋发作为，坚决整治懒政怠政，锤炼“事不避艰、行不畏难”的责任担当。持续优化考核评价体系，用好担当作为激励保护机制，营造干部敢为、企业敢干、群众敢首创的干事创业环境。切实加强调查研究，坚持扑下身子、沉到基层，察实情、体民忧、解难题。着力加强政府系统干部学习锻炼，不断提升应对复杂局面和谋发展、惠民生的综合能力，以过硬本领实现更好担当。

始终坚持廉洁从政。全面贯彻党风廉政建设责任制，全力营造干部清正、政府清廉、政治清明的良好生态。严格落实中央八项规定及其实施细则和省、市委具体办法，锲而不舍纠“四风”树新风，推进作风建设常态化长效化。坚决打赢反腐败斗争攻坚战持久战，聚焦工程建设、国资国企、政府性融资等重点领域，进一步健全完善不能腐的制度体系。坚持厉行节约、节用裕民，严格财政绩效管理，严控“三公”经费和一般性支出，切实以政府的“紧日子”换取群众的“好日子”。

各位代表，路虽远，行则将至；事虽难，做则必成！让我们更加紧密地团结在以习近平同志为核心的党中央周围，在中共海安市委的坚强领导下，在市人大、市政协和社会各界的监督支持下，紧紧依靠全市广大人民，坚定信心、同心同德，埋头苦干、奋勇前进，聚力打造“五个海安”、奋力建设“五个强市”，为全面推进中国式现代化海安新实践而努力奋斗！

海安市文化艺术中心

专　　文

深度融入长三角一体化　海安“量身”打造上海卫星县城

2022年5月，中共中央办公厅、国务院办公厅印发“关于推进以县城为重要载体的城镇化建设的意见”，提出加快发展大城市周边县城，支持位于城市群和都市圈范围内的县城融入邻近大城市建设发展，成为与邻近大城市通勤便捷、功能互补、产业配套的卫星县城。海安抢抓机遇勇争先，研究把握上海的发展趋势，精准对接上海的发展需求，主动承接上海的辐射效应，坚持走进上海开拓视野，服务上海拓展市场，融入上海助推发展，在区域竞争中抢占先机、赢得主动。

海安打造上海卫星县城

悠悠运河水，青青石板街，三塘十景海安美，青墩文明六千年。海安这片古老的土地上，闪耀着江海文明的第一抹曙光。滔滔黄浦江，巍巍大上海，东方明珠耸云霄，古韵现代相辉映。上海这座长三角龙头城市，书写着引领一体化发展的豪迈篇章。

海安与上海人缘相亲、文缘相通。海安籍著名爱国民主人士韩国钧先生，在两地发展史上架起一座里程碑的桥梁，让两地结下不解之缘：民国时期，韩国钧任江苏省省长期间，提出将原来的上海县单独划出设为特别市，并且在其任内建市，世人称韩国钧为“上海之父”。从历史到现实。海安是长三角重要的节点城市、上海大都市圈重要的卫星城市。连续3年获评江苏省推进高质量发展先进县（市、区），先后获评全国文明城市、国家卫生城市、国家首批创新型县（市），在全国县域经济综合竞争力百强榜列第23位、全国创新百强县（市）中列第13位。城市精神是城市灵魂的表达。“海纳百川、追求卓越、开明睿智、大气谦和”的上海城市精神，与“海纳百川、创新争先”的新时期海安精神有异曲同工之妙。同为“海纳百川”之城，骨子里都流淌着兼容并蓄与融合通达的城市文化。

海安着力建设上海公共服务融合共享地。全面对接上海教育、医疗、文化等领域高端资源，加强与上海高校院所的互动交流，深化与上海三甲医院的医疗合作，加大文化交流和城市形象推广力度，不断提升海安在上海的知名度和影响力，吸引更多名家名师名医名匠到海安设立工作室，带动更多上海人到海安投资、旅游、消费。

海安与上海地缘相近、往来密切。面对时代发展的浪潮，海安很早就参与到长三角一体化建设中来。早在20世纪80年代，“百万雄鸡下江南”“建筑铁军进上海”成为当时海安主动跻身上海经济圈寻求上海认可度最真实的写照。海安优质农产品为上海市民提供丰富的菜篮子、米袋子；一批又一批海安建筑铁军走进上海，一代又一代海安优秀学子求学上海，成为上海经济发展、创新创造的服务力量。

海安着力建设上海优质农产品最佳供应地。充分发挥“一粒米、一滴油、一只蛋、一条鱼、一根丝”五大农业产业优势，主动对接上海标准、上海市场，进一步提高市场占有率。积极承接上海先进农业产业转移，加快引进上海农产品深加工企业，不断提升农产品附加值。大力培育农产品区域公用品牌，依托农业龙头企业在上海、苏南布局设立公共仓，打造区域特色品牌。

海安与上海一江之隔、铁水相连。地处南通、泰州、盐城三市交界处的海安，东临黄海、南望长江，自古便有“三十六盐场咽喉，数十州县要道”之称，是省级综合交通枢纽城市和全省构建滨海特色城镇带中等城市，是长三角南北交汇、沟通江淮的商贸集散中心，更是上海大都市圈同城化、大都市通勤圈中的最佳节点之一。200千米≈1小时28分钟，这是海安站到上海虹桥站的物理距离和车程时间。随着沪苏通铁路、盐通高铁的正式运营，海安与上海的联系更加顺畅高效，两地跨江融合、同城化发展趋势更加明显。每天经停海安的列车约150列，其中海安与上海来往班次约80列，海安已全面融入“沪宁杭”经济圈。疫情期间，开行“海安—上海”保供班列，发送大米、蔬菜、肉禽蛋、面粉、食用油和防护服等物资累计3列96车2842吨，实现“门对门”运输保障服务，保供班列被中央广播电视总台报道。

海安着力建设上海冷链储运重要保障地。全力做好跨境保税、战略储备、生活物资三大“冷链文章”，争创国家骨干冷链物流基地。发挥进境肉类指定监管场所资源优势和现代农业集约优势，大力招引冷链物流项目，优化冷链空间布局和基础设施配套，加强重点冷链物流企业与上海、苏南地区城市配送企业的对接合作，努力成为上海冷链产品的“大冰箱”。

海安与上海产业“链”接、情缘深厚。2009年，正值上海筹办世博会。为帮助企业破解土地制约瓶颈，实现产业梯度转移，海安与上海杨浦区签署《上海杨浦（海安）工业园合作共建协议》，双方在海安开发区合作共建上海杨浦（海安）工业园，以“企业组团”和“政府间协议”的方式，承接杨浦产业转移和科技成果转化项目。2011年，海安又与上海奉贤区签订协议，合作共建上海奉贤（海安）工业园。先是合作共建园区的基础设施建设和功能配套完善，随之而来的则是产业“链”接、共谋一体化的“井喷式”发展。随着长三角一体化发展上升为国家战略和“规划纲要”实施，紧扣一体化和高质量两个关键词，海安累计引进上海企业投资产业项目约400个，上汽集团、上柴集团的重要配套项目和爱登堡电梯、图灵机器人等一批10亿元以上重大产业项目相继落户投产，并形成独特的“二期”“三期”现象。上海期货交易所百金汇有色金属期货交割库落户海安商贸物流产业园，年库存总容量50万吨，年吞吐量超5000万吨，是苏中苏北地区唯一的上海期货所指定交易库；上海铁路局海安物流基地正式运行，上海港ICT（海安）项目正式开航；海铁快线班列加密开行，海安至洋山港的班列增加到每周10列，海安成为对接“一带一路”的节点城市……两地在交通联通、产业互动、园区共建、科创对接、金融探索、文旅交流、医疗合作等各领域都取得重要突破，携手“撰写”了众多生动的成功案例。长三角一体化迈向全面深化，海安锚定全方位对接上海。2022年，海安获评国家首批创新型县（市），这与全球科技创新能力最强城市之一的上海同频共振。海安是江苏两家之一的省级科技创新体制综合改革试点地区，也是江苏长江以北唯一的首批国家创新型县（市）建设城市，更是南通最有创新氛围、最具创新活力的重要板块。海安连续四年被省政府通报表彰为推动科技政策落实和科技体制改革成效明显地区，拥有与上海协作联动的科创体系。上海交通大学、上海微电子研究院等国内知名高校院所在海安设立产业研究院9家，同济大学、华东理工大学、上海大学等高校先后在海安设立技术转移分中心，30多家上海科研院所与海安企业建立良好合作关系，实施产学研项目100多项，是各类英才创新创业的高地。

海安着力建设上海高端产业协同发展地。认真研究上海发展“五型经济”（创新型经济、服务型经济、总部型经济、开放型经济、流量型经济）和非大都市核心功能疏解带来的产业转移机遇，积极承接上海产业溢出效应，以常安纺织园、上海杨浦（海安）工业园、上海奉贤（海安）工业园等合作园区为抓手，主动融入上海、苏南产业链分工体系，围绕海安十大产业集群、战略性新兴产业发展方向，深入推进产业链精准招商，真正实现协同开放合作。全面加强与上海高校院所、科技园区、创投机构的对接合作，充分发挥上海交通大学海安研究院、海安集成电路技术创新中心等示范效应，促进更多上海科创资源向海安流动。进一步加强与上海在金融、国有企业等方面的合作，鼓励行业龙头企业到上海建立研发机构和企业研发中心，加快形成协同创新格局。

（市融媒体中心）

中国铁路上海局集团有限公司海安物流基地一景，摄于2022年11月10日　　姜　明／摄

“全域科创”赋能产业发展　海安奋力建设创新型县（市）

海安高分通过国家创新型县（市）验收，成为首批国家创新型县（市），苏中、苏北地区唯一。连续五年被省政府通报表彰为推动科技政策落实和科技体制改革成效明显地区，南通唯一。在中国创新百强县（市）中列第13位。2022年，海安交出一份出色的“科技创新答卷”。

海安获评国家创新型县（市）

创新引领 激活高质量发展源动力

海安市委、市政府把创新作为制胜未来的决定性因素放在心上、抓在手中，坚定不移以创新培育发展新动力，持续推动经济社会高质量发展。完善科技创新委员会与科技创新委员会办公室职能，聚焦“科技政策落实年”活动，推动“1+13+1”科创政策体系落地落实。高规格成立以市委主要领导为组长的国家级高新区创建工作领导小组，主动融入沿江科创带建设。制定《海安市创新驱动经济高质量发展“三高两新”行动方案》，编制完成国家创新型县（市）建设三年工作方案，为科技创新发展描绘“路线图”“施工图”。

跑出高企培育加速度。海安以更大力度加强高新技术企业（简称高企）培育，持续实施高企培育三年行动，依托五级梯次培育库，实行动态管理、跟踪服务，提高科创载体孵育高企产出率，形成“发现一批、服务一批、申报一批、认定一批”的高企培育机制。依托科研院所，海安借“外脑”强“内功”，以科创公共服务平台建设，助推科技成果从“纸上”转化为推动企业高质量发展的现实生产力。2020—2022年，海安市各类科创公共服务平台累计实施产学研合作项目214个，合作经费6508万元，累计申请、授权各类专利215件、79件，研发人员总数超100人。

打好科技招商组合拳。海安成立由市政府主要领导任组长的科技招商推进工作领导组，建立区镇、园区、部门、科技镇长团等4支专业科技招商队伍，确定10个科技招商重点领域（高端纺织、高端装备、新材料、新一代信息技术、机器人及智能制造、节能环保、现代建筑、现代家具、现代医药及大健康、粮食物流），细化88场科技招商活动安排。选派6名青年干部到上海交通大学、南京大学及中关村等科技园挂职，深挖大院大所资源。多措并举打好招商“组合拳”。开展活动招商。坚持“走出去”扩源，注重“请进来”挖潜，将科技招商工作嵌入各类招商推介、投资促进、产学研等活动，推动科技招商“季度有主题、月度有活动、周周有洽谈”。鼓励平台招商。充分发挥南京大学海安高新技术研究院、海安上海交通大学智能装备研究院等重大平台作用，形成吸引科创项目、聚拢科技人才的“强磁场”。重推产业招商。梳理产业链招商图谱，发挥龙头、骨干企业在产业链中的带动作用，带动关联项目、上下游配套项目落户。发动乡贤招商。发挥在外乡贤影响力，通过乡贤推介科技招商政策，招引优质项目落户海安。支持机构招商。依托省技术交易市场海安分中心等技术转移机构，重点引进产业链细分领域优势高校院所的职务发明成果和市外科技企业挂牌交易的技术成果。引导基金招商。发挥海安产业投资控股集团及海安高新区、海安开发区国有基金引领作用，加强与专业投资机构全方位合作，带动国有金融资本与社会资本、龙头企业参与设立专业子基金，打造覆盖科创项目种子期、成长期和成熟期的全生命周期投融资服务体系。

搭建服务企业大平台。海安持续实施高质量研发平台提升三年行动，加强与省产业技术研究院对接，共建企业联合创新中心或专业研究所，做精做优科创公共平台，支持优质企业与国内一流高校院所共建校企研发平台，让更多科技成果“落地生金”。2022年，上海交通大学海安研究院成为南通市唯一获批立项的省新型研发机构建设项目，获省资金1000万元。中国天楹股份有限公司“江苏省固废资源化关键技术及装备重点实验室”通过验收，获省补助300万元。江苏联发高端纺织研究院入库省第五批科技创新券服务机构，实现海安零的突破。推动建立海安第一家产业协同创新联合体“南通市磁性材料及其元器件产业协同创新联合体”。至2022年底，累计获批省级企业工程技术研究中心81家、省级企业技术中心54家、省级众创空间10家，国家级企业技术中心3家、国家级孵化器2个。上湖海安太原理工大学先进制造与智能装备产业研究院、中科蓝海智能视觉中心在孵运营。为促进中国科学院创新资源向海安集聚，推动海安企业与上海科研院所优势学科创新资源深度融合，海安先后邀请专家到海安与企业对接149次，带领102家企业到中国科学院等大院大所对接合作，帮助企业解决技术需求402项。组织100多家企业参加省、南通市组织的各类线上产学研对接会7场，其中32家企业与院校达成合作意向。全市新增产学研合作项目223个，其中30万元以上项目124个。

招贤聚智
蓄积人才生态新动能

海安，有着尊重人才、爱惜人才的深厚底蕴，围绕建设“青年和人才友好型城市”目标要求，始终坚持以产聚才、以城礼才、以情待才，在扩大人口净流入、优化人口结构、吸引更多青年人才回流等方面谋举措、做文章，实现青年发展与城市发展的有机融合和良性互动。海安先后引进一大批领军型、高层次人才到海安创新创业，累计集聚高层次青年人才1141人，入选国家级人才22人、省“双创人才”218人，创业类占比超60%。至2022年，全市人才总量超17万人，年均增长率4.1%。海安人才高地逐渐崛起，高质量发展人才优势不断凸显。

引才，汇聚八方贤士。海安市委、市政府坚持党对人才工作的全面领导，党管人才工作格局进一步完善。市委“定期议才”，市委主要领导亲自谋划、亲自部署、亲自推动，为人才工作举旗定向。2022年，海安发布“人才强市36条”，真金白银、诚意满满地支持人才到海安发展。持续打造“招才引智直通车”品牌，依托驻外办事机构、高校等平台设立招才引智工作站，在海安籍学子集中的省内城市建立驻外团工委，提供政策咨询、城市融入等服务。精心组织“千企进校园”“百所高校行”等高校毕业生对接和招聘活动。推动南通理工学院海安校区、黑龙江工商学院长三角产教融合园区等海安院校采取技能培训、岗位实训等方式培养输送一批应用技能型人才。海安始终坚持招才引智不动摇，围绕支柱产业，推进关键核心技术攻关，深入实施顶尖人才顶级支持计划，实行“一事一议”“一人一议”，对顶尖人才不定框框，不设上限，根据发展需要全力提供经费支持，连续9年举办“创新创业在海安”“两院专家走进海安”等系列科技人才交流活动，推动海内外高层次人才与企业、园区深度对接。在引才过程中，海安致力于打造产业创新集群，搭建青年人才舞台，发挥新兴产业引领作用，围绕生物医药、智能装备制造、新材料等新兴产业配置人才和创新资源，实施“海安英才”计划，并设立青年专项，让优秀高层次青年人才脱颖而出，为实施精准引才、引智、引技奠定基础。海安还强化上湖创新区、海安开发区科创园等创新载体建设，建立20多个由国家级人才牵头、青年人才为骨干的人才团队，300多名硕士以上青年人才在园区创新创业。实施产业倍增三年行动计划，围绕500亿元级、1000亿元级培育目标，加快建设十大产业集群，提升青年人才吸附能力。强化创业保障。为青年人才创新创业提供孵化场所，租金实行“三免两减半”。鼓励商业银行提供青年创业特色金融产品，为青年人才办理小微贷款业务。对初次创业的青年人才，给予初始创业补贴和吸纳就业奖励。

用才，引领转型跨越。海安聚焦长三角重要陆港城市、国家物流枢纽城市和“单项冠军、专精特新”双名城建设，持续加强人才队伍建设，让各类人才在海安各展其才、各尽其能。引进创新创业领军人才，打造创新创业团队，催生高科技创新企业，崛起一个战略性新兴产业。高层次创新创业人才不断集聚的同时，海安按照“一行业领域一人才工程”的总体布局，围绕推进乡村振兴战略，抓好农村实用人才队伍建设，打造一支肯吃苦、能奉献、善经营、懂技术的乡土人才“三带”（带领技艺传承、带强产业发展、带动群众致富）队伍。全市54人成为省乡土人才“三带”典型，35人成为海安乡村振兴农业带头人，145名星级乡土人才被列入海安乡土人才培养对象，实现培养一批乡土人才、搞活一片乡村经济、富裕一方乡村百姓的链式效应。

留才，优化发展环境。海安坚持完善人才发展金融支持体系，设立3亿元科创人才子基金。建设人才住房保障体系，根据不同类型人才的安居需求，结合海安十大产业园区地理分布，合理布局租赁型人才公寓点位，确保产业园区10千米全覆盖。构建人才公共服务体系，升级“海安人才一卡通”，着力在高效率政务服务和高品质生活配套服务下功夫、花精力，简化申领流程，三日办结送达，为人才提供专属服务，服务对象扩展至持卡人无职业配偶和未成年子女，在全市形成关心人才、爱护人才、成就人才的浓厚氛围，为经济高质量发展提供人才和智力支撑。2022年2月12日，南通市首家青年人才驿站在海安全季酒店（党校店）揭牌成立。6月24日，举行人才学会成立大会，启动实施青年人才集聚“十大行动”（对接招聘、创业示范、就业实践、寻访海安、培育提升、平台打造、典型激励、筑巢安居、人文关怀、服务保障）。7月15日，召开人才发展大会。海安整合企业人才服务专员和政府人才工作者力量，建立起“政企才”沟通服务机制，有效畅通人才服务“最后一公里”。海安注重提升城市品质能级，持续优化生活环境，推进上湖创新区和新通扬河生态区建设，实施城市更新三年行动，布局青年社交、休闲娱乐等公共服务设施，积极打造适合年轻人居住的时尚社区。紧紧围绕年轻人消费需求和特点，统筹布局现代商圈、园区商圈、特色街区和商业综合体，鼓励发展首店经济、夜间经济，让年轻人在海安就能享受大都市休闲娱乐生活，打造一批网红打卡地、文旅消费集聚区。良好的人才发展机制和人才生态环境有效带动海安的高层次创新创业人才引进、培养和落户。（市融媒体中心）

阅读延伸

中共海安市委　海安市人民政府
关于加快建设人才强市的
若干政策意见
（海安市“人才强市”36条）

一、创新创业人才支持政策

1.创业项目扶持。实施“海安英才计划”，对符合海安战略性新兴产业发展需要，带技术、带项目、带资金到海安创业的高层次人才（团队），经评审确认，给予团队200万~600万元、个人100万~500万元的创业启动资助，重大顶尖人才项目，可一事一议，不设上限。

高层次人才（团队）在海安创业，根据实际需要，由落户区镇（园区）提供办公、研发和生产用房等物理空间，租金实行“三免两减半”；自行租赁场地的，三年内租金由落户区镇（园区）给予全额补贴。可按需申请租赁型精装修人才公寓，三年内给予租金优惠。在海安首购商品房自住的，按人才类别给予购房优惠或20万~100万元的一次性购房补贴。

2.创新项目支持。企业全职引进的符合海安战略性新兴产业发展需要的高层次创新人才（团队），经评审确认，给予团队200万~300万元，个人50万~200万元的资金资助。

对企业全职新引进的高层次创新人才（团队），三年内，按照院士（国家“两院”院士、发达国家院士）每月10000元，国家级人才（国家重大人才工程入选者、长江学者、国家杰青以及相当层次海内外高层次人才）每月7000元，省“双创”计划资助对象每月6000元，南通市“江海英才”计划资助对象每月5000元，“海安英才”计划资助对象每月4000元的标准发放生活津贴。

高层次人才（团队）到海安全职创新，可按需申请租赁型精装修人才公寓，三年内给予租金优惠；在海安首购商品房自住的，按人才类别给予购房优惠或20万~100万元的一次性购房补贴。

3.项目配套奖励。落户海安的高层次创新创业人才（团队）获得省级以上人才专项资金支持的，且企业运行质态良好的，按照资助经费1:1给予等额配套奖励；入选南通市“江海英才”计划的，市财政配套70%。配套奖励与“海安英才”计划资助按就高原则不重复享受。

从海安申报国家“两院”院士，最终入选的，给予个人500万元奖励，给予培养单位200万元奖励；从海安申报成为国家级人才（国家重大人才工程入选者、国家杰青等）的，给予个人100万元奖励。在海安范围内作为第一承担人申报获得国家自然科学奖、国家技术发明奖、国家科技进步奖二等奖以上的，给予个人100万元奖励；参与申报并获奖的，给予个人10万元奖励。

4.首套首购推广。对人才通过技术创新和成果转化形成的新产品新服务，只要符合市场准入和行业交易规则，可采用首购、订购等非招标采购以及政府购买服务等方式，给予大力推广应用。对新认定为国家、省级、南通市级重大装备首台（套）的分别奖励50万元、20万元、5万元。

5.企业成长奖励。高层次人才创办企业5年内累计地方财力贡献达500万元的，给予100万元一次性奖励，用于企业研发。对获得国家制造业单项冠军示范企业或单项冠军产品的人才企业，给予100万元奖励。对获评国家、省、南通市专精特新、科技小巨人等人才企业分别给予100万元、40万元、5万元的奖励。对人才企业购置的新生产性设备，对照当年新型工业化奖励办法，按照上浮1个百分点的比例，给予企业设备投资奖励。

6.人才薪酬（个税）补贴。企业因强化管理、拓展海外市场、进行资本运作，引进年薪30万元以上管理型、紧缺型人才，连续三年给予10%的薪酬补贴，每家企业每年最高30万元。五年内人才实缴的个人所得税地方留成部分由市财政等额给予补贴，单个人才补贴不超过100万元。

7.柔性引才补贴。企业采取返聘、讲学、咨询、合作等多种形式聘请院士（含退休院士、外籍院士）为企业服务的，按实际支出费用的50%给予单个企业最高20万元薪酬补贴。

对企业柔性引进高校院所“星期天工程师”、高层次外国（境外）专家（包括海外工程师、设计师、规划师、咨询师等），经审核，一年内按专家薪资给予1:0.5的配套补贴，单个人才补贴分别不超过10万元、50万元。鼓励区域农业服务中心柔性引进高校院所专家教授，由市财政给予补贴。

8.成果转化奖励。合理分配职务发明成果转让收益，对国有企事业单位人员职务成果转化所得收益，按照不低于90%比例奖励科研负责人、骨干技术人员等重要贡献人员和团队。

二、强化金融服务支持政策

9.贷款融资保障。建立2000万元的“科创贷”风险补偿专项资金，“科创贷”贷款利率上限不超过1年期贷款市场报价利率（LPR）+50个基点（BP），贷款期限不超过1年。合作银行对科技创新型企业、高成长性科技企业、科创板上市培育企业的贷款额度最高可分别达600万元、1000万元、2000万元。对“三新”（新产业、新科技、新人才）项目单笔600万元以下的银行贷款给予不超过70%的风险补偿。对入选各类人才计划的创业项目，3年内，按照银行贷款同期基准利率给予最高100万元的贷款贴息。

10.科创基金投资。加大政府投资基金支持人才创新创业力度，对获“海安英才”计划资助的创业类个人或团队项目，由海安科创基金择优给予股权投资，单个项目股权投资期限原则上不超过五年。

11.项目风险补偿。对备案投资机构投资海安人才企业的天使投资项目，入库之日起五年内，因被投资企业清算、股权公开挂牌交易、股权转让等实现投资股权完全退出发生投资损失的，按照首轮投资的实际损失给予30%的补偿，单个项目补偿不超过300万元。鼓励保险机构开办人才项目研发损失保险和人才企业产品质量保证保险，对由于科研人员出现意外、关键设备故障、知识产权纠纷以及人才企业产品不适用等造成的损失，保险机构提供理赔服务，市财政按照保费的40%给予补助，单笔分别最高补贴5万元、10万元。

12.协助上市奖励。鼓励引进市外股权投资、风险投资等金融机构投资高层次人才企业，对帮助海安初创型人才企业成功在境内外证券交易所上市的，在上市时存续且最先投资的基金管理机构，每上市1家企业给予基金管理机构50万元奖励。

13.企业上市奖励。对首次公开发行股票申请材料取得中国证监会正式受理的科创企业，一次性奖励200万元；成功上市发行后，一次性奖励100万元。各类人才计划入选者创办的企业自设立之日起，对海安新兴产业培育发挥较大作用，成功在境内外证券交易所上市（包括借壳）和新三板挂牌的，除享受市级企业上市和新三板挂牌政策外，对其首次成功融资后，在海安实际投资额超过融资额50%的，给予创业核心团队一次性奖励50万元。

三、青年人才集聚支持政策

14.青年人才创业支持。在海安创业的高校毕业生，初次创业稳定经营6个月以上且正常申报纳税的，经审核给予5000~50000元初始创业补贴，吸纳城乡劳动者就业，签订1年以上劳动合同并已连续缴纳6个月以上社保的，每有一人给予2000元的吸纳就业奖励。鼓励商业银行提供青年创业特色金融产品，为青年人才办理小微贷款业务。

对三年内获得国家主管部门承办大赛一、二、三等奖并落户海安的青年人才创业项目，分别给予最高50万元、30万元、10万元"落地奖"。

15.青年人才见习（实习）保障。对符合海安就业见习（实习）政策的高校毕业生，鼓励参加就业见习（实习）活动，由用人单位给予见习或实习学生不低于海安最低工资标准的生活补贴，市财政按实际发放的75%对用人单位给予补助。市外高校师生受邀参加由海安人才主管部门组织的人才招引活动，可提供食宿保障和交通补贴。

16.青年人才生活津贴。全日制普通高校大专（或技工院校高级工班）毕业生首次到海安企业就业或自主创业，参加企业职工养老保险、缴费满6个月，户口落户海安的，35周岁以下的，三年内给予每月500元的生活津贴。

全日制本科毕业生（或技工院校预备技师、技师班）、全日制硕士研究生（或副高级职称、高级技师职业资格）和全日制博士研究生（或正高级职称）首次到海安企业就业或自主创业，参加企业职工养老保险、缴费满6个月的，三年内分别给予每月1000元、每月2000元、每月3000元的生活津贴。

对企业进站博士后，全职在海安工作的，三年内给予每月5000元生活津贴。

17.青年人才驿站服务。在青年人才集聚的商圈、园区等地建立青年人才驿站，为到海安回海安应届毕业生提供免费定点住宿（一年内2次，每次不超过7天）、就业指导、社会融入等系列服务，打造一站式青年人才服务招引平台。

18.青年人才安居保障。在海安就业且无住房、参加企业职工养老保险的具有全日制大专（或初级、国家职业资格三级）以上学历（或专业技术职务任职资格、技能等级）的毕业生，均可由所在企业通过全市人才公寓信息管理平台申请青年公寓；对全日制大专、全日制本科、全日制硕士研究生（或副高级职称、高级技师职业资格）、全日制博士研究生（或正高级职称），在海安首购商品房的，分别给予每平方米300元、400元、500元、600元的购房补贴。

四、创新平台载体支持政策

19.企业平台建设奖励。企业联合"两院"院士共同建立省级院士工作站并实质运行的，经现场核查，给予50万元奖励。当年认定为国家技术创新中心、国家企业重点实验室给予100万元奖励；认定为省级企业重点实验室给予50万元奖励；认定为省级工程技术研究中心给予10万元奖励。行业龙头企业与江苏省产业技术研究院合作共建企业联合创新中心，经省产业技术研究院认定，给予20万元奖励。对通过省研发管理体系贯标的企业给予3万元奖励。对企业新建国家级博士后科研工作站企业设站单位、国家级博士后科研工作站分站企业设站单位、省博士后创新实践基地、省研究生工作站的单位，分别给予20万元、10万元、10万元、5万元的一次性奖励。每年从运行情况良好的博士后科研工作站中，选取一定数目的优质设站单位，由市财政给予10万~20万元的专项补助奖励。

20.新型研发机构奖补。支持园区与国内外顶尖研发机构或省产业技术研究院共建专业研究所，采取"拨改投"方式，按区镇（含科创园国有投资公司）新增现金投入（用于购置设备、软件、试验及运行费等）的50%给予支持。园区、企业与高校院所共建或自建独立法人新型研发机构，采取"拨改投"方式，按新购置仪器设备支出的30%给予支持。

21.载体绩效管理奖励。对经国家、省认定的企业加速器、科技企业孵化器、众创空间、双创示范基地等分别给予80万元、50万元奖励。对被认定为省农村科技服务超市、省以上星创天地的载体的，给予10万元奖励。对行业龙头企业牵头设立的产业技术创新战略联盟，经国家、省认定，分别给予100万元、50万元奖励。对孵化器运营绩效星级等级为"五星""四星"的，分别给予30万元、15万元奖励；对众创空间运营绩效星级等级为"五星""四星"的，分别给予20万元、10万元奖励。

22.离岸机构运行补贴。鼓励总部设在海安的企业在高端人才集聚的城市设立非独立法人研发机构，对研发机构实质运行的，给予20万~100万元补贴。区镇、园区通过共建离岸加速器、产业化基地、招才引智工作站方式引才且取得实效的，市财政按合作支出费用的40%，给予区镇、园区每年最高50万元补贴。在向海安输送高校毕业生超过一定规模的地区或海安生源较多的地区建立区域性高校人才工作站或联络站，每站每年给予5万元的工作经费。

23.离岸机构人才津贴。离岸研发机构聘用的与总部签订劳动合同，在离岸研发机构所在城市缴纳"五险一金"，在海安缴纳个税满6个月的研发人员，全日制本科毕业生（或技师职业资格）、硕士研究生（或副高级职称、高级技师职业资格）和博士研究生（或正高级职称），三年内分别享受每月1000元、2000元、3000元的生活津贴。

五、引才培才荐才支持政策

24.社会引才奖励。加大高层次产业人才引荐奖励力度，对帮助引进诺贝尔奖、图灵奖、菲尔兹奖获得者，国家"两院"院士，发达国家院士的引才机构（企业）或个人分别最高给予一次性奖励30万元（创业）和20万元（全职创新）。

帮助引进的海内外高层次人才，每入选1名国家级人才工程，给予引才机构（企业）或个人一次性奖励10万元；每入选1名省"双创计划"，给予引才机构（企业）或个人一次性奖励5万元。企业委托猎头机构招引高层次创新人才或团队，市财政按服务费的30%给予企业补贴，每引进一人最高补贴5万元。乡贤为家乡引荐人才成效显著的，参照以上标准给予奖励。

25.企业招聘补贴。企业新招聘的市外高校毕业生以及蓝领技术工人，与企业签订1年以上劳动合同，参加企业职工养老保险，缴费满6个月的，按照每人1000元标准给予招聘补贴。

26.协助申报奖励。协助人才成功申报国家重大人才工程、省"双创"计划的，给予企业申报专员一次性奖励5000元、3000元。协助有效申报国家重大人才工程的，给予企业申报专员一次性奖励500元。

27.技术经纪人奖励。建立科技镇长团结对联系企业制度，将科技镇长团成员纳入技术经纪人队伍，对帮助企业引进高层次人才达成科技创新成果合作的技术转移机构、技术经纪人，按照技术合同实际成交额2%的比例给予奖励，每人最高不超过3万元。

28.行业人才培养。宣传文化、教体、卫健、人社等部门加强"海安名家""海安名师""海安名医""海安名匠"等行业人才队伍建设，不断优化完善相关政策并制定具体实施细则。对引进的建筑、交通、金融、现代农业、城建规划、外经外贸、知识产权、服务外包以及国有企业等专业紧缺人才，享受同层次人才有关政策待遇，具体政策由各行业主管部门制定。

29.企业培才奖励。鼓励企业与高校合作，围绕就业需求，在普通高校、职业院校、技工院校开设全日制订单班，每班不少于20人规模的，按照实际支付费用给予企业培训补贴，人均每年最高补贴1000元，每家企业每年最高补贴10万元。

30.技能提升奖励。对于在海安企业就业，参加职工养老保险，缴费满1年的在职职工，通过职业技能培训或实训，取得初级（五级）、中级（四级）和高级（三级）《职业资格证书》或《职业技能等级证书》的，根据职业工种按规定给予培训补贴和职业技能鉴定补贴。获得正高级、副高级专业技术资格的人员分别给予个人一次性奖励8000元、5000元。获得高级技师、技师职业资格的人员，分别给予个人一次性奖励5000元、4000元。

31.院校委培补贴。组织企业与海安中专、南通理工学院（海安校区）就读的经济困难学生签订委培协议，每月分别资助400元、800元生活费，市财政和企业各负担50%，学生毕业后在企业就业。

32.院校荐才奖励。南通理工学院、黑龙江工商学院等本地院校每年应届毕业生在海安就业达到500人（含）的基础上，不足1000人的部分，每增加1人，奖励1500元；超过1000人（含）不足2000人的部分，每增加1人，奖励2000元；超过2000人（含）不足3000人的部分，每增加1人，奖励3000元。

海安中专每年海安籍高职应届毕业生在海安就业人数达到70%的基础上，每增加10个百分点，按每人600元、800元、1000元的标准奖励给学校；非海安籍高职应届毕业生在海安就业人数达到30%的基础上，每增加1人，奖励1000元。

市外院校根据到海安实际就业的学生人数（毕业生在海安企业就业，参加企业职工养老保险，缴费满6个月），当年满20人的，按照每人1000元标准给予推荐就业奖励。

高校组织20人以上毕业学年学生到海安企业见习（实习）满3个月的，给予每人1000元的推荐奖励。

六、人才服务保障支持政策

33.建立荣誉制度。坚持党管人才原则，建立人才荣誉制度，每年从全市各条战线评选10名左右"海安市政府特殊津贴获得者"，三年内，享受每月3000元的特殊津贴，增强人才荣誉感。健全领导联系服务专家制度，定期开展深入访谈、慰问、疗养等活动。每年举办"爱国·奋斗·奉献"人才培训班，注重吸纳高层次人才进入"两代表一委员"队伍，强化对人才的政治引领。大力宣传各类人才的创新创业成果和先进事迹，积极弘扬创业精神，激发创新活力，在全社会形成尊重人才、鼓励创新的浓厚氛围。

34.高效便捷落户。人才落户"零门槛"，具有全日制普通高校大专（或技工院校高级工班）及以上学历的应（往）届毕业生，将户口迁入海安城区的，取消住房、就业等条件限制，可先落户后就业，并给予1000~5000元落户补助。定制高层次人才子女入学、配偶子女落户等专属服务。统筹推进人力资源服务信息化，建设线上申报办理落户、异地就业、档案转接收等手续的综合服务平台，实现就业手续全流程"不见面"办理。

35.人才购房优惠。采取新建、配建、改建等多种形式筹集人才公寓。对于高端人才购买销售型人才公寓的，按照人才层次在100~140平方米范围内给予一定的购房优惠，具体以人才优惠购房细则为准。完善人才优先购房制度，对新取得预（销）售许可的热点楼盘，随机抽取不少于项目当期预（销）售许可住房的20%，优先满足人才家庭首次购房。管理期内的高层次人才享受专属住房公积金贷款政策，自缴存住房公积金当月起，即具备申请住房公积金贷款条件，每户贷款最高额度可放宽到海安个人住房公积金贷款最高限额的四倍。

36.生活服务保障。对符合条件的青年和人才提供"海安英才"一卡通服务，提供包括行政服务、医疗保障、旅游观光、文化休闲、交通出行和金融服务等内容，提供全周期人才服务，在指定体育场馆健身，可享受政策优惠，高层次人才可免费游览全市主要旅游景点。建立人才健康档案，高层次人才和对海安经济社会发展作出突出贡献的人才享受医疗"绿色通道"服务，可在指定医院每年享受最高2000元的定制化体检套餐。发挥群团组织作用，常态化开展相亲等联谊活动，加强青年的深度交流，帮助适龄青年解决婚恋问题。

（市委组织部）

海安新通扬河生态区

大事记

1 月

9—13日 中国人民政治协商会议海安市第十五届委员会第一次会议在市行政中心报告厅召开。

11—14日 海安市第十七届人民代表大会第一次会议在市文化艺术中心召开。

12日 省农业农村厅到海安督查农产品稳产保供、疫情防控、安全生产等工作。

13日 省教育厅到海安检查校园安全情况，并对海安市创建“江苏省高质量平安校园建设县（市、区）”工作进行考评。

△ 江苏铁锚玻璃股份有限公司、江苏鹏飞集团股份有限公司获2021年度南通市市长质量奖。

19日 全市党史学习教育总结暨“我为群众办实事”常态长效推进会议召开。

△ 全省制造业高质量发展示范区建设专题调研座谈会在海安召开。

△ 南通家惠油脂发展有限公司的小榨浓香菜籽油获评2021年度“中国好粮油”。

22日 海安市被命名为“四好农村路”全国示范县，南通唯一。

是月 江苏天楹环保能源成套设备有限公司生产的医疗废物等离子体气化集中处置成套装备获江苏省首台（套）认定。

△ 海安浩驰科技有限公司获评2021年度江苏省“最具成长性高科技企业”。

2 月

1日 海安市获2021年度全省推进乡村振兴战略实绩综合考核第一等次。

7日 海安在南通市综合考核中实现“十连冠”。

8日 海安市长江路幼儿园和第二实验幼儿园获评2021年度全国足球特色幼儿园。

9日 海安市工业发展大会在中洋金砖酒店召开。

△ 海安籍侨胞刘斌当选美国工程院外籍院士。

10日 海安市人民对外友好协会成立大会暨第一届理事会全体会议召开。

△ 海安开发区、江苏威尔曼科技有限公司、江苏海迅实业集团股份有限公司入选第二批江苏省先进制造业和现代服务业深度融合试点单位。

12日 “才聚海安 智汇高新”海安市青年人才驿站揭牌暨“千名学子看高新”系列活动启动仪式举行。

15日 海安市实验小学与新西兰N立方教育缔结友好学校线上签约仪式举行。

△ 江苏文凤化纤集团有限公司与南通大学合作完成的“5D/3F锦纶功能性超细丝束的关键技术及产业化”以及南通跃通数控设备股份有限公司牵头完成的“面向定制化的木门智能加工设备及应用”获2021年度江苏省科学技术奖三等奖。

17日 海安市区域农业服务中心揭牌仪式在海安开发区区域农业服务中心举行。全市设里下河、西南、高新区、开发区、东部五大区域农业服务中心。

22日 海安市被列为第三次全国土壤普查试点县。

28日 墩头水乡印象馆入选2022年度江苏省“最美公共文化空间”打造对象。

是月 江苏省瑞恩电气股份有限公司、南通市金石置业有限公司获评第四届江苏省优秀侨资企业。

3 月

3日 中国共产党海安市第十四届纪律检查委员会第二次全体会议召开。

4日 海安市农村工作会议召开。

5日 海安市“志愿之城”建设暨新时代文明实践再出发动员大会召开。

△ 南莫镇“板凳讲习所”项目、大公镇“邻里连心”项目在第六届江苏志愿服务展示交流会上分获金奖、银奖。

7日 省安全生产专项整治第六督导组到海安督导安全生产工作。

10日 省政协、民进江苏省委到海安专题调研青墩遗址二次发掘工作。

15日 海安市召开创建国家生态文明建设示范区动员暨深入打好污染防治攻坚战工作推进大会。

31日 海安市第九届乡村旅游节暨大公镇第十二届梨花节开幕。

△ 海安市首家助力企业科技创新工作站、助力乡村振兴工作站揭牌仪式分别在江苏文凤化纤集团有限公司、雅周镇迴垛村举行。

4 月

9日 满载千余吨抗疫民生物资的首趟“海安—上海”保供专列发出。14日，满载41个集装箱700多吨农副产品的第二趟保供专列向上海发出。

13日 省委第三巡视组巡视海安市工作动员会在海安召开。

△ 南通市达欣工程股份有限公司团委获评2021年度全国五四红旗团委，南通唯一。

15日 中国天楹股份有限公司“一种大型生活垃圾焚烧炉排炉”“利用等离子体炬资源化处理垃圾焚烧飞灰的方法”，江苏中洋集团股份有限公司“一种刀鱼亲鱼的生态工厂繁育方法”，江苏繁华应材科技股份有限公司“一种组合型调光玻璃复合窗及其制备方法”获第二十三届中国专利奖优秀奖。

22日 海安市举行招商项目在线洽谈集中签约活动，13个招商项目“云签约”，总投资近100亿元。

28日 海安市现代农业产业园获批创建2022年国家现代农业产业园。

29日 江苏海洋大学与南通宇源新材料科技有限公司合作的“有机无机高吸水性树脂的制备及性能研究”项目，南通大学与江苏万拓新材料科技有限公司合作的“抗菌型多功能PVC饰面新材料技术开发”项目，盐城工业职业技术学院与南通东屹高新纤维科技有限公司合作的“喷水织机织制气囊织物的设计与开发”项目获批2022年第一批江苏省产学研合作项目。

是月 海安机器人及智能制造产业园科研楼全面建成并投入使用。

△ 江苏海安农村商业银行办理首笔跨境金融区块链融资业务。

△ 在第十六届全国党员教育电视片观摩交流评选活动中，海安市报送的参赛作品《苏中七战七捷》《三十三年的接力支教》入选百集党史微视频《记忆100》系列，获一等奖；《养殖场里的仇大夫》入选微视频《我们共同的名字》系列，获三等奖。

5 月

13日 南通市政协、致公党南通市委到海安调研“一带一路”建设和“专精特新”企业培育工作。

△ 海安市举行“才聚海安 智注新城”青年人才集聚之高校招才引智工作站云签约暨校企人才合作对接交流会活动。

14日 海安市召开学习贯彻习近平总书记在庆祝中国共产主义青年团成立100周年大会上的重要讲话精神座谈会。

20日 中国天楹、苏中集团100兆瓦时重力储能及设备制造项目签约仪式举行。

23日 纪念毛泽东同志《在延安文艺座谈会上的谈话》发表80周年暨中国·海安523文化艺术节开幕式举行。

△ 南通龙洋水产有限公司的“生鲜水产品危害物的快速智能化检测技术研发及应用”项目、南京大学海安高新技术研究院的“新型石墨烯加热膜在农业玻璃温室保暖增温上的应用研究”项目获批2022年度江苏省科技计划专项资金（重点研发计划现代农业）项目。江苏铁锚玻璃股份有限公司的“高性能航空透明聚氨酯胶片的研发”项目获批2022年度省科技计划专项资金（重点研发计划产业前瞻与关键核心技术）项目。上海交通大学海安研究院获批2022年度省科技计划专项资金（创新能力建设项目——新型研发机构建设）项目。

24日 海安市召开“慈善之城”建设动员大会。

25日 云南省丽江市人民政府教育考察团到海安考察交流。

△ 在全国公安系统英雄模范立功集体表彰大会上，海安市公安局交警大队车辆管理所获评全国优秀公安基层单位，出入境管理大队王峥嵘被表彰为全国公安机关爱民模范。

26日 海安市未成年人思想道德建设暨乡村“复兴少年宫”全国试点建设工作推进会召开。

27日 南通市网信工作会议在海安召开。

31日 海安市韩国钧研究会成立大会暨第一次会员大会召开。

△ 南通市侨联基层组织建设工作交流推进活动在海安举办。

△ 海安市新四军联抗烈士陵园入选江苏省第二批100个“红色地名”。

是月 海安获评江苏省2021年度推进高质量发展先进县（市、区）。

△ 海安入选全国治理能力百强县，列第13位。

△ 西蒙电气（中国）有限公司被认定为江苏省外资总部企业，海安首家。

6 月

1日 海安市统计工作暨第七次全国人口普查总结表彰会议召开。

2日 南通市货车司机群体党建试点工作推进会在海安召开。

4日 海安首家“南通市楹联教育基地”授牌仪式在海安开发区实验学校举行。

6日 海安开发区洪旺村粒粒香家庭农场“农麦88”核心方亩产651.3千克，创南通市小麦高产历史新高。

7日 农业农村部农业机械化管理司到海安开展“三夏”小麦机收专项指导工作。

8日 国家级专精特新“小巨人”企业与中小企业公共服务平台对接交流会在海安市举办。

9日 在江苏省科学技术奖励大会上，市科技局获评首届省科技创新发展奖先进单位，成为苏中、苏北唯一获此殊荣的县级科技管理部门。

10日 云南省宁蒗县考察团到海安交流考察。

11日 更高水平的平安法治海安建设工作会议在市文化艺术中心召开。

△ 海安市举行“援沪医务人员回海”欢迎仪式。上海疫情发生后，海安市累计派出医务人员87人，收治患者

5月31日，海安市韩国钧研究会成立大会暨第一次会员大会召开

市委史志工委／供图

8374人，完成核酸采样近42万人次。

15日 南通市沿江科创带现场观摩会（创新支撑）在海安召开。

15—16日 广西河池市东兰县党政代表团到海安交流考察。

16日 海安4个项目获省工业和信息产业转型升级专项资金扶持，南通冠优达磁业股份有限公司、南通江中光电有限公司入选自主品牌企业培育项目，江苏繁华应材科技股份有限公司入选绿色低碳发展项目，南京大学海安高新技术研究院入选产业升级平台建设项目。

△ 海安新华河北侧绿化工程项目入选省“乐享园林”项目。

20—23日 “江苏优品·畅行全球”线上对接会南通海安家具家居中东（北非）专场通过MCMEET（盟畅）线上平台举办。

22日 省教育厅到海安开展“双减”和规范民办义务教育发展工作专项督导。

25日 青海省贵德县党政代表团到海安交流考察。

26日 海安市国有资本运营集团有限公司、美的置业集团有限公司、中国天楹股份有限公司与江苏省苏中建设集团股份有限公司战略合作集中签约仪式举行。

28日 新疆伊犁州党政代表团到海安交流考察。

29日 海安市召开“勇向潮头立奋楫正当时”“领导干部能力建设提升年”活动推进会。

30日 市委人大工作会议暨纪念海安人大设立常委会40周年大会召开。

△ 海安市禁毒科普教育馆获评江苏省科普教育基地。

是月 市人民检察院办理的“水上村庄”治理行政公益诉讼案、整治乡村镇区路灯行政公益诉讼案入选全国检察机关“千案展示”案例，并在正义网上展播。

△ 海安市入选江苏省习近平新时代中国特色社会主义思想研究中心首批实践调研基地，南通唯一。

7 月

1日 全市首家城市商业广场核心区域智能化书房——海安开发区24小时城市书房建成开放。

2日 海安市以“乡土中国之海安风情”为主题，在第十二届江苏书展苏州主展场展演《风情海安——海安民俗风情歌舞专场》节目。

4日 海安高新区列2021年度全省高新技术产业开发区创新驱动高质量发展综合评价第七位。

6日 中国—乌兹别克斯坦国际学术交流暨科研合作“云端”签约仪式在海安市中医院举行。

△ 滨海新区富港村灶港一村获评第九批次江苏省特色田园乡村。

8日 省广播电视总台、省文明办、省农业农村厅、省住房和城乡建设厅、省文化和旅游厅共同主办的“行走新时代鱼米之乡”融媒体新闻行动报道城东镇品建村。

11—12日 海安市党政代表团到陕西省略阳县开展苏陕对口协作互访交流活动。

15日 海安市召开人才发展大会。会上，举行首届海外高层次人才创新创业大赛启动仪式、海安英才天使投资基金成立仪式。

△ 亚太轻合金（南通）科技有限公司承担的“航空用高强韧耐蚀铝合金精密管材研发及产业化”项目、江苏晨朗电子集团有限公司承担的“重稀土偏聚型耐温高性能钕铁硼永磁体的研发及产业化”项目、中机锻压江苏股份有限公司承担的“深远海水下液压打桩锤的研发及产业化”项目获2022年度省科技成果转化专项资金项目立项。

16日 海安市举办第九届“创新创业在海安”主题活动。活动期间，举行高端装备、节能环保，机器人及智能制造、新一代信息技术、现代医药及大健康，高端纺织、新材料，现代建筑、现代家具、粮食物流4个专场科技成果发布会。

△ 南京大学海安高新技术研究院成立十周年主题活动暨新大楼启用仪式在中洋金砖酒店举行。

18日 海安市获评江苏省双拥模范城，实现七连冠。

△ 南通跃通数控设备股份有限公司、江苏文凤化纤集团有限公司、西蒙电气（中国）有限公司获评2022年度首批省五星级上云企业，入选数量南通第一。

20日 南通市退役军人移交安置工作座谈会在海安召开。

22日 海安市农村人居环境整治提升示范县（市）创建动员暨标准化试点启动仪式在南莫镇举行。

26日 美勒森家居科技有限公司、江苏天楹环保能源成套设备有限公司、江苏华艺服饰有限公司、南通双弘纺织有限公司获评江苏省工业设计中心。

27日 海安市《示范性引领 系统化发力 在探索“路长制”试点上形成“四化”经验》入选全国农村公路“路长制”典型案例，江苏唯一。

28日 海安中等专业学校与华新建工集团校企合作签约暨冠名班成立仪式在华新集团会议中心举行。

29日 国防工业科技成果转化“江苏行”（南通站）活动在海安举办。

是月 南莫镇“江海遗韵 生态南莫”项目获评首批江苏省生态文明建设典型，南通唯一。

△ 海安市蚕种科研与繁育中心项目和桑蚕茧丝一、二、三产融合发展项目入选江苏省农业农村重大项目省级示范项目。

△ 海安市获评江苏省2019—2021年度金融生态优秀县。

8 月

4日 南通龙洋水产有限公司、中洋渔业（清远）有限公司分别入选国家农作物种业阵型企业河鲀（淡水）、蛙类破难题阵型。

△ 江苏联发纺织股份有限公司、海安启弘纺织科技有限公司获评江苏省绿色发展领军企业。

8日 南通跃通数控设备股份有限公司、海安浩驰科技有限公司、中机锻压江苏股份有限公司、南通江中光电有限公司、江苏万力机械股份有限公司和江苏飞亚化学工业集团股份有限公司获评江苏省第四批专精特新“小巨人”企业。

11—12日 第七届“创客中国”2022年江苏省中小企业创新创业大赛专题

赛——新材料赛在海安举办。

13日 中国共产党海安市第十四届委员会第三次全体会议举行。

△ 江苏省海安高级中学2000届校友、东南大学化学化工学院教授吉远辉受邀出席第十四届全球华人化工学者研讨会，进行学术分享，并获评全球化工杰出女科学家奖。

15日 广西河池市东兰县党政代表团到海安考察交流。

△ 江苏省海安高级中学红学馆开馆。

19日 首届“海安中医节”开幕式在市文化艺术中心举行。

24日 海安开发区获批首批国家级知识产权强国建设试点园区。

25日 海安市税务局提供的素材入选《江苏基层对国常会部署稳经济一揽子政策的接续政策措施反响热烈》案例，被国务院办公厅《送阅信息》（第604期）采用，并获国务院总理李克强批示肯定。

30日 海安市获评国家首批创新型县（市），南通唯一。

△ 海安市办理“苏采云”平台江苏首批、南通地区首笔“政采贷”业务。

31日 庆祝海安开发区建区30周年暨获批国家级开发区10周年大会召开。

△ 国家蛋鸡体系服务县域经济发展（海安市）2022年工作会议暨海安市蛋鸡全产业链技术协同推广联盟会议召开。

是月 2022年，海安市小麦种植面积3.66万公顷，单产每公顷6244.5千克，单产连续14年保持全省第一。

△ 海安（家具）快速维权中心在上湖创新区挂牌成立，这是全省首家家具产业知识产权快速维权中心、海安首个国家级知识产权快速维权中心。

△ 南通锦湖生态农业开发有限公司“金禾元大米”获第六届“盱眙龙虾香米”杯“江苏好大米”品鉴推介活动特等奖。

9 月

3日 海安市系统推进无障碍环境建设项目入选江苏省城市更新第一批省级试点项目。

4日 国家防汛抗旱总指挥部办公室、应急管理部派出工作组到海安指导台风防御工作。

5日 在省政府召开的“江苏慈善奖”表彰大会上，市慈善基金会获评最具影响力慈善组织，刘宏燕获评最具爱心慈善行为楷模。

6日 海安市“棉花很软科技很硬——机采棉轧花线的研发及产业化”项目在江苏省第二届退役军人创业创新大赛中获乡村振兴及现代农业赛道一等奖。

7日 海安开发区在第七届中国国际绿色创新发展大会上获评绿色低碳示范园区。

8日 南通市融资租赁金融服务洽谈会首场活动在海安举办。

△ 在江苏省第十一届残疾人运动会乒乓球比赛中，海安市参赛的5名选手取得1金4银的成绩。

△ 中国天楹股份有限公司与内蒙古自治区通辽市政府、中国投资协会签订千万千瓦级风光储氢氨一体化零碳产业园战略合作框架协议。

20日 江苏联发纺织股份有限公司、江苏鹏飞集团股份有限公司、江苏天楹环保能源成套设备有限公司、江苏铁锚玻璃股份有限公司入选省创新型领军企业名单。

△ 海安浩驰科技有限公司、江苏天楹环保能源成套设备有限公司、江苏图灵智能机器人有限公司、南通中力科技有限公司、南通万达摩擦材料有限公司、江苏海美新材料有限公司获批建设省级工程技术研究中心。

21日 江苏方志大讲堂南通海安专场——魏建功与《新华字典》分享会在魏建功纪念馆举行。

23日 南通市通润汽车零部件有限公司获批建设省级工程研究中心。

24日 江苏农村科技服务超市桑蚕产业技术服务共同体启动大会暨桑蚕产业新成果新技术对接交流会在海安召开。

△ 大公镇获评江苏省蚕桑产业强镇，南通唯一。

27日 南通东华软件有限公司的“多云云备份解决方案”入选省级工业领域数据安全泄露防护方案解决方案，南通唯一。

28日 南通理工学院举行新校区落户海安十周年主题活动。

△ 海安市举行328国道海安段快速化工程通车仪式。

△ 海安市政府与天翼云科技有限公司江苏分公司签订合作共建“海安云”协议。

29日 海安市城建集团举行揭牌仪式。

是月 南通理工学院海安校区“学生宿舍热水供应系统节能改造合同能源管理”项目通过省级绿色建筑示范项目验收。

△ 海安市与山东省冠县签订政务服务“跨域通办”合作协议。

10 月

10日 江苏省督导组第二小组到海安开展城镇燃气安全整治“百日行动”专项督导工作。

△ 海安市举行第十二届市领导网友见面会。

16日 海安市组织收看收听中国共产党第二十次全国代表大会开幕会。

25日 江苏铁锚玻璃股份有限公司获评2022年国家技术创新示范企业，南通唯一。

26日 江苏青年文学论坛暨凤凰校园文学基地授牌仪式在江苏省海安高级中学举行。

△ 海安保税物流中心完成首单进境肉类交易，填补苏中地区冷链市场空白。

△ 南京大学海安高新技术研究院获评信息服务、技术服务类国家中小企业公共服务示范平台，南通唯一。

28日 海安市残疾人联合会第七次代表大会召开。

△ 海安市首批12家生态文明教育实践基地揭牌。

29日 海安市传达学习贯彻党的二十大精神大会召开。

是月 全国博士后管理委员会办公室公布2022年第一批次博士后科研工作站新设站备案名单，江苏铁锚玻璃股份有限公司入选。

11 月

1日 海安市宁蒗支教教师群体作为江苏“时代楷模”入选新时代江苏重大先进典型主题影像展。

△ 海安市高层次人才项目对接暨海归人才创新创业大赛举行。

△ 李堡镇光明村入选2022年全国乡村特色产业超亿元村名单。

△ 海安高科技创业园入选2022年度国家小型微型企业创业创新示范基地名单。

2日 上海市政协到海安调研农业产业发展情况。

△ 海安市新通扬河生态区生态廊道获评江苏省公众喜爱的高品质绿色空间实践项目。

3日 南通市公安机关街面巡防体系建设暨巡处一体化改革现场会在海安召开。

4日 江苏飞亚化学工业集团股份有限公司获评2022年江苏省信用管理示范企业。

5日 海安市第五十九届北凌农民运动会在大公镇初级中学开幕。

8日 江苏省J-TOP创新挑战季功能新材料产业专场在海安高新区科创园举办。

10日 海安市李堡镇蒋庄村蒋庄一村获评第十批次江苏省特色田园乡村。

11日 海安市举行第六届中国东部家具博览会暨悦豪华奕家具博览中心开业仪式、第四届中国东部家具原辅材料及机械设备采购节暨东部家具木工机械设备市场开业仪式。

12日 共青团海安市第十七次代表大会召开。

14—15日 省教育厅到海安开展2022年省义务教育优质均衡发展评估。

△ 南通市“一校一品、一生多能”建设现场推进会在海安召开。

△ 海安市召开学习贯彻党的二十大精神宣讲动员暨集体备课会。

17—18日 2022年中国中小城市高质量发展指数研究成果公布，海安市列全国绿色发展百强县（市）第20位、全国投资潜力百强县（市）第6位、全国科技创新百强县（市）第29位、全国新型城镇化质量百强县（市）第37位，城东镇列全国千强镇第57位。

24日 南通市“文明礼仪养成教育”示范观摩活动暨海安市“餐饮之礼”主题教育活动在海安举行。

△ 江苏威尔曼科技有限公司的“电梯感应式一体化操纵盘”获2022年第一批“江苏精品”认证。

25日 海安入选2022年中国工业百强县（市）榜单，列第17位，较上年晋升4位。

26日 江苏省海安高级中学国医馆正式开馆。

28日 《海安年鉴（2021）》获省年鉴质量评定一等奖，南通唯一。

是月 江苏省工业和信息化厅“英才名匠”产业人才培训高级研修班在海安举办。

△ 海安高新区获评第一批全省民族团结进步示范区示范单位。

△ 2020年度海安开发区洋蛮河高标准农田建设项目和2013年度雅周镇高标准农田建设项目入选全省首批高标准农田示范项目。

△ 江苏联发纺织股份有限公司开发的“多功能舒弹经编衬衫”入选中国纺织工业联合会2022年度十大类纺织创新产品名单。

12 月

1日 海安锦华服饰有限公司入选第三批江苏省非物质文化遗产创意基地。

2日 海安高新区获评江苏省知识产权建设示范园区。

4日 海安市举行曲塘中学建校70周年高品质发展大会。

6日 “海安茧丝绸巧工匠”获评江苏省劳务品牌。

7日 江苏联发纺织股份有限公司被省委、省政府表彰为江苏制造突出贡献奖优秀企业，中国天楹股份有限公司董事长严圣军获评先进个人，中投融资担保海安有限公司获评先进单位。

8日 青墩入选首批省级地名文化遗产名单，南通唯一。

△ 海安入选2022年中国县级市基本现代化指数前100榜单，列第26位。

12日 南通市重大林业有害生物灾害应急预案演练在海安举行。

14日 海安市第十八届法治文化节开幕式暨首场新法律法规贯彻实施发布会举行。

15日 南通市金融业支持海安建筑企业发展暨苏中建设集团联合授信工作会议召开。

16日 海安市政府与江苏省农垦农业发展股份有限公司战略合作协议签约暨农发南通分公司海安基地揭牌仪式举行。

△ 海安入选第22届全国县域经济基本竞争力百强县榜单，列第28位，较上年晋升4位。

25日 海安入选2022年中国社会治理百强县（市、区）榜单，列第40位。

29日 中共海安市委十四届四次全体会议在市文化艺术中心开幕。

△ 海安首支人才类专项政策性基金——海安英才天使投资基金签约仪式举行。

是月 海安开发区常安现代纺织科技产业园获评省级节水型工业园区，成为江苏省首家节水型纺织工业园区、南通市首家省级节水型工业园区。

青墩遗址

市情概览

建置区划

【位置面积】 海安市位于南通市北部，地处南通、泰州、盐城三市交界处。东临黄海，东南与如东县接壤，西与泰州姜堰区、泰兴市毗邻，南连如皋市，北依盐城东台市。市境西宽东窄，东西直线距离最长71.1千米，南北最宽39.25千米，轮廓酷似一把“金钥匙”，市域地理坐标北纬32° 32′ ~32° 43′、东经120° 12′ ~120° 53′。全市总面积1183.57平方千米，海岸线长8.55千米。海安是苏中地区交通枢纽，是江苏省委、省政府确定的两个县级枢纽城市之一，水陆交通四通八达，沈海（沿海、盐通）高速与启扬（江海）高速，204国道、328国道、228国道、353省道、226省道、403省道与430省道，宁启电气铁路、宁启铁路、新长铁路与海洋铁路均交会于海安，连申航道（通榆运河）与通扬运河、如海运河、焦港运河、栟茶运河等均以海安为交汇点，拥有南通地区唯一的千吨级内河港口凤山港，成为江苏东部沿海地区承东启西、连南贯北的“公、铁、水”现代综合交通枢纽和长三角北翼重要的“节点城市”。

【建置沿革】 海安是南通地区成陆最早的地方，6000多年前，海安就有人类居住。夏、商、西周属“海阳”地。西周以后至战国，先后属吴、越、楚。据现存的明清时期《如皋县志》记载，春秋时期，海安、如皋一带称郧，又名海阳（今立发）。吴曾在此与鲁、卫、宋相会。秦代属东海郡。西汉元狩六年（前117）始属海陵县地。东晋义熙七年（411）始建宁海县。南朝宋泰始七年（471）析宁海县西境置海安县。不久海安县废，地仍属宁海县。唐初宁海县省入海陵县。唐景龙二年（708）分海陵县东境置海安县。唐开元十年（722），海安县省入海陵县，直至明洪武初年，海陵县省入泰州。1940年新四军东进抗日，苏中地区先后建立抗日民主政权，由于战争形势不断变化，海安地区行政区划变迁频仍。1943年1月建立紫石县，属苏中第三行政区，县名缘于爱国民主人士、原江苏省省长韩国钧的字紫石，是全国唯一的以爱国民主人士的字命名的县。1945年10月，苏皖边区成立，紫石县属苏皖边区第一行政区。1948年3月，紫石县改名海安县，仍属苏皖边区第一行政区。海安东部为黄海，因海水经常浸淹农田，遂取名海安，取“永不扬波”之意。1949年4月，苏皖边区政府撤销，成立苏南、苏北人民行政公署，海安县属苏北泰州行政区。1950年1月，海安县划归苏北南通行政区。1953年1月，撤销苏南、苏北两个行署区和南京特别市，建立江苏省，海安县属江苏省南通专区。1971年，南通专区改为南通地区。1983年，江苏省各地区行政公署撤销，实行市管县体制，海安县隶属南通市。2018年，撤销海安县，设立县级海安市。海安市由江苏省直辖，南通市代管。

【行政区划】 1949年，海安县有172个乡镇，1952年调整为155个，1956年调整为79个。1958年，改建30个人民公社。1959年调整为40个人民公社，1962年调整为42个。1963—1983年，在43~44个变化。1983年，撤社建乡，辖40个乡，3个镇。1986年，李堡乡并入李堡镇，角斜、西场、胡集、南莫、墩头5个乡撤乡建镇。全

云雾下的海安新城，摄于2022年7月1日　　姜　明／摄

县有县属镇8个，乡34个。1992年，大公、隆政、吉庆（烈士）、双楼、雅周、仁桥6个乡先后撤乡建镇。1995年6月、8月，分别撤销沿口乡、仇湖乡，设立沿口镇、仇湖镇。年底，撤并乡镇，乡镇总数由42个调整为34个。2000年又调整合并为29个，2001年合并为22个，2004年合并为14个。2011年合并为10个区镇。2016年1月，撤销海安镇，设立中城、南城、西城、北城4个街道，由海安高新技术产业开发区代管。2018年，海安撤县设市，以原海安县行政区划为海安市行政区划。2020年5月，海安市变更部分行政区划，中城街道更名海安街道，南城街道更名孙庄街道，西城街道更名胡集街道，北城街道更名隆政街道，4个街道行政区域不变。至2022年底，全市辖海安街道、孙庄街道、胡集街道、隆政街道，城东镇、曲塘镇、李堡镇、角斜镇、大公镇、雅周镇、南莫镇、白甸镇、墩头镇，有国家级开发区1个（海安经济技术开发区，与城东镇区镇合一）、省级高新区1个（海安高新技术产业开发区）、沿海重点园区1个（老坝港滨海新区，与角斜镇区镇合一），另设有海安农场。 （海 鉴）

表1 2022年海安市行政区划一览表

地区	村、社区数	村、社区名称
海安高新区	村（17个）	钟涵、拥徐、兴环、北景庄、连港、青萍港、周吴、银杏、谢庄、韩庄、仁桥、陈港、夏岔、孙庄、黄柯、界河、营溪
	村居合一（23个）	三里闸、大里、三塘、凤山、平桥、谭港、田庄、园庄、通学桥、海南、新丰、海北、自由、林桥、建设、隆政、德兴、联合、胡集、谢河、东庙、光华、祖师庙
	社区（22个）	中坝、新园、闸东、星海、新桥、旺池、育才、新宁、海光、曙光、黎明、洋港、海陵、中大街、复兴、二里、镇南、西园、海园、丹凤、南海、新华
海安开发区（城东镇）	村（9个）	爱凌、戚庄、新立、热港、丰产、石桥、洪旺、施秦、石庄
	村居合一（22个）	油坊头、葛桥、堑南、品建、韩洋、韩徐、农林、民桥、泰宁、南屏、立发桥、界墩、开屏、上湖、三角、五坝、刘缺、南阳、洋蛮河、三丰、壮志、西场
	社区（4个）	东城、蓉塘、七星湖、嘉麟
曲塘镇	村（18个）	兴曲、江桥、龙池、银树、兴花、万杨、富民、大陈庄、罗町、郭楼、中桥、群贤、章郭、万庄、周桥、胡庄、崔母、陆庄
	村居合一（8个）	曲园、曲塘、李庄、徐庄、顾庄、花庄、刘圩、创新
	社区（2个）	虹桥、团结
李堡镇	村（14个）	陈庄、新庄、桑周、堡河、中凌、红旗、蒋庄、曹园、储洋、李灶、三里、光明、园墩、富庄
	村居合一（4个）	杨庄、丁所、李西、李堡
	社区（2个）	三贤、赤岸
老坝港滨海新区（角斜镇）	村（17个）	新坝、范堑、周庄、老庄、五凌、滩河、五虎、双龙、来南、汤灶、江海、建场、富港、顾陶、镇海、川港、通港
	村居合一（2个）	沿口、海港
	社区（2个）	角斜、金港
大公镇	村（8个）	凌东、仲洋、星河、群益、曈口、于坝、常河、马舍
	村居合一（4个）	北凌、旱稼、姜桥、古贲
	社区（3个）	贲巷、贲集、王院
雅周镇	村（11个）	迮庄、东夏、钱庄、金庄、鸭湾、杭窑、庞庄、张垛、许家庄周机、迴垛
	村居合一（3个）	王垛、雅周、张莫天
	社区（1个）	兴雅（东楼）

续表1

地　区	村、社区数	村、社区名称
白甸镇	村（8个）	刘季、施溪、官垛、丁华、邹冯、瓦甸、周垛、朱于
	村居合一（2个）	白甸、傅舍
南莫镇	村（13个）	砖桥、姜刘、校林、柴垛、朱楼、林庙、于桥、严马、南莫、青墩、唐庄、高杨、黄陈
	村居合一（3个）	沙岗、邓庄、兴南
墩头镇	村（15个）	墩北、杜楼、双新、双溪、新舍、东湖、仇湖、西湖、禾庄、凤阳、千步、宝祥、毛庄、长珨、吉庆
	村居合一（3个）	墩头、墩西、新海
海安农场	村（1个）	天鹅

（市统计局）

自然地理

【地质地貌】 海安是江积、河积、海积平原区，分别为古潟湖相沉积和黄泛冲积、海相沉积、长江冲积而成。地貌特征是地势低平，平原约占78.3%；水网密布，域内河道纵横、沟渠稠密、湖荡众多。海安地貌按成因、地理位置、成陆先后和地貌显示等可划分为里下河低浅洼圩田平原、长江三角洲微凹平原、三角洲平坦平原3个区域。域内各级河道、沟渠、池塘密布成水网，尤以西北部地区最为明显。（海　鉴）

【水系水文】 海安市地势平坦，河网稠密，地面高程在1.6~6.0米（废黄河高程），处于引江的末梢和排水入海的尾部。全市以通榆、通扬公路为界，分为江淮两大水系。通扬公路以北，通榆公路以西为里下河地区，属淮河水系，总面积420.3平方千米，区内正常河网水位1.2米。由新通扬运河、泰东河引长江水，向北流经四大港（射阳港、黄沙港、新洋港、斗龙港），排水入海。通扬公路以南，通榆公路以东为河东垦区及河南高沙土地区，总面积723.9平方千米，属长江水系，区内正常水位2.5米。由焦港河、如海运河、通扬运河、丁堡河以及姜黄河引江水灌溉，由栟茶运河、北凌河经小洋口闸、北凌新闸排水入海。沿海潮汐为正规半日潮，每日涨落两次。海水丰水期在8月至10月，枯水期在1月至2月。

【气候】 海安地处中纬度黄海之滨、北亚热带的北侧，受季风气候影响，气候温和，雨水充沛，日照充足，四季分明。常年主导风向东南风、东风，春夏季多东南风，秋季多东北风到东风，冬季多西北风、北风、东北风。

2022年，海安市降水总量与常年（1991—2020年）相比正常但分布不均，年总降水量941.6毫米，较常年偏少12%。3月、10月的降水量较常年异常偏多，5月、8月的降水量较常年异常偏少。5月、8月的月降水量分别为5.2毫米、29.0毫米，均低于常年历史同期最少值。12月3日15时，在海安开发区上湖村发射火箭弹3枚，实施人工增雨作业。

气温正常但起伏较大，年平均气温16.7℃，较常年同期偏高0.9℃。3月、6月、8月和11月的月平均气温较常年异常偏高，其中3月平均气温11.6℃，超过历史同期最高值。10月2日、3日最高气温分别为35.6℃、36.3℃，均超过历史同期最高值。年极端最高气温38.6℃，出现在8月14日；年极端最低气温-6.3℃，出现在12月23日。出现降雪5次。

年日照时数2027.1小时，较常年偏多1%，年日照百分率46%。

6月23日入梅，入梅较常年偏晚（常年平均入梅日6月18日），7月11日出梅，出梅正常（常年平均出梅日7月13日），梅雨期18天，梅期偏短。海安国家气象观测站测得梅雨量65.0毫米，较常年偏少75%。各区镇梅雨量差异较大，李堡镇梅雨量119.6毫米，全市最多。梅雨期多高温和强对流天气，其中，高温日数3天、强对流天气5次。

（彭　伟　彭小燕）

【河流】 2022年，海安市有一级河7条，长201.41千米，为通榆河、栟茶运河、焦港河、北凌河、新通扬运河、如海运河、通扬运河。二级河38条，长480.7千米，为江海河、滩河、沿港河（长角河）、角沿河、沿港河、中凌河、丁堡河、红星河、友谊河、新古河、春风河、风景河、如焦河、中横河、陈家港河、章海河、曲雅河、通雅河、孙雅河、姜如河、姜黄河、芦桥河、海溱河、官扬河（瓦南河）、东塘河、串场河、戚湾河、白娄河、墩南河、白仇河、官河、墩白河、瓦安河、曹丁河、立公河、西塘河、洋蛮河、胡墩河。三级河350条，长1277.99千米。四级河1128条，长1371.62千米。（杨　睿）

【土壤植被】 海安市境内土壤受地形、母质、水文条件等因素影响，分布呈现一定规律，其中，河北地区为水稻土地区，主要分布着缠夹沙、缠沙土、缠脚土、灰土、勤泥土等；河南地区为高沙土地区，主要分布着泡沙土、板而沙、夹沙土等；河东地区为潮盐土地区，主要分布着夹沙土、板而沙、黏土等。落叶阔叶与常绿阔叶混合林是海安地区的地带性植被；湿生水生植被分布在各级别的河道、池塘、洼地的水面、河漫滩和河岸上，主要有狐毛藻、黑藻、金鱼藻、芦苇、荻、茭白、茨菰、藕、芡实、菱角、水芹、荸荠、菖蒲、水浮莲、水花生、满江红等各种藻类；沼生植物主要分布在西北部，草本沼泽、苔草泥炭藓沼泽、泥炭沼泽均有分布；盐生植被分布于沿海地区，在盐土上生长的耐盐植物主要有盐蒿、碱蒿、中华补血草、羊角菜等，沼生盐土植被主要有大米草、糙叶苔、咸水草、蒲草、芦竹、芦苇等，盐土水生植物主要有川蔓藻、狐尾藻、金鱼藻与蒲草等。

【自然资源】 *土地资源* 2022年，海安市土地总面积1184平方千米，其中，耕地526平方千米、园地83平方千米、林地32平方千米、草地8平方千米、城镇村及工矿用地281平方千米、交通运输用地34平方千米、水工建筑用地6平方千米、水域161平方千米、湿地24平方千米、其他29平方千米。

水资源 2022年，海安市水域总面积98.32平方千米，水资源总量（包括地表水、地下水及入境水）年平均6.0亿立方米。水域及水利设施用地面积16.87公顷，与上年持平。用水总量5.17亿立方米，其中，农业用水量4.21亿立方米、工业用水量2531万立方米、生活用水量6934万立方米、人工生态环境补水量130万立方米。

气候资源 2022年，海安地区太阳辐射存在着较好的周期季节变化，春夏季辐射充足。年太阳总辐射量每平方厘米118.86千卡，夏季最多为每平方厘米40.24千卡，春秋两季次之，分别为每平方厘米32.30千卡、26.53千卡，冬季最少，每平方厘米只有19.99千卡。海安地处黄海之滨，属于风能比较丰富的地区。里下河地区地势低平，水网密布，空气密度大，风能密度和年有效风能一般在每平方米300千瓦时。沿海滩涂地区，由于地势平坦，下垫面摩擦小，受海陆共同影响，风速更大，年平均风速大于每秒3.5米，全年可利用风速小时在6000小时以上，全年有效风能达到每平方米800千瓦时，相当丰富，完全具有开发利用价值。

矿产资源 2022年，海安境内矿产资源主要有黏土矿、石油、地热资源，石油探明剩余可开采储量860万吨。海安油田质地非常高，具有较高的开采价值，但是油井太散、太小，油品相对比较差，尚未得到较好的利用。海安区域“隆、凹”构造结构有利于地热聚集，地热资源丰富。海安区域盐城组地层中地热水温达45~52℃，单井出水量一般大于每日1000立方米，水质优良，富含多种有益人体健康的矿物元素。全市开发地热资源的有两家企业，两口地热井。

滩涂资源 2022年，海安市拥有滩涂面积33平方千米，堤外滩涂可供从事文蛤、泥螺、沙蚕、紫菜及滩涂海产品养殖。（赵海群）

【自然灾害】 海安市主要自然灾害有水灾、风灾、旱灾、雹灾、低温冻害、高温酷暑、病虫害等。据不完全统计，南朝刘宋元嘉十二年（435）至2022年，海安发生水灾约150次。唐开元九年（721）至2022年，发生风灾约110次。南朝刘宋元嘉十九年（442）至2022年，发生旱灾约140次。宋熙宁十年（1077）至2022年，发生的雹灾约110次。魏正始二年（241）至2022年，发生低温冻害约230次。1993—2022年，发生高温酷暑10余次。唐开成五年（840）至2022年，发生病虫害约90次。2022年，海安出现高温日28天，其中，7月9—14日、8月2—15日出现连续高温。出现日降水量≥50毫米的暴雨日2天，分别出现在6月5日、9月15日。出现暴雪1次，2月7—8日凌晨出现较强降雪，累积雪量16.4毫米，最大积雪深度3厘米。9月13—15日，受第12号台风“梅花”影响，海安市出现较强降水和大风天气，海安国家气象观测站测得累积降水量94.9毫米，瞬时极大风速每秒18.6米。出现大风天气5天，其中7月28日，受强对流天气影响，海安国家观测站瞬时极大风速每秒21.5米。出现较明显的雷阵雨、雷暴大风、短时强降水等强对流天气10次，分别出现在6月6日和23日，7月9日、17日、20日、26日和28日，8月11日、14日和16日。出现2段寒潮天气，分别出现在11月28—30日、12月16—18日，其中，11月28—30日最低气温降幅16.9℃，30日最低气温-0.1℃；12月16—18日最低气温降幅8.0℃，18日最低气温-5.6℃。出现大雾32天、霾20天，其中，2月10日、10月23日出现能见度低于50米的强浓雾。（彭 伟 彭小燕）

人口 民族 宗教

【人口】 6000多年前，海安里下河地区就有人类生活。春秋时期，吴越争霸，吴王夫差“封民于江淮之间”。越灭吴后，越王勾践又移民于江淮之境。秦朝，沿海聚集大批盐民。西汉吴王刘濞迁徙一批移民至沿海地区。汉武帝即位，招募民众到海安一带沿海煮盐。此后陆续有先民在沿海地区“煮海为盐”、拓荒渔猎。东晋至唐初期，一度人丁兴旺。后因潮害，人口锐减。唐修捍海堰尤其是宋修范公堤后，盐业、农业开始兴旺，外地陆续有人到海安一带定居。明初，官府强令江南等地居民迁往江淮一带，海安地区人口开始增多。明清时期，海安地区得到开发，农业、商贸发展，居民安居乐业。1943年，建县时有人口17万人。1949年，全县总人口60.93万人。中华人民共和国成立后，生活水平逐步提高，人口迅速增长。1953—1957年、1962—1970年出现两次人口生育高峰。1971年后计划生育工作逐步加强，人口出生率逐步下降。20世纪90年代，海安进入第三次人口生育高峰，倡导新型生育观，人口增长得到合理控制。1998年，总人口98.9万人，首次出现负增长，人口自然增长率-0.67‰。此后，人口逐年减少。至2022年底，海安市户籍总人口90.09万人，迁入人口3758人，迁出人口3736人，户籍总人口减少6823人。

【民族】 20世纪90年代前，海安人口以汉族为主，但也有为数不多的少数民族。后随着经济快速发展，少数民族人口逐年增加，大部分属于婚迁或务工人员。2022年，海安市人口以汉族为主，另有少数民族36个，少数民族常住人口4238人，其中，塔吉克族1人，拉祜族1人，佤族2人，锡伯族3人，景颇族3人，高山族3人，哈萨克族3人，裕固族3人，维吾尔族4人，京族4人，仫佬族8人，土族10人，羌族11人，达斡尔族12人，黎族17人，畲族18人，哈尼族20人，水族20人，纳西族20人，普米族22人，藏族24人，傈僳族33人，傣族38人，仡佬族49人，朝鲜族55人，瑶族61人，蒙古族101人，白族106人，回族164人，满族168人，布依族308人，壮族313人，彝族373人，侗族527人，土家族708人，苗族1025人。此外，有穿青人153人。（王　晶）

【宗教】 海安境内民众信仰的宗教主要有佛教、道教、伊斯兰教、天主教、基督教。2022年，海安市经批准登记的宗教活动场所16处，其中，佛教13处、道教2处、基督教1处。经认定备案的宗教教职人员45人。设立宗教团体1个，即海安市佛教协会。（王　姝）

历史文化

【历史演进】 海安，江海文明之源。远在6000多年前的新石器时代，就有先民在海安青墩一带创榛辟莽、刀耕火种，创造出灿烂的远古文明。春秋战国时期，海安为吴风楚韵之地。吴凿邗沟导淮入海。公元前483年，吴、鲁、卫、宋等聚会于郧，图谋霸业，曾建发繇亭以示纪念。这是南通地区最早见之于史册的文字记载。吴越秦汉均曾移民于江淮沿海地区，煮海为盐。汉代，开凿上官运盐河（今通扬运河），唐代开串场河、筑捍海堰过其境。立发、海安、曲塘因盐渔粮之利逐渐繁盛，宋代海安镇即为海陵两大镇之一。北宋名臣范仲淹倡导修海堤数百里，张纶指挥筑之，过境40多里。南宋，岳飞抗金、文天祥抗元，曾过海安地区。元末明初，明朝平章常遇春兵屯海安，筑砖城，断张士诚粮道，从而攻破泰州城。明海防兵备副使刘景韶再修海安城，率兵民抗倭，斩敌数千人。清初，李堡人缪景先在海安举义旗、抗击清兵，虽败犹荣。海安，著名革命老区。大革命后期，即有中国共产党的支部。土地革命战争期间，海安西南爆发“五一”农民暴动，后有红十四军活动。抗日战争期间，海安一度成为华中抗战指挥中心和苏中抗战的中心地区，刘少奇、陈毅、粟裕等老一辈无产阶级革命家均在海安留下闪光的足迹，新四军一师、“联抗”等抗日武装在海安地区创造许多奇迹。解放战争初期，成为人民解放战争胜利起点的苏中七战七捷，以海安为战略中心展开，两战报捷于境内。1949年1月20日，海安全境解放。（海　鉴）

【文化遗存】 青墩遗址位于海安市区西北20多千米的南莫镇青墩村，总面积7万多平方米。1973年首次发现。1977—1979年3次发掘，试掘面积515平方米，出土大量新石器时代的陶器、玉器、石器、骨器、古尸骨骸和麋鹿角等古生物亚化石及稻谷、核桃等实物资料1000多件，其中带柄穿孔陶斧为国家一级文物，鹿角制作的耒和三叉形投掷器在江苏系首次发现，刻纹骨簪、鹿角具有重要的研究意义。2002年10月，省政府公布其为江苏省文物保护单位。2006年5月，国务院公布青墩遗址为第六批全国重点文物保护单位。

吉家墩遗址位于海安市区偏北约5千米的隆政街道隆政村九组，与西北边青墩遗址相距仅10多千米，是江淮东部地区青墩文化的组成部分。1987年村组开挖鱼塘时，在吉家墩西南约100米处发现古人类的居住遗迹及墓葬遗存，南通博物苑考古专家勘探鉴定为新石器时期居住遗迹。吉家墩遗址还发现新石器时代极其罕见的“树皮葬”现象。

立发桥石碑于清同治元年（1862）三月立，由陈士绂、范征华、陈士登、丁远慎、僧静华等募捐建造款，顾元辂题跋，仲续馀书写，金元章修造，此碑存于立发中学内。民国年间如皋立发桥石碑，立于1915年，由如皋沙元炳撰文，顾锡爵书写，倪景山镌刻。碑文主要记载立发桥地区在春秋、宋朝、清朝等时期的历史，叙述鲁哀公十二年（前483）吴、鲁、卫、宋等会于郧和吴凿邗沟导淮入海、宋代设海陵监和如皋移县以治等史实，说明立发桥在历史上的重要地位。

平倭冢记碑位于城东镇西场办事处刘景韶纪念馆前院半亭内。碑高196厘米，宽88厘米，碑基高36厘米，为明代嘉靖三十九年（1560）如皋县知县童蒙吉立。碑文记载明代嘉靖三十九年夏，浙江海防兵备副使刘景韶率兵在西场设伏围困倭寇三昼夜，取得斩敌大酋长以下1572人，活捉15人的战绩。1982年，省政府公布其为省文物保护单位。

韩国钧故居建于清代光绪三十二

韩国钧故居，摄于2022年8月4日　　市博物馆／供图

年（1906），坐北朝南四进式宅院。厅、廊、庑、轩齐全，槅门、窗扇雕花，古树、奇石映衬。每进有天井相隔，回廊通连，院壁上四体石刻镶嵌。院内存有数十个石鼓、砖雕、字碑，收藏字画千幅。门厅上挂国防部原部长张爱萍为故居题额，正厅高悬于右任、陈果夫、吴稚晖、冷遹贺寿匾，抱柱为清代协办大学士翁同龢题联。故居颇具官宦之家的气派，文人宅第的风雅，人称“韩公馆”。后花园火车厢式小花厅为联合抗日座谈会会址，1982年，省政府公布其为省文物保护单位。2013年5月，国务院公布韩公馆为第七批全国重点文物保护单位。2021年，获评国家AAAA级旅游景区。

广福教寺大殿又名广福禅寺大殿，建于唐代贞观二十年（646），宋代景定年间（1260—1264）扩建，清康熙浙江提督学政陆舜重建。民国年间毁于战火，唯存大雄宝殿。中华人民共和国成立后，大殿一度为江苏省海安高级中学图书馆。1992—1993年，原拆原建于易址的新广福禅寺内。

宋井位于江苏省海安高级中学校园（原广福教寺内），井口直径80厘米，井深8.8米，弧形井砖，凹凸榫连接。江苏省海安高级中学按省古建专家提出的保护方案，拨款施工，使宋井得以保护，并为校园增添一处历史景点。2003年，被公布为县级文物保护单位。2004年，被公布为南通市文物保护单位。

楠木厅为清代前期建筑，面阔3间，建筑面积92平方米，主要木结构均为珍贵的楠木，梁柱粗壮，青石柱础，透空木雕，庄重古朴，为苏中地区不可多见的上品居宅。楠木厅原坐落于海安中大街12号，为清顺治云南按察司副使崔之四居宅，后数易其主。1995年8月，旧城改造时为海安交通旅社客房，县政府组织285名民工，将楠木厅主体木结构整体抬移至韩国钧故居西侧。1998年，公布为南通市文物保护单位。2013年5月国务院公布韩公馆为第七批全国重点文物保护单位时，楠木厅也在其中。

【非物质文化遗产】 *海安花鼓* 海安花鼓有300多年的历史，流行于海安东部的角斜、李堡、西场等地区，尤其盛行于角斜，又名角斜花鼓。传统花鼓多以曲艺形式呈现，现代的海安花鼓传承其中“打场子”的部分，演变为纯粹歌舞表演。海安花鼓热烈欢快、喜庆，曲调主要有花鼓调、穿心调、挂金索、莲湘调等，具有浓郁的江南小调风味。海安花鼓将特色风物用舞蹈语言重塑，如“风摆柳”脱胎于风吹杨柳的姿态，“撬荷花”宛如荷花开放的形态；舞蹈动作与农民日常生产生活紧密相连，“三步两搭桥（颠三步）”“蝴蝶绕花芯”可以在插秧、收割、担物中寻觅到踪迹。1999年，代表江苏省参加庆祝中华人民共和国成立50周年联欢晚会，在天安门广场表演；2007年，入选第一批省级非物质文化遗产代表性项目名录；2008年，参加北京奥运会开幕式前表演；2010年，参加上海世博会演出；2011年，参加中央广播电视总台首届农民春晚拍摄；2012年，参加中央广播电视总台喜迎十八大——“2012中国民族民间歌舞乐盛典”实拍；2016年，入选省十大民间民俗广场舞蹈精品剧；2021年，海安花鼓入选省十项传统民俗活动。

南通扎染技艺 扎染古称“绞缬”，又名“撮晕缬”，指“有花纹的织物”。秦汉时期始有记载，唐为盛时，并随外域来朝，丝路畅通。近代，扎染技艺一度濒临绝迹。20世纪60年代初，经民间文艺普查，其技艺得到发掘与延续。70年代中后期，海安工艺美术品公司成立以焦宝林为首的挖掘、整理、提高、攻关小组，进入作坊式生产，并引进与借鉴日本延续开发之技艺。依据“以点连线、由线及面”的编组原理，实行结扎方式的松紧搭配、夹板、夹石结合以及层染、泼染、点染、浇染与手绘结合的印染技艺，扎染服饰、扎染壁挂作品多次获紫金奖、中国工艺美术百花奖金奖等。2011年，南通扎染技艺入选第三批省级非物质文化遗产代表性项目名录。

南通勾针衣技艺 南通勾针衣技艺始于明末，普及于清代。融勾、绣、镶、嵌、补、缀等技法于一体，人物、山水、花卉、翎毛等花纹图饰均可勾结，主要应用于勾制发髻网、小荷包、水烟台套、童鞋童帽等装饰品及日用工艺品。20世纪七八十年代，为顺应市场需求，勾针衣推陈出新，海安工艺美术编结总厂、海安工艺美术公司相继诞生，主要劳动力为城镇、农村妇女，依照下发图样、利用空余时间进行生产，然后送检、整烫、包装外销，年产量百万件，80%左右外销美国、日本、加拿大、法国等国家，被誉为“东方珍品”，其间31个国家驻华使馆的商务参赞到海安参观考察。1995年，勾针衣入选北京世界妇女大会礼品。2011年，南通勾针衣技艺入选第三批省级非物质文化遗产代表性项目名录。

海安苍龙舞 海安苍龙舞是一人一龙的女子龙舞，以“游”为主要艺术特征，独具女性纤细腰肢轻柔和曲线优美的优势。舞蹈中使用的龙具，小巧精细，有利于表现丰富的腰胸动作，舞龙人手上的甩、摆、翻，脚下的踩、顿、蹉，皆可得到默契的配合。表演程序分抖龙珠、盘龙、嬉龙、滚龙、戏珠、龙摆首、龙缠身、跃龙、搅龙、腾龙10个段落，展现神龙“翔于天”“潜于渊”的运动感和游弋美。2011年，海安苍龙舞入选第三批省级非物质文化遗产代表性项目名录。

海安罗汉龙 海安罗汉龙是边舞边叠罗汉的舞蹈，舞蹈中使用的龙具为11节布龙，龙身直径30~40厘米，全长24米左右。表演时由引龙人、龙头、龙尾和9个“把手”参与舞动，另有8个“架子”参与叠罗汉。以“圆曲相依”形成阵图变化，有“坐龙花”“跑龙花”“睡龙花”“背龙花”等多种动作形态，在不使用任何器械的条件下，呈现出“仙桥宝塔”“叠心宝塔”“牡丹花”等造型的多层“宝塔”，最高可及8米以上。2011年，海安罗汉龙入选第三批省级非物质文化遗产代表性项目名录。

莲花落 莲花落俗称“落子”“打莲花”，流传于海安里下河地区和通扬运河两岸。表演道具为三块竹片，其中，两块的顶端装有两根约2厘米的竹柱，竹柱上安有一朵莲花和两枚可以上下跳动的铜钱；另一块竹片两侧均为锯齿状。表演者手捻道具同时念唱韵白

词句，或用以抒情、或用以叙事，但每段尾句后均齐唱“一么子里鲸，二么子银，三打鲤鲫，四鲢鲲，五么子鲨来，花开莲花落哎”的衬词衬句。1952年，曲塘镇文化站周圣椿首次将其挖掘，编以歌唱合作化的新词参加南通地区文艺会演。20世纪70年代后期，原花庄公社13大队业余文艺演出队编新词、谱新曲，将其导排成带有表演阵图的文艺演唱节目。2016年，莲花落入选第四批省级非物质文化遗产代表性项目名录。

糯米陈酒酿制技艺　清道光十年（1830），无锡高车渡人蒋文枢到海安开创“蒋鼎兴酱园”，研制出糯米陈酒，而后沿袭推广。糯米陈酒口味醇绵，内含人体所需的葡萄糖和十多种氨基酸，酒度低营养高，兼具舒筋活血、增强体力作用。江苏品王酒业集团股份有限公司出品的“三塘”牌糯米陈酒，酒质清澈明亮，绵甜爽口，酒味醇和，营养丰富，深受百姓喜爱。2016年，糯米陈酒酿制技艺入选第四批省级非物质文化遗产代表性项目名录。

（金　欣）

【历史名人】 海安，英才辈出。明崇祯皇帝谕赐祭祀的徐耀、清顺治年间安抚云南边民的按察副使崔之四、康熙年间慧眼识英才的学政陆舜、乾隆帝赏识的竹根印制作者东皋印人乔林、最早改编《红楼梦》为戏曲的仲振奎、被誉为中国组合数学奠基人的杨冰、被陈毅元帅称为“救国抗敌，古之遗直”的民族抗日楷模韩国钧、赴缅对日作战的远征军将领沈立人、蜚声沪上画坛的吴昌硕弟子谭少云、领导编纂第一版《新华字典》的语言文字学家魏建功、历史学家韩国磐、现代著名红学家蒋和森等著名人物，均根系海安这方水土。当代海安，又涌现出中国科学院院士周成虎、万宝年，中国工程院院士刘加平，文学家吴义勤、王建新、夏坚勇、段武明、何平荣，影视导演新锐冯新民，奥运金牌得主仲满、亚运会金牌得主崔阳等各类杰出乡贤，他们遍及国内外科研机构、大专院校等各行各业。

（海　鉴）

土特名产

【海安大米】 海安素有“鱼米之乡”美称，是国家商品粮基地县、全国绿色食品原料标准化生产基地、江苏首个稻麦亩单产“吨粮县”。拥有6000多年的稻作历史，气候湿润，土壤肥沃，日照充沛，水质清冽，得天独厚的自然环境以及中国“禽蛋之乡”的有机肥优势，助力稻米品质的提高。水稻生产技术曾多次放样全国，获评全国抛秧县。海安大米米粒饱满充实，粒形椭圆，心腹白少而小；成饭后颗粒饱满，柔软适口，米香宜人，色泽油亮洁白，食之绵、韧、劲、爽。海安大米在国内众多评比中多次获得“金奖大米”“优质食味大米”“江苏好大米特等奖”等殊荣。2014年12月，海安大米经核准注册为中国地理标志证明商标。2018年，海安大米作为全省稻米产业唯一代表获评“江苏十大人气地理标志品牌”。2022年，“海安大米”入选江苏省地理标志商标品牌培育和保护项目。

【海安脆梨】 海安大公镇盛产“五水一高”梨（爱甘水、新水、幸水、筑水、丰水、新高梨），被中国绿色食品发展中心认定为绿色食品A级产品，其中，丰水、新高梨分获昆明世博会银奖和铜奖；爱甘水梨获江苏省果品评比一等奖；新高梨因个大、耐贮、味甜深受上海市民喜爱。大公镇以梨花为媒，在于坝村连续成功举办12届梨花节，打造“赏梨花景、吃农家菜、购土特产、怡田园情”一站式农业观光休闲之旅。2015年，大公镇以“五水一高”梨申报“海安脆梨”国家地理标志证明商标。2021年，海安建国家庭农场选送的“秋月梨”获评全国十佳“中华好梨”。

【海安紫菜】 海安老坝港是条斑紫菜的原产地和加工基地，经过近30年的发展，拥有海上紫菜养殖基地、全国最大的现代化紫菜育苗基地、江苏省紫菜良种场，是原农业部、财政部首批农业科技跨越计划——紫菜产业链项目实施单位。海安紫菜富含蛋白质和多种人体所需的微量元素。紫菜产品有调味海苔、烤海苔、干海苔、紫菜粉、切条海苔、桶装即食海苔等多种休闲食品系列，主要出口日本。2015年6月，海安紫菜经核准注册为中国地理标志证明商标。

【海安麻虾酱】 海安地区河网密布，盛产麻虾，李堡地区尤甚。麻虾又名糠虾，皮壳软薄，味道鲜美独特。春夏秋时节，不管是集市还是乡间，都有“麻虾”的叫卖声。海安历史上有加工麻虾酱的传统，人们买回麻虾加上生姜、葱、蒜等，熬成麻虾酱，味道独特。海安人常用麻虾酱拌面拌饭，制作麻虾小笼包、麻虾炖蛋、麻虾豆腐等美食。“李堡”牌、“农门”牌麻虾酱分获亚太地区第九届食品行业博览会调味品金奖、江苏市场名优产品。2004年10月，海安麻虾酱获批中国地理标志产品。2015年6月，海安麻虾酱经核准注册为中国地理标志证明商标。

【南通长江河豚】 江苏中洋集团股份有限公司是南通长江河豚的养殖基地。河豚反应敏捷，体胖肉多，背部暗褐色横纹明显，体侧橘黄色带清晰，腹部白色，皮薄刺少，富含蛋白质、维生素及人体所需的多种氨基酸和微量元素，鱼肝、鱼皮均有养生保健功效。清明节前后的河豚肉质最为鲜嫩、营养最为丰富，这个时段是品尝河豚的最佳时机。品尝河豚成为海安旅游的“金字招牌”。2007年2月，南通长江河豚（养殖）获批中国地理标志产品，成为中国鲜活水产品的第二个地理标志产品。2010年后，海安先后举办中国海安河豚节、河豚美食论坛、万人河豚宴等活动，受到社会各界广泛关注。2014年12月，海安河豚经核准注册为中国地理标志证明商标。

【海安桑蚕茧】 海安位于北纬32°最佳蚕茧生产带，是中国优质蚕茧生产基地之一。海安桑蚕茧具有茧形大且匀整、茧层厚实、茧色洁白、茧衣蓬松等特点，是缫制AAAAA级以上高品位生丝的

海安桑蚕茧，摄于2022年12月5日　　鑫缘集团／供图

首选原料。海安桑蚕茧产量连续多年位居江苏第一、全国县级市之首。2015年12月，海安桑蚕茧获批中国地理标志产品。

【海安香芋】 海安雅周地区土壤为高沙土，最适宜香芋生长。海安香芋质地细腻，干香可口，易酥不糊，营养丰富，红烧、清煮或与荤菜搭配各具风味，香而不黏，素有“开锅十里香”的美誉。药用能宽肠胃，充肌肤，调中补虚。海安香芋可加工成香芋粉等数十种食品，也可速冻包装后销售，备受广大消费者青睐。2015年6月，海安香芋经核准注册为中国地理标志证明商标。

【海安小方柿】 小方柿作为海安地方特色果品有40多年的栽培历史，1982年江苏省果树资源普查时在李堡镇光明村农户庭院发现一种矮化型柿树，后来经南京农业大学有关果树专家、原江苏省农林厅园艺处领导实地考察，1986年通过省级鉴定，编入《南通市果树品种志》，1992年江苏省农作物品种审定委员会审定通过，并正式定名。海安小方柿具有树体矮小、早果性好、丰产、稳产、果实色艳、无核、皮薄、质优、自然脱涩等优良性状；果肉朱红色，纤维短细、少，质地黏，浆液多味甜，富含维生素及多种微量元素，品种优良，营养丰富，适于鲜食。

【冰雪酒】 冰雪酒作为海安地方传统名酒，有近300年历史，现存最早出窖的冰雪酒为清光绪二十九年（1903）。冰雪酒由海安丁所人季心庭依据祖辈秘制配方，博采众多黄酒之长，窖藏配制而成。1930年被作为海安名特产品报送省政府参展，获江苏省酒类产品展览奖。后因战乱，冰雪酒生产经营被迫中断。1957年，海安酿酒厂特聘季心庭之子季声远恢复酿制冰雪酒，季氏将冰雪酒秘制配方交给国家。20世纪90年代，公私合营海安酒厂易名为“品王酒业”，冰雪酒秘制配方也由“品王酒业”绝密传承。冰雪酒以优质纯粮白酒为基，选用当归、红花、蜜香、地茆、玉竹、陈皮、大枣等中药浸泡，加入冰糖、白砂糖、生板油再行精工酿制，封缸陈化而成。酒性温而不燥，酒质浓而不腻，色清亮、香醇正、味柔和，入口微甜，芳香四溢，具有补血、和血、理气、顺气之功，调肝健脾、养心、润肺之能，为壮神遣兴、健体强身之佳品。

【糯米陈酒】 海安糯米陈酒有150多年的历史，最早可追溯到清道光十年（1830），无锡高车渡人蒋文枢到海安开创“蒋鼎兴酱园”，研制出糯米陈酒，之后推广而之。糯米陈酒选用优质糯米为原料，采用传统制作工艺结合新的科学技术，经糖化发酵、长期陈酿、精心过滤制成，具有原色原味的特点。酒味醇浓甜美，酒精度数在14度左右，内含人体所需的葡萄糖和多种氨基酸，是一种糖分适当、酸度适宜、营养丰富的低度饮料酒，兼具舒气、健胃、养血、暖腹等多种功效，特别适合妇女服用。“三塘”糯米陈酒先后获评江苏省优质食品称号、轻工业部优质产品，获首届中国黄酒节一等奖、首届中国食品博览会银奖。2019年，江苏品王酒业集团股份有限公司“三塘”糯米陈酒获评“江苏老字号”。

【何盈记蟹黄包】 海安何盈记蟹黄包面皮选用筋韧度不低于11.5%～13%的面粉，以保证咬劲和口感良好。馅料挑选农历九月后的二两五以上母蟹与精猪油为伍，并配以多种佐料熬制成蟹油，再选用前夹心猪肉做肉馅。采用传统“跑马酵”发酵方式，手工制作18个褶子的菊花顶，皮薄松韧，肉馅鲜嫩，成圆离壳。吃蟹黄包有“三部曲”，轻轻提、慢慢移、开天窗。包子佐以姜丝，沾点醋，咬一口，软软糯糯，肥而不腻，口感极佳。2019年5月，“何盈记”被南通市商务局认定为首批“南通老字号”。

（海　鉴）

2022年经济社会发展

【经济建设】 2022年，海安市现代农业成果丰硕，实现农林牧渔业总产值150.55亿元。海安推进全国农业社会化服务创新试点县建设，在全省率先成立五大区域农业服务中心，海安现代农业产业园获批创建国家现代农业产业园。工业经济稳中向好，召开首届工业发展大会，实现工业应税销售2187.7亿元，海安入选全省首批制造业高质量发展示范区建设地区，苏中、苏北县级城市唯一。实施“5123”大企业领航工程，打造“单项冠军、专精特新”双名城，中国天楹股份有限公司获评国家级服务型制造业示范企业，获省长质量奖。重点培育高端纺织、高端装备、新材料、新一代信息技术、机器人及智能制造、节能环保、现代建筑、现代家具、现代医药及大健康、粮食物流十大产业集群，十大产业（除现代建筑）集群开票销售总额1598.56亿元。建筑业稳健发展，实现施工产值2075亿元，新增中国建设工程鲁班奖1个、国家优质工程奖3个、中国土木工程詹天佑奖4个。现代服务业加快转型，启动实施现代服务业繁荣发展三年行动，实现服务业应税销售1065.4亿元，首店经济、直播经济等新业态激发新活力。持续叫响“河豚之乡、休闲海安”旅游品牌，接待游客103.86万人次，实现旅游总收入17.09亿元。海安形成以银行、证券、保险为主体，融资性担保公司、小贷公司、转贷公司等新型金融组织为补充的金融服务体系。

2022年2月18日，海安市民在海陵公园智慧健身器材上锻炼　　濮端建／摄

【政治建设】 2022年，海安市围绕“五个海安”（枢纽海安、智慧海安、健康海安、平安海安、宜居海安）“五个强市”（产业强市、文化强市、教育强市、科技强市、人才强市）发展目标，深入推进“枢纽海安、科创新城”发展战略，在新征程上全面推进中国式现代化海安新实践。党的建设坚强有力，全市拥有基层党组织2326个，党员总数5.85万人。全面深入学习宣传贯彻党的二十大精神，开展集中宣讲活动54场，分层分类对各级干部开展系统培训。监督体系持续落细落实，在全省率先建立派驻监督工作规范体系，国有企业“三维一体”监督机制获省纪委监委肯定，完成省委巡视海安各项工作。工会、妇联、共青团等群众团体为海安高质量发展做出新贡献。

【文化建设】 2022年，海安市教育品牌持续擦亮，学龄儿童入学率、小学毕业生升学率、初中毕业生升学率均为100%，中高考再创佳绩，高考南通理科第一名、中考南通第一名均在海安。全市有各级各类学校153所，在校学生8.96万人，在职教职工9826人，其中专任教师7984人。海安获评省高质量平安校园建设市。文化强市再添新彩，市社科联获评全国社科组织先进单位，成立海安市韩国钧研究会，海安市新四军研究会完成换届工作，15家单位入选江苏省史志馆联盟试点单位。文艺活动精彩纷呈，举办523文化艺术节，承办江苏方志大讲堂，“乡土中国之海安风情”亮相第十二届江苏书展。文艺精品力作迭出，新增省“五个一工程奖”3项、“五星工程奖”1项、“最美公共文化空间”1个，《海安年鉴（2021）》获全省年鉴质量评定一等奖。统筹文明实践、文明培育、文明创建，有效发挥新时代文明实践阵地功能，广泛开展市民素质提升行动、志愿服务关爱行动，引导市民遵守公序良俗、践行文明礼仪，全力打造“志愿之城”。

【社会建设】 2022年，海安市一般公共预算中民生投入116亿元，占一般公共预算总支出的84%。新增城镇就业1.05万人，城镇登记失业率小于4%；城乡劳动者就业技能培训6206人，新生代农民工职业技能培训5541人，创业培训1445人；支持成功自主创业3126人，为110名创业者提供富民创业担保贷款1665万元；开发260个基层公益性岗位托底安置低收入劳动力等就业困难人员，享受就业社保补贴6451人，发放灵活就业社保补贴2703.65万元。企业职工基本养老保险、工伤保险、失业保险参保人数分别为21.84万人、18.19万人、16.92万人，城乡居民养老保险参保人数35.87万人。平安海安、法治海安建设守正创新，安全生产专项整治三年行动收官，海安获评全省法治政府建设示范县（市）。筑牢“一老一幼”民生底线，实现80周岁以上老人政府购买居家养老服务全覆盖，创成全国示范性老年友好型社区1家，新增省级示范托育机构1家、普惠托育机构2家，人民群众获得感不断增强。

【生态环境建设】 2022年，海安市美丽宜居城市建设可观可感，全力打造“无废城市”海安模式，“系统化推进无障碍环境城市建设”项目入选全省首批城市更新试点。统筹推进城市更新、空间治理和生态修复，创新出台房票安置政策，提升改造22个老旧小区，试行垃圾处理费征收管理。上湖创新区、新通扬河生态区基础设施、配套功能、公共服务不断完善，片区形象进一步提升。深入实施乡村振兴战略，韩洋、丁所、北凌、沙岗等老集镇焕发新生机，蒋庄村、富港村入选省特色田园乡村，唐庄村入选中国传统村落。生态环境质量稳步改善，$PM_{2.5}$平均浓度每立方米31微克，优良天数比例81.9%，南通市考以上断面水质优Ⅲ类比例连续两年100%，农田退水治理模式全省推广，焦港河入选全国幸福河湖建设试点。

（陶虹蓉）

青墩遗址博物馆

海安名片

中国茧丝绸之乡

【概况】1965年，海安县蚕茧总产134.9吨，名列苏北第一。1971年，蚕茧总产1512吨，成为苏北第一个蚕茧万担的县。1981年，蚕茧总产4113.7吨，夺得全省第一，以后连年居全省首位。1997年8月，海安被评为“中国茧丝绸之乡”。2002年，蚕茧总产1.81万吨，跃居全国第一。2008年，蚕茧总产1.95万吨，连续8年全国县级排名第一。此后海安蚕桑业有所收缩，但在全国仍有重要地位。2015年，“海安桑蚕茧”获评国家地理标志保护产品。2016年，海安被评为优质茧丝生产基地、中国丝绸流行面料生产基地。鑫缘茧丝绸集团股份有限公司（简称鑫缘集团）获中国质量奖提名奖，集团不仅在江苏海安，而且在广西、安徽、山东等地建立桑园产业基地，带动20多万户蚕农增收和几十家丝绸企业发展。2022年，海安市蚕茧总产4247吨。

【茧丝绸生产】2022年，海安市有茧丝绸生产企业42家，茧丝绸产值约126亿元，建成以鑫缘集团为龙头，以江苏恒源丝绸集团有限公司、南通中邦丝织有限公司、海安市苏豪制丝有限公司等一大批丝绸规模企业为支撑的茧丝绸特色产业集群，形成蚕茧、生丝、织造、服饰、家用丝织品、副产品深加工、丝绸旅游和文化创意八个有影响力的全产业链产业集群。鑫缘集团获评国家电子商务示范企业、国家循环经济试点示范单位、中国纺织服装品牌竞争力优势企业、国家知识产权示范单位，生产的“数码印花真丝墙布”获评中国纺织十大类创新产品，创作的《彩墨画〈云尚花开〉》丝绸数码产品获评江苏省优秀版权作品，打造的“桑蚕茧丝绸产业供应链全生命周期产品管理创新与应用”案例获评省供应链创新与应用优秀案例。“鑫缘”品牌入选全国重点培育纺织服装百家品牌，价值35.98亿元，“鑫缘”牌蚕丝被获“江苏精品”认证。年内，“海安桑蚕茧”先后亮相第三届江苏（南京）版权贸易博览会、第二届中国国际消费品博览会、第二十九届中国杨凌农业高新科技成果博览会，受到一致好评。

【海安茧丝绸巧工匠】2022年12月，“海安茧丝绸巧工匠”被省人力资源和社会保障厅认定为省级劳务品牌（民生保障类）。“海安茧丝绸巧工匠”以丝绸规模企业为支撑，加强茧丝绸技术人才储备，强化劳务品牌聚能效应，开展养蚕、蚕丝织造等系列技术推广培训，促进茧丝绸产业和民生保障深度融合。鑫缘集团建立“公司+高校院所+品牌+合作社+农户”产业化经营机制，在全国建有桑园蚕业基地2.18万公顷，累计带动贫困地区5.8万户蚕农增收，带动5.6万名蚕农脱贫。“海安茧丝绸巧工匠”聘请专家在江苏泗洪、广西环江和德保、安徽潜山和霍山、江西永新、陕西略阳等地开展技术研发和线上线下技术培训活动1.8万次，培训蚕农22万户。

（海　鉴）

中国禽蛋之乡

【概况】海安是禽蛋生产大市。1978年以后，海安农民叩开农牧结合的大门，走出一条“种养加出”的致富之道，被国内经济界誉为“海安之路”。20世纪80年代中期以后，“海安之路”愈走愈宽。家禽饲养量名列全省前茅，1997年家禽饲养量4307万羽，被中国农学会中国特产之乡推荐暨宣传活动组织委员会评为“中国禽蛋之乡”。此后10多年，家禽年饲养量稳定在4000万~5000万羽。2010年后，有所下降。2022年，海安市家禽年末存栏1440.46万羽，年内出栏1317.42万羽，禽蛋产量14.32万吨，禽蛋全产业链产值约102亿元。以“稻米+禽蛋”作为主导产业成功申报创建国家级现代农业产业园，加快推进江苏现代农业（蛋鸡）产业技术体系海安推广示范基地（简称海安推广示范基地）建设，深入实施“一只蛋”产业提升行动，打造“海安蛋生活”产业名片。8月30—31日，国家蛋鸡产业技术体系服务县域经济发展（海安市）2022年工作会议暨海安市蛋鸡全产业链技术协同推广联盟会议召开。

【蛋鸡养殖】2022年，海安市建立蛋鸡养殖产业化经营模式，建成存栏10万羽以上、现代化规模鸡场21家，江苏康瑞生态农业有限公司、天成集团所属南通天成现代农业科技有限公司分别通过“农业农村部畜禽养殖标准化示范场”创建验收和复验考核，中央广播电视总台新闻频道《朝闻天下》栏目以《江苏海安智能化养殖全链条助力乡村振兴》为题报道海安禽蛋产业发展。加大蛋鸡养殖智能化推广，全市50%以上的蛋鸡养殖实现自动化。天成集团新建120万羽数字智能化蛋鸡养殖农场、草鸡原种场、中央厨房3个项目，实施蛋禽养殖数字平台中心、巡舍机器人、移动端手机App等核心技术在蛋鸡养殖中的集成应用，全部采用数字平台中心实行饲喂、疾控、环境监测、巡舍智能机器人各种生产环节要素集中整合控制，入选省农业数字化建设优秀案例。海安现代农业产业园规模养殖场占比99.68%，10万羽以上蛋鸡养殖场新增投入集成应用智能设备303台（套），园区内蛋鸡规模养殖场均实施兽用抗菌药使用减量化行动，禽蛋产品的兽药残留监督抽检合格率超99%。相关企业先后通过FSSC 22000食品安全管理体系认证、SQF食品安全与质量管理体系认证和HFAC动物福利养殖认证。

【蛋品加工】2022年，海安市建有蛋品加工厂12家，加工鲜蛋12.36万吨，其中，江苏康德蛋业有限公司（简称康德蛋业）和天成集团年加工能力均超5万吨，禽蛋产品精深加工发展蛋液、蛋黄粉、蛋白粉、免疫球蛋白、溶菌酶等高附加值产品。康德蛋业引进国际先进生产加工设备，与南京农业大学、江南大学、扬州大学等建立产学研合作关系，成立省级技术研发中心，研发出溏心蛋产品，每500克鲜鸡蛋增收0.3元~0.5元，在江浙沪便利店的日销量约1.5万枚。

【蛋品销售】 2022年，海安市鲜蛋使用量13.16万吨，销售额8.85亿元，海安蛋类衍生品销往上海、江苏南京等全国20多个城市，并出口中东、东南亚、欧洲等10多个地区。江苏婷婷食品有限公司年销售额超2亿元，深入拓展江浙沪皖市场。8月5日，婷婷食品高铁品牌专列首发仪式在南京站举行，通过头片、桌贴、品牌天幕、海报等形式，宣传推介海安优质蛋品。天成集团《海安："哑铃型"种养带动 产业富民增收有力》获评江苏省农业龙头企业联农带农典型案例，集团与123家规模化蛋鸡养殖农户、合作社签订订单，约定以高于市场价回收鸡蛋，带动农户增收2000余万元。

【海安蛋生活】 2022年，海安市加快蛋液、蛋白（黄）粉、溶菌酶等全产品体系的区域公用品牌建设，打造"海安蛋生活"产业名片。探索从产品包装、标识、企业文化等方面，与中央财经大学合作开展海安鸡蛋区域公共品牌策划和研究，挖掘海安鸡蛋地标文化、绿色食品文化，建立海安鸡蛋农产品文化体系。6月10日，海安推广示范基地邀请国家级和省级蛋鸡产业技术体系、中央财经大学、中国畜牧业协会的专家召开海安蛋鸡产业区域公用品牌策划项目线上交流会，点评中央财经大学提供的4套策划方案。至年底，全市围绕禽蛋及其制品注册商标28个，获省名牌产品认证5个，获评南通市知名商标6个。南通天成现代农业科技有限公司获方圆标志认证集团颁发的蛋鸡产品无抗认证、鸡蛋产品无抗认证、可生食产品认证等权威认证。康德溏心卤蛋获第24届中国国际焙烤展览会创新产品奖。

（邓方倩　王　庆）

中国湖桑之乡

【概况】 1951年，胡集、双楼、仁桥等乡组织合作桑园7处，引进栽种湖桑6744株。1960年1月，海安利用150千米河堤栽植乔木桑，《新华日报》头版头条报道海安县河堤桑园化的消息，并发表评论员文章《百年大事一年办》。20世纪60年代后期，为不占用大田栽桑，海安利用河堤、圩堤、渠道、路边及田埂栽桑。1969年，全县"三堤一边桑"2333.33公顷，《新华日报》《蚕业科学》载文报道，中央人民广播电台、省电台曾拍摄新闻纪录片放映。1983年，海安实施缩棉扩桑决策，至1986年拓植新桑园4293.33公顷。全县桑园1.01万公顷。21世纪初，缩粮扩桑，至2002年，全县新增桑园2400公顷，桑园总面积1.02万公顷。海安湖桑叶厚大而疏，多津液，少椹；饲蚕，蚕大，得丝多，蚕桑产业一度成为海安"致富产业"。2004年，海安被国家林业局命名为"中国湖桑之乡"。2008年，海安桑园9466.67公顷。此后，因园区开发和市场因素，桑园面积有所减少。2022年末，全市桑园面积3815.47公顷。

【桑树品种】 2022年，海安市桑树种植品种以"湖桑32号""育711号"为主，辅以"新一之濑""农桑14号"，并引进"粤桑51号""桂桑优12"等适合草本化栽培的桑树新品种。"育711号"属于中生中熟桑树品种，产叶量高，叶质优良，亩桑产量高，不易受桑蓟马、红蜘蛛危害，适应性广，综合经济性状优良。江苏蚕源种业有限公司搜集整理并建成叶桑、果桑、观赏桑等54个桑树品种的种质资源圃。桑树树形有地桑、低干桑、中干桑等多种形式，海安多数以低干桑养成树形建设丰产桑园。

【湖桑栽种及管理】 2022年，海安市集中连片栽植湖桑，避免"粮桑、棉桑"混作，桑园与粮田实行绿化林带分隔，桑园主干道为3米以上的机械道路，避免在环境污染地区栽桑。加强桑园管理，做好整株修拳、沟系配套、施肥、排灌以及治虫除草等工作。大型桑园实行机械化管理，上空使用无人机，地面使用自走式遥控治虫机，形成全年立体遥控治虫模式。建设桑蚕丝特色大数据系统，提供桑叶种植分布及长势监测、桑叶农场分布及产量估产等服务，引导农户合理种植。一期建成后预计100%覆盖全市桑园。春季发生桑疫病危害后，及时发布防治情报，将蚕农习惯使用盐酸环丙沙星防治桑疫病调整为使用盐酸恩诺沙星。夏季、秋季长期高温干旱，抓好抗旱和防病、治虫、增叶管理，桑园桑螟、桑尺蠖、卷叶蛾等虫害总体可控，秋季没有出现大规模缺叶现象。三年扩桑行动收官，累计扩桑522.40公顷，新建现代蚕业示范园10个、蚕业农场117家，发放补助1374.74万元。

（孙慧斌）

中国河豚之乡

【概况】 1993年，海安河豚人工培育开始起步，是国内最早进行河豚人工培育研究的地方。1994年，江苏中洋集团股份有限公司（简称中洋集团）与南京师范大学生命科学学院合作研究开发河豚的人工养殖技术，当年繁殖成功的几十万尾小河豚，最终成活2000多尾。1996年，开展河豚养殖控毒技术和健康养殖技术研究，并与南京师范大学生命科学学院、县卫生防疫站联合攻关，获得重大进展，解决了长江河豚规模化养殖问题。1998年，中洋集团全面调整养殖结构，低价抛售所有鳗鱼、甲鱼，大规模养殖河豚，拉长河豚产业链，提供商品鱼种苗、技术、饲料。2000年，中洋集团拥有并申报河豚养殖核心技术专利——控毒及健康养殖。2002年，中洋集团制定河豚省级地方系列标准。2003年，卫生部在海安召开全国首次养殖河豚安全利用工作会议。2004年开始，中洋集团向国家质检总局申请"南通长江河豚国家地理标志产品保护"。2005年，中洋河豚获省名牌产品称号。2007年2月，国家质检总局发文，批准对南通长江河豚实施地理标志产品保护。南通长江河豚成为南通第一个地理标志产品，也是继阳澄湖大闸蟹之后中国鲜活水产品的第二个地理标志产品。2008年，中洋集团国家河豚良种场建成并投入使用，全县河豚产量867吨。2009年，海安被中国渔业协会授予"中国河豚之乡"称号。2014年，南通长江河豚获得中国地理标志证明商标。

2019年，海安通过“中国河豚之乡”复评。至2022年，海安拥有世界上规模最大的河豚生态养殖基地，打造“河豚之乡、休闲海安”旅游品牌。

【河豚繁育】 2022年，海安市中洋集团建有国家级河豚原种场、农业农村部河鲀鱼源基地和加工企业、江苏省河豚良种场，拥有5个种质资源库，不断深化河豚单雄性繁殖、耐寒基因、杂交河豚、多倍体研究等，选育的暗纹东方豚“中洋1号”新品种实现产业化生产和推广。中洋集团所属南通龙洋水产有限公司（简称龙洋水产公司）入选国家水产种业河鲀破难题阵型企业。“耐寒河豚品种的耐寒主效基因挖掘和应用研究项目”首次入选国家自然科学基金委员会重点项目。中洋集团与中国农业发展集团有限公司相关成员企业加强合作，推动组建国内渔业种业领导企业。

【河豚养殖】 2022年，海安中洋集团完善和推广新型河豚养殖模式，倡导高密度立体养殖，在养殖品种上科学配量，注重生态化养殖，推动健康养殖，河豚养殖成活率比上年提高10%，单位亩产比上年提高20%。首次提出“南北接力”模式，利用江苏总部基地的种业优势，放大人工繁殖效应；利用广东基地的气候条件进行养殖和育肥；再回到江苏总部基地提质，河豚养殖实现资源最大化利用。中洋集团广东深井基地建成投产，累计在广东建成6个万吨级水产单品养殖产业基地，中洋集团所属龙洋水产公司、中洋渔业（江门）有限公司被认定为粤港澳大湾区“菜篮子”生产基地。中洋渔业江苏总部全产业链增质提效，中洋动物营养饲料公司微粉料生产中心建成投产。全面推广应用农业农村部首个数字渔业项目，在自动化、智能化养殖等方面实现新突破。响应国家长江大保护生态战略，推动以养代捕，以养代禁，探索长江大保护背景下长江珍稀鱼类的产业发展新途径。

【“中洋鱼天下”品牌打造】 2022年，中洋集团持续做强“中洋鱼天下”品牌，大力提升加工制造能力，打造一体化供应链，辐射全国重要城市，预制菜和餐饮业务版图不断拓宽，零售“线上线下”全面发展。“中洋鱼天下”河豚及生态鱼类系列加工产品开发生鲜食材、预制菜、美味零食18大系列400余个产品，河豚制品、黑鱼片2个产品年销售额均超1亿元。销售品类由鲜活品为主调整为鲜活品和加工品并重，加工品销售额比重首次突破50%。推动供应链建设，布局仓储供配体系，在广东江门市建成第二加工厂、海安物流园建成第三加工厂，在全国布局86个合作加工厂、67个原料基地。以预制菜为抓手，团餐业务从学生餐市场扩展到部队餐、央企餐等市场。餐饮业务与海底捞、外婆家、百胜等大型餐饮集团合作。零售业务“线下”深度布局山姆、盒马、麦德龙等“会员店”，成为亿元爆品；“线上”进驻京东、天猫、美团优选、多多买菜等零售平台；开通电商直播渠道。（中洋集团）

中国建筑之乡

【概况】 海安是江苏著名的建筑之乡。20世纪六七十年代，海安建筑工人开始走出海安，到外地施工。80年代，从新疆到青岛、从大庆到上海、从南京到北京、从海南岛到内蒙古大草原，海安建筑队伍都留下一串串闪光的足迹，并有千人队伍跻身于国际建筑市场，在约旦、科威特、伊拉克等国施工。1990年，

海安中洋河豚养殖基地，摄于2022年5月14日　　中洋集团／供图

由市民和专家投票评出中华人民共和国成立40年来上海“十佳建筑”，海安建筑队伍承建的曲阳新村高层住宅楼名列榜首。1991年，海安建筑队伍承建的北京天文台兴隆观测站2.16米天文望远镜观测室，获中国建设工程鲁班奖。1992年1月26日，省政府授予海安县“建筑之乡”称号。1997年，海安列江苏24个“建筑之乡”综合实力第四位。2002年，海安再次被省政府命名为“建筑之乡”，江苏省苏中建设集团率先获评国家特级资质总承包施工企业。2004年，全县建筑业首次实现施工产值超百亿元。2007年，海安县被省政府命名为“建筑强县”。2011年2月12日，县委、县政府将农历正月初十命名为“海安建工节”。2012年2月1日，中国建筑业协会在海安举行授牌仪式，海安成为江苏省第一个、全国第七个“中国建筑之乡”。是年，建筑业施工产值672.3亿元，入库税金8.8亿元，承建高层建筑3486幢，其中29层以上超高层建筑1099幢。2016年，海安被列为江苏省建筑产业现代化城市。2022年，海安市建筑业施工产值2075亿元，建筑工程获中国建设工程鲁班奖1项、国家优质工程奖3项、中国土木工程詹天佑奖4项。

【建筑强企】 2022年6月23日，南通市建筑行业协会发布2021年度南通市建筑业竞争力、最具成长性“双三十强”企业和优秀企业、优秀企业家、优秀企业经理“三优”评价结果，其中，苏中集团、华新建工集团有限公司（简称华新集团）、南通市达欣工程股份有限公司（简称达欣集团）、江苏信拓建设（集团）股份有限公司（简称信拓集团）、江苏新龙兴建设集团有限公司（简称新龙兴集团）、南通苏中建设有限公司（简称南通苏中）6家企业获评2021年度南通市建筑业竞争力三十强企业，江苏润宇建设集团有限公司（简称润宇集团）、南通工泰建设有限公司（简称工泰公司）、江苏国恒建设发展有限公司（简称国恒公司）、南通丰汇建设有限公司（简称丰汇公司）、南通通宇建设工程有限公司（简称通宇公司）5家企业获评2021年度南通市建筑业最具成长性三十强企业，19家企业获评南通市建筑业优秀企业，8人获评南通市建筑业优秀企业家，25人获评南通市建筑业优秀企业经理。

6月23日，中国《建筑时报》和美国《工程新闻记录》共同发布2021年度“中国承包商80强”和“工程设计企业60强”榜单，苏中集团列“中国承包商80强”第17位，达欣集团列“工程设计企业60强”第59位。

7月18日，江苏省住房城乡建设厅发布2021年度“江苏建筑业百强企业”名单，3家企业进入“综合实力类50强”，苏中集团、华新集团、达欣集团分别列第13位、第15位、第40位。

9月6日，中国企业联合会、中国企业家协会发布“中国企业500强”榜单，苏中集团列第393位，连续21年进入该榜单。

【名优工程】 2022年，海安市建筑企业承建（参建）的多项工程获全国建筑业大奖。达欣集团参建的黑龙江省七台河市桃山湖生态环保水利综合治理项目获中国建设工程鲁班奖（国家优质工程）。苏中集团承建的内蒙古托克托工业园区500千伏变电站工程、华新集团承建的江苏南京丽宁科研楼及相关辅助设施02栋工程、达欣集团承建的江苏海安市人民医院门急诊病房综合楼工程获国家优质工程奖。苏中集团承建的新疆乌鲁木齐市都会传奇小区工程、山东淄博福园西区棚户区改造项目、河北石家庄市荣盛华府二期工程，华新集团承建的江苏无锡市XDG-2006-77号地块三期住宅及公建配套用房项目获中国土木工程詹天佑奖。苏中集团承建的内蒙古托克托工业园区500千伏变电站工程、内蒙古乌兰察布巨宝庄500千伏变电站工程获中国电力优质工程奖。达欣集团承建的江苏无锡时代城一期工程，河北国源和天下18号楼及地下车库、幼儿园，河北秦皇岛博辉万象城二期工程，黑龙江齐齐哈尔飞鹤·御景园获评全国市场质量信用A等用户满意工程。

【内蒙古托克托工业园区500千伏变电站工程】 内蒙古托克托工业园区500千伏变电站工程位于内蒙古自治区呼和浩特市托克托工业园区，承建单位为苏中集团。占地面积4.33公顷，变电站总建筑面积1499平方米。项目获评中国施工企业管理协会2022年工程建设项目设计水平评价三等成果，获2022年中国电力优质工程奖、2021年度山东省优秀工程勘察设计二等奖，获授发明专利4项、实用新型专利8项、QC成果19项、省级工法5项，获省级科技进步奖11项以及其他奖励5项，并通过电力建设新技术应用专项验收。2022年11月，被中国施工企业管理协会评为2022—2023年度国家优质工程奖。

【南京丽宁科研楼及相关辅助设施02栋工程】 南京丽宁科研楼及相关辅助设施02栋工程位于江苏省南京市江宁区将军大道37号，承建单位为华新集团。总建筑面积4.82万平方米，由主楼、裙楼两部分组成，主楼地上23层，裙楼地上4层，车库地下2层。项目应用全国建筑业推广10项新技术中的10大项、23小项。获授实用新型专利3项，获评住房和城乡建设部绿色施工科技示范工程、省建筑业绿色施工示范工程、省建筑业新技术应用示范工程，获全国工程建设项目优秀设计成果奖、省“扬子杯”优质工程奖、中国长三角优秀石材建设工程建筑外装饰金石奖，入选全国施工工地安全生产标准化学习交流项目（AAA）。2022年11月，被中国施工企业管理协会评为2022—2023年度国家优质工程奖。

【海安市人民医院门急诊病房综合楼工程】 海安市人民医院门急诊病房综合楼工程位于江苏省海安市中坝中路17号，承建单位为达欣集团。项目应用全国建筑业推广10项新技术中的10大项、26小项，江苏省推广10项新技术中的10大项、15小项。获教育部2021年度优秀勘察设计建筑设计三等奖、江苏省“扬子杯”优质工程奖，获评全国建设工程项目施工安全生产标准化工地、中国施工企业管理协会2022年绿色建造施工水平评价三等成果、江苏省建筑业绿色施工示范工程、江苏省建筑业新技术应用示范工程，获授实用新型专利

10项、省级工法2项、国家级QC成果4项。2022年11月，被中国施工企业管理协会评为2022—2023年度国家优质工程奖。

【乌鲁木齐市都会传奇小区工程】 乌鲁木齐市都会传奇小区工程位于新疆维吾尔自治区乌鲁木齐市沙依巴克区克西路333号，承建单位为苏中集团。项目为塔式高层住宅建筑，获评新疆维吾尔自治区新技术应用示范工程，获新疆优质工程“天山奖”、乌鲁木齐市优质工程“亚心杯”奖、乌鲁木齐市房屋建筑优质结构工程奖等，获授国家级QC成果3项、发明专利1项、实用新型专利3项。2022年9月，被中国土木工程协会评为中国土木工程詹天佑奖优秀住宅小区金奖。

【福园西区棚户区改造项目】 福园西区棚户区改造项目位于山东省淄博市世纪路以东、共青团路以南、西六路以西、商场西路以北，承建单位为苏中集团。项目获评住房和城乡建设部第九届“广厦奖”、山东省优质工程“泰山杯”奖，获评山东省优质结构工程等，获授国家级项目管理成果1项、国家级QC成果1项、实用新型专利3项、省级工法2项、省级QC成果4项。2022年9月，被中国土木工程协会评为中国土木工程詹天佑奖优秀住宅小区金奖。

【石家庄市荣盛华府二期工程】 石家庄市荣盛华府二期工程位于河北省石家庄市长安区和平东路199号，承建单位为苏中集团。项目获河北省优质工程“安济杯”奖，获评河北省优质结构工程、河北省建筑业新技术应用示范工程等，获授实用新型专利3项、国家级QC成果2项、省级QC成果3项、省级工法2项。2022年9月，被中国土木工程协会评为中国土木工程詹天佑奖优秀住宅小区金奖。

【无锡市XDG-2006-77号地块三期住宅及公建配套用房项目】 无锡市XDG-2006-77号地块三期住宅及公建配套用房项目位于江苏省无锡市滨湖区，承建单位为华新集团。总建筑面积15.11万平方米，由1栋多层综合楼、3栋高层住宅及地下车库组成。项目获评全国工程建设绿色建造施工水平评价二星级项目、江苏省绿色施工示范工程等，获授国家级QC成果2项、省级QC成果1项。2022年9月，被中国土木工程协会评为中国土木工程詹天佑奖优秀住宅小区金奖。（刘　丹）

中国民间艺术（龙舞）之乡

【概况】 海安龙舞有龙灯舞、苍龙舞、扁担龙舞、人龙舞、手龙舞、草龙舞等系列龙舞，最著名的是罗汉龙舞（龙灯舞的一支）、苍龙舞。罗汉龙舞雄浑豪放，苍劲有力；苍龙舞精致秀美，优雅轻盈。龙舞以隆政街道新丰村丁家罗汉龙最为出名。丁家龙已有传人二十一代，舞艺成熟。丁家龙仿效杂技堆宝塔技法，在不使用任何器械的情况下，凭空叠罗汉，由引龙人、舞龙人逐个踩肩而上，形成三层相加、四层相叠的“宝塔”形状。其时龙头昂首向天、龙球劲抖、龙尾扫地、龙身翻腾，恰似蛟龙出水，腾云驾雾一般，难度之高、场面之惊险、技艺之精湛，令人叹为观止。1986年底，参加省首届音乐舞蹈节，丁家龙“站、蹲、跪、坐、躺”五舞生花，反身拧、龙摆尾、里外滚、大起花等十八般舞艺样样叫绝，一座“四层宝塔”的生动场面，赢得经久不息的热烈掌声。丁家龙舞获得特等奖，受到时任全国舞蹈家协会主席吴晓邦的高度赞赏，誉为“中国龙舞之一绝”，并与舞龙人合影留念。此后，上海广播电视台、中央广播电视总台等纷纷为之录像播出。是年，苍龙舞在中南海为中央领导人献艺，获得好评。1988年，苍龙舞参加北京国际旅游年舞龙大赛，获优秀表演奖；参加广州全国首届广场民间舞蹈大赛，获“金孔雀杯”大奖。2001年1月下旬，丁家龙参加北京市第十五届龙潭庙会暨中华优秀民间花会大赛，获得金奖。2002年3月20日，江苏省文化厅命名海安县为“江苏省民间文艺之乡”。2003年3月1日，文化部社图司命名海安县为“中国民间艺术（龙舞）之乡”。是年9月，海安龙舞获第五届江苏省“五星工程”金奖。2008年，文化部将原有“中国民间艺术之乡”和“中国特色艺术之乡”名称统一为“中国民间文化艺术之乡”，海安成为“中国民间文化艺术之乡”。2013年，海安罗汉龙、苍龙舞被列为江苏省非物质文化遗产项目。2020年，苍龙舞传承人仲美娟、罗汉龙传承人丁永生入选省级非物质文化遗产代表性传承人，苍龙舞传承人华江明入选南通市级非物质文化遗产代表性传承人。2022年，海安市开展非物质文化遗产进校园活动，曲塘中学、隆政初中等学校开设龙舞课程，大公小学组建舞龙健身社团，海安龙舞得到传承和创新发展。

【龙舞保护与传承】 2022年，海安市建立海北幼儿园、实验小学、曲塘小学、曲塘附属中学等校园非物质文化遗产传承基地10多个，开设专门课程，海安龙舞传承人多次进校园、进课堂进行技艺传授，服务1万多人次。常态化开展非物质文化遗产传承进社区、进农村活动，海安龙舞表演成为新春文化惠民活动固定节目，让群众了解海安龙舞、喜欢海安龙舞、参与海安龙舞保护与传承。推进非物质文化遗产与群众体育特色品牌融合发展，打造健身龙舞特色运动品牌，健身龙舞被列入海安“十四五”期间体育重点建设项目，依托海安健身体育服务平台，在全市2000多个健身服务点开展和推广龙舞项目。加强龙舞理论研究，编纂《海安龙舞》。（全　欣）

海安市行政中心大楼

中国共产党海安市委员会

综　述

【党的建设全面加强】 2022年，海安市委把迎接党的二十大、学习宣传贯彻党的二十大精神作为鲜明工作主线和首要政治任务，开展“强国复兴有我”群众性主题宣传教育、千场主题宣讲进基层等系列活动，召开市委常委会会议、全市大会、市委理论学习中心组学习会等传达学习党的二十大精神，组织南通市委宣讲团在海安宣讲活动，组建市委宣讲团开展集中宣讲活动54场。基层党组织建设持续加强，召开党建引领城市基层治理推进会，新业态新就业群体“先锋指数”“蜂巢型”组织体系经验做法全省推广。开展“领导干部能力建设提升年”活动，一月一主题举办“海陵大学堂”。开展“机关作风建设提升年”活动，市、镇两级稳步推进24项重点难点问题处置。监督体系持续落细落实，完成省委巡视海安各项工作，对巡视期间反馈的问题、交办的事项，坚持即知即改、立行立改。

【实体经济做强做优】 2022年，海安市委坚持把发展经济的着力点放在实体经济上，“5123”大企业领航工程顺利实施，不断提升现代产业发展能级和竞争力，巩固壮大实体经济根基。紧紧抓住项目建设“牛鼻子”，新签约并注册5亿元以上内资项目37个，3个省级重大项目和23个南通市级重大项目全部开工建设。启动实施现代服务业繁荣发展三年行动计划，规模以上服务业重点行业营业收入比上年增长21%，商贸物流园获批国家级示范物流园。深耕现代农业，粮食亩单产实现全省十七连冠，乡村振兴战略实绩考核位列全省第一等次，区域农业服务中心改革经验全国推广。新增国家级制造业单项冠军企业2家、专精特新“小巨人”企业6家。完成智能化改造和数字化转型项目425个，南通第一。

【改革全面深化】 2022年，海安市委聚焦营商环境创新提升，率先建立“观察员”机制，出台优化提升举措“68”条，“万事好通·海心安”服务品牌深入人心。助力产业集群发展，金融业联合会正式成立，长三角金融业发展联盟海安基地加快组建，引导激励金融机构持续加大对海安项目建设和企业发展的支持力度，为企业注入源源不断的金融活水。国企改革三年行动顺利收官，完成市属国企重组整合，国资监管运营水平有效提升。获评国家首批创新型县（市），苏中苏北唯一。

【开发开放有序扩大】 2022年，海安市委坚定不移扩大开放，增创高质量发展新优势。铁海快线、中欧班列加密开行，首开上海保供专列，实现贸易通关便利化。铁路物流基地到发量171万吨，凤山港集装箱吞吐量2.1万标箱，保税物流中心进出区货物值3.8亿美元，枢纽优势持续扩大。开放平台建设取得新突破，获批玉米、小麦指定交割库，进境肉类指定监管场地完成首单交易，填补苏中地区冷链市场空白。海安开发区常安纺织园限值限量管理平台上线运行，电子信息产业园金属表面处理中心正式投运，上湖创新区太原理工产业研究院落地运营。

【民生福祉不断增进】 2022年，海安市委守住守牢民生底线，推出民生实事并兑现落实，人民群众获得感、幸福感、安全感不断增强。突出援企稳岗、扩大就业，通过一系列组合拳创造就业岗位，稳就业工作成效明显。医疗卫生体制改革扎实推进，成功举办首届“中医节”。“一老一小”服务体系日益健全，实现80岁以上老人政府购买居家养老服务全覆盖。坚持义务教育优质均衡并举，新建改建各类学校26所，新增学位5400个，“双减”工作全省放样，获评省级义务教育优质均衡市、高质量平安校园建设市。不断健全社会治安防控体系，安全生产专项治理三年行动全面完成，安全水平持续提升。

（海　鉴）

重要会议

【市委十四届全体会议】 市委十四届三次全体会议　2022年8月13日在市文化艺术中心召开。会议以习近平新时代中国特色社会主义思想为指导，全面贯彻落实江苏省委工作会议和南通市委全会要求，总结上半年工作，部署下半年任务，动员全市上下迎难而上、锐意进取，踔厉奋发、勇毅前行，奋力夺取疫情防控和经济社会发展“双胜利”，以实际行动迎接党的二十大胜利召开。市委书记于立忠代表市委常委会作《抢抓机遇勇争先、打造上海卫星城，以实际行动迎接党的二十大胜利召开》工作报告。市委副书记、市长谭真作会议小结并布置工作。会议审议并通过《中国共产党海安市第十四届委员会第三次全体会议决议》，公布上半年市级机关部门、区镇考核结果，并进行二季度单项流动杯、综合杯竞赛奖杯授杯仪式。

市委十四届四次全体会议　12月29—30日在海安市行政中心东附四楼报告厅召开。会议学习贯彻党的二十大以及中央经济工作会议精神，落实省委十四届三次全会、省委经济工作会议和南通市委十三届五次全会部署要求，回顾总结2022年工作，研究部署2023年任务，动员全市上下踔厉奋发、勇毅前行，致力打造“五个海安”、奋力建设“五个强市”，在新征程上全面推进中国式现代化海安新实践。市委书记于立忠代表市委常委会作《深入学习贯彻党的二十大精神 在新征程上全面推进中国式现代化海安新实践》工作报告。市委副书记、市长谭真作会议小结并布置工作。会议审议并通过《中国共产党海安市第十四届委员会第四次全体会议决议》，审议《中共海安市委关于深入学习贯彻党的二十大精神 在新征程上全面推进中国式现代化海安新实践的决定（讨论稿）》。会议结束后进行市级机关形象测评，并对市级机关、市属企事业单位、区镇（街道）主要负责人进行民主测评。

【市委常委会会议】2022年，海安市第十四届市委常委会召开31次会议，即十四届市委常委会第16次会议至第46次会议。

1月6日，十四届市委常委会召开第16次会议。会议听取新型冠状病毒性肺炎疫情防控形势通报，研究部署下一步工作。讨论政府工作报告（含2022年民生实事项目计划）、2021年国民经济和社会发展计划执行情况与2022年计划草案的报告、2021年预算执行情况和2022年预算草案的报告。研究市文联所属协（学）会换届相关事项、“机关作风建设提升年”活动实施方案及相关会议方案。讨论2022年重点工作任务分解表、关于进一步推进海安市工业用地提质增效的实施办法。听取海安市春晚筹备工作情况汇报。

1月15日，十四届市委常委会召开第17次会议。会议传达学习习近平总书记对党内法规工作的重要指示和全国党内法规工作会议精神、省委民族工作会议精神，研究贯彻落实意见。听取市人大常委会、市政府、市政协及市人民法院、市人民检察院党组2021年工作汇报。讨论关于深化市融媒体中心（传媒集团）改革的方案。传达学习南通市部署党的二十大代表候选人初步人选酝酿推荐工作会议精神。会议还研究其他事项。

1月29日，十四届市委常委会召开第18次会议。会议讨论海安市人大常委会2022年工作要点、政协海安市委员会2022年工作要点。听取2021年度市级机关、区镇（街道）考核情况汇报。讨论2021年度总结表彰大会有关事项。

2月9日，十四届市委常委会召开第19次会议。会议传达学习习近平总书记在中央政治局第三十六次集体学习时的重要讲话精神。讨论海安市“十四五”教育体育发展规划、创建国家生态文明建设示范市工作实施方案。听取第二轮江苏省生态环境保护督察通报问题及2022年省政府挂帅督办项目整改情况汇报。听取关心下一代工作委员会2021年主要工作情况汇报并讨论2022年工作要点。确定海安市出席党的二十大代表候选人推荐人选。

2月19日，十四届市委常委会召开第20次会议。会议听取新型冠状病毒性肺炎疫情防控工作情况汇报，安排部署下一步工作。研究党的建设工作，传达学习全国、全省组织部长会议精神，研究贯彻落实意见；传达学习全国、全省、南通市宣传部长会议精神，研究2022年海安宣传思想文化工作要点；学习《南通市落实党风廉政建设责任制领导小组办公室印发〈关于2022年度南通市落实全面从严治党责任对照清单〉的通知》精神；讨论党建工作会议方案及表彰名单。讨论关于2022年全力打造“苏中新鱼米之乡”全面推进乡村振兴重点工作的意见、关于2022年加快推进农业农村现代化建设的若干政策意见及全市农村工作会议方案。通报南通市对海安2021年度考核情况。传达学习中央政法工作会议、省委政法工作会议和南通市委政法工作会议精神，研究贯彻落实意见。讨论海安市“营商环境提升年”实施意见、“十四五”人才发展规划。会议还研究其他事项。

3月1日，十四届市委常委会召开第21次会议。会议学习《国务院办公厅印发〈关于“十四五”节能减排综合工作方案〉的通知》、江苏省关于加快建立健全绿色低碳循环发展经济体系的实施意见，研究贯彻落实意见。讨论海安市委关于省委涉粮问题专项巡视反馈意见整改方案、海安市委落实南通市委巡察反馈意见整改方案、海安市“志愿之城”建设工作实施意见、市委常委班子主体责任清单、市纪委监委监督责任清单。听取第二轮省生态环境保护例行督察反馈问题情况汇报，研究整改工作建议。讨论十四届市纪委二次全会工作报告及会议方案。听取十四届市委第一轮巡察综合情况汇报、“作风建设提升年”明察暗访工作情况汇报。讨论《关于实施“五炼五提”行动 深入推进“领导干部能力建设提升年”的意见》。会议还讨论其他事项。

3月12日，十四届市委常委会召开第22次会议。会议听取新型冠状病毒性肺炎疫情防控工作情况汇报，研究部署下一步工作。传达学习国务院安全生产委员会全体会议精神，省委书记吴政隆、省长许昆林、南通市市长吴新明关于镇江“3·8”火灾事故的指示批示精神，研究贯彻落实意见。讨论平安法治海安建设大会系列文件、关于强化党内问责主体责任的实施意见、海安市贯彻落实《法治政府建设实施纲要（2021—2025年）》实施方案、2022年海安统战工作要点、关于做好乡贤工作的实施办法、关于加强新时代海外统战工作的实施办法，研究服务业繁荣发展工作。会议还讨论其他事项。

3月26日，十四届市委常委会召开第23次会议。会议专题研究关于南通市纪委监委纪检监察建议的整改落实方案。

4月1日，十四届市委常委会召开第24次会议。会议传达学习全国“两会”精神及十四届省委首轮巡视动员会精神，研究部署相关工作。研究党的建设工作，讨论市委党建工作领导小组2022年工作要点、党建“十大工程”任务分解表；海安市“村村到、户户进、人人访”集中走访实施方案、关于加强“一把手”和领导班子监督的实施意见、海安市建立健全容错纠错机制实施办法。传达学习省、南通市统战部长会议精神，研究贯彻落实意见。会议还讨论其他事项。

4月9日，十四届市委常委会召开第25次会议。会议传达学习省推动长江经济带发展领导小组会议精神及省大运河文化带暨长江国家文化公园建设工作领导小组会议精神，研究贯彻落实意见。讨论市委常委会第二季度重点工作计划、海安市以“制度化管理、实时化监控、自动化阻隔、现代化救援”为路径全力提升本质安全水平实施意见、关于深化提升安全生产专项整治三年行动的意见、海安市深化省级安全发展示范城市创建工作方案、海安制造业智能化改造和数字化转型三年行动计划（2022—2024年）、通榆河一级保护区内工业项目整改方案。听取环保督察相关情况汇报。研究海安市“十四五”科技创新规划、“十四五”农业农村现代化（乡村振兴）规划，听取3月份“机关作风建设提升年”明察暗访情况汇报。会议还研究其他事项。

4月15日，十四届市委常委会召开第26次会议。会议研究安全生产工作，传达学习习近平总书记关于安全生产工作的重要指示、国务院总理李克强批示精神及全国、省、南通市安全生产电视电话会议精神，学习国务院安全生产委员会关于进一步强化安全生产落实坚决防范遏制重特大事故的若干措施，研究贯彻落实意见。学习习近平总书记关于巡视工作的重要论述。传达学习全国巡视工作会议、省委书记吴政隆在省委书记专题会上的讲话和省委第三巡视组巡视海安市动员会精神，研究贯彻落实意见。学习全省组织部门贯彻落实省委疫情防控决策部署会议精神，研究贯彻落实意见。听取基于司法大数据的海安经济社会运行情况报告、海安籍制造业规上企业全国涉民事案件司法大数据分析报告。传达学习习近平总书记关于档案工作的重要批示精神、《中华人民共和国档案法》，研究贯彻落实意见。研究2021年全国文明城市长效管理相关情况分析报告，部署下一步工作。会议还研究其他事项。

4月30日，十四届市委常委会召开第27次会议。会议学习习近平总书记在中央财经委员会第十一次会议上的重要讲话精神，研究贯彻落实意见。学习《中华人民共和国反有组织犯罪法》，听取扫黑除恶斗争工作、政法队伍教育整顿工作、打击治理电信网络诈骗违法犯罪工作情况汇报，部署下一步工作。传达学习省委全面依法治省委员会办公室全体会议精神。学习《中央生态环境保护督察整改工作办法》，讨论海安市贯彻落实省第四生态环境保护督察组督察反馈意见整改方案。听取南通市依法行政专项巡察海安联动巡察综合情况报告、第一季度海安市经济运行情况分析报告。会议还研究其他事项。

5月10日，十四届市委常委会召开第28次会议。会议讨论海安市民营经济“两个健康”提升三年行动方案（2022—2024年）、海安市张謇企业家培育三年行动方案（2022—2024年）、关于海安市建设“慈善之城”的实施意见、2022年乡风文明专项整治行动实施方案、2022年全国文明城市长效管理工作实施方案、关于全面加强新时代司法所建设切实提升基层法治建设水平的意见。学习中共中央办公厅关于加强新时代离退休干部党的建设工作的意见。听取4月份“机关作风建设提升年”明察暗访情况汇报。会议还研究其他事项。

5月30日，十四届市委常委会召开第29次会议。会议传达学习习近平总书记关于湖南省长沙市居民自建房倒塌事故的重要指示和国务院总理李克强批示精神，研究贯彻落实意见。学习江苏省宗教工作会议精神。会议还研究其他事项。

6月18日，十四届市委常委会召开第30次会议。会议传达学习习近平总书记在四川考察调研时的重要讲话精神、中央全面深化改革委员会第二十五次会议精神、《中华人民共和国湿地保护法》《江苏省湿地保护条例》和省委、南通市委人大工作会议精神，研究贯彻落实意见。学习第二轮中央生态环境保护督察反馈意见，研究相关整改意见。学习南通市县级党校办学质量评估办法，听取迎评工作情况汇报、5月份“机关作风建设提升年”明察暗访情况汇报。会议还研究其他事项。

6月25日，十四届市委常委会召开第31次会议。会议传达学习习近平总书记在中共中央政治局第四十次集体学习上的重要讲话精神及中央巡视工作领导小组办公室主任王鸿津在省、市两级巡视巡察办主任培训班暨市级巡察机构在上下联动中更好发挥作用试点工作总结会议上的讲话精神，研究贯彻落实意见。讨论关于新时代坚持和完善人民代表大会制度加强和改进人大工作的实施意见、关于健全人大讨论决定重大事项制度的实施办法。听取上半年意识形态工作情况汇报，部署下一步工作。研究市委“七一”表彰对象。会议还研究其他事项。

7月9日，十四届市委常委会召开第32次会议。会议传达学习习近平总书记在中共中央政治局第三十九次集体学习上的重要讲话精神、全省基层党建“五聚焦五落实”深化提升行动部署会暨2022年度重点任务推进会议精神，研究贯彻落实意见。听取新型冠状病毒性肺炎疫情防控工作情况汇报，部署下一步工作。讨论市委常委会第三季度重点工作计划、市文学艺术界联合会第七次代表大会相关事项、人才发展大会拟表彰对象。学习南通市委研究室关于海安组建区域农业服务中心做法的情况与建议，部署下一步工作。会议还研究其他事项。

7月23日，十四届市委常委会召开第33次会议。会议学习《中共中央办公厅 国务院办公厅印发〈关于建立健全领导干部自然资源资产离任审计评价指标体系的意见〉的通知》精神、省委组织部关于新型冠状病毒性肺炎疫情防控工作的相关要求，研究贯彻落实意见。讨论江苏省习近平新时代中国特色社会主义思想研究中心海安市实践调研基地建设方案。听取上半年未成年人思想道德建设工作情况汇报，部署下半年工作。会议还研究其他事项。

8月6日，十四届市委常委会召开第34次会议。会议讨论市委十四届三次全体会议工作报告及方案。学习中央全面依法治国委员会关于进一步加强市县法治建设的意见及省贯彻落实意见，部署下一步工作。学习《中国共产党政治协商工作条例》《纪检监察机关派驻机构工作规则》、中央统战工作会议精神，研究贯彻落实意见。讨论关于促进社会组织高质量发展的实施意见、关于加快推进国家现代农业产业园创建政策意见、海安市农村宅基地和住房建设管理办法（试行）。会议还研究其他事项。

8月16日，十四届市委常委会召开第35次会议。会议传达学习国务院总理李克强关于二季度上半年经济形势和做好下一步经济工作的讲话精神，研究贯彻落实意见。学习省委副书记、省委政法委书记邓修明到南通调研督导要求，研究贯彻落实意见。讨论关于进一步加强市属国有企业领导人员管理的有关规定（试行）。会议还讨论其他事项。

8月26日，十四届市委常委会召开第36次会议。会议传达学习第47次省委常委会会议精神，研究贯彻落实意见。学习《中共中央办公厅印发〈党委（党组）意识形态工作责任制实施办法》，研究贯彻落实意见。学习南通市安全生产委员会全体（扩大）会议暨安全生产三年专项整治推进会精神。讨论"关于增强制造业内生动能，实现更高质量更有效益发展的若干政策意见"、庆祝海安开发区建区30周年暨获批国家级开发区10周年大会方案。会议还讨论其他事项。

9月5日，十四届市委常委会召开第37次会议。会议研究省委巡视整改工作。讨论关于召开共青团海安市第十七次代表大会的请示、海安市首批教育界招才大使建议名单。会议还讨论其他事项。

9月24日，十四届市委常委会召开第38次会议。会议研究海安市委关于省委巡视反馈意见整改工作方案。讨论关于进一步加强和改进国有企业党的建设工作的实施意见。会议还讨论其他事项。

9月29日，十四届市委常委会召开第39次会议。会议研究省委、南通市委巡视整改工作。传达学习9月23日召开的全国、全省安全生产电视电话会精神，研究贯彻落实意见。听取新冠肺炎疫情防控工作情况汇报，研究防控措施。讨论市委常委会四季度重点工作计划。听取主要经济指标情况汇报，研究部署下一步工作。研究党的建设工作。讨论海安市残联第七次代表大会有关事项。会议还讨论其他事项。

10月22日，十四届市委常委会召开第40次会议。会议讨论关于调整优化海安市新冠肺炎疫情防控应急指挥体系的通知。传达学习国务院总理李克强在第十次全国深化"放管服"改革电视电话会议上的讲话精神，研究贯彻落实意见。学习省委办公厅关于加强和改进新时代市县政协工作实施意见的通知，听取"有事好商量"协商议事巩固提升工作情况汇报。学习《江苏省生态环境保护督察整改工作办法》。讨论海安市"无废城市"建设实施方案，研究海安开发区、海安高新区南通市省级以上开发园区2019—2021年运行情况专项审计调查整改工作，讨论南通市市管领导干部平时考核工作方案（试行）、海安市市管领导干部平时考核实施办法（试行）。会议还研究其他事项。

11月1日，十四届市委常委会召开第41次会议。会议听取省委巡视整改情况汇报。

11月4日，十四届市委常委会召开第42次会议。会议传达学习十九届中央纪律检查委员会向中国共产党第二十次全国代表大会的工作报告精神，研究贯彻落实意见。讨论海安市加快推进媒体深度融合发展实施方案。学习省委办公厅关于加强巡视整改和成果运用的实施意见。会议还研究其他事项。

11月19日，十四届市委常委会召开第43次会议。会议讨论中共海安市委关于深入学习宣传贯彻党的二十大精神的通知。学习省委办公厅、省政府办公厅关于印发江苏省贯彻落实第二轮中央生态环境保护督察报告整改方案的通知。讨论海安市贯彻落实省生态环境保护例行督察反馈意见整改方案、关于深入打好污染防治攻坚战的实施意见、关于进一步深化妇儿工委实体化运行的工作意见、关于进一步加强基层妇联组织建设的实施办法。学习国务院食品安全委员会"关于建立健全分层分级精准防控末端发力终端见效工作机制 推动食品安全属地管理责任落地落实的意见"和省委办公厅、省政府办公厅关于落实地方党政领导干部食品安全责任制规定的通知，研究贯彻落实意见。学习《江苏省税费征管保障办法》。讨论关于健全开发园区人大工作机制的意见（试行）、关于深化国有企业全面从严治党主体责任的实施意见（试行）、关于进一步深化派驻监督工作的实施意见、关于加强新时代离退休干部党的建设工作的实施办法、全市老干部工作会议方案及表彰决定。会议还研究其他事项。

11月21日，十四届市委常委会召开第44次会议。会议传达学习第56次省委常委会会议精神，研究贯彻落实意见。研究"机关作风建设提升年"明察暗访月度专报。会议还讨论其他事项。

12月10日，十四届市委常委会召开第45次会议。会议学习国务院关于进一步优化落实新冠肺炎疫情防控措施的通知，研究部署下一步工作。传达学习习近平总书记关于安阳"11·21"火灾事故作出的重要指示。学习江苏省冬季专项整治会议精神，研究部署下一步工作。学习省委、省政府关于推动高质量发展做好碳达峰碳中和工作实施意见的通知、省碳达峰实施方案、"十四五"节能减排综合实施方案，研究贯彻落实意见。会议还讨论其他事项。

12月28日，十四届市委常委会召开第46次会议。会议传达学习南通市委十三届五次全会精神、省委经济工作会议精神，研究贯彻落实意见。讨论市委十四届四次全会相关报告、市"两会"有关事项、中共海安市委关于深入学习贯彻党的二十大精神在新征程上全面推进中国式现代化海安新实践的决定（讨论稿）及会议方案、关于促进养老托育服务高质量发展的实施意见、海安市省健康县（区）建设工作实施方案、关于实施"海安名匠工程"加强高技能人才队伍建设的若干举措、2023年城建交通重点工程。会议还研究其他事项。

【市委常委议军会】 2022年12月22日，海安市委常委议军会召开。会议强调，要聚焦练兵备战，全面提升国防动员、应急应战的能力水平。要提升敢打必胜能力水平，始终聚焦实战确定工作重心、推进各项建设，制订完善各类应急应战方案预案，确保召之即来、来之能战、战之必胜；提升国防动员能力水平，不断优化战时职能配置，完善国防动员组织体系，摸清国防动员潜力底数，打造迅即能动、可靠管用的应急力量体系；提升基层队伍能力水平，抓好2023年度春季征兵工作，突出抓好民兵新质力量和专业分队建设，提升专武干部军政素质和业务技能，夯实基层武装工作基础。

【专题会议】 2022年2月7日，海安市召开2021年度总结表彰大会。会议动员全市上下扛起使命、勇毅前行，奋力推动各项工作上新台阶。市委书记于立忠到会讲话。市委副书记、市长谭真宣读表彰决定和通报。

2月19日，海安市召开"营商环境提升年"动员大会。会议贯彻落实中央、省和南通市关于优化营商环境的决策部署，动员全市上下对标先进、追赶超越，努力打造营商高地，厚植兴业沃土，为建设“枢纽海安、科创新城”提供坚强保障。市委书记于立忠到会讲话。

6月29日，海安市召开“领导干部能力建设提升年”活动推进会。市委书记于立忠到会讲话。市委副书记张浩发布“五炼五提”（思想淬炼提神、专业研炼提质、实践锻炼提能、先锋磨炼提标、作风锤炼提德）行动方案。举行“人民学习·智慧教室”签约仪式、“海陵大学堂”揭牌仪式和市、县、镇三级组工干部结对共建仪式和“天天向上”学习联盟授牌仪式。10支专业化攻坚队递交责任状。

9月6日，海安市召开“机关作风建设提升年”活动推进会。会议动员全市上下进一步凝心聚力、奋发有为，以严实的作风、务实的举措，全力以赴完成全年各项目标任务。市委书记于立忠到会讲话。与会人员共同观看明察暗访工作专题片。市委常委、纪委书记、监委主任通报相关情况。市委常委、组织部部长、统战部部长宣读《关于号召党员干部“敢为善为干在实处，勤为有为勇挑重担”的倡议书》。滨海新区、李堡镇、白甸镇、市发展改革委、市公安局、市市场监管局负责人作交流发言。

（肖添杨）

决策部署

【建设人才强市决策】 2022年1月13日，海安市出台《关于加快建设人才强市的若干政策意见》（简称“人才强市36条”），为海内外优秀青年和人才到海安创新创业，提供36条优惠政策。实施创新创业人才支持政策，提供创业项目扶持、创新项目支持、项目配套奖励、首套首购推广、企业成长奖励、人才薪酬（个税）补贴、柔性引才补贴、成果转化奖励8条优惠政策。实施强化金融服务支持政策，提供贷款融资保障、科创基金投资、项目风险补偿、协助上市奖励、企业上市奖励5条优惠政策。实施青年人才集聚支持政策，提供青年人才创业支持、青年人才见习（实习）保障、青年人才生活津贴、青年人才驿站服务、青年人才安居保障5条优惠政策。实施创新平台载体支持政策，提供企业平台建设奖励、新型研发机构奖补、载体绩效管理奖励、离岸机构运行补贴、离岸机构人才津贴5条优惠政策。实施引才培才荐才支持政策，提供社会引才奖励、企业招聘补贴、协助申报奖励、技术经纪人奖励、行业人才培养、企业培才奖励、技能提升奖励、院校委培补贴、院校荐才奖励9条优惠政策。实施人才服务保障支持政策，提供建立荣誉制度、高效便捷落户、人才购房优惠、生活服务保障4条优惠政策。

【法治社会建设决策】 2022年1月13日，海安市出台《海安市法治社会建设实施方案（2021—2025年）》，方案明确，培育全社会法治信仰，推动宪法宣传教育常态化，持续提升全民法治观念，深化普法责任制实践，深入推进依法行政，加强社会主义法治文化建设。推进社会领域制度建设，促进社会规范建设，加强道德规范建设，深化社会诚信建设。加强社会主体权益保护，持续营造法治化营商环境，加强司法领域人权保障，优化公共法律服务供给。全面推进社会治理法治化，完善社会治理体制机制，加强多层次多领域依法治理，深化“平安海安”建设，健全矛盾纠纷化解体系，加强信息化科技保障，推进网络空间依法治理。

【打造“苏中新鱼米之乡”决策】 2022年3月8日，海安市出台“关于全力打造‘苏中新鱼米之乡’全面推进乡村振兴重点工作的意见”，提出扛稳粮食安全责任，打造“苏中新鱼米之乡”战略要地。稳定粮食播种面积和产能，落实耕地保护硬措施，高标准推进“吨粮田”建设，实施现代种业提升工程，推进农业领域智能化数字化应用。以“五个一”（一粒米、一滴油、一只蛋、一条鱼、一根丝）提升工程为核心，夯实“苏中新鱼米之乡”产业基础。打造现代化特色产业，突出“区域公共+企业自有”双品牌战略驱动，探索农业多种功能，加强镇级商业体系建设。以组织创新提动力，筑牢“新鱼米之乡”组织保障。强化村干部能力提升，强化村级服务完善基层自治，加强农业农村社会组织建设，健全基层农技服务体系，提升乡村治理现代化能力，弘扬乡风文明新风尚。以乡村建设行动强支撑，提升“苏中新鱼米之乡”魅力颜值。推进农业农村领域减排固碳，开展人居环境标准化试点，有序规范推进农房改善，培育乡村振兴典型示范带，推进省级特色田园乡村建设，加强公共基础设施建设，全面实施区域治水。以攻坚行动挖潜力，释放“苏中新鱼米之乡”改革活力。巩固提升农村集体产权制度改革成果，深化农村土地制度、农业经营制度改革，创新改革金融支农服务模式。以十年倍增行动为引擎，跑出“苏中新鱼米之乡”共富加速度。巩固拓展脱贫致富奔小康成果，构建农民收入持续增长机制，持续壮大村集体经济，加强农村集体“三资”（货币资金、资产、资源）管理，推进农村公共服务均等化，完善社会保障救助体系。

【生态文明建设决策】 2022年3月16日，海安市印发“生态文明建设暨环境保护实施意见”，旨在推动美丽海安建设取得更大成果。意见指出加快推动绿色发展，推进产业集聚集约发展，严格项目准入管理，推进现有企业绿色改造，强化环境资源要素保障，推进环境基础设施建设，深化环境治理模式创新。深入打好蓝天保卫战，突出加强VOCs整治，加大扬尘源管控，优化移动源治理，压降生活源和噪声污染影响，主动做好应急管控。深入打好碧水保卫战，加大工业污染防治，深化生活污染防治，加强农业面源污染防治，落实水生态保护修复，开展全域入河排污口排查，强化海洋生态环境保护，加强水质应急管控能力建设。深入打好净土保卫战，加强土壤污染源头预防，开展土壤污染治理与修复，抓实固废过程管理。强化突出问题整治，持续开展“大排查、大整治”，积极化解信访矛盾，保持执法高压态势，坚持有力有效服务，严密防控环境风险。此外，出台

《海安市环境基础设施建设三年行动计划》《海安市推进重点行业绿色发展实施方案》。

【建设数字经济强市决策】2022年4月9日，海安市出台“数字赋能及数字经济工作意见”，实施数字经济强市计划。意见指出，加快网络基础设施建设，加强新一代通信网络基础设施建设，提高园区5G覆盖面，加快智慧海安大数据中心建设，强化数字安全风险防御。实施工业互联网平台建设行动，建设互联网标识解析节点，构建行业互联网平台，支持重点企业平台建设，加快工业互联网平台推广。打造工业互联网标杆工厂，鼓励“5G+工业互联网”融合发展，持续推进工业和信息化部“两化融合”管理体系贯标，示范带动产业集群数字化转型。实施“企业上云”行动，营造“企业上云、用云”浓厚氛围，实施星级“上云企业”培育，促进“企业云”深度应用。助推智能机器人产业发展，提升科技创新载体支撑能力，加快机器人重点企业培育，推进“机器换人”整体部署。加快智能车间建设，推进制造业智能化升级，组织观摩培训促进整体提升。引导企业自动化改造，实施新一轮技术改造行动计划，实施“百企诊断”行动，强化数字创新人才队伍建设。推动服务业数字化转型，推进新零售发展，推动数字科技与文旅产业深度融合，建设集成式数字物流平台，加快生产性服务业数字化发展。推动农业数字化转型。推进县域社会治理现代化，赋能社会治安防控体系建设、交通新兴技术应用、教育云网建设、医疗健康服务、水务管理体系、市政公用管理。

【建设科技强市决策】2022年5月16日，海安市出台《海安市“十四五”科技创新规划》，旨在打造长三角北翼性价比最高、创新氛围最浓、营商环境最好、最具竞争力的“科创新城”。规划从“集聚创新要素资源，打造融创示范地区；突破关键核心技术，加快产业转型升级；突出企业主体地位，提升自主创新能力；加强创新载体建设，优化区域创新布局；促进创新平台提升，完善科技服务体系；注重民生科技发展，促进科技惠民富民；强化人才支撑引领，夯实创新发展根基；拓展企业融资渠道，促进科技金融融合；深化体制机制改革，激发创新创业活力；实施知识产权战略，健全培育保护机制；优化科普工作机制，提高全民科学素质”11个方面，明确“推动产学研深度融合、推进数字经济战略、加大高新技术企业培育力度、创建国家级高新区、促进‘双创’（创新创业）载体提质、推进农业科技创建、强化科技信贷服务、开展专项保护行动、实施科学素质提升行动”等具体措施41项。（海　鉴）

【学习宣传贯彻党的二十大精神】2022年，海安市坚持深入学习宣传贯彻党的二十大精神，举办“喜迎二十大　旗帜更鲜艳”“贯彻二十大　携手新未来”等主题活动和市管领导干部学习贯彻党的二十大精神轮训班、“喜迎二十大　喜看新变化”微党课竞赛，开展江苏省习近平新时代中国特色社会主义思想研究中心实践调研基地建设座谈会，组织基层宣讲备课会、理论沙龙40场。由市委书记任团长的42人市委宣讲团与10个区镇、235个村居党组织负责人共同释放“头雁”效应，打造“轻骑兵”“小蚂蚁”“梨小宣”等理论传播品牌10个，组织党的二十大精神宣讲1900多场。实施名师带动工程，发挥理论名师工作室和“百姓名嘴30×50”孵化工程带动作用，组建特色宣讲队10支，以“微宣讲”推动“七进”工程。依托新时代文明实践中心、理论直播间、名嘴孵化点，打造文化地标、展馆空间、农家小院等宣讲新阵地。升级“理论集市　宣讲超市”，在“好通驿站”“先锋憩息亭”“港经亭”等打造党的二十大精神“学习角”特色点位。实施形式创新工程，采用“理论+文艺”形式，融合快板、话剧、歌曲等方式，创作《党的二十大精神我来讲》等理论文艺宣讲作品10件。发布新经济组织、新社会组织、新就业群体“理论加油站”关爱项目，赠送大“理”包6320套。开展“微光大义·致敬老党员”活动，制作《光荣在党50年　奋斗终身传薪火》微视频，颁发“光荣在党50年”纪念章1304枚。

【“领导干部能力建设提升年”活动】2022年，海安市以“五炼五提”（以思想淬炼提神、专业研炼提质、实践锻炼提能、先锋磨炼提标、作风锤炼提德）行动为抓手，开展“领导干部能力建设提升年”活动，举办“海陵大学堂”5期。推行领导干部上讲台制度，11名市委常委“一人一主题”带头授课率100%。开展政治理论“比学、考学、述学、评学”活动，开展市管干部“十库万题”抽考2期、《习近平谈治国理政》（第四卷）知识竞赛1期，抽查科级干部理论自学情况429人次。先后选派干部82人进行上挂下派、双向挂职，抽调干部112人到巡察、疫情防控、应急处置等一线锻炼。

【“机关作风建设提升年”活动】2022年，海安市紧扣“五个再提升”（思想认识、干部素质、为民服务、营商环境、发展质量再提升）活动目标，围绕“十聚焦十查摆”整治重点，抓实“学、查、督、改、评”五个环节，编制《习近平论作风建设学习资料汇编》，开设《书记话作风》《作风建设大家谈》等栏目，刊发党员干部学习体会文章100多篇。开展集中学习3521次，集中讨论2106次，查摆解决作风问题1676个。集中攻坚化解危房改造、国有资产回收、乡村基础设施薄弱等问题468件。抽调机关党员干部2.3万人次下沉社区助力全员核酸检测39轮，安排6批618人参加居家隔离人员服务、18批1292人次全脱产参加交通卡口执勤。

（曹晓婕　肖添杨　管顺黄）

督办调研

【督查督办】2022年，海安市委办公室重点做好市委全会、常委会等市委重要会议精神贯彻落实情况和市重大工程、重点工作推进情况的督查工作。常态化服务市委常委会、市主要领导联席会议和市党政专题会议，组织召开年度总结表彰大会、市委十四届三次全会、市委十四届四次全会等重要会议，举办工业发展大会、“慈善之城”建设动员会、“创新创业在海安”等重大活动。

【信息调研】2022年，海安市委办公室与市委党校、市统计局、市社科联建立联合学研机制，紧扣县域经济高质量发展、枢纽海安、改革创新、社会建设、区域农业服务中心等重点领域开展调查研究。制定海安市党委信息工作考核办法，市委办公室编印《调研与信息》6期，报送信息5000余条，被上级录用800余条，其中，部分信息被中共中央办公厅录用，数条信息被省、南通市委领导批示，41条信息被省委办公厅《快报》《信息专报》《江苏信息》等录用，连续三年被省委办公厅评为党委信息工作先进单位。起草各类重要文稿300余篇。完善党内法规工作机制，审核、报备党内规范性文件32件，及时率、报备率、合法合规率均为100%。进一步优化市委法律顾问法律专家库结构。（肖添杨）

组织工作

【概况】2022年，海安市推进党建“十大工程”（政治建设“强根铸魂”工程、基层组织“固本培元”工程、干部队伍“敢为人先”工程、优秀人才“汇智提能”工程、作风效能“聚力争先”工程、廉洁海安“正本清源”工程、幸福之城“典范创建”工程、文明实践“拓面提质”工程、统一战线“同心筑梦”工程、党群共建“凝心聚力”工程），拓展海陵先锋“五项行动”，流动党员“风筝·云端”工作法入选全国党员教育工作典型案例，交通运输部专题调研海安货车司机群体党建工作并予以肯定，基层干部专业化体系建设、外卖送餐员群体党建工作全省试点，新业态新就业群体“先锋指数”和“蜂巢型”组织体系等工作经验在全省推广。3件党员教育作品在第十六届全国党员教育电视片观摩交流活动中获奖，其中，《苏中七战七捷》《三十三年的接力支教》获一等奖，《养殖场里的仇大夫》获三等奖。承担南通市“十大攻坚项目”试点任务6项，南通市市管领导干部平时考核座谈会、货车司机群体党建工作推进会在海安召开，先后在南通市委人才工作会议、基层党建重点任务推进会、产业链党建联盟工作座谈会等活动上作交流发言。《人民日报》、中央广播电视总台等国家级媒体推介海安组织工作90余次。

【基层党组织建设】2022年末，海安市有基层党组织2342个，其中，党（工）委76个，党总支305个，党支部1961个。市委组织部持续深化党支部“标准+示范”建设，优化农村、社区、非公企业、社会组织、机关事业单位、国有企业六大领域党建标准化建设细则。开展“星级”达标创建活动，表彰五星级基层党组织208家，南通双弘纺织有限公司党委、富港村党总支等6家基层党组织获评南通市基层党建工作示范点，华新建工集团有限公司党委、南通市达欣工程股份有限公司党委、江苏省苏中建设集团股份有限公司党委获评首批海安市建筑行业党建“鲁班奖”。新培育现代家具产业链党建阵地、外卖送餐员党群服务中心、大公镇红阵地“益”企向前加油站等示范典型24个。

【党员队伍建设】2022年末，海安市党员总数5.85万人，其中女性1.44万人，占24.6%。农牧渔民2.15万人，占36.8%；离退休人员1.41万人，占24.1%。研究生858人，占1.5%；大学本科1.26万人，占21.5%；大学专科1.03万人，占17.6%；中专4513人，占7.7%；高中、中技1.08万人，占18.5%；初中及以下1.95万人，占33.3%。党员年龄在35周岁以下8827人，36~45周岁7532人，46~55周岁8625人，56~60周岁5912人，61周岁以上2.76万人。新发展党员403人。推进发展党员“拓源提质”行动，打造“红动海陵·四季向党”党员队伍建设工作品牌，实施“红色海陵”主题党日“十百千”工程，建立基层落实组织生活制度“双调阅双反馈”督查机制。深化流动党员教育管理，建立“三知三解”（理论宣讲知党音、解思想之渴，座谈交流知乡情、解发展之需，敲门走访知家境、解现实之困）集中服务联系月机制，推进疫情防控“三个一线”（党旗飘在一线、堡垒筑在一线、党员冲在一线）突击行动，成立党员突击队863个、临时攻坚党支部328个，出台鼓励党员干部“暖心六条”，编制下发《“疫”线党旗扬——抗“疫”工作口袋书》，1.2万余名党员干部参与攻坚。组织7035名在职党员参加“双报到·通通在”活动。累计走访生活困难党员、老党员等群体4420人，发放慰问金132.22万元。

【干部选拔任用】2022年，海安市全面完成市、镇两级人大、政府换届选举，率先做好新一届政府组成部门主要负责人推荐提名和依法任命工作。配合省委巡视选人用人专项检查，先后制定市属国企人员管理规定、市管干部交流任职规定等各类操作口径12条。开展16批543人次人事调整和职级晋升。探索建立干部政治表现纪实档案，形成“6531”（六访、五评、三结合、一研判）考察机制。推行无任用推荐，新选调青年人才17人。新选配“90后”正科职、“95后”科级干部各1人。实施“天天向上”年轻干部培养工程，构建“1+N”培养矩阵，开展“90后”科级干部、“95后”优秀年轻干部专项遴选，“书记当考官、会场变考场”选拔形式放样南通。

【干部教育培训】2022年，海安市将学习贯彻习近平新时代中国特色社会主义思想、党的二十大精神以及党的十九届六中全会精神作为干部教育培训的首要任务，实施春、秋季集中办学，打造“文化强市”“高精特新”“产业集群”等品牌班次，举办质量强市、金融业务能力、市域治理现代化等重点专题研修班，累计举办主体班、专题班、研修班295期，邀请南通市及以上领导专家到海安授课213人次，培训干部1.9万多人次。落实上级调训任务，选派科级以上领导干部159人参加各类培训。实施“双优”（优质现场教学点、优质培训课程）创建工程，新四军联抗烈士陵园入选江苏省第二批100个红色地名，苏中七战七捷纪念馆等12个现场教学点获南通市级荣誉。

【干部监督管理】 2022年，海安市结合市委第十四轮巡察，对李堡镇、大公镇、上湖创新区等7家单位开展选人用人专项检查，查找问题81条，限期整改到位。开展选任监督，举办中层（股级）干部选拔任用业务培训班，编印《选拔任用工作"一本通"》。落实中层干部选拔任用预审制度，审核方案69件次，提出意见建议115条。强化"一报告两评议"（专题报告年度干部选拔任用工作情况，评议干部选拔任用工作、评议选拔出来的干部）结果运用，对9家选人用人总体评价"好"率较低的单位开展专项整治。召开"能上能下"攻坚项目推进会，制定"下"后干部跟踪教育管理六条措施、"下"后干部分色管理操作办法，对不适宜担任现职的干部29人采取"下"的处理，选用"下"后表现优秀干部3人。坚持"三个区分开来"（将干部在推进改革中因缺乏经验、先行先试出现的失误和错误，同明知故犯的违纪违法行为区分开来；将上级尚无明确限制的探索性试验中的失误和错误，同上级明令禁止后依然我行我素的违纪违法行为区分开来；将为推动发展的无意过失，同为谋取私利的违纪违法行为区分开来），编发《"激励干部担当作为"案例选编》4期45篇，其中1篇案例入选省委组织部案例选编。落实领导干部个人有关事项报告"两项法规"（《领导干部报告个人有关事项规定》《领导干部个人有关事项报告查核结果处理办法》），完成2名省管、96名南通市管干部和二级调研员以上职级公务员集中填报工作。及时处理领导干部苗头性、倾向性问题，先后函询5人、提醒5人。

【党员干部现代远程教育】 2022年，海安市依托"海安先锋"五位一体党建矩阵，开展学习宣传贯彻党的二十大精神系列活动。开通"海安先锋"视频号，推送作品113部，总阅读量近80万人次。开展"寻找身边的党员榜样"活动，摄制8集系列微视频《答卷人》。实施远教"伙伴计划"，推动站点向商圈、产业链延伸。组建远教众创联盟，构建"组织主导+专业支撑+多方联动+项目化推进"的工作机制。短视频《凝聚新力量 建功新时代》入选江苏献礼党的二十大公益广告专辑。《不能忘却的名字》等6部党员教育作品获南通市级荣誉，获奖层次和数量列南通市第一位。

【"两新"组织党建】 2022年，海安市有非公企业4628家、社会组织2845家，720家建立党组织，覆盖党员8319人，选派党建工作指导员207人，全年吸纳高知分子、产业工人、技术骨干等"两新"（新经济组织和新社会组织）职工入党213人。构建"1+18+N"（"两新"工委为核心，18个产业链党委为主干，N个企业党组织为支撑）产业链党建工作体系，实施行业系统党建三年行动计划、行业党委书记抓党建创新争先项目、"通百行 护千企"行动等活动。召开民营企业家座谈会，成立新生代企业家创·动力党支部。制定党建助推产业集群强链培育十条举措，设立产业链党建发展基金，累计帮助11家产业链党委9.6万元。新成立链上企业党组织12家，有链上党小组260多个。

【新业态新就业群体党建】 2022年，海安市创新实施"蜂巢"工作法，摸排"五大群体"（货车司机、网约车司机、外卖送餐员、快递员、网络主播）7242人，党员308人，新成立新业态党组织21个。出台"新蜂提能"五条举措、"暖'新'七条"，开展暖"新"月系列活动，构建"5324"暖"新"党群服务阵地体系（主城区5分钟路程、非主城区3千米范围内至少有1个阵地、提供24小时服务），《"新"安》短视频全省展播，入选江苏献礼党的二十大公益广告专辑。设立"先锋指数"，开发"先蜂营"应用程序，相关做法写入省基层党建"五聚焦五落实"深化提升行动计划。表彰最美"新"人8人，5人获评南通市"新锋骑手""新锋司机"。

【机关党建】 2022年，海安市聚焦机关党建"围绕中心、建设队伍、服务群众"职责，开展"喜迎二十大、机关争先锋""新征程知使命、新时代争先锋"系列活动、"红色海陵·五盾护民"党建引领文明执法专项行动，市级机关工委获评江苏省2022年度机关党建信息工作优秀组织单位，列全省各县（市、区）第一位。依托"通通在"微信小程序，在职党员到居住地或工作地所在社区报到，认领各自的服务岗位，编入志愿服务分队。开展"红色赋能'海心安'"党建引领营

2022年8月20日，家住海安街道育才社区的机关单位在职党员统一到社区党群服务中心报到　　顾华夏／摄

商环境提升先锋行动，机关党员“点对点”服务规模以上工业企业1060家，帮助解决难题214个。举办海安机关青年“四季颂党”系列主题活动，4200人次参与，69人次获奖。实施机关党组织书记抓党建创新争先项目，申报立项60个，评选示范项目11个、优秀项目9个。“机关先锋”培树工程调研报告获南通市机关党建课题调研优秀成果一等奖。

（曹晓婕）

宣传工作

【概况】 2022年，海安市宣传系统深入学习宣传贯彻习近平新时代中国特色社会主义思想和党的二十大精神，不断巩固壮大主流思想舆论，提升海安文化软实力和社会文明程度。把牢意识形态主动权，印发《党委（党组）意识形态工作责任清单》《中共海安市委意识形态工作联席会议议事工作制度》等。做亮理论武装工作品牌，海安入选江苏省习近平新时代中国特色社会主义思想研究中心首批基地（实践调研基地），南通唯一。推动主题教育走深走实，利用宣传牌、景观小品、游动字幕等开展社会宣传，广泛开展“强国复兴有我”群众性主题宣传教育活动。强化新闻宣传，推动媒体融合发展，推出一系列图文视频展示海安重大历史成就。注重精神文明建设，江苏卫视特别节目《奋楫深水区》专题报道海安新时代文明实践工作。

【学习型党组织建设】 2022年，海安市落实“第一议题”制度，不断完善“三学”（巡学、考学、赛学）工作机制，深化“三立”（立规促学、立范示学、立业伴学）、“三会”（观摩会、交流会、指导会）工作法，围绕党的十九届六中全会精神、《习近平谈治国理政》（第四卷）、安全生产等开展领学导学、专题讲座、研学汇报、扩大学习等活动19次、交流研讨6次，市委理论学习中心组成员理论文章多次发表在《群众》《精神文明导刊》《思想政治工作研究》《新华日报》等报纸杂志上。在《海安日报》开设“学习与研究”专栏，刊发市委中心组成员、处级干部等理论文章112篇。累计开展巡学旁听68场，实现基层党委（党组）理论学习中心组“巡学、考学、赛学、评学”全覆盖。推进“学习强国”学习平台使用，覆盖率100%，参与度72%以上，用稿量继续保持南通市领先。开展“学习达人”挑战赛62场，选送3人参加南通市2022年“学习达人”挑战赛总决赛暨县处级党委（党组）理论学习中心组赛学活动，1人获一等奖、2人获二等奖，1人作为南通市唯一代表参加江苏省总决赛。市委理论学习中心组获评南通市县处级及以上党委（党组）理论学习示范中心组。

【核心价值观培育践行】 2022年，海安市下发“‘践行核心价值观，争做最美海安人’主题教育实践活动意见的通知”、海安市“最美人物和群体”选树培育实施办法，举办“礼赞奋斗者建功新时代”红色故事演讲大赛、“强国复兴有我”群众性主题宣传教育活动，开展“我们这十年——喜迎党的二十大”系列微视频创作展播、“喜迎二十大、网聚正能量、海安更出彩”“争创典范城、争当文明人”等活动260余场。海安宁蒗支教教师群体、全国道德模范提名奖获得者刘宏燕入选新时代江苏重大先进典型主题影像展展示对象。

【新闻舆论引导】 2022年，海安市围绕“迎接宣传贯彻党的二十大”“奋进新征程建功新时代”“六稳六保”“枢纽海安科创新城”等主题，制定“奋进新征程建功新时代”重大主题宣传工作方案，持续开设“在习近平新时代中国特色社会主义思想指引下”“奋进新征程建功新时代”“领航中国”“喜迎二十大”“坚持工业立市打造产业强市”等专题专栏30多个。推出“这就是海安”“图说海安”“我们这十年”等系列图文视频展示海安十年重大成就变革。开展“融媒走区镇砥砺开新局”等全媒体新闻行动60多场，宣传区镇十年变化。召开新闻发布会18场，市委主要负责人参加4场。“海安发布”微信公众号列全国县级媒体微信号百强榜第4位，全年推文1711篇。

【市外宣传】 2022年，海安市出台市外宣传工作联席会议机制，多次邀请中央广播电视总台、江苏省广播电视总台等主流媒体到海安采访，建立与香港、澳门媒体常态化通联。省级以上主流媒体报道海安1320多次，其中，中央广播电视总台报道49条、《人民日报》报道64次、江苏省广播电视总台报道83条。《新华日报》刊用海安新闻稿件204篇，其中，头版25篇、头版头条2篇。《香港商报》、澳门卫视等各类媒体报道海安207次，其中澳门卫视黄金时段向全球50多个国家和地区推介海安21次。

【新闻发布】 2022年，海安市进一步健全信息发布机制，出台“进一步加强信息发布工作指导意见”。围绕政策信息、重大项目、重要活动等召开海安市助企纾困政策新闻发布会、第九届“创新创业在海安”主题活动新闻发布会等市级以上新闻发布会18场，市委、市政府主要负责人参加进境肉类指定监管场地首单新闻发布会等4场。不断提升新闻发布质效，组织党委、政府及重点部门新闻发言人开展集中培训。

【理论宣讲】 2022年，海安市创新实施党员冬训“6+1”系列活动，推出“理论课堂”书记讲、“理论大餐”e起享、“理论出海”一线牵等特色项目，开展“三级书记抓冬训理论‘年货’送基层”活动，累计送出“理论大餐”2000多次，党员冬训参训率100%，获评省基层党员冬训工作示范市。开展“学习新思想喜迎二十大”千场主题宣讲进基层活动，创新“理论+文艺”“理论+云端”“理论+实践”等“理论+”融合传播模式，累计宣讲1100多场。成功举办第六届“草根上讲台乡音传理论”风采展示活动。放大名嘴孵化工程效应，强化市镇村三级联动，编印《百姓名嘴乡土讲稿》《如何打造理论宣讲精品》等材料。依托“两中心一平台”（新时代文明实践中心、融媒体中心、“学习强国”学习平

2022年8月18日，海安市南莫镇“百姓名嘴”阚海燕在青墩村给村民宣讲《习近平谈治国理政》(第四卷) 翟慧勇／摄

台)，打造全媒体理论传播“e空间”，创设“理论集市宣讲超市”，上线“红色直播间”“指尖课堂”等宣传载体，开设“学而时习”“e起学理论”等专题专栏126期，制作推出《六中全会精神名嘴讲》《喜迎二十大喜说新变化》等理论宣讲微视频18集。12月31日，《人民日报》推出“2022国内十大新闻”，海安宣讲党的二十大精神入选首图。“板凳讲习所”理论传播品牌获评省第六届志愿服务展示交流会金奖。互动体验式“理论集市宣讲超市”获评南通市宣传思想文化工作改革创新奖。《求是》杂志、《人民日报》《新华日报》等省级以上理论刊物、主流媒体报道海安理论宣讲特色做法170多篇。

【网络信息化工作】 2022年，海安市深化网络评论基层基础工作，从“建好4级网络、用好4支队伍、发挥4个效能”入手，发挥网络评论战略支撑“4×4×4”叠加效应，擦亮网络评论战略支撑工作“四立方”工作法品牌。“网络安全周”期间，通过网络平台发布网络安全宣传帖文1315条，发动净网志愿者、网评员开展线上宣传305次。海安网评基层基础工作“四立方”工作法获省委宣传部、省委网信办领导高度肯定，“海安创新网评‘四立方’品牌打通党的理论传播‘最后一米’”“创新打造‘四引’工程走实网上群众路线”案例获评全省网信工作创新奖。《我的超级英雄——致谢奔驰的小哥》获评全国“网聚正能量 争做中国好网民”主题活动网络正能量微视频大赛三等奖。

（管顺黄）

统战工作

【概况】 2022年，海安市强化统一战线工作，坚持教育培养、政治引领、服务发展、团结融合、凝聚人心。深化对习近平总书记关于加强和改进统一战线工作的重要思想的学习宣传，编印《中国共产党统一战线工作条例》《民族宗教政策法规宣传手册》口袋书，组建统战干部“学思励行 天天向上”青年学习社，举办5期“统战大讲堂”，召开党外人士情况通报会，不断提升统一战线治理能力和治理水平。打造党外人士“议政建言直通车”，通过实地考察、上门走访、线上座谈等形式，征集153篇《我为“海安奋进新征程”献一计》建议，形成《后疫情时代蓝领职工生存现状》等8份调研报告。立足各领域统战成员的特点与需求，组建“海知新队”“红石榴队”“海侨行队”“海商汇队”，提供精准服务。发挥全市民营经济统战工作协调机制作用，实施“张謇式”企业家培育三年行动，举办全市民营经济“两个健康”（非公有制经济健康发展和非公有制经济人士健康成长）推进会。深化对外和对港澳台经贸文化交流合作，支持爱国力量发展壮大。在北京、江苏无锡等地成立乡贤联络站，凝聚起助力家乡发展的乡贤力量。凝聚统战社团爱心力量，为困难群体捐款捐物；打造“红石榴家园”温馨港湾，促进各族同胞交往交流；召开为侨服务工作现场会，着力聚侨心、解侨忧、护侨益；开展“千企百会大走访 同心同向促发展”活动，送政策、问需求、解难题，增强企业发展信心。为侨服务工作站、各民族交往交流交融等经验做法被《中国统一战线》推介，中央统战部《每日汇报》刊载海安信息2次，《人民日报》《中华工商时报》《华人时刊》等媒体推介海安统战工作400多次。海安作为唯一县级代表在全省宗教工作会议上作经验交流。市工商联获评全国“五好”标杆县级工商联，海安高新区获评第一批全省民族团结进步示范区，海安泛书房“星火联盟”基地获评省新的社会阶层人士统战工作实践创新示范基地。

【统战工作会议】 2022年3月12日，海安市委统一战线工作领导小组会议召开，会议研究2022年统战工作要点，讨论关于做好乡贤工作的实施办法、关于加强新时代海外统战工作的实施办法。4月8日，全市统战工作会议召开，会议传达学习全国、江苏省、南通市统战部长会议精神以及市委关于统战工作相关会议精神，宣读相关表彰决定，发布统战系统“喜迎二十大”十项活动，解读2022年统战工作考核文件。海安开发区、海安高新区、曲塘镇、李堡镇作交流发言。12月15日，区镇统战实践创新项目观摩暨工作交流会召开，全面盘点总结2022年各区镇统战工作成效。

【新的社会阶层人士统战工作】 2022年，海安市持续加强新的社会阶层网络人士统战工作，创新“四全”工作模式（全领域拓宽新阶层网络人士选拔视野、全方位建强新阶层网络人士人才队伍、全流程畅通新阶层网络人士建言渠道、全要素转化新阶层网络人士献策成果），连续12年举办市领导网友见面会。8月4日，南通“苏新 非遗 传承”新人新作展暨“‘寻美·江苏南通’——走进海安”活动在海安高新区展示交流中心举办，活动中举行南通市新阶层人士非物质文化遗产传习社揭牌仪式、“非遗进校园 传承我先行”非物质文化遗产传承人与学校手拉手结对仪式，并为非物质文化遗产传承人和学校颁发结对非物质文化遗产公益培训项目牌子。11月1日，召开省新的社会阶层人士统战工作实践创新示范基地授牌仪式暨网络人士学习贯彻党的二十大精神座谈会，海安泛书房“星火联盟”基地获评第二批省级示范基地。

【党外人士统战工作】 2022年，海安市继续做好党外人士统战工作，持续巩固和发展爱国统一战线。5月16日，海安市党外青年干部培训班开班，42人参训，培训班为期1个月，培训内容主要有军事训练、理论教育、实践锻炼、风采展示和总结交流等。6月1日，海安市召开学习习近平总书记给南京大学留学归国青年学者的回信精神座谈会，会议传达学习习近平总书记给南京大学留学归国青年学者的回信全文，海安留学生40人参加活动，线下海安欧美同学会代表、线上海外留学人员代表作交流发言。6月22日，海安市举办青年统战干部及党外干部“喜迎二十大 奋斗正青春”主题活动，举行青年统战干部和党外干部“学思励行·天天向上”学习社揭牌仪式以及“海知新、红石榴、海侨行、海商汇”4个学习小组授旗仪式，并向青年学习社导师颁发聘书。8月27日，市委统战部召开党外人士情况通报会，会议学习中央统战工作会议及市委十四届三次全会精神，征求党外人士对海安经济发展的意见建议。

【非公有制经济领域统战工作】 2022年，海安市加强非公有制经济领域统战工作，制定《海安市民营经济“两个健康”提升三年行动方案（2022—2024年）》《海安市张謇式企业家培育三年行动方案（2022—2024年）》，在全省创新开展法治商会建设，举办南通市民营经济人士培训班（海安专场），助力民营经济健康发展。5月20日，海安市民营经济“两个健康”推进会暨新生代企业家“创·动力党支部”成立仪式举行。7月8日，海安市召开统战系统“千企百会大走访，同心同向促发展”推进会，重点做好政策宣讲、察企问需、鼓劲解难工作，探索统战工作服务民营经济新路径。引导非公有制经济人士助力家乡发展，先后8次组织北京、上海、南京等地海安商会开展“故里行”活动，成立乡贤联络站，共建交流合作平台。2月12日，成立海安（无锡）乡贤联络站；8月21日，成立海安（北京）乡贤联络站。

【民族宗教工作】 2022年，海安市委民族宗教工作领导小组成立，坚持将民族宗教工作纳入各级党委（党组）理论学习中心组学习内容。6月17日，海安市委中心组第九次学习（扩大）会议期间，举办“深入贯彻落实全国、全省宗教工作会议精神 做好新时代党的宗教工作”“深入学习贯彻中央和省委民族工作会议精神 不断推进新时代全省民族工作高质量发展”专题讲座。市委常委会、市政府常务会4次专题研究民族宗教工作，市人大常委会主任会议专题听取市政府关于宗教领域法律法规执行情况报告，市政协专题开展“奋进新时代，共续‘民宗和’”考察交流活动。市委书记、市长、市政协主席先后4次专题调研民族宗教工作。7月23日，市委、市政府专题召开全市民族宗教工作座谈会，制定出台“关于推进新时代全市民族宗教工作高质量发展实施意见”。将党的民族宗教理论和政策法规纳入党校主体班课程，纳入基层新时代文明实践宣讲内容。组织民族宗教界代表人士学习“两会”精神并展开热议，6月28日，海安民族宗教界开展“同心向党庆七一·喜迎党的二十大”专题讲座暨民族宗教政策法规宣传活动。组织宗教人士和少数民族群众集中收看党的二十大开幕会，举办辅导讲座20余场。在南通市率先制定并印发《海安市民族宗教工作正面清单和负面清单》。国家民族事务委员会、省民族宗教事务委员会6次到海安调研。《人民日报》《人民政协报》《中国统一战线》《中国宗教》等国家级媒体相继推介海安民族宗教工作，调研信息被中央办公厅录用，信息宣传工作继续保持南通市领先。

【侨务统战工作】 2022年，海安市坚持营造亲侨暖侨优良环境，搭建文化交流

2022年11月26日，海安市理论宣讲党员志愿者在南通苏中纺织有限公司向少数民族职工宣传党的二十大精神

周　强／摄

平台，助推海外华文教育。2月14日，南通海外华文教育基地揭牌仪式在魏建功纪念馆举行。2月15日，市实验小学与新西兰N立方教育缔结友好学校签约仪式暨新西兰华文师生培训班开班仪式在“中华文化海外传播云平台”举行，新西兰N立方教育校长韩雪梅、市实验小学校长周振宇进行线上签约。6月1日，海安市举行“粽情中餐，寻味海安”中餐繁荣推广活动，在海安侨胞侨眷与海外华人华侨、华裔青少年及外国友人共度“云上端午”。（王 姝）

巡察工作

【概况】 2022年，海安市新修订“市委巡察整改工作指引”“市委巡察组工作办法”，印发“关于进一步加强纪检监察监督、巡察监督与审计监督协作配合的意见”。按照“适度前瞻、务实管用、避免重复”原则，及时完善中央金纪三期巡视巡察单机版系统，整理巡察任务、问题分类、流程指引等项目，导入问题底稿，强化大数据支撑。深化政治巡察，召开市委常委会13次、书记专题会4次、市委巡察工作领导小组会议5次，市委书记于立忠在《党风廉政建设》杂志发表文章《压实责任，推动巡视巡察整改到位》。《巡察监督重点清单数字化，电子表格助力对村巡察“快捷通”》《完善巡察数据报表体系，构建“智慧巡察”信息库》获省委巡视工作办公室推广，《巡察推动解决一起政府采购优亲厚友问题》《巡察推动防范化解国有企业金融风险》被南通市委巡察工作领导小组评为2021年度市县优秀巡察案例。

【十四届市委巡察动员部署会】 2022年4月28日，海安市召开十四届市委第二轮巡察动员部署会。会议宣读十四届市委第二轮巡察组组长授权任职及任务分工决定，抽调参加十四届市委第二轮巡察工作人员的决定以及关于抽调部分优秀干部到巡察机构锻炼的决定。海安高新区、海安开发区、城东镇爱凌村相关负责人作表态发言。十四届海安市委第二轮巡察时间为4月28日至6月22日，对政府购买服务开展专项巡察，对海安商贸物流产业园党工委、海安上湖创新区党工委开展常规巡察，配合南通市委巡察组对海安开发区（城东镇）所辖村（社区）开展接力式巡察。10月11日，召开十四届市委第三轮巡察动员部署会暨市委第二巡察组对大公镇党委及所辖村（社区）党组织开展常规巡察动员会。会议宣读十四届市委第三轮巡察组长授权任职及任务分工决定、抽调参加第三轮巡察工作人员的决定。十四届海安市委第三轮巡察时间为10月8日至12月28日，对大公镇党委及所辖15个村（社区）党组织开展巡察。

【巡察工作组织推进】 2022年，海安市制定并印发《中共海安市委2021—2026年巡察工作规划》《2022年市委巡察工作要点》，分别对政府购买第三方服务开展专项巡察，对2家国企、2个园区、1个区镇开展常规巡察，对海安开发区和大公镇下辖的50个村（社区）党组织开展延伸巡察。南通市委第五巡察组对滨海新区（角斜镇）、曲塘镇及下辖6个村（社区）开展提级巡察，推进新一届市委巡察全覆盖。两轮巡察发现问题325个，提出工作建议55条；市委组织部选人用人工作、市委宣传部意识形态工作责任制落实情况专项检查分别发现问题71个、30个。构建以巡察个别访谈报告为抓手的政治生态评价体系，三轮巡察形成谈话报告7篇。主动配合省委第三巡视组常规巡视，做好巡视反馈意见集中整改工作，成立以市委书记为组长的整改工作领导小组，针对11条问题，细化整改措施25条。配合南通市委对海安28家执法部门开展依法行政联动巡察，针对南通市委巡察第二指导督导组指出的五个方面反馈意见，形成整改措施和成效15项。

【巡察监督协调联动】 2022年，海安市根据南通市委统一部署，对8家重点执法部门、20家一般执法部门开展依法行政联动巡察，对两个区镇开展提级巡察。制定《海安市纪委监委联动监督推动巡察反馈问题整改落实的内部规程》，推进与纪律、监察、派驻监督的统筹衔接，做好巡前情况通报、巡察反馈整改日常监督工作。加强与组织、宣传、政法、审计、财政、信访、统计等职能部门协作，落实巡前内容通报、巡中技术支持、巡后问题反馈、整改日常监督等工作。强化与人大监督、民主监督、舆论监督、群众监督等其他监督配合，通过村级“大喇叭”、百姓微信群、巡察告知书等形式提升巡察工作群众知晓率和参与度。

【巡察问题整改落实】 2022年，海安市委巡察办公室根据中央办公厅关于加强巡视整改和成果运用的意见、省委办公厅关于加强巡视整改和成果运用的实施意见要求，编印《海安市委巡察整改工作指引（第二版）》，进一步明确纪委监委、组织部门、巡察机构等单位部门职责。压实整改责任，坚持“及时交办+集中交办”工作机制，召开集中约谈会，及时通报巡察情况，市委、市政府分管领导分别与分管联系单位党组织主要负责人谈心谈话33人次。加强日常监督，把整改落实情况列入巡察监督检查重要内容，76人次列席被巡察单位巡察整改专题民主生活会；市委组织部制定《关于加强巡视巡察整改日常监督工作的意见》，抓实整改“后半篇文章”。强化成果运用，十四届市委第一轮巡察、依法行政专项巡察移交问题线索56件，初核了结12件12人，谈话函询2件2人，“第一种形态”（经常开展批评和自我批评、约谈函询，让“红红脸、出出汗”成为常态）处置8人，立案4件13人。

【巡察干部队伍建设】 2022年，海安市纪委监委制定《关于建立2022年度市委巡察人才库的实施办法》，更新建立112人的市委巡察人才库，分别安排专职巡察员1人到省委巡视办学习锻炼，专兼职巡察员30人参加南通市委对通州湾示范区党工委、如东县洋口港经济开发区、通州区川姜镇巡察，抽调兼职巡察员102人参加市委巡察。举办巡察专题培训2期，专兼职巡察干部160人参加。强化正向激励，通报表扬2021年表现优秀的巡察干部10人。加强纪律建设，与巡察干部签订《中共海安市委巡察员“十不准”》《巡察工作涉密资料及设备“零持有”报告》各169份。

（陆义军）

人才工作

【人才引进】 2022年，海安市聚焦“产才融合”引才聚才，先后引进国家级人才11人，高层次创新创业人才106人、高层次人才创业项目56个，其中19个项目入选南通市“江海英才”计划。“引才引智直通车”网站设置招聘求职平台，主要有招聘信息发布、人才在线求职、人才政策查询、高校毕业生档案查询、现场招聘会、网上招聘会、新闻公告等服务功能。持续开展“才聚海安 智注新城”——人才招引进校园系列网络招聘活动，提供大专及以上岗位数7356个。“引才引智直通车”微信公众号集中发布岗位需求，重点推介产业链龙头企业。先后与15家高校签约联合共建招才引智工作站。开展招才引智双月竞赛、招才引智集中对接实训等专题行动，组织“双招双引”专业人员到长三角、珠三角、环渤海经济圈等人才集聚区域，累计对接机构109家，对接高层次创新创业人才246人。创建“才聚海安 智注新城”主题品牌，春节、寒假期间，组织高校学生参观名优企业、召开座谈会、举办专场招聘会、开展社会实践等活动，宣传推介海安经济社会发展和人才政策，助推毕业生留海就业创业。依托“江苏省智慧就业云平台”，组织5家重点企业面向省内外高校毕业生开展“才聚海安 智注新城”青年人才集聚之直播招聘活动，多家优质企业同步进行网络招聘，提供705个岗位，吸引7万多人次观看。发挥南通理工学院服务地方经济发展作用，组织海安40余家优质企业到南通举办2023届毕业生首场校园招聘活动，提供招聘岗位近200个，招聘人数1000余人，收到简历700余份，达成初步就业意向200余人。深化“双招双引”模式助力领军人才引进工作做法在南通市交流推介。

【人才培养】 2022年，海安市深化体制机制改革选才育才，优化政策环境用才留才，研究制定“十四五”人才发展规划，出台“人才强市36条”。举办高层次人才项目对接暨海归人才创新创业大赛，组织人才参加第十届江苏人才创新创业大赛，大公镇引进的节能环保领域高端人才田程程、海安高新区引进的高端装备领域高端人才张雷分获总决赛一、三等奖。启动青年人才集聚“十大行动”，举办“才聚海安 智注新城”高校学生创业就业在海安、校企对接交流等主题活动6场次，宣传推介人才新政和发展环境。推进博士后科研工作站建设，吸引集聚青年科技人才，促进产才融合。新招引9名博士后入站，数量居南通市首位，2名在站博士后出站。中国天楹股份有限公司主导起草《博士后科研工作站、江苏省博士后创新实践基地建设管理规范》，填补省博士后建设工作标准的空白。江苏铁锚玻璃股份有限公司获批设立国家级博士后科研工作站，在站博士后卢银彬入选江苏省卓越博士后计划。至年底，海安市建成博士后科研工作站、创新实践基地20家，其中国家级16家；累计进站博士28人，其中，22人在站，6人期满出站；博士后通过科技创新累计带动企业销售额约6.4亿元。

【人才服务保障】 2022年，海安市不断优化人才发展生态，实行市领导挂钩联系人才制度，市委书记专题听取人才代表建议意见，推动完善人才各项保障措施。设立1亿元规模的天使投资基金，强化对初创型人才项目的金融扶持。出台《实施“助才抗疫、助企纾困”行动若干措施》，累计争取各级项目资助资金985.5万元，减免厂房租金等费用约550万元，惠及人才企业63家。成立南通首家县级人才学会、首家青年人才驿站，为到海安创业就业高校毕业生提供免费住宿、就业指导、社会融入等专属服务。实施“海安英才安居保障工程”，推出“租+购+补”全周期人才公寓2738套。加强“一站式”服务窗口建设，编印人才政策兑现“一本通”实施手册，整合16家部门、52个服务事项，列出服务清单，累计办理人才政策事项1568项，兑现资金约2750万元。常态化走访慰问高层次人才，提供健康体检服务375人次。市政务服务中心人才服务窗口提供“一站式”服务，接待窗口咨询1910余次、电话咨询2380余次，受理“海安英才”计划各项配套政策申报1241件，348家单位、1169人次申报相关政策补贴，兑现“海安英才”计划配套资金1531.73万元，其中，人才生活津贴995.6万元、人才购房补贴191.67万元、人才个税补贴193.68万元、其他132.78万元。依托南通市海归青年服务站（海安高新区科创园），举行海归人才交友会、知识讲座10余场。

【专业技术人员管理】 2022年，海安市新增专业技术人员9200人，专业技术人员知识更新2.13万人，累计有各类专业技术人员10.91万人。有序开展专业技术人员继续教育，验证3000多人，完成教育系统、江苏省苏中建设集团股份有限公司、华新建工集团有限公司、南通市达欣工程股份有限公司、中国天楹股份有限公司、海安综合工程6场中级评审会，全市取得正高级职称57人、副高级职称310人，中级职称1022人，初级职称1518人。

【海安市人才发展大会】 2022年7月15日，海安市召开人才发展大会。中国科学院院士郑有炓和都有为、中国工程院院士刘加平、俄罗斯工程院外籍院士夏志杰、俄罗斯自然科学院外籍院士沈伯雄等院士、领军人才和全国60多家高校院所的专家、教授应邀参加活动。会议总结前期引才工作进展，部署下一阶段重点任务。评选表彰海安市政府特殊津贴获得者、杰出创新创业人才、杰出专业技术人才、杰出乡村振兴人才、企业人才工作示范点。推介和解读“人才强市36条”。会议期间，还举行首届海

2022年7月15日，海安市召开人才发展大会　　姜　明／摄

外高层次人才创新创业大赛启动仪式、海安英才天使投资基金成立仪式和海安市人才购房发放仪式。与会人员共同观看海安人才发展宣传片、人才安居主题短视频。人民网、澎湃新闻等主流媒体报道活动情况。

【海安市人才学会成立】 2022年6月24日，海安市举行人才学会成立大会暨青年人才集聚"十大行动"启动仪式。市人才学会是南通市首家县级人才学会，是由区镇、部门负责人以及企业家、专家人才、实践工作者、社会组织等自愿组成的社会团体。会议听取市人才学会筹备工作报告，通过学会章程，选举产生第一届理事会理事、监事会监事以及会长、副会长、秘书长等人选，钱旭东当选市人才学会会长。会议围绕青年人才对接招聘、创业示范、就业实践、寻访海安、培育提升、平台打造、典型激励、筑巢安居、人文关怀、服务保障等主题举行青年人才集聚"十大行动"启动仪式，为海归人才创新创业示范项目授牌。

【海安市青年人才驿站成立】 2022年2月12日，海安市青年人才驿站在全季酒店（党校店）揭牌成立，这是南通市首家青年人才驿站。市青年人才驿站位于全季酒店（党校店）内，酒店基础设施完善，配有会客厅、洗衣房、健身房、餐厅等功能区域，环境优雅恬静，周边毗邻海安高新区科创园、万达商业广场等青年人群集聚地，符合"五有"（有居住站点、有共享空间、有统一标识、有务实服务、有多彩活动）建设标准，集"住、职、创、娱"等功能于一体。开发"青年人才驿站"微信小程序，做到青年人才线上"申请—审核—下单"，线下酒店做优服务保障，提供就业创业帮扶、生活安居保障、城市体验融入、交流互动联谊4个方面15项特色服务。

【首届海安海外高层次人才创新创业大赛】 2022年7月，海安市启动首届海外高层次人才创新创业大赛。作为南通市"江海英才创业周"分会场活动，吸引上海、广东深圳、四川成都、陕西西安等国内城市和美国、新加坡等海外地区的121名创新创业人才报名参加，活动采取"线上+线下"方式，项目涉及新材料、智能装备、生物医药、节能环保、电子信息等多个领域，20名高层次人才入围决赛。11月1日，举行海安市高层次人才项目对接暨海归人才创新创业大赛，20个参赛项目进行现场路演，6个项目获奖。区镇、部门与高层次人才进行对接洽谈。

（曹晓婕　王　敏）

机构编制工作

【基层管理体制改革】 2022年，海安市推进基层"三整合"改革（基层整合审批服务执法力量改革），出台基层"三整合"改革示范区镇创建评估方案和标准，通过"初评+复评"的方式，重点评估各区镇"1+4"治理模式（以党的建设为总引领，实现镇村治理"一张网"、政务服务"一窗口"、综合执法"一队伍"、指挥调度"一中心"）落实情况，并下发提升清单。完善基层社会治理体系，在南通率先组建集信息化支撑、一站化服务、多元化解纷于一体的市社会治理综合服务中心，持续优化市、镇两级基层治理体系。放权赋能助力基层治理，全面梳理并印发乡镇（街道）权力清单，下放经济发达镇权力事项269项、一般镇140项、街道132项，市委编制办公室、市发展改革委、市司法局等12个部门联合研究并拟定经济发达镇改革配套支持政策17条。

【综合行政执法体制改革】 2022年，海安市推进综合行政执法体制改革，强化基层执法力量配备，市委编制办公室、市市域治理指挥中心联合开发市综合执法平台系统和综合执法视频平台系统，为8家重点执法部门、22家一般执法部门、10个区镇开通账户，持续深化"大数据+指挥中心+综合执法队伍"新模式。市委编制办公室、市司法局印发海安市基层综合执法赋权事项实施专项评估指南，围绕区镇（街道）行使行政处罚事项和跨部门集中行使行政处罚事项的专业程度、承接能力、实施情况等开展专项评估，提高赋权效能。深化应急管理综合行政执法改革，组建市应急管理综合行政执法大队，强化基层安全生产监督管理力量配备，构建基层安全生产监督管理体系。

【开发园区管理体制改革】 2022年，海安市优化海安开发区区中园设置，按照

“撤一建一”原则，撤销江苏海安软件科技园管理办公室，相关职能与海安经济技术开发区高科技创业园管理办公室整合，新建海安经济技术开发区常安现代纺织科技产业园管理办公室。完善海安高新区区街运行管理机制，优化调整区级内设机构和职能，强化区党群、纪工委职能和专业园区建设；对街道内设机构进行更名，调整部分内设机构职能，统筹使用街道工作人员，优化区对街道的考核方式，推动区街管理体制科学高效。

【重点领域体制机制改革】 2022年，海安市围绕科学技术、乡村振兴、知识产权等重点领域和关键环节深化改革，推进体制机制创新。深化科技体制改革，整合设立市科技创新发展服务中心。加强知识产权保护，设立全省首家家具产业、海安市首个知识产权快维中心，整合设立市家具全产业链发展促进中心。深化人才发展体制机制改革，设立市高级人才服务中心。保障教育编制需求，完成中小学“三定”（定机构、定编制、定职能）方案制定。完善公共卫生和疾病控制体制机制，推动构建“平战结合、医防协同”疾病预防控制体系，完成6家公立医院和10家基层医疗卫生机构“三定”及职责事项、服务事项清单编制工作。推进审批服务便民化，增核市政务服务信息中心事业编制，用于区镇审批业务办理点设置。保障乡村振兴，先后组建5个区域农业服务中心，成立现代农业产业园管理办公室，设立现代农业产业服务中心。

【机构编制规范管理】 2022年，海安市规范机关部门权力运行，印发海安市市级部门权责清单执行情况监督评估工作实施方案，从清单编制、线上公开、动态调整、应用执行、运行监督五个方面开展权责清单监督评估；动态调整市级机关28个部门行政权力事项，建立清单公开、动态调整、衔接规范等配套制度；完成市地方金融监督管理局、市退役军人事务局“三定”执行情况评估。规范机构编制日常管理，运用编制人事财政综合信息系统，加强机构编制实名制管理，做好各类进人计划管理和编制前置审核；承接南通市委编制办公室联合攻关课题，提出建立健全机构编制事项协同联动的六项机制；出台海安市政府购买服务岗位管理办法，对政府购买服务人员的限额使用、招录、流动、退出等做出明确规定。强化事业单位规范管理，对44家事业单位开展“双随机、一公开”抽查；对全市172家一般事业单位、14家公立医院和基层医疗卫生机构、79家公立中小学校分类开展信用等级评价，并依据评价结果实施差别化监管；事业单位登记事项实现全流程网上办理；完成423家市属事业单位法人年度报告公示，统一社会信用代码，办理登记管理事项超200件。

（吴　静）

党校工作

【干部培训】 2022年，海安市委党校开设主体班次7类，春季、秋季学期10个班级集中开班，培训人数2218人次。拓展对外培训业务，先后承接南通军分区、南通市委组织部、如皋市税务系统等外培班次49个，培训人数4921人次。围绕现代科技、金融投资、疫情防控等专业知识举办“海陵大学堂”5期。“四史”教育馆接待参观学习74批次2448人次。创新培训方式，综合采用案例式、研讨式、情境模拟式等形式，开设军事训练、辩论会、调研成果汇报会、书记座谈会等课程，新打造企业高质量发展特色现场教学路线3条。海安市委党校获评南通市党校系统高质量办学先进单位、教学工作先进单位、优秀科研工作组织奖。

【科研资政】 2022年，海安市委党校以服务党委和政府决策为主线，开展科研资政，10篇决策咨询报告获市委领导批示。在《南京理工大学学报》《新江苏》《江苏党校报》《现代快报》等报刊发表各类文章31篇、网评27篇。获省、南通市、海安市各级立项课题20余项，其中1项获省委党校结项优秀课题。副校长朱栋入选省委党校第三批“三个一批”（一批教研新秀、一批社科英才、一批教学名师）培养对象。

【理论研究与宣讲】 2022年，海安市委党校继续实施“名师工程”“青蓝工程”，先后组织专兼职教师参加省委党校、南通市委党校及高校举办的专题培训6批次。依托“求真”青年学习小组平台，按照“1+1+1+N”课程库储备和“1+1+1+N”科研要求，联合区镇（街道）、机关部门学习小组围绕不同专业方向确定研究专题，一月一主题、一月一排名，推动“教研咨”一体化。教师2人入选市理论宣讲团，宣讲团成员及党校教师先后到机关部门、区镇（街道）开展党的二十大精神宣讲近20场。2项课程获评南通市首批干部教育培训名师名课，教师1人获南通市“百姓名嘴”风采展示大赛二等奖。

【党校图书馆建设】 2022年，海安市委党校优化图书馆馆藏资源，自筹资金4万元，新购图书1000多册；联合南通市委党史工作办公室、海安市委史志工委开设史志书橱，上架党史、志鉴等专业类图书数百本；与凤凰出版传媒集团对接合作，在全省县级党校中首设凤凰书架，新增图书约1500册。上线智能化图书管理系统，建成市图书馆党校分馆，与市图书馆共享数字资源，实现通借通还。

（黄晓宇）

老干部工作

【概况】 2022年，海安市有离退休干部党组织123个，离休干部153人、退休干部1.06万人。加强离退休干部党员教育管理，在全省率先出台“关于实施离退休干部党员积分管理制度的意见”，对离退休干部党员实现全程纪实管理和量化积分考核。3个项目获南通市老干部志愿服务创新项目立项，其中“缤纷星期六志愿行”获南通市第二届新时代文明实践志愿服务项目大赛暨学雷锋志愿服务先进典型推选活动银奖。以“组织化”管理推动红枫志愿服务向纵深发展获评南通市老干部志愿服务优秀案例。工业调研助企发展服务项目获评南通市最佳志愿服务项目。曲塘镇老干部红枫志愿服务中队获评南通市最美老干部志愿服务团队。南莫镇老干部柳亚西获评全省最美老干部志愿者。海安市老干部工作考核列南通市第一位，市老干部局连续5年获评江苏省离退休干部工作先进集体。交汇点、新华网、“学习强国”学习平台等媒体先后报道、推介海安老干部工作。

【老干部党建工作】 2022年，海安市老干部局持续擦亮“红枫家园”党建品牌，创设“红枫驿站”12个，打造离退休干部党建示范点16个。开展“学习贯彻二十大，当好新征程银发先锋”主题党日活动，南屏社区老干部党支部主题党日案例获评江苏省优秀案例，相关经验做法被“江苏老干部”微信公众号推广，7个主题党日活动案例获评南通市优秀案例。“海安坚持制度化引领、品牌化塑造，推动离退休干部党建工作高质量发展”刊登在《老干部工作情况交流》第12期。《以“党建联盟”助推离退休干部党建融入城市基层党建的实践与思考》获江苏省老干部工作优秀调研成果二等奖。开展“六好”离退休干部党支部示范创建活动，星海社区老干部党支部获评江苏省“六好”示范支部，海安街道离退休干部党总支部获评南通市基层党建工作示范点。培育申报南通市离退休干部党员教育实境课堂示范点，14个红色阵地入选，入选数列南通第一位。指导9家老干部党支部完成换届选举。

【老干部服务管理】 2022年，海安市老干部局开展服务质量提升行动，推广“一人一策”精准服务。依托“安康通”居家养老服务平台提供送学上门、家政服务、精神慰藉等个性化服务，全年支出费用12万余元，服务离休干部620人次。发放特困救助金20万元，帮扶有特殊困难的离休干部、副科职以上的退休干部以及离休干部遗孀122人。优化离休干部“三有一落实”（有就医绿色通道、签约家庭医生、医疗特困帮扶机制，落实好离休干部提高享受医疗待遇政策）工作，健全社区保健医生与离休干部签约结对并提供优先便捷服务机制，提供延伸处方、长处方、优先转诊等个性化服务。深化老干部大学建设，整合老干部大学、区镇（街道）成人校联动办学，优化校点布局，建立学员学籍档案并针对个人需求、爱好特长提供个性化学习服务。推进老干部信息化建设，为全市离退休干部9000多人建立信息化档案，实现“一人一档”。

【老干部作用发挥】 2022年，海安市继续实施“银发生辉”红枫志愿服务工程，建立“红枫银辉”人才库，入库人数860人。加强“银发人才”建设，对银发高层次人才信息开展调查统计，新增高层次人才信息120多条。成立老干部社区志愿服务联盟，实施老干部助力社区治理创新项目，形成“支部打旗、团队唱戏、就近就地、助力助推”机制。实施“党建+志愿服务”模式，引导老干部参加理论宣讲、疫情防控、红色传承等志愿活动，开展服务6500余人次，服务群众约8万人。构建“银发生辉”红枫志愿服务“大队、中队、站所”三级架构，建立分队6支、中队15支、站所108个，拥有志愿者3645人。注重典型引领，评选表彰“最美夕阳”老干部10人，四星级、五星级志愿者各5人，四星级、五星级志愿服务项目、志愿服务组织各5个。扩大志愿服务影响力，“阳光路上牵手同行”等3个项目获南通市委老干部局立项；召开红枫志愿服务总结表彰大会，授牌表彰首批江海银发先锋驿站、十佳老党员工作室。

【老干部文体活动】 2022年，海安市老干部局打造学习教育“红心工程”品牌，构建政治学习“四动”（优先推动、上下联动、共享互动、示范带动）工作机制，举办专题辅导班、座谈交流会等10余场。老干部活动中心全年开放184天，举办大型活动3场、联谊交流32次，各协会团队参加活动人数2.33万人。歌曲《把一切献给党》在南通市委老干部局举办的“喜庆二十大 颂歌献给党”老干部红歌联唱线上活动中展播，情景剧《入党》获评南通市老干部和老干部工作者风采展示特别优秀奖。举办“我们的节日·重阳”第九届“海安农商行杯”老干部棋牌球比赛，57个单位的1000多名老干部参加。

（黄　钰）

2022年11月28日，海安市老干部大学教室内老年人在学习舞蹈　翟慧勇／摄

关心下一代工作

【概况】 2022年，海安市加强基层关工委建设，制定《海安市关工委工作人员补充和退出办法（试行）》，优化村（社区）关工委班子8个，调整村（社区）关工委常务副主任和秘书长32人。加强工作平台建设，开通网络直播平台。按照“关工精品对接校园，融合发展热在村居，关爱帮扶精准发力，竞赛活动重在参与”要求，开展“老少心向党、喜迎二十大”主题教育活动，引导青少年学党史、颂党恩、听党话、跟党走。加强校外教育辅导站建设，累计建成村（社区）中心辅导站235个，有校外教育辅导员4181人。深入开展未成年人“零犯罪村（社区）”创建工作，组建法治教育报告团，开展“未成年人保护法”“预防未成年人犯罪法”“家庭教育促进法”等法律法规宣传教育。市关工委在南通市级以上报刊、网站等媒体上发稿280多篇，其中，《新华日报》《关心下一代周报》《薪火》用稿31篇，江苏少年网用稿56篇。市教育体育局关工委深入36所中小学（幼儿园）开展专题调研，调研报告《县域优质化建设均衡发展的思考与探索》获省优秀调研报告评比二等奖。市关工委获江苏省“党的光辉照我心，童心喜迎二十大”主题征稿活动最佳组织奖和南通市关工委宣传工作最佳单位、南通市校外教育辅导站工作先进集体。

【关心下一代主题教育活动】 2022年，海安市关工委落实“三个一”（建立一支优秀宣讲员队伍、编创一批优秀宣讲材料、拍摄一批精短宣讲视频）主题教育活动要求，组建宣讲队伍83支，招募宣讲员421人，开展理论宣讲755场次，受众人数9.6万人次；编写宣讲材料503篇；制作主题教育视频44个，其中上报南通市20个；评选年度优秀宣讲员13人、优秀宣讲稿件9篇、优秀视频3个。全市各级关工委采取“读、写、讲、画、做、演、访、赛”等形式，用心做好青少年引导工作，李堡镇杨庄村关工委、曲塘镇曲塘村关工委、孙庄街道韩庄村关工委开展红色宣讲团进校园、参观红色基地等活动，加强青少年红色基因教育；海安开发区堑南村关工委开设“乔爷爷有话对你说”热线，保持24小时在线；南莫镇杜楼村关工委、隆政街道自由村关工委开展“树文明新风 做时代好少年”等活动，强化青少年文明礼仪教育；白甸镇刘季村关工委、大公镇北凌村关工委开展劳动教育系列活动，推动青少年以劳强体、以劳育美；评选海安市“三好标兵”100人。在省关工委举办的“党的光辉照我心，童心喜迎二十大”主题活动中，海安市上传有效作品9066篇，5家单位获最佳组织奖，23所学校获优秀组织奖，学生2人、13人、75人分获一、二、三等奖，271人获优秀奖。

【校外教育辅导】 2022年，海安市有村（社区）中心辅导站235个，校外教育辅导员4181人，其中，“五老”（老干部、老战士、老专家、老教师、老模范）1442人、回乡大学生342人、在职教师421人、村（社区）干部1064人、其他志愿者912人。开展主题教育活动912场次、法治教育活动427场次、心理健康教育活动408场次、家庭教育活动474场次、寻访参观活动302场次、文明实践活动869场次、兴趣小组活动516场次，受众人数13.1万人次。抓好暑期校外辅导，雅周镇校外教育辅导站坚持村村举办夏令营活动；曲塘镇校外教育辅导站坚持“六个结合”（联办与独办、辅导站与学校、主题教育与综合教育、关工活动与文明实践活动、中心站活动与分站活动、思想教育与传统文化教育相结合），联合办班22个，单独办班6个；隆政街道校外教育辅导站根据生源、师资等情况，实行分片办班模式；墩头镇千步村校外教育辅导站联合南京工业大学建筑学院大学生志愿者举办夏令营活动，关爱留守儿童。李堡镇关工委制作的视频《弘扬三打李堡精神 汲取前进力量》获江苏省校外教育辅导站优秀活动视频一等奖，滨海新区沿口村“‘诚信是金’主题活动教案”获南通市校外教育辅导站优秀教案征集评选一等奖。

【青少年关爱帮扶】 2022年，海安市关工委继续做好关爱特困学生和“五失”（失学、失亲、失管、失业、失足）青少年工作，救助困难学生390人，发放救助金42.2万元；开展“梦想改造+”关爱行动，帮助困难儿童67人；组织“五老”190人结对青少年81人，帮扶转化率91.4%。关爱留守儿童和外来务工人员随迁子女，各基层关工委联合市妇联开展“三送”（平时活动送关注、传统节日送温情、特殊时刻送关爱）活动，帮助留守儿童478人；滨海新区老庄村关工委、曲塘镇李庄村关工委推广“代理妈妈”“代理家长”模式，呵护留守儿童健康成长；推进关爱外来务工人员随迁子女常态化，组织“五老”结对关爱外来务工人员随迁子女4451人。关爱青年职工和青年农民，市民营经济关工委推进民营企业关工委和“五有五好”（有领导班子、有工作队伍、有活动阵地、有经费保障、有工作制度，领导重视好、组织建设好、作用发挥好、活动开展好、工作效果好）关工委创建工作，服务青年职工成长成才；市农业农村系统关工委落实“三扶两创”(扶志、扶技、扶创业，评选创业之星、创建青年农民创业示范基地)工作，成立市农业青年创业者协会，组织退休技术专家58人加入帮扶专业指导队伍，帮助青年农民解决用地、用工、资金、技术等难题。 （贾同元）

海安人民广场

海安市人民代表大会

HAIAN YEARBOOK 2023 海安年鉴

综　述

【人大常委会构成】 2022年，海安市人大常委会下设3个办事机构、7个工作委员会。3个办事机构分别是办公室、研究室、信访督办室。7个工作委员会分别是监察司法工作委员会、财政经济工作委员会、农业农村工作委员会、环资城建工作委员会、教科文卫工作委员会、民宗侨台工作委员会、人事代表工作委员会。

【人大代表构成】 海安市十七届人民代表大会有代表325人，其中，公务员133人，企业单位负责人80人，事业单位负责人33人，工人5人，农民4人，村委会、村党总支部组成人员58人，专业技术人员12人。

【人大常委会重要活动】 2022年，海安市人大常委会坚持党的领导，将学习中央人大工作会议精神、习近平总书记最新重要讲话指示精神作为常委会会议首要议题；党的二十大召开后，作出《贯彻落实党的二十大精神、开创新时代海安人大工作新局面的决议》，举办常委会专题讲座7次，召开党组会议开展理论学习16次，组织交流研讨12次。完善制度体系，作出"关于加强经济工作监督的决定""关于加强预算审查监督的决定""关于加强检察监督工作的决定"，实现相关工作监督向法定化、制度化、常态化职能监督转变；修订人大常委会议事规则，出台国有资产管理监督、债务管理监督、审计整改监督、执法检查、规范性文件备案审查、信访督办等方面的制度、办法12项。推进重点领域改革，细化"市委加强和改进人大工作的实施意见"，制定76项具体分工方案，逐项抓好落实，法律法规实施情况报告全覆盖、新法贯彻实施措施发布机制、开发园区人大监督工作等新格局初步形成。密切协同联动，建立人大法律、预算审查咨询专家库，换届成立人大工作理论研究会。全年，市人大常委会召开常委会会议8次，听取审议专项工作及计划、预决算、审计报告26项，开展执法检查2次、专题询问1次、满意度测评4次、规范性文件备案审查10件；作出决议、决定18项，依法任免120人次；召开主任会议18次，听取工作汇报32项。

【全过程人民民主基层实践点建设】 2022年，海安市人大常委会创新打造全过程人民民主基层实践点，拓宽群众参与民主选举、协商、管理、决策、监督渠道。曲塘镇群贤村打造"群贤村里群言堂"，建立代表先锋队、理论围聊队、民主理事队、乡村贤能队、文艺宣传队五支队伍，通过群学、群讲、群评、群策、群听，激发基层民主活力，相关经验入选《全过程人民民主在江苏》。李堡镇杨庄村打造"杨庄村民主阳光道"，设立展示长廊，分别从阳光票决、阳光监督、阳光协商、阳光村务、阳光治理五个方面践行民主。南莫镇人大探索"板凳民主"实践，推动建立人大代表履职档案管理制度、人大代表建议意见现场办理办法、人大代表履职管理办法等制度，实现代表履职动态监管，相关做法在南通市"深入学习贯彻党的二十大精神 践行全过程人民民主"研修班上作交流。

（李仁平）

重要会议

【概况】 2022年初，海安市第十七届人民代表大会第一次会议召开。全年，市人大常委会召开常委会会议8次，听取审议专项工作及计划、预决算、审计报告26项，开展执法检查2次、专题询问1次、满意度测评4次、规范性文件备案审查10件，作出决议、决定18项，依法任免120人次。召开主任会议18次，听取工作汇报32项。

【海安市第十七届人民代表大会第一次会议】 2022年1月11—14日，海安市第十七届人民代表大会第一次会议在市文化艺术中心举行。会议听取市政府工作报告、海安市2021年国民经济和社会发展计划执行情况与2022年国民经济和社会发展计划草案、海安市2021年预算执行情况和2022年预算草案，并提请大会审议。审议市人民政府书面报告的2022年度民生实事候选项目计划安排。表决通过关于海安市第十七届人民代表大会专门委员会组成人员通过办法。听取政府工作报告修改情况的说明。通过议案审查报告、关于市人民政府工作报告的决议、关于2021年国民经济和社会发展计划执行

2022年1月11日，海安市第十七届人民代表大会第一次会议在市文化艺术中心开幕

姜　明／摄

情况与2022年国民经济和社会发展计划的决议、关于2021年预算执行情况和2022年预算的决议、关于市人大常委会工作报告的决议、关于市人民法院工作报告的决议、关于市人民检察院工作报告的决议。

【市十七届人大常委会会议】 2022年，海安市第十七届人大常委会召开8次会议，即市十七届人大常委会第1次会议至第8次会议。

1月6日，市十七届人大常委会召开第1次会议。会议学习中央人大工作会议精神、《中华人民共和国地方各级人民代表大会和地方各级人民政府组织法》和市委书记在市十七届人大一次会议上的讲话精神。听取和审议有关人事任免议案。审议通过海安市人民代表大会常务委员会议事规则（修正草案）、海安市人大常委会组成人员守则（修正草案）。审议海安市人大常委会2022年工作要点（草案）。被任命人员作拟任职发言，并进行宪法宣誓。

2月16日，市十七届人大常委会召开第2次会议。会议表决通过相关人事任免议案。通过关于补选南通市第十六届人民代表大会代表办法（草案）、海安市第十七届人大常委会代表资格审查委员会组成人员名单（草案）。

3月25日，市十七届人大常委会召开第3次会议。会议学习习近平总书记在中共中央政治局第三十六次集体学习中关于“深入分析推进碳达峰碳中和工作面临的形势任务，扎扎实实把党中央决策部署落到实处”的内容，以及国家“双碳”战略决策部署相关精神。听取市监察委员会关于整治群众反映强烈的突出问题工作情况的报告。听取和审议市政府关于强化能效引领推动产业绿色低碳发展议案办理方案的报告、市政府2021年度海安市环境状况和环保目标完成情况报告，作出关于强化能效引领推动产业绿色低碳发展议案办理方案的决议，形成关于2021年度环境状况和环保目标完成情况的审议意见。表决通过市人大常委会、市政府、市人民法院和市人民检察院有关人事任免议案。被任命人员作拟任职发言，并进行宪法宣誓。

5月31日，市十七届人大常委会召开第4次会议。会议学习习近平总书记重要文章《正确认识和把握我国发展重大理论和实践问题》、全国人大常委会委员长栗战书与全国人大常委会会议列席代表座谈会上的讲话精神、省委人大工作会议精神、《中华人民共和国反有组织犯罪法》。听取和审议市政府关于“科学准确落实‘双减’政策，巩固和提升全链条教育质量，促进学生德智体美劳全面发展”的报告、有关部门贯彻落实“民法典”情况的报告、市人大常委会执法检查组关于《江苏省燃气管理条例》执法检查的报告。听取市农业农村局、市人武部、市人民法院、市人民检察院作为实施主体贯彻执行法律法规情况的报告。审议通过海安市人大常委会关于加强政府债务监督的办法（试行）、海安市人大常委会关于加强国有资产管理情况监督的实施办法。表决通过相关人事任免议案。被任命人员作拟任职发言，并进行宪法宣誓。

7月28日，市十七届人大常委会召开第5次会议。会议学习习近平总书记在省部级主要领导干部学习贯彻党的十九届六中全会精神专题研讨班上的重要讲话精神和《中华人民共和国湿地保护法》。审议和批准市政府关于请求批准2021年度市本级及海安高新区财政决算、关于新增地方政府债券纳入预算管理草案的报告。听取和审议市政府关于2021年度市本级预算执行和其他财政收支情况的审计工作报告、关于2022年上半年国民经济和社会发展计划执行情况的报告、关于2022年上半年预算执行情况的报告。听取市自然资源和规划局、市水利局、市教育体育局、市地方金融监管局作为实施主体贯彻执行法律法规情况的报告。作出关于批准2021年度市本级及海安高新区财政收支决算的决议、关于批准市政府新增地方政府债券纳入预算管理的决议，形成关于2021年度市本级预算执行和其他财政收支情况审计报告的审议意见、关于2022年上半年国民经济和社会发展计划执行情况的审议意见、关于2022年上半年财政预算执行情况的审议意见。表决通过相关人事任免议案。

9月28—29日，市十七届人大常委会召开第6次会议。会议学习《习近平谈治国理政》（第四卷）、《中华人民共和国土地管理法》《中华人民共和国土地管理法实施条例》。听取和审议关于2021年度市人大常委会决议、决定、审议意见执行办理情况的报告，市人大常委会执法检查组关于“土地管理法实施条例”执法检查的情况报告，市政府关于“强化科技成长型项目招引培育，提升科技创新贡献度”的情况报告、关于“打造农业特色产业，建设‘苏中新鱼米之乡’”的报告、关于优化营商环境工作评议的综合报告、关于2021年度国有资产管理情况的综合报告、关于2021年度国有自然资源（资产）管理情况的专项报告。听取市政府关于国有企业改革情况的报告，市生态环境局、市统战部、市司法局、市城管局作为实施主体贯彻执行法律法规情况的报告。审议和表决规范性文件备案审查办法（草案）。表决通过相关人事任免议案。被任命人员作拟任职发言，并进行宪法宣誓。

11月30日，市十七届人大常委会召开第7次会议。会议学习党的二十大精神、《促进个体工商户发展条例》，作出关于将党的二十大精神贯彻落实到各方面全过程开创新时代海安人大工作新局面的决议。听取和审议市政府关于提请审议2022年预算调整方案（草案）的议案、关于民生实事项目办理情况的报告，市十七届人大一次会议代表建议办理情况的报告、市十七届人大五年工作规划（2022—2026年）（草案）。听取市政府关于2021年度市本级预算执行和其他财政收支审计整改情况的报告。专题询问审计整改情况。作出关于加强经济工作监督、预算审查监督、检察机关法律工作监督等决定。表决通过人民代表大会议事规则、人大常委会执法检查工作办法。听取规范性文件备案审查工作报告和相关部门贯彻执行法律法规情况的报告、“两院”

（市人民法院、市人民检察院）部分员额人员履职情况的报告。补选南通市人大代表。作出关于召开市十七届人大二次会议的决定。表决通过相关人事任免议案。被任命人员作拟任职发言，并进行宪法宣誓。

12月23日，市十七届人大常委会召开第8次会议。会议学习党的二十大精神、习近平新时代中国特色社会主义思想及重要法律法规。听取和审议市政府关于2022年国民经济和社会发展计划及民生实事项目调整（草案）的议案、关于法治政府建设情况的报告、关于贯彻落实新实施法律法规情况的报告，市人大常委会任命的“一府一委两院”（人民政府，监察委员会，人民法院、人民检察院）工作人员履职情况的报告。听取市税务局、市公安局、市医疗保障局、市信访局作为实施主体贯彻执行法律法规情况的报告。讨论市十七届人大二次会议有关事项及人大常委会工作报告。开展闭环管理满意度测评。表决通过相关人事任免议案。（崔荣欣）

人大监督

【预算审查监督】 2022年，海安市人大常委会落实“预算法”和中央关于加强预算监督管理的新要求，出台关于加强预算审查监督的决定。推进预算联网监督，构建“发现—交办—整改—反馈”闭环式运行机制，落实督查调研、专题询问和满意度测评，实现常态化监管。突出“五项重点”（重大投资项目、预算绩效管理、国有资产管理、政府债务管理、政策拓展和人大决议），对预审、初审、批准、执行、调整各个环节实行全过程监督。创新互动式审查方式，建立人大代表参与财政预算预审监督制度，开展全口径预算审查、重点部门和专项资金预算审查，推进监督重点向支出预算和政策拓展。

【经济工作监督】 2022年，海安市人大常委会出台关于加强经济工作监督的决定，听取审议计划执行情况报告，跟踪监督经济运行情况。聚焦产业强市，督办“关于强化能效引领、推动产业绿色低碳发展的议案”，关注产业重大项目招引与建设情况、制造业智能化改造和数字化转型，调研企业上市挂牌工作。围绕科技强市，听取审议“强化科技成长型项目招引培育、提升科技创新贡献度情况报告”，支持启动实施“三高两新”行动（高新技术企业培育三年行动、高科技项目招引突破年行动、高质量研发平台提升行动，新金融提质增效行动、新产业需求联合攻关行动）。

【生态环境监督】 2022年，海安市人大常委会坚持依法科学治理生态环境，开展“土地管理法实施条例”执法检查，强化永久基本农田保护，推动土地资源节约集约和高效利用。深入实施生态环境报告制度，听取审议海安环境状况、环境保护目标完成情况及《江苏省通榆河水污染防治条例》贯彻执行情况报告，持续跟踪城乡污水管网建设质效情况。听取中央环保督察和重点环保问题整改落实情况报告，做好环保督察“后半篇文章”。

【民生事业监督】 2022年，海安市人大常委会坚持从群众关切的教育、卫生、环境等问题入手，选择6~8项涉及民生议题的审议意见、10项左右重点督办建议、15件政府为民办实事项目进行闭环督办。支持乡村振兴，听取审议“打造农业特色产业建设‘苏中新鱼米之乡’情况报告”、区域治水工程实施情况汇报，助力实施“五个一”（一粒米、一滴油、一只蛋、一条鱼、一根丝）产业提升工程，关注“三农人才”（懂农业，爱农村，爱农民的人才）队伍建设，推动里下河区域、西南区域、海安高新区、海安开发区、东部区域五大区域农业服务中心组建和运行。聚焦民生热点，听取审议“科学落实‘双减’政策、巩固和提升海安教育质量、促进学生德智体美劳全面发展情况报告”“优化生育政策，促进人口长期均衡发展情况汇报”“促进全民阅读建设书香海安，提升全民文化素养情况汇报”，加强“家庭教育促进法”《南通市文明行为促进条例》等宣传贯彻。保障人民安全，听取“城区智慧停车工程实施、安全发展城市创建、农村公路安全提升行动实施情况汇报”，关注“食品安全法”“反食品浪费法”执行情况，深入燃气公司、餐饮场所、居民小区等开展《江苏省燃气管理条例》实地检查。省人大常委会领导在全省人大地方工作座谈会上对海安人大常委会连续两年紧盯课后延时服务的做法和成效给予肯定。

【司法监督】 2022年，海安市人大常委会推动法律实施监督“全要素、全链条、全覆盖”，全面梳理法律法规、实施主体和工作措施“三张清单”，进一步将市委部门、人大机关、政府部门、群团组织等法律法规实施主体列入人大监督范畴，54家实施主体向市人大常委会、主任会议报告法律法规贯彻情况，27家单位向市人大常委会报告“民法典”实施情况。举办首场新法律法规贯彻实施发布会，向市公安局等8个部门颁发责任书。在全省县级人大层面率先出台加强新时代检察机关法律监督工作的决定。首次听取审议备案审查工作情况报告、市监委专项工作报告。听取审议市人民法院金融（破产）审判工作情况报告，市人民法院司法大数据分析和运用工作报告。听取审议法治政府建设、律师管理工作、大数据智能化建设应用工作情况报告。创建“无讼村居”，推动矛盾纠纷源头预防、分层化解。

【执法检查】 2022年，海安市人大常委会制定规范性文件备案审查办法，完善审查工作流程，开设规范性文件审查建议网上提交专栏，相关经验做法在南通市人大规范性文件备案审查工作推进会上作经验交流。开展《江苏省燃气管理条例》执法检查，召开执法组专题会议2次，专题听取燃气管理主管部门情况汇报，先后到曲塘镇、大公镇、墩头镇、白甸镇、海安新奥燃气有限公司及相关餐饮场所、居民小区开展实地检查，了解燃气规划、建设、经营、使用和安全监管等情况并提出整改建议。开展“土地管理法实施条例”执法检查，组织“土地管理法实施条例”专题培训，先后到海安高新区、白甸镇、墩头镇、大公镇、李堡镇及南通海安万洋众创城科技有限公司、江苏东材新材料有限责任公司等企业了解贯彻落实情况，市十七届人大常委会第6次会议听取和审议执法检查报告，并提出审议意见5条。

【专项工作评议】 2022年，海安市人大常委会创新评议方式，开展营商环境工作评议，确定市人民法院、市发展改革委等重点被评部门10家，建立评议工作领导组并下设办公室，按照“动员部署、单位自查、评议调查、审议交办、整改落实与测评”五个步骤实施评议。组建评议小组5个，通过座谈交流、听取汇报、现场走访、跟踪随访等方式开展评议活动，提交营商环境工作评议意见248件。落实评议综合意见，制定整改方案，市人大常委会持续跟进整改落实情况，并进行满意度测评。

（崔荣欣）

人大任免

【概况】 2022年，海安市人大常委会依法规范任免132人次。按照法定时间节点、程序要求，依法组织任前法律知识考试、任前承诺等人事任免和宪法宣誓活动。“一府一委两院”负责人35人和员额法官、检察官17人向市人大常委会提交履职报告，接受满意度测评。

【人员任免】 海安市第十七届人大常委会第1次会议决定任命杨国来为市人民政府办公室主任，许金龙为市发展和改革委员会主任，王晨为市教育体育局局长，任镇为市科学技术局局长，孙康为市公安局局长，于俊卿为市民政局局长，谢志军为市司法局局长，段海峰为市财政局局长，顾维斌为市人力资源和社会保障局局长，刘成亮为市住房和城乡建设局局长，许祥法为市城市管理局局长，崔剑为市交通运输局局长，陈峰为市水利局局长，臧忠为市农业农村局局长，陆秋艳为市商务局局长，华志刚为市文化广电和旅游局局长，吴金祥为市卫生健康委员会主任，韦宝军为市退役军人事务局局长，凌勇为市应急管理局局长，杭亚军为市审计局局长，单蓓为市行政审批局局长，袁加根为市市场监督管理局局长，谢国华为市统计局局长，杨云根为市医疗保障局局长，祝和娟为市信访局局长，陆从俊为市地方金融监督管理局局长。免去周平市司法局局长职务，张羽翼市信访局局长职务。

市第十七届人大常委会第2次会议决定接受李圆圆辞去南通市第十六届人民代表大会代表职务，并报南通市人大常委会备案。补选童剑为南通市第十六届人民代表大会代表，并报南通市人大常委会备案。

市第十七届人大常委会第3次会议决定任命安谱昌为市人民政府副市长，并报市第十七届人民代表大会第二次会议备案。任命王建军、邓忠健、杨晓红为市人大常委会海安街道工作委员会委员，王良为市人大常委会胡集街道工作委员会委员，王蕾、张健雄、韩良军为市人大常委会孙庄街道工作委员会委员，于秋月、于清荣为市人大常委会隆政街道工作委员会委员；免去赵秋市人大常委会海安街道工作委员会委员职务，王宇市人大常委会胡集街道工作委员会委员职务，王晓鸣、陈小云、韩忠兵市人大常委会孙庄街道工作委员会委员职务，毛太军、孙玉华市人大常委会隆政街道工作委员会委员职务。任命赵祖华为市人民法院审判委员会委员；任命许晓莉为市人民法院审判委员会委员、刑事审判庭庭长，免去其市人民法院李堡人民法庭庭长职务；任命缪宏勇为市人民法院立案庭庭长，免去其市人民法院民事审判第二庭庭长职务；任命陈家定为市人民法院民事审判第二庭庭长，免去其市人民法院刑事审判庭庭长职务；任命刘晶晶为市人民法院李堡人民法庭庭长，免去其市人民法院高新区人民法庭副庭长职务；任命李晓萍为市人民法院南莫人民法庭庭长，免去其市人民法院开发区人民法庭副庭长职务；任命毛蓉为市人民法院墩头人民法庭庭长，免去其市人民法院民事审判第一庭副庭长职务；任命史友军为市人民法院李堡人民法庭副庭长，免去其市人民法院高新区人民法庭副庭长职务；任命曹凤刚为市人民法院民事审判第一庭副庭长，免去其市人民法院曲塘人民法庭副庭长职务。任命陆兴逢为市人民法院立案庭副庭长，王林为市人民法院高新区人民法庭副庭长，卢雨阳为市人民法院曲塘人民法庭副庭长；免去王长圣市人民法院审判委员会委员、立案庭庭长职务，袁慧剑市人民法院南莫人民法庭庭长职务，吕群市人民法院墩头人民法庭庭长职务，李宏林市人民法院审判委员会委员职务，王志平市人民法院审判委员会委员职务，王德俊市人民法院审判委员会委员职务，徐爱贤市人民法院审判委员会委员职务，张小平市人民法院民事第一庭副庭长、审判员职务，刘春华市人民法院审判员职务。任命崔恒伟为市人民检察院副检察长、检察委员会委员，马静为市人民检察院检察委员会委员，崔淳为市人民检察院检察委员会委员，姜涛为市人民检察院检察委员会委员，顾祁荣为市人民检察院检察委员会委员；免去钱义华市人民检察院副检察长、检察委员会委员、检察员职务，刘伟峦市人民检察院检察委员会委员、检察员职务，崔丹市人民检察院检察委员会委员职务，景立维市人民检察院检察委员会委员职务，卢煌市人民检察院检察委员会委员职务，徐雨春市人民检察院检察委员会委员职务，戎益华市人民检察院检察委员会委员职务，张捷市人民检察院检察员职务。

市第十七届人大常委会第4次会议决定任命尤建为市审计局局长，免去杭亚军市审计局局长职务。任命葛鉴春为市人民法院审判员。

市第十七届人大常委会第5次会议决定任命罗玉玲为市人民检察院检察员。

市第十七届人大常委会第6次会议决定任命杨善彤为海安市人民政府

副市长，并报海安市第十七届人民代表大会第二次会议备案。任命华秀芳为市监察委员会委员，免去鲁珍明市监察委员会委员职务。任命王志勇、陆晓丽为市人民法院审判员，免去王志平市人民法院审判员职务。免去管怀健市人民检察院检察员职务。接受仲成勇辞去市第十七届人民代表大会代表职务的请求，并报市第十七届人民代表大会第二次会议备案。

市第十七届人大常委会第7次会议决定任命印丽琳为市人大常委会民宗侨台工作委员会主任，免去其市人大常委会研究室主任职务；任命何继生为市人大常委会研究室主任，免去其市人大常委会民宗侨台工作委员会主任职务；任命刘静为市人大常委会隆政街道工作委员会副主任。任命缪志春为市人民政府副市长，免去孙康市人民政府副市长职务，并报市第十七届人民代表大会第二次会议备案。任命缪志春为市公安局局长，孙宝军为市应急管理局局长；免去孙康市公安局局长职务，凌勇市应急管理局局长职务。任命丁培培为市人民法院副院长；免去许金海市人民法院副院长职务，狄进市人民法院审判委员会委员、开发区人民法庭庭长职务，吴广华市人民法院审判员职务。

市第十七届人大常委会第8次会议决定接受陈苏六、张元根、华留春辞去市第十七届人民代表大会代表职务、市第十七届人民代表大会常务委员会委员职务，张元根市第十七届人民代表大会法制委员会委员职务相应终止，并报市第十七届人民代表大会第二次会议备案。免去吕群、邢毅、王维申市人民法院审判员职务。任命朱敏为市人民检察院检察委员会委员，免去卢煌市人民检察院检察员职务。（崔荣欣）

议案建议

【概况】 2022年，海安市第十七届人大一次会议期间，市人大常委会收到代表建议401件，确定重点建议10件。从收到的办理回复情况看，解决或基本解决的（A类件）344件，占建议总数的85.79%；解决中或已列入计划解决的（B类件）47件，占建议总数的11.72%；因受条件限制或其他原因暂不能解决的（C类件）10件，占建议总数的2.49%。从收到的代表对建议办理反馈意见看，代表满意件396件，满意率98.75%；基本满意件5件，基本满意率1.25%；无不满意件。

【“关于强化能效，引领推动产业绿色低碳发展的议案”办理】 在海安市第十七届人民代表大会第一次会议上，张书伟等代表提出“关于强化能效，引领推动产业绿色低碳发展的议案”。议案提出能效是衡量区域经济发展质量的重要指标，海安主导产业处于产业链中低端，能效整体水平不高，绿色低碳发展能力不强，有序用能压力较

表2 海安市第十七届人民代表大会第一次会议优秀代表建议一览表

序号	建议人	建议标题
1	张书伟	关于强化能效引领，推动产业绿色低碳发展的议案
2	周龙法	关于推动企业绩效提升的建议
3	周海冰	关于研究探讨并示范推广河道（圩堤）种植经济林的建议
4	刘冬梅 吉清海	关于认真贯彻落实“家庭教育促进法”，构建家校社协同育人机制的建议
5	金山存	关于传承北凌农运精神，深化体育强市建设的建议
6	陆枳彤	关于优化社保卡服务的建议
7	谢卫军 宋家军 段武明	关于优化南通理工学院海安校区公交线路的建议
8	许　俊	关于推动海安家具物流健康有序发展，打造一个有温度的枢纽城市的建议
9	储开泉	关于完善和提升海安市群众广场舞活动的建议
10	仲浩然	关于加强无讼村建设的建议
11	华留春	关于进一步提升检察建议监督效果的建议
12	于拥军	关于对政府出台扶持政策，加大海安制造业智能化、数字化建设的建议
13	陆　健	关于促进义务教育阶段城乡均衡发展的建议
14	王家安	关于推动落实普惠托育补贴的建议
15	刘万春	关于规范管理农村丧葬活动的建议
16	王永才	关于进一步助力企业纾困解难的建议
17	蒋世根	关于进一步加强防诈宣传的建议
18	亢　文	关于加快推进实验小学教育集团西校区区间路建设的建议

大，转型升级任务艰巨。议案建议突出能效引领战略地位，结合全市产业规划、国土空间规划、生态环境建设规划，制定完善中长期能效引领目标和行动方案；强化招商项目能效审查制度，招引绿色低碳重特大项目，加快发展新一代信息技术、生物技术、高端装备等战略性新兴产业，打造总部经济集中区，做强商贸物流产业园；聚焦纺织印染、装备制造、化工、电力与热力供应等重点用能行业，推进节能降碳技改行动，"一企一策"制定整改提升方案；推行用能预算管理，统筹用好现有能源消费增量指标和挖潜腾出的用能指标；优化能源要素配置，建立智慧能源管理平台与系统，优先保障高技术产业、先进制造业等产业和项目；强化能效政策激励，推行能效"领跑者"制度，开展能耗产出效益评价；管好重点用能单位，按照分级管理原则落实节能目标责任评价考核。该议案年内办结。

【"关于推动企业绩效提升的建议"办理】 在海安市第十七届人民代表大会第一次会议上，周龙法等代表提出"关于推动企业绩效提升的建议"。建议指出海安制造业发展依然存在亩均税收不高、单位资源消耗偏高等问题。建议提出强化绩效评价数据运用，对ABCD四类企业（优先发展类、鼓励提升类、帮扶转型类、落后整治类）实施差别化政策，同时对各项指标落后企业开展专门服务；明确部门服务重点内容，发挥市发展和改革委(市工业和信息化局)、市税务局、市生态环境局等部门职能优势，分别重点挂钩联系四类企业，实行分类指导精准服务；明确服务目标职责，开展机关人员挂钩帮扶对接活动，制定培育成规模企业、亿元企业、高新技术企业、专新特新"小巨人"企业、上市企业等企业转型提档目标任务，推动制造业高质量发展。该建议年内办结。

【"关于优化社保卡服务的建议"办理】 在海安市第十七届人民代表大会第一次会议上，陆枳彤代表提出"关于优化社保卡服务的建议"。建议指出海安社保卡存在银行网点分布不均、服务能力不足、资源配置不够的问题。建议指出应允许持卡人根据自身需要灵活变更发卡银行；各银行网点应主动提供"适老化"服务，优化网点布局，完善无障碍设备，建立"绿色服务通道"；市人力资源和社会保障局应定期、不定期组织问卷调查和走访，倾听群众意见。该建议年内办结。 （崔荣欣）

人大代表工作

【概况】 2022年，海安市有省人大代表5人，南通市人大代表61人（含南通市直代表组11人），市人大代表325人、镇人大代表832人。市人大常委会不断拓展代表活动，组建财政经济、社会事业、农业农村等代表组，开展考察调研、专题询问、现场督办等活动14场，提出建议意见115条。结合"村村到、户户进、人人访"集中走访活动，征集建议830多条，解决问题450多个。围绕"营商环境提升年"行动，明确市发展改革委等被评议单位10家，组织代表与辖区内规模以上企业、重点项目结对联系，为企业提供全链条服务。激活代表人脉资源，先后收集项目信息112个，推动26个项目落地。

【代表培训】 2022年，海安市人大常委会围绕"五知四会三有"（知人政方针、知性质地位、知法律法规、知权利义务、知社情民意，会联系选民、会真代善表、会有效监督、会依法行权，有好形象、有好建议、有好成果），梳理出31个方面的近千条履职知识点，编印人大代表履职知识题库，印发给所有人大代表和街道议政代表。通过"线上线下"结合授课、"市内市外"分批轮训、"市镇联动"知识竞赛等方式，组织代表学习政治理论、法律知识。8月15—16日，举办市十七届人大代表履职能力提升培训班，50名代表在市委党校参加现场培训，其余代表在各区镇分会场参加视频培训。8月28日至9月2日，市人大工作者综合能力提升培训班在河南省林州红旗渠精神培训基地举办，市人大常委会组成人员、市人大代表30余人参加培训。10月底、11月初，各区镇开展人大代表履职知识竞赛初赛，优选5名人员组成参赛队；11月11日，13个代表队的65名选手参加复赛，6支队伍进入决赛；11月22日，海安市人大代表"五知四会三有"知识竞赛决赛在市文化艺术中心举行，南莫镇代表队获第一名。 （李仁平）

人大常委会工作委员会

【监察司法工作委员会】 2022年，海安市人大常委会监察司法工作委员会创新实施"三张清单"（实施主体清单、法律法规清单、工作措施清单）"十项机制"（新法律法规贯彻实施发布机制、法律法规实施情况报告机制、规范性文件备案审查机制、法律法规实施情况沟通约谈机制、法律法规实施情况检查机制、法律法规实施情况第三方评估机制、司法案件反馈运用机制、法律法规实施监督数字化运用机制、人大任命人员法律考试和宣誓机制、法律法规实施情况年度考核机制），将宪法法律法规贯彻实施情况纳入人大监督体系，相关工作经验在省人大研究工作座谈会上作交流发言。强化监察司法监督，听取"关于整治群众反映强烈的突出问题工作情况的报告""关于金融（破产）审判、司法大数据分析和运用工作报告""关于新法贯彻实施、法治政府建设、律师管理工作、大数据智能化建设应用工作情况报告"；支持检察机关开展法律监督，在全省县级人大层面率先出台《关于加强新时代检察机关法律监督工作的决定》；推动无讼社区建设，协同市人民法院、市公安局等部门探索诉源治理。

【财政经济工作委员会】 2022年，海安市人大常委会财政经济工作委员会完善财政经济监督机制，出台市人大常委会加强经济工作监督、加强预算审查监督"两决定"和加强政府债务监督、加强国有资产管理情况监督、市级财政预算审查工作“三办法”等文件。强化经济监督，开展经济社会发展计划编制与执行等议题监督，督办《关于强化能效引领，推动产业绿色低碳发展的议案》，关注产业重大项目招引与建设情况、制造业智能化改造和数字化转型，组织优化营商环境专项工作评议，调研企业上市挂牌工作。强化预算监督，调研预算执行情况，开展预算草案、决算草案和预算调整方案初审，加强全口径预算审查，深化重点部门和专项资金预算审查；专题调研国有企业改革发展、政府债务管理、国有资产管理等情况，促进国有资产保值增值。

【农业和农村工作委员会】 2022年，海安市人大常委会农业和农村工作委员会围绕乡村振兴，结合农业稳产增产、农民稳步增收和农村稳定安宁等方面开展调研考察活动。听取“打造农业特色产业建设‘苏中新鱼米之乡’情况报告”，建议稳产保供重要农产品，加强科技创新，推进农业特色品牌建设和特色产业融合发展。助力实施“五个一”产业提升工程，稻米、蛋鸡、蚕桑产业转型发展被中央广播电视总台专题报道。关注“三农人才”队伍建设，推动五大区域农业服务中心组建和运行，打造县域农业技术供给“海安模式”，相关工作经验获农业农村部推广，被江苏省人大网、“人民与权力杂志”微信公众号等媒体报道。对《海安市畜禽养殖区域划分管理办法》开展备案审查，调研农产品品牌打造、冬春水利工程建设及“农产品质量安全法”等实施情况。调研区域治水工程推进情况，考察水利重点工程建设及防汛工作，提高水资源配置利用水平及水安全保障能力。

【环资城建工作委员会】 2022年，海安市人大常委会环资城建工作委员会聚焦生态文明建设、城乡建设和安全发展等方面开展调研考察活动。推动宜居海安建设，围绕环境状况、环境保护目标完成情况及“通榆河水污染防治条例”贯彻执行情况开展专题督查与整改工作，针对“通榆河水污染防治条例”提出的修订建议被省人大列入“十四五”立法计划；开展“土地管理法实施条例”执法检查，强化永久基本农田保护，促进土地资源节约集约和高效利用。加强城市安全建设，开展《江苏省燃气管理条例》执法检查，了解燃气设施安全运营、应急调峰储气设施建设及天然气保供、居民用户燃气设施及安全用气、餐饮企业安全用气等情况，规范燃气管理工作。

【教科文卫工作委员会】 2022年，海安市人大常委会教科文卫工作委员会提交人大常委会审议议题2个、主任会议议题3个。在南通市人大常委会教科文卫委员会会议上作交流发言。强化民生事业监督，审议“关于强化科技成长型项目招引培育，提升科技创新贡献度情况的报告”，支持启动实施“三高两新”行动；审议“关于科学落实‘双减’政策，巩固和提升海安教育质量，促进学生德智体美劳全面发展的报告”，形成提升全链条教育质量、优化城区教育布局、整合农村小微学校等调研报告；听取“关于优化生育政策，促进人口长期均衡发展情况的报告”，专题调研报告获市委、市政府专门批示，获2022年江苏省人大优秀调研成果三等奖，被《江苏人大调研》第404期刊用；听取“关于促进全民阅读，建设书香海安，提升全民文化素养情况的报告”，推动构建书香社会；听取“关于‘家庭教育促进法’贯彻实施情况的报告”，召开法律实施座谈会，推动家庭教育知识普及。首次实施年度民生实事项目人大代表票决制，确定2022年市政府民生实事项目15项30件。

【民宗侨台工作委员会】 2022年，海安市人大常委会民宗侨台工作委员会落实主体责任，对《深化海安—台湾经济文化交流合作若干措施》贯彻落实情况、中意（海安）生态产业园规划建设情况、推动民族团结进步工作开展调研，听取并考察市侨联关于基层侨联组织建设、侨社团建设情况。依法管理宗教事务，召开市政府相关部门和区镇负责人调研座谈会、相关宗教从业人员调研座谈会，了解依法管理宗教事务情况，提出强化群众和宗教从业人员宣传教育、制止非法宗教活动、维护乡风文明等方面的建议。强化重点建议督办，提出“关于优化南通理工学院海安校区公交线路的建议”。

【人事代表工作委员会】 2022年，海安市人大常委会人事代表工作委员会依法进行人事任免，修订完善人事任免办法，落实任前法律知识考试、任职表态发言、颁发任命书、宪法宣誓等规定；加强任后监督，组织政府部门、“两院”负责人报告履职情况。强化议案建议督办，采取“负责人领督、机关委室跟督”方式，强化10条重点督办建议、4条跟踪督办建议监督，推动代表建议答复和落实“双满意”。提升代表履职能力，深化组成人员联系代表、代表联系人民群众，编印“五知四会三有”人大代表履职知识题库，举行观摩活动，推动“家、站、基地”合理分布、规范运行。开展“四进四争”（走进一线、跟进体验、改进作风、促进发展，争当联系服务群众、优化营商环境、实施有效监督、助推共富发展表率）主题实践活动，各级代表累计走访选民近万户，征集建议830余条，解决问题450余个，助力26个项目落地。出台《关于健全开发园区人大工作机制的意见》，推进全过程人民民主在开发园区人大工作中全覆盖。（李仁平）

海安中央广场

海安市人民政府

综 述

【经济社会高质量发展】 2022年，海安市政府落实“疫情要防住、经济要稳住、发展要安全”要求，工业经济、科技创新、农业农村等领域取得重大进展，获评全省首批制造业高质量发展示范区建设地区，在全国工业百强县（市）榜中跃升至第17位，创成全国首批创新型县（市），获批创建国家现代农业产业园。坚持用政府“紧日子”保障百姓“好日子”，将事关民生的“烦心事”做成群众满意的事。全市一般公共预算中民生投入116亿元，占一般公共预算总支出84%；城乡居民人均可支配收入分别为57045元、29826元，分别比上年增长4.1%、6.1%，城乡居民收入比缩小至1.91∶1；解决好“水上村庄”危房解困、李堡中大街旧城改造等一批社会呼声高的难题。各条战线比学赶超，全年获国家级荣誉44项、省级荣誉135项。落实上级有关重大政策措施真抓实干成效明显，自然资源节约集约利用、科技创新、医疗卫生服务体系和队伍建设、粮食安全4项工作获省政府督查激励。

【政府自身建设】 2022年，海安市政府学习贯彻党的二十大精神，深刻领悟“两个确立”的决定性意义，增强“四个意识”、坚定“四个自信”、做到“两个维护”。“八五”普法纵深推进，被确定为全国4个法治文化建设联系点之一，获评省法治政府建设示范县（市）。健全完善政府常务会、市长办公会等议事决策制度，持续深化政务公开，自觉接受市人大常委会、市政协及社会各界监督，办理人大代表建议401件、政协提案252件，办复率、满意率均为100%。府院联动协同高效，一批历史难题有效化解，行政机关负责人出庭应诉率连续16年100%。落实党组全面从严治党主体责任，开展“机关作风建设提升年”活动，抓好省委巡视和环保督察、涉粮问题专项巡视等反馈问题整改。强化预算刚性约束，建立健全政府投资项目财政承受能力论证机制。切实管控政府性债务，全口径综合成本压降40个基点，债务率继续实现下降。 （海 鉴）

重要会议

【市政府全体（扩大）会议】 2022年，海安市第十七届人民政府召开3次全体（扩大）会议。

1月17日，海安市第十七届人民政府召开第一次全体会议。会议动员市政府全体组成人员不负重托、勇担使命，求真务实、狠抓落实，推动政府各项工作开好局、起好步。市主要负责人参加会议。

5月7日，海安市第十七届人民政府召开第二次全体（扩大）会议。会议总结第一季度经济工作，分析研判经济形势，针对性部署下一阶段工作，动员全市上下坚定信心、鼓足干劲，比学赶超、奋发有为，大干二季度、全面追序时，为圆满完成全年各项目标任务打下坚实基础。市委书记于立忠到会讲话，市委副书记、市长谭真主持会议。市主要负责人参加会议。

10月29日，海安市第十七届人民政府召开第三次全体（扩大）会议。会议以学习宣传贯彻党的二十大精神为契机，动员全市上下全面振奋起来、迅速行动起来，鼓足“挑重担、扛重责”的精气神，拿出决战决胜的姿态，加压奋进、拼抢冲刺，锚定全年主要目标任务，力争实现最好结果。市主要负责人参加会议。

【市政府常务会议】 2022年，海安市第十七届人民政府召开11次常务会议，即市十七届人民政府第1次常务会议至市十七届人民政府第11次常务会议。

1月20日，海安市十七届人民政府召开第1次常务会议。会议学习《国务院关于进一步贯彻实施〈中华人民共和国行政处罚法〉的通知》精神。会议讨论海安市人民政府工作规则（送审稿）、海安市人民政府常务会议和市长专题办公会议议事决策规则（送审稿）、2022年政府工作报告主要任务和民生实施项目责任分工方案（送审稿）、海安市公务用车车辆更新操作办法、海安市2022年公务用车更新计划（送审稿）、海安市乡镇（街道）权力事项清单。听取并研究海安市“十四五”人才发展规划（送审稿）、市“十四五”智慧城市建设规划（送审稿）、市“十四五”应急管理体系和能力建设及安全生产规划（送审稿）、市“十四五”教育体育发展规划（送审稿）、市“十四五”综合交通运输体系发展规划（送审稿）。

3月11日，海安市十七届人民政府召开第2次常务会议。会议学习《政府督查工作条例》，国务院安全生产委员会全体会议精神，省、南通市关于镇江“3·8”火灾事故指示批示精神。听取和研究全市新型冠状病毒性肺炎疫情防控工作、特种设备安全专项整治工作。讨论海安市贯彻落实《法治政府建设实施纲要（2021—2025年）》实施方案（送审稿）、关于加快推进律师行业高质量发展的意见（送审稿）、关于促进海安市现代服务业高质量发展的若干政策意见（送审稿）、海安市畜禽养殖区域划分管理办法（送审稿）。会议还讨论其他事项。

4月8日，海安市十七届人民政府召开第3次常务会议。会议听取和研究全市新型冠状病毒性肺炎疫情防控工作。学习《江苏省督学管理办法（试行）》。传达习近平总书记关于安全生产工作的重要指示和国务院总理李克强批示精神，学习全国、省、南通市安全生产电视电话会议精神。研究海安市高质量推进“十四五”农村厕所革命的实施意见（送审稿）。学习《省委办公厅、省政府办公厅关于建立健全审计查出问题整改长效机制的实施意见》精神，听取海安市以“制度化管理、实时化监控、自动化阻隔、现代化救援”为路径全力提升本质安全水平实施意见（送审稿）、关于深化提升安全生产专项整治三年行动的意见（送审稿）、深化省级安全发展示范城市创建工作方案（送审稿）、危险化学品安全风险集中治理实施方案（送审稿）、烟花爆竹经营安全事故应急预案（送审稿）。

研究信访突出问题攻坚化解工作，听取通榆河一级保护区内工业项目整改方案和突出环境问题整改与督察情况以及海安市区镇街道农贸市场改造实施方案（送审稿）、制造业智能化改造和数字化转型三年行动计划（2022—2024年）（送审稿）、行政执法协调办法（送审稿）、停车收费管理办法（送审稿）、海安市“十四五”文化和旅游融合发展规划（送审稿）、海安市“十四五”科技创新规划（送审稿）、海安市“十四五”农业农村现代化（乡村振兴）规划（送审稿）、海安市“十四五”卫生健康事业发展规划（送审稿）。

4月28日，海安市十七届人民政府召开第4次常务会议。会议听取和研究全市新型冠状病毒性肺炎疫情防控工作。学习《国务院关于加强滨海湿地保护严格管控围填海的通知》《信访工作条例》。讨论海安市贯彻落实省第四生态环境保护督察组督察反馈意见整改方案（送审稿）。听取海安市2021年行政复议诉讼案件情况、企业上市挂牌工作情况。讨论关于进一步帮助市场主体纾困解难着力稳定经济增长的若干政策措施（送审稿）、海安市城市建筑垃圾处理费征收管理暂行办法（试行）（送审稿）、海安市城市生活垃圾处理费征收管理暂行办法（试行）（送审稿）。研究关于核定社区干部编制的请示、关于贯彻落实“三重一大”事项决策议事规则的实施细则（试行）（送审稿）。

6月8日，海安市十七届人民政府召开第5次常务会议。会议学习6月1日国务院常务会议精神暨《国务院关于印发扎实稳住经济一揽子政策措施的通知》精神。学习《江苏省自然资源厅、省农业农村厅关于进一步加强耕地保护稳妥有序推进土地复耕工作的通知》《中共中央办公厅、国务院办公厅关于更加有效发挥统计监督职能作用的意见》《江苏省委办公厅、省政府办公厅关于更加有效发挥统计监督职能作用实施意见的通知》《中共江苏省委、江苏省人民政府关于贯彻落实国家标准化发展纲要的实施意见》。学习《中央生态环境保护督察整改工作办法》和中央环保二轮督察反馈意见涉及海安部分内容并讨论相关整改方案。研究南通市生态环境保护专项资金审计报告涉及海安部分整改方案（送审稿）、海安市电子商务进农村综合示范工作实施方案（送审稿）、关于支持建筑业企业健康发展的若干政策措施（送审稿）、海安市市本级政府投资项目财政承受能力论证办法（送审稿）、关于进一步加强国有企业经营性债务和大额资金管控的实施意见（送审稿）、海安市政府合同管理办法（送审稿）、海安市行政执法辅助人员管理办法（试行）（送审稿）、关于推进军民融合发展财政政策若干实施意见（送审稿）。

6月28日，海安市十七届人民政府召开第6次常务会议。会议学习省、南通市民族宗教工作会议精神。听取和研究全市食品安全工作。研究海安市农村宅基地和住房建设管理办法（试行）（送审稿）。学习江苏省中央生态环保督察报告、省委领导在中央第二生态环保督察组督察江苏省情况反馈会上的讲话精神、《省委办公厅、省政府办公厅印发〈关于贯彻地方党委和政府领导班子及其成员粮食安全责任制规定实施办法〉的通知》、省委巡视涉粮问题反馈意见整改情况督查通报。研究美丽海安建设规划（2021—2035年）（送审稿）、海安建设长三角重要陆港城市和国家物流枢纽城市实施方案（送审稿）。

7月28日，海安市十七届人民政府召开第7次常务会议。会议学习7月21日国务院常务会议精神、《中共中央办公厅、国务院办公厅关于建立健全领导干部自然资源资产离任审计评价指标体系的意见》《江苏省被征地农民社会保障办法》和南通市委副书记、市长吴新明在《统计专报》第14期上的批示。学习国务院总理李克强在7月11日全国安全生产电视电话会议上所作的批示，省委书记吴政隆对《关于7月11日全国安全生产电视电话会议精神的报告》作出的专门批示以及7月11日全国安全生产电视电话会议和省续会精神，研究海安安全生产工作。讨论海安市高标准农田建设规划（2021—2030年）（送审稿）、海安市养殖水域滩涂规划（2021—2030年）（送审稿）、关于加快推进国家现代农业产业园创建的政策意见（送审稿）、关于促进社会组织高质量发展的实施意见（送审稿）、海安市社会组织管理联席会议制度（送审稿）、海安市农村宅基地和住房建设管理办法（试行）（送审稿）。

9月8日，海安市十七届人民政府召开第8次常务会议。会议学习南通市政府常务会议关于海上风电整改工作的会议纪要精神、国家发展改革委等部门关于严格执行招标投标法规制度进一步规范招标投标主体行为的若干意见和关于全市城建和房地产领域矛盾纠纷专项督查的情况报告及南通市委主要领导批示精神、《江苏省行政规范性文件管理规定》《江苏省生态文明教育促进办法》、南通市打好农业农村污染治理攻坚战实施方案（2022—2025年）。听取市公安局、市教育体育局安全生产工作情况汇报。讨论海安市优秀创新创业人才购房优惠实施办法（送审稿）、海安市“5123”大企业领航工程实施方案（送审稿）、海安市国有企业改革优化整合方案（送审稿）、海安市政府购买服务岗位管理办法（送审稿）、关于进一步完善基层人力资源社会保障工作运行机制的通知（送审稿）、关于推动海安国际班列高质量开行的政策意见（送审稿）。会议还讨论其他事项。

10月20日，海安市十七届人民政府召开第9次常务会议。听取中央环保督察及省第四生态环境保护督察组督察反馈意见整改工作进展情况汇报、海安市信访工作汇报。学习9月26日国务院常务会议精神、国务院关于坚决果断以快制快进一步做好疫情防控工作的紧急通知、十九届七中全会公报、《江苏省行政程序条例》《推进领导干部能上能下规定》、南通市“制度化管理、实时化监控、自动化阻隔、现代化救援”现场推进会精神、关于深化“江海砥柱锻造工程”建设“三强三过硬”县级党政领导班子的意见、《人民日报》关于新型冠状病毒性肺炎疫情防控的三篇“仲音”署名文章及全国、省安全生产电视电话会议精神。讨论海安市“无废城市”建设实施方案（2022—2025年）（送审稿）、市政府关于划定“国三”及以下排放标准柴油货车限制通行区域的通告（送审稿）、海安市“十四五”城市更新行动实施方案（2022—2025年）（送审稿）、海安市行政许可事项清单（2022年版）（送审稿）、海安市全民科学素质行动规划纲要实施方案（2021—2035年）（送审稿）和2023年公务用车更新计划。

11月18日，海安市十七届人民政府召开第10次常务会议。会议讨论关于促进建筑业高质量发展的若干意见（送审稿）、关于深入打好污染防治攻坚战的实施意见（送审稿）。学习《国务院食品安全委员会关于建立健全分层分级精准防控末端发力终端见效工作机制 推动食品安全属地管理责任落地落实的意见》，讨论“关于建立健全分层分级精准防控末端发力终端见效工作机制 推动食品安全属地管理责任落地落实的实施方案（送审稿）”。学习中共中央关于认真学习宣传贯彻党的二十大精神的决定、中共江苏省委关于深入学习贯彻党的二十大精神的通知、中共南通市委关于深入学习贯彻党的二十大精神的通知、10月26日国务院常务会议精神、国务院关于进一步优化新冠肺炎疫情防控措施科学精准做好防控工作的通知、《江苏省税费征管保障办法》。

12月16日，海安市十七届人民政府召开第11次常务会议。会议学习12月6日中共中央政治局会议精神和《中华人民共和国地方各级人民代表大会和地方各级人民政府组织法》。学习习近平总书记对安阳“11·21”火灾事故作出的重要指示及11月25日召开的省冬季专项整治会议精神，研究部署下一步工作。学习国务院关于进一步优化落实新冠肺炎疫情防控措施的通知，听取落实情况。讨论海安市新冠肺炎分级诊疗工作方案（送审稿）、海安市省健康县（区）建设工作实施方案（送审稿）、海安市社会心理服务体系建设试点工作实施方案（送审稿）、2023年城乡建设工作意见、2023年交通运输重点工程建设意见、2023年城市管理工作意见（送审稿）、2023年市政府民生实事项目计划（送审稿）、海安市行政应诉工作办法（送审稿）、关于推进标准化规范化便利化加快建设现代政务服务体系的实施意见（送审稿）、关于促进建筑业高质量发展的若干政策意见（送审稿）、海安市消防基础设施三年规划建设方案（送审稿）、关于促进养老托育服务高质量发展的实施意见（送审稿）、海安市国家现代农业产业园建设项目实施管理办法（送审稿）、关于聘用退休高级专业技术人员和选用乡土人才参与区域农业服务中心服务的实施方案（试行）（送审稿）、关于实施“海安名匠工程”加强高技能人才队伍建设的若干举措。（阙俊杰）

民生实事工程

【概况】2022年，海安市政府实施15项民生实事工程，均完成年度目标任务。年初，编制《民生实事项目责任分工方案》，逐项明确牵头市领导、责任部门、协同单位、目标任务，26家责任单位全力落实到位。统筹推进项目实施，市政府每季度召开一次民生实事落实情况专题推进会，协调解决资金、用地、拆迁等方面的难题。用好用足相关政策，在项目审批、落地选址等方面畅通“绿色通道”，助力民生实事项目提速增效。强化督促检查，市政府将民生实事项目列入对市级机关年度目标绩效考核，主要领导多次通过市长办公会、市政府常务会和市政府全体扩大会议以及现场督查的方式，督促检查民生实事项目推进情况。

【就业创业项目】2022年初，海安市政府制定的目标任务是城镇新增就业1万人，援助4800名就业困难人员实现灵活就业，开发公益性岗位安置就业困难人员200人；举办各类人才招引活动90场，提供招聘岗位1.1万个，提升人才“一站式”服务质效，兑现“海安英才”计划配套资金约1000万元。项目由市人社局牵头实施。至年底，完成城镇新增就业1.05万人，援助5527名就业困难人员实现灵活就业，开发公益性岗位安置就业困难人员271人。举办各类人才招引活动84场，提供招聘岗位1.02万个，人才“一站式”服务窗口累计受理人才政策申报业务920件，受理窗口咨询1650余次，电话咨询2120余次，兑现“海安英才”计划配套资金1531.73万元。

【养老服务项目】2022年初，海安市政府制定的目标任务是提升居家和社区养老服务水平，累计建成连锁化、社会

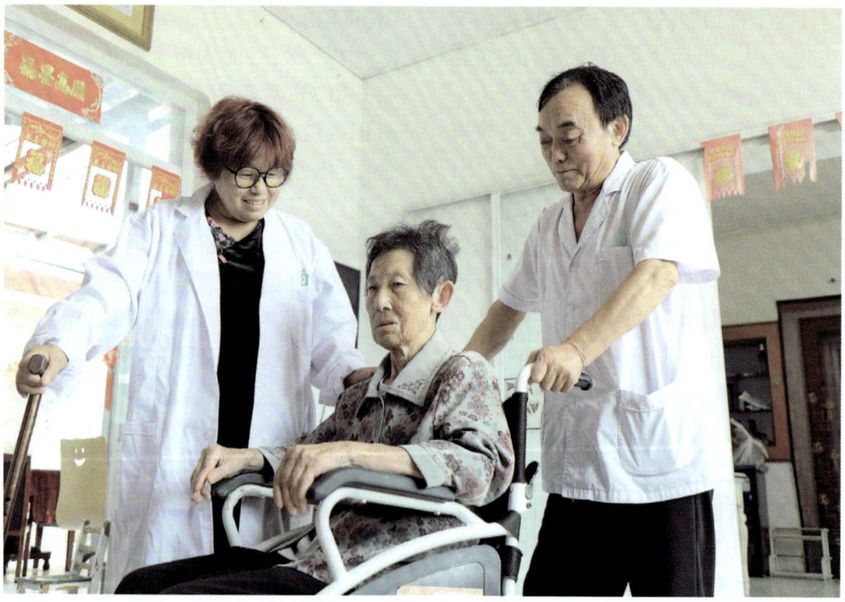

2022年，海安市政府实施养老服务民生实事项目，加快建设日间照料中心、居家养老服务中心。图为9月6日，李堡镇中凌村日间照料中心工作人员为入住老人服务

市卫生健康委／供图

化运营的日间照料中心、居家养老服务中心（站）30家，将80周岁以上户籍老人全部纳入政府购买服务范围，将95岁以上老人纳入“百岁老人健康有约”服务；构建多层次机构养老服务格局，改造失能失智照护中心1家，新增护理型床位100张，农村敬老院转型区域养老服务中心4家，提供“机构+社区+居家”链式服务；支持利用闲置国有资产举办养老机构，引导民间资本进入养老市场，新增养老机构1家以上、养老床位300张；规范农村“幸福之家”建设；推进养老综合体建设，完成上湖康养社区项目初步设计。项目由市民政局、市卫生健康委分别牵头实施。至年底，30家日间照料中心、居家养老服务中心（站）实现连锁化、社会化运营，80周岁以上老人全部被纳入政府购买服务，曲塘镇敬老院失能失智照护中心改造提升完成，新增护理型床位100张。全市1666名95岁以上老人均被纳入家庭医生签约服务，签约医生累计上门服务1.62万人次，专家累计上门服务2459人次。滨海新区、曲塘镇、白甸镇、南莫镇农村敬老院拓展区域养老服务中心转型完成。海安至康护理院和恒源康复护理中心项目完工，新增床位300张，因受疫情影响暂未开放。建成11家“幸福之家”养老场所。初步形成上湖康养社区设计方案稿。

【扶弱助残项目】 2022年初，海安市政府制定的目标任务是为持证残疾人1.9万人购买重大疾病补充和意外伤害保险，为特殊困难残疾人780人购买“医保南通保”，为困难残疾人600人发放辅助器具，为残疾儿童180人提供免费基本康复服务，为100户特殊困难残疾人提供居家托养服务；为60户以上有需求且符合条件的优抚对象实施生活设施宜居改造；残疾人综合服务中心开工。项目由市残联、市退役军人事务局分别牵头实施。至年底，累计为全市1.99万名持证残疾人购买重大疾病补充和意外伤害保险，支付保费60万元；为748名特殊困难残疾人购买“医保南通保”；为612名困难残疾人发放辅助器具；为249名残疾儿童提供免费基本康复服务；为268户特殊困难残疾人提供居家托养服务。为全市82户优抚对象实施生活设施宜居改造。残疾人综合服务中心启动建设。

【强农富农项目】 2022年初，海安市政府制定的目标任务是优化“寻味海安”平台，新建智能化无人值守农产品寄存点（生鲜驿站）10个，农产品展览销售馆土建竣工并完成布展方案设计；推进海安粮食储备库建设；培训职业农民1000人，认定新型职业农民150人；实施全国电子商务进农村示范县项目，建成市电子商务公共服务中心，完成5个镇级电子商务服务站、85个村级以上电商服务点建设。项目由市农业农村局、市商务局、市发展改革委分别牵头实施。至年底，建成生鲜驿站10个。农产品展览销售馆土建封顶，形成4个初步布展设计方案。海安粮食储备库项目完成规划方案设计和项目工程可行性研究报告编制。培训职业农民2697人，初步认定新型职业农民182人。完成农户改厕8000户，其中，新建改造5600户、整改达标2400户。编制《海安市电子商务进农村综合示范工作实施方案》并报省商务厅备案，累计完成8个镇级电子商务服务站、145个村级以上电商服务点选址和基础设施建设，市电子商务公共服务中心完成装修。

【政务服务项目】 2022年初，海安市政府制定的目标任务是推进市场主体登记智能化审批向区镇延伸，实现市场主体登记自助办、就近办、邮寄办、异地办；优化不动产登记服务，开通线上登记申请，增设综合自助申报智能终端，完善“上门办、集中办、加时办”服务制度。项目由市行政审批局、市资源规划局分别牵头实施。至年底，在10个区镇安装自助设备，市场主体智能化审批实现区镇全覆盖。增设综合自助申报智能终端3台，网上办理业务6415件，提供上门服务20余次、延时服务60次、集中办理服务9次。

【基础教育项目】 2022年初，海安市政府制定的目标任务是贯彻“家庭教育促进法”，编制家庭教育指导手册，建立家庭教育基础档案数字化信息平台，完善0岁至18岁未成年人家庭教育基础信息档案；新建家庭教育示范基地13个，开展家庭教育示范课42场次，建立市、镇、村三级妇女儿童心理健康服务中心及站点，关爱帮扶需要重点关注未成年人家庭2500户以上；建成南屏小学、海安高新区实验小学，完成海安中专校园提升工程、滨海新区新城小学二次结构施工、实验小学北校区主体工程，省海中学生公寓主体实现封顶，开工建设曲塘中学体艺馆并完成校园提升工程；完成上湖小学（实验小学上湖校区）规划设计；打造普惠性托育机构，推进公办幼儿园婴幼儿照护服务，城区公办幼儿园新增托幼班级6个。项目由市教育体育局、市妇联分别牵头实施。至年底，累计开展“家庭教育促进法”宣传活动165场次，完成《海安市家庭教育衔接指导手册》编写。建成家庭教育基础档案数字化信息平台，采集5.22万户家庭教育基础信息档案。建成家庭教育示范基地13个，开展家庭教育示范课75场次。建成市级家庭教育指导中心和市、镇、村三级妇女儿童心理健康服务中心及站点，完成2525户重点家庭3轮走访。南屏小学、海安高新区实验小学投入使用。海安中专、滨海新区新城小学、实验小学北校区、省海中、曲塘中学等校园工程建设完成年度建设任务。上湖小学完成规划设计。城区公办幼儿园新增托幼班级6个，170名幼儿入园。

【医疗健康项目】 2022年初，海安市政府制定的目标任务是新建滨海新区卫生院规范化发热诊室、雅周卫生院规范化发热诊室；对225个村卫生室、社区卫生服务站办公、诊疗设施设备实施更新，组织乡村医生100人参与全科务实进修、中医适宜技术进修等业务培训；新建省级“医保15分钟服务圈”示范点1家、南通市级示范点11家，实现区镇（街道）全覆盖；建成药师服务信息平台。项目由市卫生健康委、市医疗保障局、市市场监管局分别牵头实施。至年底，滨海新区卫生院发热诊室基础施工、雅周卫生院发热诊室主体工程建设完工。村卫生室易损办公及诊疗设备项目配置到位。完成135名乡村医生业务培训。建成省级“医保15分钟服务圈”示范点1家、南通市级示范点12家。药师服务信息平台投入使用。

【文体生活项目】 2022年初，海安市政府制定的目标任务是完成送戏195场次、送展览100场次、送培训100场次，大剧院举办演出60场，举办免费公益培训班30个、“乐一天”农民艺术节231场、“万里千家”惠民文艺演出924场；建成24小时城市书房2家；新建球类场地2片，配置健身器材300件。项目由市委宣传部、市文广旅局、市教育体育局牵头实施。至年底，完成送戏195场次、送展览100场次、送培训100场次、大剧院高质量演出60场，举办免费公益培训班35个、“乐一天”农民艺术节231场、“万里千家”惠民文艺演出924场。建成海安开发区、海安高新区24小时城市书房。新建新华河北侧嵌入式篮球场、如海河黄海路大桥南侧嵌入式篮球场。

【安居惠民项目】 2022年初，海安市政府制定的目标任务是提供多形式的住房保障，新开工安置房2800套，新增人才公寓300套、青年公寓600套；完成新（改）建5G站点900个，新增智慧家庭用户7万户、“三千兆”示范小区8个。项目由市住建局、市发展改革委分别牵头实施。至年底，3197套安置房进场施工，新增人才公寓396套、青年公寓720套。完成新（改）建5G站点974个，新增智慧家庭用户10.33万户，建成“三千兆”示范小区8个。

【城市改造项目】 2022年初，海安市政府制定的目标任务是改造老旧小区22个，惠及居民约5500户，面积约59万平方米。项目由市城管局牵头实施。至年底，完成海安开发区11个小区2634户改造工程，海安高新区11个小区2954户改造工程。

【交通出行项目】 2022年初，海安市政府制定的目标任务是改造农桥40座，实施农路亮化150千米。主城区新增停车位2000个。项目由市财政局、市交通运输局分别牵头实施。至年底，完成改造农桥40座，完成农路亮化150千米，新增路灯4300盏。主城区新增停车位2040个。

2022年，海安市政府实施文体生活民生实事项目，举办形式多样的文化活动。图为11月23日，南通市群众文艺作品巡演海安专场在胡集街道谭港村举行

顾华夏／摄

【水利建设项目】 2022年初，海安市政府制定的目标任务是完成30座拆坝建涵（桥）工程，20条农村河道整治工程。项目由市水利局牵头实施。至年底，完成拆坝建涵桥52座，河道疏浚整治30条。

【法律服务项目】 2022年初，海安市政府制定的目标任务是完善市、镇、村法律援助便民服务网络，办理法律援助案件1300多件。项目由市司法局牵头实施。至年底，办理法律援助案件1365件，6家法律援助工作站通过南通市司法局验收。

【公共安全项目】 2022年初，海安市政府制定的目标任务是建设“明厨亮灶”示范餐饮单位50家，处置报废钢瓶8000只；建成高层住宅小区电动车充电车棚1.5万平方米以上、其他小区（含老旧小区、多层小区）分散式室外充电桩1000个，加装电动车禁入电梯系统1700部；实施自然灾害人身意外伤害和家庭财产民生综合保险，发放家庭应急救援包5000个；安装二维码门牌3万块。项目由市市场监管局、市城管局、市应急管理局、市公安局分别牵头实施。至年底，建成“明厨亮灶”示范餐饮单位50家，处置报废钢瓶8351只。建成高层住宅小区电动车充电车棚2.5万平方米，新增充电设施420处、充电点位8580个，建成分散式室外充电桩700个。完成近3000部电梯加装电动车禁入系统，实现主城区全覆盖。签订自然灾害意外伤害和家庭财产综合保险合同，发放家庭应急救援包5000个。安装二维码门牌3.12万块。

【环境整治项目】 2022年初，海安市政府制定的目标任务是完成城区23条主次干道窨井盖治理；实施农村污水收集处理设施建设，完成64个行政村分散式农户污水治理，建设污水管网40千米；完成农户改厕8000户；完成城北污水厂生态安全缓冲区提升改造工程，建成常安纺织园废水集中预处理项目，启动东部家具产业园危废集中暂存库和废活性炭再生利用项目。项目由市住建局、市农业农村局、市生态环境局分别牵头实施。至年底，完成城区23条主次干道窨井盖治理，更换1070处。完成55个行政村2.14万户分散式农户污水治理。建成污水管网40千米。完成农户改厕8000户。城北污水厂生态安全缓冲区提升改造工程、常安纺织园预处理项目均建成并试运行。东部家具产业园危废集中暂存库和废活性炭再生利用项目中的油漆仓库建成，全面完成违建拆除工作。（阙俊杰）

政务服务

【行政审批服务】 2022年，海安市政务服务大厅受理办件279.7万件。推进工程审批制度改革，持续优化并联审批、推行容缺审批，提供限时办结服务；实施自审承诺制度，创新施工图豁免审查机制，推广“桩基先行”办理施工许可模式，加快推进项目建设；在南通市率先建立网上中介服务超市，8个部门提供涉审中介服务事项25个，入驻中介服务机构52家，涉审中介事项成交量41个，海安市工改创新举措和成果转化南通领先。提供项目审批“前延”服务，推行重大项目全链代办，修订项目审核办法，明确投资发展监管协议，提前介入环保服务，梳理批前服务清单37项，开展项目备案375个、核准8个、审批81个、节能审查6个、环评审批43个，通过预审项目84个。提升项目报建质效，制定海安市社会投资低风险项目审批服务简易管理实施方案，启动低风险项目简易管理审批流程，孵化完成建设项目3个，实现工程建设项目备案证、工程规划许可证、施工许可证2天内办结；为15个工业项目、20个服务业项目提供“三证”（企业营业执照、税务登记证和组织机构代码证）办理服务，6个项目实现“拿地即开工”，合并办理质量监督手续、安全监督手续、施工许可证214个，完成线上联合验收243个、人防工程审批44个、竣工备案271个。

【公共资源交易】 2022年，海安市公共资源交易大厅进场交易项目870宗，交易额112.74亿元，节约资金5.31亿元，土地使用权出让、产权交易项目实现增值2.25亿元。优化交易模式，提前为各区镇、部门的重要项目提供政策咨询、业务辅导、场地预约等标前服务，完成项目对接497宗；机关事业单位资产处置优先采用“云交易”，35个项目资金增值73.02万元，增值率69.8%；率先在南通地区停止征收工程交易服务费，为市场主体减免费用228.68万元；深化电子保函应用，为企业提供投标担保服务额16.88亿元，免收中小企业供应商履约保证金3771.32万元；支持中小微企业发展，取消政府采购投标保证金，提高政府采购项目专门面向中小企业比例。深化交易管理，制定公共资源交易领域突出问题整治工作方案，通报交易平台现场不良行为17起，处理违反评标纪律评标专家3人；举办系统操作应用、电子保函使用等专题培训班19期，700多人次参与培训。推动交易创新，制订海安市招标人信用分级管理暂行办法，加强交易计划公开、健全差额履约担保和工程预付款管理；依托“互联网+公共资源交易”，上线运行限额电子交易平台，确定试点单位15家，实现无纸化操作、不见面开标、智能化评标，其中，限额以下交易系统成交项目1223个2.59亿元，海安商城成交交易1.3万笔6035.33万元。（丁飞飞）

【“12345”在线服务】 2022年，海安市“12345”在线服务平台受理工单18.18万件次，比上年增长65.47%，其中，国家级工单181件次、省级工单1376件次、南通市级工单6556件次、海安市本级工单17.37万件次，热线接通率98.35%，综合满意率99.55%。制定“12345”热线满意度提升专项工作方案，采用整体并入、双号并行、设立分中心等方式归并整合36条政务热线，实现一号申请、一窗受理、一网通办。配强“12345”热线一线话务人员和管理队伍，加强派单人员专业能力培训，建立交办典型案例库，完善工作职责清单32项，重点提升沟通技巧、答复意见审核等专项技能。打造快速响应联动体系，对疫情类诉求要求规范标注，精准派单，限时完成，增开南通市“12345”专席2个，8名话务人员24小时远程支援南通市热线受理，日均接听南通热线150件次；成立“12345”志愿服务专席，联合市义工联合会常态化开展话务员每月体验活动；出台“与公安大数据指挥服务中心（110）联动对接实施意见”，通过打通数据融合通道、整合视频图像资源、构建数据研判模型等方式，提升市域社会治理水平。（徐慧珠）

【政务公开】 2022年，海安市政府坚持主动公开常态化，及时更新海安市政府信息公开指南，开通“海安政府网”微信公众号，依托政府网站发布信息7.59万条，更新信息公开目录4794条、概况信息24条、政务动态信息3787条、政策解读信息33条。规范依申请公开，办理政府信息公开申请309件，其中，予以公开及部分公开251件，不予公开6件，无法提供45件，重复申请7件。因依申请公开引发行政复议10件、行政诉讼22件，主要集中在房屋征收安置和人事待遇等领域。

【政务信息平台建设】 2022年，海安市紧扣政务公开、公共服务、公众互动等功能，推进网站集约化建设，将政务公开工作纳入全市目标绩效考核。加强政务新媒体建设，明确“谁开设、谁负责”原则，严格执行“三审”制度，建立信息采写、编辑、审核、发布、跟踪互动等工作机制，6个政务新媒体运行维护实现专人监督管理，总体运行状况良好。开设“海安政府网”微信公众号，发布信息14条。（阙俊杰）

【机关事务服务】 2022年，海安市机关事务服务中心规范公车、公房使用管理，所有公务用车均过户至机关事务服务中心并统一安装北斗智能定位系统，严格用车审批手续，做到公务用车使用逢节必查；测绘全市75家党政机关办公用房，建成并常态化运行智能化图形管理系统，实现办公用房实时、动态、信息化管理；完成市教育体育局搬迁后办公用房面积审核工作。做好市行政中心后勤服务工作，服务会议2540场次；制定机关事务服务中心公共资源交易内控制度，规范政府采购及各项招投标流程；完善硬件设施，装修升级食堂一楼就餐大厅，扩大小卖部经营范围，建成中医诊疗室，安装智能环保吸烟室；规范财务结报流程，加强财务内审，为65个部门、单位提供财务结算服务。做好市行政中心安全防范工作，建立驻行政中心各单位安全防范网络，明确安全工作负责人和安全员，并签订安全工作责任书；常态化抓好疫情防控，及时调整防控方案，做好防疫物资的购买和发放工作；加强每日巡查和月度大检查，消除安全隐患；强化到访人员信息化安全管理，对视频监控网络进行独立组网，安装智能一体化人脸识别安全防范管理系统，接待到访人员4万余人次；在北侧门厅安装智能道闸，实现人员分流；联合市消防大队开展消防安全培训，组织安全演练；加强车管中心驾驶员安全教育，全年出车4000余次150多万千米，无安全事故发生。（吴信林）

市政府投资项目工程建设

【概况】2022年，海安市政府投资项目工程建设中心承建工程项目20项，其中，竣工10项、在建6项、前期招标4项，总投资约3.15亿元，建筑面积约5.83万平方米。承建的市人民医院门急诊综合楼、市实验小学改扩建综合楼分别获评国家优质结构工程奖、南通市"紫琅杯"优质工程奖。落实信访工作责任制，处理工程信访件3件，满意率100%。

【重点工程建设】2022年，海安市政府投资项目工程建设中心按序时推进重点工程建设，江苏省海安高级中学教师办公楼、李堡卫生应急综合楼、市科普馆、生态环境监测站装修改造工程、西场中学教学综合楼等项目按期建成并交付使用。市应急医院进入专项调试和验收阶段。海陵中学新建体艺馆完成基础施工。海安开发区法庭审判业务用房、江苏省海安高级中学学生公寓楼、雅周卫生院应急综合楼主体封顶。

【政府投资项目工程建设监管】2022年，海安市政府投资项目工程建设中心树立安全发展理念，实施重点行业领域安全生产深化提升、安全生产百日攻坚、安全生产大检查等专项行动，下发整改通知单182份；加强安全宣传教育，施工现场每日更新危险源情况，开展三级安全培训和班前安全教育；落实常态化监督检查，坚持日常检查与月度巡查相结合，围绕深基坑支护、高空作业、特种设备等环节，开展工程巡查24次，全年无安全生产责任事故发生；督促施工单位编制防汛、抗旱、防高温专项应急预案并组织开展应急演练，合理安排极端天气下作业时间。加强工程成本管理，靠前商讨招标范围、要点，合理拟定招标计划，节减投资约4333万元；在满足功能要求的基础上，组织专业技术骨干优化设计方案，节约建设投资约265万元；加强变更管理，施工前坚持必须必要、经济合理原则提出合理变更意见，施工中非必要不予变更，变更率3.07%；强化监理考核，按约处罚金额5.58万元。（吴　鹏）

外事及港澳台事务

【外事服务】2022年，海安市完善境外公民和机构安全保护工作机制，制定突发事件应急处置工作方案，妥善处置境外安保事件7起。落实常态化疫情防控下对外人员往来政策规定，做好入境人员闭环转运工作。简化邀请外国人到中国手续和APEC卡（亚太经合组织商务旅行卡）办理审批流程，精准服务涉外企业。海安中医院与乌兹别克斯坦塔什干诊所合作建立的"中国—乌兹别克斯坦中医药中心"具备开诊能力。2月10日，海安市人民对外友好协会成立。（崔木子）

【港澳台事务】2022年，海安市深化台商"502"服务（为台商提供投资落户、项目建设、经营发展、转型升级、工作生活5个环节的全程服务，打造纵横2条服务热线，服务台商实现"0"投诉），落实深化海安—台湾经济文化交流合作若干措施、海安市对台招商三年行动方案、2022年对台招商引资考核办法，开展线上、线下投资推介活动40多场次，引进台资项目72个，其中实际注册台资项目36个。召开季度性台资企业座谈会，走访台资企业100多家，听取台商意见建议，完善支持台资企业发展政策。6月16日，海安市台商服务中心成立。7月2日，开展"共庆回归向未来"庆祝香港回归祖国25周年暨香港海安同乡会成立11周年活动，举行首批海安市港澳青少年爱国主义教育基地授牌仪式和港人港眷联谊小组线上成立仪式，香港海安同乡会与市工商总会、市欧美同学会签订友好协议，举行法律服务中心揭牌仪式。9月8日，举办2022年中秋台商联谊会。（卢倩倩　王　姝）

信访工作

【概况】2022年，海安市召开市委常委会、市政府常务会研究部署信访工作会议和信访工作专题会议19次，市委、市政府主要领导坚持每月到市信访接待中心开展接访活动，并多次对信访工作作出批示。完善市信访工作联席会议制度，发挥信访工作联席会议在分析研判信访形势、推动信访问题化解、维护群众合法权益、促进社会和谐稳定等方面作用，做好重大活动期间信访保障工作。推动"党建+信访"深度融合，在一线接待窗口设党员示范岗，曹前、夏裕银分别获评江苏省信访系统先进工作者、岗位之星。海安获评全省信访工作示范县（市、区），蝉联南通信访工作绩效考核十八连冠。海安市信访局被人民网评为网上群众工作民心汇聚单位。

【信访矛盾化解】2022年，海安市坚持问题导向，落实排查、会商、处置、化解各个环节，推进信访矛盾攻坚化解行动，市委常委会、市政府常务会专题听取"信访突出问题攻坚化解年"行动开展情况汇报。信访积案化解率100%，列南通市第一位。信访一次性化解率95.42%、标准化验证合格率100%，列南通第一位。曲塘镇、李堡镇人民来访接待中心获评江苏省“人民满意窗口”建设质量提升工程先进单位。

【信访法治宣传】 2022年，海安市开展《信访工作条例》（简称“条例”）学习宣传贯彻活动，出台海安市学习宣传贯彻《信访工作条例》实施方案，“条例”被列入市委中心组、党校各主体班次学习内容和领导干部学法计划，市信访局组建“条例”宣讲团开展送法下基层活动，印发“条例”单行本、宣传册5000多份，制作的“条例”专业解读短视频被“江苏信访”公众号推介。（夏裕银）

人事管理

【公务员管理】 2022年末，海安市实有公务员（含参照公务员法管理的工作人员）3281人，新招录159人。实施干部“砺兵炼才”计划，每年集中选派优秀年轻干部150多人到科技创新前沿、产业发展中心、乡村振兴一线等方向参加实践锻炼。制定海安市科级以下干部调动和借调管理办法，进一步规范干部人事工作管理。推进公务员职务与职级并行，年内晋升公务员职级333人。市委组织部、市人社局联合起草海安市建立事业单位管理岗位职员等级晋升制度工作方案，年内晋升事业单位管理岗位八级职员73人。出台《南通市市管领导干部平时考核工作方案（试行）》和《海安市市管领导干部平时考核实施办法（试行）》，率先在南通实施科级干部平时考核试点工作，实现处级干部、科级干部和普通公务员平时考核全覆盖。全年对114人记三等功、789人予以嘉奖。

【事业单位人员管理】 2022年，海安市招聘事业单位工作人员514人（不含退役士官），其中，招聘青年人才17人、优秀村（社区）党组织书记4人、教育体育系统招聘教师262人，卫生健康系统招聘医技人员114人，市、区镇事业单位招聘工作人员117人。完成事业单位工作人员2021年度统计及上报工作、岗位考核备案工作，1.21万人参与考核，其中，2524人被确定为优秀等次，2342人申报嘉奖奖励，13人被确定为不合格等次。办理事业单位工作人员市内外流动226人次，其中，进市29人次、出市19人次、市内流动178人次。事业单位聘用合同签订率、岗位设置和人员聘用信息入库率均在95%以上。

【人事考试培训】 2022年，海安市组织教育、卫生、高层次人才公开招聘或选调工作人员考试6次，累计服务考生近5000人次；组织2022年事业单位招聘工作人员2次，累计服务考生4700多人次；组织机关事业单位公开招聘政府购买服务人员、国有企业公开招聘工作人员或选调工作人员考试15次，累计服务考生近3000人次。组织机关事业单位工人27人参加岗位升级考核，4人参加高级技师考核。组织2022年度机关事业单位工勤人员职业素质提升培训考核，277人参加，合格人数261人。人事考试项目规范管理达标率100%。

【工资管理】 2022年，海安市完成公务员4146人、事业单位工作人员1.26万人基本工资标准的调整工作，审批离休人员增加基本离休费100多人。完成机关人员249人职务职级晋升工资审批，事业单位管理岗位职员97人等级晋升后工资审批。对全市享受遗属补助人员（机关278人、事业单位1053人）进行资格复核、审批。推进“2021年度应休未休年休假人员”7400多人的工资报酬发放工作。完成公务员、事业单位养老保险制度改革后退休人员一次性退休补贴发放审批435人，分别办理公务员、事业单位到龄人员退休手续118人、271人。机关、事业单位工作人员年初工资正常晋级审批1.63万人次。完成2021年度机关一次性奖金审批约3200人，事业单位奖励性绩效工资审批约1.26万人。调整教育、卫生系统工作人员1365人岗位聘用后工资，审批教育系统班主任津贴1450人。核定2022年各类新进人员工资待遇786人。调整20世纪50年代退职人员等特殊群体生活补贴。（曹晓婕　王　敏）

对口协作

【概况】 2022年，海安市继续推进对口帮扶陕西略阳县工作，两地党政领导开展互访交流活动2次，并召开联席会、座谈会等研究苏陕对口协作工作。海安12所学校（幼儿园）、3所医院、6个镇、15个村分别与略阳9所学校（幼儿园）、3所医院、6个镇、16个村建立结对帮扶关系。3个“组团式”帮扶团队分别结对帮扶略阳县人民医院、略阳县天津高级中学、略阳县天津职业技术教育中心。提请略阳县委、县政府及时召开县委常委会、政府常务会、政府专题会研究苏陕协作工作，制定并印发“2022年苏陕协作工作要点”。海安市对口帮扶略阳县联络组“四方双结对，共建示范村”、打造“寻味略阳”电商平台、实施“百县千村万主播”工程三个做法入选苏陕协作工作创新做法。

【示范村共建】 2022年，海安市李堡镇杨庄村与略阳县徐家坪镇徐家坪社区按照苏陕协作“四方双结对，共建示范村”合作模式，结合“万企兴万村”等活动，打造苏陕合作乡村振兴示范村，通过共建示范村，逐步形成以徐家坪社区为核心，辐射带动周边朱儿坝村、周家坝村、街口村、明水坝村实现“1+4”组团式乡村振兴发展新模式。投入苏陕资金1070万元，发展特色产业，推进“1+4”区域内樱桃园、枇杷园、薯香园、梯田生态园、核桃园、桑园建设，打造“六大”千亩产业基地；帮助引进陕西福瑞源实业有限公司发展蚕桑产业，发展密植桑园约27公顷；助力村股份经济合作社和县域内林麝养殖企业签订林麝饲料保底收购协议，通过“企业+大户+农户”方式，动员农户大力发展南瓜种植，以合作社年底分红给予村级集体经济占一定比例的模式，人均收入较上年增加1800元左右。推进镇村建设，协助编制《徐家坪乡村振兴楷模规划》，全面改造提升徐家坪水、电、路、网和推进人居环境整治，社区居民小组污水处理全覆盖，房屋外立面全面改造，户户用上无害化厕所；完成5个村310户群众的厨房、厕所、庭院、入户道路改造提升及环境卫生整治，实现电网、通信网络、自来水到户全覆盖，完成道路改建12.8千米，实现“1+4”区域互联互通。投入苏陕协作资金350万元，帮助建设郿田园综合体，朱儿坝园区至上坪示范区交通环线、拓宽改造园区主干线油路、新修旅游景区环线水泥路、生态果园道路、通组入户联网水泥路等建成并投入使用，新建果品加工厂房2000平方米、冷鲜库1000立方米、旅游观光节点10处，建成汉析里温泉休闲度假康养区，总建筑面积4.42万平方米。项目核心区朱儿坝村124户532人直接受益。朱儿坝村被陕西省文化和旅游厅命名为2022年陕西省旅游特色乡村旅游示范村。

【扶贫解困】 2022年，海安市助力略阳县巩固拓展脱贫攻坚成果，坚持劳务输出和就近就业同步推进，实现用工信息和人力资源信息有效对接。结合“春风行动”招聘活动，通过苏陕协作机制帮助农村劳动力实现就业548人，其中，到江苏省就业189人（脱贫劳动力185人）；到陕西省内就业357人（脱贫劳动力352人）。开展消费帮扶工作，采购、帮助销售略阳地区农畜牧产品1200多万元，其中海安财政供养人员中秋福利采购586.75万元。引导海安市社会各界企业、社会组织和个人向略阳县捐款捐物合计资金96万元。

【产业协作】 2022年，海安市帮助略阳县开展招商推介及对接活动，引进3家企业到略阳投资，分别是江苏徐州客商与略阳唐林生物科技有限公司合作建设略阳植物有机液生产线项目，总投资2626万元，项目建成投运；江苏海门客商与硖口驿社区工厂合作建设双海情纺织品加工项目，注册资本1500万元，进入工人培训阶段；南召县宾羽箱包厂与白水江社区工厂合作建设箱包加工厂项目，总投资1000万元，项目建成运行。协助略阳县实施苏陕协作项目20个，总投资2.49亿元，其中，安排苏陕协作资金7010万元。至年底，拨付苏陕协作资金6419万元，10个项目基本完工，6个产业项目通过土地流转、务工、产品回收等方式带动296户1185人增收，其中帮助脱贫人口184户748人。

2022年2月16日，海安市举办“陕西略阳务工人员来海就业”欢迎仪式

市人力资源和社会保障局／供图

【电商协作】 2022年，海安市帮助略阳县开发“寻味略阳”电商交易软件，组建“寻味略阳”电商运营团队，培育“寻味略阳”电商领头人，搭建“寻味略阳”直供社区电商平台。至年底，培育电商领头人14人，平台入驻商家54家，上架产品220余种，“红色徐家坪”“略小阳山货铺”“优农臻品”等店铺日发货超百单，并呈明显上升趋势。联合扬州工业职业技术学院电商讲师团队，共同实施“百县千村万主播”工程，结合略阳县农特产业布局、市场需求等方面，通过专题讲授、观摩教学、课堂讨论等形式，对略阳农民实施直播电商培训，跟踪孵化出多名优秀电商人才。至年底，1名学员粉丝量超5万人，2名学员粉丝量超1万人，20多名学员直播销售额累计突破360万元。全年，在“学习强国”学习平台、《汉中日报》等媒体上刊发信息40余篇。

【人才交流】 2022年，海安市与略阳县制定干部人才交流合作制度，形成两地干部挂职锻炼、教育培训、专业人才学习等方面多层次、多领域交流合作体系。海安选派专业技术人员30人开展帮扶工作，至年底，海安在略阳人员13人；略阳县选派党政干部1人和医疗、教育、农技等方面专业技术人员12人到海安挂职学习交流。（李天亦）

东洲公园

中国人民政治协商会议
海安市委员会

综　述

【政协构成】 2022年，海安市政协下设6个专门委员会、1个办事机构、1个工作机构。6个专门委员会分别是委员工作委员会、提案工作委员会、经济科技和农业农村委员会、教文卫体和文史委员会、环境资源和城乡建设委员会、社法民宗和港澳台侨委员会。1个办事机构是海安市文史资料编辑部。1个工作机构是政协办公室。

【政协委员构成】 政协海安市第十五届委员会有政协委员309人，常委会组成人员60人。其中，常委50人，占委员总数16.2%；中共党员委员121人，占委员总数39.16%；女性委员83人，占委员总数26.86%；汉族委员307人，占委员总数99.35%；朝鲜族委员1人，占委员总数0.32%；白族委员1人，占委员总数0.32%。政协海安市第十五届委员会有中共、科技等17个界别。

【政协重要活动】 2022年，海安市政协聚焦党的二十大开展系列活动，举办“迎盛会、践初心、创佳绩、展风采”和喜迎党的二十大书画作品网络展等主题活动；全体委员分组集中收看党的二十大开幕会直播，向委员印发专题学习资料，82名委员在“海安政协”微信公众号专栏谈感受、讲体会；市政协常委会形成关于学习贯彻中国共产党第二十次全国代表大会精神的决议。实现党的组织对党员委员全覆盖、党的工作对政协委员全覆盖，6个专委会履职临时党支部开展“不忘初心跟党走，委员喜迎二十大”等主题活动。海安政协党建工作创新做法被省委办公厅《快报》刊载。

【政协统一战线】 2022年，海安市政协召开全体会议1次、常委会会议4次、主席会议21次、专题协商会议4次、对口协商会议4次。市委、市政府领导积极参加政协重要活动、领办督办重点提案，阅批市政协履职成果65件次。《人民政协报》《新华日报》、“学习强国”学习平台等权威媒体报道海安政协创新举措和经验做法30余篇次。深化团体合作共事，注重发挥人民团体和无党派人士的作用，主席会议考察产业工人队伍建设改革工作，组织女委员代表、青年委员代表座谈会，开展“民宗侨台心连心”系列活动。扩大对外联络交往，省政协、上海市政协等30余批次到海安考察，推进区域深度合作；配合南通市政协完成区域治水、“专精特新”企业培育等调研课题。 （任静晶）

重要会议

【概况】 2022年，海安市政协召开全体会议1次、常委会会议4次、主席会议21次、专题协商会议4次、对口协商会议4次。

【政协海安市第十五届委员会第一次会议】 2022年1月9—13日在海安市行政中心召开。会议学习讨论市委书记于立忠在开幕会上所作的《凝心聚力同奋进 继往开来绘新篇——在现代化建设新征程中贡献政协智慧力量》。赞同《政府工作报告》。赞同“两院”（市人民法院、市人民检察院）工作报告及其他相关报告。审议并一致同意李春旺代表市十四届政协委员会常务委员会所作的工作报告和蔡祝平所作的提案工作情况报告。选举产生市十五届政协主席、副主席、秘书长和常务委员会委员。组织委员考察海安经济建设、社会事业重点工程，开展专题培训，委员们积极参政议政，提出意见和建议。会议期间，收到提案231件，经提案审查委员会初步审查，立案193件。

【市政协常委会会议】 2022年，海安市政协召开4次常委会会议，即政协海安市十五届常委会第1次会议至第4次会议。

1月21日，市政协十五届常委会召开第1次会议。会议协商通过市政协2022年工作要点。审议通过市十五届政协各专门委员会以及工作组、政协工委负责人任命。

7月20日，市政协十五届常委会召开第2次会议。会议围绕推进被撤并乡镇集镇区整治工作进行专题协商。协商通过市政协关于推进被撤并乡镇集镇区整治工作的建议案（草案）。通过有关人事事项。通过《政协海安市委员会常务委员会组成人员述职办法》。

10月11日，市政协十五届常委会召开第3次会议。会议围绕“助推数字赋能三年行动，促进数字经济与实体经济深度融合”进行专题协商。协商通过“市政协关于助推数字赋能三年行动，促进数字经济与实体经济深度融合的建议案（草案）”。

12月29日，市政协十五届常委会召开第4次会议。会议学习中国共产党第二十次全国代表大会精神，审议通过中国人民政治协商会议海安市第十五届委员会常务委员会关于学习贯彻中国共产党第二十次全国代表大会精神的决议。协商通过关于召开政协海安市第十五届委员会第二次会议的决定，政协海安市第十五届委员会第二次会议议程（草案）、日程（草案）、大会秘书处以及各工作组负责人名单。协商讨论政协常委会工作报告（草案）、提案工作情况的报告（草案）。通过有关人事事项。常委代表进行述职，各专门委员会进行书面述职。 （任静晶）

协商议政

【专题协商】 2022年第一季度，海安市政协围绕优化重点难点场所文明经营环境开展调研，梳理11个行政执法部门反馈的重点难点场所、存在主要问题及相关建议意见，汇总各区镇（街道）及工作组拟排的重点协商议题及协商成果43个，形成“优化重点难点场所文明经营环境专题协商建议案”供市委、市政府决策参考，并被南通市政协专题协商建议案收入。

第二季度，海安市政协围绕推进被撤并乡镇集镇区整治工作开展调研，组建课题组3个，召开座谈会3次，到泰州市、扬州市学习先进经验做法，制作专题片，形成“推进被撤并乡镇集镇区整治工作的建议案”，获市委、市政府专门批示。

第三季度，海安市政协围绕“助推数字赋能三年行动，促进数字经济与实体经济深度融合”开展调研，组建课题组3个，组织课题组成员和相关委员调研企业27家，召开座谈会、研讨会11次，收集意见建议138条，并到苏州吴中区、昆山市学习先进经验，提出意见建议3类10条，获市委、市政府专门批示。

第四季度，海安市政协围绕“落实‘双减’政策，推动教学质量和学生素质双提升”开展调研，组建课题组4个，借鉴上海、浙江等先进地区经验做法，征求市教育体育局、市市场监管局、市财政局等单位部门意见，形成调研报告和建议案供市委、市政府决策参考。

【“有事好商量”协商议事室】 2022年，海安市拥有协商议事室268个，开展“有事好商量”协商议事活动745次，1.2万人次参加，其中，政协委员942人次、群众代表4310人次。征集意见2207条，转化为高水平意见建议186条、高质量提案67件、高价值社情民意信息49条。市委常委会专题听取全市“有事好商量”协商议事巩固提升工作情况。市政协主席会议成员、党组成员参与基层“有事好商量”协商议事活动26次。5月19日，市政协作为县（市、区）政协唯一代表在南通市“有事好商量”协商议事巩固提升工作推进会上作经验交流。6月14日，南通市政协到海安调研“有事好商量”协商议事工作，给予“市委高位带动、政协积极主动、基层切实行动”的高度评价。9月20日，市委书记参加海安开发区丰产村“加强外来人口服务管理”的协商议事活动。

【对口协商】 2022年，海安市政协围绕“促进农村电商发展，助力农民共富”、推动“家庭教育促进法”宣传普及和贯彻实施、“加强律师队伍建设，发挥律师在依法治市中的作用”、推动智慧停车建设等议题开展对口协商，协商建议获市委、市政府和相关部门研究并转化落实。研讨文章《提升政协对口协商质效，助力推进乡村振兴》在《农民日报》刊发。（任静晶）

民主监督

【民主评议】 2022年，海安市政协通过听取情况介绍、查阅台账资料、调阅执法卷宗、现场调研考察、开展座谈讨论、组织问卷调查等形式，组织委员围绕市生态环境局依法执法、文明执法、环境信访处置三个方面进行民主评议，5个评议小组分5个片区召开情况说明会，联合14个工作组和14个政协工作委员会先后开展座谈协商活动12场，征集意见建议137条。

【生态环境突出问题整治专项监督】 2022年，海安市政协制定关于开展深入打好污染防治攻坚战专项民主监督的实施方案，围绕“环境保护法”“大气污染防治法”等法律法规执行情况、突出环境问题和属地管理责任、行业监管责任、企业主体责任履行情况开展监督，并专项监督19个重点难点环境问题。市委、市政府主要领导、分管领导在市政协《专项民主监督工作专报》作出批示，经验做法被江苏省政协网、交汇点、南通市政协网等媒体报道。（任静晶）

2022年9月20日，海安开发区丰产村组织民生专题协商议事活动　市政协／供图

调研与视察

【调研“有事好商量”协商议事巩固提升工作】 2022年9月2日，海安市政协组织到海安开发区、海安高新区、李堡镇调研指导“有事好商量”协商议事巩固提升工作。调研组分别听取李堡镇、海安开发区丰产村和三角村、海安街道复兴社区、隆政街道协商议事工作情况介绍，详细查看协商议事室“一表一本三清单”（协商议事审批报告表，“有事好商量”协商议事会议记录本，协商建议清单、落实责任清单、民主评议效果清单）记载情况，重点了解推动基层社会治理相关协商议事活动的开展情况。调研组要求，进一步规范协商程序，深入开展协商前调研，注重协商成果的转化落实。

【视察“河长制”工作】 2022年6月21日，海安市政协主席会议视察“河长制”工作落实情况。视察组先后考察海安开发区幸福河、西季坞荡河、壮志河，墩头镇串场河，白甸镇西塘河，南莫镇唐庄河，听取各点位相关情况介绍，检查农村生态河道水质、岸坡植被覆盖及沿河两岸环境等情况。视察组指出，要加强沿河两岸污染源排查，防止养殖场死灰复燃；要压紧压实各级河长责任，把责任传递到基层河长；要加快补齐水质问题短板，推动由治标向治本转变；要加大“河长制”工作宣传力度，提高群众知晓率。

【视察现代综合交通枢纽建设】 2022年9月7日，海安市政协主席会议视察市现代综合交通枢纽建设情况。视察组实地考察高铁指挥综控中心、328国道快速化工程及建设指挥部等处，详细了解海安现代综合交通枢纽建设情况。视察组要求，加强综合交通规划研究、完善综合立体交通网络、加快推进交通枢

表3　政协海安市十五届一次会议优秀提案一览表

序号	提案者	标　题
1	曹剑华	关于进一步加强海安市高标准农田建设，夯实农业发展基础的提案
2	陈兴惠	关于在全社会加大养老服务体系建设的提案
3	吉拥海	关于在“双减”背景下打造教育强市的提案
4	崔　君	关于建设智慧停车系统、改进停车收费管理的提案
5	经济组	关于坚持“亩产论英雄”，强化工业企业绩效评价的提案
6	海安开发区政协工委	关于加强撤并乡镇集镇区综合整治的提案
7	教文卫体和文史委	关于加强海安城市雕塑规划和建设的提案
8	杭星星	关于进一步优化人才环境，吸引各类人才引得进、留得住、用得好的提案
9	景亚莉	关于加强海安市无偿献血工作的提案
10	王凯歌	关于整治海安市家具企业“厂住混合”，消除安全隐患的提案
11	吴兆华	关于进一步推进分级诊疗的提案
12	陈晓红	关于为13~14岁女孩免费接种HPV疫苗的提案
13	尤正海	关于加强对国有企业运行指导监督考核的提案
14	刘兴逢	关于“枢纽海安”战略定位中搭建智慧物流平台的提案
15	陆模珍	关于加大环境保护力度，建设天蓝水碧的“生态宜居”海安的提案
16	刘圣华	关于规范汽车检测行业有序发展的提案
17	陈文进	关于加强对技能人才的引进和培养，助推海安经济高质量发展的提案
18	姚本林	关于海安市聚力打造有国际影响力的纺织产业集群的提案
19	柴　靖	关于建设乡村物流服务站“助农惠农”的提案
20	缪亚琴	关于加强整顿快递人员以及餐饮外卖人员违反交通法规问题的提案
21	王　清	关于推进海安市“红色物业”落实落地的提案
22	周蔼莉	关于助力海安市中小民营企业发展的提案
23	景　凯	关于加大共建共治共享社会治理理念宣传力度的提案
24	钱义华	关于依法推进土地提质增效的提案
25	景圣余	关于做优“寻味海安”平台，助力共富发展的提案
26	谢国华	关于农民工返乡创业助力乡村振兴的提案
27	刘　林	关于以培育更多新型职业农民为目标，加强农村青年人才建设的提案
28	朱圣红	关于“双减”后“双减双提”的提案
29	严咏梅	关于优化人才环境，减少优秀教师流失的提案
30	工商组	关于高耗低效企业限期整改和淘汰的提案
31	宋　琦	关于进一步缓解市区停车难问题的提案
32	袁加根	关于对权力事项下放给区镇后相关工作开展情况及实效进行后评估的提案
33	黄晓兵	关于积极推动海安市电动汽车充换电设施建设的提案
34	茆根明	关于以国土空间规划统筹引领海安市高质量城市更新的提案
35	陈锦璜	关于加强健康海安建设，全面提升“重疾病”预防能力的提案
36	贲　越	关于创新开展乡村文化活动的提案
37	李圣霞	关于完善养老服务体系建设的提案
38	群团组	关于加快建设海安青年人才公寓的提案

组建设，发挥好交通运输在经济社会发展中的先导作用；加快枢纽、产业、物流三大优势有效转换，助推经济社会高质量发展。　（任静晶）

提案与社情民意

【概况】 2022年，海安市政协收到委员提案322件，审查立案252件，涉及办理单位58家，办复率100%，提案办理满意率100%。重点提案均由各级党政主要负责人领办督办，市委书记、市长分别领衔督办“加强城市雕塑规划和建设”“坚持‘亩产论英雄’，强化工业企业绩效评价”重点提案。开展“提案督办月”活动，主席会议成员、党组成员领衔各专委会及相关委员代表组成6个督办小组，召开提案办理协商座谈会16次，“全覆盖”督办立案提案252件。依托“智慧政协”平台，开展提办双方不见面“双向式”评议，办理单位反馈提案质量优秀和良好率86.4%。6月24日，在全省政协提案工作经验交流座谈会上，市政协撰写的《建立“三式一覆盖”创新机制，推动基层政协提案工作精准高效》入选会议材料汇编，相关政协代表作经验交流。海安市政协常态化做好社情民意信息收集、整理、报送工作，各工作组、政协工作委员会均建立社情民意信息联系点1~2个。全年收集社情民意信息260篇，编报采用138篇，向南通市政协报送63篇，其中15篇被采用并转报省政协，1篇社情民意信息《关于加强青少年犯罪心理咨询矫治的建议》获省政协录用。

【“关于加强海安城市雕塑规划和建设的提案”督办】 在政协海安市十五届一次会议上，教文卫体和文史委提出“关于加强海安城市雕塑规划和建设的提案”。提案指出城市雕塑在建立城市标识、塑造城市形象、宣扬城市品牌上发挥着其他艺术形式不可替代的作用，海安城市雕塑规划和建设存在质量不够优、增量不够多、维护不够好等问题。提案建议科学谋划，增加纪念人文历史、彰显地方特色、装饰美化环境等种类城市雕塑；合理选址，在纪念地、游览区、交通干线、商业街区等公共场所设立，融入城市环境；统筹推进，组建市城市雕塑建设指导委员会，制定发展规划，编制专项预算，建立城市雕塑档案，加强日常管理和维护。该提案年内办结。

【"关于坚持'亩产论英雄'，强化工业企业绩效评价的提案"督办】 在政协海安市十五届一次会议上，经济组提出"关于坚持'亩产论英雄'，强化工业企业绩效评价的提案"。提案指出海安市用地、用能粗放浪费，资源错配、劣配、低效配现象较为明显，推进"亩均论英雄"，是优化要素配置、倒逼企业转型的有效举措。提案建议加强宣传引导，深入解读工业企业绩效评价体系和差别化政策；推进组织建设，成立专项行动小组，实行"一地一表一策"，进一步优化亩均大数据平台并加快手机App研发，培育、引进一批提供财务、税务、法务等服务的中介机构，为企业减负；提高绩效评价精准度，归集工业用电、研发费用、排污等缺失数据，加强评价结果分析应用，推动资源合理调配；突出企业差别化，结合资源要素配置，出台差别化实施细则。该提案年内办结。 （任静晶）

文史编研

【概况】 2022年，海安市政协制定学习文史顾问工作制度、文史资料工作五年规划，新聘任文史顾问22人。组织文史顾问参加海安粟裕在苏中展陈馆和市红色数字互动沙盘设计方案论证会。《海安特色村庄》完成审定付印。开展陈雷旧宅及西小街风物专题研究。开展海安文化元素更好融入城市雕塑专题调研，征集创意方案22个，形成"推动城市雕塑植入更多海安文化元素，提升城市文化品位的建议案"。联合市委史志工委、市财政局、市文化广电和旅游局等部门成立韩国钧研究会。组织专班撰写海安运河文化展示馆大纲。

【《海安特色村庄》出版】 2022年12月，《海安特色村庄》内部出版，全书48万字，分海安开发区、海安高新区、滨海新区、曲塘镇、李堡镇、大公镇、墩头镇、白甸镇、南莫镇、雅周镇10个部分，由68个章节组成，通过录音、走访、多方查阅文献资料等手段，深挖海安特色乡村历史，记录整理成文，生动记录海安结合乡村振兴示范村、先进村培育，大力推进特色田园乡村创建，探索出一条展现江海风韵的成功之路。 （任静晶）

政协委员工作

【概况】 2022年，海安市有南通市住海安政协委员25人。市政协委员309人，分布在17个界别。加强委员思想建设，组织学习全国、省、南通市政协会议精神和《中国共产党政治协商工作条例》，邀请理论宣讲名嘴开展党的二十大精神宣讲活动。加强委员业务培训，十五届委员确定后，举办新任政协委员培训班，围绕人民政协基本知识和要求、如何撰写和提交提案等进行专题辅导，180多人参加；政协海安市十五届一次会议期间，组织委员学习党的十九届六中全会精神及"智慧政协"履职平台应用知识。组织政协工作组组长、政协工委主任、协商议事室召集人进行"有事好商量"协商议事工作培训。建立委员学习制度，举办"岸芷·书香政协"共读活动26场、"岸芷·思享会"9场。

【委员履职管理】 2022年，海安市政协创新委员履职管理机制，按区域对委员进行分组，印制政协委员花名册。完善《中共政协海安市委员会党组关于建立"一强化、两覆盖、三联系"实施办法》，制定政协常委履职述职考核办法。调整优化市政协十五届参政议政人才库。制定市政协应用型智库专家队伍建设实施办法，组建34人的应用型智库专家队伍。倡导委员投身公益事业，组织136名委员参与疫情防控，捐赠金额累计230多万元。依托"智慧政协"履职平台，每季度通报委员履职情况和参加协商议事工作情况，对委员履职情况实行百分制考核，组织约谈部分履职不积极的委员。

【委员界别活动】 2022年，海安市政协出台"关于政协委员联系服务群众的实施意见"，设立"委员联系群众日"，创新打造政协委员直播间、巾帼委员工作室、社情民意征集廊等特色阵地，做到"群众身边有委员、委员身边有群众"。11月3日，召开委员联系群众现场推进会，推广海安开发区政协工委"探索'三全'工作模式，打造'委员就在身边'工作品牌，推动委员联系服务群众'零距离'"的经验做法。注重发挥界别委员专长，开展委员送理论、送文化、送医疗、送科技、送法律、送温暖、送政策"七送"活动，组织妇联界别委员开展"巾帼筑梦新征程、争做最美政协人"庆祝第112个国际"三八"妇女节活动，召开青年政协委员座谈会。省政协主要领导在南通调研座谈时肯定海安市委员联系服务群众工作做法。

【委员读书活动】 2022年，海安市政协持续打造"岸芷·书香政协"读书品牌，制定2022年"岸芷·书香政协"读书活动实施方案，举办共读活动26场。定期推送委员"必读+自选"书目，推广名师引领效应，推进"智慧政协"专栏建设，开展"岸芷·思享会""移动讲堂"学思活动。开展"融入式"党建，组织党员委员实地参观市城市规划馆、省海中图文信息中心，委员们围绕《习近平谈治国理政》（第四卷）分享阅读感悟，打造"书香里的党支部"。 （任静晶）

政协专门委员会

【社法民宗和港澳台侨委员会】 2022年，海安市政协社法民宗和港澳台侨委员会聚焦法治建设，围绕优化重点难点场所文明经营环境开展专题协商并形成建议案，获市委、市政府批示；组织行政执法队伍能力素养提质增效成果主席会议考察活动；开展"加强律师队伍建设，发挥律师在依法治市中的作用"对口协商；参加部门述法和法学会研究成果评比活动，形成《全国统一大市场背景下市镇行政执法能力问题研究》论文。聚焦社会事业，加强养老体系建设提案的督办落实，组织考察产业工人队伍建设改革工作、"15分钟医保服务圈"建设情况。聚焦民族宗教、港澳台侨统战领域，开展"民宗和""联心侨""海台亲"系列活动。聚焦委员履职，成立曲塘镇企业家委员工作室和"有事好商量"企业类协商议事室；培育"委员名嘴"，指导建立和发展海燕女律师公益服务团，开展"委员名嘴"讲"两会"和送法律等活动。聚焦协商建言，承接南通市政协常委会协商子课题"深化放管服改革，不断完善行政执法体制机制"并形成调研报告。

【环境资源和城乡建设委员会】 2022年，海安市政协环境资源和城乡建设委员会聚焦协商建言，围绕补齐乡村振兴建设短板开展专题协商，提出意见建议4类12条，形成"推进被撤并乡镇集镇区整治工作的建议案"，获市委、市政府批示；围绕打好碧水保卫战，开展"河长制工作落实情况"考察活动，实地走访河道、听取点位介绍，压实各级河长责任；围绕实施交通先行战略，开展"现代综合交通枢纽建设"考察活动，实地走访高铁指挥综控中心、328国道快速化工程等地，就抢抓交通运输发展黄金期、构建公铁水综合立体交通网等方面提出意见建议。聚焦民主监督，开展生态环境突出问题整治专项监督，制定关于开展深入打好污染防治攻坚战专项民主监督的实施方案，对19个重点难点环境信访问题实行专项监督，搭建生态环境就地协商平台，政协委员约530人次参与基层一线生态环境调研、协商、督查活动，聘请重点区域生态环保民主监督员34人，反馈各类信息60余条，市委、市政府主要领导、分管领导在市政协《专项民主监督工作专报》作出批示。聚焦参政议政，督办提案72件，其中重点督办提案2件。

【教文卫体和文史委员会】 2022年，海安市政协教文卫体和文史委员会聚焦协商建言，围绕"落实'双减'政策，推动教学质量和学生素质双提升"开展专题协商，形成调研报告和建议案供市委、市政府决策参考；围绕紧密型医共体建设开展考察活动，实地走访医院，了解建设情况；围绕推动"家庭教育促进法"宣传普及和贯彻实施，开展对口协商并形成建议案；完成"关于构建县级生育支持政策体系"重点调研课题。聚焦文史编研，制定学习文史顾问工作制度、文史资料工作五年规划，新聘任文史顾问22人；牵头成立海安市韩国钧研究会；《海安特色村庄》审定付印；开展海安文化元素更好融入城市雕塑、陈雷旧宅及西小街风物专题研究。聚焦参政议政，重点督办提案2件，撰写社情民意3篇。

【经济科技和农业农村委员会】 2022年，海安市政协经济科技和农业农村委员会聚焦协商建言，围绕"助推数字赋能三年行动，促进数字经济与实体经济深度融合"开展专题协商，提出意见建议3类10条，获市委、市政府批示；围绕农业特色优势产业开展考察活动，推动产业做大做强；围绕高耗低效企业整改工作开展考察活动，提出整改建议17条；围绕"助推农村电商发展，促进农民共同富裕"开展对口协商活动，形成意见建议3类10条，获市委、市政府批示；开展"主席会议、党组成员走访委员聚共识助发展"专题活动，实现102家委员企业"家家到"，协调解决问题163个；组织营商环境及企业纾困解难政策措施落地落实情况专项督查活动，实地走访企业56家，督查（含问卷调查）范围覆盖10个区镇、31个职能部门、781家企业，梳理存在问题18条、提出意见建议5类23条；完成"充分发挥专门协商机构优势，努力提升政协对口协商质效"课题研究；指导联系区镇工委、工作组开展"有事好商量"协商议事活动97次。聚焦民主监督，开展生态环境工作民主评议，收集意见建议28条。聚焦参政议政，督办提案50余件，其中重点督办提案2件；撰写社情民意4篇，其中3篇被南通市政协采用，2篇转报省政协。

【提案委员会】 2022年，海安市政协提案委员会收到意见建议322件，审查立案252件，提案办理满意率100%。推行提案协商督办，依托"智慧政协"平台，组织提办双方开展不见面"双向式"评议，办理单位反馈提案质量优秀和良好率86.4%；开展"提案督办月"活动，主席会议成员、党组成员领衔各专委会及相关委员代表组成6个督办小组，召开提案办理协商座谈会16次，"全覆盖"督办立案提案252件。重视社情民意，出台《政协海安市委员会关于加强和改进社情民意信息工作的暂行办法》，各工作组、政协工作委员会均建立社情民意信息联系点1~2个，全年收集信息260篇，编报采用138篇。加强民主监督，组织委员对环保执法工作进行民主评议，征集意见建议137条。

【委员工作委员会】 2022年，海安市政协委员工作委员会创新委员履职管理机制，完善《中共政协海安市委员会党组关于建立"一强化、两覆盖、三联系"实施办法》，出台《关于政协委员联系服务群众的实施意见》，印发政协常委履职述职考核办法，每季度通报委员履职情况和参加协商议事工作情况，促进委员履职。推进协商议事，印发《关于巩固提升全市"有事好商量"协商议事工作实施方案》，组织机关干部、政协工作委员会负责人、新任政协委员等1400余人次参加业务培训，打造示范点42家，组织学习观摩10余次，分类汇编《2022年度"有事好商量"协商议事典型案例》；全市有协商议事室268个，年内开展协商议事活动745次，参与人数1.16万人次，征集意见2207条，转化为高质量建议186条、提案67件、社情民意49篇，省级以上媒体报道海安"有事好商量"协商议事工作做法60余篇；聚焦协商重点，开展"民生专题协商月"活动246次、"厚植为民情怀，提高执法水平"专题协商议事活动44次。制定市政协应用型智库专家队伍建设实施办法，组建34人的应用型智库专家队伍。（任静晶）

海安开发区场外廉政讲堂

中国共产党海安市纪律检查委员会 海安市监察委员会

综　述

【纪委监委体制改革】2022年，海安市纪委监委健全“室组”联合监督机制，明确政治监督、巡察整改、案件查办等方面联动内容，形成监督合力。围绕国有企业领域监督乏力问题，市纪委监委牵头国资工委、财务总监、审计监督组、国有企业纪委构建协同推进的联合监督机制，提升国企监督质效。优化反腐败协调小组问题线索移送等工作机制，受理执纪执法单位移送问题线索68件，组织重点案件会商10次。推动纪检监察监督、巡视巡察监督和审计监督贯通，出台“关于进一步加强纪检监察监督巡察监督与审计监督协作配合的意见”，建立联系协调、线索移送、责任追究等工作机制。加强对派驻监督工作的直接领导和统一管理，出台“关于进一步深化派驻监督工作的实施意见”，派驻机构全年立案79件。

【监察工作“三化”建设】2022年，海安市纪委监委加强规范化、法治化、正规化“三化”建设。打造专业化队伍，构建“教学练战”一体培养链条，推行“雏雁”成长计划、“讲评双促”课堂、技能大比武等举措，组织案例复盘、财税金融等专题培训16次；立足纪检监察工作高质量发展，明确9项重点课题开展专题调研，2份调研报告获评南通市纪检监察优秀调研成果。强化内部监督制约，健全案件定期会商机制，组织开展案件质量检查，严格把好案件质量关；深化执纪执法平台应用，规范案件办理流程，实现案件办理及审查调查文书“线下不签批，线上走程序”；主动接受各类监督，严肃核查纪检监察干部信访件4件，开展内部谈心谈话82人次。深化智慧纪委监委建设，建立大数据查询研判中心，制发技术应用指南，健全一体化查询机制；深化大数据平台市级数据库建设，构建惠民资金发放、村级用工等六大类31种数据分析模型，发现问题线索83件，党纪政务立案47人，平台获国家版权局著作权登记。

【纪检监察自身建设】2022年，海安市各级纪检监察组织忠实履行职责，市纪委监委获评“强富美高”新南通现代化建设先进集体；信息技术办案经验被中央纪委国家监委推广；监察工作“三化”建设在全国人大调研会议上作典型发言；国有企业领域腐败问题惩防并举经验做法得到省、南通市纪委监委领导批示肯定，并获评南通市纪检监察系统优秀创新项目，相关制度获评南通市以案促改“好制度”；派出监察员办公室案例获评全省纪检监察系统典型案例；协同监督工作经验被省级专刊推广。1人获评全省纪检监察系统先进工作者。（季军华）

重要会议

【市纪委十四届二次全会】2022年3月3日，中国共产党海安市第十四届纪律检查委员会第二次全体会议在市行政中心东附四楼报告厅召开。会议深入学习贯彻习近平总书记关于全面从严治党的重要论述和中央、省、南通市纪委全会精神，部署2022年党风廉政建设和反腐败工作。会议要求各级党组织推进全面从严治党向纵深发展，努力建设人民满意的廉洁海安。会议听取市纪委常委会工作报告《努力建设人民满意的廉洁海安，为绘就美丽海安共富发展新篇章提供坚强保障》。会议审议通过市纪委常委会工作报告和全会决议。

【纪委常委会会议】2022年，海安市第十四届纪委常委会召开22次会议，即市十四届纪委常委会第26次会议至第47次会议。

1月11日，市十四届纪委常委会召开第26次会议。会议学习《求是》2022年第1期《习近平：以史为鉴、开创未来 埋头苦干、勇毅前行》。讨论2021年协同监督优秀项目。会议还研究其他事项。

1月18日，市十四届纪委常委会召开第27次会议。会议学习“推进党史学习教育常态化长效化——论学习贯彻习近平总书记在省部级专题研讨班上重要讲话”《坚持全面从严治党战略方针 一刻不停推进党风廉政建设和反腐败斗争》，研究贯彻落实意见。会议还研究其他事项。

1月27日，市十四届纪委常委会召开第28次会议。会议学习习近平总书记在十九届中央纪委六次全会上重要讲话精神、十九届中央纪委第六次全体会议公报、省纪委十四届二次全会工作报告，研究贯彻落实意见。听取海安市建立健全容错纠错机制实施办法。会议还讨论其他事项。

2月14日，市十四届纪委常委会召开第29次会议。会议学习省纪委十四届二次全会精神，研究贯彻落实意见。讨论市纪委监委人员岗位调整的建议方案。会议还讨论其他事项。

2月16日，市十四届纪委常委会召开第30次会议。会议讨论市纪委监委2022年协同监督选题汇报、市纪委监委中层副职选拔任用工作方案。会议还讨论其他事项。

2月22日，市十四届纪委常委会召开第31次会议。会议学习南通市纪委十三届二次全会精神，研究贯彻落实意见。会议还讨论其他事项。

2月28日，市十四届纪委常委会召开第32次会议。会议学习《习近平：坚持走中国特色社会主义法治道路 更好推进中国特色社会主义法治体系建设》。会议还讨论其他事项。

3月9日，市十四届纪委常委会召开第33次会议。会议学习《中共中央办公厅关于加强巡视整改和成果运用的意见》《国家监察委员会关于办理国有企业管理人员渎职犯罪案件适用法律若干问题的意见》，研究贯彻落实意见。讨论市纪委十四届二次全会工作报告。听取市纪委监委2021年度四季度日常考核督查对照整改方案汇报。会议还讨论其他事项。

3月29日，市十四届纪委常委会召开第34次会议。会议学习《瞭望·治国理政纪事——文明古国迈向文化强国》“机关事业单位、国企工作人员被采取强制措施和受行政刑事处罚待遇影响”，研究贯彻落实意见。会议还讨论其他事项。

4月8日，市十四届纪委常委会召开第35次会议。会议学习《求是》2022年第七期《习近平：坚持把解决好“三农”问题作为全党工作重中之重 举全党全社会之力推动乡村振兴》，研究贯彻落实意见。会议还讨论其他事项。

4月11日，市十四届纪委常委会召

开第36次会议。会议讨论海安市党风廉政建设和反腐败工作报告。

4月15日，市十四届纪委常委会召开第37次会议。会议学习《信访工作条例》《关于提请对涉嫌违纪违法党员干部采取组织处理措施的办理流程（试行）》，研究贯彻落实意见。会议还研究其他事项。

4月19日，市十四届纪委常委会召开第38次会议。会议学习习近平总书记关于巡视工作的重要论述、全国巡视工作会议、省委书记专题会议和省委第三巡视组巡视海安市动员会精神，学习《中国共产党问责条例》，研究贯彻落实意见。讨论海安市党风廉政建设和反腐败工作报告。会议还研究其他事项。

5月19日，市十四届纪委常委会召开第39次会议。会议学习习近平总书记在庆祝中国共产主义青年团成立100周年大会上的讲话。研究机关党建工作要点。会议还研究其他事项。

6月21日，市十四届纪委常委会召开第40次会议。会议学习《习近平：提高一体推进“三不腐”能力和水平 全面打赢反腐败斗争攻坚战持久战》、省纪委关于部分不起诉案件的分析报告，研究贯彻落实意见。会议还研究其他事项。

7月12日，市十四届纪委常委会召开第41次会议。会议学习《中共中央办公厅纪检监察机关派驻机构工作规则》、保障党的二十大网络舆情安全维稳工作会议暨全市意识形态领域情况分析研判联席会议精神，研究贯彻落实意见。会议还研究其他事项。

8月15日，市十四届纪委常委会召开第42次会议。会议学习中央纪委办公厅关于进一步做好办案安全工作的通知、关于进一步做好重大突发事件紧急信息报送工作的通知，省纪委关于切实做好重大突发事件紧急信息报送工作的通知。传达南通市人大规范性文件备案审查工作会议精神，研究贯彻落实意见。学习2021年海安市案件质量检查评议情况的通报和职务犯罪案件质量调研评查情况的通报，研究案件质量工作。会议还研究其他事项。

9月22日，市十四届纪委常委会召开第43次会议。会议学习习近平总书记关于廉洁文化的重要论述，研究贯彻落实意见。会议还研究其他事项。

10月24日，市十四届纪委常委会召开第44次会议。会议学习党的十九届七中全会公报和党的二十大报告精神，研究贯彻落实意见。会议还研究其他事项。

11月3日，市十四届纪委常委会召开第45次会议。会议学习十九届中央纪委会向中国共产党第二十次全国代表大会的工作报告，研究贯彻落实意见。会议还研究其他事项。

12月8日，市十四届纪委常委会召开第46次会议。会议学习中共中央政治局关于2023年党风廉政建设和反腐败工作的研究部署，研究贯彻落实意见。会议还讨论其他事项。

12月14日，市十四届纪委常委会召开第47次会议。会议学习中央纪委办公厅“关于贯彻党的二十大部署要求 锲而不舍落实中央八项规定精神 深化纠治‘四风’工作的意见”，研究贯彻落实意见。会议还讨论其他事项。（季军华）

党风廉政建设

【“两个责任”落实】2022年，海安市制定“关于2022年海安市构建‘四责协同’机制推动全面从严治党有新作为的通知”，构建党委主体责任、党委书记“第一责任人”责任、班子成员“一岗双责”和纪委监督责任统一联动、合力运行的责任落实机制。印发“两类清单”（全面从严治党责任清单和问题清单），建立4项责任问题清单模板，涉及89个问题，梳理管党治党突出问题和廉政风险点。同步推出四责联述、廉情抄告、多项提议等制度。围绕知责明责上协同，开设“书记谈全面从严治党”专栏，“清风海安”微信公众号先后刊载14期。围绕履责尽责上协同，实施“四责联述”机制，市委、市政府主要领导出席巡察反馈会督促落实，市委中心组专题学习全市廉政风险隐患清单并督促市政府逐条整改，推动“四项责任”落实。围绕考责问责上协同，出台“强化党内问责主体责任的实施意见”，将党组织及党的工作部门问责情况纳入党风廉政建设责任制考核。压实各责任主体的工作责任，组织党风政风监督员对各单位全面从严治党落实情况开展明察暗访，并将督查情况作为政治生态评价主要依据；组织党员代表、人大代表、政协委员、服务对象等，对各单位领导班子及其成员落实全面从严治党“四责协同”机制目标任务清单情况开展评议，评议结果作为班子考核、干部评优和单位政治生态分析重要依据。

【作风建设】2022年，海安市纪委监委坚持风腐一体纠治，查处违反中央八项规定精神问题76起89人，党纪政务处分86人，通报曝光11批次54起60人。深入整治形式主义、官僚主义问题，查处落实上级决策部署不作为、乱作为、假作为等问题15起17人，党纪政务处分15人，通报曝光3批次11起11人。围绕“机关作风建设提升年”活动，发现贯彻落实、制度执行、服务企业等方面问题700多个，向市委常委会专题汇报典型问题42个，移送问题线索6件；制作明察暗访专题片《以过硬作风凝聚干事创业强大合力》，公开曝光典型问题23个。

【廉政教育】2022年，海安纪委监委制作警示教育片《国企之蠹》《歧途人生》，组织参观“坠崖·镜鉴”忏悔主题警示教育展，制作廉政教育专题片《廉洁海安·你我共建》，用活“我是纪法宣讲人”廉政宣讲团、“纪法小剧场”等创新载体，分层分类开展廉政教育。加强新时代廉洁文化建设，打造“海晏荷清”廉洁文化品牌，推进廉洁教育阵地建设。开展“5·10”思廉日主题教育活动，针对科级以上领导干部和国企领导人员、家庭“贤内助”群体、青年干部群体，分别开展廉洁从政教育轮训、家庭助廉、“廉洁青春·奋进风采”三项活动；围绕算好政治、经济和自由“人生三笔账”，开展专题讨论；推动实现“三个效果”，在全社会形成“学廉、思廉、崇廉、践廉”共识，引导党员干部自觉筑牢“不想腐”思想防线，形成一批特色廉政文化品牌。

【全市领导干部警示教育大会】2022年1月14日，全市领导干部警示教育大会在海安市行政中心东附四楼报告厅召开。会议强调，海安市党员干部要心存敬畏，恪守底线，自觉推动自我革命；要敬畏权力，始终坚持用权为民不谋私；要敬畏纪法，始终严守党纪法规不越轨；要敬畏人民，始终坚定人民立场不偏移。与会人员观看警示教育片《恣意的权力》。

【全市党风廉政建设和反腐败工作情况通报会】 2022年1月21日，全市党风廉政建设和反腐败工作情况通报会在海安市行政中心东附四楼报告厅举行。会议通报2021年度全市党风廉政建设和反腐败工作情况、2022年纪检监察总体工作思路。市纪委委员、老干部代表、党代表、人大代表、政协委员及市政府政风行风监督员代表等60余人参加活动。（季军华）

监督执纪问责

【专项监督】 2022年，海安市纪委监委抓实疫情防控监督，紧盯防疫措施落实、党员干部履职等情况开展专项督查，制发突出问题专报42期，立案查处9人，开展“溯源溯责”工作，“10·12”疫情发生4天内形成专题调查报告，向市委、市政府提出意见建议。深化政府隐性债务监督，针对融资成本管控不到位问题，推动出台制度15项，国企融资成本下降0.45%。强化安全生产监督，针对“厂中厂”消防事故、高空坠落事故等问题开展监督检查，生产经营场所火灾数比上年下降21.7%；针对企业安全生产标准化创建工作信访举报多、反映问题比较集中的情况，制发纪律检查建议，推动出台安全生产中介服务机构及专家使用管理办法。开展优化营商环境专项监督，围绕南通营商环境优化提升举措66条政策落实情况，聚焦职能部门履责、重大项目推进等方面开展监督检查，形成专项调研报告2份、突出问题专报2份；围绕土地要素制约瓶颈，督促回收闲置土地10宗25.24万平方米，清缴土地出让金5宗95万元；围绕政务服务“梗阻”问题，督促行业部门之间一窗办理、电子证照共享等服务改革，实现企业注册、不动产登记等事项平均办结时间压缩60%。

【专项整治】 2022年，海安市纪委监委突出整治群众身边“微腐败”，围绕村集体“三资”管理等领域开展专项整治，发现并推动整改问题269个，立案查处172起190人，推动建立完善“小特精”制度37个，下发纪检监察建议4份，通报群众身边腐败典型案例4批次11起17人。针对困难救助动态管理不规范，开展困难群体救助帮扶问题专项整治，发现并推动整改问题55个，立案查处43起43人。针对残疾人“两项补贴”问题，督促推动应享未享人员162人申报补贴，停发违规享受补贴15人，追回违规发放补助资金13.62万元，推动建立民政定补对象规范化管理等制度。针对村级“隐身工”现象，开展村级用工支出问题专项治理，发现虚报冒领村级用工补贴等问题，立案查处11起22人，相关经验做法被省纪委监委推广。针对少数村干部侵占惠民补贴问题，开展协同监督，深挖非种植农作物申领、虚增面积多领等问题线索，立案查处5起16人。

2022年10月20日，海安市纪检监察干部听取群众对反腐败工作的建议 市纪委监委／供图

【审查调查】 2022年，海安市纪委监委聚焦开发园区、国有企业、群众身边腐败等重点领域，立案540件，查处科级干部42人，采取留置措施10人。运用“四种形态”批评教育帮助和处理1306人次，第一、二、三、四种形态分别占61.9%、34.9%、0.8%、2.4%。坚持受贿、行贿一起查，严肃查处融资领域“资金掮客”4人。稳妥推进追赃挽损工作，通过案件直接追缴违纪违法款4853万元，扣押房产价值3700余万元，挽回损失4.77亿元。综合运用“三项机制”，实施容错纠错9人，为受到不实举报的干部2人实施澄清正名。建立违反工作纪律（要求）和追责问责案件提级会商机制，问责57起57人。

【督察反馈问题整改】 2022年，海安市纪委监委推动环保督察反馈问题整改，跟进监督中央首轮环保督察、省第二轮环保督察、南通市督改办交办问题整改以及北凌河专项整治工作，形成督查报告6期，参与化解环保信访难题70个。推动省委巡视反馈问题整改，制定督促巡视巡察反馈问题整改内部规程，5个方面37个问题整改工作均按序时推进。

【以案促改】 2022年，海安市纪委监委深化以案促改，制发纪检监察建议10份、审理建议5份，提出信访分析7份，推动完善各类制度40项。在国有企业领域，梳理4个方面23类85条风险点，研究出台“关于深化国有企业全面从严治党主体责任的实施意见”；制定“海安市国有企业管理人员廉洁从业负面清单”，列举16条“禁止”性规定；探索建设国有企业廉洁教育馆，推进国有企业廉洁文化建设。在粮食购销领域，针对日常管理缺位、主管部门监督约束职能空转等问题，剖析资产监督、资金管理等方面风险点，推动出台公司管理制度，规范财务管理等经营行为。（季军华）

海安江淮文化园

群众团体

海安市总工会

【概况】 至2022年底，海安市有基层工会1637家，其中独立基层工会1553家；会员18.88万人，其中进城务工人员8.95万人。市总工会深化工会改革，总结推广深化工会改革重点机制项目20个，获评南通市深化工会改革重点机制建设优秀组织单位。率先出台“产业工人队伍建设改革‘十四五’规划”，企业产业工人队伍建设改革（简称“产改”）做法在全国推介。职工思想政治和文化宣传等3项工作获国家级奖项，党建带工建、网约车企业集体协商、女职工工作等5项工作经验全省交流，行业工会建设、新就业形态群体入会服务等4项工作获省、南通市领导批示肯定，打造“圆梦·工”品牌、助力“志愿之城”建设、劳模直播带货等工作被省级以上主流媒体报道73篇次，全市各级工会获南通市级以上荣誉108项。

【市总工会十五届六次全委（扩大）会议】 2022年2月16日，海安市总工会召开十五届六次全委（扩大）会议，各区镇（街道）工会主席，市总工会十五届委员会委员、经费审查委员会委员、女职工委员会委员，系统、行业、直属工会干部以及受表彰的先进个人等参加会议。会议总结2021年工会工作，部署2022年工作任务。市总工会主席代表市总工会第十五届常委会作工作报告，与会人员审议通过市总工会经费审查委员会工作报告、女职工委员会工作报告。表彰海安市2021年度“最美娘家人”、第十三届“海安市十佳文明职工标兵”。审议通过有关人事决定，刘学亮、张弛当选市总工会第十五届委员会副主席，杨雅晴、夏婕、梅从圣当选市总工会第十五届委员会常委会委员，替补刘学亮等10人为市总工会第十五届委员，替补顾登峰、夏友忠为经费审查委员会委员，替补王华、马梦展为女职工委员会委员。

【工会组织建设】 2022年，海安市新建企业工会55家，发展会员近6000人。5月19日，江苏富海生物科技有限公司工会成立。6月14日，南通乐百年健康产业开发有限公司工会召开首届一次会员大会。推进新就业形态劳动者建会入会工作，率先成立南通市首家网约车司机工会，推动成立全市快递行业工会联合会，吸纳新就业形态劳动者近2000人，累计发展会员超万人。4月19日，南通安泉汽车服务有限公司工会召开首届一次会员大会。5月27日，海安市快递行业工会联合会成立。11月9日，南通市新就业形态劳动者建会入会工作成果展示会在海安召开。推进“网上工会”建设，命名首批“劳模直播带货推广人”8人，举办劳模直播带货活动15场次，开展网上普惠服务、互动活动26场次。规范“职工之家”建设，组织27对市级以上模范“职工之家”开展“结对建家”活动，分别评选市级四星级、五星级“职工之家”34家、20家。

【产业工人队伍建设改革】 2022年，海安市新增“产改”试点企业44家，建立海安高新区、江苏飞亚化学工业集团、南通市通润汽车零部件有限公司等“产改”指导站，逐步构建覆盖一、二、三产业和18条产业链的立体化“产改”体系。推进新时代产业工人队伍建设改革全省放样，市总工会作为唯一县级工会代表就工会女职工工作作交流发言，省总工会劳动和经济工作部、浙江省嘉善县、启东市等单位部门到海安考察交流“产改”工作。4月8日，海安市召开产业工人队伍建设改革工作汇报会，市委书记专题听取“产改”工作报告。5月27日，南通市总工会召开全市产业工会工作会议，海安市作为县（市、区）唯一代表交流发言。

【职工思想引领】 2022年，海安市组建“劳模工匠进校园、思政教师进企业”宣讲团，45名宣讲团成员深入企业宣讲40多场次，开展中小学特色主题劳动实践活动10多场次，“海安推动企业班组职工思政工作”获评南通市优秀案例，南通市达欣工程股份有限公司获评全省“三创争两提升”（创争先进党支部、创争模范职工之家、创争工人先锋号，提升政治引导力、提升群众组织力）示范单位。扩大宣传影响力，开辟电视专栏节目《工会在身边》，打造电台专栏节目《榜样的力量——我身边的劳动者》8期，在《海安日报》开设“书记话产改”“致敬劳动者”系列专栏20多个；开通“海安工会”视频号，展播视频近60个；组织评选市“五一新闻奖”作品54件，其中18件获南通市级奖项，市总工会蝉联南通市“五一新闻奖”优秀组织奖；公益宣传片《致谢奔跑的小哥》获“网聚职工正能量、争做中国好网民”全国正能量微视频评选三等奖。《海安打造职工思政“新引擎”》获全国工会好信息（经验类）优秀奖。

【职工劳动技能竞赛】 2022年，海安市总工会围绕重点项目、重点工程、重点产业、新业态等领域，开展“建功‘十四五’奋进新征程”职工劳动技能竞赛34项，帮助晋升职业资格7000余人次。12月7日，举办全市首届快递员职业技能竞赛，邮政、顺丰、京东、中通、申通等8家快递企业的32名快递员参加竞赛，邮政快递王鸿雁、杨余军和京东快递韩翔获前三名。组织评选、表彰职工“十佳科技创新成果”“十佳先进操作法”“十佳‘五小’竞赛成果”，四新界面剂公司王利伟的“绿色生态反应形非离子表面活性剂EL-16的研发”、鹰球集团杨立新的“高精度低噪音粉末冶金中空含油轴承”、华新建工集团许亚明的“一种建筑施工工地用喷淋降尘装置”等10项成果获评“十佳科技创新成果”，瑞吉达建材公司鲁苏晋的“水性涂料喷涂工艺”、市人民医院苏晓妹的“PDCA循环法应用于血液透析护士对内瘘有效维护的培训效果”、华艺集团殷仕莲的“编织服装数字化”等10项操作法获评“十佳先进操作法”，繁华应材公司孙芹年的“改进玻璃预处理生产工艺”、启弘纺织公司熊友根的“纺织印染企业节能染缸及其温控方法”、市人民医院郭宗晓的“思维导图联合人工智能音箱用于全髋关节置换术后延续护理”等10项成果获评“十佳‘五小’竞赛成果”。

【职工普惠服务】 2022年,海安市依托“海工惠”网上平台,推进工会会员实名制数据库采集工作,网上会员录入人数16.3万人;开展“学习党的二十大”网上知识竞答12场次、线上普惠活动6期,发放消费券近50万元。常态化开展“春送岗位、夏送清凉、金秋助学、冬送温暖”四季活动,组织送宣讲、送法律、送安全、送讲座、送电影进基层360多场次。新建户外劳动者驿站15家,海安开发区总工会网约车司机之家获评全省“最美工会户外劳动者服务站”。实施学历提升“圆梦行动”,在职职工260人报名参加。关心女性职工,新建女职工康乃馨服务站10家,指导女职工较多的企业开展免费“两癌”筛查,惠及女职工3000多人。关爱特困、困难职工及子女,发放生活救助金50人39.69万元、助学就业补助金41人19.4万元,支出5.12万元为特困、困难职工38人提供免费体检。组织慰问高温作业、防疫一线、困难职工1.7万人次,发放慰问金约266万元。实施职工医疗救助,发放慰问金87.35万元,惠及职工家庭234户。出台“惠工助企促发展八项措施”,返还小微企业工会经费4504家1823.25万元。开展“工会在身边·同心战疫情”活动,送出慰问礼包3000多份,发放关爱资金150余万元。

【新业态新就业群体服务】 2022年,海安市制定“党建引领新业态新就业群体发展七条举措”,启动“海工暖新安心乐业”“8+X”综合服务集市等新就业形态劳动者综合服务项目,建成货车“司机之家”2家(李堡镇、星湖001)、“骑手之家”1家(海安高新区)、网约车“司机之家”1家(星湖001)。组织新业态劳动者50人参加一线职工疗休养,帮助外卖员和快递员35人“求学圆梦”。市委组织部、市总工会联合评选首批海安“最美新人”8人,网约配送员宋健和袁正海、货车司机王宏彬和尤晨光、网约车司机曹连平获评南通市“新锋骑手”“新锋司机”。

【劳模关爱服务】 2022年,海安市总工会做好劳模(工匠)、“五一劳动奖章”等评选、表彰工作,中国银行海安新华支行丁菘等13人获南通市“五一劳动奖章”,市供电公司周奕兵、江苏鹏飞集团股份有限公司周步高、王泽获江苏省“五一劳动奖章”,南通市达欣工程股份有限公司马和军获全国“五一劳动奖章”;江苏亚星波纹管有限公司波纹车间焊接班组等7个集体获评南通市“工人先锋号”,江苏恩达通用设备集团有限公司线束车间保障组、江苏省苏中建设集团股份有限公司天津市河西区解放南路48号地项目一标段获评江苏省“工人先锋号”;市税务局戴玉霞、市水务集团蒋爱东获评第十九届江苏省“文明职工”。关爱劳模,组织一线优秀职工、劳模群众团体等390人免费疗休养,为南通市劳模、先进工作者320人提供免费体检。11月24日,召开南通市级以上劳模座谈会,市总工会负责人介绍市劳模协会筹备工作、劳模协会组织结构和拟提名人选等相关情况。

2022年9月6日,海安市总工会举办“8+X”综合服务集市活动　　市总工会/供图

【和谐劳动关系构建】 2022年,海安市总工会推进“法院+工会+人社+司法”四方联动机制建设,开展线上、线下法律宣传23场次,完成企业“法律体检”330家。组织集体协商,单独签订工资集体专项合同902份,签订区域(行业)性工资集体协商合同12份,办理法律援助案件130多件。南通安泉汽车服务有限公司签订全省首份网约车企业集体协商合同,市总工会在全省工会权益保障工作培训班上作网约车企业集体协商工作交流发言。加强劳动保护,举办“劳动法治宣传月”、职工网上安康课堂等活动;开展“民法典”“劳动合同法”等法律法规宣传培训30多场次;组织全市851家企事业单位的职工16万人参与“安全隐患随手拍”,督促整改事故隐患200多处。市总工会驻劳动人事争议仲裁院职工法律援助站获评全省工会“三化”(实体化、规范化、网络化)建设成效明显职工法律援助中心(站),南通唯一。

【职工文体活动】 2022年,海安市工会系统组织职工书画、职工诵读等“喜迎二十大、奋进新征程”主题教育实践活动50场次。8月23日,举行首届“最美城建人”颁奖典礼,葛爱艺、王琳、陆鑫等10人获表彰。开展“喜迎二十大 一起向未来”展演(览)活动,评选优秀企(行)业歌曲、舞蹈、曲艺小品等作品120多件;选送的13件作品在全省职工书画评比中获奖;职工小品《火花》获评全国职工曲艺小品优秀作品,全省唯一。11月14日,全市职工书法美术作品展在市文化艺术中心开幕,55件书画作品入展，线下展期一个月，线上通过“海安市总工会”微信公众号展出。建好、用好“职工书屋”，开展职工读书活动，华新建工集团有限公司、慧源文化传播集团有限公司获评南通市工会“职工书屋”示范点，中国天楹股份有限公司获评省工会“职工书屋”示范点；海安开发区“24小时职工书房”获评省工会“服务大厅职工书屋”；滨海新区“天天向上”学习小组获评“江苏职工读书月”活动优秀职工读书组织；南通晓星变压器有限公司获评南通市“书香企业”建设示范点。组织职工参加全民健身运动，举办多项体育赛事。8月6日，海安市第五届全民健身运动会职工部赛事开幕式暨“梦之蓝M9杯”乒乓球大赛在海陵中学南校区举行，各区镇、相关系统行业直属工会的23个代表队、134名运动员参赛。11月19日，第七届职工运动会在市体育中心举行，设置拔河、游泳、羽毛球、围棋4个项目，34支代表队的630多名运动员参赛。

（张　丹）

共青团海安市委

【概况】 至2022年底，海安市拥有14~35周岁青年16.78万人，团员2.47万人，其中新发展团员1310人。共青团海安市委拥有下级组织2925个，其中，团委93个、团工委3个、团总支212个、团支部2522个、毕业生团组织95个。推进共青团基层组织改革，出台“关于进一步巩固和深化海安市共青团基层组织改革工作的实施意见”，改革工作被团中央评定为优秀等次，改革经验入选团中央基层建设部“基层改革沙龙”，改革工作在全省县域共青团基层组织改革动员部署会上作交流。加强团干部队伍建设，先后制定“关于进一步加强团干部队伍建设管理的实施意见”，共青团海安市委干部配备率、在岗率、班子配备率均为100%；制定“关于加强海安市共青团各级代表大会代表及其委员会成员作用发挥实施意见”等，团代表联络站进站团代表196人，联系团支部207个，联系团员青年2000余人；先后举办少先队、团组织关系转接、非公企业团建等业务知识培训，组织782人次参与基层团务知识线上答题。9月28日，召开海安市青年联合会四届一次全会，完成换届选举工作。共青团工作获团省委年度考核“好”等次，1人获评江苏省共青团工作先进工作者。全年，在南通市级以上媒体发表共青团宣传报道320余篇，其中被省级以上媒体录用超130篇。

【团组织建设】 2022年，共青团海安市委建立社会领域团组织300多家，发展学校领域团员1180人、社会领域团员130人。做好团组织关系转接，学社衔接率100%，单位团组织转接率38.3%。充实工作力量，9个镇选举产生团委委员95人，其中企业、新兴群体和社会组织产生的委员占比39%，村（社区）团组织书记进入“两委”班子。拓宽非公企业组织覆盖，建立“懂”书记（懂党建、懂技术、懂业务、懂青年的团建指导员，集管理、服务、教育、活动等职责于一身）工作室，配备专职“懂”书记13人、兼职“懂”书记60人，覆盖区镇（街道）13个、产业园区10个、商圈5个，联系服务非公领域青年2万多人，南通市达欣工程股份有限公司团委获评全国五四红旗团委。

【新社会组织团建】 2022年，共青团海安市委加强行业领域组织覆盖，成立教育行业、建筑行业、互联网行业、外卖行业和快递行业团工委，组建青年体育联盟、青年网络联盟、青年外卖联盟、青年快递联盟，在南京、徐州等地成立驻外团工委（青年人才工作站），构建“团组织+青年社团”基层组织新形态。

【智慧团建】 2022年，共青团海安市委依托“智慧团建”系统，创新做好基础团务管理、工作管理和服务青年工作。开展信息更新工作3轮次，实现团员、团干部、团组织基础数据库动态管理。开展“新时代的伟大成就”“党的青年运动史”“建团100周年大会精神”等主题教育实践活动。

【“青年之家”建设】 2022年，共青团海安市委组建“青年之家”4家，入驻青年社团113家。抓好“青年之家”规范运转，设置劳动保障、民生诉求等对外服务窗口，定期举办青年联谊交友活动，搭建青年人才学习交流平台，着力在宣传推介、就业创业、关爱帮扶、权益维护、志愿服务等方面发挥作用，打造青年读书会、青年分享吧、青年实践团等品牌项目。大公镇将“红阵地·青年之家”作为党团共建实践教育示范基地，实施“双库竞优”推优入党项目，全年发展、培养优秀社会领域团员10人，向党组织推荐入党积极分子、发展对象10人。依托“青年之家”云平台，组织团员青年开展专题团课学习。滨海新区成立“天天向上”学习小组，有学员38人，定期举办“读思沙龙”活动。

【青少年思想引领】 2022年，海安市在青少年群体中开展“喜迎二十大、永远跟党走、奋进新征程”主题教育实践活动。5月14日，召开学习宣传贯彻习近平总书记在庆祝中国共产主义青年团成立100周年大会上的重要讲话精神座谈会。建立由团干部、青联委员、青年典型、少先队辅导员等青年群体130多人组成的“党的二十大精神”宣讲队伍11支，举办宣讲活动40多场，覆盖团员青年4万多人。开展“青年大学习”线下宣讲活动80多场，覆盖团员青年、少先队员9万多人，网上主题团课平均参学率超120%，列江苏省第一方阵。成立青联读书社1家，组织“青春礼赞新时代 青年追梦复兴路”主题宣讲比赛12场次、“强国志 青春说”青联大讲堂6场次，2部专题学习作品在南通市展播。10月，举办海安市第六期“青马工程”培训班，学制15天，印发培训简报1期。选送陈卫参加江苏省农民“青马”培训班学习。在省级以上媒体发表青少年思想引领理论文章20余篇，推出专题学习产品4个。

【青年先进典型选树培育】 2022年，共青团海安市委出台“共青团员先进性评价体系实施方案”，探索开展以“两专题两实践”（青少年专题党史宣传教育活动、各领域团员青年专题培训活动，“跑赢新赛程一线定有我”青春建功主题实践活动、“知敬畏 明底线 讲规矩 守纪律”教育实践活动）为主要形式的“四强四争四示范”（强思想，争做信仰坚定示范；强本领，争做勤学笃行示范；强贡献，争做奋勇担当示范；强素质，争做克己守行示范）团员争先活动，实行“四单四评四等次”（分类设置团员政治学习清单、工作学业完成清单、社会服务贡献清单、德行操守负面清单四张清单，对团员评议方式采取个人自评、团员互评、组织评定、群众评议四种方式相结合，依据积分评定结果，将团员按比例评定为“优秀”“良好”“合格”“不合格”四个等次）团员管理评价方法。联合市委组织部制定“关于进一步规范做好海安市共青团推优入党工作的实施意见”，分别累计有团员青年277人、189人、164人经过“推优”程序被党组织确定为入党积极分子、发展对象、预备党员。强化“号手岗队”力量，组织复核11家省“青年文明号”、27家南通市“青年文明号”，评选出10家海安市“青年文明号”。助力青年骨干人才成长，举办“青年岗位能手”宣讲会16场，356人参与；举办“青工训练营”12场，202人受训。

【青少年成长护航】 2022年，共青团海安市委聚焦重点青少年，实施“梦想改造+”关爱计划，建成“梦想小屋”34间，筹措社会资金52万元，发动社会组织28家、志愿者477人常态化开展关爱帮扶活动；将“梦想改造+”关爱对象65人、“希望家长”43人的信息录入“苏青益筹”公益平台，实现“一人一档”。满足青年发展需求，打造“爱在海安·2022”青年交友联谊活动品牌，开展“书为媒”人才专场、“花为媒”企业专场、“歌为媒”中秋青年交友联谊、“茶为媒”教育系统专场等活动13场，建立单身青年人才会员库，覆盖1000多人次；组建“亲春驿站”5家，报送“青春迹”信息10条。加强新兴青年联系服务，依托团属青年社会组织、“筑梦空间”、青年联盟等开展活动70多场。

【青年志愿服务】 2022年，共青团海安市委引导大学生以志愿服务的方式在基层干事创业，“青年志愿者走进农家解读中央一号文件”和“青绘乡村”被《新华日报》头版报道。招募江苏大学生志愿服务乡村振兴计划志愿者17人，仲成勇获评江苏省乡村振兴“青年先锋”，张行来、陈卫获评南通市乡村振兴“青年先锋”标兵；开展“青绘乡村”、植树增绿等相关活动30余场次；组建“河小青”志愿者队伍16支，1100余人常态化开展巡河护河志愿服务；开展助农直播19场，完成销售收入39.26万元，组织308人参加“数商青年”电商云课学习19场次。市青年志愿者协会建立疫情防控青年志愿者队伍2支，669名志愿者深入社区开展秩序维护、宣传引导服务，《海安青年“疫”无反顾，热血逆行》《职场新人成为抗疫生力军》被《中国青年报》报道。借助“青年科学家进校园”活动，举办“青联行动周”活动2场，促成省农业科学院兽医研究所青禾科技志愿服务队到海安百祥山羊合作社实地开展技术交流。

【少先队工作】 2022年，海安市所有中小学校全部完成建队，校内、校外每个大队、中队均至少配备1名校外辅导员，有中小学校的8个社区和少年宫全部成立少工委组织。团市委书记任市少工委主任，聘任市教育体育局团工委书记任市少先队总辅导员，聘期3年。281名已满14周岁未满15周岁的新入团团员全部经少先队组织推优入团。以苏中七战七捷纪念馆、市博物馆、品建村“田野上的思政课”打造市级“少先队校外实践地图”。开展“喜迎二十大 争做好队员”主题活动，实现全市所有中队全覆盖，“全国少工委”网上云队课、“红领巾爱学习”“暑假10课”等重点学习课程中队覆盖率均为100%。持续更新注册“红领巾讲解员”，深化“红领巾巡讲团”建设，组建海安市级“红领巾巡讲团”专职队伍，全年开展宣讲活动60余场，市少先队辅导员王秀梅的“学习二十大 争做好队员”主题宣讲获省少先队辅导员少先队活动辅导技能展示大赛特等奖，2名辅导员获南通市级“红领巾巡讲团”主题宣讲一等奖。开展“红领巾奖章”争章活动，261名队员、14个大队、28个中队获南通市“红领巾奖章”三星章，5个少先队集体获省级“红领巾奖章”四星章。9人的科学建议在江苏红领巾“小五年规划”评比中获奖，海安高新区仁桥小学卢旖勖入选第十届江苏省少年科学院院士。角斜镇少年军校工作被

2022年7月30日，海安高新区总工会、团工委、妇联联合举办“情暖鹊桥、缘定高新”七夕青年交友联谊会
翟慧勇／摄

中央广播电视总台报道。市城南实验小学少先队大队辅导员康缪燕获评全国优秀少先队辅导员，大公镇中心小学五（1）中队获评全国优秀少先队集体。

（任天培）

海安市妇女联合会

【概况】 2022年，海安市拥有区镇（街道）妇女联合会（简称妇联）10个，村妇联205个，社区妇联32个。强化思想引领，打造“巾”彩好声音宣讲品牌，开展“巾帼大宣讲”活动450场次，覆盖妇女群众2万多人次；“海安妇联”微信公众号推出“巾帼大学习 今天我来读”妇联干部领学习近平总书记关于妇女工作论述金句云接力视频，组织全市各界妇女群众学习党的二十大报告。发挥典型示范作用，表彰各类优秀女性283人，组织典型事迹宣传活动15场次，省三八红旗手梁永熙、海安福缘志愿服务大队崔建霞的典型事迹被“南通妇联”微信公众号推送。加强信息宣传，市妇联在南通市级以上媒体发稿1253篇，发布活动358条，其中，《中国妇女报》用稿4篇、“学习强国”学习平台用稿9篇，信息宣传工作列南通市妇联系统第一位。深化妇联系统“走基层、访妇情、办实事”活动，召开“一执委一实事担当履职走在前”现场观摩推进会，全市三级执委4615人，申报实事项目4320件，办结4017件。推进儿童友好城市建设，新通扬河生态廊道“大鱼海棠”儿童乐园、闸东幼儿园和方华托育等儿童友好城市建设项目获南通市妇联肯定。市妇联系统获评省级及以上优秀集体和先进个人17个、南通市优秀集体和先进个人74个，市妇联获江苏妇女儿童慈善优秀组织奖、江苏女性融媒体创意大赛全国邀请赛优秀组织奖。

【妇女组织建设】 2022年，海安市出台“关于进一步加强基层妇联组织建设的实施办法”，开展基层组织状况“回头看”，各镇村完成妇联换届选举工作，女性专职网格员3042人与执委交叉任职率100%。坚持党建引领，发布“春风润物季”项目9个。构建妇女组织工作新网络，新建三八红旗手（集体）工作室3家，推动快递业、家政业、电商主播等新业态新就业群体成立妇联组织18家，《中国妇女报》头版报道海安《“妇字号”电商中心带领妇女共奔致富路》。11家基层妇联组织获评南通市百佳基层妇联组织，妇联执委10人获评南通市“最美执委”，3家“姐妹微家”获评南通市最美“姐妹微家”。

2022年3月7日，海安市大公镇于坝村“少数民族之家”开展“巾帼热议两会 民族共话团结”活动 翟伟凯／摄

【巾帼建功行动】 2022年，海安市深化巾帼建功行动，组织各级巾帼文明岗开展结对交流活动，激发妇女群体在岗位上建功立业，创建江苏省巾帼文明岗1个、南通市巾帼文明岗10个，评选海安市巾帼文明岗24个，80人获评各级岗位建功先进个人。新增省级、南通市级“双学双比”（学文化、学技术，比成绩、比贡献）活动示范基地3家、8家。助力乡村振兴，开展争创美丽庭院（阳台）行动，表彰市美丽庭院（阳台）精品户19户，28户家庭入围南通市百佳美丽庭院阳台，3户家庭获网络人气奖，富港村获评省美丽家园示范点。

【妇女儿童权益维护】 2022年，海安市召开贯彻《江苏省反家庭暴力条例》专题座谈会，市妇联联合市人民检察院、市司法局出台“关于加强全市妇女儿童司法救助工作的实施办法”，建立维护妇女儿童合法权益联席会议制度，梳理排查侵害妇女儿童权益问题13条，涉及妇女儿童特殊对象救助帮扶线索1969条。整理妇女儿童维权典型案例50个，印制《海安市妇女儿童维权案例汇编》。市妇联联合海安高新区人民法庭举办基层妇联维权工作者“种子”跟班见习活动，基层妇联工作者100多人参与庭审旁听28次、案件调解36次，作为主调解人组织调解11次。成立海燕女律师公益服务团，举办“春风润物·与法同行”“拒绝家暴 助力家安”等妇女儿童权益系列普法宣传活动32场次。

【妇女儿童公益服务】 2022年，海安市出台“关于进一步深化妇儿工委实体化运行的工作意见”，修订完善《海安市“十四五”妇女儿童发展规划》，落实市政府妇女儿童工作委员会十大实事项目。市妇联、市慈善总会、市民政局联合争取资金20万元，用于市级公益项目12个，受益妇女儿童超2000人。海安惠心志愿服务社“家安行动”、珍爱社会工作服务中心“珍爱工坊”、雅周家庭文化协会“走进多彩民俗 助力自信成长”等妇女儿童和家庭公益服务项目启动实施。开展“9·9”公益日线上、线下募捐活动，募集资金32.44万元。

【困难妇女儿童关爱保护】 2022年，海安市妇联、市民政局、市司法局、市教育体育局等部门联合建立妇女儿童关爱保护工作机制，定期开展志愿关爱服务，为545户家庭提供物质帮扶，化解复杂纠纷112件，提供家教服务5400多人次。市妇联走访白甸镇邹冯村、南莫镇林桥村等9个“十四五”首批扶持经济薄弱村，倾听农村妇女维权、创业就业等工作意见，圆梦微心愿91个。拨付2021年“9·9”公益日资金13.69万元，帮扶救助困境儿童、低收入贫困母亲。为无户口妇女儿童94人解决落户问题。开展“爱心助学”活动，推动23家单位结对学生519人，发放助学金23.32万元。开展“爱心储蓄罐”反哺助学活动，募集爱心资金4.2万元，困境儿童70人受益。 （许佳丽）

海安市科学技术协会

【概况】 2022年，海安市科学技术协会（简称市科协）按照《全民科学素质行动规划纲要实施方案（2021—2035年）》要求，普及科学知识，推动科技创新成果和科学普及活动惠及于民。加强企业科协建设，新增企业科协8家，累计拥有企业科协120家；开展新成立企业科协现场查评活动，指导企业科协按“制度上墙、活动经常”要求组织活动，江苏文凤化纤集团有限公司科协获评南通市示范企业科协。发挥区镇科协作用，深入企业宣传科技政策，掌握企业需求，常态化开展“小规模、多场次、精准化”产学研线上、线下对接活动。海安街道科协获评南通市“4+1”工作（“4”指吸纳县级及以下医院院长、中小学校长、农技推广部门负责人和科技型企业家“四长”进入县、镇、村三级科协组织任职、兼职、挂职发挥作用，“1”指加强上级科协对下级科协的指导，支持引导以“四长”为代表的基层一线科技者在县、镇科协组织建设中发挥作用）先进基层科协组织，市实验小学周振宇、市人民医院颜永进获评南通市“4+1”工作优秀“四长”，海安市人民医院“精益管理创建胸痛中心，改革市级急诊急救模式”获评南通市“4+1”工作创新案例。江苏华强纺织集团有限公司卞童、南京大学海安高新技术研究院唐少春、江苏天楹环保能源成套设备有限公司韩飞飞获评南通市优秀科技工作者。市科协入选全国“科创筑梦”助力“双减”科普行动试点单位，获评2022—2023年度江苏省全民科学素质大赛网络赛优秀单位。

【科普示范建设】 2022年，海安市落实科普惠农兴村计划、社区科普益民计划，开展科普示范基地、村、社区创建活动，市禁毒科普教育馆获评江苏省科普教育基地，市禁毒科普教育馆、江苏盈拓牧业发展有限公司获评2022年度南通市科普教育基地。海安获南通市“基层科普行动计划”省级资金支持6万元，其中，海安街道旺池社区获社区科普益民计划项目资金支持2万元、雅周现代农业园获农村科普示范基地项目资金支持2万元，市科协获科技志愿服务活动及培训项目资金支持2万元。南通穗邦农业科技发展有限公司获南通市“基层科普行动计划”农村科普示范基地项目资金支持0.5万元。江苏省海安高级中学张志尧、海安高新区仁桥小学卢庆明、隆政街道联合村陈伟、海安俞万家庭农场于清获评南通市科普带头人。

【科普宣传】 2022年，海安市坚持“政府推动、全民参与、提升素质、促进和谐”方针，推进科普资源共享。5月21—30日，举办“全国科技工作者日”“全国科技活动周”活动，搭建科技科普、卫生健康、知识产权、防震减灾等十大科普集市，发布青少年科普周周见、科普云课堂、科技助企业等科技与科普服务项目13个，表彰2021年度南通市科普教育基地6家，开展科技助农服务活动，启动“科学种子 探索未来”关爱留守儿童科技公益项目。9月15—21日，开展“喜迎二十大，科普向未来”为主题的“全国科普日”宣传活动。依托海安科技与科普服务平台，打造“e”科技志愿服务品牌，开展线上科技“三下乡”活动，“科技助农e起行动 专家田头网络直播”被“学习强国”学习平台推广。复兴社区彩虹桥科普科技志愿服务队获评2022年度长三角科技志愿服务先进典型。

【青少年科技竞赛】 2022年，海安市发挥科技与科普服务平台、科技教育特色学校、青少年科普教育基地以及科技辅导员作用，组织青少年科技创新大赛、科技公益课堂等科学实践活动，获第八届全国青年科普创新实验暨作品大赛二等奖2个，分别获第21届江苏省青少年机器人竞赛二、三等奖（含团体）7个、10个，分别获南通市第33届青少年科技创新大赛一、二、三等奖1个、6个、8个。江苏省海安高级中学获评省级科学教育综合示范学校，海安高新区仁桥小学获评中国自动化学会青少年人工智能核心素养测评共建示范校。

【老科技工作者协会工作】 2022年，海安市老科技工作者协会发挥科技专业优势，持续助力企业创新、乡村振兴、科学普及、决策咨询等工作，8篇调研报告被市委、市政府领导批示。开展科普宣传活动32场次，受众1.26万人次，义诊720人次。服务企业56家、村16个、经营主体98个，帮助企业获得专利38件（发明专利23件），分别建成省级、南通市级科技创新示范基地2个、5个。市老科协获南通市老科协突出贡献奖。

【海安科普馆建成】 2022年8月，海安市科普馆竣工，建筑面积约4460平方米，布展面积3700平方米，设置展品展项107件。展馆以“启智·探索·创想”为主题，按照“走进海安、科学探趣、创想未来”脉络，结合地方特色展示，将展馆划分为序厅、科学探索厅、生命健康厅、启智乐园厅、宇宙奥秘厅、科技未来厅六大常设展厅。此外，还设置4D影院、研学教室、科普活动室等多功

2022年12月8日，海安市科普馆、白甸镇瓦甸小学联合开展“共筑航天梦 科普向未来”主题教育活动　　周　强／摄

能厅。科普馆内设置新时代文明实践科技与科普服务平台，平台下连科技示范基地、学会、重点企业科协、科普教育基地、村科普活动室、社区科普大学、益农信息社、科技特色学校等基层科技与科普服务站点。10月，正式成立海安市科普馆科技志愿服务队，通过科技与科普服务平台，开展文明实践、结对共建等活动，采用“走出去”“请进来”等方式，举办科技成果发布、产学研活动、科技政策解读、科普知识讲座、送科技下乡、学术研讨、优秀学术论文评选、科技知识有奖竞赛等活动。市科协（科技与科普服务平台）入选“‘科创筑梦’助力‘双减’科普行动”全国试点单位。（王　寅）

海安市归侨侨眷联合会

【概况】 2022年，海安市拥有归侨侨眷1万余人，海外侨胞约6300人。市归侨侨眷联合会（简称侨联）拥有侨商总会、侨谊会、侨青会、华侨医疗保健中心、华侨武术文化社、侨联乒乓球队、侨联歌舞艺术团、海外文化交流中心、华侨摄影学会9个社团组织，拥有美国海安同乡会、加拿大海安同乡会、安哥拉海安商会暨同乡会3个海外同乡会。海安侨领13人分布于美国、加拿大、俄罗斯、阿联酋等多个国家和地区的海外侨社团。海安街道海陵社区“侨胞之家”获评全国侨联系统“侨胞之家”典型选树单位，江苏瑞恩电气有限公司、南通金石置业有限公司获评第四届江苏省优秀侨资企业，2人获评江苏省侨界党员先锋，1人获评江苏省归侨侨眷先进个人。

【侨联组织建设】 2022年，海安市侨联依托基层侨联组织、侨胞之家、为侨服务工作站等阵地开展侨情调查，完成侨情摸排、数据入库4274条，数量列全省县（市、区）第一位，获省侨联通报表扬。优化阵地建设，侨商总会“侨心书苑”入选2022年中国侨联支持的国内侨务建设项目，全省仅6家，南通唯一；华侨武术文化社获评2022年南通市“中国体育彩票杯”健身气功·八段锦网络大赛优秀组织集体奖。1月24日，海安市华侨摄影学会会员大会在市文化艺术中心召开。大会审议通过《海安市华侨摄影学会章程》；选举周杰祥为会长，葛志华、卢寒、崔世荣、王瑛、徐剑、吴田玉、徐劲柏为副会长，周罗子涵为秘书长，于雪峰为监事；聘请陈月斌、董玉龙为名誉会长，王秋高、周皖芹为艺术顾问。是日，《启程·遇见》华侨摄影学会摄影作品展开展。5月12日，举办“联心侨”品牌发布暨慈善工作站揭牌仪式，成立全省侨联系统首支“联心侨”志愿服务队，设立省、南通市首家机关部门级慈善工作站——海安市“联心侨”慈善工作站。5月31日至6月1日，南通市侨联基层组织建设工作交流推进活动在海安举办。中国侨联内刊《基层侨联建设》、“中国侨联”微信公众号推介江苏侨联基层建设“海安样本”。

【侨界参政议政】 2022年，海安市侨联依托“有事好商量”协商议事室，围绕热点问题，上报建议提案12件、社情民意2条，侨联组获评先进工作组，上报的“关于做优寻味海安平台，助力共富发展的建议”获评优秀提案，侨联组“打造‘联心侨’服务品牌 聚力‘志愿之城’建设”获评优秀典型案例。联系服务侨企65家，收集意见建议112条，帮助解决融资、用工、消防等问题20多个。助力中小微企业解决融资问题，海安农商银行与市侨商总会签订“银会”战略合作协议，海安农商银行向市侨商总会综合授信50亿元，向8家重点侨企授信4亿元。

【为侨服务】 2022年，海安市侨联驻会干部、侨社团负责人、侨界代表人士和基层侨联干部195人组建“联心侨”志愿服务队，挂钩联系侨界“空巢”家庭或困难家庭、侨界留守儿童。出台《海安市侨联慈善关爱救助办法》，为因病返贫的归侨侨眷19人拨付救助金2.7万元。落实“三优三免”（优先、优质、优惠，免诊疗、出诊、健康体检费）政策，联合华侨医疗保健中心开辟侨胞侨眷就医“绿色通道”。深化侨界“空巢”家庭关爱服务项目，摸排60周岁以上“空巢”侨眷87户103人、80周岁以上“空巢”侨眷26户，将80周岁以上侨界“空巢”老人纳入民政关怀范畴，为60周岁以上侨界“空巢”家庭发放慰问金5.16万元。开展春节慰问活动，走访重点侨领、困难侨眷101人，发放慰问金近7万元。开展

"侨法宣传月"活动，组织现场法律讲座、集中宣讲等活动80多场，发放法律法规宣传材料3200多份。化解涉侨矛盾，接待并妥善处理信访2件、到访10人次，解决实际问题5件。强化"检侨联动"，协助处理境外人员和机构突发事件4起。

【海外联谊】 2022年，海安市侨联依托侨谊会，组织重大节日联谊活动32场次，开展学习沙龙、社团年会等联络活动11场次。7月26日，承办"相聚云端 走进海安——2022'亲情中华·为你讲故事'江苏南通营"，赏学海安健身花鼓，美国、德国、加拿大等10个国家22家海外华文教育机构的华裔青少年2200多人参加活动，直播累计观看人数1.24万人次。

【侨务宣传】 2022年，海安市侨联组织侨界人士收听收看党的二十大开幕会实况直播，征集感想感言14篇，其中1篇被"江苏省侨联"微信公众号、7篇被"南通市侨联"微信公众号采用。策划发布《"月是故乡明 美味寄相思"侨瞧家常菜》系列视频，推介特色菜25道，凝聚侨胞故乡情。围绕老归侨人物事业发展史、影响力、贡献度，组织编撰《海安华侨史话》。开展"苏侨共逐梦、同心向未来"群众性主题宣传活动，上报侨界典型2例、为侨服务先进经验1份。

（顾　颖）

海安市工商业联合会

【概况】 2022年，海安市工商业联合会（简称工商联）系统会员总数3879个。加快民营经济发展，出台《海安市民营经济"两个健康"提升三年行动方案》《海安市"张謇式"企业家培育三年行动方案》，市委书记、市长发布《致全市企业家的一封信》，市委书记录制视频寄语全市民营企业家。5月20日，召开全市民营经济"两个健康"推进会。突出思想引导，选树6家海安首批民营经济人士理想信念教育基地，加强新生代企业家培育，相关经验获全国工商联、省工商联推介。突出典型引领，省级"四好"商会数量连续领跑南通，南通市现代商会示范点数量列南通市第一位；推动商会党建品牌创建，市化纤业总商会获评南通市党建工作示范点；打造曲塘镇商会、东部家居全产业链商会、机器人商会等特色商会阵地，接待观摩学习10余场次。做好民营经济调查研究，完成全国上规模民营企业调研、省区域民营企业营商环境调研、民营企业运行状况调查、民营企业劳动关系状况监测、民营经济履行社会责任专项调研工作。市工商联获评全国"五好"标杆县级工商联、全国构筑民营经济舆论阵地先进单位、全省工商联系统先进集体、全省工商联与司法行政机关联系协作机制建设示范单位。全国工商联推广《新时代工商联工作"海安模式"——有为有位，有位更有为》，海安工商联相关工作被南通市领导批示，海安市十大主导产业法律服务联盟经验做法获南通市工商联推介。

【工商联组织建设】 2022年，海安市工商联拥有8家镇级商会、6家街道商会、29家行业商会、6家异地海安商会、5家综合类商会。壮大异地商会，新成立海安福建商会，推进苏州、深圳、宁波等地区异地海安商会组建。6家商会完成换届工作。1月10日，江海企业家俱乐部召开第五届第一次会员大会，金石置业有限公司董事长周杰祥当选理事会主席，王君任党支部书记。7月14日，苏中石墨烯新材料产业联盟召开第二届一次会员大会，南通文凯化纤有限公司董事长邓钦文当选理事长。8月26日，建材机械业协会召开第四届一次会员大会，江苏鹏飞集团股份有限公司董事长王家安当选会长、党支部书记。9月2日，锻压机械业协会召开第三届会员大会，中机锻压江苏股份有限公司董事长张长龙当选会长、党支部书记。9月27日，新材料业商会召开第三届一次会员大会，亚太轻合金南通科技有限公司总经理浦俭英当选会长，飞亚化学工业集团股份有限公司董事长张健雄任党支部书记。9月28日，石材业协会召开第二届会员大会，江苏君良石业有限公司董事长蔡君良当选会长。

【民营经济人士培训教育】 2022年，海安市工商联利用"海商大讲堂""张謇式企业家"培训、商会党建等多种形式引导民营企业家爱国敬业、守法经营、创新创业、回报社会。10月16日起，在"海安总商会"微信公众号开辟专栏，连续刊载48名商会会长学习党的二十大精神心得体会。12月4日，召开"二十大精神在海安"民营经济人士理想信念教育大会。选树苏中七战七捷纪念馆、海安泛书房、江苏联发集团股份有限公司、南通市达欣工程股份有限公司、江苏鹏飞集团股份有限公司、海安东部家具产业基地为海安市首批民营经济人士理想信念教育基地。加大新生代企业家教育培训力度，深化"青蓝结对"机制，继续做好新生代企业家挂职锻炼工作，挂职企业家累计上报120多条合理化建议和60多篇调研报告。

【服务民营企业】 2022年，海安市工商联优化营商环境服务，发挥民营经济统战工作协调机制作用，建立联席会议制度，聘请20名营商环境观察员，出台"营商环境投诉举报处理十六条工作制度"，定期会商、联动处理民营经济发展诉求；以十大产业集群和十八个特色产业链为载体，按照"1个产业链商会，1本产业规划，1个专业园区，1家培育部门，1位产业顾问，1名四套班子领导"发展思路，建立产业链商会18家，在全省率先实现商会建在"链"上。落实惠企政策，开展"千企百会大走访"活动，分专题深入商会、企业开展政策宣讲，收集并协助办理诉求意见200余件；搭建政企对接交流"直通车"，组织企业家沙龙活动6期；举办"海商大讲堂"16场次，传递惠企政策，听课民营企业家累计超700人次。搭建惠企平台，成立南通市首家县级中小微企业委员会，定期收集反馈中小微企业诉求；在全省创新开展法治商会建设，打造“工商联+公检法司+商协会+民营企业”四位一体法律服务新模式，累计调解商事纠纷191件，其中，结案82件、司法确认40件，解决纠纷标的1.5亿元；召开海安市涉案企业合规第三方监督评估机制管理委员会联席会议，出台《海安市涉案企业合规第三方监督评估机制实施办法》，3家涉案企业完成合规整改；成立商会警务服务站10家；加大金融支持，建立银企合作长效机制，举办银政企对接座谈会6场；拓宽融资渠道，与海安农商行签订战略合作协议，完成集中授信45亿元。

【民营经济人士参政议政】 2022年，海安市工商联组织工商组政协委员开展“有事好商量”专题协商，上报“推进筹备建立商会警务室，进一步优化法治营商环境”提案。加强海商交流，先后组织北京、上海、南京等地海安商会开展“故里行”活动8次。发挥异地商会会长联盟作用，累计提供商务信息76条，促成项目合作12个。开展“走出去、请进来”活动，市总商会与义乌江苏商会签订战略合作协议，开展“海”纳百川，共“义”发展——电子信息产业招商“云”推介活动；无锡商会围绕人工智能、新能源产业，与海安科创园、海安软件科技园签订合作协议；杭州商会聚焦数字经济合作，“数字赋能、智造未来”沙龙活动每季度在海安、杭州两地轮流举办；各区镇商会、行业商会围绕长三角一体化，开展友好商会结对和产业项目对接20余次，推动15个项目落地，总投资额50多亿元。

【民营经济会员企业党建】 至2022年，海安市先后成立环保装备、汽车及零部件等20个产业链党委，契合全市十大产业集群20条产业链。构建“1+1+N”组织体系，挂钩联系的市领导担任产业链党委第一书记，产业链培育部门党员分管负责人担任产业链党委书记，择优从N家产业链骨干企业党组织书记中选拔党委委员，链接链上所有企业。制定出台《党建助推产业集群强链培育十条举措》，推行“一企一专员”“一月一例会”工作机制，选派44名组工干部担任助链“红色专员”，跟踪指导产业链党建工作；挂钩联系市领导每月研究会商产业链工作，靠前协调解决链上企业发展难题。用好产业链党建发展基金，为链上企业党组织成立、党员活动开展提供经费保障。实施集群强链三年行动计划，新成立非公党组织28个，实现链上企业党组织应建尽建、党的工作全覆盖。5月20日，举行新生代企业家创·动力党支部成立仪式，发放挂职企业家亿元企业党建联盟标牌。

【民营经济社会服务】 2022年，海安市工商联向全市商（协）会组织和民营企业家发出助力疫情防控倡议，号召民营企业家捐款捐物累计2000余万元，组织工商联机关和所属商会开展走访调研和防疫“敲门行动”，协助南通市工商联筹备50万元生活物资驰援上海市虹口区，捐赠上海市海安商会生活物资150份、上海市南通商会350份。在南通市率先开展“万企兴万村”活动，组织商会组织、民营企业与村（社区）结对共建，鑫缘集团、天成集团等民营企业助力乡村振兴工作获省委领导肯定。

（洪诗曼）

海安市文学艺术界联合会

【概况】 2022年，海安市拥有镇文学艺术界联合会（简称文联）10家、文艺家协会18家，拥有国家级文艺家协会会员68人。魏勇（笔名长风）新加入中国作家协会，葛志华新加入中国舞蹈家协会，陈加国、王克来、仲明、仲天霖新加入中国民间文艺家协会，颜敏、於德甫、王奇寅、钱文波、袁成义新加入中国楹联学会，韦茜新加入中国女画家协会。网络作家卓牧闲被中国作家协会表彰为“深入生活、扎根人民”主题实践先进个人。打造文学之乡品牌，举办“文学主题日”活动，设立文学创作基地，推动高水准文学活动落地海安。

【文联组织建设】 2022年1月9日，海安市作家协会召开第七次会员大会，会议选举产生市作家协会第七届理事会理事，周花荣当选市作家协会主席。9月16日，市文学艺术界联合会召开第七次代表大会，会议审议通过市文联第六届委员会工作报告，选举产生市文联第七届主席团，吴丹当选驻会副主席，周龙彬、葛志华当选不驻会副主席。

【文艺惠民】 2022年，海安市文联常态化开展文艺志愿者服务活动，构建扎根

2022年8月30日，海安文学之乡“文学主题日”启动仪式暨诗歌分享会举行

市文联／供图

海安、服务基层的文艺生态链。联合慧源书城，在泛书房开设“慧源夜校”，每月举办文艺志愿讲坛活动2次以上，全年开展“我与舞台那些事”“乡村振兴语境下的乡土文学创作”“初学书法释疑”等活动35期。5月23日，纪念毛泽东《在延安文艺座谈会上的讲话》发表80周年暨海安523文化艺术节在市文化艺术中心开幕。7月17日至8月19日，举办“海安新声代”歌手大赛，200多名选手参赛，网络视频点击量超200万人次。8月30日，举办海安文学之乡“文学主题日”活动，中国作协党组成员、书记处书记、副主席吴义勤，中华文学基金会副理事长、秘书长鲍坚等参加活动。活动期间，邀请中国诗词大会第五季总冠军彭敏作《说不尽的苏轼》专题讲座；作家出版社当代文学编辑部主任、小说家李宏伟以《破楼庄》《追逃》两篇作品为样本，通过评稿、讲座相结合的方式，为全市20余名文学骨干开展面对面辅导培训。9月，举办“新时代颂”江苏省书法美术作品联展、“老街记忆”王秋高个人摄影作品文献展、“美丽南通行”采风创作等“喜迎二十大”系列主题活动。（谭承燕）

海安市残疾人联合会

【概况】 2022年，海安市残疾人联合会（简称残联）加强组织建设，13个区镇（街道）残联、236个村（社区）残疾人协会完成换届选举工作。加快发展残疾人托养服务，市残联全年投入50多万元运营残疾人托养服务中心，在托对象39人；提供多元化托养服务，新增托养对象307人，其中，居家托养269人、日间照料38人。推进助残服务进社区，实施共享辅具项目，建成养老助残健康辅具设备共享试用点位6个，每个点位配置轮椅5辆、拐杖2只、助行器1个，实现智能手机“一键式”自助租借、自动收集租期信息、人性化借还。

【残疾人证发放管理】 2022年，海安市组织机构集中评残11次，评残人数1100多人。市残联、市医疗保障局联合为重度失能人员和困难人员857人提供入户评残服务，其中组织专家上门评定36人。开展残疾人证有效期满换发工作，为1016人换发新残疾人证。推进残疾人证“跨省通办”，为14人跨地区办理残疾人证相关业务。开展持证残疾人基本状况调查，完成持证残疾人2.04万人信息采集工作，入户登记率99.12%。

【残疾人康复服务】 2022年，海安市制定“残疾预防和残疾人康复实施办法”，加快构建“三线并行”（卫健为主体、教育为支撑、残联为补充）筛查网络，新增进入定点机构接受康复训练的儿童49人，累计为残疾儿童249人提供免费基本康复服务。推进残疾人家庭无障碍改造工作，改造困难残疾人家庭58户。强化辅具适配工作，发放轮椅等各类辅具612件，为肢体残疾人和残疾儿童52人安装假肢、配备矫形鞋。落实精神残疾人免费服药政策，新增免费服药精神残疾人115人，全年为精神残疾人1506人提供免费发药服务。为低收入白内障患者147人发放手术补贴。推进社区康复工作，为持证残疾人2万余人提供个性化家庭医生签约服务。

【残疾人帮扶救助】 2022年，海安市落实“单人保”政策，完善“两项补贴”（困难残疾人生活补贴、重度残疾人护理补贴）制度，建立补贴动态调整机制，将残疾人1057人纳入最低生活保障，发放残疾人“两项补贴”1.49万人6575.58万元。强化医疗救助，为持证残疾人2万人购买重大疾病补充和意外伤害保险，年总保费60万元；为低保内重度肢体、智力、精神持证残疾人748人购买“医保南通保”，总保费22.14万元；为重度残疾人1.05万人代缴2023年度居民医疗保险。加强困难残疾人临时救助，为盲人按摩机构发放歇业补贴7.4万元，为残疾高校毕业生16人发放一次性求职创业补贴2.4万元，为各类残疾人服务机构减免租金、补贴经营成本、减免社会保险费11.16万元，发放残疾人自主创业补贴、机动轮椅车燃油补贴、汽车驾驶证培训补贴3.68万元，发放教育专项补贴59人9.09万元。推进公益项目建设，为困难残疾人家庭免费安装电热水器10台。加强助残保障政策宣传，印发《惠残业务办理实用手册》1万多份。

【残疾人文体活动】 2022年3月3日第23个“全国爱耳日”，海安市残联组织现场义诊，提供爱耳知识咨询，捐赠助听器10套。4月2日，举办第15个“世界孤独症日”宣传活动。“全国助残日”期间，加强就业典型宣传，开展捐资助学、困难儿童和家庭慰问、残疾人用工企业走访等活动。实施残疾人疫苗接种志愿帮扶行动，开通“绿色通道”，提高残疾人疫苗接种率。举办“喜迎二十大·奋进新征程”残疾人摄影书画大赛，征集各类作品70余幅。开展“读书迎盛会·一起向未来”残疾人读书活动，选送优秀残疾人代表参加南通市读书分享活动，获二等奖。海安阳光乒乓球训练中心常态化开展残疾人运动员训练，组织参加江苏省第十一届残运会，1人获乒乓球听力组单打第一名。在南通市级以上媒体网站发表新闻稿件90多篇，市残联获评南通市残疾人事业好新闻优秀组织奖。（朱婷婷）

海安市计划生育协会

【概况】 2022年，海安市计划生育协会（简称计生协）建立健全基层计生协组织网络，推进生育关怀和家庭健康工作。注重思想引领，结合“喜迎党的二十大”主题宣传，开展“会员心向党”“永远跟党走”等特色宣传教育活动；结合“5·29”会员活动日等时间节点，加强新时代卫生与健康工作方针、新时代生育文化宣传，推动构建正向的新型婚育文化。完善计生特殊家庭联系人制度，健全计生特殊家庭动态信息档案，定期开展走访慰问、上门服务、集体交流、心理健康服务、送保险活动，做到“三必访两必到”（节日前必访、过生日必访、生病住院必访和突发意外必到、临终关怀必到）。打造“圆梦养老”品牌，构建以区镇“圆梦养老”为龙头、村居居家养老为基础、民间私营养老机构为补充的计生特殊家庭养老服务模式，整合区镇敬老院资源，建设满足“失独”老人集中养老需求的圆梦养老院，累计入住“失独”老人114人，帮助“失独”家庭领取理赔金50.75万元。

【计生协组织建设】 2022年，海安市出台《海安市计划生育协会改革实施方案》，推动市计生协改革向基层延伸，建成“城市延伸至社区、农村延伸至村组”组织网络。推动省级“连心家园”示范点创建，依托计生服务站、社区党群服务中心、居家养老服务中心等场所，打造“连心家园”，服务计生特殊家庭。建成市、区镇、社区三级计生特殊家庭心理健康服务网络，组建志愿者团队，对“失独”家庭开展分类指导和服务。

【计划生育扶助】 2022年，海安市新增农村部分计划生育奖励扶助对象6654人、特别扶助对象259人，持证退休职工一次性奖励对象6514人，持证城镇老年居民一次性奖励对象106人。全市累计有农村奖励扶助对象8.49万人、特别扶助对象3973人、并发症补助对象481人。发放奖励扶助金1.2亿元，奖励扶助、特别扶助、退休职工一次性奖励、独生子女父母奖励等应奖尽奖，兑现率100%。关爱计生特殊家庭，全市有计生特殊家庭成员3898人，实现计生特殊家庭联系人制度、家庭医生签约服务、优先便利医疗服务全覆盖。市卫生健康委、市民政局联合为部分失能、半失能、生活困难的“失独”老人445人提供政府购买居家养老上门服务。开展“亲情牵手”结对帮扶活动，市卫生健康委、市计生协慰问计生特殊困难家庭299户17.94万元，各区镇政府慰问计生特殊困难家庭1080户46.9万元。开展“暖心行动”，为1户“失独”家庭实施危房改造，为5户计生家庭提供波尔山羊15只，为全市“失独”对象2320人免费提供住院护理补贴保险。

（刘胜男）

海安市红十字会

【概况】 海安市红十字会建于1990年10月，单独设置，正科级建制。2022年，海安市有红十字基层组织166个，其中，教育系统71个、卫生系统45个、区镇（街道）50个。红十字会员7.2万人，其中，成人会员6399人、青少年会员6.6万人。红十字注册志愿者1488人。7月26日，杨士兵成为全国第13644例、省第1054例、南通市第63例、海安市第7例造血干细胞成功捐献者。

【红十字会组织建设】 2022年，海安市在35个社区成立红十字组织，新建红十字博爱家园3家，设立海安博物馆红十字救护志愿服务站，形成以市红十字会为龙头，区镇（街道）、学校、医疗单位红十字会为主体的组织网络。推进红十字青少年工作，在中小学广泛开展红十字生命教育行动，江苏省曲塘高级中学、曲塘高级中学附属初级中学、角斜初级中学、角斜小学获评南通市红十字达标校。

【红十字志愿服务活动】 2022年，海安市红十字会注册志愿者志愿服务时长近2000小时。疫情期间，接收社会各界捐赠款物288万元。开展救护培训57场次，1.54万人参训，其中，普及性培训1.27万人，持证培训2698人。实施“暖暖农情”项目，发放“暖暖农情”博爱基金4.23万元。开展“博爱光明行”活动，组织义诊22场次，惠及群众2600人，救助贫困白内障患者100人10万元。举行“博爱送万家”活动，发放救助款物48.35万元，惠及群众3000多人。举办“红十字博爱送健康”义诊活动12场次，受益群众2000多人次。开展“救在身边·校园守护”活动，组织校园公益性救护培训19场，1.2万名师生参训。组织互联网众筹活动，“5·8”人道公益日期间，“救在身边助医”“救在身边救灾”2个项目筹款6万多元；“9·9”公益日期间，“博爱光明行”项目筹款5万多元。（刘胜男）

2022年5月8日，海安市教师发展中心附属小学开展“世界红十字日”主题宣传活动

袁亚琴／摄

海安法治文化广场

法　　治

政法委与综治

【概况】 2022年，海安市群众安全感99.62%，列全省第二位。法治建设满意度94.07%，列全省第六位。政法工作绩效考核列南通市第一位，实现“十连冠”。推进社会治理综合服务中心建设，分别建成市级、镇级基层社会治理综合服务中心1个、10个，南通市基层社会治理工作推进会推广海安做法，省委领导对“大整合大治理”做法给予肯定。市委政法委获评2021年度南通市勇当全省“争当表率、争做示范、走在前列”排头兵先进集体。海安市获评全省法治政府建设示范县（市、区）、信访工作示范县（市、区）、高质量平安校园建设县（市、区）；入选全国“八五”普法与依法治理工作法治文化建设联系点，全省唯一。6月11日，召开更高水平的平安法治海安建设工作会议。

【公共安全维护】 2022年，海安市持续推进信访突出问题攻坚化解年、社会矛盾风险隐患拉网式大排查大起底大化解、特殊困难群体救助帮扶和妇女儿童权益保障问题排查整治等专项行动，完成各项安保任务，重大舆情预警处置率100%。依托平安建设工作协调机制，全面排查政治安全、房地产、社会建设等18个领域的风险点信息。查处网络谣言案件5起，开展网上“拍肩”警示教育200多人次。加大社会治安巡防力度，挂牌整治重点地区2个（曲塘镇刘圩村、李堡镇富庄村）。强化人员密集区域巡逻，累计检查电子大屏1446块、电子广告牌2430个、高架桥梁872处、公共厕所822家。集中清查收缴火药枪1支、管制刀具46把、社会面子弹154发。检查剧毒、易制爆、易制毒危化品企业和单位500家次，查处违反危险化学品安全管理行政案件8起。实施易肇事肇祸精神障碍患者管理“智护”工程，配备智能手环330个。

【扫黑除恶专项斗争】 2022年，海安市常态化开展扫黑除恶斗争，全面宣传贯彻“反有组织犯罪法”，聚焦“新四大行业领域”（信息网络、自然资源、交通运输、工程建设）开展扫黑除恶整治工作，抓获涉网黑恶犯罪嫌疑人12人、电信网络诈骗及关联嫌疑人325人，铲除涉未成年人恶势力组织1个，捣毁养老诈骗犯罪团伙2个，冻结资金超1亿元。

【法治护航发展】 2022年，海安市出台《海安市党政主要负责人履行推进法治建设第一责任人职责评价办法》，创新法治建设第一责任人“三级述法”模式。建立健全败诉风险评估预警、跟踪督办等工作机制，有效压降行政诉讼和败诉案件，行政诉讼败诉率南通市最低。召开府院联动联席会议21次，化解破产类纠纷6起、执行类纠纷8起、矛盾风险类纠纷7起。为民营企业提供上门“法治体检”33次，提出法律建议49条，相关经验做法被《江苏法治报》头版报道。更新升级镇村法治文化阵地201处，新建户外劳动者法治服务站20家。深化基层民主法治实践，实施“法治惠民”实事项目，凤山村获评全国民主法治示范村。探索建设法学研究与实践基地，组建40人的法律咨询专家队伍，实现镇级法学会建设全覆盖。推进城乡基层“援法议事”，实现村（社区）全覆盖，典型做法被《法治江苏》刊载。巩固“检”护耕地公益诉讼专项活动成果，盘活土地24.04公顷，“督促处置闲置土地行政公益诉讼案”获评南通市服务高质量发展十大优秀案例。

（朱子文）

【基层社会网格化治理】 2022年，海安市基层社会网格化治理达标率稳居全省第一方阵，列南通市第一位。按照“农村适当缩减，城市适当增加”原则，优化网格架构，实现798个综合网格“一格一专”专职网格员全覆盖。建成798个网格驿站，推动形成向网格“聚合资源、下沉力量”到网格“推进工作、解决问题”的治理新格局。实施“精网微格”工程，线下每周组织网格员“亮身份”入户走访，每月开展网格“百人入千户”“格格到”推磨式宣传，发放“致市民的一封信”33万张，网格员累计巡查走访上报事件13.06万件；线上按照“每个家庭不少于1人”的要求，组建798个网格微信群，每日宣传党的方针政策、传授平安法治知识、收集社情民意，网格化防范养老诈骗工作经验获南通市政法委书记批示。聚力服务中心大局，开展基础数据“清仓见底”专项行动，采集实有人口数据82.2万余条，采集更新出租房信息7643条、“九小场所”（建筑面积300平方米以下的小商场、额定就餐人数100人以下的小饭店、床位数50张以下的小旅馆以及小型的公共

2022年1月5日，海安市孙庄街道界河村在“援法议事”亭开展“邻里守望”主题活动
王国庆／摄

娱乐、休闲健身、医疗、教学、生产加工、易燃易爆危险品销售储存场所）信息9348条；每月坚持走访重点人员和群租房。探索“网格+”机制，推动“消防网格、民宗网格、检网融合”建设落细落实，海安市“网格+消防”工作经验被省人民政府办公厅《每日要情》刊载。市社会治理综合服务中心、市公安局联合开展毒品原植物排查、境外人员摸排、烟花爆竹禁限放等专项行动，相关工作经验获中央政法委肯定，向全国推广。

【网格员队伍建设】 2022年，海安市有网格员6874人，建立专职网格员档案资料库，实现“一人一档”管理。制定《专职网格员队伍管理暂行办法》《微网格员日常管理规定》《网格重要事件报送管理工作规范》等系列文件，细化规范网格工作职能职责，建立网格员巡查清单。畅通专职网格员晋升渠道，全年38名网格员转入村后备干部。市网格学院举办春、秋两季业务培训班，组织全市专职网格员技能比武竞赛活动，全面提升网格员综合能力。持续落实网格员上报信息奖励政策，实行网格信息“一事一奖”，全年累计奖励事件10万余条，发放奖金48.4万元，编辑《优秀事件快报》296期。开展“最美网格员”、优秀网格评比，海安街道许韦唯、李堡镇许炎萍获评南通市“最美网格员”，曲塘镇曲塘村第一网格、滨海新区富港村第一网格、李堡镇杨庄村第一网格获评南通市优秀网格。

【矛盾纠纷排查化解】 2022年，海安市制定《海安市专职调解员聘用管理办法》，建立紧急事件即时处置、重大事项随时处置、常规问题限时处置的三级分类处置模式，不断加强矛盾纠纷排查化解体系和能力建设。优化专职调解员队伍结构，全市有区镇（街道）专职调解员15人，村（社区）专职调解员237人，专题举办业务培训班，开展调解观摩活动30场次。聚力提升矛盾调处质效，围绕重要时间节点，开展社会矛盾纠纷集中排查化解工作；深入重点领域、重点人群、重点问题开展“清仓见底”式矛盾纠纷排查，梳理重大涉稳风险138件，实行矛盾纠纷“出入库”和动态性销号管理；每月召开重大涉稳风险隐患排查化解研判会议，形成分析研判报告；聚合镇（街道）、专业行业调解力量，构建多元解纷综合服务机制。聚力提升矛盾调处效能，建立“110”接处警中心、网格化平台等联动机制，全面掌握网格、涉警、涉诉等矛盾纠纷信息；紧盯影响社会稳定的突出矛盾，重点加强涉民生领域、特殊困难群体、婚姻家庭等领域的个案分析研判，调处重大矛盾纠纷12件。

【社会风险研判】 2022年，海安市创新建立社会风险监测预警“三研”（研判、研究、研商）机制，形成工作日报225期、周报34期、月报11期。编写数据分析类市域社会治理研判专报6期，主要涉及信息化建设与诉求分析，其中，欠薪类工单情况汇报、核酸检测专报获市领导批示。建立市、镇、村三级矛盾纠纷分析研判制度，定期分析研判辖区内排查出的矛盾纠纷现状、特点、发展趋势、基层满意度等总体情况，重点加强涉民生领域、特殊困难群体、婚姻家庭等引发矛盾纠纷领域的个案分析，编写基层治理类市域社会治理研判专报6期，“关于防范‘非法会销’专报”获南通市领导批示。

【海安被确定为全国“八五”普法法治文化建设联系点】 2022年3月，海安市被全国普法办公室确定为全国“八五”普法4个法治文化建设联系点之一，是江苏省唯一联系点。出台《海安市推进法治文化建设三年行动方案》，聚焦各个领域，实施“德法并进”“法治乡村”“良法善治”“法润海安”等八大行动。全年，培育“法律明白人”2058人、学法中心户838户，受理法律援助案件约1470件，更新升级镇村法治文化阵地201处，新建“户外劳动者法治服务站”20家。深入推进城乡基层“援法议事”，实现村（社区）全覆盖，典型做法被《法治江苏》刊载。全市率先实现“支云e站”律所全覆盖，“银发无忧”适老型诉讼服务机制入选南通政法系统为民办实事项目。 （徐慧珠）

法治政府建设

【概况】 2022年，海安市制定“关于推进更高水平法治海安的实施意见”，入选江苏省第二批法治政府建设示范市（县、区）。推动基层法治建设，培育海安开发区上湖村、大公镇政法惠企综合服务中心等法治亮点7个，白甸镇官垛村“援法议事增邻里和谐 村居共治促品质提升”、城东镇爱凌村“打造‘援法议事’新路径 共绘社会治理‘同心圆’”入选全省第二批城乡基层援法议事范例。坚持领导干部带头学法，市政府常务会议学法成为固定第一议题，专题研究行政复议应诉、执法辅助人员管理、政府合同管理等事项，形成制度性文件5件。积极参与立法实践，南通市人大常委会第五次会议通过海安提交的《南通市房屋安全管理条例》立法建议项目。市委依法治市办公室连续两年获评依法治省工作成绩突出单位。市司法局获评全省高质量发展先进司法局。

【依法决策】 2022年，海安市推进科学民主决策，采取听证会等形式对涉及公民、法人、其他组织切身利益的重大行政决策开展民意征求，丝厂周边区域等城市更新项目、李堡镇中大街旧城改造项目均未采用强制执行手段完成征收。经过自主申报、座谈调研、论证听证、风险评估、审慎决策等环节，确定城市生活垃圾处理费征收管理暂行办法、城市建筑垃圾处理费征收管理暂行办法、机动车停放服务收费管理办法、“国三”（国家第三阶段机动车污染物排放标准）及以下排放标准柴油货车限制通行、调整烟花爆竹禁放区域等重大决策事项5个，并逐一明确承办实施单位。对海安市机动车停放服务收费管理暂行办法开展重大行政决策文件后评估，在吸收评估建议的基础上启动修订工作，适当扩大一类区域范围、修改收费标准及免费停车时间。发挥法律顾问参谋作用，聘请专家和优秀律师13人担任市政府法律顾问。

【合法性审查】 2022年，海安市出台“关于全面加强新时代司法所建设 切实提升基层法治建设水平意见”，建立司法所所长列席党委会制度，明确司法所会同法律顾问做好区镇（街道）重大决策、规范性文件等合法性审查工作，构建市、镇两级合法性审查体系。进一步完善审查制度，规范审查流程、区分审查重点、创新审查方式，市政府各项行政规范性文件、重大行政决策、政府合同合法性审查率均为100%。各司法所参与镇（街道）决策20次、政府合同审查15件、政策文件制定8件，提供法律意见43条。

【行政执法监督】 2022年，海安市出台“行政执法辅助人员管理办法（试行）”，明确执法辅助人员由市城管局统一招录、培训，制定权力职责和行为规范、工作范围以及管理培训考核机制。完善区镇（街道）行政执法能力提升工作方案、综合行政执法协调协作机制、行政执法协调办法等基层执法配套制度。强化区镇（街道）赋权事项专项评估，召开基层综合执法规范化建设专项行动推进会。举办行政执法人员法律知识培训班，行政执法人员线上参训累计4.37万学时，制发行政执法证1292张。开展政府购买服务协议专项清理行动，制定规范政府购买服务合同的指导意见，排查政府购买服务协议207份；制发行政执法决定书，终止履行安全、环保领域服务协议26份。

【行政复议与应诉】 2022年，海安市收到行政复议申请97件，比上年增长7.8%，审查后立案受理79件，依法办结率100%。承办市政府行政诉讼案件36件，审结29件，无败诉案件发生。南通两级法院受理海安行政诉讼一审案件148件，败诉6件，败诉率南通市最低。完善行政复议委员会季度通报和复议建议书、意见书发送机制，推动个案监督纠错与倒逼依法行政有机结合。加强复议应诉规范化建设，制定行政应诉工作办法，规范案件办理流程，建立市司法局与各行政机关信息共享机制。拓宽行政复议申请渠道，在市社会治理综合服务中心增设行政复议窗口，在区镇（街道）公共法律服务中心建立行政复议联系点15个。推进行政调解工作，协调结案32件，实质性化解率43.8%。加大纠正违法或不当行政行为监督力度，撤销、确认行政行为违法案件9件，直接纠错率12.3%。打造行政机关和行政相对人平等沟通法治平台，海安行政机关负责人出庭应诉率连续16年保持100%。 （范田晶）

公　安

【概况】 2022年，海安市公安局落实“市县主战、派出所主防”实战化职能体系建设要求，探索重大安保、打击整治、安全监管、治安巡防等新模式，优化警务巡行机制。开展“润禾”工作计划，建成未成年人保护“润禾”工作站12家，其中，城南派出所联合市人民检察院建立未成年人“安心驿站”，曲塘派出所设立未成年人心理咨询室和少年警校。加强队伍建设，常态化开展廉政教育，运用“四种形态”受理信访举报9件，批评教育帮助13人次，立案查处民警、辅警违纪违法案件7起12人；建立优秀青年民警选拔办法，提拔任用优秀民警83人，17人（次）获省级及以上荣誉，其中，1人获评全国公安机关爱民模范、1人获评全国“平安之星”，1人获公安部嘉奖。海安市获评江苏省高质量平安校园建设县，市车管所获评全国优秀公安基层单位、全国一等县级车管所，市公安局获评江苏省文明单位，刑警大队四中队获评省公安机关执法示范所队，政法一体化执法办案中心获评江苏“六六战略”先进实践示范点，曲塘派出所获评省公安基层所队示范“训练角”等。

【社会治安管理】 2022年，海安市推进“苏安·百日”行动，社会治安秩序平稳有序。抓好群租房安全整治。常态开展流动人口集中清查，创新智慧群租房管理机制，相关做法被《江苏法治报》刊载推广。抓好突出领域安全整治。全面推进安全发展示范城市创建，排查登记“九小场所”4643家，培育精品示范点位50余处；开展“四类场所”（公共娱乐场所、公众聚集场所、人员密集场所、大型的人员密集场所）消防安全整治，发现整改各类安全隐患697处；探索设置1.2万余根“救援竹竿”，筑牢水域安全防线，得到省、南通市领导肯定；全面落实寄递物流“三项制度”（收寄验视制度、实名收寄制度、过机安检制度），督促5家寄递企业、180个网点建立安全监管档

2022年7月1日，海安市民警在河边布设救援竹竿　　市公安局／供图

案。突出重点场所动态管控。加强对旅馆、洗浴按摩、汽车租赁业等重点行业场所监督检查，取缔“黑旅馆”7家，吊销证件5家；突出对网约房、电竞酒店等住宿类新业态监管，推动986家行业场所安装人脸识别结构化相机；开展“厂中厂”整治，拆除违法建筑2100余平方米，整改隐患5221处，累计盘活土地18.43公顷。

【安全保卫】 2022年，海安市推进“苏安·百日”行动，优化防控体系建设，健全市级涉稳风险联合研判机制，推行公安机关内部每日研判、每周调度，做强160人机动合成队，组建7人应急处突分队，完成系列安保任务。落实“1、3、5”快反（核心区域1分钟内、重点区域3分钟内、其他区域5分钟内到达现场）机制，开展突发事件、舆情源头治理和网上谣言整治行动，重大舆情预警处置率100%。强化实战演练和应急拉动，举办“喜迎二十大，忠诚保平安”警务实战技能大比武活动。提升社区管控效能，实施易肇事肇祸等严重精神障碍患者“智护”工程，配备智能手环330个，列管人员配备率80.5%，日常在线使用率100%。

【危爆物品管控】 2022年，海安市有剧毒化学品单位7家、易制爆危险化学品单位202家，全部在管在控。加强危险物品管理和剧毒易制爆危险化学品使用安全专项治理，全面摸排辖区内危化品重点行业，逐家核查可能经营、使用剧毒、易制爆危险化学品的单位。推进“智慧危管”建设，落实剧毒、易制爆危险化学品单位储存环节的人防、物防、技防等防范措施，全面登记单位基本信息，及时录入剧毒、易制爆危险化学品销售、购买、出入库、领取、使用、归还、处置等信息，实行剧毒、易制爆危险化学品全环节动态管控。成功处置一起疑似危爆物品事件。

【刑事案件侦查】 2022年，海安市严打盗抢骗、黄赌毒、食药环、制售假、非法集资等各类违法犯罪，立案现行刑事案件2014起，比上年下降1.66%，抓获犯罪嫌疑人1257人，“八类”案件破案率100%，命案连续29年全破。打击电信网络诈骗，摧毁电信诈骗团伙15个，抓获犯罪嫌疑人325人，破案数、抓获数分别比上年增长4.25%、5.53%，发案数、案损数分别比上年下降1.6%、10.15%。打击养老诈骗，捣毁养老诈骗犯罪团伙2个，抓获犯罪嫌疑人85人，冻结涉案资金1亿多元。打击黄赌违法犯罪，抓获涉娼违法行为人392人、涉赌违法行为人488人。开展特殊困难群体救助帮扶和妇女儿童权益保障问题专项排查整治行动，破获强奸、猥亵妇女儿童案件10起，抓获涉拐犯罪嫌疑人2人。

2022年5月27日，海安市公安局大公派出所组织大公镇中心小学学生到市禁毒科普教育馆参观　翟慧勇／摄

【经济案件侦查】 2022年，海安市公安系统破获海安市首例虚拟币网络传销新型犯罪等经济类案件33起，抓获犯罪嫌疑人72人，为企业和群众挽回经济损失3亿多元。推进经侦情报导侦联勤工作站建设，优化专业研判机制，对涉税、金融、传销等突出经济犯罪活动进行追踪溯源和精准打击，3起“集群战役”和1起数据协同案件获公安部认定。开展非法流动加油车专项整治行动，突击检查民营加油站购、运、储、销等环节46次，组织联合执法行动32次，查扣非法流动加油车23辆，整改安全隐患8处。依托海安警企服务中心，走访重点企业36家，帮助企业解决案（事）件26起，堵塞企业经营管理漏洞21处。

【禁毒工作】 2022年，海安市推进“清源断流”行动，开展禁种铲毒、“笑气”专项整治百日攻坚、易制毒化学品使用企业专项排查整治等行动，破获“12·27”贩卖K粉案等案件，查处“笑气”罐装作坊1处，查获罐装设备6台、“笑气”34万余瓶。坚持源头治理，开展禁毒宣传，强化吸毒人员排查管控，严格易制毒化学品企业监管，全年无吸毒人员肇事肇祸事件发生。利用市禁毒科普教育馆，常态化开展毒品危害、禁毒法律宣传。

【“110”接处警】 2022年，海安市“110”报警服务台接听报警求助电话33.05万起，比上年下降3.88%，其中有效报警18.84万起，比上年下降2.3%。通过“110”快速指令抓获违法犯罪嫌疑人119人，破获案件291起。

【出入境管理】 2022年，海安市在市行政服务中心出入境窗口设立“一号窗口”，为紧急事项、特殊群体申请人员开辟“绿色通道”，提供加急服务23人次，在南通市公安局“全访评”民意监测中群众满意率保持100%。打击妨害国（边）境管理违法犯罪活动，侦办妨害国

（边）境案件18起。推进政务服务组织建设，5月设立出入境大队政务服务管理中队，9月调整为政务服务管理大队。

【边防警务】 2022年4月，老坝港边防派出所与市公安局滨海新区派出所合署办公，海防业务由市滨海新区派出所接管。全年，滨海新区派出所接处警2075起，报立刑事案件71起，破获20起；受理治安案件509起，查处428起；调处纠纷1768起，化解群体性事件4起。

【监所管理】 2022年，海安市看守所坚持“科学筹划、文化引领、信息支撑、规范执法、精细管理”的监管工作思路，打造“人权保障、人格尊重、人文关怀、人性重塑”监室管理模式，连续20年被公安部评为一级看守所，全省唯一。推进监管执法规范化建设，保障在押人员合法权益，看守所连续35年安全无事故。全国公安系统二级英雄模范肖峰的先进事迹在全省公安系统宣讲，获评南通市首届“最美公务员”。民警3人被记个人三等功、18人获嘉奖、4人被表彰为优秀党员，收到出所在押人员及家属赠送感谢锦旗3面。

【巡逻防控】 2022年，海安市推动主城区巡处一体化机制改革，新建4座警务工作站，组建应急处突分队、铁骑中队，布建6个快反点、8个响应点、6个支撑点、5个堵控点和21个县域卡口，实现警情快处、街面快反、基层减负。11月3日，南通市公安机关街面巡防体系建设暨巡处一体化改革现场会在海安召开。全面整合机动合成队、机关夜巡队，加强对重点部位视频巡查、街面盘查，通过社会面巡防抓获犯罪嫌疑人248人。铁骑中队立足“治安防控、应急处突、交通管理、救援服务”四大职能，对接“110”指挥中心、交通指挥中心，打造“动中备勤、动中处警、动态巡防、快反快处”路面防控升级版，全年巡逻里程10万千米，救助群众120余人，相关工作被《人民公安报》报道。

【公安科技信息化】 2022年，海安市加强数字公安建设，实施智慧警务“1+2+3+N”工程。依托大数据支援服务中心，融合合成维稳、基础管控、合成侦查、执法办案四个分中心，打造数字公安智慧大脑；基于城市和农村两种模式，细化数字化建设内容；建设智能化警务室，构建“中心+派出所+警务室”三级数字警务体系；强化智慧公安建设应用，自主研发运用的“疫情核查系统”和“RFID技术有源感知定位预警系统”获国家版权局计算机软件著作权专利认证；研发“RFID+结构化”物联网摄像机、多形态长续航电子定位标签（单兵），打造基于RFID技术的有源感知预警系统，为国内首创。依托执法管理平台，推动警情案件办理审核、涉案人员处理、卷宗财物管理等工作实现信息化记载、传输、储存。打造警务服务平台、警务自助服务一体机和警务服务掌上通三位一体的网上服务体系，受理警务服务事项办结率100%。

【警务服务】 2022年，海安市制定法制员派驻管理规定，推行派驻法制员盯警盯案机制，举办法治、接处警大讲堂5期、编发微课程2期，组织公检同堂培训4次。落实刑事案件和疑难复杂行政案件进驻执法办案管理中心办理要求，推进认罪认罚刑事案件繁简分流速裁工作，办理刑事速裁案件169件174人，占比42.08%。开展“有案不立、压案不查、逐利执法”“清风1号”“清风2号”专项执法监督行动，发现执法问题43个。实施接处警积分管理制度，动态调整三大类17项积分内容，累计监测警情3万多起，督促整改问题数据4000多条。出台“海安市公安机关优化营商环境15项措施”，组建“企无忧”金盾服务队，开展“问需于企、问计于民”“五送五助”行动，打造“1+5+N”“金盾护航·海心安”营商环境服务品牌，走访重点企业88家，召开警企座谈会8次，开展法治宣讲活动26次。推行政务服务公安窗口全流程办理，统一受理、集中办理事项63项，建成派出所综合服务窗口7个，综合窗口可受理业务事项拓展为36项。完成海安公安便民服务“一张图”，标注公安审批服务点位36个、警务服务站6个、二维码关联警务区93个。

【公安信访工作】 2022年，海安市公安系统推进“阳光信访”，健全群众信访举报投诉受理处置、核查督办和结果反馈机制，高效办理政务热线、政府信箱、门户网站等流转的信访件，维护人民群众权益。发挥“公调对接工作站”职能，构建人民调解、行政调解和司法调解相互衔接、良性互动的矛盾纠纷调处机制，全年排查各类矛盾纠纷1.76万件，成功调处1.75万件，移送大调解部门97件，成功化解处置率99.4%。

【警务督察】 2022年，海安市公安系统建立健全受案立案管理工作规定、涉案财物管理规定、执法办案中心使用管理规定等规章制度，规范民警执法活动。推行现场执法活动音视频记录制度，建立执法记录电子档案，实现执法办案全过程同步记录和实时监督。坚持“日提醒、周通报、月考评、年检查”和“飞行临检”相结合、网上和网下考核相结合的执法质量考评机制，每月通过设警检查、现场提问、抽查卷宗、实地查看等方式，对全市22个基层所队规范执法工作开展一次菜单式量化考评。推行执法办案民警积分制和接处警积分制，每月通报奖励积分排名靠前的民警，每季度评选规范执法之星。建立法制员每月考核通报制度，淘汰连续两年考核末位的法制员。落实执法过错责任追究制度，全年追究执法过错责任4案6人。完善公安局队伍标准化建设记分管理办法，发布《督察通报》40期，对17家单位、33人实施记分管理。

【市政法一体化执法办案中心获评江苏“六六战略”先进实践示范点】 2022年，海安市优化司法资源配置，构建集成化集约化执法办案机制，市政法一体化执法办案中心获评江苏“六六战略”（创新、主动、融合、智慧、规范、精准六大警务，砺剑、织网、护航、强基、靖网、铸警六大工程）先进实践示范点。推进“一体化”办案。市公安局法制大队、刑事技术侦查中队统一进驻中心办公，市人民检察院、市人民法院办案团队常态派驻，实现跨部门刑事诉讼涉案财物“一体化”管理，速裁程序案件和侵害未成年人案件“一站式”办理；出台《海安市刑事案件繁简分流分类办理工作意见》，构建繁简分流、轻重分离、快慢分道的政法一体化执法办案机制。推动“数字化”执法。建立远程讯（询）问系统，应用一体三级智慧执法办案管理综合平台和执法办案智能辅助系统，系统应用覆盖率、执法办案场所电子笔录制作率、电子签名捺印率均为100%；运用大数据、物联网、人脸识别等科技，以“智能手环”为媒介，实现办案轨迹全流程跟踪、执法对象全进程管控、执法活动全过程回溯；完善公检法一体化涉案财物管理机制，按照“一案一档一物一码”标准，建立涉案财物电子身份信息，实行涉案财物从登记入库到出库处置全流程网上流转、换押式交接。加强“智能化”监督。推广应用政法业务协同平台，实现案件立案、侦查、移诉、批捕、提起公诉、审理等各个环节全流程网上动态流转，分析研判接处警预警、涉案财物处置预警、强制措施预警等信息，压实办案人员工作责任。（王　晶）

检　察

【概况】 2022年，海安市检察机关统筹推进刑事检察、民事检察、行政检察、公益诉讼检察工作，获评全国检察宣传先进单位、江苏省文明单位、省检察机关扫黑除恶工作先进集体、南通市先进基层检察院等南通市级以上集体荣誉36项，分别有4件、5件案例被最高人民检察院、省人民检察院评为典型案例。深化专业能力建设，与陕西省略阳县人民检察院、无锡市惠山区人民检察院结对共建，互派干警挂职锻炼；开办“周三夜校”“海检小课堂”10期；先后涌现全国检察机关控告申诉人才、全国检察机关信息工作表现突出个人、江苏省妇女儿童工作先进个人等优秀典型，11名干警获评标兵、能手。加强阳光检务建设，向市人大常委会汇报开展法律监督、落实“民法典”等工作情况；办结人大代表建议2件，累计邀请代表委员、人民监督员、社区群众300余人次参加观摩庭审、公开听证、工作通报会等检察活动；依托“12309”中国检察网，发布重要案件信息320条、案件程序性信息940条。

【刑事检察】 2022年，海安市检察机关坚持少捕慎诉慎押，依法不批捕16人、不起诉77人，诉前羁押率18.05%。联合公安机关成立侦查监督与协作配合领导小组及办公室，办理简易、速裁程序案件292件。适用认罪认罚从宽案件495件，占比91.17%。纠正漏捕8人、漏诉10人，提请抗诉2件。开展“养老反诈”普法宣传，办理电信网络诈骗案件27件87人。“李某某等5人诈骗案”获评江苏省抗诉典型案例，入选最高人民检察院工作报告，被中央广播电视总台新闻频道报道。强化刑事执行监督，发出监外执行纠正意见6份、指定居所监视居住执行纠正意见9份、财产刑执行检察建议24份。

【民事检察】 2022年，海安市检察机关受理民事诉讼监督案件37件，发出再审检察建议8份、执行监督检察建议20份、审判程序违法监督检察建议4份。聚焦民生诉求，办理民事支持起诉案件71件，挽回经济损失175万余元；办理赡养纠纷支持起诉案件5件。“穆某某等79名进城务工人员与某家具公司劳动报酬纠纷支持起诉、劳动仲裁案”被省人民检察院评为典型案例。

【行政检察】 2022年，海安市检察机关在全省率先牵头起草“关于加强行政执法检察监督工作的意见”，市委、市政府专门发文并将该工作纳入法治政府建设考核，市人民检察院在省民事行政检察工作会议上作经验交流。围绕企业恶意注销等开展专项监督，实质性化解行政争议10件，制发行政非诉执行监督检察建议11件、行政违法行为监督检察建议7件。“某建材公司违法占地行政执法监督案”获评全国检察机关土地执法查处领域行政非诉执行监督专项活动优秀案件。

【公益诉讼检察】 2022年，海安市检察机关立案行政公益诉讼91件，发出诉前检察建议67份；立案刑事附带民事公益诉讼14件。开展“检护土地”行动，办理国有土地使用权出让领域公益诉讼12件，督促追缴土地出让金132万元，监督复垦土地3.6公顷。“水上村庄”危房治理、乡村路灯整治2起行政公益诉讼案件入选全国检察机关“千案展示”案例。“某化工企业污染环境损害赔偿磋商案”作为全国首例探索实行惩罚性赔偿和替代性修复相结合的案件，被生态环境部作为典型案例发布。

【检察为民服务】 2022年，海安市检察机关践行司法为民服务理念，维护社会稳定，审查逮捕127人、提起公诉647人，人数分别比上年下降30.98%、25.89%。推进法治反腐，办理行贿犯罪案件3件3人；受理市监察委员会移送的职务犯罪案件13件13人，办结10件10人，其中国有企业人员职务犯罪案件6件6人。呵护未成年人成长，牵头起草《推进未成年人综合保护社会支持体系建设实施办法》，起诉侵害未成年人犯罪13人，附条件不起诉未成年人7人；开展检察官“法治副校长”普法宣讲，受众2万余人次；严把行业入职关口，对拟进行教师资格认定人员、学校拟聘用人员、托育机构从业人员实行违法犯罪记录查询全覆盖；“范某等3人盗窃案”入选全省检察机关落实少捕慎诉慎押刑事司法政策典型案例。深化矛盾纠纷溯源治理，围绕邮政寄递安全、共享单车运营等领域，制发社会治理类检察建议12份，均获采纳落实；处理信访206件，促成刑事和解25件，发放司法救助金64人46.49万元，“涂某某、吴某某司法救助案”入选全国检察机关重复信访实质性化解典型案例。推动扫黑除恶，落实“反有组织犯罪法”，办理涉恶犯罪案件4件11人；严惩黑恶势力“保护伞”，异地查办上级检察机关交办的2名涉嫌徇私枉法罪的司法工作人员。完善助企纾困营商环境，办理侵害民营企业犯罪案件25件27人；推进合规建设，办理企业合规案件6件9家，对11名企业人员不起诉，避免经济损失8000余万元，市人民检察院获评南通市涉案企业合规改革工作先进集体。（刘合臻）

法　院

【概况】 2022年，海安市人民法院受理各类案件1.60万件，比上年增长9.96%；审执结各类案件1.42万件，比上年增长10.43%；员额法官人均结案288.98件，比上年增长20.44%。改革司法体制，推进院庭长办案常态化，院庭长审结案件6113件，占结案总数的43.17%；健全“六类案件”识别监管机制，夯实全过程审判监督管理责任；修订民商事案件分案办法，推动案件繁简分流；组建立案庭速裁团队，运用“要素式审判+无纸化办案”模式，累计高效审结案件923件。加强业务能力建设，开展“百日办案竞赛”、书记员技能竞赛活动，组建10个“杜开林式”办案团队领衔办案，组织专题培训10期239人次。落实司法公开，邀请市人大代表、市政协委员27人次参加新闻发布会7场，65人次旁听庭审、监督执行11场；走访代表、委员286人次，办理代表建议5件、委员提案3件，办结满意率100%；召开新闻发布会7场，公开裁判文书2623件，直播庭审3148场；践行全过程人民民主，邀请人民陪审员参审案件745件；开展周三“院长接待日”活动49次，接待群众217人次，办理“院长信箱”信访件139件。深化人才梯队建设，遴选员额法官4人，选拔任用中层干部10人，安排“上挂下派”干警7人，1人获评全国法院办案标兵，1人获评全国法院司法宣传和通联工作先进个人，1人入选最高人民法院司法警察教官人才库。注重司法调研，21篇论文获南通市级以上奖项。《司法大数据赋能营商环境优化》获评南通市“营商环境提升年”十佳案例，李堡法庭获评南通市人民法庭高质量发展考评优秀等次。5月6日，南通市金融纠纷调解中心海安分中心在海安市人民法院揭牌成立。9月1日，南通市法院司法安全工作现场会在海安召开，海安法院法警大队作交流发言，法警大队“全装”巡查工作指引在南通市推广。

【刑事审判】 2022年，海安市人民法院审结各类刑事案件495件712人。维护公共安全，审结非法买卖枪支案件17件20人。守护“舌尖上的安全”，审结生产、销售有毒有害食品案件4件29人。保护群众“钱袋子”，审结非法吸收公众存款、电信网络诈骗犯罪案件12件32人，涉案金额1.38亿元。依法从严惩处腐败犯罪，审结职务犯罪案件6件6人。

【民事审判】 2022年，海安市人民法院审结各类民商事案件9076件。联合市劳动人事争议仲裁院完善“裁审衔接”工作机制，审结劳动争议案件250件。开展“开学季·法润平安校园”系列法治宣讲活动，涉未成年人审判经验被《人民法院报》整版报道。联合市妇联设立“尚法”家庭教育指导工作站，累计发出家庭教育责任告知书42份。弘扬社会主义核心价值观，“平摊8万元学费难支持案”获“中国普法”微信公众号推广，阅读量突破1000万人次。传递司法温度，为经济困难当事人缓减免诉讼费61万元，发放司法救助金81.98万元。

【金融审判】 2022年，海安市人民法院推进破产案件繁简分流，简单破产案件平均审理天数比上年下降18%。审结破产案件72件、公益清算案件371件，化解不良债权24.8亿元，妥善安置职工976人，盘活土地40.13公顷，实现破产资产处置税费入库1025万元，帮助439家“僵尸企业”有序退出市场，“关于经营性粮油企业破产问题的情况反映”获市委主要领导批示。设立金融纠纷调解中心，成功调处案件113件，涉及金额1.67亿元。打造企业破产处置“府院联动”品牌，召开联席会议45次。

【执行工作】 2022年，海安市人民法院执结各类案件4403件，执行到位金额6.8亿元。组织涉民生、涉营商环境优化等专项执行行动22次，发布失信名单1708人次，对失信被执行人2697人采取限制高消费措施。加大拒执行为打击力度，判决拒执犯罪10件13人。推进“执转破”（执行案件移送破产审查制度）工作，受理案件67件，消化执行积案992件。提高司法网拍工作效率，成交金额4.36亿元，实现税费入库4532万元。推进“与个人破产制度相当的债务清理”试点，出台工作指引并成功立案2件。

【诉讼服务】 2022年，海安市人民法院深化“一站式”诉讼服务体系建设，将立

2022年7月29日，海安市人民法院举办适老型诉讼服务机制研讨法学沙龙活动
花　卉／摄

案庭迁驻市社会治理综合服务中心，优化便民诉讼服务。畅通线上立案渠道，全年网上立案4012件。开通所有人民法庭立案诉讼服务功能，推行“一三六”（坚持一次办清，高度关注民生项目、涉群体型、涉老弱病残弱势群体三类重点案件，实现诉讼引导、风险提示、热情服务、沟通调解、答疑解惑、跟踪回访六个到位）工作法，打造升级版“家门口”式诉讼服务。优化老年人服务，举办适老诉讼服务机制研讨法学沙龙活动，“银发无忧”适老型诉讼服务机制入选南通政法系统2022年度“我为群众办实事”项目并取得明显成效。

【司法为民服务】 2022年，海安市人民法院聚焦“万事好通·海心安”品牌，向市委常委会专题汇报“数助决策”分析报告。制定优化营商环境措施13条，优化营商环境工作评议整改方案获市人大常委会相关领导肯定。实施“百千活动”（百名政法领导挂千企，千名政法干警连千村、社区），对挂钩企业开展上门问需、对接服务76次。开展“1+4”专项行动（企业信用修复“暖企”行动和市场主体出清“助企”行动、善意文明执行“护企”行动、推进政务诚信“惠企”行动、执行信访突出问题攻坚化解“安企”行动），为485家被执行企业修复信用。推进建筑企业债务化解和债权清收，促进建筑业生存发展的经验做法在省高级人民法院工作简报刊发。制定助推乡村振兴措施20条，依法审结农村土地承包流转等案件11件。联合市妇联启动第二期“家事调解员种子计划”，组织基层妇女维权工作者108人跟班学习。与区镇（街道）建立定期会商长效机制，推行“关键人物工作法”，化解社会矛盾纠纷。打造“无讼村居”，南莫法庭“法‘亭’在朱楼”无讼村居创建做法被“学习强国”学习平台推广。发挥人民法庭解纷作用，审理案件5456件，案件调撤率57.6%。提升物业纠纷、民营经济纠纷等诉前调解效率，通过非诉方式解除纠纷超6000件。组织由64名干警组成的“普法讲师团”深入机关、社区、企业、学校开展法治宣讲124场、巡回审判176场。 （徐 涛）

司法行政

【人民调解】 2022年，海安市出台“关于进一步加强社会矛盾纠纷排查化解体系和能力建设实施意见的通知”，开展“大排查、大调解、促和谐”、涉企矛盾纠纷集中排查化解等专项活动，化解重点矛盾纠纷58件、涉企纠纷193件。推广应用“苏解纷”非诉服务平台，完成注册人数6万多人，线上调处纠纷1922件，成立12家行政调解委员会并组织入驻“苏解纷”非诉服务平台，相关经验做法被“学习强国”学习平台等媒体报道。健全矛盾纠纷多元化解机制，调处矛盾纠纷2.34万件，成功率99.86%，省委领导高度肯定曲塘镇多元解纷综合服务工作。加强队伍建设，联合市社会治理综合服务中心举办专职调解员业务培训，开展“十佳金牌调解员”和“十佳典型案例”评选活动，市人民调解委员会获评南通市“十佳调委会”。

【社区矫正】 2022年，海安市围绕确保社矫安帮“五个不发生”（不发生政治性事件、不发生重大群体性事件、不发生重大安全生产方面的事故、不发生特种刑事案件和特种重大治安案件、不发生不实舆情炒作）目标，推进隐患排查整治及社矫安帮提质专项行动，“海安市对缓刑社区矫正对象吕某某依法给予警告并使用电子定位装置案例”入选司法部首批社区矫正工作指导案例。全市接收社区矫正对象267人，期满解除274人，至年底，社区矫正对象403人全部在管在控。推动社区矫正平台建设，依托市禁毒馆建成涉毒类损害修复和教育帮扶基地，智慧矫正中心通过司法部远程视频核验，在社区矫正对象较多的村（居）设立矫正教育帮扶工作站29个。

【安置帮教】 2022年，海安市开展“迎新春·送温暖”“春风行动”等主题帮教活动，帮助安置帮教对象42人融入社会，至年底，安置帮教对象1745人全部在管在控。5月30日至6月2日，南通市安置帮教工作现场观摩会在曲塘镇召开。依托南通远扬休闲用品有限公司建成省级阳光帮扶示范基地。推进安置帮教社会适应指数评估运用试点工作，7个适指评估案例入选南通市安置帮教适指评估运用指导案例。

【基层公共法律服务】 2022年，海安市制定基层法律服务所规范化建设实施方案，推进基层法律服务所机构设置、工作制度、队伍管理、执业活动、场所建设“五项规范化”建设。加强基层法律服务行业“两结合”（基层司法所+基层法律服务所）管理，建立健全执业公示、案件受理、服务质量跟踪反馈等制度，开展卷宗装订、所务管理专项检查活动。深入车间一线宣讲法律知识，化解群体性劳资纠纷10件。海安基层公共法律服务经验做法获省司法厅领导批示表扬。

【法律援助】 2022年，海安市深化“法援惠民生·倾情保稳定”行动，受理法律援助案件1418件，依托市退役军人事务局、江苏由甲律师事务所等平台新建法律援助工作站6家，实行岗位责任制、服务承诺制、首问负责制等工作制度，举办法律援助培训班1期，相关工作经验获省法律援助中心主要领导肯定。

【律师工作】 2022年，海安市出台“关于加快推进律师行业高质量发展的实施意见”，设立推进律师行业高质量发展专项基金，专门用于律师人才引进、培养及律师事务所规模化、专业化、品牌化发展。促进律师行业健康发展，将公职律师配备和公职律师机构作用发挥纳入全市法治建设考核，完善律师与司法人员接触交往行为规范，开展行业警示教育、突出问题专项治理等活动。49名女律师组建海燕律师公益服务团，举办法治公益讲座6场，提供上门体检33次，提出法律建议49条，相关经验做法获《江苏法制报》头版报道。

【戒毒管理】 2022年，海安市推进区镇司法所智能服务站建设，打造“1+2+N”工作阵地（“1”是市司法局中心工作站；“2”是区镇司法所，15个后续照管服务站；“N”是社会各方参与力量），形成“工作站总负责，服务站具体抓，相关部门协调做”的运作机制。加强损害修复和教育帮扶基地建设，依托市禁毒馆建成损害修复和教育帮扶基地，将毒品预防和后续照管相结合，定期组织禁毒馆主题活动，开展禁毒宣传、普及毒品知识；联合禁毒民警、网格员等，开展走访约谈、适应帮扶活动，帮助后续照管对象回归社会。加强后续照管人员管理，建立“看、听、谈”教育机制，坚持“联系提醒、沟通引导、帮扶救助”照管理念，分批开展需求帮扶；开展损害修复，针对照管对象实际生活环境、背景情况，制定个性化教育矫治方案；建立后续照管人员个人档案和电子信息库，由工作站发送至所在服务站、村居委会，形成联动机制；推广智慧照管，确保“阳光家园”“亲情守护”“照管通”App安装率，助力日常照管帮扶；建立支持系统，引导亲属参与照管，发挥亲情感化和日常监督作用；加强后续照管典型培育政策宣传，传授防复吸技巧，分享戒治成功经验。

【司法鉴定】 2022年，海安市人民医院司法鉴定所受理各类鉴定案件570件，比上年减少8.5%，司法鉴定意见采信率100%。全年未受理法律援助案件鉴定。参加司法部司法能力验证活动，医疗损害、视力、护理依赖、伤残、损伤获满意评价，听力获通过评价。加强司法鉴定队伍建设，不定期组织鉴定方法、鉴定注意事项、法律法规、警示教育等培训，鉴定人员参训率、规定学时完成率均为100%。

【法治宣传教育】 2022年，海安市落实“八五”普法规划，创新建立市领导导学、部门区镇负责人讲学、工作人员践学的学法制度；举办第十八届法治文化节暨首场新法律法规贯彻实施发布会、第十六届进城务工人员学法活动周、“反有组织犯罪法”等专题法治宣传活动；开展第二届“民法典”宣传月主题活动，印制《美好生活 法典相伴》宣传册5万册；组织“宪法”宣传周活动，举办“纪念现行宪法公布施行四十周年——法润海安和谐善治”法治文化作品展；开展青少年法治宣传月活动，邀请法治副校长上专题法治课。落实“谁执法 谁普法”责任制，制定成员单位普法责任清单，开展劳动法治宣传月、“以法护家·守护成长”等系列活动，在“尚法海安”微信公众号推出“谁执法 谁普法”专栏16期。推进基层依法治理，新增“法律明白人”543人，创建国家级民主法治示范村1个、省级民主法治示范村（社区）7个。更新镇村法治文化阵地201处，新建户外劳动者法治服务站20个，海安街道凤山村入围第九批全国民主法治示范村。海安市获评全国“八五”普法与依法治理工作法治文化建设联系点，全省唯一。

【凤山村获评全国民主法治示范村】

2022年12月，海安市凤山村被司法部、民政部表彰为全国民主法治示范村（社区）。凤山村地处海安市北郊，面积7.6平方千米，常住人口约1.3万人，创建法治、德治、自治“三治”融合新模式，形成具有凤山特色的法治文化。以法治文化淳朴民风，邀请“三官一律”（法官、检察官、警官和律师）举办法治讲座；创建法润民生群，普及法律知识，发布法治资讯，探讨法律问题；组建民间宣传队，开展法治文化义务表演；开展“4·8”司法日和“12·4”宪法日法治宣讲活动。以道德榜样感召民风，每季度挑选道德楷模，每年表彰基层治理中做出重大贡献的党员、网格员、村民代表、企业家，形成示范效应。以志愿服务引导民风，成立“风向阳”志愿服务队，下设“红黄橙绿青蓝紫”七色服务队，有针对性地进行普法宣传、法律服务。同时，不断完善基层治理制度，严格执行“四议四公开”（党组织会提议、“两委”会商议、党员大会审议、村民代表会议决议，党务公开、政务公开、财务公开、事务公开）制度，及时召开村民代表大会民主协商，及时公示决策结果，法律顾问把好“审核关”，群众议事把好“协商关”。（范田晶）

仲　裁

【土地承包仲裁】 2022年，海安市农村土地承包调解委员会及时有效调处土地承包纠纷，维护当事人合法经营权。市农村土地承包调解委员会下设办公室，办公室设在市农业农村局，聘请仲裁员32人。区镇（街道）农村经济管理部门、村经济合作社分别负责镇、村级土地承包纠纷调解工作，13个区镇（街道）全部成立农村土地承包纠纷调解委员会，所有行政村全部建立村级调解小组，全市有镇级调解员42人、村级调解员398人。年内，市仲裁委员会收到仲裁申请4起，开庭审理4起，成功调解4起。（张　曼）

【劳动人事仲裁】 2022年，海安市劳动人事争议仲裁院立案处理劳动人事争议案件954件，其中，裁决结案210件、调解结案699件、撤诉结案45件，案件调撤率77.99%。涉及劳动者1182人，为劳动者挽回劳动报酬、经济补偿、赔偿金、工伤保险待遇等损失3861.5万元。强化裁审衔接，联合市人民法院民一庭召开裁审衔接工作会议，研讨劳动人事争议案件审理中的疑难问题，提高仲裁案件处理质效和服裁息诉率。健全劳动人事争议多元化解工作机制，牵头成立劳动人事争议联合调处中心，提供咨询、受理、调解、仲裁、监察、诉讼、援助等“一站式”服务，全年联动调处集体争议7起。（王　敏）

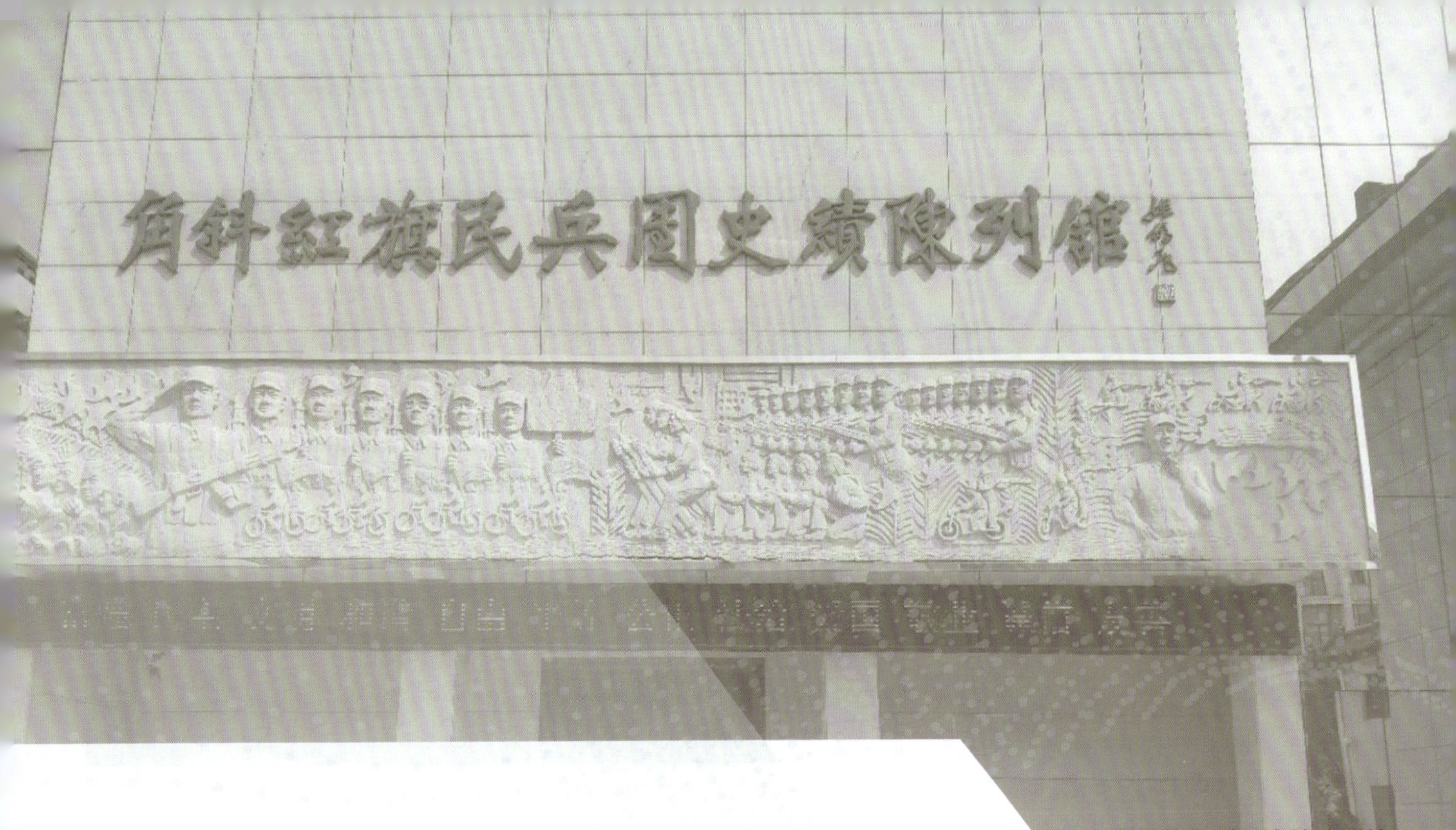

角斜红旗民兵团史绩陈列馆

军　事

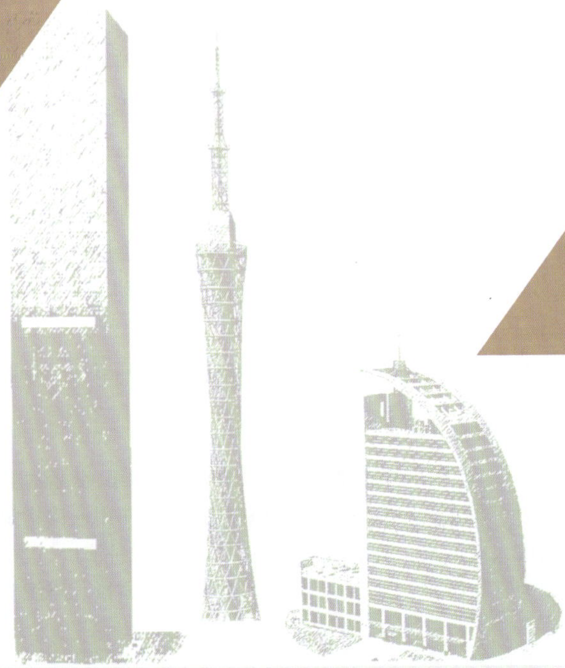

海安市人民武装部

【概况】 2022年，海安市人民武装部（简称市人武部）深入贯彻习近平强军思想，深化政治建设，聚焦练兵备战，推进军民融合，全面建设稳定提升。加强安全管理，每季度定期召开安全形势分析会，开展枪弹专项整治、“军车交通安全月”和“百日安全”等活动。专题研究军委巡视自查自纠和派驻纪检监察组反馈的问题，逐条逐项建立问题清单、整改清单及责任清单。强化党员队伍建设，严格落实严禁违规喝酒等各项规定，市人武部代表南通军分区接受省军区基层风气建设检查获好评。市人武部被南通军分区评为2022年度全面建设先进人武部。1人被省军区表彰为新闻宣传工作先进个人，2人获南通军分区嘉奖。杂技《逐梦空天》获省军区文艺会演特等奖。推进角斜“红旗民兵团”转型升级，相关经验做法被中央广播电视总台国防军事频道、《中国国防报》等国家级媒体报道9次。注重新闻宣传，在省级及以上媒体用稿110篇，其中国家级99篇，宣传工作在南通军分区量化考核中保持首位。

【国防动员】 2022年，海安市人武部对照“十四五”规划，落实基干民兵编组任务，开展民兵整组潜力调研，走访市城建开发投资集团、江苏鹏飞集团等企业32家，精准对接企业行业拓展编兵、科学编组，建强民兵组织。加强基层规范化建设，区镇（街道）武装部和村居民兵营（连）全面达标升级。先后动用民兵1万多人次，参加疫情防控和防汛抗灾。完成8000多名学生的军训任务。

【政治工作】 2022年，海安市人武部学习贯彻习近平总书记系列重要讲话精神，坚持党管武装原则，坚决拥护和落实军委主席负责制。组织“赞颂强军伟大成就，喜迎盛会隆重召开”演讲比赛、“故事里的红色精神”宣讲、贯彻党的二十大报告学习讨论会等活动，小品《我是一面旗》入选省军区党的二十大精神学习成果展。

2022年9月7日，海安市组织预定兵员开展爱国主义传统教育　　市人武部／供图

【练兵备战】 2022年，海安市人武部围绕应急应战任务，落实战备值班制度，建强处突力量，战备值班分队保持备勤常态化。坚持以战领训、从严治训，落实党委议训制度，带头抓好首长机关训练。民兵训练足员、足时、足内容按纲施训，高标准完成民兵应急连备勤轮训、公路运输、护路连、双35高炮分队等7个批次基干民兵训练任务和南通军分区随机拉动、组织抽考，接受省军区民兵工作、备战打仗体系考核，成绩列省、南通市前列。

【征兵工作】 2022年，海安市先后召开征兵工作推进会5次，采取广泛宣传、阳光征集、联合审定等方式，落实“一年两征”政策。出台《海安市量化积分定兵实施细则》，对“双合格”（体检、政治考察合格）应征青年量化赋分，根据积分排名，在市纪委监委、廉洁征兵监督员、应征青年家长代表监督下，公开组织应征青年选择去向，确定具体入伍单位。征兵质量全面提升，大学生新兵占新兵总数71.1%，无一例退兵。

【后装保障】 2022年，海安市人武部发挥官兵主体地位作用，主动为官兵解难帮困、搞好服务，利用闲置房间打造文体活动室，丰富官兵文体生活。升级改造民兵训练基地，按序时完成政府投资项目代码申请和设计招标公告，组织设计招标。加强营房建设，公寓房、午休房分别完成装修和整改任务，招待用房进入立项招标阶段。　　（张志荣）

武警海安中队

【概况】 2022年，武警海安中队坚持以习近平强军思想为引领，抓实思想引领，扎实练兵备战，夯实基层基础，严实党的建设，培养“四有”（有灵魂、有本事、有血性、有品德）优秀官兵，争创“四铁”（铁一般信仰、铁一般信念、铁一般纪律、铁一般担当）先进中队。7月30日，市委书记带队到武警海安中队、市公安局开展四套班子领导“八一”军事日主题活动，接受国防教育。武警海安中队获评江苏省双拥共建先进单位。1人获评武警江苏总队优秀执勤哨兵。

【思想政治教育】 2022年，武警海安中队强化思想政治建设，使用通读指定教材，组织干部领学、五分钟演讲、读书交流会等活动，提高教育质量。组织党建知识、法律法规学习培训，规范和加强新时代军队党的建设。开展支队涉网涉密清查整治、密切内部关系“回头看”等活动，整肃基层风气。

【军事训练】 2022年，武警海安中队学习贯彻新时代执勤安保法规，结合任务实际，开展针对性专勤专训、情况处置、“一班哨”联动处置和情况诱导训练，提升哨兵执勤能力。推进执勤设施管用结合，落实“智慧磐石工程”拓展升级和鹰眼VR云图建设。坚持每月分析训练形势，定期开展问题研究，提高军事训练质效。严格科学组训、按纲施训，确保训练安全。加强内部安全建设，落实武警部队安全基本工作规范、《军队安全管理条例》等规定，突出关注人员思想行为、枪弹安全管理、预防季节性事故、保密安全防范等内容，开展“安全倒计时”活动，每日学习警示案例，提升安全意识。

【后勤保障建设】 2022年，武警海安中队坚持以服务中心、服务官兵为目标，落实管理责任制，推动后勤管理规范化、制度化、标准化。在伙食管理上，定期召开经济委员会，突出食谱制定和饮食卫生工作，严把食物配送、储存、加工、留样等关口，确保饮食安全。在卫生防病上，开设卫生常识课，增强防病意识；严格人员管控，落实外出、休假人员疫情防控措施，做到日报告、零报告。在物资及营产营具管理上，开展资产大清查活动，坚持建管并举、重在于管，做到设施定人、定位、定责任。在经费使用上，落实经费使用管理制度，坚持支部理财、“一支笔”审批，规范经费报销手续，确保资金安全和使用效益。

（武警海安中队）

人民防空

【人防指挥体系建设】 2022年，海安市围绕平时服务、急时救援、战时防空工作目标，持续推进人防指挥体系建设。加强防空警报系统建设和管理，开展防空警报系统季度性巡查，全市警报器状态良好，“9·18”全省统一试鸣鸣响率100%。加强人防应急管理，编制《海安市人民防空方案》，组织供水、供气、供电和消防专业队抢修训练。结合“全国防灾减灾日”、国庆节、“国家公祭日”等重要时间节点，组织人防演习演练。加强人防工程平时使用证管理，新建人防工程规范安装标识标注，既有人防工程完成简易标识标注。市住房和城乡建设局（市人防办公室）获评全省人防工作先进单位。

【人防知识宣传】 2022年，海安市推动中小学人防知识教育制度化，巩固人防“五进”（进机关、进学校、进社区、进企业、进网络）成果，结合“国际民防日”“全国防灾减灾日”等时间节点开展防空防灾知识宣传活动，累计发放宣传资料8000多份，组织广场志愿服务5场次。11月7—9日，全省人防系统安全生产现场观摩会暨人防工程详细规划编制推进会在海安举办，与会代表集中观摩海安翡翠郡小区人防工程安全隐患排查现场。

（夏婷婷）

国防教育

【概况】 2022年，海安市成立全民国防教育工作领导小组，出台《2022年海安市全民国防教育工作要点》，全面核查梳理全市爱国主义教育基地信息，发挥苏中七战七捷纪念馆、角斜红旗民兵团史绩陈列馆等爱国主义教育基地作用，利用“全民族抗战爆发纪念日”、建军95周年、“抗战胜利纪念日”和“全民国防教育日”等特殊时点，专题开展“铭记抗战历史传承红色基因”纪念全民族抗战爆发85周年活动、“弘扬抗战精神·致敬海安老兵”主题宣传活动等一系列宣传教育活动。坚持将国防教育纳入干部培训体系，市委党校青年干部培训班开展为期一周的封闭式军事训练。

【“弘扬抗战精神·致敬海安老兵”主题宣传活动】 2022年6月1日，海安市退役军人事务局启动抗战老兵专访活动，走访马宝龙、缪贵山、周宝海等抗战老兵12人。历时一个月，拍摄制作《抗战老兵在海安》专题片。7月7日，在纪念全民族抗战爆发85周年活动大会上播出。8月1日起，市委宣传部、市退役军人事务局、市融媒体中心联合推出“强国复兴有我·致敬最可爱的你”短视频线上展播活动，在“海安播报”微信公众号上，分三期展播《四代从军报国志，红色家风代代传》《一门忠烈铸忠诚，军功闪耀报党恩》《铭记“大将”教诲，传承红色精神》，分别讲述海安抗战老兵朱宏山、94岁老英雄江承年、六级伤残军人缪贵山的光辉事迹。

【国防教育进校园活动】 2022年9月，海安市各中小学先后开展多种活动，重温红色历史，普及国防教育，弘扬爱国主义精神。市人武部、市全民国防教育工作领导小组办公室联合在教师发展中心附属小学海光校区、海陵中学南校区举办“故事里的红色精神”国防教育专题讲座。城南实验小学举办“童心向党·心系国防”主题教育活动，通过“童声里的中国”歌唱活动、观赏国防教育影片《长津湖》、绘图画等方式，将国防教育融入日常学习。明道小学教育集团丹凤校区开展学英雄活动，组织学生参观韩国钧故居，邀请家长参与共读红色经典。教师发展中心附属小学开展“喜迎二十大，共筑强国梦”国防主题教育活动，举办“国防教育”主题班会、“学国防知识，讲英雄故事，做爱国少年”国防教育等活动。

（张志荣）

双拥共建

【拥军优属】 2022年，海安市推进省双拥模范城“七连冠”创建工作，建立军地互办实事“双清单”制度，开展“五个一”（组织一次参观学习、开展一次亲切座谈、举办一次红色宣讲、赠送一份“拥军礼包”、观看一场文化演出）活动，推进机关企事业单位和驻海安部队结对共建，深化军民融合发展。为驻海安部队官兵购买意外伤害保险，发放海安籍义务兵家庭优待金1313.82万元、驻海安部队立功官兵奖励金23.26万元。1月19日，苏州市双拥考评组到海安检查考评双拥模范城创建工作并给予肯定。6月14日，海安市召开2022年军供保障工作领导小组暨全国重点军供站创建工作总结会议。建军节前夕，海安各级机关部门、区镇（街道）与驻海安部队结对共建，开展走访慰问活动。7月29日，海安市召开2022年双拥工作会议，会议表彰双拥工作先进集体和先进个人，会后，市委书记率队慰问市消防救援大队、市人武部。8月1日，海安市获评江苏省第十二届双拥模范城，实现“七连冠”。

（陈宇峰）

【军民共建】 2022年，海安市推动军地共建共享，组织民兵力量支援地方重点工程建设、乡村振兴和生态文明构建，在疫情防控、防汛防台和应急救援中发挥突击队作用。市人武部持续加强“军邮一家人”“飞鹤义务宣传队”、流动“征兵驿站”等双拥品牌建设，开展国防教育“进学校、进机关、进企业、进社区”活动，先后组织国防教育30多次。开展“双创双扶”（乡村振兴创新帮扶、创业帮扶）活动，与海安开发区七星湖社区、滨海新区角斜村结对共建，投入10多万元参与乡村振兴建设。

（张志荣）

退役军人事务

【概况】 2022年，海安市强化退役军人思想政治引领，挖掘退役军人先进典型，开展“老兵永远跟党走·党旗飘扬在心中”主题演讲、“抗战老兵在海安”专访、“兵支书”微视频展播等活动10多场次。优化志愿服务阵地，投资近30万元，改造市退役军人“红色先锋”志愿服务中心。支持退役军人创业就业，组织参加南通市退役军人创新创业大赛，获一、二、三等奖各1个，“我的创（就）业故事”征文演讲比赛获优秀组织奖。贲小彬入选2022年度全国退役军人服务中心（站）百名优秀主任（站长），仲跻和获江苏省退役军人创业创新大赛一等奖。市军事运输供应站连续两年获评全国重点军用饮食供应站。

【退役军人服务保障体系建设】 2022年，海安市持续巩固退役军人服务保障体系建设“五有”（有机构、有编制、有人员、有经费、有保障）和“全覆盖”成果，制定“退役军人服务保障体系建设提档升级任务清单”，4家镇级退役军人服务站获评南通市五星级退役军人服务站，镇级退役军人服务站创建率100%。推动“戎耀之家”建设，召开“戎耀之家”建设推进会，市烟草专卖局“戎耀之家”获评江苏省优秀“戎耀之家”。

【就业安置】 2022年，海安市按照“积分选岗，阳光安置”原则，完成军转干部、退役士兵安置就业工作。完成2021年度退役士兵档案复核复审工作并移交至各区镇（街道）人武部。组织退役士兵参加适应性培训、个性化培训和学历教育，实地参观海安企业。市退役军人事务局联合市人社局、江苏省海安中等专业学校（简称海安中专）以及大型企业举办线上线下专场招聘会4场，提供就业岗位1000多个。落实军休干部“两个待遇”（政治待遇、生活待遇），完成部队移交人员接收工作，市军休所获评南通市四星级军休服务机构。9月21—25日，海安市召开2022年度军转干部、符合政府安排工作条件的退役士兵选岗安置会，实现安置工作“三满意”（政府、部队、个人满意）目标。9月26日，海安市2022年度退役军人光荣返乡欢迎仪式暨适应性培训开班典礼在海安中专举行。

【优待抚恤】 2022年，海安市发放抚恤补助资金1.13亿元。根据价格补贴联动机制，发放临时价格补贴190.48万元。实施“关爱宜居”工程，为重点优抚对象完成宜居改造72户。推进退役军人和其他优抚对象建档立卡和优待证制发工作，备案完成率86.56%，优待证激活率44.51%。落实医疗保障工作，支出244.77万元为优抚对象提供免费体检，投入42.25万元为优抚对象购买意外伤害险，发放困难优待对象大病救助金126.97万元，拨付区镇（街道）重点优抚对象门诊医疗费、伙食补助费61.59万元。

【褒扬纪念】 2022年，海安市不断健全军人荣誉激励机制，做好为立功受奖现役军人家庭送喜报工作，营造“一人当兵、全家光荣”浓厚氛围，海安籍现役军人44人获三等功及以上奖励。发挥烈士纪念设施红色教育阵地作用，在清明节、“烈士纪念日”等时间节点举办大型纪念活动，缅怀革命先烈。加强烈士纪念设施管理和英雄烈士保护工作，建立烈士纪念设施长效管护机制，推动烈士纪念设施动态化、信息化、精细化管理。推进重点工程建设，投入538.55万元，集中整修县级以下英雄烈士纪念设施，苏中七战七捷纪念馆连廊投入使用，华中新四军八路军总指挥部纪念馆、粟裕在苏中纪念馆、苏中七战七捷纪念馆多媒体红色沙盘等工程有序推进。7月7日，海安市在苏中七战七捷纪念馆举行纪念全民族抗战爆发85周年活动。

（陈宇峰）

海安智能制造展示中心

经济管理

宏观经济调控

【经济运行监测】 2022年，海安市建立经济运行保障协调机制，协调解决经济运行难点、堵点问题。强化经济运行动态监测分析，加强大数据收集分析和科学研判，做到逐月重点分析、季度全面分析，重点关注地区生产总值核算指标、主要经济指标，把握经济运行态势，强化未来走势研判，提出针对性建议。全年，海安市主要经济指标运行良好，完成地区生产总值1379.75亿元，比上年增长1.8%，其中，第一产业增加值79.71亿元，比上年增长3.6%；第二产业增加值753.31亿元，比上年增长3.4%；第三产业增加值546.74亿元，比上年下降0.5%。人均地区生产总值15.88万元，比上年增长2.2%。

【产业结构升级】 2022年，海安市坚持“工业立市、产业强市”，推动创新引领发展、转变发展方式、优化经济结构、转换增长动力，全面提升经济发展质态，三次产业结构由上年的5.7∶54.0∶40.3调整为5.8∶54.6∶39.6。立足“一粒米、一滴油、一只蛋、一条鱼、一根丝”的“五个一”农业产业优势，打造“苏中新鱼米之乡”。做大做强时尚锦纶、纺织丝绸、电子信息等十大工业产业集群，拓展航空航天、核工业、生物医药等新兴领域，推动产业迈向中高端。加快推进传统产业高新化转型，研究启动节能降碳技改三年行动计划，引导重点企业通过应用数字赋能、军民融合、5G+工业互联网等，加快向高新技术企业方向转型。实施现代服务业繁荣发展三年行动，推动生产性服务业向智能化和高端化拓展，建设“长三角重要陆港城市”和“国家物流枢纽城市”。

【固定资产投资管理】 2022年，海安市完成固定资产投资458.43亿元，比上年下降19.9%，其中，第一产业投资0.38亿元，第二产业投资314.82亿元，第三产业投资143.23亿元。民间投资305.05亿元，占固定资产投资66.5%，占比列南通市第一位。工业固定资产投资314.82亿元，比上年下降21.3%。高新技术产业投资157.21亿元，比上年下降33.8%。房地产开发投资66.4亿元，比上年增长2.8%。旅游业投资18.9亿元，比上年下降32.9%。

【项目投资管理】 2022年，海安市新签约并注册5亿元以上内资项目42个、3000万美元以上外资项目20个。新开工1亿元以上工业项目69个，其中，5亿元以上重大项目21个，“二期项目”22个，专精特新等高质量制造业项目10个。新竣工1亿元以上工业项目38个，其中5亿元以上重大项目17个。入选省级重大项目3个，完成年度投资额10.8亿元；入选南通市级重大项目23个，完成年度投资额56亿元。完成智能化改造数字化转型项目466个。申报专项债券资金项目10个，发放专项资金10.6亿元。江苏东材新材料公司“年产2万吨的MLCC及PCB用高性能聚酯基膜项目”获省战略性新兴产业专项奖补资金1800万元。 （市发展改革委）

营商环境建设

【概况】 2022年，海安市深入开展“营商环境提升年”活动，优化提升营商环境举措“68条”、纾困解难政策“54条”，颁布“关于增强制造业内生动能、实现更高质量更有效益发展的若干政策意见”“关于推动现代服务业、社会事业提质增效若干政策意见”，打造“万事好通·海心安”营商服务品牌。在南通市率先打造“政策通”服务平台，企业开办0.5天办结率100%，落户项目从签约到拿地开工仅需80天，润海清洁科技（海安）有限公司项目成为海安首例“六证齐发、一日办结”项目。推进供应链金融公共服务平台建设，平台平均融资成本4.51%。在南通市设立首支“信保贷”基金，基金规模3亿元。落实减税降费政策，累计办理增值税留抵退税18.24亿元，缓缴中小微制造业税费8.61亿元。出台“助才抗疫十二条”，为65家企业减免各项费用1205万元。深化公共资源“不见面”交易，免收建设工程交易服务费105.46万元，利用保函提供投标担保11.44亿元。 （荀　忠）

【政务营商环境建设】 2022年，海安市推进市、镇、村三级政务服务体系建设，建成“1+14+241”三级政务服务大厅，开展“一网一门一次”（政务服务“一网通办”，企业群众办事“只进一扇门”“最多跑一次”）改革，34个单位、99项政务服务事项入驻市政务服务大厅。梳理公布行政许可事项清单277项，常态化维护政务服务事项办事指南7691项。落实政务服务“好差评”评价，实现全市各级政务服务大厅全覆盖，收集有效评价5.4万条，群众满意率99.9%。全面推进“跨域通办”，制定《海安市“省内通办”“通城通办”改革实施方案》，梳理“省内通办”事项73项、“通城通办”事项76项，完成“跨域通办”办件量116.3万件。深化商事制度改革，将医保登记纳入企业开办一体化集成服务，新增企业3691家，8小时办结率100%；开展“一照多址”（一张营业执照，多个经营地址、多点开展经营）登记，2月28日，中科创新广场企业集群注册基地揭牌，并颁发首张“集群注册”模式登记的营业执照及印章。制定“股权转让与个税征收‘一次办’工作方案”。实施住所（经营场所）登记申报承诺制，建立海安公共地址库服务联动机制，完善标准地址库，逐步实现企业经营场所证明“承诺即免交”。依托区镇便民服务中心，购置营业执照自助终端12台，实现市场主体登记智能审批区镇全覆盖。推进“一件事一次办”改革，聚焦涉企经营、项目建设、自然人三大主线，设立“一件事”主题专窗8个，推出“一件事”改革事项80项，精简申报材料336份，减少办事环节230项。 （丁飞飞）

【法治营商环境建设】 2022年，海安市开展法治化营商环境提升行动，推出优化营商环境措施20条，组织律师和法律工作者开展问需于企、法治“体检”活动57次。倡导“不见面”办证、网上办证，推广远程视频公证、跨省通办、全程网办、多地联办等措施，依托远程视频办证平台办理委托公证352件。拓展涉外办证业务，线上收集公证材料事项清单，办理涉外派遣函签名（印鉴）公证40件。深化府院联动机制，审结破产清算案件48件，化解金融不良贷款5.4亿元。11月15日，南通市公共法律服务“微光计划”启动暨海安市镇级律·企结对共建工作推进会在海安召开。（范田晶）

【金融营商环境建设】 2022年，海安市推进企业上市三年行动计划，走访企业1100家次，召开专题办公协调会20多场，为10多家企业解决问题40多项。制定“加大金融支持”助企纾困政策，成立南通市首家金融业联合会，发出“春风行动”倡议，开展提高工业用地抵押估值调研和银政企对接活动，中投融资担保海安有限公司担保费率降至1%，各银行机构平均贷款利率下调0.24%，累计降费让利3.5亿元。海安农商银行科技支行为科技型企业累计授信61.9亿元，用信余额54.7亿元。海安高投毅达科创基金完成投资500万元。海安市获评江苏省金融生态示范县、南通市金融赋能科技创新试点建设地区。（何红梅）

自然资源管理

【概况】 2022年，海安市获评2021年度江苏省自然资源节约集约利用模范县（市、区），获16.67公顷新增建设用地计划指标奖励。海安市土地利用“五化并进”新型城镇化标准化试点高分通过国家验收，研究刊发江苏省级地方标准1个、南通市级地方标准2个，获江苏省质量强省奖补专项资金奖励30万元。市资源规划局办理行政服务事项365件，其中，国有建设用地划拨16宗，临时用地审批4宗，用地预审14宗，规划建设319宗，林业校验12件。健全水利规划体系，出台《海安市“十四五”水利发展规划》，完成《2023年水利重点项目建设工作实施意见》编制，配合上级部门完成《沿海水利三年行动计划》《大运河文化保护传承利用规划》《长三角一体化发展规划》等重大专项规划编制与报批工作。向上争取浒苔绿潮联防联控省级工作经费1448.44万元、林业发展资金278万元、省级地质勘查项目资金134万元。加强“海洋日”“地球日”“土地日”等专题科普宣传，制作《自然资源和规划知识百问》电子书，开展资源保护、利用法规常识宣传活动，“珍爱地球人与自然和谐共生”项目被省自然资源厅表彰为“世界地球日”主题宣传好项目。自然资源普法宣传等做法被《中国自然资源报》、交汇点等媒体报道，拍摄的《守资源保红线护发展》微视频获省自然资源法治宣传微视频大赛三等奖。

【国土空间规划】 2022年，《海安市国土空间总体规划（2021—2035年）》规划文本、图件和数据库等成果基本形成，落实下达指标落地上图的位置和范围，明确开发边界内集中建设区和弹性发展区，细化中心城区用地布局和综合交通组织。建立国土空间基础信息平台，构建国土空间规划“一张图”实施监督信息系统。9月9日，“三区三线”（根据城镇空间、农业空间、生态空间，分别对应划定城镇开发边界、永久基本农田保护红线、生态保护红线三条控制线）划定成果获自然资源部批准启用。2022年度海安市预支空间规模指标（46.67公顷）落地上图方案获省自然资源厅批复。

【自然资源监测】 2022年，海安市开展2021年度国土变更调查，为“三区三线”划定、日常管理提供基础数据支撑。完成国家下发的7038个遥感监测图斑举证上图，总面积2333公顷。完成2022年度城市国土空间监测，掌握自然资源和人文地理要素的类型、面积、范围、分布和变化等情况，支撑国土空间规划编制及实施监督、城市体检评估、用途管制等国土空间治理工作。完成26个批次263个项目地类、权属审核。

【自然资源确权登记】 2022年，海安市继续推进墩南河等18条195千米河流自然资源统一确权登记，完成登簿前主体性工作，并通过专家组验收。配合做好新通扬运河、小洋口国家海洋公园等南通市级直接开展的自然资源统一确权登记工作，协助完成资料收集、权属核实、界线划定等工作。完成农村房地一体不动产确权登记扫尾工作，农村集体土地所有权确权登记外业核实、签章和内业建库、登簿等工作成果汇交省自然资源厅并通过检查。至年底，全市登记房地一体不动产宗地数11.44万宗，颁发房地一体不动产证宗地数8.2万宗，移交宗地5.7万宗。

【测绘管理】 2022年，海安市完成土地报批勘测定界26批次，263个项目，总用地面积279.05公顷，其中，村镇土地7批次，91个项目，面积108.52公顷；“农转用”土地7批次，97个项目，面积57.13公顷；挂钩土地11批次，74个项目，面积113.07公顷；独立选址土地1批次，1个项目，面积0.33公顷。完成建设用地、设施农用地及临时用地勘测定界70份，绘制建设用地项目征地红线图150份。开展测量标志点普查维护工作，普查测量标志点285个。完成2022年海安空间地理信息库建设，海安被省自然资源厅确定为实景三维江苏建设试点，建成区30.58平方千米实景三维数据成果被纳入实景三维江苏平台。

【土地征收及安置补偿】 2022年，海安市完成2022—01、02、03号3个批次土地征收成片开发方案编制并取得批复。成片开发方案实现全覆盖，全市分5批次78个片区，总面积2886.67公顷。组卷上报建设用地339.63公顷，其中，使用国家计划报批12个批次，153个地块，面积183.95公顷；使用独立选址报批1个批次，1个地块，面积0.33公顷；使用挂钩计划报批14个批次，153个地块，面积155.35公顷。国家级基础设施项目——中俄东线天然气管道工程取得先行用地手续。完成“天楹再生资源智能生产线”“兴华纳米纤维平衡补偿链”“东材高性能聚酯基膜”3个省级重大项目30.13公顷建设用地保障，南通市级重大项目用地实现应保尽保。规范开展获批片区项目征地前期工作，下发143个项目的拟征收土地公告和135个项目的补偿安置方案公告（含上一年度已出拟征收土地公告项目）。落实批后实施程序，下发10个批次的征收土地公告。及时办理拨付征地补偿安置费用手续，确保项目第一时间进入供地流程，办结土地征收项目88个121.8公顷，拨付补偿、安置资金8607万元。

【土地储备与出让】 2022年，海安市开展土地储备监测监管系统升级试点工作，入库储备地块126宗，面积192.77公顷。完成2022年度土地储备计划（含三年滚动计划）编制并通过省自然资源厅审核。依法依规做好储备地块、资产管护工作。做好土地储备债券申报准备。全市出让各类土地119宗，面积215.67公顷，出让金90.37亿元，其中，工业用地44宗，面积103.33公顷，出让金2.99亿元；经营性用地41宗，面积111.33公顷，出让金87.11亿元；协议出让34宗，面积1公顷，出让金0.27亿元。出让、租赁集体经营性建设用地38宗，面积52.27公顷。

【不动产统一登记】 2022年，海安市办理不动产登记3.81万件，其中，证书1.62万本、证明1.42万份、其他7635件。实施市政府民生实事"优化不动产登记服务"项目，登记时间缩减超60%。办理房地一体不动产宗地登记12万宗。推进不动产登记交房交地即发证及预约、延时、上门服务常态化。登记资料查询、抵押登记等业务实现全域线上"通城通办""省内通办""跨省通办"。试行供地登记链接建设工程手续六证齐发、工业用地分幢（层）登记，办理工业用地分幢（层）登记项目2个，发放证书79本。推动历史遗留问题化解，办理安置房产权首次登记3.09万套。11月7日，市不动产登记"交易、缴税、登记一人办"系统上线运行。

【自然保护地管理】 2022年，海安市有自然保护地2处，总面积3521.89公顷，其中，沿海防护林和滩涂县级自然保护区3400.25公顷、里下河省级湿地公园121.64公顷。加强湿地保护修复，按序时完成第二轮中央生态环境保护督察整改，拆除老坝港省级重要湿地内违规土路210米，自然湿地保护率57.7%。继续推进沿海生态景观带建设，4.95千米堤顶路实现全线贯通，完成滨海东路起点段（与如东海堤接壤，长262米）及东台连接段（与东台海堤接壤，长368米）护坡建设。（赵海群）

【自然资源监督监察】 2022年，海安市完成2021年度补充卫片疑似图斑、变更调查耕地流向建设用地核查图斑、2022年自然资源部和省自然资源厅卫片疑似图斑53批次3885宗1540.09公顷核查及填报工作。做好耕保督察疑似问题核查工作，涉及"非农化、非粮化"疑似问题300宗89.36公顷，化解非农化问题152宗46.67公顷，化解非粮化问题32宗9.86公顷，由"非农化"转为"非粮化"问题51宗5.24公顷。开展存量违法用地整改专项行动，工矿仓储类存量违法用地整改率100%。遏制新增违法用地，实行"耕地保护党政同责"，落实资源规划部门、区镇自然资源综合执法监管共同责任。全年，区镇发现并及时制止、整改的违法占地苗头性问题25宗，涉及耕地面积30.6公顷；资源规划部门巡查发现交由区镇非立案整改的4宗，涉及耕地面积9.37公顷。强化取水单位计量设施监督管理，完成141个取水计量设施现场检定，计量设施运行正常、读数准确。推进水资源监控能力建设，新增5家取水单位接入省水资源信息系统，完成3个重点中型灌区15个灌溉泵站取水监测计量系统及在线监测设施建设。逐项对照"三规范、二精准、一清晰"（工程建设规范、取水行为规范、档案台账规范，取水计量精准、监控传输精准，标志标识清晰）技术要求，完成66家单位取水工程设施规范化改造。严格地下水管理，建立地下水取水工程数据库，登记造册221眼地下水取水工程。233家自备水源取水户、299家公共供水用水户取用水计划均分解下达到位，并考核用水计划执行情况。（赵海群　杨　睿）

国有资产监督管理

【概况】 2022年，海安市组建市委国资工委，实体化运作，配置1名书记、2名副书记、3名委员；出台国资工委议事规则，规范国有企业重大事项议事决策程序；配齐职能科室，改编原国有资产管理科为国有资产监督管理科，增设国有企业运营管理科及综合科2个科室；完善国有企业监管体制机制，出台《海安市开发区产业园区国有企业监督管理办法（试行）》，实现国有企业监管全覆盖；创新选配3名财务总监派驻国有企业，主要监管企业财务、重大决策、运营中重大事项和关键环节，不参与、不干涉企业自主经营。推进经营性国有资产集中统一监管，将市教育体育局、市水利局、市农业农村局等部分行政事业单位闲置经营性资产注入市国有资本运营集团，累计办理国有企业资产产权登记证65本，资产评估值约1.17亿元；落实部分国有资产维修、搬迁、移交、取缔、鉴定等工作，对到期房屋面向社会公开招租、拍租、签订租赁合同，按政策减免、及时收缴年度租金；出台"关于推行报废资产网络处置的通知"，开辟网拍渠道，提高报废资产处置收益。完成国有企业改革三年行动，全市有国有企业5家，其中，海安市城建开发投资集团有限公司（简称城建集团）、江苏瑞海投资控股集团有限公司（简称瑞海集团）、江苏开晟产业发展集团有限公司（简称开晟集团）、江苏海穗工业园区发展集团有限公司（简称海穗集团）外部信用评级为AA+，国有企业主营业务覆盖市政基础设施、生态环保、房产开发、金融服务等相关行业和领域。

【国有企业改革】 2022年，海安市出台国有企业改革优化整合方案，完成"3+2"国有企业重组整合。由市国有资产监督管理办公室直接监管3家一级国有企业，分别为城建集团、瑞海集团、海安产业投资控股集团有限公司（简称海投控集团）；保留2家区属国有企业，分别为开晟集团、海穗集团；曲塘镇、大公镇、李堡镇、白甸镇、南莫镇、雅周镇、墩头镇、滨海新区、上湖创新区平台企业上收城建集团提级管理，商贸物流园平台企业整合至瑞海集团运营管理。编制"国有经济'十四五'发展专项规划"，明确国有企业市场化转型方向。加强国有企业内控体系建设，明确董事长为第一责任人；单独设置监察审计部（纪检监察室）并配备相应工作人员。完善国有企业决策机制，出台“关于建立健全市属企业‘三重一大’决策制度实施办法有关事项的通知”，明确党委会、董事会、经理层、职工代表大会等治理主体权责清单、决策方式及程序、监督检查等。强化外部董事建设，设立外部董事专家库，调整城建集团、瑞海集团、海投控集团外部董事。健全法人治理结构，城建集团、瑞海集团、海投控集团完成集团董事会、监事会等相关变更工作。注重人才培育，规范组织员工招聘，市委统筹实施集团管理层专业化人才引进，面向银行业金融机构公开选聘1名金融人才；加强业务培训，先后举办全市供应链ABS专题培训会、首期国有企业业务能力培训班，组织国有企业改革视频培训10次。

【国有资产风险防控】 2022年，海安市聚焦重点领域，加强国有企业投融资预算、大额资金支出预算和执行中预算调整等事项审核，开展国有企业投融资领域、对外出借资金和对外担保专项整治；建设国有企业资金监管系统，通过与银行建立直联对接，实现全市国有企业全层级资金使用情况动态监测和实时风险预警。加强融资平台公司经营性债务管理，摸排全市融资平台公司数量及股权关系，对无债权债务关系的融资平台进行整合注销；对经营性债务尚未偿还的，制定清理注销时间表。搭建国有企业融资服务平台，常态化做好融资成本备案工作，防范化解债务风险。

（纪　贤）

财　政

【概况】 2022年，海安市财政运行总体健康良好，实现财政总收入194.62亿元，比上年下降26.2%，其中一般公共预算收入66.02亿元，比上年下降5.01%。实现税收收入44.86亿元，比上年下降21.39%；非税收入21.16亿元，比上年增长70.11%。财政总支出224.68亿元，比上年下降15%，其中一般公共预算支出140.46亿元，比上年增长0.74%。海安市获评江苏省地方隐性债务化解工作表现突出地区，获2022年度财政重点工作绩效考核先进市（县）三等奖。

表4　2022年海安市一般公共预算收入、市本级一般公共预算收入统计表

单位：万元

项　目	总预算数	执行数	比2021年增长	项　目	总预算数	执行数	比2021年增长
一般公共预算收入合计	660000	660203	-5.01%	市本级一般公共预算收入合计	263500	263621	102.99 %
一、税收收入	455000	448567	-21.39%	一、税收收入	58500	51985	-19.94%
增值税	156500	149790	-41.28%	增值税	18941	14421	-54.55%
所得税	97000	99531	-12.10%	所得税	16042	6218	-67.80%
其他地方税收收入	201500	199246	-1.51%	其他地方税收收入	23517	31346	125.67%
二、非税收入	205000	211636	70.11%	二、非税收入	205000	211636	70.11%
专项收入	45030	44327	-2.43%	专项收入	45030	44327	-2.43%
行政事业性收费收入	31200	28894	1.78%	行政事业性收费收入	31200	28894	1.78%
罚没收入及其他收入	128770	138415	173.61%	罚没收入	13800	14996	-2.32%
				其他收入	114970	123419	250.26%

表5　2022年海安市一般公共预算支出、市本级一般公共预算支出统计表

单位：万元

预算科目	调整预算数	决算数	比2021年增长	预算科目	调整预算数	决算数	比2021年增长
一般公共预算支出合计	1473830	1404585	0.74%	市本级一般公共预算支出合计	1214861	1151275	9.44%
1.一般公共服务支出	111834	104564	-11.63%	1.一般公共服务支出	85676	76654	-2.89%
2.公共安全支出	61734	56159	-2.14%	2.公共安全支出	55576	50069	0.27%
3.教育支出	213612	210410	2.64%	3.教育支出	207978	204821	3.87%
4.科学技术支出	76442	72731	1.42%	4.科学技术支出	64088	60566	5.68%
5.文化旅游体育与传媒支出	22009	19267	-21.04%	5.文化旅游体育与传媒支出	20690	18305	1.85%

续表5

预算科目	调整预算数	决算数	比2021年增长	预算科目	调整预算数	决算数	比2021年增长
6.社会保障和就业支出	290862	277278	23.27%	6.社会保障和就业支出	257913	245901	26.47%
7.卫生健康支出	141960	137745	10.11%	7.卫生健康支出	140606	136271	11.25%
8.节能环保支出	18331	16280	−37.52%	8.节能环保支出	17030	15140	−22.99%
9.城乡社区支出	189099	175922	−20.76%	9.城乡社区支出	50653	40985	−11.41%
10.农林水支出	126035	121905	5.54%	10.农林水支出	103008	98917	40.88%
11.交通运输支出	29430	27924	−21.35%	11.交通运输支出	29430	27924	−21.34%
12.资源勘探信息等支出	6013	5648	−26.21%	12.资源勘探信息等支出	5613	5423	−27.97%
13.商业服务业等支出	5106	3328	28.35%	13.商业服务业等支出	5106	3328	28.94%
14.金融支出	552	537	−1.29%	14.金融支出	552	537	−1.29%
15.援助其他地区支出	3487	3487	0.00 %	15.援助其他地区支出	3487	3487	0.00%
16.自然资源海洋气象等支出	9800	9500	−15.21%	16.自然资源海洋气象等支出	9800	9500	−15.21%
17.住房保障支出	110900	109334	17.68%	17.住房保障支出	103439	101903	16.65%
18.粮油物资储备支出	2425	2400	142.91%	18.粮油物资储备支出	2425	2400	142.91%
19.灾害防治及应急管理支出	8525	6958	83.25%	19.灾害防治及应急管理支出	7113	5972	82.30%
20.其他支出	1973	900	6.64%	20.其他支出	1477	864	3.97%
21.债务付息支出	43547	42154	−4.22%	21.债务付息支出	43047	42154	−4.22 %
22.债务发行费用支出	154	154	−37.90%	22.债务发行费用支出	154	154	−37.90%

【财政政策落实】 2022年，海安市持续落实减税降费，加强收入政策研究分析，做好减税降费及退税缓税工作，惠及市场主体1.24万户。规范政府投资基金管理，制定“产业投资基金尽职免责实施细则”，新设立子基金3只，投资项目6个。深化普惠金融服务，整合“苏科贷”“科创贷”“苏微贷”等普惠金融产品，设立“普惠金融发展风险补偿基金”，增加“环保贷”专项贷款产品，合作银行扩增至10家，申报省普惠金融发展专项资金2898.43万元。优化产业扶持政策，兑现新型工业化发展、科技创新、外贸发展、建筑业发展等各类引导扶持资金3.11亿元。

【财源培植】 2022年，海安市积极培植优质财源，科学组织收入，制定“2022年区镇财税工作杯竞赛办法”，对区镇、税收协同共治单位开展业务指导，督促各非税收入征收部门按收费目录、收费标准组织收入，依规征收、应收尽收。强化预算执行，落实“过紧日子”要求，优先安排“三保”（保基本民生、保工资、保运转）支出，全年压降部门预算单位支出10亿元，库款平均余额10.43亿元，保障水平0.65。统筹财政资源，加大一般公共预算、政府性基金预算、国有资本经营预算统筹力度，建立健全不同年度间财政资金统筹机制，推动资产调剂使用；制定《海安市财政性资金清收专项行动方案》，累计收回财政资金3.6亿元；坚持向上争取和盘活存量并重，争取到账资金19.06亿元，收回上年结转资金2.8亿元。

【民生投入】 2022年，海安市出台“政府投资项目财政承受能力论证办法”，按照量入为出原则，合理确定项目支出预算及规模。支持教育文化事业，拨付4497万元优化教育发展布局，安排中小学课后服务补助资金3310万元，发放助学金1.11万人次1024万元；推动文化强市建设，拨付文化事业专项资金2000万元。加大社会保障支出，拨付资金近2亿元支持民政优抚和城乡社会救助；落实养老、医疗保险政策，拨付财政补助18.05亿元，建立基本照护保险制度；安排资金支持核酸检测和重大疫情防控体系建设。提升生态环境治理，坚持“谁超标、谁补偿，谁达标、谁受益”原则，修订《海安市水环境区域生态补偿考核办法》，出台《海安市农村环境长效管理资金使用管理办法》《海安市城市生活和建筑垃圾处理费征收管理暂行办法》，完善城乡垃圾收运收费体系，拨付生态环境保护和污染防治资金3.5亿元。支持乡村振兴，制定《海安市政策性农业保险承保机构服务评价暂行办法》；安排资金1.67亿元支持国家现代农业产业园建设、发放农机具购置补贴、推动家庭农场发展；投入资金2.17亿元支持建设高标准农田3533.33公顷；拨付资金3.8亿元支持区域治水、通扬运河整治、生态河道建设以及改造农桥危桥30座。

【财政监管】 2022年，海安市实施预算绩效管理，出台“市级财政支出事前绩效评估管理暂行办法”“市级预算部门整体绩效管理办法”，督促指导部门预算单位公开绩效目标、财政重点绩效评价报告，完成年度财政支出绩效评价计划，涉及重点项目20个，委托第三方评价10个。加强政府采购监管，落实政府采购支持中小企业政策，执行价格评审优惠、采购资金预付制度，取消中小企业履约保证金，实行履约保证保险机制，完成南通市首笔“政采贷”；全年处理政府采购投诉件4件、举报件2件，实施行政处罚1件，移交案件1件。开展养老服务体系、水利发展专项资金、行政事业单位资产等财政监督专项检查，随机抽取部门预算单位、部分区镇开展会计信息质量检查和内控制度督查，构建财政“大监督”机制。（纪 贤）

税 务

【概况】2022年，海安市税务局擦亮“以税资政”品牌，加强对重点企业、行业和事项的“天气预报式”分析，形成专题分析报告25篇，其中，15篇专题报道获国家税务总局、南通市领导批示肯定，1篇案例素材获国务院总理李克强批示肯定。“江苏税务”App覆盖率97.57%，列南通市第一位。短视频《税收让生活更美好》获全国青少年普法视频大赛三等奖。市税务局先后获评省工人先锋号、省巾帼文明岗、省公共机构节能低碳示范单位，市税务局及海安税务分局、曲塘税务分局、胡集税务分局获评省文明单位，市税务局第一税务分局获评全国青年文明号集体。1人获评省文明职工，蒋浩家庭获评全国“最美家庭”。

【组织收入】2022年，海安市税务局围绕组织收入，制定挖潜增收措施20条，按月召开组织收入推进会，分析税源状况，细化收入任务，确保应收尽收。全市组织各项税费收入220.54亿元，比上年增长41.99%，其中，税收收入76.39亿元，比上年下降25.06%；地方一般公共预算收入51.66亿元，比上年下降11.68%；入库社保费51.61亿元，比上年增长3.21%。

表6 2022年海安市税务收入统计表

单位：万元

项 目	2022年	2021年	增长率	项 目	2022年	2021年	增长率
总计	2205367	1553202	41.99%	一般公共预算收入（全三核心）	516633	584944	−11.68%
一、税收收入合计	763856	1019231	−25.06%	其中：正常性税收	516633	584944	−11.68%
1.国内增值税（含免抵调）	300695	511325	−41.19%	一次性税收	0	0	—
其中：直接征收	258858	462444	−44.02%	一般公共预算收入（财政国库口径）	449333	571534	−21.38%
免抵调	41837	48881	−14.41%	二、非税收入合计	925274	33902	2629.52%
2.营业税	1	−53	102.18%	1.教育费附加及地方教育附加	20496	25730	−20.34%
3.企业所得税	182829	219594	−16.74%	2.工会经费	3469	3375	2.79%
4.个人所得税	67060	64729	3.60%	3.城市生活垃圾处置费	2	484	−99.54%
5.资源税	1178	907	29.86%	4.残疾人就业保障金	2726	2283	19.41%
6.城建税	25009	27037	−7.50%	5.文化事业建设费	64	1	12628.00%
7.房产税	31881	31849	0.10%	6.地方水库移民扶助基金	0	0	—
8.印花税	9549	12040	−20.69%	7.水土保持补偿费	212	134	57.72%
9.土地使用税	19964	19887	0.39%	8.排污权出让收入	4	62	−94.22%
10.土地增值税	59714	32229	85.28%	9.土地闲置费	0	0	—
11.车船税	5399	4981	8.40%	10.城镇垃圾处理费	621	287	116.78%
12.契税	39244	67323	−41.71%	11.土地使用权出让收入	853474	0	—
13.耕地占用税	3944	2855	38.13%	12.国有土地收益基金收入	42352	0	—
14.环境保护税	3365	3220	4.48%	13.农业土地开发资金收入	855	0	—
15.消费税	1234	1102	11.95%	14.海域使用金收入	366	0	—
16.车辆购置税	12790	20206	−36.70%	15.其他收入	633	1518	−58.29%
中央级收入	314518	447694	−29.75%	三、社会保险费收入	516138	500068	3.21%

【减税降费】 2022年，海安市税务局编写并发布纳税人咨询热点，录制增值税留抵退税、“六税两费”（房产税、资源税、耕地占用税、城市维护建设税、城镇土地使用税、印花税，不含证券交易印花税；教育费附加、地方教育附加）减免线上办理操作视频，在媒体、“税莫愁”征纳沟通平台、税企微信群等平台上发布推广税费优惠政策。运用云平台数据，定期筛选符合优惠政策条件的企业，形成清册，由税源管理分局通过短信、电话、上门等逐户开展留抵退税、个人所得税、“六税两费”减免等专项政策辅导，确保纳税人知晓政策、应享尽享。开展科技创新、留抵退税等针对性政策宣传和辅导，帮助企业准确享受每一笔政策红利。扩大“非接触式”办税缴费覆盖面，通过云课堂、“全网办、全量办、全域办”退税体系、“问办合一”远程在线辅导等渠道，提高退税减税办理便捷性和精准度，推动税费政策红利直达快享。全年，落实减税降费及退税缓税37.45亿元，其中，办理增值税留抵退税18.96亿元，缓缴税费12.89亿元。

【征管改革】 2022年，海安市税务局落实税费服务一体通办要求，先行先试对151项税费服务事项实现南通市域范围内“通城通办”，制定税费服务流程管理工作方案，规范税费服务流程，构建便捷性税费服务新体系。应用“不动产交易一体化平台”，实现房产登记多部门集成办理。创新开发“深度分析智能助手”，实现风险疑点一键智能转换，缩减深度分析时长80%以上，相关工作经验在南通市推广。依托5C监控评价系统和数据决策系统，建立税收征管质量分类分级快速响应机制，提升征管质量。建立信息共享沟通机制，实现国际税收信息传递、涉税问题处理、案件调查横向联动。

【纳税服务】 2022年，海安市税务局打造“万事好通·海心安”营商环境品牌，每月编制《营商环境监测指标分析报告》和《12366税费咨询数据分析报告》，获省税务局领导肯定。推行新办企业套餐、发票非接触配送等线上服务，全年非接触服务超720万次，邮寄发票1043.79万份，非接触办理率98.62%。依托“税莫愁”征纳沟通平台和涉税专业服务机构交流群，持续优化“陈税官工作室”线上服务功能，累计推送税费服务信息10万多条，开展涉税服务机构培训10多场，为19家专精特新“小巨人”企业建立“一户一档”。开办“税莫愁”专家门诊18场，为纳税人解决实际问题70个，收集并反馈需求建议80个。结合“我为纳税人缴费人办实事暨便民办税春风行动”，邀请社会各界参加纳税人座谈会、“税务体验日”等活动。开展“一把手走流程”活动，优化纳税人办税体验。加大税收信用在纳税人资质评定、市场准入领域的应用，深化“银税互动”合作机制，累计帮助困难企业贷款26.4亿元。

【依法治税】 2022年，海安市税务局推进依法治税，制定税收执法分类分级管理工作方案，对重点税源、重大复杂案件的专项执法任务，推行“一事一策”。开展留抵退税等项目执法“回头看”行动，自查发现问题67户，缴回税款3310.92万元。探索“数据+分析”模式，主动监管大宗物资开票等重点领域、家具石材等重点行业以及拆迁、财政补贴等特定企业，完成入库税款4927万元。制定“风险应对任务清单”，完成风险应对774户次5.17亿元。强化土地增值税项目清算，完成清算审核项目38个，实现入库税款5.97亿元，比上年增长85.28%。推行司法强制拍卖涉税涉费处理联动机制，处置入库税款5322万元，比上年增长60.9%，相关经验做法被《中国税务报》推广，“学法免罚”获评法学研究课题优秀奖。

（袁　岳　孙杨洋）

金融监管

【概况】 2022年，海安市有银行机构23家。保险机构34家，实现保费收入33.04亿元，理赔给付及其他各类给付9.58亿元。典当行1家，办理典当业务2097笔。证券公司营业部4家，累计完成证券交易额1305.3亿元。担保机构4家，在保余额95.2亿元。应急转贷基金2只，应急转贷规模60.6亿元。地方金融组织质态不断优化，担保、转贷等地方金融组织有序拓展业务规模，产业投资控股公司加快集团化发展，形成地方金融板块联动服务效应。海安市获评江苏省金融生态示范县。

【金融改革创新】 2022年，海安市启动金融赋能科技创新示范区建设，23家银行业金融机构累计向海安地区发放科技贷款75.53亿元，比上年增加22.55亿元；科技贷款余额69.75亿元，比年初增加19亿元。其中，发放知识产权等无形资产质押贷款4.52亿元，通过贸融平台促成供应链融资365笔2.35亿元，发放投贷联动贷款1.95亿元、“苏科贷”5.45亿元、“科创贷”0.72亿元、“高企贷”11.31亿元、“政采贷”169万元、富民创业贷1770万元；同时，通过其他财政类金融产品发放贷款7.71亿元。科技贷款平均利率3.8%，最低利率3.42%。

【外汇管理】 2022年，人民银行海安市支行落实外汇收支便利化政策，指导辖区外汇银行简化企业资本项目收入支付单证审核，完成便利化支付398.8万美元；推进经常项目外汇收支便利化试点，完成贸易外汇便利化支付3767.83万美元。推动跨境人民币增量扩面，按月做好全国境外直接投资数据采集和分析报告。引导企业采用跨境人民币结算，完成跨境人民币收支业务57.71亿元。指导农业银行海安市支行助力天楹集团完成辖区首个CIPS标准收发器接入。全面核实西蒙电气（中国）有限公司境外放款业务。

【征信管理】 2022年，海安市扩大征信服务有效供给，提供个人信用报告查询2.34万人次、企业信用报告查询3869笔次；受理征信异议10笔，其中，企业4笔、个人6笔。按季度召开征信监管例会，制定《海安市开展“征信修复”乱象专项治理“百日行动”工作方案》，构建人民银行牵头、地方政府职能部门协调配合、共同参与的长效监管机制。全面排查辖区注册名称或经营范围中带有“征信”字样的机构，发现市场主体9家，其中，8家变更工商信息、1家注销。转化征信成果，推动中征应收账款融资服务，各银行业金融机构完成注册用户50户、开通用户45户，完成融资750笔286.17亿元；中国建设银行海安支行依托中征应收账款融资服务平台向常州春明环保科技有限公司发放信用贷款69万元，为“苏采云”平台全省首批、南通市首笔“政采贷”业务。

【经理国库】 2022年，人民银行海安市支行完善国库惠民举措，编制“海安市储蓄国债到期未兑付信息动态管理台账”，聚焦农村地区应兑未兑储蓄国债，进行清单式管理。常态化推进承销机构提醒投资者兑付“沉睡”国债资金102笔530.95万元，累计兑付97笔494.65万元。落实增值税留抵退税政策，办理退税业务14.78万笔36.87亿元，其中增值税留抵退税3043笔19.42亿元，金额占比超五成，惠及企业2900余户。

【地方金融从业机构监管】 2022年，海安市加强地方金融从业机构监督监管，配合南通市有序开展典当行、小贷和融资担保公司年审评级工作，10家地方金融组织监管分类正常；每周登录小贷、融资担保、融资租赁等平台系统，关注机构业务数据情况；定期登录天眼查、执行信息公开网等网站，排查机构负面动态信息。坚持扶优限劣，新增融资担保机构1家，有序劝退不良率较高且整改无望的小额贷款公司2家，分别是瑞丰农村小额贷款有限公司、利华农村小额贷款有限公司。市金融监管局、市公安局联合约谈常州市新禾生态农业科技发展有限公司等，会商通过投融资服务企业商事注册登记事项21个。每月汇总分析政府平台融资情况，约谈相关银行机构，严控平台融资成本和债务违约风险。

【金融惠民服务】 2022年，海安市持续推动各银行机构下沉服务中心，围绕智能点、综合点、支付点多层次服务布局，设立普惠金融服务点205家，行政村覆盖率100%。优化适老金融服务，在银行服务点投入使用“看懂图像、听懂语言、读懂文字”智能化设备，开通老年人金融服务“绿色通道”；中国人寿海安支公司开办老龄人意外伤害保险，为老年人10.15万人提供保险保障20.3亿元；连续15年开展“安康关爱行动”，为百岁老人捐赠意外保险。借助政府消费券，推进海安市移动支付便民工程建设，协调银联将“云闪付”App作为发放和使用消费券的唯一渠道。至12月底，累计核销消费券2.13万张，交易金额2322.29万元，优惠金额235.81万元。创新“政务服务+金融服务”模式，在工商银行、农业银行、中国银行、海安农商银行设立企业开办“一站式”服务专区，布置8台服务机具。人保财险海安支公司、太平洋财产保险海安支公司等对接政府有关民生保险项目，先后承办城乡居民大病保险、职工基本医疗补充保险、建档立卡低收入人员意外伤害保险和重大疾病补充保险、老年人意外保险等惠民保险。人保财险海安支公司连续三年排查重大事故风险路口及易水淹地，先后投入数十万元，安装警示爆闪灯、减速带、水淹预警器，助力道路交通安全建设。太平洋财产保险海安支公司开展“疫情无情，太保有爱”活动，向全市80多家进出口企业从事进出口一线工作的员工217人赠送总保额2600万元的“太安疫”保险；参加道路安全教育主题活动，先后向滨海新区交警中队赠送爆闪灯20只，向南莫交警中队赠送骑行头盔千只，向城区交警中队赠送遮阳伞40把。

【金融风险防范】 2022年初，海安市制定防范和处置非法集资工作要点，压实区镇（街道）和相关部门工作责任。加强防范非法集资、防诈骗宣传教育，累计发放年画、折页等宣传资料7万多份。1月8日，市金融监管局、市公安局在海安万达广场举办防范和处置非法集资大型户外专题宣传活动，吸引近千名群众参与。4—6月，在全市范围内开展非法集资风险集中排查。开展金融领域风险排查和多部门联合研判，有效处置“易乾系”“晋商贷”等风险信息。积极化解企业涉贷风险，全年未发生因抽贷、压贷、断贷而引发的系统性金融风险。推进金融纠纷诉源治理，成立南通市金融纠纷调解中心海安分中心，至12月底，成功调解金融纠纷案件154件，合计标的金额约1.7亿元。

（何红梅　陈惠敏　程太和）

2022年3月29日，海安市公安局城南派出所民警到“城中村”、老小区等区域开展防范养老诈骗宣传　市公安局／供图

审　　计

【概况】 2022年，海安市审计局出具审计报告和专项审计调查报告35篇，查出违纪违规金额及管理不规范金额54.81亿元、非金额计量问题301个，提交审计专报10篇，移送案件线索28个。加强审计调查研究，审计论文、信息被南通市级以上媒体采用310篇次。市审计局作为县级审计机关代表分别在审计署调研南通座谈会和全国工程审计年会上作经验交流，先后获评全国审计通联工作先进单位、江苏省文明单位、南通市审计工作综合考核一等奖等集体荣誉22项，审计人员获个人荣誉46项。加强审计队伍建设，出台“关于努力建设高素质专业化审计干部队伍的实施意见”“关于返聘审计系统退休人员的管理办法”，分层分类实施培训，提升审计业务能力。国企内控制度审计调查项目获江苏优秀审计项目一等奖，南通唯一；优化营商环境审计调查项目、公立医院综合改革政策落实审计调查项目分别获评南通市优秀“两统筹”审计项目、优秀大数据审计项目。《国企内控制度专项审计调查思考》获评省社科联学术论文一等奖，“国家税务总局网络版财务管理系统前台采集数据处理方法”获省审计厅推广，《深化预算执行审计》合作研究课题成果入选中国审计学会研讨会论文集。

【财政预算执行审计】 2022年，海安市审计局整合审计力量，实施财政“同级审”（同级财政预算执行审计），实现全市132家单位2021年度预算调整、执行情况数据分析全覆盖，促进出台制度3个，收缴财政资金5.41亿元，归还原渠道资金1.85万元，盘活存量资金6.9亿元，清理往来资金414.47万元。

【领导干部经济责任审计】 2022年，海安市审计局将预算执行审计、网络安全和信息化建设专项审计等融入5个领导干部经济责任审计项目中，实现“一审多果、一果多用”。查出主要问题金额2.28亿元，提出审计建议22条，促进出台制度6个，收缴资金354.47万元，挽回损失资金8万元，清理往来资金615.9万元。市市场监督管理局领导干部经济责任审计促进下属综合检测中心制订固定资产管理、检测业务管理等制度，完善合同签订、检测业务受理、费用收取全流程管控程序，清理往来资金609.2万元。市行政审批局领导干部经济责任审计促进通过政府购买服务管理账外资金，上缴暂扣保证金和利息138.91万元。墩头镇领导干部经济责任审计促进安置房空置率由51.51%降至36.98%，追回租金215.56万元，清理往来资金6.7万元，盘活建设用地1.41公顷。李堡镇领导干部经济责任审计促进收回超进度支付的工程款5.33万元、超合同约定的农村环境整治服务费8万元。

【政府投资工程审计】 2022年，海安市审计局常态化监督结算审计项目1028个，核减1.73亿元，其中，抽审项目109个，再核减119.24万元。复核搬迁评估项目14个，核减186.17万元。推进投资审计监督改革，创新协审服务备案管理模式，依托海安政府投资审计管理系统平台对备案的30家协审单位实现监督管理“实时、高效、全程”；实行集中驻场办公，强化协审服务“规定时间、规定地点、规定人员”监督，做到“事前审资格、事中强监督、事后抓查处”；联合南京审计大学工程审计学院，设立实践教学基地，推进工程项目研究型审计。

【民生资金审计】 2022年，海安市审计局持续强化民生审计监督，提高民生资金效益。关注社保民生，实施2021年困难群众救助补助资金审计，发现不符合条件人员违规享受待遇、重复享受待遇等问题，追缴多发放救助金3.08万元；开展养老服务体系建设政策措施落实情况专项审计调查，发现基本养老服务指导性目录未制定、农村助餐服务体系未建立等问题。关注住房民生，开展房地产开发项目公共配套用房移交及管理情况专项审计调查，推进3个小区移交社会公益性配套用房598平方米。关注人居环境，实施城乡污水管网建设项目办理质效情况专项审计，促进建成污水管网31千米，污水处理厂平均负荷率74%；开展特许经营权管理审计调查，发现多收居民燃气工程安装费442户26.52万元，未按规定对197户低保户、5户特困职工家庭燃气使用量给予优惠减免，特许经营企业违规收取垃圾清运服务费119.05万元等问题。

【自然资源资产审计】 2022年，海安市审计局发挥审计在保障生态环境相关资金有效使用、促进自然资源资产节约集约利用等方面作用，推动绿色生态建设。统筹经济责任审计与自然资源资产离任审计，墩头镇经济责任审计收回欠收土地出让金72万元；李堡镇经济责任审计推动实行多户共用分散式污水处理设施，控制投资成本，提高污水收集率；南莫镇党政负责人自然资源资产审计查出个别企业无证取水、新增耕地后期管护不到位等问题10个。

【专项审计】 2022年，海安市审计局完成全市外资项目到账情况专项审计调查、海安开发区中小企业融资担保公司审计等专项审计项目5个，并形成专题报告，为市领导决策提供依据和建设性意见。组织国有企业投资融资管理情况专项审计，全覆盖审查6家市属国有企业和4家区镇国有企业，抽查2015—2021年融资业务130笔，涉及融资金额227.72亿元，发现部分国有企业内部控制制度不健全、融资合同利率外支付中介机构费用等问题，向市纪委监委、市公安局移送案件线索8个，挽回经济损失5894.38万元。开展重大政策落实情况跟踪审计，2个项目获南通市审计项目考评一等奖，其中，如皋市开发园区运行情况审计查出违规返还经营性用地土地出让金、房屋搬迁补偿款结算不实等问题六类44个，移送案件线索5个，1篇审计专报获南通市政府主要负责人批示；海门区耕地占补平衡审计查出部分项目骗取财政资金、项目管理不规范等问题五类22个，移送案件线索6个。

【内部审计】 2022年，海安市审计局修订完善审计工作考核办法，将区镇审计工作纳入市政府对区镇年度经济社会发展目标责任制考核，将部门内审工作纳入市级机关目标绩效考核。10个区镇完成审计项目56个，查出违纪违规及管理不规范金额2203.77万元、非金额计量问题56个，核减工程款32.72万元，归还原渠道资金370.68万元，移送案件线索42个，立案16件，处理29人，推动建章立制12个。内审研讨文章获省内审协会二等奖2个、三等奖5个，内审探索研究型审计实践案例获省内审协会三等奖9个。

【审计督察整改】 2022年，海安市出台"关于建立健全审计查出问题整改长效机制实施意见"，常务副市长向人大常委会作审计整改工作报告，人大常委会对未整改到位问题进行质询闭环管理。探索建立审计整改工作联席会议制度，加强审计结果运用和审计整改督查工作。出台"关于进一步加强纪检监察监督巡察监督与审计监督协作配合的意见"，组建审计监督组5个，推动"三类监督"（纪检监察监督、巡视巡察监督、审计监督）贯通融合。开发审计发现问题整改销号系统，将审计发现的问题挂账整改、督促销号，实现"问题清单化、整改透明化、销号实时化"。

【审计信息化建设】 2022年，海安市审计局推进数据采集全覆盖，依托审计数据采集管理平台和综合联网审计平台，采集市本级、部门、区镇、国有企业等财务数据1560套，低保、慈善基金会等相关业务数据24套。实施部门（单位）信息系统绩效情况专项审计调查，完成固定资产入账925万元，推动综合联网审计平台等7个信息系统开展等级保护定级、备案测评工作。 （金　蕾）

统　计

【概况】 2022年，海安市建立统计数据质量控制责任体系，制定统计数据质量控制办法、统计基层基础建设工作要点等，推进基层统计工作和统计基础制度化、规范化。建立"板块+部门+统计"三位一体工作机制，市统计局、市发展改革委、市商务局、市税务局等部门联合构建"准四上企业"（规模以上工业企业、资质等级建筑业企业、限额以上批零住餐企业、国家重点服务业企业）培育库。组织区镇统计机构星级化评定，筛选符合条件的区镇3个，调研基层基础建设并形成调研报告。按照"凭证—会计账册—统计台账—统计报表"数据链体系，推进统计规范化建设，全市所有限额以下贸易单位完成挂牌。加大统计执法检查，开展"双随机一公开"（随机抽取检查对象，随机选派执法检查人员，抽查情况及查处结果及时向社会公开）检查2批次70家，覆盖服务业、贸易业、建筑业等行业。加强统计队伍建设，开展调研指导28次、业务培训39次，市统计局联合扬州大学举办全市统计系统干部能力提升班，实现区镇统计人员、"联网直报企业"统计人员及市级机关部门统计人员业务培训全覆盖。9月27日，南通市贸易单位列统现场推进会在海安召开，市统计局作"农民专业合作社列统试点工作"经验交流。

【统计调查】 2022年，海安市统计局规范统计数据收集、审核、上报等各环节，完成一、二、三产业相关专业年报和定期统计报表任务。完成进城务工人员返乡调查、"三无"小区调查、就业情况调查等专题调查及案例。配合做好全面从严治党调查、南通市生态环境调查、南通县乡消费市场生活服务和文旅服务供给调研等统计工作。开展城乡居民家庭消费意愿问卷调查，在8个区镇发放问卷1400多份，并形成调查报告。启动第五次全国经济普查筹备工作，组建海安市第五次全国经济普查筹备领导小组及办公室，协同组建镇级筹备机构，推进限额以下批零住餐单位专项调查试点，并形成总结报告。组织住户调查大样本轮换，建立联席会议制度，发布居民收支监测分析和决策咨询工作机制实施方案，开展样本框核实、建筑物清查、摸底调查、开户调查等业务培训2轮。

【统计服务】 2022年，海安市统计局强化专题调研分析，制定"2022年统计分析和信息考核办法"，建立健全统计分析调研、重点企业联系点等统计工作机制，构建从经济形势调研、数据变动分析到综合趋势研判、政策决策评价等全流程经济运行统计分析格局。强化统计公众信息服务，通过电视、广播、网络等形式，发布经济运行情况，普及统计知识，宣传统计法律法规；加大统计数据公开透明度，印发统计数据（资料）管理办法，落实统计数据发布清单管理制度，增加统计数据发布内容，加强统计数据解读，正确引导社会公众理解使用统计数据。全年，编印《统计手册》1册、《统计月报》9册，撰写统计公报1篇、统计分析50篇、工作信息159篇、经济信息259篇，其中，统计分析分别被国家、省、南通市统计局录用2篇、9篇、31篇，获市领导批示8篇。 （杨鸿榕）

价格管理

【价费管理】 2022年，海安市政府下发"关于印发海安市2022年价格调控目标责任制实施意见的通知"，将价格调控目标责任分解落实到各相关部门。4月，阶段性下调自来水到户销售价格至每立方米0.01元。7月、11月，两次调整非居天然气销售价格。12月，调整居民用气阶梯气量，其中，一阶气量上调至400立方米（含）、二阶气量上调至400~1000立方米（含）。11月，调整蒸汽销售价格。2月、6月，两次修订商品房价格备案规则。8月，调整5所高中住宿费收费标准。修订并出台《海安市机动车停放服务收费管理办法》《海安市城市生活垃圾处理费征收管理暂行办法（试行）》《海安市城市建筑垃圾处理费征收管理暂行办法（试行）》。推进商品房价格备案工作，全年受理备案项目40多个。 （王钧桦）

【成本监测】 2022年，海安市加强市场日常监测和应急监测，密切关注重点时段、重要商品的市场价格动态，发布民生价格信息50篇，其中被江苏价格监控平台录用10篇。加强农本调查，开展农本调查70周年宣传活动，完成农本调查数据填报，分析农产品生产成本收益和市场供求情况，形成农本调查报告3篇。加强成本监审，完成危险废物处置成本监审和丁堡灌区农业灌溉成本调查。

（翟小静）

【价格认定】 2022年，海安市办理价格认定事项460件，认定金额近30亿元，存量房基准价格动态调整实现全覆盖。推进涉纪检监察、涉刑事、涉行政事项价格认定工作，价格认定工作质量和服务保持零复核、零投诉。创新价格争议调解在线诉调模式，选派认证中心专业调解员2人入驻"人民法院·江苏微解纷"平台，开展线上调解。

（黄飞飞）

【价格监督检查】 2022年，海安市做好疫情防控期间价格监管工作，加强口罩、医用酒精等防疫用品和米面油菜肉蛋奶等重要民生商品价格监测预警，检查市场主体1081家次，其中，商场、超市297家次、农贸市场190家次、药店422家次、其他经营者172家次，发放"价格政策提醒函"56份，立案3件，罚款0.3万元。加强元旦、春节、中秋、国庆等节日市场价格监管，广泛宣传《明码标价和禁止价格欺诈规定》，开展"雪糕刺客"、高价粽子、天价月饼、蟹券蟹卡等专项检查，组织约谈1家超市负责人。开展教育收费专项检查，抽查幼儿园7所、小学5所、初中3所、高中1所、校外培训机构20家。围绕中介机构、行业协会（商会）、商业银行、水电气暖、交通物流等重点领域，实施"市监护企"涉企收费专项行动，征集企业对涉企收费的意见和建议314份，退还企业费用2000万元。开展物业服务企业侵犯业主权益专项整治行动，抽查企业3家。全年，受理价格投诉114件，办结率100%。

（吴晨慧）

市场监督管理

【概况】 2022年，海安市市场监管系统打造"市监民安"特色品牌，开展"蓝盾护民"文明执法行动，深化市场监管改革，维护市场经济秩序，强化市场主体服务，严格规范行政执法，助力地方经济发展，集体获表彰41项，个人获表彰58人次。市场主体活力充分激发，信用监管高效有力，办结企业信用修复274户次，清理注销"僵尸企业"4800余家；助企纾困措施有效落实，督促退还涉企收费2000万元，协助办理企业质押融资4.05亿元；新型监管机制逐步完善，"双随机"抽查覆盖企业5270户次，归集公示执法监管信息6.5万条；智慧监管建设全面启动，建设药师服务信息平台、特种设备区域信息化平台。市场秩序不断规范，"两反"（反垄断和反不正当竞争）力度显著增强，健全公平竞争审查联席会议制度，建立南通首家商业秘密保护基地，探索出台经营者反垄断合规指引；"两保"（保护知识产权和保护消费者合法权益）工作全面加强，开展民生领域"零号行动"，查处各类违法案件549件、罚没款552.7万元。助力现代产业体系建设，质量提升行动深入开展，1家企业获江苏省省长质量奖，新增"江苏精品"认证获证企业5家，2项标准获江苏省标准创新贡献奖（项目奖）二等奖。"四大安全"监管取得新进展，推进食品安全示范创建工作，实施餐饮单位"明厨亮灶"民生实事工程；做好疫情防控期间药品管理，连续五年被南通市市场监管局评为药品不良反应监测先进单位；开展特种设备使用管理"护航提质"行动，报废钢瓶服务项目被列入市委、市政府"我为群众办实事"实践活动；加强工业产品质量管理，实现重点工业产品获证企业检查全覆盖。加强法治宣传，开展"3·15"国际消费者权益保护日、"5·20"世界计量日、知识产权宣传周、食品安全宣传周等活动，组织户外法律法规宣传24次，举办市场主体从业人员法律法规培训36次。

【市场主体登记注册】 2022年底，海安市新增各类市场主体1.15万户，累计12.78万户。全市登记的私营企业3.24万户，其中法人企业3.23万户，私营企业从业人员33.77万人。全市登记的个体工商户9.17万户，个体工商户从业人员14.27万人，注册资金93.24亿元。

【质量提升】 2022年，海安市出台质量强市工作意见、机关部门质量强市工作考核办法，将区镇质量品牌工作指标列入"新型工业化杯"考核，发布《海安市质量强市"十四五"工作规划》。实施企业质量提升行动，建立含有50余家企业的培育梯队，组织评选创建质量标兵、质量奖，推广应用先进质量管理模式；南通市市场监管局、市市场监督管理局与江苏鹏飞集团股份有限公司、江苏铁锚玻璃股份有限公司、中国天楹股份有限公司签订"旗舰领航"行动三年共建协议，通过组织见面会、质量问诊等活动，助力企业高质量发展；依托家具质量合作社开展产品质量免费抽检、绿色产品认证、质量管理提升等活动，提升社员企业质量水平；中国天楹股份有限公司获江苏省省长质量奖，江苏铁锚玻璃股份有限公司获评江苏省质量信用AAA级企业，累计7家企业的产品通过"江苏精品"认证。深化质量人才建设，以企业首席质量官为主导，先后举办卓越绩效专题辅导班、员工满意度和顾客满意度专题辅导班、第二届首席质量官职业技能竞赛，9月23日，海安市首席质量官质学会揭牌成立。拓展质量发展路径，9月24日，举办首届质量发展论坛，邀请国际质量科学院院士邓绩作"质量铸造美好生活"主旨演讲。组织参加质量领域活动，齐克庞德电子（江苏）有限公司获苏浙皖赣沪质量知识竞赛三等奖，钟显贵、宗亚东参加省首届首席质量官职业技能竞赛，获评江苏省优秀首席质量官。

【标准化工作】 2022年，海安市标准化工作取得新突破，市政府、中国天楹股份有限公司承担、中国标准化研究院参与的“农村综合改革标准化试点（农村人居环境整治）”项目先后获批省农业农村标准化试点项目、第五批全国农村综合改革标准化试点项目，江苏中洋集团股份有限公司制定的《GB/T 32713-2016刀鲚人工繁育技术规范》、江苏天楹环保能源成套设备有限公司制定的《DB32/T 3558-2019生活垃圾焚烧飞灰熔融处理技术规范》获首届江苏省标准创新贡献奖（项目奖）二等奖，江苏鑫缘丝绸科技有限公司“蚕丝被”和江苏海安农村商业银行股份有限公司“海安农商行营业网点服务规范”2项企业标准入选2021年全国企业标准“领跑者”榜单。全年，向12家单位兑现标准化奖励99.2万元。

标准化项目建设有序推进，启动“农村人居环境整治提升标准化试点”项目建设；江苏鹏飞集团股份有限公司等企业通过省级标准化试点建设中期评估；市综合检验检测中心“国家桑蚕标准化区域服务与推广平台”项目、江苏天成科技集团有限公司“国家蛋鸡全产业链标准化示范区”项目加快建设；市疾控中心申报国家级社会管理和公共服务标准化试点，南通跃通数控设备股份有限公司申报国家级智能制造标准应用试点。南通龙洋水产有限公司申报的《美洲鲥种质检测与鉴定方法》、江苏天楹等离子体科技有限公司申报的《医疗废物等离子体集中处置工程技术规范》2项省级地方标准，市综合检验检测中心申报的《锻压机械现场检验服务规范》等7项南通市地方标准获批立项；市资源规划局主导的《耕作层土壤再利用操作规范》等7项地方标准发布；江苏天成集团有限公司、雅周现代农业园等4家单位组织编制地方标准。江苏鹏飞集团股份有限公司主导的《石灰煅烧成套装备技术要求》、亚太轻合金（南通）科技有限公司参与的《原位生成纳米颗粒增强6000系铝基复合材料挤压材》等15项国家标准发布，江苏联发纺织股份有限公司参与的《自然弹色织布》、江苏繁华应材科技股份有限公司参与的《电致变色玻璃》等16项行业标准发布，江苏海建股份有限公司主导的《固体危险废物焚烧用回转窑》、江苏威尔曼科技有限公司参与的《企业电梯物联网平台技术要求》等13项团体标准发布。加强标准监管，开展企业标准“双随机、一公开”监督检查，检查6家企业14项企业标准。开展“世界标准日”宣传活动，进商场、超市、企业宣传常用标准、解答群众咨询、开展执法检查，在“海安市监之窗”微信公众号推送“标准化知识普及”5期。

【认证认可工作】 2022年，海安市有强制性产品认证获证组织47家、证书327张，管理体系认证获证组织1115家、证书2192张，服务认证获证组织42家、证书82张，自愿性工业产品认证获证组织247家、证书1685张。新增环境管理体系认证证书175张、质量管理体系认证证书352张、中国职业健康安全管理体系认证证书149张、能源管理体系认证证书3张。开展CCC产品、有机产品以及体系认证等“双随机”抽查工作，抽查CCC获证企业10家、管理体系认证获证组织20家。查处伪造质量管理体系标志案件1件。制定“小微企业质量管理体系认证提升行动方案”，推进10家小微企业通过质量管理体系认证。

【检验检测工作】 2022年，海安市新增检验检测机构3家，累计36家，涉及机动车、司法鉴定、环境、建筑工程等领域。市综合检验检测中心持续推进资质能力扩项，759个检测标准（方法）、66个校准标准（方法）通过国家认可委CNAS实验室复评审，178项食品参数、177项非食品参数通过省市场监管局资质认定（CMA）扩项现场评审，有毒有害报警器、额温枪等4项计量标准通过南通市行政审批局新建标准考核。有序推进平台建设，与国家家具质量监督检验中心（上海）签订合作协议，筹建江苏省变压器产业计量中心。发挥国家中小企业公共服务示范平台作用，组织海安专精特新企业参加江苏省“英才名匠”产业人才培训项目领军企业家专题培训班、国家级专精特新“小巨人”企业与中小企业公共服务平台对接交流会、专精特新企业知识产权专项技能提升培训等培训活动，征集海安专精特新企业高质量发展项目31项，为22家专精特新企业提供157万元专项资金补助。做优检验检测职能工作，检测用仪器设备投入447.7万元；受理1136家企业1.31万台（件）强检器具申报；完成58个加油站1158台加油机、2.24万台燃气表、2.59万台压力表和220辆出租车计价器等强制计量器具检定任务；免费检定35家集贸市场的1851台（件）衡器和43家医院卫生指导站的1259台（件）医疗器械；完成食品安全动态监测抽检1300批次，其中不合格47批次；完成南通市市场监管局下达的43批次产品质量南通市级专项监督抽查任务；接受社会委托检验出具报告证书3.58万份，其中，计量检定证书3.48万份、产品检验检测报告1009份；组织特种设备作业人员专业技能考试45批次，全年发证669张。

【计量监管】 2022年，海安市有强检计量器具使用单位1205家、计量器具制造单位9家、定量包装产品生产企业84家、重点用能单位20家、集贸市场30家、医院43家、加油站56家、眼镜店110家，在用强检器具1.46万台（件）。规范企业计量管理，开展强检计量器具免费检定工作，推动“e-CQS国家强制检定计量器具业务管理系统”运行，至年底，备案1006家单位，注册申请检定强检计量器具1.50万台（件）。做好民生计量工作，开展夏粮收购前计量专项监督检查，出动检查人员60人次，检查粮食收购企业51家。开展元旦、春节计量专项监督检查，检查单位36家，检查在用衡器582台（件）；检查定量包装商品783批次，抽检81批次，抽检合格率95.1%；抽检商品包装12批次，合格率83.3%。开展端午计量专项监督检查，检查定量包装商品691批次，抽检107批次，净含量抽检合格率97.2%，标注抽检合格率100%；检查商品包装35批次，合格率97.1%。开展中秋、国庆计量专项监督检查，检查定量包装商品769批次，抽检95批次，抽检合格率91.6%；抽检产品批注95批次，合格率98.9%；检查商品包装30批次，合格率86.7%。配合南通市市场监管局，完成江苏联发纺织股份有限公司等4家重点用能单位能源计量现场审查。开展“世界计量日”宣传活动，发放宣传资料4500余份，服务咨询群众约300人次。

【广告监管】 2022年，海安市突出医疗美容、校外培训、电梯广告等重点领域广告监管，依托各级广告监测平台处置线索36条，立案查处虚假违法广告案件22件，罚没款21.20万元。

【反垄断工作】 2022年，海安市探索开展反垄断工作，维护公平竞争市场秩序。先后召开快递行业垄断行为告诫会、混凝土行业垄断行为告诫会，督促经营单位依法经营。健全公平竞争审查联席会议组织，成员单位由市教育体育局、市科技局、市公安局等26个单位组成，建立公平竞争审查联席会议制度、公平竞争审查内部工作机制等制度。开展招标投标、政府采购领域公平竞争自查工作，涉及招标投标领域的文件13个、政府采购领域的文件10个，实现审查全覆盖。做好政府消费券发放和《海安市城市生活垃圾处理费征收管理暂行办法（试行）》《海安市城市建筑垃圾处理费征收管理暂行办法（试行）》2个文件公平竞争审查工作。

【反不正当竞争工作】 2022年，海安市出台“进一步做好商业秘密保护创新试点工作意见”，完善商业秘密保护示范基地建设指南、商业秘密保护机关联动执法工作制度、商业秘密侵权投诉处理制度、企业内部商业秘密保护制度等，将构筑商业秘密保护体系纳入《海安市法治化营商环境专项提升行动方案》。9月13日，南通市首家商业秘密保护创新试点基地在海安机器人及智能制造产业园挂牌成立。至年底，全市累计建成商业秘密保护创新试点基地1家，商业秘密保护维权联系点1家，南通市商业秘密保护示范点3家，海安市商业秘密保护示范点42家。

【打击传销和规范直销】 2022年，海安市严格管控会销活动，全面排查会销场所、宾馆、饭店、药店、保健品直销网点等经营场所会销行为，完成上级部署的传销、直销检查任务2个，处理群众举报的涉嫌传销行为2起。

【消费维权】 2022年，海安市新认定放心消费创建先进示范单位省级6家、南通市级19家，累计有省级80家、南通市级120家。新增线下实体店无理由退货承诺商家152家，累计663家，为消费者办理退货3.9万余件，退货金额约518万元。

加大侵害消费者个人信息、房地产和医疗美容行业从事虚假宣传、超市虚假促销、起重机械使用单位“大机小标”躲避监管等违法行为打击力度，检查装修公司、建材销售经营户12家，立案查处侵害消费者个人信息案件8件，其中办理的海安某教育培训有限公司侵害消费者个人信息保护权案获评江苏省市场监管领域执法稽查十大典型案例；检查房地产企业8家、医疗美容诊所6家，立案查处2家；检查超市4家，立案查处2家；检查起重机械使用单位4家，立案查处1家；办理的海安某土菜馆利用“江鲜”虚假宣传案入选“江苏禁捕退捕市场监管信息快报”。规范消费环境，开展全市涉企收费专项检查、物业服务企业侵犯业主权益专项整治、借重大活动从事商业广告宣传专项整治、“反向抹零”侵犯消费者权益专项检查、教育收费专项检查等。

全年，接处市场监督管理投诉举报7505件，投诉举报受理率100%，办结率99.94%。投诉举报的类别包括产品质量问题、房产和汽车消费、预付充值卡、网购、网络广告宣传、培训机构退费投诉及各类服务质量问题。推广运用“全国12315互联网平台在线纠纷解决（ODR）”系统，发展成员企业21家，引导电商平台、大型商场和超市等建立赔偿先付制度，成功线上受理并处置投诉17起，满意率100%。

阅读延伸

2022年海安市消费维权投诉举报分析报告

2022年，海安市市场监管全系统接收各类投诉举报7505件，较2021年增长24.05%，其中，投诉4392件、举报3113件，分别较2021年增长33.50%、12.79%。群众投诉举报办结率99.94%，办件回访群众满意率92%，涉及争议金额364.56万元，为消费者挽回经济损失220.48万元。

一、投诉举报受理基本情况

2022年，海安市市场监管局不断优化消费维权体制机制，综合指挥中心投诉举报管理科负责承办投诉举报分流、督办、反馈全流程管控，对外宣传各种维权方式与途径，畅通消费维权投诉举报渠道，消费者消费维权便捷度大幅提升。从诉求途径看，除传统的拨打“12315”电话、信访，通过政府

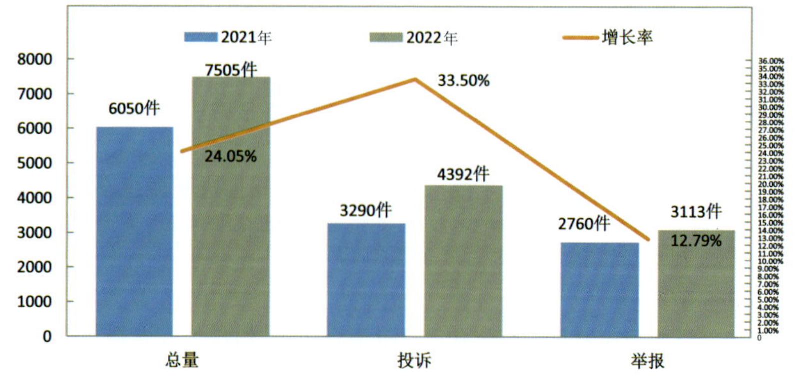

图1　2021—2022年海安市消费维权投诉举报总量对比图

“12345”热线、“全国12315网上投诉平台”App等自助方式投诉举报的数量明显增加，比上年增长156.4%。自助投诉举报平台成为群众反映问题的重要途径。

（一）各分局处理量

2022年，从海安市市场监管局各分局处理诉求的数量看，排名前六位的是高新区分局3178件、开发区分局1659件、李堡分局225件、滨海新区分局197件、曲塘分局180件、大公分局151件，分别占总量的42.35%、22.11%、3.0%、2.6%、2.4%、2.0%。主城海安高新区处理量明显高于其他地区，接处量较2021年上升13.06%。

（二）月度诉求变化情况

2022年，海安市市场监管局月平均受理诉求量约625件，最高2月798件，最低1月557件。新冠肺炎疫情年初和年底政策调整后对消费持续影响，疫情期间网络购物消费需求旺盛。

二、诉求类型数据对比分析

（一）投诉类数据

2022年，海安市市场监管局受理诉求人各类投诉4392件，占比58.5%，占比较2021年上升3.5个百分点。投诉量居前五位的是质量问题类1040件、合同问题类768件、售后服务类659件、广告类342件、安全类96件，前五位投诉占总投诉量的66.14%，投诉问题反映较集中。在质量类问题中主要反映以假充真、以次充好、掺杂掺假、“三无产品”（无生产日期、无质量合格证以及无生产厂家、来路不明的产品）、质量与产品说明书不符等问题；合同类投诉问题主要反映拒不履约、霸王条款、预付卡侵权、定金退付等问题；售后服务投诉主要反映“三包”（包修、包换、包退）问题，包括不履行国家“三包”、不履行承诺等问题；价格投诉主要反映未明码标价、价外加价、标价与结算价不符、停车收费计价高等问题。

（二）举报类数据

2022年，海安市市场监管局受理诉求人各类举报3113件（其中近770件为职业索赔，主要以企业网站涉嫌广告违法和不正当竞争类为主），占比

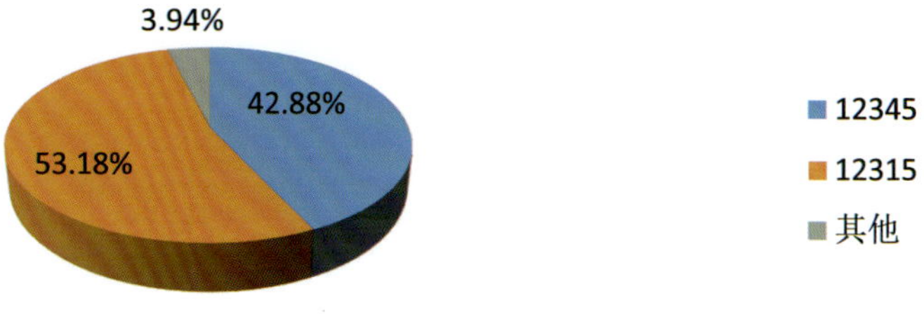

图2　2022年海安市消费维权投诉途径对比图

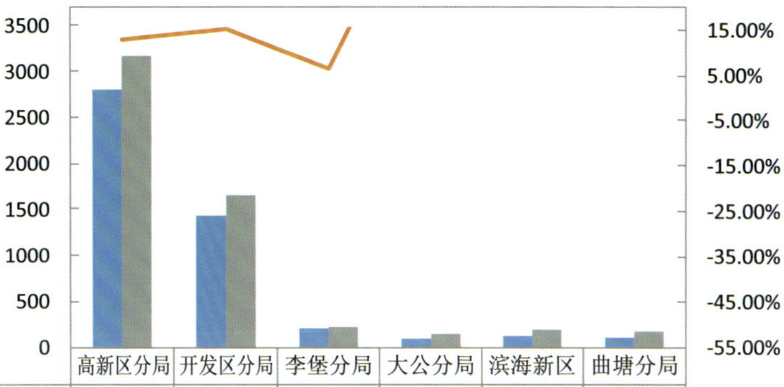

	高新区分局	开发区分局	李堡分局	大公分局	滨海新区	曲塘分局
2021年处理量	2811件	1438件	211件	100件	127件	111件
2022年处理量	3178件	1659件	225件	151件	197件	180件
增长率	13.06%	15.37%	6.64%	51.00%	55.12%	62.16%

图3　2021—2022年海安市市场监管局部分分局消费维权投诉举报处理量对比图

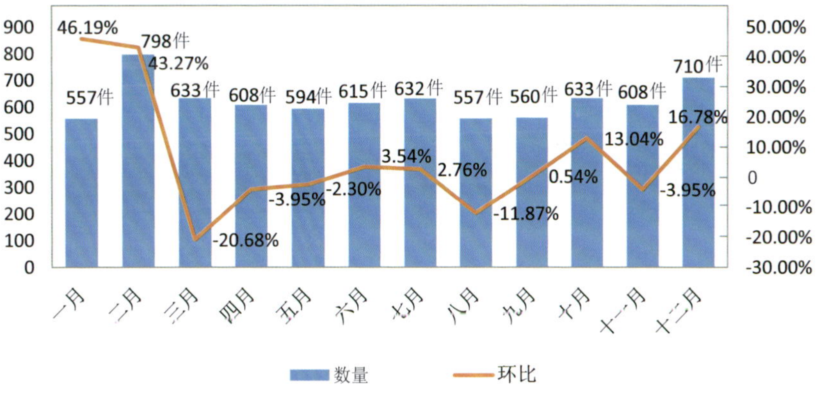

图4　2022年海安市消费维权投诉举报月度对比趋势图

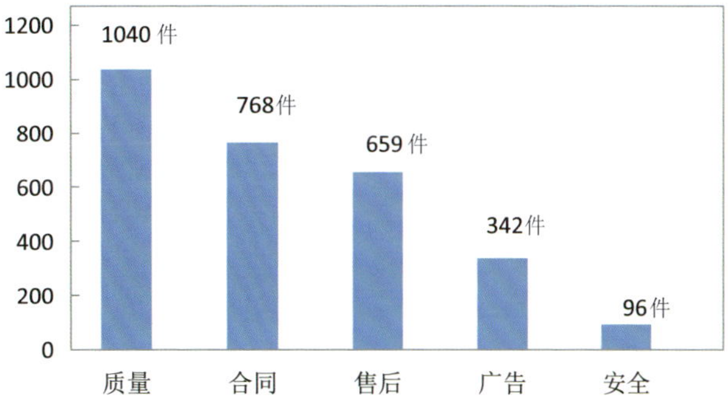

图5　2022年海安市消费维权投诉类数据对比图

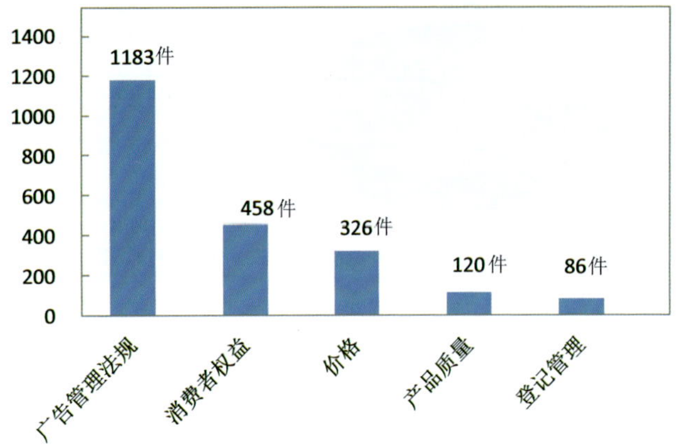

图6　2022年海安市消费维权举报类数据对比图

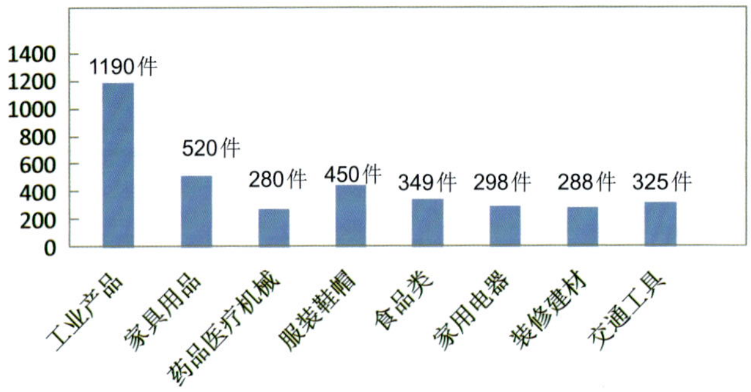

图7　2022年海安市消费维权商品类投诉举报数据对比图

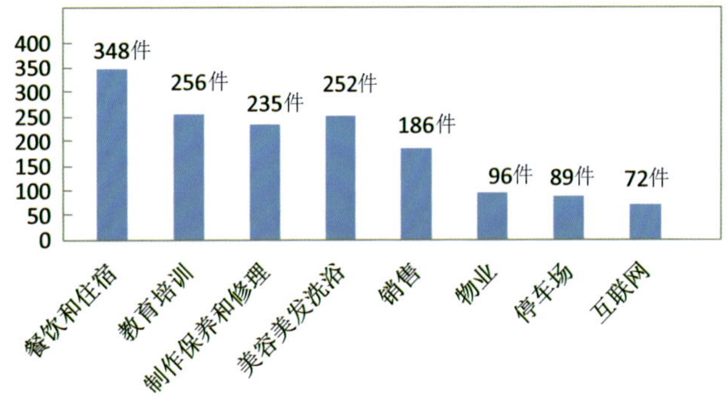

图8　2022年海安市消费维权服务类投诉举报数据对比图

69.8%，较2021年上升27个百分点。

举报量居前五位的依次是违反广告管理法规1183件、侵害消费者权益违法行为458件、价格违法行为326件、产品质量违法行为120件、违反登记管理行为86件。违反广告管理法规主要涉及企业在网站上标注有“首选”“全★”“防★”等涉嫌绝对化语言表示；侵害消费者违法行为主要涉及消费宣传引人误解、拒绝消费者合理维权请求、侵害消费者人格尊严等问题；价格违法行为主要涉及不明码标价、价格欺诈、疫情期间药品和蔬菜等哄抬价格等问题；产品质量违法主要涉及生产不符合标准的产品、违反标识规定、伪造、掺杂掺假等问题；违反登记行为主要涉及无照经营、超范围经营、虚假冒名登记等问题。

三、热点行业数据分析

（一）商品类投诉举报数据

2022年，海安市市场监管局处理商品类投诉举报4960件，占投诉举报总量的66%，较2021年上升12.9%。排名前八位的分别是工业产品1190件、家居用品520件、药品医疗器械280件、服装鞋帽450件、食品类349件、家用电器298件、装修建材288件、交通工具325件。床上用品、家具、肉制品、烘焙食品、家用汽车、空调等与百姓生活息息相关的商品投诉举报频次较高。

（二）服务类投诉举报数据

2022年，海安市市场监管局处理服务类投诉举报1259件，占投诉举报总量16.7%，较2021年上升19.9%。排名前八位的分别是餐饮和住宿服务348件、教育培训服务256件、制作保养和修理服务235件、美容美发洗浴服务252件、销售服务186件、物业服务96件、停车场服务89件、互联网服务72件。餐饮、校外教培退费、机动车维修、女士美容美发、健身、停车等是服务投诉举报热点，反映消费体验差、服务承诺不到位等问题较多。

四、投诉举报热点问题分析

（一）网络购物纠纷成为消费维权的重点。2022年，接收各类网购问题诉求512件。网络购物虽然方便快捷，同时也给消费者带来诸多烦恼。消费者诉求问题主要集中在产品质量、虚假宣传、退货退款等方面。在维权过程中，因网购异地不见面交易特性，容易导致核实商家信息困难、远程调解难、物损责任难确定等问题。

（二）购房、装修、物业服务、停车服务等问题依然热门。2022年，涉及该类问题的诉求992件，较2021年上升15%。主要是反映在购房过程中，定金退还难、逾期交房、物业服务收费与等次不匹配、口头承诺不兑现等问题。在停车场收费服务方面，对停车场设置、收费公示和计时不准等问题纠纷不断。在物业服务方面主要反映收费市场争议、服务不到位、乱收费、转供电等问题，特别是转供电企业卖电增收、不公示、混淆收费等问题集中，反映国家惠民、惠企政策难落实。

（三）恶意举报（索赔）现象仍然突出。2022年，受理网络、信件中涉及企业网站广告、不正当竞争、标签、价格、计量等不同形式职业索赔投诉举报件1385件。反映问题主要以使用“首选”“领先”“优质”等涉嫌绝对化极限词汇等虚假宣传、夸大产品功能效用、标签标识不规范、伪造虚构知识研究成果材料、"三无"等问题。电商领域成为遭受职业投诉举报的重点，各类企业的门户网站、公众号广告宣传也成为职业索赔人紧盯的目标。

（四）老年消费领域仍问题较多。2022年，开展涉老食品和保健品专项整治后，涉及老年消费从数量上看下降明显，但消费金额高、社会影响较大。反映的主要问题有涉嫌发布虚假广告、夸大产品功效、变相促销、未经许可生产经营、以次充好等，销售活动往往以电视直播、会销、旅游营销等方式进行，场所流动性大、营销手段隐蔽、调查取证难，受害群体以老年人为主。

（五）运动健身、美容整形等预付式消费诉求呈上升趋势。2022年，受新冠肺炎疫情前后政策调整以及经济形势综合影响，预付式（卡）消费纠纷问题仍突出，收到诉求452件，较2021年上升15%，反映的问题以餐饮食品、运动健身、美容整形、美发领域问题较为集中。由于对市场定位不够准确，前期盲目投入资金，运营管理不完善等问题导致关门跑路现象时有发生。因健身课程不合理、美容整形效果不佳要求退款退费的现象仍较为普遍。

【市场监管综合行政执法】 2022年，海安市市场监管系统开展民生领域"零号行动""铁拳行动"，查处违法案件674件，罚没入库1060万元。加强行政执法监督，组织行政处罚案件评查4次，涉及案件80余件；召开案审会6次，审核并上会讨论行政处罚案件117件。加强行政执法培训，举办全市市场监管系统法治建设暨执法能力提升业务培训会，参与各级举办的食品药品、特种设备、产品质量等业务培训。做好行政争议化解，产生行政复议17起，未发生基于法制部门原因而导致的诉讼和复议败诉。规范执法主体资格管理，229人通过执法资格考试。推进包容审慎执法，轻微违法行为不予行政处罚案件16件，涉及金额154.17万元；一般违法行为从轻减轻行政处罚案件78件，涉及金额292.41万元；柔性执法涉及市场主体82家110次。

【中国天楹股份有限公司获省长质量奖】

2022年9月，中国天楹股份有限公司被省政府授予江苏省省长质量奖，全省仅10家单位获此殊荣。公司业务覆盖智慧环境服务、垃圾焚烧发电、新能源发电、区域能源中心、氢能中心、循环经济产业的投资、建设、运营，餐厨垃圾、危险废物、建筑垃圾等废弃物的减量化、资源化、无害化处置，以及环保技术装备、储能技术装备的研究、开发与制造等。推行卓越绩效模式，在国内首创"AAAAA"全产业链垃圾革命天楹质量模式，通过智慧云平台，对固体废弃物进行全生命周期管理，提供"全场景、全品类、全智能、全过程、全处置"的"AAAAA"环境服务。推行"环保+新能源"双引擎战略发展，是商务部"重点联系再生资源回收企业"。率先引进国际前沿的重力储能技术，部署全球首个100兆瓦时重力储能项目，发展风光储氢氨零碳产业园，拓展新能源产业链布局，推动可再生能源领域发展。（吴晨慧）

信用建设

【概况】 2022年，海安市全面推进社会信用体系建设，先后出台"'诚信建设万里行'系列宣传活动实施方案""财政专项资金管理应用信用信息暂行办法""信用领域突出问题专项治理实施方案""违法建设协同管理实施办法""关于建立特殊主体失信被执行人联合约谈机制的实施意见"等文件，营造公平公正的经营环境。促进行政争议实质化解，排查行政争议275起，发送工作提示函53件，推动行政行为自我纠正26起，主动撤回复议或诉讼60件，行政诉讼案件败诉率4.5%。海安市获评江苏省第二批法治政府建设示范地区。

【社会信用体系建设】 2022年，海安市推进信用分级分类监管，市交通运输局、市农业农村局、市卫生健康委等单位先后出台信用监管文件，制定各自领域信用评价标准，覆盖企业8万多家；对信用较好、风险较低的6万多家市场主体，减少抽查比例和频次，尽量避免干扰企业正常生产经营。深入开展失信联合惩戒，对全市12家"黑榜"企业执行差别水电价、不予金融支持等惩戒措施，推动21家企事业单位依法披露环境信息，对违法建筑自然人暂缓提供诚信征信报告。采取市场和行业禁入措施，将经营不规范、投诉举报较多的单位列为日常监督检查重点对象，立案查处食品药品类案件213起。依法追究违法失信责任，市人民法院、市发展改革委、市信用办公室联合出台"建立特殊主体失信被执行人联合约谈机制"，如被执行人在立案执行后一个月内未履行义务的，由3个部门联合约谈被执行人，并对当事人所在单位年度综合治理考评扣减考评分，相关工作做法为南通市首创。

【信用状况认定】 2022年，海安市进一步加大信用信息和信用数据通报力度，坚持每日通报"双公示"（行政许可、行政处罚等信用信息作出决定后上网公示）数据、每月通报信用数据、每季度印发信用信息归集情况。依托市域社会治理现代化指挥中心，智能归集自然人和法人信用数据，公共信用系统全年上报数据851万条，其中，"双公示"数据2.08万条，"双公示"及时率、合规率均为100%。全量归集财政类信用承诺信息5549条，出具法人、自然人信用查询或审查报告307份，覆盖企业7829家。依托"信用中国""信用江苏"等网站，及时上网公开行政行为信息2060条，其中，行政监督检查872条、行政确认1038条、行政奖励134条、行政强制13条、行政裁决3条。发挥"红黑榜"引导作用，发布"红黑榜"30期，公布"红榜"376个、"黑榜"73个。

【信用管理和服务】 2022年，海安市新增通过信用管理培训企业19家，分别新增省级、南通市级信用管理示范企业1家、2家。组织4家信用管理示范企业开展企业复评工作，其中，省级2家、南通市级2家。组织9家企业及相关人员报名助理信用管理师培训。7月

25日，举行海安市信用服务送一线暨《江苏省社会信用条例》宣贯会，引导企业开展信用修复，各区镇联络员、重点企业代表近200人参加。全年，超200家企业完成信用修复，实现行政处罚决定书、信用修复告知书“两书同达”。

（史根生）

【市场主体信用监管】 2022年，海安市统筹31个部门，推行市场主体信用“双随机、一公开”跨部门联合抽查检查监管机制；借助南通市市场监管局“信用+双随机”全流程监管平台，推动市场主体信用分级分类管理与“双随机”抽查检查融合，完成检查任务103项，检查各类市场主体1829家；依托省市场监管信息平台，梳理认领抽查事项245项，实施计划135个、任务368项，检查市场主体3441家。强化涉企信息归集共享，在省市场监管信息平台上归集信息6.50万条，其中，许可类信息6018条、行政处罚类信息739条。做好企业年报公示工作，2021年度年报率100%，列南通第一位。深化“稳企强链 助企塑信”信用修复专项行动，办结信用修复274户次。加大“僵尸企业”清理力度，由区镇（街道）排查，税务、人社、市场监管等部门联动审核，有效注销企业4800余家。

（吴晨慧）

知识产权

【概况】 2022年，海安市落实国家知识产权局“快速维权中心编制为副科级”的新要求，推进中国海安（家具）知识产权快速维权中心建设，建设方案被省知识产权局推荐上报国家知识产权局。海安开发区获批国家知识产权强国建设试点园区。知识产权创造质量显著提高，知识产权工作被纳入高质量发展考核体系，中国天楹股份有限公司“一种大型生活垃圾焚烧炉排炉”“利用等离子体炬资源化处理垃圾焚烧飞灰的方法”、江苏中洋集团股份有限公司“一种刀鱼亲鱼的生态工厂繁育方法”，江苏繁华应材科技股份有限公司“一种组合型调光玻璃复合窗及其制备方法”获第二十三届中国专利奖优秀奖，获奖数列南通市第一位。申请商标5013件，首次申请商标企业数1495家。至年底，全市有效发明专利拥有量5573件，比上年净增507件。

【知识产权运用】 2022年，海安市完成知识产权质押融资62笔，质押融资额4.05亿元。新增知识产权贯标备案企业62家，累计备案总数占全市高新技术企业数的95%，新增11家企业通过省级知识产权贯标绩效评价认证。组织申报省级企业知识产权战略推进计划，“海安大米”获省商标品牌培育和保护项目立项，林润置业“星湖001”商业广场获省级正版正货示范街区立项。

【知识产权保护】 2022年，海安市开展知识产权“铁拳”“蓝天”“零号行动”等专项行动，打击知识产权侵权假冒等违法行为，办理行政裁决专利纠纷案件5件，调解专利纠纷4起，查处商标侵权案55件。成立北京2022年冬奥会和冬残奥会奥林匹克标志知识产权保护专项检查组，出动执法人员160余人次，检查经营单位212家，查处“冰墩墩”侵权案件2件。加强商品流通场所检查，督促经营单位做好商品知识产权动态管理，严把进货知识产权关。重点围绕名酒、服装行业，开展打击商标侵权专项行动，先后出动执法人员80人次，检查销售名酒的商行超市40多家，查获侵犯注册商标专用权“五粮液”“洋河”等名酒40余瓶；查获1家服装生产企业侵犯“彪马”“耐克”等注册商标专用权的服装货值1万余元。

【知识产权宣传培训】 2022年，海安市开展知识产权知识教育进校园、知识产权保护进正版正货示范街区、农村广播站宣传、临街电子屏宣传等个性化、小型分散宣传活动10场，发放宣传资料3000份，悬挂横幅标语20条，扩大知识产权常识知晓面。邀请高校教授、相关领域专家举办专利申请策略、企业高价值专利培训等相关专题讲座，组织企业参加知识产权工程师、专利挖掘与布局、海外知识产权风险控制等培训班。“交汇点”移动新闻客户端、“南通发布”微信公众号等媒体报道海安知识产权宣传培训活动。

【4项专利获中国专利奖】 2022年7月，海安市4项专利获第二十三届中国专利奖优秀奖，创历年新高。江苏天楹环保能源成套设备有限公司、中国天楹股份有限公司的专利技术“一种大型生活垃圾焚烧炉排炉”，通过模块化炉排单元组合形成焚烧炉主体，提升生活垃圾处理能力，推动垃圾焚烧发电行业发展。江苏天楹等离子体科技有限公司、江苏天楹环保能源成套设备有限公司的专利技术“利用等离子体炬资源化处理垃圾焚烧飞灰的方法”，适用于电力、环保、化工等领域，针对生活垃圾焚烧飞灰、危险废物焚烧底渣、重金属污泥、受污染的土壤、废活性炭、废石棉、废催化剂等固体废物进行无害化处理和资源化利用。江苏中洋集团股份有限公司的专利技术“一种刀鱼亲鱼的生态工厂繁育方法”，建立长江刀鲚的仿江海洄游生态养殖技术模式，填补刀鲚养殖研究空白，实现长江物种有效保护。江苏繁华应材科技股份有限公司的专利技术“一种组合型调光玻璃复合窗及其制备方法”，通过组合电致变色层与PDLC液晶调光膜，实现精准智能调光、遮光。

【海安开发区获批国家知识产权强国建设试点园区】 2022年，海安开发区被国家知识产权局认定为国家知识产权强国建设试点园区，试点时限为2022年8月至2025年7月。海安开发区不断完善政策环境体系，强化知识产权管理机制，知识产权管理水平有效提升，运用成效逐步凸显。至年底，全区有效发明专利拥有量2219件，累计获中国专利奖13项、江苏省专利奖5项。拥有国家知识产权示范企业1家、优势企业4家；累计70家企业通过知识产权贯标认证和备案；建成省级正版正货示范街区1家。

（吴晨慧）

海安开发区管委会

开发区与园区建设

海安经济技术开发区

【概况】 海安经济技术开发区（简称海安开发区）始建于1992年，1996年获批省级开发区，2006年经过整合获批省级经济开发区，2012年升格为国家级经济技术开发区。先后经过三次区划调整，规划控制面积180平方千米，是长三角北翼开放开发重要平台，先后获批国家新型工业化示范基地、国家知识产权示范园区、国家高新技术产业标准化区域试点、全国模范劳动关系和谐工业园区、国家级博士后科研工作站、省工业和信息化融合示范园区等。2022年，海安开发区完成地区生产总值322.65亿元，比上年增长2.77%，其中第一产业增加值12.46亿元、第二产业增加值182.67亿元、第三产业增加值127.52亿元。完成外贸进出口总额125亿元。获评全国绿色低碳示范园区、首批国家知识产权强国建设试点园区、省先进制造业和现代服务业深度融合试点单位。

【园区基础建设】 2022年，海安开发区完成辖区内328国道快速化改造、世纪大桥通扬河桥改造、洋港路南延等14个重点工程建设。有序推进11个老旧小区改造工程，出新墙面4.5万平方米、实施屋顶平改坡改造1.5万平方米。维修市政道路2.3万平方米、桥梁10余座，疏通集镇区域、老旧小区管网25千米。

【园区产业发展】 2022年，海安开发区打造现代纺织、新材料、机器人及智能制造“一主一新一特”产业集群，集聚高端装备、新材料新能源等产业板块。新增规模以上企业51家。中机锻压江苏股份有限公司（简称中机锻压公司）、海安浩驰科技有限公司、南通跃通数控设备股份有限公司（简称跃通数控公司）获批国家专精特新“小巨人”企业，江苏晨朗电子集团有限公司、江苏增光新材料科技股份有限公司等19家企业获批省级“专精特新”中小企业。江苏图灵智能机器人有限公司入选省级智能制造领军服务机构，江苏北辰互邦电力股份有限公司、江苏晨日环保科技有限公司、中机锻压公司获批省级服务型制造示范企业。推进企业上市挂牌工作，2家企业申报“新三板”基础层，3家企业在“新三板”挂牌，1家企业进入“新三板”创新层，4家企业签约北京证券交易所上市入轨。实施智能化改造和数字化转型项目136个，获批星级上云企业28家，跃通数控公司、西蒙电气（中国）有限公司获批五星级上云企业。

【招商引资】 2022年，海安开发区开展“招商引资突破年”活动，加强与上海嘉定工业区、漕河泾开发区战略合作，深化与浙江、苏南等地区台湾同胞投资企业协会交流合作，坚持招商与留商、拓新与挖潜并举，推动重特大产业项目签约落户，瑞章科技全球物联芯片研发及封测基地项目、鑫鑫高端精密导轨项目2个项目总投资50亿元。天洋太阳能封装胶膜生产项目实现“云签约”。全年，签约项目35个，其中外资项目12个。

【项目建设】 2022年，海安开发区打造“海开心”营商服务品牌，推动重特大项目建设，加大专精特新项目推进力度，放大项目建设“二期现象”“三期效应”。新开工亿元以上项目80个，其中，南通市考核确定5亿元以上重特大工业项目5个，东材高性能聚酯基膜项目入选2022年江苏省重大产业项目。新竣工亿元以上项目36个。12个项目入选2022年南通市级重大产业项目，其中，新开工制造业项目3个（万石智能设备项目、港汇纺织项目、荣威户外用品项目），新开工专精特新项目5个（东材高性能聚酯基膜项目、海迅智能校平装备项目、跃通自动化机械项目、联发詹姆士品牌服饰项目、中机液压打桩锤项目），新认定科创项目2个（汉东化工装备项目、三锐化工装备项目），竣工项目2个（亚太航空用高性能高精密特种铝型材项目、繁华智能电致变色玻项目）。

【科技创新】 2022年，海安开发区新认定高新技术企业50家。新增产学研合作项目72个。新增专利授权1350件，其中发明专利230件。江苏繁华应材科技股份有限公司获中国专利优秀奖。南通市通润汽车零部件有限公司获批省工程研究中心，南通昂申金属材料有限公司获批省级企业技术中心，美勒森家居科技有限公司获批省级工业设计中心。海安上海交通大学智能装备研究院获批省新型研发机构，南通唯一。南通亿思特机器人科技有限公司、南通金北实业有限公司、海安交大智能科技发展有限公司、海安市深通科创服务有限公司获批省级众创空间。入选省“双创团队”2个、“双创人才”4人。国家级博士后科研工作站完成招聘入站工作。9月9日，海安开发区人力资源市场揭牌成立，建成人才一站式服务窗口。

【常安现代纺织科技产业园】 常安现代纺织科技产业园是海安市政府和常熟市

常安现代纺织科技产业园，摄于2022年9月19日　海安开发区／供图

政府在海安开发区合作共建的省级南北共建园区，规划面积10.2平方千米。2022年，园区实现开票销售65.35亿元，比上年增长29.59%，入库税收5362.97万元；投产企业30家，其中，规模以上企业22家，亿元以上企业19家，高新技术企业7家。园区发展高端纺织上下游及相关产业链，年内组织产业招商活动17次，建成并投产项目6个，在建项目4个。与中国纺织科学研究院、东华大学、江南大学等高校院所开展产学研合作项目10个，支付合作费用400余万元；累计拥有纺织类专利112件；完成首例知识产权质押融资，获批500万元低息贷款。海安启弘纺织科技有限公司建成省级企业技术中心、工程技术研究中心，被列入国家经编毛绒产品开发基地；南通东屹高新纤维科技有限公司获批建设省级工程技术研究中心和南通市级企业技术中心；江苏大同宝富纺织科技有限公司、南通常安能源有限公司获批建设南通市级工程技术研究中心。园区招引高校毕业生和蓝领技术人才600人。深化省生态环境政策集成改革试点产业园区建设，改革试点政策文件的执行和兑现情况总体符合预期。

【中国东部家具产业基地】 中国东部家具产业基地是海安市政府与中国家具协会联合共建项目，是江苏省现代服务业“十百千”行动计划和省重点扶持的100个服务业重点项目之一，获批首批长三角现代服务业示范基地。2022年，基地新增家具生产企业43家、配套企业253家，累计有企业500多家。工业总产值372亿元，家具年产量1180万件。东部全球家具采购中心获评南通市现代服务业高质量发展集聚示范区，三号馆（领欧国际家居生活广场）、四号馆（悦豪华奕家具批发中心）相继开业，产源地家具批发市场开业面积约60万平方米。11月11日，东部家具木工机械设备市场开业运营。

【庆祝开发区建区30周年暨获批国家级开发区10周年大会】 2022年8月31日，海安市庆祝开发区建区30周年暨获批国家级开发区10周年大会举行。会议肯定海安开发区30年间取得的成绩。1992年8月，海安在县城东南划出9.96平方千米土地创办开发区。1993年4月，建立管委会，在开发区内行使县政府赋予的项目、规划、用地、农业农村、社会事业等管理职能。2012年7月，升格为国家级经济技术开发区。是年，实现地区生产总值113.4亿元、工业应税销售200亿元、一般公共预算收入8.6亿元。2021年，实现地区生产总值313.95亿元、工业应税销售813.8亿元、一般公共预算收入18.3亿元。获批国家级开发区后，地区生产总值增长近3倍、工业应税销售增长4倍多、一般公共预算增长2倍多，以全市不足七分之一的区域面积，贡献36%的经济总量、44%的外资到账、63%的外贸进出口总额。会议要求海安开发区坚持项目立区，高水平提升对外开放能级；强化产业兴区，高层次建强现代产业体系；打造科创强区，高质量集聚全面发展动能；突出清廉固区，高素质锻造过硬干部队伍。（禹国圆）

江苏省海安高新技术产业开发区

【概况】 江苏省海安高新技术产业开发区（简称海安高新区）始建于1995年，名为海安民营工贸园区。2009年6月，更名为海安工业园区。2011年10月，改名为海安高新技术产业开发区。2012年8月，省政府批准筹建省级高新区。2018年9月，省政府批准成为省级高新区。2022年，海安高新区完成地区生产总值446.98亿元，其中，第一产业增加值11.60亿元、第二产业增加值256.45亿元、第三产业增加值178.92亿元。完成工业开票销售845亿元，完成服务业一般纳税人应税销售350亿元，实现外贸进出口总额57.6亿元。年内，海安高新区列2021年度全省高新技术产业开发区创新驱动高质量发展综合评价第7位，获评江苏省知识产权建设示范园区、江苏省2022年科技统计工作成效突出单位、2021—2022年度江苏省基层党员冬训工作示范乡（镇）；海安高新区科创园获评2022年度国家小型微型企业创业创新示范基地。

【园区基础建设】 2022年，海安高新区服务启慧路北延、新华河活水及生态修复、城区堵点改造等市属重点工程建设，按时完成清障交地工作。加快城南五期B区安置房建设，推进已建安置房产权证办理工作。改造提升新宁小区、泰宁人家、海光小区等老旧小区11个，海安街道旺池社区获评全国老年友好型示范社区。全面开展垃圾分类“三定一督”（定时、定点、定人和督导）小区创建，建成小区垃圾分类亭23个。开展149个村组农村生活污水治理，建成生态样板河道13千米。打造省级“一刻钟便民生活圈”1个，改造村级便民商店3家。南通首家“青年人才驿站”落户海安高新区，海安高新区实验小学投入使用，海安高新区24小时城市书房建成开放，海安高新区展示交流中心获评南通市最美公共文化空间。

【园区产业发展】 2022年，海安高新区重点发展汽车及零部件、时尚锦纶、智能装备等产业，布有电子信息产业园、时尚锦纶产业园、高科技创业园、高新区台商产业园、粮食物流产业园等专业园区，新增规模以上企业51家，累计446家。聚焦“单项冠军、专精特新”双名城建设，江苏兴华胶带股份有限公司获评国家级制造业单项冠军企业，江苏鹰球集团有限公司“高性能粉末冶金含油轴承”获评国家级制造业单项冠军产品，南通江中光电有限公司、江苏力力机械股份有限公司、江苏飞亚化学工业集团股份有限公司（简称飞亚化工公司）获评国家级专精特新“小巨人”企业。有序推进企业上市挂牌，南通冠优达磁业股份有限公司完成辅导验收和报会，江苏瑞恩电气有限公司、飞亚化工公司、江苏万淇生物科技有限公司完成申报辅导。加快推动制造业“智改数转”（智能化改造和数字化转型），获批智能化技改项目76个、数字化转型项目10个，实施“智改数转”诊断服务项目55个，新增星级上云企业19家、工业和信息化部“两化融合”（信息化和工业化融合）贯标认证企业7家、南通市级智能车间3个。中国天楹股份有限公司获评国家级服务型制造业示范企业、江苏省省长质量奖。3个产品获“江苏精品”认证，3个产品获南通市首台（套）产品认定。加快发展服务业，新增数字商务平台1家、高端商业载体1个，打造特色街区2个，新落户运营高端品牌门店8家；新增省级“两业融合”（先进制造业和现代服务业融合）试点企业1家，南通市“两业融合”试点企业2家，海安高新区获批南通市“两业融合”重点区域；南通普泽大药房连锁有限公司获评南通市服务业高质量发展领军企业，海安高新区科创园获评南通市现代服务业高质量发展集聚示范区。以产业促乡村振兴，实施亿元以上农业项目2个，获批省级示范家庭农场1个、南通市级3个；推进连港村、联合村466.67公顷高标准农田建设。

【招商引资】 2022年，海安高新区坚持线上“云招商”和线下精准招商相结合，打造“基金+项目+园区”一体化生态链，推动项目签约落户。新招引1亿元以上签约项目16个，其中5亿元以上项目8个。重点突破外资项目签约注册，签约总投资3000万美元外资项目3个、总投资1亿美元项目2个、总投资3亿美元项目1个。完成外资到账1.34亿美元。

【项目建设】 2022年，海安高新区新开工5亿元以上重特大工业项目7个，其中，5亿元项目1个（永大管业项目），10亿元项目6个（铁锚玻璃项目、加百裕电子项目、安岚新材料项目、四方新材料项目、楹瑞资源循环利用项目、科德宝项目）。续建重特大项目完成设备投资额28.8亿元。新竣工5亿元以上重特大工业项目5个（互生纺织项目、凯瑞锝光伏项目、同春龙纺织项目、土力机械项目、双晨新材料项目），累计设备投入17.9亿元。新增专精特新项目4个（铁锚玻璃项目、鹰球项目、铭利达项目、江中光电项目）。达产工业项目5个。盘活闲置低效用地14宗，面积45.35公顷。

【科技创新】 2022年，海安高新区净增高新技术企业16家，累计161家。新增科技型中小企业225家。实现技改设备投入15.4亿元。规模以上工业企业有研发活动数占规模以上工业企业70%，企业研发投入占营业收入2.6%。新增国家级博士后科研工作站1家，省级工程技术研究中心4家、省级工业设计中心2家，南通市级工程技术研究中心3家。江苏铁锚玻璃股份有限公司获评国家技术创新示范企业，南通唯一。南京大学海安高新技术研究院获评国家中小企业公共服务示范平台，南通唯一。招引科创项目17个，培育科创项目11个。实施产学研合作项目136个，其中30万元以上项目42个，重点院校产学研项目超60%。新增专利授权量1250件，有效发明专利净增量266件，新获批马德里商标4件，3个专利获第二十三届中国专利奖。完成知识产权质押融资22笔，融资额2.1亿元，为科技型中小企业发放“苏科贷”9100万元。入围省“双创团队”答辩2个、“双创人才”答辩8人，引进高层次创新创业人才20人，招引高校毕业生、蓝领技能人才4420人。

【海安高新区获批省知识产权建设示范园区】 2022年12月，海安高新区被省知识产权局认定为2022年度江苏省知识产权建设示范园区。海安高新区注重园区知识产权创造、运用、保护、管理和服务，将知识产权与园区科技创新工作相结合，知识产权建设成效显著。园区拥有国家知识产权示范企业3家、国家知识产权优势企业2家，累计承担企业知识产权战略推进计划重点项目14个。每万人发明专利拥有量72件，每万户企业有效注册商标量6375.02件，累计拥有中国驰名商标7件，获中国专利奖优秀奖7项、江苏专利奖优秀奖4项。（刘德旺）

海安老坝港滨海新区

【概况】 海安老坝港滨海新区（角斜镇）成立于2011年10月，由原老坝港经济开发区、角斜镇、老坝港镇，按照省级开发区模式合并而成。另在原滩涂围垦地区建设滨海新区新城区，规划建设产业园区、旅游区、现代农业区，并配套建设学校、医院、农贸市场等生活性公共服务设施，集聚外来务工常住人口1万人左右，是全国唯一的“红旗民兵团”所在地，是中国名镇和江苏省“百家名镇”。2022年，辖区总面积145.6平方千米，其中滩涂面积33平方千米，下辖19个行政村、2个社区，户籍人口6.9万人。实现地区生产总值75.25亿元，比上年增长3.1%。完成一般公共预算收入1.56亿元，比上年增长3.09%。工业应税销售63.53亿元，比上年增长23%。服务业应税销售23.52亿元，比上年增长9.72%。社会消费品零售总额28.9亿元，比上年增长12.13%。固定资产投资额9.64亿元。外贸进出口总额4.71亿元，比上年增长39.35%。

【园区产业发展】 2022年，海安老坝港滨海新区出台“疫情期间重点优质企业保供稳产六项措施”，深化减税降费、政银企对接、挂钩联系企业等服务举措，完成留抵退税1.47亿元。规模以上工业企业完成开票销售35亿元。传统龙头企业逆势走强，海安美佳医用敷料有限公司、江苏千品新材料科技有限公司、江苏道达智能科技有限公司开票销售分别为1.6亿元、0.9亿元、0.85亿元，分别比上年增长53.68%、165.41%、55.24%。新增规模以上企业12家，其中江苏洪波智能家居有限公司、江苏欧岭户外用品有限公司、南通市锋芒复合材料科技有限公司实现当年开工、当年投产达效，开票销售分别为1.5亿元、0.72亿元、0.9亿元。

【招商引资与项目建设】 2022年，海安老坝港滨海新区设立工业、服务业、科技人才招商小组，开展精准招商，组织“云端”项目推进活动30余次、线下推介活动40余场，签约10亿元陆通门业项目、雅德风电科技项目，5亿元川丰钢结构项目、裕华工业涂装项目等一批优质亿元项目。新开工亿元以上工业项目9个，南通市重特大项目——锐剑科技项目一期厂房完成建设，10亿元新稷科技项目高标准厂房主体完工。梳理辖区24万平方米闲置厂房，嵩浩家居项目等一批亩均产出效益高的项目相继落户。盘活低效闲置用地2宗，面积6.33公顷。

【科技创新】 2022年，海安老坝港滨海新区实施产学研合作项目9个，其中30

万元以上项目5个。江苏启航研磨科技有限公司、南通市锋芒复合材料科技有限公司等10家企业申报高新技术企业，完成智能化改造和数字化转型项目15个，净增有效发明专利19件。完成技改设备投入7075万元。引进海外人才3人，入围省“双创人才”创新类答辩1人、“双创团队”1个，入围南通市“江海英才”计划创新类人才1人、团队1个，江苏中洋集团股份有限公司杨君兴团队项目、南通龙洋水产有限公司程起群项目入选“江海英才”项目。（钱 磊）

江苏海安商贸物流产业园

【概况】江苏海安商贸物流产业园（简称海安商贸物流园）成立于2012年12月，是江苏唯一的省级专业物流园区、南通唯一的省级服务业综合改革试点区域，也是全国优秀物流园区、中国最具投资价值商贸服务业集聚区。2022年，园区在设立上海期货交易所有色金属交割库、大连商品交易所塑料粒子交割库、郑州商品交易所棉花交割库的基础上，新增设立吉林玉米交易中心玉米、小麦交割库。现货交易量和期货交割量继续保持30%以上的增幅。海安保税物流中心2018年5月封关运营后，累计进出口货运量近12万吨、货值近8.6亿美元。2022年，铁路物流基地到发总量超170万吨，凤山港吞吐量突破2万标箱，为长三角地区提供综合性价比最高的物流与通关服务。

【园区发展】2022年，海安商贸物流园强化资源保障，编制园区“十四五”期间项目用地红线图，编报2宗地块土地征收成片开发方案，园区生态空间管控区调整获省自然资源厅批复。围绕冷链产业链、生产性服务业、数字经济产业、智慧化园区等，招引实体型项目入驻。3月，海安保税物流中心二期工程竣工，项目总投资约1.79亿元，新建约4.2万平方米的5号低温库、6号恒温冷链库，探索自主经营国际贸易业务，与渝新欧两江实业发展有限公司就菜籽油毛油及冻品业务达成合作意向并签订框架协议。12月，中国外运多式联运中心项目签约落户海安。有序推进凤山港二期扩建工程。大力发展冷链物流项目，探索开辟特色农产品冷链运输专线和高铁冷链专列，推动生鲜电商、预制菜等产业布局，创建国家骨干冷链物流基地。组织申报纸浆、棉纱（化肥、豆粕、铜、纸浆）等两个以上品种期货交割库，形成品类集群效应。（吴晓华）

海安市上湖创新区（中意海安生态园）

【概况】海安市上湖创新区（中意海安生态园）规划建设面积9.8平方千米，核心区距离海安火车站约3.5千米，距离沈海高速海安道口约1千米。2014年10月，中意海安生态园成立，是国内第六个国际生态合作园区，也是中欧合作共建园区中唯一落户县级城市的政府间合作项目。2018年1月，上湖创新区开工建设。2019年10月，上湖创新区（中意海安生态园）党工委、管委会成立。至2022年，园区相继完成产业发展、生态环境保护、智慧园区等专项规划编制，“区域创新创业集聚区、中意国际合作承载区、城市转型发展引领区、健康宜居生态示范区”四大功能区建设日益完善。

【园区基础建设】2022年，海安市上湖创新区（中意海安生态园）加快推进城市基础建设，公交定制专线开通运行，湖区东入口停车场投入使用，环湖路、南湖大道等10多条主次干道建成通车，区内路网体系逐步健全。上湖医院主体工程封顶。立发中学晋升省四星级高中，上湖实验小学方案设计通过审查。悦上湖花园通过竣工验收，首期287套房源交付；上湖春晓雅苑1号、2号、3号楼封顶。电信机房启动建设，与上海城域网实现直达互联。全面提升生态环境，编制《上湖创新区生态环境保护规划》，研究制定18项生态控制指标。上湖湖区、农林河相关水质指标均为地表水Ⅲ类标准。环湖区域绿化覆盖率超过45%，空气质量优良天数比例保持在90%以上，湖区负氧离子每立方厘米1000个以上。河湖生态绿化、湖面整治两大生态工程竣工交付，新增环湖绿化面积56万平方米，新栽植乔木1.1万多株，铺设环湖彩色透水沥青健康步道3500米，新增道路绿化面积50万平方米。

【招商引资】2022年，海安市上湖创新区（中意海安生态园）编制上湖创新区发展政策汇编，加大招商引资力度，接待中国科学院、哈尔滨理工大学、浙江西图盟数字科技有限公司等客商40余批次，到北京、上海、江苏南京、广东深圳等地洽谈项目10余次，签约落户项目2个；疫情期间，线上对接项目近10个，线上签约项目2个。1月24日，举办“筑梦上湖 共赢未来”上湖创新区（中意海安生态园）城市品质推介会，签订上湖创新区基础教育提升战略合作协议、海安市传媒集团与上湖创新区战略合作协议、中科蓝海智能视觉中心项目投资协议。中科创新广场孵化基地挂牌成立海安首个企业集群注册基地，为企业注册登记提供“一站式”服务。

【项目建设】2022年，海安市上湖创新区（中意海安生态园）黑龙江工商学院长三角产教融合园区完成1号、2号宿舍楼桩基工程建设；智能制造工程训练中心投入使用，与南通东华软件有限公司等企业合作开展网络工程师、软件工程师、工程加工中心操作员、数控车床操作员、工业机器人运维工程师等技能人才培训。人才公寓及总部集聚区项目方案设计通过海安市规划委员会审批。同方飞立科创园一期工程办结施工许可证，完成桩基施工。上湖商业综合体项目完成土地出让。天楹国际交流中心项目完成规划方案设计。国际直采中心项目启动规划方案设计编制，同步推进土地征收工作。上湖总部集聚区暨青商大厦项目完成土地征收和规划方案设计，多家单位达成入驻意向。

【科技创新】2022年，海安市上湖创新区（中意海安生态园）中科创新广场孵化基地获评南通市小型微型企业创新创业示范基地，入驻科技企业21家，上海应用技术大学海安技术转移中心、长三角（海安）产业技术高等研究院签约落户，“海创空间”通过省级众创空间备案，海相科技项目通过南通市科创项目认定，规划设计6万平方米的加速器项目。海安太原理工大学先进制造与智能装备产业研究院、中科蓝海（海安）视觉科技有限公司投入运营，同方飞立科创园等项目有序推进。科创政策集成改革试点稳步实施，出台“‘海创贷’投贷联动实施办法”，济成资本与海安市政府签订总规模超5亿元的“数字及人工智能产业基金”框架协议，完成产业研究院招引高层次人才实施方案等课题研究。组织园区企业与上海应用技术大学、东南大学、南京航空航天大学等高校开展产学研合作。组织6个团队参加第七届“创客中国”中小企业创新创业大赛，“光音未来”团队入选江苏省区域赛创客组20强，获优胜奖。（刘华骥）

海安苏台农业合作示范区（雅周现代农业园）

【概况】雅周现代农业园区成立于2013年5月，位于国家级生态镇雅周镇，四面环河（东至前进河、南至掘龙河、西至姜黄河、北至张雅河），涉及周机村、庞庄村、迴垛村、东楼村，核心区占地面积6.94平方千米。2018年7月，海安苏台农业合作示范区管理办公室成立，挂海安市雅周现代农业园区管理办公室牌子，与雅周镇合署办公，正科级建制单位。2022年，园区获评首批省农业生产全程机械化智能化示范园区、省级粮食生产“无人化农场”、省级乡村休闲运动基地、南通市放心消费创建先进区域、南通市科普教育基地等。蚕源种业科研与繁育中心项目入选全省农业农村重大项目“加、新、高”项目典型、省级示范项目。“金禾元”牌大米获有机产品认证。锦湖生态农业开发有限公司韩瑜梅获评首届“苏米工匠”。农业农村部农田建设管理司、农业机械化管理司先后到园区调研。

【园区基础建设】2022年，海安苏台农业合作示范区（雅周现代农业园）开展“水美乡村”生态保护与修复行动，依托省级农业生态保护专项资金项目，建成覆盖水面18.13公顷的标准化“三池两坝”（沉淀池、曝气池、生态净化池，两个过滤坝）尾水处理设施，打造绿色生态湖岛风光，《万只白鹭凌空飞舞》视频登上央广网、央视新闻。实施河道疏浚和仿木桩护岸、河坡绿化工程，规范河道水域岸线管理，常态化开展“清四乱”（清理整治乱占、乱采、乱堆、乱建等河湖管理保护突出问题）、“两违”（违法圈圩、违法建设）专项行动。依托农业废弃物循环利用项目，开展秸秆离田综合利用工作，以园区为中心，秸秆离田面积由上年的666.67公顷增加到2000公顷。

【园区产业发展】2022年，海安苏台农业合作示范区（雅周现代农业园）围绕打造“生态雅周、文旅雅周、活力雅周、幸福雅周”，因地制宜布局农业休闲景观，打造20公顷七彩油菜花田、13.33公顷彩叶森林等生态观光旅游景点。创新开展“七彩油菜艺术字”工作，书写新时代海安城市定位“枢纽海安，科创新城”田间图案。主流媒体多次报道园区农旅融合发展的情况，春耕春管美景刊登于《人民日报·海外版》头版头条。强化农业品牌建设，“金禾元”牌大米获有机产品认证、“江苏好大米”特等奖，南通山霞果蔬生态种植有限公司“苏翠1号”梨获第四届江苏省优质早熟梨品鉴推介活动金奖。高标准建成海安首家省级稻麦轮作“无人化”农场，“五征2004”全自动大马力智能拖拉机、“丰鹏300”北斗导航无人植保机等智能农机具、高标准尾水水质监测设备及无人农场数字化云管理平台全部配套建成并通过省、南通市专家组验收。

【招商引资与项目建设】2022年，海安苏台农业合作示范区（雅周现代农业园）持续加大项目招引力度，先后到浙江及江苏宿迁、南京、盐城等地开展招商活动20余次，接待荷兰和中国台湾、福建等地投资考察活动40余起，收集精品农业项目信息22个。新签约1亿元农业项目6个，其中台资项目2个（台湾生态观光果园项目、台湾现代农业科普中心项目）。新开工1000万元以上农业项目3个、1亿元项目2个。加快推进重大项目建设，蚕源种业科研与繁育中心项目入选全省农业农村重大项目“加、新、高”项目典型、省级示范项目。江苏天成集团有限公司在园区投资建设天成智慧蛋鸡产业园项目和海安草鸡原种场项目，填补园区鸡蛋产业空白。与海安润海农业发展有限公司合作，采用“拨改投”模式，签约组培繁育中心项目、果蔬连栋温室项目。江苏省农垦集团有限公司在园区投资建设133.33公顷的稻麦标准化种植示范基地项目。协调解决“怡然园艺家”项目遗留问题，引导投资方投资建设新项目“怡然秾艺园”，11月签订投资协议并开工建设，12月完成一期项目建设。加大项目区低效闲置用地清理力度，重新盘活瑞宏生态休闲苑项目，9月完成“征而未供”商业用地网拍，为森农生态园引进劳动教育研学基地、彩叶苗圃等优质项目，提升项目产出效益。

【创新发展】2022年，海安苏台农业合作示范区（雅周现代农业园）与江苏省农业科学院、南京农业大学、扬州大学、苏州农业职业技术学院等高校院所开展产学研合作。与江苏省农业科学院经济作物研究所合作共建“雅周香芋”产业研究院，在园区规划建设11.33公顷“雅周香芋”标准化基地，做优西南高沙土特色农产品品牌。依托台湾观光农业种植园项目，与台湾屏东科技大学签订战略合作协议，就互访互动、技术合作展开交流，打造苏台农业合作实践案例。完成南通市地方标准《现代农业园区休闲采摘服务规范》编写，并正式对外发布。稻麦科技示范园依托张洪程院士技术团队，历经三年完成有机大米转化试验，取得有机认证证书。与雨研信息科技有限公司合作打造智慧农业平台，集成2个小程序（智慧农场管家、寻味海安）和1个智慧农业大数据平台，实现足不出户、一键操作，方便农业生产。放大“寻味海安”电商平台功能，助力乡村农产品销售。（雅周现代农业园）

海安保税物流中心

对外及港澳台经济

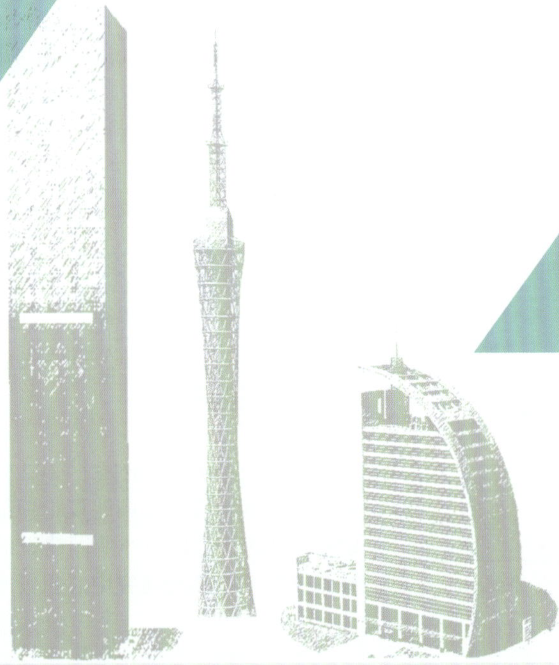

利用外资及港澳台资

【概况】 2022年，海安市利用外资新签协议41个，新签协议额8.10亿美元，实现利用外资2.87亿美元，招引兴鹿新材料项目、加百裕电子项目等18个总投资3000万美元以上项目；利用港澳台资新签协议31个，新签协议额7.13亿美元，实现利用港澳台资1.26亿美元。高新技术产业实际使用外资1.98亿美元，占比列南通市第二位。成立外资项目建设专班，建立外资项目“全生命周期”长效管理机制，协调解决云石智能科技项目、元品纺织项目、完颜精密制造项目、政科金属项目、腾亿智能科技项目等项目供地问题，推进国盛钢结构项目、欣瑞达纺织项目、亿特斯智能装备项目等项目履约到账，南通得力纺织科技有限公司项目被纳入商务部重点外资项目库。主动服务外资及港澳台资企业，为西蒙电气（中国）有限公司、南通晓星变压器有限公司、江苏长隆装饰材料科技有限公司等21家外资及港澳台资企业申请南通市抗疫补贴34万元，齐克庞德电子（江苏）有限公司获评商务部直报系统优秀外资单位，海安市外商投资企业投诉工作站获南通市考核优等次。加快启动中意海安生态园建设，继续推进自由贸易试验区联动创新发展区建设，促进贸易便利化。

【招商引资活动】 2022年，海安市组织各类招商推介活动119场，参与人数2700余人次。开展“云拜访”“云签约”等线上招商活动32场，达成战略合作协议5份，获取招商信息1258条。聚力统筹有效招商力量，持续开展领导招商、专业招商，创新推进“云招商”、机构招商、能人招商和资本招商；与37家中介机构建立招商合作关系，开展合作情况“回头看”，客观评估工作成果，优续劣汰；全面排查市内规模以上企业，摸排出关联重点配套企业345家，在培育壮大海安企业的基础上，以商引商，提升产业整体竞争力。依托两岸（海安）中小企业产业合作示范园平台优势，深化与昆山台商产业合作，实现优势互补、发展共赢。 （田梦雯）

表7 2022年外国和中国港澳台地区在海安直接投资统计表

指标	新签协议情况		实际投资（万美元）
	合同数（个）	合同金额（万美元）	
按企业登记注册类型分组			
港澳台商投资企业	31	71346	12629
与港澳台商合资经营企业	9	8934	1625
与港澳台商合作经营企业	0	0	0
港澳台商独资经营企业	22	62412	11004
外商投资企业	41	80973	28701
中外合资经营企业	9	8746	2726
中外合作经营企业	0	0	0
外资企业	31	72075	25975
合伙企业	2	152	0

（市统计局）

【海安开发区台商产业园】 2022年，海安开发区台商产业园完善基础设施建设，启动园区智能交通系统建设，开发占地面积12公顷的商业综合体用于服务台资企业，星湖001台海食鼎、523艾灸养生馆2个台湾服务业项目落户并开业运营。产业招商取得新突破，举办专题对台招商活动15次，其中在吴江、太仓、嘉善等地区举办招商活动3次，邀请台商到海安考察活动2次，在海安举办台企专题活动2次。招引台资项目8个，其中总投资10亿元或1亿美元以上项目2个，分别是总投资1亿美元的明珩健康科技（南通）有限公司项目、总投资3亿美元的国盛钢结构工程（海安）有限公司项目；总投资20亿元（或3亿美元）以上项目2个，分别是总投资3亿美元的南通得力纺织科技有限公司、总投资50亿元的鑫鑫精密制造（江苏）有限公司。项目建设加快推进，新开工台资项目7个，其中，土建项目5个，分别是江苏帝标工业科技有限公司项目、南通宇华新材料科技有限公司项目、寰宇新材料科技（江苏）有限公司项目、南通得力纺织科技有限公司项目、鑫鑫精密制造（江苏）有限公司项目；租用厂房项目2个，分别是比堤娜塑胶（南通）有限公司项目、明珩健康科技（南通）有限公司项目。新竣工项目2个，分别是捷安特轻合金科技（海安）有限公司项目、美事满工具（海安）有限公司项目。进一步提升海安产业园知名度，邀请苏南地区的台商代表参加海安中秋台商联谊会，两岸企业家峰会中小企业合作及青年创业推进小组、省政府台湾事务办公室等先后到产业园考察调研。

【海安高新区台商产业园】 2022年，海安高新区台商产业园建设指挥部制定“加快高新区台商产业园建设的实施意见”，对台招商研究中心积极发挥

2022年11月30日，海安高新区台商产业园内加百裕（南通）电子有限公司车间工人们赶制锂电池产品订单　　顾华夏／摄

职能，累计落户7家生产型企业、5家服务型企业，高科技创业园获评南通市小企业创业创新基地。基础设施建设不断完善，完成桃园路蒸汽管网延伸工程建设，整合加速器内部分标准厂房；完成高科技创业园消防、污水管网和天然气管网建设；加速邻里中心配套建设，新装修员工宿舍楼1栋，招引劳务服务公司1家，引进台菜餐厅1家。招商引资工作取得新突破，在上海、苏州、广州、深圳等地举办招商活动17场，市领导带队洽谈台资项目14个、海安高新区主要负责人领队洽谈台资项目21个，委托台湾招商机构多次在台湾举办招商活动，邀请上海市台湾同胞投资企业协会、昆山市台湾同胞投资企业协会和江苏无锡、广东东莞等地台商到海安考察洽谈30批次。新增首谈台资项目42个；招引台资项目15个，其中白金科技摄像头模组组件生产项目总投资5亿美元，康龙电子半导体材料均热片与汽车零部件生产项目总投资3亿美元，方载生物项目、腾亿智能项目、完颜精密项目、彬长电器项目总投资1亿美元；实际到账台资项目4个，到账资金1200万美元。加快推进项目建设，融通阀门、凯瑞锝光伏二期项目竣工投产；众铭防护装备二期项目主体竣工；晶硕光学租用厂房项目完成设备调试和环评，进入试生产阶段；莉杨环保纤维项目完成设备安装；白金科技项目厂房建成。园区创新发展能级不断提升，新增高新技术企业3家，新增产学研项目6个，台资企业申请发明、实用新型专利16项。做优企业服务，每月举办产业园区“台商沙龙”活动，组织凯钲五金制品（南通）有限公司参加省商务厅举办的线上展销会，江苏长隆装饰材料科技有限公司参加上海国际家居装饰材料展。　（刘华骥）

对外及港澳台贸易

【概况】 2022年，海安市实现外贸进出口总额201.04亿元，比上年下降4.9%。出口总额163.22亿元，比上年增长0.2%；进口总额37.82亿元，比上年下降22.1%。坚持重点外贸企业“市级负责人一对一挂钩”及50强重点外贸企业跟踪反馈机制，深入推进“5520”重点外贸企业培育计划（至2025年底，新增进出口总额10亿元以上企业5家，5亿元以上企业5家，1亿元以上企业20家），江苏金大包装材料科技有限公司、海安远瑞物流有限公司、江苏弘盛新材料股份有限公司进出口总额首次突破5亿元，亚太轻合金（南通）科技有限公司、江苏联发纺织材料有限公司、江苏璞腾油气装备有限公司、江苏金洲粮油食品有限公司、江苏长隆装饰材料科技有限公司等8家企业进出口总额首次突破1亿元。珀泰蓝智能卫浴科技（江苏）有限公司通过海关“AEO”高级认证现场审核。海安高新区获评省级服务贸易基地，3家企业获评省级服务贸易重点企业。海安市外贸转型升级基地（绿色家居）入选2022年度南通市重点培育外贸转型升级基地。远扬、明诺、鹏飞、联发、占姆士、鑫缘、双弘、华艺入选2022—2023年度南通市重点培育和发展的国际知名品牌。

【跨境电商】 2022年，海安市加快推进跨境电商产业园项目落地建设，7月，市领导带队到浙江国贸数字科技有限公司，考察调研“麒麟计划”跨境电商综合服务建设情况。不断拓宽跨境电商业务，8月，组织各区镇、100家外贸企业观展南通跨境电商选品会，鑫缘茧丝绸集团股份有限公司、南通远扬休闲用品有限公司、江苏斯普泰德家居科技有限公司、江苏泓茂体育发展股份有限公司等20家海安企业参展。走访调研跨境电商企业，推动40家企业在海关备案。

【服务贸易】 2022年，海安市服务贸易发展以建设服务为主，电信、计算机和信息服务、其他商业服务等新兴行业呈快速发展态势，整体运行平稳。海安高新区工程承包及建筑服务企业集聚度高、综合实力强，多家重点企业获中国建设工程鲁班奖、国家优质工程奖、中国土木工程詹天佑奖、中国安装之星奖等国家级建筑类重点奖项；企业海外开拓能力强，对外承包工程业务逐年稳步增长，拉动工程承包及建筑服务类服务贸易出口稳步发展。12月，海安高新区获评省级服务贸易基地（工程承包领域），南通唯一。中国天楹股份有限公司、南通苏中建设有限公司获评省级服务贸易重点企业（工程承包领

域），江苏铁锚玻璃股份有限公司获评省级服务贸易重点企业（工程设计领域）。南通飞亘云技术服务有限公司、南通埃麦为科技有限公司获批省级国际服务外包项目专项资金8.09万元。加强服务贸易数据统计工作，摸排开展服务贸易相关业务的企业名单，推动“前100强”服务贸易企业注册商务部业务系统平台并按要求填报数据，海安兰波实业有限公司获评商务部外贸重点企业直报系统优秀单位，市商务局获评2022年度全省服务贸易统计工作成效显著单位。

【外贸企业扶持】 2022年，海安市续建第三期“海安市本级统保平台”，举办防范汇率风险、信贸合作等多场政策宣讲活动，争取省级、南通市级商务发展专项资金756万元，助力外贸、服贸企业稳定发展。组织28家企业参加第131届线上中国进出口商品交易会，40家企业参加2022年中东（北非）家具家居国际线上对接会，105家企业参加2022年“三线联动”《区域全面经济伙伴关系协定》（RCEP）线上国际展会。为28家外贸企业签发RCEP原产地证书421份，签证金额约2000万美元，帮助企业多渠道抢抓订单。

（田梦雯）

境外经济技术合作

【概况】 2022年，海安市新批境外投资项目2个，实现境外投资中方协议投资额1.45亿美元。对外直接投资总额1.18亿美元。完成境外承包劳务营业额1.12亿美元。新派对外劳务人员369人，累计在外劳务人员1673人。制定“关于鼓励企业‘走出去’的若干政策意见”，引导企业拓展海外市场，创新境外投资方式。建立健全对外经济贸易人才库，32家企业报送专业型人才73人。精准服务“走出去”企业，获批省级商务发展专项资金347.82万元，其中，江苏联发纺织股份有限公司“印尼高档梭织服装面料项目”、佳力士添加剂（海安）有限公司“东嘉科技项目”2个项目获批境外投资大项目专项资金292.56万元，江苏省苏中建设集团股份有限公司、中国天楹股份有限公司2家企业获批对外承包工程保函项目专项资金39.26万元，8家对外经济贸易企业获批风险处置备用金16万元。

【境外投资】 2022年，海安市积极响应“一带一路”倡议，参与省委、省政府“一带一路”交汇点建设，鼓励企业在“一带一路”沿线国家投资。中国天楹股份有限公司在印度尼西亚首都雅加达投资垃圾焚烧项目，项目中方协议投资额1.4亿美元。抢抓RCEP落地生效契机，组织对外投资重点企业参加“RCEP投资规则解读暨越南投资合作交流会”专题线上培训，了解RCEP投资规则，优化产业链供应链布局。协助解决南通新华宁工艺服装有限公司、江苏省苏中建设集团股份有限公司、南通苏中建设有限公司等企业外派人员出境护照办理问题，佳力士添加剂（海安）有限公司对外投资资金问题，南通华新建工集团有限公司援外资质延续问题等。

【境外承包工程】 2022年，海安市承接境外工程9个，合同额1.53亿美元。鼓励对外承包工程企业和承包工程项下的装备制造企业参与“一带一路”沿线国家和地区基础设施建设，由劳务分包、工程承包向总承包转型，由承建商向综合开发商转变。跟踪推进江苏鹏飞集团股份有限公司、江苏联发集团股份有限公司、中国天楹股份有限公司、南通市达欣工程股份有限公司、南通苏中建设有限公司等重点企业境外项目建设。中国天楹股份有限公司和江苏省苏中建设集团股份有限公司建立战略合作关系，实现印度尼西亚项目、越南清化项目和海阳项目“抱团出海”。南通苏中建设有限公司与山东高速集团形成战略合作关系，共同拓展境外市场。规范海安市以色列对外劳务市场秩序，南通市以色列承包劳务企业座谈会暨境外安全生产、疫情防控推进会在南通市达欣工程股份有限公司召开。

【境外劳务】 2022年，海安市新派境外劳务人员369人，因疫情影响，比上年减少59.54%，其中，南通国联国际经济合作有限公司派出114人、南通市达欣工程股份有限公司派出122人、江苏五湖人力资源有限公司派出78人、江苏鹏飞集团股份有限公司派出45人、海安兴达劳务信息有限公司派出4人、江苏省苏中建设集团股份有限公司派出4人、中国天楹股份有限公司派出2人。全市累计在境外劳务人员1673人，实际收入842万美元。规范对外劳务市场管理，完成《对外劳务合作企业经营服务规范》编制，并一次性通过南通市地方标准专家组评审，12月5日由南通市市场监督管理局正式发布。召开全市对外劳务工作座谈会，开展对外劳务市场联合专项整治、境外劳务纠纷及突发事件应急演练等工作，保障在外劳务人员合法权益和境外项目安全生产。

（田梦雯）

海安苏台农业合作示范区

农　业

综　述

【产业发展】 2022年，海安市实现农林牧渔业总产值150.55亿元，比上年增长5.4%。粮食播种面积约8万公顷，总产量62.37万吨，稻麦年亩单产连续十五年超1吨，连续十七年保持全省第一。蔬菜播种面积1.84万公顷次，总产量76.81万吨。油料播种面积3722公顷，总产量1.42万吨。果树种植面积约900公顷，果品产量2.05万吨。桑园投产面积3815.47公顷，桑蚕发种10.9万张，生产鲜蚕茧4247吨，产值2.4亿元。水产养殖面积1.44万公顷，水产品总产量4.95万吨。生猪存栏35.6万头、家禽存栏1440.46万羽，肉蛋奶总产量23.08万吨。绿色优质农产品占比68.2%。全市农机总动力74.53万千瓦，拥有各类农业机械7.2万台（套），完成机耕面积7.98万公顷，机播面积7.80万公顷（含机直播和机插），机灌面积4.91万公顷，机收面积7.91万公顷，机植保面积8.34万公顷。水利工程建设总投资5.4亿元，实施重点水利工程项目8个。海安在全省率先成立五大区域农业服务中心，运行模式被农业农村部科技教育司在全国推广。海安市现代农业产业园入选2022年国家现代农业产业园创建名单，全省仅两家。江苏天成科技集团有限公司入选中国农业产业化蛋品行业头部企业。

（焦娅雯）

表8　2022年海安市农林牧渔业总产值、增加值及构成统计表

单位：万元

指标	数值	构成	增长率（与2021年相比）
农林牧渔业产值（现行价）	1505498	100.0%	5.4%
一、农业产值	664626	44.2%	8.4%
其中：粮食作物	237278	15.8%	−6.4%
棉花	0	0.0%	—
油料	8312	0.6%	−9.1%
蔬菜	354163	23.5%	21.6%
其他	64873	4.3%	9.6%
二、林业产值	4145	0.3%	0.8%
三、牧业产值	473234	31.4%	−2.8%
其中：生猪	175065	11.6%	−3.5%
家禽	51518	3.4%	0.0%
禽蛋	118976	7.9%	3.2 %
蚕茧	22220	1.5%	−10.7%
其他	105455	7.0%	−6.4%
四、渔业产值	185336	12.3%	10.0%
其中：海水产品	42939	2.8%	9.9%
淡水产品	142397	9.5%	10.1%
五、农林牧渔服务业	178157	11.8%	13.7%
农林牧渔业增加值（现行价）	911128	100.0%	6.0%
一、农业	478173	52.5%	7.2%
二、林业	1953	0.2%	0.7%
三、牧业	207470	22.8%	−2.7%
四、渔业	109495	12.0%	9.6%
五、农林牧渔服务业	114037	12.5%	15.7%

（市统计局）

【全国农业社会化服务创新试点县建设】 2022年，海安市推进全国农业社会化服务创新试点县建设，成立社会化服务领导专班，研究出台《海安市农业社会化服务创新试点县实施方案》《海安市2022年农业社会化服务工作方案》。通过培育专业性综合性服务主体、搭建区域性服务平台，深化农业服务体系改革，鼓励各类服务组织加强联合合作，推动农业社会化服务内容、服务方式和服务手段创新，促进农业社会化服务提档升级。全市207户家庭农场在农忙季节为农民提供集中育秧、耕种、收割、烘干等单一或多个环节的服务。加强五大区域农业服务中心建设，探索成立“小农机手”农业社会化服务联盟，引领小农户与现代农业有机衔接。打造好特色农产品销售模式，加快建设农产品特色展销馆，扩大“寻味海安”品牌影响力，新增10家以上生鲜驿站。至年底，海安先后培育“全程机械化+综合农事服务中心”“寻味海安”“秸秆综合利用”“农业废弃物循环利

2022年12月18日，海安市城东镇刘缺村草莓种植专业合作社电商大棚内工作人员将草莓进行分拣装箱 顾华夏／摄

用”“植物组培实验”“冷链物流”等一批农业社会化服务重点项目，累计建成规模社会化服务组织465家，比上年增加98家。海安逐步形成以家庭联产承包经营为基础、以政府公共服务机构为主导、多元化市场主体广泛参与的农业社会化服务体系。海安在全省农业社会化服务全国创新试点暨项目实施视频培训会上发言。

（张 曼）

【海安获批创建国家现代农业产业园】

2022年4月，海安市现代农业产业园获批创建国家现代农业产业园，全省仅两家单位入选，为南通市首家。产业园年总产值191.3亿元，主导产业产值134.1亿元，主导产业覆盖率70.1%。

做优一产。加快主体培育，拥有国家级农业龙头企业1家，省级农业龙头企业10家；家庭农场1144家，其中省级示范家庭农场19家；村集体领办的新型合作经济组织73家，农民合作社580家，其中国家级示范社8家；种养大户2978户。完善基础设施，高标准农田比重超95%，农业信息化水平68%，农作物耕种收综合机械化率95.8%。建成粮食产业集群，粮食仓储能力47万吨，拥有1000吨级粮食专用码头4座，粮食年中转能力500万吨。农产品冷链仓储能力全省领先，拥有保鲜库、冷藏库、冷冻库等355个，总仓储能力超35万吨。深化产学研合作，建立优质良种繁育基地、区域农业服务中心，成立成果转移转化中心、院士工作站、院士水稻科研创新基地、技术研究院各1个和研究生工作站3个。推进数字农业发展，推广现代化、自动化、智能化种养模式。

做强二产。加强精深加工技术研发与应用，推动“稻米、禽蛋”两大主导产业协同发展，稻米产业着力在营养强化米、婴幼儿米粉等高附加值产品实现突破，禽蛋产业继续巩固蛋液物理性分离和蛋白粉加工等精深加工优势。2022年，产业园41家农业龙头企业的科研投入总额8254.4万元，新增营收近10亿元、净利润近3亿元。延长产业链条，在初加工、配送的基础上，进一步开发营养、便携、即食的零食、代餐产品和预制菜。探索“区域公用品牌+行业品牌+企业品牌”品牌培育模式，与中央财经大学合作开展海安鸡蛋区域公共品牌策划和研究，打造以“海安大米”等公共品牌为核心、企业品牌为亮点的品牌矩阵。至年底，围绕稻米、禽蛋及其制品注册商标93个，其中，获省名牌证书15个、南通市知名商标21个，“海安大米”被认定为中国地理标志证明商标，入选江苏农业区域公用品牌目录。围绕“政府搭平台、农民安心种、企业努力卖”的种销模式，开发“寻味海安”生鲜优质公益平台，通过直播带货、体验消费等方式将海安大米、鸡蛋打入一线城市高端消费市场。

做活三产。深挖厚重农文底蕴，依托青墩遗址发现6000年前的炭化稻谷、畜禽骨架，建设水稻起源、畜禽驯化为主题的展示区和水稻种植无人农场体验

海安市现代农业产业园核心区——雅周镇“万顷稻田”示范基地，摄于2022年9月13日 雅周镇／供图

区，打造农耕文化旅游线路。建设“稻米+禽蛋”产业示范体验交流中心。打造“一粒米”“一只蛋”全产业链生产过程、文化历史体验基地。打造“绿水青山就是金山银山”实践典范，产业园核心区内雅周镇“万顷稻田”示范基地依靠自行车赛道、“彩虹”跑道发展观光旅游业，解决雅周镇500余名农民务工问题，并为困难户流转土地40.6公顷，38人受益，平均年人均增收5100余元。

（王　庆）

种植业

【概况】 2022年，海安市小麦、水稻统计单产均列全省第一位，其中，小麦单产连续14年全省第一，水稻单产连续10年全省第一，稻麦年单产连续17年全省第一。粮食作物种植面积8.01万公顷，总产量62.37万吨。夏粮种植面积3.67万公顷，总产量22.96万吨，其中，小麦种植面积3.66万公顷，每公顷单产6244千克；秋粮种植面积3.97万公顷，总产量37.98万吨，其中，水稻种植面积3.73万公顷，每公顷单产9705千克；玉米种植面积2430公顷，每公顷单产7170千克；大豆种植面积2730公顷，每公顷单产3698千克；大豆、玉米带状复合种植面积251.53公顷。油菜种植面积3204公顷，每公顷单产3855千克。

【小麦种植】 2022年，海安市小麦生长期间总体风调雨顺，播后墒情适宜，基本实现一播全苗，确保亩穗数。小麦苗期及越冬期间积温高，光照足，弥补了播期偏晚带来的不利影响。春季没有出现明显的“倒春寒”，拔节肥施用面积和效果较好，利于增粒增重。后期天气条件好，小麦灌浆充分，冻害少、病害轻、无倒伏，穗多、粒多、粒重较高。小麦种植面积3.66万公顷，每公顷单产6244千克，总产22.88万吨，单产列全省第一位。

【水稻种植】 2022年初，海安市发布“水稻生产技术意见”。3月30日、4月20日，举办春耕备耕线上培训。同时，组织农技人员300多人次，深入田间地头开展技术指导与服务。6月2日，海安市夏收夏种现场会在城东镇品建村召开。落实水稻种植补贴，重点扶持全市0.67公顷以上的集中育秧田块，给予补贴；遴选水稻标准化集中育秧基地15个，给予育秧硬盘物资扶持；对水稻育秧播种流水线、侧深施肥、钵苗机插、稻田机开沟采取技术示范补助。防范应对8月高温干旱农业重大灾害，及时落实水稻抗高温热害措施。水稻种植面积3.73万公顷，每公顷单产9705千克，总产36.23万吨，单产列全省第一位。

【“海安大米”品牌培育】 2022年，“海安大米”稻作种植面积2.97万公顷，占水稻种植面积的79.7%，获授权使用“海安大米”的单位有南通季和米业有限责任公司、江苏龙顺米业有限公司、南通沪源米业有限公司、江苏祝润米业有限公司、南通锦湖生态农业开发有限公司5家规模以上企业和海安俞万家庭农场、海安许惠家庭农场、海安五一家庭农场3家家庭农场，签订产销协议的种植大户1000多家，稻米产业从业人员2.6万余人。年内，组织“海安大米”授权企业南通季和米业有限责任公司与130个水稻绿色高质高效创建示范方主体签订产销协议，扶持“有种植基地、有大米品牌、有加工设备、有销售渠道”四位一体的联合体，培育“海安大米”种植工匠。“海安大米”核心企业南通季和米业有限责任公司被认定为首批江苏省粮食应急保障示范企业，入选“中国大米加工50强企业”。南通锦湖生态农业开发有限公司生产的“金禾元大米”获第六届“江苏好大米”特等奖，并获评全省首批中高端稻米（油）全产业链发展模式优秀案例。种粮大户于清荣、韩瑜梅获评首届“苏米工匠”。海安周小兵家庭农场“瑞优大米”获第八届江苏百姓品米会特等奖。“海安大米”入选2022年度江苏省商标品牌培育和保护项目。

【油料种植】 2022年，海安市继续借助国家耕地轮作制度试点项目实施，推广“稻油轮作”模式，对全市连片种植1.33公顷以上的直播油菜给予每公顷2250元补贴，全市1.33公顷以上稻后直播油菜面积268.30公顷，其中20多个种植大户与南通家惠油脂发展有限公司签订订单种植协议，订单种植面积168.20公顷。2021年秋播，海安立宁家庭农场在全省率先购买新型油菜毯苗播种机、移栽机，示范稻茬油菜毯状育苗机械化移栽技

2022年5月22日，海安市隆政街道联合村的俞万家庭农场内，农民在田间管护秧苗

翟慧勇／摄

术，示范面积6.67公顷，取得显著成效。5月31日，农业农村部南京农业机械化研究所、海安市作栽站、海安市西南区域农业服务中心组成专家组，对立宁家庭农场油菜毯苗机插示范方进行实产验收，每公顷单产4146千克，创海安市油菜高产历史纪录。全市油料种植面积3722公顷，每公顷单产3825千克，总产1.42万吨。

（唐　进）

【果蔬种植】 2022年，海安市蔬菜（含西甜瓜、马铃薯）种植面积1.84万公顷次，每公顷单产4.19万千克，总产量76.81万吨。建成百亩级南通市绿色蔬菜产业基地25个，南通馨艳阳台园艺开发有限公司在2022年江苏省“阳台蔬菜进万家”评选中获评十佳生产企业。韭黄夏季覆膜栽培模式获授国家发明专利。水果种植面积约900公顷，产量约2.05万吨，产值约2.81亿元，种植面积与上年持平，产量、产值分别比上年增长0.69%、10.2%。海安文霞家庭农场、南通桃花源果业有限公司获评省级园艺作物标准园。梨果产业发展再上新台阶，梨园面积约360公顷，产量1.08万吨，产值0.98亿元。参加南通市级以上梨果评比获金牌10个、银牌5个。海安俊鑫家庭农场获批江苏省梨产业技术体系海安示范推广基地，海安建国家庭农场等获批示范点。

（蔡广州）

【种植补贴】 2022年，海安市及时足额发放耕地地力保护补贴、实际种粮农民一次性补贴、稻谷补贴等国家惠农补贴资金1.51亿元，其中，耕保补贴7895.92万元，第一次、第二次、第三次实际种粮农民一次性补贴分别为1514.83万元、678.9万元、1079.05万元，稻谷补贴3921.99万元。利用政府财政资金继续实施小麦良种补贴政策，对2021年秋播6.67公顷以上种粮大户每公顷补贴150元，补贴653户，补贴面积1.74万公顷；对2022年6.67公顷以上种粮大户实施优质食味水稻良种补贴政策，每公顷补贴150元，补贴713户，补贴面积2.04万公顷。

（唐　进）

表9　2022年海安市农作物播种面积和产量统计表

指　标	播种面积（公顷）	单产（千克/公顷）	总产量（吨）		
			2022年	2021年	增长率
农作物播种面积	104033	—	—	—	—
一、粮食合计	80060	7790	623667	623660	0.00%
（一）谷物合计	76550	7961	609399	608116	0.21%
1.夏收谷物	36780	6227	229596	229038	0.24%
（1）小麦	36640	6244	228798	228249	0.24%
（2）大元麦	140	5700	798	789	1.14%
2.秋收谷物	39770	9550	379803	379078	0.19%
（1）稻谷	37330	9705	362320	361584	0.20%
（2）玉米	2430	7170	17447	17460	−0.07%
（3）其他谷物	10	3600	36	34	5.88%
（二）豆类合计	3150	3599	11337	12397	−8.55%
（1）大豆	2730	3698	10107	11189	−9.67%
（2）蚕豌豆	390	2926	1141	1103	3.45%
（3）其他豆类	30	2970	89	105	−15.24%
（三）薯类（五折一）	350	8376	2932	3147	−6.83%
二、油料合计	3722	3825	14226	15738	−9.61%
（一）花生	499	3705	1844	1815	1.60%
（二）油菜籽	3204	3855	12357	13916	−11.20%
（三）芝麻	18	1215	22	7	214.29%
（四）其他油料	1	3000	3	—	—
三、药材	404	—	—	—	—
四、蔬菜（含菜用瓜）	18357	41850	768142	743370	3.33%
五、瓜类（果用瓜）	872	56475	49257	48757	1.03%
六、其他农作物	618	—	—	—	—
其中：青饲料	47	—	—	—	—

（市统计局）

【农作物病虫害防治】 2022年，海安市绿色防控示范区建设水平和绿色防控产品应用占比不断提高，农药使用量继续保持负增长。农药使用商品量928.78吨，折纯量229.99吨，分别比2020年减少1.03%和1.13%。病虫专业化统防统治覆盖率64.7%，绿色防控覆盖率57%。小麦病虫中等偏轻发生，发生面积4.19万公顷次，防治6.56万公顷次。油菜病虫发生0.27万公顷次，防治0.37万公顷次。挽回小麦损失7.15万吨、油菜损失0.31万吨，危害损失率分别控制在0.4%和2.4%。水稻病虫中等偏重发生，病害重于虫害，纹枯病偏重发生，二化螟局部田块偏重发生。病虫发生面积9.95万公顷次，防治面积13.67万公顷次。挽回水稻损失12.13万吨，危害损失率控制在1.6%。全市建成省级绿色防控示范区5个，其中，稻麦示范区3个、草莓示范区1个、

“三棵菜”（豇豆、韭菜、芹菜）示范区1个，示范区核心区面积530公顷，辐射带动面积0.32万公顷。周宝进植保服务农民专业合作社、罗山农机专业合作社获评江苏省农作物病虫害专业化防治星级服务组织。（孟爱中）

【化肥减量增效行动】 2022年，海安市持续推进化肥减量增效，采集分析土壤样品826个2.8万项次，覆盖全市所有耕地、园地、林草地。开展新肥料、新技术试验14个，研制发布配方肥主体配方10个。印发麦稻施肥建议卡10万份、化肥减量增效技术手册3000份。免费为13.33公顷以上的新型经营主体定制施肥技术方案。示范水稻侧深施肥、小麦种肥同播、缓释肥等化肥减量增效“三新”技术666.67公顷，有机肥部分替代化肥6266.67公顷。经调查估算，全市测土配方施肥技术推广面积9.19万公顷次，化肥用量比2020年削减1.2%。（丁爱华）

【农作物种子管理】 2022年，海安市“南粳9108”“南粳3908”“农麦88”“镇麦12”等优质食味水稻和优质强筋小麦种植面积占总种植面积的90%以上。除主推的稻麦品种，在雅周现代农业园、海安农场等种植15种以上的稻麦品种，并进行安全性测试，确定符合海安种植的新品种，组织示范推广。全市累计收集雅周香芋、海安荞麦、小方柿等33种地方种质资源，由江苏省农业科学院保存。3—4月，集中开展“白皮袋”种子专项治理行动，累计出动执法人员65人次，检查种子企业和销售门店81家，占种子企业和销售门店总数的34%，抽取种子样品91个。全市种子市场未发现销售“白皮袋”种子现象。（梁莲芳）

蚕桑业

【概况】 2022年，海安市蚕桑生产成绩略高于上年，投产桑园面积3815.47公顷，养蚕10.9万张，比上年增长4.8%；生产蚕茧4247吨，比上年增长2.4%；总产值2.4亿元，比上年增长0.8%。春夏蚕饲养5.4万张，平均张产茧43千克；受国际茧丝绸行情波动影响，上半年茧丝绸行情与上年相比略有下跌，鲜茧均价每千克55.9元，平均张产值2403.7元；春蚕总产茧2322吨，总产值1.3亿元。中晚秋蚕饲养5.5万张，平均张产茧35千克；鲜茧均价每千克57元，茧价基本维持在较高价位运行，平均张产值1995元；中晚秋蚕总产茧1925吨，总产值1.1亿元。持续推进蚕业家庭农场和规模养蚕大户建设，累计建成蚕业家庭农场184家，建设面积528.97公顷，其中桑园面积470.97公顷。海安在全省蚕桑工作推进会上作经验交流，全省桑蚕产业技术成果推介会暨桑蚕产业技术服务共同体启动会、江苏省蚕茧收购工作座谈会在海安召开。大公镇获评江苏蚕桑产业强镇，鑫缘集团、江苏蚕源种业有限公司获评省级蚕桑产业技术示范基地。

【蚕桑新技术、新模式示范推广】 2022年，海安市与西南大学、苏州大学、中国农业科学院蚕业研究所等高校院所的功能研究室、博士团队合作，立题就蚕桑生产和蚕业农场建设的近10项关键技术问题和生产模式进行研究。引进轨道养蚕、自动上蔟、机械化采茧等新型蚕桑省力化技术，扶持推广小蚕饲育环境自动控制器、切桑机、电动伐条机等设备1000多台（套），全面提高蚕桑生产效率。引进“粤桑51”“桂桑优12”等适合草本化栽培的桑树新品种，并配套引进草本桑机械化收割设备。鑫缘集团探索人工饲料养蚕模式，人工饲料养蚕工厂一期工程总投资5500万元，10月正式投产，12月10日第二批人工饲料养蚕取得成功，试养4张蚕种，生产鲜蚕茧178千克，平均张产茧44.5千克，茧质优良。（葛玉洁）

【江苏蚕源种业有限公司】 江苏蚕源种业有限公司雅周基地桑园面积53.33公顷，先后建成江苏第一批特色优势种苗中心、蚕遗传资源保护省级保种场，获评省级蚕桑产业示范基地、江苏四星级蚕种生产企业、全省蚕桑工作先进单位、省农业生产全程全面机械化示范基地等。2022年，基地加强基础设施建设，桑园排灌系统、田间机耕道路等配套性工程完工，中心河道排灌涵闸工程全面竣工。桑树种植品种以“湖桑32号”“育711号”为主，辅以“新一之濑”“农桑14号”，搜集整理并建成叶桑、果桑、观赏桑等54个桑树品种的种质资源圃。桑园实行机械化管理，上空使用无人机，地面使用自走式遥控治虫机，形成全年立体遥控治虫模式。江苏蚕源种业有限公司被省农业农村厅推荐为国家蚕品种性能测定单位，全省仅6家，在中国农业科学院蚕业研究所和苏州大学指导下，完成“诸桂”“江苏1号”“苏（24）”“春（46）”“黄（5）”“海（4）”6个蚕品种性能国家测定任务。加强蚕种质资源保护重点基地建设，规范保护列入省级保护名录中的22份25个蚕种质资源，参照保护76个基础素材类蚕种质资源。蚕种科研与繁育中心项目获评全省农业农村重大项目省级示范项目和“加、新、高”项目典型；探索4个批次的蚕种生产模式，不断引进新技术、新设备，适度规模发展与蚕桑生产相配套的畜禽养殖业；春蚕生产前期，从山东广通蚕种集团有限公司青州蚕种冷库调配并冷藏保护蚕种2.3万张左右；创新多批次生产模式，建成规模8万～10万张一代杂交种生产能力的现代优质蚕种繁育基地，全年生产蚕种5.5万多张，配发一代杂交蚕种8.15万张，海安市用种8.09万张，其中，春季配发蚕种4.02万张，夏季配发蚕种1282张，秋季配发蚕种3.95万张。（孙慧斌）

【大公镇获评江苏蚕桑产业强镇】 大公镇是国家地理保护标志产品“海安桑蚕茧”主产地，海安首家蚕业家庭农场发源地，中国农业科学院蚕业研究所、苏州大学新品种和新技术示范推广基地。大公镇基本普及小蚕标准化共育技术，全面推广大蚕省力化饲养技术，大面积推广应用蚕桑生产的新模式、新机械，病虫草综合防治率100%，承担并完成江苏省茧丝产业提升发展示范镇创建项目。2022年，全镇桑园面积1000公顷，年饲养蚕种5万多张，年蚕茧产量2000多吨，每公顷产茧2100多千克，年蚕桑综合产值超亿元。国家级农业产业化龙头企业鑫缘集团对大公镇蚕茧全面实行订单收购。9月24日，在全省蚕桑工作推进会上，大公镇被省蚕桑学会、省丝绸协会和省蚕种所推介为江苏蚕桑产业强镇，全省仅4个镇获此殊荣。

【全省桑蚕产业技术服务共同体在海安启动建设】 2022年，海安市鑫缘集团牵头组建桑蚕产业技术服务共同体，成为全省首批建设的4家省级科技超市产业技术服务共同体之一，借助科技服务超市分店和便利店，以蚕农、蚕业合作社、蚕业农场组成的蚕桑生产基地为基础，发挥专家团队及科技特派员服务职能，组成桑茧生产农、工、商有机结合的产业链和利益共同体。9月23—24日，江苏农村科技服务超市桑蚕产业技术服务共同体启动大会暨桑蚕产业新成果新技术对接交流会在海安举办，江苏科技大学、苏州大学、中国农业科学院蚕业研究所、全省桑蚕产业科技超市和有关企业代表45人参会，鑫缘集团负责人介绍桑蚕产业技术服务共同体年度工作计划，江苏科技大学、苏州大学等高校专家分享最新蚕桑科技成果。至年底，海安桑蚕茧丝绸产业科技服务超市分店和便利店依托鑫缘茧丝绸科技园，建成以鑫缘集团16家分公司、15家桑蚕茧深加工企业为主体，数千名科技示范户为辐射点，10万户蚕农为基础的蚕业技术服务网络。

（葛玉浩）

畜牧业

【概况】 2022年，海安市生猪年末存栏35.60万头，年内上市61.84万头，饲养量97.44万头，其中，存栏能繁母猪2.51万头。家禽年末存栏1440.46万羽，年内出栏1317.42万羽，饲养量2757.88万羽。山羊年末存栏31.06万只，年内上市56.03万只，饲养量87.09万只。生猪规模养殖占比93.69%，蛋禽规模养殖占比99.68%，肉禽规模养殖占比99.77%，奶牛规模养殖占比100%。（许秀平）

【动物疫病防控】 2022年，海安市规范推进重大动物疫病强制免疫“先打后补”（符合条件的畜禽养殖场户自行采购强制免疫疫苗、自行实施强制免疫，再由政府补助疫苗经费）工作，399家养殖场（户）申报参加2022年度“先打后补”，最终符合补助要求的290家，补助511.01万元，其中，家禽养殖场（户）241家，补助465.27万元；生猪养殖场（户）20家，补助36.67万元；牛羊养殖场（户）29家，补助9.07万元。有序开展兽用抗菌药使用减量化行动，市畜牧兽医站成立10个技术指导挂钩联系组定期到各区镇开展技术培训和指导，累计发放兽用抗菌药使用减量化指导原则、畜禽养殖购用兽药明白纸、畜禽养殖规范使用兽药告知书等宣传资料近7000份。指导养殖场制定兽药减量实施方案，建立生物安全、动物防疫、兽药管理制度，全面提升畜禽绿色健康养殖水平。南通瑞兆禽业有限公司、南通壹号食品有限公司养殖场获评第三批省级兽用抗菌药使用减量化行动试点达标养殖场。南通天成现代农业科技有限公司、南通新康德禽业有限公司先后被农业农村部畜牧兽医局列为全国兽用抗菌药使用减量化行动蛋鸡养殖场减抗典型案例进行推介。（李 建 董易春）

【动物检疫】 2022年，海安市开展江苏无纸化检疫出证系统测试应用工作，录入派出机构10个、养殖场（户）5061家、屠宰企业6家、检疫及监管人员119人等相关基础信息，全市通过练习系统出具电子产地检疫合格证明543份，检疫生猪5344头、羊1321只、家禽17.60万羽。3月24日，在江苏省无纸化检疫出证系统（练习版）开具海安第一份无纸化动物（B证）检疫合格证明。

（董易春）

表10　2022年海安市畜牧业生产情况统计表

指　标	单位	2022年	2021年	增长率
大牲畜年末存栏数	头	2291.00	2200.00	4.14%
其中：乳牛	头	1811.00	1500.00	20.73%
生猪年末存栏量	万头	35.60	33.70	5.64%
其中：能繁殖的母猪	万头	2.51	2.54	−1.26%
肥猪年内出栏量	万头	61.84	61.15	1.13%
羊年末存栏量	万只	31.06	31.00	0.19%
羊年内出栏量	万只	56.03	60.67	−7.65%
家禽年末存栏量	万羽	1440.46	1366.00	5.45%
家禽年内出栏量	万羽	1317.42	1302.57	1.14%
兔年末存栏量	万只	1.24	1.81	−31.49%
兔年内出栏量	万只	0.85	4.52	−81.20%
肉类总产量	吨	78446.00	77414.00	1.33%
其中：猪肉产量	吨	50746.00	48886.00	3.80%
牛肉产量	吨	126.00	160.00	−21.25%
羊肉产量	吨	6441.00	7483.00	−13.93%
禽肉产量	吨	21133.00	20885.00	1.19%
牛奶产量	吨	9185.00	7446.00	23.35%
禽蛋产量	吨	143151.00	138265.00	3.53%

（市统计局）

渔　业

【概况】 2022年，海安市水产养殖面积1.44万公顷，其中，淡水养殖面积4573公顷，海水养殖面积9808公顷。水产品总产量4.95万吨，比上年增长1.8%，其中，淡水养殖产量3.40万吨，淡水捕捞7010吨；海水养殖产量1950吨，海洋捕捞6520吨。特色水产品放养面积1.19万公顷，占全市养殖面积的83%。

（邱　燕）

【渔港建设】 2022年，海安市有内河渔港1个（老坝港渔港）。市、镇两级投入1000多万元用于渔港基础设施建设，老坝港渔港有码头10个、泊位50个、加油补给设施1个，渔港码头配备消防栓4个、灭火器20只、黄沙桶20只、油污收集装置4个。争取上级资金1800多万元改造提升渔港，重点用于渔港码头和水产品交易市场建设。（唐志勇）

【水产种苗生产管理】 2022年，海安市有水产种苗生产企业5家，其中，国家级和省级原种场1家、省级良种场1家、省级水产良种繁育场2家、南通市苗种场1家，全部持证生产，主要种类包括“四大家鱼”（青鱼、草鱼、鲢鱼、鳙鱼）、斑点叉尾鮰、河豚、刀鲚、紫菜等，“四大家鱼”苗种年产量25亿尾，斑点叉尾鮰苗种年产量400万尾，珍稀鱼类苗种年产量2000万尾，紫菜育苗能力1000公顷。江苏中洋集团股份有限公司建有国家级河豚原种场、江苏省河豚种质资源库，是农业农村部批准设立的全国唯一的长江暗纹东方鲀种质保存基地，长期担负长江暗纹东方鲀的保种育种和种苗推广任务。11月3日，南通龙洋水产有限公司申报的国家级刀鱼原种场通过农业农村部组织的验收。（邱　燕）

【渔业安全生产】 2022年，海安市加强海上渔业安全生产管理，严格做好“六盯”（盯渔港、盯船网、盯渔船、盯船员、盯执法、盯气象预报）工作，聚焦渔船进出港报告率、北斗开机率、编组入网率“三率”，强化渔船手续办理、安全检查、进出港报告、编组生产、无线电联系等“定人联船”管理。全市发生未履行进出港报告渔船6艘次，北斗未开机渔船1艘次，未编组渔船1艘次，查处案件6起。常态化推进“三类船舶”（沿海借名登记渔船，涉渔无船名船号、无船舶证书、无船籍港“三无”船舶，涉渔乡镇船舶）清理整治，18艘借名登记渔船全部清理完毕，畅通渔船过户通道，对检验合格、手续齐备的渔船及时办理转进手续，全年转进渔船1艘。常态化开展打击“三无”船舶活动，查扣“三无”船舶2艘、浮子筏26条，并组织集中拆解。针对部分紫菜企业出于环境、政策等因素转至山东等地养殖，闲置的养殖渔船存在转作其他用途的安全风险隐患，海安在全省率先出台养殖渔船减船转产

表11　2022年海安市渔业生产情况统计表

指　标	单位	2022年	2021年	增长率
水产品总量	吨	49526	48650	1.80%
一、海水产品合计	吨	8470	8280	2.29%
鱼类	吨	2879	2790	3.19%
甲壳类	吨	1692	1635	3.49%
贝类	吨	1224	1190	2.86%
藻类	吨	1330	1365	-2.56%
其他	吨	1345	1300	3.46%
二、内陆水产品	吨	41056	40370	1.70%
鱼类	吨	32347	31788	1.76%
甲壳类	吨	5072	4968	2.09%
贝类	吨	3466	3444	0.64%
其他	吨	171	170	0.59%
在总产量中：养殖产量	吨	35996	35350	1.83%

（市统计局）

2022年8月1日，海安市老坝港渔船出港开捕　　濮端建／摄

政策，对于自愿退出养殖并拆解的渔船给予一定补助，2021—2022年拆解养殖渔船31艘，全市养殖渔船保有量12艘。开展渔业安全生产“百日攻坚”行动，紧盯开捕时间节点，分批次对开捕的渔船进行渔船适航和船员适任安全检查，检查渔船86艘次，查出安全隐患81项，在渔船出海前全部整改到位；利用渔船回港期，对帆张网作业渔船开展装载安全检查，检查帆张网渔船13艘次，查出隐患3项，出港前全部整改到位；“百日攻坚”行动期间，累计开展检查28次，出动检查人员171人次，查出隐患问题125项，全部整改到位，做出行政处罚6起，移动司法机关处理3起9人次。（唐志勇）

【长江禁渔】 2022年，海安市巩固长江禁捕禁售工作成果，严把登记准入关口，强化网络监管、广告监管，加强渔民作业场所检查，确保渔民不去禁捕水域作业。市农业农村局、市市场监管局、市公安局多次联合检查渔具销售商家、农产品批发市场及部分餐饮业，未发生非法销售长江天然水产品行为。同时，鼓励支持江苏中洋集团股份有限公司继续开展长江鱼类保护性开发。（曹　榕）

农业基础建设

【农田水利工程建设】 2022年，海安市水利工程建设总投资5.4亿元，实施重点水利工程项目8个。其中，通过工程措施建设生态样板河道9条，长度23.5千米，新建护岸47千米，投资7341万元；围绕乡村振兴示范村、先进村实施河道疏浚32条，长度41.5千米，清淤土方48万立方米，投资1.1亿元；打通村组“藕段河”，连接河网水系“最后一公里”，实施拆坝建涵（桥）56座，投资1330万元；实施里下河防洪圩堤除险加固7.7千米，投资1565万元；通扬运河综合整治工程实施河道疏浚16.19千米，新建护岸39.27千米，配套实施涵洞、改造涵闸闸首等55处，投资1.38亿元；区域治水畅流活水项目实施立公河地涵、江海河闸、丁堡河套闸等控导工程28座，投资1.1亿元；实施焦港幸福河建设工程，投资2506万元；实施水利工程维修养护项目，投入维修养护资金518万元，北凌新闸、贲家集水利枢纽工程分别接受水利部、省水利厅现场督查，督查反馈的17条问题全面整改销号。开展市属4家水利工程设备等级评定，贲家集水利枢纽工程管理所通过省级安全标准化管理单位延期，贲家集水闸通过省精细化二级工程验收、泵站通过省精细化一级工程初验。（杨　睿）

【高标准农田建设】 2020年度海安开发区洋蛮河高标准农田建设项目、2013年度海安市雅周镇高标准农田建设项目获评全省首批高标准农田示范项目，是全省唯一有两个项目获此殊荣的县（市、区）。2021年度高标准农田建设项目有8个项目区，涉及8个区镇，建设面积3133.33公顷，总投资约1.68亿元。2022年6月，所有项目通过南通市级验收。2022年度高标准农田建设项目有9个项目区，涉及9个镇、街道，建设高标准农田3533.33公顷、高效节水灌溉面积333.33公顷，总投资约2.17亿元。继续在2020年度高标准农田建设示范区北侧建设266.67公顷高标准农田建设示范区。北大荒农业服务集团有限公司和江苏省农垦农业发展股份有限公司分别在海安开发区和雅周镇高标准农田建设项目区建立种植基地。（魏东生）

农业机械化

【概况】 2022年，海安市农业机械原值11.37亿元，净值7.96亿元，较上年增加0.25亿元，农机总动力74.53万千瓦。全市有各类农业机械7.2万台（套），其中，小型拖拉机3128台、大中型拖拉机1806台、联合收割机1509台、水稻插秧机2157台、植保机械1.10万台，机电排灌泵站近3900座，农业综合机械化水平海安市级监测92.9%。享受农机购置补贴机具1412台，利用中央及省级购置补贴资金1824.69万元。

全市完成机耕面积7.98万公顷，机播面积7.80万公顷（含机直播和机插），机灌面积4.91万公顷，机收面积7.91万公顷，机植保面积8.34万公顷。全市农机经营总收入6.71亿元，比上年增加1300万元。全年引导跨区作业联合收机1296台次，完成跨区机收面积6.07万公顷，引导跨区作业高速插秧机1316台次，完成跨区机插面积9万公顷，全市农机跨区作业总收入1.45亿元。农机生产平稳有序，制定《海安市农机安

2022年5月31日，海安市孙庄街道润保源谷物种植有限公司的农民在驾驶农机收割小麦　翟慧勇／摄

全生产“灰黑名单”制度实施细则（试行）》，全年未发生重特大农机安全事故及道路外农机亡人事故。

【农机作业水平】 2022年，海安市主要农作物耕种收综合机械化水平93.6%，主要农作物生产全程机械化水平96%，特色农业机械化综合水平73.1%。首季实施生态型犁耕深翻还田试点，作业面积7160公顷，全年秸秆机械化还田水平65.5%。全市建成16个粮食生产“无人化”农场、特色农业生产全程机械化示范基地、“全程机械化+综合农事”服务中心和机艺融合示范点，雅周农业现代园获评全省首批粮食生产“无人化”农场，南通龙洋水产有限公司获评省级水产养殖全程机械化标杆基地。全面提升海安农机全产业链全领域服务能力，全市高标准农田面积4.3万公顷，占全市总耕地面积的82.77%。

【农机科技推广】 2022年，海安市新增各类农机装备5680台（套），各级投入农机具购置资金超8000万元。新增智能化农机装备551台，绿色农机装备104台，特色农业机械2708台（套）。全市推广应用无人机、全自动智能插秧机、拖拉机、自动导航系统等各类智能化农机具435台，年作业面积超过2.33万公顷，使用清洁能源粮食烘干机组占比80.1%。建成海安智慧农机平台，首批纳入农机作业机具198台，作业面积约9033公顷，涉及犁耕深翻和秸秆捡拾打捆两大环节，实现农机作业质量和面积全程实时监管和统计分析，作业机具调度和管理，农机社会化服务和供需信息、农业资讯发布和共享等。

（张　慧）

【农机服务】 2022年，海安市持续增强农机化服务能力，建设“全程机械化+综合农事”服务中心，加强“宜机化”基础性建设，成立农机应急作业服务队，农机化综合性服务收入超4亿元。全市在册拖拉机1586台、收割机966台，新注册登记拖拉机198台、收割机165台。开展农机送检下乡服务，检验拖拉机1253台、收割机700台。

【农机安全监管】 2022年，海安市继续做好农机年检工作，拖拉机、收割机年检率分别为92.89%和89.48%。3月16日起，在全市设立检审服务点22个，开展送检到村组、到农户、到家庭农场、到农机专业合作社等活动，提供检车、保险、违章查询、喷放大号码等全流程服务，与驾驶员逐一签订安全责任书。严格把好农机驾驶人培训考试关口，组织安全教育培训班7期，累计培训考试235人次。开展驾驶人再教育活动，对年龄超60周岁、发生道路交通事故、违章记分满12分、驾龄不满3年的拖拉机驾驶人加大宣传教育力度。先后举办2期拖拉机驾驶人违法记分教育培训班，对满12分未满24分的经强制教育培训后组织科目一考试，超过24分的在科目一考试的基础上加考科目四。

（许　江）

农业产业化

【概况】 2022年，海安市大力实施“一粒米、一滴油、一只蛋、一条鱼、一根丝”的“五个一”工程，海安市现代农业产业园获批创建国家现代农业产业园。做专“一粒米”，推行“龙头企业+创建区+区域大米品牌”，“海安大米”入选江苏省地理标志商标培育和保护项目。做好“一滴油”，落实订单种植，率先在全省组织油菜毯状苗机插示范。做精“一只蛋”，巩固和完善国家蛋鸡产业技术体系“一县一业”示范基地建设，举办海安蛋鸡产业区域公用品牌策划项目交流会，江苏康瑞生态农业有限公司获批创建国家级畜禽标准化养殖示范场。做活“一条鱼”，通过南通渔业产业联盟平台，提高“公司+农户”发展水平，全市渔业经济总产值18.53亿元。做靓“一根丝”，全市蚕业经济总产值2.22亿元。五大区域农业服务中心挂牌常态运行，为“五个一”特色产业提供精准服务，运行模式获南通推广，被农业农村部科技教育司号召在全国推广。全市累计有农业龙头企业109家，实现销售收入422.48亿元，比上年增长15%，其中，国家级农业龙头企业4家、省级农业龙头企业21家，省级及以上农业龙头企业实现销售收入270.47亿元，比上年增长18%。南通家惠油脂发展有限公司获评国家级农业龙头企业，江苏天成科技集团有限公司被认定为中国农业产业化蛋品行业头部企业，江苏中洋集团股份有限公司被认定为首批江苏省现代农业全产业链标准化基地。

（张　华）

【农业园区】 2022年，海安市现代农业产业园获批创建国家现代农业产业园，实现总产值191.3亿元，其中“稻米+禽蛋”主导产业实现产值134.1亿元。全市有省级农业园2个，分别为雅周现代农业园、海安禽蛋产业园。全市有南通市农业标准园8个，分别为大公镇优质水稻产业园、大公镇牧青禽蛋养殖标准园、海安高新区优质水稻产业园、海安高新区果蔬标准园、曲塘镇德心生猪养殖标准园、曲塘镇优质水稻产业园、角斜镇天成畜禽养殖标准园、城东镇婷婷禽蛋养殖标准园。各区镇（街道）根据产业发展情况，打造李堡杨庄现代农业园、大公东部农业科技产业园、海安高新区都市现代农业园区、海安开发区甜蜜现代农业园区等一批特色农业产业园。

（程　成）

【农业项目建设】 2022年，海安市新开工建设1000万元以上农业农村重大项目32个，续建项目1个，重大项目计划总投资25.3亿元，实际完成投资24.15亿元。鑫缘丝绸桑蚕茧丝一、二、三产融合发展项目和城建集团蚕种科研与繁育中心项目被江苏省农业农村重大项目专班列为省级示范项目，蚕种科研与繁育中心项目同时被列为全省“加新高”重大项目建设典型案例。

【农业数字化建设】 2022年，海安市农业农村大数据平台一期项目建成，包括桑蚕丝特色大数据系统、智慧农机系统两个部分，李堡杨庄数字农业示范村项目建成。新增农业物联网示范点18个，其中，智慧农场示范点10个、智能化养殖示范点8个，全市累计培育农业物联网示范点138个。县域智能化设施栽培面积101公顷，占比24.05%；县域智能化设施畜禽养殖面积73.35万平方米，占比61.3%；县域智能化设施水产养殖面积850.73公顷，占比47.5%。智能农业在规模农业中占比稳步提升。全市接入省物联网平台设备254组，新增物联网数据354.2万条。江苏康瑞生态农业有限公司获评2022年度生产型省级数字农业农村基地，江苏天成科技集团有限公司"蛋鸡养殖全程数字化实践"、牧原食品股份有限公司"数智化养猪助力乡村振兴"获评全省农业数字化建设优秀案例（智慧畜牧）。

表12　2022年海安市农业农村重大项目建设情况一览表

单位：万元

序号	项目名称	建设起止时间	建设单位	建设规模及主要内容	投资总额
1	万吨冷链港项目	2021年2月—2022年12月	海安万吨冷储物流有限公司	建设规模：重点建设冷链港；建设内容：用地面积25.27公顷，规划建筑总面积20万平方米；建设成效：规划建设20万吨冷库和农产品交易中心	91800
2	联发农产品物流交易中心项目	2022年3月—2022年12月	江苏联发纺织材料有限公司	建设地址：海安市晓星大道139号海安开发区立发办事处刘缺村；建设内容：新建全框架钢筋混凝土结构生产车间，并购置车间内配套设备，新建5栋农产品仓库，新建4.2万平方米农产品物流仓库及道路场地等辅助设施；建设成效：新增储备能力80万吨	10000
3	食品加工项目	2022年1月—2022年10月	南通泰和食品有限公司	建设规模：新建食品加工车间和冷库设备；建设内容：建设5000平方米生产车间，新上食品加工设备，建设库容1万吨冷库；建设成效：年产值增加1亿元	5000
4	金旺净菜初加工和冷链物流冷库建设项目	2022年1月—2022年12月	南通金旺农业开发有限公司	建设规模：总建筑面积1.12万平方米；建设内容：新建农产品净菜初加工车间和农产品冷链物流冷库,配套净菜初加工设备和冷库设备；建设成效：建成蔬菜、肉制品配供企业，年销售5000万元	5500
5	新立村大米加工项目	2022年1月—2022年12月	海安新立农地股份合作社	建设规模：建设大米加工车间、仓库2800平方米；建设内容：新建大米加工车间和粮食仓储库各1座，配套大米加工生产线；建设成效：建成日生产能力120吨的大米加工企业	1500
6	润思达食品冷库建设项目	2022年1月—2022年12月	海安润思达食品有限公司	建设规模：建设5号、6号农产品加工车间6549平方米；建设内容：建设冷库及场地等配套基础设施，购置车间恒温设备及加工设备；建设成效：建成农产品冷藏保鲜库1座，年销售3500万元	3000
7	品建村粮食种植服务联盟项目	2022年2月—2022年12月	南通市鸿程建设工程有限公司	建设规模：建设高标准农田建设区粮食种植服务联盟1个，建筑总面积3600平方米；建设内容：新建服务联盟大楼927.62平方米、粮食仓库895.37平方米、烘干房1762.8平方米，购置烘干机4台、田间控制系统、农业生产监测系统、服务联盟智能化控制中心等系统设备；建设成效：服务项目区种植面积666.67公顷以上	2200
8	莱冠蔬菜配供及冷藏保鲜项目	2022年1月—2022年12月	南通莱冠商贸有限公司	建设规模：新建水果蔬菜及冷库配供等农产品配送中心，建筑面积3000平方米；建设内容：新建16座冷库1500平方米，其中，大型冷藏库4座、小型保鲜库6座、速冻冻库6座，新建仓库3座、操作间5座，配备冷链配送车辆5辆、货车2辆；建设成效：产品配送周边学校及企业食堂，年销售5000万元	4000

续表12

序号	项目名称	建设起止时间	建设单位	建设规模及主要内容	投资总额
9	楹瑞废弃秧盘农膜回收利用项目	2022年3月—2022年12月	海安楹瑞资源循环利用有限公司	建设规模：投资1亿元，新建废弃秧盘农膜回收利用项目；建设内容：新建废弃秧盘农膜回收利用厂房1.5万平方米，购置折包、分拣、粉碎、打包等设备；建设成效：回收利用海安市范围内的废弃秧盘农膜，吸纳就业人数50人以上	10000
10	桑蚕茧丝一、二、三产融合发展项目	2022年1月—2023年12月	鑫缘茧丝绸集团股份有限公司	建设规模：新建蚕桑茧丝生产车间、产品展示、文化创意、产品研发中心等主要建筑面积3万平方米；建设内容：新建蚕茧高档生态丝生产车间1000平方米，并购置相关生产设备，新建桑蚕茧丝产品体验、展示、购物区等2万平方米，新建丝绸文化创意设计中心、产品研发中心1万平方米；建设成效：延伸蚕桑茧丝产业链一、二、三产融合发展，年增销售额5亿元以上	16000
11	北二环食品配送及保鲜项目	2022年1月—2022年12月	南通环鲜港冷链配送有限公司	建设规模：新建果蔬及冷库配供等农产品配送中心3000平方米；建设内容：新建冷冻库4座、冷藏库8座、操作间6座，配备配送车10辆；建设成效：产品配送周边学校及企业食堂，年销售5000万元	2600
12	恒泽农产品物流内河港码头建设项目	2022年1月—2022年12月	江苏恒泽股份有限公司	建设规模：总用地0.75公顷，新建1000吨级挖入式港池；建设内容：新建挖入式港池1座，新建器具维修楼1050平方米、农产品仓储中心2000平方米、堆场4000平方米，配备履带式抓料机1台、行走式龙门吊1台等；建设成效：为周边从事农产品加工、生产的企业提供水上运输服务，同时配套1万吨农产品仓储能力	3200
13	自由粮食烘干和加工项目	2022年3月—2022年12月	海安市隆政街道自由村粮食种植家庭农场	建设规模：流转土地173.33公顷，进行粮食种植和加工，配套烘干仓库、烘干机等；建设内容：新建粮食烘干库1800平方米，新上烘干机组8台，配套粮食仓储库1200平方米，购置收割机、拖拉机、植保机等农机设备；建设成效：可自行种植土地173.33公顷，带动周边区域种植面积333.33公顷以上	1200
14	滩涂特种水产养殖项目	2022年4月—2022年12月	海安市建泽特种水产养殖公司	建设规模：位于滩涂，占地面积5.33公顷；建设内容：建设钢结构水泥养殖池面积3.2万平方米、高围蓄水处理池5座及配套基础设施、附属用房等；建设成效：年生产能力1万吨，年销售2.4亿元	10000
15	3万吨粉剂饲料生产线建设项目	2022年3月—2022年12月	江苏中洋动物营养科技有限公司	建设规模：新建厂房1间，新建年产能3万吨的粉状配合饲料加工生产线1套；建设内容：配备上料系统、计算机自动配料混合系统、超微粉碎系统、二次配料系统、二次混合筛分系统、自动打包系统、打包除尘系统和液压升降、压缩空气、框架、电气控制等辅助系统，配套消防、排水、电力等基础设施；建设成效：新增饲料产能3万吨	3000

续表12

序号	项目名称	建设起止时间	建设单位	建设规模及主要内容	投资总额
16	天成蛋业加工冷储项目	2022年1月—2022年12月	江苏天成蛋业有限公司	建设规模：新建鸡蛋分级车间3000平方米，冷库3000平方米；建设内容：新建车间、冷库以及配套消防、排水、路等基础设施，购置时产12万枚鸡蛋分级机和清洗机各1套；建设成效：进一步提升鸡蛋产品加工能力和储存保鲜能力，鸡蛋储存量可增加6000吨	5000
17	天成蛋鸡规模养殖项目	2022年1月—2022年8月	南通天成农业科技有限公司	建设规模：新建4栋全自动化养殖鸡舍；建设内容：建设6000平方米鸡舍，安装全进口自动化养殖设施设备，配套消防、排水等基础设施；建设成效：增加养殖能力32万羽	3000
18	紫菜二次加工项目	2022年1月—2022年12月	江苏金玖食品有限公司	建设规模：征地1.33公顷，新建6000平方米紫菜二次加工厂房；建设内容：新建厂房、办公室以及配套消防、排水、路等基础设施，新上紫菜加工设备2套；建设成效：形成年紫菜加工能力2000吨，销售3000万元	4000
19	鳗鱼工厂化养殖项目	2022年1月—2022年12月	华鎏水产有限公司	建设规模：新建6000平方米工厂化鳗鱼标准养殖场；建设内容：新建钢结构水泥养殖池面积6000平方米；建设成效：年生产能力150吨	2000
20	黄蜀葵规模种植和烘干加工项目	2022年1月—2022年12月	海安惠生土地农地专业合作社	建设规模：用地面积0.67公顷，新建3000平方米黄蜀葵烘干加工中心；建设内容：新建烘干厂房、仓库，配套150平方米生活用房，新上4台粮食烘干机、2台黄蜀葵花烘干加工机，1台地磅，1台500千瓦变压器，新建硬质水泥晒场2000多平方米、围墙350米，配套基础设施；建设成效：提升黄蜀葵规模种植效益，每户种植农户年增加收入5000元	1000
21	里下河米业粮食仓储项目	2022年1月—2022年12月	里下河米业南通有限公司	建设规模：新建6000平方米粮食仓库；建设内容：新建粮食仓库，配套空调、通风、消防、监控系统各1套；建设成效：增加稻谷、大米仓储能力1.8万吨	1300
22	卓海蛋鸡养殖项目	2022年4月—2022年12月	南通卓海牧业有限公司	建设规模：新扩建15万羽蛋鸡养殖场；建设内容：新建1栋育雏鸡舍、4栋蛋鸡舍及自动化育雏、养殖设备；建设成效：新增蛋鸡养殖能力15万羽，年销售5000万元以上	1400
23	李堡饲料加工项目	2022年1月—2022年12月	南通三洋生物饲料有限公司	建设规模：占地0.64公顷，新建饲料加工厂房8803平方米；建设内容：新建饲料车间、研发中心、成品库及物流中心、公用工程，新上其他辅助配套设施、10套加工设备；建设成效：建成年销售1.5亿元以上的农产品加工企业	10000
24	大公镇农副产品物流和交易中心	2022年1月—2022年12月	海安元华置业有限公司	建设规模：位于大公镇贲巷村，占地0.38公顷，建设面积4500平方米，新建大型农副产品批发交易物流中心；建设内容：市场土建主体4500平方米，配套检测中心、货架、交易柜台、水、电、消防等附属设施；建设成效：建成年交易量2亿元的中型农产品批发和物流交易中心	2500

续表12

序号	项目名称	建设起止时间	建设单位	建设规模及主要内容	投资总额
25	聚仁大米加工项目	2022年1月—2022年12月	江苏聚仁农业科技有限公司	建设规模：日产120吨大米生产线，建设面积1800平方米；建设内容：拆除老仓库，新建厂房及配套设施，购置米机、色选机、抛光机、白米分级筛选等主要设备70台（套）；建设成效：日产大米120吨，带动周边种植面积3333.33公顷	1750
26	亚果梦园设施种植项目	2022年1月—2022年12月	江苏亚果科技有限公司	建设规模：用地约17.33公顷，新建玻璃智能温室、连栋大棚；建设内容：建设8万平方米玻璃智能温室、连栋大棚；建设成效：投产主要从事设施果蔬种植、采摘	2500
27	牧原生猪粪污处理及运输车辆洗消中心项目	2022年1月—2022年12月	海安牧原农牧有限公司	建设规模：建设粪污发酵处理池8万平方米；建设内容：新建粪污发酵处理池8万平方米、配套用房3000平方米，添置污水泵、粪渣尿液处理、运输车辆清洗消毒等设备；建设成效：对牧原30万头猪场的粪污进行发酵处理，对运输车辆等进行清洗消毒，确保防疫效果	1100
28	桃园大米加工项目	2022年1月—2022年12月	南通市桃园粮油有限责任公司	建设规模：新建大米加工车间、粮食烘干房5000平方米；建设内容：建设加工车间，安装粮食烘干、大米加工等设备；建设成效：形成年加工销售大米1.2万吨的生产能力	1400
29	蚕种科研与繁育中心项目	2022年1月—2022年12月	海安市城建开发投资集团有限公司	建设规模：投资1.5亿元，新建蚕种科研与繁育中心，建筑面积1.8万平方米；建设内容：新建桑蚕稚蚕共育基地、良种保护中心、家蚕种质资源基因库、科研中心、良繁保护中心、精品生产车间等，配套相应设备设施；建设成效：对江苏蚕种繁育起关键作用，进一步推动蚕桑丝绸产业健康发展	15000
30	晨川牧业现代化生猪养殖场项目	2022年1月—2022年12月	南通达洲建设工程有限公司	建设规模：占地约1.73公顷，建设育肥猪场6栋，建筑面积8000平方米；建设内容：建设育肥猪舍8000平方米，配套养殖设施、粪污处理设施等；建设成效：实现年生猪存栏2.4万头，出栏4.8万头	2000
31	张垛储备库仓储项目	2022年1月—2022年12月	南通市城供粮油有限公司	建设规模：新建2幢粮食高大平房仓，建筑面积约4000平方米；建设内容：新建粮食仓库，配套通风、粮情监测、智能化系统等；建设成效：增加仓储能力1万吨	1235
32	南通市海安市农业废弃物循环利用项目	2022年2月—2022年12月	海安市润海现代农业发展有限公司	建设规模：投资1100万元，建设农业废弃物仓储设施和有机肥生产试验温室，总占地面积约5.33公顷；建设内容：新建秸秆仓储大棚、果蔬连栋大棚、智能玻璃温室，配套废弃物处理设施设备和消防、排水、路、电等基础设施；建设成效：年产有机肥1万吨，建立“农业废弃物收储中心+有机肥储运加工+果蔬有机肥试验”体系，有效解决废弃物利用难题，同时提升土壤肥力	1100
33	南通市海安市高标准农田建设项目	2022年1月—2022年12月	海安市农业农村局	建设规模：新建3133.33公顷高标准农田；建设内容：完成2021年度高标准农田建设任务，其中上级财政资金8000万元，市级财政配套资金8225万元，涉及8个建设点；建设成效：新增高标准农田治理面积3133.33公顷	16225

（周　卫）

江苏文凤化纤集团有限公司

工　业

综 述

【产业发展】2022年，海安市实现规模以上工业总产值2128.62亿元，比上年增长15%，总量列南通市第一位，其中，轻工业产值877.31亿元，比上年增长26.31%；重工业产值1251.32亿元，比上年增长8.95%。实现工业应税销售2187.7亿元，规模以上工业企业实现营业收入2087.49亿元，比上年增长13.74%。全市有规模以上工业企业1171家，比上年增加36家，其中私营工业企业1133家；实现主营业务收入2098.14亿元，比上年增长12%；完成利税183.91亿元，比上年增长0.34%；实现利润142.35亿元，比上年增长8.61%。应税销售超1亿元工业企业328家，比上年增加16家。海安市坚持“工业立市、产业强市”战略，持续推动制造业向高端化、信息化、智能化、绿色化方向转型，重点培育高端纺织、高端装备、新材料、新一代信息技术、机器人及智能制造、节能环保、现代建筑、现代家具、现代医药及大健康、粮食物流十大产业集群，十大产业集群开票销售总额约1600亿元，比上年增长9%。海安入选江苏省制造业高质量发展示范区建设地区，苏中苏北县级城市唯一；列全国工业百强县（市）第17位，历史最高。

表13 2022年海安市规模以上工业企业主要经济指标统计表

指标名称	企业单位数（个）	工业总产值（亿元）	资产总计（亿元）	营业收入（亿元）	研发费用（亿元）	利润总额（亿元）	利税总额（亿元）	从业人员平均人数（人）
总　计	1171	2128.62	1757.04	2087.49	52.84	142.35	183.91	145467
内资企业	1093	1876.15	1583.88	1852.00	45.69	123.64	160.69	124830
其中：集体企业	1	1.21	1.31	1.21	0.07	0.09	0.14	243
股份合作企业	2	7.07	5.85	6.76	0.12	1.28	1.58	349
有限责任公司	58	103.79	145.82	104.77	3.20	4.53	7.00	7619
国有独资公司	1	1.60	52.49	2.05	0.05	0.03	0.07	274
其他有限责任公司	57	102.19	93.33	102.72	3.15	4.50	6.93	7345
股份有限公司	14	82.93	100.50	84.24	2.78	6.97	8.78	6435
私营企业	1016	1676.17	1289.18	1650.03	39.35	108.82	141.22	110120
私营独资企业	11	9.19	8.75	9.05	0.29	0.08	0.23	1210
私营合作企业	2	1.08	0.68	0.90	0.01	0.04	0.05	104
私营有限责任公司	964	1559.01	1136.95	1540.51	35.17	104.52	134.62	101677
私营股份有限公司	39	106.89	142.81	99.57	3.89	4.17	6.33	7129
港、澳、台商投资企业	32	174.30	100.42	160.67	4.37	13.63	15.94	12046
合资经营企业（港或澳、台资）	16	130.04	60.70	116.17	3.62	11.28	13.30	9533
港澳台商独资经营企业	14	42.94	38.71	43.19	0.75	2.32	2.60	2465
其他港澳台商投资企业	2	1.31	1.02	1.31	0.00	0.03	0.03	48
外商投资企业	46	78.18	72.74	74.81	2.78	5.08	7.28	8591
中外合资经营企业	19	26.88	26.45	26.62	1.12	2.32	3.41	2438
外资企业	27	51.29	46.29	48.19	1.66	2.76	3.87	6153
在总计中:亏损企业	197	164.14	231.31	163.82	4.20	−8.82	−6.19	17651
在总计中:国有控股企业	8	20.39	116.73	21.79	0.68	0.38	0.66	1511
在总计中:轻工业	488	877.31	624.46	867.48	17.58	48.04	62.28	62673
重工业	683	1251.32	1132.58	1220.01	35.27	94.31	121.63	82794
在总计中:大型企业	14	379.10	236.05	359.99	10.63	35.96	42.16	29204
中型企业	80	653.60	371.34	652.93	13.74	49.70	64.90	40134

续表13

指标名称	企业单位数（个）	工业总产值（亿元）	资产总计（亿元）	营业收入（亿元）	研发费用（亿元）	利润总额（亿元）	利税总额（亿元）	从业人员平均人数（人）
小型企业	978	1055.13	1089.91	1035.91	28.01	55.09	74.76	74827
微型企业	99	40.80	59.74	38.65	0.47	1.60	2.10	1302

（市统计局）

表14 2022年海安市主要工业产品产量统计表

指标名称	单位	产量	比2021年增长
小麦粉	万吨	13.57	−43.9%
大米	万吨	13.38	−35.4%
饲料	万吨	121.12	26.4%
精制食用植物油	万吨	3.32	7.3%
鲜、冷藏肉	万吨	1.54	−4.6%
饮料酒	千升	570.97	−3.9%
纱	万吨	7.60	−27.5%
布	亿米	4.82	20.8%
印染布	亿米	7.32	91.1%
蚕丝	万吨	0.43	5.7%
蚕丝及交织机织物（含蚕丝≥51%）	万米	275.00	−8.2%
服装	万件	4194.00	29.5%
人造板	万立方米	4.18	−35.7%
机制纸及纸板（外购原纸加工除外）	万吨	6.04	−50.4%
多色印刷品	万对开色令	8.17	−24.2%
涂料	万吨	2.89	15.1%
合成纤维单体	万吨	0.42	−43.1%
化学纤维	万吨	34.97	4.1%
塑料制品	万吨	6.96	−17.3%
水泥	万吨	45.36	−22.8%
商品混凝土	万立方米	177.27	−23.4%
夹层玻璃	万平方米	35.12	−54.9%
耐火材料制品	万吨	13.95	−15.2%
钢材	万吨	13.03	−4.9%
铝材	万吨	5.44	−12.1%
钢结构	万吨	4.92	−14.4%
锻件	万吨	5.28	−30.1%
金属切削机床	台	1135.00	−14.0%

【工业产业结构】 2022年，海安市立足江苏省14个先进制造业集群内含的30条优势产业链和20条培育产业链、南通市“3+3+N”（高端纺织、船舶海工、电子信息三大重点支柱产业，智能装备、新材料、新能源和新能源汽车三大重点新兴产业，符合产业发展导向、有利于发挥自身优势的若干产业）先进制造业集群内含的16条优势产业链和14条培育产业链工作模式，培育十大产业集群20条产业链，打造高端纺织、高端装备、节能环保三大重点产业集群。高端纺织产业内含化纤、纺织服装2条优势产业链和现代丝绸1条培育产业链，纳入统计企业444家，实现开票销售538.78亿元，占十大产业集群的33.7%。高端装备产业内含电梯、锻压机械、电工电气、建材器械4条优势产业链和汽车零部件、航空航天及轨道交通2条培育产业链，纳入统计企业372家，实现开票销售363.52亿元，占十大产业集群的22.74%。节能环保产业内含环保装备1条优势产业链和新能源1条培育产业链，纳入统计企业129家，实现开票销售122.18亿元，占十大产业集群的7.64%。锦纶丝产量占全国的八分之一，蚕丝被和生丝产量列全国第一位，色织布产量列全国第二位。机器人产业初步形成研发设计、生产制造、关键零部件及系统集成的机器人全产业链发展格局。电子信息产业扩展至各类电子原材料制造、电脑及周边设备制造、各类电子仪表仪器制造、LED灯具制造、自动化操作系统制造等多个领域。由建筑业、建筑材料制造加工业、建筑机械制造业、建筑机电产业、物流等服务业构成的建筑产业运营体系形成。海安先后获评中国茧丝绸之乡、中国建筑之乡，获批国家时尚锦纶示范基地、国家装配式建筑产业基地、国家纺织产业基地、国家锦纶

续表 14

指标名称	单位	产量	比2021年增长
金属成形机床	台	5876.00	−9.8%
起重机	吨	539.00	−52.7%
泵	万台	1.37	−16.5%
阀门	万吨	3.38	14.5%
工业电炉	台	653.00	12.2%
工商用制冷、空调设备	台（套）	450.00	−67.0%
建筑工程用机械	台	416.00	−24.1%
水泥专用设备	万吨	24.48	18.6%
变压器	万千伏安	3396.85	31.4%
高压开关板	面	66.00	−40.5%
低压开关板	面	685.00	−34.3%
太阳能电池（光伏电池）	万千瓦	174.95	−27.8%
半导体分立器件	亿只	0.87	−33.6%
电子元件	亿只	10.67	−15.2%
自来水生产量	万立方米	5948.00	2.4%
环境监测专用仪器仪表	台	430.00	−75.1%

（市统计局）

功能纤维新材料示范基地、中国家具特色产业集群、省纺织服装产业示范基地等国家级、省级基地60余个。

【工业创新发展】 2022年，海安市发挥中洋河豚毒素、鑫缘生物蛋白、铁锚核机械手、天楹等离子体处置等行业龙头企业的技术领先优势，重点培育产业前景较好的现代医药、航空航天、核工业、冷链设备制造等战略性项目，江苏中洋集团股份有限公司与制药企业开展应用开发合作，规划建设河豚毒素提取提纯、生物肽中试生产线。加快前沿技术和关键核心技术研发，推进重大技术改造项目建设，中国天楹股份有限公司投资建设国内首个100兆瓦时重力储能示范项目。围绕战略性新兴产业推动、传统产业转型升级，系统谋划延链补链项目，鑫缘集团蚕丝蛋白生物科技利用项目取得重要进展。大力培育创新型领军企业，江苏铁锚玻璃股份有限公司（简称铁锚玻璃公司）获评国家级技术创新示范企业，全市累计有2家。4家企业入选省新一轮创新型领军企业培育库。

【工业大企业培育】 2022年，海安市聚焦打造“专精特新、单项冠军双名城”，实施“5123”大企业领航工程，引导企业提档升级、做优做精。市政府出台“关于增强制造业内生动能 实现更高质量更有效益发展的若干政策意见”，从企业的经济贡献额、智能化改造和数字化转型、“集群集采”、技术成果转化等方面制定奖励机制。全市有规模以上工业企业1171家，应税销售超1亿元工业企业341家；上市企业3家、“新三板”挂牌企业19家，总量南通最多。江苏兴华胶带股份有限公司、江苏鹰球集团有限公司获评全国制造业单项冠军示范企业，累计有8家。全市累计有国家级专精特新“小巨人”企业11家，获批财政部2022年国家中、小企业发展专项资金近700万元，主要用于支持第三批国家级专精特新“小巨人”企业高质量发展。建成国家级中小企业公共服务示范平台2家、国家级企业技术中心3家。8月27日，海安市召开“5123”大企业领航工程推进会，60家“5123”领航培育企业负责人参加会议。

【海安市工业发展大会】 2022年2月9日，海安市召开首届工业发展大会。会议动员全市上下聚焦高质量发展，聚力高水平争先，全力推动工业经济发展提质增效、转型升级，争创全省首批制造业高质量发展示范区，打造长三角北翼最具竞争力产业高地。会议提出2022年海安市工业发展的总体目标要求。会议要求实施产业倍增、“5123”大企业领航、智能化改造和数字化转型、节能降碳四大行动，打造特色鲜明、自主可控的现代产业体系。与会人员共同观看《百舸争流向未来》专题片。会议举行优秀企业家表彰颁奖仪式。市发展改革委、市科技局、市市场监管局、市地方金融监管局、人民银行海安市支行负责人作交流发言，海安开发区、海安高新区、联发集团、江苏威尔曼科技有限公司、南通冠优达磁业有限公司（简称冠优达磁业公司）、江苏东材新材料有限责任公司负责人作表态发言。（顾宇飞）

工业项目建设

【概况】 2022年，海安市新开工5亿元以上重大工业项目21个，总投资183.9亿元。新竣工5亿元以上重大工业项目17个。续建工业项目达产18个，达产率75%，列南通市第一位。完成智能化改造和数字化转型项目466个。3个项目入选省级重大项目。28个项目入选南通市级重大产业项目清单，5个项目获评2022年度南通市高质量建设项目。重特大项目有序推进，2021年度省级战略性新兴产业项目——江苏鹏飞集团股份有限公司（简称鹏飞集团）“年产30台（套）节能环保焙烧回转转窑的研发及产业化项目”通过竣工验收，江苏亚太轻合金科技股份有限公司（简称亚太轻合金公司）“航空用高性能高精密特种铝型材制造项目”通过中期验收。

表15　2022年海安市亿元以上工业项目建设情况一览表

单位：万元

序号	项目名称	建设单位	建设规模及主要内容	总投资	2022年累计完成投资	2022年底项目进展情况
1	核电装备和高端汽车天窗玻璃生产项目	江苏铁锚玻璃股份有限公司	新建厂房等主要建筑面积7.12万平方米；收购德国核废料处理专业公司技术及团队，新上国内首创生产核机械手为主的核生产及废料处置装备；项目建成后，年生产抗核辐射动力机械手100支、主从机械手2000支、窥视窗1000支	300000	50126	厂房竣工，设备到位，投产运营
2	新型建筑材料及智能建筑装备生产项目	升维科技有限公司	新建厂房等主要建筑面积5.15万平方米；购置电焊机、剪板机、冲床等主要生产设备约120台（套）；项目建成后，年产新型建筑材料15万平方米、智能装配材料3万吨	200000	80780	厂房部分竣工，车间部分运营
3	环保型三防热敏纸涂布生产线项目	江苏金大包装材料科技有限公司	购置球磨机、涂布机、冷水机等主要设备120台（套）；项目建成后，年产环保型三防热敏纸涂布6万吨	200000	46562	厂房竣工，设备到位，投产运营
4	航空用高性能高精密特种铝型材制造项目	亚太轻合金（南通）科技有限公司	新建厂房等主要建筑面积10.3万平方米；投入CNC加工中心、自动生产线、机器人等设备200台（套）；项目建成后，年产包括航空航天用高性能高精密特种铝型材1000吨在内的轻量化环保型铝合金材1.5万吨和汽车零部件52万套	200000	101920	厂房部分竣工，部分车间投产运营
5	高档服饰面料织造项目	江苏越承纺织科技有限公司	新建厂房及配套设施；购置印花机、定型机、蒸化机等设备3000台（套）；项目建成后，年产高档服饰面料7万吨	200000	100081	设备安装，部分试运营
6	鹏飞资源综合利用成套装备项目	江苏鹏飞集团股份有限公司	新建厂房等主要建筑面积10万平方米，年产固危废、冶金矿渣、煤炭、污泥处置等领域资源综合利用大型智能成套装备80台（套）	200000	100228	厂房竣工，设备到位，投产运营
7	年产锦纶工业布8万吨的生产项目	兴鹿（海安）新材料有限公司	购置聚合生产线2条及配套设备若干，纺丝设备、牵伸机、喷气高速织布机等设备362台（套），浸胶线3条；项目建成后，年产锦纶工业布8万吨	200000	101788	设备安装，部分试运营
8	电子产品零部件项目	佳威科技（海安）有限公司	新建厂房等主要建筑面积5.29万平方米；购置成形机、全自动智能烘烤线、智能组装流水线等设备600余台（套）；项目建成后，年产光学系统机构件2250吨、笔记本电脑零部件1575吨、工具机450吨、安防产品135吨、通信设备90吨	100000	20670	厂房主体封顶，投产运营
9	功能性面料技术改造项目	江苏富邦纺织有限公司	新建厂房等主要建筑面积5.11万平方米；购置高温高压染色机、定型机、退浆机等设备650台（套），建设印染生产线7条；项目建成后，年产刺绣花边面料、高档水晶绒类面料等高档功能性面料6.2万吨	100000	10351	厂房竣工，投产运营
10	高新纤维高性能复合布料织造及印染精加工项目	南通东屹高新纤维科技有限公司	新建厂房等主要建筑面积5.6万平方米；投入约1.6亿元购置织造、印染、涂层、复合等相关设备；项目建成后，年产各类纺织面料8000万米	100000	52191	厂房竣工，投产运营
11	风可纳漩涡气泵项目	南通风可纳风机科技有限公司	用地面积2.67公顷，新建厂房等主要建筑面积5万平方米；购置数控车床、自动取件机器人等设备210台（套）；项目建成后，年产漩涡气泵22万台	100000	46662	厂房竣工，投产运营
12	德凯模具项目	海安德凯模塑有限公司	用地面积3.07公顷，新建厂房等主要建筑面积5万平方米；购置成形机等设备160台（套）；项目建成后，年产精密模具500套、精密注塑产品100万套	100000	40430	厂房竣工，投产运营

续表15

序号	项目名称	建设单位	建设规模及主要内容	总投资	2022年累计完成投资	2022年底项目进展情况
13	隧道用抗震哈芬槽生产线生产项目	南通曙光新能源装备有限公司	新建厂房等主要建筑面积5.2万平方米；建设5条由海安上海交通大学智能装备研究院负责研发的全自动化生产线；项目建成后，年产隧道用抗震哈芬槽100万米	100000	50458	厂房竣工，部分车间投产运营
14	光伏组件玻璃面板项目	江苏凯瑞锝光伏科技有限公司	购置磨边机、镀膜机、钢化炉等设备60台（套）；项目建成后，年产盖板玻璃1140万平方米、浮法背板玻璃1140万平方米	100000	60946	厂房竣工，设备到位，投产运营
15	电器制造项目	海安市申菱电器制造有限公司	购置车铣复合中心、圆磨床、齿轮创成磨床、齿轮测量中心等主要设备；项目建成后，年产高端电传动驱动装备及配套产品20.4万台（套）	100000	67232	厂房竣工，投产运营
16	工业自动控制装置制造项目	南通鑫振界智能科技有限公司	用地面积2.86公顷，新建厂房等主要建筑面积5.6万平方米；购置数控加工中心、表面电泳流水线等设备；项目建成后，年产机器人3000台（套）	100000	62121	厂房竣工，部分车间运营
17	色织超弹纤维项目	江苏弘盈新材料有限公司	总建筑面积5.4万平方米；项目建成后，年产涤棉复合有色纱4万吨、涤纶高弹有色纱5万吨、涤棉高弹有色纱1万吨	100000	60582	厂房竣工，部分车间投产运营
18	锦纶长丝生产项目	海安市嘉禾化纤有限公司	新建厂房；购置锦纶6FDY48位纺丝生产线、锦纶6FDY96位纺丝生产线、锦纶6FDY108位生产线、锦纶6FDY110位生产线等主要设备；项目建成后，年产锦纶FDY10万吨	100000	60744	厂房竣工，部分车间投产运营
19	新型建材项目	南通亚元新材料有限公司	购置H型钢门型埋弧机、数控切割机等主要设备100台（套）；项目建成后，年产H型钢6万吨	100000	60418	厂房竣工，设备到位，投产运营
20	轻型部结构墙板生产项目	典堂建筑工程（江苏）有限公司	用地面积5.25公顷，新建厂房等主要建筑面积5.02万平方米；购置德国威力原装进口优选横截锯、导向锯、塑板机等设备406台（套）；项目建成后，年产被动房隔墙板22万立方米、被动房装置板材38万平方米、被动房保温材料41万平方米	100000	60350	厂房竣工，部分车间运营
21	智能门窗生产项目	南通富尔达科技有限公司	新建厂房及配套设施；购置断桥铝机、切割机、开槽穿条机等主要设备；项目建成后，年产智能窗100万平方米、智能门10万平方米	100000	57382	主体在建
22	OLED柔性显示技术用光学级聚酯基膜项目	江苏东材新材料有限责任公司	总建筑面积10.7万平方米；引进日本BOPET膜生产线5条、德国分切设备和回收设备等设备；项目建成后，年产特种聚酯薄膜材料2万吨、光学聚酯薄膜材料4万吨、PVB胶膜材料2500万平方米、精密涂布材料1450万平方米	100000	61362	厂房竣工，部分试运营
23	户外休闲运动娱乐用品生产项目（二期）	海安荣威运动用品有限公司	新建厂房等主要建筑面积10万平方米；项目建成后，年产PVC胶布5万吨、休闲产品1000万件、床垫500万件	100000	41920	设备安装调试，部分车间试运营
24	精密通用零部件生产项目	新稷科技（江苏）有限公司	新建厂房等主要建筑面积5.33万平方米；购置加工中心、冲压机、冷镦机、搓牙机、网袋式连续热处理生产线，电镀、阳极氧化、钝化、喷粉、喷漆、涂胶、涂覆表面处理生产线设备并配套公辅设备，废水、废气处理设施约380台（套）；项目建成后，年生产精密通用零部件约13亿件	100000	30812	设备安装调试，部分试运营

续表15

序号	项目名称	建设单位	建设规模及主要内容	总投资	2022年累计完成投资	2022年底项目进展情况
25	智能清洁机器人、吸尘器核心零部件生产项目	润海清洁科技（海安）有限公司	用地面积2.07公顷，新建厂房等主要建筑面积3.68万平方米；项目建成后，年生产智能清洁机器人300万台、吸尘器附件300万件	100000	30441	厂房竣工，设备安装调试中
26	华美新型环保包装材料项目	华美包装（南通）有限公司	新建厂房等主要建筑面积3.3万平方米；项目建成后，年产新型环保包装材料3亿平方米	100000	1325	基础施工
27	安岚差别化功能性纤维项目	江苏安岚新材料科技有限公司	新建厂房等主要建筑面积5万平方米；项目建成后，年产差别化功能性纤维4万吨	100000	3865	基础施工
28	浚源电源引出线生产项目	南通浚源电子科技有限公司	新建厂房等主要建筑面积3.5万平方米；项目建成后，年产铝电解电容器引出线360亿只	80000	2069	基础施工
29	建筑新材料生产项目	江苏亿众建筑科技有限公司	新建厂房等主要建筑面积2.5万平方米；投入5000万元，购置光纤激光切割器等设备；项目建成后，年产建筑新材料铝制品25万平方米、配套制品25万平方米	20000	8671	厂房竣工，投产运营
30	体育用品制造项目	海安嘉悦体育用品有限公司	购置自动下料机2台、激光下料机2台、冲床6台、折弯机1台、喷涂流水线1条、包装流水线3条等设备；项目建成后，年产健身器材6000吨	20000	12016	厂房竣工，投产运营
31	阀门生产项目	江苏融通阀门机械有限公司	新建厂房；购置数控车床、数控加工中心等国产设备214台（套），机器人打磨系统、智能装夹换机系统等进口设备67台（套）；项目建成后，年增产蝶阀、排气阀、消火栓、止回阀、闸阀等阀门31.33万台	20000	12256	厂房竣工，投产运营
32	高端纺织项目	江苏宇之瑞纺织科技有限公司	用地面积1.55公顷，新建厂房等主要建筑面积2.5万平方米；购置加弹机、经编机、缝纫机等设备；项目建成后，年产化纤布8000吨、毛毯600万条	20000	12000	主体竣工，投产运营
33	技改项目	江苏铭利达科技有限公司	实施铝合金零部件生产线技术改造，新增型材产品生产线、塑胶产品生产线；项目建成后，年产铝合金零部件10.7万吨、镁合金零部件0.3万吨、锌合金零部件1万吨、型材产品2.96万吨、塑胶零部件1万吨	15000	9206	厂房竣工，设备到位，投产运营
34	精密机械生产项目	合泰（南通）精密机械有限公司	用地面积2.53公顷，新建厂房等主要建筑面积2万平方米；投入6000万元，购置弯管无损检测设备、智能设备、自动化成套生产线等设备；项目建成后，年产数控弯管机1000台	10000	4016	投产运营
35	环保除尘设备、电磁线生产项目	江苏昱恒电气有限公司	新建厂房等主要建筑面积1.9万平方米；投入6167万元，购置高压耐压实验设备、数控龙门导轨磨床、热风循环漆包机等设备；项目建成后，年产除尘设备3000套，电磁线1万吨	10000	2664	投产运营
36	金刚石砂轮生产项目	海安玻克超硬材料有限公司	用地面积0.93公顷，新建厂房等主要建筑面积1.77万平方米；投入3256万元，购置罩炉、火花机等设备；项目建成后，年产金刚石砂轮20万片	10000	2569	厂房竣工，设备到位，投产运营
37	流灿商场展示道具生产项目	南通流灿装饰有限公司	用地面积1.47公顷，新建厂房等主要建筑面积约2万平方米；购置数控下料、激光切割、真空镀膜等设备；项目建成后，年产展示道具1200套	10000	4046	厂房竣工，设备到位，投产运营

续表15

序号	项目名称	建设单位	建设规模及主要内容	总投资	2022年累计完成投资	2022年底项目进展情况
38	针织布生产项目	南通铭鑫纺织有限公司	用地面积1.47公顷，新建厂房等主要建筑约1.7万平方米；投入2500万元，购置染色、印花、定型、烘干等国产设备25台（套）；项目建成后，年产全棉、磨毛涤纶印花布8000万米	10000	4180	厂房竣工，设备到位，投产运营
39	机械部件加工项目	海安海太铸造有限公司	用地面积1.53公顷，新建厂房等主要建筑面积1万平方米；购置钢丝绳捻股机、旋击机、涂塑机等设备190台；项目建成后，年产机械部件10万组	10000	4113	厂房竣工，投产运营
40	纺纱生产项目	南通凯大纺织有限公司	用地面积1.67公顷，新建厂房等主要建筑面积1.1万平方米；购置清花机、粗纱机、细纱机等设备118台（套）；项目建成后，年产纺纱10万平方米	10000	4045	厂房竣工，投产运营
41	年产8800吨锦纶多功能羽毛纱制线项目	南通永大管业股份有限公司	用地面积2.33公顷，新建厂房等主要建筑面积1.86万平方米；购置设备230台（套）；项目建成后，年产锦纶多功能羽毛纱制线8800吨	10000	3550	厂房竣工，投产运营
42	金属涂覆、机械加工项目	江苏鼎锃科技有限公司	用地面积2.01公顷，新建厂房等主要建筑面积1.34万平方米；购置冲床、滚丝机、铆接机等设备35台（套）；项目建成，年产预埋滑槽50万米、金属紧固件100万套	10000	3544	厂房竣工，设备进场，投产运营
43	智能家居、家具制造项目	江苏浦创新材料科技有限公司	用地面积2.26公顷，新建厂房等主要建筑面积3.78万平方米；购置气动断料机、自动双面刨、木工平刨床等设备57台（套）；项目建成后，年产酒店家具5000套、木质门3万套、木饰面5万平方米	10000	4124	厂房竣工，设备进场，投产运营
44	新型建材（微晶）技术研发及生产项目	江苏恩沛新材料科技有限公司	用地面积2.67公顷，新建厂房等主要建筑面积1.91万平方米；购置龙门吊、圆盘锯、单臂锯等设备；项目建成后，年产新型建材（微晶）材料25万立方米	10000	4550	厂房竣工，设备进场，投产运营
45	广益植物保护机械生产项目	南通市广益机电有限责任公司	用地面积1.88公顷，新建厂房等主要建筑面积5800平方米；购置数控车床、数控冲床等设备68台（套）；项目建成后，年产植保机械2000台（套）	10000	4120	厂房竣工，投产运营
46	电子配件生产项目	江苏臻研电子科技有限公司	用地面积2公顷，新建厂房等主要建筑面积1.5万平方米；购置UV滚涂机、涂边机、修边机等设备50台（套）；项目建成后，年产UV白垫板400万张、涂层铝片540吨	10000	4092	厂房竣工，设备进场，投产运营
47	五金配件生产项目	江苏蒲昌新材料有限公司	用地面积1.09公顷，新建厂房等主要建筑面积1.45万平方米；购置数控加工中心、数控自动抛光机、多功能组合磨床等设备；项目建成后，年产五金配件900万套	10000	4029	厂房竣工，设备进场，投产运营
48	热成型机械设备及制品生产项目	江苏展驰科技发展有限公司	新建厂房等主要建筑面积1.13万平方米；购置搅拌机、上料机等设备87台（套）；项目建成后，年产机械包装设备150套，汽车装饰用品、食品包装盒1.5万吨	10000	4168	厂房竣工，部分设备进场
49	纺织布生产项目	南通和泰纺织科技有限公司	新建织造印染楼、整经楼；购置整经、织布、烘干、染色、定型、检验等设备460台；项目建成后，年产高档面料800万米、高档辅料1800万米	10000	6141	厂房竣工，设备进场，投产运营

续表15

序号	项目名称	建设单位	建设规模及主要内容	总投资	2022年累计完成投资	2022年底项目进展情况
50	全自动智能柔性自动化设备项目	佐尔智能科技（海安）有限公司	购置注塑机、激光切割机、自动折弯机等设备862台（套），其中模具生产设备650套；项目建成后，年产输送设备300台（套）、塑料制品4万套、模具200套	10000	6170	厂房竣工，投产运营
51	格莱思顿500千瓦屋顶太阳能分布式光伏发电项目	格莱思顿电气（江苏）有限公司	购置电能质量分析仪、三相程控标准源、电能模拟试验器等设备150台；项目建成后，年产电能质量治理装置1.2万台	10000	6088	厂房竣工，投产运营
52	铭鑫数控机床生产项目	江苏铭鑫重工科技有限公司	新建厂房；购置机床、车床、镗床等设备46台（套）；项目建成后，年产数控机床208台	10000	6097	投产运营
53	压缩机用滤清器及工业除尘器环保设备生产项目	上海超曼滤清器有限公司	新建厂房及配套设施；购置卧式车床、数控车床、冲床等设备92台（套）；项目建成后，年产压缩机滤清器100万套、工业除尘器环保设备500套	10000	6105	主体封顶，设备进场调试
54	RFID Inlay标签、AG玻璃生产项目	齐克庞德电子（江苏）有限公司	购置RFID绑定机、AG线、分切机、复卷机等设备97台；项目建成后，年产RFID Inlay标签7.5亿片、AG玻璃9万片	10000	6073	厂房调试，设备进场，投产运营
55	石墨烯电热膜流水线生产车间项目	江苏利物盛电子科技有限公司	新建厂房等主要建筑面积1.50万平方米；购置自动储料计量系统、高真空混合系统、全自动连续涂布机等设备23台（套）；项目建成后，年产石墨烯电热膜200万平方米	10000	7249	厂房竣工，投产运营
56	医用材料生产项目	南通汇优洁医用材料有限公司	购置熔喷无纺布生产线及其配件4条、纺粘无纺布生产线及其配件1条、口罩机64台等设备；项目建成后，年产口罩3亿片、熔喷无纺布500吨、纺粘无纺布7500吨	10000	7337	厂房竣工，投产运营
57	铝合金窗组装生产项目	江苏天泽门窗装饰有限公司	新建厂房及配套设施；购置切割机、数显大双头锯、组角机等设备35台（套）；项目建成后，年产各类门窗50万平方米	10000	6207	厂房竣工，投产运营
58	新增磁芯生产项目	南通冠优达磁业有限公司	新建2号车间，盘活利用闲置3号车间；购置排坯机、磨床等设备约200台（套）；项目建成后，年新增生产磁芯7200吨	10000	9078	厂房竣工，部分车间运营
59	互感器铁芯和节能变压器卷铁芯生产项目	南通汇兴源物联网技术有限公司	新建科研楼和装配车间、检测车间；购置分条机、横剪机、外圆磨床等设备30台（套），新建互感器铁芯和节能变压器卷铁芯生产线；项目建成后，年产互感器铁芯1000吨、节能变压器卷铁芯50吨	10000	6012	厂房竣工，投产运营
60	组装家用电力器具专用配件生产项目	南通天畅电气有限公司	新建五金配件车间、检测车间等主要建筑；新建生产线4条；项目建成后，年组装家用电力器具专用配件300万件	10000	6166	厂房竣工，投产运营
61	无人化智能化电机生产项目	江苏启达机电有限公司	新建生产车间，配套已建厂房5983平方米；引进无人化自动化电机装配生产线、无人化自动转子生产线等进口设备17台（套），购置自动涂敷机、天窗耐久测试台等国产设备45台（套），新建一体无人化智能化电机生产线3条；项目建成后，年产天窗电机整机170万台（套）	10000	6032	厂房竣工，投产运营
62	无油压缩机、电梯部件生产项目	南通联翔机械有限公司	新建厂房及配套设施；购置立式加工中心、磨床等国产设备105台（套）；项目建成后，年产无油压缩机5万套、电梯部件10万套	10000	6250	主体封顶，部分试运营

续表15

序号	项目名称	建设单位	建设规模及主要内容	总投资	2022年累计完成投资	2022年底项目进展情况
63	新型塑料零部件生产项目	哈弗亚新材料（江苏）有限公司	新建厂房等主要建筑面积1万平方米；购置押出机、混料机、激光切割机等设备245台（套）；项目建成后，年产高性能管材500万米、配件阀门380万只	10000	9078	厂房封顶，内外装修中，部分设备进场
64	精密紧固件生产项目	盛欣海电子科技（江苏）有限公司	新建厂房等主要建筑面积1万平方米；购置冷镦机、切割机等设备；项目建成后，年产精密紧固件2000吨	10000	9002	厂房竣工，投产运营
65	工业胶带生产项目	王佳胶带科技（南通）有限公司	新建厂房等主要建筑面积1万平方米；购置涂胶机、分切机、测试设备等167台（套）；项目建成后，年产胶带400万件	10000	9098	厂房封顶，内外装修中，部分设备进场
66	工程机械结构件生产项目	海安世益机械科技有限公司	新建厂房等主要建筑面积1万平方米；购置切割机、加工中心等设备132台（套）；项目建成后，年产工程机械配件1.2万台（套）	10000	9220	厂房封顶，内外装修中，部分设备进场
67	汽车零部件生产项目	南通市宇润汽车配件有限公司	新建厂房等主要建筑面积2万平方米；项目建成后，年产丝杆600万件，轮扳手800万件，金属螺母、固定套2200万件，塑料螺母、摇杆手柄、扳手保护套500万件	10000	6142	厂房竣工，投产运营
68	吸塑包装项目	博特尔包装（江苏）有限公司	新建厂房等主要建筑面积3.2万平方米；项目建成后，年产塑料包装盒（杯）4万吨	10000	9416	主体竣工，投产运营
69	自动化设备、不织袋生产项目	广德精密电子（海安）有限公司	新建厂房等主要建筑面积1万平方米；项目建成后，年产高自动化设备50套、包装袋300万只	10000	9150	主体竣工，投产运营
70	电子产品生产项目	海安玖泰电子科技有限公司	新建厂房等主要建筑面积1万平方米；项目建成后，年产电子元器件2500万个、绝缘制品2000万个、电磁波屏蔽元器件1500万个	10000	9242	主体竣工，投产运营

【重大工业项目】 2022年，海安市入选省级重大项目3个，其中，兴华纳米纤维平衡补偿链项目、天楹再生资源分选与利用智能生产线项目入选省级重大高端装备项目，东材高性能聚酯基膜项目入选省级重大新材料项目。28个项目入选南通市级重大产业项目清单，其中，加百裕高性能锂电池项目、昊陵精密模具项目、万石智能设备项目、港汇纺织项目、荣威户外用品项目、康龙电子零配件项目、新稷精密零部件项目、泰怡锦纶改性阻尼桥项目、四方汽车用材料项目、润海智能机器人项目、皓森石晶墙板项目11个项目入选南通市新开工制造业项目，东材高性能聚酯基膜项目、天楹再生资源分选与利用智能生产线项目、海迅智能校平装备项目、兴华纳米纤维平衡补偿链项目、鹰球超微小精密含油轴项目、联发占姆士品牌服饰项目、跃通自动化机械项目、中机液压打桩锤项目、明诺电动环卫装备项目9个项目入选南通市新开工专精特新项目，锋芒研磨材料项目、汉东化工装备项目、维尔克高性能绿色超临界二氧化碳高分子发泡产品项目、三锐化工装备项目4个项目入选南通市新认定科创项目，同春龙高端纺织项目、鹏飞资源综合利用成套装备项目、亚太航空用高性能高精密特种铝型材项目、繁华智能电致变色玻璃项目4个项目入选南通市竣工项目。5个项目获评2022年度南通市高质量建设项目，其中，四方新材功能性纤维联合纺丝项目、铁锚聚氨酯胶膜及航空玻璃项目获评"新开工十大项目"，东材高性能聚酯基膜项目、铁锚聚氨酯胶膜及航空玻璃项目获评"专精特新十佳项目"，翠鸟锂离子电池模组研发制造项目获评"科技创新十佳项目"。

【工业技改项目】 2022年，海安市核实2021年度69个技改项目当年购置的新生产性设备8.07亿元，奖励4048.7万元，其中江苏东材新材料有限责任公司、铁锚玻璃公司当年新增技改设备超5000万元。完成2022年度智能化改造和数字化转型项目466个，其中，智能化改造项目210个、诊断项目180个、企业上云项目46个、标杆示范项目29个、绿色化改造项目1个，完成数量、进度均列南通各县（市、区）第一位。

【工业项目建设服务】 2022年，海安市构建工业项目建设"全生命周期"服务体系，全市57个重点部门分别挂钩联系57个重大项目，建立服务专班，聚焦项目审批、要素保障、"三证"（工商营业执照、组织机构代码证、税务登记证）办理、转化达产等过程，通过专题会、现场会及时协调解决困难。探索试行低风险项目工程建设"简易批"服务，针对社会低风险投资项目开辟"绿色通道"，工程建设审批从4个阶段精简成联合审批和联合验收2个阶段，审批环节从53个压缩到13个，同时加强"帮办代办服务"。（市发展改革委）

工业转型升级

【智改数转】 2022年，海安市制定出台"关于成立海安市'智改数转'工作领导小组的通知""关于加快'5G+工业互联网'数字赋能的若干政策意见""海安市制造业智能化改造和数字化转型三年行动计划（2022—2024年）"等系列文件，鼓励支持企业进行智能化改造和数字化转型发展。稳步推进5G基础设施建设，新改建5G基站1026个，新注册工业互联网标识解析企业2057家，新增"5G+互联网"应用64个，工业企业绩效评价管理系统正常运行服务，"能耗总量库、闲置资源库、土地资源库、环境容量库、水资源库、人力资源库"六大资源基础数据库为全市发展提供数据支撑。全面优化诊断服务，海安电信、海安移动、南通巨联数字科技有限公司、江苏中天互联科技有限公司等近20家服务商为全市200家规模以上企业提供免费智能化改造和数字化转型诊断服务，推动85家企业实施智能化改造和数字化转型，带动投资5.32亿元。实施工业技改提级行动，引导企业对生产工艺、技术、装备等进行全流程数字化、智能化改造，推动规模以上企业实现智能化技改全覆盖。完成智能化改造和数字化转型项目466个。广泛开展制造业智能化改造和数字化转型宣传，分板块举办区镇专题宣贯会5场，分产业举办产业集群专题宣贯会8场，全市累计600余家企业参加活动；举办供需对接会2场，为14家服务商与80余家企业搭建合作平台。

【工业信息化融合发展】 2022年，海安市有6家企业被认定为2021年度南通市工业互联网（互联网+制造业）融合创新试点示范企业，其中，南通双弘纺织有限公司（简称双弘纺织公司）、江苏福克斯新能源科技有限公司为标杆工厂建设方向，南通明诺电动科技股份有限公司为平台集成创新方向，江苏瑞恩电气股份有限公司（简称瑞恩电气公司）、海安浩驰科技有限公司（简称浩驰科技公司）、南通昌荣机电有限公司（简称昌荣机电公司）为管理体系贯标方向。南通晓星变压器有限公司、南通市通润汽车零部件有限公司、江苏明江阀业有限公司、江苏北辰互邦电力股份有限公司（简称北辰互邦公司）、江苏东恒光电有限公司5家企业入选2022年江苏省"两化融合"管理体系贯标示范企业培育对象名单。南通科达建材科技股份有限公司、江苏东材新材料有限责任公司等18家企业通过工业和信息化部"两化融合"管理体系贯标认证。

【智能制造车间建设】 2022年，海安市跃通数控公司"木门装配智能制造车间"、江苏福克斯新能源科技有限公司"182单/双玻产品智能制造车间"、江苏凯瑞锝光伏科技有限公司"双玻组件用光伏玻璃智能深加工车间"、亚太轻合金公司"车用轻量化零部件智能深加工车间"、海安亿丰包装材料有限公司"瓦楞纸智能生产车间"、海安中楹等离子体科技有限公司"飞灰等离子体熔融智能车间"、南通科达建材科技股份有限公司"预制构件智能生产车间"、浩驰科技公司"车用新型膜智能生产车间"获评第八批南通市示范智能车间，天成科技公司"高档饲料智能制造车间"获评2022年江苏省智能制造示范车间。

【工业新产品、新技术推广】 2022年，海安市双弘纺织公司"高端再生聚酯系列纱线"、江苏增光新材料科技股份有限公司（简称增光新材料公司）"机场道面雾封层材料""水性环氧沥青"入选省重点推广应用的新技术新产品目录（第28批），江苏华艺服饰有限公司"竹炭纤维的抗菌型纺织面料"、江苏天楹环保能源成套有限公司（简称天楹环保公司）"高热值固废焚烧水冷炉排炉"入选省重点推广应用的新技术新产品目录（第29批）。南通中力科技有限公司（简称中力科技公司）"抗震耐久高速电梯滚轮导靴"、天楹环保公司"节能环保等离子体无害化废物焚烧飞灰处置技术"、超力卷板机公司"W10F数控二轴反挠曲小直径成形机"通过省新技术、新产品鉴定验收。江苏恩达通用设备集团有限公司申报的智能船舶动力及发电监控大数据云系统等34个重点技术创新项目入选南通市重点技术创新项目导向计划（2023年），数量列南通各县（市、区）第一位。

【首台（套）重大装备推广】 2022年，海安市天楹环保公司"WCG350Q高热值生活垃圾焚烧水冷炉排炉"、威扬重工科技有限公司"高精度液压快夹数控折弯设备WE67K"、南通恒达免烧砖机械工程有限公司"MT12-15免托板砌块成型机"、南通苏源恒炫电气有限公司"预装式变电站HXYBW-（CY）-40.5/12-口"、南通奥普机械工程有限公司（简称奥普机械公司）"UMCQ3000/65门式刮板取料机"、南通东海机床制造集团有限公司（简称东海机床公司）"2-E67K-4000/8000智能数控双机联动折弯机"、江苏双聚智能装备制造有限公司"自动化商用两器涂装线T3321-00"、江苏章工智能科技有限公司"FJ02智能龙门分拣机"、江苏中矿重型装备有限公司"智能化可转场板带复合散装物料输送一体机ZKYD-2000"被认定为南通市首台（套）重大装备及关键部件。至此，海安累计拥有省级以上首台（套）重大装备及关键部件19台（套），南通市级49台（套）。

【企业上云】 2022年，海安市31家企业被认定为2022年度首批省星级上云企业，其中，南通贝思特机械工程有限公司（简称贝思特机械公司）、江苏万淇生物科技股份有限公司（简称万淇生物公司）、江苏克瑞迪机车有限公司等20家企业被认定为三星级上云企业，双弘纺织公司、江苏四新界面剂科技有限公司、亚太轻合金公司等8家企业被认定为四星级上云企业，跃通数控公司、文凤化纤公司、西蒙电气（中国）有限公司（简称西蒙电气公司）3家企业被认定为五星级上云企业。39家企业被认定为第二批星级上云企业，其中，鑫缘集团、珀泰蓝智能卫浴科技（江苏）有限公司、海安鼎生金属制品有限公司等29家企业被认定为三星级上云企业，佳威科技（海安）有限公司、南通中丽锦纶科技有限公司、冠优达磁业公司等8家企业被认定为四星级上云企业，昌荣机电公司、江苏华艺服饰有限公司2家企业被认定为五星级上云企业。新认定五星级上云企业数列南通市第一位。海安市累计有省星级上云企业216家，其中，五星级上云企业7家，四星级上云企业41家，三星级上云企业168家。（张益玄）

高端纺织产业

化纤产业

【概况】 2022年，海安市纳入化纤产业链统计的企业160家。全产业链实现开票销售259.59亿元，与上年相比稳中有升。实现开票销售1亿元以上企业44家，其中，10亿元以上企业3家、100亿元以上企业1家。制定化纤产业链三年发展规划，重点发展芳纶、聚酰胺改性、聚酰亚胺等高性能纤维，生物基聚酰胺纤维等生物基合成纤维，抗菌抑菌、导湿排汗、抗紫外线、防静电、防辐射、阻燃、超仿真等高感性、柔性化、差别化功能性纤维，汽车、电子电器、机械、高铁等行业应用的中高端、高性能金属替代类尼龙工程塑料。

【产业发展】 2022年，海安市推进化纤产业数字经济与智能制造，江苏弘盛新材料股份有限公司（简称弘盛新材料公司）、海安华荣化纤有限公司、中平神马江苏新材料科技有限公司等重点企业加快产业智能化转型，江苏海美新材料有限公司、江山红化纤有限责任公司（简称江山红化纤公司）获评省级企业技术（工程）中心。高标准培育行业单打冠军，南通东屹高新纤维科技有限公司、江苏泓丰线业科技有限公司、江苏文凤化纤集团有限公司（简称文凤集团）被认定为省级专精特精"小巨人"企业。打造智慧产业集群，加快提升"互联网+"建设水平，文凤集团被认定为五星级上云企业，南通东屹高新纤维科技有限公司、江苏华洋尼龙有限公司被认定为四星级上云企业。年内，市化纤业总商会、海安高新区、墩头镇等组织到江苏昆山、浙江嘉兴、河南太康等地开展产业链招商活动14次，接待浙江嘉兴桐昆集团股份有限公司到海安考察。签约化纤产业项目6个，其中，10亿元强链项目2个，分别是南通瑞通林新材料科技有限公司尼龙66联合纺丝及功能性纺丝项目、江苏丰亭科技有限公司尼龙6隔热条项目；1亿元补链项目2个，分别是南通嘉鹏新材料科技有限公司低熔点纺丝项目、科众（南通）新材料科技有限公司高端功能性织带项目；3000万美元项目1个，莉杨环保纤维（江苏）有限公司特种材料项目。盘活1亿元强链项目1个，海安京通新材料科技有限公司PA66纺丝项目。新开工重大项目7个，分别是南通全周化纤有限公司化纤纺织项目、海安市顺太化纤有限公司化纤纺织项目、南通永大管业有限公司锦纶羽毛纱制线项目、南通长荣塑料有限公司吹塑车间项目、南通四方新材料有限公司差别化锦纶新材料生产项目、江苏安岚新材料科技有限公司差别化锦纶新材料生产项目、南通元品纺织科技有限公司高档花边经编项目。续建重大项目5个，分别是弘盛新材料项目、兴鹿新材料项目、富邦纺织项目、同春龙纺织项目、海美新材料项目。组织行业企业参加全国纺织行业"太康杯"织布工（喷水织机）职业技能竞赛全国决赛、中国化学纤维工业协会高质量发展研讨会。

【研发创新】 2022年，海安市不断推进中国纺织科学研究院（海安）纤维新材料产业技术研究院、东华大学等高校和海安化纤产业深度合作，与海安市海海毛绒制品有限公司、南通文凯化纤有限公司、江山红化纤公司、海安市欣源化纤有限公司（简称欣源化纤公司）等多家企业签订合作协议，其中与欣源化纤公司合作项目研发总投入150万元。中国纺织科学研究院与弘盛新材料公司加强功能性产品开发，共建省级以上检测（研发）中心有序推进。注重产品创新载体建设，继续推进锦棉混纺军服面料创新联盟、苏中石墨烯锦纶创新联盟建设，启动国家先进功能纤维创新中心建设。石墨烯创新联盟实施新产品开发项目化、团队化合作，建立纺丝、纺纱、织造、成衣创新产业链，形成上、下游紧密型合作机制，江山红化纤公司、南通业盟新材料股份有限公司两家企业合作生产的锦纶石墨烯家居家纺、婴孕用品推向市场。提升企业创新能力，加大化纤科技型企业培育力度，化纤产业每年增加5家以上高新技术企业，形成以30多家高新技术企业为主导的优质企业集群。推动产品原始创新，海安高新区与中国化学纤维工业协会结为合作共建单位，在产品开发和拓展应用方面展开合作。实施产品质量提升行动，成立海安市时尚锦纶质量合作社。开展高端纺织化纤产业发展研讨，先后举办中国长丝织造行业技术创新研讨会、第九届"创新创业在海安"高端纺织、新材料企业科技成果发布会等，邀请行业内专家、企业家到海安考察交流，加强与行业协会合作。（刘华骥）

纺织服装产业

【概况】 2022年，海安市纳入纺织服装产业链的企业269家。全产业链实现开票销售291.2亿元，比上年增长14%。海安色织布入选工业和信息化部"重点培育纺织服装百家品牌"（区域品牌），江苏联发纺织股份有限公司（简称联发纺织公司）入选工业和信息化部"重点培育纺织服装百家品牌"（制造品牌）。海安市被中国纺织工业联合会（简称中纺联）授予"中国纺织产业基地市"称号，市纺织产业培育办公室被中纺联表彰为产业集群优质服务竞赛先进推进机构。联发纺织公司获评国家色织产品开发基地，双弘纺织公司获评中国化纤混纺纱精品基地。江苏华艺服饰有限公司、南通华强布业有限公司、南通中邦丝织有限公司获评省级专精特新中小企业。常安现代纺织科技产业园区获评江苏省节水型园区。

【产业发展】 2022年，海安市纺织产业培育办公室制定产业发展路线图，聚焦新纤维、新材料等附加值高的项目，注重产业用纺织品和高端面料生产企业，关注纺织品绿色可循环利用，开展重点企业点对点招商活动11次，邀请行业协会到海安考察1次。加快项目建设，南通东屹高新纤维科技有限公司二期项目、江苏华宝弘业新材料科技有限公司项目、信德画溪纺织科技海安有限公司项目、南通海盟纺织科技有限公司项目、江苏欣瑞达纺织科技有限公司项目、江苏德法瑞新材料科技有限公司项目6个项目建成并投产，南通得力纺织科技有限公司"高档功能性面料纺织项目"、港汇（海安）纺织科技有限公司"家纺面料和高端服装面料生产项目"、南通和泰纺织科技有限公司项目、江苏金辉弹性织造有限公司项目、海安市华青家纺有限公司项目、海安伟润纺织科技有限公司项目6个项目有序推进，江苏晟宏生态纺织科技有限公司二期项目、江苏越承纺织科技集团有限公司二期项目、南通和顺兴纺织科技有限公司项目、南通和泰纺织科技有限公司项目、江苏贵妇人纺织科技有限公司项目5个项目进行设备安装。加强对外交流合作，先后组织行业企业参加江苏省纺织服装设计创意平台交流活动、全国印染行业管理创新年会、"节能服务进企业"暨纺织行业双碳培训会等会议、展览10余次。常安现代纺织科技产业园实现年开票销售65.35亿元，比上年增长29.59%，入库税收5362.97万元；园区内投产企业30家，其中，规模以上企业22家，开票销售1亿元以上企业19家，高新技术企业7家。

【研发创新】 2022年，海安市纺织产业新增产学研项目10多个，其中，30万元以上项目4个，分别是高标非标布匹自动装袋关键装备的研发项目、智能物流控制系统关键技术的研发项目、差异化绿色纱线高质低耗生产关键技术研发项目、仿丝绸高支强捻纱线关键技术研发项目。联发纺织公司获评江苏省科技创新发展奖优秀企业，3家企业获评江苏省专精特新中小企业。加强与重点高校和行业协会交流互动，邀请东华大学、苏州大学、江南大学、青岛大学、南通大学等高校专家团队到海安指导，组织行业企业参加各类技术研讨会，协助企业培养科技创新技术骨干。6月16日，组织参加中国棉纺织协会举办的棉纺织精英高端论坛。7月16日，举办第九届"创新创业在海安"高端纺织、新材料科技成果发布会。8月24日，组织参加江苏纺织工程学会举办的智能造赋能新家纺研讨会暨智能家纺新技术应用高级研修班。（刘华骥）

现代丝绸产业

【概况】 2022年，海安市纳入现代丝绸产业链的企业15家。全产业链实现开票销售92.48亿元，比上年增长5%以上。中邦丝织有限公司获评省专精特新中小企业。鑫缘集团"桑蚕茧丝一、二、三产融合发展项目"入选2022年全省农业农村重大项目省级示范项目，"智能化工厂化经济型全龄饲料养蚕项目"取得成功。全省桑蚕产业技术成果推介会暨桑蚕产业技术服务共同体启动会、江苏省蚕茧收购工作座谈会、江苏省茧丝质量提升活动在海安举办。

【产业发展】 2022年，海安市现代丝绸产业培育办公室组织到上海、浙江、江苏苏州等地考察交流，与北京中丝公司对接招引蚕丝生产副产品利用项目；与重庆知天而作农业科技研究院有限公司等公司合作实施全龄人工饲料工厂化智能化养蚕项目，成功投产，2022年试养三批蚕；与西南大学达成蚕丝骨钉、生物保鲜项目合作意向，进入临床研究阶段。扩大对外交流合作，组织行业企业参加江苏省茧丝绸产业高质量发展座谈会等，邀请苏州大学纺织与服装工程学院教授关晋平、王祥荣参加"创新创业在海安"大会，并发布丝绸加工最新科研成果。加强现代丝绸产业质量监管，承办江苏省茧丝质量提升活动，海安分享基层茧丝质量监管经验。

【研发创新】 2022年，海安市现代丝绸产业深化产学研合作交流，推动苏州大学、中国农业科学院蚕业研究所等高校、科研院所与市内10家以上企业开展产学研合作，探索自动化智能化蚕茧收烘、煮茧、缫丝技术，新型防缩、抗皱、抗紫外线、抗菌、拒污等丝绸整理技术，蚕丝循环利用再生纤维开发技术等产业前沿技术。引进智能化蚕茧收购系统、节能型自动化烘茧机、节能型自动化煮茧机、智能化缫丝工艺设计及数字化缫丝装备等现代丝绸加工新装备。推进现代丝绸行业公共服务平台、现代丝绸产业技术创新联盟建设，建立全市蚕桑品种改良中心，扶持海安茧丝绸商会网站建设。加强行业共性技术及关键技术研发攻关，加快先进适用技术和科技成果推广应用，鑫缘集团攻破"全龄工厂化饲料养蚕"关键技术难题。（刘华骥）

高端装备产业

电梯产业

【概况】 2022年，海安市纳入电梯产业链的企业37家。全产业链实现开票销售约44亿元，比上年下降10%。市电梯商会充分发挥作用，开展政会企、银会企、校会企等"直通车"活动，与政府部门、银行、高校建立常态化工作交流和合作机制。在海安中专电梯综合实训中心组织电梯维保人员培训工作，跟踪服务基层产业工人队伍建设。分批次组织会员单位与海安农商银行、中国银行海安支行、江苏银行海安支行等多家"苏科贷"合作银行对接，江苏莘翔机电股份有限公司、嘉世达电梯有限公司、南通普思曼机械有限公司获"苏科贷"4100万元。抓好企业培大扶强工作，培育上市企业5家。南通江中光电有限公司（简称江中光电公司）、中力科技公司、南通迅达橡塑制造有限公司（简称迅达橡塑公司）进入细分行业前三强。江中光电公司被认定为国家级专精特新"小巨人"企业，中力科技公司、迅达橡塑公司被认定为省级专精特新"小巨人"企业。江中光电公司、申菱电器公司获省四星级上云企业认定。

【产业发展】 2022年，海安开发区、海安高新区、行业骨干企业等组建12人的专兼职招商队伍，借助行业展览、联席会、产学研活动等形式，开展产业链专题招商推介活动8次，其中市领导带队到重庆、浙江南浔开展招商活动2次。全年，收集项目首谈信息15条，新注册项目6个。推进项目建设，上海永环摩擦材料海安有限公司"环保型电梯曳引机制动片项目"投产，年销售额1000万元；江中光电公司梯级车间投入5000万元购置意大利大型压铸机；江苏兴华胶带股份有限公司（简称兴华胶带公司）“平衡补偿链项目”通过预审。推动企业上市融资，昌荣机电公司明确12月31日为股改基准日，江中光电公司重新对接新的会计师事务所和券商，中力科技公司签约入轨，兴华胶带公司积极对接东吴证券、大信会所、德恒律所，江苏辛巴新材料科技股份有限公司进入“新三板”创新层。

【研发创新】 2022年，海安市电梯产业培育办公室组织行业企业与中国科学院、上海交通大学、东南大学、江苏理工学院等高校、科研院所开展线上、线下产学研对接活动10余批次，5家企业达成产学研合作项目6个，其中，100万元项目2个、40万元项目1个、30万元项目3个。兴华胶带公司与南京工程学院合作“电梯平衡补偿链自动化生产线研发项目”，合作经费100万元；与江苏大学合作“基于热能存储低碳冷链技术研发项目”，合作经费100万元。江中光电公司与常州机电职业技术学院合作“新能源汽车用铝合金电池包压铸件研发项目”，合作经费40万元。南通勇振机电有限公司（简称勇振机电公司）与江南大学合作“新型电梯制动器检测开关研发项目”，合作经费30万元。江苏威尔曼科技有限公司（简称威尔曼科技公司）与南京大学合作“基于多模感知的电梯智能控制方法研究项目”，合作经费30万元。中力科技公司与江苏理工学院合作“直驱电梯安全钳防坠装置研发项目”，合作经费30万元。勇振机电公司、中力科技公司、江中光电公司、南通润雅机电科技有限公司、江苏信实电气有限公司通过高新技术企业复审。中力科技公司、昌荣机电公司获批创建省级工程技术研究中心。昌荣机电公司“电梯钢丝绳连接装置（绳头锥套）的关键技术及产业化”获2022年度省科学技术奖三等奖。 （刘华骥）

锻压机械产业

【概况】 2022年，海安市纳入锻压机械产业链的企业71家。全产业链实现开票销售33.89亿元，比上年增长4%，其中开票销售1亿元以上企业6家。锻压机械产业链召开第三届会员大会，换届选举第三届理事会、第一届监事会。海安形成以江苏江海机床集团有限公司（简称江海机床公司）、海安海太铸造有限公司（简称海太铸造公司）、上柴动力海安有限公司等为龙头，海安金锻工业有限公司、江苏鹏飞海太机械有限公司、南通亨特管业有限公司等70多家骨干企业为支撑的锻压产业集散地。

【产业发展】 2022年，海安市锻压机械产业链组织到江苏苏州招商，与苏州创元环保科技有限公司洽谈合作，专题调研“大发动机机体毛坯铸造项目”。推进重大项目建设，南通土力机械制造有限公司“土力机械工程钻杆项目”试投产，江苏格莱富智能装备有限公司“模具快换装置生产项目”建成，江苏汇洋精锻有限公司“节能精密模锻件生产技改扩建项目”建成并投产。扩大交流合作，组织科技镇长团调研南通超力卷板机制造有限公司（简称超力卷板机公司）、江苏创恒机械科技有限公司、中机锻压公司等行业骨干企业，召开座谈会，交流产业发展状况；组织行业企业参加中国激光加工技术大会、化纤商会和锻压商会座谈会等。加强安全生产管理，组织南通土力机械制造有限公司、南通海日机电科技有限公司、南通爱利特机电制造有限公司等8家涉及粉尘涉爆、使用危险化学品、存在有限空间等重点监管领域的企业进行安全体检。

【研发创新】 2022年，海安市锻压机械产业园建成省小型微型企业创业创新示范基地，优化李堡科技产业（锻压机械）园创业创新公共服务云平台，为创客提供综合服务。江苏江海智能设备研究院加强与太原理工大学、太原科技大学产学研合作，加速科技成果在江海机床公司实现生产力转化。中机锻压公司被认定为国家级专精特新“小巨人”企业；超力卷板机公司获评江苏省专精特新“小巨人”企业，生产的“数控智能四轴反挠曲小直径筒体滚弯成形装备”被认定为南通市首台（套）重大装备及关键部件。江苏力威剪折机床有限公司、东海机床公司、海太铸造公司等企业完成“千企入库”工作，申报省级专精特新中小企业。中机锻压公司参加第七届“创客中国”大赛，进入全省100强。 （刘华骥）

电工电气产业

【概况】 2022年，海安市纳入电工电气产业链的企业93家，主要集中在海安开发区、海安高新区、曲塘镇。实现开票销售118.05亿元，其中，开票销售10亿元以上企业2家（江苏亚威变压器有限公司、海安市天星电工材料有限公司）、1亿元以上企业23家。产品主要涉及变压器、高低压成套设备、导电绝缘材料、电力电缆、电力金具及各类配套零部件，变压器是产业的绝对支柱，全市有变压器类品牌26个。全产业链有省级专精特新中小企业4家，省级企业技术中心3家，省级工程技术研究中心5家。瑞恩电气公司、北辰互邦公司、南通中菱电力科技股份有限公司在“新三板”挂牌。

【产业发展】 2022年，海安市电工电气产业培育办公室引导电工电气产业链骨干企业向上、下游链式发展，摸排产业内有资源、有意愿、有能力参与以企招商的企业，借助行业展览、行业论坛、产学研活动、专题招商推介活动等，主动对接行业专家及世界500强企业负责人，开展产业链专题招商推介活动6次。推广产业链金融服务，助力企业降本增效，4月，组织电工电气产业链6家变压器生产规模企业召开变压器行业供应链管理座谈会。通过沿海西本供应链南通有限公司融资，先后取得中国首钢集团、中国宝武钢铁集团有限公司等代理权，完成南通鼎鑫电池有限公司、江苏铭安电气有限公司（简称铭安电气公司）等变压器生产企业与中国首钢集团合作的200多吨硅钢片直采。后因硅钢片市场价格发生重大变化，出现钢厂出厂价和市场流通价倒挂现象，市委、市政府推进完善原有采购模式。12月，由海投控集团子公司安惠产业投资公司、南通询宇钢采供应链公司、江苏互邦变压器制造有限公司共同出资注册成立南通惠邦供应链有限公司，落户商贸物流产业园，开展华诚新材料硅钢片原材代采业务。海安供电公司全面收集涉及电力装备的央企和政府招投标平台规则要求，及时提供信息并协助产业链企业提升企业规模和经营业绩，做好供应商资质能力核实入库工作，助力企业获得央企订单。江苏亚威变压器有限公司、瑞恩电气公司、铭安电气公司等13家企业通过国家电网有限公司集中规模招标采购供应商资质能力核实证明，铭安电气公司获得国网浙江省电力公司3400万元变压器订单。

【研发创新】 2022年，海安市亚威变压器有限公司针对国家电网有限公司对新能效、节能型产品的需求，聚焦原有产品线“延链强链”，新购置启源纵剪线、横剪设备、非晶合金立体卷铁芯生产线等设备，在配网系统中推广使用10千伏立体卷铁芯变压器，新增销售额2.5亿元；推进智能化改造和数字化转型工作，新上自动叠片机、箔绕机、太赫兹干燥设备、高压屏蔽室等生产和试验设备。扩大对外交流合作，组织行业企业参加第31届上海国际电力设备及技术展览会、第23届上海国际电工装备展览会等。瑞恩电气公司应用具有自主知识产权的伞裙结构，研发“三相一体”110千伏干式电力变压器，填补国内外变压器行业产品空白，新产品10月正式公布。北辰互邦公司针对产业链中最突出的短板变压器硅钢片，与链内企业海安天一智控设备有限公司、海安上海交通大学智能装备研究院合作，投入3000多万元，全面升级改造硅钢片生产线，产能增加50%、性能提升40%，填补部分紧俏硅钢片牌号空缺。（刘华骥）

建材机械产业

【概况】 2022年，海安市有建材机械重点生产企业40多家，其中规模以上企业25家。实现开票销售59.43亿元，比上年增长15%，产业规模稳中有增。产品以水泥机械为主，包括回转窑、管磨机、辊压机、立磨、烘干机等主机设备，相关配套辅机产品有均化库、散装车、除尘设备等，形成产业特色鲜明、产业关联度大、产业链完整的建材机械产业集群。“鹏飞”牌、“海建”牌商标为全国知名商标，30多个规格产品获评全国建材机械行业知名品牌、名牌产品，50多个规格产品被国家建材机械标准化委员会确定为达标产品。鹏飞集团是中国建材联合会副会长单位中唯一一家民营企业，先后获评全国制造业单项冠军示范企业、海关AEO高级认证企业、国家知识产权示范企业、江苏省创新型领军企业、南通旗舰领航企业等；国家企业技术中心通过复审；主导产品回转窑、烘干窑国内市场占有率25.8%、国际市场占有率16.2%，国内、国际均排名第一位，辊压机、粉磨机、立式磨等粉磨设备国际、国内市场占有率均排名第二位；完成《水泥工业用回转窑》团体标准编制，水泥工业用回转窑获“江苏精品”认证；主持起草的国家标准《石灰煅烧成套装备技术要求》10月1日起实施，石灰煅烧设备累计获52项发明专利、52项实用新型专利授权。江苏海建股份有限公司（简称海建公司）生产的固体危险废物焚烧用回转窑国内市场占有率31%，排名第二位；牵头起草的团体标准《固体危险废物焚烧用回转窑》12月1日起实施。奥普机械公司生产的堆取料设备省内市场占有率30.8%，排名第一位；国内市场占有率15.6%，排名第三位。加强商会建设，8月26日，组织市建材机械产业链链上企业举办党委党建工作推进会、商会换届等系列活动，聘任市第15批科技镇长团成员、太原科技大学机械工程学院副教授马自勇担任产业链技术顾问。

【产业发展】 2022年，海安市建材机械产业开展“链长制”招商，以企业为招商主体，细分产业上、下游缺失环节，瞄准目标企业项目，借助中国建材机械工业协会等行业组织，先后邀请上海、江苏南京、昆山等地5家投资单位到海安考察，并到上海等地开展产业招商。全年，在谈项目信息3个，新签约项目2个，新开工项目2个。抓好鹏飞集团“焙烧及热解回转窑产业化项目”、江苏土力机械制造有限公司（简称土力机械公司）“钻机钻杆及工程机械配套件项目”、南通众铭防护装备有限公司（简称众铭防护装备公司）“人防、通风、消防设备制造项目”、希姆肯重工机械设备（南通）有限公司“矿山机械生产项目”等重点项目建设；鹏飞集团新项目2个厂房竣工并投入生产，另有2个厂房在建；土力机械公司新项目竣工达产；众铭防护装备公司加快推进厂房建设。推动企业拓宽合作领域，江苏奎泽机械工业有限公司与大连造船厂、江南造船厂、青岛北海造船厂，江苏中矿重型装备有限公司与中国建材集团有限公司、江苏升辉装备集团股份有限公司与徐工集团工程机械股份有限公司均展开合作。策应“一带一路”倡议，鼓励企业加强国际产能合作。鹏飞集团开拓非洲、中东、东南亚、中亚等新兴市场，承建俄罗斯、阿塞拜疆、越南等国家水泥生产线总承包项目，出口成套设备到70多个国家，其中“一带一路”国家50多个，带动海安建材行业设计、施工、产能、装备、技术全方位“走出去”。此外，海建公司、奥普机械公司、江苏振强机械科技股份有限公司等企业与国外合作均有序推进。组织行业企业参会参展，南通市恒达机械制造有限公司参加第24届（南通）国际墙体屋面材料技术交流大会暨生产装备博览会，鹏飞集团参加春秋两季中国进出口商品交易会线上活动。

【研发创新】 2022年，海安市建材机械产业以科技创新驱动转型升级，组织行业企业到淮阴工学院、南通理工学院开展产学研活动2次，邀请清华大学、南京理工大学教授到海安参加“创新创业在海安”活动，举办建材机械产业链“智改数转”宣讲会活动，6家企业与高校开展产学研合作。鹏飞集团与清华大学合作30万元“低阶煤高效热解清洁利用关键技术项目”，研制的技术装备被列入江苏省科技创新专项，获授权发明专利10件、实用新型专利9件，鹏飞集团获评江苏省创新型领军企业。奥普机械公司与武汉理工大学合作50万元“散料智能化装卸及输送装备研发项目”。南通联源机电科技股份有限公司与上海大学、同济大学、长沙理工大学分别合作1个项目，总金额60万元。南通市恒达机械制造有限公司与南京信息工程大学合作“移动式隧道窑全自动控制技术研发项目”。全产业链企业新增授权（发明）专利45个。（刘华骥）

汽车及零部件产业

【概况】2022年，海安市纳入汽车及零部件产业链的企业74家，其中，国家级制造业单项冠军示范企业2家、国家级专精特新“小巨人”企业2家、省级专精特新中小企业7家，9家企业建成省级企业技术中心。全产业链实现开票销售82.19亿元，比上年增长8%，完成税收2.26亿元。主要产品涉及电动环卫车、电动清扫车、新能源汽车结构件和离合器、千斤顶、发动机曲轴、制动卡钳、轴承、刹车片用特种纤维、汽车内饰用品等，主要配套汽车整车品牌涉及大众、沃尔沃、吉利、比亚迪、宝马、红旗、五菱、凯迪拉克、特斯拉等。江苏鹰球集团有限公司（简称鹰球集团）参与修订行业标准2项，研发的“高性能粉末冶金含油轴承”获评江苏省第七批制造业单项冠军产品。江苏万力机械股份有限公司（简称万力机械公司）获评国家级专精特新“小巨人”企业，建成省级企业技术中心。海安市万力铸造有限公司生产的平衡轴悬架获第20届中国国际铸造博览会优质铸件金奖。南通万达摩擦材料有限公司（简称万达摩擦公司）获评省级专精特新中小企业，建成省级工程技术研究中心。江苏铭利达科技有限公司（简称铭利达公司）获评国家级高新技术企业、省级专精特新中小企业。铭利达公司、沃德丰汽车用品（南通）有限公司、贝思特机械公司获评江苏省三星级上云企业。通润汽车零部件有限公司通过省企业技术中心复评、省“两化融合”管理体系AA级认定、省工程研究中心认定。南通新源特种纤维有限公司、万力机械公司、江苏骆氏减震件有限公司（简称骆氏减震件公司）等企业获10多项发明专利授权。

【产业发展】2022年，海安市拟定汽车及零部件产业发展路线图、海安市汽车及零部件产业链培育三年行动计划纲要，推动上、下游优质企业和项目集聚发展。加大招商引资力度，6月，组织汽车产业链企业召开产业发展招商分析会；7月，召开工业综合体会商招商会议，组织中昊港创、万洋众创城、恒科众创城三家工业综合体到江苏太仓等地招商，与伍享汽车配件（太仓）有限公司、太仓伟业灯饰有限公司等达成初步投资意向；此外，组织行业企业到途途机械设备有限公司洽谈合作，邀请江阴标榜汽车部件股份有限公司、营之越智科技有限公司等到海安考察投资情况。加快推进重大项目建设，佳威科技汽车零部件项目、力睿精密金属精密汽车配件材料项目、江苏帝标工业科技有限公司汽车零部件生产项目、南通容润新材料科技发展有限公司新能源汽车装备制造及新材料生产项目、南通昊陵实业发展有限公司汽车零部件生产项目、南通国轩金属科技有限公司汽车零部件加工项目竣工投产，海安万洋众创城科技有限公司车载智能控制装置及零部件制造项目主体完工。扩大对外交流合作，先后组织新源特种纤维公司、南通明诺电动科技股份有限公司、骆氏减震件公司、万力机械公司等参加中国（洛阳）国际摩擦密封材料技术交流暨产品展示会、国际清洁技术与设备博览、中国国际农业机械展览会、世界智能制造大会等。

【研发创新】2022年，海安市汽车及零部件产业链采取组织企业到高校、研究所，参加“创新创业在海安”“中科院专家走进海安”等活动，邀请“高校教师、研究所专家走进企业”，带领“企业家走进高校、科研院所”等多种方式多批次开展产学研合作，先后邀请太原理工大学教授张东光、江苏大学汽车工程研究院教授徐兴、清华大学教授陈怀璧、南京理工大学王尔烈等专家到海安开展产业研究分析、诊断指导、成果发布等活动。鹰球集团与北京科技大学、万达摩擦公司与上海大学、万力机械公司与江苏理工学院、骆氏减震件公司与南京大学海安高新技术研究院、铭利达公司与江苏大学、通润汽车零部件公司与南通理工学院开展产学研合作。（刘华骥）

航空航天及轨道交通产业

【概况】2022年，海安市纳入航空航天及轨道交通产业链的企业21家。全产业链实现开票销售25.96亿元，其中，开票销售10亿元以上企业1家、1亿元以上企业5家。铁锚玻璃公司获批创建国家级企业技术中心，与江苏大学合作的江苏省重大科技成果转化项目“高速列车专用高性能安全玻璃的研发及产业化”占据近九成国内市场，成为“复兴号”动车组前窗玻璃的独家供货商。江苏海迅铁路器材集团股份有限公司生产的铁路器材轨道扣件、弹条入选中国国家铁路集团有限公司采购库，产品还销往俄罗斯、爱沙尼亚、缅甸等国家。江苏繁华应材科技股份有限公司与南京大学合作的“电致变色材料与器件应用项目”，开创中国智能玻璃研发新局面；与北京航空航天大学共建的海安智能玻璃研发中心生产运营。增光新材料公司与交通运输部公路科学研究院、同济大学、东南大学等合作，在机场道面雾封层和国产环氧沥青的开发及推广应用方面位于全国前列。

【产业发展】2022年，海安市航空航天及轨道交通产业链抓住国产大飞机、“新基建”等发展机遇期，联动区镇、商会、投资机构等招商，补齐产业短板，补全产业链。推动产业链企业与央企、国企加强合作，海迅铁路器材公司和中国铁路工程集团有限公司就南通地铁项目达成合作，江苏隆旭重工机械有限公司与深圳东风十堰汽车有限公司、西安成立航空制造有限公司达成配套合作，铁锚玻璃公司与中国中车集团有限公司达成产业配套合作，推动南通曙光机电工程公司与南通城市轨道交通有限公司达成合作。做优企业服务，多次邀请南京航空航天大学科学技术研究院常务副院长孙永荣、同济大学铁道与城市轨道交通研究院副教授应之丁等专家“点对点”指导产业链企业生产。培育南通宇华新材料科技有限公司上市。

【研发创新】2022年，海安市通过走访

航空航天及轨道交通产业链企业，梳理技术需求并整理成册。产业链企业先后与西北工业大学、中国铁道科学研究院集团有限公司、西南交通大学、同济大学、中国科学院理化技术研究所（北京）和江苏海事职业技术学院等高校、科研院所开展产学研合作。持续跟踪和对接重大科研项目1个，海迅铁路器材公司、鹰球集团公司与同济大学深入对接“高速列车轮轨路面增粘装置研制及产业化项目”。抓住“5G+工业互联网”发展的机遇期，推进企业加大自动化、智能化投入，推动南通海全机电科技有限公司、江苏隆旭重工机械有限公司等企业加快“上云”进度，南通市苏东钢结构有限公司和江苏海事职业技术学院开展“关于新型保温材料船舶化与智能能效管理系统开发”产学研合作，增光新材料公司获评省级专精特新“小巨人”企业。（刘华骥）

新材料产业

【概况】 2022年，海安市纳入新材料产业集群的企业164家。全产业集群实现开票销售186.92亿元，比上年增长11%。产业集群内有全国制造业单项冠军示范企业1家，国家级专精特新“小巨人”企业3家、省级专精特新“小巨人”企业9家，高新技术企业32家，省级以上企业技术中心7家，省四星级上云企业3家、三星级上云企业17家。加强商会建设，9月27日，召开海安市新材料业商会第三届一次会员代表大会。做优企业服务，定期组织企业参加产业集群银政企对接座谈会，协助企业解决资金问题。加强企业高层管理人员培训，先后组织浩驰科技公司、南通昂申金属材料有限公司（简称昂申金属公司）、江苏海美新材料有限公司等新材料产业企业参加江苏省“英才名匠”产业人才培训班、海安市专精特新企业“数字化提速精益化提质”高质量发展研修班、省级专精特新中小企业申报认定专题答疑会等。

【产业发展】 2022年，海安市新材料产业培育办公室成立“链长制”招商工作推进小组，定期组织产业顾问、相关部门和区镇招商负责人、新材料企业负责人召开“链长制”招商工作推进会、“链长制”招商分析报告会。对接上海有色金属行业协会、江苏省新材料行业协会等行业组织，寻求区域产业转移招商信息。探索新材料产业基金招商模式，借助全市工业发展大会，邀请南通盛世金濠投资管理有限公司、南通科技创业投资管理有限公司到海安洽谈产业基金投资事宜；11月24日，在南京举办海安金融汇第1期暨“金鱼嘴每日路演”海安专场活动。实施智慧招商、产业链招商、知名企业招商，累计在上海、深圳、江苏南京等新材料产业聚集区域开展智慧招商活动10余批次、新材料产业招商专场推介活动2次。新开工新材料产业项目7个，总投资26亿元，其中，10亿元项目1个（江苏晧森新材料科技有限公司投资的PVC板材项目），5亿元项目2个（江苏戴维姆新材料科技有限公司投资的航空铝型材项目、南通曲成新材料科技有限公司投资的户外新材料休闲用品项目）。推进东材新材料高性能光学级聚酯薄基膜生产线四期项目、亚太轻合金轻量化环保型铝合金材料三期项目等12个重点项目建设，其中，4个项目建成投产，8个项目主体厂房封顶。深化企业交流合作，组织新材料产业企业参加江苏省新材料企业“智改数转”主题论坛、中国（南京）国际软件产品和信息服务交易博览会、国家技术转移东部中心产学研合作洽谈会等。

【研发创新】 2022年，海安市新材料产业培育办公室研究编制“产业对接挂钩高校清单”“产业发展路线图”等，组织企业到南京理工大学、江南大学、苏州大学等高校开展产学研合作，建立企业与高校线上、线下常态化沟通机制。15家新材料产业企业与高校开展产学研合作，合作总经费超500万元，其中新增合作高校10家。新增国家级专精特新“小巨人”企业2家、省级专精特新“小巨人”企业9家。加强校企交流，邀请江苏大学副校长赵玉涛到亚太轻合金公司开展技术交流活动；做好亚太轻合金公司、昂申金属公司、北材南通金属科技有限公司等企业与中国科学院产学研对接服务工作；组织亚太轻合金公司、南通科星化工股份有限公司、北材南通金属科技有限公司、南京大学海安高新技术研究院与中国科学院金属研究所对应领域专家“一对一”举办网络会议；组织新材料企业参加“创新创业在海安”主题活动暨全市人才发展大会高端纺织、新材料专家成果发布专场活动，邀请南京大学海安高新技术研究院院长唐少春、江南大学化学与材料工程学院教授王子成发布最新科技成果。成立高新技术企业申报政策服务小组，推动飞亚化工公司等9家企业做好高新技术企业复评工作。强化企业创新平台建设，飞亚化工公司、昂申金属公司获批建设省级企业技术中心，浩驰科技公司、江苏海美新材料有限公司获批建设省级工程技术研究中心，飞亚化工公司获批省信用管理示范企业。建立智能车间申报企业梯级培育库，亚太轻合金公司车用轻量化零部件智能深加工车间、浩驰科技公司车用新型膜智能生产车间获评南通市示范智能车间。赋能信息技术与制造业深度融合，举办“智改数转集群行”——新材料产业链专场宣贯会，亚太轻合金公司获评省四星级上云企业，万淇生物公司、江苏普隆磁电有限公司、海安巨力磁材有限责任公司、江苏万拓新材料科技有限公司获评省三星级上云企业。推进南京大学海安高新技术研究院载体平台建设，支持建立“产业—项目—人才”等资源“一站式”服务平台，与浩驰科技公司、飞亚化工公司等新材料产业企业签订产学研、项目申报、技术攻关等方面合作协议，磁性材料检测中心为江苏晨朗电子集团有限公司等海安企业免费开放；精准对接人才需求，7月，组织南京大学现代工程与应用科学学院应届毕业生到江苏东材新材料有限责任公司、浩驰科技公司等企业参观学习；加快建立产业联盟、集体议价、共商共享等机制，11月，海安高新区科创园、南京大学海安高新技术研究院成立磁性材料产业联盟。

【省中小企业创新创业大赛专题赛首站在海安举办】 2022年8月11—12日，江苏省工业和信息化厅指导，海安市政府、南通市工业和信息化局主办，海安经济技术开发区管委会、海安市工业和信息化局承办的第七届“创客中国”暨2022年江苏省中小企业创新创业大赛首场专题赛——新材料专场在海安举办。全省63个新材料项目参赛，江苏繁华应材科技股份有限公司“车用高反差智能调光节能天幕项目”等18个项目晋级，其中海安晋级项目4个。活动期间，海安市、海安开发区推介产业投资情况。11日，举办“路演环省行”——“创客中国”大赛专场（新材料赛区）股权融资对接活动，7家新材料产业企业与毅达资本投资基金、九州国泰控股有限公司等6家金融机构参加现场活动。

（刘华骥）

新一代信息技术产业

【概况】 2022年，海安市纳入新一代信息技术产业集群的企业58家。全产业集群实现开票销售51.28亿元，与上年同期基本持平，其中开票销售超1亿元企业11家。集群内有高新技术企业9家，省级工程技术研究中心2家。培大扶强优势企业，将齐克庞德电子有限公司、西蒙电气公司、佶立电子公司等30家企业列入产业集群质量品牌培育名单。全面优化企业咨询诊断服务，组织重点企业与“两化融合”管理体系贯标服务机构开展对接活动，5家企业入选2022年江苏省“两化融合”贯标示范企业培育对象名单，15家企业通过工业和信息化部“两化融合”管理体系贯标认证；为全市电子类元器件规模以上企业提供智能化改造和数字化转型诊断服务，电信公司、移动公司、巨联数字公司、中天互联公司等近10家服务商对全市50余家行业内企业开展“尽职调查”，为30多家企业撰写“诊断报告”。

【产业发展】 2022年，海安市聚焦电子元器件、智能电子终端等重点行业，以上海、广东深圳、天津、江苏昆山等区域为重点方向，制定产业招商地图，市新一代信息技术产业培育办公室联合海安高新区开展招商活动26次。年内，在江苏昆山、广东深圳分别开展招商活动8次、5次；在江苏昆山、广东东莞、山东青岛、湖北武汉召开招商推介会，与当地商会签订战略合作协议；举办“云洽谈”线上招商会24次。签约重特大项目2个。江苏鼎拓电子科技有限公司与方正基金签订2000万元基金合作协议，与中国铝业股份有限公司达成合作框架协议；湖南启泰传感科技有限公司传感芯片与传感器生产项目落户海安，新上新能源汽车金属基压敏芯片和传感器、智能终端图像压缩编码芯片、物联网传感器3个项目。加快重大项目建设，润泽表面处理中心主体竣工，与30余家企业签约；佳威科技项目进入试生产阶段，累计开票销售8332.34万元；创鼎精密科技项目部分设备投产，累计开票销售767.26万元；常润自动化项目实现部分投产，累计开票销售6511.94万元；阿尔法电子机械产业园启动区主体封顶，与11家企业签约。推进企业智能化改造，组织新一代信息技术产业集群企业近200人次参观江苏凯瑞锝光伏科技有限公司、翠鸟新能源科技有限公司（简称翠鸟新能源公司）、江苏东材新材料有限责任公司、福克斯公司的示范智能车间；晟驰微电子公司、威尔曼科技公司获批创建省级示范智能车间；开展智能工厂培育行动，专题邀请国家“两化融合”贯标委专家、高级咨询师陆韧钢指导威尔曼科技公司创建智能工厂。

【研发创新】 2022年，海安市引入北京大学上海微电子研究院海安创新中心和成都电子科技大学共建技术转移中心，与上海凯璞庭资产管理有限公司成立海安凯穗产业投资基金，在科学研究、技术转移、成果转化、人才培养、金融扶持等方面为电子信息产业发展提供助力。北京大学上海微电子研究院海安创新中心获评南通市星级中小企业公共服务平台，上海凯璞庭资产管理有限公司帮助引进方一信息科技（上海）有限公司落户园区。江苏双双高新科技有限公司、西蒙电气公司、南通鑫源电器制造有限公司、南通奥新电子科技有限公司、南通瑞斯电子有限公司与江苏理工学院、上海大学、江苏大学、江苏科技大学等院校签订产学研合作项目5个，其中30万元以上项目3个。江苏明芯微电子股份有限公司与兰州大学教授杨建红合作的“光控晶闸管与静电感应器件产品的开发项目”获江苏省“双创人才”奖励50万元，进入投产阶段。组织威尔曼科技公司、江苏章工智能科技有限公司、江苏恩达通用设备集团有限公司、西蒙电气公司申报2023年南通市重点技术创新项目，指导威尔曼科技公司申报2023年省级绿色化改造专项资金项目、昌荣机电公司申报2023年省级工业转型升级专项资金项目。7月16日，举办“创新创业在海安”新一代信息技术成果发布会，邀请江苏科技大学教授魏海峰、李垣江发布科技成果，邀请天津理工大学教授杨正春、海安市科技镇长团等调研海安新一代信息技术产业，协助解决科技难题。

（刘华骥）

机器人及智能制造产业

【概况】 2022年，海安市纳入机器人及智能制造产业集群的企业47家。全产业集群实现开票销售15.30亿元，比上年增长6%。海安市制定机器人产业发展专项扶持政策，设立亿元产业发展基金，主要用于购置设备补贴、首台（套）奖励、产品销售补贴、参会参展补贴、税收返还、高层次人才奖励等多个方面。机器人企业新购置先进研发、生产设备，提供补贴25%~30%；高层次人才创业，在此基础上再补贴20%；首台（套）奖励最高可享产品售价70%补贴；参加有影响力展会全额补贴摊位费；产品在海安销售实行双方奖励政

江苏图灵智能机器人有限公司入选2022年江苏省智能制造领军服务机构。图为公司生产车间，摄于2022年3月31日　　濮端建/摄

策，产方、应用方分别奖励30%、15%；企业获天使基金投资奖励30%等。江苏图灵智能机器人有限公司（简称图灵机器人公司）同种规格机器人本体销售行业前三，入选2022年江苏省智能制造领军服务机构，海安唯一。跃通数控公司拥有全国唯一的“面向定制式木工家具制造的机器人自动化生产线”，获评第四批国家级专精特新“小巨人”企业、被认定为省五星级上云企业。

【产业发展】 2022年，海安市实施机器人及智能制造产业链招商，围绕机器人产业链机加工生产、核心零部件配套等上游产业，精准招引行星减速机、伺服电机、精密轴承等项目；聚集下游产业，引进一批机器人集成应用企业。全年，在江苏苏州、广东深圳等地开展招商活动10余次。招引机器人强链补链项目7个，新认定科创项目4个、服务外包项目6个、软件信息项目3个。加强载体平台建设，在海安机器人及智能制造产业园设立机器人检验检测中心，设立南通首家商业秘密保护创新试点基地。做优企业服务，举办省工业和信息化厅“名匠英才”机器人专场培训会、海安机器人及智能制造产业高峰论坛等。扩大对外交流合作，组织江苏大金激光科技有限公司、跃通数控公司、图灵机器人公司分别参展韩国国际机床展会、中国广州国际家具生产设备及配料展览会、中国国际智能产业博览会，图灵SCARA机器人STH500在江苏常州第十六届高工锂电产业峰会上展出；组织企业参加各级创新创意比赛，图灵机器人公司“TKB1440高速高精度中空焊接机器人”获第四届南通文化创意设计大赛（工业设计产品组）金奖，海安上海交通大学研究院“智能充电柔性机器人”获第三届江苏企业（研发机构）创新大赛新型研发机构专场选拔赛二等奖，晋级省决赛。

【研发创新】 2022年，海安市机器人及智能制造产业集群新增国家高新技术企业7家，新增省级专精特新中小企业5家、省级工程技术中心1家、省级新型研发机构1家，新增南通“瞪羚”企业1家、南通市研发型企业1家、南通市重点实验室1家，入选南通市“智改数转”服务商10家。西信科技有限公司通过CMMI（能力成熟度集成模型）5级国际资质认证。跃通数控公司生产的“柔性装饰线条定尺锯”、图灵机器人公司生产的“焊接针刺线装备及智能制造产线”被认定为南通市首台（套）重大装备。海安上海交通大学智能装备研究院立项“基于机器视觉技术的机器人作业系统研发项目”“基于伺服控制技术的数控高速绕线系统研发项目”“巡检机器人系统项目”等科技计划项目5个；签订产学研合同27个，到账金额642万元；新增授权发明专利4项、实用新型专利6项；获批2022年江苏省创新能力新型研发机构建设项目，获建设经费1000万元，成为海安市第一家省级新型研发机构。

【海安机器人及智能制造产业园】 海安市机器人及智能制造产业园总规划面积8平方千米，核心区面积2.18平方千米，拥有生产制造示范区、展览中心、研发中心、检测中心、加工中心及生活休闲中心“一核五擎”功能平台。至2022年底，一期建有各类标准厂房35万平方米，全部投入使用；二期建成高标准机器人及智能制造类厂房13栋，建筑面积10.2万平方米。建有2.3万平方米的科创服务中心及3.5万平方米的人才公寓2幢。建有配套加工中心，并与市内CNC（数控机床）加工、金属表面处理、热处理、钣金、油漆等企业建立战略合作联盟，降低机器人企业生产成本，在海安实现80%的外协加工和上游零部件采购。　（刘华骥）

节能环保产业

环保装备产业

【概况】 2022年，海安市纳入环保装备产业链的企业76家。全产业链实现开票销售45.43亿元，比上年增长41%。年产值10亿元以上企业1家、1亿元以上企业6家。海安环保装备产业链覆盖水污染治理、大气污染治理、固体废物处理处置与资源化利用、生态修复治理与保护、环境服务等领域。聘请中国环保机械行业协会秘书长于鸿立为海安市环保装备产业专家。产业链骨干企业有中国天楹股份有限公司（简称天楹集团）、江苏巨邦环境工程集团有限公司、南通明诺电动科技有限公司、江苏海建股份有限公司等，天楹集团的固体废物处理处置设施运营服务（生活垃圾焚烧设施）、生活垃圾渗滤液处理设施运营服务两项污染治理设施运营服务通过中国环境服务一级认证，贝思特机械公司、南通市金宏电化设备有限公司、江苏升辉环保工程有限公司、南通升辉机械有限公司获评省三星级上云企业，江苏晨日环保科技有限公司获评省服务型制造示范企业。

【产业发展】 2022年，海安市环保装备产业链组建专题招商工作组，借助中国环保产业协会、中国环保机械行业协会等行业组织，先后到浙江、上海、江苏苏州等地开展产业招商8次，邀请6家投资单位到海安实地考察。引进5亿元以上产业项目2个，1亿元以上项目6个，其中，重点强链项目1个（总投资1亿元的科星新材料环保设备制造项目），重点补链项目3个（总投资10亿元的楹瑞再生资源分选中心项目、总投资1亿元的欣捷环保智能环保设备配件项目和总投资1亿元的蔚蓝环保投资常安纺织园危废暂存中心、复配中心及仓储中心项目）。天楹集团"移动便携式秸秆焚烧炉项目"通过南通市产业创新"揭榜挂帅"攻坚计划项目验收。建立项目服务专班，为落户项目提供优质环保服务，协同企业做好排污指标总量平衡及排污许可相关工作；率先对88家产业链"白名单"企业开展环保体检；强化环保装备制造与环保第三方服务业资源整合与配套协作；举办节能环保专场银政企对接会、环保装备产业链——绿色金融"环保贷"政策宣贯会，开展土壤修复、环保总监、排污许可、"智改数转"等线上、线下业务培训10次。推进产业链企业融合发展，天楹集团与中铁二十三局集团有限公司在新能源、重力储能和环保领域开展深度合作；与国投电力控股股份有限公司在境外清洁能源开发与服务方面深化协作；与中国邮政集团有限公司共建"青绿便民服务驿站"；子公司内蒙古天楹能源有限公司与通辽市新通能源发展有限公司共同成立内蒙古天通能源有限公司，实施通辽千万千瓦级风光储氢氨一体化零碳产业园项目；子公司江苏天楹资源回收有限公司投资建设的宿迁市泗阳县绿色智能分拣中心通过再生资源绿色分拣中心认证；不断开拓境外市场，与霍尼韦尔公司共同打造大型废塑料化学回收商业化项目。推动行业标准化制定，天楹集团主导起草的《博士后科研工作站、江苏省博士后创新实践基地建设管理规范》《餐厨废弃物收运技术规范》获批2022年度南通市地方标准项目。搭建企业交流合作平台，组织产业链企业参加慕尼黑国际环保展云端活动、第20届中国国际环保展和生态环境产业创新发展大会等活动，组织天楹集团等参展世界清洁能源装备展。

【研发创新】 2022年，海安市环保装备产业链借助"创新创业在海安"活动，梳理高校科技成果汇编印制成册，编制企业需求手册，建立双向交流机制。天楹集团与北京大学光华管理学院签署战略合作协议，重点开展"碳中和与绿色发展"全方位科研合作。江苏涞森环保设备有限公司与南京航空航天大学签约"高效节能磁悬浮风机研发项目"。天楹集团与上海交通大学、中国科学院过程工程研究所，江苏嘉宇特种装备股份有限公司与南通大学等建立合作关系，共建研发平台。天楹环保公司获批创建省工业设计中心、省工程技术研究中心，入选省创新型领军企业，生产的"高热值固废焚烧水冷炉排炉"被认定为"江苏精品"。南通曙光机电工程有限公司获评省级专精特新中小企业。天楹环保公司"WCG350Q高热值生活垃圾焚烧水冷炉排炉"、江苏中矿重型装备有限公司"智能化可转场板带复合散状物料输送一体机ZKYD-2000"获南通市首台（套）重大装备及关键部件认定。天楹集团等离子实验室通过省重点实验室评审验收，"新型零碳模块化重力储能"创新技术入选2022年度十大"零碳中国"创新技术。 （刘华骥）

新能源产业

【概况】 2022年，海安市纳入新能源产业链的企业53家。全产业链实现开票销售76.76亿元，比上年增长10%。主要产品涉及光伏电池及组件生产、光伏电站及其配套产业、太阳能光热利用、风电配件、新型储能电池、垃圾发电等，在海安开发区建有省级光伏光电产业园。光伏领域，江苏福克斯电气集团有限公司、浚丰太阳能（江苏）有限公司（简称浚丰太阳能公司）、江苏凯瑞锝光伏科技有限公司等企业形成包括镀膜玻璃、光伏支架、组件边框、焊带接头、光伏电站的初级产业链。风力发电领域，尊领科技集团有限公司、江苏林德曼新材料科技有限公司、江苏道达复合材料科技有限公司等企业打开以风电主机塔筒、叶片内衬材料为主的风力发电配件市场，此外翠鸟新能源公司、南通曙光新能源装备有限公司分别在储能换装电池、核发电配件等领域实现尖端技术市场化应用，天楹环保公司、海安里昂生物质发电有限公司、海安龙源海上风力发电有限公司（简称龙源海上风电公司）、江苏海东光伏发电有限公司等13家企业初步形成大型新能源发电网，建有垃圾发电站1座、生物质发电站2座、风力发电站2座、光伏发电站8座。地热能领域，海安地热资源丰富，地热水每天开采量相当于标准煤1058吨，水质达地面Ⅰ类水标准。

【产业发展】 2022年，海安市编制《海安市新能源产业"十四五"发展规划（初稿）》以及行业上、下游供需配套手册，绘制新能源产业链图谱、发展路线图。加大招商引资力度，先后组织产业链企业到上海、浙江嘉兴、福建南平等地开展招商推介活动近10次；实施"以企引企，以商招商"，中南宇众新能源科技（海安）有限公司与中国科学院博士张俊刚合作投资"高效太阳能电池正银浆料研发及产业化项目"，注册成立江苏银鸿新材料有限公司。新增签约亿元项目1个（海安龙源海上风力发电有限公司滨海新区滩涂光伏项目）。新增立项项目3个，其中，10亿元强链项目1个（南通容润新材料科技发展有限公司新能源电动车及配件项目），1亿元补链项目2个（江苏腾海建设发展有限公司海安开发区174兆瓦屋顶分布式光伏项目、南通瑞珏实业有限公司海安开发区光储充一体化电站建设项目）。新开工20亿元项目1个（海安天洋新材料科技有限公司太阳能封装胶膜项目）。加强优质企业培育，举办新能源产业发展恳谈会、“新之所动·链上未来”新能源产业培育系列活动、新能源产业链工作分析会等专题活动，邀请中国可再生能源学会秘书长梁媛、清华大学博士后张伟等专家10多人为海安新能源产业发展提供“智力”支撑。

【研发创新】 2022年，海安市新能源产业链梳理全国30所高校新能源专业设置情况，举办“创新创业在海安”节能环保分会场活动等专题活动，实现产学研合作全覆盖，与江苏海洋大学、常熟理工学院等高校联合推行专项人才“订单式”培养。联合部门、区镇及市科技镇长团，分类别、多批次走访企业，收集企业技术、人才等需求12个。引导浚丰太阳能公司、江苏礼德铝业有限公司、翠鸟新能源公司、龙源海上风电公司等产业链骨干企业开展智能化改造，推进数字化转型。培育南通宇华新材料科技有限公司、江苏福克斯新能源科技有限公司申报省级专精特新中小企业，浚丰太阳能公司申报省级企业技术中心和智能化车间，江苏礼德铝业有限公司申报省级工程技术中心。全产业链有省级以上科技研发中心5家。

【整县屋顶分布式光伏开发试点建设】 2021年，海安市入选国家能源局整县（市、区）屋顶分布式光伏开发试点区域。11月，海安市国有资本运营集团有限公司与华能江苏能源开发有限公司签订海安整县屋顶分布式光伏建设运营合作协议。2022年，海安整县屋顶分布式光伏项目利用党政机关、学校、医院等公共建筑及工商企业厂房屋顶开发建设。一期工程突出“绿色校园”理念，选择72所具备安装条件的校园屋顶实施分布式光伏开发项目，总装机容量近10兆瓦，年发电量约1000万千瓦时。8月8日，一期工程开工建设。至年底，63所学校安装完毕，35所学校实现并网发电。

（刘华骥）

现代家具产业

【概况】 2022年，海安市纳入现代家具产业集群的企业235家。全产业集群实现开票销售47.05亿元，比上年下降5%。产业集群内有美勒森家居科技有限公司、江苏澳凡家具有限公司、斯可馨家具有限公司等家具行业龙头企业。东部家具项目先后被列入江苏省服务业“十百千”行动计划、江苏省重大项目投资计划，中国东部家具产业基地先后获评中国家具行业先进新兴产业园、中国家具行业优秀产业集群、中国家具行业突出贡献单位、省家具全产业链特色产业基地、省放心消费品牌集聚区、省级生产性服务业集聚示范区等，海安市东部家具行业协会获评省AAAAA级社会组织，海安东部家具全产业链商会获评省“四好”商会。东部全球家具采购中心获评南通市现代服务业高质量发展聚集示范区。

【产业发展】 2022年，海安市现代家具产业重大项目建设有序推进，金一明展具（南通）有限公司、江苏正瑞家居科技有限公司2个亿元以上项目开工建设；东部家具产业基地滨海科创园三期工程封顶；东部家具产业基地绿岛项目基本完工，建成家具涂料集中存储中心、废活性炭脱附再生利用中心、危险废物收存转运中心。加强家具质量合作社建设，与上海市质量监督检验技术研究院国家家具质量监督检验中心展开合作，免费检测家具质量40批次。培大扶强优质企业发展，召开“智改数转”集群行（现代家具产业链专场活动）推进会议、银政企对接座谈会等，南通佳景健康科技股份有限公司在“新三板”挂牌，南通佳景健康科技股份有限公司、海安力凯家居有限公司、珀泰蓝智能卫浴科技（江苏）有限公司、沃德丰汽车用品（南通）有限公司获评省三星级上云企业。

【研发创新】 2022年，中国海安（家具）知识产权快速维权中心成立，这是全省首家家具产业知识产权快速维权中心，也是海安首个国家级知识产权快速维权中心。家具企业新增授权发明专利超50项。跃通数控公司获评国家级专精特新“小巨人”企业。江苏彩旭木业有限公司被认定为高新技术企业。美勒森家居科技有限公司获批江苏省工业设计中心，作为第一单位起草的团体标准《适老家具安全技术要求指南》由上海市家具协会正式发布。加强产学研合作，与安徽芜湖埃夫特智能装备股份有限公司探讨建设“共享喷涂中心”，邀请中国科学院过程工程研究所陈运法研究员团队到海安帮助解决产业绿色发展共性科技难题，邀请南京林业大学教授参加“创新创业在海安”家具产业科技成果发布会活动。

【东部家具博览会和采购节】 2022年11月11日，第六届中国东部家具博览会暨悦豪华奕家具博览中心开业仪式在海安举办。博览会为期三天，主会场优选200多个品牌搭建标准展位，通过线下展会、线上直播间全方位展示，线上直播间吸引“10万+”观展商直播选品。悦豪华奕家具博览中心建筑面积约10万平方米，其中营业面积约6万平方米，投资约3亿元打造全国首家以整体家居电商直播为主题的卖场。

是日，举办第四届中国东部家具原辅材料及机械设备采购节暨东部家具木工机械设备市场开业仪式。东部家具材料市场内设有家具材料、板材木业等展位区域，500多个材料批发商参展。智能化木工机械体验展示中心吸引德国豪迈、南兴装备、极东机械等知名品牌入驻。

【海安家具家居中东（北非）专场线上对接会】 2022年6月20—23日，江苏省商务厅主办，海安市商务局协办，中国东部家具行业商（协）会牵头组展，江苏贸促国际会展有限公司承办的“江苏优品 畅行全球”线上对接会之南通海安家具家居中东（北非）专场线上对接会通过MCMEET线上平台举办。40家海安家具家居企业和中东地区的40家采购商参加活动，产品涵盖寝具、客厅家具、卧室家具、厨卫家具、户外家具、全屋定制家具、办公家具和酒店家具等多个品类，累计开展洽谈160场。

（刘华骥）

现代医药及大健康产业

【概况】 2022年，海安市纳入现代医药及大健康产业集群的企业38家。全产业集群实现开票销售27.12亿元，比上年增长26%。产业集群骨干企业有万淇生物公司、中洋生物科技（江苏）有限公司、美亚药业（海安）有限公司、江苏俊启生物科技股份有限公司、中丝鑫缘生物有限公司等。万淇生物公司、江苏四新界面剂科技有限公司分别获评2022年度省三星级、四星级上云企业。万淇生物公司获评2022年度省级专精特新中小企业。

【产业发展】 2022年，海安市组建现代医药及大健康产业集群招商专家委员会，编制和完善现代医药及大健康产业链图谱、路线图及招商路径攻略图，分别到上海、江苏苏州开展专题招商活动2次。新招引上海逸沭管理咨询有限公司投资建设的南通东宝生物科技有限公司项目，实现当年签约、当年开工建设，总投资1.2亿元。有序推进重大项目建设，美亚药业（海安）有限公司改扩建项目完成工程安全评测，江苏美梵生物科技有限公司扩建项目开工建设，江苏广达医材集团有限公司扩建项目主体工程完工。不断推进研发创新，江苏中洋集团股份有限公司“一种人工合成抗菌肽及其应用”获国家发明专利授权，“一种高效的从河豚内脏提取和分离制备高纯度河豚毒素的方法”申请国际专利。深化产学研合作，邀请南京中医药大学教授狄留庆参加“创新创业在海安”活动，并举办科技成果发布会；组织产业集群骨干企业参展首届“海安中医节”，搭建与院校专家、知名企业、医疗机构交流合作平台；组织江苏童医医疗器械有限公司、万淇生物公司、中洋生物科技（江苏）有限公司等企业到江苏连云港中华药港参观考察，并参加第七届“创客中国”医药大健康连云港赛区大赛。优化企业服务，市领导专题调研产业集群发展情况，召开现代医药及大健康专场政银企对接座谈会，助力产业发展。

（刘华骥）

工业企业

【概况】 2022年，海安市有规模以上工业企业1171家，比上年增加36家。规模以上企业中应税销售超1亿元企业328家，比上年增加16家。全市工业企业（集团）按应税销售和入库税金各占50%，综合排出全市100强，给予表彰，颁发奖牌。入库税金最高的是联发集团，入库税金1.43亿元；应税销售最高的是鑫缘集团，应税销售115.80亿元。北材金属、昱恒电气、湖口舜杰、嘉禾化纤、天成科技、凯瑞锝、腾昱智能、美事满、浚丰太阳能、丝艾科技、浩驰科技、菲希尔、康德蛋业、昂申金属、九州化纤、海美新材料、越承纺织、东屹高新、新世嘉19家企业新入选工业百强企业，新奥燃气、信拓建材、中山纤维、盈泰新材料、珀泰蓝卫浴、福克斯电气、水务供水、科星化工、恒安建材、澳凡家具、竣昌科技、众润混凝土、华新热电、启弘纺织、凯美纺织、爱登堡电梯、宏申化工、金鑫纸业、明诺电动等退出工业百强企业。

【江苏海安鑫缘茧丝绸集团有限公司】 江苏海安鑫缘茧丝绸集团有限公司总部位于海安市东湖路1号，创建于1994年，集团下辖18家分公司、80家茧站、15家控股企业。先后获评农业产业化国家重点龙头企业、国家星火计划龙头企业、中国特产之乡优秀企业，形成蚕种繁育、栽桑养蚕、蚕茧收烘、缫丝、绢纺、织绸、服饰等“一条龙”的茧丝绸产业化经营体系，拥有年产蚕茧2万吨、桑蚕丝3600吨、绢丝500吨、丝织品4000万米、服饰700万件、床上用品100万套的生产能力，是全国优质蚕茧、桑蚕丝、真丝绸服饰、真丝家纺生产和出口基地。2022年，公司实现应税销售115.8亿元、入库税金4655.6万元。入选“中国农业企业500强”“2021年服装行业百强企业”、2022年中国纺织服装品牌竞争力优势企业，获批省内外贸一体化试点企业、首批省级蚕桑产业技术示范基地，实施的“桑蚕茧丝一、二、三产融合发展项目”入选省农业农村重大项目省级示范项目。注重科技创新，牵头组建江苏农村科技服务超市桑蚕产业技术服务共同体，与江苏科技大学、南通大学开展产教研活动，技改三期工程完工，数码印花真丝无缝墙布获评中国纺织工业联合会“2022年度十大类纺织创新产品”。鑫缘茧丝绸产业链产品信息消费体验中心获批省首批信息消费体验中心。旗下子公司海安鑫缘数码科技有限公司拥有“书画工艺品复制方法”“一种织物整理工艺”等发明专利，建立鑫缘文化艺术产业研究院，彩墨画《云尚花开》入选省优秀版权作品产业转化重点培育项目。牵头成立的广西江缘茧丝绸有限公司获广西“五一劳动奖状”，女工玉茂温获广西“五一劳动奖章”。“鑫缘”品牌强度被中国品牌建设促进会、中国资产评估协会等评定为868，品牌价值35.98亿元，比上年增长5.5%。

【江苏鹏飞集团股份有限公司】 江苏鹏飞集团股份有限公司位于海安市大公镇，创建于2002年7月，2019年11月15日在香港联交所主板上市（股票代码：03348）。公司是全球最大的回转窑与粉磨设备生产出口基地，主要经营建材、冶金、化工、环保设备的设计、制造，参与《水泥工业用管磨机》等国家标准、《水泥工业用冷却机》等行业标准起草，先后获评国家重点高新技术企业、制造业单项冠军示范

2022年，江苏鹏飞集团股份有限公司获评江苏省创新型领军企业。图为公司生产车间，摄于2022年2月22日　　翟慧勇／摄

企业、国家知识产权示范企业。公司产品出口越南、印度尼西亚、巴西等60多个国家，承建阿塞拜疆、越南、乌兹别克斯坦等国家水泥生产线总承包项目20多个和格鲁吉亚、孟加拉国、印度尼西亚等国家粉磨站项目10多个，带动中国建材行业设计、施工、装备、技术全方位“走出去”。2022年，公司实现开票销售20.9亿元、入库税金1.06亿元。“年产30台（套）节能环保焙烧回转窑研发及产业化项目”通过竣工验收，新建的5.6万平方米大型装备车间投入使用。完成团体标准《水泥工业用回转窑》编制，水泥工业用回转窑获“江苏精品”认证；主持起草的国家标准《石灰煅烧成套装备技术要求》正式颁布实施，累计获授权发明专利52项、实用新型专利52项。国家企业技术中心通过复审，获评江苏省创新型领军企业。

【北材南通金属科技有限公司】 北材南通金属科技有限公司位于海安开发区通榆南路88号，创建于2020年12月。公司专业从事不锈钢冷轧产品生产与研发以及下游不锈钢制品深加工，总投资11亿元，分三期建设，其中，一期建设5万平方米厂房，新上一条全球领先的年产60万吨精密不锈钢板带自动化生产线；二期配套建设不锈钢板带剪切加工中心及不锈钢制管产线；三期投建手撕不锈钢及整卷彩涂不锈钢生产线。2022年，公司实现开票销售10.3亿元，入库税金2092万元。5月28日，举行年产60万吨精密不锈钢板带项目开工仪式，项目设计年产能60万吨，产品覆盖200系、300系不锈钢，建成后产值超100亿元。

【齐克庞德电子（江苏）有限公司】

齐克庞德电子（江苏）有限公司位于海安开发区南海大道与七星湖大道交会处，创建于2013年12月。公司隶属于包装与功能性标签跨国公司加拿大丝艾（CCL）集团公司，属于其旗下保点系统事业部。保点的产品与解决方案涵盖零售门店防损与风控、RFID（射频识别）可视化管理、服装吊牌与标签以及赋能智慧零售的集成方案，拥有一站式交付能力，自主生产和销售全系列的防盗天线、标签产品、RFID Inlay等。公司主要负责RFID标签、EAS（电子物品监控）标签、防盗硬标签和天线的研发、生产、销售。2022年，企业完成开票销售7.4亿元，入库税金3647万元，亩均税收超过120万元。员工钟显贵获评江苏省优秀企业首席质量官。

【南通曙光新能源装备有限公司】 南通曙光新能源装备有限公司位于海安市城东镇星湖路11号，创建于2001年，公司占地13.9公顷，建筑面积约9.8万平方米，专业制造A1、A2级压力容器、换热器、风力发电设备配件等产品，应用于国家大型工程，是中国石油化工集团有限公司、中国石油天然气集团有限公司、中国中化集团有限公司及“五大发电集团”（中国华能集团有限公司、国家电力投资集团有限公司、中国大唐集团有限公司、国家能源投资集团有限责任公司、中国华电集团有限公司）的合格分供方。公司先后获江苏省战略性新兴产业专项资金和江苏省重大科技成果转化专项资金支持，累计拥有自主知识产权20多项、高新技术产品认证10项。2022年，公司有职工120人，其中，各类专业技术人员55人，特聘华中科技大学教授2人。实现应税销售1.0亿元，入库税金164.4万元。

【三只喜鹊智能科技（海安）有限公司】

三只喜鹊智能科技（海安）有限公司位于海安市城东镇三丰村23组（东部家具产业基地），创建于2017年，建筑面积5.5万平方米，是一家集设计研发、生产制造、营销服务于一体的高端定制服务企业。品牌产品包含八大空间（客厅、餐厅、厨房、卧室、衣帽、护墙、卫浴、楼梯）和三大系统（房门系统、墙饰面系统、收纳系统）。持有发明专利1项，注册“通安喜鹊”商标。2022年，公司实现应税销售4644.8万元，入库税金44.3万元。

【江苏万淇生物科技股份有限公司】 江苏万淇生物科技股份有限公司位于海安市南海大道268号，创建于2009年，2018年7月4日在“新三板”挂牌（挂牌代码：872845）。公司是一家集绿色环保型生物基表面活性剂研发、生产、销售于一体的高新技术企业，占地面积5公顷，建筑面积3万平方米，拥有2万平方米的生产车间，信息化覆盖程度超50%，形成以烷基糖苷、醇醚糖苷为主，石油助剂、农乳助剂、纺织助剂等延伸复配产品为辅的市场布局，主营产品糖苷市场占有率25%，列全国第二位。公司是纳爱斯集团有限公司、联合利华公司长期战略合作伙伴，产品远销美国、欧洲等海外市场。2022年，公司获评省级专精特新中小企业，实现应税销售1.9亿元，净利润3181.2万元，入库税金838.4万元。11月2日，进入北京证券交易所上市辅导阶段，辅导机构是长江证券承销保荐有限公司。

【江苏天成科技集团有限公司】 江苏天成科技集团有限公司总部位于海安开发区长江东路29号，前身为创建于1990年的南通天成保健品有限公司。天成科技是一家集高档畜禽水产饲料、种鸡繁育、商品蛋鸡规模化养殖、品牌蛋销售、蛋品深加工、食品饲料添加剂和医药新材料为一体的综合性企业集团。公司是中国畜牧业协会禽业分会副会长单位、江苏省农业产业化重点龙头企业，建有国家蛋鸡标准化示范场、国家家禽工程技术研究中心蛋鸡产业技术研发基地和2家省级工程研究中心，拥有专利32项、商标29项，通过SQF全球食品行业安全与质量管理体系最高标准认证。2022年，公司入选"中国农业企业500强"，《蛋鸡养殖全程数字化》获评全省农业数字化建设优秀案例，完成开票销售26.4亿元，入库税金381万元。

表16　2022年海安市工业百强企业统计表

单位：万元

序号	企业名称	区　镇	应税销售（申报期）	入库税金
1	江苏联发集团股份有限公司	海安开发区	548255	14261
2	江苏金洲粮油食品有限公司	海安高新区	741233	10872
3	中国天楹股份有限公司	海安高新区	353708	11188
4	鑫缘茧丝绸集团股份有限公司	海安高新区	1158035	4656
5	亚太轻合金（南通）科技有限公司	海安开发区	277463	10362
6	江苏文凤化纤集团有限公司	海安高新区	1077307	3437
7	江苏鹏飞集团股份有限公司	大公镇	208674	10594
8	江苏弘盛新材料股份有限公司	海安高新区	316243	4297
9	江苏铁锚玻璃股份有限公司	海安高新区	212844	7997
10	南通市康桥油脂有限公司	海安开发区	510898	3293
11	江苏东材新材料有限责任公司	海安开发区	150393	10152
12	江苏亚威变压器有限公司	海安高新区	243355	3681
13	江苏省华强纺织有限公司	海安开发区	578186	2315
14	西蒙电气（中国）有限公司	海安开发区	95484	9904
15	海安荣威运动用品有限公司	海安开发区	171745	3042
16	江苏海迅实业集团股份有限公司	海安开发区	477264	2245
17	江苏鹰球集团有限公司	海安高新区	159114	2331
18	江苏威尔曼科技有限公司	海安高新区	72475	4477
19	齐克庞德电子（江苏）有限公司	海安开发区	74190	3647
20	江苏晨朗电子集团有限公司	海安开发区	66093	6009
21	南通市通润汽车零部件有限公司	海安开发区	83539	2676
22	江苏铭利达科技有限公司	海安高新区	70134	3404
23	江苏华艺时装集团股份有限公司	海安高新区	79891	2361
24	北材南通金属科技有限公司	海安开发区	103440	2092
25	江苏金大包装材料科技有限公司	海安开发区	115766	2033
26	江苏省海安石油化工厂	海安高新区	60061	7890
27	南通双弘纺织有限公司	曲塘镇	220943	1321
28	南通冠优达磁业股份有限公司	海安高新区	71308	2339

续表16

序号	企业名称	区　镇	应税销售（申报期）	入库税金
29	江苏瑞恩电气股份有限公司	海安高新区	65866	2327
30	上海水星家纺海安有限公司	海安开发区	54396	3697
31	江苏通海线业有限公司	墩头镇	95789	1354
32	江苏礼德铝业有限公司	海安高新区	97406	1290
33	南通中尧机电制造有限公司	海安高新区	56702	2645
34	江苏北辰互邦电力股份有限公司	海安开发区	60100	2258
35	海安海太铸造有限公司	海安高新区	58357	2185
36	南通中力科技有限公司	海安高新区	61011	2009
37	南通奥普机械工程有限公司	曲塘镇	48395	2367
38	海安龙源海上风力发电有限公司	滨海新区	45763	2612
39	南通米兰特电气有限公司	海安高新区	55047	2080
40	江苏飞亚化学工业集团股份有限公司	海安高新区	49888	2129
41	南通晓星变压器有限公司	海安开发区	70832	1165
42	南通江中光电有限公司	海安高新区	56454	1749
43	上海圣德曼铸造海安有限公司	海安高新区	63797	1209
44	南通汉能达制衣有限公司	海安开发区	53881	2020
45	南通科达建材科技股份有限公司	海安高新区	71769	980
46	江苏广达医材集团有限公司	李堡镇	81481	794
47	海安市天星电工材料有限公司	曲塘镇	134724	700
48	海安金锻工业有限公司	海安开发区	47763	1288
49	江苏昱恒电气有限公司	海安开发区	74085	799
50	江苏海建股份有限公司	曲塘镇	132897	643
51	江苏万力机械股份有限公司	海安高新区	42866	1169
52	海安市海海毛绒制品有限公司	海安高新区	159100	573
53	海安市申菱电器制造有限公司	海安高新区	37634	1224
54	江苏中邦纺织集团有限公司	海安开发区	60105	784
55	南通常安能源有限公司	海安开发区	50835	897
56	江苏兴华胶带股份有限公司	海安高新区	34058	1265
57	南通佳景健康科技股份有限公司	海安开发区	25665	2549
58	万洲胶粘制品（江苏）有限公司	李堡镇	37732	951
59	江苏坚美塑业有限公司	曲塘镇	28471	1423
60	湖口舜杰船舶工程海安有限公司	白甸镇	22526	2747
61	江苏骆氏减震件有限公司	海安开发区	34457	1002
62	上柴动力海安有限公司	海安开发区	30997	1208
63	江苏恩达通用设备集团有限公司	海安高新区	37249	934
64	江苏双双布业有限公司	海安高新区	121339	468
65	海安市嘉禾化纤有限公司	墩头镇	98730	493

续表16

序号	企业名称	区 镇	应税销售（申报期）	入库税金
66	江苏明江阀业有限公司	海安高新区	25668	1791
67	江苏融通阀门机械有限公司	海安高新区	28371	1222
68	南通乐达纺织科技有限公司	海安开发区	35573	861
69	江苏天成科技集团有限公司	海安开发区	263880	381
70	江苏凯瑞锝光伏科技有限公司	海安高新区	60648	578
71	南通宏熙展示道具有限公司	大公镇	41114	719
72	海安腾昱智能科技有限公司	海安高新区	22205	2126
73	美事满工具（海安）有限公司	海安开发区	48089	639
74	江苏欣鑫纺织科技有限公司	海安开发区	25835	1142
75	浚丰太阳能（江苏）有限公司	海安高新区	231713	364
76	丝艾工业科技（海安）有限公司	海安开发区	23735	1212
77	海安浩驰科技有限公司	海安开发区	29134	853
78	江苏恒源丝绸集团有限公司	海安高新区	32802	713
79	海安信立电子科技有限公司	海安高新区	19708	2058
80	江苏源通电气有限公司	海安高新区	30875	740
81	南通菲希尔测试仪器有限公司	海安开发区	19669	1887
82	江苏富邦纺织集团有限公司	海安高新区	103449	359
83	江苏康德蛋业有限公司	海安开发区	30735	699
84	南通鑫范新型建材有限公司	曲塘镇	22448	1042
85	美勒森家居科技有限公司	海安开发区	23266	905
86	南通联荣集团有限公司	曲塘镇	24401	812
87	海安中油燃气有限责任公司	曲塘镇	30265	639
88	海安汇珏网络通信设备有限公司	海安开发区	24720	752
89	南通昌荣机电有限公司	海安开发区	20945	870
90	美加力新能源科技（海安）有限公司	海安开发区	16045	1605
91	南通昂申金属材料有限公司	海安开发区	32045	503
92	南通九州化纤有限公司	白甸镇	57603	352
93	南通四季安琦针织有限公司	墩头镇	29625	512
94	江苏万淇生物科技股份有限公司	海安高新区	18762	838
95	江苏海美新材料有限公司	海安高新区	22252	692
96	江苏越承纺织科技集团有限公司	海安开发区	26831	529
97	南通东屹高新纤维科技有限公司	海安开发区	54521	336
98	上海利安润滑设备制造海安有限公司	海安开发区	14383	1489
99	江苏新世嘉家纺高新科技股份有限公司	海安开发区	25675	531
100	江苏江海机床集团有限公司	李堡镇	80694	282

（顾宇飞）

海安中洋金砖酒店

建筑业

综　述

【产业发展】 2022年，海安市拥有建筑企业669家，比上年增加32家。建筑业施工产值2075.56亿元，比上年增长9.8%。其中，建筑工程产值1956.32亿元，安装工程产值116.55亿元，其他建筑业产值2.69亿元；装饰装修产值146.94亿元；装配式建筑工程产值153.41亿元；在外省完成建筑产值1494.04亿元。竣工产值1263.09亿元。房屋建筑施工面积2.16亿平方米。在建建筑工程2021项，其中新开工1818项。承建高层（10层及以上）建筑7221幢，其中超高层（建筑高度超过100米）1282幢；承建单跨24米以上工程7项、10万平方米小区及配套工程395项。施工产值超500亿元企业1家，超200亿元企业1家，超100亿元企业4家，超50亿元企业2家，超10亿元企业11家。建筑业入库税收13.12亿元，其中，超1亿元企业2家，超5000万元企业3家。江苏省苏中建设集团股份有限公司（简称苏中集团）列"中国企业500强"第393位，3家企业入围"江苏建筑业百强企业（综合实力类）50强"，11家企业入围南通市建筑业"双三十强"企业。全市建筑业从业人数34.07万人，其中，到省外施工人数21.54万人，省内施工人数12.53万人。全市有一级注册建造师1858人。注重企业品牌建设，新增中国建设工程鲁班奖（参建）1项、国家优质工程奖3项、中国土木工程詹天佑奖4项、中国电力优质工程奖2项。加强建筑施工领域安全生产专项整治，安全生产形势总体平稳，9项工程获评全国建设工程项目施工安全生产标准化建设工地，4项工程获评全国市场质量信用A等用户满意工程。

【建筑产业转型升级】 2022年，海安市建筑企业持续扩大业务领域，经营业务向市政、路桥、水利等领域拓展，部分建筑企业围绕施工主业涉足房地产、建材生产、投融资等大建筑领域，初步形成专业覆盖宽、产业链条长、产品附加值高的发展新格局。新增矿山建设工程、建筑装修装饰等领域一级资质企业8家。市政工程、旧城改造等非房建领域完成产值114.5亿元，比上年增长近100%。引导中小企业走"专精特新"转型发展之路，南通宇坤新能源有限公司（简称宇坤新能源）围绕新能源领域，拓展东南亚地区业务，实现业务量稳中有进；江苏特建技术股份有限公司（简称江苏特建）融入智能运维领域，深度嫁接大数据、物联网技术，成为电力运维产业链重要节点企业；江苏苏中建设总承包有限公司开拓土石方剥离工程领域市场，完成施工产值10.5亿元。

【建筑产业现代化建设】 2022年，海安市落实省、南通市关于推进建筑产业现代化发展有关要求，出台"智慧建筑产业三年行动方案"，推进装配式建造、数字建造、绿色建造。"三板"（预制内外墙板、预制楼梯板、预制楼板）应用项目建筑面积42.14万平方米。海安高新区科创中心工程、城南派出所及公安执法办案基地技术业务用房工程两项省级示范项目通过评估验收。加强装配式建筑管理，开展《装配式建筑全过程质量管理体系》《装配式建筑全过程质量追溯体系》课题研究并指导实际工作；做好装配式建筑混凝土预制构件生产供应单位生产技术能力登记管理工作，不定期检查构件生产企业。引导建筑企业科技创新，1个市级建筑产业现代化示范基地、4个示范项目、9个科技支撑项目通过评估验收。南通欧力达建筑科技有限公司（简称欧力达公司）入选省级建筑产业现代化示范基地创建名单。苏中集团、南通科达建材科技股份有限公司（简称科达科技）获评江苏省建筑产业现代化突出贡献单位。

加大现代建筑产业集群培育力度，组织到湖南长沙、山东济南、广东深圳等地开展招商活动8次以上，招引项目7个，其中，5亿元项目1个（江苏苏中建设总承包有限公司项目）、亿元项目6个（江苏美昱建筑工程有限公司项目、江苏金仕德智能安防科技有限公司项目、江苏林达鸿利电气有限公司项目、江苏博亿环保材料有限公司项目、南通曲成新材料科技有限公司项目、江苏戴维姆新材料科技有限公司项目）。推进重大项目建设，南通久盟装配式建筑有限公司钢筋桁架楼承板生产项目生产销售，江苏锐剑科技有限公司改性沥青防水卷材保温材料防水材料厂房竣工，升维科技铝模爬架项目、国盛钢结构建筑用钢结构和装配式建筑制造项目、布雷尼建筑装配式建筑墙体材料项目投产。

【建筑业服务中心建设】 2022年，海安市推动建筑业服务中心建设，新增审批服务部、法务保障部、金融服务部，为建筑企业提供全周期服务保障。审批服务部牵头市税务局、市住房和城乡建设局等部门，将6类建筑业企业行政审批和服务事项纳入审批专窗，实行"一窗受理"，创新施工图豁免审查、电水气联合报装、桩基工程先行许可等审批模式，累计为建筑企业提供咨询及审批服务800多人次，办件量约180件次。金融服务部牵头化解涉贷问题，采取无还本续贷、转贷、担保、保理等方式为建筑企业纾困解难；与15家银行机构会商，成立苏中集团联合授信委员会，保障企业资金需求和安全，12月15日，南通市金融业支持海安建筑企业发展暨苏中建设集团联合授信工作会议在海安召开；推动苏中集团与华融资产、东方资产、浙商资产等公司对接，盘活工程资产，争取资金回流；加强供应链金融服务平台建设，接入银行机构15家，拥有核心企业21家、供应商97家，累计开展供应链融资5.9亿元。法务保障部加强与市公安局、市人民法院等部门协同联动，为全市建筑企业涉法涉诉类案件提供法律支持49起，组织案件会商21次，开展案件协调对接30次，发协调函46份，解封进城务工人员工资专用账户210多个；建筑业巡回法庭案件结案率比2021年提高5个百分点；举办"经济下行背景下建筑企业合规管理的重要性""经济下行背景下建筑企业如何精准化解重大风险"等讲座，为企业提供法律服务。

（刘　丹）

建筑市场

【国内市场】 2022年，海安市建筑行业在全国形成超100亿元市场4个、超50亿元市场11个、超20亿元市场17个。各建筑企业持续拓展建筑市场，与央企、国企寻求合作。苏中集团与中国铁路工程集团有限公司、中国建筑集团有限公司合作进军非房建领域；联合中国天楹股份有限公司（简称中国天楹）设立江苏合楹建设工程有限公司，承接环保、新能源工程，并向光伏EPC设计施工总承包业务拓展；与中国天楹签约全球首个100兆瓦时重力储能项目，这也是全国首个重力储能试点项目；与市属国企合资成立江苏国峰建设有限公司（简称国峰公司），完成项目签约额30多亿元；与中控置业（广西）有限公司就广西岑溪市中控（广西）航空小镇南区市政道路项目签署合作协议；与保利粤东投资发展有限公司签署2022—2024年度总包工程战略采购合作协议，合作区域覆盖广东汕头、揭阳、潮州等市场；与海安市国有资本运营集团有限公司、美的置业集团有限公司、中国天楹签订战略合作协议。江苏苏中建设总承包有限公司新开拓土石方剥离工程领域，完成施工产值10.5亿元。华新集团新承接旧城改造项目13个，合同额4.2亿元；与中铁二十四局集团有限公司联合中标南通通京大道和太平大桥项目；与华润置地华东大区召开"总对总"沟通会。

【国外市场】 2022年，海安市建筑企业稳步拓展国外市场，新签国外工程合同额1.7亿美元，比上年增长100%；实现国外工程营业额超1亿美元，比上年增长20.5%。达欣集团国外在建项目23个，其中，以色列在建项目16个，分布于4个城市。南通苏中在北苏丹、南苏丹、乍得完成施工项目6个，在尼日尔、贝宁、伊拉克等地新承接项目工程5个。

（刘　丹）

建筑企业

【概况】 2022年，海安市拥有建筑企业669家，其中，特级资质企业3家；一级资质企业61家（总承包24家，专业37家），比上年增加8家；二级资质企业134家（总承包41家，专业93家），比上年增加2家；三级资质企业259家（总承包209家，专业50家），比上年增加4家；劳务资质212家，比上年增加18家。

【江苏省苏中建设集团股份有限公司】 江苏省苏中建设集团股份有限公司位于海安市中坝南路18号，创建于1949年2月，1998年12月成立股份公司，2005年6月改制为自主经营、自负盈亏的民营企业。注册资本金4.23亿元。苏中集团是全国首批房屋建筑工程施工总承包特级资质企业，拥有对外签约权，以工业与民用建筑为主，集建筑设计、设备安装、装饰装潢、市政公用工程、消防工程及海外工程业务于一体，具备承建城市综合建设、大型公用设施、超高层、大型工业厂房等工程的总承包能力。2022年，公司列"中国企业500强"第393位、"中国承包商80强"第24位、"江苏建筑业百强企业"第13位，获评全国"安康杯"竞赛优胜单位、中国建筑业协会AAA信用企业、全国工程建设信用星级企业（19星），蝉联中国建筑业协会副会长单位。施工总产值549亿元，在海安入库税收3.8亿元。苏中集团承建的1项、3项工程分获国家优质工程奖和中国土木工程詹天佑奖。

【华新建工集团有限公司】 华新建工集团有限公司位于海安市中坝南路99号，创建于1969年10月，2006年成为国家房屋建筑工程施工总承包特级资质企业，拥有建筑工程甲级设计院，具有商务部援外成套项目总承包企业资格、房屋建筑工程施工总承包一级资质、市政公用工程施工总承包一级资质和起重设备安装工程、机电设备安装工程、建筑装修装饰工程、地基与基础工程、钢结构工程专业承包一级资质，是集工程总承包、设计施工、建设投资运营于一体的综合性集团。2022年，公司完成施工总产值258亿元，施工面积1938万平方米，在海安入库税收1.97亿元。华新集团承建的各1项工程获国家优质工程奖、中国土木工程詹天佑奖。

【南通市达欣工程股份有限公司】 南通市达欣工程股份有限公司位于海安高新区通阳东路10号，创建于1974年5月，2006年易名为南通市达欣工程股

2022年鲁班奖工程——达欣集团参建的黑龙江省七台河市桃山湖生态环保水利综合治理项目，摄于2022年6月15日　市建管局／供图

份有限公司，2014年组建南通市达欣工程集团。2018年2月26日，晋升为施工总承包特级资质建筑企业，同时获建筑工程、人防工程双甲级设计资质。2022年，公司完成施工产值168.2亿元，国外施工产值6578万美元，在海安入库税收超8500万元。申报的“共文化 共奋斗 共创享——企业文化建设的实践与探索”获评全国工程建设企业文化建设最佳案例。承建的1项工程获国家优质工程奖，参建的1项工程获中国建设工程鲁班奖。

【江苏信拓建设（集团）股份有限公司】 江苏信拓建设（集团）股份有限公司位于海安市城东镇东海大道22号，创建于1974年，注册资本3.22亿元，拥有国家房屋建筑工程施工总承包一级资质，是一家集建筑施工和房地产开发、房产营销、物业管理、建筑材料制造于一身的大型综合性企业集团。2022年，公司完成施工产值153亿元，在海安入库税收7360万元。承建的工程项目获授国家级、省级QC小组成果17项，专利2项，省级工法1项；获评省、南通市级优质（结构）工程17项，省、南通市级建筑施工安全文明工地6项，省级建筑业新技术应用示范工程2项。

【江苏新龙兴建设集团有限公司】 江苏新龙兴建设集团有限公司位于海安市城东镇长江东路58号，创建于1975年3月，前身为立发建筑站。1998年4月，改制为自主经营、自负盈亏的民营企业，更名为南通市立发建筑安装工程有限公司。2008年4月，晋升为国家房屋建筑工程施工总承包一级资质企业，同时兼有市政基础工程总承包二级资质和建筑起重设备安装、建筑防水、防腐保温、装修装饰工程等专业承包资质。2014年4月，更名为江苏新龙兴建设集团有限公司，集团注册资本3.16亿元。2022年，公司完成施工产值148.86亿元，施工面积近2400万平方米，其中新开工面积480万平方米，竣工面积450万平方米。

【南通苏中建设有限公司】 南通苏中建设有限公司位于海安市黄海大道中359号，创建于1985年，具有国家房屋建筑工程施工总承包一级资质、建筑机电安装工程专业承包一级资质，拥有商务部批准的对外承包工程经营资格和对外援助成套项目A级实施企业资格，是一家集房屋建筑、机电设备安装、消防安装、压力容器及管道安装、钢结构安装、起重设备安装、装修装饰工程、房地产开发、酒店服务业为一体的大型综合性企业集团。2022年，公司完成施工产值近85亿元，在海安入库税收2538万元。施工面积640万平方米，承建工程合格率100%，获省优质结构工程1项。施工人数8100人。

【江苏润宇建设集团有限公司】 江苏润宇建设集团有限公司位于海安市安平西路98号，创建于1968年10月，是国家房屋建筑工程施工总承包一级资质企业。公司业务包含建筑施工、房地产开发、餐饮业、服务业等多个经济板块，先后获评全国守合同重信用企业、中国工程建设诚信典型企业、企业信用评价AAA级信用企业、江苏省建筑业最具成长性百强企业、南通市建筑业成长性三十强企业及国家、省、南通市级优质工程奖120多项。2022年10月6日，组建江苏润宇建设集团，建立“管理服务型集团公司——生产经营利润型子公司”管理体系。2022年，公司完成施工产值79.5亿元。施工面积937万平方米。施工人数6000多人。承建的工程获评中国安全生产标准化项目1项、省级建筑施工标准化星级工地2项，获省优质工程奖2项，获授国家级QC成果1项、省级QC成果2项、实用新型专利3项。

【南通工泰建设有限公司】 南通工泰建设有限公司位于海安市大公镇古贲村一组，创建于1973年，是国家房屋建筑工程施工总承包一级资质企业。2022年，公司下设8个建筑分公司，江苏齐丰重工有限公司、江苏弘都建筑设备租赁有限公司等5个专业（子）公司，2个海外项目部。施工人数7000多人，工程技术人员750多人。完成施工产值55.69亿元，在海安入库税收800多万元。获评南通市级以上QC成果13项，国家级专利1项，省、南通市级建筑施工安全文明工地2项。入选南通市建筑业最具成长性30强企业。

表17　2022年海安市一级以上资质建筑企业一览表

序号	企业名称	资　质	备　注	序号	企业名称	资　质	备　注
1	江苏省苏中建设集团股份有限公司	特级资质	—	6	南通苏中建设有限公司	一级资质（总承包）	—
2	华新建工集团有限公司			7	江苏润宇建设集团有限公司		
3	南通市达欣工程股份有限公司			8	南通工泰建设有限公司		
4	江苏信拓建设（集团）股份有限公司	一级资质（总承包）	—	9	江苏国恒建设发展有限公司		
5	江苏新龙兴建设集团有限公司			10	南通洲崛建设工程有限公司		

续表 17

序号	企业名称	资质	备注	序号	企业名称	资质	备注
11	江苏大公建设有限公司	一级资质（总承包）	—	38	南通市紫石古典园林建筑工程有限公司	一级资质（总承包）	—
12	南通丰汇建设有限公司			39	江苏堃基建设工程有限公司		
13	南通通宇建设工程有限公司			40	南通水秀环境科技有限公司		
14	江苏隆辉建设股份有限公司			41	江苏苏中建设集团岩土工程有限公司		
15	南通华东建设有限公司			42	江苏福尚建筑装修装饰工程有限公司		
16	南通市第七建筑安装工程有限公司			43	南通冠通建筑有限公司		
17	南通华汇建筑工程有限公司			44	江苏金钱龙建设有限公司		
18	南通永固建设有限公司			45	南通中广建设工程有限公司		
19	南通市苏东建设工程有限公司			46	南通亿鸿建筑机械租赁有限公司		
20	江苏伟瑞建筑工程有限公司			47	南通丰塔机械设备租赁有限公司		
21	江苏苏中建设总承包有限公司			48	江苏耀诚建设有限公司		
22	江苏中慧传承工程建设有限公司			49	南通鸿磊建设有限公司		
23	南通市华厦建设有限公司			50	江苏泓旌机电设备工程有限公司		
24	江苏品建建筑工程有限公司			51	南通万事达建设工程有限公司		
25	南通市永川建设工程有限公司			52	南通欣松建筑安装工程有限公司		
26	江苏国峰建设有限公司		新引进	53	南通力隆机械设备有限公司		
27	江苏合楹建设工程有限公司			54	江苏天楹之光光电科技有限公司		
28	南通华安建筑装饰集团有限公司		—	55	江苏星河建筑装饰工程有限公司		
29	江苏恒泽安装工程股份有限公司			56	金世昌（南通）建设工程有限公司		
30	江苏特建技术股份有限公司			57	南通国邦建筑工程发展有限公司		
31	南通鼎泰建筑装饰工程有限公司			58	南通国正建设工程有限公司		新引进
32	南通成功建筑装饰工程有限公司			59	南通李堡建设工程有限公司		
33	江苏河马机电工程有限公司			60	南通天巧工程技术有限公司		
34	南通睿睿防水新技术开发有限公司			61	江苏美昱建筑工程有限公司		
35	江苏格然装饰工程有限公司			62	江苏讯领建筑安装工程有限公司		
36	南通谷鑫实业有限公司			63	南通雄华建设工程有限公司		
37	江苏乾扬建设工程有限公司			64	南通栋晨机械设备租赁有限公司		新晋升

（刘　丹）

勘察设计

【概况】2022年，海安市在全国建筑市场监管公共服务平台登记在册的勘察设计资质企业13家，涵盖勘察、建筑、市政、风景园林等方面。

【勘察设计执法检查】2022年，海安市围绕企业和施工图审查机构资质及资格、施工图审查质量等方面开展“双随机、一公开”执法检查。推进数字化多图联审，缩小施工图审查范围，审查项目实现一网通办。全年，抽查项目8个、单位2家，发现问题较多的项目2个，整改完成率100%。

【南通同创建筑设计有限公司海安分公司】南通同创建筑设计有限公司海安分公司创立于2013年11月1日，位于海安市江海东路38号，具有建筑行业建筑工程乙级、市政行业道路工程丙级、岩土工程勘察乙级资质，设有建筑、结构、给排水、电气、暖通、绿色建筑设计、装配式设计、工程勘察等专业，提供以工程总承包为主体，涵盖设计、勘察、设备、装饰等服务。2022年，公司有员工86人，其中，高级建筑师、高级工程师12人，国家一级注册建筑师3人，国家一级注册结构工程师6人，国家注册设备工程师2人，国家注册岩土工程师2人。签订勘察设计合同73份，实现营业收入670万元。

（刘　丹）

建筑科技

【概况】2022年，海安市建筑行业继续推动产学研合作，建立健全以企业为主体的技术创新体系，引导建筑企业加大工法、成果、新技术应用示范工程的申报力度。多次邀请专家到海安举办BIM（建筑信息模型）、装配式建筑、转型升级等专题讲座。各建筑企业推进数字建造，加强BIM技术应用，引入数字化管理平台，实现工程建设项目数据共享和信息化管理。全市建筑企业获授发明专利21项、国家级QC成果62项，获全国性BIM奖1项，主编团体标准1项，参编团体标准10项、地方标准2项。科达科技获“中国绿色建材产品”三星级认证。布雷尼建筑科技（江苏）有限公司获评2022年度省级首批星级上云企业。江苏叙施建筑科技有限公司、合迪科技江苏有限公司、江苏河马机电工程有限公司通过高新技术企业认定，润宇集团、南通鑫范新型建材有限公司通过省级企业技术中心认定。

【建筑产学研合作】2022年，海安市建筑企业与高校开展产学研对接活动5次。6月4日，邀请中国工程院院士刘加平到南通欧力达建筑科技有限公司等企业调研。7月15—16日，邀请东南大学、苏州科技大学的专家参加第九届“创新创业在海安”活动。期间，举办现代建筑科技成果发布会，发布“装配化装修材料部品体系研究与应用”等最新科技成果和项目；邀请江苏省建筑业协会会长张宁宁到海安建筑企业调研；推动江苏瑞吉达建材科技有限公司与同济大学专家团队对接交流。7月28日，举行华新集团与海安中专校企合作签约暨冠名班成立仪式，双方签署“开展专业共建、冠名培养的校企合作协议”。8月31日至9月2日，组织行业企业到吉林建筑大学开展产学研对接活动，初步达成“开展灌芯装配式混凝土剪力墙结构技术研究与推广”的意向。12月8日，举行南通理工学院—达欣集团校企合作“安全强化班”开班仪式，双方建立订单式培养模式，定向培养安全管理人才。华新集团与吉林建筑大学、南通装配式建筑与智能结构研究院等单位开展“装配式混凝土剪力墙边缘构件关键技术开发及应用研究”。科达科技与东南大学合作完成“基于5G环境下的预制构件智能配送系统研究”，与南通装配式建筑与智能结构研究院合作完成“装配式智慧车间设计与研发”。海安市恒安建材有限公司与上海大学合作开展“基于数字图像的混凝土构件表面缺陷检测系统的研究”。南通睿睿防水新技术开发有限公司（简称睿睿防水）与上海大学合作开展“新型水乳型丁橡胶沥青防水环保涂料研发”。南通欧特建材设备有限公司与上海工程技术大学合作研究“密封高性能液压破碎锤蓄能器结构设计”。海安长山建材有限公司与辽宁科技大学合作开展“建材生产设备自动化监测系统研发”。

【工程建设标准编制】2022年，海安建筑企业主编团体标准1项，达欣集团主编T/CECS 1052-2022《装配式建筑工程总承包管理标准》。参编团体标准10项，达欣集团参编T/CECS 1052-2022《建筑垃圾管道竖向运输技术规程》、T/CECS 20011-2022《危险性较大的分部分项工程专项施工方案编制与管理指南》、T/CECS 1148-2022《附着式升降脚手架工程服务标准》、T/CCMA0 135-2022《智能控制的人货两用施工升降机技术规程》、T/CSPSTC 96-2022《盾构法隧道施工远程管控平台技术规范》、T/CSPSTC 94-2022《深基坑风险预警数字化平台技术规范》、T/SCPSP 004-2022《高处作业吊篮安全操作技术规程》、T/CSPSTC 78-2021《顶管法管道工程技术规程》，苏中集团参编T/CABEE 032-2022《纤维增强蒸压加气混凝土条板应用技术规程》，华新集团参编T/CCIAT 0047-2022《建设工程项目管理评价标准》。参编地方标准2项，苏中集团参编DBJT25-197-2022《结构标准设计图集》，达欣集团参编DB 23/T 3061-2021《住宅工程质量通病防控规范》。

【62个QC小组获国家级表彰】2022年，苏中集团34个QC小组、华新集团6个QC小组、达欣集团10个QC小组、信拓集团4个QC小组被中国建筑业协会表彰为全国工程建设优秀QC小组。苏中集团5个QC小组、华新集团1个QC小组、达欣集团2个QC小组被中国施工管理企业协会表彰为全国工程建设优秀QC小组。

（刘　丹）

建筑管理

【概况】 2022年，海安市加大建筑企业转型升级、科技创新、人才支撑、对外合作支持力度，出台“关于促进建筑业高质量发展的若干意见”“海安市促进建筑业高质量发展的若干政策意见”等，推动企业做优做强。成立服务建筑企业领导组，下设市、镇两级服务建筑企业专班、政法专班、金融服务专班，推动复工复产项目超100个，帮助企业回笼陈欠工程款超60亿元。加强建筑行业协会建设，采取“请进来+走出去”方式，组织160多家企业1000多人次参加各类活动38场次。推动建筑业高质量发展，召开全市建筑业发展工作会议和建筑业防风险、促转型座谈会等会议，专题研究海安建筑业转型发展路径。

【建筑企业管理】 2022年，海安市持续推进建筑企业信用管理工作，结合集中抽查和日常市场行为开展信用考核，苏中集团、国峰公司、华新集团、信拓集团、达欣集团列建筑工程总承包企业前五名，江苏通达路桥工程有限公司、南通龙楹建设工程有限公司、南通平盛建设工程有限公司列市政公用工程总承包企业前三名。加强监理单位管理，印发《海安市工程监理企业信用综合考评实施细则（试行）》，定期开展监理企业专项检查，实施动态检查考评，按季度出具监理检查情况通报，移送处理违法违规监理企业4家。

【工程造价管理】 2022年，海安市加强工程造价管理，发布建筑材料价格信息12期，为工程建设单位、施工单位、造价咨询单位工程造价编制和审核提供依据。组织财政、审计、咨询等业务骨干，共同研讨EPC项目工程造价问题，尽可能减少重大工程造价纠纷。优化现场安全文明施工管理，核定现场安全文明措施费、考评费1050份，扬尘污染防治费960份，调解工程造价纠纷16次。

【工程检测管理】 2022年，海安市完善建设工程质量检测监管机制，召开检测机构座谈会2次。组织飞行检查1次，涉及材料检测机构4家，出具整改通知单4份。推进行业自律，各检测单位签订规范检测工作、不出具虚假报告的承诺书。落实工程质量检测活动中建设单位首要责任、检测机构主体责任和检测人员直接责任，实现工程质量检测项目“应检尽检”。全年，编制检测方案195份，出具综合报告177份（含中间报告）。

2022年2月10日，海安市建筑业发展工作会议召开。图为颁奖现场

姜　明／摄

【工程质量管理】 2022年，海安市加强建筑工程质量管理，开展专项检查，保障项目建设需要。新受监项目171个，建筑面积223.01万平方米，其中，公建项目19个，建筑面积15.21万平方米；商品住宅项目5个，建筑面积21.82万平方米；保障性住房项目2个，建筑面积7.15万平方米。开展日常监督抽查825次，工程质量巡查14次。监督竣工验收181次，建筑面积390万平方米。出具监督报告191份，收到不合格检测报告276份，签发抽检通知书231份，出具整改通知单60份，出具停工通知书3份。加强施工图审查，受理民用项目26个，审查建筑面积15.71万平方米，查处违反工程建设标准强制性条文68条、违反工程建设强制性标准328条；受理工业项目113个，审查建筑面积115.75万平方米，查处违反工程建设标准强制性条文234条、违反工程建设强制性标准1525条；受理岩土工程勘察报告115份，查处违反工程勘察标准强制性条文2条；受理消防设计文件审查33项，审查面积60.9万平方米；受理民用建筑设计方案绿色设计审查15项；协调办理报送海安市外机构审查项目14个，审查面积57.09万平方米。

【施工安全标准化建设工地创建】 2022年，海安市建筑企业承建的9项工程获评全国建设工程项目施工安全生产标准化建设工地，分别是苏中集团施工总承包的辽宁大连世茂龙河二期项目，上海市新建商业、商办用房（08-06/08-08地块）一期项目，天津市河西区解放南路48号项目；华新集团施工总承包的河南洛阳市桃李春风苑项目；达欣集团施工总承包的河北石家庄诚园二期5号地块（于底城中村改造二期地块）项目，黑龙江拜泉县人民医院内科、住院部综合楼建设项目，湖南铂悦滨江项目；南通华汇建筑工程有限公司施工总承包的江苏海安尊园里1号至6号楼及地下车库（含人防）项目；润宇集团施工总承包的青海门源县2019年棚户区改造项目（二期）——

南关新村北苑项目。

4项工程获评全国市场质量信用A等用户满意工程，分别是达欣集团承建的江苏无锡时代城一期工程，河北国源和天下18号楼及地下车库、幼儿园，河北秦皇岛博辉万象城二期工程，黑龙江齐齐哈尔飞鹤·御景园。

2022年6月15日，海安市举办建筑行业劳动保护监督检查员培训班

市总工会／供图

【建筑安全管理】 2022年，海安市加大建筑行业安全生产监管力度，市建管局先后分区镇（街道）、建筑施工企业、在建工程项目部3个层次召开安全生产工作动员会与推进会12次，拟制安全生产文件53份下发各区（镇）、建筑企业和市外企业项目部。开展建筑施工领域安全生产深化提升行动，重点排查起重机械、高支模、深基坑、脚手架、有限空间作业等安全隐患，检查企业594家次，发现问题3574条，对各类安全生产隐患按照登记、挂牌、整改、验收、报告、销号等程序落实闭环管理。加强建设工程消防审查验收管理，完成消防设计审查项目58件、消防验收项目79件，提供工程项目前置服务40多次，出具消防验收意见书79份、消防验收备案凭证284份，开展验收备案抽查75次，发放不合格通知书22份。依托苏中智慧建筑产业学院，开展2022年度新开工建设工程开工前"安全责任告知、专题警示教育、安全公开承诺"教育培训工作，新开工建设工程的建设、勘察、设计、施工、监理、监测、检测单位以及各分包单位相关负责人210人参训。落实疫情防控，组织建筑工地全员核酸检测20余批次20万余人次，开展疫情防控专项检查892项次，查出隐患2530条，并完成闭环整改。

【建筑职工权益维护】 2022年，海安市建筑工程管理局严格按照程序和时限规定开展行政处罚，协调处理进城务工建筑工人工资、工程款纠纷、建筑安全、文明施工、工地扬尘污染等矛盾纠纷，受理各类信访532件，均在规定时间内处理。将扫黑除恶工作与建筑行业发展、安全生产相结合，深入基层企业和项目部摸排查找问题，建立完善线索摸排制度、信息报送制度和保密工作制度，规范推进建筑行业扫黑除恶工作。开展根治欠薪"春雷行动"，帮助进城务工人员839人追回欠款2006万元。推进重点项目"两表一合同"（项目施工人员工资月度结付表、项目施工人员月度出勤情况核对确认表，劳动合同书）及"两户两协议"（进城务工人员工资专用账户、进城务工人员工资保证金账户，人工费单列拨付协议、分包委托总包代发协议）实地检查，发现问题30个并下发整改通知书，1家企业因整改不到位被行政处罚，对3家恶意欠薪企业予以全省范围内限制建筑市场准入。8月31日，省总工会到华新集团调研"安康杯"竞赛与劳动保护情况。

【建筑工人职业能力提升】 2022年，海安市开展建筑工人技能培训、技能竞赛等活动，不断培养专业技能人才。6月15日，市总工会、市建筑工会联合举办建筑行业劳动保护监督检查员培训班，建筑施工企业劳动保护监督员、工会干部近400人参训，培训结束后组织理论考试并为合格者颁发劳动保护监督检查证。9月28—29日，举办建工系统第十九届职工职业技能（建筑施工BIM技术应用）竞赛，6家建筑企业的100多名职工报名参赛，28人进入决赛，苏中集团龚凯威获第一名，赛后邀请专家作BIM技术应用专题讲座。

（刘　丹　夏婷婷）

海安全球家具博览中心

商贸服务业

综 述

表18 2022年海安市商品销售统计表

单位：亿元

指标名称	指标值	增长率（与2021年相比）
一、社会消费品零售总额	421.51	1.7%
其中：限额以上	86.41	-6.7%
限额以下	335.10	4.1%
按行业分组		
批发和零售业	371.65	4.2%
住宿和餐饮业	49.87	-13.8%
按销售单位所在地分组		
城镇	350.66	1.5%
农村	70.86	2.6%
二、社会消费品销售（营业）总额	1392.17	-6.1%
其中：批发业	1027.87	-8.3%
零售业	296.78	2.4%
住宿业	4.94	-3.8%
餐饮业	62.58	-4.5%

（市统计局）

【产业发展】 2022年，海安市启动实施现代服务业繁荣发展三年行动，重新调整服务业政策意见，召开全市现代服务业发展暨"双城"建设推进会，加快建设长三角重要陆港城市和国家物流枢纽城市。至年底，全市新增规模以上服务业企业60家，累计324家。实现营业收入99.3亿元，比上年增长7.8%。列统的十大行业门类中，居民服务修理和其他服务业、科学研究和技术服务业、信息传输软件和信息技术服务业、租赁和商务服务业、文化体育娱乐业、卫生和社会工作六个行业营业收入与上年相比实现增长，增速分别为39.8%、36.4%、29.6%、13.6%、8.8%和1.3%。完成服务业应税销售1065.4亿元，比上年下降24.8%。完成服务业投资143.24亿元。社会消费品零售总额421.51亿元，比上年增长1.7%；销售总额1392.17亿元，比上年下降6.1%。接待游客103.86万人次，实现旅游总收入17.09亿元。

【生产性服务业发展】 2022年，海安市先后出台"'双城'建设实施意见""关于推动海安国际班列高质量开行的政策意见"，提高"产才城"融合水平。铁海班列、中欧班列、凤山港ICT项目常态化开行，海安被正式纳入全省国际班列5个开行城市统筹管理，中外运多式联运中心落户，铁路物流基地到发量171万吨，凤山港集装箱吞吐量2.1万标箱，保税中心进出区货物值3.6亿美元。进境肉类指定监管场地正式运营，玉米、小麦交割库获批。海安通过省农村物流达标县验收，海安润思达食品有限公司获评省重点物流企业。海安开发区入选省"两业融合"（先进制造业与现代服务业深度融合）试点区域，江苏威尔曼科技有限公司、江苏海迅实业集团股份有限公司入选省"两业融合"试点企业；江苏联发纺织股份有限公司、江苏铁锚玻璃股份有限公司、浚丰太阳能（江苏）有限公司入选南通市"两业融合"重点企业，海安高新区入选南通市"两业融合"重点区域。南通普泽大药房连锁有限公司、江苏聚仁农业科技有限公司获评南通服务业领军企业。海安高新区高科技创业园、海安商贸物流园、东部全球家具采购中心入选南通高质量发展集聚示范区。

2022年9月19日，海安市现代服务业发展暨"双城"建设推进会召开

市发展改革委／供图

【新兴服务业发展】 2022年，海安市搭建以海安高新区科创园、海安开发区软件园为核心的数字产业发展平台，实施"外引内培"工程，引进、培育数字文化项目6个，新增星湖001商业广场、海安高新区城市书房2个24小时城市书房。"数智"赋能全面推进，新增国家级"两化融合"贯标企业18家、省级上云企业

31家，2家企业入选省级“专精特新”企业培育库。强化科技载体平台建设，南京大学海安高新技术研究院获评国家级中小企业公共服务示范平台，太原理工大学海安产业研究院投入运营。对外合作不断拓展，海安高新区获评省级服务贸易基地，南通唯一；中国天楹股份有限公司、江苏铁锚玻璃股份有限公司、南通苏中建设有限公司获评省级服务贸易重点企业。放大金融服务功能，成立金融业联合会，各金融机构联合开展助企惠企“春风行动”，降费让利3.5亿元；成立专业基金管理公司，新设信保基金、“海安英才”天使投资基金。加快推进全市电子商务进农村综合示范工作，海安电子公共服务基地加快建设，打造天赋力电商产业园、东部家具电商直播基地等数字商务平台。

【生活性服务业发展】 2022年，海安市新建县域商业综合商贸中心1个、区镇商贸中心2个、农贸市场1家，改造提升便民商店10家、乡镇贸易中心1家。升级改造东部家具城，促进商品市场专项发展。实际完成5家以上农贸市场提档升级，满足居民品质生活需求。举办里下河冬捕节、梨花节等文旅节庆活动7场，组织“爱家乡 游海安”一日游活动2次。打造海安文化品牌，放大523文化艺术节影响。推进东夏村党建展馆建设，完成“红色东夏村”系列文创产品开发。组织鑫缘茧丝绸集团股份有限公司、江苏华艺时装集团股份有限公司、江苏中洋河豚庄园有限公司等文旅企业参加江苏省乡村旅游节、大运河文旅博览会和南通文旅乐购嘉年华等展销活动。墩头镇水乡印象馆入选江苏省“最美公共文化空间”打造对象，鑫缘文化艺术作品产业化示范项目入选江苏省优秀版权作品产业转化重点培育项目。《海安市文旅资源普查报告》通过评审。

【服务业项目建设】 2022年，海安市成立市、镇级服务业项目建设专班，聚焦现代商贸、文化旅游、现代物流等重点行业领域，大力推进服务业项目建设。强化服务业项目招引考核，实行项目招引、项目建设、经济运行等全过程考核评价。改造提升星湖001、财富客厅、中大街等特色街区，全面推进中骏世界城、海洋广场、澳联商业广场等商贸中心项目建设。鑫缘丝绸展示中心、壮志康养小镇等文化旅游项目开工建设。加快建成万吨冷链港项目、铁路二号线仓储物流项目、中外运苏中物流中转基地项目等现代物流项目。招引培育服务外包、软件信息技术、数字文化企业29家。举办第六届中国东部家具博览会、第四届东部家具原辅材料及机械设备采购节。

【消费促进】 2022年，海安市围绕稳发展、活市场、促消费，制定《海量优惠·安享消费——海安市系列消费促进活动方案》，举办市、镇、村多层级，涵盖零售、住宿、餐饮、家具、汽车等行业的消费促进活动百余场，促进消费持续恢复。市财政投放400万元，向海安市民发放“衣食住行”四类普惠型政府助力券，拉动消费约29倍。7月8—12日，举办海安广电夏季车展暨盛夏嘉年华活动，东风日产、一汽

表19 2022年海安市新开工服务业项目一览表

序号	项目名称	投资主体	建设规模及内容	总投资（亿元）	所属区镇
1	润华护理院	江苏润华健康发展有限公司	总建筑面积3.2万平方米，主要建设养老护理楼、养老综合服务楼、养老综合楼及地下工程	1.5	海安开发区
2	蓉和康养中心	江苏蓉和健康养老产业发展有限公司	总建筑面积4万平方米，主要建设护理院、康养楼、认知症照护中心	1.5	海安开发区
3	金麟甲第特色步行街	海安广琪房地产开发有限公司	用地面积3.13公顷，总建筑面积1.4万平方米，主要建设仿古历史街区，将宋式文化元素与海安风土人情相融合	1.0	海安高新区
4	鑫缘总部大楼	鑫缘茧丝绸集团股份有限公司	用地面积1.39公顷，总建筑面积5万平方米，主要建设办公楼、酒店、宴会餐饮商业及鑫缘产品展厅	5.0	海安高新区
5	广颐养老中心	海安广颐养老服务有限公司	用地面积1.45公顷，总建筑面积2.6万平方米，建设养老院及配套服务设施	1.5	海安高新区
6	供合农业服务运营中心	海安市供合农业发展有限公司	用地面积0.97公顷，总建筑面积2.4万平方米，主要建设商业综合楼及物流仓储等	1.5	海安高新区
7	江苏联发纺织材料物流交易中心二期	江苏联发纺织材料有限公司	总建筑面积2.2万平方米，主要建设2栋棉花库及相关配套设施	1.0	海安商贸物流产业园
8	纸品仓储物流中心（纸浆交割库）	江苏滨鹏供应链管理有限公司	总建筑面积约5.5万平方米，主要建设2栋两层物流用房及相关配套设施等	2.0	海安商贸物流产业园
9	黄海商务大厦综合体	海安市城建开发投资集团有限公司	总建筑面积5.9万平方米，其中，一期建设面积1.2万平方米，主要建设商业服务楼、停车场及相关配套设施；二期建设面积4.7万平方米，主要建设商务酒店、综合楼及相关附属设施	1.6	滨海新区
10	南通通宇物流有限公司	南通通宇物流有限公司	总建筑面积6830.5平方米，主要建设物流信息楼、物流交易楼	1.0	墩头镇

丰田、吉利汽车、比亚迪、小鹏汽车、上海大众等12个品牌50多款车型参展，给予参展企业补贴约15.54万元。

【现代服务业发展暨“双城”建设推进会】 2022年9月19日，海安市召开现代服务业发展暨“双城”建设推进会。会议要求放大枢纽优势，加快“双城”建设。强化陆港枢纽功能建设，做优期货交割、保税物流等功能平台，高质量开行中欧班列，着力打造多式联运便捷高效示范区、枢纽产业集聚发展样板区和长三角大宗物资集散新基地。深化产业融合，提升发展能级。实施主体能级提升工程、集聚效益扩大工程、“两业融合”提档工程，推动生产性服务业集聚融合发展；聚焦重点区域布局楼宇经济、总部经济、平台经济，招引一批优质工业设计、文化创意、认证服务、软件服务外包等企业，打造信息技术和业务流程外包服务集聚区。满足细分需求，激发消费潜力。巩固扩大基础性消费和升级类消费，积极培育医疗健康、养老托育、家政服务等消费热点；大力发展新零售，扩大便利性商业设施布局，推动传统老字号与年轻潮流互动融合，鼓励首店经济、“网红”经济、夜间经济等多样化发展。会议解读相关政策意见。

（市发展改革委）

批发零售业

【概况】 2022年，海安市实现批发和零售业零售总额371.65亿元，比上年增长4.24%。实现批发和零售业销售总额1324.65亿元，比上年减少6.1%，其中，批发业1027.87亿元，比上年减少8.3%；零售业296.78亿元，比上年增长2.4%。全市有限额以上批发单位326家，比上年增加67家；限额以上零售单位151家，比上年增加27家。限额以上批发和零售单位实现营业收入584.73亿元，利润总额4.95亿元，其中，批发业营业收入525.77亿元，利润总额4.17亿元；零售业营业收入58.96亿元，利润总额7781万元。

【商品交易市场】 2022年，海安市有形商品交易市场42家，其中，农贸市场30家，副食品、工业品等市场14家（泰宁和沿海市场两种均有）；从业人员近万人；实现成交额312.5亿元，比上年下降8.28%。成交额1亿元以上商品交易市场21个，与上年持平，成交额249.43亿元，上缴税费6663.98万元。

表20　2022年海安市成交额1亿元以上市场统计表

序号	市场名称	地　　址	成交额（亿元）	上交税费额（万元）
1	资丰市场	海安市长江中路121号	11.87	525.60
2	通海农贸市场	海安市曙光西路16号	7.16	31.44
3	农副产品批发市场	海安市通榆中路35号	29.38	487.14
4	新华农贸市场	海安市新华西路17号	9.39	35.32
5	东方建材大市场	海安市通榆中路55号	13.84	956.08
6	奥华国际装饰城	海安市通榆北路2号	26.58	1079.20
7	泓润达钢材市场	海安市黄河路1号	40.52	1858.85
8	普泽电商园	海安市铭豪路2号	8.36	282.34
9	华中五金城	海安市通榆北路16号	25.03	578.86
10	新桥农贸市场	海安市中坝南路59号	2.74	39.51
11	泰宁市场	海安市长江中路39号	10.20	138.00
12	丰源食品城	海安市迎宾路266号	1.55	72.00
13	沿海市场	海安市迎宾路106号	9.55	218.00
14	东部家具材料市场	海安市东部大道36号	4.61	42.00
15	通洋市场	海安市城东镇西场村2组	2.36	41.00
16	威隆铝型材市场	海安市迎宾路261号	6.51	51.00
17	东部全球家具采购中心	海安市东部大道18号	26.78	216.00
18	李堡市场	海安市李堡镇包场北路100号	3.67	11.64
19	角斜农贸市场	海安市角斜镇人民路17号	1.73	0.00
20	曲塘农贸市场	海安市曲塘镇联抗中路24号	1.90	0.00
21	大公山羊市场	海安市大公镇贲集村12组	5.70	0.00

【商场与超市】 2022年，海安市拥有规模以上商场、超市11家，其中，具有独立法人资格4家，属于分支机构4家。经营面积超1万平方米城市综合体6家。零售品牌首店智允、娜尔思、Lock&Lock、朗姿、卡奴迪路、零跑汽车、小鹏汽车入驻海安。新开业7-ELEVEN连锁便利店3家；美好超市7家，累计14家；瑞幸咖啡3家，累计4家。

【海安万达广场】 海安万达广场位于市区黄海西路与镇南路交叉口。2018年11月落户海安，2020年6月25日正式开业。广场总建筑面积10万平方米，总投资10亿元，拥有1个儿童主题街区、11家主次力店、12个首进海安的全国知名连锁品牌，停车位近1000个，是海安单体规模最大的商业综合体。2022年，海安万达广场开展美好生活节等活动300余场，服务海安市民2290万人次，带动就业5000人次。

【海安文峰大世界】 海安文峰大世界位于市区宁海南路2号。2000年6月落户海安，9月对外营业。总建筑面积5.5万平方米，先后获评江苏省价格诚信先进示范企业、江苏省放心消费先进单位等。2022年，商场通过“绿色商场”现场评审，经营国内外知名品牌300多个，完成营业额4.12亿元，比上年下降8.47%，拥有员工800多人。

【海安苏果超市】 苏果超市（海安）有限公司是一家集批发、配送、加工、零售于一体的大型连锁企业。2006年签约进驻贵都广场，2007年1月对外营业。2022年，海安苏果超市拥有购物广场、平价店、社区店、标准超市、便利店、“好的”便利店六大主力业态，直营店、加盟店近2000家，经营面积近4.15万平方米，其中苏果海安贵都广场购物中心营业面积近2万平方米，员工330人。 （田梦雯）

住宿餐饮业

【概况】 2022年，海安市实现住宿和餐饮业营业额67.52亿元，比上年减少4.4%，其中，住宿业4.94亿元，比上年减少3.8%；餐饮业62.58亿元，比上年减少4.5%。实现住宿和餐饮业零售额49.87亿元，比上年减少13.8%。限额以上住宿单位14家，比上年增加5家；限额以上餐饮单位37家，比上年增加8家。全市有星级宾馆6家，其中，海安宾馆、海霸皇大酒店、海安北国风光大酒店、都市花园酒店、辰洋大酒店为三星级宾馆，王府大酒店为四星级宾馆。住餐品牌首店亚朵落户海安。

【美食促消费活动】 2022年6月21日，海安市启动“海量优惠·安享消费”暨“江苏味道”海安地标美食促消费活动，活动期间，先后举办啤酒龙虾节、红烧肉烹饪比赛、河豚美食促销月、老字号品牌产品促销等系列美食促消费活动。是日，举办海安地标美食比赛暨职工技能比赛。评选麻虾豆腐、雪菜小公鸡、家烧河蚌、铁板雅周香芋、大煮李堡百叶、清蒸麻虾带鱼、沙岗徐二猪头肉、陆家窑水晶肴蹄、陆家窑熏鱼、白切羊肉为“十大名小吃”，堂烹本港文蛤、红烧曲塘羊肉、红烧雅周老鹅、家烧野生黄鱼、烩蛏干、家乡肉圆、蟹粉皮肚、中洋白汁河豚、古法蒸鲥鱼、青墩古韵八鲜为“十大名菜”，河豚汤包、糖糕、薄荷糕、双色凉团、翡翠文蛤饼、虾仁紫菜饼、蟹黄包、萝卜丝馒头、老酵米饼、老街麻团为“十大名点”，禧宴黄焖甲鱼、米粉蒸肉、鳜鱼姿造、海鲜烩河豚、河豚火锅、农家大杂烩、麻虾焖蛋、长鱼煮卜页、清汤老鸭煲、风干肉为“地标名菜”。中洋金砖酒店丁华获职工技能比赛一等奖，海安宾馆袁金华、年年有鱼长江路酒店陈华山获二等奖，海安国恒品悦酒店夏荣宇、海安锦龙宴会中心何进、角斜鑫源大酒店冯卫东获三等奖。9月2日，举办“海安味道”美食比赛——红烧肉、狮子头专场交流会。王府邦瑞国际大酒店获红烧肉比赛一等奖，华新品悦酒店、金鹰大酒店获二等奖，海安宾馆、李堡天乐大酒店、徐惠芬获三等奖；锦海商务酒店获狮子头比赛一等奖，海安金鹰大酒店、海安卫生健康委食堂王美华获二等奖，中洋金砖酒店、王府邦瑞国际大酒店、海安高新区科创园食堂陶学龙获三等奖。9月29日，举办“海安地标美食——河豚美食迎国庆”消费促进活动启动仪式。活动期间，举行河豚烹饪比赛，国亚花好月圆酒店周鹏、玉海楼酒店于亮等8人获评海安“河豚名师”，玉海楼酒店于加成、领盛酒店姜钧等7人获评海安“河豚大师”，岚田大酒店、领盛酒店、国亚花好月圆酒店、金富港黄鱼馆4家餐饮企业获评海安河豚餐饮名店。

【餐饮行业管理】 2022年，海安市规范餐饮行业管理，引导餐饮行业转型升级、提质增效，打造海安特色餐饮品牌。1月18日，海安市餐饮行业疫情防控工作会议暨协会年会在海安美仑国际大酒店召开。会上，市餐饮行业协会发布“疫情防控工作倡议书”；餐饮服务单位向市商务局递交2022年度燃气安全管理承诺书；市餐饮行业协会会长邵祥才作协会2021年工作报告和2022年工作计划，常务副秘书长俞勇作协会2021年财务工作报告，增选协会副会长单位、理事单位，聘任3名协会副秘书长；发布2021年海安美食工匠、美食名匠；王府邦瑞国际大酒店王荣健作餐饮业高质量发展主题分享。6月10日，“提品质、促消费，打造地方美食品牌”座谈会在海霸皇大酒店召开，会议宣读“提品质促消费，迎二十大”消费促进活动方案，发布反对餐饮浪费倡议，与会人员就餐饮品牌创建、海安传统美食挖掘、餐饮服务提升等开展交流探讨。 （田梦雯）

电子商务

【概况】 2022年，海安市有电子商务交易企业106家。电子商务销售企业95家，实现销售额21.54亿元，其中跨境销售企业6家，实现销售额8295万元。电子商务采购企业30家，实现采购额5.26亿元，其中跨境采购企业1家，实现采购额45万元。依托海安高新区科创园建设市级电商公共服务中心，完成17个镇级电商服务站点建设及运营。继续发挥优质农产品直达社区“寻味海安”平台优势，30余种海安农副产品在电商平台销售。

【海安市电子商务公共服务中心】 海安市电子商务公共服务中心位于镇南路428号海安高新区科创园，是市政府重点打造的电商创业孵化基地。2022年，中心投入运营，总建筑面积1000平方米，为全市电商企业提供完整的产业展示、电商咨询、人员培训、企业及个人孵化、运营指导、仓储物流等“一站式”综合服务。全年，提供服务近100次，举办培训13期，培训1106人次。至年底，累计7家电商企业签约入驻。（田梦雯）

软件和服务外包

【软件和信息技术服务】 2022年，海安市有规模以上软件和信息技术服务业企业8家，实现营业收入3.37亿元，利润总额653万元。海安开发区在省级服务外包示范区综合考评列第12位。西信科技有限公司（简称西信科技）通过全球软件领域规格最高、难度最大的认证之一CMMI5级国际资质认证，这是CMMI国际资质认证最高级别，也是海安首家通过认证的软件企业。南通明途通信服务有限公司获全国工业App和信息消费大赛优秀奖。南通东华软件有限公司（简称东华软件）、西信科技入选省级专精特新企业培育库，西信科技“西信科技WIT工业互联网开发平台”、东华软件“多云云备份解决方案”、江苏麦维智能科技有限公司“五位一体化工安全信息系统”入围2021年度江苏省工业软件优秀产品和应用解决方案拟推广名单。

【服务外包】 2022年，海安市新认定服务外包企业10家，实现服务外包执行额11.3亿美元，其中离岸外包执行额4.35亿美元。建立重点企业“一对一”挂钩联系机制，定期走访调研重点服务外包企业。对接上海、苏州等长三角地区重点城市，发挥服务外包行业协会作用，开展市场对接、业务对接和产业链上、下游对接等活动，新招引ITO（信息技术）服务外包企业10家、KPO（知识流程）服务外包企业3家、BPO（业务流程）服务外包企业1家。（市发展改革委）

供销合作

【概况】 2022年，海安市供销社系统实现商品销售总额56.15亿元，比上年增长0.05%，其中日用消费品销售额14.27亿元，比上年下降3.3%；农资销售额4.72亿元，比上年增长6.9%；农副产品收购额44.40亿元，比上年增长0.67%。市场交易额40.10亿元，比上年增长2.17%。再生资源利用回收额3.40亿元，比上年下降7.55%。供销社基层网点覆盖全市90%以上的行政村。改建提升基层薄弱供销社1家，累计20家。改造升级农村综合服务社8家，累计95家。新建农民专业合作社3家，累计38家。

【供销合作社综合改革】 2022年1月22日，海安市政府召开供销合作社改革协调会会议，深化供销合作社综合改革。建立投资运行平台，3月21日，注册成立海安市供合投资管理有限公司，由市供销总社主要负责人兼任法定代表人，作为系统资产运营主体，实行社企分开、封闭运行，独立开展经济活动。按照“开放办社、为农服务、合作联合、因地制宜”原则，通过“社社共建、区镇助建、社企协同、能人领办”形式，组建创建新型基层供销合作社。至2022年末，全市建成基层供销社20家，乡镇覆盖率75%，其中，全资控股1家（海安市李堡供销有限公司），参股、控股10家，开放办社9家。采取创办、联办、领办等形式，大力发展农民专业合作（联）社，全市累计兴办各类专业合作社38家，其中农民专业合作社联合社7家，带动农户10万户。不断提升为农服务，累计建成五星级农村综合服务社1家、四星级农村综合服务社1家、三星级农村综合服务社6家。强化社有资产管理，历时4个月，梳理、核对供销社系统历年财务、资产情况，并联合市财政局、市自然资源和规划局等部门，编制系统历史债务化解、资产处置收益分配等初步方案。

【农药包装废弃物回收处置】 2022年，海安市政府办公室出台《海安市农药废弃物回收处置试点工作实施方案》，明确全市所有农药销售门店全面开展农药包装废弃物（塑料瓶、玻璃瓶、农药纸袋）回收工作。在每个行政村设立1~2个回收点，全市3.33公顷以上种田大户单独设立回收点，做到统一标识、统一制度、统一价格、统一回收解交，制定专项台账，全市累计建成回收网点1000家。投资100万元，翻造原李堡供销社生产资料部水泥地3300平方米，添置专用运输车2辆、叉车1辆及打包压块设备，建成农药包装废弃物回收暂存中心、废旧物资回收中心和农资配送中心。海安惠民农资有限公司承担全市农药经营网点和种田大户回收农药包装废弃物的集中收集、转运、分拣及短期储存、集中解交无害化处置。与上海电气南通国海环保科技有限公司签订协议，将其作为处置终端。至年底，海安供销社系统累计回收农药包装废弃物1009.8万件183.6吨，处置农药包装废弃物939.69万件170.85吨。

【再生资源回收利用】 2022年，海安市再生资源回收利用工作以海安众兴再生资源有限公司为实施主体，下设区镇分公司15家；整合社会网点20家；在网络较为薄弱和网点空白地区，与2家废旧塑料加工企业签订薄膜回收再利用合同。全年，海安供销社系统回收废旧农膜787.8吨，其中，棚膜685.12吨、地膜102.68吨；回收废钢铁10.51万吨；回收废有色金属铜、铝、不锈钢等1569.46吨；回收废塑料、塑衣、旧鞋、玻璃等3594.73吨；回收废纸4543.37吨。废钢铁直接解交江苏沙钢集团有限公司，废旧薄膜解交海安世友粒子有限公司、联谊秧盘厂，废纸解交海安市内加工厂。实现再生资源销售额3.32亿元。

【农资经营】 2022年，海安市建成以海安惠民农资有限公司为实施主体，区域配送中心及区镇农资分公司为载体，村级经营部为终端的三级连锁农资配送网络。继续服务好流转土地3.33公顷以上的粮食种植大户、家庭农场和新型农业经营主体，统一零差价配供农业生产防治病虫害所需的农药。全年，零差价直接配送种田大户小麦赤霉病防治药剂（杀菌剂）4.8吨，销售额48万元，防治面积4666.67公顷。全市供销社系统采购化肥16.16万吨，销售化肥14.54万吨；采购农药1743.2吨，销售农药1307.2吨，基本保证农业生产需要。

【海安市角斜农业服务专业合作社联合社】 海安市角斜农业服务专业合作社联合社位于角斜镇来南村20组，组建于2017年1月，由乾居果蔬专业合作社、汤灶村农地股份专业合作社、兴业食用菌专业合作社发起，角斜镇农业技术推广站和来南村、汤灶村、新坝村、富港村经济合作社先后加入，成员出资总额108万元，获评国家农民合作社示范社、全国农民专业合作社示范社。2022年，合作社有管理人员6人，正常用工20人，农忙季节80人。为农服务面积80公顷，涉及5个行政村，实行统一供种、统一农资配送、统一机耕和脱粒、统一技术辅导、统一烘干、统一销售。配备播种机12台、收割机3台、无人机治虫机2台、烘干机4台（粮食烘干机2台、食用菌烘干机2台）。举办食用菌种植技术培训、绿色食品标准化栽培技术培训2期，邀请省农业科学院马林、中国科学院近代物理研究所董善存到服务社授课，受培人数约300人次。不断拓展销售市场，推动产品进入江苏南通、上海的超市、市场，在上海西郊国际农副产品市场设立销售窗口。全年，统一配送化肥324吨、农药0.36吨、种子21吨，测土配方施肥20公顷，收获小麦480吨、水稻750吨、食用菌（香菇、灵芝、羊肚菌）1200吨；实现服务收入210万元。

【海安兴业食用菌专业合作社】 海安兴业食用菌专业合作社位于海安市角斜镇来南村20组，创办于2011年5月，主要从事食用菌新品种引进、制种、栽培及产品销售，获评国家农民合作社示范社。主要产品有香菇、灵芝、黑木耳、羊肚菌等，申请注册"角斜"牌香菇、"海葆力"牌羊肚菌商标，角斜香菇获评"全国百佳农产品品牌""江苏省最美绿色食品"，获首届江苏好鲜菇品鉴评比活动金奖。与南京农业大学、江苏省农业科学院、浙江省食用菌研究所建立校企联盟，开展产学研合作，多次聘请专家、教授到企业授课，推广新产品、新成果、新技术10多项。建成江苏省食用菌标准园，获评"江苏味美菜园"。建立以合作社为龙头的"合作社+公司+农户"运行模式，实行统一供种、统一技术辅导、统一保底价回收产品、统一包装、统一品牌销售。不断拓展市场，推动产品进入大、中型城市的超市，在上海和江苏南京、扬州、淮安等地开设产品直营店。2022年，合作社有社员106人；固定资产629万元，有全自动拌料装袋生产线2条、全钢架结构大棚生产基地2个；种植面积17.53公顷，生产食用菌1200吨，实现销售收入1250万元，利润45万元。带动周边160户农户从事食用菌种植，户均收益超3万元。

【胡集综合服务社】 胡集综合服务社位于海安市胡集街道通阳西路39号，创办于2003年。2022年，服务社占地面积0.36公顷，建有营业用房150平方米、仓库700平方米，经营项目有日用消费品超市、农业生产资料销售、餐饮服务等，有营业人员4人。成立"农一网"海安工作站，开通农资电子商务。全年，销售化肥500吨，其中，尿素100吨、复合肥400吨，销售收入150万元；销售农药（杀虫剂、杀菌剂、除草剂等）8.3吨，销售收入50万元；销售"淮稻5号""南粳9108"等水稻种子1吨、"镇麦12号"等小麦种子3吨，矮秆高产油菜种子"德名油700"深受欢迎；在售日用消费品品种1200个，销售收入360万元。下属镇西饭店实现营业收入100万元。设立农民活动室，服务周边群众。服务社完成营业收入662.40万元。

【海安惠民农资有限公司】 海安惠民农资有限公司位于海安市通榆北路188号，创办于2004年，是海安市供销社系统农资连锁经营龙头企业，被商务部列为全国首批"万村千乡市场工程"。2022年，公司下设办公室、财务部、化肥部、农药部、种子部，建立通榆、李堡、王庄、韩洋等配送中心，有连锁分支机构150个。做好农资保供稳价工作，建立史丹利、金正大、施可丰、海利尔等全国知名化肥、农药品牌总经销、总代理40多家，实现销售收入1.65亿元，其中，总部销售收入8900万元，网点销售收入7600万元；销售化肥5万吨；农药销售收入3000万元，实行农药零差率统一配供。优化农资配送服务，配备化肥运输车5辆、专用农药运输车5辆，直接配送给380户种田大户（土地流转面积3.33~20公顷）的农药、化肥占总销量的45%。做好小麦赤霉病防治工作，配送杀菌剂农药4.8吨，销售收入48万元，实现零差率，防治面积4446.67公顷，财政补贴11.7万元。做好废弃农药包装收购、转运、回收工作，优化农村人居环境。加强农业科普知识宣传，编印《惠民农情》10期，发行3万份。

（吴建华　范　平　江丽萍　陈克成）

粮食储备

【概况】 2022年，海安市规范地方储备粮油管理，加强政府对粮食的宏观调控能力，保障区域粮食安全，维护社会稳定。完成地方储备1.4万吨小麦、1.6万吨粳稻轮出，1.6万吨粳稻、2.7万吨小麦轮进，1200吨大米、400吨面粉、150吨食用油以及290吨冻猪肉轮换任务，各项储备数量真实，质量良好，储存安全。完成30项应急救灾物资储备采购入库验收工作，不断优化市级应急救灾物资储备库设备设施。金洲粮油公司、季和米业公司被确定为首批省级粮食应急保障示范企业。加快推动省级粮食物流园提档升级，园区年开票销售额超110亿元，利润超2亿元，码头吞吐量突破210万吨。省政府办公厅对2021年海安市粮食安全责任制落实到位、粮油储备规模和补贴到位、优质粮食工程和优质优价收购推进有力、粮食产业发展质量和效益明显提升的地方予以督查激励，2022年对海安在省级粮食仓储物流及产业发展专项资金安排和粮食专项扶持政策方面予以倾斜。

【粮食收购】 2022年，海安市做好夏、秋粮两季粮食收购工作，完成南通市下达粮食优质优价收购7.5万吨目标任务。高质量推进粮食收储安全保障，全市现代型仓储设施覆盖率87.48%，地方储备保障率100%，粮食安全高质量考核列南通第一方阵。加强收购粮食质量安全风险监测，做好新收获粮食样品采集上报工作，收集、整理、上报小麦和粳稻样品82份、菜籽样品2份、玉米样品2份。加强地方储备粮出入库检测，委托具有资质的第三方机构扦样检测2021年入库的小麦26份、出库的粳稻28份，各项指标全部合格；检测2022年新入库的小麦入库样品26份、成品粮样品7份、品质检测样品31份。

【粮食监管】 2022年，海安市完成78家粮食收购企业备案管理。开展粮食流通监督检查27次，出动检查人员81人次，检查收购主体121个次。开展全省政策性粮油库存检查，全市涉及政策性粮油库存检查统计报账单位14家、存储库点15家，接受省内交叉检查徐州检查组对苏三零海安粮食收储有限公司、江苏西隆粮油贸易有限公司2家政策性粮食企业检查，接受省专项油脂检查组对南通家惠油脂发展有限公司检查，接受安徽省对海安2022年新入库地方储备小麦跨省交叉延伸检查。开展“双随机、一公开”检查9次30家次，其中，跨部门联合检查5次，中央事权粮检查1次。全市未出现卖粮难和“打白条”现象。

【储粮安全】 2022年，海安市全面落实粮食储备主体责任，严格执行安全生产相关制度，年初与各承储库点签订安全责任书，组织安全培训2次48人次，每月至少下沉各库点安全检查4次，累计排查安全隐患55个次，粮食安全保障水平不断提升。落实疫情防控措施，确保粮安、库安、人安。开展粮食科技活动周、食品安全周活动，活动期间，累计现场发放宣传资料500余份，接受现场咨询20余人次，参与群众200余人。

（市发展改革委）

邮政服务

【概况】 2022年，海安市邮政行业有各类营业网点45处，其中，城市网点7处、农村网点38处；营业投递部10处。邮政信筒信箱52个、邮政报刊亭7处。完成邮政业务收入2.85亿元，比上年增长8.4%。集邮16.49万枚，比上年增长19%。深入推进乡村振兴，开通南通首条助农冷链邮路。创新发展“两卡”项目，三代社保卡、退役军人优待证发展情况均列南通地区第一，41个邮政支局与203个村（居）完成全面对接。深化政企合作，参与三级物流体系建设，与复兴社区共建“‘1+2+N’邮社共建 寻味美好”惠民助农模式，与中国天楹股份有限公司共建“青绿驿站”。

【邮政惠农服务】 2022年，海安市邮政公司依托“寻味海安”平台，打造“合作+收单+销售”模式，成立“1130”同城配送班（客户下单后，在次日11:30前配送至生鲜驿站或指定的邮政网点），开通冷链车2辆，协调专业冷库，加快农产品配送。运用“生鲜驿站”（“村邮驿站”）24小时自提柜，满足市民自提需要。参与防疫保供，打造“寻味海安·邮特惠”品牌，实施“优惠购”“一周一菜”等活动，向苏州、南通运输农产品，配送南通市区自提点订单数近万笔。

【邮政公益服务】 2022年，海安市深化邮政“常回家看看”志愿服务品牌建设，推广“军邮一家人”“先锋救援”“绿色邮政”等特色服务。打造“军邮一家人”特色邮路，由41个支局200余名志愿者常年结对关爱海安100户军属家庭，常态化开展“五个一”（一个亲情热线、一句简单问候、一件点滴关爱、一个感动瞬间、一份心灵感受）志愿服务活动，“军邮一家人”志愿服务项目获省青年志愿服务项目大赛文明实践类三等奖。打造“先锋救援”特色邮路，6月18日，市邮政公司、市民政局、市红十字会、海安先锋救援队联合启动“爱心黄手环，温暖回家路”公益活动。推进“绿色邮政”建设，11月23日，市邮政公司与中国天楹股份有限公司共建首个标准化无废城市服务中心“青绿驿站”。（蒋婷婷　朱丽蓉）

通信服务

【概况】 2022年，海安市新改建5G基站880个，其中，电信422个、移动334个、联通124个，累计2606个。新建5G机房51个，其中，电信10个、移动38个、联通3个，累计202个。布放大芯数光缆288千米，其中，电信110千米、移动98千米、联通80千米，占用管孔资源152千米，其中，电信25千米、移动65千米、联通62千米，实现海安主城区5G全覆盖，海安开发区、海安高新区等工业园区基本覆盖，有5G网络需求的企业专项覆盖。全市5G用户数40.67万户，其中，电信10.2万户、移动26万户、联通4.47万户，出口带宽1560千兆，其中，电信1000千兆、移动500千兆、联通60千兆。“5G+互联网”应用62个，其中，电信32个、移动30个。亚太轻合金（南通）科技有限公司基于5G应用的信息化综合生产平台，实现信息沟通扁平化、生产现场透明化，大幅提升生产效率，降低企业运行成本，一线生产人员减少35%，产能提升80%，人均生产效益提升36%，整体自动化率95%，良品率超过98.5%。江苏威尔曼科技有限公司“5G+工业互联网”精密电路智造车间通过智能化改造升级，生产效率提升13.2%，减少人员26人，通过各类全自动检测系统和尖端检测设备的应用，车间一次交验合格率提升至99.8%。南通跃通数控设备股份有限公司创建省级五星级上云企业，企业生产效率提升8.33%，生产周期缩短12.5%，设备故障率降低20%，产品次品率降低22.2%，大幅提高企业生产效率和产品质量。（张益玄）

【电信】 2022年，中国电信股份有限公司海安分公司有营业服务网点112家，服务个人客户超40万户、家庭宽带客户超21万户，实现业务收入4亿元。6月4日，成为全省首家移动用户网间份额突破40%的县级公司。坚持以客户为中心，持续开展提速降费，推出适合不同消费层次的优惠套餐；优化服务渠道，协同开展线上、线下销售；深入村组、社区和企事业单位宣传拓展新兴业务，推广智能网关、高清机顶盒、智能门锁、智能音箱等产品，满足客户对美好数字生活的需求。全面启动“海安云”建设，打造全省首个县域“一城一池”节点。服务乡村振兴发展，推进农村地区5G网络、数字化平台、千兆光宽等新型信息化基础设施建设与升级；推进乡村治理数字化，扩大“互联网+政务服务”在乡村覆盖面，支撑数字乡村建设标准村和示范村提档升级；推进农业生产智能化，促进云计算、大数据、物联网、人工智能与“三农”工作有机融合，推出智慧种植、智慧养殖、农产品产销对接和质量安全管控等方面创新应用；推进农民生活智慧化，促进公共服务资源向乡村延伸；打造智慧家庭，丰富智慧家庭应用。公司获评江苏省放心消费诚信品牌企业。

（电信海安分公司）

【移动】 2022年，中国移动通信集团江苏有限公司海安分公司有营业服务网点278家，实现自然区镇一级网点服务全覆盖，服务个人客户超59万户、家庭宽带客户超26万户，实现业务总收入4.5亿元。加强移动网络建设，全面打造5G精品网络和千兆宽带网络。加快建成5G网络，达成主城区、重点区镇及高铁全覆盖，一般区镇有覆盖，党政机关、火车站、汽车站、大型医院、大型商场、部分重点企业深度覆盖；依托综合业务接入区，加强基础资源建设，基于一张光缆网架构，完善配线光缆及分纤点部署；打造千兆宽带网络，实现千兆接入能力全覆盖，按小区户型结构，定制千兆融合服务方案；推进重点工业园区、重要企业网络预覆盖，有线网络光纤覆盖率100%。做好全网综合业务接入能力储备，全市互联网出口带宽880千兆，实现20千兆带宽进园区企业，千兆带宽进家庭。优化客户服务，提升“网+云+DICT”整体能力、生态合作能力、网格经营能力等，建立协同高效的集成交付体系。推进“数智化”城市建设，推出智慧医疗、智慧水利、校园“阳光食堂”、5G智能工厂，打造“治理有效”乡村振兴平台、“无人化”智慧农场等民生项目。

（移动海安分公司）

【联通】 2022年，中国联通有限公司海安分公司有营业服务网点220家，服务个人客户超12万户，家庭宽带客户超3万户，实现业务收入8000万元。强化大市场统筹，立足“大连接、大计算、大数据、大应用、大安全”五大主责主业，深耕重要客户、商业企业两大市场，聚焦高（职）校基站下真实用户，全力推进政企业务发展，签约应急避难场所及各景点升级改造智能化设备采购与安装项目、海安市应急指挥和视频调度会议系统等多个项目，销售、安装门磁643套。深度拓展零售市场，新建合作渠道6家。推进农村市场营销，做好价值经营管理。

（汪小雨）

【“海安云”建设】 2022年9月28日，海安市政府与天翼云科技有限公司江苏分公司签订“海安云”合作共建协议，打造全省首个县域“一城一池”节点。全面启动以政府为引导、企业为主体、服务平台为支撑的智能化改造和数字化转型建设，首期部署的3000核、7400千兆内存、353万兆云平台存储形成算力。服务制造业智能化改造和数字化转型发展，组织专家团队深入企业制造现场开展诊断服务，形成71家规模以上企业“一企一案”诊断报告。服务企业上云，实现规模以上企业上云培训全覆盖。服务“5G+工业互联网”发展，为企业部署5G定制网，帮助企业改造内、外网，提升生产管理效率。

（电信海安分公司）

专营专卖

【盐业经营】 2022年，海安市盐业有限公司实现盐斤销售2.30万吨，销售收入2786万元。持续巩固小包装盐市场，与重点农贸批发户签订专销协议，积极对接中型以上企事业单位食堂、餐饮公司等终端用户，确保淮盐主渠道地位。提升大包装盐市场经营质效，因疫情影响，大包装盐销售总量与上年相比有所下降，在稳保大包装盐销售渠道的同时，稳步调整大包装盐销售价格，大包装盐增利水平有所提升。加强盐业市场监管，配合相关职能部门开展涉盐执法检查和食盐专营政策宣传，保障人民食盐安全。

（王　虹）

【烟草专卖】 2022年，南通市烟草公司海安分公司销售卷烟2.95万箱，与上年基本持平，其中，销售低焦油卷烟4523.55箱，比上年增长31.01%；销售细支烟3774.67箱，比上年增长35.7%。含税销售额14.11亿元，比上年增长6.16%。诚信互助小组作用显著，成立诚信互助小组333个，覆盖率100%，开展线下活动3210次、线上活动6622次，举办“五个一”结对共建（一名管理员工、一名客户经理、一名专卖稽查员、一名工业销售代表和一个诚信互助小组结对共建）活动34场，其中邀请中国银行、工商银行等金融单位参与“五个一”结对共建活动15场次，帮助220余户零售客户申请“烟商贷”，解决客户资金缺口2200余万元。“通·家·号”三大平台建设有序推进，新增“金丝利·通”客户73户，10户客户进入全省前100，正常运转率97.21%；“金丝利·家”日均活跃度始终保持在全区前列；做好“金丝利”微信公众号更新维护，转发各类推文504篇，点击量8000余人次。消费环境建设加快布局，在全市交通路口和人员密集场所建成吸烟室3个、吸烟区3个、吸烟点476个。

全力维护海安卷烟零售市场秩序，开展“百日会战”“利剑9号”专项行动，查获各类卷烟违法违规案件252起，涉案卷烟数量353.81万支，案值403.79万元，其中，5万元以上案件27起；涉假案件107起，假烟数量10.46万支，案值22.31万元；涉私案件1起，走私烟数量0.90万支，案值0.87万元。开展虚假客户、违规客户专项治理，监管重点大户49次，查处案件2起，3户重点大户中1户被取消经营资格，2户主动注销。加大打假打私力度，联合公安部门到江苏苏州、盐城等地办理网络案件20次。加强普法宣传，定期开展“送法进物流站、寄递企业”活动，向一线人员宣传烟草专卖法律法规、涉烟违法行为举报途径和举报奖励政策等，物流寄递企业员工提供有价值线索90余条，根据线索查获违规卷烟17.52万支，案值14.53万元。加强电子烟监管，全面清理整治向未成年人销售电子烟行为，检查电子烟销售网点95个，清理校园周边电子烟销售网点1个，向公安部门提供违法线索2条，发放“电子烟风险提示告知书”13份。规范证件管理，严格控制零售许可证总量，新办零售许可证302张，注销零售许可证470张，减少168张；持续推进中小学、幼儿园周边零售户劝退、搬迁工作，清理中小学周边客户61户；推行客户办证“零材料”“零跑腿”，受理网上申请2041条，邮寄许可证等1728份。

（陈长斌）

【石油经营】 2022年，中国石化销售股份有限公司海安石油分公司实现轻油零售自营机出12.10万吨、配送310吨；非油品基础品类销售6065万元，比上年增长2%。加强基层网点建设，新增冠宇加油站，解决长江加油站不动产权证遗留问题并办理相关证照，做好危化证换证相关工作，1家门店实现年销售千万元，获评管理安全示范站1座、“三基”（基层建设、基础工作和基本功训练）示范站1座。做强易捷服务，灵活运用好各类营销活动，不断提升门店销量和门店零售占比；深入机械企业挖掘客户，开发大桶润滑油销售；挖掘团购市场潜力，创新“以油带非、以非促油、油非共进”营销模式。“易享节”销售成绩突出，2家门店销售突破200万元，海安加油站进入全国前十位。不断拓展零售市场，推进成品油市场综合整治，落实加油站5千米责任区，加大柴油客户排查力度，推动海安商贸物流园自建罐客户回流。优化提升服务，实施“治破治旧”专项行动，开展服务新规范培训和加油站环境治理，举办加油站服务提升百日竞赛活动，打造“爱心驿站”8座，其中墩东加油站“司机之家”产生广泛影响。狠抓安全管理，组织学习“安全生产法”等法律法规，每月召开HSE（健康、安全和环境三位一体的管理体系）安全管理会议，先后举办百日服务专项、HSE检查标准培训、三次油气回收设备运行培训、计量员接卸油操作培训等，推动落实“一标准、四张卡”（HSE检查标准，风险控制卡、应急处置卡、岗位操作卡、HSE观察卡）工作法，坚持开展日常安全检查和专项检查，实现“沟见底，轴见光，设备见本色”管理要求，每月气液比检测数据均合格，17座站（点）三次回收设备运行正常。 （海安石油分公司）

中介服务业

【劳务中介】 2022年，海安市加强人力资源服务机构管理，严格规范人力资源服务机构审批流程，开展人力资源服务机构日常巡查和专项检查，做好全市人力资源服务机构年检工作，并在“海安市人民政府”网站上公示年检结果。全市15家人力资源服务机构依法公示企业营业执照、许可证、收费标准、举报投诉电话，保障求职人员知情权。全年，办理求职登记4245人，成功介绍1852人。

（王　敏）

【房产中介】 2022年，海安市有房产中介202家，比上年减少53家。办理个人存量房交易备案2362件，面积29.53万平方米；单位存量房交易备案23件，面积11.71万平方米。办理房屋租赁登记备案306件，面积11.8万平方米。 （夏婷婷）

【公证服务】 2022年，海安市公证处办理各类公证事项7229件，其中利用“公证云”平台及“远程视频公证”小程序，线上受理公证事项580件，业务范围涉及证据保全公证、涉外劳务公证以及委托、声明、遗嘱等民事类公证。不断强化便民服务，编制“海安公证办理指引”，设置咨询接待专岗，提供公证书邮寄服务，为年老体弱的当事人及有需要的企业工作人员提供上门服务60余次，为困难群众减免公证费用3000余元。

（范田晶）

【保安服务】 2022年，海安市保安服务集团有限公司有从业人员近1000人，提供人力防范服务、武装押运服务、CK技防服务、机动车检测服务、无人机飞行服务、区域现金处理中心运营服务、综合管理服务。下设人防一公司、人防二公司，有700多人的专业化保安队伍，为全市约130家党政机关、企事业单位等场所提供保安值守服务，为大型文体商贸活动提供服务，客户满意率98%以上。下设押运公司，有押运队员104人、押运车辆22辆、防暴枪45支，为全市22家金融机构，175个营业网点提供守护、押运、提解等服务，全年行车100多万千米，人、车、弹、标的安全万无一失。下设海保智能安防工程有限公司，独家拥有与公安110联网的CK报警系统，为全市金融机构、党政机关、企事业单位、学校、易燃易爆仓库、加油站、金店及各类培训机构等1200多个重点场所提供安全技术防范。下设海陵机动车检测公司，有检测站3家（综检站、海安开发区站、江海站）、检测线5条、技术人员52人，全年为市民检测机动车近3万辆，通过省检验检测机构资质复评审。下设风和数字科技有限公司，有专业“飞手”8人，先后承接市应急管理局、市城市管理局、市水利局等单位公务无人机业务，累计飞行580余次，飞行时长约410小时。下设聚龙科技公司，面向金融客户提供包括自助设备全流程服务外包、现金清分（ATM加钞清机）全流程服务外包、金库托管、尾箱款箱寄存服务外包、档案整理等服务，累计有212个银行网点入驻海安中心。下设海保综合服务有限公司，有40多人的安保、服务团队，为区域现金处理中心提供安保、技防、消控室服务，为相关单位提供安全秩序维护与保洁卫生、会务服务与接待服务。 （崔倩娴）

海安乐百年健康小镇

旅游业

综　述

【产业发展】 2022年，海安市有国家质量等级旅游景区（点）6家，其中，AAAA级2家，AAA级4家。国家旅游星级宾馆6家，其中，四星级1家、三星级5家。全国休闲农业与乡村旅游示范点1家、省级工业旅游点4家。旅行社20家。接待市内外游客103.86万人次，比上年减少70.38%。实现旅游总收入17.09亿元，比上年减少67.06%。完成旅游业投资18.92亿元。

【旅游项目建设】 2022年，海安市新招商落户旅游项目3个，通过南通市考核新开工旅游项目3个，新竣工旅游项目2个。入选南通市重点文旅产业项目12个，年度计划总投资额12.88亿元。有序推进壮志康养小镇外立面改造；中洋海洋广场主体工程封顶；汉铭青少年研学旅游基地、海安开发区全季酒店等项目竣工，并正式营业。全市有文化、体育、娱乐业企业35家，其中，广播、电视、电影和录音制作业企业2家，文化艺术业企业6家，体育业企业2家，娱乐业企业25家；实现营业收入4.59亿元。鑫缘文化艺术作品产业化示范项目入选江苏省优秀版权作品产业转化重点培育项目。

【旅游宣传推介】 2022年，海安市加强文旅宣传推介，优化旅游环境，放大海安旅游品牌影响力。5月19日，举办第12个“中国旅游日”系列活动，在市博物馆等景区开展文明旅游、践行绿色发展宣传活动，通过派发宣传折页、发送提示短信、现场互动等方式，创建文明绿色旅游环境。市博物馆开通数字VR全景展览，定期线上展出馆藏文化精品。各旅行社探索线上旅游直播，推荐景点。组织鑫缘丝绸、华艺扎染、中洋河豚庄园等文旅企业参加江苏省乡村旅游节、苏州大运河文化旅游博览会、南通文旅乐购嘉年华等重要展销活动，宣传海安文旅资源。11月11日，南通文旅乐购嘉年华海安市文旅推介专场活动在南通市滨江公园举办，活动分为海安文旅直播和海安民俗风情户外演出推介两部分。　（金　欣）

旅游资源

【概况】 2022年，海安市依托历史文化、红色文化、非物质文化遗产文化、运河文化等海安特色文化资源，不断扩大“河豚之乡 · 休闲海安”品牌影响力，打造长三角新兴旅游目的地和苏中旅游集散地。围绕城区旅游核心、新通扬河生态区、上湖创新区、南黄海休闲旅游、里下河生态旅游、高沙土农业旅游“一核两翼三片区”旅游格局，加快推进壮志康养小镇、中洋海洋广场、乐百年小镇等项目建设。完成文旅资源普查，普查海安市文旅资源点2721个，定级资源1011个，其中，五级10个、四级28个，全面完成《海安市文旅资源普查报告》并通过评审。至年底，全市有国家质量等级旅游景区（点）6家，其中，AAAA级2家，AAA级4家。

表21　2022年海安市国家质量等级旅游景区一览表

等　级	旅游景区名称	地　址
AAAA级	江淮文化园	海安市凤山北路33号
	海安博物馆	海安市宁海北路58号
AAA级	苏中七战七捷纪念馆	海安市长江中路68号
	乐百年百草养生文化园	海安市墩头镇仇湖村1组
	角斜红旗民兵团史绩陈列馆	海安市滨海新区拥军路1号
	新四军联抗纪念馆	海安市墩头镇千步村32组

【海安博物馆（韩国钧故居）】 海安博物馆为国家AAAA级景区，由韩国钧故居和新馆两部分组成。韩国钧故居（又称韩公馆）是全国重点文物保护单位，民国时期江苏省省长韩国钧的故居。1988年，韩公馆正式对外开放。是年，海安博物馆成立并设于韩公馆内，同年正式对外开放。韩公馆青砖小瓦，穿堂四进，厅庑廊轩齐全，火巷回廊俱备，是海安保存完好且不可多见的晚清建筑群之一。韩公馆门前有一条石板街，最早形成于南宋时期，有800多年历史，清朝康熙六年（1667），海安钱文有出资铺就。韩公馆内有镂空砖雕的门楼，穿堂四进的晚清建筑、韩国钧胸像，以及建于清顺治年间（1644—1661）的楠木厅等。后花园内奇花异草、古树名木甚多，有一株180多年的广玉兰，为韩国钧亲手移植，香港《文汇报》曾载文称为“广玉兰王”；馆内还有一盆130多年的珍珠黄杨，为韩国钧生前的珍玩之物。

新馆位于韩公馆东侧，占地面积0.63公顷，建筑面积5163平方米，2019年8月5日试运行，对公众免费开放。新馆是一座以海安城市精神为核心，以海安地域文化为主题，以传统与创新融合为背景的地方综合性博物馆。以海安历史发展为脉络，以重要历史时期为节点，重点突出海安地方历史文化特点和优势，融合传统陈列、互动体验、高科技观览等展示方式，系统展示海安人民生产、生活及其文化创造，彰显海安江淮重镇、鱼米之乡、经济繁荣、人文荟萃、人杰地灵的地域个性。2022年，海安市博物馆（韩国钧故居）接待游客36.01万人次。

【江淮文化园】 江淮文化园是国家

AAAA级旅游景区，占地17.33公顷，仿中国古典园林景观，3万平方米湖面环绕。整个园区由白龙故里景区、先贤景区、凤山书院景区和中国名人艺术馆群景区四大景区组成。白龙故里景区包括数万平方米的白龙湖，数十座亭、台、楼、阁、榭、轩、廊、桥，以及几百种奇花异草、古树、奇石，特别是国家一级珍稀保护树种——红豆杉，在景区成功移植成林。先贤景区恢复的是海安古建筑，为与海安结缘的三位历史贤人文天祥、范仲淹、胡瑗（安定）而建，是纪念先贤，启发教育后人，发扬传承中华传统文化的地方。凤山书院景区亦是海安古景观的恢复，是历代先贤大儒、学者敦教化倡文明的重要场所。中国名人艺术馆群景区则由数座古式建筑和11栋欧式建筑结合而成，作为知名艺术家办培训、搞创作、办展览的基地，多名艺术大家、名家在江淮文化园景区布展、开馆，有侯康乙赏石艺术馆、刘万年艺术馆、吴向明国礼艺术馆、胡建雄书法艺术馆、王建梓艺术馆、罗杨书法艺术馆6个艺术馆。2022年，江淮文化园接待游客50.76万人次，实现旅游收入130.35万元。

【苏中七战七捷纪念馆】 苏中七战七捷纪念馆是国家AAA级旅游景区、全国百家“红色旅游”经典景区、全国爱国主义教育示范基地、江苏省党史教育基地、江苏省全民国防教育示范基地、江苏省文物保护单位以及30多所大中院校的校外德育基地。纪念馆位于海安市长江中路68号，占地2.1公顷，建有纪念碑、陈列馆（纪念馆）、国防园、碑廊等景点。1986年，原南京军区、中共江苏省委、江苏省人民政府联合在海安新建苏中七战七捷纪念碑。纪念碑碑身由古铜色花岗岩砌成，高27米，被誉为世界上最大的刺刀。碑名由原中国共产党中央顾问委员会常委姬鹏飞题写，碑文由原南京军区、中共江苏省委、江苏省人民政府撰写。1999年新建纪念馆，馆名由国务院原副总理、国防部原部长张爱萍题写。纪念馆外形为7支步枪。馆内设14个展厅，分别陈列着历史图片、革命文物、史料等。国防园展示中国人民解放军使用过的大炮、坦克、飞机、导弹等各种武器。碑廊以“捷”字为主题，刻有各个时期名人名家的“捷”。此外纪念馆还建有临时展厅、茶座、多功能报告厅、贵宾休息室、大中小型会议室及广场等。开馆以后，先后接待迟浩田、张震、曹刚川、姬鹏飞、陈丕显、彭冲、洪学智、叶飞等党和国家领导人以及社会各界人士800余万人次，成为集旅游、休闲、观光、教育于一体的多功能场所。2022年，苏中七战七捷纪念馆接待游客13.66万人次。

【角斜红旗民兵团史绩陈列馆】 角斜红旗民兵团史绩陈列馆是国家AAA级旅游景区、全国百佳红色旅游经典景区、全国唯一的乡镇民兵史绩陈列馆，是江苏省爱国主义教育基地、江苏省党史教育基地、江苏省全民国防教育先进单位。陈列馆始建于1969年。1991年3月角斜“红旗民兵团”命名25周年之际，迁至海安市滨海新区（角斜镇）拥军路1号，原中国共产党中央顾问委员会常委姬鹏飞题写馆名。2016年，改造升级陈列馆。改造后，占地面积约0.73公顷，建筑面积1648平方米。内设6个展室，采用声、光、电及多媒体等高科技手段，集中展示角斜“红旗民兵团”在抗日战争、解放战争、中华人民共和国成立初期、命名初期、改革开放时期等各个阶段的光辉历程。馆藏有民兵团发展过程中获得的各种奖章、奖品等文物资料，以及领导的题词、考察角斜的照片等。2022年，角斜红旗民兵团史绩陈列馆接待游客2683人次。

【新四军联抗纪念馆】 新四军联抗纪念馆是国家AAA级旅游景区、江苏省文物保护单位、江苏省重点革命烈士纪念建筑物保护单位，是苏中地区抗日战争年代保存下来的规模较大的陵园式纪念馆。位于海安市墩头镇千步村32组，占地约3.33公顷，建筑面积2000余平方米。主要纪念建筑物有表门、纪念碑、明理堂、联抗烈士墓、联抗司令黄逸峰骨灰安葬处、新四军联抗纪念馆（兴东泰特区委史料陈列室、新四军联抗烈士事迹陈列室）、联抗人物馆、逸峰阁等。1944年11月，为纪念在抗战中牺牲的161名将士，建立新四军联抗烈士陵园，黄逸峰题写“明理堂”匾额。1982年，新四军和华中抗日根据地研究会上海分会联抗史研究组和海安县党政军民各界为新四军联抗部队烈士纪念碑重刻碑铭。1987年、1988年时任全国人大常委会副委员长的陈丕显、叶飞先后为陵园和《联抗四年》题词，1991年国防部原部长张爱萍为联抗烈士纪念碑题词。1995年，陵园史迹入选《中国博物

新四军联抗纪念馆，摄于2022年4月6日　　市融媒体中心／供图

馆志》。改革开放后，纪念馆环境不断修葺，联抗史料不断充实。建园60周年，新建新四军联抗纪念馆（兴东泰特区委史料陈列室、新四军联抗烈士事迹陈列室），2005年9月10日正式开馆。2021年，联抗人物馆、海安人民抗日史迹陈列馆建成开放。2022年，新四军联抗纪念馆接待游客5000人次。

【乐百年百草养生文化园】 乐百年百草养生文化园是国家AAA级旅游景区，位于海安市墩头镇仇湖村1组乐百年健康小镇内。乐百年健康小镇占地约200公顷，初步建成都市牧场（一期）、百草养生文化园（含森林嘉年华）、休闲度假功能区、康健文化苑（一期）、家庭农场体验区、生态住宅区（一期）、旅游集散中心及员工生活配套区、运河观光带等八大功能块，打造集康养、理疗、文化、休闲、旅游、运动于一体的特色小镇。2019年10月1日正式开园。2022年，乐百年百草养生文化园接待游客2.65万人次，实现旅游收入176.74万元。

（金　欣）

旅游业态

【概况】 2022年，海安市实施“文旅+”战略，推动文化旅游与第一产业、第二产业、第三产业融合发展，围绕“文旅+乡村”“文旅+研学”等，培育乡村旅游、工业旅游、研学旅游、红色旅游、全域旅游等旅游业态。全市有全国休闲农业与乡村旅游示范点1家（中洋河豚庄园）、省级工业旅游点4家（鑫缘丝绸工业旅游区、鑫缘大健康园工业旅游区、海安元鸿木雕博物馆工业旅游区、占姆士衬衫王国工业旅游区）。

【乡村旅游】 2022年，海安市配合乡村振兴战略，发展乡村休闲旅游业，策划推广特色旅游农产品，拓宽农村劳动力转移就业渠道，推动构建“农中有旅、以旅助农、农旅融合、强农兴旅”新格局。加大乡村旅游项目建设，推进李堡镇杨庄农旅研学园项目规划设计、壮志康养小镇外立面改造建设，海安高新区每朵农场开放营业。打造农旅融合发展品牌，串联旅游线路，发展“滨海休闲”的南黄海休闲度假区、“农旅结合”的西南高沙土现代农业休闲旅游区和“水韵风情”的里下河水乡旅游区三大特色片区，举办里下河冬捕节、梨花节等乡村文旅节庆活动，拓展产业融合新增长点。

【红色旅游】 海安市是红色革命老区，红色资源丰富，有历史事件和活动遗址遗迹、烈士墓碑（群）及陵园、红色纪念馆、以烈士命名的乡、镇、村135处。2022年，海安市继续加强红色资源开发利用，打造苏中七战七捷纪念馆等红色现场教学点，培养和传承红色革命精神。围绕海安第一个党支部诞生地——东夏村，推进“红色东夏村”和东夏村党建展馆建设，完成“红色东夏村”系列文创产品开发。

【研学旅游】 2022年，海安市推动构建家校社协同育人工作机制，落实学生劳动教育与综合实践工作，依托自然景观、文化遗产、红色旅游景点、爱国主义教育基地等发展青少年研学旅游。至年底，白甸镇汉铭青少年研学旅游基地建成。打造“紫石故里·清风文旅”廉洁文化品牌项目，挖掘廉洁文化资源，整合具有廉洁元素的历史名迹、旅游景点，推出“崇德倡廉”研学线路2条，实现以景说廉、寓教于游。

（金　欣）

旅游线路开发

【海安精华一日游】 上午，游览全国重点文物保护单位、民国两任江苏省省长韩国钧的故居、国家AAAA级旅游景区“韩公馆（海安博物馆）”；参观AAAA级旅游景区“江淮文化园”，重现海安历史名胜；参观国家AAA级旅游景区“苏中七战七捷纪念馆”，瞻仰天下第一“刺刀”的雄伟。中午，品尝中国河豚之乡的天下第一鲜“河豚”。下午，游览国家AAA级旅游景区“乐百年百草养生文化园”，骑马、游湖、观鸟、休憩，体验森林嘉年华、水上高尔夫、中医药养生，沉浸于里下河地区怡人的田园牧歌式生活；前往“北海度假村”享用海安乡土风味的农家菜。

【海安历史文化一日游】 上午，游览全国重点文物保护单位、民国两任江苏省省长韩国钧的故居、国家AAAA级旅游景区“韩公馆（海安博物馆）”，了解海安数千年的历史变迁；前往全国重点文物保护单位青墩遗址，参观“青墩遗址博物馆”，探寻六千年前江海文明的起源。中午，在青墩遗址附近享用海安非物质文化遗产美食“沙岗猪头肉”。下午，前往“魏建功纪念馆”，回顾《新华字典》编纂者魏建功的生平往事；参观“刘景韶平倭纪念馆”，回顾明代兵民英勇抗倭的历史；返回市区，游览国家AAAA级旅游景区“江淮文化园”，观瞻天下第一亭、天下第一书案。

【海安红色教育一日游】 上午，在城区参观“苏北第一届参政会会址”和全国重点文物保护单位、国家AAAA级旅游景区“韩公馆（海安博物馆）”，追忆彪炳史册的苏中联合抗战；参观国家AAA级旅游景区“苏中七战七捷纪念馆”，瞻仰天下第一“刺刀”的雄伟。中午，品尝河鲜、海鲜等海安特色菜。下午，至江苏省首家大型红色报纸展览馆“慧源红色报馆”，重温中国共产党的光辉历程；至海安东部参观“角斜红旗民兵团史绩陈列馆”，感受红色岁月的澎湃激情；在“蓉和怡心园”享用晚餐。

【海安乡村休闲一日游】 上午，游览国家AAA级旅游景区“乐百年百草养生文化园”，骑马、游湖、观鸟、休憩，体验森林嘉年华、水上高尔夫、中医药养生，沉浸于里下河地区怡人的田园牧歌式生活。中午，在“龙湖山庄”享用江海地域风情的农家土菜，采摘新鲜果蔬，体验农家观光游览项目。下午，游览全国休闲农业与乡村旅游示范点“中洋河豚庄园”，近距离观赏河豚、中华鲟、扬子鳄、娃娃鱼等珍稀鱼类；在“中洋金砖酒店”享用中国河豚之乡的天下第一鲜“河豚”及螺蛳、鮰鱼、河蚌等充满海安乡土风情的四季时令珍馐。

【海安休闲之旅二日游】 第一天上午，至中国河豚之乡——海安，参观并入住江海新地标“中洋金砖酒店”；游览全国重点文物保护单位、民国两任江苏省省长韩国钧的故居、国家AAAA级旅游景区“韩公馆（海安博物馆）”，了解海安数千年的历史变迁。中午，品尝中国河豚之乡的天下第一鲜“河豚”。下午，参观“陈雷故居”，欣赏历史建筑的别致韵味；游览国家AAAA级旅游景区“江淮文化园”，观瞻天下第一亭、天下第一书案；参观“元鸿木雕博物馆”，观赏整木雕刻的立体清明上河图，惊叹中华文化精益求精的大国工匠精神。晚上，在酒店品尝海安特色菜品，欣赏城区夜景。第二天上午，前往海安西北的里下河地区，游览“西泊乡村旅游集聚区”，观赏里下河水泊美景，可到区内袁兵、春奎等多家采摘园进行草莓、葡萄、瓜果、蔬菜等采摘活动。中午，在“洪家滩樱桃园”品尝里下河河鲜等农家菜。下午，至“占姆士衬衫王国”，了解中国纺织业的发展历程，体会从棉、纱、布到成衣的奇妙过程。

【海安全景之旅三日游】 第一天上午，至中国河豚之乡——海安，游览全国休闲农业与乡村旅游示范点“中洋河豚庄园”，近距离观赏河豚、中华鲟、扬子鳄、娃娃鱼等珍稀鱼类。中午，在海安滨海新区享用天下第一鲜“河豚”及南黄海特色海鲜美味。下午，参观“角斜红旗民兵团史绩陈列馆”，感受红色岁月的澎湃激情；前往城区，在江苏省级工业旅游点“鑫缘大健康园”和“鑫缘丝绸艺术中心”了解蚕桑丝绸产品，体会蚕桑文化、丝绸文化的深厚底蕴。晚上，入住江海新地标“中洋金砖酒店”，品尝海安特色菜品，欣赏城区夜景。第二天上午，游览全国重点文物保护单位、民国两任江苏省省长韩国钧的故居、国家AAAA级旅游景区“韩公馆（海安博物馆）”，了解海安数千年的历史变迁；游览国家AAAA级旅游景区“江淮文化园”，观瞻天下第一亭、天下第一书案。中午，品尝河鲜、海鲜等海安特色菜。下午，游览国家AAA级旅游景区“乐百年百草养生文化园”，骑马、游湖、观鸟、休憩，体验森林嘉年华、水上高尔夫、中医药养生，沉浸于里下河地区怡人的田园牧歌式生活。晚上，在“北海度假村”享用海安乡土风味的农家菜。第三天上午，至“雅周现代农业园”，体验四季如春的绿色生态；到“盈拓生态园”，享受采摘果蔬、休闲垂钓、棋牌品茗乐趣。中午，在“盈拓生态园”品尝美味农家菜。下午，至“占姆士衬衫王国”，了解中国纺织业的发展历程，体会从棉、纱、布到成衣的奇妙过程。

（金　欣）

2022年3月31日，海安市举办第九届乡村旅游节暨大公镇第十二届梨花节。图为大公镇于坝梨园　　市融媒体中心／供图

旅游节庆活动

【概况】 2022年，海安市持续叫响“河豚之乡、休闲海安”旅游品牌，举办523文化艺术节，组织各区镇举办富有地方特色的梨花节、农耕文化体验节等文旅节庆活动7场，持续组织不同群体开展“爱家乡 游海安”一日游活动2次，引导更多群体了解和宣传海安旅游。第九届乡村旅游节创新设置“花开中国”慢直播，在梨园选景拍摄记录，央视频、我苏网、哔哩哔哩、悦海安等实况直播花开的全过程。大公镇于坝村万亩梨园被列为南通春季赏花胜地，海安唯一。

【第九届乡村旅游节】 2022年3月31日，海安市举办第九届乡村旅游节暨大公镇第十二届梨花节，活动采取线上直播的形式，邀请网民线上“云赏花”。活动布置乡村振兴成果展板，介绍大公镇乡村振兴建设成果；组织特色农产品展示，促进乡村振兴发展；精心挑选大公特色文艺节目，让观众感受大公特色文化；设置美食品尝环节，现场制作与“梨”有关的创新菜品，展现大公“梨”饮食文化；举办以梨花、美丽乡村为主题的校园少儿书画作品比赛，挑选精品书画作品向观众展示小朋友们眼中的大公。

【“爱家乡 游海安”主题活动】 2022年7月8日，海安市文化广电和旅游局、市关工委、墩头镇文化站联合开展“爱家乡 游海安”主题一日游活动，组织22名南京工业大学在海安支教的大学生、

48名墩头镇千步村乡村儿童先后游览青墩遗址博物馆、市城市规划展览馆和韩公馆。7月29日，市文化广电和旅游局、市退役军人事务局、市博物馆联合组织2022年度全市退役军人参加“强国复兴有我、军魂永不褪色”家乡一日游活动。（金　欣）

旅游行业管理

【概况】 2022年，海安市加强旅游行业管理，先后召开全市文化娱乐业及数字文化产业发展工作推进会议、星级酒店工作推进会、市旅游协会年度工作座谈会等会议，推进旅游业高质量发展。7月27日，海安市旅游协会三届四次会议暨四届一次会议在中洋金砖酒店举行，王怀当选新一任会长。强化旅游行业安全监管力度，先后召开文广旅行业安全生产工作会议暨“百团进百万企业千万员工”宣讲会、旅游行业安全生产百日攻坚行动推进会、文旅行业安全生产工作推进会，开展安全生产培训、安全生产大检查和专项整治，明确安全生产主体责任。做好文旅行业疫情防控工作，2月15日，拉网式检查全市经营中的网吧16家、歌舞娱乐场所14家、电子游戏游艺场所4家，抽查旅游景区2家、旅行社（含营业网点）18家、旅游星级宾馆6家，现场整改问题。

【文明旅游创建】 2022年，海安市开展文明旅游宣传活动，“国际消费者权益日”宣传教育活动期间，在市博物馆、七星湖生态园等景区向游客发放宣传资料200余份，解读“消费者权益保护法”“旅游法”“文物保护法”等法律法规，现场接受游客咨询；“国家宪法日”宣传活动期间，发放文明旅游宣传资料300余份；利用“海安文旅”微信公众号向经营业主及市民发起“诚信经营、文明旅游”倡议书，组织各文旅企业、公共文化场所滚动播放诚信宣传标语，将诚信经营纳入对企业的日常考核。

【旅行社管理】 2022年，海安市有旅行社20家。市文化广电和旅游局采取专项检查、日常巡查、“双随机”抽查相结合的工作机制，加强旅行社督导管理。联合市公安局、市交通运输局等部门开展“不合理低价游”、旅游包车百日攻坚行动、打击整治养老诈骗等专项整治活动。鼓励文旅企业提档升级，对三星级旅行社开展复核指导。指导旅行社申报旅行专项资金补助，1家旅行社获省级奖补资金20万元。帮助16家旅行社办理旅游质量服务保证金申退手续，退回质保金146万元，兑现地接奖励资金20.56万元。

【导游管理】 2022年，海安市加强导游培训教育，举办业务培训1次、安全培训2次；开展文旅行业消防安全应急演练，组织参加“安康杯”知识竞赛、南通应急管理防灾减灾有奖知识竞答、“链工宝”App知识竞赛等活动。协调部分旅行社参与拍摄《安全365》专题节目。加强旅游团队行前说明会、合同签订、意外险购买等全要素监管，营造健康安全的旅游环境。

表22　2022年海安市旅行社一览表

序号	旅行社名称	地　址
1	南通凤凰国际旅行社有限公司	海安市通榆中路38号
2	南通市海阳旅行社有限公司	海安市中坝南路15号117室
3	南通亚泰国际旅行社有限公司	海安市安达步行街3号12幢102室
4	南通乐嘉国际旅行社有限公司	海安市宁海中路19号3楼
5	南通畅行国际旅行社有限公司	海安市中坝南路4号3幢154号
6	南通乐游国际旅行社有限公司	海安市长江中路142号
7	南通沪通国际旅行社有限公司	海安市长江中路122号
8	南通玩美假期国际旅行社有限公司	海安市中坝南路1号
9	南通亚东国际旅行社有限公司	海安市永安南路151号城南花苑45幢101室
10	南通祥和国际旅行社有限公司	海安市旺池路8号
11	南通天地人和旅行社有限公司	海安市黄河路9号南通义乌国际商贸城11幢108室
12	海安四通国际旅行社	海安市通榆中路101号
13	江苏金砖旅游发展有限公司	海安市中坝南路98号
14	南通非凡国际旅行社有限公司	海安市曙光东二路68号2幢102室
15	丹娜国际旅游（江苏）有限公司	海安市晓星大道8号
16	南通乐程旅行社有限公司	海安市江海东路30号1幢
17	南通龙行天下国际旅行社有限公司	海安市隆政街道德兴村4组
18	南通驴友之家旅游有限公司	海安城东镇南屏花苑37号楼
19	南通交通国际旅行社有限公司	海安市迎宾路120号5幢
20	南通喜洋洋旅行社有限公司	海安市长江西路69号1幢

（金　欣）

海安万达广场

金 融 业

金融运行

【信贷收支】 2022年末，海安市金融机构本外币存款余额2020.03亿元，比年初增加201.29亿元，增长11.07%。其中，住户存款1313.58亿元，比年初增加209.80亿元，增长19.01%；非金融企业存款528.64亿元，比年初减少7.68亿元，下降1.43%；财政性存款20.15亿元，比年初减少0.03亿元，下降0.17%；机关团体存款151.67亿元，比年初减少0.75亿元，下降0.49%；非银行业金融机构存款5.33亿元，比年初减少425.20万元，下降0.79%；境外存款0.66亿元，比年初增加66.7万元，增长1.02%。金融机构本外币贷款余额1867.65亿元，比年初增加261.40亿元，增长16.27%。其中，境内住户贷款396.56亿元，比年初增加23.03亿元，增长6.16%；非金融企业及机关团体贷款1471.04亿元，比年初增加238.37亿元，增长19.34%；境外贷款491.78万元，比年初增加55.43万元，增长12.70%。

表23　2022年海安市金融机构本外币信贷收入、支出统计表

单位：万元

项　　目	2022年	增长率（与2021年相比）	项　　目	2022年	增长率（与2021年相比）
资金来源总计	22291069	14.46%	资金运用总计	22291069	14.46%
一、各项存款	20200302	11.07%	一、各项贷款	18676526	16.27%
（一）境内存款	20193706	11.07%	（一）境内贷款	18676034	16.27%
1.住户存款	13135832	19.01%	1.住户贷款	3965596	6.16%
（1）活期存款	1942344	11.78%	（1）短期贷款	1480555	8.51%
其中：活期储蓄存款	1942344	11.78%	消费贷款	247797	9.16%
（2）定期及其他存款	11193488	20.36%	经营贷款	1232757	8.38%
其中：定期储蓄存款	7220461	19.84%	（2）中长期贷款	2485041	4.81%
2.非金融企业存款	5286433	−1.43%	消费贷款	2047124	−0.08%
（1）活期存款	1856756	−15.62%	经营贷款	437917	35.94%
（2）定期及其他存款	3429677	08.44%	2.非金融企业及机关团体贷款	14710438	19.34%
3.广义政府存款	1718153	−0.45 %	（1）短期贷款	5772762	10.59%
（1）财政性存款	201492	−0.17%	（2）中长期贷款	8164280	24.44%
（2）机关团体存款	1516660	−0.49%	（3）票据融资	771402	41.78%
4.非银行业金融机构存款	53289	−0.79%	（4）融资租赁	—	—
（二）境外存款	6596	1.02%	（5）各项垫款	1995	0.00%
二、金融债券	—	—	3.非银行业金融机构贷款	—	—
三、卖出回购资产	—	—	（二）境外贷款	492	12.70%
四、借款及非银行业金融机构拆入	—	—	二、债券投资	2178635	51.04%
五、联行往来（净）	—	—	三、股权及其他投资	170056	−34.30%
六、应付及暂收款	630402	14.68%	四、买入返售资产	—	—
七、各项准备	395364	11.44%	五、存放非银行业金融机构款项	7289	208.35%
八、所有者权益	1138222	4.24%	六、联行往来（净）	1067407	−30.08%

续表23

项　目	2022年	增长率（与2021年相比）	项　目	2022年	增长率（与2021年相比）
九、其他	-73220	-89.66%	七、金银占款	—	—
			八、外汇占款	—	—
			九、应收及预付款	125244	21.46%
			十、投资性房地产	—	—
			十一、固定资产	65911	6.16%

（市统计局）

【金融服务平台建设】 2022年，海安市供应链金融服务平台接入银行机构15家、核心企业21家、供应商97家，累计开展供应链融资903笔6.6亿元，平均融资成本4.49%。在省、南通市综合金融服务平台新增接入企业1589家，新增融资额138.8亿元。放大优质金融资源集聚效应，长三角金融业发展联盟海安基地揭牌成立，交通银行南通分行、中国农业发展银行南通市分行、中国建设银行南通分行及招商银行南通分行先后与市政府签订框架合作协议。2月24日，海安市金融业联合会成立大会召开，这是南通首家金融业联合会，钱海标当选会长。

【信贷投放】 2022年，海安市各项贷款余额1867.7亿元，较年初增加261.4亿元，存贷比92.5%，贷款余额、存贷比均列南通市第一位。制造业贷款余额369.8亿元，较年初增加50.5亿元，占比20.65%，制造业贷款余额、占比均继续保持南通第一位。涉农贷款余额1386.51亿元，列南通市第一位。设立南通首支"信保基金"，引入贷款风险分担模式。推广结构性货币政策工具，加大对科技等重点领域和行业信贷投放力度。新增知识产权质押融资投放3.4亿元。"苏科贷"合作银行机构由4家增至11家，新增贷款投放5.46亿元，海安获批南通市金融赋能科技创新试点建设地区。海安农商银行投放全市首笔"苏质贷"100万元。全年，累计发放"苏创融"再贷款4.16亿元，加权平均利率4.7%；"苏碳融"再贷款3480万元，加权平均利率4.44%；"专精特新"再贷款4430万元，加权平均利率4.33%。

【金融支农】 2022年，海安市"寻味海安"云闪付平台对接银联投放"满20减5"市民消费优惠券、"满10减5"抗疫优惠券、随机立减等活动，为"绿色蔬菜"开启直通车。全年，累计交易3.24万笔57.3万元，让利18万元。深耕农村信用体系建设，各涉农金融机构做好农户和新型农业经营主体基本信息和信贷信息入库、更新工作。至12月底，全市农户建档入库24.9万户，新型农业经营主体建档入库1977户，建档入库率100%。全市涉农贷款余额1389.51亿元，比年初增加155.47亿元，增长率12.6%。保险业经营机构开办水稻收割期降雨指数保险、小麦收割期降雨指数保险、小麦种植保险等6个涉农新险种，支持乡村振兴。

【金融助企】 2022年，海安市制定金融助企纾困政策，开展金融业"春风行动"，常态化举办政银企对接合作活动，倡导银行机构合理提高工业用地评估价值以及靠前协调解决企业涉贷问题，有效帮助各市场主体稳运营、渡难关。制定金融服务小微企业敢贷愿贷能贷会贷长效机制实施细则，加快推动LPR利率传导，对受困企业执行优惠利率。中投海安担保公司担保费率降至1%，各银行机构平均贷款利率下调24个基点，降费让利3.5亿元。着力帮助中小微企业解决融资难、

2022年5月16日，海安市召开金融业"春风行动"座谈会　　市金融监管局/供图

贵、急、频等问题，普惠领域贷款余额344.82亿元，占比18.5%，比上年提高0.12个百分点。通过投放央行资金降低融资利率，全市单位贷款加权平均融资利率4.63%，比年初下降0.3个百分点，比上年下降0.4个百分点。全年，累计发放支农和支小再贷款22笔41.95亿元，利率2%，支持涉农主体3800多家、小微和民营企业主体700多家，发放总量居南通六县（市、区）前列；办理再贴现业务13笔2亿元，支持企业复工复产；发放普惠小微贷款激励资金4笔2281.3万元。出台《海安市涉农企业支付服务费减费让利方案》，新增“四免收+三优惠”等7项降费新举措，全年累计减免支付服务费636万元，惠及6.5万多户小微企业和个体工商户，其中7个新增项目减免75万余元，惠及涉农企业近6050户。人保财险海安支公司、太平洋财产保险海安支公司等开办科技保险业务，主要涉及“首台（套）”保险、产品研发保险、产品质量保险等相关业务。

（何红梅　陈惠敏　程太和）

资本市场服务

【证券交易】 2022年，海安市有证券公司营业部4家，分别是华泰证券海安营业部、海通证券海安营业部、南京证券海安营业部、中山证券海安营业部。至年底，4家证券机构累计完成证券交易额1305.3亿元，其中，华泰证券海安营业部完成交易额1192.9亿元，海通证券海安营业部完成交易额69.9亿元，南京证券海安营业部完成交易额33.7亿元，中山证券海安营业部完成交易额8.8亿元。

（何红梅）

【企业上市】 2022年，海安市启动企业上市挂牌三年行动计划，上市挂牌工作列南通市高质量发展考核第一位。主板方面，冠优达磁业公司完成上市报会，江苏瑞恩电气股份有限公司、飞亚化工公司、万淇生物公司、北辰互邦公司完成辅导备案。“新三板”方面，江苏泽宇森碳纤维科技股份有限公司、南通佳景健康科技股份有限公司、南通睿木自动化科技股份有限公司、江苏鹏威重工股份有限公司完成挂牌，全市累计挂牌企业总数19家。加大重点上市后备企业培育力度，构建“市领导牵头、区镇主抓、部门协同”的联动培育体系。全市有在会企业2家，其中，海安农村商业银行目标是上海证券交易所（简称上交所）主板，冠优达磁业公司目标是深圳证券交易所（简称深交所）创业板。重点拟报会企业5家，其中，飞亚化工公司、江苏弘盛新材料股份有限公司目标是上交所主板，万淇生物公司、北辰互邦公司、江苏凯奥净化科技股份有限公司目标是北京证券交易所（简称北交所）。江苏增光新材料科技股份有限公司、江苏兴华胶带股份有限公司、江苏铁锚玻璃股份有限公司等入轨企业有序运作上市。响应国务院关于提高直接融资比重的要求，引导企业多途径开展股权融资。动员拟上市企业加强与创投股投机构对接，积极引入优质资本；鼓励上市挂牌公司通过定增、配股、短融等手段开展再融资。至年底，飞亚化工公司、北辰互邦公司、鑫鑫精密制造（江苏）有限公司等8家企业引入股权融资，全市新增制造业直接融资2.4亿元。

（陈小龙）

银行业

【概况】 2022年，海安市有银行业金融机构23家，与上年持平。存贷款总量创历史新高，贷款利率创历史新低。存款总量2020.03亿元，比上年增长11.07%。贷款总量1867.65亿元，比上年增长16.27%。存贷比92.46%。个人储蓄存款916.18亿元，个人经营性贷款167.07亿元。贷款投放按种类划分，短期贷款725.33亿元，比上年增长10.16%；中长期贷款1064.93亿元，比上年增长19.23%；票据融资77.14亿元，比上年增长41.78%；各项垫款1995万元。贷款按产业划分（不含票据融资），第一产业贷款49.02亿元，占比2.74%；第二产业贷款537.51亿元，占比30.02%；第三产业贷款807.38亿元，占比45.09%。

表24　2022年末海安市银行机构本外币存贷款统计表

单位：万元

银行	存款		贷款		存贷比
	总量	增长率（与2021年相比）	总量	增长率（与2021年相比）	
农业发展银行	73885	10.93%	1000099	7.59%	1353.59%
工商银行	1448740	21.55%	1890304	20.72%	130.48%
农业银行	2268905	18.57%	1831688	17.95%	80.73%
中国银行	1624096	19.65%	1575295	36.81%	97.00%
建设银行	2016964	21.40%	1676755	16.68%	83.13%
交通银行	147771	14.98%	321732	51.98%	217.72%

续表24

银行	存款		贷款		存贷比
	总量	增长率（与2021年相比）	总量	增长率（与2021年相比）	
中信银行	268666	48.35%	385291	26.76%	143.41%
光大银行	101427	−27.66%	336004	18.45%	331.28%
华夏银行	239401	89.83%	152380	32.92%	63.65%
广发银行	180529	−28.26%	224445	−5.71%	124.33%
平安银行	34859	56.23%	11861	−29.65%	34.03%
招商银行	331704	−25.36%	339814	−17.09%	102.44%
浦东发展银行	150659	−11.58%	179758	−11.88%	119.31%
兴业银行	369737	7.76%	393172	−6.16%	106.34%
民生银行	190544	−35.16%	252859	−5.47%	132.70%
浙商银行	309464	−28.15%	242145	5.72%	78.25%
南京银行	806428	14.00%	835097	88.38%	103.55%
江苏银行	939013	14.56%	986428	20.66%	105.05%
邮储银行	1844630	17.32%	471615	9.32%	25.57%
常熟农商行	99287	10.99%	138033	−8.32%	139.02%
昆山农商行	110980	16.99%	248302	32.23%	223.74%
海安农商行	6255542	7.91%	5008362	10.67%	80.06%
村镇银行	186024	2.46%	175088	2.16%	94.12%

说明：不含异地农商行统计数据 （何红梅）

【中国工商银行股份有限公司海安支行】 工商银行海安支行位于海安市人民西路3号，成立于1990年12月。2022年，工商银行海安支行下设曲塘支行、李堡支行、西楹桥支行、中楹桥支行、奥星支行、文明支行、城南支行和海安开发区支行，有员工154人。年末本外币各项存款余额145亿元，比年初增加25.7亿元；年末本外币各项贷款余额189.03亿元，比年初增加32.44亿元。加快推进数字供应链融资，准入供应链核心客户15户，落地数字供应链方案6个，供应链余额6.64亿元，比年初增加1.86亿元。向25家企业发放“小微贷”1.25亿元，解决企业无担保、融资难等问题。降低融资成本，发放跨境融资8笔1.8亿元，平均融资成本3.4%。加强风险管控，不良贷款余额1224万元，不良率0.07%，实现不良额、不良率双下降。 （工商银行海安支行）

【中国农业银行股份有限公司海安市支行】 农业银行海安市支行位于海安市中坝南路25号，成立于1991年5月。2022年末，本外币各项存款余额226.89亿元，比年初增加35.53亿元；本外币各项贷款余额183.17亿元，比年初增加27.88亿元。不良贷款余额2836万元，不良率0.17%。实现中间业务收入1.23亿元。实现营业收入6.19亿元，比上年增加5742万元。实现拨备前利润4.96亿元，比上年增长0.44%。优化信贷结构，获批6个项目贷款，审批金额21.7亿元，投放11.8亿元；年末政府类贷款余额68.17亿元，比年初增加10.1亿元；制造业贷款余额23.75亿元，比年初增加5.61亿元；新口径“绿色贷款”、战略新兴产业贷款分别比年初增加6.82亿元、2.38亿元；省级及以上专精特新“小巨人”信贷渗透率61%；发展普惠贷款客户156户，年末普惠贷款余额28.84亿元，比年初增加5.79亿元；推进“一项目一方案一授权”发展模式，项下用信客户数374户，发放贷款11.92亿元，其中，小微客户7.04亿元、农户2.68亿元，用信率75%；新增个人贷款1.06亿元，新发放个人按揭贷款6200万元，完成卡分期交易额2.18亿元。强化客户服务，累计营销“大优客户”77户，比年初增加18户；成功营销海安市水务集团供水有限公司、海安市城市管理局等对公账户，沉淀对公存款5亿元，累计新开对公账户2224户；新开日均5万元以上账户289户，新增日均存款9900万元；个人有效客户、贵宾客户、高净值客户分别比年初增加19985户、5538

户、530户；建成特惠商户53家，实现商户交易金额1963万元；新增信用卡客户7538户，发卡总量1.2万张。提升经营效能，全年销售非货基金4.86亿元，实现基金收入1650万元；完成代理保费2.85亿元，代理保险收入1860万元；实现票据业务流量19.47亿元，金融市场交易类业务量13.4亿元，办理全国农业银行系统“CIPS”客户端首笔跨境人民币业务。加快数字化转型，“掌上银行”月活跃客户数11.12万户；新增有效场景45个，月均活跃客户数1.4万户。推进网点建设，新设空白区镇网点2家，实施网点建设项目3个。（吴文婷）

【中国银行股份有限公司海安支行】 中国银行海安支行位于海安市长江中路18号，成立于1990年12月。2022年末，本外币各项存款余额162.41亿元，比上年增长19.65%；本外币各项贷款余额157.47亿元。实现中间业务收入1.03亿元，比上年增长27.47%。完成拨备前利润3.99亿元，比上年增长24.7%。实现营业净收入4.77亿元，比上年增长21.82%。支持重大项目建设，发放科技贷款8.17亿元，民营企业贷款、制造业贷款分别新增10.69亿元、8.56亿元；创新“苏岗贷”产品，投放量列南通市第一位。加强风险管控，不良贷款余额0.76亿元，不良率0.49%，实现不良额、不良率双下降；依托管理自主平台数据排查员工交易行为，核查数据306笔，涉及员工98人，发现问题11个，完成问责处理。中国银行角斜支行重装开业，海安支行获评中国银行江苏省分行红旗党支部和巾帼文明示范岗。各1人获评南通市劳动模范、中国银行江苏省分行优秀共青团员、中国银行江苏省分行先锋共产党员。（张 进）

【中国建设银行股份有限公司海安支行】 建设银行海安支行位于海安市长江中路116号，成立于2005年4月。2022年末，本外币各项存款余额202亿元；一般性存款余额199亿元，新增35亿元；一般性存款日均余额182亿元，其中，个人存款日均余额114亿元，对公存款日均余额68亿元。本外币各项贷款余额168亿元，其中，对公贷款余额133亿元，个人贷款余额35亿元。普惠贷款余额25.06亿元，比年初增加3.2亿元；住房租赁贷款余额3.98亿元，比年初增加1.67亿元；“绿色信贷”余额24.44亿元，比年初增加12.06亿元。新开对公结算账户2128户，市场份额27.58%。换发社保卡6万多张。加强风险管控，年末不良贷款余额2126万元，比年初下降2907万元；不良率0.13%，比年初下降0.23%。（陆 敏）

【江苏海安农村商业银行股份有限公司】 海安农商银行位于海安市长江中路88号，由原江苏海安农村合作银行改制组建而成，2011年2月28日挂牌对外营业。2022年末，各项存款余额634.55亿元，比年初增加41.69亿元；各项贷款余额536.81亿元，比年初增加54.66亿元。实现各项收入38.43亿元，比上年增加1.45亿元；实现净利润7.63亿元，比上年增加0.56亿元。服务实体经济发展，实体贷款余额484.44亿元，比年初增加49.40亿元；制造业贷款余额234.55亿元，比年初增加26.68亿元；对科技型企业授信440户69.98亿元，用信412户66.09亿元；对新型农业经营主体授信382户28.72亿元，用信376户28.23亿元。支持乡村振兴，涉农贷款余额470.28亿元，比年初增加47.42亿元；设立普惠金融服务点205家，行政村覆盖率100%；完成“整村授信”16.10万户，比年初增加5.67万户；授信金额211.97亿元，比年初增加72.54亿元，授信率68.98%。优化产品体系，推广“环保贷”“苏碳融”等“绿色信贷”产品，“绿色信贷”余额9.12亿元，比年初增加1.24亿元；针对小微企业主、个体工商户等经营类客群推出“江海快贷”，授信3478户7.72亿元，用信2491户3.75亿元；落实助企纾困和减费让利，累计办理延期还本付息4736户119.52亿元。加快“数字银行”建设，联合南京大学新金融研究学院合作的“数字化转型实践基地”签约挂牌。打造中心支行模式，李堡、曹园、丁所首批试点成立李堡中心支行，区分阳光金融、小微金融、公司金融三个条线，推进队伍专业化。（于金宝）

【中国邮政储蓄银行股份有限公司海安市支行】 邮储银行海安市支行位于海安市中坝南路25号，成立于2008年4月。2022年末，本外币各项存款余额184.46亿元，贷款余额47.16亿元。优化信贷资源配置，科技创新方面，向科技型企业投放知识产权质押贷款51笔3.62亿元，向高新技术企业发放科技信用贷2800万元；涉农小微方面，涉农贷款净增4.04亿元，发放小微易贷信用类

2022年9月27日，中国建设银行股份有限公司海安支行营业部员工在“金融知识普及月”期间，向商户宣传存款保险政策
徐劲柏／摄

贷款26笔5606.2万元；线上金融支持方面，发放小企业小微易贷98笔1.04亿元，发放个人线上极速贷1546笔5.51亿元。推动业务稳定增长，低风险业务发生额35.45亿元，其中，票据贴现33.45亿元、福费廷2亿元，比上年增加17.14亿元；实现票据收入1717.34万元，比上年增长176.01%；发放三代社保卡2.06万张；新增信用卡客户7897户，实现信用卡消费4.31亿元；完成期缴保险销售2330万元，比上年增长144.54%。邮储银行海安市支行获评邮储银行江苏省分行先进基层党组织、南通市文明单位。（顾世梅）

【中国农业发展银行海安市支行】 农发行海安市支行位于海安市中坝南路20号，成立于1997年3月。2022年末，本外币各项存款余额7.39亿元。累计发放贷款24.09亿元，年末各项贷款余额100亿元，无不良贷款。支持粮食安全工作，投放粮食收购贷款2.68亿元，其中，省级、县级储备粮贷款分别为0.91亿元、0.95亿元，粮食市场化收购贷款0.82亿元。支持重大项目建设，发放城乡一体化类贷款项目3个10.4亿元，主要用于城市更新、标准厂房建设及保障性住房建设；获批水利建设中长期贷款项目3个1.61亿元，主要用于水生态涵养；获评农村土地流转和土地规模经营中长期贷款项目1个4.4亿元，用于综合土地整治服务。全年，累计投放中长期贷款16.12亿元，年末中长期贷款余额93.68亿元，比年初增加6.77亿元。支持实体经济发展，为11家实体企业投放贷款3.98亿元，年末贷款余额4.53亿元。支持国际业务发展，完成国际业务结算2.39亿美元。（农发行海安市支行）

保险业

【概况】 2022年末，海安市有保险行业经营机构34家，其中，财产保险机构14家、人寿保险机构20家。财产险保费收入9.76亿元，比上年增长9.77%；赔付金额5.71亿元，赔付率58.53%。人寿险保费收入23.28亿元，比上年增长4.34%；理赔给付及其他各类给付3.87亿元。（海　鉴）

【中国人寿保险股份有限公司海安支公司】 中国人寿海安支公司位于海安市中坝南路11号，成立于1996年9月。2022年，公司下辖1个营业部、12个营销服务部，主要开办有普通寿险、健康医疗保险、意外伤害保险、残疾人照护保险、养老保险等多个险种，营业网络遍布全市。实现总保费收入8.10亿元，比上年增长0.08%，其中，首年期交保费收入1.4亿元，十年期交及以上期交保费收入6926.43万元，“大短险”保费收入5331.43万元，占海安寿险市场份额34.40%；经营绩效考核列全国百强县公司第18位。全年，理赔8382件5928.07万元，其中，老年险赔付占比62.5%，大病医疗赔付占比23.5%，其他赔付占比14%。支持实体经济发展，为全市500多家中小微企业及个体工商户提供意外身故和伤残保险、意外医疗报销和住院津贴，企业保险总赔付率超过80%。连续22年获评省、南通、海安文明单位，获评江苏省诚信品牌企业、南通市“青年文明号”。（程太和）

【中国人民财产保险股份有限公司海安支公司】 人保财险海安支公司位于海安市长江中路126号，成立于1996年9月。2022年，公司实现保费收入5.25亿元，比上年增长14.1%。助力交通安全体系建设，依托12家区镇网点，设置警保联动专员5人，主动对接属地交警中队和医院，处警2735起，服务客户4102人次。打造“基本医疗保险+大病保险+商业补充保险”社会保障体系，启动农网服务团队，组织“江苏医惠保1号”政策宣讲36场，服务群众超1000人次。推进乡村保障体系建设，连续5年为1万多户建档立卡低收入人口和1万多户贫困户提供防返贫风险保障，全年赔付1300人次182.87万元；新开办自然灾害公众责任险，覆盖28万户83万人；开办环境污染责任险，为79家企业提供8100万元风险保障，助力乡村生态环境治理；承办乡镇农田、河道、修路、污水管网等中小工程建工保险15笔。（赵　洁）

【中国太平洋财产保险股份有限公司海安支公司】 太平洋财产保险海安支公司位于海安市通榆中路46号101室，成立于2002年8月。2022年，公司实现保费收入1.38亿元，比上年增长7.5%，其中，车险保费收入1.05亿元，服务客户3.5万人次，车辆出险理赔1万次6774万元；非车险保费收入3772万元，服务企业5000多家，赔付案件2466件1662万元。联合市市场监管局，开发叉车“保险+技改”智慧管理系统，全年提供叉车智慧管理系统安装服务1200家1600台，设备安装覆盖率30%。（曹海斌）

【阳光财险保险股份有限公司海安支公司】 阳光财险海安支公司位于海安市中坝南路38号，成立于2006年11月。2022年，公司实现保费收入1517.63万元，其中，车险业务保费收入1055.63万元，非车业务保费收入462万元。处理赔案9000件，支付赔款1100万元。保障人民健康，“医保南通保”为2.94万人次提供300亿元的健康风险保障。支持企业发展，推广“保险+服务”模式，开发建筑、工程及高危行业等领域责任保险，运用第三方平台专业人员，提高风险预警及处置能力。推进绿色发展，开发环境污染责任险，为49个环境风险较高的企业提供环境保险保障5000万元。加强信息化建设，不断升级以“一站投”“闪赔”“一键赔”以及智能客服机器人“小阳”为特色的全线上智慧服务模式。（丁　洁）

【紫金财产保险股份有限公司海安支公司】 紫金财险海安支公司位于海安市永安中路1号1幢108室，成立于2017年3月。2022年，公司产品体系完整，涵盖机动车辆保险、企业财产保险、农业保险、责任保险、信用保证保险和意外保险及短期健康险等13个大类200多个险种。注重服务实体经济和支持区域发展，中标相关单位运营期的团体意外险、物业责任险、环污责任险和财产一切险项目，实现保费收入2172.76万元。承担“南通海安路救办”职能，做好政府委托的交通事故救助及社会公共事业服务，垫付抢救152件近442万元，成功追偿116件341万元。（翟海燕）

【中国平安财产保险股份有限公司海安支公司】平安财险海安支公司位于海安市开发区通榆中路98号，成立于2012年10月。2022年，公司实现保费收入1.1亿元，比上年增长6.5%，其中，车险保费收入9066万元、财产险保费收入1026万元、意健险保费收入937万元，为2.7万名个人客户、2400家企业提供约4766亿元保险保障。提升“江苏医惠保1号”覆盖率，完成保费收入110万元。“平安企业宝”App为团体客户提供不间断金融服务，实现线上批改、报案、理赔等功能。加大“平安好车主”App推广力度，“一键理赔”功能实现全程线上自助一次性理赔结案。

（谢冬梅）

【中国人寿财产保险股份有限公司海安市支公司】中国人寿财险海安市支公司位于海安市江海西路13号，成立于2008年4月。2022年，公司实现保费收入8365万元，比上年增长12.25%，其中非车险保费收入1771万元，比上年增长16.25%。不断拓宽保险营销渠道，参与政策性农险、环境污染责任险、“医保南通保”等民生保险，政策性农险实现保费收入330多万元，比上年增长11.21%，“江苏医惠保1号”“医保南通保”实现保费收入100多万元。

（温水妹）

【中华联合财产保险股份有限公司海安支公司】中华保险海安支公司位于海安市通榆中路88号，成立于2004年10月。2022年，公司营业面积800平方米，有正式员工11人、营销代理人员28人，主要经营机动车险、企业财产险、家庭财产险、农险、工程保险、船舶保险、货物运输保险、责任保险、信用保证保险以及短期的健康保险和意外伤害险等险种。实现保费收入2191.44万元，比上年增长15.19%，其中非车险保费收入1287.14万元，占比58.73%。注重经营转型，拓展非车渠道营销，建立车商渠道部、重客渠道部。履行好社会责任，公司是海安食品安全责任险、农业保险共保体，承保全市所有民警、辅警的人身意外伤害，承担全市2万多户居民燃气用户家财险责任。“7·28”台风后，开通台风灾害案件“绿色通道”，核定损失20多起，实现次日赔付结案。健全消费者投诉机制，制定保险消费投诉管理工作方案，常态化开展“总经理接待日”，获评南通市放心消费先进企业。

（王美芹）

其他非银行金融机构

【信用担保】2022年，海安市有中投融资担保海安有限公司、海安开发区中小企业融资担保有限公司、海陵融资担保有限公司、江苏省农业融资担保有限责任公司海安分公司4家担保机构，在保余额95.2亿元。其中，中投融资担保海安有限公司在保余额70.8亿元，海安开发区中小企业融资担保有限公司在保余额7亿元，海陵融资担保有限公司在保余额10.7亿元，江苏省农业融资担保有限责任公司海安分公司在保余额6.7亿元。

【应急转贷】2022年，海安市有海安惠业转贷服务有限公司、海安中小企业应急互助基金2支应急转贷基金，应急转贷规模60.6亿元，其中，海安惠业转贷服务有限公司转贷规模46.7亿元，海安中小企业应急互助基金应急规模13.9亿元。

【典当】2022年，海安市有典当机构1家。海安德天典当有限公司位于海安市江海西路1号，成立于2005年11月。2022年，办理典当业务2097笔，其中，动产业务1880笔，房地产业务167笔，财产权利50笔。实现营业收入260.2万元（利息和综合费收入），利润总额27.8万元，申报缴纳各项税金及附加3.5万元。年末，典当余额1660万元，其中，财产权利质押700万元，不动产抵押385万元，动产抵押575万元。

【中投融资担保海安有限公司】中投海安担保公司位于海安市中坝南路158号，成立于2003年1月16日。主要经营范围涵盖贷款担保、商业保理担保、贸易融资担保、发行债券担保、资产管理计划担保等融资性担保业务，诉讼保全担保、投标担保、预付款担保等履约担保业务，与担保业务有关的融资咨询、财务顾问等中介服务。2022年，公司并入海安产业投资控股集团有限公司，获评江苏省制造突出贡献奖先进单位。“春风行动”活动期间，公司将担保费率降至1%，减少担保收费1360.7万元，通过不抽保、不压保及动态增加反担保措施等方式支持企业平稳发展。全年，为560家企业提供担保1192笔，担保额74.2亿元，在保额70.8亿元。其中，专精特新企业担保额6.9亿元，高新技术企业担保额8.8亿元。

【海安开发区中小企业融资担保有限公司】海安开发区担保公司位于开发区东湖路1号，成立于2011年10月10日。主要经营范围涵盖贷款担保、票据承兑担保、贸易融资担保、项目融资担保、信用证担保、再担保等融资性担保业务。2022年，公司开展“小微贷”“微企易贷”融资担保业务，与工商银行、海安农商银行、常熟农商银行等签订风险分担合作协议。全年，办理“小微贷”担保业务118笔，担保金额3亿元；“微企易贷”担保业务29笔，担保金额0.5亿元。担保客户增至171户，比上年增长37.9%。

（何红梅）

海安苏中建工大厦

城市建设

综　述

【美丽宜居城市建设】 2022年，海安市统筹推进城市更新、空间治理和生态修复，创建省级美丽宜居城市。国土空间规划“三区三线”（根据城镇空间、农业空间、生态空间三种类型的空间，分别对应划定城镇开发边界、永久基本农田保护红线、生态保护红线三条控制线）完成划定，城镇开发边界面积184.2平方千米。城市更新形成高效规范模式，创新出台房票安置政策，文汇公馆、新广电中心周边区域基本完成签约交房，丝厂区域等地块成功出让，“系统化推进无障碍环境城市建设”项目入选全省首批城市更新试点。新开工安置房3200套，新增人才公寓、青年公寓1000余套，房地产市场平稳有序。推进数字城市建设，打造智慧政府，服务智慧民生。城市面貌加快改观，开展市容市貌、拆违控违专项整治，改造提升老旧小区22个，整合停车泊位4600余处，全国文明城市建设保持常态长效。试行垃圾处理费征收管理，建成可回收物智能分选中心。市政公用事业服务水平不断提升，安全供电65.08亿千瓦时，安全供水7475万吨，安全供气2.75亿立方米，城乡污水处理一体化高效推进，污水处理率95.5%。

【无障碍环境城市建设】 2019年，海安市率先在全省成立无障碍环境城市建设工作领导小组，组织近30家部门（单位）系统开展无障碍环境城市建设。以2平方千米示范区建设为切入点，着重对市政道路、公园、居住小区等地区或场所进行无障碍建设和改造，基本实现示范区无障碍设施互联贯通，成功探索无障碍环境城市系统化建设模式。“十三五”期间，全市实施人行道及人行横道路口坡化改造近200处，主要道路交叉口均设置语音过街提示装置；实施场所、建筑无障碍化改造92处；增设无障碍停车位30余处；为老旧小区加装公共电梯近20台；为重点残疾人家庭和老年人家庭进行个性化无障碍改造，累计发放3339件无障碍辅具；制作并张贴统一的通用标识；加强无障碍信息交流建设，图书馆开设视觉障碍者阅览室，市政府门户网站增加无障碍浏览模块。2021年2月，海安获评全国无障碍环境示范城市，成为全省唯一一家获此殊荣的县级城市。2022年9月，海安市系统推进无障碍环境建设项目入选江苏省城市更新第一批试点项目，南通唯一。

【文明城市建设】 2022年，海安市项目化推进文明城市长效管理，实施社会主义核心价值观融入、市容市貌整治、社区环境改造等“十大提升行动”，创建实事项目44个。整治老集镇6个，改造老旧小区22个，完成85个小区电动车充电桩建设，增加充电位8000多个，城区电梯加装电动自行车禁入系统1700个，维修、更新塌陷及异响窨井盖852套，修补、改造破损道板路面2105平方米。

【城建档案管理】 2022年，海安市城建档案馆接收工程档案310项，入库5500卷；新增村镇建设档案6200多卷。接待查档人员1500多人次，提供档案1.55万卷次。推进信息化建设，持续完善档案目录数据库和全文数据库，馆藏数字化率95%以上。优化档案服务，对300多个建设工程项目的档案人员提供竣工档案编制业务指导，海安高新区、海安开发区、曲塘镇、李堡镇通过省特级村镇建设档案室复评。　（夏婷婷）

城市规划

【概况】 2022年，海安市“三区三线”划定成果启用，划定永久基本农田保护面积460.19平方千米，划定生态保护红线面积15.29平方千米，其中，陆域生态保护红线面积1.46平方千米、海洋生态保护红线面积13.83平方千米，划定城镇开发边界面积约184.2平方千米。2022年度预支空间规模指标（46.67公顷）落地上图方案获省自然资源厅批复。海安市城市规划展览馆获评江苏省土地科普基地。

【规划编制】 2022年，《海安市国土空间总体规划（2021—2035年）（草案）》公示公告发布。《海安市立发集镇控制性详细规划》《海安黄海大道南侧区域HHDD01单元02街区详细规划》通过专家评审。启动《海安市高铁片区控制性详细规划》《海安黄海大道区域规划》《海安商贸物流产业园控制性详细规划》编制。

2022年，海安市城市规划展览馆获评江苏省土地科普基地。摄于2022年7月8日
市融媒体中心／供图

【规划管理】 2022年，海安市召开规划委员会预审会和规划委员会会议各6次。建立国土空间基础信息平台，构建国土空间规划“一张图”实施监督信息系统。做好土地招商和重点项目规划服务工作，完成海陵中学北校区中小学、海陵中学北校区幼儿园、南通理工佳园景观、海安市明道幼儿园4项学校工程规划选址，完成上德世家一期、澳联商业广场二期、蓉和康养中心等7项建设项目意见书，完成海安供合农业服务运营中心、李堡镇华中冶金设备有限公司、南通朗驰科技有限公司等8项重大产业项目规划选址。全年，核发建设项目选址意见书46件，用地面积80.8万平方米；建设用地规划许可证240件，面积443.86万平方米；建设工程规划许可证768件，面积847.69万平方米；临时建设工程许可证72件，面积0.47平方米，长度5837米；规划核实165件，面积280.27万平方米。出具设计要点163份，规划公示42份。 （赵海群）

新通扬河生态区

【概况】 新通扬河生态区位于海安市城区北部，东起通榆路，西至朝阳北路，南起新通扬运河，北至连申线，规划面积约7.1平方千米，打造“北部宜居新城、绿色生态空间、文化传承社区”。项目分三期建设，一期开发面积2.5平方千米，二期2.3平方千米建设启动。2022年，新通扬河生态区基础设施逐步完善，实施河域整治工程，建成2840米生态绿色廊道。路网建设不断优化，经一路桥、串场河路建成通车，司耀路完成施工，凤仪街完成排水工程、路基工程以及道路基层施工。安居工程稳步推进，凤栖花园一、二期竣工交付，凤栖花园三期（凤鸣花苑）、凤鸣幼儿园完成图纸深化设计。教育工程加快建设，人才路幼儿园交付使用；实验小学北校区室外雨污水管网建设完成55%，室内精装修吊顶施工完成80%；海陵中学北校区调整初中建设部分，增加建设少年儿童体育学校，总用地面积约4公顷；残疾人康复中心（特教学校）施工图设计完成。景观工程有序实施，观音塔、碧霞阁移交广福禅寺进行内部装修，道教文化中心一期工程完工，文昌阁建设进入扫尾阶段，研究推进生态区文化艺术中心投资建设方案。碧桂园金麟甲第特色步行街、中骏世界城综合商业街项目全力推进。碧桂园·山河宸院项目销售住房653套，面积8.18万平方米，销售额14.02亿元；金麟甲第项目销售住房316套，面积3.48万平方米，销售额4.26亿元。

【生态廊道建设】 新通扬河生态区生态廊道位于新通扬河北岸，西起朝阳路，东至东洲公园，北侧紧邻广福路，长度约2840米，宽度80~130米。景观道路一体化工程包括景观绿化桥涵及海安道教文化中心广场、凤山莲花广场、紫石墓等历史人文景点和公众游人憩息地，总投资约4.5亿元，分为民俗文化展示区、漕运文化活力区、工业文化体验区、凤山文教科普区、生活娱乐休闲区、活力运动体验区等六大景区。运动共享区有彩虹跑道、五人制足球场、篮球场、滑板极限运动等，4条直达公交线路，5处公共停车场，每500米设置服务驿站、卫生间、智能储存和售货柜，全线布置庭院灯和监控系统。2022年，生态廊道获评江苏省公众喜爱的高品质绿色空间实践项目（滨水生态空间类），入选全省“最美跑步线路”。

【文化传承社区建设】 2022年，海安市新通扬河生态区金麟甲第特色步行街基础施工完成，组建招商队伍，挖掘海

海安新通扬河生态区一景，摄于2022年9月19日 翟慧勇／摄

安历史文化资源和人文特质，招引一批“中华老字号”、国家级非物质文化遗产项目，打造集文化旅游、休闲娱乐等功能于一体的文旅商特色综合体。加大中骏世界城招商力度，155间商铺有50%的主力店商家确定入驻并签订初步入驻协议，近200家品牌洽谈入驻；串联起韩紫石墓、观音塔、碧霞阁等历史文化景点，全面启动4号、5号、6号、7号地招商工作。制作新通扬河生态区五年发展宣传片，策划开展“闹元宵 猜灯谜”和“花为媒”幸福交友等活动，吸引客商到生态区投资建设。（瑞海集团）

城市基础建设

【交通畅通工程】2022年，海安市完成长江路世纪大桥改造工程、启慧路北延新建工程、汽车站北侧街区整治工程、洋港路南延街区整治工程等项目建设，实施宁海路与安平路交叉口、宁海路与曙光路交叉口堵点改造，有效缓解城市交通拥挤问题。全年，改造道路2.20千米，新建道路0.3千米。

【生态环境工程】2022年，海安市继续推进以消除城市黑臭水体、消除污水直排口、消除污水管网空白区“三消除”，整治工业企业排水、整治“小散乱”排水、整治阳台和单位庭院排水“三整治”，提升城镇污水处理综合能力、提升新建污水管网质量管控水平、提升污水管网检测修复和养护管理水平“三提升”为主要内容的“333”城镇污水处理提质增效工程，对2021年实施的A区（中坝路以东、老通扬河以南、宁海路以西、江海路以北）、B区（永安路以东、老通扬河以南、中坝路以西、江海路以南、宁海路以西、长江路以北）、H区（如海河以东、老通扬河以北、新通扬河以南、通榆路以西）、J区（连申线以东、黄河路以南、通榆路以西、新通扬河以北）4个区域开展整治效果“回头看”行动，7月通过省住房和城乡建设厅组织的验收；推进D区（宁海路以东、老通扬河以南、长江路以北）、I区（通榆路以东、日月路以南、迎宾路以西、老通扬河和黄海路以北）2个达标区约4.64平方千米范围内的管网修复，修复市政管网12.8千米，其中，污水管网17条7千米、雨水管网26条5.8千米，整治新通扬运河流域入河排水口14个。新建污水管网40千米。启动城北污水处理厂扩建工程。实施平桥河生态综合整治一期工程，完成新华河生态修复工程，提升城区河道水质。

【亮化工程】2022年，海安市完成迎宾路、204国道等灯具节能化改造，更换光源1034盏。完成城区道路亮化安装1422盏、农村公路亮化安装4318盏。做好路灯日常巡查和维护工作，巡灯3.82万盏，维修420频次，处理突发故障30余起，校正灯杆78处，摸排电箱173处，更换锈蚀检修门220处。完成城区9个核酸检测分布点、20个“健康小屋”安装、接电工作。

【绿化景观工程】2022年，海安市完成《海安县绿地系统规划（2012—2030年）》修编。实施城市微空间整治提升工程，涉及16个地块5.8万平

表25　2022年海安市交通畅通工程建设情况一览表

工程名称	工程规模（起止点）	长×宽（米）	总投资（万元）	建设进度
长江路世纪大桥改造工程	东湖路—迎宾路	1160×60	10000	竣工通车
汽车站北侧街区整治工程	新宁路—通榆路	238×16	700	竣工通车
启慧路北延新建工程	黄海大道—启慧路	324×24	1100	竣工通车
洋港路南延街区整治工程	高庄路—黄海大道	800×23	2400	竣工通车

表26　2022年海安市生态环境工程建设情况一览表

工程名称	工程规模（起止点）	总投资（万元）	建设进度
平桥河生态综合整治工程	如海河—钟庄路，总长约630米	800	完工
“333”城镇污水处理提质增效工程	宁海路以东、长江路以北区域	6000	完工
新华河生态修复续建工程	新华涵—如意涵，总长约2100米	1100	完工

表27　2022年海安市绿化景观工程建设情况一览表

工程名称	工程规模（起止点）	总投资（万元）	建设进度
新华河活水及生态修复（绿化景观）工程	如意路—新安路	320	完工
安康小区南北侧盲肠河绿化工程	安康小区南北侧	28	完工
隆安路绿化续建工程	人民路—江海路	14	完工
启慧路北延绿化工程	黄海大道南侧	11	完工
长江东路（世纪大桥周边）两侧绿化工程	人民西路—江海西路	497	完工
曙光西路（凤凰城）绿化工程	如海河—镇南路	25	完工
平桥河绿化工程	如海河—牛顿大道	50	完工
节点绿雕工程	启扬高速海安南出口等4个节点	144	完工
东洲公园喷泉水毁工程	东洲公园	128	完工

2022年12月14日，海安市城建集团园林绿化公司工人对城区树木开展涂白防护工作　　翟慧勇／摄

方米。完成新华河活水及生态修复（绿化景观）工程、安康小区南北侧盲肠河绿化工程、隆安路绿化续建工程、启慧路北延绿化工程、长江东路（世纪大桥周边）两侧绿化工程、启扬高速海安南出口等节点绿雕工程、东洲公园喷泉水毁工程。完善城区空闲地块绿化增补工程，完成陈雷故居及周边、奥体路移植区域、龙须沟等13项区域绿化补植。推进城区主次干道两侧58处绿化残缺整治。海安建成区绿地面积1359.77公顷，绿化覆盖面积1432.38公顷，绿地率42.23%，绿化覆盖率44.48%，人均公园绿地面积15.18平方米，基本建成“10分钟绿地休闲圈”。

【市政设施维护管理】 2022年，海安市继续推进隔离护栏建设，安装黄河路隔离护栏2000米，修复护栏约5500米。推进标志、标线规范化建设，开展长江路、中坝路、黄海路、通榆路、人民路等城区主次干道标志、标线规范化整治，累计完成标线更改、施划1万余平方米，完成标牌覆膜、更换500余平方米。推进城区环境“销声”，累计完成井盖治理1070处。做好城区道路、人行道板、警示桩和公园景点内公益广告、插牌广告日常巡查和维护工作，实施道路“白改黑”优化6022平方米，修复路面1.32万平方米、道板2105平方米，更换标识牌573块、标志杆175根、护栏广告260组、插牌广告215处。

（夏婷婷　崔倩娴）

2022年8月4日，海安市城建集团辉海照明公司的工人进行路灯施工作业　　翟慧勇／摄

数字城市建设

【概况】 2022年，海安市推动数字城市建设，狠抓数据汇聚、数据赋能和平台建设，实施政务云平台扩容，不断提升数字治理现代化水平。加强市、镇两级市域社会治理现代化指挥中心建设，梳理归集54家部门的1006项数据资源，启动南通市数据共享平台级联对接、无纸化会议系统、“能耗总量库、闲置资源库、铸造产能库、土地资源库、水资源库”五大资源基础数据库、特殊困难群体共享平台等基础支撑平台和软件项目建设，初步建成100多万名自然人基本信息的人口库、近20万家在营企业的法人库、3万多条信用信息的社会信用库，归集数据量近4.45亿条。按照集约化建设要求，全市39个部门115个业务系统迁移或直接部署至云平台，实现全市自建业务系统资源集约、统一管理和共享共用。

【数字化载体平台建设】 2022年，“我的海安”App新注册用户1.08万人，累计注册用户约18万人，上线“核酸采样点、城市更新、智慧小区、海安农路”等多项功能。建成特殊困难群体信息数据库和信息管理平台，汇聚16个业务部门、121类数据表，形成69类资源基础库，原始数据近3000万条，“人找政策”转变成“政策找人”，实现特殊困难群体扶持政策应享尽享、规范发放。开发建设全市疫情防控数据管理平台，包

2022年，海安市对停车泊位实行智慧化改造。图为海安市宁海南路智慧停车场，摄于2022年12月20日
市城建集团／供图

含“来海人员信息登记核查、数据综合研判分析、核酸采样信息查询”等功能。协同办公系统和无纸化会议系统开发完成并通过验收。市政府与天翼云科技有限公司江苏分公司签约共建“天翼云”项目，在智能制造、智能交通、智能教育、智能金融、智慧城市、政府应急指挥等领域打造“5G+云+AI”应用标杆。启动“工业企业绩效评价系统2.0”，持续服务工业企业提质增效，科学评价工业企业资源利用水平。智慧小区综合管理平台建设基本完成。智慧建设管理软件平台完成新通扬河生态区观东街、纬三桥、纬五桥、串场河路、凤仪街以及司耀路智慧建设项目试运行。实行停车泊位智慧化改造，升级智慧停车一、二期系统平台，实施智慧停车三期工程，完成630个泊位“高位视频+ETC”、1074个泊位“无人值守道闸+ETC”改造。实施智慧技防体系建设工程，对全市5个高速出入口、4个国省道线出入口、106个环市际道口、35个县际道口周边进行智能化改造，实现市县圈层人车关联；新通扬河生态区数字化警务室通过竣工验收。

【数字政务建设】 2022年，海安市在南通市率先启动数字政府和信息化项目管理文件编制，出台《海安市政务信息资源共享实施细则》。依托南通市级数据共享交换平台，发布数据资源535条，其中开放资源67条。提高政府门户网站信息内容建设水平，定期逐一检测网站各栏目，及时通知部门更新维护。完成全市电子政务协同办公系统安可替代，覆盖130余家区镇（街道）、部门和国有企业、学校，各项功能运行稳定，累计运转公文5.34万件。市人民法院推进律师参与电子诉讼常态化，率先在南通实现辖区12家律所“支云e站”全覆盖；加强信息化应用，改造升级线上科技法庭37个，开展线上庭审3004场；自主研发的电子质证系统获国家版权局认证，被南通中级人民法院在全市推广应用；司法大数据工作获最高人民法院专题研究示范应用二等奖。

【智慧小区建设】 2022年，海安市智慧小区综合管理平台基本建成，完成主体功能开发147项，包括公安、城管、人社、行政审批、民政、卫健、消防及供电、水务、燃气等，建设城市、小区、楼栋三级专题图，物业、物联感知管理平台和业主移动端应用具备车辆信息智能感知、进出人脸识别、人口信息无感采集分析、高空抛物监控、电动车智能充电等各项业务接入能力。瑞祥香郡小区成为全市首个实施智慧化改造试点的小区，万达海之心小区移动端建设基本完成。推进大数据融合应用平台建设，梳理实有小区405个，整理房屋档案数据27万户，全市水气数据实名率90%。加快推广智慧家庭应用，不断满足城乡居民数字生活新需求。

【公共文化数字化建设】 2022年，海安市建立以市文化艺术中心为中心、10个区镇为分中心、241家村（社区）为服务支点的三级垂直网络化文化管理体系，推出“云系列”线上文化服务。集合市民艺术大学优质师资力量，推出“云课堂·艺堂好课”慕课项目；依托3个艺术展厅，推出“云展览·线上展厅”项目，展出海安优秀艺术、非物质文化遗产作品；依托全市优秀文化资源，推出“云剧场·海安有戏”项目，展演弘扬主旋律、海安原创优秀舞台艺术作品。“云剧场”单个视频浏览量最多超7000人次，“云剧场”系列节目浏览量基本保持在2000人次以上。利用“公共文化云”，开展线上答题活动2场；9月，从全市舞台艺术类作品中遴选200多个演出视频上线，涵盖舞蹈、声乐、戏剧等多个艺术门类，满足群众文化需求。市图书馆数字图书阅读系统搭建市、区镇、村三级业务管理平台和数字资源共享平台，各分馆以及农家书屋均可使用市图书总馆数字资源。

（徐宇 金欣 王晶 徐涛）

城市更新

【概况】 2022年，海安市成立实施城市更新工作领导小组办公室，编制《海安市“十四五”实施城市更新工作方案》。成立海安市集体土地上房屋搬迁工作指导组，探究集体土地管制性征收的依法推进程序，形成规范模板。创新城市更新思路，研究并试点实施房票政策，提供现房安置，极大缩短拆迁户过渡期限，减少过渡费的财政支出压力，盘活房地产市场。全市启动实施动迁项目52个，涉及994户，其中，居民住宅912户、非居民住宅82户，完成安置547户，总签约面积24.86万平方米。苏中大厦、黄沙港路东侧、丝厂区域等地块挂牌上市，文汇公馆周边、新广电中心周边等区域城市更新启动。重启李堡镇中大街旧城改造项目，40天全部搬迁拆除。根据省委巡视反馈的安置房办证问题，着力解决海安开发区、海安高新区安置房办证难问题，完成海安高新区461套、海安开发区530套安置房首次登记。曲塘镇美丽宜居小城镇建设项目、固废资源化利用水平提升项目、无障碍环境示范城市建设项目等省美丽宜居城市建设试点项目全面建成并投入使用。系统化推进无障碍环境城市建设项目入选全省首批城市更新试点项目。

【老旧小区改造】 2022年，海安市实施22个老旧小区完善类、提升类改造，其中，涉及海安街道11个、海安开发区立发办事处11个，2000年前建成小区20个、2000年后建成小区2个，涉及楼栋174幢，惠及住户5507户，改造重点主要有拆除违章建筑、增设垃圾分类亭、新增老年人活动用房、更换落水管、增设停车位、补植绿化等。推进63个既有住宅小区建成电动车集中充电设施420处、总面积2.54万平方米、充电点位8580个，安装分散式室外充电桩1000个。在高层住宅小区约3000台电梯加装电动车禁入系统，实现主城区全覆盖。

【城市微更新】 2022年，海安市有序推进城区小地块微更新试点项目建设，完成水上村庄解危更新工作，并同步启动建设海园城市更新驿站。1月28日，举行海园城市更新驿站入住仪式，28户居民搬迁入住新居。3月14—18日，开展糖果厂区域最后一轮城市更新意见征求，同意率76.4%。3月24日，糖果厂更新指挥部发布终止实施更新的公告。

【房票安置】 2022年11月1日，《海安市国有土地上房屋征收房票安置实施办法（试行）》正式执行，试行期限一年。在此期间，房屋被征收人签订房票安置协议并腾空交房后，征收部门向被征收人发放房票，市民凭票购房，享受购房优惠。房票记载人自出具房票之日起4个月内购房的，一次性给予票面购房使用部分15%的房票购房补贴；第5个月至第8个月内购房的，一次性给予票面购房使用部分10%的房票购房补贴；第9个月至第12个月内购房的，一次性给予票面购房使用部分5%的房票购房补贴。全年，开具房票170张，金额超3.6亿元，26家企业31个楼盘参与房票安置，实现海安市内房地产开发企业全覆盖。12月8日，举行海安市首批房票集中发放仪式，涉及8户，总金额1758万元。

【安置房办证】 2022年，海安市推进安置房办证工作，涉及安置房1203幢3.61万套，建筑面积551.87万平方米，其中，海安高新区582幢1.89万套，建筑面积319.62万平方米；海安开发区571幢1.55万套，建筑面积210.04万平方米；曲塘镇11幢518套，建筑面积5.80万平方米；滨海新区16幢626套，建筑面积8.80万平方米；墩头镇23幢530套，建筑面积7.23万平方米。完成海安高新区461套、海安开发区530套安置房首次登记。完成江苏通达路桥工程有限公司、海安健雄新材料科技有限公司、江苏飞亚化学工业集团股份有限公司、江苏晨朗电子集团有限公司、江苏鹏威重工股份有限公司、江苏北辰互邦电力股份有限公司、海安华诚新材料有限公司、江苏晟驰微电子有限公司及曲园新村安置房等办证工作。

【历史建筑保护】 2022年，海安市加强历史建筑保护和管理，组织对部分重要传统风貌建筑进行调查分析、实地查勘、甄别考证，新认定历史建筑7处，分别为滨海新区角斜衙门南路11号宋井、滨海新区角斜钱粮巷9号宋井、滨海新区角斜红旗民兵团史绩陈列馆、曲塘镇郭楼村3组如来庵、人民西路25号陈氏宅、江苏省海安高级中学乐水亭、棉纺厂水塔，全市累计有历史建筑11处。

（夏婷婷　王宇洋　赵海群）

房地产开发

【概况】 2022年，海安市完成房地产投资66.37亿元，比上年增长2.8%。商品房施工面积594.97万平方米，比上年下降3.98%。商品房销售面积157.69万平方米，比上年下降41.86%；完成商品房销售额161.93亿元，比上年下降36.97%。销售备案商品住房55.46万平方米，比上年下降43.48%，合计4091套，比上年下降43.57%；住房销售均价每平方米10648元，比上年下降7.05%，成交金额59.02亿元，比上年下降46.8%。商品房待售面积16.40万平方米，比上年下降19.09%，其中，住宅待售面积4.21万平方米，比上年下降35.33%。完成房地产开发企业资质年检47家，其中，二级资质44家、三级资质2家、四级资质1家，新增房地产开发企业11家。

【房产测绘管理】 2022年，海安市完成商品房预测绘成果审核36件，面积83.63万平方米；完成商品房现场查勘及实测绘成果审核54件，面积216.93万平方米。完成工业及商业项目（新建）测绘成果审核备案及现场查勘218件（计502幢），面积261.76万平方米。完成个人自建房面积测绘成果复核30件，面积3.46万平方米，出具备案意见表30份。创建楼盘表280幢，出具备案意见表54份。完成存量房面积复核会商10件。

【房地产市场监管】 2022年，海安市加强商品房预售资金监管，监管银行13家；监管项目63个；监管商品房447幢32995套，总面积394万平方米；监管资金入账204亿元，支付182亿元，账户余额18.5亿元。组织对18个商品房项目进行交付查验，查验总面积135.7万平方米，其中查验住宅9864套118.8万平方米。下发"关于促进房地产市场平稳健康发展的通知"，提高住房公积金贷款额度，降低公积金贷款首付款比例，支持刚性和改善性购房信贷需求；

对于各类人才购房和二孩、三孩家庭购房给予补贴和优惠；对于不符合享受人才和二孩、三孩政策的购房者给予普惠政策。加大房地产政策宣传力度，举办“夏日淘房季”看房活动，海安城区20家在售楼盘参与活动。

【房地产交易监管】 2022年，海安市房产交易中心、市不动产登记中心和国家税务总局海安市税务局合作完成“不动产登记一人办系统”。全年，办理商品房交易备案7854件，面积103.03万平方米。办理个人存量房交易备案3060件，面积38.17万平方米；办理单位存量房交易备案30件，面积13.19万平方米。办理房屋租赁登记备案362件，面积12.36万平方米。办理拍卖房产备案1件，登记面积0.1万平方米。办理商品房网上合同备案4809件（4972套），面积72.96万平方米，合同金额67.98亿元。办理已备案合同变更核查82宗，办理已备案合同撤销117宗。

（夏婷婷）

公用事业

【供电】 电量消耗 2022年，海安市全社会用电量71.05亿千瓦时，比上年增长4.74%。第一产业用电量1.59亿千瓦时，比上年增长19.76%；第二产业用电量52.87亿千瓦时，比上年增长2.72%，其中工业用电量52.41亿千瓦时，比上年增长2.95%；第三产业用电量7.32亿千瓦时，比上年增长3.12%。城乡居民生活用电量9.27亿千瓦时，比上年增长16.78%。供电量65.08亿千瓦时，比上年增长2.26%。售电量63.37亿千瓦时，比上年增长2.49%。调度最高用电负荷120.01万千瓦，比上年增长5.68%。线损率2.93，比上年降低0.34个百分点。

电网建设 2022年，海安市有公用变电站36座，其中，500千伏变电站1座、220千伏变电站7座（含220千伏仲洋变子母站）、110千伏变电站19座、35千伏变电站10座。主变压器73台，总容量720.25万千伏安；配电变压器8734台，总容量296.8万千伏安。220千伏线路24条501千米、110千伏线路45条503千米、35千伏线路21条175千米、20千伏线路39条270千米、10千伏线路393条4983千米。完成固定资产投资1.41亿元。实施主网项目19个，总投资3.04亿元。110千伏角斜输变电工程、110千伏西热输变电工程以及配套的配网接入工程按期投运，海安东部电网供电能力和可靠性进一步提升。220千伏花乡输变电工程、110千伏李堡变GIS改造项目获省发展改革委核准，110千伏高庄输变电工程取得可行性研究报告批复。110千伏角斜变输变电工程、110千伏西热变输变电工程、220千伏赤岸变10千伏配套送出工程开工建设。完成110千伏李堡变2号主变重载问题处置等9项主网迎峰度夏工程。实施配网项目176个，总投资1.24亿元，新建线路长度216.81千米。实施农网项目185个，总投资1219万元，新增改造线路长度27.88千米。实施业扩配套项目256个，总投资2637万元。“配电网智能规划系统”试运行，初步完成海安地区配电网现状图、基准图绘制，修编《海安市配电网电力廊道专项规划》《海安市地下管线综合规划》，发布《海安市充电设施布局“十四五”规划》，推动电网规划和国土空间规划不断融合，合理布局充电设施。

电力服务 2022年，海安市供电公司不断提升不停电作业水平，开展不停电作业2911次，其中复杂带电作业166次，次数均列南通市第一位。出台电力接入工程政企共担、“电水气讯视”业务联办等相关政策，打造南通首家“电水气讯视”联办专厅。11月16日，“电水气讯视”联办专厅在海安投入使用，实现企业工程建设类项目办理供电、供水、供气、通信、有线五类业务“一厅办理、一体勘察、一并答复”。做优“海电速办”服务品牌，海安开发区建成省电力公司B类“开门接电”示范区，南通唯一，海安嘉悦体育用品有限公司等6家单位首批接电投产。在全省率先推出为重点客户提供交接试验服务，免费服务海安德涵新型建材有限公司等企业26家，被人民网、今日头条等媒体宣传报道。全面实行“三零”（零上门、零审批、零投资）“三省”（省心、省力、省钱）服务，累计为客户节省办电投资4000余万元。优化便民举措，在“我的海安”App发布受电工程典型设计和造价手册，指导电力客户进行设备选型和造价估算。完成32个老旧小区充电桩报装需求调研，逐一制定居住区充电专用供配电设施规划布点方案，爱法山水国际等3个小区实现“开门接桩”。开展客户用电安全大检查，协助解决问题33个。推进“百镇千村”电气化村镇建设，推广乡村电气化项目138个；在全省率先建立农村用电共建共治共享机制，推进农村安全用电管理和表后服务融入乡村综合治理体系；实施双溪敬老院“爸妈食堂”电气化改造公益示范项目；启用乡村电气化实训基地，开办首期乡村电气化培训班。处理“95598”全国供电服务热线故障报修单1779张，平均到达现场时间19.2分钟，故障平均修复时间32.6分钟。

电网数字化转型发展 2022年，海安市供电公司改造升级调度大屏，提升调控系统智能化和现代化水平。加强配电自动化实用化应用，遥控操作1461次，投入全自动FA线路211条，正确研判故障范围63次。启用分级保护线路155条，有效隔离故障65次，减少停电4572时户数，增加供电量197.28万千瓦时。优化无线专网基站布局，搬迁基站2座，新增配电控制类终端188台。实施数据中台项目2个，解决低压用户重复停电无法有效监测、弱口令无法实时检测告警等问题。试点打造南通市首家数字化供电所。（海安供电公司）

【供水】 2022年，海安市实现安全供水7475万吨，日最高供水量23.63万吨；售水量6002万吨；水质综合合格率100%，用户满意度99%。新增自来水用户1.56万户，累计45.84万户。完成管网精准改造102千米；户表改造6444户，周期表更换7520户。供水基础设施建设加快推进，实施328国道李堡镇中凌桥管径800毫米管道迁移工程，353省道大公镇南侧管径300毫米供水管道安装工程，上湖创新区永宁街东段、中段供水管道安装工程，上湖创新区运通路、李堡镇蒋储公路、滨海新区金港大道、李堡镇李新公路等328国道辅道提升管网迁移工程、供水管道安装工程，上湖创新区海川路给水工程，李堡红富路、滨海新区凤翔路、海安开发区纬十七路、城区洋港路等供水管道建设工程25个，惠及10万户家庭、400多家企业。实施南通亚元新材料有限公司、新稷科技（江苏）有限公司、南通海安万洋众创城科技有限公司、海安迅捷包装有限公司、阿尔法电子机械（南通）有限公司、江苏岩垦基础建设有限公司等工商业项目接水工程72个。启动引江供水四期工程（通台）线建设前期工作。强化供水设施运行维护和技改升级，确保供水设施运行状态良好；定期巡查、排空全市56口应急深井，高标准检测化验水质，确保不低于21口备用应急深井水质合格；推进涉水材料检测和实验室等级建设。做好供水设施防寒保暖工作，保证水压、水质安全稳定。做好城区供水管道及全市范围内管径300毫米以上供水管道维修、维护工作，维修管径100毫米以下管道6700次、管径100毫米以上管道56处，打造城市核心区“半小时抢修服务圈”，城区管网报修全面实现30分钟到场，维修及时率超99%。每季度做好全市4521只市政消防栓巡查维护工作，确保市政消防栓正常出水。

【排水】 2022年，海安市加强城区排水设施长效化管理，安排专人巡线5.41万千米，巡线时长1.59万小时，上报265处管网缺陷问题，跟踪修复233处。清理雨箅子7450个，清理疏通支管网1476条，保障排污管网畅通有序。常态化排查防汛风险隐患，改造城区易涝点19个；汛期，排查、登记城区雨水、雨污混流排口222处，实施应急抢险27次，确保安全度汛。规范排水许可管理，结合“十个必接”（机关、学校、医院、浴室、宾馆、饭店、农贸市场、垃圾中转站、居住区和工业区10类场所排放的污水，全部接入污水管网）“六小行业”（小餐饮副食业、小美容美发业、小澡堂、小旅馆、小歌厅网吧、洗车洗涤业）整治排查情况，核发排水许可证97份。

【污水处理】 2022年，海安市初步建立全市域范围内以污水处理厂集中处理为主，农村分散式处理为辅的城乡污水收集处理一体化体系，城区污水基本实现应收尽收，区镇污水管网基本实现互联互通，污水处理水质不断提升，城乡污水收集处理工作实现良性循环发展。全市有生活污水处理厂11座，其中，城区污水处理厂2座、区镇污水处理厂9座，处理能力每日11.15万吨，出水水质均达或超过城镇污水处理厂污染物排放标准一级A标准。全年，处理生活污水3041.54万立方米，城乡污水处理厂平均运行负荷74.74%，平均进水化学需氧量浓度为每升242.91毫克，平均出水化学需氧量浓度为每升19.5毫克。城区两座污水处理厂处理污水1829.36万立方米，运行负荷77.11%，城区污水处理率94.87%，其中，海安惠泽净水有限公司（原城北污水厂）设计处理能力每日2.5万吨，2022年处理污水636.66万立方米，运行负荷69.77%，平均进水化学需氧量浓度为每升233.27毫克，平均出水化学需氧量浓度为每升22.66毫克；海安恒发污水厂（城南污水厂）设计处理能力每日4万吨，2022年处理污水1192.7万立方米，运行负荷81.69%，平均进水化学需氧量浓度为每升235.62毫克，平均出水化学需氧量浓度为每升14.93毫克。新建一、二级污水管网20千米。10个生态安全缓冲区进入日常养护阶段，实现污水处理厂尾水水质深度净化。四大畜禽粪便处置中心年处理污泥5326吨，干湿分离后综合利用2076吨。启动农村污水收集处理设施兼并收购，完成全市123座小型集中式农污设施调研摸查工作，启动墩头、白甸污水处理厂撤厂并网工作，做好曲塘、李堡污水处理厂兼并收购工作。农村污水处理设施正常运行，1.3万户农村污水被纳入管理、集中处理，其中滨海新区13座分散式小型污水处理设施正常运行，处理污水约2.14万立方米。

【供气】 管道燃气供应 2022年，海安市继续推进燃气基础设施建设，新建高、中、低压天然气管网204.3千米，管道天然气供气总量2.75亿立方米。新发展管道天然气居民用户8100余户，累计18.9万余户；新发展管道天然气工商公福非居民用户76户，累计1800余户。全市有管道燃气企业3家。海安中油燃气有限责任公司负责经营新204国道以西的海安高新区（孙庄、胡集地区）及曲塘镇、白甸镇、墩头镇、南莫镇、雅周镇、大公镇、海安农场区域，年总销气量2.32亿立方米，建成天然气高、中、低压管线516.73千米，有居民用户1.5万户、工商业用户166户。海安新奥燃气有限公司负责经营新204国道以东的海安高新区（除孙庄、胡集地区）及海安开发区、滨海新区、李堡镇区域；新建中、低压燃气管线154.5千米，累计建成低压燃气管线1722.7千米、中压燃气管线576.5千米、高压燃气管线18.8千米；新增工商业用户105户，累计1591户；新增居民用户1.43万户，累计16.86万户。海安市惠海天然气管网有限公司正式运行，做好中俄东线天然气高压管线配套接收工程项目前期准备工作。

瓶装液化气供应 2022年，海安市有10家石油液化气公司，瓶装液化石油气供气总量1.2万余吨，实行全市范围内瓶装液化气统一配送服务，落实销售实名制、配送服务制、入户安检制，实现供应、运输、使用环节全链条管理。推进燃气用户“瓶改管、瓶改电”，412户小区集中居住居民、46户餐饮商户、24家行政事业单位食堂和239家教育、民政服务、医疗卫生、国有企业等企事业单位食堂完成改造。

安全供气 2022年，海安市加强燃气行业监管，召开燃气管理工作会议6次、城镇燃气安全生产专业委员会会议3次。开展燃气安全排查整治、居民及餐饮场所燃气使用安全提升、燃气安全整治“百日行动”等行动，查处燃气经营单位违法经营充装行为7起、燃气具及配件销售违法行为8起、非法运输储存行为17起，行政拘留17人次，关停瓶装液化气企业2家，处罚金额11.1万元。加大管道燃气私拉乱接和高层建筑、车库等不符合用气条件场所使用瓶装液化气行为清理整治力度，清理管道天然气私拉乱接118处，违规使用瓶装液化气1033处。持续开展燃气用户安全体检，瓶装液化气和管道天然气入户安检率分别为96%和83%，非居民用户安检覆盖率100%。更新改造燃气老旧管道1.6千米，实现全市餐饮场所燃气泄漏安全保护装置及金属软管、低保及特困家庭燃气泄漏安全保护装置、管道天然气居民用户不锈钢波纹软管安装使用“三个全覆盖”。（夏婷婷　崔倩娴）

城市管理

【环境卫生管理】 2022年，海安市开展道路环境整治，采用“机械清扫+人工保洁”作业方式，冲刷城区172条主次干道；推进主次干道撤桶撤点和小区清运点整治，对撤桶后的沿街店铺实施定时定点上门收集，落实专人现场引导垃圾集中投放。强化工地扬尘管控，6家企业基坑出土使用3.5米高台雾炮机降尘、抑尘，城区4处重点区域信号塔安装鹰眼摄像机，18家在建工地安装喷淋系统；加大扬尘处罚力度，办理扬尘污染案件64起，罚款136万元，增收扬尘税98.6万元。狠抓餐饮油烟治理，利用“餐饮油易查”微信小程序，实行餐饮油烟污染“云监管”，331家餐饮单位联网接入智慧餐饮油烟检测平台，推行餐饮油烟污染治理“红、黄、绿”分级监管；强化餐饮油烟执法监管力度，检查369家新增餐饮店，下发整改通知书235份。创新垃圾治理，推进垃圾分类、再生资源回收、邮政快递收寄服务、农产品兑换等“多网融合”，打造“1.5公里便民服务圈”；40个小区完成垃圾分类亭建设，建成可回收物智能化分选中心，试点采用地埋式垃圾收集模式；实施建筑垃圾资源化利用，处置建筑垃圾34万吨；开展垃圾分类宣传，建成垃圾分类宣教馆，建设垃圾分类主题公园。

【市容秩序管理】 2022年，海安市开展“门前五包”星级评比，签订责任书4514份。全面整治校园周边以及农贸市场等重点区域，清理乱堆放2750处，拆除存在安全隐患、破损陈旧、不符合市容管理规定的户外广告111处。严查严控违法建设，利用“海安治违”App、无人机航拍、高空探头等技术手段，全面摸排辖区违法建设，拆除建成区违建190余处，面积约2.4万平方米。创建“红色管家”1个，无违建小区4个、无违建示范点3个。

2022年，海安市试点采用地埋式垃圾收集模式。图为海安图书馆智能地埋式垃圾站，摄于2022年12月19日　市融媒体中心／供图

【物业管理】 2022年，海安市突出业主委员会自治，累计成立业主委员会131个、物业管理委员会66个。推动物业服务标准化管理，规范维修资金缴存、使用流程，对涉及小区安全的事项，畅通快速绿色审批通道。新引入万科物业、碧桂园物业、彩生活物业、绿城物业、金科物业、广纳物业等物业公司。新成立物业项目党组织3家，累计13家。创建南通市级示范小区2个、党建引领物业示范点4家，省级党建引领物业示范点1家。

【垃圾处理费征收管理】 2022年7月1日起，《海安市城市生活垃圾、建筑垃圾处理费征收管理暂行办法》正式试行。征收范围为北到人民西路—连申线—北三环、东跨沈海高速公路以东经三十四路、南到沿海大道—新长铁路—上湖南侧、西至204国道，约100平方千米范围内。城市生活垃圾处理费按每月每户5元征收。建设单位施工过程中产生的建筑垃圾按每平方米2元征收；工程拆除垃圾按拆除面积每平方米1元或每立方米4.5元征收；废渣弃土按每立方米4.5元征收；首次装饰装修产生的建筑装潢垃圾按房屋建筑面积（含居民住宅和非住宅）每平方米6元征收；非首次装饰装修产生的居民住宅建筑装潢垃圾按装修面积每户每次每平方米6元征收，非住宅按照装修面积每次每平方米8元征收。

（王宇洋）

海安开发区洋蛮河花苑

乡村振兴

综述

【乡村振兴海安路径】 至2022年，海安市通过典型引路、示范带动，农业综合实力不断提升，农民生活水平持续提高，形成符合市域特点的可推广、可复制的示范典型，走出一条海安特色乡村振兴之路。李堡镇开展村集体经济公司化发展试点，形成“村村抱团、联合置业”发展模式，首批由李堡镇杨庄村经济合作社和富庄村经济合作社共同投资的海安市三贤农业发展有限公司，注册资本1000万元，经营范围包括休闲农业和乡村旅游开发、市政设施管理、园林绿化工程施工、物业管理、互联网销售等，与海安农村商业银行合作，海安农村商业银行向其投放首批乡村振兴贷500万元。海安开发区界墩村探索集体经济实体化发展模式，出资2434.65万元购买界墩花苑12间店面房，每年可获得村营收入120万元。白甸镇周垛村与牧原农牧有限公司开展村企联建，由村组织农民为企业提供物业管理服务，实现村企共赢。全市乡村振兴示范村、生活富裕先进村村营收入均超150万元，村内劳动力就业率超95%，基本医疗保险覆盖率98.7%。杨庄村打造智慧环卫管理平台、人居环境示范点、赤园文化园，精准诠释乡村振兴丰富内涵。富港村打造南通首例农民集中居住示范区，探索农房改善新途径。杨庄村与南通明诺机械有限公司合作建设智慧垃圾运送系统，为南通市首创。唐庄村获评国家级传统村落，青墩村获评省级传统村落。富港村、蒋庄村先后获评省级特色田园乡村。

【乡村振兴示范村和先进村培育】
2022年，海安市出台“关于印发海安市2022—2023年度乡村振兴示范村、先进村培育工作实施意见的通知”，梯度培育“15+29”乡村振兴示范村、先进村，其中22个村源于2021年培育梯队。大公镇于坝村、南莫镇青墩村、海安开发区品建村、曲塘镇罗町村、李堡镇蒋庄村入选南通市2022—2023年度乡村振兴示范村培育名单，海安开发区壮志村、滨海新区富港村、李堡镇杨庄村、雅周镇许家庄村入选持续打造示范村培育名单，海安高新区夏岔村和海安开发区新立村、石庄村入选产业兴旺类先进村培育名单，海安高新区周吴村、滨海新区五凌村、曲塘镇花庄村入选生态宜居类先进村培育名单，海安开发区立发桥村、墩头镇毛庄村、大公镇凌东村、海安高新区东庙村入选乡风文明类先进村培育名单，海安高新区三里闸村、滨海新区海港村、曲塘镇曲塘村入选生活富裕类先进村培育名单，大公镇仲洋村、南莫镇沙岗村、雅周镇东楼村入选治理有效类先进村培育名单。编制建设项目201个，总投资3.7亿元，其中财政资金投入1.17亿元（南通市4300万元，海安市7400万元），统筹整合水利、住房和城乡建设、交通运输等部门资金5571万元，吸引其他投资4022.5万元。引导富港村、杨庄村、蒋庄村、石庄村、壮志村、品建村、许家庄村等在建示范村串点成线、集群连片，培育一批明星村、品牌村，杨庄村重点推行电商产业园建设、农旅融合发展等，壮志村重点发展康养绿色产业、“壮志年糕”特色产业等。

【海安乡村振兴实绩考核获全省先进】
2022年，海安市乡村振兴实绩考核位列省“进位第一等次”。新增农业产业化国家级重点龙头企业1家、省级2家。江苏中洋集团股份有限公司创成国家级刀鱼原种场，入选省首批现代农业全产业链标准化基地。江苏天成科技集团智慧畜牧获评省农业数字化建设优秀案例。以“稻米和禽蛋”为主导产业，成功晋级国家现代农业产业园创建行列，全省仅两家，为南通市首家。稻米、蛋鸡、蚕丝产业均被央视新闻报道。五大区域农业服务中心挂牌常态运行，为“五个一”（一粒米、一滴油、一只蛋、一条鱼、一根丝）特色产业提供精准服务，运行模式获南通推广，被农业农村部科技教育司号召在全国推广。全程全面机械化示范县创建深入推进，主要农作物生产全程机械化水平96%。“寻味海安”入选省首批“产销对接 公益助农”十佳平台。光明村入选全国乡村特色产业亿元村。农村人居环境整治项目入选第五批全国农村综合改革标准化试点，获批创建全省农村人居环境整治示范县（市），蒋庄村、富港村获评省特色田园乡村，光明村连续三年入选全国乡村特色产业亿元村，富港村获选江苏省农业社会化服务典型案例，获评省绿美村庄5个。疏浚河道41条、拆坝建桥（涵）57座、圩堤加固7.7千米，建成生态河道58条167千米，焦港河入选全国幸福河湖建设试点。2022年，全市完成村营收入超2.8亿元，42个村分红总额3000万元。农村居民人均可支配收入29826元，比上年增长6.1%。 （焦娅雯）

脱贫攻坚成果巩固拓展

【返贫防范】 2022年，海安市做好低收入人口认定和动态监测工作，全面核对“十三五”期间建档立卡低收入农户信息，推动相关帮扶政策平稳向民政低收入人口过渡。依托全国防返贫监测信息系统和南通“阳光惠民”监管平台，健全风险预警、研判和处置机制，动态监测预防返贫。重新确定困难群众833户，组织全市80余个机关部门在中秋节、春节前后结对帮扶困难群众。全年，累计完成2300余次入户走访慰问，发放慰问金16.66万元。 （陈法甫）

【产业帮扶】 2022年，海安市老区扶贫基金规模2625万元。实施产业扶贫项目10个，其中，南通市产业帮扶项目6个、海安产业帮扶项目4个，完成销售额1.63亿元，实现利润352万元。支出帮扶金额76万元，帮扶困难农户121户213人。继续推进光伏帮扶工作，建成光伏电站20座，装机总容量2000千瓦时，累计发电204.53万千瓦时，实现经济收益114.5万元，帮扶困难群众661户1199人。9月9日，海安在南通市农业农村重点工作推进视频会议上以《建设光伏电站、助力乡村振兴》为题作经验介绍，会议播放海安市光伏电站建设专题片《“一片光明”耀乡村》。

【健康帮扶】 2022年，海安市建立健康帮扶大病、重病信息库，市“两会一处”（市乡村振兴促进会、市老区开发促进会、南通市老区扶贫基金会海安办事处）拨付帮扶资金9.28万元，向45个村（社区）捐赠中医阁医疗设备5.85万元，向雅周镇周机村卫生室捐赠医疗设备3.43万元。7月29日，市乡村振兴促进会、市老区开发促进会举行健康帮扶医疗仪器设备捐赠仪式。资助大公镇、雅周镇1600人医疗互助金8万元。完成网络公益募捐15.3万元，资助69户大病重病患者家庭。完成线下募捐10万元，江苏美梵生物科技有限公司向10个区镇中心卫生院捐赠健康一体机医疗设备。市教育工会定向募捐10万元，资助困难教职工家庭。江苏东洲重工机械有限公司定向募捐1万元，救助李堡镇困境儿童2人。

【教育帮扶】 2022年，海安市“两会一处”实施助学帮扶项目9个，资助学生568人，发放助学金120.9万元。省“三会”（省老促会、扶贫协会、扶贫基金会）“滴水·筑梦”工程帮扶学生20人，帮扶金额6万元。南通市黄桥老区人才培训中心助学工程帮扶学生99人，其中海安籍学生30人，帮扶金额49.5万元。南通市“润苗·筑梦”助学工程帮扶海安中专学生20人，帮扶金额6万元。海安市“两会一处”帮扶海安中专学生200人，帮扶金额20万元；帮扶海安中学学生58人，帮扶金额9.1万元；帮扶2022年秋季初三学生28人，帮扶金额2.8万元；帮扶2022年春季初三学生97人，帮扶金额9.7万元；帮扶国华纪念中学在校生5人，帮扶金额3000元。扶贫产业示范项目企业帮扶实验中学、曲塘中学、立发中学、海安中专困难学生10人，帮扶金额2万元。碧桂园沪苏“一对一”帮扶基金资助学生31人，帮扶金额15.5万元。（陆志强）

【金融帮扶】 2022年，海安市涉农贷款余额1386.7亿元，列南通市第一位，比年初增加155.4亿元。海安农村商业银行发挥“支农支小”主力作用，加快普惠金融服务点布局，做实做细“整村授信”。建立健全服务乡村振兴组织架构，行长室成立普惠金融工作领导小组，普惠金融部为全行乡村振兴工作推进职能部门，下设阳光金融中心、微贷金融中心、小微金融中心。以网点所在地为根据地，持续推进普惠金融服务网格化建设，完善普惠金融服务点“一格三员”网格化服务机制，配齐配强普惠金融服务员、联络员、信息员，开展小额取现、社保卡、水电费代缴、有线电视费代缴等普惠便民服务。全面丰富乡村振兴产品体系，优化升级农户贷款、新型农业经营主体贷款、农业龙头企业贷款、“致富贷”“江海快贷”等产品，加大对经营效益好、信用状况佳的种（养）殖大户、家庭农场、农业合作社等新型农业经营主体，各级农业龙头企业，重大农业基础建设项目的信贷支持力度，助力新型农业经营主体做大做强。至年底，设立普惠金融服务点205家，行政村覆盖率100%。“整村授信”为16.1万户批量授信212亿元，户数、授信额度分别比年初净增5.7万户、72.5亿元。推广“保险+”帮扶模式，稳定农户种粮收益，全市农业保险保费收入首次突破1亿元，收入1.02亿元，比上年增长18.87%；理赔4592.9万元；结余2334.09万元。全市各保险机构累计开办农业险种40个，以中国人民财产保险股份有限公司海安支公司为主的保险机构开办江苏省商业性水稻收割期间降雨指数保险、江苏省商业性小麦收割期间降雨指数保险、江苏省小麦种植保险（补充保额）等6个涉农新险种。（陆佳媚　何红梅）

农村改革

【农村集体产权交易改革】 2022年，海安市开展农村集体产权制度改革“回头看”，完成2021年度农村集体资产清产核资工作。加强农村集体产权交易市场规范化管理，实现村集体资产资源交易“应进必进”。农村产权交易成交标段2023个，比上年增长222.6%；成交总金额2.96亿元，比上年增长61.2%；溢价金额1100万元，比上年增长33.9%，村均5.23万元；涉及土地经营权面积3866.67公顷。市农村产权交易服务中心列2021年度全省农村产权交易市场监测评价县级单位第9位，向省农业农村厅提出“实现优先权的平台升级方案，维护原承租人和本集体经济组织成员的合法权益”的建议，获省农业农村厅肯定。建立续租预警制度，常态化清理村组账内账外集体资产资源，盘活、挖掘闲置和被占用的资产资源，推动集体资产资源和土地规模流转全部在省农村集体产权交易平台完成线上竞价交易。（陈　慧）

【农村集体资产管理改革】 2022年，海安市全面开展以村（居）股份经济合作社和村（居）居民委员会财务分开为重点的“政经分开”改革，实现村社分账核算、独立记账。做好省农村集体产权交易平台、南通市农村集体“三资”（货币资金、资产、资源）监管平台和海安市限额以下公共资源交易平台稳定运行工作，每月10日及时记账、20日业务规范性督查、25日区镇集中审核。强化民主监督、平台监督和审计监督，规范村股份经济合作社、村委会、合作农场3个财务报表，开展用工专项整治、资产资源出租专项整治、合作农场专项整治。7月，南通市农村集体“三资”管理现场推进会在李堡镇召开。（周国平）

【农村土地制度改革】 2022年，海安市创新农村土地制度改革，开展全国第二轮土地承包到期后再延长30年试点。在基本完成承包地确权登记颁证工作基础上，开展“回头看”行动，完成土地确权数据二次汇交工作。实行市、镇、村三级分工联动，推进市级发放权证工作常态化，及时办理农户确权、变更手续，将土地承包经营权证书发放至农户手中。与因土地征用需要调整地块面积的700多户农户重新签订合同，换发新证，确权登记颁证率99.1%。按照应发尽发要求，对海安农场天鹅村整村、海安开发区韩洋村14组、大公镇凌东村21组开展整组确权工作。（张　曼）

【农村土地经营权流转设定指导价和最高限价】 2022年5月5日，市农业农村局下发“关于公布农村土地经营权流转指导价格及最高限价的通知”，全市粮食生产的土地经营权流转指导价为每公顷1.35万元左右，最高限价为每公顷1.65万元。最高限价可在上述建议价格基础上因地制宜，上下浮动，浮动幅度掌握在5%以内，建议“东部”地区掌握在每公顷1.68万元，“河南”地区掌握在每公顷1.65万元，“河北”地区掌握在每公顷1.62万元。（陈 慧）

乡村治理

【村民自治组织建设】2022年，海安市加强村级组织规范化建设，通过细化制定村（居）民委员会的组织架构、议事决策、基本职能、运行规则、队伍建设等方面工作规范，指导村（社区）推进村（居）委会成员缺位补选，健全村级组织议事协商制度，鼓励村（居）民委员会围绕制度建设、运行机制、管理方式等方面开展研究创新，不断提升规范化建设水平。至年底，所有村（社区）均设立人民调解、治安保卫、公共卫生、妇女和儿童等下属委员会。

【乡村治理网格化管理】2022年，海安市构建“网格化”乡村治理模式，从组织、队伍、阵地、工作、服务、数据、资源、考评、激励、保障十大方面入手，搭建党建网格与乡村治理网格融合体系，完善党组织领导下的村民自治、民主协商、群团带动、社会参与机制，推行“网格收集、村（社区）汇总，街道吹哨、部门报到，分级响应、限时反馈”治理模式，形成多方参与的共建共治共享乡村治理架构。建立市、镇、村三级社会治理综合服务体系，健全“区镇党组织—村级党组织—网格党组织—党员中心户”组织架构，实现农村专职网格员全覆盖，每周组织网格员“亮身份”入户走访，宣传党的方针政策、传授平安法治知识、收集社情民意，吸纳38名网格员进入村后备干部。建立农村专职调解员队伍，全市有村（社区）专职调解员237人，围绕重要时间节点，开展社会矛盾纠纷集中排查化解工作。3月3日，市人民法院对外发布“关于充分发挥审判职能作用为全面促进乡村振兴提供司法服务和保障的实施意见”，制定司法护航乡村振兴20条新举措。

【乡村治理积分制管理】2022年，海安市创新实行党员服务积分制、村民道德积分制管理，推动党员履职尽责，建立健全乡村治理长效机制。墩头镇毛庄村给每名党员配有一个党员服务积分本，记载日常为民服务情况，根据党员的类别情况，积分采取“基础分+加减分”的方式计算分值，实行每月一积分、每季一通报、每年一总评。海安开发区立发桥村推行“1+10+10+N连心工作法”，建立“村党总支部联系党小组长、党小组长联系10名党员、1名党员联系10户群众”的“1人联10人、10人联N户”服务网络，将农村精神文明建设过程中的重点和难点问题，细化8个基本项、22个加减分项，对村民进行“道德积分”，调动村民守道德、讲文明、树新风的积极性，促进乡村规范化治理。李堡镇江海村制定“100分的约定”量化积分评比方案，围绕村务事项、移风易俗、公共道德、家庭美德等方面形成100分清单，引导村民积极参与自治。海安乡村治理积分制管理工作多次被南通市级以上媒体报道。

2022年9月20日，海安市墩头镇毛庄村村民根据“道德积分”现场换取牙膏、毛巾等生活用品　　周 强／摄

【海安通过省现代社区治理创新实验区结项验收】2022年4月，海安市通过全省第二批现代社区治理创新实验区结项验收。海安以“农村居民集中安置区社区治理服务体系建设”为课题，针对农村居民集中安置区“管理机制不畅、治理力量薄弱、便民设施短缺”等问题，围绕“土地集约化、资产股份化、居住城镇化、管理属地化”，探索安置区社区治理体系建设。完善治理结构，全面健全社区体系，合理设置新建安置小区规模，新建6个集中安置社区，18个建制村改为“村居合一”社区，以小区、组团或楼栋为单位，增设235个居民小组；在135个安置小区全面推进村（居）民小组“微自治”，规范小区邻里服务中心建设运行。深化社区民主自治，推动社区法治、德治、自治有机融合，22个新型农村社区依法进行居民委员会换届选举，修订“居民自治章程”“居民公约”；实施网格化与小组自治有机融合，通过“一户一票”选举产生居民小组长，以居民组为单位设置基础网格，居民小组长兼任网格员；推动居民融入社区自治体系，全面实施村集体产权制度改革，5万多户居民领取原村集体经济股权证。推动社区共治，发挥“两委”（村委会、居委会）主体作用，推行“全科社工”服务模式，设置全科服务窗口，深化“群众事务党员干部代理”活动；对建设规模超过200户的安置小区，组建业主委员会。全面下延为民政务服务，在新社区设置警务室、文化站、司法所等机构，完善“一社区一法律顾问”制度，推进社区公

共法律服务体系全覆盖；同步落实社区公共服务，新建社区建有面积超800平方米的党群服务中心，兴办为老为小等便民服务设施，新增社区服务设施5460平方米，引进职业技能培训机构4家；强化居民自我服务，发展社区志愿服务队伍，每社区培育不少于10个社区社会组织；引进专业社区服务，每年投入100万元设立公益创投项目；全面落实物业服务，对建设规模超过200户的小区引进物业服务公司，小于200户的小区由辖区村组织人员开展物业服务工作。厚植社区文化，倡导楼道、院落、家庭文化，建立文化兴趣小组、阅读小组，按照不低于10%的比例建设家庭文化室；支持农民兴办文化事业，新注册登记演出团体和其他文化团体10多个。（蒋 颖）

乡村产业

【概况】 2022年，海安市深入实施“一粒米、一滴油、一只蛋、一条鱼、一根丝”的“五个一”产业提升工程，创立“海安大米”“中洋河豚”等江苏农业区域公用品牌，“家惠”牌菜籽油获评“江苏精品”，鑫缘集团“建场、组社、联农”蚕业农场发展模式成为全国蚕桑适度规模化经营的典范，天成集团实施饲料加工、蛋品深加工产业“联农带农”模式。全市有农产品加工企业345家，总销售收入396亿元。推进农业品牌建设，构建以企业品牌为主体、区域公用品牌为龙头的农产品品牌体系。建设10个村邮驿站，打通农产品进城冷链中转和工业品到村双向渠道。加快重大农业项目招引，纳入全省重大项目管理系统的开工建设项目33个，新建项目32个，比上年增加4个，计划投资比上年增加4000万元。推动农业数字化发展，新增农业物联网示范点18个，建成海安市农业农村大数据平台一期项目、杨庄数字农业示范村项目。全市累计有全国“一村一品”示范镇1个、示范村6个，其中光明村是全国乡村特色产业亿元村。新型农业经营主体队伍迅速壮大，新增省级示范家庭农场5家、南通市示范家庭农场10家，新增新型合作农场7家，新培育认定高素质农民2700人、新型职业农民181人。（焦娅雯）

【村级集体经营收入】 2022年，海安市各村实现村营收入2.85亿元，比上年增长6.47%。村级二三产项目税收分成奖励到村7619.47万元，比上年增长32.75%。强村加油站项目建设瓶颈问题全部解决。推进土地流转，实现村营收入4000多万元。开展乡村公共空间治理，收回集体土地面积近333.33公顷，增加村营收入近800万元。组织集体经营性建设用地入市，成交36宗，成交额9280.9万元，村集体取得出让资金6000万元。（周国平）

【农村电商发展】 2022年，海安市继续推动优质农产品直达社区“寻味海安”项目，新建生鲜驿站10个，累计建成23个，其中，海安城区19个、南通市区4个。各区镇新建村邮驿站10个。新增线上交易额8万元以上的农产品电商（网店）43家，做大做强原有农产品电商（网店）16家。全年，全市完成农产品网上销售额约21.25亿元。“寻味海安”获评首批江苏省“产销对接 公益助农”十佳平台，市农业农村局在全省“互联网+”帮促助农活动典型案例推介活动中获评典型组织。（周 卫）

【新型农业经营主体培育】 农业龙头企业 2022年，南通家惠油脂发展有限公司申报农业产业化国家重点龙头企业，江苏怡然园艺有限公司、江苏富海生物科技有限公司晋级为江苏省农业产业化重点龙头企业，江苏中洋动物营养科技有限公司、江苏悠恒生物科技有限公司、江苏俊启生物科技有限公司晋级为南通市农业产业化龙头企业。全市累计有各级农业龙头企业109家，其中，国家级4家、省级21家（省级以上数量列南通市第一位）、南通市级50家、海安市级34家。鑫缘茧丝绸集团股份有限公司等5家企业入选“2022年中国农业企业500强”。

表28 2022年海安市南通市级以上农业龙头企业一览表

序号	名称	级别	序号	名称	级别
1	鑫缘茧丝绸集团股份有限公司	国家级	9	海安市婷婷农副产品有限公司	省级
2	江苏中洋集团股份有限公司	国家级	10	南通嘉纶食品有限公司	省级
3	江苏天成科技集团有限公司	国家级	11	海安润思达食品有限公司	省级
4	南通家惠油脂发展有限公司	国家级	12	南通季和米业有限责任公司	省级
5	江苏海辰科技集团有限公司	省级	13	南通市德心食品有限公司	省级
6	海安兰波实业有限公司	省级	14	江苏苏鹏禽业发展有限公司	省级
7	江苏康德蛋业有限公司	省级	15	江苏苏琪食品有限公司	省级
8	海安农副产品批发市场有限责任公司	省级	16	南通游龙肠衣食品有限公司	省级

续表28

序号	名　称	级别	序号	名　称	级别
17	南通金旺农业开发有限公司	省级	47	南通科飞生态农业发展有限公司	南通市级
18	江苏西隆粮油贸易有限公司	省级	48	南通市金桥生物肥料有限公司	南通市级
19	南通泰和食品有限公司	省级	49	南通昌润食品有限公司	南通市级
20	江苏三零面粉海安有限公司	省级	50	海安百岁休闲农庄有限公司	南通市级
21	南通盛大饲料有限公司	省级	51	南通壹号食品有限公司	南通市级
22	江苏中洋生态鱼类股份有限公司	省级	52	海安市申宇明胶有限公司	南通市级
23	江苏家惠生物科技有限公司	省级	53	海安理昂生物质发电有限公司	南通市级
24	江苏怡然园艺有限公司	省级	54	南通沪源米业有限公司	南通市级
25	江苏富海生物科技有限公司	省级	55	江苏邦利牧业有限公司	南通市级
26	南通市奇香饼干食品厂	南通市级	56	北大荒粮食集团南通西隆贸易有限公司	南通市级
27	江苏大公山羊市场有限公司	南通市级	57	南通海陵肥料有限公司	南通市级
28	南通华强布业有限公司	南通市级	58	江苏祝润米业有限公司	南通市级
29	南通汇益食品有限公司	南通市级	59	南通绿之纯食品有限公司	南通市级
30	江苏龙顺米业有限公司	南通市级	60	江苏桂陵饲料有限公司	南通市级
31	南通福尔生物制品有限公司	南通市级	61	南通业华国际贸易有限公司	南通市级
32	南通穗兴粮油收储有限公司	南通市级	62	南通王中王食品有限公司	南通市级
33	海安市江山米业有限公司	南通市级	63	江苏新之润饲料有限公司	南通市级
34	海安市苏豪制丝有限公司	南通市级	64	江苏聚仁粮油贸易有限公司	南通市级
35	海安市天香米业有限公司	南通市级	65	南通龙洋水产有限公司	南通市级
36	江苏永昌粮业有限公司	南通市级	66	南通金伟农畜牧科技有限公司	南通市级
37	江苏康利饲料有限公司	南通市级	67	里下河米业南通有限公司	南通市级
38	亚太星原农牧科技海安有限公司	南通市级	68	江苏康瑞生态农业有限公司	南通市级
39	江苏金洲粮油食品有限公司	南通市级	69	南通北海农庄有限公司	南通市级
40	南通穗邦农业科技发展有限公司	南通市级	70	江苏麦迪逊农业科技有限公司	南通市级
41	南通天成现代农业科技有限公司	南通市级	71	南通锦宏牧业有限公司	南通市级
42	南通泓源畜牧有限公司	南通市级	72	海安海龙粮油有限公司	南通市级
43	南通市吉佑畜牧有限公司	南通市级	73	江苏中洋动物营养科技有限公司	南通市级
44	南通尔康生物有机肥料有限公司	南通市级	74	江苏悠恒生物科技有限公司	南通市级
45	南通绿源生物能源有限公司	南通市级	75	江苏俊启生物科技有限公司	南通市级
46	江苏省富阳牧业有限公司	南通市级			

（张　华）

农民合作社　至2022年11月30日，海安市农民合作社工商登记数636家。2022年培育申报国家级农民合作示范社5家，其中，用水合作示范组织1家、供销蔬菜示范社1家；省级农民合作示范社3家；南通市级农民合作示范社2家。扶持11家合作社高质量发展，使用中央转移支付资金200万元。海安港丰农地股份合作社“5433”（提供统一规划、机耕、技术、种苗和销售的“五统一”托管服务，进行定管理费、产量、成本和利润的“四定式”考核管理，开展比技术、看谁种植效益高，比致富、看谁产业规模大，比帮带、看谁帮扶群众多的“三比三看”活动）服务化模式被省农业农村厅推介为社会化服务典型案例，合作社理事长王琪峰被省委、省政府表彰为江苏省乡村振兴先进个人。

表29　2022年海安市南通市级以上农民合作社示范社一览表

序号	名　称	级别	所在区镇	序号	名　称	级别	所在区镇
1	海安市婷婷禽蛋专业合作社	国家级	城东镇	27	海安美丰谷物种植专业合作社	省级	墩头镇
2	海安市苏鹏禽业专业合作社	国家级	曲塘镇	28	海安通扬羊业专业合作社	省级	南莫镇
3	海安港丰谷物农地股份合作社	国家级	角斜镇	29	海安市禾丰植保专业合作社	南通市级	角斜镇
4	海安香香果蔬种植专业合作社	国家级	海安高新区	30	海安市白甸镇博大水产专业合作社	南通市级	白甸镇
5	海安市城东农民用水户协会	国家级	城东镇	31	海安市民鑫农机专业合作社	南通市级	墩头镇
6	海安尚品谷物种植专业合作社	省级	雅周镇	32	海安市绿色园蔬菜生产专业合作社	南通市级	大公镇
7	海安雅欣谷物种植农地股份合作社	省级	雅周镇	33	海安市苏中山羊专业合作社	南通市级	大公镇
8	海安丰乐谷物种植农地股份合作社	省级	雅周镇	34	海安市宏润畜禽专业合作社	南通市级	城东镇
9	海安石庄永润农地股份合作社	省级	城东镇	35	海安保田强农农机专业合作社	南通市级	城东镇
10	海安裕泰谷物农地股份合作社	省级	角斜镇	36	海安市戚庄兔业专业合作社	南通市级	城东镇
11	海安周机谷物种植农地股份合作社	省级	雅周镇	37	海安农源农副产品销售专业合作联社	南通市级	海安高新区
12	海安苏合农副产品销售专业合作联社	省级	曲塘镇	38	海安市黄陈水产专业合作社	南通市级	南莫镇
13	海安澄鑫草制品专业合作社	省级	南莫镇	39	海安市华茂禽蛋专业合作社	南通市级	角斜镇
14	海安晓兰谷物种植专业合作社	省级	城东镇	40	海安开路先锋农机专业合作社	南通市级	李堡镇
15	海安市蓝天秸秆利用专业合作社	省级	南莫镇	41	海安市华江粮食专业合作社	南通市级	大公镇
16	海安市真德畜禽专业合作社	省级	海安高新区	42	海安市南阳兔业专业合作社	南通市级	城东镇
17	海安市绿环畜禽生态养殖专业合作社	省级	曲塘镇	43	海安海通农副产品销售专业合作联社	南通市级	海安高新区
18	海安市青墩团结葡萄农地股份合作社	省级	南莫镇	44	江苏苏鹏禽业专业合作联社	南通市级	曲塘镇
19	海安市泰宁物业农村社区股份合作社	省级	城东镇	45	海安市瑞康米业专业合作社	南通市级	雅周镇
20	海安市通港渔业专业合作社	省级	角斜镇	46	海安润华水产专业合作社	南通市级	墩头镇
21	海安市伟农禽业专业合作社	省级	李堡镇	47	海安市镇海渔业专业合作社	南通市级	角斜镇
22	海安市文正特种养殖专业合作社	省级	墩头镇	48	海安市富农水稻专业合作社	南通市级	李堡镇
23	海安市仲辉禽蛋专业合作社	省级	李堡镇	49	海安润农果蔬种植专业合作社	南通市级	大公镇
24	海安市白甸镇西博大米专业合作社	省级	白甸镇	50	海安市大洋农机专业合作社	南通市级	大公镇
25	海安百祥山羊专业合作社	省级	城东镇	51	海安葛桥羊业专业合作社	南通市级	城东镇
26	海安琴顺蔬菜专业合作社	省级	李堡镇	52	海安市壮志蔬菜专业合作社	南通市级	城东镇

续表29

序号	名　称	级别	所在区镇	序号	名　称	级别	所在区镇
53	海安市嘉纶畜禽专业合作社	南通市级	海安高新区	76	海安市腾浩草业专业合作社	南通市级	城东镇
54	海安圆梦农机专业合作社	南通市级	雅周镇	77	海安进梅秸秆综合利用专业合作社	南通市级	雅周镇
55	海安市白甸镇袁兵草莓专业合作社	南通市级	白甸镇	78	海安乾源水产养殖专业合作社	南通市级	墩头镇
56	海安市溪水湖水稻专业合作社	南通市级	墩头镇	79	海安王俊水稻专业合作社	南通市级	墩头镇
57	海安市毛庄众望农机专业合作社	南通市级	墩头镇	80	海安明轩坊家禽专业合作社	南通市级	墩头镇
58	海安港沪禽蛋专业合作社	南通市级	角斜镇	81	海安万源水稻专业合作社	南通市级	墩头镇
59	海安恒祥禽蛋专业合作社	南通市级	李堡镇	82	海安角斜农业服务专业合作社联合社	南通市级	角斜镇
60	海安恒益羊业专业合作社	南通市级	城东镇	83	海安鼎仓谷物农地股份合作社	南通市级	角斜镇
61	海安龙祥禽蛋专业合作社	南通市级	海安高新区	84	海安凌天谷物农地股份合作社	南通市级	角斜镇
62	海安市宜友生猪专业合作社	南通市级	海安高新区	85	海安益丰农地股份合作社	南通市级	大公镇
63	海安德心生猪专业合作社	南通市级	曲塘镇	86	海安凌鼎农地股份合作社	南通市级	大公镇
64	南通科牧禽业专业合作社	南通市级	曲塘镇	87	海安宏院谷物农地股份合作社	南通市级	大公镇
65	海安瑞欣谷物种植专业合作社	南通市级	雅周镇	88	海安兴壮谷物农地股份合作社	南通市级	城东镇
66	海安市白甸镇春奎大棚蔬菜专业合作社	南通市级	白甸镇	89	海安新立农地股份合作社	南通市级	城东镇
67	海安汉谷龙米业专业合作社	南通市级	角斜镇	90	海安鹏展谷物种植农地股份合作社	南通市级	雅周镇
68	海安永宏水产专业合作社	南通市级	角斜镇	91	海安追梦谷物种植农地股份合作社	南通市级	雅周镇
69	海安焦氏谷物种植专业合作社	南通市级	城东镇	92	海安甸上谷物种植农地股份合作社	南通市级	白甸镇
70	海安长盛山羊专业合作社	南通市级	曲塘镇	93	海安联鑫谷物种植农地股份合作社	南通市级	城东镇
71	海安雅园果蔬专业合作社	南通市级	雅周镇	94	海安新坝谷物农地股份合作社	南通市级	角斜镇
72	海安益康食用菌专业合作社	南通市级	南莫镇	95	海安廪实谷物农地股份合作社	南通市级	角斜镇
73	海安真德畜禽专业合作社	南通市级	海安高新区	96	海安沿润谷物农地股份合作社	南通市级	角斜镇
74	海安市华达果蔬专业合作社	南通市级	角斜镇	97	海安金满田农地股份合作社	南通市级	雅周镇
75	海安市群益蚕业专业合作社	南通市级	大公镇				

（王德生）

家庭农场　至2022年底，海安市录入农业农村部家庭农场名录系统的规模经营户4043家，新增省级示范家庭农场5家、南通市级示范家庭农场10家，全市累计有海安市级以上示范家庭农场301家。海安五一家庭农场获评2022年省级家庭农场典型案例，农场主陆华先后获评全国粮食生产先进个人、省级“乡土人才大师”、高级农艺师；俞万家庭农场获评第三批全国家庭农场典型案例，农场主于清获评“苏米工匠”；海安五一家庭农场、海安俞万家庭农场、海安禹颀家庭农场获评江苏省“百佳农场”；海安春荣家庭农场获评2022年度江苏省妇女“双学双比”活动示范基地；海安周小兵家庭农场“瑞优大米”获第八届江苏百姓品米节特等奖；海安禾米家庭农场“香禾园大米”获第六届“盱眙龙虾香米”杯“江苏好大米”品鉴推介会银奖。推广运用家庭农场电子记账模式，累计有效用户数474家，其中运用家庭农场随手记收支记录条数超过20条的农场数147家。

表30　2022年海安市南通市级以上示范家庭农场一览表

序号	名　　称	级别	认定时间	地　　址
1	海安昌银家庭农场	省级	2014年	城东镇壮志村
2	海安开路先锋家庭农场	省级	2015年	李堡镇李灶村
3	海安春园家庭农场	省级	2016年	白甸镇周垛村
4	海安弘圣家庭农场	省级	2016年	曲塘镇周桥村
5	海安文霞家庭农场	省级	2016年	白甸镇周垛村
6	海安胜兰家庭农场	省级	2016年	白甸镇刘季村
7	海安俞万家庭农场	省级	2016年	隆政街道联合村
8	海安升和家庭农场	省级	2017年	墩头镇宝祥村
9	海安仁明家庭农场	省级	2017年	大公镇古贲村
10	海安禹頔家庭农场	省级	2017年	大公镇于坝村
11	海安永丰家庭农场	省级	2018年	曲塘镇群贤村
12	海安永安家庭农场	省级	2018年	大公镇常河村
13	海安素琴水稻种植家庭农场	省级	2018年	南莫镇黄陈村
14	海安国梅家庭农场	省级	2018年	城东镇壮志村
15	海安长垎家庭农场	省级	2018年	墩头镇长垎村
16	海安周小兵家庭农场	省级	2019年	大公镇王院村
17	海安惠琴家庭农场	省级	2019年	雅周镇迴垛村
18	海安春荣家庭农场	省级	2019年	墩头镇禾庄村
19	海安十八槐家庭农场	省级	2019年	隆政街道海北村
20	海安鸿慧家庭农场	省级	2019年	雅周镇鸭湾村
21	海安鎏鑫家庭农场	省级	2019年	角斜镇老庄村
22	海安建顺家庭农场	省级	2019年	李堡镇新庄村
23	海安许惠家庭农场	省级	2019年	城东镇爱凌村
24	海安南莫联心家庭农场	省级	2019年	南莫镇黄陈村
25	海安平生家庭农场	省级	2020年	李堡镇陈庄村
26	海安源田家庭农场	省级	2020年	城东镇壮志村
27	海安红梅家庭农场	省级	2020年	大公镇凌东村
28	海安可新家庭农场	省级	2020年	李堡镇蒋庄村
29	海安荣昌家庭农场	省级	2020年	南莫镇高杨村
30	海安海丰艺园家庭农场	省级	2020年	李堡镇新庄村
31	海安鱼翔家庭农场	省级	2020年	南莫镇沙岗村
32	海安冬艺家庭农场	省级	2020年	白甸镇官垛村
33	海安祥之平家庭农场	省级	2020年	墩头镇双溪村
34	海安五一家庭农场	省级	2021年	墩头镇千步村
35	海安群桃果蔬家庭农场	省级	2021年	大公镇群益村
36	海安红军家庭农场	省级	2021年	南莫镇砖桥村

续表30

序号	名　称	级别	认定时间	地　址
37	海安永诚家庭农场	省级	2021年	曲塘镇群贤村
38	海安志春家庭农场	省级	2021年	角斜镇滩河村
39	海安华丰家庭农场	省级	2021年	墩头镇双溪村
40	海安兄弟家庭农场	省级	2022年	隆政街道建设村
41	海安家欣家庭农场	省级	2022年	城东镇三丰村
42	海安丰顺家庭农场	省级	2022年	大公镇群益村
43	海安周宝进家庭农场	省级	2022年	雅周镇雅周村
44	海安陆小春家庭农场	省级	2022年	雅周镇王垛村
45	海安大兔子家庭农场	南通市级	2017年	角斜镇范堑村
46	海安嘉宝家庭农场	南通市级	2017年	南莫镇黄陈村
47	海安于清红家庭农场	南通市级	2020年	雅周镇钱庄村
48	海安张荣家庭农场	南通市级	2020年	城东镇丰产村
49	海安绍俊家庭农场	南通市级	2020年	墩头镇禾庄村
50	海安恰贵家庭农场	南通市级	2020年	隆政街道德兴村
51	海安金田家庭农场	南通市级	2020年	胡集街道胡集村
52	海安林晓家庭农场	南通市级	2020年	白甸镇邹冯村
53	海安添旺家庭农场	南通市级	2020年	曲塘镇万杨村
54	海安晓峰家庭农场	南通市级	2020年	大公镇星河村
55	海安智创家庭农场	南通市级	2020年	角斜镇滩河村
56	海安仁飞家庭农场	南通市级	2020年	李堡镇中凌村
57	海安颖鑫家庭农场	南通市级	2020年	城东镇民桥村
58	海安佳丰家庭农场	南通市级	2020年	南莫镇黄陈村
59	海安远大家庭农场	南通市级	2021年	城东镇石庄村
60	海安佟鑫家庭农场	南通市级	2021年	南莫镇于桥村
61	海安鹏鹏家庭农场	南通市级	2021年	角斜镇沿口村
62	海安润阳家庭农场	南通市级	2021年	胡集街道胡集村
63	海安润泽家庭农场	南通市级	2021年	白甸镇白甸村
64	海安宝荣家庭农场	南通市级	2021年	雅周镇许家庄村
65	海安三农家庭农场	南通市级	2021年	墩头镇毛庄村
66	海安满德家庭农场	南通市级	2021年	大公镇北凌村
67	海安建国家庭农场	南通市级	2021年	曲塘镇刘圩村
68	海安一朵家庭农场	南通市级	2021年	城东镇刘缺村
69	海安俊伟家庭农场	南通市级	2021年	李堡镇储洋村
70	海安外来妹家庭农场	南通市级	2022年	曲塘镇陆庄村
71	海安祥梅家庭农场	南通市级	2022年	城东镇石桥村
72	海安富润家庭农场	南通市级	2022年	大公镇贲集村

续表30

序号	名　称	级别	认定时间	地　址
73	海安杨二家庭农场	南通市级	2022年	隆政街道建设村
74	海安富其家庭农场	南通市级	2022年	李堡镇堡河村
75	海安宝佳家庭农场	南通市级	2022年	胡集街道钟涵村
76	海安岚水家庭农场	南通市级	2022年	孙庄街道仁桥村
77	海安明胜家庭农场	南通市级	2022年	白甸镇丁华村
78	海安立宁家庭农场	南通市级	2022年	雅周镇东夏村
79	海安春富家庭农场	南通市级	2022年	墩头镇杜楼村

（罗　勤）

新型合作农场　2022年，海安市82家新型合作农场通过南通市级复核，新增申报新型合作农场7家。82家新型合作农场中，集体经营农场30家，合作经营农场52家。制定出台“关于鼓励村集体组织参与农业适度规模经营实施意见”“关于支持发展新型合作农场推进村级集体规模经营若干政策意见”，明确新型合作农场启动资金、面积补助、贷款贴息、保险补贴等10个方面优惠政策措施，在南通市率先制定新型合作农场“四定”（定管理费、定产量、定成本、定利润分成）利益分配办法，25个村按照要求将不超过60%合作农场收益转作村营收入，14个村集体实现分红。

表31　2022年海安市新型合作农场一览表

类型	序号	名　称	建设单位	经营规模（公顷）	夏种面积（公顷）	秋播面积（公顷）	经营模式			
							村集体统一管理	村组干部分片管理	委托能人参与管理	合作经营
类型一	1	隆政街道联合村合作农场	隆政街道联合村	—	22.33	22.33	夏种√			秋播√
	2	隆政街道自由村合作农场	隆政街道自由村	—	—	26.53				√
	3	孙庄街道谢庄村合作农场	孙庄街道谢庄村	—	30.00	30.00	夏种√			秋播√
	4	孙庄街道仁桥村合作农场	孙庄街道仁桥村	—	21.00	21.00	√			
	5	孙庄街道黄柯村合作农场	孙庄街道黄柯村	—	28.93	28.93	√			
	6	孙庄街道夏岔村合作农场	孙庄街道夏岔村	—	20.07	20.07				√
	7	角斜镇五凌村合作农场	角斜镇五凌村	—	24.27	24.27		√		
	8	角斜镇范堑村合作农场	角斜镇范堑村	—	33.13	33.13	√			
	9	角斜镇新坝村合作农场	角斜镇新坝村	—	29.47	29.47	√		√	
	10	角斜镇江海村合作农场	角斜镇江海村	—	44.27	44.27	√			
	11	角斜镇沿口村合作农场	角斜镇沿口村	—	37.00	37.00		√		
	12	角斜镇周庄村合作农场	角斜镇周庄村	—	30.80	30.80				√
	13	角斜镇顾陶村合作农场	角斜镇顾陶村	24.00	61.87	61.87	√	√	√	
	14	角斜镇富港村合作农场	角斜镇富港村	—	133.13	133.13		√		
	15	城东镇新立村合作农场	城东镇新立村	—	107.87	107.87	√	√		
	16	城东镇石庄村合作农场	城东镇石庄村	—	35.93	35.93	√		√	
	17	城东镇壮志村合作农场	城东镇壮志村	—	29.00	29.00				√
	18	城东镇爱凌村合作农场	城东镇爱凌村	—	24.73	24.73				√

续表31

类型	序号	名　称	建设单位	经营规模（公顷）	夏种面积（公顷）	秋播面积（公顷）	经营模式			
							村集体统一管理	村组干部分片管理	委托能人参与管理	合作经营
	19	城东镇施秦村合作农场	城东镇施秦村	—	20.67	20.67				√
	20	白甸镇周垛村合作农场	白甸镇周垛村	—	28.47	28.47	√			
	21	白甸镇白甸村合作农场	白甸镇白甸村	—	63.73	52.13	√			
	22	白甸镇施溪村合作农场	白甸镇施溪村	—	21.47	21.47				√
	23	雅周镇周机村合作农场	雅周镇周机村	—	50.67	50.67	√			
	24	雅周镇庞庄村合作农场	雅周镇庞庄村	—	58.40	58.40	√			
	25	雅周镇许家庄村合作农场	雅周镇许家庄村	—	58.33	58.33	√			
	26	雅周镇迮庄村合作农场	雅周镇迮庄村	—	—	20.33				√
	27	雅周镇杭窑村合作农场	雅周镇杭窑村	—	30.20	31.73	夏种√			秋播√
	28	雅周镇张垛村合作农场	雅周镇张垛村	—	—	21.00				√
	29	胡集街道北景庄村合作农场	胡集街道北景庄村	—	28.40	28.40	夏种√			秋播√
	30	胡集街道青萍港村合作农场	胡集街道青萍港村	—	27.60	27.60				√
	31	墩头镇仇湖村合作农场	墩头镇仇湖村	—	29.20	29.20				√
	32	墩头镇凤阳村合作农场	墩头镇凤阳村	—	22.73	22.73				√
	33	墩头镇毛庄村合作农场	墩头镇毛庄村	—	—	20.67				√
	34	曲塘镇郭楼村合作农场	曲塘镇郭楼村	—	21.33	21.00	夏种√			秋播√
类型一	35	曲塘镇罗町村合作农场	曲塘镇罗町村	—	22.27	21.80	√		√	
	36	曲塘镇大陈庄村合作农场	曲塘镇大陈庄村	—	26.20	26.20	√			
	37	曲塘镇富民村合作农场	曲塘镇富民村	—	41.33	41.33	√			
	38	曲塘镇兴花村合作农场	曲塘镇兴花村	—	29.33	28.67	√			
	39	曲塘镇万杨村合作农场	曲塘镇万杨村	—	44.40	43.73	√			
	40	曲塘镇银树村合作农场	曲塘镇银树村	—	31.80	31.33		√		
	41	李堡镇储洋村合作农场	李堡镇储洋村	—	30.87	30.87				√
	42	李堡镇丁所村合作农场	李堡镇丁所村	—	21.33	21.33				√
	43	李堡镇堡河村合作农场	李堡镇堡河村	—	22.80	22.80				√
	44	李堡镇陈庄村合作农场	李堡镇陈庄村	—	20.80	20.80				√
	45	李堡镇新庄村合作农场	李堡镇新庄村	—	21.20	21.20				√
	46	李堡镇中凌村合作农场	李堡镇中凌村	—	32.87	32.87				√
	47	李堡镇园墩村合作农场	李堡镇园墩村	—	23.27	23.27				√
	48	大公镇仲洋村合作农场	大公镇仲洋村	—	65.40	61.20	√			
	49	大公镇北凌村合作农场	大公镇北凌村	—	24.60	34.53		√		
	50	大公镇星河村合作农场	大公镇星河村	—	43.27	41.33	√		√	
	51	大公镇凌东村合作农场	大公镇凌东村	—	20.87	20.87	√			
	52	大公镇王院村合作农场	大公镇王院村	—	23.33	33.27	夏种√			秋播√

续表31

类型	序号	名　　称	建设单位	经营规模（公顷）	夏种面积（公顷）	秋播面积（公顷）	经营模式			
							村集体统一管理	村组干部分片管理	委托能人参与管理	合作经营
类型一	53	大公镇贲集村合作农场	大公镇贲集村	—	23.87	23.87				√
	54	城东镇品建村合作农场	城东镇品建村	—	25.73	25.73				√
	55	城东镇韩洋村合作农场	城东镇韩洋村	—	22.40	22.40				√
	56	城东镇堑南村合作农场	城东镇堑南村	—	20.73	20.33				√
	57	南莫镇砖桥村合作农场	南莫镇砖桥村	—	22.40	22.07	夏种√			秋播√
	58	南莫镇青墩村合作农场	南莫镇青墩村	—	22.67	22.67	夏种√			秋播√
	59	南莫镇黄陈村合作农场	南莫镇黄陈村	—	26.73	26.73				√
类型二	1	白甸镇官垛村合作农场	白甸镇官垛村	22.33	22.00	22.00	√		√	
	2	白甸镇邹冯村合作农场	白甸镇邹冯村	20.00	20.00	20.00	√			
	3	曲塘镇江桥村合作农场	曲塘镇江桥村	31.00	31.00	31.00	√			
类型三	1	隆政街道海北村合作农场	隆政街道海北村	20.60	—	20.60				√
	2	孙庄街道营溪村合作农场	孙庄街道营溪村	23.73	—	23.73				√
	3	角斜镇建场村合作农场	角斜镇建场村	33.33	—	33.33				√
	4	雅周镇金庄村合作农场	雅周镇金庄村	20.20	—	20.20	√			
	5	雅周镇东夏村合作农场	雅周镇东夏村	20.33	—	17.67				√
	6	胡集街道拥徐村合作农场	胡集街道拥徐村	20.33	—	20.33				√
	7	李堡镇杨庄村合作农场	李堡镇杨庄村	26.13	—	26.13				√
	8	大公镇嵊口村合作农场	大公镇嵊口村	27.20	—	27.20				√
	9	大公镇于坝村合作农场	大公镇于坝村	24.67	—	24.67	√			
	10	城东镇韩徐村合作农场	洋蛮河办事处韩徐村	28.13	—	28.13				√
	11	墩头镇墩北村合作农场	墩头镇墩北村	27.47	—	27.47				√
	12	墩头镇宝祥村合作农场	墩头镇宝祥村	22.40	—	22.40				√
	13	墩头镇长垎村合作农场	墩头镇长垎村	33.33	—	33.33				√
	14	墩头镇杜楼村合作农场	墩头镇杜楼村	26.60	—	26.60				√
	15	墩头镇新舍村合作农场	墩头镇新舍村	22.40	—	22.40				√
	16	南莫镇于桥村合作农场	南莫镇于桥村	26.20	—	25.60				√
	17	南莫镇姜刘村合作农场	南莫镇姜刘村	26.73	—	26.20				√
	18	南莫镇邓庄村合作农场	南莫镇邓庄村	25.13	—	25.13				√
	19	城东镇五坝村合作农场	立发办事处五坝村	20.47	—	20.47				√
	20	城东镇葛家桥村合作农场	立发办事处葛家桥村	20.67	—	20.60				√

说明：类型一为2021年度获南通市级复核的新型合作农场，经营规模填写新增面积超过13.33公顷的实际增量；类型二为2022年度上半年新发展的新型合作农场；类型三为2021年度下半年新发展的新型合作农场

（程　成）

新型职业农民　2022年，海安市186人申报认定新型职业农民，181人通过认定，全市累计有新型职业农民580人。（杨　亮）

【农旅融合发展】　至2022年底，海安市有休闲农业经营主体数59家，其中全国休闲农业与乡村旅游五星级企业1家。盈拓生态园亲子互动体验项目、百岁农庄农家乡村美食餐饮项目被认定为省乡村休闲旅游农业特色模式（项目），盈拓生态园休闲运动基地（户外野营）、雅周现代农业园休闲运动基地（路跑、乒乓球）被认定为省乡村休闲运动基地。蓉和怡心园文化旅游有限公司被评定为省休闲农业和乡村旅游四星级企业，江苏盈拓牧业发展有限公司被推荐申报全国休闲农业和乡村旅游五星级企业。（谢润泽）

2022年，海安市滨海新区富港村以"梦想富港·诗生活"为主题，加快推进乡村振兴建设，获评江苏省特色田园乡村。图为富港村一角，摄于2022年5月25日　市农业农村局／供图

镇村建设

【镇村规划】　2022年，海安市根据"三区三线"（根据城镇空间、农业空间、生态空间三种类型的空间，分别对应划定城镇开发边界、永久基本农田保护红线、生态保护红线三条控制线）划定成果，加快推进镇级国土空间规划工作，各镇基本形成规划编制初步方案。结合村庄规划编制指南，按照"集聚提升类、城郊融合类、特色保护类、搬迁撤并类、其他一般类"实时调整村庄分类，192个行政村"多规合一"实用性村庄规划编制实现全覆盖并取得海安市政府批复，落实上图专项流量指标8.5公顷。《海安市立发集镇控制性详细规划》通过专家评审。（赵海群）

【重点中心镇建设】　2022年，海安市围绕拆除违章、铺设污水管网、道路维修、危房改造等方面，集中整治仁桥、沿口、花庄、王垛、仇湖、瓦甸等31个集镇区。海安开发区实施洋蛮河集镇拆迁改造，推动澳联综合体二期项目施工建设。海安高新区实验小学竣工交付使用，仁桥集镇区示范路提升改造。滨海新区六轨九年一贯制金港学校主体封顶。曲塘镇东桥改造建成通车，智康养老中心竣工验收。李堡镇盘活闲置土地5.21公顷，40天完成中大街旧城改造项目搬迁拆除工作，打造丁所集镇古式样板街500米，化解尚海花城遗留问题，建成万洋众创城一期项目2.8万平方米。大公镇农贸市场综合体建成。南莫镇肿瘤医院门诊大楼建成并投入使用。白甸镇瓦甸老集镇实施危房改造工程。墩头镇乐百年健康小镇常态化运营，应急医院主体施工结束，孝亲疗养院交付使用。雅周镇东夏村创建全国红色村稳步推进。

【村庄建设】　2022年，海安市政府出台《海安市农村宅基地和住房建设管理办法》，启动农民建房审批，48户农民建房获批建设。实施农村低收入群体危房、1980年以前老旧农房和C、D级危房改造，全年改造1005户。推进特色田园乡村建设，滨海新区富港村灶港一村、李堡镇蒋庄村蒋庄一村获评江苏省特色田园乡村，全市累计有省级特色田园乡村3个。南莫青墩圩田农业系统入选江苏省第二批省级重要农业文化遗产名录，全省仅10个。（夏婷婷）

【农村人居环境整治】　2022年，海安市开展镇村人居环境整治提升五年行动，人居环境年度考核评估蝉联南通市第一位、江苏省第一等次，3个区镇进入南通市前十强。海安市作为南通唯一的县级单位被确定为全省首批农村人居环境整治提升示范县（市区）培育单位，南莫镇、李堡镇获评2022年度江苏省生态宜居美丽示范乡镇（街道），雅周镇许家庄村、曲塘镇罗町村、南莫镇唐庄村等13个村（社区）获评2022年度江苏省生态宜居美丽示范村（社区）。农村人居环境整治提升标准化试点项目先后获批省农业农村标准化试点项目、全国农村综合改革标准化试点项目，围绕农村户厕改造、农村生活污水治理、农村生活垃圾治理、村容村貌提升、农业废弃物处理等工作展开，探索标准化支撑人居环境改善的新模式。李堡镇杨庄村、墩头镇仇湖村、南莫镇柴垛村、雅周镇迴垛村（蒋桥片）和胡集街道周吴村5个村创成省级绿美村庄。实施9个片区、46个行政村、1.4万户农村污水治理，打造生态河道58条，总

2022年，海安市开展村庄清洁行动，营造干净、整洁、有序的人居环境。图为李堡镇蒋庄村人居示范点，摄于2022年2月23日　　市农业农村局/供图

长165.76千米。在6个镇全域实施农村生活垃圾分类，其他区镇创建1处200户以上生活垃圾分类示范片区。完成垃圾中转站问题整改和李堡镇、滨海新区、墩头镇3座垃圾中转站改造，新建有机易腐垃圾处置中心2座。全年，回收农药包装废弃物157.8吨、867.9万件，处置农药包装废弃物149.30吨、821.17万件，集中回收废旧农膜137吨。开展村庄清洁行动，巩固"四好农村路"全国示范县创建成果，加强农村公共基础设施管护，将环境卫生要求纳入村规民约，营造干净、整洁、有序的人居环境。　　（乔爱华）

【农村"厕所革命"】 2022年，海安市继续实施农村户厕改造，农村除无人户或其他特殊情况外，消除旱厕，建成无害化卫生户厕，推动户厕由室外向室内转变、由厕所向卫生间转变。年内，60个行政村整村推进户厕改造，其中，南通市级整村推进任务村19个，省政府民生实事任务村7个。全市完成农村户厕改造2.85万户，其中，新建改造1.58万户、整改提升1.27万户。9月21日，南通市农村户厕改造现场推进会在滨海新区召开。推进农村公厕建设，新建公厕12座，累计建成公厕207座，实现所有行政村公厕全覆盖。　　（陈法甫）

【富港村村民集中居住区建设】 富港村村民集中居住区项目是海安首个村民集中居住示范项目，致力于打造南通乃至苏中地区第一个乡村振兴村民集中居住示范区。项目毗邻328国道，位于滨海新区富港村中心位置，由省城镇规划设计院设计、江苏金北控股集团承建施工，总规划占地7.33公顷，一期开工建设2.53公顷，同步配套水、电、气、污水管网、道路、绿化等工程。村民邻里中心与集中居住区相融合，同步建设乡村会客厅、农家乐、便民超市、口袋公园、家门口小菜园、文体设施等为民公共服务阵地。2021年11月30日，开工建设，并获海安农村商业银行预授信8000万元。至2022年底，一期项目15栋住宅全面建成。　　（海　鉴）

乡村文化

【概况】 2022年，海安市大力弘扬老区精神，传承红色基因，市乡村振兴促进会、老区开发促进会、南通市老区扶贫基金会海安办事处（简称"两会一处"）网络系统延伸到村，彻底打通乡村振兴促进会、老区开发促进会服务乡村振兴的"最后一公里"，累计建立志愿者服务分队、小组236个，吸纳志愿者1124人。开展乡风文明专项整治行动，对全市范围内的"土地庙""豪华墓碑"实施"百日攻坚"专项整治，4490座土地庙、98座豪华墓碑全部清理整治到位。制定《"抵制高额礼金 弘扬人情新风 推进移风易俗"活动实施方案》，深入开展"农村移风易俗主题宣传月"活动，发挥各村（居）红白理事会作用，规定红白喜事办理流程，定制"文明菜单"，倡导喜事新办、丧事简办、小事不办。组织优秀村规民约征集评比，评选先进典型，加强媒体监督，加大查处力度，坚决破除大操大办、盲目攀比、高额礼金等陈规陋习，促成婚事新办289例，人情支出比上年下降38%。注重文明行为引导，强化执法治理，推动《南通市文明行为促进条例》贯彻落实，不断提升全社会文明程度。持续推进文明镇村创建，开展农业普法宣传，创作打鼓说唱《学法用法不能忘》、快板《请教》等优秀法治文艺作品；大力培育农村学法用法示范户，从家庭农场主、职业农民、种养大户等人员中择优确定培育对象778人，"一格一户"覆盖率100%。曲塘镇、白甸镇、南莫镇等6个镇获评2019—2021年度江苏省文明乡镇，胡集街道谭港村、城东镇泰宁村、隆政街道三里闸村等17个村获评文明村，海安街道星海社区、复兴社区和胡集街道西园社区3个社区获评文明社区。

【乡村"复兴少年宫"全国试点建设】 2022年，海安市持续推进乡村"复兴少年宫"全国试点建设，创新"12346"工作法（围绕"扣好人生第一粒扣子"一个核心目标，打造线上、线下两类活动平台，坚持融合化参与、标准化推进、品牌化打造"三化"推进，组织未成年人道德培育、文体娱乐、劳动实践、文明新风四大类育人活动，打造德育、文化、

体育、科普、劳动、心理六大类联盟基地），开展主题育人活动5000多场次，实现市、区镇（街道）、村（社区）、学校四级网络全覆盖。编印《海安市乡村复兴少年宫社会教育资源口袋书》和乡村复兴少年宫体验护照，引导学生到联盟基地开展学习体验活动500多场次。依托市文化艺术中心打造乡村“复兴少年宫”展览馆。在《海安日报》开设“乡村复兴少年宫风采展”专栏，专题报道建设情况12次。拍摄“一宫一品 艺启逐梦”乡村“复兴少年宫”特色课程视频28个。开展“同走复兴路‘宫’圆成长梦”征文比赛，征集学生作品500余篇。人民网、“学习强国”学习平台等主流媒体多次报道海安乡村“复兴少年宫”建设经验。

【群众文化生活】 2022年，海安市加大文化惠民资源整合力度，以市、镇、村联动方式统筹开展各类文化活动进乡村活动，送戏195场，送展览120场，送培训200场。持续叫响公共文化服务品牌，开展“乐一天”农民艺术节231场、“万里千家”惠民文艺演出活动924场。开展“综合文化服务中心服务水平提升年”活动，盘活农村文化资源，推进“乡村大舞台”、村史馆、村级艺术馆基层文化平台建设，提升市、镇、村三级文化阵地的设施配置和服务水平，全市基本形成镇镇有地情馆、“乡村振兴先进村”村村有村史馆，雅周乡愁馆、滩河村村史馆、墩头水乡印象馆等产生广泛影响。7月2日，风情海安——海安民俗风情歌舞专场在十二届江苏书展上展出，《人民日报》《新华日报》和“学习强国”学习平台等主流媒体报道和活动开展情况。

【“四学四争”红色教育活动】 2022年，海安市围绕宣传贯彻党的二十大精神，开展“四学四争”（学习习近平总书记革命老区思想、学习党史、学习红色书刊、学习革命英烈和时代楷模先进事迹，争做创新发展引领人、争做乡村建设热心人、争做文明创建带头人、争做新时代的好师生）红色教育活动，举行参观红色基地、红色宣讲、大会交流等红色教育活动1000多场次，征集红色教育心得体会1800多篇，召开区镇（街道）级“四学四争”红色教育心得交流会15场，建立乡村振兴、红色宣讲志愿服务小组236个，志愿者人数1124人。推进《中国老区建设》《铁军》《大江南北》《海安老区》等红色刊物进学校、进机关、进企业、进村居，开展学红刊心得体会交流展示活动。12月7日，召开全市学习宣传贯彻党的二十大精神暨老区宣传、“四学四争”红色教育心得交流会。南莫中学在全国首创《铁军》红刊室，8月5日，中国新四军研究会、《铁军》杂志社专题调研南莫中学红刊进校园工作，其做法经验被《铁军》（2022年第9期）专题报道，南莫中学校长崔益根登上《铁军》“封面人物”。

【老区红色资源普查】 2022年，海安市开展红色资源普查，经普查，全市红色资源分为四类135处。第一类为革命历史事件和活动遗址、遗迹，有52处；第二类为烈士墓碑（群）、陵园，有31处；第三类为红色纪念馆，有24处；第四类为以烈士命名的乡、镇、村，原有28个，至2022年仅保留墩头镇宝祥村、隆政街道德兴村2个村。普查登记中，逐一拍照登记市域内所有烈士纪念地、革命纪念场馆，搜集整理发生在市域内的大小战斗、革命故事，逐一梳理在海安发生的战斗中牺牲的海安籍贯的3100多名革命烈士，指导各村（居）建立烈士纪念碑、塔、墙，将英烈的英名与事迹展示在村史馆显目位置。根据调查成果，编纂《海安市红色资源调研普查登记资料汇编》。10月，《海安红色之源——海安市红色资源调研普查成果通览》出版，全书近95万字，图照240多幅，分红色资源、红色印记上、下两篇，记述重要革命历史事件30多个，梳理有文字记载的战事180多起，挖掘革命英烈故事230多个，整理有文字记载生平简介的烈士3100多人。12月15日，南通市红色资源普查验收考核工作会议在海安召开，海安红色资源普查工作通过省级验收考核。

【老区调研与宣传】 2022年，海安市老区开发促进会围绕培育红色文化、传承红色基因、促进乡村振兴等重点课题，形成调研报告15篇。编发《海安老区》8期，刊发要闻信息、学习材料、调研报告等76篇，发布日常工作动态43则。4月1日，“海安老区振兴”微信公众号正式开通，累计关注人数800多人，发布各类信息文章500多篇。“四刊三网”（《中国老区建设》《大江南北》《铁军》《江苏老区》，中国老区网、江苏扶贫之窗、南通老区网）用稿416篇，《中国老促会2021年大事记》录用海安市老区开发促进会信息27条。罗进撰写的《学报告、悟思想，着力四个坚持；重实干、求实效，致力乡村振兴》在中国老区网发布，点击阅读量突破10万人次。市老区开发促进会获全国老区宣传工作特等奖，市委组织部、海安中等专业学校和市乡村振兴、老区开发促进会开发区分会和滨海新区分会等13个单位获评全国老区宣传工作优秀奖。

（陆志强　管顺黄　金　欣）

海安火车站

交通　物流

综　述

【交通重点工程】2022年，海安市328国道快速化改造工程建成通车。李港桥、集西桥、丁所大桥3座航道桥梁工程基本建成，获评江苏省“平安工地”示范工地、南通市品质工程。栟茶运河航道整治工程基本建成。328国道辅道建设工程获评南通市品质工程。新建农村公路亮化工程170千米，新增太阳能路灯4318盏，新改建农村公路桥梁21座，崔母路、大西线大修工程建成通车。创建南通市优美示范路13条，农村公路人居环境考核列南通市第一位，农村公路完工项目首次省级质量检查结果列全省各县（市、区）第一位。

【海安获评“四好农村路”全国示范县】

2022年1月28日，海安市被交通运输部、财政部、农业农村部、国家乡村振兴局评为“四好农村路”全国示范县。全市累计建成农村公路2390.28千米；实现市区至区镇一级公路连通、相邻区镇间二级公路连通，所有村组、居民集中居住点通四级及以上公路，所有村委会通双车道四级及以上公路，所有规划发展村庄和重点自然村等级公路通达率100%。推行农村公路“路长制”，相关工作经验入选交通运输部典型案例，全国仅15个，全省唯一。

坚持农路建设高效化，整合全市涉农资金，将农村公路建设配套资金纳入财政年度预算，建立严格审批机制，实行综合管理、统筹调配，“四好农村路”公路畅行网络全面构建完成。坚持农路管理规范化，先后出台《海安市农村公路管理考核办法》《海安市“四好农村路”积分银行制度（试行）》等规范性文件，建立市农路办、市环境综治办和交通环境综治办多方共管模式。坚持养护考核常态化，实现农村公路养护管理考核全覆盖，建立农村公路“有路必养、养必到位”长效机制；全面实现“分级管理、分层考核、分段负责”和“一路一长”，市、区镇、村三级路长组织体系、责任体系和考核体系进一步完善。坚持创新机制多样化，在每条农村公路醒目位置设置“路长公示牌”和“农路三字经”内容牌，广泛宣传并接受社会监督；推行联合考核，月度重点考核抽查线路，季度重点考核循环线路，对查出的问题采取“回头看”的方式进行综合考核；创新线路沿线各村共治新模式，率先在315县道角城线推行“五村共治”，开展百日攻坚战活动，成功治理路肩种植、占道经营等顽疾。坚持管理信息智慧化，全面启用南通智慧农路管理系统，利用“智慧农路”App有效指导农村公路巡查养护工作；初步完成海安“平安智慧农路”建设，实现农路微信小程序与全市300余个探头连接，实时监控农路关键节点。坚持海安农路品牌化，打造“枢纽先锋、五彩农路”农路品牌，在各级媒体宣传发声。

阅读延伸

示范性引领　系统化发力
在探索“路长制”试点上形成“四化”经验（摘要）

海安市聚焦乡村振兴，聚力高效治理，统筹推进全市农村公路建、管、养、运工作。2006年起，实施农村公路管护机制试点，建立县、镇两级农路办，安排镇村两级负责人参与农村公路管护工作。2017年，制定实施村级农村公路管护“路段长制”，由村支部书记或村委会主任担任农村公路管护工作“路段长”。2020年，制定实施《海安市公路“路长制”实施方案》，建立党政齐抓、市镇村三级共管、国省县乡村道全覆盖的“路长制”运行模式。至此，海安市“路长制”“四化”经验形成，获评“四好农村路”全国示范县。

一、强化顶层设计，“路长制”工作制度化。海安市委、市政府印发《海安市公路“路长制”实施方案》，方案有要求、有标准、有考核，还有费用拨付、奖励个人条款，更有补贴每村5000元，作为区镇（街道）推行路长风险抵押金制度的扶持资金政策。建立健全组织体系，市、区镇（街道）二级设立总路长，分别成立“路长制”办公室，市、区镇（街道）、村分别设置相应路长、路段长，实现县道、乡道、村道“路长制”全覆盖。强化工作协调，营造良好的项目建设环境，公路管理实现“有路必管、管必到位”，公路养护实现“有路必养、养必优良”，运营服务促进社会经济发展。建立市对区镇（街道），区镇（街道）对村，村对管护员三级路长考核机制，实施月考核通报、季排名公示、年评比奖惩；建立农村公路管护资金和安保绿化经费考核补助机制，按照考核结果进行拨付；建立镇、村两级路长风险抵押金考核机制，根据考核排名分别给予路长、路段长双倍返还、等额返还、扣除抵押金等奖惩措施。

二、明确职责，“路长制”工作具体化。明确“谁来管”。市“路长制”中明确县道公路的路长、副路长、路段长等成员名单，各区镇、街道相应明确乡、村道公路的“路长制”成员名单，各“路长制”成员按照各自的路段划分，做好分管公路的管理工作。明确“管什么”。公路建设工作中管规划、管拆迁、管群众工作；公路管养工作中管路产路权维护、管路域环境提升；公路运营工作中管服务民生，管促经济发展，有效促进公路沿线经济文化产业同步发展。明确“如何管”。全面巡查督查，坚持经常性巡查、月度检查、季度考评相结合，不仅查国省县道，更深入一线查乡村公路；坚持每月召开一次联席会议，把发现的问题及时通报相关责任部门、责任人，考核排名通报同时报送市委市政府负责人，并在社会媒体予以公布。

三、突破创新，“路长制”工作个性化。以“五位一体”联合考核为抓手，实现农村公路路网考核全覆盖，月度重点考核抽查线路，季度重点考核循环线路，对查出的问题采取“回头看”的方式进行综合考核；交通、城管、水利、农业农村、环境整治五大平台实现联动，以“面”监“面”，保障“路长制”高效实施。开展村村联手路长共治，治理路肩种植、占道经营等顽疾，县道角城线“五村共治”、孙庄街道“路长信箱”、城东镇“积分银行”等产生广泛影响。利用好南通“智慧农路”App和“海安农路”App，实时“掌握”市内每条公路的交通动态、管理状况、维修进度、巡查结果、作业情况。在每条公路醒目位置，统一规范设置“路长公示牌”和《江苏省农村公路条例》“三字经”宣传牌，在农村公路节点设置路长信箱，规范路名牌、线路指示牌、路面“五彩农路”标识品牌，全面接受社会监督。制定《海安市“四好农村路”积分银行活动方案》，以“路长制”贯彻落实情况为主要内容对村进行积分，确定相关标准进行奖励，培养村民爱路护路、参与文明交通的行为习惯。挖掘路长先进事迹，形成路长系列报道，通过树立路长典型，开展“我们的小康路”等多种主题活动。

四、服务发展，“路长制”工作效益化。海安“路长制”覆盖全域6条干线公路、798条农村公路，初步形成建管并重、养运并行、外通内联、安全舒适、路域洁美、服务优质的“畅、安、舒、美”公路交通发展新格局。各级路长通过加大日常巡查力度，及时发现并有效治理偶发性安全隐患，持续完善农村公路安保设施，给农村地区人民群众夜间出行带来极大的安全感。大力实施公路路田、路宅分家和路域环境综合整治工作，并将农村公路与沿线环境、文化、历史、产业等要素相结合，实施公路园林式绿化提升工程，建设公路驿站、小游园、口袋公园等设施，覆盖亮化和安全智慧设施，点缀公路品牌和文化墙等项目，将农村公路建成“车在画中走，人在园中游”的靓丽风景线。推进农村公路与乡村振兴、产业发展、服务民生深度融合，将农村公路的社会效益由单一型向复合型转变，形成“农村公路+产业+旅游”等乡村振兴、富民强村新模式。白甸镇兴建牧原大道，促进该镇养殖产业发展；完善旅游景区交通基础设施，将苏中七战七捷景区、中洋河豚庄园、乐百年小镇、青墩文化遗址、乡村特色游等旅游资源连接成线，形成旅游公路，带动沿线村民增收致富；李堡镇杨庄村依托完善的国省道、县道、乡村道交通体系，打造智慧农业园区，完成“四带一环、产居融合”产业布局，吸引多家企业到村投资，加快电商物流发展。

【328国道快速路通车】 2022年9月28日，328国道海安段快速化工程正式通车，实现海安主城区到沈海高速西场收费站5分钟通达，与通榆路一起构成主城区快速通联国家高速路网的双向通道，有效缓解城市东西向交通压力。工程总投资约9.5亿元，东起沈海高速海安出口，西至通榆路，全线设互通式立体交叉桥2座，高架桥3座，短隧道1条，人行天桥1座，全长9.2千米，设计时速80千米。工程获评江苏省“平安工地”示范工程、南通市品质工程。（陆明煜）

交通设施

【公路】 至2022年底，海安市公路通车总里程2603.82千米，其中，按公路隶属分，国道115.07千米（国家高速17.78千米）、省道98.47千米（省高速33.23千米）、县道382.72千米、乡道921.76千米、村道1085.80千米；按公路等级分，高速51.01千米、一级公路317.56千米，二级公路489.43千米、三级公路191.32千米、四级公路1554.49千米。公路密度约每百平方千米220千米。根据《国家公路网规划（2013—2030年）》和《江苏省省道公路网规划（2011—2020年）》，全市干线公路网为2条高速（沈海高速公路、启扬高速公路）、3条国道（204国道、328国道、228国道）、3条省道（353省道、226省道、430省道）。海安基本形成以“四纵三横一联”国省道为骨架、以方格网状县道为动脉、以乡村公路为“毛细血管”的公路网络，国省干线区镇覆盖率100%，基本实现省级以上开发区、工业园区、重点旅游区和镇一级公路互联互通。

【铁路】 至2022年底，海安市境内铁路总里程118.05千米，其中，新长铁路海安段37.2千米、海洋铁路海安段17.7千米、盐通铁路海安段16.45千米、宁启复线铁路海安段46.7千米，宁启复线铁路海安段包括主线32.6千米、车站枢纽连接线9.2千米、物流园专线1.1千米、大宗物资中心专线3.8千米。

【航道】 至2022年底，海安市辖区拥有航道54条573.62千米，其中，等级航道9条184.62千米，等外级航道45条389千米。等级航道中三级航道3条，连申线25.48千米，通扬线29.32千米（其中与连申线共线13.35千米），通榆运河2.86千米（1994年定级）；五级航道2条，焦港河22.05千米，串场河22.44千米；六级航道2条，栟茶河（南通市规划五级）49.87千米，老通扬河27.91千米；七级航道2条，丁堡河14.66千米（其中栟茶河以南为南通市规划六级），江海河3.38千米。海安船闸是南通市第一座千吨级双线船闸。

【港口】 至2022年底，海安市拥有内河港口企业62家，码头泊位98个，其中，千吨级泊位30个、300吨级泊位35个，泊位总延长约6865米，最大靠泊能力1000吨，堆场面积近25.6万平方米，库场面积约4.02万平方米，港作机械124台，年货物吞吐能力1100万吨。凤山港务公司作为南通唯一从事内河集装箱运输的港口企业，年集装箱吞吐量1.7万标准箱，年件杂货物吞吐量14.8万吨。（陆明煜）

交通运输

【道路客运】 2022年，南通汽运实业集团海安分公司客运站及下属站完成客运量13.51万人次，周转量1913.62万人千

2022年国庆长假期间，连申线航道上的海安船闸累计过闸船舶935艘次，货物通过量39.27万吨。图为10月8日，运输生产生活物资的船舶有序通过海安船闸

顾华夏／摄

米；海安市飞鹤公共交通有限公司完成客运量302.3万人次，周转量2.36亿人千米，行驶里程783万千米。全市累计拥有道路客运企业3家（海安龙腾汽车租赁有限公司、海安顺欣外事旅游汽车服务有限公司、南通双丰汽车服务有限公司）；公交企业1家（海安市飞鹤公共交通有限公司）；巡游出租公司4家（海安市大达客运出租公司、海安万众汽车出租有限公司、海安市吉成汽车出租有限责任公司、南通市京安出租汽车服务有限公司），拥有巡游出租车221辆。

【南通汽运实业集团海安分公司（海安市飞鹤公共交通有限公司）】 2022年，南通汽运实业集团海安分公司、海安市飞鹤公共交通有限公司实行转型融合发展，不断拓展公路客运市场。完成客运站便捷化功能改造并启用运营，实现站务人员合理分流，减少人力成本。在沈海高速西场高速出口筹建城市区域驿站，推进南通至海安经营一体化运行。推广租包车业务，与市人武部、江苏省广播电视大学（海安校区）、海安实验中学签订长期租包车协议，与各区镇签订环城线、学生运输等班车协议。专项提升公交服务，新增上湖创新区定制1号线、海安至滨海新区商务大厦2条公交专线，与老坝港滨海新区管委会、上湖创新区管委会签订公务用车服务保障协议。开通李堡镇、曲塘镇、雅周镇3条公交运邮线路，构建市、镇、村三级快递物流体系。公交财政补贴覆盖率100%。8月19日，海安与如皋毗邻公交开通。推进智慧公交建设，升级优化一期智能调度系统，改造调度指挥中心，建立智慧公交大数据应用平台。在曲塘车站内安排长途客运与农公线公交对接，实现“零距离”换乘。

【道路货运】 2022年，海安市完成公路货运量1537万吨，比上年下降6%；货物周转量30.88亿吨千米，比上年下降6.6%。新增各类货车871辆，累计拥有营业性载货汽车7158辆10.14万吨，其中集装箱运输车辆150辆5088吨。道路货运经营业户3593户，其中，道路货物运输企业750家、个体经营业户2843家；从事危险品货物运输企业5家。

【铁路运输】 2022年，海安火车站发送旅客113.55万人，比上年减少40.62万人；完成运输收入1.03亿元，比上年减少3942.31万元。办理货物列车6295列、16.22万辆，其中，解体3244列、8.10万辆，编组3051列、8.12万辆；发送货物78.4万吨，比上年增加24.4%；到达货物121万吨，比上年增加24.7%；完成货运收入6864.4万元，比上年增加5.1%。发送芦潮班列533列、北仑班列145列、越南班列42列。

【海安火车站】 2022年，海安火车站稳步实施运输组织改革，受疫情影响，及时修改海安站调车工作量统计办法，优化完善交接班规定，规范编组场分类线使用，基本做到应解尽解、应编尽编、应取（送）尽取（送）。深化标准化、规范化建设，修订车站运营管理标准，完善岗位作业指导书，加强标准化班组、岗位创建。海安站在车务段“安康杯”竞赛中成绩突出，获接发列车竞赛团体第二名，调车竞赛、事故救援演练竞赛第一名。强化安全管理，重新修订安全风险控制表和安全风险提示卡，月度工作会议研判分析安全风险，开展严重故意违章集中整治、营业线（邻近）施工和轨旁设备安全专项整治、站台端部防穿越入侵报警系统使用管理专项整治等活动，检查问题800余件，均实现闭环管理。海安站累计实现安全生产4896天。

【水路运输】 2022年，海安市完成水路货运量2367万吨，比上年增长25%；周转量130.91亿吨千米，比上年增长15.7%。新增运输船舶9艘，其中最大载重吨5.1万吨。拥有水路货运企业11家，其中，危险品运输企业1家、沿海运输企业6家。拥有运输船舶342艘，载重吨位30.08万吨，总吨位16.67万吨，主机总功率7.51万千瓦。（陆明煜）

交通管理

【概况】 2022年，海安市持续推动智慧交通提档升级，搭建智慧交通管理体系，实现指挥中心、指挥席与指挥室、一线执勤警力扁平化调度。深化智能交通二期建设，实现主城区“三横四纵”、外围国省道9条道路、85个路口绿波协调控制，行驶速度提高27.4%。完成1处执法场所、18辆（艘）车、船（艇）标准化改造。推进交通生态环保，提前淘汰报废“国三”及以下排放标准柴油货车1300辆。缓解“群众停车难”问题，新增停车泊位3442个。开展交通安全宣传教育，利用村居主题党日、“美丽乡村行”巡回宣讲，组织主题宣传活动650多次，发放宣传资料5万多份；通过广播电台《与你同行》《行家说交通》栏目，在早高峰宣传交通安全知识；依托应急广播体系播报交通安全警示语音，利用191处路口的智慧广播循环播放交通出行提示。春运道路交通管理工作绩效列南通市第一位。常态化开展道路、水路、工程建设等领域专项整治行动，查处违法违规案件226起。开展执法检查355次，路面检查车辆约1200辆，发出整改通知书28份；行政处罚立案288件，查结278件；办理“12328”交通热线202起、“12345”政府热线180起，完成市域治理现代化指挥中心交办单30件。对在建交通工程开展行政执法检查3次，下发整改通知书11份，发现问题23个，均整改到位。巩固交通运输综合执法改革成果，开展重大案件集体讨论33次、复核3次，道路运输违章异地抄告10起，“双随机、一公开”联合检查企业33家。

【公路养护】 2022年，海安市干线公路优良路率100%，路面行驶质量优良率100%，一、二类桥梁比例100%。一级公路机械清扫率100%。加强小修保养，投入1131万元实施2021年第二批跨年度专项小修工程；投入764万元实施2022年专项小修工程；投入93万元实施2022YFXYH01标204国道海安段全长1.3千米工程；完成204国道3座桥梁橡胶支座更换及6座桥梁裂缝封闭、灌缝、砼修补施工；完成204国道2座特大桥新建轻量化安全监测系统安装施工。推进大中修工程，投入2066万元实施2022DZX01标204国道海安段全长4.2千米工程，投入1518万元实施2022DZX06标328国道海安段全长3.29千米工程。

【公路整治】2022年，海安市强化公路安全监管，制订“百日攻坚行动”工作方案，针对国省干线和农村公路桥隧安全、危险路段、公路施工作业、站点设施开展安全隐患排查整治，检查国省干线桥梁130座、县道桥梁177座、县管乡道桥梁77座，发现安全隐患52处，隐患整改率100%。加强国省干线公路标志标线、安保设施、道班房、停车区日常巡查，发现标志标线及安防设施问题227处，现场处置96处，下发至维护单位修复131处。提升农村公路安全，常态化开展安防设施补缺矫正、磨损标线补划等工作，封闭优化线路中分带道，整修23座公路下穿通道泵房，修复县道龟网裂2.5万余平方米、路面纵横缝和沉陷2万余米。通过交叉道口增设警示桩提醒、在平顺路段增加灌木阻隔、其他路段开挖排水沟等方式，对车辆停靠路肩形成车辙污染路面的问题开展专项整治，补栽警示桩295根，种植灌木6728米37.81万棵，铺设草坪12.31万平方米，撒草籽2.85万平方米，路肩挖沟约5千米。

【城乡客运管理】2022年，海安市优化公交线路布局，调整公交线路2条，开通毗邻公交1条。加快淘汰老旧燃油公交车，新能源公交车车辆占比90%。加强公交基础设施及智能化建设，维修农村公交站亭48座、公交站牌53个，在宁海路、中坝路增设智能化公交电子站牌32个；改造调度指挥中心，建立智慧公交大数据应用平台。海安市获评江苏省城乡交通运输一体化发展水平AAAAA级。

【出租车行业管理】2022年，海安市拥有在营出租汽车220辆，其中，电动车12辆、双燃料车200辆、天然气车8辆，吉成汽车出租公司84辆、京安出租汽车服务公司75辆、大达客运出租公司56辆、万众汽车出租公司5辆。所有车辆均由出租企业统一购置，车辆经营权、所有权归属公司，车辆基本实行抵偿承包经营模式。加强行业管理，重点整治出租车、网约出租车车容车貌不整、乱收费、违法拒载、强行拼客、欺客卖客等违法行为；组织学习出租车经营服务相关法律法规，引导从业人员守法经营、文明服务。

【运输企业管理】2022年，海安市拥有公路运输规模以上企业4家，水路运输企业5家，公路客运企业3家。加强港口超载源头治理，新增重点港口治理超载单位1家，常态化运行凤山港重点源头企业地磅及视频监控系统，全年无超限车辆出港。落实生态环境保护，推动56家内河港口企业建成岸电设施；45家港口企业建成粉尘在线监测系统90套，内河航道易起尘货种企业覆盖率100%；加强船舶污染物“船—港—城”“收集—接收—转运—处置”全流程、多部门联合监管，推广应用“船e行”系统，基本实现内河港口企业全覆盖。

【道路交通安全管理】2022年，海安市深化道路交通事故预防“减量控大”，亡人交通事故数、死亡人数均比上年下降10%以上。推进道路运输安全生产专项整治、交通运输（铁路、邮政、水上）安全生产专项整治、船舶碰撞桥梁隐患治理专项行动、危险化学品使用安全专项治理“四大整治”，召开安全会议34次，下发安全文件27份、通知53个。开展“安康杯”竞赛、“百团进万企千万员工”安全生产学习宣讲等活动，组织安全生产大检查8次。加强铁路沿线、农村道路安全管理，对交通流量大、事故发生多的国省干线与农村公路平交口，临水及高路堤段，隧道下穿段等实施安防工程。推动道路交通领域安全隐患排查整治，闭环整改省级、南通市级挂牌督办隐患1处、2处。创新开发“行人和非机动车精准管理”平台，累计发送文明交通、安全出行精准提醒11万人次。加大违法行为查处力度，查处酒驾醉驾1244起、“三超一疲劳”（超速、超员、超载，疲劳驾驶）1.18万起。

【水域安全管理】2022年，海安市围绕长江大保护，开展“蛟龙2号”、长江禁渔等专项行动，处置涉水警情253起，其中，办理涉水刑事案件14起、涉水治安案件41起，处置纠纷63起，救助落水人员13人，参与捕捞尸体6起。联合市“河长制”办公室组织巡河79次，279人次参与市、镇“河长制”巡河，协助巡视通榆河、北凌河等干流河道20条，实施生态河道项目建设60多个。全市拥有冲锋救援艇14艘，市公安局、市交通运输局、市水利局联合整合“先锋搜救”等社会力量，开展规模化联合执法、搜救演练8次，实施救援活动5次。创新设置“救援竹竿”1.2万根，相关做法获省、南通市领导批示肯定。

【海事管理】2022年，海安市深化“苏水安澜”专项行动，加强船舶载运危险化学品运输安全监管，依托“智慧海事”视频监控平台，定期检查危险化学品船舶是否存在夜航行为。建成VHF船岸甚高频实时对讲录音调度系统、54处水上节点实时视频监控系统106路、船舶防碰撞桥梁警示系统1套、船舶高清抓拍系统3套。开展水上交通安全联合检查4次，举办水上交通安全应急演练1次。驱离桥区水域停靠船舶23艘次、非法码头船舶靠泊作业41艘次，开展港口岸线使用检查120次。（王　晶　陆明煜）

物　流

【期货交割】2022年，海安商贸物流园在上海期货交易所有色金属交割库、大连商品交易所塑料粒子交割库以及郑州商品交易所棉花交割库基础上，新增吉林玉米交易中心玉米、小麦指定交割库，运营铝、锌、PP、PE、PVC、棉花、玉米等品种期货交割和现货交易业务，现货交易量和期货交割量持续保持30%以上的增幅，初步形成一定规模的交割库集群。结合上海期货交易所、大连商品交易所、郑州商品交易所品种上市、仓库设立、布局调整等时间节点，及时申报纸浆、棉纱等期货交割库，叫响“海安交割”品牌。

【铁路物流】2022年，海安市被纳入全省5个国际班列开行城市管理。铁路物流基地吞吐量179万吨。常态化开行“海安—越南”中欧班列42列。海铁快线班列加密开行，海安至洋山港的班列增加到每周10列，上海洋山港和浙江宁波港方向的班列累计开行678列。支援上海疫情，开行上海保供班列3列，发送大米、食用油、防护服等生活、医疗物资96车、近3000吨。海安成为对接“一带一路”的节点城市，通泰盐扬地区均为海安铁路物流基地主要的货源吸附区，其中海安货物占比50%以上。

【多式联运】 2022年，海安市持续推动运输结构调整，加快发展以铁路、水路为骨干的多式联运，全力推进大宗货物和中长途货物运输“公转铁”“公转水”，凤山港务码头加大与航运企业、物流企业、制造企业等供应链合作，集装箱吞吐量2.1万标箱，散杂货15万吨。上海港ICT（海安）项目通过线上衔接上海港集团信息化管理服务平台，凡进入凤山港的货物视作进入上海港，每个集装箱比陆运便宜600元，全年开行23航次。12月1日，中国外运多式联运中心项目签约落户海安。

【保税物流】 2022年，海安市保税物流中心大力发展出口业务，实现进出口贸易额1.5亿美元、进出区货值3亿美元。打通国际贸易通道，8月15日，海安远瑞物流有限公司与Patel（帕特尔）公司签订猪肉制品境外采购合同；10月26日，西班牙的25吨猪肉制品落地海安保税物流中心，完成首单进境肉类交易，结束海安进口肉类全部通过其他口岸“转口交易”的历史。（吴晓华）

【农村物流】 2022年，海安市坚持多站融合，建立三级节点网络体系。在县级农村物流中心上，复用海安邮政邮件进出口处理场地，打造集运输组织、信息交易、仓储服务、物流增值、电商快递等功能为一体的综合服务中心；在镇级农村物流站建设上，依托交管所、邮政支局、商超，实现李堡、曲塘等8个镇的农村物流服务站全覆盖；在村级农村物流服务点建设上，利用农村地区营投部网点、村邮站、“邮掌柜”小店等，提供包裹自提等便民服务。全市建成县级农村物流中心2处、镇级农村物流服务站8个、村级服务点206个，农村物流覆盖率、直投率100%。优化“一村一站点”布局，与邮政支局形成“网点+站点”服务网络，为市民提供不出村便民服务。在李堡镇、曲塘镇试点利用交通资源进行改造，增设货架、皮带机、制度牌等设施设备，建成交通运输综合服务站2个。以“交、邮、快”融合发展为重点，推动飞鹤公交公司与邮政公司、邮政公司与申通快递、圆通速递、中通快递、百世汇通、韵达快递签署合作协议，开通交邮融合线路3条，利用镇村公交托运进村邮件，初步实现“农村物流+电子商务”。海安通过江苏省农村物流达标县创建验收。

（陆明煜）

【粮食物流】 2022年，海安市纳入粮食物流产业集群的企业63家。全产业集群实现开票销售184.8亿元，比上年增长9%。海安市成立粮食物流产业链委员会，建立粮食物流产业集群强链培育工作组织体系，编制粮食物流产业园控制性规划，形成集大米、面粉、食用植物油、饲料等粮食加工以及粮食仓储、冷链、物流、检测于一体的粮食物流产业集群，申报省优质粮食工程示范县项目。海安粮食物流产业园拥有粮油仓储能力57万吨（含油脂仓储能力15万吨），建有4座粮食专用码头、2个1000吨级泊位，粮食年中转能力500万吨以上，实现开票销售超110亿元，码头吞吐量突破210万吨。11月21日，省粮食集团调研海安粮食物流产业园建设，对园区实体化运作方案给予好评。

全市有4家省级粮食类重点龙头企业、11家南通市级重点粮食类龙头企业，年开票销售1000万～5000万元企业16家、5000万～1亿元企业9家、超1亿元企业10家，其中江苏金洲粮油食品有限公司开票销售76亿元。江苏金洲粮油食品有限公司入选中国食品油加工50强企业、葵花籽油和亚麻籽油加工10强企业。南通季和米业有限责任公司入选中国粮油大米加工50强企业，获评中国粮油乡村振兴先锋企业，获中国国际粮油博览会金奖。江苏三零面粉有限公司“高精985小麦粉”“雪晶麦芯小麦粉”获评2022年度“江苏好粮油”产品。南通家惠油脂发展有限公司“家惠”牌菜籽油、南通季和米业有限责任公司“季和”牌大米获“江苏精品”认证。加大粮食物流产业群集培育力度，先后到苏州、常州等地招商，围绕中储粮、昌润食品、三零面粉等项目，招引相关配套企业，尤其是水饺、汤圆等速冻食品加工企业。实施海安市粮食储备库项目，由市粮食购销有限公司投资建设，总投资1.35亿元，建设用地3.51公顷，总建筑面积2.05万平方米。推进中储粮南通直属库扩建项目、富海生物项目、三零面粉精深加工项目、牡丹花籽油加工项目、金洲粮油项目建设。注重产学研合作，南通黄海药械有限公司与大连海事大学、江苏富海生物科技有限公司与上海交通大学、南通昌润食品有限公司与江南大学、南通和美华科技有限公司与上海大学开展产学研合作。

（刘华骥）

【邮政速递】 2022年，海安市有邮路133条，总长度548.80万千米，其中，农村投递线路457.84万千米，城市投递线路90.96万千米。市邮政公司有邮运车辆173辆，其中，汽车55辆（含租赁新能源汽车11辆），摩托车38辆，电动三轮38辆，电动二轮42辆。全年，收发函件64.73万件，比上年增长29.4%；机要文件0.13万件，比上年增长8.3%；包件756.98万件，比上年下降0.5%；特快专递2.1万件，比上年增长50%；汇票0.76万张，比上年下降5%；报纸1429.43万份，比上年增长2%；杂志56.18万份，比上年增长6%。

（蒋婷婷　朱丽蓉）

【凤山港务玉米、小麦交割库成立】 2022年9月28日，凤山港务玉米、小麦交割库在海安凤山港揭牌成立，这是吉林玉米交易中心指定交割库，也是海安第四家交割库。海安及周边地区每年玉米需求量约150万吨、小麦需求量约30万吨，凤山港务玉米、小麦交割库通过期货、现货交割，实现原产地东北玉米、小麦直接进入长三角地区市场，平抑价格波动导致的经营风险，惠及海安养殖类企业以及饲料加工企业。（吴晓华）

海安七星湖生态园

生态环境保护

综　述

【"无废城市"创建】 2022年，海安市在南通地区率先启动"无废城市"创建，编制《海安市"无废城市"建设方案》，持续推进固体废物（简称固废）减量化治理、资源化利用、无害化处置。全面摸排全市固废基数，填补工业固废中"其他固废"信息空白，树立江苏鹏飞集团股份有限公司、亚太轻合金（南通）科技有限公司固废边角料再利用典型，总结农膜、农药包装物"1+N"网格化回收处置模式，形成示范效应。打造集一般固废收运体系、再生资源分选中心、生活垃圾"两网融合"体系于一体的天楹循环经济产业园，运用先进技术，对城市废弃物进行分类利用和集中处置，与城市垃圾分类、垃圾清运和再生资源回收系统对接；将"工业源+生活源废弃物"进行协同处置，作为"无废城市"建设长期保障基地，最大限度减少填埋量；实现园区单个子项目内部、不同子项目之间的废弃物处理和循环利用、能量梯级流动的内循环，并通过园区外"补链"，形成多产品、多链条的生态工业"网状结构"。

天楹循环经济产业园利用云平台进行垃圾收运智能化管理，实现从前端垃圾分类、中端垃圾收运、末端全品类废弃物处理的全产业链服务，涵盖海安市城区192条道路、总面积约1300万平方米道路的清扫保洁和垃圾收运一体化服务、3座中转站运营、保障日产250吨生活垃圾清运至海安垃圾焚烧发电厂。餐厨废弃物无害化处理及资源化利用项目收集餐饮服务、食品加工生产过程中产生的餐饮垃圾，以及少量"四分类"（对生活垃圾、厨余垃圾、有害垃圾、可回收垃圾分类处理）达标小区的厨余垃圾，日接收处理垃圾能力100吨，服务企事业单位、学校食堂及各类商铺等1100家，回收粗油脂814吨，全年产生经济效益593万元。生活垃圾焚烧发电项目选用3台三段式炉排炉，年处理生活垃圾33万吨，年上网电量8300万千瓦时。一般固废分选利用项目在运行生产线2条，年回收处理塑料、废纸、金属、玻璃、织物再生资源1.8万吨，年经济效益2000万元。飞灰等离子处置项目采用等离子体高温熔融工艺，设计日处理垃圾焚烧飞灰40吨，年产玻璃体1万吨、工业盐4000吨，节约填埋土方约3700立方米。医废等离子气化处理项目采用等离子体气化熔融处置技术，实现医疗废物的全品类、一站式处置，疫情期间，应急处置公共核酸检测废物807吨、医院医疗废弃物502吨。

（谭俊梅）

【青绿驿站建设】 2022年，中国邮政集团江苏省海安市分公司与江苏天楹资源回收有限公司围绕"无废城市"建设，推进"多网融合"以及站点建设工作。8月8日，举办共建便民服务驿站战略合作协议签约仪式。11月23日，海安市首个以小区为服务目标、标准化无废城市服务中心——青绿便民服务驿站（简称青绿驿站）在平桥社区建成并投入使用。青绿驿站设有织物存放区、纸类存放区、塑料存放区、邮政快递收发区等多个区域。青绿驿站专门配备垃圾指导员，引导居民分类投放垃圾、积分物品兑换、寄取快递等；设立24小时废弃物回收器，提供全天候服务；安装"两网融合"系统，居民送来可回收物后不仅能"提现"，会员积分还能兑换特色农产品、环保体验、农场体能游等。至年底，全市建成青绿驿站9个，累计再利用废品5000余吨。

【焦港河入选全国幸福河湖建设试点】 2022年5月，焦港河被水利部选定为7个国家级幸福河湖试点项目之一，也是江苏省内的唯一试点河湖。焦港河幸福河湖建设由海安市、如皋市共同实施。海安市政府编制《海安市焦港幸福河湖建设工作方案》，焦港河（海安段）长21.54千米，重点从"水生态、水文化、水智慧"三个方面开展试点建设。实施约7千米处河道绿化提标工程、沿线18座泵站外立面整体提升工程，统一规范焦港支流拦截网；打造焦港北闸水情教育基地，海安东夏幸福河道建设示范村和镇村级河长制培训学堂，建国梨园节水文化知识宣传阵地，海安刘圩村河长制工作站，鹰泰水务科普基地，降儿桥沿河居民休闲广场、沿线步道和景观工程6处"水文化"宣传地；建设幸福焦港智慧管控一体化平台，硬件设备包括水位自动监测站2个、水质自动监测站1个、AI智能识别监控站65个、水面垃圾收集器6处等。孙庄街道、胡集街道、曲塘镇、雅周镇按照属地管理原则，开展破落建筑、边坡种植等突出问题整治工作。市水利局在9月底前完成施工方案报批及招标挂网工作。市财政局严格监管资金规范使用。市交通运输局加强焦港河沿线已关停取缔的码头监

2022年11月23日，海安市启动首个青绿驿站　　市邮政公司／供图

焦港河入选全国幸福河湖建设试点，摄于2022年6月2日

市融媒体中心／供图

管，做好退让岸线、复垦补绿工作。9月20日，海安市召开焦港幸福河建设推进会。是月28日，水利部河湖管理司到海安调研幸福河道建设及河长制工作。

（杨　睿）

【环保宣传教育】 2022年，海安市加强生态环境保护普法宣传教育，以"千人进千企"活动为契机，组织120名生态普法宣传志愿者结对120家企事业单位，开展"千人进千企"宣传活动98次，参与志愿者480人次，服务企业700余家次。印发"十大典型案例"手册，助力企业提升守法意识，减少环境违法行为。12月，创新开设"宪法宣传周"流动课堂，市生态环境局到施工工地针对噪声扰民问题开展普法行动，宣讲"噪声污染防治法"；与企业共同开展"环保总监说宪法活动"，企业环保总监从企业角度释法说法。

（谭俊梅）

环境质量

【空气环境质量】 2022年，海安市环境空气中二氧化硫、二氧化氮、可吸入颗粒物（PM_{10}）、细颗粒物（$PM_{2.5}$）指标年均值分别为每立方米8微克、19微克、51微克和32微克，自然降尘浓度年均值为每月每平方千米1.8吨。空气质量优良天数306天。降水总体呈弱酸性，降水酸碱度均值7.44，酸雨频率0。二氧化硫排放量452吨，氮氧化物排放量693吨。全市每天的空气质量都在南通市空气质量数据发布平台上发布，同时在海安市政府网、海安电视台及时发布空气质量报告及预报。

【水环境质量】 2022年，海安市以长江水作为饮用水源，应急备用水源地水质符合国家地表水环境质量Ⅲ类标准，水质达标率100%。地表水总体水质为轻度污染，国考北凌新闸、朱楼桥、富安梁一大桥，省考东湖桥、袁庄水站、南新桥、向阳桥、李堡东桥，南通市考西楹桥、盐地场桥、隆田路桥、仲洋桥、壮志桥、贲茆庄桥、瓦甸南桥水质监测断面优Ⅲ类比例100%。4座地下水测井质量综合指标类别均为Ⅳ类。工业废水排放总量1758.46万吨，工业废水中主要污染物化学耗氧量（COD）排放量586.8吨，城市生活污水排放量（全市各区镇进入污水处理厂量）3041.54万吨。

【声环境质量】 2022年，海安市区区域声环境白天平均等效声级值54.0分贝，质量等级为较好。全市道路交通噪声白天加权平均等效声级值62.7分贝，质量等级为好。功能区噪声除二类区夜间和4a类区夜间外，其余功能区昼夜间噪声达标率均为100%。

【土壤环境质量】 2022年，海安被列为第三次全国土壤普查试点县，全省仅7家。年内，完成全市666个表层样、37个剖面样调查采样、样品检测任务，成果总结全面开展。全面梳理疑似污染遗留地块12块，10块地块土调报告基本完成或通过评审，受污染耕地安全利用率和污染地块安全利用率均保持100%，土壤环境安全得到保障。

【环境监测】 2022年，海安市生态环境监测站搬迁至海安高新区科创园，总建筑面积4720平方米，设置恶臭嗅觉实验室、应急监测设备间、微生物检验室、气相色谱分析室等23个实验室，采购原子吸收分光光度计、离子色谱、红外测油仪、油气回收多参数检测仪等监测设备60余台（套），持续开展实验室内部审核和管理评审，强化人员现场采样、实验室样品分析全过程质量控制和监督，质控合格率100%。全市新增水环境自动监测站2个，累计34个。水质异常阶段，通过水质自动站与手工加密监测相结合，实现精准溯源；完成全市所有二、三级河道和部分四级河道6721个入河排污口排查、监测，构建智慧监管平台，同步实施整治。新增大气环境自动监测站2个，迁移或新增空气微站48个，累计有大气环境自动监测站12个、空气微站48个。通过微站、激光雷达、走航监测不间断监测全市颗粒物排放强度。严格土壤重点监管单位环境监管，按规范开展周边土壤和地下水自行监测、监督性监测。受理群众举报生态环境信访事项16件，及时进行调查监测，属实10件。强化非现场监管，明确专人专岗统筹分析各类监测监控数据，健全执法与污染源监测协调联动机制，科技监测执法案件总数列南通市第一位，海安旺爽新型墙材有限公司自动监控数据造假案被省生态环境厅专题报道。

【固体废物】 2022年，海安市工业固体废物产生量41.48万吨，其中危险废物产生量4.64万吨；工业废物综合利用量34.70万吨，处理量6.86万吨，贮存量0吨。

（谭俊梅）

污染防治

【大气污染防治】 2022年，海安市坚持大气污染源头治理，年初开始推动家具、机械等行业清洁原料源头替代，全面梳理、分类整治任务297个。同步推动大气污染末端治理，排查活性炭使用单位377家，发现并交办问题214个，完成整改187个；动员海安浩驰科技有限公司、宝燕工业科技（南通）有限公司、海安荣威运动用品有限公司等8家挥发性有机物排放量大的企业安装RTO等高效废气处理设施，面上累计减排VOCs（挥发性有机物）约325吨。通过微站、激光雷达、走航监测不间断监测全市颗粒物排放强度，发现问题及时整改，压降$PM_{2.5}$平均浓度。重新划定高排放柴油货车禁行区，扩大烟花爆竹禁限放区域，压降移动源和生活源污染影响。

（谭俊梅）

【水污染防治】 2022年，海安市借助无人机、无人船等技术手段，每日开展上下游、左右岸、干支流水环境综合巡查，同时与如东联合开展执法夜查。定期印发水质通报，汇总监测监控和巡查发现问题，形成部门、区镇、村三级响应机制，实现交办、整改、反馈良好循环。将应急水源地水质列入区镇经济目标责任书考核和生态文明建设杯考核，备用水源地水质监测每月均达Ⅲ类水质标准。全市累计建成水质自动站35个，在水质异常阶段，通过水质自动站与手工加密监测相结合，找准水质波动原因，实现精准溯源。再次开展所有二级、三级和部分四级河道入河排污口排查，构建智慧监管平台，同步实施整治。12月，全面完成全市入河排污口现场排查工作，排查点位9954个，确定排口7019个，其中，胡集街道459个，孙庄街道378个，隆政街道338个，海安街道172个，城东镇立发办事处287个、西场办事处615个、洋蛮河办事处357个，李堡镇1153个，大公镇724个，滨海新区625个，曲塘镇402个，墩头镇306个，南莫镇624个，白甸镇149个，雅周镇430个。实施水污染防治项目44个，新增工业污水处理能力每日5万吨，延伸污水管网40千米，完成8448户分散式农户生活污水治理，推进3台分布式污水处理设施建设。推动养殖水面13.33公顷以上的水产养殖主体完成尾水污染治理工程建设，13家南美白对虾养殖场完成“沉淀池—过滤坝—曝气池—过滤坝—生态处理池”建设，治理池塘面积约333.33公顷。在全省率先探索农田退水治理“四模式”（建设高标准农田生态化灌排系统、实施农田尾水循环利用工程、实施水岸共治、改变传统耕种方式），完成540公顷农田退水循环利用工程建设，《海安市农业面源污染治理专题片》在全省农田排灌系统生态化改造视频会上播放，海安农田退水治理经验向全省推广。建成11个污水处理厂尾水生态安全缓冲区，基本实现污水处理厂数量全覆盖和处理规模全匹配。

阅读延伸

海安市农田退水治理“四模式”

海安市探索实施源头减量、过程阻断、循环利用和生态修复整治工程，形成“退水导流+尾水循环”的海安农田退水治理新模式。

模式一：建设高标准农田生态化灌排系统。结合高标准农田建设，投资1917.31万元，以140公顷低标准农田为基础，建设泵站、PE管道、生态排水沟、排水涵闸、沼液池、沼液回收装置，采用自动化系统，探索构建高标准农田生态化灌排系统。生态排水沟及农田退水回收系统中，每46.67公顷建设一条自嵌式植生生态排水沟，形成生态缓冲带。灌溉期时农田中多余退水通过生态排水沟进入退水回收装置。农田排水通过生态排水沟中的水生作物净化吸附后再排出，在生态排水沟末端建有一个退水回收装置，回收有机质等含量高的水，通过管道将这部分水输送到渠首进行循环利用。系统有效减少尾水污染，将农业面源污染防治和农田生态改善有机结合，促进农田整体生态环境改善。

模式二：实施农田尾水循环利用工程。在里下河地区和向阳桥断面周边打造农田退水循环利用工程，串联畅通周

2022年3月16日，海安市白甸镇官垛村河道保洁人员在打捞河面漂浮物

翟慧勇／摄

边各个河道，在支流与干流交汇处建设闸控，使各闸控之间形成封闭水体，利用泵站从支流取水灌溉农田，利用水闸的开闭使尾水重新返田灌溉，实现农田退水自然回用。

模式三：实施水岸共治。在河道两侧建设生态缓冲带，拦截农业面源污染，试点建设农田退水生态排水系统，将稻田退水优先导流至有闸控的支流，无闸控的支流建闸或者建设低位拦水坝。支流中有序种植2种及以上水生植物或实施生态浮岛，重构水生态系统，提高河流净化地表径流功能，恢复河流生命力。

模式四：改变传统耕种方式。创新种植管理手段，化“零”为“整”，鼓励种植大户承包，统一耕种，方便管理，减少化肥农药施用量；化“散”为“精”，推行测土配方施肥和侧深施肥，实现精准施肥；化“多”为“少”，减少直播水稻面积，从而减少氮磷含量极高的泡田水；化“旧”为“新”，改变传统的秸秆还田，推行循环利用新模式，降低秸秆还田量。

（谭俊梅　杨　睿）

【声污染防治】 2022年，海安市优化调整中心城区声环境质量监测点位，对涉及1、2、3、4a、4b类201.37平方米的声环境功能区按“1000米×1000米”网格，初步筛选监测网格222个。加大工业噪声监管，督促企业完善内部降音阻噪设施建设，市生态环境局通过例行性检查指导企业降减噪声污染。依法查处举报频繁、问题多发的企业，办理涉噪音行政处罚案件10件，处罚金额17.87万元。强化建筑施工噪声监管，建立“夜间施工许可证”申请及发放制度，引导工地夜间到点停工，对在规定天数内出现一次噪声举报的将不给予夜间施工申请审批，对审批通过的工地督促其提前1天以上在施工场地和附近居民区张贴许可证。深化交通运输噪声监管，将学校、医院、疗养院等噪声敏感建筑物集中区域的城市道路设立禁鸣、限行、限速标识并安装机动车违法鸣笛抓拍系统。中、高考期间加大对考场周边工地、文明驾车的检查力度。做好社会生活噪声监管，扩大烟花爆竹禁燃区，从源头阻断噪声对主城区的影响。

【土壤污染防治】 2022年，海安市加强土壤污染重点监管单位环境监管，规范开展周边土壤和地下水自行监测、监督性监测。持续巩固地下水省考点位水质改善成果，全年水质稳定保持Ⅳ类。加强土壤污染防治源头联动监管，制定建设用地“双核查表”，将环保准入要求作为供地先决条件。

【固体废物污染防治】 2022年，海安市细化固体废物跨省转移备案程序及一般固体废物污泥申报程序，明确产废企业主体责任。排查全市登记注册的一般工业固体废物经营企业82家，注销不实际从事经营的企业，对经营范围与实际经营不相符的企业开展现场检查，查处一般工业固体废物非法转移处置“黑色产业链”。拓展固体废物领域处置和综合利用能力建设，实施污泥焚烧处置、纺织废料燃料棒制造等项目建设，海安固废处置中心新建污泥卧式圆盘干化处理生产线5条。开展塑料污染治理，出台海安市塑料污染治理实施办法、工作要点和联席会议工作机制等，建立健全塑料制品生产、流通、使用、回收处置等环节的管理制度。规范农药包装废弃物回收处理，回收农药包装废弃物183.6吨，回收量超过90%，回收覆盖率100%，无害化处置率100%，海安农药包装废弃物回收处置评价等级为优秀。

（谭俊梅　孟爱中）

环境监督管理

【概况】 2022年，海安市深化常安纺织园建设省生态环境政策集成改革试点产业园区，改革试点政策文件的执行和兑现情况总体符合预期。持续优化营商环境，项目审批中提前介入环保服务，为全市“白名单”企业提供环保体检服务。建立生态环境保护联合执法联席会商工作机制，市生态环境局、市公安局、市发展改革委、市住房和城乡建设局等多部门互通生态环境联合执法工作信息，生态环境领域“双随机”（随机抽取检查对象、随机选派执法检查人员）执法检查污染源680家，开展专项执法行动51次，累计下达行政处罚决定书318件，罚款金额1859.4万元，罚款到账率59.7%。坚持普法式、提醒式执法，减免罚款332万元。办理全国首例将惩罚性赔偿和替代性修复相结合的生态损害磋商成功案例。强化生态环境领域风险防控，梳理排查需要编制应急预案的企业，完成预案备案410家。推进环保领域安全标准化建设，按照环保管理制度、设施清单、风险评估、现场管理“四个标准化”及现场警示标志、运行台账记录、日常保养、专项安全培训、隐患排查整改、应急处置演练“六个到位”要求，建成标准化建设样板企业5家。

【环保事项审批】 2022年，海安市在项目审批中提前介入环保服务、缩短环境评价审查时间、保障项目环境资源要素、建立企业环境监管豁免清单和实现区域评估成果共享，累计开展项目环境评价审批43个。加快推进工业园区规划环境评价全覆盖，重点关注通榆河一级保护区、生态红线、生态空间管控区等优先保护单元，腾退不符合主体功能定位项目27个。严格执行“三线一单”（生态保护红线、环境质量底线、资源利用上线和生态环境准入清单）准入要求，将其作为项目预审和供地划拨的重要审核内容，累计否决拟落户于保护区的项目18个。

【环保工程建设】 2022年，海安市推进环保工程项目建设，完成297个源头替代项目；实施44个水污染防治项目，新增污水处理能力每天5万吨，延伸污水管网40千米，完成8448户分散式农户生活污水治理，建成11个污水处理厂尾水生态安全缓冲区；启动东部家具产业园危废集中暂存库和废活性炭再生利用项目；电子信息产业园金属表面处理中心投入运行。落实《常安纺织产业园企业绩效综合评价暨差别化政策实施意见（试行）》，20家企业参与第二轮绩效考核，确定A类企业4家、B类12家、C类3家、D类1家，A类企业全年享受蒸汽补贴约160万元、污水处理补贴约40万元。落实《常安纺织产业园废水排放总量和水污染物排放总量动态管理办法（试行）》，建成常安纺织园废水集中预处理项目，上线常安纺织园限值限量管理平台，全年核减13家企业许可排放量，合计每日1.3万吨。推行排污权集中收储，由国有公司统一回购企业排污权，企业按照重新核定的排污权数量向园区有偿租赁使用，限量管控形成的富余排污权纳入园区储备。落实《关于进一步简化常安纺织产业园建设项目环境影响评价内容的十项措施》，江苏金辉弹性织造有限公司、南通荣事成印染有限公司、南通永兴花园染整有限公司等多家园区企业通过共享环境质量信息和监测数据，节约环保编制费用10万余元。

【企业环保服务】 2022年，海安市召开三年内受到两次以上行政处罚企业座谈会，组织行政处罚信用修复专题培训会，帮助企业消除负面影响。为全市88家"白名单"企业提供环保体检服务。推出"环保贷"、排污权抵押贷款等绿色信贷服务，组织"环保贷"业务培训，累计发放各类绿色信贷超1.8亿元、专项资金补助3000余万元。落实《常安纺织产业园绿色金融扶持政策（试行）》，11月，园区22家企业获银行信贷支持，贷款余额10.74亿元；累计为6家企业提供排污权抵押贷款4500万元；累计为园区企业提供担保1.16亿元、转贷服务1.75亿元。江苏联发纺织股份有限公司、海安启弘纺织科技有限公司获评全省首批绿色发展领军企业，22家企业通过应急管控豁免审核，33家企业获评南通市环保示范性企业、56家企业被纳入环境监督执法正面清单。

【环境执法检查】 2022年，海安市坚持开展生态环境领域"双随机"执法检查，检查污染源680家，实施标准执法4021次、快捷留痕2114次。开展生态环境领域安全生产大排查大整治、突发环境事件隐患排查治理、化工和危险化学品企业安全生产大检查等专项执法行动51次。发现问题隐患452个，移送隐患14条。下达行政处罚决定书318件，罚款金额1859.40万元，运用"四个配套办法"（《环境保护主管部门实施按日连续处罚办法》《环境保护主管部门实施查封、扣押办法》《环境保护主管部门实施限制生产、停产整治办法》《企业事业单位环境信息公开办法》）查处环境违法案件46件。建立行政处罚案件全流程闭环管理机制，罚款到账率59.7%，高于往年同期水平。运用科技手段助力生态环境精准执法，利用无人机、走航车查实办理案件30件，根据自动监控和用电监控数据查处案件15件，科技执法案件总数列南通市第一位。常态化开展核与辐射管理业务培训，"双随机"检查辐射单位31家，立案查处1家，查封扣押移动式X射线探伤装置。

【生态损害赔偿】 2022年，海安市创新探索生态环境损害赔偿实践，办理生态环境损害惩罚性赔偿案件151件，赔偿金额132.43万元。3月16日，市生态环境局与海安某化工企业签订生态环境损害惩罚性赔偿协议，后者将承担33万余元生态环境损害赔偿，其中5.77万元为惩罚性赔偿，用于对事发地水域进行增殖放流等生态型修复，这是全省首例生态环境损害惩罚性赔偿案例。6月30日，举办海安青墩遗址生态修复增殖放流活动，作为该案的后续替代性修复，成为全国首例将惩罚性赔偿和替代性修复相结合的生态损害磋商成功案例，先后被《中国环境报》《新华日报》和"学习强国"学习平台等媒体报道，获生态环境部肯定和推广。

【生态环境督察】 2022年，海安市加快推进第二轮中央、省生态环境保护督察交办问题整改，中央督察反馈乐百年健康小镇问题，整改按序时推进；省督察反馈问题22个，完成南通市级销号11个；中央督察交办信访43件，办结42件，阶段办结1件；省督察交办信访25件，办结24件，阶段办结1件。完善信访调处机制，对重难点信访和舆情问题实施市、镇两级领导包案制度，环境信访总量比上年下降22.5%。 （谭俊梅）

土地资源保护

【耕地保护】 2022年，海安市严格控制耕地转为林地、园地等其他类型农用地，年度耕地实现"进出平衡"且有结余。前移补充耕地项目入库审查关口，省自然资源厅耕保处和用途管制处先行

2022年6月30日，海安市青墩遗址生态修复增殖放流活动在南莫镇举行

南莫镇／供图

介入审查入库地块，确保建库质量。首次开展增减挂钩新增耕地质量评定，逐一现场踏勘2021年增减挂钩复垦项目，涉及全市195个村3093个地块，采集土样371个，挖掘剖面50多个，化验分析5194项次，2766个地块通过评定。同时，做好2021年高标准农田1%耕地占补平衡项目、城东镇2022年占补平衡复垦项目形成的新增耕地质量评定工作。全年，3214个地块通过评定。增减挂钩项目通过耕地质量评定132公顷，工矿废弃地复垦项目经验收确认新增农用地42.07公顷，占补平衡项目经验收确认新增耕地147.2公顷；增减挂钩项目申报建库新增农用地94.47公顷，工矿废弃地复垦项目申报建库新增农用地34.2公顷，占补平衡项目申报建库新增耕地106.67公顷。足额分解下达省、南通市耕地和永久基本农田保护任务，逐级签订耕地和永久基本农田保护目标责任书。开展耕地保护先进村评比活动，评选耕地保护先进村20个。海安市（白甸镇）获评2022年省级耕地保护激励单位，获奖励资金200万元。（赵海群　丁爱华）

【土地执法】 2022年，海安市立案查处土地违法案件26宗，涉及面积8.83公顷，处以罚款132万元。区镇（街道）统筹推进卫片查处整改工作，完成部、省卫片疑似图斑60批次3929宗1547.75公顷；核查填报并通过省自然资源厅和南通市检查，确认违法用地17宗，面积1.70公顷；整改到位8宗，面积0.83公顷，违法用地逐年减少。开展耕地保护督察、“违建BS”整治、“大棚房”问题“回头看”等专项整治，全面完成2021年耕地保护整改销号并通过验收，违法用地三年整治专项行动提前完成整改，江苏省土地违法违规“清零”行动整改完成率81.43%，其中工矿仓储类完成率100%。

（赵海群）

水资源保护

【河长制工作】 2022年，海安市农村河道长效管护工作获评江苏省第一等次，《河长述职必答“三问”》《河长制保障河长治，推动生态河道建设》《河长治好河、鱼儿跃河流》等文章先后在《中国水利报》等部省级媒体发表。全市有市级河长20人、镇级河长196人和村级河长777人，覆盖各级河道及所有沟塘。市级河长巡河78次，召开推进会116场次，解决河道问题109个；镇级河长巡河1396次，解决问题4772个。全年，累计开展河长述职活动12次，122名河长述职，下发市级河长、河长制办公室交办单142份，下发《海安市河长制工作半月报》24期。投入保洁费用5000万元，做好一、二、三级通航河道“市场化运作、机械化保洁”机制提标扩面。持续推进生态河道建设，全市生态河道覆盖率42.79%。年内，清理沉船385条、网箱320口、围网97口、网簖168口、笼网561口、搬罾15个。

【水行政执法】 2022年，海安市完成水行政执法专项巡察，整改7个问题，推进水政监察大队标准化建设，促进执法队伍专职化、执法机制常态化、执法办案规范化、执法装备系列化、廉政建设长效化。坚持执法与普法并重，组织开展执法专题培训，加强执法装备补充和执法能力建设，日常巡查与专项执法行动相结合，重点开展通榆河专项整治，协同相关部门开展混凝土行业联合执法检查、洗车行业违法取水专项整治、违建清查整治、污染防治专项整治、长江禁捕联合检查等专项执法，调查各类水事案件45起，处理3起内河取土案，立案查处1起。水土保持监督管理实现常态化，完成水利部、省水利厅下达的4批115个疑似违法违规认定及查处工作，完成生产建设项目水土保持方案审批40个，累计监督检查企业25家。制定《海安市涉河建设项目管理办法》，开展全市涉河建设项目全面“回头看”工作，梳理涉河建设项目541个，每季度检查不少于1次，实现在建项目必查。（杨　睿）

其他资源保护

【海洋资源保护】 2022年1月，海安市浒苔绿潮联防联控工作获省浒苔绿潮联防联控工作领导小组发文表扬。5月，完成4家紫菜养殖企业9882台筏架以及配套网帘、缆绳回收任务，开展潮沟驻守和前置打捞。继续做好防藻新工艺新材料PVC覆塑缆绳推广、发放和标签化工作。推动“未批先填”类围填海历史遗留问题处理方案备案审查，该项工作被作为全省试点上报自然资源部，集中备案审查图斑8个，面积1312.48公顷。完成全市海洋经济活动单位名录更新，认定海洋经济活动单位35家。

【林业资源保护】 2022年，海安市全面推行林长制，建成覆盖市、区镇（街道）、村（社区）的三级林长制体系及“一长两员”（市、镇、村三级林长，镇级监管员，村级护林员）工作体系，设立林长制公示牌接受社会监督。全市有市级林长12人、镇级林长202人、村级林长216人，镇级监管员29人，村级护林员235人，设立林长制公示牌193个。购买社会化服务开展林业有害生物监测，抓好以美国白蛾为重点的病虫害防治，释放周氏啮小蜂蜂蛹1.41万个，林业有害生物成灾率控制在5‰以内，无公害防治率88%以上。开展森林防火专项整治，森林火灾控制在0.3‰以内，全市未发生森林火灾。全市净增造林13.33公顷，保护省级公益林1120公顷，实施低效林改造和退化林修复253.33公顷，建设省级绿美村庄5个。

【矿产资源保护】 2022年，海安市完成江苏省地勘基金项目——海安市富硒土地资源调查与开发利用示范项目野外验收，形成海安市富硒土壤分布范围、富硒区土壤质量现状及农作物富硒特征等调查成果。制定《海安市打击“洗洞”盗采金矿专项整治行动实施方案》，开展专项整治行动。注销全市6家砖瓦企业的采矿权许可证。海安是江苏油气建设的重点区域，江苏油田分公司、浙江油田分公司和华东油田分公司在境内进行石油探采，开采区域主要集中在李堡镇、海安高新区等，但是油区油井分散，含油构造面积较小，油品品质一般。

（赵海群）

节能减排

【概况】2022年，海安市成立美丽海安建设领导小组，出台《美丽海安建设规划（2021—2035年）》，坚持生产、生态、生活“三生”融合，注重沿海、沿河、沿路“三沿”联动，重点推进空间格局、绿色发展、自然生态、城乡宜居、人文特色、文明和谐“六美”建设，打造“苏中新鱼米之乡，滨海现代化之城”。成立碳达峰碳中和工作领导小组，编制《海安市碳达峰实施方案研究》，出台《海安市“十四五”全社会节能的实施意见》《海安市工业领域节能技改行动计划（2022—2025年）》《强化能耗强度约束性指标管控，合理控制能耗总量实施方案》等碳达峰碳中和支撑文件，明确海安“双碳”现状、发展趋势，初步形成具有海安特色的碳达峰路径。（叶　洁）

【污染物排放总量限值限量管理】2022年，海安市以常安纺织园为试点，建立基于企业综合绩效评价成绩的污染物排放总量动态分配模式，完成2个省级以上园区污染物排放总量限值限量管理工作，完成2021年、2022年总量核定，形成2023年定值定量工作方案，利用园区综合监管平台实现总量初步实时统计和动态预警。建立污染物排放总量储备库，全年储备可平衡总量COD28吨、氨氮26.4吨、总氮3.9吨、总磷0.95吨、二氧化硫32吨、氮氧化物46吨、颗粒物40吨、挥发性有机物57吨，严守总量审核关口，为52个项目提供总量保障。在预审和供地环节，市生态环境局、市发展改革委、市行政审批局等部门累计否决绩效低下项目20余个。（谭俊梅）

【土地节约集约】2022年，海安市出台推进工业用地提质增效实施办法，科学实施工业用地绩效评价，推进传统产业转型升级和老旧园区、村镇集中区提升改造，促进节地水平和产出效益“双提升”，工业用地提质增效17宗85.47公顷通过验收。全面实行工业用地“土地出让合同+投资发展监管协议”配置方式，强化项目履约情况监管。摸排闲置和用而不足土地，建立闲置和用而不足土地项目库，入库90.67公顷。处置批而未供土地159.53公顷。盘活闲置低效用地35宗84.47公顷。编制2022年度低效用地再开发实施计划，完成低效用地再开发323宗226.67公顷。加强已供项目土地动态巡查管理，跟踪项目开竣工进展，促进项目用地提质增效。开展全民所有自然资源资产清查，形成自然资源实物量清查和经济价值估算成果，通过省级验收并上报自然资源部。完成2021年公示地价更新及2022年度工业企业用地更新调查。形成海安市园林草分等、定级和公示地价体系初步成果。（赵海群）

【节水型社会建设】2022年，海安市制定《海安市农业水价综合改革巩固提升专项行动整改方案》，完善计量设施配备，加强用水计划管理，持续强化工程管护，促进农业节水发展。落实节水评价机制，建设项目取水许可节水评价率100%。加大节水宣传教育力度，5月20日，市水利局举办“节水中国，你我同行”主题宣传新闻发布会。推进省级节水型载体创建，南通仙乐色织有限公司、南通汇德宝纺织有限公司获评2021年度省级节水型企业，焦港北闸管理所、北凌新闸管理所获评2021年度省级节水型机关。（杨　睿）

【工业节能降耗】2022年，海安市全社会能源消费总量315.69万吨标准煤，能耗强度比上年上升4.02%。市发展改革委开展节能专项监察，实现25家万吨标准煤以上重点用能企业节能监察全覆盖，推动企业加强能源管理体系、能耗在线监测系统建设和能源管理专业人员配备，督促能效不达标的19家企业加快整改。强化节能审查事中、事后监管，3个“十三五”重点用能项目被纳入监管。推动重点用能企业开展节能降碳技术改造，成立海安市能耗总量库，亚太轻合金（南通）科技有限公司、海安华新热电有限公司、海安华强染整有限公司等25家企业实施节能降碳技术改造。开展项目节能审查，兴鹿（海安）新材料有限公司、捷安特轻合金科技（海安）有限公司、江苏海威光电科技有限公司等8个年综合能耗5000吨标准煤以上项目获批省节能审查意见。加快推进2018年以后项目节能审查意见整改工作，召开节能审查审批业务培训会，明确海安市项目审批要求、流程，推动39个新建、存量项目获批节能审查意见。

（叶　洁）

表32　2022年海安市规模以上工业企业分行业综合能耗统计表

指　标	综合能源消费量		产值单耗	
	指标值（吨标准煤）	比2021年增长	指标值（吨标准煤/万元）	比2021年增长
全部工业企业	1110469.20	−3.86%	0.0518	−14.91%
农副食品加工业	20452.91	−7.18%	0.0118	−22.73%
食品制造业	6853.34	−6.11%	0.1025	−19.61%
酒、饮料和精制茶制造业	40.77	−0.12%	0.0203	−0.40%
纺织业	328287.80	0.78%	0.0976	−28.80%
纺织服装、服饰业	26372.10	13.41%	0.1037	−16.00%

续表32

指标	综合能源消费量		产值单耗	
	指标值（吨标准煤）	比2021年增长	指标值（吨标准煤/万元）	比2021年增长
皮革、毛皮、羽毛及其制品和制鞋业	162.49	−58.28%	0.0237	−45.23%
木材加工和木、竹、藤、棕、草制品业	4177.84	−3.85%	0.0526	89.27%
家具制造业	4537.48	−7.29%	0.0261	−9.78%
造纸和纸制品业	12307.65	8.78%	0.1127	1.63%
印刷和记录媒介复制业	615.20	−15.65%	0.0296	−8.03%
文教、工美、体育和娱乐用品制造业	60403.34	−3.67%	0.0709	−9.90%
石油、煤炭及其他燃料加工业	442.33	−21.91%	0.1210	80.45%
化学原料和化学制品制造业	64901.01	−7.12%	0.0314	−16.24%
医药制造业	4116.37	−5.84%	0.0140	−34.95%
化学纤维制造业	72417.06	1.48%	0.0525	−10.71%
橡胶和塑料制品业	25859.02	−6.30%	0.0663	−7.01%
非金属矿物制品业	80427.62	−1.40%	0.0741	−4.57%
黑色金属冶炼和压延加工业	13932.03	20.91%	0.0953	−4.39%
有色金属冶炼和压延加工业	13317.09	−9.14%	0.0446	−17.31%
金属制品业	58745.03	−4.81%	0.0532	−11.06%
通用设备制造业	33950.02	−11.46%	0.0274	−15.81%
专用设备制造业	16711.92	15.20%	0.0120	−19.60%
汽车制造业	10290.85	−9.33%	0.0398	−11.01%
铁路、船舶、航空航天和其他运输设备制造业	1645.82	39.94%	0.0047	41.05%
电气机械和器材制造业	49017.07	10.01%	0.0167	17.79%
计算机、通信和其他电子设备制造业	21945.27	−5.93%	0.0252	−10.29%
仪器仪表制造业	18486.18	−2.51%	0.0298	−23.23%
其他制造业	175.90	−34.18%	0.0971	−14.52%
废弃资源综合利用业	441.94	3.33%	0.0977	35.02%
电力、热力生产和供应业	155880.89	−19.20%	0.8055	−25.49%
燃气生产和供应业	88.81	−76.23%	0.0006	−83.56%
水的生产和供应业	3466.05	21.23%	0.1440	21.29%

（市统计局）

【绿色低碳循环发展】 2022年，海安市开展工业企业绩效评价，建立六大资源储备库，盘活闲置低效资源，加快构建绿色制造体系。125家企业完成绿色发展整治提升，21家强制性清洁生产审核企业实施中、高费方案36个，否决不符合准入要求或绩效低下项目40余个。江苏天楹环保能源成套设备有限公司、南通双弘纺织有限公司获评国家级“绿色工厂”，全市累计有国家级“绿色工业园区”1家，南通唯一；国家级“绿色工厂”4家，数量南通最多；国家级“绿色产品”1个。开展“绿色生活”创建活动，制定《海安市“绿色生活”创建行动方案》，开展节约型机关、“绿色家庭”“绿色学校”“绿色社区”“绿色出行”“绿色建筑”等创建行动，倡导“绿色消费”，推动形成绿色低碳的生产方式和生活方式。开展粮食节约和反食品浪费系列宣传活动，制定《海安市反食品浪费工作方案》《海安市机关食堂反食品浪费工作成效评估和通报暂行制度》等，市消费者协会发布“厉行勤俭节约 反对食品浪费”提示。（叶 洁）

【建筑节能与绿色建筑】 2022年，海安市推进建筑节能与绿色建筑发展，新建民用建筑达75%以上节能水平，公共建筑达72%节能水平，着力提升二星级以上绿色建筑比例，全市各类政府投资的公益性建筑以及大型公共建筑率先按二星级以上绿色建筑标准设计建造。全年，新增绿色建筑228.91万平方米，其中，居住建筑197.5万平方米、公共建筑31.41万平方米。王府邦瑞国际大酒店能效提升项目获省绿色建筑专项奖补资金。推广应用散装水泥、预拌混凝土、预拌砂浆等绿色建材，全市预拌混凝土供应量138万立方米，预拌砂浆供应量18万吨，散装水泥发放量37万吨，新型墙体材料产量4亿块。全市有资质混凝土生产企业20家，多次组织质量安全大检查，原材料及混凝土质量基本处于受控状态。11家预拌混凝土企业取得绿色建材三星级标识。常态化推进预拌商品混凝土行业整治工作，取缔整治无证站点70余家。

（夏婷婷）

【农业循环经济】 2022年，海安市启动农村沼气设施摸底排查和废弃沼气设施报废处置工作，全市农村户用沼气存量5400余只，使用率15%。实施2021年省以上农业公共服务专项（沼气工程安全隐患排查处置）项目，对5处符合报废条件的沼气工程按规定进行报废拆除处置，沼气工程存量69处。海安普豪生物能源有限公司2兆瓦畜禽粪便处理沼气发电项目，发电上网594万千瓦时，年处理畜禽粪便7万吨，为农业种植提供沼液肥近10万吨。实施2021年省级农业生态保护与资源利用（沼液粪污池建设）项目，7家家庭农场申报实施，新建沼液粪污池3200立方米，年贮存利用沼液8000吨。做好农药包装废弃物、废旧地膜等农资废弃物回收工作，春秋农药用药高峰期在海安电视台播放公益宣传片，向种田大户、村民发放宣传资料1000多份，创新开展农资废弃物兑换小物品活动。再次承担国家绿色种养循环农业试点工作，项目总投资937.5万元，实现服务主体规范化、服务规模扩大化、农田施肥均衡化、替代化肥常态化，完成粪肥还田面积6266.67公顷，建立示范区2个，开展肥效监测试验25个。海安在全省绿色种养循环试点工作推进会上做经验介绍，拍摄的《向绿而行 共赴美好》专题片被列为全省范例。

（李仁全　丁华萍）

【公共机构节能】 2022年，海安市公共机构节能工作成效显著，市税务局、市卫生健康委获评省公共机构节能低碳示范单位。开展全市第二批党政机关创建国家级节约型机关活动，11家单位申报，全部通过验收。市机关事务服务中心多次组织能耗统计培训，规范公共机构节能数据填报。引入社会资本，推行合同能源管理、合同节水管理等市场化模式，利用节能新产品、新技术、新理念，打造更多绿色优质公共服务和产品。市行政中心楼顶光伏发电工程投入使用，市行政中心能源托管项目于4月1日正式实施。开展全市公共机构节能宣传周活动，市机关事务服务中心、市公安局联合举办以“绿色低碳，节能先行”为主题的宣传活动。

（吴信林）

2022年11月29日，海安市墩头镇千步村科普志愿者开展回收农资废弃物兑换生活小物品活动

周　强／摄

【海安开发区获评绿色低碳示范园区】

2022年，海安开发区在第七届中国国际绿色创新发展大会上获评绿色低碳示范园区。海安开发区坚持以绿色发展理念引领经济建设，推进环境政策集成改革试点工作，打造绿色低碳示范园区，推动发展与生态相融、低碳与经济双赢。落实“双碳”战略，推动园区企业使用天然气、电、蒸汽替代化石燃料。依托国家级中意海安生态园，引入新材料、汽车、航空航天、高端装备等优势产业，整体打造“开放、低碳、高效、协作”的绿色产业生态圈。以常安纺织科技园为重点，制订绿色生态园区发展规划，鼓励企业实施绿色发展战略，引导企业运用绿色技术升级改造。推广节水工艺、技术和设备，鼓励企业加大循环水、再生水等常规水资源开发力度，支持非常规水资源利用产业化示范工程。开展VOCs综合治理，引导企业绿色发展、减排降碳，有序推进大气“绿岛”项目建设。持续改善大气、土壤、水环境质量，全区$PM_{2.5}$平均浓度每立方米30.5微克，优良天数比例80.6%，省考南新桥断面和南通市考壮志大桥、仲洋大桥断面均为Ⅲ类水质。推进绿色建筑示范工程，加快新能源充换电站建设，深入实施造林绿化工程，抓好挥发性有机物减排、扬尘源和移动源治理、秸秆禁烧等重点工作，全时全域保障空气质量。开展垃圾分类综合整治，实行垃圾日产日清。全面深化“河长制”，开展全市入河排污口排查监测溯源整治。

（禹国圆）

江苏省海安高级中学

教　育

综　述

【教育质量】 2022年，海安市有各级各类学校153所，其中，高中7所、初中26所、小学48所、幼儿园68所、特殊教育学校1所、职业教育学校3所。在校学生8.96万人，其中，高中生1.01万人、初中生1.70万人、小学生3.88万人、幼儿1.74万人、特殊儿童138人、中职生6021人。在职教职工9826人，其中，高中教职工1571人、初中教职工2235人、小学教职工2803人、幼儿园教职工2486人、特殊教育学校教职工37人、中等职业学校教职工587人、技工学校教职工107人。专任教师7984人，其中，高中教师1401人、初中教师1902人、小学教师2720人、幼儿园教师1334人、特殊教育学校教师32人、中等职业学校教师495人、技工学校教师100人。

教学质量高位走强，学龄儿童入学率、小学毕业生升学率、初中毕业生升学率均为100%，中高考核心指标、普通高中学业水平合格性考试和义务教育学业水平测试成绩继续稳居省、南通市领先地位。南通市创新人才培养研讨会在海安中学举行。曲塘中学举办建校70周年高品质发展大会。海安市中小学生获评省、南通市、海安市“三好学生”和优秀学生干部560多人，参加各级学科类竞赛，获国家级奖65人次、省级特等奖和一等奖165人次、省级二等奖169人次。职教高考本科达线116人，“现代学徒制”培养对象238人，海安中专获技工学校教学质量省级评估第一名。南通理工学院（海安校区）在校学生数突破1万人，与海安47家企业深度开展校企合作。老年大学正式成立，建成市、镇、村三级老年教育体系，创建全国社区品牌项目3个。

【教育投入】 2022年，海安市继续紧盯“两个只增不减”（一般公共预算教育支出逐年只增不减，按在校学生人数平均的一般公共预算教育支出逐年只增不减）目标，一般公共预算教育经费21.21亿元，比上年增长3.44%。生均公用经费足额保障，各学段生均公用经费均实现增长。教育专项投入实现新突破，教育重点工程、学前教育补助、薄弱学校改造及维修、课后延时服务补助等专项经费近4亿元。市教育体育局深入17所市属学校和10个区镇教育管理办公室调研，整合省、南通市专项资金，补助学校因课后服务导致的公用经费缺口；指导部分学校调整部门预算，保证改善学生宿舍条件和校园维修维护的资金需求；统筹调拨全系统各学校闲置教育资产，最大化发挥使用效益。规范采购管理，成立教育、体育系统采购工作领导小组，组建采购人才库、供应商库和采购代理库，构建“《海安市教体系统采购管理办法（试行）》和采购目录、分类采购规程、管理制度、相关表格文本和规范文件索引”的“1+N”采购管理模式，开展采购工作政策法规、操作业务和廉政风险培训4次，实现学习宣传贯彻全覆盖，相关做法被中国廉政网、中国新闻网等媒体报道；全面推进系统内集中采购，组织实施理科实验仪器、课桌凳、办公家具、钢琴、电脑、智慧黑板、一体机、图书8个项目集中带量采购，探索实施除颤仪项目海安商城集中议价采购；落实教育、体育系统采购项目备案制度，累计备案67项，备案总额5286万元。不断提升学校教育装备保障能力，完成448台高中学生电脑更新采购。实验教学成果丰硕，获奖层次、人数列南通市第一位，在中小学实验实践教学系列活动、中小学（幼儿园）优秀自制教具展评和南通市纵横码汉字输入大赛中，海安师生1人获省特等奖，4人获省一等奖，3人获省三等奖，167人获南通市级奖；6件幼儿园自制教具获南通市级奖，2件推荐参加省级评选获一等奖。

【教育基础设施建设】 2022年，海安市实施教育为民办实事工程8项、重点工程16项、改薄工程24项，总投资23.34亿元，年度投资8.88亿元。9月1日，海安高新区实验小学、南屏小学、南屏幼儿园、人才路幼儿园开学，海安中学教师科研楼启用。加大新建项目推进力度，实验小学北校区、滨海新区金港学校、海安中学学生公寓楼、曲塘中学体艺馆、海陵中学体艺馆加快建设，明道幼儿园异地重建工程、海陵中学北校区新建工程启动建设，上湖小学完成规划，实验中学外迁工程、凤鸣幼儿园、白甸镇中心幼儿园等项目开展前期研究。实施学校能力提升工程，完成曲塘中学、实验小学本部整体改造提升工程，推进曲塘中学体艺馆、海陵中学体艺馆、海安中专校园文化及绿化景观工程建设。实施薄弱学校新建、改造工程，建成西场初中、双楼初中综合楼，完成南莫镇中心小学、墩头镇中心小学等22个学校改造提升项目，投入使用沿口、雅周两个教师周转房，新增标间40间，办好“小而美、小而优”的乡村学校。实施各类新建、改扩建装备项目40余项，省智慧校园创建率100%。

【集团化办学模式改革】 2022年，海安市在城区内、城郊间、区镇内三个层面纵深推进集团化办学改革试点，城东镇南屏小学成为城南实验小学教育集团南校区，李堡镇在镇域内推行幼儿园、小学、初中全学段集团化办学。至年底，全市建成9个教育集团29个校区。主城区有海陵中学南校区、本部校区、北校区（规划中），实验小学东校区、西校区、北校区（建设中），城南实小本部校区、东校区、西校区、南校区，明道小学明道校区、丹凤校区4个集团校12个校区；镇有曲塘镇小学曲小校区、双楼校区、章郭校区、顾庄校区、李庄校区5个校区，墩头镇小学墩头校区、仇湖校区、双溪校区、吉庆校区4个校区，李堡镇学前教育、小学教育、初中教育3个教育集团8个校区等5个集团校17个校区。探索开展城区3所初中带动区镇初中一体化办学新路径，深化海安中学与立发中学联合办学新模式，城区名校与区镇学校结对联动实现全覆盖。启动全市“小微”学校（不足100人的学校）资源整合工作，邓庄小学、双溪小学、瓦甸初中分别撤并整合至南莫镇中心小学、墩头镇中心小学、白甸镇初级中学，曲塘镇、雅周镇小学部分年级整合至中心小学集中办学。

【招生考试】 2022年，海安市教育考试中心组织普通高考、中考、合格性考试、自学（助学）考试、成人高考、教资考试、书法等级、计算机、英语等级等报名考试60多次，服务考生20多万人次。严格执行普高录取政策，中考考生实现“应上尽上”，除复读考生外，录取率100%。做优高考服务，推行高考体检上门服务，实行特殊困难考生“一生一方案一预案”，组织志愿填报公益辅导。创新成人高考、自考、教师资格证考试服务，向考生发送提醒短信近3万条，电话联系考生近400人，确保应考尽考。做好招生考试调研工作，2月11日，召开普通高校招生工作专题调研座谈会，各高中分管校长围绕考试报名、标准化考点建设、体检组织、志愿填报和招飞、招考队伍建设等方面开展交流；围绕“双减”（减轻义务教育阶段学生作业负担和校外培训负担）背景下的中考改革、终身学习体系建设等问题，参与南通市教育考试院组织的中考、自学考试、社会考试三项专题调研，并形成调研报告。

【教育资助】 2022年，海安市落实国家、省、南通市各项教育帮扶政策，促进家庭经济困难学生成长成才。开展学生资助政策宣传，发放“海安市学生资助政策简介暨告家长书”，组织各学校开展“苏乡永助”“精准资助、走访结对”等资助育人活动，选送的作品获评江苏省十佳资助育人好故事；发放资助经费2154.43万元，2.20万人次受益，覆盖全学段的“免、补、奖、贷”资助体系更加完善。弘扬尊师重教优良传统，开展助学、助教、奖教等活动，发动社会各界捐赠。海安农商银行捐赠价值120万余元的高中学生电脑448台（套）；9月9日，启动教师关爱基金，首批募集资金272.65万元，用于特殊教师群体纾困解难；“情暖学子”慈善助学、“江海阳光”福彩助学、爱心助学班等项目募集助学资金近300万元；海安中专、曲塘中学、滨海新区、雅周镇等筹集企业、乡贤、爱心人士捐助资金400多万元，用于帮扶困难学生、奖励优秀教师、助力教育发展。

2022年6月16日，海安市5340名考生在5个考点187个考场参加南通市初中毕业升学考试。图为紫石中学考点 徐劲柏／摄

【教育志愿服务】 2022年，海安市新时代文明实践教育服务平台累计注册志愿者7000余人，开展文明实践志愿服务活动1193场，开展市级示范活动10余次，惠及十几万人次，多项活动被“学习强国”学习平台、《人民日报》等媒体推广，1000多篇活动报道发表于《人民日报》《江苏教育报》等媒体。创新实施“文明礼仪”“心理健康”“家校共育”“文明出行”“弘扬家风”等14大类服务项目，建立学校为主导、家庭为基础、社会为延伸的“三位一体”育人模式，开展“实现微心愿”“致敬城市英雄”“传承红色基因，争做时代新人”等特色活动300余场。打造志愿服务品牌项目，各志愿队在“为民办实事”“喜迎二十大 筑梦向未来”“为贫困学生送温暖”“绘声‘慧’色”“做小小讲解员”等项目中举办主题讲座、法规宣传等活动210余场，受众5000余人。以活动促教育，以教育促文化，开展元宵节主题活动61场、端午节主题活动52场、清明节主题活动24场、儿童节活动69场、教师节活动71场，坚定学生文化自信。 （何春光）

学前教育

【概况】 2022年，海安市有成型幼儿园68所，其中，公办幼儿园60所、民办幼儿园8所，不存在无证幼儿园；省优质园49所，南通市优质园13所、合格园6所。幼儿（不含托班）总数1.73万人，学前三年毛入园率100%，其中，普惠性幼儿园和公办幼儿园在园人数1.58万人、民办幼儿园在园人数1547人，省、南通市优质幼儿园在园人数1.66万人。新增学前教育学位900个，海安籍儿童和流动人口子女实现就近入学，城区幼儿园大班额问题大幅度缓解，较好地实现普及普惠目标。

【优质幼儿园创建】 2022年，海安市恒源幼儿园、红黄蓝方华幼儿园获评省优质幼儿园，闸东幼儿园获评南通市优质幼儿园，吉庆幼儿园、海南幼儿园通过省优质幼儿园现场复审。长江路幼儿园“探索·体验·成长——基于统整理念的探究课程实践”项目获批省基础教育内涵建设项目（幼儿园课程游戏化项目），南通幼儿园唯一。市第二实验幼儿园本部“基于幼儿情智和谐发展的游戏化课程实践”、彩虹幼儿园分部“顺应

个性生长的‘七色课程’的探索与实践”分别获评南通市幼儿园课程游戏化优秀项目、建设项目。省中小学教学研究室公布2018—2019年省级立项的幼儿园课程游戏化项目调研结果，市教育体育局、海北幼儿园分别在管理与保障水平、游戏化实施水平方面获评优秀。

【幼托一体化建设】 2022年，海安市启动公办幼儿园幼托一体化试点工作，采取少年宫、幼儿园、优质民办幼托机构三方合作模式。上半年，率先在闸东幼儿园、彩虹幼儿园、海安高新区实验幼儿园开办托幼班级6个，142名幼儿入园。8月，启动秋季幼托一体化工作，市教育体育局向社会发布幼儿园托班招生公告和合作托育机构遴选公告，闸东幼儿园、彩虹幼儿园、海安高新区实验幼儿园招生40余人，9月14日开班。同时，开展幼儿园延时服务试点，惠及8700多名中大班幼儿，最大限度解决家长“三点半”“四点半”接孩子的难题。

【幼小衔接】 2022年，海安市贯彻落实教育部幼小衔接行动计划，实现幼儿园和小学双向衔接，征集幼小科学衔接视频和案例，开展以“幼小衔接，我们在行动”为主题的学前教育宣传月活动。规范幼儿园管理，开展幼儿园名称规范清理行动、幼儿园教师指导用书和幼儿用书清理排查工作，全面推进幼儿园课程游戏化建设，严把课程审核关，严禁使用境外课程、开设英语课程和特色班等，科学推进幼小衔接，杜绝“小学化”倾向。

【海安市长江路幼儿园】 海安市长江路幼儿园创建于2015年，是江苏省优质幼儿园。2022年，幼儿园有长江路园本部、华新园、城南园3个园部。长江路园本部占地面积1.41公顷，建筑面积9068平方米；华新园占地面积0.39公顷，建筑面积2756平方米；城南园占地面积1.2公顷，建筑面积7252平方米。开设班级42个，在园幼儿1699人，拥有教职工155人，专任教师大专以上学历占比100%，累计26人次获评南通、海安市德育带头人、骨干教师，王小凡获南通市五一劳动奖章。获全国足球特色幼儿园、江苏省基础教育内涵项目建设单位、首批南通市优秀“幼小衔接”项目单位等集体荣誉16项，在南通市以上媒体上发表学校教育新闻20篇，组织、承办海安市级现场研讨及国培远程培训活动8次，开展走进乡镇园沉浸式教研活动10次，成立名师工作室2个，9项省、南通市级课题开项、结题。

【海安市第一实验幼儿园】 海安市第一实验幼儿园创建于1933年，是江苏省示范性实验幼儿园。2022年，幼儿园有黎明路本部、中大街园、闸东园3个园部。春季，闸东幼儿园幼托班正式招生，首次开设班级3个，入园幼儿68人，成为海安首批公办园幼托一体化试点幼儿园。分别投入24.08万元、11.61万元维修改造本部和中大街园。本部、闸东园部分别通过南通市融合教育四星级优秀学校评估、南通市融合教育资源中心认定，中大街园获评南通市“168”爱生先进集体。开发“寻味新年”“我们的抗疫行动”“建构游戏的趣味”等园本课程，“课程游戏化理念下‘适性教育’园本课程建设”“幼小衔接背景下儿童微习惯培养的实践研究”获评南通市首批优秀“幼小衔接”优秀项目。1项省级重点课题、1项南通市级课题结题，1项省级课题、4项南通市级课题立项，6项海安市微型课题结题。24篇论文在省级刊物上发表，18篇论文在论文评比活动中获等级奖。教师2人获省“蓝天杯”课堂教学展评活动一等奖，1人获南通市“行知杯”大赛一等奖。

【海安市第二实验幼儿园】 海安市第二实验幼儿园创建于1985年，是江苏省首批示范性实验幼儿园。2022年，幼儿园有海陵路本部、安平东路园、彩虹园、南屏园4个园部，开设班级52个，在园幼儿1963人，教师132人，其中，正高级教师1人、高级教师7人。安平东路园被纳入海安市薄弱学校改造工程项目。8月，南屏园正式投入使用。彩虹园接受南通市优质幼儿园、南通市融合教育资源中心、南通市普惠托育机构等评估验收，承办海安市政府为民办实事“幼托一体化”试点工作调研、海安市学前教研工作会议等活动。幼儿园获评全国足球特色学校、南通市家庭教育优秀学校。注重幼儿情智和谐发展，搭建多元化成长和展示平台，幼儿园获南通市教育机器人竞赛团体冠军，获南通市第二届小学、幼儿园快乐体操线上比赛金奖2个；“基于幼儿情智和谐发展的游戏化课程实践”获评南通市幼儿园课程游戏化优秀项目。完成南通市级规划课题开题1项、中期检查1项、结题1项，8项海安市级微型课题结题，其中1项获优秀等级。教师1人获评感动南通教育人物，8人获评南通市、海安市学科带头人、骨干教师，67人在各级各类竞赛中获奖。幼儿200多人次在南通市级以上比赛中获奖。在主流媒体上发表幼儿园教育新闻347篇，幼儿园微信公众号发布报道245篇。 （何春光）

义务教育

【概况】 2022年，海安市有小学48所，其中，省级实验小学10所、南通市新优质学校8所，所有小学均达省定办学标准。小学在校学生3.88万人，义务教育毛入学率100%。教职工人数2803人，其中专任教师2720人。全市有普通初中26所，在校学生1.70万人，教职工人数2235人，其中专任教师1902人。新增小学学位4320个。推动义务教育优质均衡发展，继续探索集团化办学和城乡一体化办学改革，海安获评南通市义务教育集团化办学先进市，城南实验小学教育集团、墩头镇小学教育集团、曲塘镇小学教育集团获评南通市义务教育集团化办学优质集团学校。

【小学教育】 2022年，海安市深化小学教育评价改革，继续在全市小学一、二年级推行绿色评价，评价内容涵盖语文、数学、体育与健康、音乐、美术、科学、劳动等学科，以创设形式多样、生动有趣的任务情境开展能力测查。12月9日，海安市小学教育教学高质量发展推进会在市实验小学召开，会议解读

2022年10月25日，大公镇北凌小学学生在延时服务时间开展丰富多样的传统体育游戏

翟慧勇／摄

"'立学课堂'海安表达——'守常务本，精教优学，共生发展'"，实验小学校长周振宇作《多措并举，探索学校高质量发展》报告。城南实验小学"小学数学'创意绘画学习'的实践探索"获评2022年江苏省基础教育前瞻性教学改革实验项目（一类项目）。城东镇西场小学邱俊杰、城南实验小学赍悦宸、海安市教师发展中心附属小学戴昌武获评南通市"新时代好少年"。

【初中教育】 2022年，海安市各初中以义务教育优质均衡创建为契机，探索集团化办学和城乡一体化办学，强化"作业控减""考试管控"，力推体艺教育、劳动教育、心理健康教育。坚持德育为先，开展"喜迎二十大 筑梦向未来"系列主题教育活动，组织校园"节水大使"评选和环保知识竞赛，定期推选"新时代好少年"，实施"学生心理护航"工程，不断提升家访实效。海陵中学获评南通市首批思政育人特色学校。坚持"五育并举"（德育、智育、美育、体育和劳动教育并举），全面落实"五项管理"（作业、睡眠、手机、读物、体质管理）、"双减"工作要求，开齐开足国家和省、南通市规定课程，全面压降作业总量，提高作业质量，提供晚自习服务，学生课后服务参与率99.8%，海陵中学、紫石中学、城南实验中学、双楼初中、丁所初中创建南通市"五项管理"特色学校；推动体育大课间活动，强化体育"一校一品 一生多能"（全市每所学校布局不少于1个体育特色项目，让每个学生掌握2项运动技能）建设，白甸初中、墩头初中打造排球特色学校，胡集初中开展健身武术进校园活动，促进体育特色内涵发展；利用校内外资源开辟学生劳动实践场所60个，正常开展劳动教育实践活动，海陵中学获评南通市劳动教育优秀学校；艺术教育成果丰硕，获南通市第十七届"三独"（独唱、独舞、独奏）比赛一等奖14个、南通市第八届中学生现场绘画比赛一等奖19个。坚持内涵发展，力推课堂教学改革，角斜初中打造"五学"（独学、互学、示学、深学、悟学）特色教学模式；紫石中学创建"必要讲授、引导探究、促进展示"课堂教学原则；西场初中打造"五趣"（情境激趣、探究生趣、释疑增趣、实用悟趣、迁移延趣）课堂；城南实验中学实施"三飞"（骨干名师"头雁领飞"、优秀教师"群雁齐飞"、青年教师"雏雁起飞"）工程，10多名教师获南通市级以上教学比赛一等奖；海陵中学"经历教育"、曲塘中学附属初中"和合教育"等一批教育品牌产生广泛影响，海陵中学、丁所初中获评南通市基础教育"立学课堂"先进集体。海陵中学丁义国、双楼初中王梅军等获评南通市优秀校长，城南实验中学吕小燕、隆政初中花德兰、胡集初中吴昌生获评南通市优秀班主任，海陵中学毛文兰、紫石中学顾斌、城南实验中学陆彩霞和曹婷、吉庆初中孔明军获评南通市优秀教师。城南实验中学朱家仪获评江苏省"最美中学生"，白甸初中吕志彤获评南通市"新时代好少年"。

【教育减负】 2022年，海安市落细落实"双减"要求，在发展理念上，变偏重智育、分数至上，为德智体美劳全面发展；在教育教学上，变"校内不足校外补"，为教学育人回归学校；在协同育人上，变学校"单兵作战"，为家、校、社协同育人。体系化开展作业管理、健康管理、读物管理等专项研讨、案例评选和典型选树，丰富中小学社团活动和"一校一特色、一生一特长"培育内容，推进中小学学业质量绿色评价研究，海安获课程游戏化管理保障水平和实施水平省"双优"，8所中小学获评南通市"五项管理"、考试管理特色学校。课后服务提质增效，5.53万名义务教育阶段学生接受延时服务，参与率98.6%；建成覆盖市、区镇（街道）、社区（村）、学校四级网络的乡村"复兴少年宫"118所，优选乡村"复兴少年宫"志愿者，将党史学习、道德培育、法治教育、安全培训、经典阅读、文体娱乐、科技科普、劳动实践、非物质文化遗产传承纳入课后服务内容，引入社会专业力量参与中小学课后延时服务。"学习强国"学习平台、《人民日报》等多家媒体先后推介海安市"双减"及课后服务工作经验20多次。

【海安市实验小学】 海安市实验小学前身是在胡瑗讲学旧址上兴建的凤山书院。学校是国际StarT项目式学习共同体实验学校、全国体育工作示范学校、全国红旗大队、中国STEM教育创新行动计划领航学校等。2022年，学校拥有东、西2个校区，占地8.21公顷，建筑面积4.77万平方米。开设教学班115个，在校学生约6000人。拥有在编教职员工324人，其中海安市级以上学科带头人、骨干教师、教坛新秀111人。推动

"立学课堂"改革，围绕共生课堂"问题驱动 板块推进 尝试交流"设计课堂观察量表，开设骨干教师"领航课"、成熟教师"校级课"、青年教师"组内课"等课程，开展课堂诊断和话题研讨活动，每个学科组每学期打造"共生课堂"精品课3~5节。树立"共生文化"品牌，《共生教育三十年实践探索》获江苏省基础教育教学成果二等奖，"基于项目学习的共生文化课程建设"项目入选江苏省学校文化内涵建设项目。将武术作为"一校一品"项目常态化推进，创编武术操，每学期举办武术操比赛，承办南通市"一校一品一生多能"现场推进会。落实融合教育实践，西校区通过南通市融合教育资源中心评估认定，东校区获评南通市四星级融合教育资源中心。注重心理健康教育，建立心理咨询中心和德育处、年级部、教研组、班级"1+4"工作机制，心理咨询中心获评南通市四星级心理咨询室。聚焦协同育人，建立健全家长学校、家委会、家访等工作机制，学校获评江苏省优秀家长学校。重视社团建设，学校社团获国家级一等奖20个、二等奖24个，省级一等奖26个，南通市级一等奖62个，社团成员295人次获奖，社团活动多次被搜狐网、中国视窗网、今日头条等媒体报道。

【海安市城南实验小学】 海安市城南实验小学创建于2013年，是全国营养与健康示范学校、全国青少年校园足球特色学校、全国青少年校园篮球特色学校、全国优秀少先队集体、江苏省"影响力学校建设共同体"首批成员单位。2018年，实施集团化办学，西南新城小学为西校区。2019年，海安开发区实验小学新增为东校区。2022年，规划重建的城东镇南屏小学新增为南校区，总投资2.1亿元，占地6.21公顷，建筑面积4.50万平方米。西校区（海安高新区实验小学）新校园投入使用，投资2.5亿元，占地8.25公顷，总建筑面积4.77万平方米。两所新建学校规模均为12轨、72个班。城南实验小学集团4个校区开设教学班203个，在校学生1.08万人。在编教职工约600人，其中，江苏人民教育家培养对象、正高级（教授级）教师1人，"苏教名家"培养工程培养对象1人，江苏省"333高层次人才培养工程"培养对象2人，省特级教师3人。打造"以简促减"的城南"立学课堂"样本，研制"立学课堂"评价表，推进低年级无纸化测评和全学科综合素养评价；承办各级教研活动约20次，教师开设县级以上公开课（讲座）100余节。加强教育科研，"整体建构理念下的小学语文立学课堂实践探索""小学数学'创意绘画学习'的实践探索"被立项为江苏省中小学教学研究重点课题、省基础教育前瞻性教学改革实验项目，5项课题被立项为南通市教育科学规划课题，《整体建构：儿童高质态数学学习的实践探索》获省基础教育教学成果一等奖。推动新课程方案和课程标准研究，1篇文章被中国人民大学复印报刊资料转载。推进"将红色文化融入学校幸福教育体系的实践探索"项目建设，学校获评南通市中小学思政育人特色学校、南通市中小学少先队工作示范学校。重视礼仪教育，学校连续三届获评"江苏省文明校园"。注重心理健康教育，学校获评南通市中小学心理健康教育特色学校、南通市家庭教育优秀学校，心理发展中心获评南通市五星级心理咨询室。社团活动成绩显著，学生200多人次在南通市级以上比赛中获奖，张又文作品《兔年大吉》获全国生肖个性化邮票创意设计大赛金奖。加强教师队伍建设，1人获省课堂教学竞赛一等奖，1人获省微队课展示特等奖，1人获"2022年江苏教师年度人物"提名奖，1人获评省"十佳少先队辅导员"，新增市学科带头人、骨干教师20多人。

2022年5月30日，海安市城南实验小学东校区举行"民族一家亲 喜迎儿童节"主题活动

翟慧勇／摄

【雅周镇初级中学】 雅周镇初级中学位于海安市雅周镇雅周村16组，创建于1960年，是江苏省实施教育现代化示范初中。校训是"弘志博学 厚德笃行"。2022年，学校占地2.77公顷，建筑面积1.30万平方米，建有能容纳400多人的报告厅、教学楼、办公楼、学生公寓、学生餐厅、田径运动场和室内运动场等。开设教学班级14个，在校学生520人。拥有教职工87人，其中，中小学高级教师28人、中学一级教师48人，新增南通市学科带头人、德育带头人、教学骨干教师各1人和海安市骨干教师4人，累计有海安市级及以上学科带头人、骨干教师24人，专任教师全部具有大学本科以上学历。学校全面推进"和雅"文化建设，构建和雅校园，塑造儒雅教师，培育文雅学生。推进"五育并举"，创建姜传文艺术馆，成立书法、绘画、棋牌、器乐等社团，与宇烁农场合作成立课外劳动实践基地，举办"和雅之韵"书法比赛、"和雅之风"运动会、"和雅之魂"校

园艺术节、“和雅之力”学生拔河比赛、“和雅之声”合唱比赛以及青春仪式、安全演练等校园文化活动，探索多元化育人路径。注重教学研究，立项南通市级课题1项、海安市级微型课题6项。先后选派姜晓艳、钱梅、林发辉、朱晓波到陕西支教，缪喜发到广西支教，徐严兰到盐城建湖交流，深受好评。教师10多人次在南通市级以上比赛中获奖，发表论文12篇，李加圣获省语文优课评比一等奖；学生20多人次在各级各类比赛活动中获奖，周倩倩获江苏省“苏教国际杯”作文大赛特等奖。

【紫石中学】 紫石中学位于海安城区凤山北路18号，得名于海安爱国先贤韩国钧（字紫石），前身是创办于1996年的海安民办紫石中学。学校是全国校园足球特色学校、江苏省平安校园、江苏省基础教育前瞻性教学改革先行示范校。2022年，学校占地4.8公顷，建筑面积3.86万平方米。开设教学班56个，在校学生2846人。拥有教职工249人，其中，正高级教师2人、高级教师88人，江苏省特级教师2人，南通市、海安市学科带头人、骨干教师80多人。推进素质教育，坚持课程育人、活动育人、服务育人、管理育人，常态化开展社团活动，举办青少年党史学习教育、“紫英杯”英语口语大赛、“普通话诵读经典 家乡话讲身边故事”等系列活动，学生3人获全国非专业软件能力认证竞赛江苏赛区一等奖，40人在“初中生世界杯”等省级作文类竞赛中获一等奖、41人获二等奖，6人获评南通市“三好学生”、1人获评南通市优秀学生干部。重视心理健康教育，举办心理健康教育工作培训会、心理委员培训班，成立心理健康咨询室，建立心理健康问题学生档案。加强校园文化建设，“‘紫石文化’的浸润式教育”被确定为南通市基础教育内涵建设培育项目；将楹联文化引入校园、融入课堂，建设楹联文化主题长廊，举办楹联知识专题讲座，开设楹联文化校本课程，面向全校师生征集楹联，推动省楹联文化示范基地学校创建。推行“必要讲授 引导探究 促进展示”课堂教学，每学年举行优课评比活动，涵盖所有学科的中青年教师90多人参加教学设计和说课、上课比赛。加强教师队伍建设，教师在省级以上期刊上发表论文38篇，16项南通市、海安市科研课题结题，新增南通市骨干教师1人。建湖县秀夫初级中学与紫石中学签订合作办学协议。（何春光）

普通高中教育

【概况】 2022年，海安市有公办普通高中6所，其中，四星级高中4所（海安高级中学、曲塘中学、实验中学、立发中学），三星级高中2所（南莫中学、李堡中学）；民办普通高中1所（海安博文高级中学）。在校学生1.01万人，教职工1571人，其中专任教师1401人。各高中探索新课程和“双减”背景下高中多样化、特色化发展，重视艺术、心理健康、科技、生态环境、生涯规划等特色教育，根据自身办学传统与资源特点，开发适应学生生活实际和发展需要的学校课程和实践项目，学生品德发展水平、学业发展水平、身心发展水平、兴趣特长养成等指标呈现全面提升态势。

【特色高中创建】 2022年，海安中学红学馆、文创馆、捷励馆、国医馆开馆；学校获评省科学教育综合示范学校、省中小学思政育人特色学校、省智慧校园示范校、首批省师德师风建设宣传基地校；校党委书记吕建领衔实施的“评价育人：用成长记录平台提升学生综合素质的实践”获评2021年中国长三角地区教育评价改革优秀案例奖，吕建获评2021年中国长三角地区最具影响力校长，吕建劳模创新工作室获评省教科系统示范性劳模和工匠人才创新工作室。曲塘中学获评2021年度南通市科普教育基地、南通市思政育人特色学校，校长顾庆华获评省教科研工作先进个人，12月4日举行建校70周年高品质发展大会。立发中学立德守法主题教育馆开馆，学校通过省高质量平安校园建设验收。南莫中学“廉洁·法治”文化园建成投用。李堡中学获评2022年度南通市手机特色管理学校。

【课堂教学改革】 2022年，海安市各高中深化“立学课堂”教学改革，实验中学常态化开展校本教研活动，通过建构热点问题、精心设计教案，调动学生课堂积极性，突出学生主体创新。南莫中学全面推广“立学课堂”研究与实践工作，初步形成“以学生为主体，以学习为中心，学以立人，立德树人”的“立学课堂”南莫样式，仲永生获评南通市基础教育“立学课堂”先进个人，黄燕获第六届省乡村骨干教师培育站优课评比一等奖。11月25日，曲塘中学承办南通市“相约古镇立学课堂、切磋杏坛育人技艺”公开教学研讨活动，开放所有课堂，开设30节展示课，邀请栟茶中学、姜堰第二中学、白蒲中学开展“同课异构”活动，全学科全学段展示学校“立学课堂”教学改革成果。12月6日，南通市“立学课堂”现场推进会暨“精教优学”教学观摩活动在海安中学举办，省内外300多名教育专家参与活动，教学活动覆盖全部年级和学科，开设观摩课34节。

【育人方式改革】 2022年，海安中学探索在“双减”背景下，以“五育”融合促进学生全面发展，新华社总社及江苏分社先后3次派采访组到海安中学，实地调研采访育人方式改革的海安中学路径。12月15日，新华社、新华网、百度、抖音等同步直播海安中学思政课堂、创客实验课堂、社团活动等，吸引近百万网友上线观看。曲塘中学立足“关心教育”，构建“关心”育人新样态，推行“三结合”德育模式（关心教育、养成教育和感恩教育相结合，学校、家庭、社会教育相结合，廊壁文化、班级文化、宿舍文化相结合），将思想政治工作贯穿教育教学全过程，先后举办“红色精神进校园”“法律法规宣讲”“国旗下讲话”“书记上党课”等思想政治教育活动。实验中学社团活动围绕“五实”（为人诚实、治学笃实、做事扎实、生活充实、身体茁实）育人理念，社团成员在各大学科竞赛和文体比赛中屡获佳绩。南莫中学、李堡中学举办绿色教育现场会活动，推动校园生态文明建设。南莫中学、立发中学重视心理健康教育，南莫中学构建心理健康教育教研组、心理咨询室、心理社团三级心理健康监护网络，立发中学获评南通市唯一一家普通高中心理健康教育示范学校。

【振兴县中联盟成立】 2022年12月5日，十校联谊理事会2022年年会暨振兴县中联盟成立大会在海安中学召开，江苏、云南、陕西、青海、贵州、广西等地28所县域高中的领导、教师通过线上、线下融合方式参会。会议成立江苏省十校联谊理事会新一届组织机构，海安中学董裕华担任理事长，姜堰中学孙友新、如东中学王继兵、东台中学卢惠斌担任副理事长，如皋中学季小军担任秘书长。会议发起成立振兴县中联盟，聘请省教育学会常务副会长兼秘书长马斌任建设总顾问，华东师范大学教育高等研究院副院长吴刚任学术总指导，顾志红担任技术总指导，海安中学吕建、杨斌及如皋中学左伯华负责联盟组织机构完善和初期运行工作。振兴县中联盟作为一个全国性、开放性、非营利性的合作联合体，旨在搭建沟通桥梁，共享教育资源，共建实践平台，传递教育教学经验，协同推进各联盟成员共同发展，探索具有普遍意义的振兴县中的有效路径。

【曲塘中学建校70周年】 2022年12月4日，海安市曲塘中学召开建校70周年高品质发展大会，省、南通市、海安市有关领导，全校师生员工，海内外校友和关心曲塘中学发展的各界人士参会。校友代表周成虎、王成斌、王文其，教师王永武，学生代表赵邑杭和曲塘中学校长顾庆华先后发言。与会人员观看专题片《曲尽其妙 中流奋楫》。会上，举行曲塘中学教育发展基金会揭牌仪式。

阅读延伸

海安市曲塘中学建校七十年
高质量发展纪实（摘要）

“求是”踏石留印 “争先”抓铁有痕

翻开曲塘中学发展史，“求是争先”校风劲吹。1952年9月，借址办校，海安大地，一所新办学校在历史的舞台上闪亮登场！海安县第二初级中学——曲塘初级中学——曲塘中学，名字的演变，伴随着成长，伴随着壮大。改革开放以后，曲塘中学的发展迈上快车道。1998年升格为省重点中学，2004年跻身省首批三星级普通高中，2013年晋升为省四星级普通高中。

火车跑得快，要靠车头带。从建校至今，唐鼐、肖葆初、吴礼华、王洪深、王敬山、俞广杰、汪宁、孙长青、顾庆华，九任校长一任接着一任干，打造勇于创新、团结奋进的学校管理团队、教育团队，合力推动曲塘中学教育事业持续稳步前行。围绕“求是争先”，俞广杰提出素质教育“十加强”；围绕“求是争先”，汪宁提出教育目标“123456工程”；围绕“求是争先”，孙长青提出“平民本色，精英气质”办学理念；围绕“求是争先”，顾庆华提出强化“关心教育”办学特色。

为国之大计、党之大计办好教育，曲塘中学牢记宗旨；立德树人、教书育人，曲塘中学不懈追求；教育是最大的民生，为人民办好教育，曲塘中学全神贯注。

培养德智体美劳全面发展的社会主义事业接班人，培根铸魂，曲塘中学将使命扛在肩上。《愿做杏坛点灯人 同为教育满天星》被推荐为南通市教育工委优秀党课教材，放样南通。实施“初心铸魂、丹心筑基、匠心逐梦”三大品牌工程，利用曲塘特色红色资源，讲好“联抗”故事。传承非物质文化遗产项目，组建龙舞、剪纸、葫芦烙画、绳结技艺等非物质文化遗产社团，活动载体丰富多彩。

现代教育必须是开放的教育，开放的教育必须有开放的理念、开放的视野。请进来，走出去，曲塘中学打出组合拳。组织教师到兄弟学校观摩学习，到美国、英国、新西兰、马来西亚、澳大利亚、菲律宾等国家学习、考察、研修；聘请专家、教授到校讲学；常态化与复旦附中开展教育教学交流活动；牵手马来西亚三民独立中学、韩国SEOUL国际交流学院、新西兰诺斯科特中学国际部，开展交流合作。2021年11月4日，曲塘中学面向全省举办“立学课堂”研讨活动。

支持中西部地区提升教育教学质量，曲中人爱心满满。2020年开始，曲塘中学开展“情系小凉山 心牵同龄人”爱心捐助活动，累计资助宁蒗48位学生。

曲塘中学对西部教育的支持延续三十多年。1988年起，34年间，在海安赴宁蒗支教教师群体中，由曲塘中学派出的教师32人。此外，曲塘中学还先后派出9名教师到贵州独山民族中学和广

2022年12月4日，海安市曲塘中学召开建校70周年高品质发展大会

市教育体育局／供图

西东兰县中学支教。2020年9月7日，省委宣传部授予海安市宁蒗支教教师群体江苏"时代楷模"荣誉称号，曲塘中学王霖伯作为海安支教教师群体代表，在江苏"时代楷模"表彰大会上接受授奖。

七十年，曲中人赢得一个又一个荣誉：省文明单位、省德育工作先进学校、省和谐校园、省平安校园、省绿色学校、南通市模范学校、南通市首批国际理解教育基地、南通市科普教育基地、南通市思政育人特色学校等。

爱在"三尺讲台" 情系"关心教育"

七十年，曲塘中学一直秉持"勤实严思、诚谆善律"的教风。一代又一代教育工作者，情系"关心教育"，站在三尺讲台上，播种知识，播种大爱。

"青蓝工程""校本培训""学术沙龙"，七十年，曲塘中学用一项项机制，促进教师与时俱进，不断成长。曲塘中学英语教研组获评江苏省"工人先锋号"，生物教研组获评第二届感动南通教育人物（群体），地理教研组获评南通市"工人先锋号"。精选，重用，严育，厚待，蒋建华、刘春慧等曲塘中学名师辈出。

七十年，曲塘中学形成"好老师不仅教学水平要高，教育教学研究能力也要强"的共识，各学科老师中产生许多"科研达人"。语文教师张志平先后在省级以上刊物发表近百篇教学论文，体育教师邵建生连续参加10多项省级、南通市级课题研究，发表论文20多篇。

追求"平民本色、精英气质"的办学理念，塑造"关心教育"特色品牌，曲中教师队伍越来越强。曲塘中学3名教师获评省教学名师、省优秀教育工作者，9名教师被评为南通市劳动模范和南通市德育先进工作者，4名教师获南通市园丁奖。全校教师在南通市级以上教学比赛中拿回100多个奖项，发表400多篇教学论文，完成南通市级以上教育研究课题10多个。

"严谨" 打开知识大门
"求是" 铺出成功之路

七十年，"严谨求实"的学风，使得曲塘中学为社会主义事业培育出南京师范大学党委书记王成斌，曾先后担任中国矿业大学、北京建筑大学、首都经济贸易大学党委书记的柯文进，南京大学党委常务副书记杨忠，同济大学常务副校长吕培明等一大批优秀党政干部。

七十年，"严谨求实"的学风，使得曲塘中学培育出周成虎、华留虎、孙真荣、陈政等一大批优秀的科学家、教育家以及其他领域的专家学者。

七十年，"严谨求实"的学风，使得曲塘中学培育出王文其、严圣军、陈飞等一大批优秀的企业家。他们一贯关心母校发展，王文其夫妇在曲塘中学设立"铭豪"奖教奖学基金，严圣军向曲塘中学教育发展基金会捐赠100万元。

"严谨求实"的学风，使得曲塘中学始终保持出色的高考成绩。曲塘中学本科录取率超过99%，本一（特招线）录取率保持在75%以上，许多学生被北京大学、清华大学、复旦大学、南京大学、上海交通大学、香港大学、东南大学等名校录取。

因为身体素质好、学业成绩优秀，一批曲中学子成为空军飞行学员。1992年以后，曲塘中学总计输送22名飞行学员，其中1998届校友吕劲松不仅成为一级飞行员，还成为全军学习成才标兵。曲塘中学被空军招飞局表彰为优质生源基地，多次被原南京军区政治部表彰为空军招飞先进单位。

【江苏省海安高级中学】 江苏省海安高级中学位于海安市新华路1号，1939年秋由著名爱国人士、原江苏省省长韩国钧创办，是国家级示范高中、首批江苏省四星级普通高中。2022年，学校占地13.33公顷。开设教学班50个，在校学生近3000人。拥有教职工319人，其中，专任教师272人；特级教师4人；正教授级高级教师5人，中学高级教师161人，中、高级职称以上242人；南通市、海安市学科带头人、教学骨干等名师80多人。升级改造学校硬件设施，红学馆、文创馆、捷励馆、国医馆先后开馆，为学校拓展课程、综合课程、先修课程提供实践空间；实施学生公寓建设工程，公寓建筑面积1.65万平方米，12层，建成后可满足1200人的寄宿需求。探索县中振兴路径，参加"振兴县中的难点与路径"座谈会，承办振兴县中联盟成立大会，全国中文核心期刊《中小学管理》杂志2022年第2期刊载吕建、董裕华撰写的《探寻轻负优质的县中高质量发展之路》。依托水木科创中心、学科创新中心等科学教育实践基地，设有实验室60多个，建立科学社团20多个，涉及物理微科研、机器人、小卫星、结构力学等多领域，学校获评省科学教育综合示范学校，《江苏科技报》以《打造科教生态，培育拔尖创新英才》为题，整版专题报道学校科创教育；罗昊、吴雨泽、汪婧含获丘成桐中学科学奖（物理）优胜奖，是江苏省唯一一支获奖的物理团队，也是全国唯一一支获奖的县中团队。加强教育教学管理，新华网、央广网、"学习强国"学习平台等主流媒体报道学校深学笃行习近平总书记考察中国人民大学重要讲话精神系列活动；接受南通市教育科学研究院专题调研学校教育教学高质量发展经验；承办南通市"立学课堂"现场推进会暨"精教优学"教学观摩活动。深化育人方式改革，新华社总社及江苏分社先后3次到海安中学实地调研育人方式改革的海中路径，新华社、新华网、百度等同步直播海安中学思政课堂、创客实验课堂、社团活动等，吕建领衔的《评价育人：用成长记录平台提升学生综合素质的实践》获2021年中国长三角地区教育评价改革优秀案例奖，吕建获评2021年中国长三角地区最具影响力校长。（何春光）

职业教育

【概况】 2022年，海安市职业教育建成"中职与中技并行，中、高职衔接，高等成教以及各类社会培训为一体"的现代职业教育体系。全市有公办职业学校1所（江苏省海安中等专业学校）和民办职业学校1所（海陵技工学校）。全市职校开设9个高职专业、30个中职专业，18个中高技专业。在校学生6021人，其中，江苏省海安中等专业学校（简称海安中专）5196人、海陵技工学校825人。2022年新招生2152人，其中，海安中专招生1810人、海陵技工学校招生342人。2022年毕业生1749人，其中，职教高考1276人、就业学生294人；海安籍学生254人，在海安就业率86.5%；职教高考本科达线109人，本科达线率和上线人数均创历史新高。

【海安中专铁锚学院成立】 2022年6月13日，海安中专与江苏铁锚玻璃股份有限公司校企合作签约仪式暨海安中专铁锚学院揭牌仪式在铁锚集团举行。签约后，双方联合开展学徒制培养（含企业新型学徒制），培养高素质实用型技术技能型人才。同时，按照专业设置与产业需求对接，建立学校教师和企业师傅共同承担教育教学任务的双导师制度。

【海安中专华新建工冠名班成立】 2022年7月28日，海安中专与华新建工集团校企合作签约暨冠名班成立仪式在华新建工集团会议中心举行。海安中专华新建工冠名班专业为五年制工程造价，开设2个班，招收学生60人。双方共同投入必要的场地场所、设施设备、管理人员，探索“学生—学徒—员工”三位一体人才培养模式，共建专业化实训基地，培养高素质技术技能人才，为学生提供招标、投标报价文件编制和建筑工程施工、质检、安全等实习岗位，并对学生实施轮岗培训。

【海安中专曙明奖学金设立10周年】

海安中专曙明奖学金由南京大学人文社会科学资深教授、商学院名誉院长、行知书院院长、博士生导师赵曙明于2013年设立，连续9年投入21.5万元，奖励品学兼优、技能突出学子，资助家庭贫困学生累计516人次。2022年，新增奖教奖管项目，投入10万元，奖励教师10人，奖励、资助学生100人。10月25日，海安中专举行曙明奖学金10周年典礼暨2022年颁奖仪式，全体校级负责人，职能处室、系部负责人以及受表彰、受资助的师生等140多人现场参加活动，全校6000余名师生线上观看典礼。

【江苏省海安中等专业学校】 海安中专位于海安市区高庄路126号，校园占地面积30.36公顷，建筑面积16.03万平方米。2022年，学校有全日制教育在校生5196人，其中，中高职4282人、中高技914人；成人学历教育在籍生2000人；组织社会培训1.08万人次。在职在编教职工567人。招生规模实现新突破，新招生1810人，其中，市内招生1215人、市外招生595人。2022年毕业生1346人，其中，高职142人、中职919人、中技285人，海安籍毕业生（除升入高校的）在海安实习率100%、就业率85.5%。姜守进获评江苏省优秀产业教授。技工教育以中技学校总分第一通过省级办学水平评估。专业建设成效显著，开设专业9类36个，与南通职业大学等4所高职院校建有“3+3”贯通培养项目（学生在中等职业教育学习3年后，进入高等职业教育学习3年）。“江苏省职业教育海创技艺技能传承创新平台”项目获省职业教育智能控制技艺技能传承创新平台立项，“玖数科技”项目获评南通市职业院校创新创业特色项目。推进产教融合、校企合作，建立餐饮、建筑、机器人、电梯4个职教产教联盟，建成紧密型校企合作项目4个，与74家企业签订校企合作协议，开展企业新型学徒制合作，培训企业员工1000多人次。服务地方发展，输送技术技能型人才1067人，其中高职人才97人。职业技能认定中心开展职业技能认定80批次4012人次，3066人次获证，其中高技能人才111人；面向在校学生自主认定34批次1829人次，1433人获证，获证率78.3%；面向第三方组织46批次2183人次评价考核，1633人获证，获证率74.8%。9月8日，海安市养老服务人才培训中心在海安中专挂牌成立。参与“千人千企服务团”工作，定点联系8家企业，指导企业职业技能评价工作。开展“送教下乡”创业培训18期，配备3名创业讲师，培训600多人次。助力东西部职业教育协作，接受广西东兰20多名学生到海安读书；持续与河南浚县、安徽阜南、陕西略阳等地开展合作，支援当地职教，接受近100名学生到校学习生活。

【海安市技工学校】 海安市技工学校挂靠江苏省海安中等专业学校，创办于1982年，是国家级重点技工学校、江苏省高技能人才公共实训基地、江苏省校企联合实训基地、江苏省建筑信息模型技术员职业技能培训机构、南通市高技能人才培养示范基地，先后建成1个国家级产教融合实训基地、3个省级高水平示范性实训基地、2个省级现代化实训基地、5个省级品牌（特色）专业、2个省级现代化专业群。2022年，学校有在校生900余人；技工教育教师71人，其中，海安市级以上教学名师、专业学科带头人、骨干教师16人。开设机电一体化技术、电梯工程技术、无人机应用技术等中技专业7个，电子商务、建筑施工、计算机动画制作等高技专业4个。建有机电类、电子信息类、汽车类、电商类等实习实训场所，实训室面积1.62万平方米，实训工位2740个。2020—2022年，毕业生当年就业率97.68%，用人单位满意度94.2%，学生及家长对学校满意度99.1%。

【江苏省联合职业技术学院海安中专办学点】 江苏省联合职业技术学院海安中专办学点挂靠海安中专，2012年设立，正常开设工程造价、电梯工程技术、机电一体化技术、工业机器人技术、计算机网络技术、婴幼儿托育服务与管理、大数据与会计、电子商务、烹饪工艺与营养9个专业。2022年，学校有在校生1488人，其中，2022级463人、2021级362人、2020级326人、2019级208人、2018级129人。11月，新增数字媒体技术、大数据与财务管理2个专业。

（何春光）

普通高等教育

【概况】 2022年，海安市有南通理工学院海安校区、黑龙江工商学院海安校区2所高等院校。2012年10月28日，南通理工学院海安校区签约落户；2015年9月，开工建设；2016年首批学生1195人进校；2022年，学校拥有教职工618人，其中专任教师466人，在校生1.07万人，9月28日举办南通理工学院新校区落户海安十周年主题活动。2022年3月，黑龙江工商学院长三角产教融合园区正式动工建设。黑龙江工商学院长三角产教融合（立发）园区拥有教职工26人，其中专任教师7人；在校生175人，其中21人与南通东华软件有限公司（简称东华软件公司）签订就业实习协议。

【产教融合】 2022年，海安市深化产教融合，提高人才培养与产业发展契合度，增强高校教育服务社会能力。开展"访企拓岗促就业"行动，促进校企合作，推动毕业生高质量充分就业。南通理工学院海安校区先后走访海安科创园、江苏恒泽建设集团有限公司、华新建工集团有限公司、江苏亚太轻合金科技股份有限公司、海安华艺机械有限公司等单位，开展交流合作；11月，联合市人力资源和社会保障局举办招聘会，江苏铁锚玻璃股份有限公司、江苏铭利达科技有限公司、鑫缘茧丝绸集团股份有限公司等86家单位参加招聘，331名毕业生与企业达成初步意向。3—6月，黑龙江工商学院长三角产教融合园区先后走访江苏创恒机械科技有限公司、江苏威尔曼科技有限公司、东华软件公司等20余家海安企业，寻求合作。继续做好"海陵英才"联合培养工作，推动高校与企业联合培养与精准帮扶品学兼优、经济困难学生。南通理工学院海安校区53名学生与企业签约。7—12月，黑龙江工商学院与东华软件公司开展信息技术与网络工程应用人才联合培养，校企双方配备17人导师团队，130余名学生到东华软件公司顶岗实训，21人与东华软件公司签订就业协议。探索"应用型高校与制造业强市"校地合作新模式，打造校会、校镇、校企"三位一体"合作平台。南通理工学院海安校区与市工业经济联合会，海安开发区、海安高新区、曲塘镇、大公镇，12家企业签约开展"政校会"产学研深度合作；学校承接南通市达欣工程股份有限公司新员工入职培训，培训新员工50人。9月，黑龙江工商学院与东华软件公司、江苏威尔曼科技有限公司等多家企业共建企业学院，并联合合作企业在园区投资建设黑龙江工商学院长三角工业机器人与智能制造工程训练中心，校企多方投入500余万元购置数字加工中心、工业机器人、机器视觉实训设备、组装机器人实训设备等设备100余台，改造实训场地近2000平方米，可同时满足500人次接受工业机器人与智能制造实训、培训。加强校政合作，5月，南通理工学院海安校区党工委与海安开发区党工委签订党建合作共建协议；暑期，遴选学生党员、入党积极分子71人，分2批到海安开发区开展专业对口岗位挂职锻炼。

【南通理工学院海安校区】 南通理工学院海安校区位于海安开发区，2016年投入使用。校区规划总用地56.67公顷，总建筑面积40余万平方米。2022年，海安校区有建筑工程学院、计算机与信息工程学院、传媒与设计学院、商学院4个二级学院，涵盖工程管理、计算机科学与技术（嵌入式培养）、电子商务（省重点一流专业）、视觉传达设计等本科专业20个。有特色学生组织59个，开展各类文体活动280多项。加强基础设施建设，学校累计完成基本建设24.5万平方米。优化教学资源配置，新建标准化考场52间，多媒体教室31间，搬迁多媒体教室21间，新建计算机机房及实验室5间，调整搬迁实验室6间。推广运用现代教学技术手段，建设智慧教室19间，建成教学监控中心，连接近200间教室和实验室，实现全校区"线上"巡课。实行校区领导干部听课全覆盖，年内组织听课314节次，举办教学沙龙2场，开设讲座79场，开展教研室研讨活动105次。加强学工队伍建设，实施辅导员"青蓝工程"，11组师徒结对；教师5人申报省教育厅哲学社会科学课题获立项，1人主持的省教育厅哲学社会科学课题结项，累计发表学术论文8篇，1篇文章入选全国高校大学生社会实践优秀论文集。深化"三全"育人（全员育人、全程育人、全方位育人）体系建设，实施政治理论武装工程、主题班会启发工程、校园文化熏陶工程等10项学生养成教育工程，编纂《大学生养成教育》。完善贫困生数据库，累计发放贫困生慰问金14.5万元、奖学金102.94万元、国家励志奖学金50万元、国家助学金494.34万元；实行"义工制度"，开设校内勤工俭学岗位219个，累计发放工资35.42万元。加强心理健康教育，建有心理健康咨询中心，拥有专、兼职工作人员6人，开展心理普测6000余人次，分别接收线上、线下咨询32人次、124人次。创新社会实践，学生寒暑假社会实践参与率100%，累计组织36支校级暑期文化、科技、卫生"三下乡"社会实践重点团队开展志愿实践服务活动，新增实践基地8家，2支重点团队被共青团江苏省委评为优秀实践团队。

（何春光）

继续教育

【成人考试】 2022年，海安市报考成人高考2160人次，其中，免试100人、专科起点升本科867人、高中起点升本科21人、高中起点升专科1172人；应考人数2106人，实际参加考试1725人，参考率81.9%。全市报名参加省自学考试2428人次；毕业67人，其中，专科毕业23人、本科毕业44人。继续教育学时验核7682人，合格率100%，学时认证率100%。

【海安开放大学】 海安开放大学挂靠海安中专，前身是成立于1984年的江苏省广播电视大学海安分校，2013年12月，经省政府批准更名为海安开放大学。2022年，学校招生700多人，在籍生2000多人。

【社区教育】 2022年，海安市完善和巩固以市开放大学为龙头、10个区镇社区教育中心为骨干、227个居民学校为基础的社区教育三级网络运行体系。全市有社区教育专职教师98人、兼职教师672人，社区教育教师培训被纳入市级中小学骨干教师培训体系，各区镇社区教育中心师资队伍结构较为合理，专兼职教师人数基本能够满足区域教育培训需求。在县（市）级层面上，主要围绕社区教育公共课程建设、社区教育教师专业化成长和培育学习型组织三大项目，由市教育体育局职业教育与社会教育科牵头开展全市范围内的社区教育项目试验试点工作；在区（镇）层面上，各社区教育中心因地制宜，打造区域社区教育特色品牌，形成“一镇一品”“一镇多品”发展格局。社区教育经费实行年度财政预算制，市、镇两级财政每年按人均2元的标准安排社区教育专项资金，主要用于社区教育培训、事业补助和考核奖励，社区教育学校基础建设、重点项目建设等由市财政和区镇财政另外予以经费补助。海安社区教育基础能力建设、教育培训业绩和特色品牌创新继续保持省、南通市领先地位。在全省率先推出“社区教育公共课程表”，各区镇社区教育中心实现年度60个公共课程月月开齐开足且保质保量。全年，举办各级各类社区教育培训班536个，培训总人数3.68万人次，其中老年人智能技术应用培训专项活动培训人员3677人次；开展各类教育宣传活动120多场次，直接受教育人数2.26万人次。海安开放大学入选全国“区域终身学习发展共同体”项目实验点。李堡镇成人教育中心校“青春建功乡村 一线振兴有我”项目获评全国农村职业教育和成人教育助力乡村振兴品牌项目。海安高新区、白甸镇、李堡镇社区教育中心获评江苏省社会教育百强单位。获评南通市社区教育“一品一特”项目和特色基地等16个。参加社区教育创新案例评选，获国家级一等奖1个，省级一等奖2个、二等奖5个。持续开展学习型社会建设活动，组织评选海安市第六批优秀学习型组织50个、优秀学习型家庭100户、优秀学习型个人150人。

【老年教育】 2022年4月，海安市组织筹建老年大学。7月7日，召开全市老年大学办学推进会。11月2日，海安市老年大学成立。在市教育体育局设立总校；在各镇设立8所分校，依托社区教育中心开展工作；在城区设立2处教学点，由市老干部局牵头开展工作。至年底，市老年大学招收学员1500多人，开设45个班，涉及智能应用、器乐、舞蹈、健康养生、民乐、书法、绘画、民俗文化、旗袍秀等课程。

【老年大学城区分校高新区教学点】 老年大学城区分校高新区教学点位于海安市海化路188号，有专兼职教师17人。开设声乐、民乐、二胡、广场舞、民族舞、智能应用6门课程，参培学员300多人，年培训4230人次。“智慧助老”名师工作室将提升老年人智能应用水平作为重点培训项目，助力老年群体融入智慧社会。“文化养老 幸福银龄”项目先后获评中国成人教育协会终身教育特色品牌、省教育厅社区教育特色品牌。2022年11月，3名学员代表海安参加南通市第二届老年达人运用智能技术大赛，获二等奖。

【老年大学城区分校开发区教学点】 老年大学城区分校开发区教学点位于城东镇万星路98号2幢6室，有专兼职教师12人。开设舞蹈、国画、时政宣讲、健康养身等课程，学员150多人。成立老年大学开发区教学点党员工作室。拓宽教育课程，增加“时政解读”“平语近人”等时事政治方面的内容。组织学员开展“红色基地打卡”、成果展示、志愿服务等主题活动，巩固思政教育效果。定期开展成果展示活动，吸引更多老年人报名。

【老年大学角斜分校】 老年大学角斜分校位于滨海新区港府路68号，有专兼职教师13人。学校多功能教室、图书阅览室、微机室、乒乓球室以及健身器材等一应俱全。学校与南通开放大学合作办学，开设老年大专学历班3个，有学员61人；开设形体旗袍走秀班1个，有学员44人；在富港村居民学校设办学点，开设葫芦丝、舞蹈、声乐3个班级，有学员80多人。学校“农村社区老年教育+”项目被列为2022年度省老年教育特色品牌培育项目。

【老年大学李堡分校】 老年大学李堡分校位于李堡镇杨庄村6组，有专兼职教师10人。开设智能手机、器乐、太极拳、葫芦丝、舞蹈班，学员100多人。疫情期间，率先尝试网上教学。近20篇办学报道发表在媒体上。

【老年大学大公分校】 老年大学大公分校位于大公镇人民中路54号，有专兼职教师6人。开设健康、智慧助老、艺术等课程，有学员85人。办学方式灵活，除固定场所集中授课外，利用新媒体为老年人远程授课，上课采取签到积分模式。

【老年大学曲塘分校】 老年大学曲塘分校位于曲塘镇刘圩村36组，有专兼职教师12人。开设书法、绘画、舞蹈、器乐4个专业班，有学员161人，制订《海安市老年大学曲塘分校学员学习公约》。

【老年大学雅周分校】 老年大学雅周分校位于雅周镇世纪路4—47号，有专兼职教师10人。开设二胡班、书法班、舞蹈班和合唱班，有学员86人。组织学员参加慰问演出3次。

【老年大学南莫分校】 老年大学南莫分校位于南莫镇兴文路5号，有专兼职教师7人。开设老年养生班、智能手机培训班和舞蹈培训班，有学员80人。老年养生班的教师全部是南莫肿瘤医院副主任医师以上的专家，智能手机培训班专题培训“网上订购火车票和飞机票、网上缴纳水费和电费”等与日常生活关联度高的内容。

【老年大学墩头分校】 老年大学墩头分校位于墩头镇墩西村6组，有专兼职教师8人。开设声乐班、智能手机培训班、舞蹈班，不定期举办理论宣讲、健康知识讲座等活动，有学员141人。声乐班把声乐教学与地方道情说唱结合起来，传承优秀地方文化，发展传承对象近70人。

【老年大学白甸分校】 老年大学白甸分校位于白甸镇白甸村22组文化城五楼，与白甸镇综合文化服务中心合署办公，图书室、阅览室、排练厅、报告厅等功能室实行资源共享，有教职工3人。开设民俗文化班、智能应用培训班、理论宣讲班、健身舞蹈班、健康养生班5个班级，下设5个培训点，有学员160人，累计培训16场次。成立号子传承研究室，与南通大学艺术学院开展合作交流，共同创新和传承“水乡号子”。民俗文化班排演的“水乡号子”节目受邀到兴化茅山和苏州国际展览中心交流演出。（何春光）

特殊教育

【概况】 海安市特殊教育学校为全日制九年一贯制学校，位于海安城区宁海南路171号。2022年，学校设立多感官情景室、感统训练室、家政室、蒙氏训练室、康复室、心理咨询室、音乐室、美工室、电脑室等专用教室，强化康复教育，突出生活教育，开设生活语文、生活数学、艺术休闲、感统训练、生活适应等课程，每周五下午开设校本课程“绽放别样精彩——系列手工课程”。教师8人次获第九届省智障教育微课大赛等级奖，在省级以上刊物发表论文3篇。“融合教育背景下孤独症儿童‘地板时光’实践研究”“提高孤独症儿童融合教育课堂学习效率的研究”课题研究开题，4项海安市级微型课题结题。

【融合教育】 2022年，海安市新建融合教育资源中心18家，累计建成53所，其中，四星级5所、三星级10所，覆盖学前、小学、初中和职业学校学段。各融合教育资源中心注重无障碍物理环境建设和支持学习的心理环境创设。通过融合教育培训、融合教育课堂教学活动、融合教育基本功比赛、融合教育优质课评比、融合教育教科研评比等，开展诊断评估、个别化教育方案制定、课程与教学调整实践研究，提升融合教育师资队伍建设。实施“十四五”特殊教育发展提升行动计划，探索推进普通教育、职业教育、医疗康复、信息技术与特殊教育深度融合，加快特殊教育智慧校园、智慧课堂建设。（何春光）

教师队伍建设

【概况】 2022年，海安市有在职教职工9826人，其中专任教师7984人。委托培养乡村教师定向师范生75人，引进高层次教育人才24人、名校优生9人，招聘事业编制中小学教师212人、幼儿园教师50人。开展区镇教育集团内教师交流，探索实施城乡教师“组团式交流”，2022学年新安排交流教师数430人，占应交流教师数的19.7%，其中交流骨干教师93人，占比21.6%，均超省定标准。

【名师队伍建设】 2022年，海安市继续实施名师工程，加强名师（领衔人）专业辐射效能，完善人才孵化培养机制，新增乡村骨干教师培育站2个，海安市级名师工作室1个，完职中、局直学校、区（镇）级名师工作室70个。评选海安市学科（德育）带头人120人、骨干教师337人、教坛新秀179人，推荐参评南通市学科（德育）带头人50人、骨干教师78人、教坛新秀39人。新增“苏教名家”培养对象1人、江苏省“333高层次人才培养工程”和南通市“江海英才”培养对象13人、海安杰出专技人才5人。遴选“1115”工程（2020年起，用十年左右时间，在南通市中小学遴选和培养骨干教师约1万人、卓越教师约1000人、教育家型教师100人和领航校长约50人）海安市级培养对象880人，其中，市（县）级教学骨干培养对象350人、区（镇）级教学骨干培养对象530人，建立培养工程领导组、导师团、工作组及学科指导组，有序推进教育人才培养工作。全市中小学、幼儿园教师参加各级教学基本功比赛及优课评比，1人获国家级一等奖，4人获省级一等奖，7人获南通市级特等奖、44人获一等奖。

【师资培训】 2022年，海安市协助开展省、南通市培训项目44个，推进各级各类专题培训、全员培训38个，累计参培教师超1.48万人次，市教师发展中心获评省教师培训工作先进单位。组织省中小学（幼）教师开学第一课网络培训，8077人参培，合格率96.9%。组织暑期教师全员集中培训，参训教师近6000人。常态化开展新教师培训，培训2021年新招聘教师279人、2022年新招聘教师255人。举办优秀青年干部、教育行政干部、教科研管理人员等各类培训班14个，培训各类教育管理干部462人。做好学前教育学历提升工作，23人从市教师发展中心函授站学前教育本科毕业，4人取得学士学位。持续开展省信息技术应用能力提升2.0培训，152家单位的7155名教师完成培训并通过结项考核。依托南京师范大学、南通大学等知名高校，遴选优秀教师12人开展访问研学。安排乡村中青年教师88人到城区学校参加为期一年的顶岗实训。

【师德师风建设】 2022年，海安市出台“关于进一步严明师德师风、规范从教行为，努力办好新时代人民满意教育的实施意见”，列出中小学、幼儿园教师职业行为负面清单。先后开展专项整治行动3轮，组织教职工签订承诺书8839份。成立师德师风问题明察暗访小组，督查学校92所，下发整改通知书28份，随机抽查城区住宅小区19个。从严查处违反中央八项规定精神、职业道德、社会公德等问题，调查核处信访举报58件，分别运用“第一、二种形态”（经常开展批评和自我批评、约谈函询，让“红红脸、出出汗”成为常态；党纪轻处分、组织调整成为违纪处理的大多数）处理35人、21人。新增省师德师风建设宣传基地校1家，省、南通市“四有”（有理想信念、有道德情操、有扎实学识、有仁爱之心）好教师建设团队3个，南通市优秀校长5人、优秀教师34人、优秀班主任20人，南通市五一劳动奖章获得者1人，海安市政府特殊津贴获得者1人、优秀校长20人、优秀教师80人、杰出专技人才5人。

【教育干部队伍建设】 2022年，海安市放大“伯乐荐马”工程实施效应，新提拔（重用）“80后”干部占比31.8%，用好“90后”干部，逐步优化干部队伍年龄结构；依托“教坛先锋营”培养阵地，通过社会实践、跟岗学习等，分类别分阶段培养青年干部。畅通职称评定渠道，推荐3人参评正高级职称，评审通过高级职称60人、中级职称258人、初级职称347人；建立健全岗位动态调整机制，实行市域岗位统筹管理，落实乡村学校职称岗位评聘倾斜政策；规范开展岗位聘用，强化教师聘后管理，新聘各层级高级岗位207人、中级岗位465人、初级岗位257人。（何春光）

教育研究

【课程改革】 2022年，海安市教育系统落实国家“双减”要求，细化、优化区域推进课程改革方案，“守常务本、精教优学、共生发展”的海安课程改革特色初步形成，海安中学“精教优学”、曲塘中学“导学课堂”、实验中学“262”、立发中学“三案导学”、海陵中学“经历教学”、城南实验中学“34X”、紫石中学“三案六环节”、实验小学“共生课堂”、城南实验小学“简约教学”等课堂教学模式产生较好影响。依托名校强校举办课堂展示活动，推介先进模式，南通市教育科学研究院分别于11月25日、12月6日在曲塘中学、海安中学举办“相约古镇立学课堂、切磋杏坛育人技艺”公开教学研讨活动、“精教优学”教学观摩活动，市教育体育局分别于11月28日、12月9日在海陵中学、实验小学召开初中、小学教育教学高质量发展推进会。重点组织教师研读新课程方案与标准，更新教育教学观念，掌握基于学科核心素养的教学实施途径和策略。开展全市义务教育学校高质量发展专题调研，调研报告《小学教育高质量发展的多维挑战与对策建议》在《教育视界》发表。推进“立学课堂”理论建设与实践深化，在《海安教育研究》编发相关论文近20万字。深入研究语文、数学、英语全国卷，选修学科2021年、2022年江苏高考卷，南通市中考试题的命题特征，准确把握中高考考试评价发展趋向，提升教学能力与备考水平。美术学科开展“流转式研训”活动，每周开展线上研讨，每月开展线下研训活动，全年汇集教师研讨文本约19万字。

【教育科研课题研究】 2022年，海安市教育系统完成12项2020年度省级规划课题中期检查、28项2021年度省级立项课题开题论证、68项南通市级立项课题现场开题论证；新申报立项省级教育科学规划课题28项、南通市级课题89项。海安研究成果《区域“互联网+”项目化教学生态的构建》被第六届全国跨学科教育与项目式学习学术研讨会暨2021年度项目式学习优秀项目展评活动推介。抓好微型课题研究，全年结题606项，其中获评优秀级课题58项，分学段（学前、小学、中学）组织微型课题优秀成果交流展示活动。开展2022年度教师主题阅读活动，多名教师在各类征文比赛中获奖，3人获第五届长三角家校合作论坛征文评选等级奖，2人获江苏省“师陶杯”教育科研论文评选一等奖、20人获二等奖。完成南通市教育科学研究院《教育参考》“家庭教育：趋势分析与区域实践”专题编辑，约16万字。省级课题研究成果《激活密码 创生活力》被教育部基础教育课程教材发展中心《基于核心素养的跨学科学习》收录。市教师发展中心附属小学承担的2020年度江苏省重点资助课题“文化生态视域下童心课程建设研究”获评第六批江苏省教育科学规划精品课题。4项基础教育教学成果获第三届省基础教育教学成果奖，其中3项成果被推荐参评国家级教学成果奖。9月，承办省教育科学“十三五”规划2020年度重点资助课题中期检查活动。市教师发展中心、海陵中学获评江苏省教育科研先进集体，7人获评江苏省教育科研先进个人。

【“海安教育研究”微信公众号开通】 2022年5月10日，“海安教育研究”微信公众号开通，全年编发教师专业论文120篇，实验小学教师顾云云7月29日发布在公众号的论文《以音乐项目化学习推动幼小衔接有效实施》获“幼小衔接”研究领域关注，被南京师范大学120周年校庆特刊《文教资料·教育创新专刊》2022年第16期录用。（何春光）

教育合作

【概况】 2022年，海安市开展教育国内交流合作主要有区域合作性支教、国家政策性支教两种形式。区域合作性支教由海安市委、市政府主导，经两地教育部门协商，签订教育合作协议，满足彼此对教育领域的发展需求，如宁蒗支教、东兰支教、略阳支教、建湖支教等。国家政策性支教主要依据国家或省级支教政策，具体选派工作由南通市级层面提出具体要求，统筹安排支教教师到相应帮扶地区，如援陕支教、援藏援疆支教等。至年底，海安在外地开展合作性支教和政策性支教教师69人。开展教育国际交流合作主要是缔结国际友好学校，推动中华文化传播，曲塘中学、实验小学在南通市华文教育工作推进会上做经验交流。

【宁蒗支教】 1988年起，海安市先后派出11批310人次教师到云南宁蒗支教，开创富有示范性和社会学价值的“宁海模式”。2022年8月，海安、宁蒗签订第十一轮教育合作协议，协议期从2022年8月至2025年7月。是月，海安选派高中教师20人到宁蒗，继续支持建好宁蒗民族中学“海安班”和宁蒗二中“宁海班”。10月，宁蒗支教教师群体入选“致敬奋斗者——新时代江苏重大先进典型主题影像展”。

【东兰支教】 2020年，海安市与广西东兰签订首轮教育合作协议，协议期从2020年8月至2023年7月。2022年8月，海安增派中学教师13人到东兰开展教育合作。至年底，海安在东兰支教教师28人。

【略阳支教】 2022年，海安市与略阳继续深化教育协作，海安选派教师43人到略阳县荣程中学“海安提高班”支教。8月，略阳县组织部安排教师3人到海安中学、海安中专和城南实验小学跟岗学习半年。海安市9所学校结对帮扶略阳县12所学校，因疫情影响，两地结对学校更多利用网络平台开展线上教育教学合作，结对学校之间开展3次以上网络“共研”活动，实现两地教学资源共享。

【建湖支教】 2021年8月，海安市与盐城市建湖县签订首轮教育合作协议，协议期三年。2022年7月，首批选派的教师8人完成支教任务返回海安。8月，选派初中教师、高中教师各4人到建湖任教。

【援陕支教】 2021年暑期，海安市分别选派教师4人、1人到陕西省汉中市略阳县、留坝县支教，2022年7月期满全部返回海安。2022年8月，落实国家乡村振兴重点帮扶县教育人才"组团式"帮扶工作，选派海安教师7人（含挂职校长2人）援陕支教，主要对口帮扶略阳县天津职业技术教育中心学校和略阳县天津高级中学。

【援藏援疆支教】 海安市落实国家援藏援疆万名教师支教计划，按照省统一安排，2021年选派教师6人到新疆伊宁支教，支教周期一年半。2021年暑期，海安市援助西藏拉萨的支教教师3人继续申请留任，2022年7月期满全部返回海安。

【实验小学与新西兰N立方教育缔结友好学校】 2022年2月15日，海安市实验小学与新西兰N立方教育缔结友好学校签约仪式暨新西兰华文师生培训班开班仪式在"中华文化海外传播云平台"举行。缔结友好学校后，实验小学选派教师在"中华文化海外传播云平台"开设新西兰华文师生培训班，面向新西兰师生开展云端授课。至年底，教师徐薇、堵爱玲直播授课40多节。（何春光）

教育管理

【概况】 2022年，海安市探索时代性、开放性、创新性人才培养新模式，落实各学段办学质量评估新指南，分学段召开教育教学高质量发展推进会，深化课程改革、优化育人方式、实施增值评价，"守常务本、精教优学、共生发展"的海安课程改革特色初步形成。内涵建设成绩突出，两次承办南通市高中课堂教学研讨活动，先后召开全市初中、小学教育教学高质量发展推进会和幼儿园教学研讨会，常态化开展幼儿园课程游戏化研究。新创建省、南通市优质幼儿园3所，南通市星级融合教育资源中心15家。新增省基础教育内涵建设项目3个、结项2个，获评南通市幼儿园课程游戏化建设项目2个、优秀项目3个，获评南通市幼小衔接优秀项目2个。高标准接受省级义务教育优质均衡发展县（市、区）现场评估，《中国教育报》等主流媒体推介海安中学高品质示范高中建设成功经验，"学习强国"学习平台、《江南时报》专题报道海安家庭教育做法。

【思想品德教育】 2022年，海安市教育系统学习贯彻党的二十大精神，开展"喜迎二十大 筑梦向未来"主题教育，举办"四史"知识竞赛、红色故事宣讲、童谣传颂等活动20多场。以"开学第一课"为契机，开展爱国教育、礼仪教育，引导学生成长。评选海安"新时代好少年"40人，4人获评南通"新时代好少年"，1人事迹入选省文明委"新时代好少年事迹展宣传挂图"。5所学校获评省、南通市首批思政育人特色学校，民族团结进步教育、国防教育、餐饮礼仪教育在省、南通市放样。全市中小学均建成标准心理咨询室，获批省级心理健康课程基地1个。配备专职心理教师18人、"兼转专"心理教师59人，实现"校校有"目标。开展心理健康教育宣传月活动，开通"525"成长热线，举办心理健康和家庭教育讲座300余场、"点单式"专家授课21场次。开展中小学教师全员家访活动，入户率超85%。组织摸排"心困生"228人，开展"点对点"帮扶。新创成南通市心理健康教育示范学校、特色学校各1所，心理优课、心理剧获评省特等奖1个、南通市一等奖2个，心理剧《成长密码》在江苏电视台教育频道播出。

【素质教育】 2022年，海安市举办中小学生"三独"、书法美术、班级合唱以及田径、三门球、足球等比赛40多场，参与学生3800多人次；53人次获南通市以上艺术现场比赛一等奖，12人次获省以上体育比赛一等奖，参加南通市体操、田径、轮滑等比赛获22金、16银、60铜；南通市体育"一校一品 一生多能"建设现场推进会在海安召开，海安获全国中小学校园艺术节展演优秀组织奖。开展义务教育阶段学生艺术测评，各校合格率90%以上的学校占比96%，其中合格率100%的学校占比76%。探索艺术教育教学新路径，以特级教师吴丽娟名师工作室为引领，联合南通通州区开展"基于项目学习的音乐核心素养达成路径探析"系列教学研讨活动；基于中小学美术"流转式研训"方式，开展学校美术特色项目与课堂教学融合研讨活动、地方文化资源融入美术课堂教学研讨活动、书画家进校

2022年2月14日，海安市教师发展中心附属小学海光校区学生们在"开学第一课"学习"八礼四仪" 向中林／摄

2022年4月28日，海安市城南实验小学西校区开展“快乐劳动周”主题活动

翟慧勇／摄

园和美术教师年度笔会活动等，丰富艺术教育教学形式。开辟学生劳动教育实践场所174个，3所学校、1个基地获评南通市中小学生劳动教育优秀学校和示范基地，3个基地获评南通市中小学生研学旅行基地。组织“领航杯”中小学生信息素养提升实践活动，2件作品获省一等奖，1件作品入围国家赛。新创建科普教育基地3个，获省中小学生金钥匙科技竞赛（团体赛）特等奖、一等奖各1个，海安中学团队获丘成桐中学科学奖物理优胜奖，海安中学获评“十四五”江苏省科学教育综合示范学校。

【电化教育】 2022年，海安市构建“互联网+”项目化学习的一般教学模式，建成优质资源库，以幼儿园、小学、区镇为单位，组织教育技术逐月行暨江苏省网络名师工作室现场交流研讨活动3期，1000多人次参与线上和线下活动，全程展示近40节项目化学习公开课、10多个项目化学习，举办项目化学习微讲座10多场，3家单位介绍教育信息化建设经验。教师参加信息化教学比赛屡获佳绩，获“领航杯”江苏省信息化教学优质课大赛一、二等奖各1人，获省综合实践活动青年教师教学基本功比赛一、二等奖各1人，获省优课评比一等奖1人，获省中小学生信息素养提升实践活动一等奖2人。11月，“领航杯”南通市信息化教学优质课大赛（小学组）在海安举行。新增4所学校通过省智慧校园合格学校验收，实现省智慧校园达标率100%。海安中学被教育部评为2021年度网络学习空间应用普及活动优秀学校。

【家长学校工作】 2022年，海安市优化调整市、镇、校三级家长学校办学架构，实现家长学校实体化运转。全面贯彻落实“家庭教育促进法”，策划组织首届家庭教育宣传周、家庭教育促进月等系列活动，研发《海安市家庭教育衔接指导手册》4册，录制、推播家庭教育示范宣讲微视频50余节，开展家庭教育专题宣讲300余场次，联合走访指导2500余人次。市家长学校总校获评江苏省优秀总校，海安中学等7所校园获评省、南通市优秀家长学校。海安承办南通市家庭教育现场会，相关工作经验在全省家庭教育推进会上交流。

【校外教育机构管理】 2022年，海安市建立校外培训机构联合治理联席会议制度，分别召开校外培训机构联合治理联席会议重点成员单位工作推进会、校外培训机构分类审批工作协调会等，规范校外培训市场管理。有序推进非学科类校外培训机构重新分类审批登记工作，21家非学科类校外培训机构通过审批。加强校外培训机构监管，全年巡查校外培训机构516家次；暑期出动检查人员326人次，巡查机构230家，发现问题342条，现场交办落实到位28条，下发整改通知书27份，约谈违规培训机构负责人9人次，依法取缔违规培训点12处；国庆期间，突击检查85家培训机构，发现问题68条，下发整改通知书6份。

【语言文字工作】 2022年，海安市开展“朗读者”进校园活动、“吟诵经典诗词，欢庆中秋佳节”诗文诵读会、书法名家进校园、“啄木鸟行动”等活动，宣讲语言文字的相关知识，推广普通话，写好规范字。师生在语言文字类竞赛中屡获佳绩，在第四届中华经典诵写讲大赛中，学生1人获国家级一等奖，2人获省特等奖、3人获一等奖，教师1人获省一等奖；在江苏省中华经典诵读大赛中，学生3人获特等奖、4人获一等奖；在教师国家通用语言文字教学能力大赛中，1人获省二等奖。市语言文字工作委员会获全国推广普通话宣传周、教师国家通用语言文字教学能力大赛优秀组织奖。

【教育督导】 2022年，海安市推动教育督导改革，市政府常务会议专题学习《江苏省教育督导条例》，聘任首届市政府督学10人。做好责任督学换届工作，新聘任第五届中小学、幼儿园责任督学82人，重新划定5个督学责任区，明确督学组长7人，聘任责任区联络员10人、学校联络员146人，全面构建全覆盖、网格化教育督导队伍。实施每月1次经常性督导，开展“双减”、疫情防控、校园安全、防治校园欺凌、秋季开学等专项督导，督学到校1000余人次，听课、评课500多节，解决问题150多条。先后接受南通市对海安市政府履行教育职责督导评估、南通市学期结束和暑期工作部署落实情况专项督导、江苏省“双减”和规范民办义务教育发展工作专项督导、江苏省中小学校（幼儿园）责任督学挂牌督导工作专项督导、江苏省义务教育优质均衡发展县（市）评估现场考察。组织督导案例评比，评选出优秀案例18篇，其中1篇获南通市级优秀督导案例特等奖。（何春光）

海安开发区高科技创业园

科学技术

综　述

【科技体制改革】 2022年，海安市先后召开两次科技创新委员会会议，完善科技创新委员会与科技创新委员会办公室职能，新增科创人才、科创项目等相关职能，充实科技创新委员会成员组成，增设常务副主任并由市委副书记兼任，新增市委编制办公室、市税务局、海安开发区、上湖创新区、海安产业投资控股集团有限公司、中国人民银行海安市支行、海安农商银行7家单位主要负责人为委员。建立科技创新工作月报和工作简报制度，及时掌握并通报工作进展情况。高规格成立以市委主要领导为组长的国家级高新区创建工作领导组，统筹推进各项创建工作，主动融入沿江科创带建设。市科技成果转化服务中心更名为市科技创新发展服务中心，增核事业编制3个。完善产业研究院理事会制度，从市级层面强化研究院建设运行的统筹协调。全面落实区镇科技人才服务人员双重管理工作制度，先后抽调3批人员到市科技局全脱产跟班学习锻炼。完善优秀科技成果评选机制，评选优秀科技成果18项并给予表彰奖励。

【科技创新决策部署】 2022年3月16日，海安市科技创新委员会全体委员会议召开，会议听取关于2021年科技创新工作情况和2022年科技创新工作打算的汇报，研究商讨科技创新委员会成员及职责调整、“三高两新”行动方案等重要事项，并部署2022年科技创新重点工作。

7月14日，海安市委人才工作领导小组暨科技创新委员会会议召开。会议强调以高质量人才和创新支撑高质量发展，讨论研究《海安市优秀创新创业人才购房优惠实施办法》《关于进一步加强高层次人才引进、培养、服务等相关事项的操作办法》《建设金融赋能海安科技创新示范区工作方案》《关于进一步完善产业技术研究院理事会制度的方案》等相关重要事项。

【创新型城市建设】 2022年，海安市突出创新核心地位，强化科技自立自强，深化科技体制改革，实施高新技术企业培育三年行动、高科技项目招引突破年行动、高质量研发平台提升三年行动、新金融（科技金融）提质增效行动、新产业需求联合攻关行动的“三高两新”行动，海安获批首批国家创新型县（市），苏中、苏北地区唯一；连续五年被省政府通报表彰为推动科技政策落实和科技体制改革成效明显地区，南通唯一；列2022年中国创新百强县（市）第十三位。净增高新技术企业59家，总数461家，继续列南通市第一位，江苏铁锚玻璃股份有限公司获评国家技术创新示范企业。完成高新技术产业投资161.63亿元，占固定资产投资的35.26%。全市获省科技成果转化专项资金项目立项3项，争取省资金4500万元，立项数、资金总额均列南通市第一位。招引科创类项目51个，培育科创类项目35个，新增产学研合作项目223个。深化“双招双引”（招商引资、招才引智）模式助力领军人才引进，先后引进国家级人才11人，高层次创新创业人才106人、高层次人才创业项目56个。海安高科技创业园获评国家小型微型企业创业创新示范基地。获专利授权6543件，其中发明专利授权773件；有效发明专利总量5573件；万人发明专利拥有量65.01件；获中国专利奖4个。主导或参与制定国家、行业标准17项，农村综合改革标准化试点（农村人居环境整治）项目获批全国农村综合改革标准化试点项目。

【科技金融】 2022年，海安市稳步推进金融赋能科技创新示范区建设，与南京银行合作开展“投贷联动”业务，“苏科贷”合作银行增至11家，新增“苏科贷”贷款127笔5.26亿元，比上年增长116%。科技银行有效运营，海安农商银行科技支行对科技型企业授信279户，金额61.85亿元，用信余额54.74亿元。“科创贷”放款6笔2000万元，成立信保基金，在上湖创新区推动子产品“海创贷”实施。8月3日，召开南通市金融赋能海安专项银政联席会，人民银行南通市中心支行、中国银行保险监督管理委员会南通监管分局和南通市科技局联合发布“关于建设金融赋能海安科技创新示范区工作方案”。探索科技保险工作，中机锻压首台（套）保险出险赔付56.15万元到位。

【“创新创业在海安”主题活动】 2022年7月16日，海安市举办第九届“创新创业在海安”主题活动。中国科学院院士郑有炓、都有为，中国工程院院士刘加平以及中国科学院、清华大学、北京大学、中国科学院大学、南京大学等国

2022年7月16日，海安市举办第九届“创新创业在海安”主题活动。图为获表彰的优秀科技成果　　市科技局／供图

内知名高校院所、行业协会的200余名专家、教授应邀出席，海安200家科技型企业主要负责人参加活动。活动表彰创新型领军企业、优秀科技成果。新招引重点科创项目、重大成果转化项目、科技金融产品授信项目等30个项目现场签约。与会人员共同观看《枢纽海安链动全球》专题片。

活动期间，举行4个专场科技成果发布会。高端装备、节能环保产业科技成果发布会上，电梯、锻压机械、电工电气等8个产业链的企业参加活动，南京航空航天大学、重庆邮电大学、中国科学院青岛生物能源与过程研究所等高校院所的专家先后发布“商用车底盘线控制动技术”“数字化柔性导向三维织造成形技术及装备”“高性能复杂金属构件三维自由弯曲成形技术及装备”等最新科研成果和项目。机器人及智能制造、新一代信息技术、现代医药及大健康产业科技成果发布会上，70多家相关企业参加活动，东南大学、苏州大学、南京中医药大学等高校的专家先后发布“智改数转技术与实施”“新能源电动汽车关键传感器开发与产业应用”“电气开关柜无源被动温度场智能感知系统”等最新科研成果和项目。高端纺织、新材料产业科技成果发布会上，产业集群重点龙头企业参加活动，东华大学、苏州大学、南京大学等高校的专家现场或视频介绍“PVA废水的高效预处理”“有机高性能纤维及制品的开发”“生态型特殊浸润性织物整理技术”等最新科研成果。现代建筑、现代家具、粮食物流产业科技成果发布会上，海安50多家现代建筑、现代家具和粮食物流企业参加活动，东南大学、苏州科技大学、南京林业大学等高校的专家发布“竹木基工程复合材料主要研究成果与应用”“装配化装修材料部品体系研究与应用”“家居装饰木制品绿色环保涂层技术”等最新科技成果和项目。

各区镇同步开展产学研对接活动，达成校企合作意向61个。

2022年11月8日，江苏省J-TOP创新挑战季功能新材料专场在海安高新区科创园举行　　市科技局／供图

【《海安市创新驱动经济高质量发展“三高两新”行动方案》出台】 2022年，海安市委办公室、市政府办公室印发《海安市创新驱动经济高质量发展“三高两新”行动方案》。行动方案涉及《海安市高新技术企业培育三年行动计划（2022—2024年）》《海安市2022年高科技项目招引突破年行动方案》《海安市“高质量研发平台提升工程”实施方案（2022—2024年）》《海安市2022年新科技金融提质增效实施方案》《海安市2022年新产业需求联合攻关实施方案》，强化创新核心地位，加快促进创新链、产业链、资金链深度融合。至2024年，全市高新技术企业总数突破560家、力争实现600家，高新技术产业产值占规模以上工业总值的比重不低于50%，新增2家国家级研发平台。

【省J-TOP创新挑战季活动在海安举行】 2022年11月8日，江苏省J-TOP创新挑战季功能新材料专场在海安高新区科创园举行。活动现场，6个新材料领域“揭榜挂帅”项目现场签约，签约总额超6000万元，其中，中国科学院上海硅酸盐研究所和江苏铁锚玻璃股份有限公司合作项目金额1500万元，创2022年度挑战季单项最高。江苏银行为3个“揭榜挂帅”项目技术转移专项金融服务产品给予授信，总授信额度超1亿元。2022年度挑战季在新材料领域征集到技术需求360项，总意向投入金额约1.58亿元。活动期间，举行南通市磁性材料及其元器件产业协同创新联合体成立仪式。（王　寅）

科技载体

【概况】 2022年，海安市继续推动海安高新区创建国家级高新区，海安高新区列2021年度全省51家国家级、省级高新区创新驱动发展综合评价排名第7位，获评江苏省知识产权建设示范园区，海安高新区科创园获评2022年度国家小型微型企业创业创新示范基地。加快新型研发机构建设，与名牌高校、科研院所共建产业技术研究院，累计建成产业技术研究院11家。推进企业研发平台、科技创业载体建设，累计获批国家级工程技术研究中心1家、省级企业工程技术研究中心81家；累计获批国家级企业技术中心3家、省级企业技术中心54家（含建筑业7家），保有量继续列南通市第一位；累计获批省级众创空间10家；累计获批国家级孵化器2个。

【产业技术研究院】 2022年，南京大学海安高新技术研究院获评信息服务、技

2022年，南京大学海安高新技术研究院被认定为国家中小企业公共服务示范平台。摄于2022年9月6日
市科技局／供图

术服务类国家中小企业公共服务示范平台。上海交通大学海安研究院项目成为2022年度南通市唯一获批立项的“江苏省创新能力建设计划项目——新型研发机构建设”，南京大学海安高新技术研究院、海安上海交通大学智能装备研究院获批“江苏省创新能力建设计划项目——新型研发机构奖补”。江苏联发高端纺织研究院入选第五批江苏省科技创新券服务机构，海安首家。

【南京大学海安高新技术研究院】 南京大学海安高新技术研究院是南京大学与海安市政府共建的新型研发机构，2013年5月在海安高新区注册独立法人事业单位正式运行。中国科学院院士、南京大学教授都有为担任顾问，南京大学教授唐少春任研究院院长。研究院依托南京大学科研资源和智力优势，结合海安新材料产业基础和发展需求，吸引多元主体参与共建，聚焦功能新材料产业共性技术开发与应用，打造集应用技术研究、产业技术研发和成果转化为一体的创新型平台。研究院建设面积超8000平方米，建成功能材料检测、新材料产品研发、智能装备设计三大中心，与13家企业共建联合实验室和工程研发中心。科研成果获中国产学研合作创新成果奖、中国石油和化学工业联合会科技进步奖、江苏省建设科技创新成果奖等多项荣誉。先后承担江苏省产学研联合重大创新载体、江苏省工业和信息产业转型升级专项资金、江苏省重点研发计划等科技攻关项目，连续4年获江苏省创新能力建设计划暨中央引导地方科技发展资金（新型研发机构奖补）。平台拥有磁性材料CMA检测资质（江苏省唯一）、省级众创空间、江苏省研究生工作站等省级平台，高质量推进江苏省新材料行业标准化建设，促进新材料标准与新材料技术创新相结合，开展江苏省技术交易市场新材料行业最新技术成果的征集、发布与对接。2020年，被认定为江苏省中小企业公共服务示范平台。2022年，被认定为国家中小企业公共服务示范平台（信息服务、技术服务类），南通唯一。

【海安太原理工大学先进制造与智能装备产业研究院】 海安太原理工大学先进制造与智能装备产业研究院是太原理工大学与海安市人民政府联合共建的新型研发机构，2022年4月在海安上湖创新区注册独立法人事业单位正式运行。中国工程院院士黄庆学、吴光辉担任研究院技术委员会主任，依托太原理工大学人才、科研和学科优势，以加速地方主导产业基础高级化为导向，重点围绕新材料与成形装备、新能源汽车、智能监测系统等领域的技术研发与应用，打造产学研协同创新研究平台。研究院拥有中国工程院院士2人、国家杰出青年基金获得者1人，承担国家重点研发计划项目1项、国家自然科学基金重点项目2项，获省部级科技进步一等奖等奖励5项，获第七届和第八届中国国际“互联网+”大学生创新创业大赛国赛金奖5项。依托“变革性技术关键科学问题”重点研发计划项目的科研成果，开发镁/铝、铜/铝、钛/钢、钛/铝、不锈钢/碳钢等多种品类和规格的高品质金属复合板，以及不锈钢/碳钢、钛/钢无缝复合管产品，形成具有自主知识产权的“材料—工艺—装备”一体化技术体系。联合太钢不锈钢精密带钢有限公司开展校企合作攻关，实现宽幅超薄不锈精密带钢的高精度稳定轧制，轧制出宽度650毫米、厚度0.015毫米的精密超薄带，轧制出厚度0.01毫米、宽度200毫米的超薄手撕钢，为国内外报道的最宽最薄手撕钢。创新不锈钢极薄带/碳纤维层合板复合新技术，研制高品质碳纤维金属层合板制备原理样机及装备，开发出面向航空和新能源用碳纤维金属层合板，可用于飞机蒙皮、防鸟撞板、新能源电池防护结构等。在智能座舱监测领域，开发一种无沉降液态金属弹性体，用于汽车驾驶员离手监测传感系统和电路系统。开发轧制规程计算、板凸度计算、板形计算等全流程模型的计算模块，实现热轧板带形性一体化精准控制，成果应用于国内大型冶金装备设计制造企业、钢铁生产企业，获山西省科技进步一等奖。

【企业研发平台】 2022年，海安市继续推动企业与高校院所开展深度合作，加大研发投入力度，持续提升企业创新能级，逐步形成健康良好的企业研发平台梯队培育体系。海安浩驰科技有限公司、江苏天楹环保能源成套设备有限公司、江苏图灵智能机器人有限公司、南通中力科技有限公司、南通万达摩擦材料有限公司、江苏海美新材料有限公司获批建立江苏省企业工程技术研究中心。江苏华兴压力容器有限公司、江苏飞亚化学工业集团股份有限公司、南通昂申金属材料有限公司、南通鑫范新型建材有限公司4家企业技术中心获省级企业技术中心认定。南通市通润汽车零部件有限公司获批创建江苏省举升设备与随车工具工程研究中心。中国天楹固废资源化关键技术及装备实验室通过江苏省重点实验室验收，获省补助资金300万元。新增南通市工程技术研究中心15家。海安常州大学高新技术研发中心功能微球材料实验室获南通市重点实验室认定。

【科技创业载体】 2022年，海安市以国家级开发区、省级高新区为主阵地，提升创新服务层次与创业孵化能力，推进科技创业载体提档升级。海安市深通科创服务有限公司“海创空间”、南通金北实业有限公司“金北科创中心”、海安交大智能科技发展有限公司“海创湾”、海安中纺院纤维新材料科技有限公司“圆梦中纺”、南通亿思特机器人科技有限公司“亿思特智创中心”获批省级众创空间。海安高新区高创智谷孵化器申报国家级科技企业孵化器。有序推动以机器人产业园区为主导的孵化链条建设。

【海安首家产业协同创新联合体成立】 2022年11月8日，南通磁性材料及其元器件产业协同创新联合体在海安成立，这是海安第一家产业协同创新联合体。联合体由江苏普隆磁电有限公司等5家企业共同发起，采用“企业+联盟”方式，依托实体化公司运营，引导产业链上、下游企业参与，以产学研协同创新攻关项目为载体，以“政、产、学、研、用、金”多方合作为支撑，提升产业创新组织能力和水平，提升市场竞争力。

（王　寅）

高新技术产业

【概况】 2022年，海安市大力发展机器人及智能制造、电子信息、节能环保、新材料、高端装备制造等重点产业，高新技术产业产值738.73亿元，占规模以上工业产值比重34.45%。完成高新技术产业投资161.63亿元，占固定资产投资额的35.26%。全市有高新技术企业461家。推进科技型中小企业评价工作，全市入库企业800家，比上年增长28.41%。江苏铁锚玻璃股份有限公司获评国家技术创新示范企业，处于国内高端特种安全玻璃、核循环及核退役装备研发与制造领域前列，年应税销售21.28亿元。江苏铁锚玻璃股份有限公司等4家企业获评江苏省创新型领军企业，其中，江苏联发纺织股份有限公司是全球高档色织面料生产商和顶尖品牌衬衫制造商，年应税销售18.44亿元；江苏鹏飞集团股份有限公司是具有世界知名度及影响力的装备制造商和国际工程总承包商，年应税销售20.87亿元；江苏天楹环保能源成套设备有限公司是提供优质垃圾焚烧发电整体解决方案及行业领先的新型核心装备企业，年应税销售16.95亿元。

【高新技术企业培育】 2022年，海安市全面实施高新技术企业培育三年行动，建立“泛科技型企业库—科技型中小企业库—‘小升高’企业培育库—高新技术企业库—重点科创企业培育库”五级梯次培育库，涵盖制造业、农业、建筑业等多个领域，形成高新技术企业入库评价和在库培育机制。高标准组织高新技术企业申报工作，区镇举办申报培训会6次，分三批邀请21名专家对所有申报材料进行线上评审。全市申报高新技术企业262家，通过认定171家，通过率65.27%；净增高新技术企业59家，比上年增长107.14%；高新技术企业保有量461家，列南通市第一位。61家企业入选南通市高新技术企业培育库。

【新产业需求联合攻关行动】 2022年，海安市开展新产业需求联合攻关行动，培育发展具有竞争力的企业和产业，围绕产业链部署创新链，围绕创新链布局产业链，提升产业发展现代化水平。聚焦“双碳”、5G、区块链等产业前瞻领域，支持企业联合高等院校和科研院所开展关键核心技术研发，1个项目获省重点研发计划产业前瞻与关键核心技术项目立项。聚焦企业“智改数转”需求，开展工业软件技术攻关、产品研发和解决方案集成，新增省星级上云企业70家、省智能制造示范车间3家。聚焦绿色低碳技术，针对基础元器件和零部件、基础工艺、关键基础材料等实施节能减碳研究项目，签约全国首个重力储能试点项目。聚焦科技成果转化，创新产学研合作机制，支持企业开展面向高校院所的技术难题竞标等“揭榜挂帅”攻关。聚焦10条优势产业链和10条培育产业链，实施一批强链补链项目。

【科技项目建设】 2022年，海安市开展高科技项目招引突破年活动，组建科创企业转型升级多元化发展工作专班，制定科创项目全生命周期管理服务实施方案，建立“一企一档、一项一档”科创项目管理档案，实时掌握拟建、在建项目手续办理、应税销售、知识产权等信息。全年，招引认定科创项目51个，培育科创项目35个。入选南通市“揭榜挂帅”攻坚计划项目2个，其中，江苏铁锚玻璃股份有限公司“YAG透明陶瓷技术”悬赏金额1500万元，南通市最高，项目主要应用于透明防护领域；江苏鹏飞集团股份有限公司“锂矿物提锂低碳节能工艺技术研发”悬赏金额300万元，项目主要应用于矿物提炼、锂电池上游产业链、工业余热回收、节能装备等领域。翠鸟新能源科技(南通)有限公司“锂离子电池模组研发制造”获评南通市科技创新“十佳”项目。9个项目入选南通市创新生态“萤光涌现”计划首批创新试点项目。

（王　寅）

科技成果

【重点科技计划】 2022年，海安市获南通市基础科学研究计划项目立项11项。获南通市社会民生科技计划项目立项17项。获南通市重大科技成果转化计划项目立项2项，分别是海安浩驰科技有限公司“新型智能变色控温节能自清洁薄膜的研发及产业化项目”、南通奥普机械工程有限公司“移动组合式散料高效环保储运智能作业成套装备的研发及产业化项目”。获省级以上科技计划项目立项39项，争取经费6530万元。其中，江苏晨朗电子集团有限公司、中机锻压江苏股份有限公司、亚太轻合金（南通）科技有限公司分获省科技成果转化专项资金1500万元，累计争取资金4500万元，立项数、争取资金额南通最多；海安上海交通大学智能装备研究院获省创新能力建设计划项目（新型研发机构建设）支持资金1000万元；南京大学海安高新技术研究院、海安上海交通大学智能装备研究院、江苏联发高端纺织技术研究院分获省创新能力建设计划项目（新型研发机构）奖补资金80万元、100万元、150万元；中国天楹股份有限公司获省企业重点实验室后补助资金300万元；江苏铁锚玻璃股份有限公司获省重点研发计划（产业前瞻与关键核心技术）专项资金180万元；南通龙洋水产有限公司、南京大学海安高新技术研究院分获省重点研发计划（现代农业）专项资金80万元；鑫缘茧丝绸集团股份有限公司、江苏丰海农业发展有限公司分获省创新支撑计划（乡村产业振兴）专项资金30万元。

表33　2022年海安市省级以上科技计划立项一览表

序号	项目类别	项目名称／项目人才	承担单位	争取资金（万元）
1	江苏省科技成果转化专项资金	重稀土偏聚型耐温高性能钕铁硼永磁体研发及产业化	江苏晨朗电子集团有限公司	1500
2	江苏省科技成果转化专项资金	深远海水下液压打桩锤研发及产业化	中机锻压江苏股份有限公司	1500
3	江苏省科技成果转化专项资金	航空用高强韧耐蚀铝合金关键管材研发及产业化	亚太轻合金（南通）科技有限公司	1500
4	江苏省创新能力建设计划（新型研发机构建设）	上海交通大学海安研究院建设	海安上海交通大学智能装备研究院	1000
5	江苏省创新能力建设计划（新型研发机构奖补）	南京大学海安高新技术研究院新型研发机构奖补	南京大学海安高新技术研究院	80
6	江苏省创新能力建设计划（新型研发机构奖补）	海安上海交通大学智能装备研究院新型研发机构奖补	海安上海交通大学智能装备研究院	100
7	江苏省创新能力建设计划（新型研发机构奖补）	江苏联发高端纺织技术研究院新型研发机构奖补	江苏联发高端纺织技术研究院	150
8	江苏省企业重点实验室后补助	江苏省固废资源化关键技术及装备重点实验室	中国天楹股份有限公司	300
9	江苏省重点研发计划（产业前瞻与关键核心技术）	高性能航空透明聚氨酯胶片的研发	江苏铁锚玻璃股份有限公司	180
10	江苏省重点研发计划（现代农业）	生鲜水产品危害物的快速智能化检测技术研发及应用	南通龙洋水产有限公司	80
11	江苏省重点研发计划（现代农业）	新型石墨烯加热膜在农业玻璃温室保暖增温上的应用研究	南京大学海安高新技术研究院	80
12	江苏省创新支撑计划（乡村产业振兴）	农业科技社会化服务后补助（海安茧丝绸产业分店）	鑫缘茧丝绸集团股份有限公司	30
13	江苏省创新支撑计划（乡村产业振兴）	农业科技社会化服务后补助（海安雅周现代农业产业星创天地）	江苏丰海农业发展有限公司	30
14	江苏省企业工程技术研究中心	江苏省浩驰新型纳米节能薄膜工程技术研究中心	海安浩驰科技有限公司	—
15	江苏省企业工程技术研究中心	江苏省固体废弃物资源化工程技术研究中心	江苏天楹环保能源成套设备有限公司	—

续表33

序号	项目类别	项目名称/项目人才	承担单位	争取资金（万元）
16	江苏省企业工程技术研究中心	江苏省图灵六轴工业机器人控制系统工程技术研究中心	江苏图灵智能机器人有限公司	—
17	江苏省企业工程技术研究中心	江苏省中力数字化电梯安全部件工程技术研究中心	南通中力科技有限公司	—
18	江苏省企业工程技术研究中心	江苏省万达摩擦传动工程技术研究中心	南通万达摩擦材料有限公司	—
19	江苏省企业工程技术研究中心	江苏省海美高性能聚合物装饰膜工程技术研究中心	江苏海美新材料有限公司	—
20	江苏省科技副总	马理胜	南通苏东新型外墙保温板有限公司	—
21	江苏省科技副总	任慧玲	南通奥拓自控设备股份有限公司	—
22	江苏省科技副总	谷艳霞	江苏亨特集团华特电气有限公司	—
23	江苏省科技副总	潘四普	南通市广益机电有限责任公司	—
24	江苏省科技副总	王宏明	南通志和电气有限公司	—
25	江苏省科技副总	谢小敏	南通江中光电有限公司	—
26	江苏省科技副总	邱　睿	江苏万力机械股份有限公司	—
27	江苏省科技副总	冷　静	江苏高科制药设备有限公司	—
28	江苏省科技副总	周　慧	南通万达摩擦材料有限公司	—
29	江苏省科技副总	展　铭	江苏首航波纹管有限公司	—
30	江苏省科技副总	徐　松	南通瑞斯电子有限公司	—
31	江苏省科技副总	叶　辉	江苏华兴压力容器有限公司	—
32	江苏省科技副总	茆　涵	江苏海美新材料有限公司	—
33	江苏省科技副总	郭　威	南通中力科技有限公司	—
34	江苏省科技副总	高　庆	江苏富海科技生物有限公司	—
35	江苏省科技副总	袁银龙	南通润雅机电科技有限公司	—
36	江苏省科技副总	叶　慧	江苏铭安电气有限公司	—
37	江苏省科技副总	王秋月	南通华兴磁性材料有限公司	—
38	江苏省科技副总	李鹏波	江苏拓创科研仪器有限公司	—
39	江苏省科技副总	肖　琪	南通东屹高新纤维科技有限公司	—

【海安获省科学技术奖5项】 2022年，海安市获省科学技术奖5项，其中省科学技术项目奖4项、省国际新科技合作奖1项。南通昌荣机电有限公司和苏州大学合作的“电梯钢丝绳连接装置（绳头锥套）的关键技术及产业化项目”获省科学技术三等奖。项目创新研发电梯钢丝绳连接装置，采用连续冷锻技术取代铸造技术，钢丝绳张力测量系统、轿厢称重系统测量精度在99.9%以上，同等条件下，连续冷锻技术日产量2400多只，比铸造的锲套日产200只提高12倍，产品市场占有率居国内外同行业第一。江苏铁锚玻璃股份有限公司与西北工业大学合作的“航空玻

璃抗鸟撞设计及产业化项目”获省科学技术三等奖。项目针对中国航空玻璃抗鸟撞仿真分析误差大、试验装备精度差、产业化程度偏低3个核心问题，构建适用多类型窗框、满足飞机鸟撞试验要求的多种航空玻璃边部结构模型，提高航空玻璃产业化水平。江苏天楹环保能源成套设备有限公司与中国科学院过程工程研究所等合作的“高热值有机固废高效清洁稳定焚烧技术装备研发及应用项目”获省科学技术三等奖。项目研制的800吨模块化炉排焚烧装置实现产业化，在中国深圳垃圾焚烧发电项目、成都垃圾焚烧发电项目和越南河内垃圾焚烧发电项目中推广，累计增加销售额超77亿元。江苏中洋集团股份有限公司与中国水产科学研究院淡水渔业研究中心、中国水产科学研究院黄海水产研究所、南京师范大学、上海海洋大学等合作的“暗纹东方鲀抗寒新品种选育及产业化体系关键技术创新与应用项目”获省科学技术三等奖。项目选育出暗纹东方鲀抗寒新品种“中洋1号”，构建暗纹东方鲀全产业链标准化体系，实现种质资源保护与高效利用“双赢”，推动暗纹东方鲀养殖产业生态、安全、绿色发展。江苏繁华应材科技股份有限公司王群华获省国际科学技术合作奖，全省仅7人。王群华团队承担的“电致变色智慧窗研究及产业化项目”是实现绿色建筑和节能温控的核心器件，推动大面积镀膜和变色智能材料技术升级，提高超薄节能调光膜材料及器件大幅面智能制造成套技术的优化、设计、制造、产业化和集成创新能力。

表34 2022年海安市获省科学技术奖一览表

序号	项目名称	获奖单位	获奖等次
1	航空玻璃抗鸟撞设计及产业化	江苏铁锚玻璃股份有限公司、西北工业大学	省科学技术三等奖
2	电梯钢丝绳连接装置（绳头锥套）的关键技术及产业化	南通昌荣机电有限公司、苏州大学	省科学技术三等奖
3	高热值有机固废高效清洁稳定焚烧技术装备研发及应用	江苏天楹环保能源成套设备有限公司、中国科学院过程工程研究所	省科学技术三等奖
4	暗纹东方鲀抗寒新品种选育及产业化体系关键技术创新与应用	江苏中洋集团股份有限公司、中国水产科学研究院淡水渔业研究中心、中国水产科学研究院黄海水产研究所、南京师范大学、上海海洋大学等	省科学技术三等奖
5	电致变色智慧窗研究及产业化	江苏繁华应材科技股份有限公司王群华团队	省国际科技合作奖

（王　寅）

科技合作

【概况】 2022年，海安市坚持开展“机关部门服务企业科技行”活动、“创新创业在海安”主题活动等，组织各类产学研线上、线下对接活动，加快科技成果转化。连续八年开展“机关部门服务企业科技行”活动，建立“1+1+1+N”机制（1个主要负责人加1个分管负责人加1个科室，服务1~2家企业），全市54个机关部门挂钩服务406家企业，300余家挂钩企业建立“一企一档”。连续九年开展“创新创业在海安”主题活动，前八届主题活动累计实施产学研合作项目近2200个，支付合作经费超13亿元，全社会研发投入超200亿元。全年，实施产学研合作项目223项，其中30万元以上项目124项。开展企业技术合同登记工作，完成技术合同登记输出加吸纳总额68.66亿元。

【校企产学研合作】 2022年，海安市推进校企合作交流平台建设，引导企业与高校院所合作交流，邀请专家到企业对接交流149次，组织102家企业到中国科学院等科研院所对接合作，帮助企业解决技术需求402项，太原理工大学海安产业研究院投入运营。5月27日，南通·东南大学产学研合作对接洽谈会在海安开发区举行，东南大学技术转移中心与海安开发区高科技创业园签订产学研合作协议。7月5—6日，南京大学现代工程与应用科学学院组织20余名学生到海安参加产业实习。11月12日，南通理工学院与市工业经济联合会签订产学研合作协议。组织100多家企业参加省、南通市举办的各类线上产学研对接会7场，其中32家企业与高校、科研院所达成合作意向。18个项目获江苏省产学研合作项目立项。

表35　2022年海安市获江苏省产学研合作项目立项情况表

序号	项目编号	项目名称	承担单位与合作单位
1	BY2022235	有机无机高吸水性树脂的制备及性能研究	江苏海洋大学、南通宇源新材料科技有限公司
2	BY2022236	抗菌型多功能PVC饰面新材料技术开发	南通大学、江苏万拓新材料科技有限公司
3	BY2022237	喷水织机织制气囊织物的设计与开发	盐城工业职业技术学院、南通东屹高新纤维科技有限公司
4	BY2022896	新型吐温20复合乳化剂的开发及其抑菌性能研究	南通大学、江苏四新界面剂科技有限公司
5	BY2022897	新型保温材料船舶化与智能能效管理系统开发	江苏海事职业技术学院、南通苏东新型外墙保温板有限公司
6	BY2022898	工业自动化控制系统的HMI组件研发	常州机电职业技术学院、南通奥拓自控设备股份有限公司
7	BY2022899	高性能钛合金材料的开发与制备技术研究	江苏海事职业技术学院、江苏亨特集团华特电气有限公司
8	BY2022900	智能船舶变压变频管理系统研究与开发	江苏海事职业技术学院、南通志和电气有限公司
9	BY2022901	新能源汽车用铝合金电池包压铸件的研发	常州机电职业技术学院、南通江中光电有限公司
10	BY2022902	某大型矿车柴油机曲轴设计开发	江苏理工学院、江苏万力机械股份有限公司
11	BY2022903	磺酰氟化合物在新药研发中的应用	扬州工业职业技术学院、江苏高科制药设备有限公司
12	BY2022904	异质耦合纳米材料增强铜基摩擦材料的开发	扬州工业职业技术学院、南通万达摩擦材料有限公司
13	BY2022905	波纹管自动化疲劳测试关键技术研发	江苏科技大学、江苏首航波纹管有限公司
14	BY2022906	基于多传感器的弹簧最大拉力智能辨识技术研究	江苏科技大学、南通瑞斯电子有限公司
15	BY2022907	高性能高频锰锌铁氧体制备关键技术开发	江苏海事职业技术学院、南通华兴磁性材料有限公司
16	BY2022908	直驱电梯安全钳防坠装置的研发	江苏理工学院、南通中力科技有限公司
17	BY2022909	电力变压器健康管理系统技术研发	江苏科技大学、江苏铭安电气有限公司
18	BY2022910	压力容器内表面缺陷视觉检测技术研发	江苏科技大学、江苏华兴压力容器有限公司

【国际科技合作】 2022年，海安市组织企业参加第二十届中国国际人才交流大会、第十届中国—东盟技术转移与创新合作大会、首届中国—中东欧国家技术合作交流大会、中国·江苏第八届国际产学研合作论坛暨跨国技术转移大会等国际科技交流合作品牌活动，通过江苏展厅为海安科技型中小企业引入项目、技术、人才、金融等国际资源。年内，实施国际科技合作项目8项，南通鼎鑫电池有限公司国际科技合作项目“基于相变材料的通信基站电池热管理关键技术的研发”，中国天楹股份有限公司国际科技合作项目“中国天楹股份有限公司加拿大研发中心建设”通过验收。

（王　寅）

科技服务

【农业技术推广服务海安模式】 2022年，海安市探索构建“网状服务架构、条块管理模式、精准定位目标、多元协同队伍、技术产业融合”农技推广服务“海安模式”。《海安市组建区域农业服务中心打通农技推广“最后一公里”》《海安市探索设立区域农业服务中心破解基层农技服务难题》分别刊登在省政府办公厅《每日要情》《专报信息》。《江苏省海安市：“海安模式”探索破解基层农技服务之困》刊登在农业农村部科技教育司《科教动态》（2022年第76期），号召在全国推广农技推广服务"海安模式"。10月5日，中央广播电视总台《新闻联播》栏目报道海安区域农业服务中心建设情况，新华社江苏分社、农民日报社等先后到海安调研。

立足蚕丝、水产、鸡蛋、油料、水稻五大农业优势主导产业布局，建设5个区域农业服务中心，承担挂钩联户、技术培训、试验示范、农事指导等10个方面的工作职能。2月17日，海安开发区区域农业服务中心成立，服务海安开发区立发办事处、洋蛮河办事处、西场办事处；2月23日，海安高新区区域农业服务中心成立，服务海安街道、隆政街道、胡集街道、孙庄街道；2月26日，里下河区域农业服务中心成立，服务墩头镇、南莫镇、白甸镇；3月7日，西南区域农业服务中心成立，服务雅周镇、曲塘镇；12月，东部区域农业服务中心主体工程完工，服务大公镇、李堡镇、滨海新区。

加强农技推广服务队伍建设，在保证在编在职农技人员到岗的基础上，聘用有影响力的农业大户担任专业辅导员，鼓励吸纳专业农技协会、志愿者、退休农业高级技术人才参与，柔性引进高校院所农业专家担任特聘顾问，初步构建"局属专业站所挂钩联系到片、区域服务中心分工到镇、乡土技术人才示范带动到户"服务模式。年内，举办高素质新型职业农民培训班21期，培训2649人；与南通科技职业学院合作举办全市新型经营主体培训班2期，培训225人；举办农机职业技能培训班3期，培训专业农机手100人；举办线上教育培训3期，培训4.2万人。宝佳农场、中洋集团、杨庄电子商务公司、五一农场4家实训基地获评南通市级高素质农民实训基地，里下河区域农业服务中心通过省级高素质农民实训基地验收。

打造"一区域一特色"农技服务品牌。里下河区域农业服务中心与江苏省淡水水产研究所对接，重点推广"大宗鱼""江丰1号"鲴鱼等养殖技术。西南区域农业服务中心与江苏省农业科学院合作，推进雅周香芋产业研究院建设。海安高新区区域农业服务中心依托都市农业园建设，推进一、二、三产产业融合发展。海安开发区区域农业服务中心依托高标准农田示范区，促成相关专家与蓉和怡心园有效衔接。东部区域农业服务中心培育"农二代"典型，探索数字农业和智慧农业发展。

（程　成　杨　亮）

2022年5月23日，海安市农技专家送科技下乡到墩头蚕场　　市科技局／供图

【气象科技服务】 2022年，海安市在农忙季节、防汛防灾等关键时点，准确及时地进行气象预测、预报和预警，为防御气象灾害提供可靠的决策依据。全年，发布重要天气报告44期，发布气象传真31期、春运气象服务专报42期、气象灾害预警信号138期次，发送重要气象信息短信170多万人次。做好关键农时、农事气象服务，制定农业气象服务产品清单，完善关键农时专项气象保障服务，发布农业气象灾害预警4期、生态与农业气象9期、春耕春播气象服务专报42期、夏收夏种气象服务专报43期、秋收秋种气象服务专报37期、农业气象月报10期。对灾害性天气过程进行全天候精细化预报、靶向化预警，启动应急响应命令5次。完善重大灾害性天气"叫应"服务标准和工作流程，印发《海安市气象局重大气象灾害"叫应"实施细则》，建立健全面向党委政府及相关部门的重大天气过程直通式报告机制，制作并报送决策气象服务材料90期。优化观测站布局，完成13个地面区域气象站建设，全市地面气象探测网络"5千米×5千米"；完成近海蒋家沙H1升压平台1个海洋气象观测站建设，填补海安近海气象监测盲区，增强强对流天气服务能力。

（彭　伟　彭小燕）

【地震科技服务】 2022年，海安市未发生有影响的地震。海安地震台强化地震观测环境保护，与市交通运输局协调规划中的328国道绕离顾庄观测站地电观测布极区。推动地震台升级拓展，实施海安地震台维修改造工程。开展建设工程抗震设防检查，建立工程设施抗震设防信息采集机制，完成2020年、2021年度新建工程抗震设防信息采集。市少年宫抗震防灾科普馆设有地震知识展区、抗震设防展区、地震灾害体验展区、逃生自救展区、身边的安全展区五大主题、29个小项，全年接待参观人数约3000人次，被认定为江苏省防震减灾科普教育基地（2022—2026年）。

（夏婷婷）

海安523文化产业主题公园

文　　化

综　述

【文化产业发展】2022年，海安市推进文化产业健康快速发展，新增规模以上文化体育娱乐业企业11家，累计有33家；实现营业收入4.39亿元，比上年增长8.9%。新签约文旅产业项目5个。扩大523国家文化产业示范基地平台效应，举办523文化艺术节，展现海安非物质文化遗产民俗与文创。推进东夏村党建展馆建设，开发"红色东夏村"系列文创产品。慧源文化传播集团通过江苏省文化产业示范基地再复核。市博物馆、墩头镇水乡印象馆入选江苏省"最美公共文化空间"打造对象名单。鑫缘文化艺术作品产业化示范项目入选江苏省优秀版权作品产业转化重点培育项目。锦华服饰有限公司获评江苏省非物质文化遗产创意基地。

【文化市场管理】2022年，海安市持续加强文化和旅游市场监管工作，市文化广电和旅游局、市新闻出版局、市公安局等单位联合开展集中检查活动，出动检查人员3180人次，检查文化经营单位1020家次，办理行政处罚案件17起。1月11日，省文化市场综合行政执法局到海安检查文化和旅游市场疫情防控、安全生产和市场管理等工作。是月12日，如皋市文体广电和旅游局到海安开展广播电视行业安全保障交叉检查。是月26日，开展境外电视传播秩序专项整治，主要检查小商品市场和经营单位违规销售卫星电视广播地面接收设施情况，没收设施3套。"六一"国际儿童节期间，开展城区范围内中小学周边文化市场专项整治行动，在校园周边未发现"黑网吧"和无证娱乐场所，未发现出版物存在违规行为。9月起，检查宾馆酒店接收境外卫星电视行为，从抽查结果看，全市酒店主要通过江苏有线、中国电信、中国移动等方式接收电视节目，未发现超范围接收境外电视节目情况。

【文化志愿服务】2022年，海安市文化服务平台有志愿服务人数3000多人。打造"花开新时代、文化暖万家"文化志愿服务品牌，创新"12345"（坚定一个目标，打通新时代文明实践文化志愿服务的"最后一公里"；依托双轮驱动，让每项活动融时代特色与乡土文化气息于一体；融合市、镇、村三级平台，组建专业及民间文化志愿服务团队80多支；搭建四支队伍，形成文化志愿服务实用体系；打造五大品牌，对点服务基层百姓）服务模式，累计举办"行万里路、进千家门"4000多场、"欢乐暖万家"1000多场、"欢乐大舞台"1000多场、"乐一天"农民艺术节1300场、"群文大讲堂"6000多课时、"我是非物质文化遗产传承人"400多场、大家"悦"读200多场、"润物有声"100场、"剧说海安"53场、"艺说海安"140场、"公益电影轻骑队"2.3万多场，受服务人数超300万人次。年内，大家"悦"读志愿服务队依托"名师讲堂"开展讲座7场，举办"书香润童心"亲子绘本阅读、"朗诵的魅力"公益讲座进校园、"紫石讲坛"等活动。润物有声志愿服务队开展送文博知识进校园等活动，子项目"这方热土——红色故事宣讲会"获评2022年江苏省博物馆志愿服务典型案例。欢乐暖万家志愿服务队开展文化志愿服务100场，举行"欢乐暖万家——文化志愿者在行动"志愿者演出慰问活动10场。群文大讲堂志愿服务队开办"七彩的夏日"、市民艺术大学等公益培训班，开展艺术普及进校园活动80场。"剧"说海安志愿服务队展演优秀文艺作品39个。

【523文化艺术节】2022年5月23日，纪念毛泽东同志《在延安文艺座谈会上的讲话》发表80周年暨中国·海安523文化艺术节开幕式在市文化艺术中心小剧场举行，海安市领导、文化艺术界代表、523文化产业园入驻艺术家代表、文旅企业代表、魏建功纪念馆负责人等参加活动。活动采取"线上+线下"方式，以舞台表演形式直播推介海安文创产品，以视频形式展示海安杂技、海安扎染非物质文化遗产技艺，发布魏建功诞辰120周年纪念版《新华字典》。523文化产业园创建后，累计举办高规格艺术展览50多场、招商交流活动40多场。

【中国楹联文化市创建】2022年，海安市有序推进中国楹联文化市创建，强化楹联文化社会普及，市委宣传部、市文联、市文化广电和旅游局联合开展"触摸千年文脉，彰显古邑新韵"全国征联活动，征集到江苏、内蒙古、新疆、上海、重庆、香港等30个地区的750名楹联爱好者的楹联作品2600件，分别评选出一等奖5个、二等奖10个、三等奖20个。夯实楹联教育基地建设，各学校开展各类楹联文化宣传、传承活动，海安中学、曲塘中学、紫石中学、海安开发区实验学校、海安实验小学、城南实验小学争创楹联教育基地。6月4日，海安首家南通市楹联教育基地在海安开发区实验学校揭牌成立。加强楹联人才培养，海安诗联书画研究会经常性开展群众性文化活动，邀请全国知名的楹联学术专家，举办楹联专题讲座，产生广泛影响。省楹联研究会、南通市诗词协会、南通市楹联学会等先后到海安调研。

（金　欣）

公共文化

【概况】2022年，海安市有市级文化馆1座，文化分馆15座，家庭文化室200余家，村级文体活动室、共享工程服务点设置率100%，全市村（社区）全部建成综合性文化服务中心。市文化艺术中心（文化馆）是国家一级馆，被省文化和旅游厅确定为总分馆制先行建设单位，总分馆覆盖率100%。拥有图书馆及图书馆分馆19家，其中，公共图书馆1家、图书馆分馆18家（文化站分馆10家、企业分馆5家，看守所、少年宫、检察院分馆各1家）。市图书馆是国家一级馆，被省文化和旅游厅确定为总分馆制先行建设单位，总分馆覆盖率100%。市图书馆（不含图书馆分馆及农家书屋）总藏书量69.3万册，接待读者115.6万人次，流通图书118.6万册次。全市持证读者17.73万人，新增0.38万人。拥有市博物馆、青墩遗址博物馆2座公共博物馆。市博物馆拥有文化藏品1418件，其中二级品6件。博物馆接待参观团体逾千场，接待量36.01万人次，其中未成年人参观人数10万人次。拥有农家书屋231家，其中，国家级示范农家书屋1家、省五星级示范农家书屋8家、南通市四星级示范农家书屋106家。海安开发区星湖001城市书房建成。市博物馆、墩头镇水乡印象馆入选江苏省"最美公共文化空间"打造对象名单。

【博物馆活动】 2022年，海安市博物馆做好未成年人志愿讲解服务，入馆学生超8000人。2人获评江苏省第二批红色旅游"五好"（政治思想好、知识储备好、讲解服务好、示范带头好、社会影响好）讲解员。打造"润物有声"送文博知识进校园活动、红色故事宣讲会、海安历史名人展等志愿服务品牌，受众学生及市民超1万人。"这方热土——红色故事宣讲会"获评2022年江苏省博物馆志愿服务典型案例。开展小讲解员志愿者培训班活动，举办海安市红色故事大赛。开展馆际交流活动，举办夏剑锋书法展等临时展7期，与南通群英馆联合举办韩国钧生平事迹展。依托节假日和传统节日开展"缤纷冬日——韩公馆里过大年""我们的节日"、民俗表演等社教活动。

【文化馆活动】 2022年，海安市各文化馆举办展览107场，组织文化活动240场次，举办训练班结业人数近16万人次。市文化艺术中心（文化馆）举办"文艺会客厅"活动10余场，在佳山书馆、吴田玉悦式水墨工作室、青墩遗址博物馆、江淮文化园等地开展学习交流活动。支持文艺队伍创作书画类作品近20件、语言类作品10余件、舞蹈类作品近10件、摄影类作品1件。举办"凝心聚力·再出发"2022年海安春晚、2021年海安市群众文艺节（剧）目会演决赛、"我们的节日·七夕歌会"和"绽放的花朵"少儿综艺演出，承办"海安鱼米乡"海安农村工作会议文艺演出、中国·海安523文化艺术节开幕仪式、海安新声代歌手大赛等大型活动。5月、9月，分别开办第七季、第八季市民艺术大学公益培训班，开设培训课程35个，每周培训人数超过2000人次。利用暑期，开办"七彩的夏日"公益培训班，开设8门课程，每周培训人数近200人次。开展"艺术导赏汇"品牌活动3场。举办摄影、书画类展览20余场。围绕新时代文明实践，开展公共文化服务基层配送活动100场，开展"欢乐暖万家 文化志愿者在行动"志愿者演出慰问活动10场，举办"剧说海安——戏剧之美"走进立发中学活动1场。立足乡村复兴少年宫，开展"文化海安励少年"艺术普及进校园活动，制作艺术普及类展览240块30组，开展活动80场，服务学校近30所。市大剧院举办高质量演出60场。

2022年1月26日，海安市博物馆举行民俗表演活动　　翟慧勇／摄

【图书馆文化活动】 2022年，海安市图书馆打造"专题展览""紫石讲坛""名师讲堂""书香润童心"等活动品牌，开展各类阅读推广活动50场次，吸引3.6万余人次参与。举办"书香海安 魅力海图"精品展览活动11场。12月4日，"喜庆二十大，礼赞新时代"——江苏省公共图书馆发展成就展在市图书馆开展。以"紫石讲坛""名师讲堂"等活动为载体，举办青少年文学讲堂系列名家讲座、传统文化公益讲座20场。继续组织"书香润童心"亲子绘本阅读活动、"我的21天阅读分享活动"等读书用书活动18场，吸引1000余名读者参与。开展"礼韵海图 仪路同行"未成年人文明礼仪养成教育活动15期。

【市文化艺术中心推出"云系列"线上文化服务】 2022年，海安市文化艺术中心建立抖音号、微信视频号，利用"海安文旅"微信公众号、"海安市文化艺术中心"抖音号和微信视频号、"江苏公共文化云"平台推出"云系列"线上文化服务。依托市民艺术大学，推出"云课堂·艺堂好课"慕课项目；依托3个艺术展厅，推出"云展览·线上展厅"项目，展出海安优秀艺术、非物质文化遗产作品；依托全市优秀文化资源，开展"云剧场·海安有戏"项目，展演弘扬主旋律、海安原创优秀舞台艺术作品。"云剧场"单个视频浏览量最多超7000人次，平均浏览量超2000人次。利用"公共文化云"平台，开展线上答题活动2场。

【海安开发区24小时城市书房开馆】

2022年7月1日，海安开发区24小时城市书房举行揭牌仪式。书房位于星湖001商业广场，总面积约300平方米，藏书5万册，设有公共阅读区、休憩区、自习区、阅读分享区等，面向公众免费

2022年4月23日，海安市民在海安开发区24小时城市书房内阅读书籍

向中林／摄

开放，打造自助式、一体化服务的城市公共阅读空间。市民可持身份证、读者证、借阅证、电子社保卡等有效证件或人脸识别进入，利用自助办证机、数字资源阅读等设备实现图书借还、电子资源下载等多类服务，这是南通市首家建在城市商业广场核心区域内的智能化书房。（金　欣）

群众文化

【概况】 2022年，海安市实施文化惠民工程，提升基层群众文化生活的“幸福感”。加大文化惠民资源整合力度，以市、镇、村联动方式统筹开展各类文化活动进乡村。继续推进“三送”工程，完成送戏195场，送展览120场，送培训200场。进一步叫响群众文化活动品牌，开展“乐一天”农民（社区）艺术节231场、“万里千家”惠民文艺演出924场。高质量举办“文明海安幸福年”海安第二届网络春晚、“凝心聚力·再出发”2022年海安春晚、“‘艺’路同行”海安·嘉定云上歌会、中国·海安523文化艺术节、海安新声代歌手大赛、少儿艺术节等大型文艺演出活动，其中海安第二届网络春晚吸引约75万人在线观看。11月23日，省文化和旅游厅到海安专题调研核查“人均接受文化场馆服务次数”。

【群众性文艺团队建设】 至2022年底，海安市累计培育群众性文艺团队400多支，总人数约1500人，芦花艺术团、尚法文化剧社、洪家滩黄梅戏剧团等20多个社会文艺剧团在文艺创作、新时代文明实践、文化惠民方面发挥重要作用。尚法文化剧社自编自导自演的原创小品《保饭碗》《拐过弯来是幸福》等法治宣传节目在“农民乐一天”“送法下乡”等平台上演出，深受群众喜爱。洪家滩黄梅戏剧团、海燕京剧社入选省文化和旅游厅2022年度优秀文化团队培育对象名单。

【“书香润童心”系列活动】 2022年，海安市图书馆举办“书香润童心”系列活动13场，其中，举办“‘童话里的世界’故事分享”亲子绘本阅读活动7场、“我们的节日”专题活动5场、“七彩的夏日”活动1场。1月2日，举办《幸福的新年晚餐》亲子绘本阅读活动，特邀市第二实验幼儿园教师崔恒娟主讲，70多名读者参与。1月16日，举办《鲸鱼》亲子绘本阅读活动，特邀市城南实验小学教师汤佳敏主讲，50多名读者参与。1月25日，举办“我们的节日·春节”亲子专题活动，特邀市第三实验幼儿园教师孙文华主讲，40组家庭参与。2月13日，举办“我们的节日·元宵”专题活动，特邀市城南实验小学教师吴雪琴主讲，150多名读者参与。6月5日，举办“我们的节日·端午”亲子专题活动，特邀市第二实验幼儿园教师章元春主讲，35组家庭参与。6月25日，举办《生气汤》亲子绘本阅读活动，特邀曲塘小学教师张翠燕主讲，50多组家庭参与。7月12日，举办《让谁先吃好呢》亲子绘本阅读活动，特邀崔恒娟主讲，50多名读者参与。7月21日，举办《小老鼠的魔法书》亲子绘本阅读活动，特邀汤佳敏主讲，60多名读者参与。8月4日，举办“我们的节日·七夕”亲子绘本阅读活动。8月18日，举办《我长大了》亲子绘本阅读活动，特邀汤佳敏主讲，70多名读者参与。9月24日，举办《没有耳朵的兔子》亲子绘本阅读活动，特邀崔恒娟主讲，近50名读者参与。9月10日，举办“我们的节日·中秋”亲子专题活动，特邀吴雪琴主讲，近50名读者参与。11月12日，举办《世界第一的帽子》亲子绘本阅读活动，特邀孙文华主讲，近50名读者参与。12月10日，举办《你看起来好像很好吃》亲子绘本阅读活动，特邀章元春主讲，近50名读者参与。

【少儿艺术节活动】 2022年暑假，海安市举办“喜迎二十大，童心向未来”少儿艺术节活动，依托市文化艺术中心、海安大剧院等文化场所，分“大师导赏汇、楷模故事会、国学体验班、劳动作业间、文明导向台、名家艺课堂、走进美术馆、我们艺起来”8个板块，举办40余项活动，涵盖爱国精神塑造、文明礼仪讲学、传统文化传习、非物质文化遗产传承等多个方面。活动期间，派发大剧院演出门票、公益培训名额、海安艺术名家书籍画册、大师课门票等文化大礼包。8月25日，在海安大剧院举办“绽放的花朵”综艺专场演出，展演艺术节活动成果。

2022年1月26日,"凝心聚力·再出发"2022年海安春节联欢晚会在市文化艺术中心大剧院举办　　市融媒体中心/供图

【全民读书活动】2022年,海安市持续推进书香海安建设,不断优化"好读书、读好书、读书好"工作机制,创新打造"书香战疫情""书屋话振兴""书香润童心"品牌阅读工程,有序推进24小时城市书房建设,举办形式多样、内容丰富的阅读活动。1月20日,海安市"全民阅读春风行动"启动仪式暨"护苗·绿书签"进校园活动在海安高新区闸西幼儿园举行。启动仪式上,成立春风少年读书会海安高新区隆政小学、海安高新区闸西幼儿园分会。活动期间,3万多名海安市民参加"阅见马拉松,书香战疫情"线上阅读活动。7月2日,海安市第十二届"新华杯"全民读书节暨第十二届江苏书展海安分展在市图书馆开幕,举办优秀出版物展示展销、重点阅读推广等活动。7月5日,"弘扬耕读文化,助力乡村文明"海安市农民读书节暨"耕读教育实践基地"揭牌仪式在慧源集团泛书房举行。11月26日,开展"喜庆二十大,童心向未来"亲子绘本阅读活动,设主会场1个、分会场24个,约1.5万人参加。年内,"码上悦读"志愿项目被中国农家书屋网报道,"后备厢图书馆""战疫读书餐"阅读志愿服务项目被人民网报道,全民阅读工作先后被南通市级以上媒体报道40多次。

【群众文艺创作节(剧)目会演决赛】2022年1月5日,2021年度海安市群众文艺创作节(剧)目会演决赛在市文化艺术中心小剧场举行,邀请中央广播电视总台、江苏省文化馆、南通市文化馆等单位的专家担任评委。42件优秀原创节(剧)目入围会演决赛,其中,语言类作品12件、舞蹈类作品13件、音乐类作品17件。《风山书苑的钟声》《传家宝》获区镇、部门和单位组评选音乐类作品一等奖,《运河水长》《果果乐》获舞蹈类作品一等奖,《气球》《蔷薇》获语言类作品一等奖;《一代风流》获专业组评选音乐类作品一等奖,《家有儿女》获舞蹈类作品一等奖,《摄像头》获语言类作品一等奖。

【海安春节联欢晚会】2022年1月26日晚,"凝心聚力·再出发"2022年海安春节联欢晚会在市文化艺术中心大剧院举办,并由海安市融媒体中心、文化和旅游部公共文化发展中心"国家公共文化云"同时网络直播,是全省唯一入选的县(市)级春晚项目。晚会围绕"闪闪发光的日子、饱含力量的记忆、聚力前行再出发"三个篇章,上演歌舞串烧《红红吉祥年》、杂技跳板《试比天高》、小品《门前喜相逢》等精彩节目。海安籍中国工程院院士刘加平、国家科技进步二等奖获得者吉训明和海安市委书记以视频的形式向全市人民送上新年祝福。(全　欣)

文学艺术

【概况】2022年,海安市文艺界活力迸发,创作《家》《站台》《钥匙》等各类作品40余件。杂技剧《逐梦空天——男女集体爬杆》入选文化和旅游部第十一届全国杂技作品展演;美术作品油画《儿时戏台·22》获第十五届省"五星工程奖";话剧《索玛花盛开的地方》、长篇小说《少年将要远行》、电视纪录片《江海一脉》获省“五个一工程奖”；舞蹈《家》入围省“五星工程奖”终评；小品《一碗面》入围省第四届小戏小品展演终评，获优秀编剧奖、优秀演员奖；摄影类作品《焰之梦/组照》获南通市第四届艺术摄影大赛金奖；小品《大年夜》获2022年度南通市群众文艺原创作品奖。多项作品在南通市第四届文学艺术大赛中获奖，获奖总数列南通市第一位，其中，国画《晓风清音》、草书《山谷题跋》、歌曲《一代风流》、群舞《家》获一等奖，小品《气球》、道情说唱《一枚戒指》、摄影《乡村孩子的京剧梦》、群舞《打箬叶》、广播影视类微电影《不能忘却的名字》、家具《明式书香斋》获二等奖，散文《穿越千年的唱腔》、杂技《梦里花落》、草书《答谢中书书》、器乐曲《水乡月》、歌曲《最美的脸》、群舞《运河水长》《浣纱》《轻轻杨柳迎春花》《青石记忆》、工艺美术类扎染《万紫千红——“南通扎染”时尚创意系列》获三等奖，1人获新人奖。

【文艺创作】 2022年，海安市文艺创作成果丰硕，创作书画类作品近20件、语言类作品10余件、舞蹈类作品近10件、摄影类作品1件。陈宁草书作品入展全国第五届草书作品展；吴晓明散文《春茧图》获第四届丰子恺散文奖提名奖；韦茜油画作品《儿时戏台·22》获第十五届江苏省“五星工程奖”，综合材料作品《儿时戏台·3》入选全国新文艺群体美术作品展览，粉画作品《儿时戏台·21》入选第四届中国粉画展，油画作品《儿时戏台·5》获第十二届江苏省油画展优秀作品奖、凤凰艺术奖，水彩作品《亮相》获省第四届美术奖获奖提名，油画作品《儿时戏台·9》入选多彩画家作品选，水彩作品《儿时戏台·25》入选省小幅水彩粉画作品展；周金国报告文学《经纬五洲梦》入选省作家协会第八批“重大题材文学作品创作工程”项目；海安扎染亮相第四届大运河文化旅游博览会。

【文艺作品展】 2022年，海安市举办职工书法美术作品展、华侨摄影学会摄影展、吴田玉采风摄影作品展、老干部大学迎春画展、老干部摄影艺术作品专题展、周皖芹航拍海安摄影作品展、“回望全面小康建成路·奋进共同富裕新征程——迎接中国共产党第二十次全国代表大会召开”主题展等大型展览10余场。6月13日，海安市首届篆刻作品展在市图书馆一楼展厅开展，展出印屏作品39件、书法作品33件。11月11日，“喜庆二十大，笔墨舞江海”南通开发区、海安市书法联展在市文化艺术中心书画院展厅开展，展出两地书法家作品60件。承办姜堰小学捐机纪实展、宝应馆藏廉政主题文物展、第十七届文津图书获奖图书展等展览7场。1月20日至3月20日，“明月前身”夏剑锋书法展在市博物馆开展，展出夏剑锋册页、扇面、横幅、立轴、小品、手卷等书法作品60余幅。6月1日至7月30日，“同生天地间”南京地区六朝动物题材文物展在市博物馆开展，以“生、美、灵”为主题，展出南京地区出土的陶瓷器、金器等各类文物110余件，展示六朝时期人与动物和谐共生的景象。9月28日至10月27日，“衣饰平安岁，身居快乐时”南京市民俗博物馆馆藏儿童用品展在市博物馆开展，展出童服、玩具、含有儿童形象的其他文物140余件（套）。12月20日，“‘铜’你说话”青铜器精品展在市博物馆开展，分“你的前世今生、你的刀光剑影、你的深情厚意、你的烟火生活”四部分，展出青铜酒器、兵器、铜镜、香炉、佛像等88件（套），展示从春秋晚期至民国2000多年间青铜器的发展演变。

【艺术讲座与培训】 2022年，海安市加强文学艺术素养培养，开展“艺术导赏汇”品牌活动3场，组织“文艺会客厅”活动10余场。推动篆刻艺术发展，依托市图书馆“名师讲堂”活动，开展“篆刻入门随谈”“学篆与用篆技法”“‘刀间见我一寸心’篆刻技法”“篆刻沙龙”等篆刻公益讲座4场。在市图书馆举办“让你的作文生动活泼”“记录生活”、周新成“故乡·我”等文学讲座4场。6月6日，市图书馆、市朗诵协会在曲塘镇中心小学开展“朗诵的魅力”公益讲座进校园专题活动，近300人参加活动。8月13日，邀请著名作家、南通市作协主席储成剑到市图书馆举办“阅读、写作、成长”讲座，近300人现场聆听。注重传承优秀传统文化，9月12日，在市博物馆举办“着华夏之裳 兴礼仪之邦——中国传统礼仪培训”讲座。 （全 欣）

文化遗产保护

【概况】 2022年，海安市有文物保护单位23处，其中，全国重点文物保护单位2处、省级文物保护单位5处、南通市级文物保护单位6处、海安市级文物保护单位3处，海安市一般不可移动文物保护单位7处。全市获认定省级非物质文化遗产项目7个、南通市级非物质文化遗产项目21个、海安市级非物质文化遗产项目83个，获认定省级非物质文化遗产代表性传承人5人、南通市级非物质文化遗产代表性传承人13人、海安市级非物质文化遗产代表性传承人99人。开展非物质文化遗产进校园、进村居活动52场。组织广福禅寺大殿、海中水塔、陈雷故居、如来庵4处文物保护单位申报南通市文物保护单位。

【物质文化遗产保护】 2022年，海安市有青墩遗址、韩公馆2处全国重点文物保护单位，高凤英烈士墓、平倭冢记碑、苏北第一届参政会会址、苏中七站七捷纪念碑、新四军联抗部队烈士墓5处省级文物保护单位，海安烈士陵园、韩国钧墓、吉家墩遗址、交运路13号明代住宅（谭氏民宅）、海中宋井、楠木厅6处南通市级文物保护单位，广福教寺大殿、角斜红旗民兵团史绩陈列馆、角斜清咸丰井3处海安市级文物保护单位。石板街、如来庵、草坝桥陈氏宅、角斜钱粮巷9号宋井、角斜衙门南路11号宋井、江苏省海安高级中学水塔、广福教寺遗址7处被认定为海安市第一批一般不可移动文物。加强革命历史文物建筑保护工作，实施韩公馆修缮保护工程、博物馆预防性保护工程。开展博物馆馆藏珍贵纸质文物修复工作，移交南京大学文化与自然遗产研究所待修复珍贵纸质文物34件（套）。做好文物征集工作，征集王夫人墓志铭石碑和韩国钧、“三谭”（谭祖云、谭少云、谭小云）等海安名人字画10件。

【非物质文化遗产保护】 2022年，海安市建立健全非物质文化遗产名录，新认定第三批海安市级非物质文化遗产代表性传承人31人。“文化和自然遗产日”期间，以“借力非物质文化遗产保护，推进复商复市”为主题，举办非物质文化遗产集市、讲座、游学、有奖征文等系列活动。全年，组织非物质文化遗产进校园活动120课时，受益人数2万余人；开展非物质文化遗产进村居活动20场，受益人数4000余人。

2022年2月16日，海安市葫芦画非物质文化遗产代表性传承人唐虎在葫芦上手工烙画北京冬奥会和冬残奥会吉祥物“冰墩墩”“雪容融” 姜 明／摄

表36 海安市第三批非物质文化遗产代表性传承人名录一览表

序号	姓名	所属项目	序号	姓名	所属项目
1	曹永泉	曹氏疮科肤愈散	17	陈金云	南通扎染技艺
2	曹彬	曹氏疮科肤愈散	18	张沫	南通扎染技艺
3	张亚春	海安古法制香技艺	19	王绘红	南通扎染技艺
4	徐根凡	海安金缮技艺、海安锔瓷技艺	20	邓春黎	海安花鼓
5	梅从峻	海安金缮技艺、海安锔瓷技艺	21	朱智平	海安花鼓
6	庭玉秀	海安绳结编织技艺	22	杨培杰	莲花落
7	刘丽	海安绳结编织技艺	23	王晓莲	莲花落
8	韩士泉	海安石头画绘制技艺	24	刘祥林	海安红木雕刻技艺
9	崔世祥	海安鱼汤面	25	于忠圣	海安红木雕刻技艺
10	王靓	酒酿（浆糟）制作技艺	26	陈传根	海安红木雕刻技艺
11	王荣健	陆家窑水晶肴蹄制作技艺、陆家窑熏鱼制作技艺	27	王学女	海安红木雕刻技艺
12	冒慧娟	海安传统旗袍制作技艺	28	张继	“一滴香”小磨麻油
13	冒朝阳	海安传统旗袍制作技艺	29	姜仲秋	麻虾酱制作技艺
14	顾理富	海安桑皮纸制作技艺	30	殷兰	麻虾酱制作技艺
15	周宏稳	张湘艽民间音乐与道教音乐	31	钱舜华	灯谜
16	葛仁祥	张湘艽民间音乐与道教音乐			

（金 欣）

传　媒

【概况】 2022年，海安市做深主题报道，围绕学习贯彻党的十九届六中、七中全会和全国“两会”精神、庆祝中国共产主义青年团成立100周年等重大主题，开展全媒体宣传。聚焦迎接、学习、宣传、贯彻党的二十大，策划“见证海安 非凡十年”“这就是海安”“乡村振兴我是头雁”“探寻出‘海’之路”“海安这十年”五大系列主题和“融媒走区镇 砥砺开新局”等重点题材的全媒体新闻行动30多场，先后开设“领航中国”“奋进新征程 建功新时代”“喜迎二十大”等专栏40多个，《海安这十年》汇编成书。延伸产业链条，探索经营模式向“新闻+政务服务商务”方向转型，举办夏季广电车展、记者节庆祝活动、大公镇梨花节等各类重大活动10余场；制作《海安一路向前》《向人民报告》《聚焦“一粒米 一只蛋”打造乡村振兴海安样板》等专题片50部、短视频48部，客户视频《促进少数民族山区区域教学质量整体跃升的团队支教模式33年探索》获省教学成果特等奖；完成各类直录播102场，收看总人数350万人次；制作电视联办节目128档、广播联办节目608档、报纸专版340个。发挥媒体监督职能，联合“12345”政务服务便民热线，开设“直击民生诉求”栏目，刊播的《现场直击！海安27家餐饮店被曝光！》《苍蝇乱飞，这样的卤菜你敢吃吗？》等视频，总点击量11万人次；开播《政风行风热线》，全年录制节目28档。全年，103件作品在南通市级以上各类新闻竞赛中获奖，其中，27件作品在中国县市区域媒体新闻作品竞赛中获奖，《破解红白喜事“瘦身”难》获一等奖；28件作品获省级奖项，《你这一弯腰是文明的模样》等7件作品获省县市新闻中心好新闻评选一等奖，《每个你都很了不起》等2件作品获2021年度省县市融媒优秀作品评选一等奖；41件作品获南通市级奖项，《海安姑娘朱盼盼，你捡起垃圾的样子真美！》等10件作品获一等奖。

【媒体融合发展】 2022年，海安市出台“加快推进媒体深度融合发展实施方案”，推动传统媒体和新兴媒体在体制机制、政策措施、流程管理、人才技术等方面深度融合，市融媒体中心充分整合职能，将内设机构由8个部门调整为14个部门，科学配置媒体资源，建立集中指挥、采编调度、高效协调、信息沟通的全媒体内容管理系统。注册成立海安传媒有限公司。打造综合性移动新媒体客户端，推进“悦海安”App与“我的海安”App融合，将资讯、服务类相关功能接入“我的海安”App，优化“悦海安”首页界面，新设五个强市、VR海安、悦听广播、文化海安等栏目，整合疫情防控专题，新增高考查分、“12345”热线等服务应用，“我的海安”App累计下载量83万次，注册用户约29万人。开通“海安发布”视频号直播功能和“海安日报”视频号。在省县级融媒体中心高质量发展综合评估中，“海安发布”公众号、视频号最好成绩分别列全省第6位、第5位。

【市外报道】 2022年，海安市融媒体中心在南通市级以上媒体用稿用片1260余篇（条）。其中，《全国秋粮收获过四成》等33条新闻在中央广播电视总台播出（《新闻联播》2条），《新华日报》用稿22篇（头版头条2篇、头版3篇），“学习强国”学习平台录用稿件79篇，人民网、央视频、新华社客户端等央级新媒体刊播89条；江苏电视台用片87条（《江苏新时空》23条），荔枝网、我苏网、交汇点等省级新媒体平台用稿360篇；《南通日报》用稿105篇（头版头条13篇、头版33篇），南通电视台《NTTV新闻》《城市日历》用片121条，用片量列南通各县（市、区）第一位。澳门《濠江日报》《大众报》、澳门卫视、“香港商报”新闻客户端等用稿用片12条（篇）。

【移动新媒体运营】 2022年，海安市融媒体中心坚持移动优先，持续打造高质量移动新媒体。《海安日报》对开大报，周五刊，每期八版，全年刊出250期。《海安新闻》改版播出，累计播出308档。广播《海广新闻》、“悦海安”App与电视同步播出。“海安发布”“海安播报”微信公众号累计发布推文2747篇，视频号推出作品848篇，“海安发布”微信公众号列“全国县级媒体微信号百强榜”年度排名第19位。“海安融媒”抖音号发布短视频754条。全年，新媒体平台点击量“1万+”作品1164篇、“10万+”作品71篇，其中，《加油海安》《首趟“海安—上海”保供专列发车》等3件视频作品点击量均破百万次。新媒体《文化海安》栏目入围新华社新闻信息中心主办的2021年全国县融中心优秀奖项（优秀专题报道）。

（魏钦翠）

社会科学

【概况】 2022年，海安市开展青墩文化研究、韩国钧与张謇研究、工业经济高质量发展研究等社会科学研究，加强社科普及宣传，构建社科普及工作格局。市社科联有团体会员22个，涵盖政治、经济、文化、法学、教育等主要学科。全市有社科普及示范基地20家，其中，省级1家、南通市级8家、海安市级11家。市社科联在理论阐释、资政建言、服务学会、社科普及等工作上聚智联力，不断扩大社科普及影响力，社科普及工作获评全省社科联系统工作创新奖。3月18日，市社科联一届十次理事（扩大）会议召开，会议选举奚海宁为市社科联副主席。12月17日，市社科联在全国大中城市社科联第三十一次工作会议上被表彰为全国社科组织先进单位。

【应用理论研究】 2022年，海安市出台“哲学社会科学课题管理办法”，开展2022年社科热点课题研究，5项市领导点题课题、4项重点课题、16项立项课题、14项一般课题通过结项验收评审。“海安市加快数字经济高质量发展研究”被立项为省社科应用研究精品工程市县专项课题，并通过省社科联结项验收评审。“‘双碳’目标下绿色低碳发展对产业转型升级影响研究”“医药器械带量采购背景下的医德医风建设研究”入选2022年度南通市社科热点课题立项项目；“‘双碳’目标下海安打造绿色低碳‘科创新城’路径探究”“海安市优化营商环境对策研究”入选2022年南通市热点课题市县专项课题，并通过结项验收评审。组织海安市第五届哲学社会科学优秀成果奖评选活动，征集到符合要求的著作、论文、调研报告等64件，评选获奖项目22项，其中，一等奖2项、二等奖4项、三等奖6项、优秀奖10项。

【社科知识普及】 2022年，海安市贯彻落实《江苏省社会科学普及促进条例》，以“喜迎二十大 奋进新征程”为主题开展社科普及活动。市社科联、市文明办、市教育体育局等部门，实施“‘悦’读一起来”人文社科经典书籍阅读项目，开展童谣征集、读书分享、演讲比赛、知识竞赛等活动，4000余名少年儿童参加活动。承办“青墩古韵”江苏省甲骨文书法篆刻作品展。开展第八届“社科普及宣传周”活动，围绕党的创新理论、社科经典阅读、传播优秀传统文化等六个方面开展特色活动。举办第七届“草根上讲台 乡音传理论”理论宣讲志愿者风采展示活动，依托“指尖课堂”“码上课堂”等社科讲堂，实现线上线下社科普及“零距离”。建立理论宣讲、文化服务、法律服务等社科普及志愿者队伍，全年在231个村居开展读书沙龙、心理咨询、法律服务等日常性社科普及服务活动410多场。

（管顺黄）

档　案

【概况】 2022年，海安市档案馆馆藏档案239个全宗，纸质档案42万卷、39万件，照片档案1.12万张，字画223幅，荣誉档案579件。馆藏档案主要有民国档案、革命历史档案、中华人民共和国成立后档案，史志谱牒档案和人物、声像档案，科技、专门档案，实物档案等。全市拥有AAAAA级数字档案室2家、AAAA级2家、AAA级12家、AA级16家。市档案馆获江苏省档案宣传工作先进单位一等奖。

【档案收集】 2022年，海安市聚焦重大活动、重要事件，做好主题教育活动、扶贫、疫情防控、出生医学证明等档案的指导服务、收集进馆工作，确保档案应收尽收、集中管理、有效利用。以“喜迎二十大 奋进新征程”为主题，广泛征集红色资料和反映海安经济社会发展成就的档案信息，累计征集照片5113张、视频48段、文件材料147份。补充采集入选《江苏乡村记忆》口述史系列丛书海安篇相关资料。联合市教育体育局对海安、宁蒗两地48人开展“海安宁蒗支教”口述史采集工作，征集“海安宁蒗支教”优秀书法作品10幅。

【档案保管】 2022年，海安市落实档案安全管理，加强档案移交和接收进馆、档案服务外包和开发利用中的安全保密审查；健全档案信息系统和档案数字资源安全保密防护体系，定期实施信息安全等级保护测评和信息系统安全风险评估；常态化开展安全检查，定期组织网络与信息系统安全应急演练、消防疏散及灭火实操演练；强化档案安全设施设备配备和更新，确保档案存放环境符合要求；做好档案数字资源备份，实现馆（室）藏全部档案数字资源完整备份，重要电子档案异地异质备份。加强档案开放鉴定，完成1996—1997年馆藏到期文档划控开放工作，划控5430卷，开放3746卷。

【档案利用】 2022年，海安市不断优化档案查阅方式，提供函电代查、委托代查、预约查询、节假日预约查档等便捷服务，接待查档利用3063人次，调阅档案资料7.94万卷次、2.20万件次，出具有效档案证明4777份1.51万页，摘抄2574字，拍摄1.16万张。提供远程查档、异地查档服务，办结长三角民生档案跨区域一体化在线查档平台查档29例、全省民生档案远程利用服务平台查档7例、市内远程查档27例、婚姻登记处远程查档共享600例。

【档案规范化建设】 2022年，海安市加强馆务建设，获评江苏省规范档案馆。强化规范管理，指导91家单位完成2021年度文件材料集中归档；举办全市档案人员业务培训，解读《江苏省〈归档文件整理规则〉实施细则》，指导疫情防控档案收集、整理、归档工作。引导民营企业档案工作规范化发展，为季和米业项目档案、海安农商行基建档案、天成公司及其下属单位文书档案提供业务指导服务。

【档案法治化建设】 2022年，海安市全面贯彻落实新“档案法”和《江苏省档案管理条例》，进一步推进依法治档。4月15日，市委常委会第26次会议专题解读习近平总书记关于新时代档案工作的重要指示批示精神和新修订的“档案法”。“国际档案日”期间，围绕“喜迎二十大·档案颂辉煌”主题，开展依法治档管档系列宣传活动；6月9日，在《海安日报》和“海安发布”微信公众号上刊登新“档案法”权威解读；组织收看国家档案局举办的“构建新发展格局”线上档案专题讲座，向立档单位、基层档案工作者和市民群众宣传普及新“档案法”。

（王素兰）

史　志

【概况】 2022年，海安市深入贯彻落实《江苏省地方志工作条例》，编纂出版《海安年鉴（2022）》《海安市情（2022）》。联合市老区开发促进会编纂出版《海安红色之源》。加强韩国钧研究，成立海安市韩国钧研究会。协助市新四军研究会完成换届工作。参加第十二届江苏书展，承办“江苏方志大讲堂”南通海安专场等活动，多样化开展“红色海安”宣传教育。市委史志工委被表彰为南通市党史、地方志系统优秀集体。《海安年鉴（2021）》获全省年鉴质量评定一等奖。

【年鉴编纂】 2022年初，海安市制定年鉴编纂方案，并以海安市委办公室、市政府办公室文件下发。3月底基本完成年鉴资料的征集，8月底完成年鉴初稿编纂并送交出版社审校，12月由方志出版社公开出版发行，同步推出《海安年鉴（2022）》手机版。《海安年鉴（2022）》卷首设影像海安、目录、特载、大事记，主体部分设29个类目，卷尾设附录、索引。全书249个分目，18个副分目，1099个条目，表85个，随文插图110幅，计124.3万字，全面记述2021年度海安市基本面貌和各行各业的发展情况。编辑32开袖珍异形开本口袋书《海安市情（2022）》，在2021年版本的基础上，整合规范栏目编排，创新设置特色板块，突出展示海安的年度亮点和地方特色，9月签字付印，服务于全市经济贸易洽谈会、"两会"等大型活动，为社会各界人士及海内外客商提供研究海安、投资置业的系统资料。1篇文章获评省"精品年鉴品读季"优秀文章，组织申报的优秀精品年鉴品读感言获省二等奖。

【志书编修】 2022年，海安市持续加大《江苏省地方志工作条例》宣传贯彻力度，制定海安市区镇志"十四五"编纂计划。年内，先后到曲塘、李堡、南莫、白甸、雅周等镇专题调研镇志编纂工作，从框架设计、资料搜集、志稿撰写等方面指导推进区镇志修编。至年底，《墩头镇志》《城东镇志》公开出版。《角斜镇志》《海安镇志》进入出版程序。《西场志》《大公镇志》完成终审。《南莫镇志》《白甸镇志》形成初稿。《曲塘镇志》《李堡镇志》《雅周镇志》初稿编纂中。《韩庄村志》内部出版。指导《海安公安志》编修。《江苏名镇志·城东镇志》《江苏名村志·泰宁村志》获评江苏省史志作品优秀成果。

【党史编研】 2022年，海安市深化地方党史研究，联合市老区开发促进会编纂出版《海安红色之源》，将海安革命遗址普查资料、英雄故事汇编成书，全书记录30多起革命历史事件、200多起革命重要战事、200多个革命英烈故事和3100多名革命英烈生平简介。加强韩国钧研究，5月31日，成立海安市韩国钧研究会；开展"韩国钧与张謇"征文活动，至11月中旬，收到韩国钧研讨文章99篇。加强红色资源开发利用，做好东夏村初心馆、粟裕在苏中展陈馆、华中新四军八路军总指挥部纪念馆、将军楼、上官运盐河博物馆等场馆的建设和布展工作，新四军联抗烈士陵园入选省第二批100个"红色地名"，角斜红旗民兵团史绩陈列馆获评省第四批党史教育基地。

【史志宣传利用】 2022年，海安市加大史志学习宣传教育力度，常态化开展党史"六进"活动，向市委党校、疫情隔离点等赠送党史、地情书籍千余册。贲柠华、周金国、李国良撰写的论文《"联抗"文化浸润苏中》获"江海文化的文化学思考"论文竞赛三等奖。打造乡情文化新名片，推动苏中七战七捷纪念馆、雅周乡愁馆、墩头水乡印象馆、曲塘刘圩村印象馆、魏建功纪念馆等15家党史、地情文化、乡贤展示馆加入"江苏省史志馆联盟"试点单位，南莫镇唐庄村入选江苏省传统村落名录，南通市唯一。7月2日，风情海安——海安民俗风情歌舞专场在第十二届江苏书展苏州国际博览中心主展场上展演，《人民日报》《新华日报》"学习强国"学习平台等主流媒体先后报道，这是江苏书展上首次用歌舞形式展现地方乡情文化。9月21日，承办"江苏方志大讲堂"南通海安专场——魏建功与《新华字典》分享活动，吸引在线观看超15万人次，视频回播点击量超50万人次。

（陈　萍）

2022年7月2日，海安民俗风情歌舞专场在第十二届江苏书展苏州国际博览中心主展场上展演　　市委史志工委／供图

海安市人民医院

卫生健康

综　述

【医疗机构及人员构成】2022年，海安市拥有医疗卫生机构409家，其中，医院51家，乡镇卫生院（社区卫生服务站）29家，村卫生室207家，卫生防疫防治机构1家，妇幼卫生保健机构1家，卫生监督所1家，120急救站1家，门诊部、诊所114家，其他医疗卫生机构4家。医疗机构总床位6615张，其中，医院床位5755张，乡镇卫生院（社区卫生服务站）床位860张。卫生技术人员6174人，其中，执业医师、执业助理医师2480人，注册护士2542人。每村均设有医疗点，村卫生室人员750人，新型农村合作医疗覆盖面100%。

【医药卫生体制改革】2022年，海安市印发“关于调整深化医改暨省级综合医改试点工作领导小组成员的通知”，继续实行“双组长制”（市委书记、市长任医改领导小组组长），明确1名副市长统一分管医疗、医保、医药等工作。制定“深入学习福建省三明市医改经验，进一步深化医药卫生体制改革若干举措的通知”“深入推动公立医院高质量发展实施方案的通知”等文件，市人民医院、市中医院获全国三级公立医院绩效考核B+等级、入选省级公立医院高质量发展试点单位，市中医院持续参与建立健全现代医院管理制度省级试点工作。推进紧密型县域医疗卫生共同体实质化运作，市人民医院“医共体”、市中医院“医共体”分别成立理事会、监事会，制定“医共体”章程和相关管理制度。初步形成医疗卫生行业综合监管机制，11月接受南通市医疗卫生行业综合监管督察组督查。完善“基层首诊、双向转诊、急慢分治、上下联动”分级诊疗体系，新建专家工作室3个，派出专家346人次，开展远程诊疗8311次，推动城乡卫生人才双向流动7168人次。

【卫生基础设施建设】2022年，海安市累计建成甲级村卫生室10家，5家卫生院达优质服务基层行国家推荐标准。推进“心电一张网”建设，以市人民医院为龙头，以二级综合医院、区镇（中心）卫生院为枢纽，在南通市率先为224家村级医疗机构配置可穿戴式12导联心电记录仪。滨海新区（角斜镇）卫生院发热诊室、雅周中心卫生院发热诊室主体封顶。市应急医院竣工验收并交付使用。市中医院新建急救分站并投入使用，市人民医院改建急救站、上湖医院和墩头中心卫生院新建急救站按序时建设。

【卫生健康民生实事】2022年，海安市实施卫生健康民生实事项目7个。实施海安市政府为民办实事项目（卫生健康）2个。实施基层卫生服务能力持续提升项目，更新全市224个村卫生室、社区卫生服务站办公、诊疗设施设备，组织乡村医生100人参与全科务实进修、中医适宜技术进修等业务培训；实施“百岁老人健康有约”服务项目，依托家庭医生签约服务，将服务对象范围扩大至95岁以上老人，惠及全市老年人1666人。实施南通市政府为民办实事项目（卫生健康）2个。实施癌症、卒中高风险人群早期筛查项目，完成癌症高风险人群早期筛查1777人，完成65周岁以上卒中高风险人群早期筛查3517人；实施水痘及老年人肺炎疫苗接种项目，为1周岁至2周岁、4周岁至5周岁儿童8700人接种水痘疫苗，为60周岁至85周岁老年人1.85万人接种23价肺炎疫苗。实施省政府为民办实事项目（卫生健康）3个。实施脊柱侧弯筛查项目，为10岁至17岁学生4.74万人筛查脊柱侧弯；实施卫生健康云（影像平台）建设项目，建成海安市区域PACS平台，并与省影像平台联动，实现医学影像检查结果互认共享；实施老年人运用智能技术培训项目，免费培训老年人5264人。（刘胜男）

新型冠状病毒性肺炎防控

【概况】2022年，海安市贯彻落实国家疫情防控要求，因时因势调整优化疫情防控措施，强化联防联控、群防群控，全面压实“四方责任”（辖区党委和政府属地责任，行业部门主管责任，各单位主体责任，个人自我管理责任），保障人民群众生命安全和身体健康。高效处置“4·20”小规模疫情及“10·12”聚集性疫情，均在1周内实现社会面清零、2周内恢复常态化疫情防控状态。推进便民采样点建设，建立“苏康码”黄码和行程卡带“*”人员专用采样点、24小时核酸采样点、便民核酸检测采样点，并持续更新公示一览表。结合全国疫情形势，及时调整优化防控政策。调查处置协查信息近2000起。改建双楼中专方舱医院，设置床位1000张，用于集中收治轻症和无症状患者。开展实战应急演练2次，举办疫情防控技术培训班10场。做好疫情防控物资保障，累计采购发放医用外科口罩175万只、N95口罩45.7万只、防护服28.9万件、隔离衣32.2万件、条帽49.68万只、医用鞋套26万双、检查手套62.69万只、外科手套17.89万只、面罩22.56万片。参与医疗援助工作，先后选派医务人员193人次支援北京、上海、天津、新疆等地区。

【卫生应急体系建设】2022年，海安市加强卫生应急“一案三制”（应急预案，应急管理体制、应急管理机制、应急管理法制）建设，工作重点由被动传染病及不明原因疾病应急处置向风险隐患排查和主动预防转变。优化疫情防控指挥体系，建立由市委、市政府主要负责人任组长（指挥长）的疫情防控领导小组和联防联控指挥部，下设“一办十六组”和12支“平急转换”工作专班。修订突发公共卫生事件总体预案、新冠肺炎疫情防控专项预案，建立市级疫情防控和医疗救援卫生应急专家库、紧急医学救援应急小队，组建120人的流调溯源队伍，成立集中隔离、环境消毒、核酸采样检测、数据处理、流调溯源等工作专班。

【核酸检测】2022年，海安市推进核酸采样便民化，分层分类布设全民核酸采样点261个、24小时便民核酸采样点13

个、临时"苏康码"黄码采样点13个、落地检采样点15个。不断提升核酸检测能力,在市人民医院12楼内新建城市核酸检测基地并投入使用,配备50台(套)检测设备,日检测量50万人份;原双楼城市核酸检测基地改为应急基地;李堡镇、曲塘镇、南莫镇PCR实验室建成并投入使用。强化"采、送、检、报"各环节全流程管理,基本实现全民核酸采样后12小时内完成全部检测任务。

(刘胜男)

疾病预防控制

【急性传染病预防控制】 2022年,海安市推进传染病疫情审核和预警处理、个案调查与疫点处置、报告管理及相关专业知识培训,各医疗机构网络运行率、报告及时率、审核及时率、有效证件号完整率均为100%。开展发热住院肺炎病例、霍乱及其他致泻性弧菌、手足口病及禽流感等监测工作,及时规范处置手足口聚集性疫情(暴发疫情)40起。全年,报告疑似预防接种异常反应93例,均为一般反应。以区镇为单位,脊灰、含麻类、百白破、卡介苗、A群流脑、乙脑、甲肝、乙肝疫苗接种率大于90%;乙肝疫苗首针、含麻类疫苗首针接种及时率大于90%;AFP、麻疹、新生儿破伤风主动监测覆盖率100%。

【慢性传染病预防控制】 2022年,海安市开展重点人群结核筛查,报告肺结核发病率0.016%,发现普通肺结核患者133例、耐药肺结核患者4例,成功治疗率97.6%,肺结核患者规范管理率、肺结核患者规则服药率及疑似肺结核患者总体到位率均为100%。规范处置学校结核散发疫情,完成新生入学结核筛查2.56万人,发现校园肺结核患者7例,治疗率100%;潜伏感染者168例,预防性治疗率99.4%。

【慢性非传染病预防控制】 2022年,海安市报告肿瘤病例3975例,死亡2686例,随访近1.7万人次,肿瘤登记报告工作连续八年被国家癌症中心授予肿瘤登记工作优秀奖。报告脑卒中新发4940例,死亡780例。报告急性心梗发病710例,死亡240例。管理高血压患者9.91万人,规范管理率68.4%,最近一次血压达标率67.6%;管理糖尿病患者3.37万人,规范管理率67.8%,最近一次血糖达标率46.6%;35岁以上就诊测压90.49万人次,发现登记并指导干预高血压高危人群7526人、糖尿病高危人群1770人。完成第八期心血管病高危人群早期筛查和综合干预项目,随访干预既往高危对象2887人,面访率73%;完成第九期初筛1000人目标,发现高危对象256人,干预251人,长期随访3384人,面访2076人。"智能化慢病管理试点应用项目二期——个性化慢病管理服务模式探索项目"通过国家慢病中心评估并进入实施阶段。

【艾滋病预防控制】 2022年,海安市正常开展艾滋病自愿咨询检测(VCT)服务,门诊接受自愿咨询检测893人次。艾滋病抗体检测22.78万人次,人口覆盖率26.18%。为感染者配偶及性伴侣提供免费艾滋病抗体检测咨询,督促艾滋病感染者及病人及时体检、接受治疗,CD4(白细胞分化抗原4)与病载检测率97.47%,抗病毒治疗率97.15%。制订并落实娱乐场所干预方案,成立城区干预小分队,完成重点人群现场干预任务。

【麻风病预防控制】 2022年,海安市有存活麻风病治愈者370人,随访率100%。加强麻风病监测,发现可疑麻风病线索379条,线索报告率100%,现场筛查率98%;发现并向上级转诊疑似麻风病例17例,未发现麻风现症病人,现场核查率100%。实施麻风病提升村医服务能力项目,邀请省级专家培训区镇医务人员170人、村医704人。6月,启动海安市首届麻风病防控技能竞赛,市卫生健康委、市疾控中心先后组织区镇卫生院医师120人、村医704人分批参加培训、测试,8月17日在市人民医院举办决赛。

【劳动卫生与职业病预防控制】 2022年,海安市审核质控职业健康检查信息2.3万条,对30家企业开展职业有害因素现场监测,抽取7家企业219人进行现场职业健康素养调查。回顾性调查和随访尘肺病人46人,分析职业病相关死因死亡个案5例。4月25日至5月1日,开展第20个"职业病防治法"宣传周活动,推送职业病预防控制相关科普文章,制作案例警示教育专文,组织执法人员进企业宣传2次,发放宣传手册和宣传用品200份。

【血地寄预防控制】 2022年,海安市落实春季血防查螺环境287个,查螺面积292.4万平方米,未发现活螺。监测居民和流动人员1400人、家畜160头,未发现阳性感染。血检发热病人646人次,疟疾RDT检测521人次,发现并规范处置卵形疟原虫阳性病人1例。加强疟疾筛查和宣传教育,发放宣教材料1423份,市卫生健康委获评省血吸虫病监测工作、疟疾和重点寄生虫病监测工作先进集体。

【卫生监测】 2022年,海安市加强卫生监测,开展学校因病缺课、伤害监测,缺课监测上报率95.57%,产生预警236条,预警处置率100%。完成9所学校教学环境监测。对8个省监测点、11个市监测点开展水样监测,市卫生健康委、市卫生监督所联合约谈有问题的水质监测点。汇总分析食源性疾病报告信息400多条,调查处置疑似食源性疾病事件15起。

(刘胜男)

基层医疗卫生

【基本公共卫生服务】 2022年,海安市基本公共卫生服务项目补助标准为每人93元。完善基本公共卫生服务管理机制,按照实际完成服务数量和质量拨付资金,全年下拨项目经费8130.99万元。规范医疗机构基本药物制度,全市所有政府办区镇(中心)卫生院、村卫生室(社区卫生服务站)基本药物和非基本药物全面实行零差率销售，区镇民营医院结合基本药物使用量和药品销售规定价差，拨付基本补助经费9943.11万元。墩头中心卫生院获南通市基本公共卫生服务项目绩效评价第二名。基层卫生服务能力和队伍建设获省政府督查激励，南通唯一。

【村卫生室及乡村医生管理】 2022年，海安市按照“保基本、强基层、建机制”工作要求，加大基层医疗机构投入，推进镇村一体化管理。5家村卫生室获评省甲级村卫生室，35家达省级基本标准。优化乡村医生队伍，全市拥有乡村医生序列人员819人，均纳入区镇卫生院工会管理，落实适龄乡村医生“五险一金”（养老保险、医疗保险、失业保险、工伤保险、生育保险，住房公积金）缴纳工作。开展乡村医生服务能力提升活动，组织乡村医生100多人参加全科务实进修、中医适宜技术进修、新入职人员岗前培训等活动。

【家庭医生签约服务】 2022年，海安市增加家庭医生签约服务供给，常住人口签约率56.71%，重点人群签约率91.03%，首诊签约11.48万人，“点单式”签约5.04万人。组织市级专家下乡409人次，服务签约居民5723人。举办健康讲座41场次，服务群众2293人。为行动不便患者提供家庭医生预约上门和家庭病床服务，全年设床位44张。白甸镇卫生院获评省家庭医生签约服务模式创新单位，高新区中心卫生院大里村家庭医生工作室获评省星级家庭医生工作室。 （刘胜男）

爱国卫生

【健康教育】 2022年，海安市持续加强居民健康教育和健康促进工作，依托江苏省健康教育工作体系信息化管理平台，普及卫生防病知识和健康素养技能。推广建设村级健康教育平台70家。开展第35个“世界无烟日”活动，巩固无烟党政机关建设成果。编印、发放健康教育处方、宣传画、折页等26种51万份，播放健康教育音像资料10.97万小时；开展“卫生宣传日”咨询义诊活动95次，受众1.68万人次；举办健康教育讲座1410场，受众5.14万人次；推进“三减三健”（减少盐类摄入、减少糖类摄入、减少油脂摄入，倡导健康口腔、倡导健康体重、倡导健康骨骼）专项行动，组织市级机关、事业单位406人参加全国第七届健走激励大赛。南莫中心卫生院“关爱老年健康，我们在行动”获评健康中国行动推进委员会办公室最具实践力基层案例。

【病媒生物预防控制】 2022年，海安市持续推进除“四害”（苍蝇、蚊子、老鼠、蟑螂）工作，鼠密度每夹0.035只，蚊密度每灯每小时1.499只，蝇密度每笼2.188只，蟑螂密度每张0.046只。鼠密度控制水平A级，蚊虫、蝇、蟑螂密度控制水平均为B级，防鼠设施合格率98.28%，防蝇设施合格率98.07%。动员各区镇开展新时期爱国卫生运动，发放老鼠药约4.5吨，常态化开展镇郊以及背街里巷、农贸市场等重点部位环境卫生治理。

【省健康县建设】 2022年，海安市印发《海安市省健康县建设工作实施方案》，召开省健康县建设推进大会，推进新时期爱国卫生运动。滨海新区（角斜镇）、22个行政村分别通过省卫生镇、卫生村复审考评，滨海新区（角斜镇）、李堡镇、白甸镇、墩头镇、雅周镇申报创建国家卫生镇，通过南通市级考评，完成省系统平台创建资料申报评审。海安街道新桥社区等10个村（社区）获评省健康村（社区），市卫生健康委等13家省级健康机关通过南通市级初评。

（刘胜男）

妇幼健康

【概况】 2022年，海安市7岁以下儿童总数3.3万人，7岁以下儿童健康管理率98.29%；3岁以下儿童总数9810人，3岁下儿童系统管理率95.19%；6岁及以下儿童家庭医生点单式签约新增2579人，其中个性化服务1214人。妇女宫颈癌免费筛查4.32万人，乳腺癌筛查4.20万人；2020—2022年期间，妇女“两癌”筛查适龄妇女覆盖率列全省第一位。免费避孕药具发放近3万人次，协议医疗卫生机构提供免费基本避孕手术2858例。推进妇女儿童全生命周期服务，做优婚姻登记、婚前保健、孕前优生健康检查“一站式”服务平台，免费孕前优生健康检查任务完成率103.53%，增补叶酸预防神经管缺陷项目任务完成率111.1%，全年未发生艾滋病、梅毒和乙肝母婴阻断失败案例，出生缺陷防治全面实施。

【出生缺陷防治】 2022年，海安市贯彻落实《江苏省出生缺陷防治办法》，预防为主、防治结合，构建覆盖城乡居民，涵盖婚前、孕前、孕产期、新生儿各阶段的预防、筛查、诊断、治疗、康复全程服务的出生缺陷防治体系。实施出生缺陷“三级预防”免费筛查，包括婚前医学检查、孕前优生健康检查、产前筛查、新生儿疾病筛查、新生儿听力筛查、新生儿先天性心脏病筛查。全年，4176人接受婚前医学检查。为1760对夫妇提供孕前优生健康检查服务。全市产妇数2502人，产前筛查2411人，筛查率96.36%。活产数2538人，新生儿遗传代谢病筛查2535人，筛查率99.88%；听力筛查2534人，筛查率99.84%。助产机构出生新生儿数2450人，先天性心脏病筛查数2447人，筛查率99.88%。

【孕产妇及新生儿健康】 2022年，海安市新生儿访视率99.29%。发生危重新生儿152例，抢救成功150例，成功率98.68%。产妇建卡率100%，早孕建册率91.64%，产前5次检查率94.52%，孕产妇系统管理率94.4%，住院分娩率100%，产后访视率98.23%。孕产妇家庭医生点单式签约新增2654人，其中个性化服务2228人，常住人口应签尽签。发生危重孕产妇14例，抢救成功14例，成功率100%。

【出生医学证明管理】 2022年，海安市依托全国一体化在线政务平台开展身份认证和数据共享服务，使用实人认证（人脸识别）功能，确保“人、证”一致。签发出生证明2324份，其中，首次签发2219份、补发80份、换发25份。废证446份，完成出生证真伪协查鉴定2份。

【托幼（育）机构卫生保健】 2022年，海安市开展托幼（育）机构卫生保健日常督查，对4家托育机构进行招生前卫生评价，对67家托育机构开展卫生保健及疫情防控工作督导，召开3期卫生保健工作现场会。加强托幼（育）机构管理人员、保健人员业务培训，4月，组织全市幼儿园园长及保健老师73人参加南通市级卫生保健培训。开展在园儿童、儿童入园前及托幼机构工作人员健康体检工作，在园儿童健康体检1.79万人，体检率100%，为全部在园儿童建立视力健康电子档案。各托幼（育）机构定期组织工作人员健康体检。

【海安市妇幼保健院】 2022年，海安市妇幼保健院门诊服务3万多人次。儿童保健科提供儿童健康监测8573人次、新生儿黄疸检测687人次、儿童眼保健门诊1.01万人次、高危儿专案管理4185人次、体弱儿专案管理47人次、发育评估3330人次、听力筛查311人次。妇女病门诊1342人次，计划生育手术163例。孕妇建册1737人、初次产前检查1562人次。完成医学检验检测项目5.32万项次，超声检查项目2736人次，其中，胎儿颈后透明带扫描筛查803人次，心电图1681人次，骨密度检测3926人次、婴儿髋关节筛查1433人次；乳腺X线检查781人次，胸部摄片441人次。完成城区幼儿园在园儿童8239人、新入园儿童2365人健康体检工作。

（刘胜男）

职业健康

【概况】 2022年，海安市修订职业病防治工作联席会议制度，出台《海安市“十四五”职业病防治规划》《海安市深入开展职业病危害专项治理工作方案》等文件。全年，报告职业病3例，其中，噪声聋2例、热射病1例；疑似职业病人6人。开展企业职业健康安全检查，发出限期整改意见书102份，立案调查违法企业42家，罚款28.7万元。审核质控职业健康检查信息2.3万条。对30家企业开展职业有害因素现场监测，抽取7家企业219人进行现场职业健康素养调查。回顾性调查和随访尘肺病人46人，分析职业病相关死因死亡个案5例。

【职业病危害因素监测】 2022年，海安市完成30家用人单位工作场所职业病危害因素监测工作，其中，建筑用石加工企业18家、木质家具制造企业5家、铝冶炼企业3家、水泥制造企业1家、其他建筑材料制造企业1家、汽车零部件及配件制造企业1家、热电联产企业1家；小型企业20家、微型企业10家。监测重点职业病危害因素为矽尘、噪声、游离二氧化硅含量，其中，总尘监测点数12个，合格点数11个，合格率91.67%；呼吸性粉尘监测点数84个，合格点数69个，合格率82.14%；噪声监测点数88个，合格点数73个，合格率82.95%；二甲苯监测点16个，合格点数16个，合格率100%；甲苯监测点16个，合格点数16个，合格率100%；乙苯监测点数16个，合格点数16个，合格率100%；锰及其无机化合物监测点数4个，合格点数4个，合格率100%。监测项目情况均通过国家工作场所职业病危害因素监测系统审核。

【职业健康宣传】 2022年，海安市举办职工职业健康宣传活动、职业病危害专项治理工作暨职业健康知识培训会等活动3次，企业负责人、职业卫生管理员近1100人次参加培训。组织“健康企业”创建和“职业健康达人”评选活动，报送省级“职业健康达人”1人，送审“健康企业”2家。4月25日至5月1日，开展第20个“职业病防治法”宣传周活动，推送职业病防治相关科普文章，制作案例警示教育专文，组织执法人员进企业宣传2次，发放宣传手册和宣传用品200份。

（刘胜男）

老年健康

【概况】 2022年，海安市有承担老年人体检医疗单位42家，其中，公立区镇卫生院9家、民营医院33家。打造“机构+社区+居家”链式服务，全市有各类养老机构34家，在居家养老服务中心（站）建设全覆盖的基础上，提升改造服务设施，打造主城区居家养老“15分钟服务圈”，为近6万名老人提供居家养老上门服务。实施65岁以上老年人健康管理项目，完成老年人健康管理16.79万人，健康管理率74.34%。将95岁以上老年人纳入“百岁老人健康有约”服务项目，村卫生室签约医生和市、镇医院签约专家定期开展上门服务，百岁老人居住地区镇（中心）卫生院提供就医“绿色通道”和个性化居家护理服务。

【百岁老人健康服务】 2022年，海安市继续实施“百岁老人健康有约”服务项目，且放宽到95岁以上。市卫生健康委组织摸清全市95周岁以上老人健康状况底数，构建“居家为基础、社区为依托、机构为补充、医养相结合”的老年人健康服务体系，按照“医患统一、分层结对”，为百岁老人提供家庭医生签约服务、居家点单式护理服务。按照老人意愿与家庭医生团队签订“海安市百岁老人家庭医生签约服务协议书”，村卫生室家庭医生为百岁老人建立电子健康档案，签约医生给予健康、预防、老年保健等方面指导，每月不少于一次。服务经费由市财政安排，按每年每名百岁老人700元的标准发放。全市签约百岁老人1666人，村签约医生累计上门服务1.74万人次，市、镇医院专家上门服务2862人次，市财政落实项目补助经费100.82万元。

【医养融合发展】 2022年，海安市拥有医疗结合机构28家，其中，护理院1家、康复专科医院1家、医疗机构内设养老机构7家、养老机构（包含福利院）内设医务室19家；设总床位5981张，其中护理床位4174张。推进“互联网+”护理服务与家庭医生签约服务相结合，依托公立医疗机构，提供上门护理服务47项。提升二级及以上医疗机构老年医疗服务水平，市人民医院、市中医院增设老年医学科。推进康复科建设，拓展安宁疗护服务，全市区镇卫生院康复科设置率50%。加强老年友善医疗机构建设，市人民医院、南莫中心卫生院、福康护理院获评省老年友善医疗机构优秀单位，墩头中心卫生院、大公镇卫生院、南屏医院获评省老年友善医疗机构。

（刘胜男）

中医药事业

【概况】 2022年，海安市持续推动中医药传承创新发展，不断加大中医药扶持力度，将每年8月19日定为“海安中医节”，市、镇、村三级中医健康服务体系逐步形成，中医院三级甲等中医医院创建工作有序推进，“中国江苏—乌兹别克斯坦中医药中心”项目成功签约，海安中医药对外影响力持续扩大。以市中医院为主，全面推动中医“医共体”工作，在“医共体”单位建立7个名中医工作室，助推基层中医服务能力提升。市中医院新上市中药制剂“健肠止泻合剂”。市中医院获评江苏省老年医学临床适宜技术推广应用单位，中医院骨伤科、脾胃病科、肿瘤科通过省级中医重点（建设）专科创建初审。李堡中心卫生院、南莫中心卫生院入选第二批省五级中医馆建设单位。疫情防控中有效开展中医药服务，免费配送各类院内中药制剂和中药香囊到各隔离点，累计发放“益气抗毒方”1768剂、“省专家组推荐1号方”980剂、防疫香囊932个。

【中医药人才建设】 2022年，首届“海安中医节”上表彰市中医院邓舜、顾玉娟、高改宏、梅莉、吉久春、鲁厚林，市人民医院邓海鹏，城东镇中心卫生院闵俊娥，南莫中心卫生院毛玉安，海安海北医院邱舜为基层名中医，为市中医院梅九如、马小平颁发海安市中医药发展突出贡献奖。市中医院不断加强中医药人才培养，新引进高层次及紧缺专业人才4人；组织28对优秀中医师承人员结成师承带教对子；12月，与扬州大学医学院签订“西医人员学习中医药基础知识与临床技能”培训协议，开展西医人员中医教育，充实中医队伍。全年，举办中医适宜技术培训推广班4期，培训乡村医师约360人次。

【中医药宣传】 2022年，海安市委、市政府将第五个“中国医师节”确立为首届“海安中医节”，弘扬中医药文化，促进中医药医疗、保健、文化、科研、产业全面发展。8月19日，举行首届“海安中医节”开幕式，表彰基层名中医10人、优秀医师30人、优秀乡村医生10人，市中医院与江苏省海安高级中学、扬子江药业集团签订“海中国医馆”合作共建协议和“止血合剂”制剂成果转化协议。期间，开展“海峡两岸话中医、全国名医进海安、中医药健康行、岐黄校园行、中医养生膏方节、杏林草堂微巡讲”六大系列活动。全年，举办“中医药健康行”活动10场，开展中医药健康宣传教育活动20多场、义诊10多场，发放宣传手册500多份，服务群众约500人次。

【中医药对外交流】 2022年，海安市加强中医药事业对外交流合作，7月6日，中国—乌兹别克斯坦国际学术交流暨科研合作签约仪式通过视频连线方式在海安市中医院举行，海安市中医院、扬州大学医学院分别与乌兹别克斯坦代表进行签约，框架协议里包括具体的科研项目和中医药文化交流。海安与乌兹别克斯坦开展中医药科研创新协作，推动中医药人才培养，打造好“中国江苏—乌兹别克斯坦中医药中心”。乌兹别克斯坦共和国卫生部副部长萨比洛夫参加活动，乌兹别克斯坦中央电视台报道签约仪式。

（刘胜男　史文君）

卫生监管

【卫生行政许可】 2022年，海安市办理卫生行政许可1728件，其中，公共场所卫生许可454件，放射诊疗许可85件，医疗机构校验368件，护士执业注册330件，医师执业注册325件，母婴保健专项技术服务执业许可29件，医疗机构注册登记（变更）137件，均按时办结。

【职业健康和放射卫生监管】 2022年，海安市对120家存在职业病危害因素的企业开展职业病危害项目申报专项执法行动，发出限期整改意见书102份，立案36起，比上年增长140%，罚款23.1万元。办理职业卫生案件12起，罚款23.7万元。集中约谈粉尘超标企业11家。对2021年以后新增职业病或疑似职业病病人用人单位开展专项执法检查，立案调查存在违法行为的用人单位4家。开展职业健康检查机构专项检查，建立职业健康信用评价机制。举办职业病危害专项治理工作暨职业健康知识培训会、放射卫生知识线上培训班，1400多人次参加培训。

【医疗卫生监管】 2022年，海安市开展医疗乱象专项检查，全面排查医疗质量和安全隐患、医疗机构及医务人员依法执业情况、医院感控管理等，立案查处有证医疗机构29家、医务人员1人，没收违法所得0.66万元，罚款26.22万元；查处非法行医案件19起，没收违法所得1.37万元，罚款74万元，没收药品、医疗器械若干。

【公共场所和饮用水卫生监管】 2022年，海安市结合公共场所疫情防控、节假日期间公共场所卫生检查等活动，开展专项检查2500多户次，发放公共场所疫情防控提示单800多份。组织公共场所“双随机”、集中空调通风系统及游泳场所等检查活动，采样抽检16家美容美发、住宿、浴室等场所的顾客用品用具、水质、空气质量等，抽样106份，合格率95.2%；9家游泳场所抽样69份，合格率79.7%；2家集中空调使用单位合格率100%。按季度组织生活饮用水质卫生监测，每月上报水质自检全分析报告。开展现制现售饮用水水质处理器专项监督检查，抽检合格率100%。

【学校卫生监管】 2022年，海安市开展春、秋开学季新冠疫情防控专项督查，加强中高考考点学校及周边住宿场所监督检查，召开考点周边住宿场所卫生安全工作约谈会议，抽检2家高考考点、5家中考考点学校的学生饮用水，抽样14份，合格率85.7%。8月25日，召开全市学校卫生工作培训会议，各校分管负责人、校医、保健老师和各区镇教办及疾控分中心近300人参训。

【传染病与消毒产品卫生监管】 2022年，海安市采取“双随机”检查、日常监督和投诉举报处理等方式，常态化开展传染病防治监督工作，立案查处8件，罚款1.8万元。随机抽检消毒产品生产企业2家、母婴店1家，抽检样品经第三方检测机构检测，结果均合格。开展节日消毒产品监督巡查，组建专项行动小组14个，检查消毒产品经营单位58家、消毒产品208个。开展抗（抑）菌制剂专项监督检查，检查抗（抑）菌制剂生产企业4家、商场超市13家、药店55家、母婴店3家，检查产品数168个，下发卫生监督意见书8份。

【卫生监督稽查】 2022年，海安市查处一般卫生行政处罚案件78件，其中，医疗市场31件、传染病防治10件、公共场所21件、职业卫生11件、放射卫生3件、餐饮具消毒2件，罚没款117万元，未出现行政复议变更或行政诉讼败诉。及时处理投诉举报案件65起，办结65起，其中，公共场所25起、餐饮具集中消毒单位2起、医疗市场28起、职业卫生5起、其他5起，立案查处20起、移送其他部门1起。

（刘胜男）

医政药政管理

【概况】 2022年，海安市启动市人民医院、市中医院“三甲”创建工作。加快临床重点专科建设，31个专科通过南通市级重点专科复评，3个获评南通市重点学科；市人民医院成立海安市癌症防治中心，肿瘤科通过省重点建设专科复评；市中医院脾胃病科和肿瘤科通过省中医重点建设专科评审。开展“优质服务基层行”活动，5家区镇卫生院达推荐标准。推进民营医疗机构健康发展，新生医院、南屏医院、新康明眼科医院完成整体搬迁，玉蕙口腔医院投入运行。加强医院感染管理，完成全市二、三级医院感染监测信息化建设并投入使用，5家消毒供应中心感染预防与控制工作通过南通市消毒供应中心验收；组织医院感染管理专职人员、消毒供应中心及口腔诊所消毒员156人参加培训，实现持证上岗；医院感染管理质控中心获评南通市优秀质控中心，1人获评先进个人。探索开展居家药学服务，推动持证家庭药师为重点人群提供药物咨询、合理用药科普等个性化用药指导服务。常态化开展“互联网+”护理服务活动，12家单位的护理人员551人依托护理平台完成护理服务47项1446单。各有1人、2人获评南通市优秀科技管理工作者、科技创新先进个人，4个项目获南通市中医药奖。市医疗纠纷人民调解委员会入选南通市政法委十年调解光荣榜。

【医政管理】 2022年，海安市完成医疗机构准入及注销现场验收31家，机构内增设中医科、妇科2家，准入口腔诊所4家、医疗美容诊所1家，增设床位（牙椅）6家，注销机构2家。开展年中、年终医疗质量督查，抽查住院病历660份，点评处方6500张，通报不合理检查、用药、治疗行为，查处不良执业行为医疗机构7家，处罚10.82万元，没收违法所得0.88万元。探索建立短缺药品市级储备机制，设立短缺药品保障资金10万元。落实市级处方点评机制，举办市级处方点评1次、现场处方点评1次，公开点评不合理、不规范用药行为，培训人数450人次，门诊处方合格率87%。开展医疗、护理、药学服务技能竞赛1次，参赛人员40人。加强实验室生物安全管理，6家PCR实验室、2家城市核酸检测基地生物安全及资质通过验收。运行医疗废物管理信息系统，统一回收未被污染的输液瓶（袋）且全程二维码信息追溯，实现“闭环管理、定点定向、全程追溯”；定期收集医疗废物重量数据，专

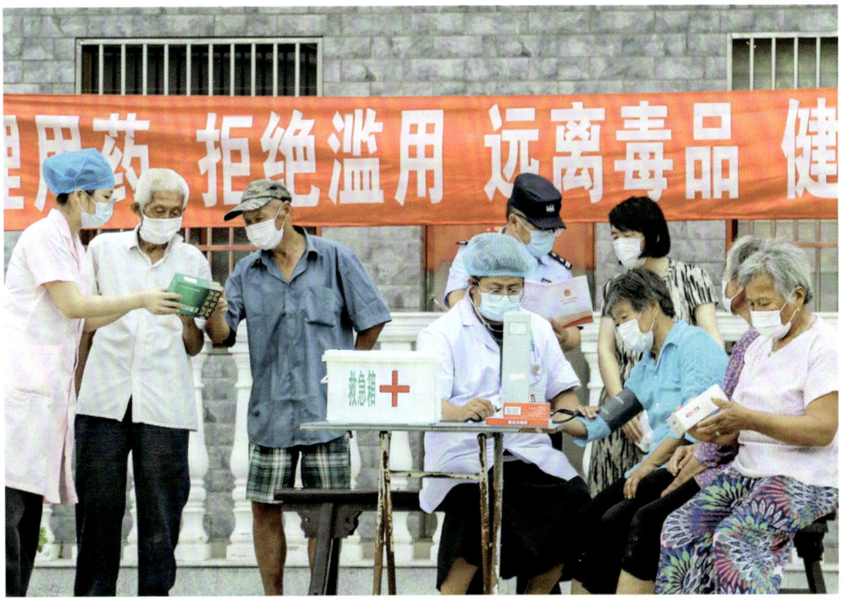

2022年6月26日，海安市墩头镇开展“合理用药、拒绝滥用、远离毒品”健康科普活动
周　强／摄

项督查医疗废物，防止医疗废物流失、泄漏、扩散。

【专科联盟建设】 2022年，海安市加大对联盟基层医疗机构的技术帮扶、人才培训力度，发挥市人民医院、市中医院两大护理专科联盟作用。市人民医院护理专科联盟对17家成员单位开展调研、培训、质量督导2次，组织理论技能培训57场次，培训人数1168人次。市中医院护理专科联盟对23家成员单位在质量安全、技术服务及中医护理开展方面予以帮扶，接收进修人数10人次，培训人数290人次，线上指导人数33人次，实地督导48次。（刘胜男）

【医药服务管理】 2022年，海安市落实医疗服务项目价格调整政策，3月1日起调整临床诊疗类医疗服务项目价格76项，新增医疗服务项目35项，由各公立医疗机构试行自主定价，完善医疗服务项目64项，取消医疗服务项目5项，新增特殊医用耗材31项，调价影响金额超1000万元。组织全市定点医疗机构参加国家、省集中带量采购工作，集采医用耗材6轮（次）、药品328种，药品和医用耗材网采率超90%，全年节约医疗费用约1亿元。（吴谢晖）

市级医院

【海安市人民医院】 海安市人民医院建于1950年，是三级乙等综合性医院、国家级爱婴医院、南通大学附属医院，先后获评全国卫生系统先进集体、江苏省卫生系统先进集体、江苏省十佳医院、江苏省文明医院、江苏省爱国卫生先进单位。2022年，医院占地面积9.8公顷，总建筑面积15.8万平方米，实际开放床位1286张。拥有职工1374人，其中高级职称280人。新增在职硕士10人，招引硕士6人。年门诊73.6万人次，比上年下降10.6%；年急诊14.4万人次，比上年增长12%；收治病人5.8万人次，与上年基本持平；手术1.91万台次，其中三级、四级手术占比69.39%。医院依托“五大中心”（胸痛中心、卒中中心、创伤中心、危重孕产妇中心、新生儿抢救中心）构建区域急危重症救治体系和院前院内无缝隙衔接救治网络，拥有省重点建设专科1个，南通市重点专科26个、重点建设专科3个、护理重点专科3个。加强高层次人才培养，先后启动医生“结对带教”、护理后备人才选拔等活动，推进“海陵名医”工程，上报省“333”高层次人才培养工程第三层次中青年科学技术带头人3人、南通市“江海英才”市级培养专项第三层次培养对象4人，获批海安市高层次人才科研资助立项项目4项。深化互联网医院建设，取得省互联网医院运行资质。

【海安市中医院】 海安市中医院1981年选址兴建，1983年4月独立建院，以中医为主、中西医结合，是一家集医疗、教学、科研、保健于一体的三级乙等中医院、国家级爱婴医院、国家中医住院医师规范化培训协同基地、南京中医药大学教学医院、南京中医药大学翰林学院附属医院、扬州大学医学院临床学院，与新疆伊宁市维吾尔医医院缔结“友好医院”。2022年，医院占地面积3.3公顷，总建筑面积11.5万平方米。设有24个病区，开放床位1000张。拥有20个一级临床科室，其中针灸科为“十二五”国家中医重点专科协作组成员单位、全国第二批农村医疗机构中医特色专科（专病）、江苏省中医重点专科。医院拥有糖尿病、胆石症内病外治、甲状腺病、脾胃病等30多个具有中医特色优势的专科专病治疗科室，有南通市中医重点专科10个、临床重点专科1个、中医重点建设专科1个。年门诊、急诊53万人次，出院3.06万人次。拥有卫生技术人员856人，其中，硕士研究生导师7人、博士3人、硕士81人。有全国基层名老中医学术指导老师1人、全国中医药创新骨干人才1人，江苏省名中医6人，南通市名中医15人、南通市基层名中医6人，省“333”高层次人才培养工程人才4人，南通市“226”高层次人才培养工程人才9人。发表医学类论文143篇，其中，SCI期刊12篇、科技核心（统计源）期刊31篇。医院获评江苏省老年医学临床适宜技术推广应用单位。急救中心、科研教学病房综合楼启用。

【海安市第三人民医院】 海安市第三人民医院始建于1976年，是海安市唯一一所市级二级甲等精神病专科医院，提供精神心理疾病的预防康复、科研教学、残疾鉴定、社区防治和基层精防人员培训等基本医疗卫生服务。医院分设南、北2个院区，北院区位于海安市闸北路12号，占地面积约1.33公顷，建筑面积2.56万平方米；南院区位于长江中路5—9号，业务用房约4500平方米。拥有职工224人，卫生专业技术人员173人，其中高级、中级职称79人，卫技人员占全院总人数77.2%。拥有核定床位300张。设有普通精神科（含MECT室）、精神残疾鉴定科、儿少精神科、睡眠心理科、住院康复部等科室。全年，收治各类精神障碍患者1283人次，集中住院治疗病情不稳定贫困患者626人次，为在管和部分免费服药患者3247人提供免费健康体检，为1509人提供免费发药服务。推进海安市社会心理服务体系建设试点，组建“民兵心理治疗排”，举办认知行为治疗（CBT）专题学术会。

【海安市皮肤病医院】 海安市皮肤病医院始建于1959年，前身为海安县麻风病医院，是南通市唯一一家提供涵盖皮肤病诊治、性病诊治、化妆品不良反应监测、过敏原检测和内科、外科、妇科、全科等基本医疗卫生服务的医院。医院是上海复旦大学附属华山医院皮肤科联盟合作单位、省人民医院皮肤科临床协作中心、省老年友善机构、省健康促进医院、省化妆品不良反应监测评价基地、省麻风组织病理学诊断定点单位。医院设总院、人民东路门诊部、人民西路诊所，总院位于海安市曙光东二路31号，建筑面积4000多平方米。拥有职工47人，专业技术人员46人，其中，高级职称6人、中级职称14人。设有皮肤科、医疗美容科等科室，特色专科有面部年轻化、皮肤美容、色斑、牛皮癣、白癜风、荨麻疹、痤疮、灰指甲、生发等。（刘胜男）

海安市体育中心

体　　育

综　述

【体育设施】2022年，海安市完善和提升城乡一体化“10分钟体育健身圈”，新入库体育场地数129个，新增体育场地面积28万平方米。新建成1个三类体育公园和1条10千米健身步道。新建两片城区嵌入式篮球场。为15个乡村振兴示范村和先进村配置健身器材330件，建成规模化乡村健身示范点5个。盘活全市公共健身资源，有序推进65所学校面向社会开放田径场、篮球场、排球场等体育场所。实施滨海新区长角河河长制主题公园拓展项目，完成健身步道划设及沿途宣传栏、标识标牌建设。通扬河生态廊道获评“江苏省最美跑步线路”。胡集街道谭港村体育公园、大公镇凌东村农民健身公园获评“江苏最美乡村健身公园”。谭港村体育公园入选“学习强国”学习平台《体育强省·每周一景》栏目，公园占地面积近4万平方米，绿化覆盖率70%，设置乡村大舞台、法治长廊、亲水栈道、电子显示屏、生态停车场、公共厕所等，配备健身步道、篮球场、笼式足球、溜冰场、露天广场等健身设施，实现体育活动空间与生态景观有机融合。大公镇凌东村入选江苏省农民体育健身活动基地，南通唯一，村农民体育队伍发展到600余人。

【体育人才培养】2022年，海安市新增社会体育指导员561人，累计有各级社会体育指导员4520人，其中，国家级24人、一级226人、二级356人、三级3914人。汤远燕获评“江苏省最美青年社会体育指导员”。持续加强社会体育人才队伍建设，优化社会体育指导员年龄结构、技术等级，推进社会体育指导员队伍专业化、年轻化。年内，举办社会体育指导员线上培训5期，培训项目设有健身气功八段锦、五禽戏、六字诀、太极拳和第九套广播体操，健身骨干725人参与培训。创新社会体育指导员队伍管理模式，为社会体育指导员380人办理保险。

表37　2022年海安市体育事业统计表

指　标	单位	数量
体育馆	个	10
田径场	个	17
室内游泳池	个	11
室外游泳池	个	7
综合房馆	个	7
体操房馆	个	6
乒乓球房馆	个	223
健身房馆	个	271
棋牌房馆	个	124
台球房馆	个	21
小运动场	个	88
篮球场	个	400
小篮球场	个	113
排球场	个	61
门球场	个	5
职工人数	人	6
其中：专职教练员	人	1
举办各种运动会场次	次	12
举办单项比赛场次	次	55
举办全民健身活动次数	次	102
体育彩票销售网点数	个	137
体育彩票总销量	万元	19142.62
参加南通市以上比赛获奖牌数	块	98
其中：金牌	块	22
银牌	块	16
铜牌	块	60

【国民体质监测】 2022年，海安市继续实施国民体质免费监测，主要设置身高、体重、血压、骨密度测试和人体成分分析等监测项目，并根据监测结果开具运动处方。全年，完成国民体质监测5047人，并为测定者建立健康档案。城乡居民体质测试合格率93.5%，经常参加体育锻炼人口比例43.56%。加强体质监测人员岗前培训，培训国民体质监测员60人。（何春光）

全民健身

【概况】 2022年，海安市深入开展全民健身活动，创建地方特色赛事品牌，不断拓展体育文化多元功能，先后举办海安市第十届运动会暨第五届全民健身运动会、海安市第五十九届北凌农民运动会，“福虎生风乐·新春律动趣”、6月奥林匹克主题、海安市“同谱全民健身曲·共唱海安奋进歌”全民健身月系列活动等群众健身体育活动102场。依托市老年人体育协会，开展太极武术、健身气功、海安花鼓、门球、乒乓球、柔力球、持杖健身走等适合老年人的传统与特色项目活动。依托阳光乒乓球训练中心，打造残疾人乒乓球运动品牌。市健身体育服务平台依托城乡2000多个健身服务点，开展送健身培训、送健身项目、送健身器材“三下乡”志愿服务活动，举办南通市级示范活动4次，每月实施一次专业技能培训和结对共建，820人的健身服务队伍活跃度100%，人均时长36.6小时。加强健身体育志愿骨干队伍建设，培训舞龙、砂板乒乓球、健身花鼓等志愿骨干458人以及防溺水志愿宣讲员40人。加大健身体育服务宣传力度，组织宣传人员业务培训10场，70多次健身服务文明实践活动被中国文明网、“学习强国”学习平台、江苏电视台《江苏体育》、“交汇点”移动新闻客户端等主流媒体报道。市体育总会获评全省群众体育先进单位。市体育总会代表队获江苏省彩带龙线上技能比赛一等奖。4月12日，召开全民健身工作联席会议，34个联席会议成员单位参加会议。

【农民体育】 2022年，海安市拓展农民运动内涵，丰富体育活动形式，健全农村健身场地设施，打造农民体育助推乡村振兴的“大公样本”。10月29日，海安市第五十九届农民体育运动会火种采集暨火炬传递启动仪式在全国农民体育发祥地——大公镇北凌村举行。11月5日，农民运动会开幕。开幕式上，举行“启航北凌农运”“续航健康海安”“领航勇立潮头”大型文体表演，上演健身操、太极拳、击剑操、健身花鼓、田间操、龙狮表演等节目。此届运动会规格、规模、历时刷新历届之最，采取“线上+线下”方式组织，设立微型马拉松、广播体操、广场舞、健身气功、太极拳、拔河、扁担拔河等15个比赛项目。5项线上比赛历时近2个月，其中，八段锦、微型马拉松2个项目升格为南通市级比赛，微型马拉松3千米和5千米里程赛吸引省内外8万多人报名参赛，10项线下比赛吸引海安市内620多人报名参赛。11月6日，线下10项比赛开启。活动期间，还举办农民运动会主题演讲比赛。

【老年人体育】 2022年，海安市加强老年体协组织建设，王进当选市老年体协党总支书记、老年体协常务副主席兼秘书长。搭建项目交流展示平台，推动老年健身活动开展。5月，组织参加全国老年人太极拳推广大联动活动，先后在法制文化广场等5个太极健身点，组织太极体育健身运动员400人展示24式、42式、陈式等太极拳；8月，组织参加“全民健身月”系列活动，体育中心广场舞健身队、芳华艺术团、市老干部交谊舞协会、国风艺术团、市老干部大学健身队、市慈善艺术团6个中老年健身团队参加健身展演；10月30日，举办海安市首届社区退休职工健身运动会，设乒乓球、桌球、象棋、掼蛋4项比赛；11月22日，举行江苏省老年人体育节（海安分会场）闭幕式，健身爱好者300多人参加展演；11月25日，海安市老年人体育节健身项目系列展示活动在城东镇葛家桥村举行，800多人现场观看展演。打造老年健身品牌，推动老年人体育健身运动健康发展。9月21日，海安老年人体育工作示范点在海安开发区文化活动中心揭牌成立，示范点有民乐队、水兵舞健身队2支常年坚持活动的老年人体育健身队伍。海安老年人参加各级各类太极拳、柔力球、旗袍秀、广场舞、棋牌等体育赛事活动屡获佳绩，广场舞健身队获江苏省第二届广场舞线上大展演一等奖。讲好老年体育故事，出版《海安老年体育报》4期，《海安日报》“乐天·夕阳红”网站和《江海乐天》等媒体多次报道海安老年体育新闻。

【体育惠民工程】 2022年，海安市健身体育服务平台持续推动健身体育服务到村到点，先后举办“福虎生风乐 新春律动趣”活动、奥林匹克主题文明实践活动、“健身服务集市”等惠民活动，集中展示抖空竹、舞龙等健身服务成果。10月9日，南莫青墩村举办“健身服务集市”，江苏电视台公共·新闻频道《黄金时间》专题报道活动情况。继续做强做优“夕阳红健身”“微爱健童”等五大惠民服务品牌，派送“健身套餐”进村组到田头、进机关到学校、进企业到敬老院50多次。深入各区镇敬老院，教会老年人康乐养身操，捐赠健身器材500多件。关心特困儿童、留守儿童，专题开展体育技能培训，邀请国家一级羽毛球运动员王小羽举办羽毛球培训课。开展篮球、足球公益培训20多场，受益学生2000多人；深入学校、社区开展游泳公益培训、防溺水公益讲座30多场；开展科学健身指导活动，累计服务2万余人。

【服务阵地建设】 2022年，海安市健身体育服务平台继续统筹“线上、线下”两个阵地，打造群众身边“10分钟健身服务圈”。通过“健身服务”微信公众号、视频号、抖音号等不断推出体育原创作品，发布“快乐云健身”周周练和知识讲堂系列健身视频和图文50多期，组织10余支健身服务队伍参加南通“百城千村”网络八段锦比赛，第二届百日健身线上跑、体育中心首届网络健身运动会、“乐运动 秀视频”体育摄影摄像评比、“夏季运动好去处”抖音运动短视频征集等线上活动吸引市民4000多人参加，微型马拉松线上比赛吸引8万多人参赛。充分用好体育中心，为银行、学校、企业等开展趣味健身服务10多场，多次承办江苏省青少年运动项目县组比赛。

【健身体育品牌建设】 2022年，海安市继续强化全民健身“一区一特色、一镇一品牌”，举办大公镇“农民体育”、滨海新区“军事体育”、南莫镇“农民乐一天”专题健身服务活动12场，开展李堡镇“微马运动”、海安开发区“传统体育”、海安高新区“海安龙舞”、雅周镇“农民太极”、曲塘镇“闲暇体育”、白甸镇“群众八段锦”、墩头镇“水上律动体育”特色志愿服务活动14场，进一步丰富龙舞、功夫扇和龙舟等项目内涵。

【第十届运动会暨第五届全民健身运动会】 2022年6月起，海安市举办第十届运动会暨第五届全民健身运动会，比赛设置43个项目，分机关部、职工部、农民部、老年部、学生部、残联部、社体部7个部别，累计1万余人参赛。8月6日，职工部赛事暨乒乓球大赛举办。8月13—21日，举办“3V3”男子篮球对抗赛，24支队伍参赛。12月4日，第八届残疾人运动会在城南实验中学举行。

【第二届百日健身线上跑主题活动】 2022年8月8日，海安市“全民健身月”系列活动暨第二届百日健身线上跑主题活动在市体育中心开幕，全市跑步爱好者500余人参加开幕式。活动为期一个月，设置技能展示、健身互动、赛事对抗三个部分，先后展演八段锦、太极拳、功夫扇、动感操、蹦床、暴汗操、锅庄操、健身花鼓、旗袍秀等健身项目，举办男子篮球对抗赛、乒乓球大赛、社区运动会、棋牌精英邀请赛、残疾人运动会等比赛。 （何春光）

竞技体育

【概况】 2022年，海安市竞技体育继续以市少年儿童体育学校为依托，以各市队、校办队伍为补充，发掘和培育青少年体育力量。全市有注册运动员88人，输送到南通市运动学校（队）3人、省队试训2人，注册教练员12人。参加南通市以上比赛获奖牌98块，其中，金牌22块、银牌16块、铜牌60块。举办单项比赛55场次，承办全国基层社区运动会围棋比赛、中国城市全民围棋团体联赛、江苏省青少年跆拳道县组锦标赛、江苏省青少年羽毛球县组锦标赛、健身气功·八段锦比赛、微型马拉松比赛等多项南通市级以上比赛。

2022年8月8日，海安市“全民健身月”系列活动暨第二届百日健身线上跑主题活动在市体育中心开幕

市教育体育局／供图

【省运会参赛】 2022年，海安市组织优秀运动员参加第二十届江苏省运动会多项赛事，获得佳绩。王浩楠、杨仲宝、崔子凡参加江苏省运动会男子足球比赛（10岁至11岁组）获冠军，崔钧贤、万添乐、丁治铭获17岁至18岁组亚军。姜文熙、浦子秋、韩烨参加江苏省运动会女子篮球比赛（14岁至15岁组）获季军。张瑞、薛清桓参加江苏省运动会男子篮球比赛（16岁至17岁组）获季军。

【承办省级及以上体育赛事4项】 2022年，海安市承办省级及以上体育赛事4项。5月26日，“体总杯”中国城市全民围棋团体联赛江苏分区赛在李堡镇举办，赛事为期3天，省内14支县（市）代表队参赛。7月31日，全民线上运动会暨全国社区运动会围棋赛预赛（海安赛区）在李堡镇举办，为期1天，海安市200多名围棋爱好者参赛；8月22日，举办复赛，赛事为期2天，全省27支队伍参赛。9月26日，江苏省青少年跆拳道（县组）锦标赛在海安体育中心举办，赛事为期3天，分品势、竞技两个大项，全省40支队伍的376名运动员和教练员参赛。11月10日，江苏省青少年羽毛球（县组）锦标赛在海安体育中心举办，赛事为期4天，全省25个县区的151名9周岁至10周岁的运动员参赛。

【海安市少年儿童体育学校】 2022年，海安市少年儿童体育学校在训运动员34人，注册运动员17人。新增击剑、游泳项目注册教练员2人，累计有注册教练员9人。运动员参加南通市体适能、轮滑、乒乓球等锦标赛获金牌22块、银牌16块、铜牌60块，参加江苏省跆拳道（县组）锦标赛获团体总分第四名。输送南通市运动学校（队）运动员3人，输送海安中学、海安实验中学体育特长生7人。支浩澄、刘昀益、王楠获评国家二级运动员。 （何春光）

2022年6月21日，海安市城东镇延寿小学学生在课间练习花样跳绳 向中林／摄

学校体育

【概况】 2022年，海安市强化学校体育教学改革，全面启动体育“一校一品”“一生多能”建设，重点推动武术、舞龙、健身花鼓等传统体育项目进校园，参与学生3万多人。全市累计有全国校园足球特色学校18所、全国篮球特色学校5所，江苏省体育传统特色学校5所，南通市足球特色幼儿园22所。完善学生体质健康管理机制，《国家学生体质健康标准》测试各项指标较上年稳步提升，其中，合格率95.93%，比上年增长0.72%；优良率46.84%，比上年增长10.18%。重视学生体育健康锻炼，以体育人、以体健智，有效提升学生身体素质，促进学生全面发展。各学校参加南通市级以上体育竞赛获98块奖牌、12个团体一等奖。三门球、手足双门球作为海安原创体育项目深受大众喜爱。加强体育文化对外交流，7月26日，中国侨联主办的“亲情中华·为你讲故事”江苏南通网上夏令营活动专题展演“海安花鼓”，美国、德国、加拿大等10个国家的22家海外华文教育机构的2200余名华裔青少年参加活动。

【体教融合发展】 2022年，海安市深入推进学校体育特色与学生运动特长建设，进一步优化学校“一校一品”特色项目设定，全市体育特色学校创建覆盖率100%。11月17日，南通市体育“一校一品”“一生多能”建设现场推进会在实验小学召开，南通市各县（市、区）教育体育部门领导，武术项目布点学校校长，武术、足球、乒乓球、羽毛球、篮球、排球等协会负责人近100人参加活动。开展健身龙舞、健身花鼓、武术进校园活动，传承中华传统体育项目和非物质文化遗产，相关活动被人民网、《新华日报》等媒体多次报道。开展学生“阳光体育”活动，举办中小学生田径、三门球、足球等多场体育比赛，参赛学生近2000人。开展体质健康常态化监测，全市六年级、初二、高二全体学生参加身高、体重、肺活量、坐位体前屈、50米跑、仰卧起坐、一分钟跳绳、“50×8”往返跑等多个测试项目。实施体育大课间提升工程，落实《江苏省义务教育体育与健康课程实施方案》，推动各级学校每天开展2次大课间活动，体育“一校一品”特色项目融入大课间活动，纳入小学质量评估考核指标。实验小学参加第一届全国少儿武术锦标赛网络赛、全国青少年武术比赛获7个一等奖；海安中学、实验中学参加江苏省中学生田径比赛获16块奖牌；海陵中学参加南通市校园足球联赛总决赛获一等奖；白甸镇中心小学、墩头镇吉庆小学参加南通市排球比赛获一等奖。

【手足双门球运动】 2022年，海安市开展手足双门球运动的学校43所，参与学生超3万人。王垛小学、壮志小学、李堡初级中学等学校将手足双门球运动列为学校“一校一品”体育特色项目。手足双门球被列入海安市第十届运动会暨第五届全民健身运动会学生部竞赛项目。曲塘中心小学王萍萍所授“手足双门球转换技术”课程获南通市小学体育与健康优秀课评比暨“立学课堂”展示活动一等奖第一名，曲塘中学邵建生主持南通市级课题“基于‘动商’理论的手足双门球教学模式研究”，教师发展中心体育研训员王进在南通市体育学术沙龙上以《资源融合，创新发展——手足双门球课程资源开发与应用的研究》为题介绍手足双门球运动，海安中学李小华撰写的《同场对抗型球类教学模式的革新——以手足双门球为例》发表于《中学课程辅导》（2022年第11期）。8月15—16日，海安市手足双门球教练员、裁判员培训活动在海安外国语学校举行，近300名体育教师参加培训，王进作“新课标、新理念、新策略——手足双门球课程建设”专题讲座。

【三门球运动】 2022年，海安新增开展三门球运动学校18所，累计37所。海安中学、曲塘中学附属初级中学等学校将三门球运动列为学校“一校一品”体育特色项目。紫石中学邱志福主持的南通市级课题“初中三门球分层次教学的实践研究”开题。8月17—19日，江苏省暨南通市中小学三门球教练员、裁判员培训推介活动在海安中学举行，全省

2022年11月20日，海安市中小学生三门球比赛在江苏省海安高级中学举行

顾彬斌／摄

中小学体育教师80多人参加培训。11月20日，海安市中小学生三门球比赛在海安中学举行，比赛分小学、初中、高中男、女组6个组别，37支队伍参赛，海安中学获高中组男、女组冠军，城南实验中学获初中组男、女组冠军，实验小学、城南实验小学分获小学组男子组、女子组冠军。（何春光）

体育产业

【概况】 2022年，海安市推动体育产业高质量发展，体育健身娱乐、体育竞赛表演、体育技术咨询服务、体育健身培训和体育彩票销售等体育产业市场发展态势良好。全市有体育类社会组织51家，其中，社会团体27家、民办非企业单位24家。全市有AAAA级体育社团1家，AAA级体育社团3家。市体育中心体育馆、游泳馆获批中央和省级体育场馆免费、低收费开放补助资金128万元、承办省级和南通市级赛事经费和奖补资金138万元。海安龙信健身会所获批省体育产业发展专项资金110万元。全市有规模以上体育产业企业2家，完成营业收入2287万元。体育健身场所17家，含有健身房、游泳馆、瑜伽馆、羽毛球馆、篮球馆等。南通佳兆业文化体育有限公司、江苏克瑞迪机车有限公司入选省体育局体育产业政企沟通联系点。海安体育中心被认定为江苏省体育服务综合体，南通市第三家。

【体育彩票管理】 2022年，海安市新建体育彩票销售站点14个，累计137个，3个站点获评国家级七星彩之星、4个站点获评省级七星彩之星，15个站点获评大乐透15周年荣誉之星。组织体育彩票销售员培训12次、体育彩票专管员线上远程培训11次以及业务知识培训7次。完成体彩销售1.91亿元，比上年增长29.01%。规范彩票公益金管理，募集体育彩票公益金1210.15万元。用于群众体育支出870.69万元，其中，援建公共体育场地和设施629.57万元，资助群众体育组织和队伍建设7.61万元，资助或组织开展全民健身活动177.92万元，开展全民健身科学研究与宣传55.60万元。用于竞技体育支出49.75万元，主要用于支持各级各类运动队备战和参加国际、全国综合性运动会。

【体育培训监管】 2022年，海安市完成38家体育类校外培训机构预登记工作。出台《海安市体育类非学科类校外培训机构准入审批办事指南（试行）》，审核并向5家体育类校外培训机构发放“体育类非学科类校外培训机构审核意见书”，审批许可3家企业获得高危险性体育项目经营许可证（游泳）。开展日常安全检查及疫情防控专项督查40余次，受理44例“12345”政务服务热线体育类申诉，答复满意度100%。市教育体育局、市红十字会联合开展应急救护培训活动，全市体育类校外培训机构、体育健身场所从业人员113人参加培训。

【海安体育中心】 2022年，海安市体育中心全面展示公共服务功能，健身广场、户外篮球场平均每天免费开放不低于12小时，累计免费接待健身人数42.5万人次。受疫情影响，游泳馆开放307天、体育馆开放169天，累计免费开放845小时，发放免费门票1.2万张。夏季，游泳馆接待客流量15万人次以上，培训业务接待人次突破3000人次。市体育中心实现营业收入1787.2万元。

（何春光）

海安凤山书院

社会生活

人口家庭

【人口监测】 2022年末，海安市总户数34.40万户，户籍总人口90.09万人，比上年减少6823人，其中，18岁以下人口9.74万人，18岁至34岁人口13.72万人，35岁至59岁人口36.44万人，60岁以上人口30.19万人；男性44.34万人，女性45.75万人。全年出生人口3149人，人口出生率3.68‰；死亡人口10028人，人口死亡率11.62‰；人口自然增长率-7.94‰。全市人口密度每平方千米761人。年末常住人口86.81万人，比上年下降0.22%，其中城镇人口60.97万人，比上年增长0.73%。 （杨虹榕）

【户籍管理】 2022年，海安市依托“一标三实”（标准地址，实有人口、实有房屋、实有单位）基础信息集中采集，安装二维码门楼牌46.02万块，挂牌率99.89%。加强疑难复杂户口处置，市公安局、市民政局、市卫生健康委定期对接数据，核查死亡应销未销人员1500多人，为无户口人员95人解决落户问题，核查疑似重复户口线索53条，在海安核销重复户口24个。 （王　晶）

【生育政策落实】 2022年，海安市有育龄妇女16.32万人，其中已婚育龄妇女11.25万人。办理生育服务登记2421个，其中，一孩1488个、二孩886个、三孩47个。据人口计划生育统计口径，出生人数2254人，其中，女性1078人、男性1176人，人口性别比109.09；一孩1385人、二孩818人、多孩51人，二孩以上占比38.55%。落实三孩政策，围绕三孩生育政策开展生育意愿调查，形成生育现状调研报告，修改完善《海安市优化生育政策促进人口长期均衡发展的实施办法（试行）（征求意见稿）》。出台“关于促进房地产市场平稳健康发展的通知”，分别对二孩、三孩家庭给予每平方米400元、600元购房优惠。提高优生优育服务水平，加强妇幼健康信息平台建设，实现市、镇、村三级服务网络多方位管理；强化村级重点育龄人群专案管理，实行妊娠风险动态筛查、评估和高危儿、体弱儿分级分类管理。落地“双减”（减轻义务教育阶段学生过重作业负担、校外培训负担）政策，小学提供“5+2”课后服务（学校每周5天开展课后服务，每天至少2小时），初中提供晚自习服务。落实生育医疗费用待遇保障政策，及时发放职工产假、男方护理假期间的生育津贴及一次性营养费补助，参加职工医保和居民医保的育龄妇女分别可享受妊期检查费用不超过1000元、400元补助，另分别享受分娩补助3000~4000元、1900~2400元。发放首批女职工产假期间企业社保补贴15.67万元，惠及73家企业76人。开展妇女育婴技能培训，1074人参加母婴护理、育婴员、保育员等培训，发放培训补贴139.54万元。

【普惠托育服务】 2022年，海安市有托育服务机构66家，托育从业人员646人，提供托位数4592个（全市每千人托位数5.3个），实际收托4516人，2岁至3岁婴幼儿入托率30%。加快普惠托育服务体系建设，出台“关于促进养老托育服务高质量发展实施意见的通知”“关于婴幼儿照护服务机构水电气价格政策有关问题的通知”“关于推动现代服务业、社会事业提质增效若干政策意见的通知”“关于全市托育机构专项治理工作方案的通知”等托育政策，为备案托育机构减免各项政策费用约55万元，发放一次性纾困补贴资金53万元。培育普惠示范托育机构，24家托育机构获国家备案，南通市星禾托育有限公司获评省示范托育机构、省普惠托育机构，海安方华托育中心有限公司（长江路园）获评省普惠托育机构，南莫镇暖心家园获评省暖心家园示范点。

（刘胜男）

【婚姻登记】 2022年，海安市婚姻登记处依法办理结婚登记3078对，补领婚姻登记证907本；办理离婚登记772对，补领离婚登记证96本。

【收养登记】 2022年，海安市规范儿童寄养和收养工作，完善入院登记、临时监护、家庭寄养、收养登记等操作规程和档案资料，依法办理收养登记5例。

（蒋　颖）

【流动人口管理】 2022年，海安市固化流动人口“以房登记、以业登记”双向登记模式，登记流动人口12万多人，注销8万多人。常态化开展流动人口集中清查，排查登记群租房224户、租住5660人，整改安全隐患612处，移交职能部门整改56处，取缔关停群租房19户。创新智慧群租房管理机制，形成“服务+管理、人力+科技、警格+网格”三融合管理模式，相关做法被《江苏法治报》刊载推广。开发“片警小花”线上租赁平台，汇聚出租房源1500余户，涵盖群众自有的出租房屋、企业闲置宿舍改造的出租房屋和政府建设的集中租赁房屋三类房源。制定出租房屋星级评定实施办法，主要围绕建筑安全、消防安全、管理制度、硬件设施、配套服务五大指标综合评分，将出租房屋分为五个星级等次。在新市民服务中心和社区租赁超市设立政务服务窗口，组建由社区民警、辅警、村居代（协）理员、网格员、物业人员等共同组成的“微笑服务队”，一站式受理居住证、户籍等业务，同步提供法律咨询、矛盾调解、用工权益保障等服务。完善流动人口同城待遇政策，为流动人口及其子女在海安就学、就医等提供保障。

（王　晶）

【家庭教育工作】 2022年，海安市出台联合推进家庭教育工作意见，打造“联合共育”工作品牌，强化家庭、学校、社会“三级”家庭教育阵地，新增省级“三全”（社区全域、父母全程、家庭全类型）家庭教育指导服务示范社区4个、南通市首批家庭教育优秀（村）社区4个，建成市级家庭教育指导中心1家、专业家庭教育指导站4家、区镇家庭教育指导站10家、家庭教育示范实践基地10个、村（社区）家庭教育指导点236个，“‘三融合’按下家教‘快进键’”获评江苏省十佳社区支持案例。采集家庭教育基础信息档案5.2万份，定期对2525户重点关注家庭开展“1+2+X”（1户需要重点关注的学生家庭，2名相关固定联合家访人员，相关职能部门工作人员和拥有不同特长的教育志愿者）联合家访。8月23日，南通市家庭教育工作推进会在海安召开。

【家庭文明建设】 2022年，海安市组织评选“最美家庭”“五好家庭”各10户，21户家庭获评国家级、省级、南通市级“最美家庭”“五好家庭”“书香家庭”等。组织“国际家庭日”“把爱带回家送法到家”“以法护家守护成长”等系列普法宣传活动165场次。举办“亲子共读让阅读伴成长”活动，征集亲子共读优秀视频64个。开展“喜迎二十大，筑梦向未来”系列活动，征集优秀家庭家教家风故事视频22个、家庭教育示范微课堂视频36个。 （许佳丽）

【殡葬管理】 2022年，海安市继续推进公益性殡葬设施建设，西场骨灰堂和曲塘镇百年堂骨灰堂建成，全市累计建成镇级公益性公墓14处、骨灰堂8处、集中守灵中心1处、经营性公墓1处，生态葬区1处，村级集中安葬点19处。常态化推进文明殡葬，减免费用约780万元，为345名城乡居民低保对象等“九类人员”免费赠送惠民骨灰盒约5.5万元。落实死亡人员信息全程跟踪，不装棺重葬承诺书签订率近100%，未发现装棺重葬行为，整治复垒、隐蔽或未清理到位坟墓200多处。做好清明祭扫服务保障工作，下发《海安市文明殡葬倡议书》，倡导“丝带寄哀思”“鲜花表真情”等祭扫方式。 （蒋 颖）

2022年3月15日，海安市举行“国际家庭日”主题活动。图为全国“五好家庭”朱兴乔家庭分享好家风故事 市妇联／供图

收入与消费

【居民收入】 2022年，根据海安市城乡居民抽样调查数据显示，全市居民年人均可支配收入45116元，比上年增长5.0%，其中，工资性收入25615元，比上年增长4.9%；经营净收入7955元，比上年增长2.5%；财产净收入3143元，比上年增长2.7%；转移净收入8403元，比上年增长8.7%。城镇常住居民年人均可支配收入57045元，比上年增长4.1%；农村常住居民年人均可支配收入29826元，比上年增长6.1%。

【居民消费】 2022年，根据海安市城乡居民抽样调查数据显示，全市居民年人均生活消费支出29392元，比上年增长4.9%。八大类消费呈“七升一降”态势，人均食品烟酒支出8489元，比上年增长6.0%；人均衣着支出2037元，比上年增长2.7%；人均居住支出5326元，比上年增长9.5%；人均生活用品及服务支出1816元，比上年增长5.5%；人均交通通信支出4230元，比上年增长6.2%；人均医疗保健支出2029元，比上年增长5.7%；人均其他用品和服务支出865元，比上年增长14.7%；人均教育文化娱乐支出4600元，比上年下降4.0%。城镇常住居民年人均生活消费支出33293元，比上年增长3.7%；农村常住居民年人均生活消费支出24391元，比上年增长6.5%。

表38 2022年海安市城镇、农村常住居民人均可支配收入、生活消费支出统计表

单位：元

指标名称	城镇常住居民		农村常住居民	
	总额	比2021年增长	总额	比2021年增长
可支配收入	57045	4.1%	29826	6.1%
工资性收入	32683	4.0%	16555	6.1%
经营净收入	9360	1.6%	6153	3.6%
财产净收入	4683	1.5%	1170	6.0%

续表38

指标名称	城镇常住居民		农村常住居民	
	总额	比2021年增长	总额	比2021年增长
转移净收入	10319	8.1%	5948	9.0%
生活消费支出	33293	3.7%	24391	6.5%
食品烟酒	9423	4.4%	7292	8.3%
衣着	2591	1.3%	1326	4.9%
居住	6011	8.9%	4448	10.0%
生活用品及服务	1953	3.0%	1640	9.3%
交通通信	4751	5.1%	3563	7.8%
教育文化娱乐	5262	−4.4%	3751	-3.7%
医疗保健	2220	4.7%	1784	7.1%
其他用品和服务	1082	12.7%	587	18.6%

表39　2022年海安市城镇、农村常住居民家庭基本情况及每百户耐用消费品拥有量统计表

指标名称	单位	指标值	比2021年增长	指标名称	单位	指标值	比2021年增长
城镇常住居民家庭基本情况				农村常住居民家庭基本情况			
调查户数	户	120	持平	调查户数	户	80	持平
户均人口	人	3.42	−0.9%	户均人口	人	3.12	−1.0%
户均就业	人	1.97	−4.8%	户均就业	人	2.23	−2.2%
城镇常住居民每百户耐用消费品拥有量				农村常住居民每百户耐用消费品拥有量			
家用汽车	辆	71	1.4%	家用汽车	辆	41	持平
电冰箱	台	131	0.8%	电冰箱	台	146	1.4%
洗衣机	台	113	持平	洗衣机	台	108	0.9%
热水器	台	141	持平	热水器	台	142	持平
空调器	台	295	持平	空调器	台	216	1.4%
固定电话	部	35	−23.9%	固定电话	部	30	−30.2%
移动电话	部	299	1.0%	移动电话	部	255	1.6%
家用电脑	台	97	−12.6%	家用电脑	台	50	−25.4%

（杨鸿榕）

就业创业

【概况】 2022年，海安市出台保企业、稳就业、惠民生“十二条举措”，将超龄人员从业伤害保险补助、三级用工服务专员机制、用工奖补等纳入其中，采取“免申即享”模式，落实各类惠企惠民补贴资金1.19亿元。实现城镇就业1.05万人、城镇失业人员再就业5781人、就业困难人员就业3024人，支持成功自主创业3126人。新增职业技能等级认定机构10家，组织城乡劳动者就业技能培训、新生代进城务工人员职业技能培训，分别有6206人、5541人参加。建成劳务合作基地10个，打造省级劳务品牌1个（海安茧丝绸巧工匠）。

【就业扶持】2022年，海安市健全就业帮扶机制，突出高校毕业生、返乡进城务工人员、就业困难人员等重点群体就业，推进“131”（一次职业指导，三次有效岗位信息推荐，一次技能培训）就业服务。新增认定就业困难人员3031人，落实小微企业招用高校毕业生补贴71家43.82万元。实行就业困难群体就业援助动态管理机制，发放灵活就业社保补贴6451人2703.65万元。托底安置就业困难人员，开发基层公益性岗位260个，其中临时性公益性岗位94个，核发公益性岗位补贴367.77万元、社会保险补贴272.78万元。

【就业招聘】2022年，海安市升级改造公共人力资源市场，筹划零工市场建设，为求职者和企业提供方便、快捷、高效的服务。建立稳就业工作专班，通过开展座谈、政策宣讲、“云端送岗”等多种活动，保障企业用工需求。举办“春风送温暖 就业送真情”“招本土引周边”和“海纳英才安居乐业”云智聘线上直播等各类招聘活动109场，其中线上招聘活动50场，提供招聘岗位2.59万个。

【招工引劳】2022年，海安市持续开展“点对点、一对一”专项服务，收集整理惠企政策，汇编《海安市用工保障服务手册》，保障企业用工需求。建立健全人社部门、区镇（街道）、村（社区）三级用工服务专员工作机制，动态调整服务企业范围，细化服务举措，精准对接企业用工需求。招引高校毕业生、蓝领技能人才等各类人才1.24万人。制定苏陕劳务协作稳就业工作机制，设立略阳海安就业服务工作站，先后引进略阳、东兰务工人员169人到海安就业。

【大众创业】2022年，海安市持续优化创业环境，广泛宣传初始创业补贴、创业场地租金补贴、吸纳就业奖励、富民创业担保贷款等创业奖补政策，建立以创业培训为基础、创业扶持为推动、创业服务为抓手的创业带动就业工作机制，支持成功自主创业3126人，组织1445人参加创业培训，发放富民创业担保贷款110人1665万元，累计发放各类创业补贴资金155.47万元。（王 敏）

【残疾人创业就业】2022年，海安市开展“就业援助月”“就业宣传年”系列活动，举办残疾人专场招聘会5期，新增残疾人就业470人。为残疾人应届毕业生8人提供“一人一策”就业帮扶服务，毕业生就业率100%。组织残疾人251人参加职业技能和实用技术培训，推荐14人参加省、南通市职业技能选拔赛、创业提升培训。开展残疾人按比例就业年审工作，年审企业393家，安置残疾人就业1830人。（朱婷婷）

【妇女创业就业】2022年，海安市举行“建功科创城 同奔共富路”巾帼科技创新启动仪式暨“科创她力量”巾帼科技创新创业大赛，开展“巾帼心向党 喜迎二十大”“走访会员企业凝心聚力前行”“传承她力量 创变赢未来”等支持妇女创业就业系列活动，争取省级妇女劳动力转移培训补助资金20万元，举办家政服务、营养搭配、花卉养护等培训班11期，培训妇女650人，50人获资格证书。实施“纾困解难护航助企”专项活动，帮助企业解决资金、用工、流通等问题16个。市妇联、市人社局联合举办“春风行动送岗位 巾帼助力展作为”女性就业网络专场招聘活动，46家用人单位提供就业岗位1000多个。（许佳丽）

【青年创业就业】2022年，海安市举办大学毕业生专场招聘活动20多场、“百校千企万岗”专题招聘活动1场，覆盖青年超过1000人。市青年企业家协会为应届毕业生提供就业岗位121个。2月12日，南通市首家青年人才驿站在海安市全季酒店（党校店）揭牌成立。实施海归青年人才“新引力”服务计划，发布海外学子江苏就业见习岗位4个，1人到岗实习。助力乡村振兴，海安十里畔家庭农场获中国青年创新创业计划无偿资助2万元；发放“新农菁英贷”134笔1.6亿元，提供“新农菁英”就业见习岗位30个；新增青商企业联村共建项目7个，提供就业岗位32个；创办农业青年创业者协会，开设“乡村振兴与富民增收”培训班，服务创业青年150人次；举办农民培训班23期，青年农场主、农民348人参训。实施青年科技创新“新创力”攀峰行动，发布企业技术需求6个，培育青年科技创新典型案例3个，推荐1个项目参加“苏港澳青年创新创业大赛”。实施“苏青合伙人”青年创新创业计划，线上举办“让全国看见你”海安市创新创业大赛，推选的3个项目获南通市“创青春”大赛优胜奖。持续擦亮“千名学子看海安·家雁归巢”品牌，暑假期间组织海安籍大学生260多人开展社会实践活动，团市委获评2021年度全国大学生“返家乡”社会实践活动表扬单位。（任天培）

【职业能力建设】2022年，海安市召开职业能力建设暨职业技能提升工作推进会，以稳就业、保民生、促发展为目标，研究部署职业技能提升工作。加强高技能人才培养，依托技工学校、职业培训机构等主体，对接市场需求，开展高技能人才针对性培训。抓好技工教育，完成招生1368人，其中，海安技校409人、海陵技校959人。推行企业新型学徒制培训，采取企校双师带徒、工学交替培养等模式共同培养学徒，开设班级7个，培养学徒313人，预支付补贴62.6万元。申报高技能人才重点项目，出台海安市技能人才培训基地建设管理暂行办法，获批省乡土人才技能大师工作室2个，南通市达欣工程股份有限公司、江苏鹏飞集团股份有限公司获评南通高技能人才培养示范基地。

【职业技能鉴定】2022年，海安市推进等级认定机构备案，新增南通万力机械集团有限公司、南通市通润汽车零部件有限公司等等级认定机构10家，对11家企业等级认定机构开展等级认定质量检查工作。开展职业技能等级认定，7462人取得职业资格证书。新增高技能人才2484人、技师和高级技师314人。南通双弘纺织有限公司获批省第二批特级技师评聘试点企业；8月28日，海安市首次“特级技师”评审会在南通双弘纺织有限公司举行，刘生梅、王金花、解玉云通过特级技师评审。

【劳动用工管理】 2022年，海安市继续推进集体合同和工资集体协商工作，896家25人以上企业签订工资集体合同，涉及职工14.86万人，2158家企业参与签订区域（行业）工资集体协商合同。规模以上企业劳动合同签订率99.85%，已建工会企业集体合同签订率99.81%。集体合同及工资专项协议审查率100%。指导企业开展和谐劳动关系创建，1人获评2022年江苏省金牌劳动关系协调员，2家企业获评2022年江苏省优秀劳动关系和谐企业。推进劳动保障监察，开展工时、休息休假和女职工劳动保护权益维护专项行动，排查企业2438家，涉及劳动者5.8万人；开展清理整顿人力资源市场秩序专项行动，检查用人单位405家，查处存在违法行为的劳务派遣公司2家；开展“双随机、一公开”（随机抽取检查对象、选派执法人员，抽查情况和检查结果及时向社会公开）检查，省人社一体化信息平台抽查用人单位417家，南通市“信用+监管”双随机检查单位37家；完成企业书面审查7982家；受理违反“劳动保障法”举报投诉487件，立案查处131件，限期整改56件，行政处罚11件，公布重大劳动保障违法行为6件，纳入拖欠农民工工资失信联合惩戒名单2家，移送法院强制执行2件，使用监察建议书1件；清退童工7人。开展整治拖欠农民工工资专项行动，排查用人单位612家，涉及职工3.61万人、进城务工人员2.92万人，解决欠薪问题5件149人92万元；开展在建项目“制度全覆盖”夏季专项行动，排查在建工程项目91家，发现问题并立案查处2家，追发进城务工人员工资721人365万元；处置“12345”交办件531件，维权中心分流案件153件，省人社一体化平台欠薪线索359件，国务院核处系统欠薪线索907件，追发劳动者工资1198人982.6万元。

（王 敏）

社会保险

【概况】 2022年，海安市企业养老保险退休待遇稳步上调，新增企业退休人员7569人、城乡居民社会养老保险转企业职工基本养老保险7123人，养老金按时足额发放率100%。企业退休人员社会化管理服务水平不断提升，退休人员社区管理服务率、档案接收率均为100%；组织退休人员5万人参加免费体检，体检周期率100%；走访慰问特困退休人员4752人，发放慰问金182.67万元；开展退休人员“喜迎二十大”社保诗词作品和摄影作品征集活动，西场办事处退休人员诗词作品被首届江苏省企业退休人员诗词大会诗词选集收录。机关事业养老保险制度改革继续向纵深推进。推进医保便民服务，建成“15分钟医保服务圈示范点”13家，实现区镇（街道）全覆盖。加大“江苏医惠保1号”“医保南通保”等商业惠民补充保险参保力度，“医保南通保”连续两年完成率列南通市第一位。持续落实社保费缓缴减征政策，困难企业缓缴养老、工伤、失业保险费544.27万元，减征失业保险费4156万元。

【企业职工养老保险】 2022年，海安市企业职工养老保险参保人数21.84万人。基金收入54.41亿元，基金支出55.19亿元，累计结余4.11亿元。企业职工享受离退休待遇人数10.82万人，发放基本养老金27.64亿元、丧葬补助金和抚恤金0.92亿元，转移支出0.28亿元，往年度征缴退费0.04亿元，上解上级支出26.3亿元，养老金调整人均平均增幅4.83%。

【机关事业单位养老保险】 2022年，海安市机关事业单位养老保险在编参保1.6万人，非编参保1581人。在编退休1.06万人，非编离退休3490人（含遗属及事改企人员）。在编参保人员基金收入8.17亿元，基金支出8.23亿元，累计结余0.09亿元；非编参保人员基金收入1.12亿元，支出1.15亿元，累计结余0.11亿元。推进职业年金改革，归集职业年金6.47亿元，其中，参保单位缴费征收1.89亿元，2014年10月至2019年12月期间“虚账”年金和利息4.58亿元，职业年金历年“虚账”全部做实。

【城乡居民基本养老保险】 2022年，海安市城乡居民基本养老保险参保人数11.5万人。全市22.06万人享受养老金待遇。城乡居民基本养老保险基础养老金从每人每月173元提高到192元。基金收入9.75亿元，支出9.51亿元，累计结余13.04亿元。

【医疗保险】 2022年，海安市基本医疗保险参保人数83.5万人，参保率97.43%。居民医疗保险参保人数49.5万人，享受待遇人数398.8万人次，住院报销比例70.8%，基金收入7.22亿元。职工医疗保险参保人数34万人，享受待遇人数526.9万人次，住院报销比例85.93%，基金收入超14亿元。职工医疗保险参保人数、参保比例连续多年保持南通市第一位。

【工伤保险】 2022年，海安市延续实施国家阶段性降低工伤保险费率政策，工伤保险参保人数18.19万人，基金收入8372.78万元，基金支出1.04亿元，累计结余3605.81万元。建筑业新开工项目工伤保险参保率100%。收到工伤认定申请1792件，受理1761件、不予受理31件，组织受伤职工884人参加劳动能力鉴定，开展骨科专场鉴定活动7场。

【失业保险】 2022年，海安市失业保险参保人数16.92万人，基金收入1.14亿元（含上级补助收入435万元），基金支出8680.04万元（含上解上级支出433万元），累计结余2.63亿元。

【生育保险】 2022年，海安市生育保险参保人数17.54万人，比上年增长1.9%。全市生育保险基金总收入7180.75万元，总支出4640.83万元，累计结余9175.06万元。全市实现职工医保和生育保险合并，用人单位按单位上一年度职工工资总额的9%缴纳，其中含生育保险1%，职工个人不缴纳生育保险费。

【社会保障卡管理】 2022年，海安市拥有社会保障卡办卡服务网点137个，其中，人社服务网点10个、合作银行服务网点127个。完成第三代社会保障卡办卡21.93万张，其中，中国建设银行办卡9.53万张，海安农村商业银行办卡6.8万张，中国邮政储蓄银行办卡4.28万张，中国工商银行办卡4810张，中国农业银行办卡6510张，中国银行办卡1216张，江苏银行办卡452张，苏州银行办卡319张。电子社保卡累计签发43.82万张，实现人口覆盖率50.12%。新增退休待遇通过社保卡发放人数2.46万人，其中，新增社会保险退休7776人、机关事业退休480人、城乡居民养老退休1.01万人，存量退休人员待遇转为社保卡发放6239人。

【经办服务】 2022年，海安市优化社会保险公共服务质效，全面取消“清单”规定外的其他申请材料及流程，推进不见面便捷办、“一件事”部门联办、“通办”“帮办”“上门办”等便民服务，推动社保高频业务进驻银行网点，海安农村商业银行李堡支行、北凌支行获评全省首批社银合作网点。加强经办服务网络体系建设，市财政拨付120万元，推进“15分钟医保服务圈”全覆盖建设，全市13家示范点按省级标准全部建设到位。完成医保基金智能监管子系统和医保参保征缴功能信息平台升级工作。开展以DRG支付方式为主的多元复合医保支付方式改革，先期选择5家医院试点。

【基金监管】 2022年，海安市开展“社保基金风险管理提升年”活动，推动基金监管向基层延伸，梳理廉政风险点94个。实施社会保险基金管理问题专项整治“回头看”行动，销账清零问题25条。全面落实南通市医疗保障基金提质增效方案，定期分析医保基金运行情况，重点抓好住院率、次均费用、人均使用基金等关键指标，对指标异常的定点机构采取提醒约谈、限期整改、暂停拨付等方式，遏制医疗费用不合理增长。将民政救助人员住院占比纳入定点医疗机构协议管理指标，严格控制部分入院标准低、反复入院的行为。持续加强医保基金监管力度，每月不定期组织在床率、加床率专项检查，遏制定点医疗机构不合理出入院行为。全年，下发医保违规告知书548份，暂停整改定点药店6家，限期整改定点机构80家，约谈定点零售药店10家，查处违规参保人员38人。印发《海安市党员干部、公职人员医保基金使用“十不准”》通知，要求党员干部、公职人员带头规范使用医保基金。（王 敏 吴谢晖）

住房保障

【概况】 2022年，海安市稳步构建住房保障政策体系，不断调整城镇住房保障标准，解决中等偏下收入家庭住房困难问题。公共租赁住房申请标准为城镇中等偏下收入住房困难家庭人均月收入低于3197元，低收入住房困难家庭人均月收入低于1500元；申请保障家庭人均住房建筑面积低于20平方米；租赁补贴保障面积标准为单身家庭28平方米、两人家庭42平方米、三人家庭57平方米、四人及四人以上家庭68平方米；对于自行在市场上租赁住房的被保障家庭，分档次提供租赁补贴。经济适用住房申请标准为单身户家庭上年度月收入低于2740元，二人以上户家庭人均月收入低于2512元；申请保障家庭人均住房建筑面积低于20平方米。对2021年12月至2022年2月28日实施的“关于促进城乡统筹改善居住条件的暂行办法”政策予以兑付，享受改善性住房政策的房屋136套，总优惠金额342.85万元。做好黄沙港、丝厂区域等棚改区域住房困难家庭调查、审核等房屋征收住房保障工作。全面启动农村建房审批，出台“农村宅基地和住房建设管理办法”。

【城市住房保障】 2022年，海安市加快推进棚户区改造，新开工建设安置房3200套，新增人才公寓、青年公寓1000多套。受理申请城镇低收入住房困难家庭住房保障6户，核减1户，3户公共租赁住房（廉租房）、2户经济适用住房申请成功并完成交户。腾退不符条件的实物配租住户6户，发放租赁补贴21户，完成131户保障性住房年审工作。争取保障性安居工程专项资金2330.72万元，其中，中央保障性安居工程建设专项补助资金488万元，省级保障性安居工程建设引导资金57.11万元，公积金增值收益1785.61万元。

【农村住房改善】 2022年，海安市开展农村住房条件改善专项行动，强化“农村房屋安全隐患排查整治系统”底数信息核准，重点对1980年以前建造的农村房屋和C、D级农村危房（C级指部分承重结构不能满足正常使用要求，局部出现险情，构成局部危房；D级指承重结构已不能满足正常使用要求，房屋整体出现险情，构成整幢危房）开展摸底调研，建立改善农户“一户一档”、统一代建的农村房屋改善项目“一案一档”和农村房屋改善实物工作量台账，全年改善农村房屋1005户。

【住房安全监管】 2022年，海安市坚持城镇危房安全月月检查，发现隐患及时督促整改销号，做好极端天气的应对工作。开展全市既有建筑安全隐患排查整治专项行动，治理隐患33处。完成第一次全国自然灾害综合风险普查房屋建筑调查。加强自建房安全专项整治，排查自建房37.19万处，其中经营性自建房7118处，发现疑似隐患自建房105处，鉴定危房85处，其中，C级危房35处、D级危房26处。

（夏婷婷）

【住房公积金管理】 2022年，海安市住房公积金归集金额17.91亿元，比上年增长12.63%；新开户单位355个，净增缴存人数6965人。发放贷款1200笔4.78亿元，实现贷款连续十五年“绝对零逾期”。落实《南通市住房公积金管理中心关于实施住房公积金阶段性支持政策的通知》，简化审批程序，同意7家单位暂缓缴存公积金，250多家企业降低缴存比例，做到企业缓缴、降比申请随到随批，减轻困难企业负担。

（住房公积金海安管理部）

社会救助

【概况】 2022年，海安市出台“关于进一步强化民政定补对象规范化管理的通知”，推进城乡低保专项治理和特困供养规范化管理，开展社会救助领域综合治理工作，采用区镇自查、市民政局抽查等形式，清退不符合条件救助对象14户。开展特殊困难群体救助帮扶专项排查整治行动，入户排查2.05万人，其中，已纳入保障范围对象1.95万人、未纳入保障但可能存在特殊困难或风险的对象1028人；排查中发现并妥善解决问题9个，梳理需要跟踪帮扶的重点对象983户。

【最低生活保障】 2022年，海安市根据自然增长机制和省、南通市统一要求，7月1日起，城乡低保标准从每人每月750元提高到每人每月780元。至年底，全市在册城镇低保对象211户289人、农村低保对象4278户5668人。新增城乡低保对象203户281人，核减城乡低保对象825户1285人。发放城镇低保资金235.8万元，农村低保资金4025.3万元。

【特困人员供养】 2022年7月1日起，海安市农村特困人员供养标准从每人每月975元提高到每人每月1040元，城市特困供养标准从每人每月1795元提高到每人每月1885元。至年底，全市在册农村特困供养对象3475人、城市“三无”（无劳动能力、无生活来源、无赡养人和扶养人）老人21人。新增农村特困供养对象91人，核减农村特困供养对象370人。发放农村特困人员供养经费4326.9万元，城市“三无”老人供养经费48万元。

【临时救助】 2022年，海安市完善困难群众临时救助制度，建立区镇（街道）临时救助备用金制度，将社会救助融入基层网格化治理，畅通急难社会救助申请、报告、发现渠道，建立快速响应、个案会商等工作机制。全年，救助临时困难对象1397人次，拨付临时救助资金100.06万元。元旦、春节期间，发放困难群众节日慰问金1.07万人次209.07万元。对符合救助条件的因病支出型困难家庭，按每户不低于2000元标准给予救助，拨付救助资金34户73人75.5万元。

【医疗救助】 2022年，海安市推动基本医保、大病保险、医疗救助综合保障与社会力量有效衔接。政府财政资助1379.32万元，救助2.6万人参加城乡居民医保。为全市低收入困难对象统一购买重大疾病、意外伤害“低补保”商业保险，实现困难群众应保尽保、应救尽救。对参保对象在保险年度内因重大疾病或意外伤害在全市定点医疗机构住院发生的医疗费用，在扣除基本医疗保险统筹支付、大病保险支付、医疗救助、已结算的商业补充保险后，所有符合基本医疗保险规定的个人自付的合规医疗费用剩余部分按照不低于98%的比例进行补偿。在年度总赔付未达到除服务费之外的保费总额时，对截至次年3月底前年度结算结余部分进行二次赔付，二次赔付不限病种、不限地区，且优先赔付产生大额自费医疗费用的保障对象。全年，实施直接医疗救助30.28万人次，其中，住院救助1.05万人次，门诊救助29.23万人次。

【流浪乞讨人员救助】 2022年，海安市救助站接待流浪乞讨人员58人次，其中，未成年人8人次，智力残障人员4人次，精神障碍患者1人次，行动困难、肢体残疾2人次；护送返乡11人次，购票返乡31人次，亲属接回3人次，寻亲成功率100%。将7月2日定为落户安置人员生日，为他们集体庆生。（蒋　颖）

社会福利

【残疾人福利】 2022年，海安市强化多部门信息数据共享机制，做好持证残疾人存量全面复核和新增定期反馈工作，实现“应享尽享”，发放残疾人补贴6580.4万元。实行补贴标准动态调整机制，低保内重残提高至每月273元，低保内非重残提高至每月195元，低保外重残根据个人收入与低保标准按每月780元补差发放，一户多残、依老养残每月468元，低保外无固定收入三、四级精神或智力残疾提高至每月156元。全年，保障残疾人对象1.05万人，其中，困难残疾人8597人、重度残疾人6607人。西场办事处阳光家园残疾人之家获评江苏省精神障碍社区康复服务示范点。

【困境儿童福利】 2022年，海安市有困境儿童576人，其中，孤儿33人、事实无人抚养儿童160人、重病重残儿童383人，发放困境儿童生活补贴867.4万元。实施“爱伴童行”关爱服务项目，开展活动112次，帮扶儿童192人，参与人数2000多人次，为符合条件的孤儿21人每人发放助学补贴1万元。调整未成年人保护工作领导小组成员单位。加快未成年人保护机构转型升级，市未成年人保护中心完成职能整合并实行实体化办公，海安开发区洋蛮河办事处建成省级示范性未成年人保护工作站。

【老年人福利】 2022年，海安市有60周岁以上老年人30.19万人。全市65周岁以上老年人凭有效证件可免费进入政府投资、建设和管理的旅游景点、公共文化设施。70周岁以上老年人持卡免费乘坐公共交通工具，60周岁至69周岁老年人持卡享受半价优惠。高龄老人每月领取尊老金、长寿金，80周岁至89周岁老年人每人每月60元，90周岁至99周岁老年人每人每月100元，100周岁以上老年人每人每月300元，全年发放尊老金、长寿金约4250万元。“百岁老人健康有约”服务项目放宽至95周岁以上，构建“居家为基础、社区为依托、医养相结合”的老年人健康服务体系。政府为老年人购买居家养老上门服务，海安户籍80周岁至89周岁老年人享受每月30元居家养老上门服务；90周岁至99周岁老年人享受每月60元居家养老上门服务；100周岁以上老年人享受每月120元居家养老上门服务。部分存在失能需要照护的老人可以申请失能照护保险。全年，受理失能失智评定申请2093份，评定通过1971人。全市有敬老院20家，收养老人1952人。农村特困人员集中和分散供养总数3475人。

【福彩公益】2022年，海安市福利彩票完成销售额6677万元，比上年增长32.51%，其中，电脑票5501万元、即开票1176万元。中央福利彩票公益金补助海安725万元，支出707.75万元，其中，老年人福利类补助资金102万元，实际支出102万元，主要用于养老疫情防控专项补助、养老服务从业人员培训费、2022年适老化改造和海安街道、隆政街道日间照料中心第一笔建设补助；残疾人福利类补助资金9万元，尚未形成支出；儿童福利类补助资金4万元，实际支出5.75万元，主要用于孤儿助学金；支持地方社会公益事业发展补助资金600万元，实际支出600万元，主要用于曲塘敬老院失能失智照护中心建设。省级福利彩票公益金补助海安19万元，其中，残疾人福利类3万元、社会公益类4万元、儿童福利类12万元，尚未形成支出。海安市福利彩票公益金支出522.85万元，其中，社会福利资助项目支出51.04万元、养老机构建设补助项目支出280.69万元、养老政府购买服务及运行补助项目支出41.12万元、销售机构业务费安排支出150万元。

【福利企业监管与服务】2022年，海安市有社会福利院1家，年末床位数210张，全年在院总人天数2.05万人天。年末在院人数66人，其中，“三无”对象9人，老年人46人。持续强化“代理儿女”品牌，通过开展文娱活动、过集体生日等方式，丰富老年人日常生活。加强福利机构安全监管，探索建立福利机构人员入职查询和从业禁止制度，做细入院评估、分类管理等工作。常态化开展普法宣传活动，提升福利机构服务质量，维护老年人合法权益。

（蒋　颖）

慈善事业

【概况】2022年，海安市慈善总会实现总收入5693.1万元，比上年增长22.92%，其中募集善款3999.5万元，比上年增长17.04%。资金增值收益1636.1万元，比上年增长41.2%。支出善款2760.9万元，比上年增长2.01%。至年底，善款存量2.49亿元。市慈善基金会被江苏省政府表彰为最具影响力慈善组织，获江苏慈善奖。海安鸿雁志愿服务队刘宏燕获评省级最具爱心慈善行为楷模。

【善款募集】2022年，海安市慈善总会以“5·12”海安慈善日为平台，开展机关事业人员“一日捐”慈善募捐活动，募集善款356万元。组织村居互助募捐，明确村居互助募捐与慈善日活动同步开展，鼓励村居将慈善工作纳入村规民约，在村居慈善工作站开展“星”级评比和争创先进慈善工作站活动，全市村居慈善工作站募集善款1614万元。推行企业“一日捐”，举办庆祝第七个“中华慈善日”暨区镇街道慈善基金募捐动员大会，组织部分企业家带头募捐134万元；成立“申菱·实验中学奖教励学”冠名基金，首期捐款180万元。推进网上募捐，“情暖学子”“阳光之肾”项目参与腾讯“9·9”公益日网上公益筹款募捐，完成募资384万元。

【慈善救助】2022年，海安市慈善总会实施“百户爱心助困”项目，救助标准为每户5000元，银行卡打卡发放救助金223户116.5万元。实施“情暖学子”助学项目，救助标准为初中生每人每年2000元、高中生每人每年3000元、大学生和研究生每人每年4000元，银行卡打卡发放救助金120万元。实施“阳光之肾”项目，救助对象为城乡困难家庭，银行卡打卡发放救助金729人364.5万元。组织“千户阳光”送温暖活动，支出善款71万元，为孤寡老人和困难群众购置节日慰问品2000份，包含一床被子、一床被套和一份节日大礼包。

【联动救助】2022年，海安市慈善总会联合相关单位开展联动帮扶，稳妥推进专项救助。联合区镇实施“月月浓情”项目，对遭遇天灾人祸及其他特殊困难的家庭给予及时解困，支出善款50万元。联合教育部门实施“园丁慰藉”项目，帮扶因病因残致贫的教职工家庭，支出救助款14万元。联合市妇联实施“贫困母亲”项目，支出救助款15万元。联合市卫生健康委、市红十字会实施“健康扶贫”“生育关怀”“博爱送万家”项目，支出救助款75万元，用于低保和建档立卡户大病救助、贫困失独家庭和计生后遗症对象救助及人道主义救助。联合市老区开发促进会实施“老区扶贫”项目，支出救助款60万元，用于资助老区扶贫开发工程。联合市机关党工委、市邮政局、市癌友协会等单位实施“慈善关爱”“爱心包裹”“癌友之家”等项目，支出善款60万元。实施“慈善义工”项目，支持义工联、福缘大队、惠心社、江海志愿者等慈善志愿服务组织开展助老、助医等公益服务，支出善款25万元。联合市老年人体育协会实施“慈善之声”“夕阳红工作室”等项目，支出善款20万元，用于慈善文艺宣传和老年文体公益活动。支出善款30万元，为全市90岁至100岁的老年人购买意外伤害保险。配合省慈善总会实施“儿童大病救助”项目，6名儿童进入救助程序，救助支出11.33万元。

【慈善宣传】2022年，海安市慈善总会依托市融媒体中心及《海安日报》、海安电视台、“海安发布”微信公众号等平台，报道慈善新闻、慈善动态、慈善先进典型及慈善募捐情况、慈善项目实施进度，扩大慈善宣传覆盖面。《海安日报》刊出慈善专版6期。构建宣传平台，委托“海安在线”办好慈善公众号，联合团市委、市教育体育局举办“慈善知识竞赛”活动，《海安慈善》全年出刊6期，用稿120多篇。加强慈善文艺宣传，慈善文艺宣传队创作排演节目15个，到区镇、村（居）演出46场次。在市级以上媒体发布慈善信息520多篇，其中，《人民政协报》《慈善公益报》等国家级媒体用稿50多篇。

【“慈善之城”建设】2022年，海安市正式启动“慈善之城”建设，出台《关于海安市建设“慈善之城”的实施意见》，推动建好一批主题公园（爱心园）、打造两类特色阵地（学校慈善教育阵地、社会慈善传播阵地）、落实三大目标要素（年度善款捐赠额占全市地区生产总值不低于0.05%；市慈善基金会善款不少于2亿元，慈善分会善款不少于400万元，村居慈善工作站善款不少于60万元；注册志愿者人数占城镇常住人口比例不低于35%）、做好四项基础工作（慈善组织高质量发展，评估等级逐年提升，打造知名度较高的品牌慈善组织5个；公益慈善组织从业人员占经济活动人口比重不少于2.5%；建成海安市慈善项目库，在南通市慈善品牌项目库中占3席以上，慈善活动年均增长率10%以上；增强慈善透明度，慈善信息公开率100%）。5月24日，召开创建“慈善之城”动员大会，会议要求培育发展慈善组织，改革创新慈善机制，支持“互联网+慈善”发展，确保慈善网络全覆盖；精准开展慈善救助，规范管理慈善资金，推动慈善救助规范化；倡树慈善典型，营造浓厚氛围，持续扩大慈善事业的影响力和感召力。（汤成林）

基层社会治理

【社区建设】 2022年，海安市有农村居民集中安置区135个，新设新型农村社区8个，实行“村居合一”18个，增设居民小组235个，新型农村社区治理与服务体系框架基本建成。深化“一村（社区）一品”新型农村社区品牌建设，确定重点项目5个。开展城市社区干部定编定岗定薪，核定编制257个。提档升级城东镇立发办事处界墩村、雅周镇许家庄村、李堡镇蒋庄村和海安街道复兴社区4家社区综合服务机构。超大型城市社区规范化建设在海陵社区试点。全市有社区服务机构498家，其中，海安市级社区公共服务中心1家，镇级便民服务中心13家，社区服务管理站242家，社区居家养老站242家。

【社工队伍建设】 2022年，海安市有专业持证社会工作者411人，镇（街道）社会工作服务站覆盖率100%。采取公益性事业单位设置岗位、城乡社区开发岗位、公益性社会组织明确岗位等措施，加大社会工作专业岗位开发设置力度。规范社区工作者选任聘用、薪酬待遇、考核评议、教育培训、表彰惩戒等，推进社区工作者队伍职业化、专业化、规范化建设。探索未成年人综合保护社会支持体系建设，形成未成年人司法保护与政府保护、社会保护、网络保护协同配合，社会、学校、家庭三方联动的工作体系。完善社工人才培训教育体系，每年定期举办社区工作者初任培训班，分批次组织社区工作者参加社会工作者资格考试。建立“五社联动”（社区、社会组织、社会工作者、社区志愿者和社会慈善资源联动）机制，推动社会工作专业力量参与扶贫帮困和服务老人、困境儿童、农村留守人员、残疾人等特殊困难群体等活动。海安惠心志愿服务社《用爱弥补缺失——家庭教育功能缺失儿童个案帮扶实践》获评2020—2021年度江苏省优秀社会工作案例，海安街道复兴社区《“三融合”按下家教“快进键”》获评江苏十佳社区支持案例，海安街道凤山村社会工作服务室等10家社工站点获评南通市首批“社联江海”社会工作服务品牌站点。

【社区“青春行动”】 2022年，海安市创新开展青年志愿服务社区“青春行动”，探索“高校+社区”结对共建，引导青年学生主动投入社区实践，相关工作多次被《中国青年报》《扬子晚报》等媒体推介。先后在河海大学土木与交通学院、南京大学工程管理学院挂牌成立大学生实践基地，与南通理工学院海安校区、黑龙江工商学院海安校区共同打造团校合作平台。在复兴社区试点开展社区“青春行动”，3家团属青年社会组织、3家社工服务机构入驻社区常态化开展服务，创新探索社区“青春行动”“五四”工作法（坚持巩固学习线、丰富活动线、加强帮扶线、发动志愿线、树立榜样线，坚持融入中心任务、融入本职工作、融入队伍建设、融入基层治理），每月组织“青年议事会”活动，孵化出“守护花开”困境青少年心理关爱、“爱陪伴”敬老爱老等志愿服务项目8个，开展爱心助老、爱心暑托班、“四点半课堂”、文明城市长效管理、疫情防控等“七彩志愿社区行”活动200余场。

【社会组织管理】 2022年，海安市出台“关于促进社会组织高质量发展的实施意见”“关于建立海安市社会组织管理联席会议制度的通知”，依法注册登记社会团体9家、社会服务机构10家，累计注册社会组织867家。开展“僵尸型”社会组织清理行动，注销名存实亡的社会组织7家，依法督促整改71家，取缔非法社会组织2家。制定《海安市行业协会商会满意度提升专项工作计划》，组织各行业协会、商会在自查和清退违法违规收费的基础上，调整和规范会费、经营服务性收费工作。建立健全“市—镇（街道）—村（社区）”三级社会组织培育孵化体系，引导社会组织入驻海安街道、孙庄街道、城东镇立发办事处、雅周镇4家社会组织培育基地开展服务。实施公益创投项目61个，引导各类专业服务机构在社区开展法律服务、公益慈善、邻里互助等活动，50个社会组织、6.4万余人次参与项目实施。

【区划管理】 2022年，海安市辖海安街道、孙庄街道、胡集街道、隆政街道4个街道，城东镇、曲塘镇、李堡镇、角斜镇、大公镇、雅周镇、南莫镇、白甸镇、墩头镇9个镇，205个行政村（含村居合一）、36个社区，有国家级开发区1个（海安经济技术开发区，与城东镇区镇合一）、省级高新区1个（海安高新技术产业开发区）、沿海重点园区1个（老坝港滨海新区，与角斜镇区镇合一）。开展平安边界创建活动，完成30颗界桩的管护和界线巡查工作。

【地名管理】 2022年，海安市推进标准地名建设，核准各类标准名称42处，其中，商用地名5处、公用地名37处。加强公共地名地址服务共享平台建设，各镇（街道）核准并上报基础数据1350条，基础数据系统落图率95%。学习宣传新修订的《地名管理条例》，设置条幅61条，利用152处LED显示屏滚动宣传。开展“中国·国家地名信息库”质量建设行动，完成海安区域内政区类、交通水利类、居民点等五大类数据质量提升和审核提交工作，涉及海安地名数据信息4300多条。完成地名词典、地名志（二一八大类）涉及海安部分词条释文编纂工作。海安市联抗烈士陵园入选第二批江苏省100个“红色地名”，累计有省级“红色地名”3个。青墩获评省级地名文化遗产（古村落地名），南通唯一。

（蒋　颖）

老龄事务

【概况】2022年，海安市有60周岁以上老年人口30.19万人，占总人口33.51%，其中，80周岁至99周岁老人5.41万人，百岁老人230人。印发“关于促进养老托育服务高质量发展实施意见”，实施“为民办实事”养老服务项目7个，市民政局安排41.12万元资助困难老人6854人参保“老年人意外伤害保险”。海安街道旺池社区获评2022年全国示范性老年友好型社区，海安街道育才社区、新桥社区获评江苏省老年友好型社区。

表40　2022年海安市百岁老人一览表

序号	姓　名	性别	出生日期	所在地	序号	姓　名	性别	出生日期	所在地
1	黄宝平	女	1913年6月11日	胡集街道北景庄村	31	曹桂兰	女	1919年4月13日	墩头镇双新村
2	韩召云	女	1913年9月6日	城东镇三角村	32	江广清	女	1919年4月15日	南莫镇林庙村
3	蒋桂英	女	1913年11月5日	墩头镇新舍村	33	黄宝英	女	1919年7月19日	胡集街道连港村
4	王张氏	女	1914年3月15日	城东镇葛家桥村	34	邓学凤	女	1919年7月28日	海安街道星海社区
5	姚桂英	女	1915年7月13日	曲塘镇万庄村	35	夏兰英	女	1919年7月31日	李堡镇光明村
6	王朋英	女	1915年10月15日	城东镇南屏村	36	邓桂芳	女	1919年8月4日	隆政街道联合村
7	丁学贵	女	1916年6月2日	孙庄街道夏岔村	37	梅广凤	女	1919年8月24日	角斜镇沿口村
8	王宏生	男	1916年9月25日	大公镇北凌村	38	侯桂珍	女	1919年8月29日	曲塘镇曲园村
9	颜圣礼	男	1917年1月5日	墩头镇凤阳村	39	陆忠英	女	1919年9月13日	城东镇石桥村
10	吴玉凤	女	1917年1月27日	李堡镇储洋村	40	李十英	女	1919年9月22日	角斜镇新坝村
11	田桂英	女	1917年3月12日	南莫镇邓庄村	41	范存凤	女	1919年10月2日	城东镇石庄村
12	王则芳	女	1917年3月22日	城东镇上湖村	42	张桂英	女	1919年10月19日	城东镇韩洋村
13	徐永英	女	1917年6月22日	胡集街道田庄村	43	丁荣方	女	1919年11月10日	城东镇壮志村
14	周如英	女	1917年10月7日	曲塘镇李庄村	44	黄桂兰	女	1919年12月1日	南莫镇黄陈村
15	杨勤美	女	1917年11月15日	城东镇南屏村	45	高礼和	男	1919年12月3日	城东镇洪旺村
16	张会明	女	1918年1月17日	雅周镇张莫天村	46	王德余	男	1919年12月25日	墩头镇禾庄村
17	郏唐氏	女	1918年1月22日	南莫镇兴南村	47	朱康荣	男	1920年1月20日	孙庄街道营溪村
18	杨本英	女	1918年4月2日	城东镇石庄村	48	姜连玉	女	1920年2月9日	海安街道中大街社区
19	彭锦云	女	1918年4月4日	海安街道新园社区	49	孔锦文	男	1920年2月16日	城东镇嘉麟社区
20	冯宝金	男	1918年4月6日	曲塘镇胡庄村	50	吴志兰	女	1920年2月23日	角斜镇沿口村
21	崔陆氏	女	1918年5月26日	隆政街道德兴村	51	钱桂芳	女	1920年2月25日	隆政街道自由村
22	曹祥英	女	1918年7月26日	角斜镇老庄村	52	崔元珍	女	1920年3月1日	大公镇嗵口村
23	张加美	女	1918年10月14日	孙庄街道银杏村	53	陈长庆	男	1920年3月1日	墩头镇墩北村
24	任启茂	男	1918年11月21日	孙庄街道仁桥村	54	许逢真	男	1920年3月9日	海安街道新宁社区
25	柳在云	女	1918年12月21日	南莫镇沙岗村	55	杨玉英	女	1920年3月30日	海安街道海陵社区
26	顾维芳	女	1919年1月16日	曲塘镇兴花村	56	田宝年	男	1920年4月5日	城东镇韩徐村
27	康宜凤	女	1919年2月26日	李堡镇新庄村	57	李章古	女	1920年4月15日	隆政街道联合村
28	朱伯香	男	1919年2月27日	雅周镇东夏村	58	周宏英	女	1920年5月12日	大公镇于坝村
29	李仁英	女	1919年3月1日	大公镇王院村	59	奚祥玲	女	1920年6月5日	海安街道凤山村
30	丁怀凤	女	1919年3月21日	角斜镇顾陶村	60	陈　英	女	1920年6月18日	大公镇贲集村

续表40

序号	姓　名	性别	出生日期	所在地	序号	姓　名	性别	出生日期	所在地
61	于有凤	女	1920年6月19日	城东镇界墩村	101	刘加秀	女	1921年5月11日	角斜镇汤灶村
62	王蔼凤	女	1920年6月23日	城东镇戚庄村	102	张云芳	女	1921年5月11日	城东镇东城社区
63	陈友才	男	1920年6月28日	曲塘镇李庄村	103	王美英	女	1921年5月15日	孙庄街道营溪村
64	刘亚林	女	1920年6月29日	雅周镇钱庄村	104	周宏伦	男	1921年5月17日	大公镇于坝村
65	曹宝英	女	1920年6月30日	白甸镇瓦甸村	105	赵保荣	女	1921年5月18日	城东镇民桥村
66	汪国文	女	1920年7月9日	雅周镇钱庄村	106	许其镇	男	1921年5月23日	城东镇韩洋村
67	吴宝珍	女	1920年8月24日	胡集街道周吴村	107	张远英	女	1921年5月29日	孙庄街道银杏村
68	刘正英	女	1920年9月1日	墩头镇千步村	108	王独英	女	1921年5月30日	胡集街道园庄村
69	周　云	女	1920年9月1日	南莫镇林庙村	109	刘德英	女	1921年6月11日	李堡镇桑周村
70	袁兆凤	女	1920年9月15日	城东镇爱凌村	110	储有法	男	1921年6月14日	城东镇三角村
71	吉承芳	女	1920年10月5日	胡集街道胡集村	111	程绍珠	女	1921年6月15日	胡集街道胡集村
72	孙其英	女	1920年10月20日	李堡镇杨庄村	112	杭仁英	女	1921年6月23日	墩头镇凤阳村
73	邵怀英	女	1920年10月22日	角斜镇滩河村	113	章　庆	男	1921年6月27日	城东镇热港村
74	陈国萍	女	1920年10月22日	城东镇新生村	114	唐文银	男	1921年7月13日	孙庄街道夏岔村
75	顾云凤	女	1920年10月24日	李堡镇曹园村	115	戴元美	女	1921年7月20日	城东镇三丰村
76	王文英	女	1920年11月5日	海安街道新园社区	116	戴宜英	女	1921年7月22日	胡集街道钟涵村
77	吉成英	女	1920年11月12日	曲塘镇顾庄村	117	夏广英	女	1921年8月4日	孙庄街道仁桥村
78	顾佩荣	男	1920年11月29日	曲塘镇刘圩村	118	刘永钦	男	1921年8月8日	海安街道凤山村
79	张长凤	女	1920年12月5日	城东镇洪旺村	119	王张氏	女	1921年8月9日	大公镇王院村
80	许录英	女	1920年12月6日	曲塘镇富民村	120	崔广英	女	1921年8月15日	李堡镇储洋村
81	庞井英	女	1920年12月12日	白甸镇傅舍村	121	王修珍	女	1921年8月17日	胡集街道谭港村
82	江景氏	女	1920年12月12日	南莫镇砖桥村	122	陆本成	男	1921年8月23日	孙庄街道黄柯村
83	付士芬	女	1920年12月15日	白甸镇傅舍村	123	陈秀英	女	1921年8月29日	墩头镇墩头村
84	钱仁凤	女	1920年12月27日	雅周镇钱庄村	124	梅广英	女	1921年9月2日	胡集街道钟涵村
85	丁霞云	女	1920年12月31日	孙庄街道韩庄村	125	柯德英	女	1921年9月3日	曲塘镇徐庄村
86	万宝英	女	1920年12月31日	孙庄街道仁桥村	126	周凤英	女	1921年9月7日	曲塘镇兴曲村
87	缪三珍	女	1921年1月3日	角斜镇新坝村	127	李十英	女	1921年9月9日	李堡镇李西村
88	贯秀英	女	1921年1月5日	胡集街道北景庄村	128	许祥凤	女	1921年9月17日	李堡镇堡河村
89	徐友法	男	1921年1月19日	南莫镇柴垛村	129	杨本英	女	1921年9月24日	城东镇葛家桥村
90	万成朋	男	1921年2月11日	李堡镇富庄村	130	徐宏英	女	1921年9月29日	城东镇刘缺村
91	王爱廉	女	1921年2月12日	城东镇嘉麟社区	131	刘丙兰	女	1921年10月4日	墩头镇千步村
92	仇长珍	女	1921年2月18日	南莫镇兴南村	132	周信珍	女	1921年10月4日	曲塘镇胡庄村
93	陆惠兰	女	1921年2月23日	海安街道曙光社区	133	张宏彬	男	1921年10月14日	孙庄街道孙庄村
94	潘桂英	女	1921年3月8日	城东镇民桥村	134	夏美林	女	1921年10月15日	雅周镇许家庄村
95	宋年珍	女	1921年3月10日	白甸镇官垛村	135	董月清	女	1921年10月16日	白甸镇邹冯村
96	储有同	男	1921年3月19日	城东镇界墩村	136	陈怀英	女	1921年11月3日	胡集街道连港村
97	陈兴桂	女	1921年3月29日	海安街道凤山村	137	景友如	女	1921年11月8日	雅周镇雅周村
98	刘万寿	男	1921年4月6日	曲塘镇章郭村	138	曹桂英	女	1921年11月8日	雅周镇周机村
99	缪存英	女	1921年4月28日	角斜镇五虎村	139	吴志金	男	1921年11月9日	角斜镇江海村
100	徐希英	女	1921年5月9日	角斜镇富港村	140	魏炳英	女	1921年11月15日	胡集街道东庙村

续表40

序号	姓　名	性别	出生日期	所在地	序号	姓　名	性别	出生日期	所在地
141	韩若兰	女	1921年11月15日	胡集街道拥徐村	181	范迪如	男	1922年3月19日	城东镇新生村
142	毛俊英	女	1921年11月15日	曲塘镇银树村	182	王德贵	男	1922年3月26日	大公镇仲洋村
143	姚兰英	女	1921年11月16日	李堡镇李堡村	183	陶春明	男	1922年3月26日	墩头镇长垎村
144	范锦芝	男	1921年11月17日	曲塘镇创新村	184	洪　涛	男	1922年3月26日	海安街道新陵社区
145	王美鞠	女	1921年11月17日	雅周镇金庄村	185	赵宏信	男	1922年3月28日	雅周镇庞庄村
146	周克英	女	1921年11月19日	大公镇马舍村	186	曹文芝	男	1922年4月5日	胡集街道田庄村
147	郭明凤	女	1921年11月19日	李堡镇蒋庄村	187	杨礼农	男	1922年4月11日	墩头镇千步村
148	江罗英	女	1921年11月25日	南莫镇林庙村	188	严玉凯	男	1922年5月2日	海安街道闸东社区
149	张长根	男	1921年11月26日	隆政街道德兴村	189	张永桐	男	1922年5月4日	海安街道凤山村
150	刘广明	女	1921年12月6日	城东镇新立村	190	吴应凤	女	1922年5月7日	城东镇农林村
151	梅九如	男	1921年12月9日	海安街道中大街社区	191	马祥英	女	1922年5月10日	隆政街道自由村
152	史春英	女	1921年12月10日	墩头镇墩北村	192	钟立秀	女	1922年5月10日	孙庄街道海南村
153	王桂英	女	1921年12月14日	曲塘镇花庄村	193	徐木夭	男	1922年5月22日	海安街道凤山村
154	吉成松	男	1921年12月15日	城东镇五坝村	194	居正凤	女	1922年6月5日	角斜镇周庄村
155	周克英	女	1921年12月21日	大公镇群益村	195	秦兆荣	男	1922年6月12日	李堡镇中凌村
156	陈秀文	女	1921年12月22日	胡集街道青萍港村	196	田宝凤	女	1922年6月21日	城东镇韩徐村
157	王桂英	女	1921年12月28日	雅周镇钱庄村	197	顾用铨	男	1922年6月23日	海安街道新园社区
158	王则英	女	1921年12月29日	城东镇热港村	198	卢秀英	女	1922年7月4日	孙庄街道孙庄村
159	杨得生	男	1922年1月1日	白甸镇傅舍村	199	储祥英	女	1922年7月16日	李堡镇蒋庄村
160	王帷淦	男	1922年1月7日	城东镇石桥村	200	肖夕如	女	1922年8月8日	孙庄街道界河村
161	缪才英	女	1922年1月9日	曲塘镇李庄村	201	王国金	男	1922年8月10日	海安街道闸东社区
162	江克美	女	1922年1月16日	孙庄街道海南村	202	唐玉琪	男	1922年8月18日	李堡镇二贤社区
163	冯桂英	女	1922年1月19日	墩头镇新舍村	203	葛宝兰	女	1922年8月27日	曲塘镇花庄村
164	韩秀英	女	1922年1月21日	城东镇立发桥村	204	康月珍	女	1922年8月30日	角斜镇五凌村
165	徐希凤	女	1922年1月24日	李堡镇富庄村	205	陈应美	女	1922年8月30日	雅周镇张垛村
166	冒来芳	女	1922年1月25日	城东镇施秦村	206	褚元珠	女	1922年9月4日	李堡镇李堡村
167	王　俊	女	1922年2月2日	城东镇石桥村	207	胡建木	男	1922年9月5日	隆政街道三里闸村
168	许松英	女	1922年2月5日	大公镇于坝村	208	陆兰香	女	1922年9月10日	城东镇堑南村
169	丁桂英	女	1922年2月5日	城东镇刘缺村	209	章华美	女	1922年9月15日	城东镇洋蛮河村
170	田宝芳	女	1922年2月11日	城东镇韩洋村	210	徐红芳	女	1922年9月23日	白甸镇周垛村
171	施凤明	女	1922年2月11日	墩头镇新海村	211	龚凤英	女	1922年9月25日	雅周镇迴垛村
172	周圣英	女	1922年2月14日	隆政街道海北村	212	唐汉英	女	1922年9月29日	曲塘镇群贤村
173	吴祥和	男	1922年2月15日	李堡镇堡河村	213	王华义	男	1922年10月16日	李堡镇红旗村
174	钟立平	女	1922年2月15日	南莫镇朱楼村	214	于海琴	女	1922年11月1日	胡集街道拥徐村
175	鲁钱氏	女	1922年2月15日	曲塘镇刘圩村	215	仲兆英	女	1922年11月2日	城东镇界墩村
176	唐张氏	女	1922年2月16日	白甸镇官垛村	216	顾凤英	女	1922年11月18日	曲塘镇曲园村
177	景荣桂	男	1922年2月17日	孙庄街道孙庄村	217	戎淑娟	女	1922年11月20日	隆政街道林桥村
178	徐桂英	女	1922年3月9日	曲塘镇徐庄村	218	谢兴才	女	1922年11月23日	孙庄街道祖师庙村
179	景宏英	女	1922年3月11日	曲塘镇大陈庄村	219	李昌发	男	1922年11月30日	角斜镇川港村
180	谢永言	男	1922年3月11日	胡集街道钟涵村	220	姜春英	女	1922年12月2日	雅周镇迴垛村

续表40

序号	姓　名	性别	出生日期	所在地	序号	姓　名	性别	出生日期	所在地
221	刘兰芳	女	1922年12月5日	曲塘镇大陈庄村	226	高兴友	男	1922年12月18日	城东镇民桥村
222	胡桂英	女	1922年12月7日	曲塘镇顾庄村	227	程惠林	男	1922年12月20日	城东镇油坊头村
223	徐文桐	男	1922年12月7日	孙庄街道通学桥村	228	杨惟玉	女	1922年12月22日	隆政街道自由村
224	钱贵怡	男	1922年12月9日	雅周镇东夏村	229	凌佳凤	女	1922年12月22日	胡集街道拥徐村
225	鲁松鹤	男	1922年12月12日	墩头镇东湖村	230	吴德美	女	1922年12月25日	城东镇洋蛮河村

【机构养老服务】 2022年，海安市拥有各类养老机构34家，其中，公办社会福利院1家、农村敬老院20家、民办养老机构13家（康复医院1家、护理院3家、医养结合型机构7家、普通型养老机构2家），实现区镇（街道）养老机构全覆盖，养老床位4854张，实际入住老人近2500人。3家失能（失智）照护中心（胡集街道胡集敬老院、曲塘镇敬老院、福苑居养老中心）建成并投入使用，4家区域性养老服务中心（角斜镇敬老院、曲塘镇敬老院、沙岗敬老院和白甸镇敬老院）完成功能提升。构建多层次机构养老服务格局，改造提升失能失智照护中心1家，新增护理型床位100张；4家农村敬老院转型区域养老服务中心，提供“机构+社区+居家”链式服务；支持利用闲置国有资产开设养老机构，引导民间资本进入养老市场，新增养老机构2家、养老床位300张；扶持规范农村“幸福之家”建设，满足多样化养老需求；推进养老综合体建设，上湖康养社区项目完成初步设计。

【社区养老服务】 2022年，海安市在居家养老服务中心（站）建设全覆盖的基础上，提升改造服务设施，打造主城区居家养老“15分钟服务圈”，有社会化运营的日间照料中心、居家养老服务中心（站）30家，日接待老人超过3500人次。依托社会化运营社区养老服务设施，老年人助餐市场化服务体系运转正常。

【居家养老服务】 2022年，海安市强化养老信息化建设，建设居家养老服务呼叫中心，配备线上话务员24人、线下服务员近700人，通过“线上接单—线下服务—线上回访”流程，分类提供以日常探视、生活照料、助医助行、代办帮办事项为主体的居家养老上门服务。为全市近6万名老人提供居家养老上门服务，80周岁以上老人每人每月购买服务标准30元，失能、半失能低保、“五保”（保吃、保穿、保住、保医、保葬）老人每人每月购买服务标准120元，重点“空巢”独居老人每周可享受1次上门服务和2次电话问候。

【旺池社区获评全国示范性老年友好型社区】 2022年10月19日，海安市旺池社区被国家卫生健康委、全国老龄办命名为全国示范性老年友好型社区。旺池社区地处海安城区中心，总面积0.8平方千米。下辖6个居民小区，有居民3260户，常住人口1.04万人，其中60岁以上老人1590人。辖区有企事业单位、生产经营单位210家。社区创新打造“零龄互助式”志愿者服务品牌，社区居家养老服务中心定期开展活动，丰富老年人生活。面向独居、“空巢”、失能、计划生育特殊老年人推出“1+1+N”个性化服务，每周一个电话问候，每月一次上门走访，辖区单位共同联动，服务好老年人。社区通过宣传栏、讲座、微信等方式，开展安全知识讲座、防诈骗宣传教育、健康知识讲座等活动。依托社区卫生室，为老年人提供家庭医生签约服务、上门巡诊等基本医疗服务。建立小罗调解室，为老年人提供法律援助、矛盾调解等服务。发挥党员先锋模范作用，12名党员与“空巢”老人建立“一对一”精准帮扶，每周末为老人提供亲情陪护、心理疏导、生活照料等服务。

（蒋　颖）

民族宗教事务

【概况】 2022年，海安市深化民族宗教事务基层基础建设，不断完善市、区镇（街道）、村（居）三级民族宗教工作服务管理网络，建成专属网格70个、综合网格798个，动态更新民族宗教信息数据1970余条，评选表彰优秀网格员10人，发放补助2.2万余元。深入推进民族团结进步工作，持续做好“山海情”“东桑西移”等民族工作品牌推广，支持建筑、纺织丝绸、家具等企业扶持民族地区发展。宁蒗支教教师群体入选“新时代江苏重大先进典型主题影像展”，海安高新区获评全省首批民族团结进步示范区，南通理工学院海安校区获评全省第三批“红石榴家园”。云南省民族宗教委和云南宁蒗、广西东兰党政代表团先后到海安考察交流。依法管理宗教事务，持续巩固“爱党爱国爱社会主义”教育活动成效。苏州张家港、吴中区佛教协会到海安参访交流。

【民族事务】 2022年，海安市继续擦亮全国民族团结进步示范市品牌，组织“民族团结一家亲，共庆佳节促交融”端午系列活动12场，举办“明月华章同筑梦，石榴花开别样红”中秋联谊暨2022年“民族团结进步宣传月”活动，开展“推广普通话，铸牢中华民族共同体意识”主题宣传活动60余场，聘任普通话推广大使3人。强化服务管理，完善少数民族基础数据库，坚持走访少数民族群众，及时帮助解决实际问题。市民族宗教局走访慰问少数民族家庭70多户，协调解决8名少数民族儿童入学问题，帮助2名少数民族在读大学生申报公益助学慈善基金；市总商会结对助学6名少数民族优秀学生；市人力资源和社会保障局联合企业给少数民族群众开展岗前培训。拓展交流合作，动员全市社会力量参与各族群众互嵌式发展计划，巩固提升对云南宁蒗、广西东兰、青海贵德、新疆伊宁、贵州独山等民族地区的教育援助，对广西毛南、德保和新疆伊宁等民族地区的产业援助；鼓励民族地区群众到海安求学、就业，组建“红石榴就业行动”企业联盟，为民族地区群众在海安就业提供优质服务。至年底，在海安就读的少数民族学生526人。新增到海安就业的少数民族群众300多人。

【宗教事务】 2022年，海安市推动宗教活动场所建设社会主义核心价值观实践基地，宗教界举行“爱党爱国爱社会主义”主题演讲比赛，参与社会疫情防控志愿服务30余次，参与人员300余人次。开展“提升法治意识、加强依法管理”教育活动，组织学习《宗教活动场所财务管理办法》，聘请专业机构开展财务、资产审计，举办宗教活动场所规范化建设观摩评比活动，新藏禅寺获评第九批南通市级法治文化建设示范点。坚持开展“崇俭戒奢”教育活动，规范教职人员行为和宗教活动。持续实施“和谐宗教，人才先行”计划，推动宗教学识教育、文化素质教育等相结合的宗教界人士培养模式落地见效。守牢安全防线，开展宗教活动场所安全专项整治，先后组织16次安全检查，排查整改隐患200余处；开展宗教活动场所自建房等既有建筑安全专项整治，排查既有建筑120余栋，督促按时完成2处C级危房整改；开展安全大检查、安全百日攻坚行动，完成2轮三级复查复核。

（王　姝）

精神文明建设

【概况】 至2022年末，海安市有注册志愿者27.02万人，占城镇常住人口31.06%。志愿服务总时长超950万小时，人均时长35.16小时。活跃志愿者22.96万人，活跃度84.97%。海安作为全国首批新时代文明实践中心建设试点县（市），以志愿者为主体力量，以志愿活动为主要载体，全面推进“志愿之城”建设。不断健全文明实践建设体系，制定海安市志愿服务管理办法、海安市志愿者嘉许礼遇实施办法，上线“礼遇海安”小程序，成立新时代文明实践基金会。打造“8+N”特色志愿服务队伍（理论政策宣讲、文化文艺服务、助学支教、医疗健身、科学普及、法律服务、卫生环保、扶危帮困八类常备队伍和若干具有自身特色及优势的志愿服务队伍），成立志愿服务队494支，实施服务项目510多个，征集微心愿3884个，实现率超98%。发布“我为群众办实事”项目832个，办结率99.8%。依托“司机之家”“红色驿站”“职工之家”等阵地，新增实践点、志愿服务驿站108个。“新时代文明实践‘海安样本’”被江苏电视台公共·新闻频道《黄金时间》栏目专题报道。刘宏燕获评全省“最美志愿者”，入围2022年度全国学雷锋志愿服务“四个100”先进典型候选名单，全省仅4人，南通唯一。王美琴、张慧获评省优秀志愿者。柳亚西获评省第二届“最美老干部志愿者”。福缘志愿者服务大队“戎”兄弟项目、邮政公司“军邮一家人”项目分获省青年志愿服务项目大赛二、三等奖。七星湖社区获评省学雷锋志愿服务先进典型优秀志愿服务社区。市农机科技志愿者服务分队获评省农机科技志愿服务优秀服务队。大公镇老年人“能”项目等9个典型获评南通市“学雷锋”志愿服务先进典型。

【群众性精神文明创建】 2022年，海安市坚持每季度在各区镇（街道）、村（居）设立一次“善行义举榜”，在各单位发布一次“最美人物榜”，在各区镇评选一次“区镇好人”，在全市评选一次“海安好人”。21人获评“海安好人”，6人（组）获评“南通好人”，3人获评“江苏好人”。5户家庭获评南通市文明家庭，1户获评省文明家庭。推进“书香家庭建设”，组织亲子阅读比赛、绘本阅读活动20余场次。组织各区镇（街道）、村（居）、单位每季度开展一次道德讲堂活动，全年举办讲堂活动1400余场次，受众近15万人次。开展诚信“六进”（进机关、进企业、进校园、进商家、进社区、进乡村）活动，评选星级“诚信文明经营户”“诚信示范街”，定期发布诚信红黑榜。“海安商城”1500多家入驻商家签署“信用承诺书”，省级“正版正货”示范街区在星湖001商业广场揭牌。

【未成年人思想道德建设】 2022年，海安市持续加强未成年人思想道德建设，未成年人成长指导中心累计接待时长超3000分钟，组织线上云宣讲26次，送教到基层12场次，受众2万余人次。举行“心向阳光健康成长”心理健康教育宣传月活动，各中小学围绕情绪调节、认识自我、阳光心态塑造等二十多个主题开展专题讲座、板报评比、阳光心理运动会、考前心理调适等活动220余场次。推进《“八礼四仪”养成教育读本》列入教育教学课程体系，组织教育实践活动30多场次。打造“明礼知仪 优雅同行”文明礼仪活动品牌，开展教育实践活动300多场次，南通市“文明礼仪养成教育”示范观摩活动之“餐饮之礼”主题教育活动在城南实验小学举行。推进文明校园创建，海安中专入围2022—2024年度江苏省文明校园预申报单位。实施“新时代好少年”双月度评选机制，每两月发布“新时代好少年”10人，5人获评南通市“新时代好少年”。开展“童”字系列活动，2篇作品获省级奖项，1所学校获省优秀组织奖。组织“梦想与担当”征文比赛，18篇作品获省级奖项，2名教师获评省优秀指导老师，3所学校获省优秀组织奖。

【“志愿之城”建设动员大会】 2022年3月5日，海安市召开“志愿之城”建设暨新时代文明实践再出发动员大会，在全省率先提出建设“志愿之城”，会议传播新思想，弘扬新风尚，动员全市上下以新时代文明实践为抓手，全力推进“志愿之城”建设，让志愿服务成为海安城市精神和时代风尚的重要标志。活动现场公布2021年新时代文明实践中心建设优秀典型表彰名单，并举行颁奖仪式。活动聘请全国道德模范提名奖获得者、江苏省道德模范刘宏燕，“中国好人”蒋龙生，“南通好人”朱盼盼，市义工联合会会长王美琴，市福缘志愿者服务大队大队长吴志元为海

2022年3月5日，海安市"志愿之城"建设暨新时代文明实践再出发动员大会召开

濮端建／摄

安"志愿之城"形象大使；王美琴宣读"志愿之城"建设倡议书。曲塘镇、海安街道、共青团海安市委、海安开发区七星湖社区、福缘志愿服务大队作表态发言。与会人员观看志愿服务宣传片、大公镇"邻里连心"志愿服务项目情景宣讲。活动发布"志愿之城"主题歌。

（管顺黄）

【海安义工联合会】 至2022年底，海安义工联合会注册志愿者超过6000人。2022年，义工联合会常态化及不定期开展各类公益志愿服务281场，举办各类培训讲座6场，参与志愿者3000余人次，服务对象25万余人次。受疫情影响，每周一次敬老院活动无法正常进行，定期慰问"空巢"老人、老教师、老党员和重阳登高等活动正常进行，开展助老敬老活动15场，参与志愿者200余人次，受助对象4000余人次。开展"红亭子"志愿服务活动98场，参与志愿者400余人次。"公益开放日"活动频次和每场接待人数与往年相比均有所减少，开展活动18场，参与志愿者100余人次，服务对象500余人次。"爱不孤读"全民阅读公益项目启动后，累计开展活动50场，参与志愿者100余人次，服务对象1000余人次。"12345"话务志愿服务专席至2022年底累计开展活动12场次，参与志愿者50余人次。参加核酸检测志愿服务活动42场，参与志愿者500余人次。开展"户外清洁日"环保公益活动22场，参与志愿者600余人次。开展文明城市创建志愿服务活动10场，参与志愿者100余人次。开展各项关爱留守儿童活动6场，参与志愿者100余人次，服务对象500余人次。6月1日，联合海安大剧院开展关爱留守儿童公益演出活动，仇湖小学的258名学生参与活动。

（王美琴）

【海安惠心志愿服务社】 至2022年底，海安惠心志愿服务社（简称惠心社）有社工师7人、心理咨询师38人。2022年，惠心社承接实施6个公益项目，服务对象涉及困境儿童及其家长、涉罪未成年人、家庭暴力相关方、社区社会组织等。承接市民政局政府采购项目——"爱伴童行"困境儿童关爱服务项目，搭建海安高新区内所有困境儿童、部分留守和流动儿童等100名儿童家庭社会支持系统，走访困境儿童73人，开展主题活动4次，举办暑期托班活动6次。实施2022年度江苏省妇女儿童和家庭公益社工服务项目——家安行动，开展"反家暴"进社区、进学校、进商圈等各类宣传活动10场次。结对帮扶家暴受害人5名，服务个案3个。承接海安市2022年度社会组织公益创投项目——海安街道和城东镇立发办事处社会组织培育基地运营，打造海安街道"江海惠民安"品牌社会服务项目。承接市人民检察院公益项目——"点亮心灯"牵手涉罪未成年人再启航，为涉罪未成年人12人提供心理评估和疏导，为涉罪未成年人6人提供观护帮教服务。惠心社"用爱弥补缺失"服务案例刊登在"社工中国网"，被多家社工协会转载，并获省民政厅优秀社会工作案例三等奖。深入核酸检测点，协助疫情防控工作，累计服务群众5000人次。10月，开通"疫情防控心理援助"热线，接待电话访问23例。

（徐　颖）

【海安福缘志愿者服务大队】 至2022年底，海安福缘志愿者服务大队有核心成员32人、注册志愿者2891人，大队下设20支特色小分队。2022年，福缘志愿者服务大队累计实施志愿服务项目432场（次），2981人次参与，为社会提供志愿服务时数2.30万小时，平均每周开展4场次活动。10月13—19日，福缘志愿者在华新一品小区开展抗疫志愿服务活动29场次。福缘志愿者服务大队联合新时代文明实践中心、退役军人事务局在海安高新区新桥社区以拥抱老兵志愿服务中心为阵地推广实施"拥抱"老兵——"戎"兄弟品牌项目，"戎"兄弟项目获江苏省青年志愿服务项目大赛暨第六届中国青年志愿服务项目大赛江苏省选拔赛二等奖，"戎"装记忆项目获南通市第七届公益项目大赛银奖。实施"福佬"空巢行动项目，与城南实验小学学生共同服务平桥村、二里社区、新桥社区、镇南社区、星海社区"空巢老人"800余户。常态化实施"福娃"项目，开展"福娃大团聚"等亲子活动。人民网、美丽江苏网、《南通日报》《江海晚报》等媒体先后报道福缘志愿者服务大队20余次。福缘志愿服务大队获评南通市互联网行业委员会"云链先锋"先进集体、南通市优秀志愿服务组织。

（吴志元）

海安市上湖创新区

公共安全

HAIAN YEARBOOK 2023 海安年鉴

应急管理

【概况】 2022年，海安市全面加强应急管理体系、监测预警体系、救援队伍体系、应急保障和恢复重建体系建设，制定《海安市灾害事故应急处置工作指南》，应对和处置突发事件综合能力不断提升。强化基层应急预案体系建设，基本实现全市应急预案体系“纵向到底、横向到边”。推进应急指挥系统建设，完成应急管理信息系统安全等级保护测评，完善应急物资、救援队伍、重要公共设施等数据，共享海洋渔业安全生产应急指挥系统，在应急指挥中心部署市域治理会议终端，实现与市域治理现代化指挥中心和各镇域治理指挥中心视频会议互联互通。立足“全灾种、大应急、大救灾”，建成市级应急救灾物资储备库。开展社会化应急合作，与海安市保安服务（集团）有限公司签订公务无人机服务项目，利用无人机设备进行应急救援，共同开创应急救援工作新局面。注重调查研究，形成海安市第12号台风“梅花”应对工作复盘分析报告。

【应急预案修订】 2022年，海安市深化推进基层应急预案体系建设，完善和修订市级总体预案、专项预案42件。区镇（街道）按照“1+13+X+Y”（1件区镇、街道总体应急预案，13件共性专项应急预案，X件个性专项应急预案，Y件村、社区现场处置方案、生产经营单位应急预案）应急预案体系构架，编制总体预案14件、专项预案216件，村级现场处置方案236件，并按要求分别录入海安市应急管理指挥信息系统和南通市安全生产综合监管信息系统。

【应急救援演练】 2022年，海安市先后开展城市建筑施工应急救援演练、海洋渔业安全生产联合演练、学校应急疏散救援综合演练、防汛抢险应急救援演练、水上应急救援综合演练等政府层面的应急救援演练60余次，观摩人数1万余人，新华社等省级以上媒体多次进行报道。7月3日，全市防汛抢险应急救援演练在七星湖举行，由消防、先锋救援、民兵等组成参演队伍，开展抽水排涝、翻舟自救、孤岛救援等科目演练。10月10日，危险化学品安全生产事故应急演练在江苏飞亚化学工业集团股份有限公司举行，演练采取主现场和分现场相结合、视频连线的方式，通过应急管理指挥中心视频会议系统和应急管理指挥信息系统，展现多场景、多环节的危险化学品生产安全事故应急救援工作，这是海安首次利用信息化技术手段开展应急演练活动。

2022年11月2日，海安市应急管理局向胡集街道捐赠家庭应急包　张　颖／摄

【应急救援队伍建设】 2022年，海安市按照“综合救援队伍管全面，专业救援队伍保领域，突击救援队伍起支撑，社会救援队伍补短板”要求，推进基层应急救援队伍建设。新组建海安市应急管理综合行政执法大队，对海安开发区、海安高新区实施派驻执法，其他区镇实施区域委托执法。建成14支每支队伍不少于30人的区镇（街道）综合应急救援队伍、14支市级专业应急救援队伍、236支每支队伍不少于20人的村（居）志愿者队伍。各区镇（街道）专门划转1名工作人员专职从事安全生产、应急管理、防灾减灾工作，明确1名分管负责人、安全生产委员会办公室专职副主任，全市基层应急管理机构增加相关工作人员16人。

【应急物资储备】 2022年，海安市全面推进应急物资储备，发挥政府主导作用，建成1000平方米的市级应急救灾物资储备库，储备16种价值160万元的通用类生活应急救灾物资；做好省应急救灾物资前置储备点管理，储备12种价值近150万元的省级应急救灾物资。支持引导社会组织参与，在市先锋应急救援中心自购应急救援设备40余件（套）的基础上，市应急管理局捐赠总价值近10万元的短缺应急救援装备。鼓励居民家庭储备，采购5000套家庭应急包，发放至全市49个村（居），构建多元互补的储备格局。制定《海安市镇村两级应急救灾物资保障能力建设实施方案》，加快推动应急物资储备向镇、村两级延伸，首批建设的4个镇、15个村（居）完成仓库选址、制度上墙工作。制定《海安市应急物资储备管理办法》《海安市救灾物资使用管理联动机制》，与海安申申快递有限公司签订物资配送合作协议，开发海安市应急物资管理信息化系统，相关部门、区镇、村（居）承担各自专业领域应急物资储备。全市应急物资管理信息化系统录入政府应急物资1015类、企业应急物资239类、救援队伍物资36类，累计128.51万件，所有应急物资实现统一管理、集中调度。

（季　慧）

防灾减灾

【概况】 2022年，海安市完善区镇（街道）层面防灾减灾救灾工作体制，各区镇（街道）明确防灾减灾救灾工作分管负责人、工作人员。推动自然灾害风险普查成果应用，探索海安市自然灾害综合风险基础数据库、促进在自然灾害防治基础能力提升方面应用、建立自然灾害与事故后果仿真系统、深化行业部门普查成果数据应用4项主要应用内容，邀请南京工业大学专家团队设计自然灾害综合风险基础数据库、自然灾害与事故后果仿真系统建设方案，并纳入应急管理指挥信息系统二期建设。做好自然灾害监测预警工作，通过市应急管理指挥信息系统自然灾害一张图模块，及时监测全市气象、主要河道及水利工程水位等信息，第一时间处置异常情况；加强突发事件预警发布平台建设，建立应急管理、气象部门联动发布灾害预警机制。全年，发布灾害预警信息138次、决策灾害专报126期，通过短信平台发布预警信息97.4万条，有效应对台风“梅花”“轩岚诺”等自然灾害。夯实基层防灾减灾救灾工作，出台《海安市基层社区综合减灾标准化基本规范》，旺池社区和杨庄村争创全国综合减灾示范社区。加强防灾减灾救灾科普宣教，在旺池社区开展“全国防灾减灾日”主题活动，组织地震应急疏散和消防应急演练，开展家庭燃气安全使用、消防知识以及卫生急救知识“微宣讲”，举办防灾减灾知识有奖竞答等活动；开展防灾减灾宣传教育进校园活动，向全市小学发放“防灾减灾应急避险知识”挂图88套、“防灾知识总动员”挂图814张。

（季　慧）

【气象灾害防御】 2022年，海安市深化“气象+网格+应急”工作机制，构建气象协理（信息）员、基层网格长（员）和灾害信息员“三员合一”、融合共建的气象防灾减灾工作格局，完善基层气象灾害预警信息接收和传播体系，打通气象灾害预警信息传播“最后一公里”。借助“喜迎党的二十大国产优秀影片展映”活动，以每场片头播放高温、雷击、暴雨等气象防灾减灾科普短片的形式，向群众传授防御气象灾害基本技能，累计放映宣传短片380余场，“气象科普借助广场电影走进千家万户”活动被省气象局评为优秀案例。制作农村防雷科普宣传电视节目，市气象局防雷专家专题讲解田间劳作防雷安全注意事项。多部门联合构建气象服务保障机制，市气象局、市应急管理局等部门联合制定海上风电作业人员恶劣天气撤离工作机制；市气象局、市生态环境局联合发布重污染天气空气质量预报；市气象局、市应急管理局、市文化广电和旅游局合作提升气象灾害预警信息快速高效传播能力，通过电视滚动快速插播，发布预警信息117条；市气象局、市农业农村局合作调整农业气象观测站网布局，制作并发布农业气象服务资料超100期。

（彭　伟　彭小燕）

【地震灾害防御】 2022年，海安市加强防震减灾宣传，发放防震减灾知识彩页10万多份，提升社会公众应对地震灾害能力。市住房和城乡建设局、市教育体育局联合开展防震减灾系列活动，在实验小学、明道小学、教师发展中心附属小学开展地震避险、应急疏散、医疗救护、火灾处置、情绪安抚等科目演练。市少年宫抗震防灾科普馆接待参观人数约3000人次。市住房和城乡建设局获评2022年度全省市县防震减灾工作综合考核先进单位。

（夏婷婷）

【汛期风险防范】 2022年，海安市实行市、区镇两级24小时防汛值班制度，落实汛期监测预警机制。汛前实施销号式除险消险，对确实暂不能除险处理的问题，逐一落实度汛应急措施。加强专业化与社会化相结合的防汛抗灾服务和抢险队伍建设，先后组织雅周镇防汛防台应急演练、里下河地区水域救援综合应急演练、环卫部门防汛防旱实地演练等应急演练。实施北凌新闸除险加固方案设计、北凌新闸下游翼墙及底板裂缝灌浆、角斜镇五虎村滩河坍塌段护岸工程等防汛急办工程。科学调度水利工程防御雨涝灾情，调度北凌新闸排水108潮次，排水量6.76亿立方米；调度市城市防洪工程排涝3.96万台时，排水量2.16亿立方米；调度通扬河沿线高低水系控制工程14座闸32座涵适时关闸挡洪保水。年内，全市未有大的洪涝灾害和工程险情发生，实现安全度汛。

（杨　睿）

【森林灾害防治】 2022年，海安市购买社会化服务开展林业有害生物监测，林业有害生物成灾率低于5‰，无公害防治率超88%。抓好以美国白蛾为重点

2022年5月12日，海安市教师发展中心附属小学开展地震避险演练　张　颖／摄

的病虫害防治，释放周氏啮小蜂蜂蛹1.4万个，布设市级美国白蛾性诱捕器监测点31处，诱捕美国白蛾134头。12月12日，南通市突发重大林业有害生物灾害应急预案演练在海安举办，模拟突发美国白蛾疫情防控。严格标准林地使用审批和森林采伐限额管理，开具采伐证2张、植物检疫证书59份。救护野生动物6次。

【地质灾害防治】 2022年，海安市地质灾害主要为地面沉降地质灾害和特殊类土（软土、砂土）地质灾害，老坝港滨海新区是地面沉降地质灾害重点防治区；曲塘镇和海安高新区北部、墩头镇东部和西部（原双溪乡）是软土地质灾害重点防治区，南莫镇、白甸镇全部及大公镇西部、城东镇西北部是软土地质灾害次重点防治区；老通扬运河以南雅周镇、海安高新区，角斜镇、李堡镇全部，大公镇（除西部）、城东镇（除西北部）是砂土地质灾害重点防治区；基本建设集中区是特殊类土地质灾害重点防治区；沿海地区是盐渍土地质灾害重点防治区。完善更新全市地质灾害群测群防网络和隐患点管理数据库，加强汛期地质灾害防治，全年未发生突发性地质灾害险（灾）情。全面开展区域地质灾害危险性评估成果免费查询，出具查询说明书112宗，查询面积218.67公顷。建设用地地质灾害危险性免费评估查询实现全覆盖，查询时间缩短80%，查询成本降低90%。

（赵海群）

产品质量安全

【工业产品质量安全】 2022年，海安市加强产品质量安全专项检查，开展电动自行车及配件专项检查，全市有电动自行车销售单位332家，无电动自行车生产单位，涉及单位约420家次；结合“3·15”曝光的不合格电线电缆信息，突击抽检辖区内电线电缆生产、销售单位，并对部分产品送检；开展危险化学品专项检查，邀请专家现场检查江苏飞亚化学工业集团股份有限公司、海安市富阳乙炔气体有限公司，发现问题4个，均整改到位；开展燃气灶具及配件专项检查，全市有燃气器具生产单位1家、销售单位157家，实现检查全覆盖，发现问题19个，处罚4件；开展烟花爆竹产品检查，摸排批发、销售单位，并配合做好产品监督抽查工作；开展建筑用钢筋和水泥产品检查，组织产品监督抽检；开展化肥产品专项整治，现场检查辖区内4家化肥获证企业、92家化肥产品销售单位，未发现违法线索，检出不合格化肥产品3批次，均立案处罚，罚款5.29万元。开展塑料污染治理专项行动，突击检查塑料制品销售单位81家次，发现1卷未标注执行标准的塑料薄膜，下架处理。全年，累计抽检化肥产品20批次、电线电缆20批次、成品油4批次、电动自行车及配件6批次、文具玩具16批次、水泥和钢筋各2批次；完成检测的批次中，9批次不合格，罚没款7.85万元；产品质量方面立案37件，结案28件，罚没款40.66万元。

（吴晨慧）

【农产品质量安全】 2022年，海安市注册入网江苏省农产品追溯平台主体3833家，实现日常监管巡查、网上生产经营电子档案记录、抽检检测及承诺达标合格证打印全覆盖。持续推进绿色食品发展行动，全市绿色优质农产品种植基地占比超75%。全面提升镇村农产品质量安全监管能力建设，累计创建省五星级、南通市四星级农产品质量安全监管服务所各2家。接受省级例行监测、风险监测、监督抽检及专项监测农产品173批次，合格率100%；接受南通市例行监测、专项风险监测农产品89批次，合格率100%。海安农产品质量安全监管水平高于全省平均水平。

（张小青）

食品药品安全

【概况】 至2022年底，海安市有食品生产企业189家、食品销售单位7248家、餐饮单位4108家；药品零售企业308家、医疗器械经营企业618家、医疗机构404家、化妆品重点监管单位120家。全面落实食品安全工作责任，市政府常务会议听取并研究食品安全监管和食品安全示范城市创建工作，市政府组织召开市食安委全体（扩大）会议暨食品安全示范城市创建推进会，市人大常委会调研“食品安全法”“反食品浪费法”贯彻执行情况。制定出台全市食品安全重点工作安排、食品安全工作考核办法及考核细则等，将食品安全工作列入区镇“富民强村杯”考核、机关部门突破性工作考核，推行党政领导干部包保食品生产经营企业制度。推动进口冷链食品全覆盖追溯管理，高效排查处置涉疫食品1批次6.21吨。实施餐饮单位“明厨亮灶”民生实事工程，改造餐饮单位58家，区镇农贸市场改造基本完成。规范特殊食品经营，建立特殊食品示范经营店32家，开展“涉老”保健食品“五进”（进养老院、进学校、进社区、进网络、进商超）科普宣传活动，发放宣传资料2500余份，发布特殊食品消费提示宣传稿27篇。制定全市药品安全监管重点任务清单，编制医疗机构、零售药店、医疗器械经营企业规范化检查模板18套、56.9万多字的药械妆安全监管法律法规电子手册1套，推进药械妆安全监管标准化进程。

【国家食品安全示范城市创建】 2022年，海安市稳步推进国家食品安全示范城市创建工作，先后通过南通市两轮模拟评估和省级初评。召开国家食品安全示范城市创建省级初评情况通报会和专题部署会、国家和省级食品安全示范城市创建迎查推进会，及时交办多轮次督查反馈的问题，督促整改到位。对照《江苏省食品安全指数评价体系》，召开食品安全工作例会，开展食品安全形势会商及风险交流活动，举办食品安全和应急管理业务培训。加大食品安全示范城市创建宣传力度，制作创建微视频，印制创建宣传画、帆布袋，印发“致全市广大市民的一封信”，利用政府网站、有线电视连续播出创建宣传标语，在城区道路设立大型创建广告语、制作宣传栏开展创建宣传。

2022年4月6日，海安市市场监督管理局组织食品安全抽查

市市场监督管理局／供图

【食品安全检查】 2022年初，海安市根据食品生产安全风险排查防控工作制度，初步形成定期开展食品安全风险会商的模式，按照“一域一档”建立区域性食品安全风险清单、措施清单和责任清单，引入第三方专业机构，全面排查食品安全风险隐患。年初，召开食品生产监管工作会议，所有食品生产企业负责人参会并签订食品质量安全承诺书，全市在产的162家食品生产企业均按规定次数完成食品安全自查。强化行政约谈，集体约谈2021年以后监督抽检不合格的食品生产经营者36个。开展“守底线、查隐患、保安全”百日攻坚专项行动，加强网络餐饮、小餐饮、小作坊等重点业态检查整治，累计检查食品生产经营主体1669户，处置问题3035个；通过“海安发布”“海安市监之窗”微信公众号发布“曝光台”节目4期，涉及43家问题单位，阅读量约6万人次。开展“3·15”晚会通报湖南酸菜和禹州粉条安全检查、疫情防控隔离场所食品安全检查、开学季食品安全检查等专项检查22个，检查主体2899家，下发责令改正通知书90余份，立案16件。强化智慧化监管，将食品生产经营主体检查数据全面录入江苏省食品生产监督检查信息系统、江苏省食品经营安全智慧监管系统和江苏省特殊食品精细化监管子系统。全年，完成食品安全抽检量5528批次，抽检结果定期汇总并在海安市人民政府网站、“海安市监之窗”微信公众号同步公示，不合格后处置率100%。

【食品安全培训与考核】 2022年，海安市加强食品安全专题培训，分别组织食品（食品添加剂）生产企业负责人、食品小作坊负责人参加线上培训5期、3期，针对食品经营单位、农贸市场、食品小作坊等不同业态，开展线下培训4期。开展食品安全专项考核，组织食品企业食品安全管理人员参加食品安全抽考，组织考试69次，累计参加企业174家、人员481人次，合格率、覆盖率均为100%，组织特殊食品经营单位参加“特食界”微信小程序考核，504家企业521人参加，考核覆盖率72.75%，考核通过率100%；督促食品经营重点单位利用“江苏食品经营”微信小程序注册、培训，开展食品安全考试。

【食品质量安全“赋能强企”行动】 2022年，海安市督促企业落实食品安全主体责任，61家校园食堂、24家食品生产企业、12家经营单位配备食品安全总监，16家食品生产经营企业完成南通市食品安全主体责任管理系统“日管控、周排查、月调度”信息在线填报，启动中小微企业食品安全员填报工作。加强食品生产企业食品安全信用档案建设，录入167家食品生产企业数据，数据完整率95%。培育食品高质量发展示范企业6家、食品安全示范企业6家。推进食品小作坊升级改造和创优工作，创建省级“名特优”小作坊4家、省级食品安全示范小作坊8家。

【药械妆安全监管】 2022年，海安市建成药师服务信息平台，300家药店经营场所和药师配备实现全过程监管。疫情防控期间，督促零售药店落实销售“四类”药品（退烧、止咳、抗病毒、抗生素类药品）实名信息登记，累计登记“四类”药品数量412万件、购药人数166万人次；开展销售数据和核酸检测数据异常调查，发出提示通知300多条，现场核查50多家；印制宣传海报1200份、提示帖1万张；加强零售药店巡查，电话提醒105家次，歇业整改48家；集体约谈52家药品网络零售企业落实疫情防控措施。开展药品零售和使用专项检查、医疗器械经营使用环节质量安全隐患排查、化妆品“线上净网线下清源”等专项检查，累计完成疫苗储存、运输和预防接种单位监督检查34家次，药品零售企业监督检查1598家次，医疗器械经营企业监督检查485家次，医疗机构监督检查314家次，化妆品经营重点单位监督检查41家次；下达行政警示书11份，约谈企业25家，立案查处药械妆案件15件，处罚5件，罚没款6.5万余元。强化风险管理，针对重点产品、重点环节，以涉及民生、关注度高的品种为重点开展监督抽验，完成药品抽验120批次、医疗器械抽验8批次、化妆品抽验12批次。加强药品不良反应监测，收集评价药品不良反应报送1420份、医疗器械不良事件报送312份、化妆品不良反应报送56份。

【食品药品安全宣传】 2022年，海安市开展“共创食安新发展，共享美好新生活”食品安全宣传周活动，组织线上食品安全有奖知识答题、食品安全示范城市创建微视频展播、食品安全知识科普等宣传活动，先后在45所学校、58个村（社区）、86家食品生产经营企业，举办食品安全知识讲座55场次，发放宣传资料5万余份，制作宣传展板400多块，悬挂条幅标语（电子显示屏）1000多条。开展化妆品安全科普宣传周、医疗器械安全宣传周活动，组织进社区、进超市宣传活动；开展医疗器械知识有奖竞答活动，约6000人参与网上答题。（吴晨慧）

特种设备安全

【概况】2022年，海安市有特种设备相关单位4691家，其中，使用单位4615家、生产单位76家（设计单位1家、制造单位39家、安装改造单位36家）；气瓶充装单位21家；检验检测机构6家，其中，综合性检验机构1家、气瓶检验机构4家、塔式起重机检验机构1家。在用(含安装、改造)特种设备总量2.91万台，其中，锅炉224台、压力容器9005台、电梯7760台、起重机械7117台、场内机动车辆4975台、游乐设施6台；压力管道750.36千米，各类气瓶总数37.89万只。全市有特种设备作业人员1.02万人，其中新发证人员3067人。全年，办理特种设备登记6244台，办理变更事项298件，考核相关作业人员892人次，清理未注册登记设备729台、设备状态错误设备52台，公告注销锅炉212台。

【特种设备安全监管】2022年，海安市深入推进特种设备领域安全生产三年专项行动，开展出租厂房、涉危设备、城镇燃气等专项治理，累计检查企业5320家次，排查治理安全隐患4320处，完成报废钢瓶集中处置8351只，实施行政处罚155家，罚没款289.5万元。在中小企业领域，推行特种设备使用管理“护航提质”行动，引导特种设备生产、检验检测等安全管理优质单位结对帮扶中小企业，前期在25家单位试点实施“一对一”精准传帮带，至年底，425家单位签订护航协议。

【特种设备信息化应用】2022年，海安市建立特种设备区域信息化平台，在气瓶、叉车、锅炉监管中开展智慧化、电子化应用试点。深化特种设备智慧服务平台应用，受理开工告知3100份，办理使用登记6542台（套），无纸化检查使用单位5320余家次，动员企业开展自查自纠5047家次，上传应急救援预案4992家次，督促隐患自纠5192家次，下发安全监察指令书951份。搭建并试运行海安市特种设备作业人员电子证书管理平台，实现手机端远程报考、信息查询等作业人员事项办理，全年受理网上报名3067人次。推广使用气瓶监管“云平台”App，检查单位29家次，排查隐患10处，查处违法行为2起。推广叉车“保险+技改+物联网+护航”智慧管理系统，726家叉车使用单位应用系统完成叉车远程信息化管理1100台。构建锅炉安全与节能双控管理平台，完成92台蒸汽锅炉硬件安装工作。优化“96333”电梯应急处置服务平台，处置电梯困人事件355起，解救被困人员503人，每万台电梯困人率保持南通最低；推进“互联网+”电梯监管，全市电梯无纸化维保率95%以上。

【特种设备安全宣传与培训】2022年，海安市开展“百团进百万企业千万员工”专题宣讲、“特种设备安全法”法律法规宣讲等活动，制作《应急之声》《安全365》等专题节目，通过“海安发布”微信公众号、“抖音”App等媒体扩大影响力。每月定期推送特种设备安全报检信息。组织企业按需配备指挥人员取证213人次。组织78人次参加南通市组织的2期特种设备安全培训，组织80人次参加2期监察人员专题脱产培训，组织特种设备安全监察人员能力提升培训线上学习活动，参与学习人员68人，学习完成率100%。（吴晨慧）

网络安全

【概况】2022年，海安市抓好网络文明建设和网络综合治理，着力弘扬网上正能量，强化突发事件舆情应急处置，营造良好的网络环境。加强网络安全组织领导，市委书记作为第一责任人，市委常委、宣传部部长作为直接责任人。《江苏海安：“333”全面推进网络文明建设》发表在《精神文明导刊》2022年第9期，“海安创新打造‘四引’工程走实网上群众路线”获全省网信工作创新奖，市互联网新闻中心获评全省网络舆情直报工作先进单位，相关做法被《人民日报》《光明日报》《人民教育》《新华日报》等20多家省级以上媒体报道60多次。5月27日，南通市网信工作现场会在海安召开。9月5日，启动“网络安全宣传周”活动。10月10日，召开海安市第十二届市领导网友见面会，人民网、腾讯网、《扬子晚报》等20多家媒体报道。

【网络舆情应对】2022年，海安市委网信办召开意识形态和网络舆情研判例会12次。收集民生诉求2016条，答复率98%。《海安网络舆情》推送舆情信息490期，获市委书记批示19次。健全舆情应急处置“四项机制”（及时报告机制、分析研判处理机制、信息发布机制、责任倒查机制），严格执行网络舆情和网上民生热点舆情闭环管理制度，作为全省舆情直报点上报舆情信息9924条。省互联网违法和有害不良信息举报中心专篇推广海安市委网信办《做强“海小清”品牌 筑清朗网络空间》，推介海安市“海小清”品牌形象。网警“海梓香来”通过微博发布权威辟谣信息20多次，有效引导舆论。做好疫情、环保、城管、教育等方面舆情的应对处置。

【网络文明建设】2022年，海安市实施网络文明“十大民心工程”（创新理论聚民心、科技服务振民心、文化惠民融民心、就业帮扶暖民心、健康促进入民心、法律服务浸民心、教体套餐乐民心、网络问政润民心、网络公益慰民心、网络文化汇民心),互联网行业党委成立抖音联盟、网络大V联盟,开展的文化惠民活动覆盖人群20余万人,为特殊家庭提供免费体检、健康咨询等线上医疗服务4900次,推广“苏解纷”非诉讼服务,直播普及法律知识200余次,创编发布“居家健身”“抗疫动起来”等健身教程98期,组织进城务工人员2244人参加技能培训,帮扶困难群众6.2万余人。制定网络文明建设先行示范区工作方案,创设网络文明“七彩空间”,按照网评日历安排,对全年“节日倡导主题”实行“点单”派送。实施“e起学理论”项目,打造“理论直播课堂”“指尖课堂”“码上课堂”,播放“《习近平谈治国理政》(第四卷)名嘴讲”“党的十九届六中全会精神名嘴讲”“青年名嘴悟思想”等系列理论宣讲视频,在线观看人数6.3万人次,点赞评论互动数超2万条。举办第二届“文明海安幸福年·网络春晚”“唱支歌儿给党听”网络歌会等,直播观看人数超120万人次。实施“网络文明行e起向未来”项目,开展网络安全宣传周暨校园日主题宣传活动,引导学生健康上网、文明用网,提升青少年网络文明素养。实施“网络文化超市”政企合作,10个区镇党(工)委与10家新媒体结对共建合作。

【网络综合治理】 2022年,海安市建成网络安全应急指挥中心,构建网络安全监测、预警、处置、反馈工作闭环,推动网络空间治理。制定下发“2022年海安市网络安全工作要点”,实施“网安2022”网络安全保障专项行动,开展互联网资产普查、弱口令问题专项整治,加强个人信息保护、全市关键信息基础设施安全保护,发布“海安市网络与信息安全情况通报”9期,整改安全问题160多个。加强网吧巡查管理力度,巡查网吧124次。开展“网络安全周”宣传活动,开展“拍肩”警示54次,依法集中或个别约谈海安自媒体12次,央视网等13家主流媒体报道活动情况。组织网络安全应急实战演练和“网络安全官”培训,提升应急处置能力。推进网络安全等级保护工作,登记备案信息系统62个。

【网络违法犯罪整治】 2022年,海安市重点打击侵犯公民个人信息、黑客攻击破坏计算机信息系统、“网络水军”敲诈勒索、电信网络诈骗“两卡”(手机卡、银行卡)等犯罪行为,侦办涉网案件110余起,其中,刑事案件26起、行政案件80余起。借助网络安全资源,抓获网络诈骗犯罪嫌疑人60余人,抓获网上开设赌场犯罪嫌疑人11人,涉案金额2200余万元;受理电子取证委托51起,勘验电子设备187部、服务器16台,远程勘验37次,出具电子勘验报告36份。

2022年9月5日,海安市网络安全宣传周启动仪式暨校园日主题宣传活动在城南实验小学举行
市教育体育局/供图

【网络交易监管】 2022年,海安市加强网络交易监管,监测网站、网店等各类主体656个次,督促删除违法商品信息35条,责令整改网站25个次。组织相关网络平台学习《网络交易监督管理办法》《江苏省电子商务平台管理规范》等文件,监督检查入驻商家数量、证照管理、消费诉求接处等情况,处置异常网络交易线索28个,涉及未公示相关许可证、侵犯和假冒知识产权、不正当竞争等内容,立案查处7件,结案2件,罚没款约5000元;查明已注销、下落不明企业8家,列入异常经营名录企业3家。

(管顺黄 王 晶 吴晨慧)

消防安全

【概况】 2022年,海安市压实消防责任,市委、市政府召开消防安全工作会议和研究消防工作会议11次,其中市政府常务会议4次,市领导多次带队督导检查消防安全工作,市安全生产委员会、市消防安全委员会开展综合性和专项性消防安全督导检查4次,市消防安全委员会对区镇(街道)、相关职能部门下发建议函和督办函17次。全面提升消防队伍正规化建设水平,成立共青团海安市消防救援大队委员会,探索建立海安市消防救援队伍职业荣誉和社会保障机制,1人获评江苏省优秀共青团员。加快推进消防基础设施建设,投入720万元新建综合训练馆,投入300万元建设黄河路政府专职消防队训练塔,投入900万元购置6辆消防车和个人防护装备、通信专项器材等特种灭火救援器材,海安开发区长江路和胡集街道、

2022年6月6日，海安市滨海新区消防救援站举行新址启用揭牌仪式

滨海新区／供图

白甸镇、大公镇、滨海新区消防救援站投入使用。

【消防技能训练】 2022年，海安市消防救援大队坚持实战化练兵，着眼全灾种、大应急需求，建立“体能技能结合、班组操法结合、模拟实战结合”练兵机制，开展“岗位大练兵”活动，组建业务技能示范队，先后选拔20人参加绳索、地震、水域、冰上、通信等技能培训并取得资格证书，多人次在全国职业技能大赛和总队、支队比武竞赛中取得优异成绩。针对性开展防盗门破拆、深井救援、水域救援、高速公路事故处置警戒器材和防汛抗洪应急救援装备培训等专项训练，常态化开展专职队联勤联训和微型消防站培训，累计开展“863”模式（“8”指下发一个文件、召开一次会议、列出一个清单、举办一期培训、制定一个预案、组织一次演练、购买一批物资、组建一支队伍，“6”指构建双轨并行的组织体系、边界清晰的责任体系、科学严谨的预防体系、权威高效的指挥体系、通畅灵敏的值守体系、快速反应的救援体系，“3”指应急救援统一指挥、统一值守、统一救援）熟悉演练268次、夜间无预案实战拉动7次，完善灭火救援预案138件，成功处置各类急难险重任务。

【消防安全监管】 2022年，海安市创新研发“蓝网工程”火灾防控救援联动指挥平台，依托“一标三实”（标准地址，实有人口、实有房屋、实有单位）基础信息，对纳入监管视线范围内的独居老人、易燃易爆、燃气使用场所、“九小场所”（建筑面积300平方米以下的小商场、额定就餐人数100人以下的小饭店、床位数50张以下的小旅馆以及小型的公共娱乐、休闲健身、医疗、教学、生产加工、易燃易爆危险品销售储存场所）等重点单位（场所）进行可视化监管。全市14个区镇（街道）消防管理服务所实体化运行，并招聘合同制消防文员13人充实消防管理服务所。推广落实消防技术防范措施，新建电动车智能充电装置90套、简易喷淋70套、独立式感烟火灾探测器550个，建成电动自行车充电设施390处、充电点位7500个，住宅小区电梯加装电动自行车禁入系统2897部，实现主城区电动自行车充电设施、禁入系统全覆盖。火患整治取得实效，消防安全专项整治三年行动收官，创新开展废气治理设施专项治理。全年，累计检查单位1751家次，发现火灾隐患1295处，督改隐患1271处，临时查封30处，责令“三停”（停止施工、停止使用、停产停业）15家，行政拘留5人，罚款228.46万元。

【消防宣传教育】 2022年，海安市坚持开展消防安全宣传“五进”（进社区、进农村、进学校、进家庭、进企业）活动，针对“四类场所”（公共娱乐场所、公众聚集场所、人员密集场所、大型的人员密集场所）组织消防安全“明白人”培训19场次。发动基层网格员、公安派出所民警和专职消防队员约5000人，采取“划区分块、走村入户”方式，开展消防安全“敲门行动”，面对面向群众讲解消防安全知识，累计发放宣传资料5万余份，受益群众超50万人次。常态化组织行业负责人、村（社区）负责人、网格员、消防安全管理人、物业管理人、消防控制室值班人员、微型消防站队员“七大类关键人群”学习消防安全知识。重大节日、重点时段，向区镇（街道）、行业部门发送消防安全提示函，向全市手机用户发送消防提示短信，强化电视台、报刊、电台等新闻媒体消防安全宣传。

（单仁勇）

安全生产

【概况】 2022年，海安市安全生产形势总体稳定向好。全市发生各类生产安全事故30起，死亡21人，其中工商贸类（5起个人除外）事故19起，死亡19人；道路运输事故11起，死亡2人。农林牧渔业、采矿业未发生亡人事故。制定《海安市深化创建省级安全发展示范城市工作方案》，组织6个督察组对海安开发区、海安高新区和有关部门开展专项督导检查，召开创建推进会5次，组织专题培训3次，下发交办单60余份。压实安全生产党委、政府领导责任，制定“海安市委常委会成员、市政府领导班子成员2022年安全生产重点工作清单”，及时调整市安全生产委员会以及安全生产专业委员会组成，每季度定时召开安委会全体（扩大）会议，市应急管理局定期向市委常委会、市政府常务会提交涉及全市的重要安全生产议题，市委、市政府领导班子成员坚持重大节日期间带队开展安全生产检查，落实每月7日“安全检查日”制度，累计连续开展“安全检查日”活动257次。制定“以‘制度化管理、实时化监控、自动化阻隔、现代化救援’为路径，全力提升本质安全水平实施意见”“关于深化提升安全生产专项整治三年行动的意见”“海安市2022年安全生产和应急管理工作意见”等安全生产工作文件。强化部门和属地监管责任，市政府下发“关于明确新兴行业、新兴领域安全生产监管职责的通知”，各行业领域细化安全生产工作方案。深化企业主体责任，8家企业获评南通市落实安全生产主体责任示范企业。全面开展安全生产大检查和百日攻坚行动，维护全市安全稳定，1人被省应急管理厅表彰为2022年度“执法之星”、安全生产先进个人。

【安全风险辨识管控和报告】 2022年，海安市全面推进工业企业安全生产风险辨识管控和报告工作，印制指导手册5000余册，分发到所有区镇（街道）和工业企业。1月，召开全市工业企业安全风险报告工作专题会议。开展企业主要负责人落实安全生产主体责任告知承诺专项行动，落实安全风险辨识管控工作常态机制。全市工贸企业“一图两单三卡”（安全生产风险分布图，危险和有害因素辨识清单、安全风险分级管控清单，员工危害特性应知卡、安全职责承诺卡、处置方法应急卡）动态更新率超90%。至3月31日，5391家企业完成工业企业安全风险报告工作，报告率100%，其中4946家企业报告较大以上安全风险1.35万条，报告率90.83%。

【安全生产隐患排查整治】 2022年，海安市全面开展工贸等行业领域企业安全隐患排查治理，设置市级检查要点123条，组织安全生产大检查“三级复查复核”（企业自查、区镇普查、市应急管理局复查）不少于2轮，突出检查金属熔融、粉尘涉爆、有限空间作业、涉氨制冷等重点行业领域企业。全市组成4个大组26个小组，累计检查生产型企业2600多家，发现重大安全隐患27条、一般安全隐患4.58万条，全部整改到位。推行重点企业有限空间作业专家指导服务工作方案，将蔬菜腌制，皮革、毛皮、羽毛（绒）加工，造纸和印染等企业作为全市有限空间作业专家指导服务的重点。推行线上预警监测与线下精准执法相结合，南通市应急管理局通过应急指挥平台及相关系统平台，适时监控预警工贸企业应急预案录入、应急演练计划制定、应急预案演练及相关资料上传等情况，实行派单执法；市应急管理局定期开展线上巡查，每周推送5家企业到南通接受线上检查。

【危险化学品安全监管】 2022年，海安市以制度规范化工企业安全生产，推行重大安全隐患排查治理情况向安全生产监督管理职责部门、职工大会（职代会）“双报告”制度、重点企业建立安全生产管理和技术团队制度、化工企业全员培训制度、化工企业主要负责人安全生产述职制度。以自动化改造提升安全水平，对涉及重点监管危险工艺的5家化工企业实行“机械化换人、自动化减人、智能化无人”改造，实现全流程自动化控制。以信息化建设提升监测预警水平，强化企业“五位一体”（集重大危险源监测预警、可燃有毒气体监测报警、企业安全风险分区管理、人员在岗在位管理、企业生产全流程管理于一体）信息化平台应用，每周通报监管情况；强化双重预防机制数字化建设，实现排查任务精准推送、隐患数据实时上传、异常情况及时预警等功能，7家企业双重预防数字化运行情况被省应急管理厅认定为优秀；强化危险化学品登记综合服务系统推广应用，督促危险化学品生产企业更新核准“一书一签”（化学品安全说明书、化学品安全标签），生成“一企一品一码”（企业生产的每种危险化学品对应唯一安全信息码）。以专业化队伍提升安全监管能力，4家企业获批南通市化工重点监测点；聘请5名专家分批次对15家危险化学品企业开展全覆盖深度检查；加强应急救援队伍能力建设，燕信物流建立专业抢险队伍，依托南通市康桥油脂有限公司、江苏东材新材料有限责任公司、江苏飞亚化学工业集团股份有限公司、海安石油化工厂，分别建立4支危险化学品应急处置分队。

【安全生产行政执法】 2022年，海安市应急管理局检查企业809家；出具执法文书超1万份；排查并督促整改事故隐患581条，其中重大事故隐患57条；总立案数386件，其中，事前立案数378件（5万元以上事前立案数14件），事故立案数8件；罚款总额847.67万元，其中事前罚款额730.72万元，案均值1.78万元，事故罚款额116.95万元；2件行政处罚案件申请听证程序，查封扣押7起，无行政违法，未引发负面舆情。创新监管手段，推动执法事项清单化，整理形成精准执法法律标准汇编，涵盖制度、标准、法律等多个方面内容；推动“网络听课+复盘讲课”融合教育，组织“益戈V视”视频课程学习，邀请安全专家现场讲解重点领域精准执法清单，提升年轻执法队员业务水平；推动执法普法常态化，打造“一案五制”工作法（案件处理过程中，落实“清单提醒、典型案件警示、被处罚企业承诺、定期回访、重点监管”五项机制），主动提供安全生产主体责任提醒清单，出具整改建议清单，开展监管执法回访，聘请专家为有需求的企业提供技术支撑。

【安全生产宣传】 2022年，海安市拓展安全生产宣传阵地，海安电视电台开设《安全365》《应急之声》专栏节目，做到“每月一主题，宣传天天有”。全年，录制《应急之声》21期，拍摄《安全365》10场。借助“尚法海安”“海安应急管理”微信公众号、“海安发布”视频号、“今日海安”头条号等新媒体，扩大安全生产公益宣传。丰富活动载体，开展安全宣传“五进”（进企业、进农村、进社区、进学校、进家庭）活

2022年6月，海安市开展以“遵守安全生产法，当好第一责任人”为主题的“安全生产月”主题宣传活动。图为6月2日，在江苏三零面粉（海安）公司开展有限空间作业应急救援演练　　顾华夏／摄

动，组织“安全生产月”“防灾减灾日”等主题宣传活动，举办“安康杯”法律知识竞赛和“人保杯”安全演讲比赛，做优“百团进百万企业千万员工”宣讲活动，推动安全宣传教育全覆盖。建立“热线+课堂”普法体系，依托“12345”政务服务热线开展“点对点”咨询服务；在海安安全监管信息化平台，开设“以案释法”云上课堂，曝光安全隐患和违法违规行为，提升企业安全生产意识。充分发挥信息系统功能，在全市推广“海安风控”移动客户端，实现在线查阅行业相关法律法规、标准文件、规章制度等功能，安全监管人员和规模以上的企业安全管理人员上线率100%。

【安全生产培训】 2022年，海安市开展安全生产监管人员业务培训，5月，组织曲塘镇法制审核人员1人和海安高新区、海安开发区、李堡镇安全生产执法业务骨干各1人到南通参加法制审核及执法监督人员培训班；10月，举办2期应急管理综合能力提升专题培训班，区镇（街道）分管应急管理负责人、专项整治牵头部门分管应急管理负责人及应急系统在职人员100多人次参加培训。开展全市工业企业安全生产集中培训，以区镇（街道）为单位，采取现场播放生产安全事故警示视频、专家授课以及剖析案例等方式，组织金属熔融、粉尘涉爆、有限空间、涉氨制冷、使用危险化学品等五类重点企业以及规模以上企业主要负责人、安全管理人员开展安全教育，受益人数5648人。

【安全生产专项整治三年行动】 2022年，海安市印发“深化提升安全生产专项整治三年行动工作意见”，明确48项工作任务，组建181个安全生产协作组，其中工贸企业协作组累计组织活动500多次，形成涉及16个行业领域的22项典型经验做法、37项制度成果。开展安全生产大检查及百日攻坚行动，在危险化学品、工贸、自建房、燃气等重点行业领域检查生产经营单位4870家次，排查问题隐患4398处，整改4295处。率先建立海安风控平台（工贸企业安全生产信息化监管平台），实现7人以上工贸企业全覆盖。加大问题隐患排查力度，海安市挂牌重大隐患40个，上报南通市挂牌重大隐患3个；累计排查安全隐患3.33万个，整改2.91万个，行政处罚865家次，责令停产整顿28家，约谈警示11人，移送司法机关24人。开展粉尘涉爆专项整治，严格执行粉尘清理打卡制度；督促380家粉尘涉爆企业建立除尘系统火花探测、报警、联动处置机制；对全市91家10人以上粉尘涉爆企业实行全覆盖执法检查，发现重大安全隐患17个、一般安全隐患375个，全部整改到位。开展机械铸造行业专项整治，实现执法检查全覆盖，76家金属熔融铸造企业、4家深井铸造企业完成铸造过程监测预警联锁改造并投入使用，江苏亚太轻合金科技股份有限公司在南通率先将固定式熔炼炉改成倾动式熔炼炉、铸造工艺钢丝绳牵引改成液压牵引。开展工业园区出租厂房专项整治，排查工业园区42个、承租企业630家；推进租赁企业数字化、智能化改造，打造海安开发区、海安高新区科创园智能化样板园区。开展电镀类工艺企业和老旧电气线路、设备设施专项整治，摸排电镀类工艺企业32家，督查发现问题255条，立案查处8家，处罚15万元，全部整改到位；排查老旧电气线路和老旧电气设备设施企业323家，整改问题3664条。　　（季　慧）

曲塘新貌

街道 镇场

HAIAN YEARBOOK 2023 海安年鉴

海安街道

【概况】 海安街道是海安市政治、经济、文化、商业中心，2020年5月18日揭牌成立。2022年，辖区总面积35.58平方千米，下辖17个社区、3个行政村。年末总户数11.61万户、总人口24.13万人。街道党工委下属党支部150个，党员6755人。年内，海安街道获评江苏省生态文明建设示范街道、南通市“4+1”科技工作先进基层组织（海安唯一）、南通市“七五”普法工作优秀集体、南通市红十字会先进集体、南通市应急协调工作先进单位、南通市劳动人事金牌调解组织。旺池社区获评全国示范性老年友好型社区。

【经济发展】 2022年，海安街道全面推进乡村振兴，三塘村、凤山村、平桥村村营收入1104.73万元，比上年增长14%。新增省级便民生活圈1个，实施农贸市场改造项目1个，新开工建设亿元农业项目2个，完成农产品产权交易20个。工业应税销售近100亿元。服务业应税销售265亿元。新增规模以上服务业企业10家、限额以上贸易企业26家。新开工亿元以上服务业项目8个。新增落户运营高端品牌门店11家、生活性服务业企业8家、培育“引领性本土品牌”1家，中储粮二期、鑫缘丝绸展示中心、凤凰图书运转中心等项目稳步推进，全季酒店、亚朵酒店竣工运营。新增AAAA级旅游景区1个，新增人文景观3个。双招双引成果丰硕，举办太仓招商推介会、宁波招商洽谈会，与苏州河南商会、宁波南通商会达成多项合作意向，签订合作备忘录，签约新材料项目2个。注重科技创新，实施产学研合作项目15个，招引1个科创项目落户科创园。新增高新技术企业13家，培育科创项目4个。引进海外人才4人，招引国家级人才2人、高层次人才5人。

表41 2022年海安街道村（居）基本情况统计表

村（居）	村（居）委会负责人	村（居）民小组数（个）	耕地面积（公顷）	村营收入（万元）
星海社区	蔡晓磊	9	—	—
旺池社区	吴蓓蓓	7	—	—
新桥社区	徐福彬	9	—	—
育才社区	王海华	6	—	—
镇南社区	亢　文	7	—	—
二里社区	邓忠健	10	—	—
复兴社区	马海莲	5	—	—
中大街社区	钱　进	6	—	—
闸东社区	雍海飞	9	—	—
新园社区	顾爱华	6	—	—
中坝社区	顾庆山	3	—	—
海陵社区	刘海燕	17	—	—
洋港社区	唐　涛	5	—	—
黎明社区	仲月梅	5	—	—
曙光社区	戎　娟	6	—	—
新宁社区	张　勇	6	—	—
海光社区	李晓军	8	—	—
★平桥村	周智华	27	11.73	480.13
★三塘村	王茂根	11	29.20	265.18
★凤山村	赵　勇	11	40.00	359.42

说明：村（居）前标★的为村居合一

【街道建设】 2022年，海安街道投入1559万元，启动新宁小区、海光南小区、泰宁人家等11个老旧小区改造工程。1个月内完成凤凰城A区域76户村民搬迁，14天率先完成文汇公馆周边区域30户村民签约任务。加快推进体育中心周边、盐通高铁、隆安路改造工程，供合农业、粮食物流园项目实施。不断完善小区管理，推进45个小区组建业委会，瑞祥香郡等23个小区建成垃圾分类亭，建成集中充电设施227处、充电点位4157个，安装电动车禁入系统2273台，基本实现全覆盖。“寻味海安”农产品电商在苏中尚城、人才公寓等小区配套建设8个生鲜驿站。推进文明城市长效管理工作，更换铁艺小饼501处，施划、维修停车位400个，更换公益广告1238处。

【生态建设】 2022年，海安街道推进“河长制”工作，组织街道、村（居）两级河长巡河3181次，解决河道问题43条。处置大气环境整改通报277件，处理微站和热点网格警告1104起。提前淘汰国家第三阶段机动车污染物排放标准（简称“国三”）柴油货车78辆，前置审核餐饮行业单位340家。整改扬尘问题194处，申请上级执法处罚7家。深化土壤及危险废物管理，指导31家企业开展危废系统申报，退出化工地块2处。三塘村加快南通市改厕整村推进村建设，新建“三格式”厕所118座，提升整改34座。

【社会事业与民生保障】 2022年，海安街道新转入党员287人，转出党员

151人，新发展党员20人；新成立“两新”（新经济组织和新社会组织）党支部8家，成立社区（网格）功能型党支部20家，离退休干部党总支部获评南通市基层党建工作示范点；5704名机关在职党员到社区报到，认领服务项目。注重培育文明新风典型，蒋浩家庭获评全国“最美家庭”，崔建霞家庭获评江苏省文明家庭、南通市“五好家庭”，曹永泉家庭、蔡高语家庭获评南通市“最美家庭”，崔海东家庭获评南通市“五好家庭”，杨士兵获评“海安好人”；星海社区、复兴社区获评江苏省文明社区；旺池社区书屋、新园社区书屋获评南通市四星级韬奋书吧，约读书房获评南通市四星级韬奋书房，海安高新区城市书房建成开放；星海社区、凤山村新时代文明实践站获评南通市首批新时代文明实践示范站，“爱心骑士计划”“缤纷星期六”获南通市志愿服务项目银奖。筑牢疫情防控安全线，组织核酸检测62次，检测714万余人次。不断加强法治建设，培育“法律明白人”318人、学法用法示范户159户，实现辖区网格全覆盖；发放“法治大礼包”2万余份，举办法治讲座20余场，解答法律咨询600多条；调处重点矛盾纠纷14起，为群众挽回经济损失1375万余元，化解涉警3次以上纠纷97件。抓好安全生产，开展“百团进百万企业千万员工”宣讲活动12次，组织应急演练活动28场次，458家企业按时完成工业企业风险报告和应急预案录入工作，完成危房解危3处，取缔液化气换瓶点2处，整改车库、高层建筑等使用瓶装液化气用户128户，全年未发生安全生产责任事故。

推进困难救助、就业创业等各项民生保障工作，兜底保障低保户305人，发放保障金253万余元；“慈善一日捐”募集善款188.4万元，“中华慈善日”募集善款约135万元，发放救助金104万元，累计受益家庭1488个；援助困难学生45人，专项救助尿毒症患者106人，为146名困难儿童发放补贴189万元；服务退役军人建档立卡，免费为优抚对象体检，累计为下岗失业志愿兵发放困难补助费286.63万元；为817人提供创业、技能培训。优化公共服务，完成养老金领取资格认证服务3.53万人，新增职工社保1360人，5324名80岁以上高龄老人享受“尊老金”，在天澜湾、奥体尚府等24个小区建成嵌入式居家养老服务站；完成462名采集转介残疾人康复信息工作，为568名残疾人发放护理补贴约42万元，为402名残疾人发放生活补贴约124万元；培育及注册备案社会组织281家，推进城乡社区小组邻里自治，实现20个社区（村）159个网格全覆盖。

【年度大事】 2022年5月31日，省侨联、南通市侨联到海安街道海陵社区侨胞之家调研侨联工作，实地查看海陵社区侨胞之家阵地建设、活动开展等情况，充分肯定海陵社区基层侨联“1+3+N”创新服务模式。

7月20日，省退役军人事务厅到海安街道慰问退役老兵程广兴。

8月1日，海安街道第二届议政代表会第二次会议召开。

9月7日，海安街道驻宁流动党员“喜迎二十大 初心永不忘”主题党日活动在江苏南京举行。

9月22日，省委老干部局《银潮》杂志编辑部到海安街道调研老干部工作，参观凤山村离退休干部党支部学习活动阵地，对其在党员阵地、服务管理、思想教育方面做出的良好示范给予肯定。

9月27日，省农业农村厅到海安街道凤山村考察法治文化建设工作，参观丹凤花苑法治文化园、吴兴宝工作室，对凤山村通过援法议事会、有话好好说、有事依法办等平台解决群众问题的做法给予肯定。

10月19日，海安街道旺池社区被国家卫生健康委、全国老龄办命名为2022年全国示范性老年友好型社区。

（卢袁园）

孙庄街道

【概况】 孙庄街道于2020年5月设置，南与如皋市接壤，西与曲塘镇、雅周镇隔焦港河相望，北与胡集街道、海安街道相邻，东靠城东镇，海安市重点打造的千亿元级电子信息产业园位于域内韩庄村。2022年，辖区面积65.45平方千米，下辖13个行政村，总人口4.35万人。

表42 2022年孙庄街道村（居）基本情况统计表

村（居）	村（居）委会负责人	村（居）民小组数（个）	耕地面积（公顷）	村营收入（万元）
黄柯村	王 勇	20	190.00	57.50
银杏村	张 磊	17	204.86	60.38
营溪村	金 君	14	180.00	121.74
界河村	杜立新	17	249.80	86.83
孙庄村	孙应山	27	210.00	69.57
陈港村	史桂东	16	67.82	173.00
韩庄村	江海贵	19	118.00	74.90
★祖师庙村	韩良军	23	525.60	235.04
谢庄村	陶 亮	20	170.00	69.38
★海南村	陈小云	33	518.00	258.70
★通学桥村	张增林	33	459.00	192.54
仁桥村	周世春	21	249.70	128.04
夏贫村	程根军	24	222.00	75.20

说明：村（居）前标★的为村居合一

【经济发展】 2022年，孙庄街道推进农业现代化建设，投入4400多万元，打造生态农业循环园，园区总面积1000公顷，其中核心区面积333.33公顷，落户市重点农业项目2个（北农大育雏项目、锦宏牧业）。韩庄村获批绿色蔬菜生产基地，蔬菜种植面积28.53公顷。夏岔村入选南通市乡村振兴先进村（产业兴旺）培育名单。工业经济量质并举，完成开票销售142.53亿元，新增南通市常润自动化装备有限公司、南通盛瑞环保科技有限公司等规模以上企业17家。强化招商引资工作，先后组织到湖北武汉、山东青岛等地开展电子信息产业"链长制"招商推介和总部经济推介活动，先后举办海安高新区电子信息产业招商义乌市"云推介会"活动、农业"云招商"项目对接洽谈会、首届"仁桥豆腐"美食节等活动，吸引上海庄氏科润建筑工程有限公司、江熙控股集团有限公司等到海安投资。注重科技创新，实施产学研合作项目23个，其中30万元项目5个；引进海外高层次人才4人、高技能人才2人；引进"双创计划"（双创博士）项目1个。

【街道建设】 2022年，孙庄街道推进美丽乡村建设工程，谢庄村导流沟施工项目完工，孙庄老工业区雨水工程、海南花苑污水改造工程、仁桥老集镇文明示范路工程、仁桥工业园污水提升泵站工程、润泽水务便道工程、孙庄老集镇道路及排水零星维修工程按序时推进。在海安和如皋交界处建设水质自动监测站，并与如皋市城北街道建立常态化沟通协调机制。完成四级河道友谊河、张庄河、虾湾河、董庄河清淤和木桩生态护坡建设。开展河坡种植专项整治、林带秸秆专项清理、农药废弃物专项整治等"一月一主题"人居环境整治，陈港村、仁桥村、祖师庙村、谢庄村整村改厕工作完成并通过南通市级验收，关停通榆河区域养殖户3户。

【生态建设】 2022年，孙庄街道强化大气环境治理，江苏联发领才纺织有限公司、南通联兴色织有限公司完成定型机废气治理工作，南通梓凡展示道具有限公司、江苏飞亚化学工业集团股份有限公司、江苏恒泽安装工程股份有限公司完成低VOCs原料替代工作，南通海阳新材料科技有限公司通过源头替代"回头看"检查。推进向阳桥断面农田退水导流循环利用工程建设，向阳桥省考断面平均水质达Ⅲ类标准。常态化监管辖区内11个建筑工地、17个码头堆场扬尘污染。南通恒瑞电镀有限公司、海安春佳金属制品有限公司、海安东方印染有限公司等5家土壤重点监管企业签订土壤和地下水监测协议，并完成土壤自行监测报告。

【社会事业与民生保障】 2022年，孙庄街道居民养老保险转企业职工养老保险工作放样全市，承办全市社会保险扩面工作推进会。重视慈善事业，13个村均实现慈善基金超45万元，街道分会慈善救助26人次1.84万元。落实疫情期间惠企纾困政策，发放一次性留工补贴、市外人才补贴25.9万元。协助企业招聘员工512人。实施普惠性救助，救助低保、重度残疾人、困难家庭人员等1302人17.04万元。开展"5·15"国际家庭日、"5·29"中国计生协会成立日等纪念活动15场，慰问计生困难家庭30户，发放宣传品2000多份。维护社会和谐稳定，开展社会矛盾风险隐患拉网式大排查大化解大起底等专项行动，建立村级矛盾纠纷数据库，入库信息1289条；开展打击整治养老诈骗专项行动，发放宣传彩页2万余份，举办讲座20余场。打造"银杏司法 幸福孙庄"司法品牌，培育江苏飞亚化学工业集团"援法议事"工作站，在全市率先创立村级法学会工作点，抖音号"海小司与孙小司"开展普法直播3场。宣传文化工作亮点纷呈，海安杂技团揭牌成立，《韩庄村志》内部出版。9月17日，全面完成13个村残疾协会选举工作。海安百岁民宿（海安百岁休闲农庄有限公司）获评省妇女"双学双比"活动示范基地。全年安全生产平稳有序。

【年度大事】 2022年1月7日，孙庄街道第二届议政代表会第一次会议召开，55名议政代表和列席代表参加会议。

1月18日，海安杂技团揭牌仪式在孙庄街道举行。

4月12日，在韩庄村文化体验园举办义乌商会"云招商"活动。

6月2日，海安高新区文化交流会暨孙庄街道首届"仁桥豆腐"美食节活动启动仪式在韩庄村文化体验园举行，聘请顾宝平担任文明孙庄暨"仁桥豆腐"美食文化首席推荐官。活动期间，举行海安市老区开发促进会黄桥革命老区（孙庄）富民实践基地揭牌仪式、《韩庄村志》发布仪式、孙庄街道商会捐赠

2022年1月18日，海安杂技团揭牌仪式举行　　姜　明／摄

"千年银杏奖学金"揭牌仪式。

6月29日，孙庄街道在武汉光谷未来城举办武汉光谷未来城电子信息产业"链长制"招商推介会。

7月22—23日，海安高新区（孙庄街道）青岛市总部经济推介会在山东青岛举行。

8月1日，孙庄街道第二届议政代表会第二次会议召开。

8月4日，海安高新区（孙庄街道）上海电信工程企业专题招商恳谈会在上海举行。

9月8日，海安市镇村人居环境整治提升现场观摩活动在孙庄街道举行，先后观摩海南集镇、仁桥集镇、营溪村4组及沿线骨干道路。

9月9日，海安高新区第二届乡贤大会暨孙庄街道产业基金招商发布会在孙庄街道举行，40多名乡贤代表参加活动。

9月29日，孙庄街道残疾人联合会第一次代表大会召开，黄俊杰当选孙庄街道第一届残联主席，韩忠海当选理事长。（王依文）

胡集街道

【概况】 胡集街道于2020年5月成立，紧傍海安城区西郊，南与孙庄街道接壤，北与隆政街道毗邻，西与曲塘镇交界，东隔如海运河与海安街道相望。启扬高速、221省道、黄海大道、江海高速、海王公路在境内呈东西走向，204国道南北穿行。如海运河、陈家港、大焦港分别于东、中、西部直达长江，新老通扬运河分别与221省道和启扬高速相向。地域功能呈现"东工西农"，通扬运河以南、如海河以西、海王路以北、拥家港以东呈四方形地域，800余家工业企业相继入驻；其他区域传统农业不断提档升级，65%的耕地流转给大户承包种植稻麦，打造拥徐村都市农业园和周吴村生态园林式观光农业园。2022年，辖区面积66.82平方千米。下辖14个行政村、1个社区，年末总人口4.39万人。年内，胡集街道获各级表彰35项，老区开发促进会胡集街道分会获全国老区宣传工作优秀奖，街道获江苏省社会体育指导员交流展示大赛彩带龙（线上）展示大赛一等奖，谭港村、田庄村、园庄村、胡集村、西园社区获评2019—2021年度江苏省文明村（社区），周吴村获评省级绿美村庄、省级民主法治示范村，谭港村体育公园获评全省最美乡村健身公园（广场），西园社区被江苏省红十字会表彰为2022年度博爱家园。

【经济发展】 2022年，胡集街道夯实农业发展基础，夏粮播种面积1580公顷、秋粮播种面积约1830公顷，蔬菜播种面积420公顷，绿色畜牧业占比98%，春秋两季蚕茧收烘96吨，外河水产养殖面积90多公顷、内塘养殖面积112公顷，加快连港村200公顷高标准农田建设。推进农业项目建设，招引千万元以上农业项目4个、一般农业项目12个。获批南通市级农业产业化龙头企业2家，培育省级农业龙头企业1家，获批省级和南通市级家庭农场各1家。实施乡村振兴战略，放大苗木基地、奶牛场等都市农业示范效应，完善都市农业园规划，推进农业园区提档升级；邀请省城市设计规划研究院编制规划，依托江苏境虹农业科技有限公司、江苏盈拓牧业发展有限公司，在周吴村流转土地80公顷建立苗木基地；建成盈拓生态园、每朵生态农场等集水体景观、亲子乐园、拓展训练营及动物园于一体的生态观光农业项目，吸引上海和江苏南京、苏州等地的旅游团队。街道实现村营收入60万元以上行政村全覆盖。新增规模以上工业企业19家，开票销售比上年增长7.25%，完成设备投入2亿元，实施智能化技改项目15个。培育限额以上批发零售业和住宿餐饮业企业4家、大个体4家、村级品牌连锁店1家。培训青年农民从事电商销售，建立150多人的电商联盟队伍，占青年农民总数50%以上，网上店铺年销售利润总额100万元。注重科技创新，新增产学研项目66个，其中30万元以上项目20个；招引科创

表43 2022年胡集街道村（居）基本情况统计表

村（居）	村（居）委会负责人	村（居）民小组数（个）	耕地面积（公顷）	村营收入（万元）
★园庄村	徐建明	20	—	242.31
★田庄村	曹为华	26	—	392.53
★谭港村	张　勇	21	—	616.81
★东庙村	丁稳扣	28	16.61	287.09
兴环村	周广荣	23	114.53	135.56
北景庄村	杨　春	17	167.77	62.34
连港村	於慧煊	29	16.61	60.19
青萍港村	夏　彬	22	168.25	98.66
周吴村	崔卫华	19	85.72	240.26
★光华村	张加斌	18	39.20	129.46
★胡集村	邓凤媚	23	189.23	70.34
★谢河村	李　军	21	154.16	60.47
钟涵村	谢友林	31	299.37	80.09
拥徐村	顾兴国	34	245.70	152.54
西园社区	曹龙铁	10	—	—

说明：村（居）前标★的为村居合一

项目12个，引进国外专业人才2人、高层次人才4人。

【街道建设】 2022年，胡集街道新建富爱科技便道、胡集工业区纬二路东延两条道路，增设运行胡集村、周吴村、光华村等40个小型污水处理设施，施划胡集菜市场、胡集工业区、田庄村、谭港村、黄海西路等地标线约1万平方米，新建328国道路灯236盏，完成双青路改造、黄海大道增设护栏等工作，圣元路污水管道工程有序推进。推进田庄老集镇、胡集老集镇“五化”（硬化、美化、绿化、亮化、净化）工程。完成工业重点项目区内8户房屋征收工作，服务保障品元纺织、江圣控股、久益能源、谭港变电线路、泰州采油厂高压线路等项目建设。参与文汇公馆周边区域城市更新工作，累计完成28户村民房屋征收工作。启动连港村花乡废电站项目拆迁工作。

【生态建设】 2022年，胡集街道建立健全水环境质量应急保障机制，工业集中区内的村居逐步建立水环境应急救援队伍。完成田港河污染源头防治，分散式农户污水治理工程全部通过竣工验收。依法拆除新通扬运河生态空间管理区内非法码头2座。隆田路桥、水厂吸水口和西楹桥上游断面水质检测均达Ⅲ类水质标准。开展废气处理设施提升工作，辖区内纺织印染企业升级改造定型机废气处理设施，宝燕工业科技（南通）有限公司升级RTO废气燃烧处理装置，南通海恒电子配件有限公司升级RCO废气处理装置。开展源头替代项目，推广使用水性油漆。淘汰“国三”及以下柴油货车75辆。常态化开展扬尘巡查。环境信访总量比上年下降48%。完成绿化造林1公顷，更新林地面积约15公顷。

【社会事业与民生保障】 2022年，胡集街道夯实社会保障基础，完成城乡居民养老保险费征缴3977人，培训新生代进城务工人员135人，街道劳动人事争议调解中心获评南通市级金牌劳动人事争议调解组织；提档升级退役军人服务站，完成退役军人建档立卡工作，组织优抚对象体检，13名现役军人立功受奖；开展红色先锋志愿服务活动46次。加强社会救助工作，将1248户困难家庭纳入保障范围，累计向约1600人发放低保对象补助、散养特困人员补助、困境儿童补助、“尊老金”、居家养老“一助一”服务补贴、残疾人“两项补贴”等1142万元；加大对低保特困群体住房、水电气帮扶力度。全面完成村残疾协会选举工作，成立胡集街道残联。推动慈善事业发展，街道慈善分会募捐善款37.33万元，救助95人次、4.87万元；村（居）慈善工作站募捐善款193.46万元，救助2125人次、77.84万元。做好安全生产工作，加强安全风险管控和隐患排查治理双重预防机制建设，省工业企业安全生产风险报告系统申报工作完成率100%，重大节假日负责人带队检查10余次，发现隐患53处，全部整改到位。街道获评南通市网络文明建设示范点，西园社区新时代文明实践站获评南通市首批示范站。西园社区书屋获评南通市五星级韬奋书吧、南通市五星级农家书屋，胡集村书屋获评南通市四星级农家书屋。街道退役军人服务站获评南通市五星级乡镇（街道）退役军人服务站。

【年度大事】 2022年1月7日，南通市教育体育局、南通市总工会、南通市“两新”工委到胡集街道调研新时代产业工人队伍建设改革情况。

2月17日，南通市委统战部到胡集街道调研台企发展情况。

5月27日，南通市首届“网络文明宣传月”活动启动仪式在胡集街道举行。

7月21日，江苏省交通运输厅到胡集街道调研指导货车司机群体党建工作。

7月31日，中央宣传部“走进农家书屋 助力乡村振兴”采访调研组到胡集街道调研农家书屋在乡村文化繁荣、基层治理、普法宣传、法治乡村和乡村振兴中产生的重要作用和深远意义。

11月11日，宿迁市委组织部到海安调研流动党员教育管理工作，听取达欣集团党委流动党员管理的创新做法。

（王　良）

隆政街道

【概况】 隆政街道成立于2020年5月18日，地处海安市区北郊。2022年，辖区总面积51平方千米，下辖10个行政村，267个村民小组，总户数1.35万户，总人口约3.88万人，其中党员1910人。

【经济发展】 2022年，隆政街道农业生产提质增效，辖区70%以上可种植耕地

表44　2022年隆政街道村（居）基本情况统计表

村（居）	村（居）委会负责人	村（居）民小组数（个）	耕地面积（公顷）	村营收入（万元）
★大里村	程咣菜	34	200.00	257.00
★海北村	金　磊	40	233.80	252.92
★建设村	于银凤	27	281.73	100.12
★联合村	于　皓	23	280.00	79.19
★林桥村	吉宏伟	16	68.40	74.28
★隆政村	万　敏	30	240.00	86.84
★新丰村	许小妹	23	169.60	94.23
★自由村	刘　杰	26	177.87	103.00
★三里闸村	梅晓勇	19	5.27	490.00
★德兴村	奚　勇	29	272.00	79.68

说明：村（居）前标★的为村居合一

实现规模化经营，生态健康养殖比例占90%以上，蚕茧收购总量180吨。有序推进联合村高标准农田建设项目，中杰农业项目落户德兴村，自由村千万元粮食烘干项目通过南通市级验收。实施乡村振兴战略，三里闸村入选南通市乡村振兴先进村（生活富裕）培育名单。工业经济不断向好，规模以上工业企业完成开票销售20多亿元，比上年增长3.81%；新培育开票销售亿元企业3家，年度规模以上企业5家。实施“智改数转”项目8个，设备投入近3500万元。注重科技创新，实施产学研项目17个，其中30万元以上项目3个，招引科创项目6个，新增高新技术企业2家，组织对接高层次人才2人。

【街道建设】 2022年，隆政街道深化美丽乡村建设，三里闸、林桥集镇整治工作有序推进，启动隆田路改造工程，持续加大生态河道建设投入。加强基础设施建设，安装路灯156盏；维修破损道路39条，面积7700多平方米；新建临水防护工程3254米，新建、维修农桥4座。实施农村户厕提升改造工程，新建124户，整改达标581户。10个行政村全部依照城市三类公厕建设标准建成公厕。全年，召开农村环境整治现场观摩推进会10余次。

【生态建设】 2022年，隆政街道加大涉气企业常态化巡查和夏、秋季农作物秸秆“双禁”巡查力度，辖区$PM_{2.5}$浓度持续下降，空气质量总体改善。强化断面水质管控，隆田路桥南通市考断面平均水质优Ⅲ类比例100%，妥善解决三里闸村景里东河黑臭水体问题。继续推进“河长制”工作，通过“以河养河”改善河道水环境，累计投放鱼苗2.5吨，2条河道通过省级生态河道验收。开展建筑业及道路扬尘等专项整治，淘汰“国三”及以下柴油货车41辆。

【社会事业与民生保障】 2022年，隆政街道民生福祉稳步提高，街道日间照料中心建成并投入运营，规范化管理3家农村“养老小院”。高标准做好保基本、兜底线工作，发放困难家庭补助超730万元。开展慈善捐款活动，募集善款76.82万元，发放救助金56.35万元。全面完成村残疾协会选举工作，成立隆政街道残联。就业形势总体稳定，实现就业困难人员再就业179人，列全市第一。推进健康海安建设，“两癌”（乳腺癌、宫颈癌）筛查完成率列全市第一，完成大里村卫生服务站选址和建设规划工作，辖区内209名特扶对象实现计划生育特殊家庭联系人制度、家庭签约医生、就医“绿色通道”三个全覆盖。落实疫情防控要求，开通保供上海通道，日运输近40吨粮食驰援上海抗疫。推进乡风文明建设，三里闸村获评南通市首批新时代文明实践示范站，全市移风易俗专题示范活动在建设村开展。加强平安法治建设，开展网格基础信息核查“清仓见底”专项行动，受理矛盾纠纷696件并全部调解；开展打击整治养老诈骗专项行动，发放宣传彩页1万余份，举办专题讲座10余场；打造大里村“5+S老舅爹”工作室，拓宽群众诉求通道。安全生产平稳有序，开展安全主题宣传60余次，覆盖近1万人次。

【年度大事】 2022年1月6日，隆政街道第二届议政代表会第一次会议在三里闸村党群服务中心召开。

6月6日，农业农村部农业机械化管理司到隆政街道联合村俞万家庭农场开展“三夏”小麦机收专项指导工作。

8月1日，隆政街道第二届议政代表会第二次会议在三里闸村党群服务中心召开。

9月27日，隆政街道召开残疾人联合会第一次代表大会，范建峰当选隆政街道残联第一届主席，陈聪当选理事长。 （周钰翔）

城东镇

【概况】 城东镇位于海安城区东部，文化底蕴深厚。境内的发繇口遗址为古邗沟（现通扬运河）的入海口，发繇亭遗址是春秋吴、鲁、卫、宋四国的会盟之地；立发桥遗存折射着苏北三十六盐场必经之地的繁华，成为江苏盐场文化的标志；“先有立发桥，后有如皋城”的传说考证着江海平原城镇发展的最早历史。交通区位独特。境内2条高速、2条国道、2条运河、3条铁路纵横交错。风景名胜有七星湖生态园、523文化产业园、蓉和怡心园、万缘宝塔等。主要特产有杏鲍菇、桑葚酒、茧丝绸等。2020年，海安市优化调整海安开发区和城东镇管理体制，实行“区街道（办事处）分设、职能分离”管理新体制，海安开发区聚焦经济、市建设等方面发展，城东镇下设以服务社会民生为主的办事处。2022年，镇域面积170.93平方千米，其中耕地灌溉面积6050公顷。下辖立发、洋蛮河、西场3个办事处，4个社区、31个行政村，年末总户数5.16万户、总人口14.71万人。财政总收入23.50亿元，其中一般公共预算收入13.33亿元；财政总支出24.15亿元，其中一般公共预算支出10.82亿元。

表45 2022年城东镇村（居）基本情况统计表

村（居）	村（居）委会负责人	村（居）民小组数（个）	耕地面积（公顷）	村营收入（万元）
爱凌村	储瑞龙	18	268.86	81.71
戚庄村	王晓建	14	273.42	112.42
新立村	张怀栋	19	260.80	119.60
热港村	章祥余	27	408.69	46.50
丰产村	秦小波	17	178.49	428.45
石桥村	席玉富	24	167.08	296.32
★西场村	俞雪蛟	21	98.72	178.78

续表45

村（居）	村（居）委会负责人	村（居）民小组数（个）	耕地面积（公顷）	村营收入（万元）
洪旺村	李向阳	19	282.54	107.70
施秦村	陈　晶	21	153.08	88.09
★壮志村	俞贵群	36	460.98	166.24
石庄村	陈亚冬	25	252.81	151.58
★农林村	刘培军	27	50.56	247.54
★民桥村	徐　玲	22	142.00	147.00
★堑南村	张小松	30	248.00	186.71
★品建村	姜晓亮	21	234.32	162.08
★上湖村	张春燕	19	89.84	179.8
★洋蛮河村	陈广圣	21	—	273.91
★三角村	蔡　琴	18	12.94	203.14
★三丰村	吴宝笃	30	101.05	282.69
★韩洋村	张有华	28	354.24	137.12
★韩徐村	田桂华	25	256.00	206.33
★油坊头村	葛亚明	26	89.71	242.16
★葛家桥村	蒋德荣	24	89.38	282.07
★南阳村	陈　荣	26	—	307.66
★南屏村	张　杰	23	—	224.75
★泰宁村	刘金兵	15	—	1322.32
★开屏村	韩　聪	19	—	248.17
★立发桥村	吕　军	25	7.01	197.46
★界墩村	崔荣稳	26	—	230.60
★五坝村	杨　勇	32	139.94	145.71
★刘缺村	严　晗	27	131.57	143.18
嘉麟社区	傅卜芬	25	—	—
东城社区	石高山	22	—	—
七星湖社区	韩加佳	18	—	—
蓉塘社区	徐巧六	9	—	—

说明：村（居）前标★的为村居合一

【立发办事处】 立发办事处地处海安市城区东南部，铁路二级编组站海安火车站坐落于此，是海安“高铁新城第一站”。2022年，辖区总面积50.9平方千米，下辖七星湖、嘉麟、东城3个社区和泰宁、油坊头、葛家桥、南屏、立发桥、界墩、开屏、五坝、刘缺、南阳10个行政村，户籍人口约6.3万人，百岁老人超过10人。

农业农村发展　累计完成村营收入3344.08万元。新增土地流转面积86.8公顷，新培育种植大户2个，新申报海安市示范家庭农场2家。完成粮食生产7.51万吨，蚕茧交售232.59吨。新开工亿元农业项目1个，千万元以上项目9个。规范运行农村产权交易信息服务平台，成交项目30个，总金额1049.14万元。新建户厕485个，修缮350个。

生态建设　继续推进污染防治攻坚战，1家重点企业实现自动监控联网，15家领证企业实现监测联网。2家企业完成土壤与地下水检测工作。推进8家机械行业企业、8家石材加工作坊对标整改环保问题。14家涉漆企业完成清洁原料源头替代工作，实行常态化管理。排查七星湖周边涉气企业108家，实行“一企一策”精细化管控。加大扬尘污染管控力度，实现码头、砂石厂等建筑材料露天堆放全遮盖。开展生态环境宣传及烟花禁限放工作。有序推进界墩花苑、沿海大市场污水管网建设。

社会事业与民生保障　办理5户低保新增9人，8户低保整户核减，2户低保家庭成员核减。国华百盛园、523文化产业园、华新御园3期、万星佳苑4家居家养老服务站投入使用，在界墩村建设800平方米的居家养老日间照料中心，构建公办养老、民营养老、居家养老、社区养老等互为补充的多元化养老服务体系。退役军人服务站接受省高质量考评。城乡居民基本养老保险参保应保尽保，新增就业参保人数1438人，城乡居民养老保险转企业职工养老保险（简称“居保”转“企保”）95人。有序组织辖区内的企业开展在岗职工技能培训，创业能力培训（SYB）、电商培训95人，育婴师、保育师、职业指导师等职业技能培训415人，新生代进城务工人员培训193人。实现五星级村（居）慈善工作站全覆盖。580助残志愿者服务小分队开展扶贫助残志愿活动10多场。

【洋蛮河办事处】 洋蛮河办事处地处海安市城区东部，拥有沈海高速海安出入口，328国道、221省道穿境而过，栟茶运河贯穿东西。拥有幼儿园2所，小学、初中、高中、大学各1所，实现从幼儿教育到高等教育全覆盖。洋蛮河办事处形成北部产业兴旺、南部人文荟萃的“南隽北雄”发展局面。2022年，辖区总面积56.8平方千米，下辖韩洋、韩徐、三角、三丰、洋蛮河、农林、民桥、上湖、品建、堑南10个行政村。户籍人口约4万人。

农业农村发展　累计完成村营收入

2026万元。新增土地流转面积55.3公顷，新发展新型经营主体2家，土地规模经营占比72.8%。推进206.67公顷高标准农田建设，品建村高标准农田建设项目区获评省级高标准农田建设示范区。海安家欣家庭农场获评省级示范农场。稳定桑园面积38公顷，年末生猪存栏2701头。新开工、竣工千万元以上农业项目各1个。

生态建设　落实重污染天气应急措施，加大日查、夜查力度。突出重点区域、重点行业结构调整和污染治理，推进东部家具产业基地环境集成化改革试点工作，2家企业完成VOCs综合治理、RTO废气治理升级改造，149家夏季错峰生产管控企业实现生产用电监控联网。开展危险废物仓库分类处置专项整治工作，及时处理危险废物超期贮存及危险废物产废超量。推进重点断面水质“保Ⅲ增Ⅲ”专项行动，完成东部家具艺术小镇河道整治工程，高标准打造生态样板河道5条。全面提升农村人居环境，新增人居环境示范点3个，完成农村改厕501座。

社会事业与民生保障　转移劳动力就业173人，新增建档立卡人员就业86人；新增扶持群众自主创业167人；开展失业人员、就业困难人员和新生代进城务工人员技能培训288人。企业职工累计参保1.39万人，比上年净增1724人。成立海安市首个人力资源二级市场，定期开展月度招聘会。加强食品安全监管，对325家食品流通单位、2家农贸市场、12家学校和幼育机构食堂常态化开展食品安全风险隐患排查。打造东部家具“榫卯”党建品牌，成立企业工会11家。“三角村：创新韩洋菜市场周边路边小摊小贩的管理模式”入选南通市政协优秀典型案例。韩徐村、三丰村、品建村党支部获评五星级党支部。

城东镇壮志村花卉生产基地，摄于2022年12月16日　　翟慧勇／摄

【西场办事处】　西场，古称蓉塘，栟茶运河、202省道穿越而过。东与李堡镇交界，西与洋蛮河办事处为邻，南至如皋市，北至大公镇。西场是江苏省民间艺术之乡——书法、江苏省重点中心镇、南通市新型小城镇、南通市文明乡镇。2022年，辖区总面积63.32平方千米，下辖施秦、壮志、石庄、洪旺、西场、石桥、丰产、热港、新立、戚庄、爱凌11个村，蓉塘社区1个社区。户籍人口约4.31万人。

农业农村发展　累计完成村营收入1777.39万元。引导农民调整种植结构，采取“种植基地+合作社+农户”的模式，大力发展花卉、果蔬产业。新增3.33公顷以上新型农业经营主体5个，新增土地流转面积约116.67公顷，新发展家庭农场5家，其中蚕业农场1家。新增各类新型农机具82台（套），农业机械化水平超过92%。新培育海安市级农业龙头企业1家。海安石庄永润农地股份合作社获评省级农民专业合作社，海安许惠家庭农场获评南通市巾帼示范家庭农场，海安祥梅家庭农场获评南通市示范家庭农场。

生态建设　6家企业完成VOCs综合治理，20家企业完成废气活性炭吸附设施专项整治，淘汰“国三”及以下油货车60辆。加强25处在建工程、5家码头砂石场扬尘管控。64家涉及危险废物企业运行江苏省危险废物全生命周期监控系统，严格危险废物产生、收集、贮存和转移全过程管控。17家企业完成应急预案备案。有效化解各类环境信访194件。

社会事业与民生保障　加快推进村居退役军人服务站标准化建设。深入推进食品安全城市创建，启动“食品安全宣传周”活动，食品安全监管工作全市领先。按照“三清单一承诺”（责任清单制度、任务清单制度、督查清单制度，责任与任务承诺书制度）建立分层分级精准防控末端发力终端见效工作机制，推动食品安全属地管理责任落实。食品安全监管工作居全市前列。建档立卡人员新增就业16人。

【年度大事】　2022年5月19日，省人大常委会执法检查组到城东镇开展《中华人民共和国环境保护法》贯彻落实情况执法检查，实地查看常安现代纺织科技产业园生态化环境集成改革试点情况。

11月17日，省人大农业农村专业代表小组到城东镇开展全面推进乡村振兴现场考察活动，参观海安开发区区域农业服务中心。

11月18日，2022年中国中小城市高质量发展指数研究成果发布，城东镇列2022年度全国千强镇第57位，比上年上升5位。　（禹国圆）

表46　2022年城东镇社会经济主要指标统计表

项　　目	计量单位	数量	项　　目	计量单位	数量
一、基本情况			五、企业情况		
区镇行政区域面积	平方千米	170.93	法人企业数量	个	10400
居民委员会数量	个	4	其中：规模以上工业企业	个	317
村民委员会数量	个	31	法人企业从业人数	人	260680
耕地灌溉面积（有效灌溉面积）	公顷	6050	其中：规模以上工业企业	人	50781
农业机械总动力	千瓦	119310	六、贸易		
二、人口与就业			限额以上社会消费品零售总额	万元	220396
年末总户数	户	51583	商品交易市场数量	个	14
年末总人口	人	147051	七、财政收入与支出		
区镇从业人员数	人	83553	财政总收入	万元	235020
第一产业	人	5024	其中：一般公共预算收入	万元	133312
第二产业	人	42594	财政总支出	万元	241481
第三产业	人	35935	其中：一般公共预算支出	万元	108169
三、区镇经济			八、社会事业		
地区生产总值	万元	3226535	公路里程	千米	371
第一产业	万元	124639	金融机构网点数	个	25
第二产业	万元	1826692	有实际经营的农民专业合作社数	个	60
第三产业	万元	1275204	家庭农场数	个	127
四、农业生产			学校总数	个	13
农作物播种面积	公顷	12511	在校学生总数	人	15848
其中：粮食作物播种面积	公顷	9502	教师总数	人	1298
市级以上农业龙头企业个数	个	19	幼儿园、托儿所个数	个	30
市级以上农业龙头企业销售收入	万元	1324711	医疗卫生机构数量	个	63
粮食总产量	吨	74161	医疗卫生机构床位数	张	1075
肉类总产量	吨	7790	执业（助理）医师数	人	341
禽蛋产量	吨	23614	自来水用水户数	户	48702
水产品总产量	吨	3739	城乡居民基本养老保险参保人数	人	93250
油料总产量	吨	2062	城乡居民基本医疗保险参保人数	人	137710
蔬菜总产量	吨	84948	城乡居民最低生活保障人数	人	630
水果（含果用瓜）总产量	吨	13474			

（市统计局）

曲塘镇

【概况】 曲塘镇是千年古镇，与泰州接壤，是“海安西大门”。交通发达，新老328国道、启扬高速贯穿东西，并设有曲塘高速道口，新老通扬运河、焦港运河在此交汇。2022年，镇域面积119平方千米，下辖2个社区、26个行政村。年末总户数3.37万户、总人口8.48万人。实现地区生产总值143.47亿元，比上年增长3.4%。财政总收入6.59亿元，其中一般公共预算收入1.94亿元；财政总支出3.30亿元，其中一般公共预算支出

1.13亿元。固定资产投资27.91亿元，其中制造业投资22亿元。实现外贸进出口总值5.2亿元。实际到账外资235万美元。

【农业农村发展】 2022年，曲塘镇实现农业总产值15.12亿元，比上年增长3.7%。夯实粮食安全根基，粮食产量8.25万吨，生猪存栏3.78万头、出栏6.56万头，家禽存栏153万羽、出栏168万羽，禽蛋产量1.42万吨，蚕茧产量220吨，实施11个水稻高质高效创建核心方建设。做大培强农业企业，加快农业企业科技成果转化，招引千万元农业项目2个，储备重大农业项目2个，培育南通市、海安市级农业龙头企业各1家，实施农业产学研合作项目3个。乡村振兴高位推进，完成2021年度乡村振兴示范村、先进村验收审计，罗町村、花庄村分别入选2022年度南通市级乡村振兴示范村、先进村培育名单，实现村营收入60万元以上行政村全覆盖。

【工业经济发展】 2022年，曲塘镇实现工业总产值156.47亿元，比上年增长18.48%。工业开票销售158亿元，比上年增长10%，其中规模以上工业企业实现开票销售（剔除免税）99.7亿元，比上年增长7.9%。完成工业投资22.15亿元。新增规模以上工业企业15家，总数130家；开票销售亿元以上企业总数28家。有序推进企业上市工作，新增“新三板”入轨企业1家、挂牌企业1家，1家企业进入“新三板”创新层。南通远景电工器材有限公司等4家企业获评江苏省专精特新中小企业。南通双弘纺织有限公司等7家企业获评南通市环保示范性企业。

【服务业发展】 2022年，曲塘镇实现服务业应税销售20亿元，完成服务业投资5.76亿元，实现限额以上消费品零售总额4.61亿元。推进第三产业深度融合发展，生产性服务业向专业化和价值链高端延伸，生活性服务业向高品质和多样化升级。新增月度规模以上服务业企业7家，年度规模以上服务业企业2家；新增月度限额以上服务业企业13家，年度限额以上服务业企业10家；新增“大个体”入库10家；新增外贸进出口企业3家，实现外贸进出口企业转化7家。招引软件和信息技术服务项目1个、服务外包项目1个。至康高端养老院正式营业，总投资1亿元，建筑面积1.1万平方米，拥有养护床位500张，集养老、护理、康复、健康管理等服务于一体。好时医养融合体项目进入装修阶段。

表47 2022年曲塘镇村（居）基本情况统计表

村（居）	村（居）委会负责人	村（居）民小组数（个）	耕地面积（公顷）	村营收入（万元）
虹桥社区	项利洋	—	—	—
团结社区	孙晨晨	—	—	—
★曲园村	黄舜华	5	—	416.55
★曲塘村	王兆祥	22	134	203.86
★李庄村	王玉军	17	215	126.81
★徐庄村	顾　剑	16	231	75.33
★顾庄村	夏海峰	24	289	63.51
★花庄村	于友军	20	177	133.51
★刘圩村	卢星明	37	330	316.09
★创新村	周文华	23	214	75.52
兴曲村	洪忠东	24	212	80.46
江桥村	陈宝余	21	220	61.36
龙池村	周　靖	25	279	61.82
银树村	吕锡军	18	242	71.26
兴花村	周向群	18	244	60.36
万杨村	乐　琴	27	280	86.19
富民村	夏桂文	23	312	60.65
大陈庄村	史士军	33	379	67.79
罗町村	陈双运	36	290	125.61
郭楼村	严忠华	25	242	103.07
中桥村	陈红玲	35	306	60.86
群贤村	顾平祥	41	428	60.13
章郭村	章士明	25	228	69.06
万庄村	丁日宏	26	280	62.20
周桥村	黄　峰	21	217	67.64
胡庄村	徐子勤	30	250	209.46
崔母村	于继周	30	201	66.10
陆庄村	田　忠	22	225	71.46

说明：村（居）前标★的为村居合一

【科技创新】 2022年，曲塘镇完成高新技术产业投资11.48亿元。新增国家高新技术企业7家，总数32家。高新技术产业产值占规模以上工业产值比重、技术合同备案登记金额、科创项目招引及培育等指标均居全市前列。实施产学研项目10个。招引高层次人才33人，其中，2人入选南通“江海英才”计划，1人入选“海安英才”计划。

【招商引资与项目建设】 2022年，曲塘镇突出“招大引强”，主攻苏州太仓、相城、昆山等重点区域，累计举办招商推介活动16场次，邀请市领导拜访项目15次。签约注册5亿元以上项目3个、3000万美元以上项目3个。新开工亿元以上工业项目2个，其中10亿元项目1个。4月，润海清洁机器人项目开工建设，这是全市首个“六证齐发”（一次性取得不动产权证、建设用地规划许可证、建设工程规划许可证、审图合格证、建筑工程施工许可证、人防行政许可决定）项目，年底前完成厂房主体封顶。5亿元重特大项目——戴维姆新能源汽车配件项目厂房升级改造基本完成。双弘纺织高端再生聚酯纱线生产线智能化改造项目通过南通市“专精特新”项目考核验收。通过市预审亿元以上项目8个。恒科众创城预审落户项目57个，22家企业入驻试生产。

【镇村建设】 2022年，曲塘镇不断完善基础设施建设，新建污水管网1.6千米，实现工业园区、镇区管网全覆盖；全面推进罗町村、章郭村、创新村等9个村1640户分散农户污水治理。总长度1.9千米的黄海大道西延工程竣工通车，成为曲塘镇第三条通往海安主城区的快速通道；新楼路二期改造提升工程竣工通车；崔母路、东方红路及曲塘东桥改造工程竣工通车；建设大桥工程加快推进。推进“智慧城管”建设，在镇区主干道路加装球形摄像机25个，全天候巡查道路，规范流动摊点管理。推进“智慧乡村”建设，把农村违章搭建、扬尘治理等领域一并纳入监督范围，将城市管理空间范围从中心镇区延伸至农村集镇、产业园区。强化违建巡查治理，拆除新增违建18处534.3平方米，拆除历史违建和破落建筑36处5235.85平方米。实施人居环境整治、“四好农村路”建设等环境品质提升工程，新建人居环境示范点9个，串联章郭、创新、胡庄等7个村人居环境示范点，打造人居环境示范带1条。推进“三美一高”（生态美、环境美、人文美、管护水平高）美丽乡村创建工作，罗町村获评2022年度江苏省生态宜居美丽示范村，曲塘镇连续4年获南通市人居环境专项奖补资金。

【生态建设】 2022年，曲塘镇完成重点行业绿色发展总体方案编制，推动重点排污单位自动监测监控设施全覆盖。$PM_{2.5}$平均浓度每立方米29.1微克，比上年下降4.6%。空气优良天数比例82.1%，比上年上升0.9%。完成大气污染防治计划项目39个，其中，VOCs治理项目12项、颗粒物治理1项、锅炉提标改造项目1项、无组织排放治理1项、源头替代项目24项。重点开展国考、南通市考断面面源污染集中整治，国考朱楼桥断面、南通市考盐地场桥断面平均水质达Ⅲ类水质标准。

【社会事业与民生保障】 2022年，曲塘镇城镇居民人均可支配收入5.91万元，比上年增长5.5%；农村居民可支配收入3.01万元，比上年增长6.9%。持续加强普惠性、兜底性、基础性民生建设，不断探索养老服务、留守儿童关爱保护等机制，完善镇级养老服务中心和居家养老服务站功能设施，曲塘镇敬老院失能失智中心投入使用。持续抓好特殊群体管理服务及救助工作，完善分散“五保”（保吃、保穿、保医、保住、保葬）户、独居老人的监控、呼叫器安装工作，累计安装120个煤气灶、248个燃气报警装置。率先完成长安园百年堂骨灰堂建设，建筑面积1250平方米，总投入近500万元。曲塘中学举办70周年高品质发展大会，曲中体艺馆、蒋和森纪念馆启动建设。曲塘镇团委获评江苏省五四红旗团委。优化营商环境，设置“曲如意·‘码’上办”自助超市，曲塘镇便民服务中心获评南通市十佳政务服务大厅，海安唯一。不断深化基层治理，建成社会治理综合服务中心，推动信访、司法、公安、交警、指挥中心等职能部门合署办公，中心累计接待信访群众1000余人次，参与调处各类矛盾纠纷800余件，调处成功率99.8%。常态化做好矛盾调处工作，择优选聘镇级专职调解员4人、村级调解员28人。安全生产形势稳定，开展“厂中厂”专项整治，累计检查企业134家，立案查处8家，关闭搬迁4家。

【年度大事】 2022年1月5—6日，曲塘镇第十九届人民代表大会第一次会议在镇政府召开。

2022年9月22日，曲塘镇群众在便民服务中心通过手机扫描“曲如意·‘码’上办”二维码办业务

常 俊／摄

5月26日，工商银行江苏省分行到曲塘镇调研金融服务实体经济工作。

5月30日至6月2日，南通市安置帮教工作现场观摩会在曲塘镇召开。

6月23日，陕西省略阳县郭镇党政代表团到曲塘镇召开对口协作互访交流座谈会，曲塘镇与郭镇签署协作框架协议，曲塘镇花庄村、徐庄村、曲园村分别与郭镇大石湾村、杨家岭村、西沟村签署协作框架协议。

7月2日，海安曲塘（太仓）高质量发展恳谈会在太仓召开。

7月22日，苏州市相城区台湾同胞投资企业协会考察团到曲塘镇考察。

7月29—30日，曲塘镇第十九届人民代表大会第二次会议在镇政府召开。

8月12日，江苏省委政法委到南通调研政法工作，实地察看曲塘镇创新打造社会治理综合服务中心，肯定曲塘镇矛盾纠纷“一站式”调处化解机制。

8月24日，省文明城市创建考察团到曲塘镇学习交流文明创建工作，东海县、睢宁县、金湖县、阜宁县、滨海县、仪征市、兴化市、泗阳县8个县（市）参加活动。

9月15日，曲塘镇全面完成村残疾人协会第一届换届选举工作。

11月3日，南通市委宣传部组织的“奋进新征程·谱写新篇章”媒体见面会活动到曲塘镇社会治理综合服务中心参观，人民网、新华网、《新华日报》等媒体记者采访创新基层社会治理“曲塘模式”。

11月5日，上海市海安商会到曲塘镇考察商会工作，参观曲塘镇商会展示馆。

12月4日，焦港河南通市级河长实地巡查焦港幸福河海安段建设情况，并召开焦港河南通市级河长工作推进会。

12月4日，海安市曲塘中学举行建校70周年高品质发展大会。（常　俊）

表48　2022年曲塘镇社会经济主要指标统计表

项　　目	计量单位	数量	项　　目	计量单位	数量
一、基本情况			肉类总产量	吨	8445
区镇行政区域面积	平方千米	118.92	禽蛋产量	吨	14222
居民委员会数量	个	2	水产品总产量	吨	6308
村民委员会数量	个	26	油料总产量	吨	1938
耕地灌溉面积（有效灌溉面积）	公顷	5848	蔬菜总产量	吨	48906
农业机械总动力	千瓦	73915	水果（含果用瓜）总产量	吨	4102
二、人口与就业			五、企业情况		
年末总户数	户	33729	法人企业数量	个	1712
年末总人口	人	84807	其中：规模以上工业企业	个	130
区镇从业人员数	人	46005	法人企业从业人数	人	36729
第一产业	人	8206	其中：规模以上工业企业	人	11100
第二产业	人	26885	六、贸易		
第三产业	人	10914	限额以上社会消费品零售总额	万元	46094
三、区镇经济			商品交易市场数量	个	1
地区生产总值	万元	1434661	七、财政收入与支出		
第一产业	万元	73713	财政总收入	万元	65887
第二产业	万元	789037	其中：一般公共预算收入	万元	19430
第三产业	万元	571911	财政总支出	万元	32987
四、农业生产			其中：一般公共预算支出	万元	11267
农作物播种面积	公顷	12416	八、社会事业		
其中：粮食作物播种面积	公顷	10490	公路里程	千米	346
市级以上农业龙头企业个数	个	6	金融机构网点数	个	19
市级以上农业龙头企业销售收入	万元	108999	有实际经营的农民专业合作社数	个	82
粮食总产量	吨	82521	家庭农场数	个	90

续表48

项　　目	计量单位	数量	项　　目	计量单位	数量
学校总数	个	9	执业（助理）医师数	人	161
在校学生总数	人	8146	自来水用水户数	户	29886
教师总数	人	817	城乡居民基本养老保险参保人数	人	11620
幼儿园、托儿所个数	个	8	城乡居民基本医疗保险参保人数	人	43984
医疗卫生机构数量	个	44	城乡居民最低生活保障人数	人	1072
医疗卫生机构床位数	张	578			

（市统计局）

李堡镇

【概况】 李堡是海安传统老三镇之一，与如皋、如东、东台三县（市）接壤，古称赤岸，明朝为防倭寇设有七堡，李家堡为七堡之首，后改称李堡，并于1949年设李堡镇。李堡是全国千强镇、江苏省重点中心镇、南通市中心镇，是国家火炬计划江苏海安锻压装备特色产业基地、全省唯一的出口锻压机械质量安全示范区。2022年，镇域面积94.5平方千米，其中，耕地灌溉面积4543公顷、建成区面积21.2平方千米，下辖18个行政村、2个社区。年末总户数2.69万户，总人口7.21万人。年内出生人口227人，死亡人口832人。实现地区生产总值97.3亿元，比上年增长2.6%。财政总收入4.06亿元，其中一般公共预算收入1.21亿元；财政总支出2.43亿元，其中一般公共预算支出6794.47万元。实现外贸进出口总额6.8亿元，实际到账外资704万美元，培育亿元出口企业1家。李堡镇获评江苏省文明乡镇、江苏省“三整合”改革先进集体、江苏省乡村振兴先进集体等。

【农业农村发展】 2022年，李堡镇实现农林牧渔业总产值12.81亿元，比上年增长2.48%。新招引重大农业项目4个，2个在建农业重大项目有序推进，培育省级、南通市级示范家庭农场各1家。新建高标准农田360公顷，蒋庄村“金香玉1号”丰产方代表海安接受省专家组实产验收，平均亩产755千克，粮食生产实现“十九连丰”。实施乡村振兴战略，杨庄村、蒋庄村入选南通市乡村振兴示范村培育名单。升级打造知行实践馆，建设乡村振兴学校，与南通理工

表49　2022年李堡镇村（居）基本情况统计表

村（居）	村（居）委会负责人	村（居）民小组数（个）	耕地面积（公顷）	村营收入（万元）
陈庄村	季从兵	22	240.75	75.97
新庄村	许应忠	31	322.04	81.78
桑周村	刘昌斌	32	353.16	106.79
★丁所村	吴春桥	17	131.17	64.35
堡河村	陈许建	12	192.84	61.16
中凌村	杨真平（2022年1月—2022年2月） 周小波（2022年6月—）	24	215.42	101.23
蒋庄村	杭海峰	38	286.19	103.52
曹园村	张雨生	24	180.26	67.74
储洋村	于丽蓉	30	200.60	60.44
红旗村	秦成华	28	193.88	163.19
★李西村	仲维荣	38	194.12	65.95
富庄村	周　振	16	107.06	218.13
★李堡村	蒋海东	19	59.33	100.05
★杨庄村	张宇森	29	333.87	233.74
园墩村	吴晓建	18	240.16	61.54
光明村	陆虞飞	31	470.08	60.10
三里村	褚国权	15	251.41	60.12
李灶村	储祥华	28	336.67	143.66
三贤社区	张　玲	10	—	—
赤岸社区	徐珠华	12	—	—

说明：村（居）前标★的为村居合一

学院商学院签约共建大学生实践基地。搭建村银合作平台，海安第一例乡村振兴贷在李堡镇堡河村落地。全镇平均村营收入超100万元，实现村营收入60万元覆盖。新增百亩以上绿色蔬菜产业基地3个，光明村连续三年入选全国乡村特色产业超亿元村，农产品质量监测合格率保持100%，镇农产品质量安全监管服务所获评江苏省五星级乡镇农产品质量安全监管机构。

【工业经济发展】 2022年，李堡镇实现工业总产值56.74亿元，比上年增长25.39%。实现工业开票销售74.7亿元，比上年增长13.13%。新增规模以上工业企业7家，其中月度规模企业1家，累计规模以上企业56家；净增开票销售超亿元企业1家，累计10家。规模以上工业企业完成开票销售48亿元，比上年增长11.5%。工业技改设备投入7000多万元。万洲胶粘制品（江苏）有限公司通过省级专精特新中小企业认定；南通东海机床制造集团有限公司"2-WE67K-4000/8000智能数控双机联动折弯机"通过南通市首台（套）重大装备及关键部件认定；南通明诺电动科技股份有限公司入选南通市工业互联网融合创新试点示范企业；江苏江海机床集团有限公司、万洲胶粘制品（江苏）有限公司、海安鼎生金属制品有限公司、南通市金宏电化设备有限公司等9家企业通过江苏省工业和信息化厅星级上云企业认定。江苏凯奥净化科技股份有限公司、南通明诺电动科技股份有限公司分别实现北京证券交易所和"新三板"入轨。

【服务业发展】 2022年，李堡镇实现服务业一般纳税人应税销售18.6亿元，比上年减少23.92%。新增年度规模以上服务业企业2家、月度规模以上服务业企业1家，新增年度限额以上服务业企业7家、月度限额以上服务业企业2家，新培育限额以上"大个体"4家。规模以上重点服务业企业实现营收增幅22%以上，社会消费品零售总额综合增幅5%以上。实施强村加油站项目（鼎橙加油站项目）1个，推进柴油点转让经营1家，规范改造商铺8家。推动万隆广场进行基础设施、服务功能等升级改造。

【科技创新】 2022年，李堡镇完成高新技术产业投资1.69亿元。新增高新技术企业10家、科技型中小企业55家，新认定"雏鹰企业"2家。持续开展"高校院所行""专家人才企业行"系列活动，新增产学研合作项目12项，其中100万元以上项目2个，技术合同备案登记金额4亿元。发放科技贷款4000万元，其中，知识产权质押融资2000万元、"苏科贷"2000万元。招引科创项目2个。引进海外人才24人，人数创历史新高；入选国家级人才2人，实现国家级人才项目入选零的突破；引进省"双创人才"3人，1人进入省"双创计划"答辩；入选南通市"江海英才"计划1人；招引高校毕业生125人、蓝领技术人才480人。

【招商引资与项目建设】 2022年，李堡镇签约落户5亿元以上重大项目2个、外资项目3个，新开工亿元以上工业项目4个，其中10亿元项目1个，新竣工项目4个，3个重特大项目有序推进。总投资20亿元的万洋众创科技项目，一期首开区主体完工，二期项目"三证"（营业执照、税务登记证、组织机构代码证）齐全、主体在建；对落户企业实行准入机制，累计签约进驻26家，其中，外资企业1家、高新技术企业3家。项目服务优质高效，创新实施"微光暖企行"，出具"法治体检"报告33份、"整改药方"68条。

【镇村建设】 2022年，李堡镇加快《李堡镇国土空间规划》《镇区控制性详细规划》修编，《实用性村庄建设规划》获市政府批复。40天完成中大街搬迁工作。李城线和328国道辅道工程如期建成通车，杨庄桥、丁所大桥、连心桥改造工程竣工达标。完善镇区主干道区间路建设，配套实施道路雨污水管网建设2千米、绿化建设3000平方米、安装路灯220盏。赤岸220千伏变电站、110千伏送出工程完成验收，红富路供电主干线完成扩容。新建农四路1.68千米。以"微治理""微执法""微修复"推进主干道、背街小巷、农贸市场等重点区域专项整治，丁所老街整治二期、连心桥道路修缮全面完工，查处拆除违建57处2870平方米，实现违建零新增。李堡镇获评江苏省推进基层整合审批服务执法力量工作先进单位，《创建建设社会治理综合体 打造为民解忧"服务前哨"》案例获评典型案例；获评南通市推进基层整合审批服务执法力量工作先进镇街、南通市综合行政执法改革暨指挥中心建设示范镇。

李堡镇丁所大桥改造项目施工现场，摄于2022年12月12日 顾华夏／摄

【生态建设】2022年，李堡镇持续推进蓝天、碧水、净土保卫战，蒋庄村尾水生态湿地公园竣工开放，累计建成污水管网4.5千米，丁堡河省考断面水质持续保持Ⅲ类水质标准。空气质量优良天数比例保持在86%以上。持续开展农村人居环境整治提升行动，完成河道整治4.82千米，分散式农户污水处理设施建设成效显著，改造农村户厕482座，创成三星级人居环境示范点2个，二星级5个。李堡镇获评江苏省生态宜居美丽示范镇，杨庄村、蒋庄村获评江苏省生态宜居美丽示范村。杨庄村、蒋庄村创成省级特色田园乡村。

【社会事业与民生保障】2022年，李堡镇教育集团化办学正式实施。李堡镇初中教育集团和小学教育集团接受省义务教育优质均衡发展县（市）现场验收。6所学校参加第二届全国校园美育工作研讨会。李堡中心小学获评江苏省围棋特色学校，学校蔡正桥中队获评南通市少先队"英雄中队"。乡村"复兴少年宫"活动丰富，经验做法2次被"学习强国"学习平台、4次被江苏教育网报道。李堡卫生应急综合楼投入使用。新冠病毒疫苗全程接种率82.8%。《巾帼电商"新引擎"乡村振兴"她经济"》案例入选2022年度全省妇联优秀融媒体工作案例。社会保障扎实有力，10件民生实事工程按时保质办结。新增就业岗位480个，培训农民300余人次。有序推进基础医保与"江苏医惠保""医保南通保"衔接，新增企业职工保险470人，"居保"转"企保"1201人，农村合作医疗参保人数3.78万人。关爱特殊群体，累计为低保、特困、残疾人等优抚对象发放生活补贴2600万元。慈善捐款总额超170万元。安全生产形势持续稳定向好。

【年度大事】2022年1月4—5日，李堡镇第十九届人民代表大会第一次会议召开。

5月11日，南通市新版分散式农户生活污水处理设施专家评审会在李堡镇召开。

5月17日，省乡村振兴局到李堡镇杨庄村调研乡村振兴工作。

5月22日，李堡镇召开中大街搬迁项目推进动员会，正式启动中大街搬迁工作。5月29日，召开中大街项目推进群众动员会。6月4日，入户评估率实现100%。6月10日，进行初评结果公示和初评报告复核。7月1日，全面完成中大街搬迁项目签约工作，涉及居民123户。

7月20日，南通市农村集体"三资"管理工作现场推进会在李堡镇召开。

7月21日，省司法厅到李堡镇司法所调研，肯定李堡镇法治建设、人民调解、社区矫正、中型司法所建设等工作。

7月29—30日，李堡镇第十九届人民代表大会第二次会议召开。

8月24日，李堡镇与南通理工学院商学院签约共建大学生实践基地。

8月30日，交通运输部科学研究院到李堡镇调研"路长制"工作。

9月14日，省委农村工作办公室督察考核处到李堡镇杨庄村调研数字农业。

11月23日，第二届全国校园美育工作研讨会在北京举行，李堡镇被列为分会场，并展演校歌。

12月7日，李堡卫生应急楼通过验收并投入使用，中医科创成五级中医馆。

12月12日，南通市重大林业有害生物灾害应急预案实战演练在李堡镇举行。（刘垦择）

表50　2022年李堡镇社会经济主要指标统计表

项　目	计量单位	数量	项　目	计量单位	数量
一、基本情况			地区生产总值	万元	972964
区镇行政区域面积	平方千米	94.48	第一产业	万元	74108
居民委员会数量	个	2	第二产业	万元	512116
村民委员会数量	个	18	第三产业	万元	386740
耕地灌溉面积（有效灌溉面积）	公顷	4543	四、农业生产		
农业机械总动力	千瓦	60087	农作物播种面积	公顷	11770
二、人口与就业			其中：粮食作物播种面积	公顷	7226
年末总户数	户	26897	市级以上农业龙头企业个数	个	1
年末总人口	人	72057	市级以上农业龙头企业销售收入	万元	3980
区镇从业人员数	人	39637	粮食总产量	吨	54655
第一产业	人	6087	肉类总产量	吨	7607
第二产业	人	20215	禽蛋产量	吨	11070
第三产业	人	13335	水产品总产量	吨	1969
三、区镇经济			油料总产量	吨	1003

续表50

项　　目	计量单位	数量	项　　目	计量单位	数量
蔬菜总产量	吨	183749	公路里程	千米	207
水果（含果用瓜）总产量	吨	5362	全融机构网点数	个	12
五、企业情况			有实际经营的农民专业合作社数	个	29
法人企业数量	个	1477	家庭农场数	个	65
其中：规模以上工业企业	个	56	学校总数	个	6
法人企业从业人数	人	20478	在校学生总数	人	3987
其中：规模以上工业企业	人	4007	教师总数	人	392
六、贸易			幼儿园、托儿所个数	个	8
限额以上社会消费品零售总额	万元	28981	医疗卫生机构数量	个	26
商品交易市场数量	个	1	医疗卫生机构床位数	张	236
七、财政收入与支出			执业（助理）医师数	人	123
财政总收入	万元	40568	自来水用水户数	户	28223
其中：一般公共预算收入	万元	12107	城乡居民基本养老保险参保人数	人	33247
财政总支出	万元	24273	城乡居民基本医疗保险参保人数	人	50463
其中：一般公共预算支出	万元	6794	城乡居民最低生活保障人数	人	465
八、社会事业					

（市统计局）

角斜镇

【概况】 角斜镇地处临海高等级公路与328国道交接处，是海安市唯一的临海区镇，也是南通沿海八个重点区镇之一。角斜镇是全国闻名的角斜“红旗民兵团”所在地、“海安花鼓”发源地，拥有“紫菜之乡”“河豚之乡”“鳗鱼之乡”等美誉。2022年，辖区面积145.35平方千米，其中滩涂面积33平方千米，下辖19个行政村、2个社区，年末总户数2.09万户、总人口6.88万人。实现地区生产总值75.25亿元，比上年增长3.1%。财政总收入4.64亿元，其中一般公共预算收入1.56亿元；财政总支出3.91亿元，其中一般公共预算支出8262万元。

【农业农村发展】 2022年，角斜镇粮食播种面积8403公顷。实现村营收入60万元全覆盖，海港村村营收入首次突破200万元，五虎村村营收入比上年增长74.6%。新开工省级重大农业项目6个。

表51　2022年角斜镇村（居）基本情况统计表

村（居）	村（居）委会负责人	村（居）民小组数（个）	耕地面积（公顷）	村营收入（万元）
川港村	黄　燕	4	21.24	129.00
范堑村	杨净川	28	280.00	136.42
建场村	般小军	16	238.26	100.93
五凌村	顾海燕	22	329.59	124.33
江海村	陈小松	19	198.00	95.35
五虎村	蔡小勤	19	213.20	123.08
★海港村	申　云	19	98.39	206.94
汤灶村	卞小建	27	484.53	74.86
双龙村	赵培培	19	293.60	86.95
角斜社区（角斜村）	徐　华	25	227.20	70.80
新坝村	许金群	27	344.13	83.93
来南村	殷成浩	23	473.55	122.89
滩河村	潘一龙	25	350.14	60.06
通港村	于　军	7	33.35	85.26
周庄村	李　兵	20	350.87	60.06
★沿口村	宗建华	21	355.09	65.07

续表51

村（居）	村（居）委会负责人	村（居）民小组数（个）	耕地面积（公顷）	村营收入（万元）
顾陶村	刘　峰	30	321.75	197.84
富港村	王琪峰	30	265.34	157.98
老庄村	罗志宏	14	201.67	77.67
镇海村	吴晓建	2	35.29	61.40
金港社区	史　伟	6	—	—

说明：村（居）前标★的为村居合一

创新发展滩涂经济，在沿海滩涂划拨66.67公顷土地支持经济薄弱村增收，打造滩涂药材示范基地。富港村获评省特色田园乡村。海港村、五凌村被列为南通市乡村振兴先进村培育对象，顾陶村、五虎村被列为海安市乡村振兴先进村培育对象。

【镇村建设】 2022年，角斜镇建成安置小区新城花苑，一期359户如期交房。高端商住项目湖悦天境一期建成交付，二期6.67公顷土地挂牌成交。温泉展示中心、强村加油站、高端商业服务区黄海大厦等一批重点城建工程基本建成。高标准建成沿海景观带，道路、照明、护坡等重点工程按序时完工。城乡污水处理一体化高效推进，新建污水管网10千米，建成1100户分散式农户生活污水处理设施。农房一体登记发证工作进入扫尾阶段，登记发证1.29万本，缮证率93.7%，全市第一。

【生态建设】 2022年，角斜镇打赢重点断面“保Ⅲ”攻坚战，国考断面北凌新闸、省考断面袁庄水站平均水质达Ⅲ类标准。空气质量优良天数比例83.1%，$PM_{2.5}$平均浓度为每立方米28.3微克。调处各类环境信访109件。村庄环境显著提升，建成人居环境示范点6个，打造人居环境示范区域3处，五凌村、富港村获评省生态宜居美丽示范村。农村户厕改造成效明显，先后承接省乡村振兴局现场调研、南通市户厕改造现场会。

【社会事业与民生保障】 2022年，角斜镇民生支出占一般公共预算支出比例稳定在80%以上，10项民生实事工程稳步推进。城乡基本养老、基本医疗保险覆盖率100%。推进教育现代化建设，角斜小学代表海安市接受省义务教育优质均衡发展县（市、区）现场评估，六轨九年一贯制金港学校主体工程基本完工，设立滨海教育奖励基金，首次奖励优秀教育工作者18人。开展国家级卫生镇创建活动，医疗卫生服务体系不断完善，老坝港卫生院发热门诊综合楼主体封顶。承接省妇女儿童和家庭公益社工服务项目（家安行动——反家庭暴力公益项目）。加强重点行业、重点领域安全生产监管，专职消防救援站建成并投入使用，安全形势平稳可控。落实矛盾纠纷多元化解机制，排查调处各类矛盾纠纷134件。

【年度大事】 2022年1月6—7日，角斜镇第三届人民代表大会第一次会议在滨海新区商务大厦召开，87名人大代表、57名列席人员参加会议。会议选举产生新一届人大、政府领导班子，表决通过相关报告和决议。

1月9日，海安老坝港滨海新区（角斜镇）召开教育高质量发展大会。

1月21日，海安老坝港滨海新区（角斜镇）金港学校举行开工仪式。金港学校总用地面积5.46万平方米，总建筑面积3.89万平方米，其中，一期小学总建筑面积2.10万平方米，二期初中总建筑面积1.78万平方米，小学规划6轨36个班，初中规划6轨18个班。

7月22—23日，角斜镇第三届人民代表大会第二次会议在滨海商务大厦召开，87名代表参加会议。会议依法表决通过相关报告和决议。

7月，角斜镇富港村灶港一村获评省特色田园乡村。

9月21日，南通市农村户厕改造现场推进会在海安老坝港滨海新区（角斜镇）召开，会议组织实地观摩角斜镇农村户厕改造现场。

9月27日，南通市农民专业合作社列统工作现场会在海安老坝港滨海新区（角斜镇）召开，与会代表观摩海安同喜蔬菜专业合作社、海安来南药材专业合作社统计工作开展情况。

10月26日，南通市委第五巡察组巡察海安老坝港滨海新区（角斜镇）工作动员会召开。　（钱　磊）

表52　2022年角斜镇社会经济主要指标统计表

项　目	计量单位	数量	项　目	计量单位	数量
一、基本情况			农业机械总动力	千瓦	80358
区镇行政区域面积	平方千米	145.35	二、人口与就业		
居民委员会数量	个	2	年末总户数	户	20902
村民委员会数量	个	19	年末总人口	人	68760
耕地灌溉面积（有效灌溉面积）	公顷	4177	区镇从业人员数	人	34740

续表52

项　　目	计量单位	数量	项　　目	计量单位	数量
第一产业	人	6903	六、贸易		
第二产业	人	21662	限额以上社会消费品零售总额	万元	31737
第三产业	人	6175	商品交易市场数量	个	2
三、区镇经济			七、财政收入与支出		
地区生产总值	万元	752489	财政总收入	万元	46445
第一产业	万元	115243	其中：一般公共预算收入	万元	15554
第二产业	万元	353176	财政总支出	万元	39129
第三产业	万元	284070	其中：一般公共预算支出	万元	8262
四、农业生产			八、社会事业		
农作物播种面积	公顷	12120	公路里程	千米	271
其中：粮食作物播种面积	公顷	8403	金融机构网点数	个	7
市级以上农业龙头企业个数	个	6	有实际经营的农民专业合作社数	个	56
市级以上农业龙头企业销售收入	万元	264606	家庭农场数	个	43
粮食总产量	吨	62805	学校总数	个	5
肉类总产量	吨	4720	在校学生总数	人	2672
禽蛋产量	吨	18253	教师总数	人	229
水产品总产量	吨	15400	幼儿园、托儿所个数	个	6
油料总产量	吨	797	医疗卫生机构数量	个	28
蔬菜总产量	吨	140059	医疗卫生机构床位数	张	152
水果（含果用瓜）总产量	吨	4170	执业（助理）医师数	人	75
五、企业情况			自来水用水户数	户	20177
法人企业数量	个	1828	城乡居民基本养老保险参保人数	人	14471
其中：规模以上工业企业	个	55	城乡居民基本医疗保险参保人数	人	35193
法人企业从业人数	人	19962	城乡居民最低生活保障人数	人	414
其中：规模以上工业企业	人	4231			

（市统计局）

大公镇

【概况】 大公镇位于海安市区北郊，于1992年撤乡建镇。“大公” 源自《礼记》中 “大道之行 天下为公”。大公镇是全国农民体育运动之乡，名人有陈家驹、仲满、储春霞、洪梅等，乡村旅游景点有于坝万亩梨园，主要特产有 “五水一高” 梨、水晶羊肉。2022年，镇域总面积104.57平方千米，其中耕地灌溉面积4826公顷。下辖12个行政村、3个社区。年末总户数

表53　2022年大公镇村（居）基本情况统计表

村（居）	村（居）委会负责人	村（居）民小组数（个）	耕地面积（公顷）	村营收入（万元）
凌东村	王资呈	34	467.16	107.39
仲洋村	储呈梅	39	550.37	134.83
★北凌村	储开朋	22	410.53	61.32
星河村	贲友春	25	448.46	74.23
群益村	李元钧	31	389.34	117.66
★旱稼村	周晓东	18	117.27	65.16
于坝村	杨　勇	31	207.98	155.84

续表53

村（居）	村（居）委会负责人	村（居）民小组数（个）	耕地面积（公顷）	村营收入（万元）
贲巷社区（贲巷村）	陆建兰	29	159.46	181.03
王院社区（王院村）	管金军	33	282.33	185.31
嗵口村	王小敏	31	312.35	60.55
贲集社区（贲集村）	王　勇	40	381.77	127.02
★古贲村	于春燕	27	295.40	98.23
★姜桥村	金山开	22	186.80	60.22
常河村	汤立均	30	342.39	67.90
马舍村	卢惠敏	28	393.04	74.28

说明：村（居）前标★的为村居合一

2.13万户、总人口5.29万人。出生人口154人，人口出生率2.8‰；死亡人口780人，死亡率14‰；人口自然增长率-11‰。财政总收入3.73亿元，其中一般公共预算收入1.24亿元；财政总支出1.9亿元，其中一般公共预算支出5661.66万元。固定资产投资17.21亿元。实现外资到账59万美元，外贸进出口额8.7亿元。

【农业农村发展】 2022年，大公镇完成农业总产值15.07亿元，比上年增长6.8%。完成7686公顷粮食生产和140公顷油菜生产任务，粮食生产实现17年连增。大公镇创成江苏蚕桑产业强镇。新增省级、南通市级示范家庭农场各1家。推进绿色食品、绿色优质农产品基地创建，海丰精制米厂的大米获评绿色食品，3家绿色基地通过海安市级初验，申报“海安大米”“北凌山羊”地理标志品牌。实施乡村振兴战略，于坝村、凌东村、仲洋村入围南通市乡村振兴先进村、示范村培育名单。在全市率先推行土地流转发包准入机制，成交项目146个，总金额约2808.47万元。开发帮扶产业项目点3个，帮助建档立卡人员20多人实现就业。全镇累计村营收入1570.92万元，实现村营收入60万元行政村全覆盖，其中7个村超100万元。

【工业经济发展】 2022年，大公镇完成工业总产值78.53亿元，比上年增长25.47%。工业开票销售100.02亿元，比上年增长22.8%，增幅列全市第一位。工业投资14.61亿元。新增规模以上工业企业11家，月度新增规模企业3家，累计有规模企业75家。江苏鹏飞集团股份有限公司作为市“5123”领航企业，实现年开票销售20.56亿元，比上年增长12.66%，获南通市市长质量奖。江苏创恒机械科技有限公司在“新三板”入轨签约。海安亿丰包装材料有限公司瓦楞纸智能生产车间获评南通市示范智能车间。实现建筑业施工产值76.48亿元。

【服务业发展】 2022年，大公镇完成服务业应税销售18.11亿元，比上年增长3.31%。新增规模以上服务业企业2家，累计7家。新增限额以上贸易企业12家，累计39家。营利性服务业营业收入1.84亿元。分别完成社会消费品零售总额、批零业销售额和住宿餐饮营业额3.28亿元、16.92亿元、0.16亿元。服务业固定资产投资完成2.6亿元。大公商业综合体项目竣工，和润雅苑项目有序推进。珀泰蓝智能卫浴科技（江苏）有限公司通过海关AEO高级认证验收。扩大梨花节、北凌农民运动会品牌影响力，有效促进乡村旅游业发展。大公镇凌东村获评首批江苏省农民体育健身活动基地，南通唯一。

【科技创新】 2022年，大公镇实现高新技术产业产值31.98亿元，高新技术产业投资9.11亿元。新增高新技术企业10家，累计23家。江苏天鹏机电制造有限公司、南通利元亨机械有限公司、上海智捷门业海安有限公司等6家企业通过省高新技术企业认定。实施产学研合作项目13个、科技成果转化项目2个，与国内重点院校合作比例超过项目总数的60%，其中对接上海项目5个。规模以上企业研发活动数占规模以上企业数的80%，企业研发投入占营业比重3%。江苏开品特木业科技有限公司项目、江苏铭鹏机械有限公司项目被南通市认定为科创项目。专利授权214件，其中发明专利35件。完成知识产权质押融资3笔，成交额2000万元。技术合同备案登记145件，备案金额6.84亿元。引进省“双创计划”中“双创团队”1个、创业人才2人、创新人才1人，入围省“双创人才”答辩团队1个、创新人才1人。招引蓝领技能人才448人、高校毕业生101人。

【招商引资与项目建设】 2022年，大公镇精准对接企业，择优落户优质项目，签约项目11个，其中，10亿元项目1个、5亿元项目2个，优质科创亿元项目8个。高质高效推动项目建设，完成南通市重特大新开工工业项目3个，其中，10亿元项目2个、5亿元项目1个，累计投资额6.07亿元；完成海安市新开工亿元项目2个；完成专精特新项目1个。通过海安市验收新竣工工业项目3个，其中，1亿元以上项目2个；通过南通市验收新竣工项目4个，其中10亿元以上重特大工业项目2个，完成投资额约19.17亿元。完成南通市验收达产项目3个。

【镇村建设】 2022年，大公镇加快基础设施建设，友谊桥新建、313县道等路桥工程完工，凌东路等26千米农村道路亮化工程完工，贲集、马舍、古贲等村通居工程完工，推进集西桥建设。做好中小河流治理重点项目建设，大公镇涉及八灶河、新胜河、红星河3条河道，疏浚河道总长约26.7千米，其中护岸24.21千米。美化镇村环境，完成北凌村交叉路口绿化工程、大公中学路段绿化提升工程、北凌小学门前绿化提升及木质栈道安装工程建设，修理农路破裂板块4800平方米，完成大公农贸市场升级整治，复线镇区停车位160个，新增镇区循环线小品20个，更换道旗300个，制止和查处新增违法建设30余起。全市公共空间治理现场会在大公召开。实施凌东村、仲洋村、贲巷村、王院村、贲集村、古贲村2791户新2.0版本分散农户生活污水治理工程。继续开展农村户厕改造工程，新建910个，修缮616个，全面消除旱厕。

【生态建设】 2022年，大公镇实施通榆河、北凌河综合治理，国考断面通榆河富安梁一大桥平均水质达Ⅲ类水质标准，3个南通市考以上断面优Ⅲ类比例100%。序时完成锅炉提标改造、源头替代、挥发性有机物污染治理等24个大气治理项目，$PM_{2.5}$平均浓度比上年下降7.6%。4家土壤污染重点监管单位完成年度土壤和地下水自行监测。定期巡查5处建筑工地、5家砂石码头，督促建筑施工加强扬尘治理。

【社会事业与民生保障】 2022年，大公镇城乡居民养老保险、医疗保险参保人数分别为1.06万人、3.24万人；城镇职工养老保险覆盖率95.4%、医疗保险覆盖率98.8%，新增"居保"转"企保"551人。新增就业人员390人；招工引劳354人；举办就业创业培训5期，341人参训。摸排低收入人员1338人，持续做好各项服务保障。新增计生奖励人员1091人，为"失独"家庭购买意外伤害保险170份。全镇15个村居慈善基金均在45万元以上，募集善款159.76万元。强化"部站合一"拥军楼阵地建设，贲小彬获评2022年度全国退役军人服务中心（站）百名优秀主任（站长）。周云英获评"江苏好人"，储祥山获评"南通好人"，贲友明家庭获评南通市"五好家庭"，袁金凤家庭获评南通市"最美家庭"。"邻里连心"志愿服务项目获第六届江苏志愿服务展示交流会银奖。镇团委获评江苏省五四红旗团委。平安法治工作取得明显成效，大公镇连续五年获评南通市平安法治示范镇（街道），海安市禁毒科普教育馆获评江苏省科普教育基地。打赢防范网络诈骗入门入户主动战，诈骗类案件发案数比上年下降44%，财损数下降60%。全面排查化解社会矛盾纠纷和不稳定隐患，调处纠纷984件，成功率98.68%，协议标的2000多万元。

2022年11月30日，《大公镇志》终审会召开　　大公镇／供图

【年度大事】 2022年1月6—7日，大公镇第二十届人民代表大会第一次会议在镇文化便民服务中心召开。

2月4日，海安市在京企业家商会到大公镇考察工作。

3月31日，海安市第九届乡村旅游节暨大公镇第十二届梨花节开幕，创新采取网上直播的方式。

5月17日，江苏省乡村振兴局到大公镇于坝村调研乡村振兴示范村创建工作。

5月31日，江苏省侨联、南通市侨联及南通各县（市、区）、相关院校、区镇（街道）侨联、侨社团到大公镇调研侨企党建工作。

6月22日，陕西省略阳县西淮坝镇党政代表团到大公镇开展对口协作交流活动。

7月20日，江苏省退役军人事务厅到大公镇调研退役军人服务保障体系建设工作。

7月29—30日，大公镇第二十届人民代表大会第二次会议在镇文化便民服务中心召开。

8月23日，江苏省农业农村厅经管站到大公镇专题调研土地经营权流转价格变化情况。

9月20日，省军区动员局到大公镇调研人民武装建设工作。

11月5日，海安市第五十九届北凌农民运动会在大公镇初级中学开幕。

11月18日，省戒毒局、省方强强制隔离戒毒所到大公镇开展"融合发展——禁毒宣传阵地建设"调研。

11月30日，《大公镇志》终审会召开，《大公镇志》通过终审。　（何晓艳）

表54　2022年大公镇社会经济主要指标统计表

项　　目	计量单位	数量	项　　目	计量单位	数量
一、基本情况			居民委员会数量	个	3
区镇行政区域面积	平方千米	104.57	村民委员会数量	个	12

续表54

项　　目	计量单位	数量	项　　目	计量单位	数量
耕地灌溉面积（有效灌溉面积）	公顷	4826	其中：规模以上工业企业	个	73
农业机械总动力	千瓦	68060	法人企业从业人数	人	31027
二、人口与就业			其中：规模以上工业企业	人	5082
年末总户数	户	21264	六、贸易		
年末总人口	人	52853	限额以上社会消费品零售总额	万元	34689
区镇从业人员数	人	24576	商品交易市场数量	个	1
第一产业	人	4410	七、财政收入与支出		
第二产业	人	13848	财政总收入	万元	37319
第三产业	人	6318	其中：一般公共预算收入	万元	12405
三、区镇经济			财政总支出	万元	19172
地区生产总值	万元	791301	其中：一般公共预算支出	万元	5662
第一产业	万元	76921	八、社会事业		
第二产业	万元	406306	公路里程	千米	228
第三产业	万元	308074	金融机构网点数	个	8
四、农业生产			有实际经营的农民专业合作社数	个	31
农作物播种面积	公顷	9563	家庭农场数	个	70
其中：粮食作物播种面积	公顷	7686	学校总数	个	4
市级以上农业龙头企业个数	个	7	在校学生总数	人	1253
市级以上农业龙头企业销售收入	万元	40594	教师总数	人	199
粮食总产量	吨	59455	幼儿园、托儿所个数	个	6
肉类总产量	吨	10357	医疗卫生机构数量	个	20
禽蛋产量	吨	17816	医疗卫生机构床位数	张	186
水产品总产量	吨	2348	执业（助理）医师数	人	77
油料总产量	吨	629	自来水用水户数	户	20100
蔬菜总产量	吨	56247	城乡居民基本养老保险参保人数	人	10586
水果（含果用瓜）总产量	吨	4906	城乡居民基本医疗保险参保人数	人	32413
五、企业情况			城乡居民最低生活保障人数	人	349
法人企业数量	个	1312			

（市统计局）

雅周镇

【概况】雅周镇是国家级生态镇，位于海安西南部，与如皋、泰兴、姜堰三市（区）交界，北临启扬高速、328国道，东接沿海高速、204国道，南接宁通高速，素有“苏南快速走廊”美誉，至苏南行程仅半小时，到达上海虹桥、浦东国际、南京禄口、扬州泰州等八大机场不到2小时。雅周镇着力构建工业园区、机械科技产业园和现代农业园“一区两园”产业布局，打造“生态雅周，休闲绿洲”旅游品牌，不断放大家庭文化规模效应，拥有全国首家家庭文化协会、家庭文化室。2022年，辖区总面积83.35平方千米，耕地灌溉面积4535公顷，下辖14个行政村、1个社区。年末总户数2.05万户、总人口约5万人。年内出生人口126人，人口出生率2.3‰；死亡人口693人，死亡率13.1‰。实现地区生产总值48.97亿元，比上年增长2.51%。财政总收入1.78亿元，其中一般公共预算收入7623万元；财政总支出1.76亿元，其中一般公共预算支出8229万元。实现外贸进出口总额约1亿元。完成外

表55 2022年雅周镇村（居）基本情况统计表

村（居）	村（居）委会负责人	村（居）民小组数（个）	耕地面积（公顷）	村营收入（万元）
连庄村	张正海	25	266.67	111.37
金庄村	万海建	25	263.53	63.00
★王垛村	陆宝虎	23	263.56	80.09
东夏村	王海洋	29	286.67	93.00
钱庄村	钱　进	28	274.02	71.89
★雅周村	徐吉明	17	146.67	88.00
鸭湾村	赵宝虎	23	330.67	73.80
杭窑村	高　琴	23	298.80	113.00
兴雅社区（东楼村）	尤兴彪	6个花苑	—	91.00
庞庄村	吕　蕴	39	408.87	132.00
周机村	卢卫忠	26	322.80	103.00
★张莫天村	陈　淼	27	324.87	93.31
许家庄村	陈　华	22	263.84	138.36
张垛村	王海宁	30	253.33	65.00
迥垛村	邵太岗	22	218.41	168.35

说明：村（居）前标★的为村居合一

资到账16万美元。

【农业农村发展】 2022年，雅周镇完成农业总产值11.12亿元，比上年增长4.91%。新增省级农业龙头企业1家、海安市级农业龙头企业2家。新增省级示范家庭农场2家、南通市级示范家庭农场1家，海安立宁家庭农场、海安尚品谷物种植专业合作社获评南通市粮食作物生产全程机械化农机农艺融合示范点，海安惠琴家庭农场创建南通市级“全程机械化+综合农事”服务中心。雅周镇高标准农田建设项目获评全省首批高标准农田示范项目。推进绿色种养循环农业试点工作，建成6.67公顷以上绿色种养基地2个，海安尚品谷物种植专业合作社“金禾元”大米通过有机产品认证。新注册农产品商标2个。加快数字农业建设，建成农产品电商10家，培育规模电商2家，新增物联网应用主体22个。全镇村营总收入约1485万元，6个村村营收入超100万元。许家庄村、东楼村分别入选南通市持续打造乡村振兴示范村、乡村振兴先进村（治理有效类）培育名单，迥垛村、东夏村分别入选海安市乡村振兴示范村、乡村振兴先进村（乡风文明类）培育名单，4个培育村有序推进18个项目建设。

【工业经济发展】 2022年，雅周镇实现规模以上工业总产值17.15亿元，比上年下降2.56%。新增规模以上工业企业2家（江苏美梵生物科技有限公司、南通点丰金属制品有限公司），累计39家。完成工业应税销售超22亿元，比上年增长10%。推进企业上市挂牌工作，金固德包装材料（南通）股份有限公司完成股权分置改革，南通业盟新材料股份有限公司完成上市报会。完成工业技改项目设备投入2300万元。盘活闲置低效工业用地4.4公顷。落实助企纾困解难政策，30家企业享受失业保险稳岗返还补贴21万元，12家企业享受入驻式智能制造免费诊断，相关企业享受“留抵退税”534.35万元。

【服务业发展】 2022年，雅周镇实现服务业一般纳税人应税销售20.35亿元，比上年增长7.8%；营利性服务业收入8.98亿元，比上年增长21.6%。新民香园主题餐饮项目总投资1000万元，建筑面积477.2平方米。云顶游泳健身馆正式运营。典雅农贸市场完成提档升级改造。新增规模以上服务业企业1家（南通鼎艺展示展览有限公司），新增限额以上批发业企业1家（江苏雄雅建材科技有限公司）。

【科技创新】 2022年，雅周镇规模以上企业研发投入3.37亿元。完成高新技术产业投资8038万元。加快建设迥垛科技产业园。新增高新技术企业2家（南通德和布业有限公司、江苏新晶合电力设备科技有限公司），累计5家。新增科技型中小企业18家。南通海诚辐条有限公司获评南通市“瞪羚”企业。实施产学研合作项目4个，培育科创类项目1个。组织企业参与技术合同网上备案，吸纳技术合同成交额约2800万元。发放“苏科贷”1000万元。新增发明专利授权3件。引进海外人才12人，招引“双创人才”3人、技能人才260人，1人入选南通市“226高层次人才培养工程”第三层次人才培养对象。

【招商引资与项目建设】 2022年，雅周镇组织到上海、江苏苏州等地开展招商推介活动20余次，与众多优质企业达成合作意向。围绕打造新能源自行车产业集群，推行“链长制”招商，签约新能源自行车前叉、车架以及核心零部件花鼓等“补链”“强链”亿元项目4个，全镇累计落户新能源自行车项目9个。初步建成亿元项目储备库，新开工亿元项目3个，新竣工亿元项目2个。预审、备案技改项目20个，新开工、竣工技改项目各2个。不断提升项目服务效能，实行全天候服务、全过程代办制度，办理项目用地不动产权证3个、工程规划许可证4个，协助办理施工许可证3个，为亿元项目、规模以上企业、小微企业办理项目预审和备案20余次。

【镇村建设】 2022年，雅周镇加快小城镇建设步伐，镇政府北侧房地产项目一期工程开工。推进城镇更新升级，拆除闲置影剧院，新建占地2800平方米的群众文化广场，配套建设2座健身驿站、2套一代健身路径和精致小游园。完成王雅路、迴垛村污水收集处理一体化管网建设，建成分散农户污水处理设施1000户，配套建设污水管网2.6千米。迴垛村、东夏村、雅周村、金庄村实现农村户厕改造全覆盖。新建桥梁、桥涵6座，修补破损道路2000平方米。完成亮化工程建设10.5千米，安装路灯480盏。开展道路交通专项整治行动，整改道路交通隐患问题25个，增加标志、标牌、减速带、凸面镜等56处。完成15个村居"多规合一"实用性村庄规划编制。迴垛村连续两年获评省绿美乡村，许家庄村获评省生态宜居美丽乡村。

【生态建设】 2022年，雅周镇有效化解突出环境问题，推动南通城供粮油购销总公司张垛储备库完成熏蒸废气收集处理设施安装，清空10号、11号仓库，解决粉尘、噪声扰民问题；关闭生态空间管控区域4家养殖场，解决管控区域内生态环境破坏问题。强化河道生态建设，域内有南通市水环境考核断面1个（盐地场桥）、海安市考核点位4个；疏浚新营河2千米，修建护岸4千米；全面推行"以河养河"生态保洁机制，做到应养尽养；实施全流域长效管护工作，推进支流黑臭水体和淤泥清除工作，做好岸坡种植清理整治，减少岸坡及林下种植污染物进入水体；排查淮河流域入河排污口点位718个，建立入河排污口名录，做好污染溯源工作。加强大气污染防治，推进窑炉废气、挥发性有机物以及企事业单位食堂、餐饮行业油烟专项整治达标排放工作，4家企业完成挥发性有机物源头替代工作，完成"国三"柴油车报废工作；最大限度控减垃圾清运、码头砂石场、工地、道路、施工等扬尘。加强相关企业监管，晨川牧源养殖场完成废水处理设施安装。

【社会事业与民生保障】 2022年，雅周镇全力保障民生，争取上级资金9753.13万元，其中，专项资金8401.5万元、常规性资金1351.63万元；发放涉农补助1482.54万元、困境儿童等特殊群体补助2788.78万元。"5·12"海安慈善日活动募集善款145万元。举办雅周镇"党建引领聚人心 就业服务促发展"专场招聘会，28家企业提供387个岗位，320人达成初步就业意向；实现对失业人员、高校未就业毕业生、失地农民和建档立卡低收入人群调查及跟踪服务全覆盖；加大技能培训力度，培训城乡劳动者203人、新生代进城务工人员91人；扶持农村劳动力自主创业人数150人，新增创业带动就业人数639人，新增认定就业困难人员186人，346人享受灵活就业社会保险补贴。15家企业105人申报超龄人员从业伤害保险补助7.35万元；23家企业46人申报海安市一次性留工培训补助2.3万元。做好各项社会保险工作，新增"居保"转"企保"624人，城乡居民养老保险参保人数8818人。打造"15分钟医保服务圈"南通市级示范点，投资600万元新建雅周中心卫生院应急综合楼，组织适龄妇女"两癌"（宫颈癌与乳腺癌）筛查3600多人。新时代文明实践所、站、点开展艺术培训、展演30多场次，送戏下乡15场次，"万里千家"惠民文艺演出走进60户特殊群体家庭。周机村倪庆余家庭获评江苏省"最美家庭"。雅周镇初级中学学生周倩倩获江苏省第二十一届中学生阅读和作文大赛特等奖，全市唯一。雅周镇获评2019—2021年度江苏省文明乡镇、南通市统计规范化建设五星级乡镇，兴雅社区获评江苏省民主法治示范社区。

【年度大事】 2022年1月6—7日，雅周镇第十九届人民代表大会第一次会议在镇为民服务中心三楼会议室召开。

6月1日，国家统计局江苏调查总队农村调查处到雅周镇调研夏粮生产形势及测产工作情况。

6月23日，陕西省略阳县党政代表团到雅周镇许家庄村调研乡村振兴工作。

9月12日，南通嘉景铨精密智造有限公司工程举行开工奠基仪式，这是落户雅周的第四个新能源自行车产业项目。

12月4日，焦港河南通市级河长到雅周镇东夏村调研焦港河国家级幸福河（湖）创建及"河长制"培训学堂建设情况。

（冒　锐）

表56　2022年雅周镇社会经济主要指标统计表

项　　目	计量单位	数量	项　　目	计量单位	数量
一、基本情况			年末总户数	户	20491
区镇行政区域面积	平方千米	83.35	年末总人口	人	49971
居民委员会数量	个	1	区镇从业人员数	人	29388
村民委员会数量	个	14	第一产业	人	6773
耕地灌溉面积（有效灌溉面积）	公顷	4535	第二产业	人	19065
农业机械总动力	千瓦	55119	第三产业	人	3550
二、人口与就业			三、区镇经济		

续表56

项　　目	计量单位	数量	项　　目	计量单位	数量
地区生产总值	万元	489652	商品交易市场数量	个	1
第一产业	万元	55022	七、财政收入与支出		
第二产业	万元	238224	财政总收入	万元	17831
第三产业	万元	196406	其中：一般公共预算收入	万元	7623
四、农业生产			财政总支出	万元	17569
农作物播种面积	公顷	8610	其中：一般公共预算支出	万元	8229
其中：粮食作物播种面积	公顷	7181	八、社会事业		
市级以上农业龙头企业个数	个	1	公路里程	千米	166
市级以上农业龙头企业销售收入	万元	3292	金融机构网点数	个	7
粮食总产量	吨	56015	有实际经营的农民专业合作社数	个	49
肉类总产量	吨	7680	家庭农场数	个	95
禽蛋产量	吨	5727	学校总数	个	4
水产品总产量	吨	1422	在校学生总数	人	1328
油料总产量	吨	1772	教师总数	人	178
蔬菜总产量	吨	34344	幼儿园、托儿所个数	个	4
水果（含果用瓜）总产量	吨	515	医疗卫生机构数量	个	22
五、企业情况			医疗卫生机构床位数	张	182
法人企业数量	个	855	执业（助理）医师数	人	75
其中：规模以上工业企业	个	37	自来水用水户数	户	18487
法人企业从业人数	人	10009	城乡居民基本养老保险参保人数	人	8818
其中：规模以上工业企业	人	1792	城乡居民基本医疗保险参保人数	人	34100
六、贸易			城乡居民最低生活保障人数	人	555
限额以上社会消费品零售总额	万元	8779			

（市统计局）

南莫镇

【概况】 南莫镇位于海安市西北部，地处里下河地区，与盐城、泰州两市接壤，素有“鱼米之乡”“水乡明珠”之美称，于1934年设镇。境内有国家重点文物保护单位——青墩新石器遗址，主要名特优新产品有“青墩”牌大闸蟹、食用菌等。2022年，镇域总面积73.92平方千米，耕地灌溉面积3689公顷，下辖16个行政村、389个村民小组，年末总户数1.84万户、总人口4.18万人。实现地区生产总值47.47亿元，比上年增长2.4%。财政总收入2.34亿元，其中一般公共预

表57　2022年南莫镇村（居）基本情况统计表

村（居）	村（居）委会负责人	村（居）民小组数（个）	耕地面积（公顷）	村营收入（万元）
砖桥村	吕秀兰	26	245.12	60.69
★邓庄村	张幼纯	20	149.20	61.00
姜刘村	陈　华	21	195.87	60.96
校林村	马兴华	21	209.73	60.29
柴垛村	叶剑文	28	261.87	72.56
朱楼村	仇曙华	18	213.33	120.00
林庙村	王根宝	22	201.07	78.01
于桥村	田砚兵	21	164.33	147.00

续表57

村（居）	村（居）委会负责人	村（居）民小组数（个）	耕地面积（公顷）	村营收入（万元）
严马村	翟海霞	40	248.05	71.28
★兴南村	蒋世根	14	37.13	155.00
南莫村	赵立新	29	248.73	80.00
青墩村	钱　勇	26	205.20	77.47
★沙岗村	刘焱辉	23	233.67	320.00
唐庄村	韦进卫	22	148.53	76.34
高杨村	莫健松	24	170.70	75.44
黄陈村	黄太甫	34	331.67	116.00

说明：村（居）前标★的为村居合一

算收入5892万元；财政总支出2.23亿元，其中一般公共预算支出5694万元。固定资产投资10.63亿元。实现外资到账12.5万美元。外贸进出口总额1.4亿元，比上年增长115%。

【农业农村发展】2022年，南莫镇完成农业总产值9.08亿元，比上年增长4.74%。全镇有专业合作社55家；家庭农场206家，其中，省级示范家庭农场5家、南通市级示范家庭农场3家；种田大户85个。发展莲藕特色种植，结合“和美乡村”建设，打造藕田旅游观光项目。新建蚕业家庭农场15家，海安南翔禽业有限公司等5家养殖场获评省级生态健康养殖示范场。培育乡村振兴主力军，新增新型职业农民11人，累计44人；新发展村级新型合作农场7家。实现村营收入60万元以上村全覆盖，总额超1600万元。里下河区域农业服务中心建成运行。

【工业经济发展】2022年，南莫镇新增规模以上工业企业14家，总数61家。实现规模以上工业总产值44.69亿元，比上年下降37.04%。完成工业应税销售58.8亿元，其中规模以上工业企业应税销售43.3亿元。江苏明江阀业有限公司、江苏泓丰线业科技有限公司获评省级专精特新中小企业，江苏明江阀业有限公司被认定为工业和信息化部“两化融合”贯标企业。技改设备投入5300万元。

2022年6月21日，南莫镇林庙村村民在藕田中施肥　　翟慧勇／摄

【服务业发展】2022年，南莫镇完成服务业应税销售18.13亿元，比上年增长32.8%，其中规模以上重点行业营业收入4.17亿元。新增规模以上服务业企业1家、限额以上贸易企业8家、生产型外贸企业2家，培育跨境电商1家。水乡花园二期项目交付，三期项目以及商业广场、特色农副产品市场办理前期相关手续。

【科技创新】2022年，南莫镇招引科创项目4个，培育雏鹰企业1家，新增智能化技改项目7个，新增产学研合作项目9个，引进原创性成果转化项目1个，其中与“双一流”高校合作项目6个。净增发明专利26件，发明专利保有量154件。获批“苏科贷”1100万元，知识产权质押融资1220万元。净增国家高新技术企业9家，总数23家。新增省民营科技企业3家。新增南通市级企业工程技术研发平台1家。办理技术合同登记备案88笔，金额3.19亿元，新增2家企业入选省科技服务交易平台。引进海外人才24人，省“双创计划”人才2人，申报“江海英才”创业类项目1个，获评海安杰出创新创业人才1人、杰出专业技术人才1人。

【招商引资与项目建设】2022年，南莫镇举办招商推介活动18次，签约亿元以上项目15个，其中，10亿元项目1个、5亿元项目2个，外资项目3个，农资综合体项目1个。普清净化项目被南通市考核确认为5亿元开工项目，亚元新材料项目被南通市考核确认为10亿元竣工达产项目。盘活存量低效土地，新招引租赁厂房项目8个，拍卖厂房项目2个。

【镇村建设】2022年，南莫镇镇域交通能级不断提升，黄庄大桥、双徐大桥、沙娄桥危桥改造工程全面完工，朱崔路竣工通车。突出“微空间”常态长效治理，沙岗老集镇改造完成。实施农村生活污水治理工程，惠及农户1658户。农村人居环境整治提升工作继续列南通第一，获评南通市人居环境提升示范镇。柴垛村获评江苏省绿美乡村。唐庄村获评南通市特色田园乡村。南莫青墩圩田农业系统入选第二批省级重要农业文化遗产。"青墩"入选首批省级地名文化遗产，成为南通唯一入选的古村落地名。

【生态建设】 2022年，南莫镇生态环境质量稳步改善，$PM_{2.5}$平均浓度每立方米28.7微克，优良天数312天。新通扬运河、海溱河断面平均水质指标达Ⅲ类标准。朱楼大桥断面农田退水整治及支流生态修复工程获江苏省首批农业面源污染治理试点项目奖补资金62万元，南通唯一。"江海遗韵，生态南莫"项目被选树为首批省级生态文明建设典型，南通唯一。南莫镇获评江苏省生态宜居美丽示范镇。

【社会事业与民生保障】 2022年，南莫镇民生投入3800万元，占一般公共预算比重超80%。10项民生实事工程全面完成。新增就业244人，城乡居民最低生活保障人数344人。基本养老保险制度实现全覆盖，城乡居民基本养老保险参保人数1.51万人，城乡居民基本医疗保险参保人数3.52万人。学习贯彻党的二十大精神，开展系列宣讲活动近百场，"板凳讲习所"理论宣讲志愿服务项目获第六届江苏志愿服务展示交流会金奖，新时代文明实践所获评南通市首批示范所。市人民医院南莫院区门急诊病房综合楼、卫生应急综合楼投入使用，"15分钟医保服务圈"省级示范点建设通过验收。社会治理综合服务中心建成，司南"法律明白人"学堂开班。安全生产专项治理三年行动收官。

【年度大事】 2022年2月26日，海安市里下河区域农业服务中心举行揭牌仪式。

3月4日，省农业农村厅到南莫镇调研里下河区域农业服务中心建设工作。

4月4日，省委农村工作领导小组发布"关于2022年度农村人居环境整治提升工作评估情况的通报"，南莫镇获评江苏省生态宜居美丽示范镇。

7月21日，南莫镇"江海遗韵，生态南莫"项目被选树为首批省级生态文明建设典型。

7月22日，全市农村人居环境整治提升示范县（市）创建动员暨标准化试点启动仪式在南莫镇举行。

8月5日，南莫镇司南"法律明白人"学堂举行揭牌仪式。

10月28日，海安市首批生态文明教育实践基地授牌仪式在南莫镇举行。

12月8日，省民政厅等部门发布江苏省首批省级地名文化遗产名单，南莫镇"青墩"古村落地名入选。

12月，南莫青墩圩田农业系统入选第二批省级农业文化遗产。

（刘馨璐）

表58 2022年南莫镇社会经济主要指标统计表

项目	计量单位	数量	项目	计量单位	数量
一、基本情况			四、农业生产		
区镇行政区域面积	平方千米	73.92	农作物播种面积	公顷	7085
居民委员会数量	个	0	其中：粮食作物播种面积	公顷	5663
村民委员会数量	个	16	市级以上农业龙头企业个数	个	0
耕地灌溉面积（有效灌溉面积）	公顷	3689	市级以上农业龙头企业销售收入	万元	0
农业机械总动力	千瓦	59185	粮食总产量	吨	45512
二、人口与就业			肉类总产量	吨	2780
年末总户数	户	18373	禽蛋产量	吨	6138
年末总人口	人	41810	水产品总产量	吨	3994
区镇从业人员数	人	24049	油料总产量	吨	683
第一产业	人	4921	蔬菜总产量	吨	51102
第二产业	人	13189	水果（含果用瓜）总产量	吨	2925
第三产业	人	5939	五、企业情况		
三、区镇经济			法人企业数量	个	1099
地区生产总值	万元	474741	其中：规模以上工业企业	个	60
第一产业	万元	46056	法人企业从业人数	人	16420
第二产业	万元	238645	其中：规模以上工业企业	人	3481
第三产业	万元	190040	六、贸易		

续表58

项　　目	计量单位	数量	项　　目	计量单位	数量
限额以上社会消费品零售总额	万元	13191	学校总数	个	4
商品交易市场数量	个	3	在校学生总数	人	1830
七、财政收入与支出			教师总数	人	281
财政总收入	万元	23419	幼儿园、托儿所个数	个	4
其中：一般公共预算收入	万元	5892	医疗卫生机构数量	个	22
财政总支出	万元	22281	医疗卫生机构床位数	张	175
其中：一般公共预算支出	万元	5694	执业（助理）医师数	人	123
八、社会事业			自来水用水户数	户	16984
公路里程	千米	163	城乡居民基本养老保险参保人数	人	15120
金融机构网点数	个	6	城乡居民基本医疗保险参保人数	人	35180
有实际经营的农民专业合作社数	个	9	城乡居民最低生活保障人数	人	344
家庭农场数	个	85			

（市统计局）

白甸镇

【概况】 白甸镇位于海安西北部，东毗墩头镇，南接南莫镇，西、北分别与盐城市东台市溱东镇、时堰镇、安丰镇隔河相望。远古时代白甸地区曾是大草甸，白茫茫的一片，故名“白甸”。白甸名人有李近之、李文瑞、志开法师等。主要特产有优质大米、牧原猪肉、鲢鱼、鳙鱼、红膏蟹、小龙虾、草莓、葡萄、无花果、鱼圆、小方糕等。2022年，镇域面积53.28平方千米，下辖10个行政村、204个村民小组。年末总户数1.06万户、总人口2.49万人。年内出生人口48人，出生率1.6‰；死亡人口401人，死亡率13.3‰；人口自然增长率-11.7‰。全镇实现地区生产总值37.13亿元，比上年增长2%。财政总收入1.47亿元，其中一般公共预算收入8619万元；财政总支出1.18亿元，其中一般公共预算支出4101万元。完成进出口贸易总额1.4亿元。实际到账外资5万美元。完成固定资产投资5.67亿元。

表59　2022年白甸镇村（居）基本情况统计表

村（居）	村（居）委会负责人	村（居）民小组数（个）	耕地面积（公顷）	村营收入（万元）
★白甸村	郭永耕	29	209.20	172.90
★傅舍村	赵志宏	15	126.00	217.00
刘季村	沈志发	30	436.70	209.20
施溪村	李勇军	25	292.00	171.40
官垛村	沈　军	25	354.90	154.90
丁华村	付进军	21	277.40	108.10
邹冯村	俞爱军	20	268.90	130.30
瓦甸村	付大忠	12	161.20	197.30
周垛村	苏秀平	17	285.20	151.10
朱于村	张　军	10	174.00	102.60

说明：村（居）前标★的为村居合一

【农业农村发展】 2022年，白甸镇实现农业总产值6.34亿元，比上年增长8%。粮食播种面积稳定在3200公顷左右。中央广播电视总台报道龙顺米业保供上海。大力发展村集体经济，实现村营收入超100万元全覆盖。白甸村入选全省“共同富裕、百村实践”新型农村集体经济发展典型案例（产业发展型），全市唯一。刘季村、官垛村分别被列为海安市乡村振兴示范培育村和先进培育村。巩固脱贫攻坚成果，开发低收入户增收产业项目4个，建成丁华强村加油站。创建四星级农产品质量安全监管所，实现规模经营主体监管全覆盖。开展绿色蔬菜产业基地和稻麦优质高效示范片创建，种植业绿色优质农产品比重100%，全市

2022年7月29日，白甸镇施溪村村民在采摘秋葵　翟慧勇／摄

领先，秋葵、菱角等特色种植农业规模经营比重约71.5%。

【工业经济发展】 2022年，白甸镇实现规模以上工业总产值28.24亿元，比上年下降4.6%。完成工业开票销售42亿元，比上年增长5%。新增规模以上工业企业4家，累计39家，从业人员3051人。建筑业企业2家，从业人员260人。南通贝思特机械工程有限公司通过工业和信息化部"两化融合"管理体系A级贯标评定。江苏四新界面剂科技有限公司被认定为南通市化工重点监测点。

【服务业发展】 2022年，白甸镇实现服务业应税销售4.7亿元，比上年增长75.66%。营利性服务业收入2.68亿元，比上年增长36.42%。农业银行海安白甸支行开业。甸上小城养老项目主体工程建设完成。亚果梦园农旅休闲项目有序推进，搭建连栋大棚框架8.5万平方米，移栽果苗25万株。汉铭文化甸上乐园入选南通市首批中小学生研学旅行实践基地。先后举办戏曲艺术节、甸上好声音歌手大赛、"十里春风甸上行"采风活动等，水乡文化节目在第十二届江苏书展上展演，央广网"云遇中国三夏之约"选取白甸镇为直播点位，全国仅4个，江苏唯一。

【科技创新】 2022年，白甸镇实施产学研合作项目13个，科创项目2个，100万元以上技改设备投入项目7个，其中正红彩印项目新增全自动裁切机等高端设备580万元。新增高新技术企业4家，省星级上云企业2家。南通科星化工有限公司被认定为省级专精特新中小企业。江苏中矿重型装备有限公司"智能化可转场板带复合散状物料输送一体机ZKYD-2000"、江苏双聚智能装备制造有限公司"自动化商用两器涂装线T3321-00"被认定为南通市首台（套）重大装备及关键部件。申报国家级人才24人，引进省"双创计划"人才2人，秸维鑫项目入选"海安英才"计划。

【招商引资与项目建设】 2022年，白甸镇把准"共享平台"招商方向，共引共建远弗智能家电项目、艾利标识项目。对接苏南地区优质工业综合体，储备一批重大优质项目。宝岛智能助动车生产项目、苏州慧桥人力资源亿元级总部经济项目落户。在建项目有序推进，5亿元华美包装项目主体钢结构工程完工、1亿元美丞彩印包装项目和浮尔德悬浮风机项目完成开工前准备，九州新材料项目、千悦机场设备项目办理"三证"。

【镇村建设】 2022年，白甸镇完成城乡污水处理一体化方案编制，建成主干道污水管网6.5千米。实施农村公路亮化工程11.9千米，安装太阳能路灯347盏。运盐河二桥通车。完成土地增减挂钩入库10.67公顷，占补平衡入库17.13公顷，盘活闲置低效用地2.93公顷。启动实施智慧广电工程。拆除瓦甸集镇临街门面房危房17户18间，原地更新基本到位。甸上云庐项目1号楼安置房主体工程基本完工。加快宏和珈都安置住宅办证工作，试办理住宅房产证42套。农房一体确权登记工作持续推进，发放确权登记证6651本。

【生态建设】 2022年，白甸镇强化污染源头治理，18家企业完成清洁原料源头替代工作，1家企业治污设施完成升级改造，2台燃气锅炉完成低氮改造，1台生物质锅炉停用，35家错峰生产企业涉VOCs工段和21家申领排污证企业安装远程在线用电监控。推进人居环境综合整治工作，承办海安市现场观摩会，代表海安接受南通考核，853户按"双60%标准"（一个行政村内60%的自然村得到治理，一个自然村内60%的农户得到治理）分散农户生活污水治理项目全面竣工，新建农村户厕156户，整改农村户厕247户。204国道连接线绿化提升改造工程基本完成。江苏省生物多样性监测点在西泊湿地确认选址。开展"自己的河道自己管护"专项行动，完成东塘河、白甸8组河、瓦甸3组河、官庄6组河疏浚整治工程及西塘河生态河道建设工程。南通市考断面水质常年保持优Ⅲ类以上标准，瓦南河、西塘河等天然水体水质达Ⅱ类标准。

【社会事业与民生保障】 2022年，白甸镇城乡居民基本养老、医疗保险参保人数分别为5997人、1.66万人，城乡居民最低生活保障人数216人。开展企业欠薪情况排查专项行动，协调解决企业劳资纠纷12起。白甸镇专职消防救援站揭牌成立，位于白甸镇建设路38号，拥有消防救援人员16人，配备消防车2辆，主要承担白甸镇地区灭火救援和社会救助等任务。白甸镇卫生院新建综合楼2370平方米，全面投入使用。镇为民服务中心高标准建成，服务接待群众5000余人次。8月1日，承办海安市退役军人优待证首发仪式。拥有学校5所（含幼儿园），学生体质健康综合测试全市第一。成立水乡红帆乡村干部教育练兵学校、农旅产业党支部，老干部参与“河长制”工作刊登于《人民日报》。

【年度大事】 2022年3月31日，中央广播电视总台报道江苏龙顺米业有限公司驰援上海，助力上海疫情防控。

6月10日，央广网“云遇中国·三夏之约”系列直播活动在白甸镇官垛村开展。

6月19日，第四届“江森杯”戏曲艺术节在白甸镇傅舍村文化广场举行。

7月2日，白甸镇水乡非物质文化遗产表演——表演唱《甸上记忆》、原生态民歌《车水号子》在第十二届江苏书展开幕式上展演。

7月31日，江苏省文史馆馆员、特邀专家到白甸镇考察乡村振兴、水乡文化传承与保护等工作。

10月9日，江苏卫视《黄金时间》摄制组到白甸镇开展采风活动。

11月4日，白甸镇专职消防救援站举行揭牌仪式。 （许 露）

表60 2022年白甸镇社会经济主要指标统计表

项目	计量单位	数量	项目	计量单位	数量
一、基本情况			油料总产量	吨	981
区镇行政区域面积	平方千米	53.28	蔬菜总产量	吨	24800
居民委员会数量	个	0	水果（含果用瓜）总产量	吨	1077
村民委员会数量	个	10	五、企业情况		
耕地灌溉面积（有效灌溉面积）	公顷	2550	法人企业数量	个	1035
农业机械总动力	千瓦	29858	其中：规模以上工业企业	个	39
二、人口与就业			法人企业从业人数	人	12784
年末总户数	户	10560	其中：规模以上工业企业	人	3051
年末总人口	人	24892	六、贸易		
区镇从业人员数	人	14718	限额以上社会消费品零售总额	万元	20980
第一产业	人	3007	商品交易市场数量	个	2
第二产业	人	8390	七、财政收入与支出		
第三产业	人	3321	财政总收入	万元	14693
三、区镇经济			其中：一般公共预算收入	万元	8619
地区生产总值	万元	371269	财政总支出	万元	11772
第一产业	万元	24556	其中：一般公共预算支出	万元	4101
第二产业	万元	200904	八、社会事业		
第三产业	万元	145809	公路里程	千米	99
四、农业生产			金融机构网点数	个	5
农作物播种面积	公顷	4104	有实际经营的农民专业合作社数	个	6
其中：粮食作物播种面积	公顷	3264	家庭农场数	个	69
市级以上农业龙头企业个数	个	1	学校总数	个	3
市级以上农业龙头企业销售收入	万元	7296	在校学生总数	人	774
粮食总产量	吨	25678	教师总数	人	102
肉类总产量	吨	12496	幼儿园、托儿所个数	个	2
禽蛋产量	吨	2969	医疗卫生机构数量	个	15
水产品总产量	吨	3367	医疗卫生机构床位数	张	72

续表 60

项　　目	计量单位	数量	项　　目	计量单位	数量
执业（助理）医师数	人	40	城乡居民基本医疗保险参保人数	人	16570
自来水用水户数	户	10747	城乡居民最低生活保障人数	人	216
城乡居民基本养老保险参保人数	人	5997			

（市统计局）

墩头镇

【概况】 墩头镇地处海安里下河地区，东与海安高新区、大公镇和盐城东台市接壤，南与曲塘镇、南莫镇相连，西北与白甸镇相接。相传唐代薛仁贵征东前屯兵一高土墩上（现墩头庄），并于西大河利用阻水墩设点将台，点将台像土墩之头，故名“墩头”。1986年1月，墩头改乡设镇。2004年7月，仇湖、吉庆两镇并入。境内景点有白龙寺、联抗烈士陵园等。名人有清末数学家杨冰，全国道德模范、全国优秀共产党员张云泉等。“名特优新农产品”有水稻、莲藕、葡萄、西瓜、桃等。墩头镇先后获评全国环境优美乡镇、国家生态示范镇、江苏省卫生镇、江苏省生态文明示范镇、江苏省“味稻”小镇、南通市首批市级中心镇等。2022年，镇域面积117.30平方千米，其中，水面面积约26平方千米、耕地灌溉面积5585公顷。下辖18个行政村，年末总户数2.25万户、总人口7.3万人。实现地区生产总值79.65亿元，比上年增长2.5%。财政总收入1.88亿元，其中一般公共预算收入6664万元；财政总支出1.88亿元，其中一般公共预算支出7378万元。固定资产投资12.87亿元。实现外贸进出口总额3.15亿元。完成外资到账289万美元。

表61　2022年墩头镇村（居）基本情况统计表

村（居）	村（居）委会负责人	村（居）民小组数（个）	耕地面积（公顷）	村营收入（万元）
★墩头村	景　梅	20	276.15	62.32
★墩西村	徐海涛	15	223.00	60.08
★新海村	朱昌荣	24	386.39	82.62
吉庆村	卢　君	20	227.95	103.28
墩北村	崔一明	41	554.43	63.94
杜楼村	庞爱中	17	288.51	66.05
双新村	蒋俊兵	23	234.27	63.41
双溪村	杨　帆	24	247.25	69.66
新舍村	张成刚	41	479.15	84.44
东湖村	刘　翔	32	495.21	78.61
仇湖村	杨晓林	32	376.05	74.61
西湖村	朱德根	21	243.83	61.01
禾庄村	李云峰	23	292.27	64.43
凤阳村	吴义桂	17	200.27	68.42
千步村	朱桂荣	34	375.48	104.91
宝祥村	邓荣平	45	525.64	74.92
毛庄村	韩德庆	26	372.57	78.52
长垎村	邓爱娟	29	304.71	88.82

说明：村（居）前标★的为村居合一

【农业农村发展】 2022年，墩头镇完成农业总产值14.57亿元，比上年增长4.07%。优质食味水稻良种种植占比95%以上。新开工建设千万元农业项目2个。高质量完成第三次全国土壤普查各项工作。完成480公顷高标准农田建设以及农村河道整治、防洪圩堤培修、拆坝建涵等水利工程。完成村营收入约1350万元，实现村营收入超60万元村全覆盖。仇湖村入选2022年省级特色田园乡村培育名单，毛庄村入选南通市乡村振兴先进村（乡风文明类）培育名单，墩头村、吉庆村分别入选海安市乡村振兴示范村和乡村振兴先进村（生活富裕类）培育名单。五一家庭农场获评省级“全程机械化+综合农事”服务中心、“百佳家庭农场”，春荣家庭农场获评省级巾帼示范家庭农场、南通市级“全程机械化+综合农事”服务中心，五一家庭农场、春荣家庭农场获评南通市农机农艺融合示范点。

【工业经济发展】 2022年，墩头镇新增规模以上工业企业9家，累计53家。实现规模以上工业总产值58.15亿元，比上年下降7.83%。完成工业开票销售72.6亿元，比上年增长13.4%，其中规模以上工业企业开票销售55.4亿元，比上年增长12.5%。完成技改设备投入4690万元。推动企业“智改数转”，为8家企业提供“智改数转”诊断服务，实施智能化技改项目12个。新申报四星级上云企业2家、三星级上云企业2家。

【服务业发展】 2022年，墩头镇完成一般纳税人开票销售4.3亿元；规模以上服务业重点行业应税销售2352万元，比上年增长30%。推进制造业与服务业融合发展，新增规模以上服务业单位3家、限额以上批零住餐单位4家，新培育“主辅分离”入库企业1家，新增引领性自主品牌3家，新培育软件与信息技术服务、服务外包项目各1家。新开工亿元服务业项目1个（江山红试验研发中心项目）。孝亲疗养院主体工程封顶。白龙寺扩建项目有序推进。江苏聚仁农业科技有限公司获评南通市现代服务业高质量发展领军企业，南通乐百年健康产业开发有限公司获评南通市中小学生劳动教育和综合实践基地、南通市职工（劳模）疗休养基地。

【科技创新】 2022年，墩头镇围绕时尚锦纶与高端纺织，对接高等院校和科研院所，实施产学研合作项目7个。强化高层次载体建设，新增高新技术企业2家，新培育“雏鹰”企业2家，新增科技型中小企业46家。技术合同备案登记金额2.9亿元。推动高性价比科技金融产品落地，发放“苏科贷”“科创贷”“高企贷”1800万元，知识产权质押融资2300万元。申报国家级人才19人，引进省“双创计划”人才2人，入选“海安英才”项目1个。

【招商引资与项目建设】 2022年，墩头镇实施“全面招商、精准招商”工作机制，优化招商方案，开展“链长制”招商、共享平台招商，举办各类招商活动13次，签约并注册5亿元项目2个、3000万美元项目1个，签约台资项目2个、科创项目4个。富尔达智能门窗项目经南通考核确认新开工投资额1.38亿元，10亿元嘉禾化纤锦纶长丝项目通过南通市考核确认竣工验收。盘活闲置厂房1.47公顷，落户锦纶66高强丝生产项目；出租标准厂房7000平方米，落户变压器及母线槽生产项目。盘活28.33公顷的取土坑，招引华润电力墩头25兆瓦渔光互补项目，项目总投资约9000万元。

【镇村建设】 2022年，墩头镇完成城镇开发边界和基本农田等“三区三线”（城镇空间、农业空间、生态空间，城镇开发边界、永久基本农田、生态保护红线）划定。完善基础设施，集中开展8个村分散式农户污水治理，对全镇14个小型污水处理设施实行专业定期管护，仇湖集镇污水管网西延工程完成建设。规范设施管理，全面排查全镇1.8万余户既有建筑，涉及7条村庄线路395盏路灯的亮化工程完工，修补破损路面8000多平方米，在全市率先超额完成“国三”柴油货车淘汰任务。更新集镇形象，完成墩头农贸市场改造，吉庆农贸市场改造有序推进。资产盘活初显成效，收回原仇湖食品站地块0.23公顷，重新商业挂牌出让；收回原墩头交管所、墩头水利站预制场、吉庆水利站三宗地0.78公顷的不动产权；搬迁拆除原仇湖老政府0.39公顷。盘活2.68公顷闲置低效用地。全面提升村容村貌，累计完成户厕改造2939户并通过市级验收，整治违章和破落建筑2600平方米。

【生态建设】 2022年，墩头镇推进“河长制”工作，清洁水面各类漂浮物、水生植物1600多吨；东湖桥省考断面达Ⅱ类水标准，海安唯一；串场河流域生态综合治理工程完成并通过市级验收，打造生态河道14条。大气自动监测站常态化运行，$PM_{2.5}$平均浓度比上年下降2.9%，优良天数占比82.5%。加强土壤污染防治，将4家企业列入土壤污染重点监管单位。74件环境问题全部实现“闭环销号”处理，南通华鎏水产有限公司完成“三池两坝”（沉淀池、曝气池、生态净化池以及三个池中间的两个过滤坝）项目改造，乐百年飞行基地和水上牧场拆除恢复到位。持续开展农村人居环境整治五年提升行动，创建人居环境示范点三星级行政村2个、二星级行政村3个，仇湖村获评省级绿美乡村。

【社会事业与民生保障】 2022年，墩头镇抓好常态化疫情防控，疫苗接种率95%，其中，60岁以上人员疫苗首针接种率97.6%，全程接种率92.6%。优先发展教育事业，华应龙名师工作室投入使用，墩头镇小学教育集团获评南通市优质教育集团，南京工业大学支教志愿活动产生广泛影响。不断优化卫生资源，墩头中心卫生院异地重建工程内部装修完毕。文化阵地提档升级，建成红色乡贤驿站，墩头水乡印象馆入选2022年度江苏省“最美公共文化空间”，新四军联抗烈士纪念馆现场教学点获评南通市干部教育培训四星现场教学点。倡导文明新风，陆华家庭获评南通市文明家庭、南通市“五好家庭”，颜春宝家庭获评南通市“最美家庭”，吉卫国、吉增贵庭院获评南通市“百佳”美丽庭院。持续加强食品药品、道路交通、工程建设等重点领域安全监管，整顿违法违规生产经营小作坊，摸排“厂中厂”企业57家，勒令停产1家，搬离2家。持续扩大参保覆盖面，城乡居民基本养老保险、基本医疗保险参保人数分别为1.95万人、4.32万人。临时救助困难群众76人，发放救助金近8万元。每月打卡发放残疾人、困境儿童各项补贴50余万元。发放优抚经费798万余元，为行动不便的退役军人实施宜居工程12户，完成杜楼、仇湖无名烈士墓整修和绿化建设。强化养老机构日常管理，为1万多名60周岁以上群众办理安康保险，为4000多名80周岁以上老人发放“尊老金”补助。大力发展慈善事业，村居慈善工作站累计募集善款52万元。开展严重精神障碍患者服务管理排查整治专项行动，为25名患者全面落实免费救

墩头水乡印象馆，摄于2022年5月16日　　墩头镇／供图

治和监护人“以奖代补”政策。

【年度大事】 2022年3月22日，墩头水乡印象馆入选2022年度江苏省“最美公共文化空间”打造对象名单。

4月27日，华应龙名师工作室在墩头镇建成并投入使用。

7月6日，南京工业大学建筑学院的支教志愿者协会第九次在墩头镇乡村“复兴少年宫”千步村分馆开办夏令营，60多名学生报名参加活动。

9月2日，墩头镇建成红色乡贤驿站。

12月29日，位于墩头镇双新村5组的海安市应急医院建成，工程总投资约1亿元，占地面积1.73公顷，建筑面积1.75万平方米。　（徐　敏）

表62　2022年墩头镇社会经济主要指标统计表

项　目	计量单位	数量	项　目	计量单位	数量
一、基本情况			其中：粮食作物播种面积	公顷	9225
区镇行政区域面积	平方千米	117.30	市级以上农业龙头企业个数	个	7
居民委员会数量	个	0	市级以上农业龙头企业销售收入	万元	56654
村民委员会数量	个	18	粮食总产量	吨	73333
耕地灌溉面积（有效灌溉面积）	公顷	5585	肉类总产量	吨	5228
农业机械总动力	千瓦	68219	禽蛋产量	吨	17184
二、人口与就业			水产品总产量	吨	7650
年末总户数	户	22467	油料总产量	吨	1336
年末总人口	人	73026	蔬菜总产量	吨	68882
区镇从业人员数	人	32188	水果（含果用瓜）总产量	吨	7156
第一产业	人	5499	五、企业情况		
第二产业	人	18690	法人企业数量	个	937
第三产业	人	7999	其中：规模以上工业企业	个	53
三、区镇经济			法人企业从业人数	人	13280
地区生产总值	万元	796539	其中：规模以上工业企业	人	3029
第一产业	万元	79871	六、贸易		
第二产业	万元	398694	限额以上社会消费品零售总额	万元	17602
第三产业	万元	317974	商品交易市场数量	个	3
四、农业生产			七、财政收入与支出		
农作物播种面积	公顷	11574	财政总收入	万元	18791

续表62

项　目	计量单位	数量	项　目	计量单位	数量
其中：一般公共预算收入	万元	6664	教师总数	人	175
财政总支出	万元	18791	幼儿园、托儿所个数	个	4
其中：一般公共预算支出	万元	7378	医疗卫生机构数量	个	28
八、社会事业			医疗卫生机构床位数	张	214
公路里程	千米	196	执业（助理）医师数	人	80
金融机构网点数	个	7	自来水用水户数	户	22362
有实际经营的农民专业合作社数	个	6	城乡居民基本养老保险参保人数	人	19480
家庭农场数	个	88	城乡居民基本医疗保险参保人数	人	43160
学校总数	个	6	城乡居民最低生活保障人数	人	442
在校学生总数	人	1115			

（市统计局）

海安农场

【概况】 海安农场位于海安市区东北，北与东台市富安镇相邻，东、西、南均与大公镇接壤。2022年，海安农场下辖农业管理区2个，居民委员会1个，代管行政村（天鹅村）1个。辖区国有企业有江苏省海安农场有限公司、苏垦农发股份有限公司海安分公司、江苏省大华种业有限公司海安分公司、苏垦农业服务有限公司海安分公司，民营企业有江苏铭安电器有限公司农场基地、南通海林染整有限公司、江苏玉艺扬纺织有限公司、南通1号食品有限公司等。年末总户数878户、总人口2321人，其中，农场388户901人，天鹅村490户1420人。实现区域国民生产总值1.05亿元，营业收入9800万元。

【农场改革】 2022年，海安农场深化体制机制创新，厘清党委、董事会、经理层各治理主体的权责边界。持续推进社会职能改革，做好与海安市政府对接工作，获海安市农业水价综合改革精准补贴、节水奖励金4.6万元。编制农场国土空间规划，完成“三区三线”划定工作，新增城镇开发边界划定规模5.67公顷。7月21日，海安农场社区召开七届二次居民代表大会，居民代表、列席代表50余人参加会议。会议作《提升居民自治能力 推进社区治理精细 促进和谐社区发展》社区工作报告，宣布2021年度“十佳文明户”“海农好人”表彰决定，报告“海农众帮”基金资金使用情况。居民代表审议并表决通过《“海农众帮”互助基金会章程（修订稿）》。

【产业发展】 2022年，苏垦农发股份有限公司海安分公司抓好粮食生产，实现粮食总产1123万千克，其中小麦553.5万千克，水稻总产569.5万千克。海安农场有限公司坚持盘活存量资产，加大租金清收清缴力度，收取各类土地及房屋租金70万元；用好土地资源，逐步更新林苗，出售中山杉、红叶石楠等林苗增收近12万元；科学布局高效农业园，建成8栋高效农业园连栋温室大棚，重点种植以“阳光玫瑰”为主导的优质葡萄2公顷。苏垦农业服务有限公司海安分公司提升全程农业服务的覆盖面和竞争力，销售化肥、农药2.19万吨，实现营业性收入6445.18万元、利润124.04万元。凯惠电力海安项目部不断拓展业务，年营业收入900万元以上。

【社会事业与民生保障】 2022年，海安农场投资600万元，实施长安路拓宽、贲北公路沿线河道生态驳岸、农场五大队排涝站危改等惠民工程，人居环境不断得以改善，职工居民幸福指数逐年提升。与海安市政府对接，理顺天鹅村管理体制，投资100万元为村组道路安装高杆灯并拓宽道路。常态化开展新时代文明实践活动，表彰“海农好人”“十佳文明户”等文明先锋。做好困难帮扶、社会救助等工作，关心关爱老党员、困难党员，组织适龄妇女参加“两癌”筛查、节日走访慰问等活动，发放低保救助金5.16万元、孤儿生活补助2.59万元、残疾人生活补贴11.53万元、“尊老金”16.25万元、计生奖励资金19.11万元、特扶金16.98万元。用好“退役军人之家”，兵役网络登记率100%，常态化开展“八必访”（退役返乡必访、立功受奖必访、英模典型必访、重要节日必访、遇到困难必访、重大变故必访、有思想疙瘩必访、有建议意见必访）双拥工作，发放优抚抚恤补助10.51万元、慰问金1.36万元。持续开展“海农众帮”互助基金募捐活动，募集善款4.61万元，全部用于救助场域困难居民。　（丁丽萍）

海安好人馆

人物　荣誉

先进个人

蒋龙元

全国法院司法警察教官人才库成员。

1987年9月3日出生，江苏海安人。2011年入职海安市人民法院，2022年任海安市人民法院司法警察大队副大队长、三级警长。

他善于钻研，先后在《江苏法制报》等媒体上发表多篇文章，多次获评海安市人民法院宣传工作先进个人。他敢于拼搏，4次参加南通法院司法警察业务技能竞赛，全部夺冠；多次参加江苏法院司法警察业务技能竞赛，获理论知识竞赛个人第一名、安检技能竞赛个人二等奖、个人综合全能第四名等优秀成绩。此外，他还两次代表江苏省参加全国法院司法警察竞赛，取得个人理论单项第一名、综合全能第七名的好成绩。

他认真履职，保证24小时随时待命、随时出警，出色地协助法官完成“凌晨执行”“夜鹰行动”“百日会战”等执行任务。新冠疫情期间，针对疫情防控和服务老年群体需要，他创新工作方法，设计到访人员个人健康承诺书、编写疫情环境下安检工作口诀、制作司法警察依法履行职权告知牌，使司法警务工作更加便利高效。

他创新求精，探索建立晨会制度、门禁巡查制度、标准化安检流程等工作规范，总结出“警务理论口诀记忆法”“实弹射击三角握枪法”“安检识图法”等一整套独特的工作学习方法，并多次组织警员进行最小作战单元培训与演练，织密法院内外安全“防护网”，受到领导肯定。他坚持办好各项活动，策划“护童花开”模拟法庭、“携手同行、相伴成长”亲子活动、“红色箴言励青春”朗诵比赛等一系列深受广大干警和干警家属喜爱的文体活动。

他先后荣立个人二等功1次、三等功3次，获南通市五一劳动奖章，获评江苏省技术能手、江苏省五一创新能手等。

2022年9月，蒋龙元被最高人民法院确立为全国法院司法警察教官人才库成员。

花　卉

人民法院司法宣传和通联工作先进个人。

女，1994年10月出生，江苏海安人。2018年8月入职海安市人民法院，主要从事普法宣传工作，2022年任海安市人民法院政治部一级科员。

她始终坚持通过笔墨和镜头讲好法院故事，凝聚法治温度，传递司法力量。2022年，她在省级以上媒体上发表文章32篇，其中2篇在《江苏法制报》头版刊登，并在“学习强国”学习平台上发布。撰写《府院联动赋能“破局突围”》视频脚本并组织拍摄，获南通法院优化法治营商环境系列汇报片优秀奖。统筹海安市人民法院宣传稿件发布，做好海安市人民法院重大活动推广宣传。第一时间聚焦法院热点，做好网站、微博、微信公众号、抖音等平台的内容更新，发出“海安法院声音”。编发“海安市人民法院”微信公众号文章430余篇，组稿《海安日报》“海安市人民法院专版”4版。与媒体保持良好沟通，组织召开新闻发布会6场。她先后被南通市中级人民法院评为全市法院宣传舆论工作先进个人、南通法院优秀司法行政人员等。

2022年11月，花卉被最高人民法院新闻传媒总社表彰为2022年度人民法院司法宣传和通联工作先进个人。

唐小红

全国法院办案标兵。

女，1986年2月出生，江苏海安人。2009年8月入职海安市人民法院，2022年任海安市人民法院一级法官。

她于严谨中追求正义，不辜负当事人的信任。2013年起，先后担任助理审判员、员额法官，始终将当事人的信任放在心间，认真倾听当事人的诉求，从严从实审查证据，她年均300余件的结案量，却无一起瑕疵案件。在一起劳动争议案件中，工厂老板谎称为员工缴纳了社保而拒不支付该员工3000元欠资。承办该案后，她仔细研判案情，找原厂房房东了解情况，到人社部门调取相关劳动合同、缴纳保险记录，终于发现被告工厂“马脚”，帮助员工讨回工资。

她于“烟火”中彰显温情，守护好老百姓的合法权益。她扎根基层一线十年，脚步遍布辖区的街区巷陌、田间乡道，妥善调和邻里纠纷、家庭矛盾。2021年重阳节，她在角斜镇老庄村村委会现场组织了一场调解。两位老人因交通事故引发的赔偿争执不下。她一方面向原告释明合理损失，另一方面又以重阳敬老为切入点，动员被告老人的子女帮助父亲解脱困境。最后，被告老人的女儿主动承担帮父亲还款的责任，两位老人解开心结，握手言和。在她眼中，与老百姓打交道，除了“人情味”，还需要“同理心”“零距离”“接地气”……要和老百姓坐在一条板凳上，要讲老百姓听得懂的语言，要换位思考老百姓的难处，这样才能真正做到案结事了人和。

她于磨炼中提升能力，学习永远在路上。2022年3月，她离开基层人民法庭到民一庭，处理的是专业性更强的劳动争议、建设工程、民间借贷、商品房销售合同等纠纷。她全身心投入新的工作中，认真学习法律条文，耐心向同事询问请教。每周五下午的法官会议专题讨论疑难复杂案件，她仔细听取意见，学习裁判思路，好学的她逐步成长为办案中坚力量，赢得领导和同事的赞誉。

她累计审结各类民商事案件2900余件，多次被南通市中级人民法院表彰为全市人民法庭审判标兵，被海安市政府记三等功、江苏省高级人民法院记个人二等功，并入选江苏省“最美法官”。

2022年12月，唐小红被最高人民法院表彰为全国法院办案标兵。

（徐　涛）

康缪燕

全国优秀少先队辅导员。

女，1982年9月生，江苏如东人。2003年8月参加工作，2021年6月加入中国共产党。大学本科学历。1998年7

月，南通师范小学教育专业学习。2003年8月，如东县栟茶小学教师（其间：2006年2月至2009年1月，南通大学汉语言文学专业本科学习）。2010年8月，海安县城东镇南屏小学教师（其间：2011年8月至2012年7月，海安县第四期骨干教师研修班学习）。2013年8月，海安县城南实验小学教师。2017年8月，海安县城南实验小学德育处副主任。2019年8月，海安市城南实验小学德育处副主任、大队辅导员。2022年8月，海安市城南实验小学校务委员。

她具有坚定的政治信仰，忠诚于党的教育事业，时刻以一名优秀党员和"四有好老师"的标准严格要求自己。在"百年百场·公益讲座"中讲述党的精神谱系，广受好评，课程收录进江苏名辅工作室联盟、《少先队活动》《伟大精神代代相传——中国共产党人的精神谱系系列队课》。组织队员开展红色宣讲活动近百场。获评2022年度江苏省十佳少先队辅导员，事迹在"学习强国"学习平台、《少年号角》杂志及"江苏共青团""江苏少先队"微信公众号展播。

她热爱少年儿童，主动担当党的少年儿童思想政治工作。组织开展丰富多彩的少先队活动，红领巾寻访、红领巾小讲解员、红色文化传承等活动深受队员喜爱。主动研究了解少年儿童思想意识发展和教育规律，结合学校实际，将"红领巾奖章"融入自编的《红领巾成长手册》，构建具有学校特色的阶梯式成长激励体系，服务队员健康成长。

她爱岗敬业，为人师表，平等对待、关心爱护每一名队员，所带中队队员都与她结下深厚友谊，也获得家长肯定。工作中她无私奉献，尽其所能帮助学校多名教师参加省、南通市辅导员风采展示，并多次获奖，10多名教师获评市优秀辅导员。她也因出色的表现获评南通市优秀德育工作者、南通市德育工作带头人。

她工作能力突出，在2017年江苏省辅导员风采展示中获少先队专业基础知识竞赛特等奖，多篇少先队论文在《辅导员》《少先队活动》《江苏教育》上刊发。主持1项省级少先队课题，1项省课程基地与学校文化建设项目。参与4项国家级、省级少先队课题，参与的1项研究成果获江苏省教育科学研究成果奖二等奖，1项研究项目获评江苏省少先队特色项目，两次在江苏省少先队年会上作经验分享。

她组织的少先队实践教育成效显著，开展的红领巾寻访活动在中央广播电视总台《新闻联播》《朝闻天下》播出，并在习近平总书记2022年新年贺词里出现。开展的"我和国旗合个影""童心向党""祝福祖国"等活动被《人民日报》《光明日报》《新华日报》《中国教育报》、江苏电视台教育频道、央视频和"学习强国"学习平台等主流媒体报道。参与承办江苏省少先队年会。规范学校少工委建设、少代会召开并带动区域少先队组织建设规范运行。所带大队先后获评江苏省优秀少先队集体（大队）、全国优秀少先队集体（大队），所在学校少工委主任两次出席长三角少工委主任会议并介绍学校少先队工作。

2022年12月27日，康缪燕被共青团中央、教育部、全国少工委表彰为2022年度全国优秀少先队辅导员。

（何春光）

表63 2022年海安市获评全国先进个人一览表

姓　名	工作单位	称　　号	授予单位	授予时间
王奇寅	—	奥林匹克美术大会"三连贯"金奖艺术家	2022年奥林匹克美术大会暨历届奥美大会作品回顾展组委会	2022年2月
卓牧闲	海安网络作家协会	"深入生活、扎根人民"主题实践先进个人	中国作家协会办公厅、中国作家协会创作联络部	2022年3月
蒋龙元	市人民法院	全国法院司法警察警官人才库成员	最高人民法院	2022年9月
花　卉	市人民法院	人民法院司法宣传和通联工作先进个人	最高人民法院新闻传媒总社	2022年11月
唐小红	市人民法院	全国法院办案标兵	最高人民法院	2022年12月
康缪燕	城南实验小学	全国优秀少先队辅导员	共青团中央、教育部、全国少工委	2022年12月

表64 2022年海安市获评省先进个人一览表

姓　名	工作单位	称　　号	授予单位	授予时间
王琪峰	角斜镇富港村	江苏省乡村振兴先进个人	省委、省政府	2022年1月
严圣军	中国天楹股份有限公司	"江苏制造突出贡献奖"先进个人	省委、省政府	2022年12月

续表64

姓　名	工作单位	称　　号	授予单位	授予时间
张海红	市资源规划局	2021年度全省自然资源信访工作成绩突出个人	省自然资源厅	2022年1月
阙晓燕	共青团海安市委	2021年度全省共青团工作先进工作者	共青团江苏省委	2022年1月
梅九如	市中医院	江苏好人	省文明办	2022年2月
周云英	大公镇嗑口村	江苏好人	省文明办	2022年2月
姚冬琴	李堡镇杨庄村	江苏省“最美网格员”	省委政法委	2022年2月
王美琴	市义工联	2021年度江苏省学雷锋志愿服务先进典型（优秀志愿者）	省文明办	2022年3月
王　敏 崔益湫	市博物馆	江苏省第二批红色旅游“五好”讲解员	省文化和旅游厅	2022年3月
甘　明	市宁海路消防救援站	江苏省优秀共青团员	共青团江苏省委	2022年4月
岳相妗	海安福缘志愿者服务大队			
王　赛	南通市达欣工程股份有限公司	江苏省优秀共青团干部	共青团江苏省委	2022年4月
康缪燕	城南实验小学	2022年度江苏省十佳少先队辅导员	共青团江苏省委、省教育厅、省少工委	2022年5月
顾庆华	曲塘中学	2020—2021年度全省教科研工作先进个人	省教育科学研究院	2022年5月
施鹏宇	江苏鹏飞集团股份有限公司	江苏省双拥先进个人	省委宣传部、省退役军人事务厅等	2022年7月
储祥山	大公镇北凌医院	江苏好人	省文明办	2022年9月
柳亚西	南莫镇政府	江苏省最美老干部志愿者	省委老干部局、省委离退休干部工委	2022年12月
吴爱华	市博物馆	江苏省第四届“戏剧小戏小品”展演优秀演员	省文联	2022年12月
朱万川	市文化艺术中心	江苏省第四届“戏剧小戏小品”展演优秀编剧	省文联	2022年12月
杨　斌	市委史志工委	全省党史部门先进工作者	省委党史工办	2022年12月

表65　2022年海安市获评南通市先进个人一览表

姓　名	工作单位	称　　号	授予单位	授予时间
黄婧婧	市委统战部	2021年度南通市勇当全省“争当表率、争做示范、走在前列”排头兵先进个人	南通市委、市政府	2022年2月
徐智鹏	市委组织部			
杨明生	市商务局			
肖　娟	市农业农村局			
吉加明	市博物馆			
朱　粲	市纪委监委			
范俊杰	海安开发区管委会			

续表 65

姓　名	工作单位	称　号	授予单位	授予时间
张　锋	海安高新区管委会	2021年度南通市勇当全省“争当表率、争做示范、走在前列”排头兵先进个人	南通市委、市政府	2022年2月
周　伟	墩头镇政府			
王　蒙	南莫镇政府			
崔元丽	白甸镇政府			
曹龙铁	胡集街道西园社区居委会			
席玉富	城东镇石桥村村委会			
申　云	角斜镇海港村村委会			
王兆祥	曲塘镇曲塘村村委会			
景　梅	墩头镇墩头村村委会			
吴叶青	市政府办公室	2021年度南通市安全生产目标管理责任制考核先进个人	南通市政府	2022年3月
刘祥根	海安开发区安全生产监督管理局			
朱　寅	海安高新区安全生产监督管理局			
高　卫	市民政局			
顾宏俊	市应急管理局			
王　飞	市应急管理局			
金宏伟	市应急管理局			
吴中华	市农业农村局			

（海　鉴）

立功军人

林兴旺

1977年12出生，江苏海安人。1994年12月入伍，1998年6月加入中国共产党。海军某舰战士，一级军士长军衔。他理想信念坚定，军事素质过硬，长期扎根基层，连续28年奋战在海上维权斗争一线，先后执行各类重大任务60余次，把忠诚和使命书写在祖国的万里海疆。先后荣立二等功1次，三等功4次。

潘义进

1984年9月出生，江苏海安人。2002年9月入伍，2006年3月加入中国共产党。95507部队副部队长，空军中校军衔。他理想信念坚定，军事素质过硬，理论成果丰硕，先后执行各类重大任务40余次，把忠诚和使命书写在祖国的蓝天上。先后荣立二等功1次，三等功4次。

谢为荣

1983年11出生，江苏海安人。2002年8月入伍，2007年9月加入中国共产党。他理想信念坚定，军事素质过硬，长期扎根基层，连续20年奋战在祖国航空事业上。先后荣立二等功1次，三等功2次。

莫佳伟

1990年1月出生，江苏海安人。2008年9月入伍，2012年6月加入中国共产党。空军航空兵某旅机械师，少校军衔。他任机械师后，爱岗敬业，勤于钻研，严格遵守条令条例和规章制度，安全保障满1500小时，期间无人为责任事故，为保证飞行安全做出较大贡献。

吕新兵

1977年5月出生，江苏海安人。1996年8月入伍，2000年9月加入中国共产党。空军运输搜救航空兵某旅飞行员，上校军衔。他理想政治坚定，飞行事业心强，军事素质过硬，矢志强军打赢，时刻以海空生命线、胜战守护神为己任，多次出色完成急难险重任务，把忠诚和使命书写在祖国的万里长空。先后荣立二等功1次，三等功2次。

表66　2022年海安市现役军人立功受奖一览表

序号	姓　名	奖励种类	所属区镇（街道）	序号	姓　名	奖励种类	所属区镇（街道）
1	林兴旺	二等功	雅周镇	23	陈　峰	三等功	曲塘镇
2	谢为荣	二等功	海安街道	24	张付华	三等功	南莫镇
3	吕新兵	二等功	南莫镇	25	项　琰	三等功	海安街道
4	莫佳伟	二等功	南莫镇	26	赵海鹏	三等功	海安街道
5	戴亚明	二等功	角斜镇	27	周开春	三等功	南莫镇
6	江　勇	二等功	曲塘镇	28	卢振宇	三等功	李堡镇
7	潘义进	二级表彰	胡集街道	29	马　威	三等功	隆政街道
8	王兴峰	三等功	城东镇西场办事处	30	袁　满	三等功	城东镇立发办事处
9	鲁　航	三等功	城东镇立发办事处	31	周　墨	三等功	海安街道
10	谈正锋	三等功	雅周镇	32	吴永强	三等功	海安街道
11	杨海佳	三等功	城东镇西场办事处	33	充永智	三等功	曲塘镇
12	吴雪峰	三等功	隆政街道	34	钱进荣	三等功	南莫镇
13	吕建军	三等功	海安街道	35	汪宝成	三等功	雅周镇
14	郭枳岑	三等功	曲塘镇	36	宗啸鸣	三等功	海安街道
15	赵　强	三等功	隆政街道	37	朱海林	三等功	大公镇
16	洪　亮	三等功	墩头镇	38	黄　昊	三等功	城东镇西场办事处
17	杨靖雨	三等功	李堡镇	39	马修鹏	三等功	曲塘镇
18	张　禹	三等功	李堡镇	40	刘　聪	三等功	海安街道
19	周晓峰	三等功	墩头镇	41	张舜禹	三等功	白甸镇
20	储汪洋	三等功	李堡镇	42	陈　网	三等功	墩头镇
21	徐程东	三等功	城东镇立发办事处	43	王　伟	三等功	孙庄街道
22	周华健	三等功	南莫镇	44	陆向阳	三级表彰	雅周镇

（张志荣　陈宇峰）

好人群像

江苏好人

梅九如　1921年出生，海安市中医院退休返聘医生。1941年从医后，梅九如始终以弘扬国粹、悬壶济世为己任，充分发挥中医药简、便、验、廉的特点，先后研制出多种中成药和中药合剂，广泛应用于临床治病救人，疗效显著。他还曾将众多高效验方公之于国家级、省级医药报刊，造福患者和社会。退休后，他被海安市中医院返聘，每周一、三、五到医院坐诊，继续服务患者。2022年1月，梅九如当选“江苏好人”。

周云英　女，1936年出生，大公镇曈口村村民。1954年婚后，周云英便和丈夫一起照顾生活不能自理的智力残障小叔子。他们将小叔子当孩子般照料，衣食住行样样操心。1993年，丈夫去世后，照顾小叔子的重担便落在周云英一个人身上，而小叔子年纪也渐渐大了，还患上严重的白内障，周云英每天帮他喂饭、洗漱、洗衣服，用善良和担当诠释“长嫂如母”。2022年1月，周云英当选“江苏好人”。

储祥山　1946年出生，中共党员，大公镇北凌医院退休医生。2022年1月11日下午，储祥山在田地里干农活时，发觉在田边污水管网管道内施工的3名工作人员长时间没有出来，他前去查看后发现3人在管道内晕倒，立即呼喊村民共同施救。3人被救出管道等候救护车的间隙，储祥山给他们轮流做心肺复苏，为后续治疗争取有利条件。2022年，储祥山当选第二季度“南通好人”。9月，当选“江苏好人”。

南通好人

吉成如　马永林　吉成如，1942年2月出生，墩头镇退休教师；马永林，1943年9月出生，墩头镇退休教师。50多年前，吉成如、马永林偶然发现民兵林泰山的烈士身份被遗漏，两人面对病榻上的林泰山遗孀，承诺一定会给林泰山确认烈士身份。半个世纪里，他们调查走访数百人，行程万里以上。特别是退休后的近20年，他们的足迹遍及村（社区）以上单位50余家。2018年6月15日，终于在1944年9月13日的《苏中报》里找到林泰山牺牲的原始记载。2021年，林泰山正式被追认为革命烈士，吉成如和马永林兑现了当初的承诺。2022年，吉成如、马永林当选第一季度“南通好人”。

甫小龙　葛志生　甫小龙，1988年7月出生，滨海新区通港村六组个体工商户；葛志生，1974年7月出生，滨海新区五凌村八组滩涂养鱼户。2021年10月10日13时许，滨海新区近海有6名青年男女在滩涂捉螃蟹，不懂海洋潮汐知识的他们遇上涨潮，仅有1人游回岸边，其余5人被困滩涂。情势危急，海安老坝港边防派出所接警后立刻组织民警、消防人员并联系附近渔民进行救援。由于正值涨潮，海水上涨很快，给救援工作带来很大困难。受地形限制，救援人员不能直接将救生艇开到群众被困处，当地渔民甫小龙果断携带2只救生圈向被困地点游去，及时把救生圈送到被困人员手中，给救援工作争取了时间。附近的渔民葛志生熟悉滩涂地形，他从渔场带上机器和救生圈主动加入救援队伍，承担起驾驶救生艇的任务。最终，警民齐心协力在大潮淹没浅滩前一刻成功救下被困群众，通过救生艇将他们安全送回岸堤。2022年，甫小龙、葛志生当选第三季度“南通好人”。

刘桂友　1959年5月出生，曲塘镇章郭村村民。1995年父亲去世后，刘桂友便扛起重担，27年如一日照顾无儿无女、生活不能自理的叔叔刘万寿。2020年，刘桂友外出干活时，不幸被压断双腿，膝盖以下全部截肢。在身心遭受巨大痛苦后，刘桂友并没有意志消沉，而是装上假肢乐观面对生活，对叔叔的照顾也从未打折，用大爱为长期卧病在床的叔叔撑起一片天。叔叔刘万寿已是百岁高龄，精神矍铄，乡邻们对刘桂友视叔如父的事迹交口称赞。2022年，刘桂友当选第三季度“南通好人”。

蔡大萍　女，1969年1月出生，李堡镇富庄村村民。2015年，李梅的丈夫因病去世，临终前他将双目失明、行动不便的妻子托付给邻居蔡大萍，蔡大萍当即许下承诺，一定会将李梅照顾好。自此，蔡大萍时刻不忘嘱托，主动担负起照顾李梅的责任，为她买菜做饭、打扫卫生、收种庄稼等，这些都已成为蔡大萍生活中的一部分。蔡大萍用最无私的爱感动着身边的人，用最简单的行动信守着当初的承诺。2022年，蔡大萍当选第四季度“南通好人”。

堵秀芳　女，1941年11月出生，曲塘镇顾庄村村民。1976年，堵秀芳丈夫同母异父的弟弟丁大伯因患麻风病右腿被截肢，双目近乎失明，生活无法自理，又孤身一人无人照应，堵秀芳与丈夫商量，共同承担起照顾他的重任，在帮忙料理家务的同时进行劝解开导，让丁大伯重燃生活信心。2016年，堵秀芳的丈夫去世，已是古稀老人的她对丁大伯的照料却丝毫没有打折扣。46年间，堵秀芳始终将丁大伯视作自己的至亲精心照顾，她的事迹在乡邻中传为美谈。2022年，堵秀芳当选第四季度“南通好人”。

海安好人

2022年，海安市继续开展“我推荐，我评议身边好人”活动，汇聚道德力量，引领文明风尚。21人当选“海安好人”，其中，4人当选敬业奉献“海安好人”，5人当选助人为乐“海安好人”，4人当选孝老爱亲“海安好人”，4人当选见义勇为“海安好人”，4人当选诚实守信“海安好人”。

表67　2022年“海安好人”一览表

姓　名	类　别	单位与职业
周宝芳	第一季度助人为乐典型	李堡镇新庄村村民
张　峰	第一季度助人为乐典型	国网海安市供电公司安全督察员
储祥山	第一季度见义勇为典型	大公镇北凌医院退休医生
任寓周	第一季度敬业奉献典型	市域治理现代化指挥中心办公辅助人员
丁桂兰	第一季度诚实守信典型	角斜镇汤灶村村民
朱加红	第一季度孝老爱亲典型	白甸镇周垛村村民
武德珍	第二季度诚实守信典型	李堡镇储洋村村民
刘桂友	第二季度孝老爱亲典型	曲塘镇章郭村村民
于义锋	第二季度助人为乐典型	孙庄街道通学桥村网格员

续表67

姓　名	类　别	单位与职业
秦荣美	第二季度敬业奉献典型	市资源规划局曲塘分局副局长
杨桂林	第二季度见义勇为典型	白甸镇个体经营户
江焕祥	第三季度孝老爱亲典型	曲塘镇龙池村村民
杨士兵	第三季度助人为乐典型	海安街道二里社区居民
蔡圣舫	第三季度敬业奉献典型	雅周镇雅周片老干部支部书记
许应祖	第三季度见义勇为典型	滨海新区范堑村村民
蔡大萍	第三季度诚实守信典型	李堡镇富庄村村民
堵秀芳	第四季度孝老爱亲典型	曲塘镇顾庄村村民
徐立芬	第四季度助人为乐典型	城东镇嘉麟社区居民
陈　卫	第四季度敬业奉献典型	南莫镇黄陈村村委会工作人员
颜玉朋	第四季度见义勇为典型	墩头镇环境整治办专职督查员
章　然	第四季度诚实守信典型	城东镇热港村保洁员

（管顺黄）

先进集体

表68　2022年海安市获得主要荣誉一览表

获奖单位	荣誉称号	授予单位	授予时间
海安市	平安中国建设示范县	平安中国建设协调小组	2022年1月
海安市	“四好农村路”全国示范县	交通运输部、财政部、农业农村部、国家乡村振兴局	2022年1月
海安市	全国“八五”普法与依法治理工作法治文化建设联系点	全国普及法律常识办公室	2022年3月
海安市	县域共青团基层组织改革工作优秀等次	共青团中央委员会	2022年8月
海安市	首批国家创新型县（市）	科技部	2022年8月
海安市	中国纺织产业基地市	中国纺织工业联合会	2022年10月
海安市	2021年度全省推进乡村振兴战略实绩考核综合排名第一等次	省委农村工作领导小组	2022年1月
海安市	2021年度全省信访工作示范县	省信访工作联席会议	2022年1月
海安市	第四批江苏省生态文明建设示范市	省生态环境厅	2022年1月
海安市	2021年度江苏省自然资源节约集约利用模范县（市、区）	省自然资源厅	2022年4月
海安市	2021年度全省基层党员冬训工作示范市	省委宣传部、省委组织部	2022年6月
海安市	2021年落实有关重大政策措施真抓实干成效明显地方（粮食安全责任制落实、基层医疗卫生服务体系和队伍建设、推动科技政策落实和科技体制改革、自然资源节约集约利用）	省政府办公厅	2022年6月
海安市	2021年江苏省高质量平安校园建设县（市、区）	省教育厅、省委政法委、省公安厅	2022年6月

续表68

获奖单位	荣誉称号	授予单位	授予时间
海安市	江苏省习近平新时代中国特色社会主义思想研究中心首批基地（实践调研基地）	江苏省习近平新时代中国特色社会主义思想研究中心	2022年6月
海安市	2019—2021年度金融生态优秀县	省金融稳定工作协调小组	2022年7月
海安市	江苏省第十二届双拥模范城（县、区）	省委、省政府、省军区	2022年7月
海安市	农村物流达标县	省交通运输厅	2022年7月
海安市	2021年度全省城乡交通运输一体化发展水平AAAAA级	省交通运输厅	2022年10月

表69　2022年海安市机关部门、企事业单位获得省部级以上表彰的荣誉一览表

获奖单位	荣誉称号	授予单位	授予时间
李堡中心卫生院、南莫中心卫生院	2021年“优质服务基层行”活动中表现突出、服务优质的机构	国家卫生健康委、国家中医药局	2022年2月
市畜牧兽医站	全国星级基层农技推广机构	农业农村部办公厅	2022年3月
市生态环境局	2021年度执法大练兵表现突出集体	生态环境部	2022年3月
共青团海安市委	2021年度全国大学生“返家乡”社会实践活动表扬单位	共青团中央委员会	2022年4月
海安现代农业产业园	2022年国家现代农业产业园创建单位	农业农村部、财政部	2022年4月
市科协	“科创筑梦”助力“双减”科普行动试点单位	中国科协青少年科技中心	2022年4月
市车管所	全国优秀公安基层单位	公安部	2022年5月
蒋浩家庭	全国“最美家庭”	全国妇联	2022年5月
市工商联	全国“五好”标杆县级工商联	中华全国工商业联合会	2022年7月
市老区开发促进会曲塘镇分会	2022年度全国老区宣传优秀奖	全国老区宣传工作会议组委会	2022年7月
市税务局第一税务分局	全国青年文明号	全国创建青年文明号活动组委会	2022年8月
海安开发区	首批国家知识产权强国试点园区	国家知识产权局	2022年8月
海安开发区	全国绿色低碳示范园区	中国国际投资促进会	2022年9月
市人民检察院	2022年度全国检察宣传先进单位	最高人民检察院、检察日报社	2022年9月
市公安局、市建管局、市教育体育局、市人力资源和社会保障局、市生态环境局、市委党校、市退役军人事务局、市委台湾工作办公室、市信访局、市住房和城乡建设局、市资源规划局	节约型机关	国家机关事务管理局、国家发展改革委、财政部等	2022年10月
海安街道旺池社区	2022年全国示范性老年友好型社区	国家卫生健康委、全国老龄办公室	2022年10月
南莫镇唐庄村	中国传统村落	住房和城乡建设部	2022年11月
江苏华新高新技术创业有限公司、海安高新区科创园	2022年度国家小型微型企业创业创新示范基地	工业和信息化部	2022年11月
南京大学海安高新技术研究院	2022年度国家中小企业公共服务示范平台	工业和信息化部	2022年11月
市审计局	2022年全国审计通联工作先进单位	中国时代经济出版社有限公司、《中国审计》编辑部	2022年11月

续表69

获奖单位	荣誉称号	授予单位	授予时间
大公镇商会	2021—2022年度全国“四好”商会	中华全国工商业联合会办公厅	2022年11月
市社科联	2022年度全国社科组织先进单位	全国中大城市社科联工作会议主席团	2022年12月
市纺织产业培育办公室	产业集群先进推进机构奖	中国纺织工业联合会	2022年12月
齐克庞德电子(江苏)有限公司	商务部直报系统优秀企业	商务部	2022年12月
红星灌区	2022年国家级节水型灌区	水利部办公厅	2022年12月
海安开发区	2022年度创新创业最具发展活力园区	品牌强国经济论坛暨创新成果推介活动组委会（环球时报社主办）	2022年12月
江苏盈拓牧业发展有限公司	全国休闲农业与乡村旅游五星级企业（园区）	中国旅游协会休闲农业与乡村旅游分会	2022年12月
大公镇中心小学五（1）中队	全国优秀少先队中队	共青团中央委员会、教育部、全国少工委	2022年12月
海安街道凤山村	全国民主法治示范村（社区）	司法部、民政部	2022年12月
李堡镇党委	江苏省乡村振兴先进集体	省委、省政府	2022年1月
江苏联发纺织股份有限公司	“江苏制造突出贡献奖”优秀企业	省委、省政府	2022年12月
中投融资担保海安有限公司	“江苏制造突出贡献奖”先进单位	省委、省政府	2022年12月

表70　2022年海安市机关部门、企事业单位获得省直单位表彰的荣誉一览表

获奖单位	荣誉称号	授予单位	授予时间
曲塘镇、白甸镇、南莫镇、李堡镇、角斜镇、雅周镇	2019—2021年度江苏省文明乡镇	省文明委	2022年1月
海安街道平桥村，胡集街道谭港村、田庄村、园庄村、胡集村，隆政街道三里闸村，城东镇泰宁村、洋蛮河村、丰产村，李堡镇杨庄村、红旗村，大公镇仲洋村、古贲村、贲巷村，白甸镇瓦甸村，南莫镇严马村，曲塘镇罗町村	2019—2021年度江苏省文明村	省文明委	2022年1月
海安街道星海社区、复兴社区，胡集街道西园社区	2019—2021年度江苏省文明社区	省文明委	2022年1月
江苏海迅实业集团股份有限公司（本部），南通双弘纺织有限公司，南通市达欣工程股份有限公司，市总工会，市行政审批局，市人民法院，南通市烟草公司海安分公司，市审计局，江苏凤凰新华书店海安分公司，海安开发区管委会，海安高新区管委会，海安农村商业银行，中国邮政海安市分公司，市公安局，市供电公司，中国人寿保险海安支公司，市人民检察院，中国移动海安分公司，中国人寿财产保险海安市支公司，建设银行海安支行，中国电信海安分公司，中国人民财产保险海安支公司，农业银行海安市支行，市中医院，中国人民银行海安市支行，市人民医院，市税务局和海安税务分局、曲塘税务分局、胡集税务分局	2019—2021年度江苏省文明单位	省文明委	2022年1月

续表70

获奖单位	荣誉称号	授予单位	授予时间
实验小学、明道小学、城南实验小学、市教师发展中心附属小学、海陵中学、江苏省海安高级中学	2019—2021年度江苏省文明校园（中小学）	省文明委	2022年1月
共青团海安市委	2021年度全省共青团工作争先进位奖	共青团江苏省委	2022年1月
曲塘镇关工委	庆祝建党百年“童心永向党 筑梦新辉煌”创作演讲比赛优秀组织奖	省关工委	2022年1月
市畜牧兽医站	全省畜牧业统计监测工作先进单位	省农业农村厅	2022年1月
市畜牧兽医站	全省畜禽遗传资源普查工作先进单位	省农业农村厅	2022年1月
市人民检察院	全省检察机关扫黑除恶斗争先进集体	省人民检察院	2022年1月
市人民检察院	2021年度全省检察机关信息工作先进单位	省人民检察院	2022年1月
大公镇中心小学五（1）中队	江苏省优秀少先队集体	共青团江苏省委、省教育厅、省少工委	2022年1月
市资源规划局	2021年度全省自然资源信访工作成绩突出集体	省自然资源厅	2022年1月
墩头镇水乡印象馆	江苏省“最美公共文化空间”打造对象	省文化和旅游厅	2022年1月
李堡镇	全省推进基层整合审批服务执法力量工作先进单位	省委编办	2022年1月
陈厚根家庭	2021年度江苏省“最美家庭”	省妇联	2022年1月
吕井才家庭	江苏省“五好家庭”	省妇联	2022年1月
市资源规划局	2021年度学会工作先进单位	省土地学会	2022年2月
市农业农村局	2021年全省高标准农田建设成效显著单位	省农业农村厅	2022年3月
海安开发区	江苏省先进制造业和现代服务业深度融合试点区域	省发展改革委	2022年3月
市资源规划局	全省自然资源系统法治建设和普法工作成绩优秀单位	省自然资源厅	2022年3月
市委依法治市办公室	依法治省工作成绩突出单位	省委依法治省办公室	2022年3月
雅周现代农业园	省农业生产全程机械化智能化示范基地（园区）	省农业农村厅	2022年4月
市生态环境局	2021年度执法大练兵表现突出集体	省生态环境厅	2022年4月
市财政局	2021年信息宣传工作优秀单位	省财政厅	2022年4月
大公镇团委、曲塘镇团委、海安农村商业银行团委	江苏省五四红旗团委	共青团江苏省委	2022年4月
角斜镇滩河村团支部	江苏省五四红旗团支部（团总支）	共青团江苏省委	2022年4月
市妇联	江苏妇女儿童慈善优秀组织奖、“99公益”最佳组织奖	省妇女儿童基金会	2022年5月
宁菠支教群体	江苏省工人先锋号	省总工会	2022年5月
市公安局曲塘派出所	全省公安基层所队示范“训练角”	省公安厅	2022年5月
李堡镇农产品质量安全监管服务所	五星级乡镇农产品质量安全监管机构	省农业农村厅	2022年5月

续表70

获奖单位	荣誉称号	授予单位	授予时间
城东镇	2021—2022年度全省基层党员冬训动作示范镇	省委宣传部、省委组织部	2022年6月
万星佳苑（海安瑞海物业管理有限公司党支部第三党小组）	第二批党建引领物业管理服务工作省级示范点	省委组织部、省委非公有制企业和社会组织工作委员会、省住房和城乡建设厅等	2022年6月
市司法局	工商联与司法行政机关联系协作机制建设示范单位	省司法厅	2022年6月
上海交通大学海安研究院	江苏省新型研发机构建设项目	省科技厅、省财政厅	2022年6月
大公镇商会	全省工商联商会组织先进集体	省人力资源和社会保障厅、省工商联	2022年6月
市审计局	全省审计机关“科技强审”先进单位	省审计厅	2022年6月
市工商联	江苏省工商联系统先进集体	省工商联	2022年6月
市禁毒科普教育馆	江苏省科普教育基地	省科协、省社科联、省科技厅、省教育厅	2022年7月
市交通运输局机关党支部	全省交通运输行业先进基层党组织	省交通运输行业委员会	2022年7月
市教育体育局	全省群众体育先进单位	省体育局	2022年7月
市委老干部局	全省中小学生（幼儿）“党的光辉照我心，童心喜迎二十大”主题征稿活动最佳组织奖	省关工委、关心下一代周报社等	2022年7月
角斜镇富港村灶港一村	第九批次江苏省特色田园乡村	省农村住房条件改善和特色田园乡村建设工作联席会议办公室	2022年7月
海安春荣家庭农场	省级巾帼示范家庭农场	省妇联、省妇女“双学双比”竞赛活动领导小组办公室	2022年8月
海安百岁民宿（海安百岁休闲农庄有限公司）	省级巾帼示范精品民宿	省妇联、省妇女“双学双比”竞赛活动领导小组办公室	2022年8月
角斜镇富港村	美丽家园省级示范点	省妇联、省妇女“双学双比”竞赛活动领导小组办公室	2022年8月
海安周宝进家庭农场、海安丰顺家庭农场、海安家欣家庭农场、海安陆小春家庭农场、海安兄弟家庭农场	2022年省级示范家庭农场	省农业农村厅	2022年8月
海创湾、亿思特智创中心、金北科创中心	省级众创空间	省科技厅	2022年8月
雅周现代农业园	省级乡村休闲运动基地	省农业农村厅	2022年8月
崔建霞家庭	第三届江苏省文明家庭	省委宣传部、省文明办、省妇联	2022年9月
海安开发区	第七届“创客中国”暨2022年江苏省中小企业创新创业大赛组织优秀奖	省工业和信息化厅、省财政厅	2022年9月
市公安局网安大队	全省打击非法境外电视网络接收设备（软件）和卫星地面接收设施专项整治行动成绩突出集体	省公安厅、省广播电视局	2022年9月
市科协	2022—2023年度江苏省全民科学素质大赛网络赛优秀单位	省科协	2022年9月

续表70

获奖单位	荣誉称号	授予单位	授予时间
市委办公室	全省党委办公室（厅）、研究室系统先进集体	省委办公厅、省委研究室、省人力资源和社会保障厅	2022年9月
市慈善基金会	第六届“江苏慈善奖”最具影响力慈善组织	省政府办公厅	2022年9月
泛书房“星火联盟”基地	省新的社会阶层人士统战工作实践创新示范基地	省委统战部	2022年9月
江苏图灵智能机器人有限公司	省智能制造领军服务机构	省工业和信息化厅	2022年9月
大公镇	江苏蚕桑产业强镇	省蚕桑学会、省丝绸协会、省蚕种所	2022年9月
海安五一家庭农场	江苏省“百佳家庭农场”	省农学会	2022年9月
市公安局刑事警察大队四中队	全省公安机关执法示范所队	省公安厅	2022年10月
市总工会驻劳动人事争议仲裁院职工法律援助站	全省工会第二批“三化”建设成效明显职工法律援助中心（站）	省总工会	2022年10月
白甸镇	2022年省级耕地保护激励单位	省自然资源厅	2022年10月
市农业农村局	全省“互联网+”帮促助农活动典型案例推介活动典型组织	省农业农村厅、省委网信办、省商务厅、省邮政管理局	2022年10月
市教育体育局	江苏省基础教育教科研机构先进集体	省教育科学研究院	2022年10月
市应急管理局	江苏省“安全生产月”活动先进单位	省安全生产委员会办公室	2022年10月
李堡镇中心小学	江苏省围棋特色学校	省棋类运动协会	2022年10月
市农村产权交易服务中心	2021年度江苏省农村产权交易市场监测评价显著单位	省农业农村厅	2022年11月
市人民检察院	2022年度全省检察新闻宣传先进集体	江苏法治报社	2022年11月
海安高新区	2022年度省级服务贸易基地	省商务厅	2022年11月
海安高新区	全省民族团结进步示范区	省民宗委	2022年11月
曲塘司法所	全省司法所分类建设表现突出单位	省司法厅	2022年11月
李堡镇蒋庄村蒋庄一村	第十批次江苏省特色田园乡村	省农村住房条件改善和特色田园乡村建设工作联席会议办公室	2022年11月
西园社区博爱家园	2022年度优秀博爱家园	省红十字会	2022年11月
市委老干部局	全省老干部工作先进集体	省委组织部、省委老干部局、省人力资源和社会保障厅	2022年11月
李堡成人教育学校	江苏省社会教育百强单位	省成人教育协会	2022年11月
南通市烟草公司海安分公司	江苏省优秀“戎耀之家”	省退役军人事务厅、省总工会	2022年12月
市财政局	2021—2022年度全省社会保险基金预算绩效管理工作考核三等奖	省财政厅	2022年12月
市蚕桑技术推广站	2022年度全省蚕桑工作先进单位	省蚕种所	2022年12月
市税务局、市卫生健康委	江苏省公共机构节能低碳示范单位	省机关事务管理局	2022年12月
常安现代纺织园	省级节水型工业园区	省水利厅	2022年12月

续表70

获奖单位	荣誉称号	授予单位	授予时间
海安开发区总工会	2022年度全省“最美工会户外劳动者服务站点”	省总工会	2022年12月
南通东华软件有限公司、西信科技有限公司	省专精特新软件企业	省工业和信息化厅	2022年12月
上海交通大学海安研究院、南通蔚然税务事务所有限公司	省级中小企业公共服务示范平台	省工业和信息化厅	2022年12月
海安高新区	江苏省知识产权建设示范（园区）	省知识产权局	2022年12月
李堡镇生态环境办公室	2022年度深入打好污染防治攻坚战宣传工作先进集体	省深入打好污染防治攻坚战指挥部办公室	2022年12月
大公镇	2022年全省“扫黄打非”进基层示范点	省“扫黄打非”工作领导小组办公室	2022年12月
南莫镇青墩村	江苏省传统村落	省住房城乡建设厅	2022年12月
南莫镇兴南村	2022年江苏省健康村	省爱国卫生运动委员会办公室、健康江苏建设领导小组办公室	2022年12月
市货车司机第四网格党支部（曲塘）	江苏省道路货运行业先进货车司机党支部	省交通运输行业党委	2022年12月
市资源规划局高新区分局	全省自然资源系统先进集体	省人力资源和社会保障厅、省自然资源厅	2022年12月

表71 2022年海安市机关部门、企事业单位获得南通市级表彰的荣誉一览表

获奖单位	荣誉称号	授予单位	授予时间
李堡镇、曲塘镇、大公镇	2021年度南通市平安法治示范乡镇（街道）	南通市委、市政府	2022年2月
市发展改革委、市生态环境局、市委宣传部、市委政法委、市住房城乡建设局、海安高新区管委会、老坝港滨海新区管委会、曲塘镇政府、大公镇政府、李堡镇杨庄村村委会、南莫镇唐庄村村委会、雅周镇许家庄村村委会	2021年度南通市勇当全省“争当表率、争做示范、走在前列”排头兵先进集体	南通市委、市政府	2022年2月
曲塘镇、墩头镇	2021年度南通市安全生产目标管理责任制考核先进乡镇（街道、园区）	南通市政府	2022年3月
市应急管理局、市商务局、市公安局	2021年度南通市安全生产目标管理责任制考核先进县级部门	南通市政府	2022年3月

（海　鉴）

海安图书馆

统计资料

统计公报

2022年海安市国民经济和社会发展统计公报

海安市统计局

2022年，全市上下坚持以习近平新时代中国特色社会主义思想为指导，以学习宣传贯彻党的二十大精神为主线，全面落实“疫情要防住、经济要稳住、发展要安全”重大要求，克难担当、勇毅笃行，高效统筹常态化疫情防控和经济社会发展，统筹发展和安全。全市经济发展稳中加固、稳定向好，发展韧性进一步增强，创新活力持续跃升，重点改革深入推进，民生福祉保障有力，社会事业迈向更高水平。

一、综　合

初步核算，全年实现地区生产总值1379.75亿元，按不变价计算，比上年增长1.8%。其中，第一产业增加值79.71亿元，增长3.6%；第二产业增加值753.31亿元，增长3.4%；第三产业增加值546.74亿元，下降0.5%。三次产业结构由上年的5.7∶54.0∶40.3调整为5.8∶54.6∶39.6。人均地区生产总值15.88万元，增长2.2%。在全国县级市基本现代化、工业百强县（市）、创新百强县（市）榜单中分别列第26位、第17位和第13位。

年末，全市户籍总人口90.09万人，比上年减少6823人。全年出生人口3149人，人口出生率3.68‰；死亡人口10028人，人口死亡率11.62‰，人口自然增长率-7.94‰。全市人口密度每平方千米761人。年末常住人口86.81万人，比上年下降0.22%，城镇化率70.23%，比上年末提高0.66个百分点。

表72　2022年末海安市人口数及构成统计表

指标名称	年末数（人）	比重（%）
年末户籍人口	900920	100.0
18岁以下	97437	10.8
18-34岁	137199	15.2
35-59岁	364386	40.5
60岁及以上	301898	33.5
男性	443403	49.2
女性	457517	50.8

2022年末，全市登记的私营企业3.25万户，其中法人企业3.23万户，私营企业从业人员33.77万人。全市登记的个体工商户9.17万户，个体工商户从业人员14.27万人，注册资金93.24亿元。

全社会用电量71.05亿千瓦时，增长4.7%。其中，第一产业用电量1.59亿千瓦时，增长19.8%；第二产业用电量52.87亿千瓦时，增长2.7%，其中工业用电量52.41亿千瓦时，增长3.0%；第三产业用电量7.32亿千瓦时，增长3.1%。城乡居民生活用电量9.27亿千瓦时，增长16.8%。

二、农　业

2022年，实现农林牧渔业总产值150.55亿元，增长4.7%。其中，农业产值66.46亿元，增长5.1%；林业产值0.42亿元，增长3.2%；牧业产值47.32亿元，增长0.4%；渔业产值18.53亿元，增长7.4%；农林牧渔服务业产值17.82亿元，增长13.3%。粮食生产全省“十七连冠”，全年粮食总产62.37万吨，粮食总产保持稳定；粮食综合单产每亩519.33公斤，下降0.3%。全年蔬菜总产量76.81万吨，增长3.3%，油料总产量1.42万吨，下降9.6%，水产品产量4.95万吨，增长1.6%。生猪存栏35.6万头，增长5.6%；生猪出栏61.84万头，增长1.1%；家禽存栏1440.46万羽，增长5.5%；家禽出栏1377.42万羽，增长5.7%。在全省率先成立五大区域农业服务中心，运行模式被农业农村部科技教育司在全国推广。以“稻米和禽蛋”为主导产业，成功晋级国家现代农业产业园创建行列。获落实粮食安全责任制到位省政府督查激励。建成2500亩开发区生态高标准农田稻麦种植示范区项目。获“十四五”全省首批“农村人居环境整治示范县”创建单位。

全市农业机械原值11.37亿元，净值7.96亿元，较上年增加0.25亿元，农机总动力74.53万千瓦，拥有各类农业机械7.2万台（套）。其中，小型拖拉机3128台，大中型拖拉机1806台，联合收割机1509台，水稻插秧机2157台，植保机械1.10万台，机电排灌泵站近3900座，农业综合机械化水平本级监测达92.9%。

完成机耕面积119.75万亩，机播面积116.94万亩（含机直播和机插），机灌面积73.63万亩，机收面积118.71万亩，机植保面积125.12万亩。全市农机

表73 2022年海安市主要农业产品产量统计表

指标名称	单位	总量	增长率（%）
粮食	万吨	62.37	持平
油料	万吨	1.42	-9.6
水果	万吨	6.33	1.6
蔬菜	万吨	76.81	3.3
生猪存栏	万头	35.60	5.6
生猪出栏	万头	61.84	1.1
家禽存栏	万羽	1440.46	5.5
家禽出栏	万羽	1377.42	5.7
猪肉	万吨	5.07	3.7
禽蛋	万吨	14.32	3.5
水产品	万吨	4.95	1.6

经营总收入6.71亿元，比上年增加1300万元。全年引导跨区作业联合收机1296台次，完成跨区机收面积91万亩，引导跨区作业高速插秧机1316台次，完成跨区机插面积135万亩，全市农机跨区作业总收入1.45亿元。

水利工程建设总投资5.4亿元，实施重点水利工程项目8个。其中，通过工程措施建设生态样板河道9条，长度23.5千米，新建护岸47千米，投资7341万元；围绕乡村振兴示范村、先进村实施河道疏浚32条，长度41.5千米，清淤土方48万立方米，投资1.1亿元；为打通村组“藕段河”，连接河网水系“最后一公里”，实施拆坝建涵（桥）56座，投资1330万元；推进实施里下河防洪圩堤除险加固7.7千米，投资1565万元；通扬运河综合整治工程实施河道疏浚16.19千米，新建护岸39.27千米，配套实施涵洞、改造涵闸闸首等55处，投资1.38亿元；区域治水畅流活水项目实施立公河地涵、江海河闸、丁堡河套闸等控导工程28座，项目投资1.1亿元。打造焦港幸福河建设工程，从水生态、水文化、水智慧建设三方面实施，项目总投资2506万元。

三、工业、建筑业

至2022年末，工业规模以上企业数、亿元企业数均居全省第一方阵。全年规模以上工业总产值2144.64亿元，比上年增长13.0%，规模以上工业增加值比上年增长6.0%。全年实现工业应税销售2187.7亿元，规模以上工业企业实现营业收入2098.14亿元，比上年增长12%。高新技术产业产值比上年增长0.7%，占规模以上工业产值比重34.4%。战略性新兴产业产值比上年增长19.3%，占规模以上工业产值比重42.2%。大力实施“5123”大企业领航工程，全力打造“单项冠军、专精特新”双名城，新增国家级制造业单项冠军企业2家、国家专精特新“小巨人”企业6家，总量居南通首位。天楹集团获评国家级服务型制造业示范企业、获省长质量奖。

全市建筑企业实现施工产值2075亿元，规模总量保持全省领先、南通前列。职工分配总额超300亿元，入库税金超13.1亿元。苏中集团、华新集团税收贡献超亿元，达欣集团、信拓集团、江苏福尚税收贡献超5000万元。新增矿山建设工程、建筑工程房建、建筑装修装饰等领域一级资质企业8家。新增省级高新技术企业3家，润宇集团、南通鑫范获评省级企业技术中心。新增装配式建筑面积28万平方米。苏中集团、华新集团和达欣集团3家企业入选江苏建筑业百强企业“综合实力类”50强。新增参建鲁班奖1项、国优奖3项、詹天佑奖4项。积极策应“一带一路”，建筑领域合作范围向境外延伸，在15个国家和地区承接工程项目，境外营业额超1亿美元，增长20.5%；境外合同额1.7亿美元，增长近1倍。

四、旅游、国内贸易和对外经济

至2022年末，海安市有国家A级景区6家，其中，AAAA级2家、AAA级4家；星级酒店6家，其中，四星级1家、三星级5家；旅行社20家。

全年规模以上服务业实现营业收入99.3亿元，增长7.8%。列统的十大行业门类中，居民服务修理和其他服务业、科学研究和技术服务业、信息传输软件和信息技术服务业、租赁和商务服务业、文化体育娱乐业、卫生和社会工作六个行业营业收入实现增长，增速分别为39.8%、36.4%、29.6%、13.6%、8.8%和1.3%。全年完成服务业应税销售1065.4亿元，下降24.8%。实现社会消费品零售总额421.5亿元，增长1.7%。其中，限额以上企业零售额84.16亿元，下降6.7%。分行业看，实现批发业销售额1027.87亿元，下降8.3%；零售业销售额296.78亿元，增长2.4%；住宿业营业额4.94亿元，下降3.8%；餐饮业营业额62.58亿元，下降4.5%。

实现外贸进出口总额201.04亿元，下降4.9%。其中，出口总额163.22亿元，增长0.2%；进口总额37.82亿元，下降22.1%。实现外资到账2.8亿美元、对外直接投资1.18亿美元，新增省级服务贸易基地1个、重点企业3家。健全完善项目预审制，开展线上线下联动招商，新签约并注册5亿元以上内资项目42个、3000万美元以上外资项目12个。精准服务“走出去”企业，推动中国天楹和苏中集团达成战略合作，实现境外项目“抱团出海”。珀泰蓝智能卫浴通过海关“AEO”高级认证现场审核。

五、固定资产投资、房地产

2022年，新开工亿元以上工业项目69个，竣工38个，其中，新开工5亿元以上项目21个，竣工17个。3个项目入选省级重大项目、23个项目入选南通市级重大项目。全年实现固定资产投资

458.44亿元，其中，第一产业投资0.38亿元、第二产业投资314.82亿元、第三产业投资143.24亿元。完成高技术产业投资157.21亿元，基础设施投资15亿元，旅游业投资18.90亿元。

2022年，完成房地产投资66.37亿元，增长2.8%；商品房施工面积594.97万平方米，下降4%；商品房销售面积157.69万平方米，下降41.9%，商品房销售额161.93亿元，下降37%。商品房待售面积16.40万平方米，下降19.1%，其中，住宅待售面积4.21万平方米，下降35.3%；商铺待售面积10.59万平方米，下降2.9%。

六、交通、城乡建设和环境保护

2022年，完成公路客运量15万人次，客运周转量838万人千米，分别下降98.5%、98.7%。完成公路货运量1537万吨，货物周转量30.88亿吨千米，分别下降6.0%、6.6%。完成水路货运量2367万吨，周转量130.91亿吨千米，分别增长25%、15.7%。

328国道快速化工程建成通车，栟茶运河航道治理工程和李港桥、集西桥、丁所大桥3座航道桥梁工程投入使用，亮化农村公路150千米，新改建农村桥梁10座。建成县级农村物流中心2处、镇级农村物流服务站8处、村级农村物流服务点206个，开通交邮融合线路2条，创成省级农村物流达标县。优化完善公交客运服务网络，开通海安至如皋毗邻公交专线，优化南通理工学院（海安校区）至城区公交线路。加强公路干线环境整治，打造"美丽农村路"13条、60余千米。开展道路运输"天网"、水上交通"苏水安澜"、公路水运工程"蓝盾"等专项执法行动，全年查处违法违规案件278起，完成1处执法场所、17辆车、船（艇）标准化改造。

推进天然气管网建设，全年建成中压管线93.35千米，低压管线110.98千米，安全供气2.75亿立方米。接到污水处理厂的管网长度25千米，接到污水处理设施长度15千米。

常安生态环境政策集成改革试点与限值限量管理和生态安全缓冲区建设成功入选"2022年度南通市十佳生态环境治理改革创新案例"。自然资源节约集约利用工作获省政府督查激励。获省级环保资金补助1616万元。开展"双随机"执法检查，全年共开展12次，抽查企业680家次，立案调查382家。推进排污许可证核发，核发排污许可证501张，占南通核发总量的28%。着力化解环境信访，全年受理信访总量2198件，比上年下降22.19%。2022年海安市$PM_{2.5}$平均浓度每立方米31微克，优良天数比例81.9%，市考以上断面水质优Ⅲ类比例连续两年100%，未发生重特大污染事件，受污染耕地安全利用率、污染地块安全利用率和重点建设用地安全利用率均为100%。

七、财政、金融和保险

2022年，实现一般公共预算收入66.02亿元（净入库），下降5.01%，其中税收收入44.86亿元，下降21.38%，非税收入21.16亿元，增长70.11%。全年一般公共预算支出140.46亿元，增长0.74%。

年末，金融机构本外币存款余额2020.03亿元，比年初增加201.29亿元，增长11.07%。其中，住户存款1313.58亿元，比年初增加209.80亿元，增长19.01%；非金融企业存款528.64亿元，比年初减少7.68亿元，下降1.43%；财政性存款20.15亿元，比年初减少0.03亿元，下降0.17%；机关团体存款151.67亿元，比年初减少0.75亿元，下降0.49%；非银行业金融机构存款5.33亿元，比年初减少425.20万元，下降0.79%，境外存款0.66亿元，比年初减少66.7万元，增长1.02%。金融机构本外币贷款余额1867.65亿元，比年初增加261.40亿元，增长16.27%。其中，境内住户贷款396.56亿元，比年初增加23.03亿元，增长6.16%；非金融企业及机关团体贷款1471.04亿元，比年初增加238.37亿元，增长19.34%；境外贷款491.78万元，比年初增加55.43万元，增长12.70%。

至2022年末，有财产保险机构14个，实现财产险保费收入9.76亿元，增长9.77%；赔付金额5.71亿元，赔付率58.53%。人寿保险机构20个，实现人寿险保费收入23.28亿元，增长4.34%；理赔给付及其他各类给付3.87亿元。

表74　2022年海安市财政收支情况统计表

指标名称	总量（亿元）	增长率（%）
一般公共预算收入	66.02	−5.01
增值税	14.98	−41.28
企业所得税	7.31	−16.75
个人所得税	2.64	3.99
一般公共预算支出	140.46	0.74
一般公共管理与服务	10.46	−11.58
教育	21.04	2.63
科学技术	7.27	1.39
社会保障和就业	27.73	23.35
医疗卫生	13.77	10.07
城乡社区事务	17.59	−20.77
农林水事务	12.19	5.45
住房保障	10.93	17.65
其他支出	19.48	−10.93

表75 2022年末海安市金融机构本外币存贷款情况统计表

指标名称	总量（亿元）	比年初增加（亿元）	增长率（%）
各项存款余额	2020.03	201.29	11.07
住户存款	1313.58	209.80	19.01
非金融企业存款	528.64	−7.68	−1.43
各项贷款余额	1867.65	261.40	16.27
短期贷款	725.33	66.89	10.16
中长期贷款	1064.93	171.78	19.23

八、教育、科技和人才

全市有各级各类学校153所，在校学生8.96万人。其中小学48所，在校生3.88万人；初中26所，在校生1.70万人；普通高中7所，在校生1.01万人；职业高中1所，在校生4352人；特教1所，在校生138人；幼儿园68所，在园幼儿1.74万人；技工校2所，学生1741人。全市在职教职工9826人。

全市学龄儿童入学率100%，小学毕业生升学率102.58%，初中毕业生升学率100.32%，学前教育、义务教育、残疾儿童入学、初中三年巩固率均保持在100%。2022年高考再创佳绩，海安学生理科最高分687分，为全省第四名、南通市第一名，全省前10名2人，前100名13人，600分以上高分人数稳居南通首位、全省前茅。中考各项核心指标南通市领先，南通市第一名花落海安（海陵中学储仲738分），700分以上高分群体比例位居南通首位。职教高考本科录取120多人，录取率远高于省均水平。

创新驱动成效明显。高分通过首批国家创新型县（市）验收，苏中苏北唯一。连续五年被省政府通报表彰为推动科技政策落实和科技体制改革成效明显地区，南通唯一。科技创新工作获省政府督查激励。入选国家技术创新示范企业1家、省创新型领军企业4家。新增产学研合作项目223个，高企总数突破460家，铁锚玻璃获评国家技术创新示范企业。新增省工程技术研究中心6家，太原理工大学海安产业研究院投入运营、上海交大海安研究院获批立项省级新型研发机构建设项目。海安高新区获批省知识产权建设示范园区，每万人发明专利拥有量65.01件，每万户企业有效注册商标量6375.02件，累计拥有中国驰名商标7件，获得中国专利优秀奖4项，江苏专利优秀奖3项。

人才聚集步伐加快。深入实施“海安英才”计划，首次召开人才发展大会，出台新一轮“人才强市36条”，引进国家级海外人才11人、高层次创新创业人才106人，人才综合竞争力位居全省前列。“青年人才集聚”“人才优惠购房”等系列配套政策推出实施，打造南通首家“青年人才驿站”，新增青年公寓和人才公寓1052套，人才服务窗口累计办理人才政策事项1568项，兑现资金2750余万元。招引高校毕业生、蓝领技能人才1.21万人，新增高技能人才2200人。质量强市再创佳绩，天楹集团获省长质量奖，严圣军获评“江苏制造突出贡献奖”先进个人，联发集团荣获“江苏制造突出贡献奖”优秀企业。

九、卫生、文化和体育

海安市有医疗卫生机构409家，其中，医院51家，乡镇卫生院（社区卫生服务站）29家，村卫生室207家，卫生防疫防治机构1家，妇幼卫生保健机构1家，卫生监督所1家，120急救站1家，门诊部、诊所114家，其他医疗卫生机构4家。医疗机构总床位6635张，其中，医院床位5755张，乡镇卫生院（社区卫生服务站）床位860张。卫生技术人员6174人，其中，执业医师、执业助理医师2480人，注册护士2542人。每村均设有医疗点，村卫生室人员750人，新型农村合作医疗覆盖面100%。医疗卫生服务体系和队伍建设工作获省政府督查激励。

拥有区镇综合文化服务中心10家。博物馆、纪念馆7家。文物保护单位16处，其中全国重点文物保护单位2处、省级5处、市级6处、县级3处。拥有省级非物质文化遗产项目7个，市级非物质文化遗产项目21个。图书馆藏书量（不含图书馆分馆及农家书屋）51.22万册，全年阅读量79.92万人次，博物馆接待量36.01万人次。

舞台艺术作品获省级奖5项件，南通市级18项件。全年送戏195场，送展览120场，送培训200场。举办农民（社区）艺术节231场，“行万里路、进千家门”惠民文艺演出924场。

2022年，新建城区嵌入式篮球场2片，三类体育公园1个，健身步道10千米。完善城乡一体化“15分钟健身圈”服务功能，为乡村振兴示范村和先进村配置体育健身器材330件，全市人均体育场地面积新增28万平方米。培训三级社会体育指导员与骨干561人，全市现有各级社会体育指导员4421人，晨晚练健身点1643个。举办海安市第十届运动会暨第五届全民健身运动会、海安市第五十九届北凌农民运动会，“福虎生风乐·新春律动趣”、6月奥林匹克主题、海安市“同谱全民健身曲·共唱海安奋进歌”全民健身月系列活动等群众健身体育活动109场。承办省级赛事2项、南通市级2项。新时代文明实践中心健身体育服务活动38次，公益培训2万余人，免费为6000名群众进行国民体质监测并开具运动处方，城乡居民体质测试合格率93.5%，经常参加体育锻炼人口比例43.56%。累计销售体育彩票1.91亿元，市体育中心获评省级体育服务综合体，1家体育企业成功申报省级体育产业发展奖励资金。

十、人民生活、社会保障

海安市居民人均可支配收入45116元，增长5.0%。其中，工资性收入25615元，增长4.9%；经营净收入7955元，增长2.5%；财产净收入3143元，增长2.7%；转移净收入8403元，增长8.7%。全体居民人均生活消费支出29392元，增长4.9%。城镇居民人均可支配收入57045元，增长4.1%；人均生活消费支出33293元，增长3.7%。农村居民人均可支配收入29826元，增长6.1%；人均生活消费支出24391元，增长6.5%。

全年新增城镇就业1.05万人，城镇失业人员再就业5781人，就业困难人员就业3024人，城镇登记失业率小于4%。城乡劳动者就业技能培训6206人，新生代农民工职业技能培训5541人，创业培训1445人。支持成功自主创业3126人，为110名创业者提供富民创业担保贷款1665万元。开发260个基层公益性岗位托底安置低收入劳动力等就业困难人员，享受就业社保补贴6451人，发放灵活就业社保补贴2703.65万元。

至2022年末，全市企业职工基本养老保险、工伤保险、失业保险参保人数分别为21.84万人、18.19万人、16.92万人，城乡居民养老保险参保人数为35.87万人。

全市有各类养老机构34家，其中公办社会福利院1家，农村敬老院20家，民办养老机构13家。养老床位4854张，实际入住老人近2500人。全市在册城镇低保对象211户289人、农村低保对象4278户5668人、农村特困供养对象3475人、城市“三无”老人（无劳动能力、无生活来源、无赡养人和扶养人）21人。全市婚姻登记处依法办理结婚登记3078对，补领婚姻登记证907对，离婚登记772对，离婚补领证96本。

注：[1]本公报使用的数据为相关部门初步统计数据。

[2]部分数据因四舍五入问题，存在总计与分项合计不等的情况。

[3]部分指标数据因统计口径调整，较上年不具可比性。

海安市经济社会主要指标

表76　2013—2022年海安市地区生产总值统计表

年份	地区生产总值（万元）	第一产业	第二产业	工业	建筑业	第三产业	人均地区生产总值（元）
2013	5736316	489700	2843800	2336635	507165	2402815	61008
2014	6350389	521640	3094426	2500905	593520	2734324	67400
2015	7332731	544384	3993517	3332480	661355	2794830	77896
2016	8128139	566976	4382046	3703719	679542	3179117	86543
2017	9180890	595608	4997680	4238906	759727	3587602	98150
2018	10481184	622113	5663371	4817517	846944	4195700	112711
2019	11312073	661259	6090090	5173529	917645	4560724	122362
2020	12216289	718973	6424200	5436874	988322	5073116	133096
2021	13430914	761019	7259389	6256699	1003432	5410506	147442
2022	13797520	797077	7533070	6591192	942443	5467373	152571

表77 2013—2022年海安市国民经济主要指标统计表

年份	农林牧渔总产值（现价）（万元）	规模工业产值（亿元）	社会消费品零售总额（万元）	自营出口总额（万美元）	实际利用外资（万美元）	全社会固定资产投资完成额（万元）	财政收入（万元）	财政支出（万元）	金融机构年末存款余额（万元）	其中：城乡居民储蓄存款（万元）	金融机构年末贷款余额（万元）	城镇居民人均可支配收入（元）	农村居民人均可支配收入（元）
2013年	957138	1542.34	2140896	165183	30142	3742826	1151937	1157791	8299125	4998433	5859453	29474	14119
2014年	1027132	1771.91	2255637	214359	33151	4489468	1278751	1205885	9847505	5678939	6854418	31597	15155
2015年	1081225	1984.94	2515641	136444	30137	5100042	1407050	1356851	11136620	6299999	7548065	34445	16549
2016年	1132923	2208.83	2776653	140535	33515	5844597	1837486	1867816	12990120	6732464	7998932	37297	17978
2017年	1195971	2519.46	3048754	154673	23460	6098221	1560394	1609193	13789910	6771984	9582160	40656	19640
2018年	1151251	1881.45	3339898	153060	31695	4474036	1650379	2014685	13862070	6844832	10591354	44112	21473
2019年	1237866	1306.76	3548841	163694	31869	4850781	2128129	2396250	16060176	6167457	12211842	47844	23354
2020年	1343355	1463.94	3560552	194851	35870	5368834	2558652	2771263	18389154	7042853	14112288	50044	25176
2021年	1429022	1843.11	4143771	249365	36111	5720775	2650713	2641942	18187374	7762566	16062534	54799	28104
2022年	1505498	2128.62	4215134	245439	28701	4584375	1987362	2246752	20200302	9162805	18676526	57045	29826

表78 2022年海安的一天主要指标统计表

指标	单位	数值	指标	单位	数值
每天创造的财富			每天的收支		
地区生产总值	万元	37801.42	城镇居民人均可支配收入	元	156.29
第一产业	万元	2183.77	农村居民人均可支配收入	元	81.72
第二产业	万元	20638.55	城镇居民人均消费性支出	元	91.21
工业	万元	18058.06	农村居民人均消费性支出	元	66.82
建筑业	万元	2582.04	每天对外经济活动		
第三产业	万元	14979.10	进出口总额	万元	5507.87
房地产业	万元	1886.05	出口	万元	4471.70
财政收入	万元	5444.83	实际外商直接投资	万美元	78.63
粮食	吨	1708.77	每天人口变动		
水产品	吨	135.62	出生人数	人	8.63
纱	吨	208.33	死亡人数	人	27.47
化学纤维	吨	958.08			

表79 2022年海安主要指标在南通的贡献份额统计表

指 标	单 位	南通	海安	海安占南通的比重（%）
一、年末常住人口	万人	774.35	86.81	11.2
二、地区生产总值	亿元	11379.60	1379.75	12.1
第一产业	亿元	510.04	79.71	15.6
第二产业	亿元	5611.06	753.31	13.4
第三产业	亿元	5258.50	546.74	10.4
三、全社会固定资产投资	亿元	—	458.44	—
四、一般公共预算收入	亿元	613.00	66.02	10.8
一般公共预算支出	亿元	1147.22	140.46	12.2
五、社会消费品零售总额	亿元	3956.87	421.51	10.7
六、进出口总额	亿元	3665.25	201.04	5.5
出口	亿元	2350.38	163.22	6.9
实际利用外资	亿美元	29.52	2.73	9.3
七、在岗职工平均工资	元	106937	100300	—
全体居民人均可支配收入	元	49093	45116	—
城镇居民人均可支配收入	元	59605	57045	—
农村居民人均可支配收入	元	30819	29826	—
八、个人存款余额	亿元	10688.51	1313.58	12.3
九、农业主要产品产量				
粮 食	万吨	340.95	62.37	18.3
棉 花	吨	588.00	—	—
油 料	万吨	21.25	1.42	6.7

（市统计局）

海安市主要经济指标在全省位次

表80 2022年海安市地区生产总值在全省县（市）位次一览表

位次	县（市）	绝对量（亿元）	比上年增长（%）	位次	县（市）	绝对量（亿元）	比上年增长（%）
1	昆山市	5006.66	1.8	10	启东市	1391.14	2.2
2	江阴市	4754.18	2.3	11	海安市	1379.75	1.8
3	张家港市	3302.39	1.3	12	泰兴市	1366.67	5.3
4	常熟市	2773.97	2.0	13	如东县	1314.61	1.5
5	宜兴市	2236.72	3.2	14	沭阳县	1308.45	3.6
6	太仓市	1653.57	2.2	15	靖江市	1226.18	5.3
7	如皋市	1479.31	2.3	16	邳州市	1157.16	4.2
8	溧阳市	1416.22	6.2	17	兴化市	1085.19	4.3
9	丹阳市	1407.88	4.1	18	东台市	1050.52	4.7

续表80

位次	县（市）	绝对量（亿元）	比上年增长（%）	位次	县（市）	绝对量（亿元）	比上年增长（%）
19	高邮市	1014.81	4.8	30	睢宁县	682.56	0.4
20	沛　县	1012.23	4.0	31	泗阳县	676.39	3.2
21	仪征市	1002.93	4.6	32	泗洪县	651.81	3.8
22	宝应县	881.65	4.6	33	滨海县	605.93	4.3
23	新沂市	826.34	4.7	34	扬中市	585.99	5.0
24	句容市	754.62	1.0	35	丰　县	540.68	1.0
25	建湖县	710.40	4.9	36	盱眙县	525.08	3.8
26	射阳县	709.67	4.1	37	响水县	480.55	4.3
27	涟水县	700.37	4.1	38	灌南县	480.42	2.2
28	阜宁县	700.17	4.8	39	灌云县	451.48	3.0
29	东海县	684.49	4.2	40	金湖县	411.51	4.5

表81　2022年海安市人均地区生产总值在全省县（市）位次一览表

位次	县（市）	绝对量（元）	位次	县（市）	绝对量（元）
1	江阴市	266639	21	句容市	117652
2	昆山市	236331	22	建湖县	116727
3	张家港市	228698	23	响水县	104855
4	太仓市	196550	24	沛　县	98499
5	仪征市	186974	25	兴化市	96487
6	扬中市	185441	26	射阳县	93575
7	靖江市	184902	27	阜宁县	88361
8	溧阳市	175884	28	盱眙县	86668
9	宜兴市	173726	29	新沂市	86157
10	常熟市	164213	30	涟水县	85260
11	海安市	158766	31	泗阳县	81483
12	如东县	150551	32	邳州市	80461
13	启东市	145023	33	灌南县	78835
14	金湖县	142811	34	沭阳县	78397
15	高邮市	142630	35	泗洪县	75801
16	丹阳市	141981	36	滨海县	73984
17	泰兴市	137783	37	东海县	65655
18	宝应县	129569	38	睢宁县	63405
19	如皋市	120809	39	灌云县	63025
20	东台市	118362	40	丰　县	58422

表82　2022年海安市一般公共预算收入在全省县（市）位次一览表

位次	县（市）	绝对量（亿元）	比上年增长（%）	位次	县（市）	绝对量（亿元）	比上年增长（%）
1	昆山市	430.20	−2.1	21	新沂市	46.07	5.4
2	江阴市	226.83	−6.8	22	邳州市	43.28	−8.6
3	常熟市	220.00	4.4	23	睢宁县	42.25	−1.0
4	张家港市	219.10	−5.8	24	扬中市	40.66	4.6
5	太仓市	177.80	2.1	25	高邮市	40.09	2.8
6	宜兴市	131.72	0.5	26	建湖县	37.65	9.0
7	泰兴市	90.01	−3.3	27	丰　县	33.25	0.7
8	溧阳市	81.09	6.0	28	射阳县	30.76	−9.2
9	丹阳市	77.49	6.9	29	阜宁县	30.50	0.2
10	如皋市	73.50	6.1	30	东海县	30.03	2.2
11	靖江市	67.99	0.7	30	泗阳县	30.03	−6.1
12	启东市	67.16	3.6	32	涟水县	30.02	18.2
13	海安市	66.02	5.9	33	滨海县	28.96	9.0
14	沭阳县	60.71	−2.1	34	泗洪县	27.57	−13.3
15	东台市	60.60	0.6	35	金湖县	27.28	15.2
16	如东县	52.72	7.1	36	响水县	25.35	0.2
17	沛　县	50.01	−1.4	37	宝应县	24.48	−2.6
18	句容市	49.20	−17.7	38	灌云县	23.78	0.3
19	兴化市	48.02	4.0	39	灌南县	23.61	1.7
20	仪征市	46.65	−3.2	40	盱眙县	20.47	8.0

表83　2022年海安市第二产业增加值在全省县（市）位次一览表

位次	县（市）	绝对量（亿元）	比上年增长（%）	位次	县（市）	绝对量（亿元）	比上年增长（%）
1	昆山市	2614.42	1.7	14	如东县	637.45	−1.4
2	江阴市	2473.63	2.0	15	沭阳县	579.41	5.6
3	张家港市	1671.11	0.9	16	仪征市	525.85	5.8
4	常熟市	1402.74	1.6	17	高邮市	509.31	5.8
5	宜兴市	1176.90	4.0	18	邳州市	451.92	4.3
6	太仓市	812.12	0.6	19	沛　县	450.25	5.0
7	溧阳市	767.58	11.3	20	宝应县	434.18	6.1
8	海安市	753.31	3.4	21	兴化市	424.96	4.6
9	丹阳市	753.04	5.0	22	东台市	381.65	5.1
10	如皋市	741.79	4.1	23	句容市	340.96	0.4
11	泰兴市	698.88	7.1	24	新沂市	322.24	6.6
12	启东市	685.87	3.9	25	扬中市	317.99	6.1
13	靖江市	680.23	7.2	26	涟水县	314.15	6.5

续表83

位次	县（市）	绝对量（亿元）	比上年增长（%）	位次	县（市）	绝对量（亿元）	比上年增长（%）
27	建湖县	302.96	6.6	34	滨海县	244.66	4.3
28	泗阳县	299.36	4.7	35	灌南县	228.47	2.6
29	东海县	297.35	6.3	36	响水县	222.28	5.5
30	阜宁县	293.23	6.0	37	丰　县	206.95	2.7
31	睢宁县	268.78	0.3	38	盱眙县	203.14	5.5
32	泗洪县	266.31	5.4	39	金湖县	174.62	6.0
33	射阳县	260.51	4.9	40	灌云县	166.97	3.5

表84　2022年海安市实际使用外资在全省县（市）位次一览表

位次	县（市）	绝对量（亿美元）	比上年增长（%）	位次	县（市）	绝对量（亿美元）	比上年增长（%）
1	昆山市	17.32	80.8	21	金湖县	1.20	−15.9
2	张家港市	6.97	57.1	22	灌云县	1.18	−2.0
3	常熟市	6.55	10.5	23	射阳县	1.05	−4.4
4	江阴市	5.83	−28.5	24	句容市	0.90	−7.4
5	太仓市	5.56	26.1	25	新沂市	0.88	−61.8
6	溧阳市	4.03	11.3	26	睢宁县	0.79	−46.2
7	泰兴市	3.85	−0.9	27	东海县	0.76	−36.4
8	启东市	3.60	−6.5	28	盱眙县	0.64	−11.9
9	如皋市	3.22	−0.9	29	兴化市	0.61	−73.2
10	如东县	3.12	−17.9	30	泗阳县	0.56	−31.1
11	海安市	2.73	−24.3	31	东台市	0.48	−60.6
12	仪征市	2.03	−3.7	32	扬中市	0.45	−40.9
13	宜兴市	2.00	−58.1	33	滨海县	0.44	−35.3
14	邳州市	1.90	−41.3	34	沭阳县	0.40	−66.7
15	涟水县	1.61	−8.2	35	灌南县	0.32	−73.5
16	丹阳市	1.37	−17.5	36	建湖县	0.24	2.4
17	沛　县	1.37	−39.4	37	丰　县	0.22	−85.6
18	靖江市	1.36	−48.8	38	宝应县	0.18	−72.7
19	高邮市	1.26	−13.5	39	响水县	0.13	−73.7
20	阜宁县	1.23	110.1	40	泗洪县	0.02	−90.0

表85　2022年海安市社会消费品零售总额在全省县（市）位次一览表

位次	县（市）	绝对量（亿元）	比上年增长(%)	位次	县（市）	绝对量（亿元）	比上年增长(%)
1	昆山市	1638.10	0.8	5	沛　县	597.45	6.0
2	常熟市	1200.40	−1.1	6	宜兴市	551.94	−6.2
3	张家港市	789.30	−1.3	7	如皋市	537.08	0.9
4	江阴市	698.65	−0.9	8	太仓市	510.80	0.1

续表85

位次	县（市）	绝对量（亿元）	比上年增长（%）	位次	县（市）	绝对量（亿元）	比上年增长（%）
9	如东县	497.02	4.0	25	东海县	263.15	−1.9
10	启东市	477.24	−1.1	26	靖江市	248.55	2.2
11	睢宁县	464.85	−10.2	27	建湖县	239.68	3.6
12	邳州市	435.96	6.7	28	涟水县	224.45	−0.1
13	海安市	421.51	1.7	29	高邮市	188.70	1.9
14	新沂市	392.97	6.7	30	泗洪县	184.46	0.5
15	溧阳市	379.88	−2.3	31	盱眙县	180.75	−0.3
16	丹阳市	362.54	1.3	32	句容市	179.01	0.7
17	沭阳县	356.26	0.0	33	泗阳县	178.09	0.2
18	泰兴市	326.73	0.9	34	宝应县	175.10	2.7
19	兴化市	315.36	6.8	35	扬中市	158.76	1.5
20	东台市	308.42	2.5	36	金湖县	130.42	−1.0
21	丰　县	301.21	−5.6	37	响水县	128.20	3.2
22	阜宁县	284.38	2.1	38	仪征市	127.70	3.4
23	射阳县	278.90	1.7	39	灌南县	95.10	−3.8
24	滨海县	264.53	−4.3	40	灌云县	79.19	−2.3

表86　2022年海安市居民人均可支配收入在全省县（市）位次一览表

位次	县（市）	绝对量（元）	比上年增长（%）	位次	县（市）	绝对量（元）	比上年增长（%）
1	江阴市	70515	4.4	21	建湖县	37208	5.8
2	昆山市	70269	3.5	22	金湖县	36539	5.8
3	张家港市	68681	3.9	23	盱眙县	35152	5.8
4	常熟市	68421	4.1	24	邳州市	34557	5.5
5	太仓市	67392	3.9	25	射阳县	34381	5.5
6	宜兴市	58401	4.6	26	宝应县	34342	6.2
7	扬中市	56310	4.8	27	沛　县	34015	5.5
8	溧阳市	51904	4.8	28	滨海县	32475	5.5
9	丹阳市	50386	4.8	29	东海县	32370	4.7
10	靖江市	50252	6.0	30	阜宁县	32162	5.5
11	句容市	46507	4.5	31	新沂市	31360	5.6
12	启东市	46337	4.9	32	响水县	31291	5.7
13	泰兴市	45210	6.1	33	沭阳县	30353	5.8
14	海安市	45116	5.0	34	涟水县	30145	5.9
15	如皋市	43656	5.1	35	泗阳县	30119	5.9
16	如东县	43645	5.0	36	泗洪县	29358	5.8
17	仪征市	42859	6.5	37	睢宁县	28942	4.9
18	东台市	41914	5.7	38	丰　县	28934	5.0
19	兴化市	40112	5.9	39	灌南县	28105	5.0
20	高邮市	37775	6.3	40	灌云县	27549	5.1

（市统计局）

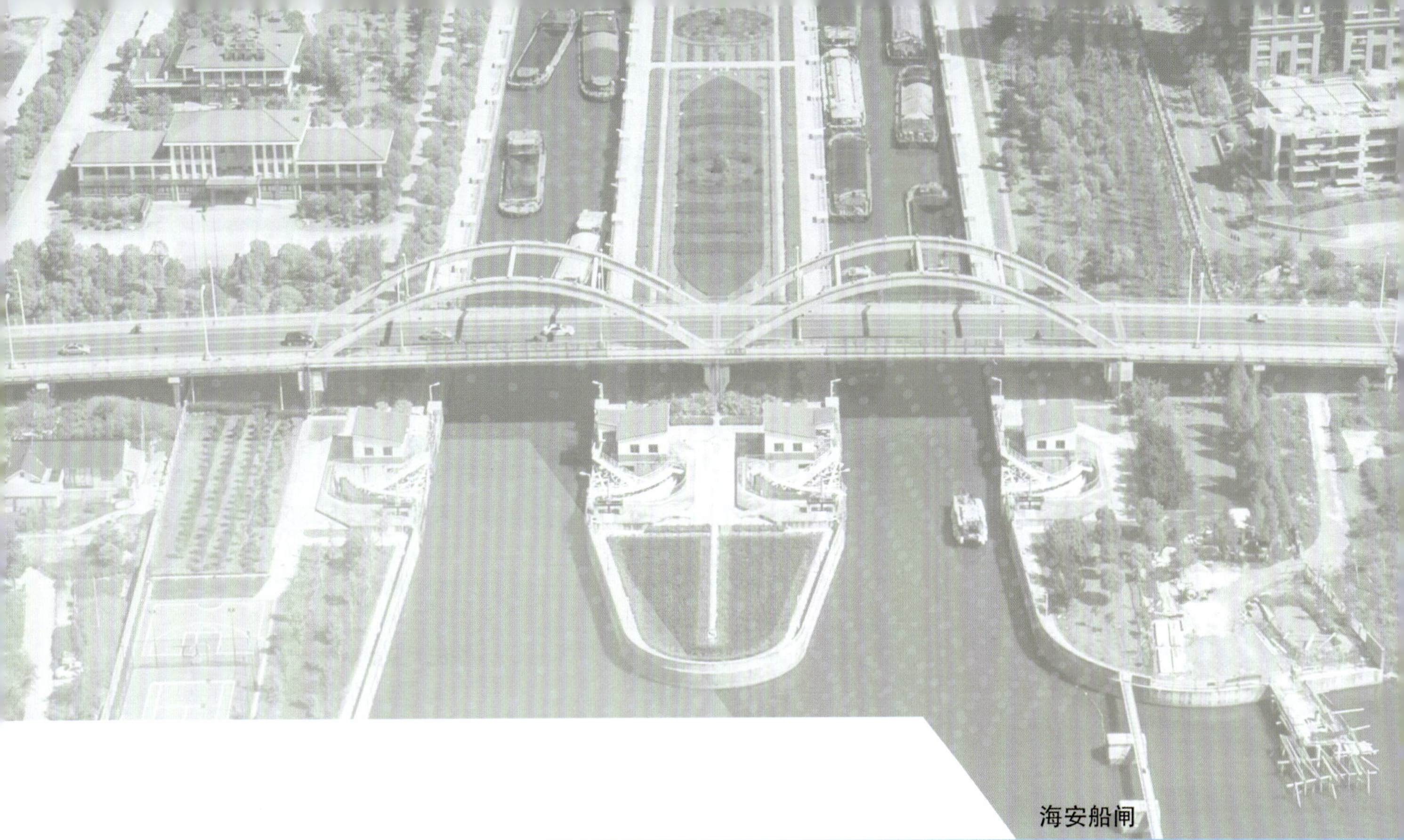

海安船闸

附　　录

海安市组织机构与负责人

市领导机构

中共海安市委员会

书　记　于立忠
副书记　谭　真　张　浩
　　　　杨善彤（挂职，9月任）
常　委　于立忠　谭　真
　　　　张　浩
　　　　杨善彤（挂职，9月任）
　　　　严长江　夏鹏飞
　　　　杨春红（女）　王巧荣
　　　　张明星（6月免）
　　　　郝三旺　卢　林
　　　　张勇华
　　　　钱旭东（6月任）

海安市人民代表大会常务委员会

主　任　张亚曦
副主任　卢忠平（1月任）
　　　　储开泉（1月辞）
　　　　赵剑波（1月任）
　　　　张忠宏　陈兴俊
党组书记　张亚曦
党组副书记　卢忠平（1月任）
　　　　　　储开泉
党组成员　陈兴俊　张忠宏

海安市人民政府

市　长　谭　真
副市长　严长江
　　　　杨善彤（挂职，9月任）
　　　　郝三旺　丁兴育（1月辞）
　　　　夏卫军　孙　康（11月辞）
　　　　曹　钺　周小军
　　　　周　平（女，1月任）
　　　　缪志春（11月任）
　　　　马小飞（挂职）
　　　　安谱昌（挂职，2月任）
党组书记　谭　真
党组副书记　严长江（7月任）
　　　　　　陈鹏军（1月免）
党组成员　杨善彤（挂职，9月任）
　　　　　郝三旺　夏卫军
　　　　　孙　康（11月免）
　　　　　曹　钺　周小军
　　　　　缪志春（11月任）
　　　　　安谱昌（挂职，2月任）
　　　　　张　飒（挂职，2月任）

政协海安市委员会

主　席　李春旺
副主席　卢忠平（1月免）
　　　　丁兴育（1月任）
　　　　彭为杰（1月免）
　　　　蔡祝平（1月免）
　　　　赵剑波（1月免）
　　　　王　怀（1月免）
　　　　李如生
　　　　陈锦璜（1月任）
　　　　张羽翼（女，1月任）
　　　　钱义华（1月任）
党组书记　李春旺
党组副书记　张明星（7月免）
　　　　　　钱旭东（7月任）
　　　　　　卢忠平（1月免）
党组成员　王　怀（1月免）
　　　　　李如生　葛志祥
　　　　　陈锦璜（1月任）
　　　　　朱　斌　景　凯

市纪检监察、武装、审判、检察机构

中共海安市纪律检查委员会

书　记　杨春红（女）
副书记　韩春生　徐　毅
常　委　韩春生　徐　毅
　　　　张加勤（女）
　　　　单　全（8月免）
　　　　丁金林　印创新
　　　　鲁珍明（8月任）

市监察委员会

与市纪律检查委员会合署。
主　任　杨春红（女）
副主任　韩春生　徐　毅
委　员　丁金林　印创新
　　　　鲁珍明（8月辞）　钱文亮
　　　　华秀芳（8月任）

市纪委监委内设机构

纪委监委办公室
主　任　季军华
纪委监委干部管理监督室
主　任　张　敏（女）
纪委监委宣传教育室
主　任　张　俊（3月任）
纪委监委党风政风监督室
主　任　陆存梅（女）
纪委监委信访室
主　任　左晓庆（女）
纪委监委案件监督管理室
主　任　华秀芳（女，8月免）
　　　　郁　磊（8月任）
纪委监委监督审查技术室
主　任　洪　娟（女）
纪委监委第一审查调查室
主　任　仲云子
纪委监委第二审查调查室
主　任　王小伟
纪委监委第三审查调查室
主　任　陈宇春
纪委监委第四审查调查室
主　任　唐小祥
纪委监委第五监督检查室
主　任　张海涛
纪委监委第六监督检查室
主　任　范长存（3月任）
纪委监委第七监督检查室
主　任　丁金林
副主任　郁　磊（8月免）
纪委监委第八监督检查室（第一派出监察员办公室）
主　任
副主任　何学富　杨　勇
纪委监委第九监督检查室（第二派出监察员办公室）
主　任　鲁珍明
副主任　吴丽华（女，11月免）
纪委监委第十监督检查室（第三派出监察员办公室）
主　任　姜小兵
副主任　施小军（11月免）
　　　　许云秀（女，11月任）

纪委监委第十一监督检查室（第四派出监察员办公室）
主　任　于志军
副主任　缪爱华（3月免）
　　　　周　罡（3月任）
综合电子监察中心
主　任　赵丽丽（女）
党风廉政建设教育中心
主　任　孙小龙（11月任）
市纪委监委派驻纪检监察组
派驻市委办纪监组
组　长　刘卫锋
派驻人大机关纪监组
组　长　徐海明（3月任）
派驻政府办纪监组
组　长　万蓓佳（女）
派驻政协机关纪监组
组　长　王劲松（3月免）
　　　　王桂明（11月任）
派驻组织部纪监组
组　长　凌　峰
派驻宣传部纪监组
组　长　王立新
派驻政法委纪监组
组　长　程华波（3月免）
　　　　缪爱华（3月任）
派驻法院纪监组
组　长　王桂明（11月免）
　　　　吴丽华（女，11月任）
派驻检察院纪监组
组　长　徐永全
派驻发展改革委纪监组
组　长　陆殿勇
派驻市场监管局纪监组
组　长　丁小震
派驻教体局纪监组
组　长　王　立（3月任）
派驻公安局纪监组
组　长　管秀祥
派驻财政局纪监组
组　长　王　立（3月免）
　　　　赵呈平（3月任）
派驻住建局纪监组
组　长　戎世春（女，3月任）
派驻交运局纪监组
组　长　戎世春（女，3月免）
　　　　程华波（3月任）
派驻卫健委纪监组
组　长　王　云（女，3月免）
　　　　杨　进（3月任）
派驻民政局纪监组
组　长　徐海明（3月免）
　　　　汪刚文（聘，3月任）

海安市人武部

党委第一书记　于立忠

海安市人民法院

院　长　秦昌东
副院长　丁培培（女，11月任）
　　　　周国庆　孙卫华
　　　　崔　淳（挂职）
专职委员　毛中海　王永进
政治部主任　丁培培（女，11月免）
党组书记　秦昌东
党组副书记　丁培培（女，11月任）

海安市人民检察院

检察长　夏琪斌
副检察长　秦建军　钱义华（3月免）
　　　　　陈　彦（女）
　　　　　崔恒伟（3月任）
　　　　　刘晶晶（女，挂职）
专职委员　李　锋　周亚明
政治部主任　周小平（女）
党组书记　夏琪斌
党组副书记　秦建军

市委工作机构及直属单位

办公室
市委工作机关，挂市委研究室、市委机要局、市国家保密局、市国家密码管理局、市档案局牌子。市委全面深化改革委员会办公室、国家安全委员会办公室设在市委办公室。
主　任　章晓丽（女）
副主任　王群飞　王代军
　　　　顾成勇　薛　军
　　　　王桂江（挂职）
研究室
在市委办公室挂牌。
主　任　章晓丽（女）
专职副主任　蒋泳波
全面深化改革领导小组办公室
在市委办公室挂牌。
主　任　章晓丽（女）
专职副主任　解　峰
机要局
在市委办公室挂牌。
局　长　章晓丽（女）
专职副局长　骆者亮
国家保密局
在市委办公室挂牌。
局　长　章晓丽（女）
专职副局长　陈京京
国家密码管理局
在市委办公室挂牌。
局　长　章晓丽（女）
档案局
在市委办公室挂牌。
局　长　章晓丽（女）
专职副局长　温淑平（8月任）
接待办公室
市委、市政府直属事业单位，相当正科级建制。
主　任　周　晔
副主任　陈希韩
组织部
市委工作机关，挂市委非公有制企业和社会组织工作委员会、市委党建工作领导小组办公室、市委市级机关工作委员会、市公务员局牌子，设市考核工作委员会办公室。
部　长　张明星（6月免）
　　　　钱旭东（6月任）
常务副部长　吴　兰（女）
副部长　陈　焱　张　虎
　　　　于长海
部务委员　王桂江
非公有制企业和社会组织工作委员会
在市委组织部挂牌。
书　记　吴　兰（女）
专职副书记　丁国富
市级机关工委
在市委组织部挂牌。
书　记　于长海
专职副书记　梅从圣
市级机关纪监工委
书　记　瞿陈伟（3月任）
党建工作领导小组办公室
在市委组织部挂牌。
主　任　王桂江（8月免）
　　　　吴　兰（女，8月任）

专职副主任　徐智鹏

考核工作委员会办公室

设在组织部。

专职副主任　杨成龙（11月免）

党员干部现代远程教育管理办公室

设在组织部。

主　任　曹晓婕（女）

宣传部

市委工作机关，挂市精神文明建设指导委员会办公室、市新闻出版局（版权局）、市互联网信息办公室牌子，设市委网络安全和信息化委员会办公室。

部　长　卢　林

常务副部长　张志刚

副部长　涂祖凤（女）　程卫国

精神文明建设指导委员会办公室

在市委宣传部挂牌。

主　任　张志刚

专职副主任　刘友斌（8月免）
　　　　　　仲　杰（8月任）

新闻出版局

在市委宣传部挂牌。

局　长

网络安全和信息化委员会办公室

在市委宣传部挂牌。

专职副主任　刘文奇（女）
　　　　　　卢秀峰（挂职，11月任）

统一战线工作部

市委工作机关，挂市民族宗教事务局、市政府侨务办公室牌子。

部　长　张明星（6月免）
　　　　钱旭东（6月任）

常务副部长　黄婧婧（女）

副部长　陈文进
　　　　张晨曦（女，11月任）

民族宗教事务局

在市委统战部挂牌。

局　长　陈文进

副局长　刘和军　郑　伟（挂职）

市政府侨务办公室

在市委统战部挂牌。

主　任　张晨曦（女，11月任）

专职副主任　钱秀玲（女）

政法委员会

市委工作机关，市国家安全办公室与其合署。

书　记　王巧荣

常务副书记　张元根（11月免）
　　　　　　凌　勇（11月任）

副书记　孙　康（11月免）
　　　　缪志春（11月任）
　　　　周　林（8月任）
　　　　吴叶青（3月任）
　　　　张长春　张　建

机构编制委员会办公室

市委工作机关，挂市事业单位登记管理局牌子，归口市委组织部管理。

主　任　陈　焱

副主任　周　东

事业单位登记管理局

在市委机构编制委员会办公室挂牌。

局　长　陈　焱

专职副局长　姜　蕙（女，3月任）

台湾工作办公室

市委工作机关，挂市政府台湾事务办公室牌子。

主　任　刘建华（3月免）
　　　　王　健（3月任）

副主任　周　兵（11月免）
　　　　朱素荣
　　　　薛　杰（挂职）
　　　　周建宇（挂职）
　　　　朱树春（挂职）
　　　　张　明（挂职）

巡察工作办公室

市委工作机关，设在市纪委。

主　任　印创新

副主任　王宝刚（11月免）
　　　　施小军（11月任）

第一巡察组

组　长　丁祥宏

副组长　姜　锋　高金珠（女）

第二巡察组

组　长　王长荣（女）

副组长　陈兴明　曹爱民

第三巡察组

组　长　张庆寿（8月免）
　　　　王宝刚（11月任）

副组长　刘海军　赵呈平（3月免）
　　　　郑淑华（女）
　　　　王　玉（3月任）

第四巡察组

组　长　李　澄（11月免）
　　　　陈苏六（11月任）

副组长　杭兴华　邓锡存
　　　　汪刚文（3月免）

老干部局

市委工作机关，挂市委离退休干部工作委员会牌子，归口市委组织部管理。

局　长　张　虎

副局长　杨训荣（11月免）　张庆华

离退休干部工作委员会

在市委老干部局挂牌。

书　记　张　虎

副书记　严俊明

史志工作委员会

市委直属参公事业单位。

主　任　杨　斌

副主任　唐仲荣　陈　远（女）

党　校

挂行政干部学校牌子，市委直属参公事业单位。

校　长　张　浩

常务副校长　王宝勇

副校长　朱　栋　朱素华（5月任）

党校校务委员会

主　任　张　浩

委　员　王宝勇　朱　栋
　　　　朱素华
　　　　杨红梅（女，11月任）

档案馆

市委直属参公事业单位。

馆　长　吴　晶（女）

副馆长　陆海鸥（女，3月免）
　　　　杨　莉（女，8月任）
　　　　赵忠琴（女，3月任）

11月，撤销市档案馆党组，党组职务自然免除。

融媒体中心

市委直属事业单位，市传媒集团与其合署。

主　任　周颖亚（女）

总编辑　张　斌

副主任　周龙彬　徐世华
　　　　杨　鹏　周花荣
　　　　徐耘昊

传媒集团

与市融媒体中心合署。

董事长　周颖亚（女）

总经理　张　斌

副总经理　周龙彬　徐世华

杨 鹏 周花荣
徐耘昊

融媒体中心（传媒集团）党委
书 记 周颖亚（女）
副书记 张 斌

市人大常委会工作机构

办公室
研究室、信访督办室与其合署。
主 任 李仁平
副主任 周 锋 韩世洋
研究室
与办公室合署。
主 任 印丽琳（女，11月免）
何继生（11月任）
副主任 彭 翔
信访督办室
与办公室合署。
主 任 储祥兰（女）
监察和司法工作委员会
主 任 许应军
副主任 张媛媛（女）
财政经济工作委员会
主 任 钱祥健
副主任 陈光明
人事代表工作委员会
主 任 沈宏华
副主任 邱 元
环境资源城乡建设工作委员会
主 任 姚 峰
副主任 储鹏飞
农业和农村工作委员会
主 任 花 平
副主任 盛秋卉（女）
教科文卫工作委员会
民宗侨台工作委员会与其合署。
主 任 吉清海
副主任 马艺文（女）
民宗侨台工作委员会
与教科文卫工作委员会合署。
主 任 何继生（11月辞）
印丽琳（女，11月任）
专职委员 钱 钧
刘万春
8月，成立人大机关党组。
党组书记 李仁平（8月任）

市人民政府工作机构及直属单位

办公室
政府工作部门，挂市政府研究室、市政府外事办公室牌子，市委外事工作委员会办公室设在市政府办公室。
主 任 杨国来
副主任 王国权（11月任）
吴叶青 单 全
吕继虎 杨光俊
于 萍（女，11月免）
蒋爱明（3月任）
周 平（女，挂职，1月免）
张羽翼（女，挂职，1月免）
陈兴斌（挂职）
谢志军（挂职，1月任）
张 杰（挂职，1月任）
研究室
在市政府办公室挂牌。
主 任 杨国来
专职副主任 蒋爱明（3月免）
马 宏（3月任）
外事办公室
在市政府办公室挂牌。
主 任 杨国来
市委外事工作委员会办公室
设在市政府办公室。
专职副主任 章 鹏（3月任）
8月，成立市政府办公室党组。
党组书记 杨国来（8月任）
党组副书记 王国权（11月任）
发展和改革委员会
政府工作部门，挂市粮食和物资储备局、市工业和信息化局牌子。
主 任 许金龙
副主任 吉拥海 张晨曦（女）
杨成龙（11月任）
陈 皞 王丽君（女）
杨 华（11月免）
总工程师 冯海平
党组书记 许金龙
党组副书记 吉拥海
杨成龙（11月任）
副科职干部 黄元成
粮食和物资储备局
在市发展和改革委员会挂牌。
局 长 许金龙
工业和信息化局
在市发展和改革委员会挂牌。
局 长 许金龙
专职副局长 赵秋明
教育体育局
政府工作部门。设市政府教育督导室。市委教育工作委员会与其合署。
局 长 王 晨
副局长 朱圣红（女） 万芝锋
崔益丰 秦丽平（女）
党组书记 王 晨
党组副书记 朱圣红（女） 杭 华
市委教育工作委员会
党工委书记 王 晨
党工委副书记 朱圣红（女）
纪工委书记 王 立（3月任）
科学技术局
政府工作部门。
局 长 任 镇
副局长 王晓聪 刘礼文
陈进荣 王 亮（挂职）
党组书记 王晓聪
党组副书记 孙 祥
公安局
政府工作部门。
局 长 孙 康（11月免）
缪志春（11月任）
督察长 孙 康（11月免）
缪志春（11月任）
副局长 杨宝虎 于志海
杨林根 季峥嵘（3月免）
李志明
陈亚明（3月任，11月免）
于 华（11月任）
王霖玉（女，挂职）
政 委 章群峰
党委书记 孙 康（11月免）
缪志春（11月任）
党委副书记 章群峰 杨宝虎
政治处主任 陈亚明（3月免）
于 华（3月任）
民政局
政府工作部门。
局 长 于俊卿

副局长　王俊华　臧网华
杨训荣（11月任）
党组书记　于俊卿

司法局

政府工作部门。
局　长　周　平（女，1月免）
谢志军（1月任）
副局长　谢志军（1月免）
周　林（8月免）
黄德春（11月免）
芦　霞（女）
张英存（11月任）
周晓建（11月任）
党组书记　谢志军
党组副书记　周　林（8月免）
政治处主任　吴先泉（11月免）
黄德春（11月任）

市委全面依法治市委员会办公室

设在市司法局。
主　任　王巧荣
专职副主任　张英存（11月免）
吴先泉（11月任）

财政局

政府工作部门，挂市政府国有资产监督管理办公室牌子。
局　长　段海峰
副局长　崔　惠（女）　刘兴逢
林志勇（8月免）
孙真宝（8月任）
党组书记　段海峰

国有资产监督管理办公室

在市财政局挂牌。
主　任　段海峰
8月，成立市委国有资产监督管理工作委员会，简称"国资工委"。
书　记　段海峰（8月任）
副书记　刘兴逢（8月任）
华留春（12月任）

人力资源和社会保障局

政府工作部门。
局　长　顾维斌
副局长　王　鲲　钟晓卫
王筱莉（女）
党组书记　顾维斌
党组副书记　王　鲲

住房和城乡建设局

政府工作部门，挂市人民防空办公室、市地震局牌子。
局　长　刘成亮
副局长　贾伯根　邓卫东
杨　勇　李德余
总工程师　夏永琴（女）
党组书记　刘成亮
党组副书记　贾伯根　杨　勇
钱晓兵

人民防空办公室

在住房和城乡建设局挂牌。
专职副主任　刘　浩（聘）

建筑工程管理局

局　长　贾伯根
市住房和城乡建设局副科职干部
储祥文　徐培鸿（女）

城市管理局

政府工作部门，挂市综合行政执法局牌子。
局　长　许祥法
副局长　周晓建（11月免）　黄晓兵
沈卫星　缪　行
严宏山（11月任）
万建军（挂职，11月任）
党组书记　许祥法

市综合行政执法局

在市城市管理局挂牌。
局　长　许祥法

交通运输局

政府工作部门。
局　长　崔　剑
副局长　陈　昕　章再兵
孙常青　高　菲（女，挂职）
总工程师　曹劲松（女）
党组书记　陈　昕

水利局

政府工作部门。
局　长　陈　峰
副局长　邓　琴（女）　吴建国
孙小进
党组书记　陈　峰

农业农村局

政府工作部门，挂市政府扶贫工作办公室、市乡村振兴局牌子，设市委农村工作领导小组办公室。
局　长　臧　忠
副局长　于木军（11月任）
杜明军　张　宇
曹剑华
总畜牧兽医师　董　飞
总农艺师　薛　岩（3月任）
党组书记　臧　忠
党组副书记　于木军

乡村振兴局

在市农业农村局挂牌。
局　长　臧　忠
专职副局长　于木军（11月免）
肖　娟（女，11月任）

市委农村工作领导小组办公室

设在市农业农村局。
专职副主任　徐　艳（女）

商务局

政府工作部门。
局　长　陆秋艳（女）
副局长　于雪晴　史霞兵
李　玮　周先宇
党组书记　陆秋艳（女）
党组副书记　于雪晴　史霞兵

投资服务中心

市商务局下属正科级事业单位。
主　任　于雪晴
副主任　梅　军　杨晓飞
雷晓刚　马勤晖

文化广电和旅游局

政府工作部门，挂市文物局牌子。
局　长　华志刚
副局长　吴秋月（女）　王　飞
刘友斌（8月任）
党组书记　华志刚
党组副书记　周颖亚（女）

文物局

局　长　华志刚
专职副局长　范小磊（聘）

卫生健康委员会

政府工作部门。
主　任　吴金祥
副主任　季永东（11月免）
仲重阳（挂职）　刘爱明
徐通生（11月任）
陆从兵　景亚莉（女，挂职）
党组书记　吴金祥
党组副书记　季永东（11月免）

退役军人事务局

政府工作部门。
局　长　韦宝军

副局长　吴文中　祝春涛
　　　　李存根　张前进（兼）
党组书记　韦宝军
应急管理局
政府工作部门，设市安全生产委员会办公室。
局　长　凌　勇（11月免）
　　　　孙宝军（11月任）
副局长　王建群　陈银君
　　　　周卫东　顾宏俊
总工程师　曹　进
党委书记　凌　勇（11月免）
　　　　　孙宝军（11月任）
党委副书记　王建群
安全生产委员会办公室
设在市应急管理局。
专职副主任　罗进明
审计局
政府工作部门，设市委审计委员会办公室。
局　长　杭亚军（3月免）
　　　　尤　建（3月任）
副局长　吉远忠（11月免）
　　　　何　伟（8月任）　陆　飞
　　　　孙真宝（8月免）
　　　　顾宝梅（女，11月任）
总审计师　胡广君
党组书记　杭亚军（3月免）
　　　　　尤　建（3月任）
市委审计委员会办公室
设在市审计局。
专职副主任　许稳兰（女）
行政审批局
政府工作部门，挂市政务服务管理办公室牌子。
局　长　单　蓓（女）
副局长　曹　青（女）　张海斌
　　　　丁爱武　印军荣
总规划师　张　锦（女）
党组书记　单　蓓（女）
政务服务管理办公室
在市行政审批局挂牌。
主　任　单　蓓（女）
专职副主任　储　海
市场监督管理局
政府工作部门，挂市知识产权局牌子。
局　长　袁加根

副局长　陈　洪（女，8月免）
　　　　杨姝莉（女）　顾　斌
　　　　蒋克荣　张亦凡（8月任）
食品药品安全总监　王　磊
总工程师　韦红梅（女）
党组书记　袁加根
党组副书记　金晓晋
知识产权局
在市场监督管理局挂牌。
局　长　袁加根
统计局
政府工作部门。
局　长　谢国华
副局长　刘海凝（女）　王　庆
总统计师　顾　钧
党组书记　谢国华
党组副书记　邓木林
医疗保障局
政府工作部门。
局　长　杨云根
副局长　葛铁宏（11月免）　童　军
　　　　陆晓静（女，3月任）
党组书记　杨云根
党组副书记　葛铁宏（11月免）
信访局
政府工作部门，市委信访局与其合署。
局　长　张羽翼（女，1月免）
　　　　祝和娟（女，1月任）
副局长　张　杰　崔元兵
　　　　程广元　罗桂潜
督查专员　钱海兵　王文林
党组书记　张　杰
地方金融监督管理局
政府工作部门，挂市政府金融工作办公室牌子。
局　长　陆从俊
副局长　崔海德
党组书记　陆从俊
金融工作办公室
在市地方金融监督管理局挂牌。
主　任　陆从俊
机关事务服务中心
市政府直属事业单位。
主　任　陈兴斌
副主任　祝增福　景存甫
　　　　崔世华
党组书记　陈兴斌

党组副书记　祝增福
政府投资项目工程建设中心
市政府直属事业单位。
主　任　唐仁圣（3月免）
　　　　邓卫东（3月任）
副主任　邓壮志（11月免）
　　　　周　健（女）
党组书记　唐仁圣（3月免）
　　　　　邓卫东（3月任）
社会治理综合服务中心
3月，成立中共海安市市域社会治理现代化指挥中心党组，撤销中共海安市市域治理现代化指挥中心党组，原中共海安市市域治理现代化指挥中心党组组成人员的职务自然免除。
8月，成立中共海安市社会治理综合服务中心党组，撤销中共海安市市域社会治理现代化指挥中心党组，原市市域社会治理现代化指挥中心党组组成人员的职务自然免除。
市政府直属事业单位，相当正科级。
主　任　王巧荣
副主任　申振铎　王国华
　　　　徐晓辉　包珊龙
　　　　陈子锋　周柏平
党组书记　吴叶青

政协海安市委员会工作机构

秘书长　景　凯
办公室
主　任　季永华
副主任　韩　鹏　顾东升
提案委员会
主　任　范建铭
政协经济科技和农业农村委员会
主　任　陈　琳
副主任　黄存书
政协委员工作委员会
主　任　朱昌军
副主任　于爱均　缪卢珊
教文卫体和文史委员会
主　任　祝和娟（女）
环境资源和城乡建设委员会
主　任　王晓波
副主任　史礼根（11月免）
　　　　于　萍（女，11月任）

社法民宗和港澳台侨委员会
主　任　于清山
副主任　戴智勇

垂直管理单位

南通市海安生态环境局
局　长　周海军
副局长　周　晖（4月免）　杨文峰
　　　　沈林玲（女）
　　　　王　浩（3月任）
　　　　杨晓燕（女，10月任）
党组书记　周海军
党组副书记　柳培文
江苏省海安地震台
台　长　于　华
副台长　徐连胜
国家税务总局海安市税务局
局　长　傅晓军
副局长　王　欣（11月免）
　　　　严建军（8月任）　张东栋
　　　　顾宝丰（11月任）
　　　　周　昇（8月任）
党委书记　傅晓军
纪检组长　吴　华
海安市自然资源和规划局
挂市林业局、市海洋局牌子。
局　长　茆根明
副局长　唐友根　季宜海
　　　　陶　明　夏　晶
总工程师　丁荣坤
总规划师　崔晓鹏
党组书记　茆根明
国网江苏省电力有限公司海安市供电分公司
总经理　唐玉婷（女）
副总经理　周奕兵　吴金明
　　　　　李其军　徐海军
　　　　　单志慧（5月任）
党委书记　周奕兵
党委副书记　唐玉婷（女）
纪委书记　徐华（女）
中国电信集团有限公司海安分公司
总经理　储晓慧（女）
副总经理　丁　赵（10月免）
　　　　　杨晓红（女）　穆蔡倩（女）
　　　　　帅晶晶（10月任）
党委书记　储晓慧（女）
纪委书记　杨晓红（女）
中国邮政集团有限公司江苏省海安市分公司
总经理　张海军（2月任）
副总经理　邓壮忠　沈　荣
　　　　　刘　稷
党委书记　张海军（2月任）
纪委书记　刘　稷
海安市气象局
局　长　郁　健
副局长　赵成诚　葛　鹏
江苏省盐业集团南通有限公司海安分公司
经　理　袁忠汉（3月免）
　　　　陆　路（3月任）
副经理　季红星　吴永兵（11月任）
经理助理　张解阳（3月任）
党支部书记　陆　路（3月任）
海安市烟草专卖局、南通市烟草公司海安分公司
局长、经理　王鸿俊
副经理　花培均　刘　阳（6月任）
副局长　孙　刚（2月任）
党组书记　王鸿俊
中国人民银行海安市支行
行　长　汤晓枫（9月免）
　　　　卢敏瓅（9月任）
副行长　陈冯军　章美娟（女）
党组书记　汤晓枫（9月免）
　　　　　卢敏瓅（9月任）
中国工商银行股份有限公司海安支行
行　长　彭　瑞
副行长　夏晓黎　姜　晓
党委书记　彭　瑞
纪委书记　周光磊
中国银行股份有限公司海安支行
行　长　缪　杰
副行长　戴亚琴（女）　吴庆霞（女）
　　　　方　念　蒋小蔓（女，8月免）
　　　　赵玲玲（女，8月任）
　　　　丁保兵（11月任）
党支部书记　缪　杰
中国建设银行股份有限公司海安支行
行　长　施汉平（4月免）
　　　　姜旭宇（4月任）
副行长　蔡晓虹（女）　徐晓成
　　　　章仕斌　杨新伟（5月任）
党委书记　施汉平（4月免）
　　　　　姜旭宇（4月任）
中国农业银行股份有限公司海安市支行
行　长　曹　煜（11月免）
　　　　方　健（11月任）
副行长　张　梅（女）　黄红军
　　　　王云阳　周书学
党委书记　曹　煜（11月免）
　　　　　方　健（11月任）
江苏海安农村商业银行股份有限公司
董事长　钱海标
行　长　江炜鑫（5月免）
　　　　崔小峰（5月任）
副行长　秦宏卫　冯增荣（5月免）
　　　　严德明　吴海燕（女）
　　　　邓晓程（女）
　　　　陈　勇（5月任）
监事长　金　泳
党委书记　钱海标
党委副书记　江炜鑫（5月免）
　　　　　　崔小峰（5月任）
中国人寿保险股份有限公司海安支公司
经　理　陈莉莉（女）
副经理　鲍红梅（女）　陈　亮
经理助理　徐培根
党支部书记　陈莉莉（女）
中国人寿财产保险股份有限公司海安支公司
经　理　蔡宏建
副经理　顾逸峰
经理助理　张桂盛
党支部书记　蔡宏建

市群众团体组织

总工会
主　席　杨海燕（女）
副主席　王　华（女）　刘学亮
　　　　张　驰（挂职）
党组书记　杨海燕（女）
共青团海安市委员会
书　记　姜朔昶
副书记　张亦凡（8月免）
　　　　范　鼎（11月任）
　　　　阙晓燕（女，11月任）
　　　　吴蓉蓉（女，挂职，11月任）

严　浩（挂职，11月任）
周　杰（兼职，4月任）

妇女联合会

主　席　刘冬梅（女）
副主席　马冬花（女）　金　华（女）
　　　　陶慧文（女，挂职）
　　　　崔月梅（女，兼职）
　　　　谢　颖（女，兼职，4月任）
党组书记　刘冬梅（女）

供销合作总社

主　任　徐幼松
副主任　韩　俊　许幼虔（女）
党组书记　徐幼松
党组副书记　韩　俊
监事会主任　梁晓东

科学技术协会

主　席　孙　祥
副主席　金　涛

归侨侨眷联合会

主　席　景圣余
副主席　王婷婷（女）
　　　　周杰祥（不驻会）
　　　　陈　飞（不驻会）
　　　　王良明（不驻会）
　　　　崔建军（不驻会）
　　　　柴　靖（不驻会）

工商业联合会（总商会）

主席（会长）　蔡祝平（1月免）
　　　　　　　赵剑波（1月任）
副主席（副会长）　黄婧婧（女）
　　　　　　　　　储雪松　范志军
　　　　　　　　　储呈平（不驻会）
　　　　　　　　　薛庆龙（不驻会）
　　　　　　　　　陈　敏（不驻会）
　　　　　　　　　王家安（不驻会）
　　　　　　　　　申承秀（女，不驻会）
　　　　　　　　　周经成（不驻会）
　　　　　　　　　笪鸿鹄（不驻会）
　　　　　　　　　仲跻和（不驻会）
副会长　杨忠国（不驻会）
　　　　曹洪新（不驻会）
　　　　常　琦（不驻会）
　　　　陈友华（不驻会）
　　　　王卫东（不驻会）
　　　　王传威（不驻会）
　　　　林克文（不驻会）
　　　　殷文元（不驻会）
　　　　贲友兰（女，不驻会）
　　　　吴贲华（不驻会）
　　　　韩良荣（不驻会）
　　　　袁　正（不驻会）
　　　　吴碧娟（女，不驻会）
　　　　杨　洋（不驻会）
　　　　王际行（不驻会）
党组书记　黄婧婧（女）

残疾人联合会

理事长　王　健（3月免）
　　　　张加勤（女，3月任）
副理事长　沈广军　包丽梅
　　　　　钟晓卫（兼职，10月任）
党组书记　王　健（3月免）
　　　　　张加勤（女，3月任）

哲学社会科学界联合会

主　席　涂祖凤（女）
副主席　涂开生　奚海宁（女）
　　　　康　健（不驻会）

文学艺术界联合会

主　席　徐　进（8月免）
副主席　吴　丹（女，3月任）
　　　　葛志华（不驻会）
　　　　周龙彬（不驻会）

红十字会

会　长　曹　铖
常务副会长　季永东（11月免）
副会长　陈松梅（女）
　　　　王群飞（不驻会）
　　　　于长海（不驻会）
　　　　吴　兰（女，不驻会）
　　　　于俊卿（不驻会）
　　　　周月琴（女，不驻会）
　　　　章群峰（不驻会）
　　　　朱时林（不驻会）
　　　　王　晨（不驻会）
　　　　吴金祥（不驻会）
　　　　吕书军（不驻会）
监事长　吉清海（不驻会）
副监事长　杨　进（不驻会）

法学会

会　长　王巧荣
常务副会长　张元根（11月免）
副会长　刘海建　于清山（不驻会）
　　　　周　平（女，不驻会）
　　　　秦建军（不驻会）
　　　　张长春（不驻会）
　　　　毛中海（不驻会）
　　　　章群峰（不驻会）
　　　　张英存（不驻会）
　　　　许应军（不驻会）

市企事业单位

江苏省海安高级中学

校　长　吕　建（8月免）
　　　　董裕华（8月任）
副校长　董裕华（8月免）　吴明山
　　　　周　峰　罗湘军（8月免）
　　　　顾玉华
党委书记　吕　建
纪委书记　顾玉华

江苏省海安中等专业学校

挂江苏广播电视大学海安学院、海安双楼中等学校、海安市技工学校、海安市建筑工程学校牌子。

校　长　杭　华
副校长　董　辉　唐永红
　　　　张　兵
党委书记　杭　华
党委副书记　徐培根
纪委书记　徐培根

人民医院

院　长　吕书军（3月免）
　　　　吉华亮（3月任）
副院长　董德平　仲重阳（11月任）
　　　　刘晓峰（3月免）　颜永进
　　　　储建华　杨小华
党委书记　张建平（3月免）
　　　　　吕书军（3月任）
党委副书记　吕书军（3月免）
　　　　　　吉华亮（3月任）
　　　　　　董德平
纪委书记　鲁小敏（女）

中医院

院　长　吉华亮（3月免）
　　　　刘晓峰（3月任）
副院长　葛　飞　周建军
　　　　陶　娟（女，挂职，7月任）
　　　　王亚军　于建忠
党委书记　朱时林
党委副书记　吉华亮（3月免）
　　　　　　徐通生（11月免）
　　　　　　葛　飞（3月任）

城建开发投资集团有限公司

董事长　蒋爱东
总经理　钱　锋
副总经理　曹兆稳　刘　群
桑培梅（女）
吉加德（8月任）
章　颖（女，8月任）
茆荣飞（8月免）
党委书记　蒋爱东
党委副书记　钱　锋　王　剑（8月任）
纪委书记　茆荣飞（8月任）

8月，市城建开发投资集团有限公司党委、纪委组成人员选举。

8月，根据《海安市国有企业改革优化整合方案》，市城建开发投资集团有限公司相关领导职务重新任命。

江苏瑞海投资控股集团有限公司

董事长　郭玉祥（8月任）
总经理　郭玉祥（8月免）
周玉宇（8月任）
副总经理　缪卫国
周晓勇（挂职，8月任）
吉　皓（8月任）
严春进（8月任）
徐振东
财务总监　王良斌
党委书记　郭玉祥（8月任）
党委副书记　郭玉祥（8月免）
周玉宇（8月任）
纪委书记　王　俊（8月任）

8月，江苏瑞海投资控股集团有限公司党委、纪委组成人员选举。

8月，根据《海安市国有企业改革优化整合方案》，江苏瑞海投资控股集团有限公司相关领导职务重新任命。

海安产业投资控股集体有限公司

董事长　王　勇
总经理　韦安华
副总经理　屈　正（8月任）　张海森
丁广乐（8月免）　朱树春
党委书记　王　勇
党委副书记　韦安华
纪委书记　丁广乐（8月任）

8月，海安产业投资控股集团有限公司党委、纪委组成人员选举。

8月，根据《海安市国有企业改革优化整合方案》，海安产业投资控股集团有限公司相关领导职务重新任命。

区镇机构

海安经济技术开发区（城东镇）

海安经济技术开发区党工委、管委会，分别为南通市委、市政府的派出机构，由海安市委、市政府代为管理，规格为正处级。

党工委

书　记　于立忠
副书记　张勇华（负责日常工作）
任永峰　吴建华
委　员　张英来　王晓晖
陈崇进　郁　江
朱志亮　仲月军
王启涛　张书伟（8月任）

管委会

副主任　任永峰　张英来
王晓晖　陈崇进
郁　江　朱志亮
仲月军

纪工委

书　记　王启涛
副书记　张庆寿（8月任）　陈闽安

党政办公室（区域治理现代化指挥中心、网格化服务管理中心、审计办公室）

主　任　杨小进（11月免）
副主任　丁　勇　陈兴峰
李晓亮（女，8月免）
陶　艳（女，8月免）
唐仕全（3月任）

党群工作局

局　长　景爱喜（女，8月任）
副局长　李晓亮（女，8月任）
陶　艳（女，8月任）
储瑞勤（8月任）
工会主席　郜生华
人武部长　丁帮钧
妇联主席　景爱喜（女）

经济发展局（科技和人才工作局）

局　长
副局长　季小云　胡　恺
韩忠兰（女，聘）
王卫东
季婷婷（女，聘，8月任）

财政局

局　长　林志勇（3月任）
副局长　华留春（12月任）
王　进（聘）　薛　珉（聘）

建设局

局　长　包如峰
副局长　黄　红（女）
袁　飞（聘）
包华海
陈兴军（聘，8月任）

招商局

局　长
副局长　程　森（聘）
薛　杰（聘）
陈　晨　张　明
蒋向军（8月任）

投资促进局（重大项目推进管理办公室）

局　长　孙宝军（11月免）
杨　华（11月任）
副局长　倪　明　蒋向军

现代服务业局

局　长　何　伟（8月免）
副局长　杨　进（3月免）
李　进（8月免）
李海燕（女，11月任）
奚应飞（女，3月任）

安全生产监督管理局

局　长　刘祥根
副局长　蒋政纲（6月免）
唐仕全（3月免）
何　军（3月任）
陆大兵（8月任）

行政审批局

局　长　储瑞明
副局长　万继文（聘）
马梦展（女，8月免）
费海霞（女，8月免）
李　进（8月任）

招商中心

主　任　包平东

海安开发区高科技创业园管理办公室

主　任　贲道明
副主任　洪　俊（聘，8月任）
黄　峰（聘，8月任）
钱　锋（聘，11月任）

523文化产业办公室

主　任　杨雅晴（女）

江苏海安商贸物流产业园

党工委

书　记　吴建华

副书记　郁　江（兼）　高卫东

委　员　李海燕（女，11月免）

　　　　王存宝（聘）

管委会

主　任　郁　江（兼）

副主任　李海燕（女，11月免）

　　　　王存宝（聘）

　　　　程　伟（11月任）

江苏海安保税物流中心管委会

主　任　高卫东

副主任　程　伟（11月免）

　　　　张　明（11月任）

上湖创新区（中意海安生态园）

党工委

书　记　陈崇进

副书记　杨　治　丁建峰（聘）

管委会

主　任　杨　治

副主任　季成伟　马守军（聘）

　　　　曹卫东

纪工委书记　储瑞勤（8月免）

　　　　　　周　罡（8月任）

城东镇

中共城东镇委员会

书　记　张勇华

副书记　任永峰

　　　　景爱喜（女）

　　　　孙宝军（11月免）

纪委书记　姜飞燕（女）

组织委员　钱　鹏

宣传委员　杨惠平（女，聘）

统战委员　钱　鹏（8月免）

　　　　　费海霞（女，8月任）

政法委员　钱　锋（11月免）

　　　　　王　磊（11月任）

镇人民代表大会

主　席　张书伟

镇人民政府

镇　长　任永峰

副镇长　李　峰　金育红

　　　　李鹏飞　陈蓉蓉（女）

　　　　陈　辉（12月辞）

　　　　朱圣东（11月免）

　　　　孙　伟（11月任）

海安高新技术产业开发区

海安高新技术产业开发区党工委、管委会为海安市委、市政府的派出机构。

党工委

书　记　邓加忠

副书记　鲁　斌　陆建银（8月任）

　　　　尤　建（3月免）　曹　骥

　　　　陈　丽（女，挂职）

党工委委员　孙卫华　刘来稳

　　　　　　秦海建　吉　锋

　　　　　　徐爱军（11月任）

　　　　　　张　锋（聘）

　　　　　　陆枳彤（女，11月任）

　　　　　　苗德强（挂职，8月任）

管委会

主　任　鲁　斌

副主任　刘来稳　秦海建

　　　　吉　锋　陆建银（8月免）

　　　　徐爱军（11月任）

　　　　丁小军（挂职，11月任）

　　　　陆枳彤（女，11月任）

纪工委

书　记　孙卫华

副书记　邓卫红（女）

　　　　秦长军

党政办公室（区域治理现代化指挥中心、网格化服务管理中心、审计办公室）

主　任　何咸平

党群工作局

局　长　蔡晓群（11月任）

经济发展局

局　长　邰国圣

财政局

局　长　秦海建（兼）

建设局

局　长　吴建华（聘）

招商局

局　长　史益华（聘，3月任）

投资促进局

局　长　王　宇

安全生产监督管理局

局　长　万　青

行政审批局

局　长　邹广芳（女）

妇　联

主　席　刘晓燕（女，3月任）

招商中心

主　任　周建宇

海安高新区高科技创业园管理办公室

主　任　张　锋（聘）

副主任　王　亮　史益华（3月免）

　　　　吕　伟（9月任）

　　　　田美娟（女，3月任）

　　　　解利稳（11月任）

　　　　岳晴晴（女，挂职）

海安高新区电子信息产业园管理办公室

主　任　奚树菁（女，挂职）

海安高新区时尚锦纶产业园管理办公室

主　任　陈蓓蕾（女，聘）

老坝港滨海新区（角斜镇）

老坝港滨海新区党工委、管委会为海安市委、市政府的派出机构，与角斜镇实行“区镇合一”管理体制，根据授权和委托，统筹辖区内经济社会事务。

党工委

书　记　周树群

副书记　王　旭　金爱兵

委　员　张　吉　周美琴（女）

　　　　韩晓祥　缪陈志

　　　　高瑞祯　洪柳柳

管委会

主　任　王　旭

副主任　张　吉　周美琴（女）

　　　　韩晓祥　缪陈志

　　　　高瑞桢

纪工委

书　记　洪柳柳

角斜镇

中共角斜镇委员会

书　记　周树群

副书记　王　旭　金爱兵

组织委员　缪　杰

宣传委员　李　逸

统战委员　苏国华

政法委员　单蒙蒙（女）

人武部长　张增强

镇人民代表大会

主　席　陶　华

镇人民政府

镇　长　王　旭

副镇长　张　吉　周美琴（女）

　　　　韩晓祥　缪陈志

中共角斜镇纪律检查委员会

书　记　洪柳柳

曲塘镇

中共曲塘镇委员会

书　记　吉祖荣

副书记　刘小松　丁小军

　　　　陈万荣

组织委员　张　晶（女）

宣传委员　余　澄（女）

统战委员　杨德志

政法委员　张　琦

人武部长　徐从兵

镇人民代表大会

主　席　冯永进

副主席　黄宝红（女）

镇人民政府

镇　长　刘小松

副镇长　潘国华（女）　周学锋

　　　　杨　啸　黄　鑫

　　　　范　鼎（11月辞）

　　　　曹　华（11月任）

中共曲塘镇纪律检查委员会

书　记　贲顺荣

李堡镇

中共李堡镇委员会

书　记　许　栩

副书记　丁小军（11月免）

　　　　陈方明（11月任）

　　　　顾爱群（女）

　　　　陈　忱（11月免）

　　　　郭小飞（11月任）

组织委员　钟伟伟（11月免）

　　　　　李仁婷（女，11月任）

宣传委员　闾　诚（女）

统战委员　施　青（女）

政法委员　王吉军

人武部长　王　林

镇人民代表大会

主　席　仲浩然

副主席　徐旭东

镇人民政府

镇　长　丁小军（11月辞）

　　　　陈方明（11月任）

副镇长　成雅秋（女）　吴　兵

　　　　郭小飞（11月辞）　郭　龙

　　　　贲智峰　嵇桂荣

　　　　钟伟伟（11月任）

中共李堡镇纪律检查委员会

书　记　徐　敏（女）

大公镇

中共大公镇委员会

书　记　金山存

副书记　鲁　竞（女）　阎　超

组织委员　谈晓燕（女）

宣传委员　徐　译（女）

统战委员　薛秋魁

政法委员　倪亚冬

人武部长　朱玉龙

镇人民代表大会

主　席　何　隽（女）

镇人民政府

镇　长　鲁　竞（女）

副镇长　沈　军　曹　阳

　　　　吉冠宇（11月辞）　黄明磊

　　　　周顺济（11月任）

中共大公镇纪律检查委员会

书　记　李红梅（女，11月免）

　　　　许　飞（11月任）

墩头镇

中共墩头镇委员会

书　记　周亚东

副书记　吴海荣　冒石宏

组织委员　王　伟

宣传委员　邵婷婷（女）

统战委员　陈　赟

政法委员　周志祥

人武部长　周叶青

镇人民代表大会

主　席　申如东

镇人民政府

镇　长　吴海荣

副镇长　王志栋　张艺凡（女）

　　　　顾海亮　刘桂倩（女）

中共墩头镇纪律检查委员会

书　记　杨　燕（女）

白甸镇

中共白甸镇委员会

书　记　蒋增鹏

副书记　陆枳彤（女，11月免）

　　　　彭红宇（11月任）　崔　君

组织委员　施佳男（女）

宣传委员　徐　峰

统战委员　周葛莉（女）

政法委员　杜晓颖（女）

人武部长　赵延民

镇人民代表大会

主　席　华留春（12月辞）

　　　　陈　辉（12月任）

镇人民政府

镇　长　陆枳彤（女，11月辞）

　　　　彭红宇（11月任）

副镇长　钱　炜（女）　郭　勇

　　　　刘　臻　陶晶晶

中共白甸镇纪律检查委员会

书　记　贲可梁

南莫镇

中共南莫镇委员会

书　记　余星星

副书记　徐　立　曹剑峰

组织委员　薛钧尹（女）

宣传委员　严俊颖

统战委员　马　君（女）

政法委员　王金根

人武部长　毛国平

镇人民代表大会

主　席　吴剑英（女）

镇人民政府

镇　长　徐　立

副镇长　王芳芳（女）

　　　　蔡晓群（11月辞）

　　　　张　成　徐其军

　　　　张　伟（聘，11月任）

中共南莫镇纪律检查委员会

书　记　凌　琳（女）

雅周镇

中共雅周镇委员会

书　记　杨　睿

副书记　颜　荔（女）

　　　　苗德强（11月免）

吉冠宇（11月任）
组织委员 高玲玲（女）
宣传委员 季 然
统战委员 刘 柳（女）
政法委员 万海建（11月免）
薛 镇（11月任）
人武部长 吉远亮

镇人民代表大会

主 席 陈苏六（12月辞）
王希成（12月任）

镇人民政府

镇 长 颜 荔（女）
副镇长 张 宇（挂职）
鞠汶佑
周顺济（11月辞）
许海如 卢海鹏
万海建（11月任）

中共雅周镇纪律检查委员会

书 记 张廷耀

海安苏台农业合作示范区管理办公室

挂海安雅周现代农业园区管理办公室牌子，与雅周镇政府合署办公。

主 任 张 宇
副主任 梅 进

海安街道

党工委书记 徐爱军（11月免）
丁小军（11月任）
党工委副书记 张 露
季拥军（挂职）
岳加华
组织委员 纪 臻（女）
宣传委员 王文之（聘）
统战委员 黄俊杰（3月免）
周 静（女，聘，11月任）
政法委员 崔 葳
人武部长 陆 建
人大工委主任 季拥军
办事处主任 张 露
办事处副主任 解利稳（11月免）
陈友德 王 正
王 慧
崔 葳（11月任）
纪工委书记 张晓艳（女）

胡集街道

党工委书记 孙 坚
党工委副书记 闫 彦（女）
周龙法（挂职）
组织委员 王 良（女，聘）
宣传委员 王 良（女，聘）
统战委员 成存孝（聘）
政法委员 杨 明
人武部长 王贤峰（11月免）
丁爱华（11月任）
人大工委主任 周龙法
办事处主任 闫 彦（女）
办事处副主任 顾 斌 贲栋斌
王 伟 徐龙俊
纪工委书记 邓宝林（3月免）
钱祥升（11月任）

孙庄街道

党工委书记 閰文海
党工委副书记 陈方明（11月免）
周海冰（挂职）
贲 越
组织委员 周 静（女，11月免）
储 霜（女，11月任）
宣传委员 赵 孟（女）
统战委员 张 斌（3月免）
黄俊杰（聘，3月任）
政法委员 张红玲（女，3月免）
薛 飞（11月任）
人武部长 丁爱华（11月免）
王贤峰（11月任）
人大工委主任 周海冰
办事处主任 陈方明（11月免）
办事处副主任 丁爱华（11月免）
周德进（8月免）
卢桂根（11月免）
张红玲（女，3月任）
张 斌（聘，3月任）
纪工委书记 吉 磊

隆政街道

党工委书记 顾仁军
党工委副书记 王 军
周时兰（女，挂职）
王希成（12月免）
组织委员 张 伟（聘，11月免）
宣传委员 田美娟（女，3月免）
统战委员 吉顺莉（女）
政法委员 张 俊
人武部长 范建峰
人大工委主任 周时兰（女）
人大工委副主任 刘 静（女，11月任）
办事处主任 王 军
办事处副主任 徐培林 涂祥俊
卢桂根（11月任）
张 俊（3月任）
纪工委书记 朱宏慧（11月任）

开发区立发办事处

主 任 杨 军
副主任 李 峰 金育红
陈兴军（8月免）
朱圣东（11月任）
唐仕全（3月任）
周秀文（女）

开发区洋蛮河办事处

主 任 王国权（11月免）
杨小进（11月任）
副主任 李鹏飞 陈蓉蓉（女）
许志刚（聘） 閰 玺

开发区西场办事处

主 任 许 鹏
副主任 陈 辉（12月免）
许应忠（聘）
朱圣东（11月免）
傅 军（聘）
孙 伟（11月任）

国营海安农场

场长、党委书记 邱海涛
党委副书记 吴小鹏
总经理 吴小鹏
纪委书记 周国才

说明：组织机构及领导人名单不作为干部任免依据。 （市委组织部）

调研报告

全产业链融合　创树联农带农新标杆

——海安创建国家现代农业产业园的调研报告（摘要）

导语：海安是全国著名的鱼米之乡、禽蛋之乡。2017年，海安现代农业园获批创建首批省级示范园；2022年4月28日，海安市现代农业产业园又成功跻身国家现代农业产业园创建名单，成为南通市首家创建国字号农业产业园。

规划篇——高点定位，建设全产业链开发创新示范区

海安市国家现代农业产业园，规划总面积125.1万亩，其中耕地面积60万亩，涵盖7个区镇、165个行政村，户籍人口65.3万人，占全市近八成人口。

在目标定位上，海安聚焦打造全国一流、区域领先的产业集群，形成集优质水稻种植、饲料加工、良种扩繁、苗鸡孵化、蛋鸡养殖、品牌大米（蛋）销售、稻米（蛋品）深加工、有机肥生产、种养循环、社会化服务、科技研发于一体的融合发展体系，聚力建设“种质资源开发利用先进区、智慧农业样板区、农业全产业链开发创新示范区、农业绿色发展先行区”。

在空间布局上，规划“稻米+禽蛋”产业生产、加工、科技、品牌全产业链集聚区，按照国家和江苏省现代农业产业园创建工作要求，结合海安资源禀赋、交通区位、产业优势、发展潜力、生态条件和环境容量等因素，充分衔接南通与海安相关规划。园区按照“一心五区、一场多基地”的空间结构进行科学规划和布局。

在时间安排上，制订2022—2026年五年规划，从现代农业产业园公共基础设施建设、基地建设、主体培育、产品开发、品牌建设、联农带农等方面逐步发力，建成基础设施完善、产业集群发展、科技支撑有力、融合发展显著、绿色发展领先、联农带农突出、政策支持有力的可持续发展新格局。

在政策支持上，除中央、省级、市级出台系列财政补助惠农政策外，专门提出“一粒米”“一只蛋”的发展战略，出台了《关于加快推进海安市国家现代产业园创建的政策意见》等一系列政策，明确2022—2024年为产业发展攻坚年，将整合各类财政资金投入不低于16亿元，用于支持农业产业园建设。

对园区内龙头企业与省级以上科研机构合作建立产业研究院，或由政府主导共建的产业研究院，市财政按不低于40%的出资额给予奖励。企业联合高校院所建设的企业研究院奖励5万元。高校院所在园区建立科技成果转化中心，全年服务企业10家以上且取得实效的，资助运行经费10万元。人才引进政策按照“海陵英才”计划执行，企业新建成博士后科研工作站等并实质运行的，给予20万~100万元补贴，到海安创业就业的，按照有关文件享受落户补助、生活津贴等政策。

实践篇——做精做优，拓展两大主导产业价值链

创新农技服务体系。一是在全省率先探索设立农业区域服务中心，整合各方资源，实施“局属专业站所挂钩联系到片、区域服务中心分工到镇、乡土技术人才示范带动到户”的管理模式，畅通农技推广服务“最后一公里”。二是在园区内全面推广绿色优质种养技术和生态健康养殖技术，积极推广稻鸭共作、稻渔（虾、蟹）立体种养绿色增效技术模式。遵循“减量化、再利用、资源化”的种养循环发展思路，紧扣“源头减量、过程控制、末端利用”三个重点环节，示范推广有机肥+配方肥（缓释肥）、水稻机插缓混侧深施肥技术、水肥一体化、病虫智能测报等新技术模式，实现减肥减药增效。2021年，产业园亩均化肥比2015年下降8%以上，生态健康养殖技术应用评估率100%。

强化院士作用。与中国工程院院士、扬州大学水稻产业工程技术研究院院长张洪程共建江苏海安现代农业（稻麦）科技综合示范基地，从品种筛选、机械化栽培、节肥节水和病虫害绿色防控、谷物收储加工等各个环节进行研究，建立优质绿色高产生产技术体系并进行示范辐射推广；园区内天成集团与中国工程院院士、扬州大学兽医学院教授刘秀梵建有院士工作站，不断推进家禽养殖先进技术应用。目前，海安市与中国农业大学、南京农业大学、扬州大学、中国农科院家禽研究所、江苏省农科院等22家科研院所建立长期合作关系，成立成果转移转化中心、院士工作站、院士水稻科研创新基地、技术研究院各1个、研究生工作站3个。

推进科技创新。积极与科技院校合作，聘请技术专家开展技术咨询、规划设计、远程会诊等服务、整合相关科技人力资源，为稻米、禽蛋两大主导产业协同发展出谋划策，不断提供科技原动力。国家级农业龙头企业天成集团建有江苏省新兽药与饲料添加剂工程技术研究中心、院士工作站、研究生工作站，建有行业内符合GMP标准的中心化验室和大型水产、家禽养殖试验基地。稻米产业着力在营养强化米、婴幼儿米粉等高附加值产品实现突破，禽蛋产业继续巩固蛋液物理性分离和蛋白粉加工等精深加工优势。2021年，园区41家农业龙头企业的科研投入总额为4.74亿元，带动实现收入365.25亿元，实现净利润10.47亿元。

数字农业赋能。创新研发智慧农场小程序，农场主通过"智慧农场管家"小程序实现地块的管理，农事操作记录，拍摄农场小视频。同时程序集成各类摄像头、传感器、控制器，方便农场主根据自身需求对农场进行智能化管理。小程序对接"寻味海安"电商平台，农场主可轻松实现开店、直播、直售、组织团购、市民认养等一系列环节。同时无缝对接"寻味海安"电商平台小区无人自提点，极大降低物流配送成本，以数字化、智能化应用提升农业产业整体质效。目前，海安已新增智慧农场示范点10个，累计培育农业物联网示范点110个，接入省物联网平台设备218组。

实行质量追溯。将园区内种植养殖大户全部列入江苏省农产品质量安全追溯平台，建立巡查、抽样、检测、追溯四位一体网格化管理机制，构建起农产品产地准出的"智慧天网"。2014年底在南通市率先实行移动监管，市、镇、村三级全部使用移动监管App进行巡查、监测、信息上报，农产品生产主体使用追溯App实行生产过程记录、开具承诺达标合格证。2021年，全市建立健全开证主体信用记录生产档案3994个，打印出具追溯标签49.82万张。

强化品牌创建。一是支持园区内稻米、禽蛋产业相关企业申报绿色食品、有机食品、地理标志农产品认证、原产地产品认证和质量安全认证；鼓励企业引进国际、国家级等权威检验机构对产品特色优势量化指标进行检验检测，扩大产品质量、品牌的影响力。园区主要企业相继通过ISO 9001质量管理体系认证、ISO 22000食品安全管理体系认证、SQF食品安全与质量管理体系认证和ISO 14001环境管理体系认证。二是建设"稻米+禽蛋"示范体验交流中心，展示农业新品种新技术新装备，提供全产业链生产过程、产业文化的展示和体验，开展特色优质农产品销售推广，打造农旅融合精品线路。三是建设"稻米+禽蛋"产品电商销售平台，打造"寻味海安"区域公共电商平台。

成效篇——提质增效，加速农业农村现代化

农业设施全面升级。通过整市推进高标准农田项目建设，创新"先流转后建设、先平整再配套"的建设机制，海安现代农业产业园内高标准农田比重超95%，农业信息化水平达68%，农作物耕种收综合机械化率达95.8%，农民的种粮效益有较大提高。产业园核心区雅周镇的万亩农业示范区内，69岁的韩宝富承包的900多亩地，稻麦两季，种植的优质稻米亩均纯收入达到1000多元，种地年入百万元成为现实。

农业配套设施完备。以央企（中储粮南通直属库）、省国企（江苏三零面粉）、南通季和米业有限公司、江苏富海生物科技有限公司为龙头，建设集粮食加工、物流、检测于一体的粮食物流产业园，其中粮食仓储能力47万吨，1000吨级粮食专用码头4座，粮食年中转能力500万吨。建有功能齐全的保鲜库、冷藏库、冷冻库、超低温速冻库、冰库等355个，总仓储能力超35万吨，其中海安市万吨冷链项目总投资30亿元，仓容20万吨。

主导产业特色突出。据统计，海安全市水稻种植面积每年保持在55.8万亩，平均单产648公斤，连续9年雄踞全省第一；全市拥有稻米加工企业68家，年加工能力200万吨，产能全省第一。全市注册有机食品1个，绿色食品31个，其中绿色大米产品23个，省级绿色优质小麦基地认定面积31.49万亩、省级绿色优质水稻基地面积49.9万亩。蛋鸡饲养量位列全国前茅，常年存栏蛋鸡1800多万羽，年饲养量3500万羽以上，蛋鸡规模养殖场（户）1930家，其中，省级规模养殖场284家、市级规模养殖场1201家、县级规模养殖场445家。天成公司的无菌蛋1枚可卖到3元、溏心蛋1枚高达4元；康德公司用鸡蛋加工生产的蛋黄球、蛋白粉等生物制剂，不仅市场热销，而且利润可观。统计显示，2021年，海安市现代农业产业园内的稻米产业总产值达27亿元、禽蛋产业总产值102亿元。可见，海安禽蛋产业已经迈上了高质量发展之路。

资源利用达到极致。通过试点和推广，产业园建立了可复制可推广的养殖场（户）、服务组织和种植主体紧密衔接的绿色循环农业发展模式，将"粪污"变成"粪肥"，促进了农业绿色发展。2008年以后，海安市种养环节生态循环利用设施累计投入逾20亿元，2021年各类秸秆资源能源化利用7.8万吨，基料化利用3.02万吨，饲料化利用7.45万吨，工业原料化利用5.28万吨，肥料化利用38.5万吨，粪污、秸秆资源化利用率达到100%。相继获批中央畜禽粪污资源化利用项目和全国绿色种养循环农业试点县项目。

品牌培育成绩斐然。一是在品牌培育上着力。探索从产品包装、logo、企业文化等方面，与中央财经大学合作开展海安鸡蛋区域公共品牌策划和研究，打造海安鸡蛋农产品文化体系。目前围绕稻米、禽蛋及其制品注册商标93个，其中，获省名牌证书15个，南通市知名商标21个。"海安大米"被认定为中国地理标志证明商标，入选江苏农业区域公用品牌目录。二是在品牌宣传上发力。打造以"海安大米"等公共品牌为核心、企业品牌为亮点的品牌矩阵，通过动车冠名、地铁广告、抖音短视频等多渠道立体化传播方式，提升海安特色产业的辐射面、影响力。三是在品牌营销上聚力。坚持以市场为导向，规范生产、精准定位、统一包装、适度营销，将"老品牌"唱出"新花样"。通过直播带货、体验消费等方式将海安大米、鸡蛋打入一线城市高端消费市场。已培育电商238家。四是拓展营销渠道。围绕"政府搭平台、农民安心种、企业努力卖"种销模式，开发的"寻味海安"生鲜优质公益平台，在稳住"菜篮子"的同时打开了农产品销路。"寻味海安"获批江苏省"产销对接 公益助农"十佳平台。下一步，继续推进农业龙头企业在大型超市设专柜，在苏浙沪的大型批发市场设专营店，提升海安"稻米+禽蛋"产品知名度。

（新华传媒智库调研组
执笔人：杨 建 丁亚鹏）

聚焦“智改数转” 推进产业升级

——海安开发区“两化”融合发展的调研报告（摘要）

一、海安开发区“两化融合”发展现状

海安开发区“一主一新一特”三大产业集群不断壮大，“一主”即现代纺织产业，联发集团在全国色织行业排名第二，拥有国家级企业技术中心，获批省级工业互联网标杆企业、五星级上云企业，通过“主辅分离”，成立了专业化信息科技公司；鑫缘集团拥有丝绸行业唯一的国家级工程技术中心，充分将信息技术应用到企业的全流程管理中；华强纺织针织布全国领先，充分开展智能化改造。拥有南北共建园区——常安现代纺织科技园，集聚纺织企业40多家，建立“企业综合监管信息平台”，有信息查询、立体监测、数据分析、综合管理四大功能，对企业用能、污染物排放等进行实时监控并予以处置。“一新”即新能源新材料产业，拥有亚太科技、通润零部件2家国家单项冠军企业；拥有东材科技、浩驰科技2家国家“专精特新”小巨人企业。福克斯集团全力打造光伏智能制造产业园，扩充先进的生产制造产能，应用数字技术开展全生命周期管理。“一特”即机器人及智能制造产业，集聚了一批机器人研发设计、生产制造、集成方案解决、数字化应用类智能制造企业，图灵机器人是国内排行第二的机器人本体供应商，将“5G+工业互联网”技术与产线结合起来，实现远程即时调控和运维；跃通数控是国家“专精特新”小巨人企业，获批工业和信息化部智能制造解决方案供应商。

（一）网络基础设施建设情况

至2021年底，海安开发区拥有5G基站220个，5G用户约1.6万，5G边缘计算节点35个。海安开发区积极引导互联网供应商改造企业5G内网，已建成专网的企业有5家，建成混合专网的企业有20家。完成工业互联网二级节点建设注册企业247家，完成智能制造成熟度自评估企业363家。

（二）企业上云发展情况

至2021年底，园区拥有上云企业58家，其中，三星级上云企业45家，四星级上云企业11家，五星级上云企业2家（联发纺织、海迅铁路器材），上云企业数逐年稳步增加，在海安各区镇中总量排名第一。2022年，开发区第一批新增获批星级上云企业12家，其中，五星上云2家，四星上云4家。

（三）标杆示范企业建设情况

（1）智能车间打造

至2022年3月底，海安开发区获批省级智能车间6座（同期全海安12座），获批南通市级智能车间10座（同期全海安22座），均列各区（镇）榜首。

（2）工业和信息化部“两化融合”体系贯标认证

2021年，海安开发区通过“两化融合”体系贯标认证的企业13家，同期海安通过21家，海安开发区占比过半。2022年，海安开发区推动东恒光电、万拓新材料等12家企业开展“两化融合”贯标。

（3）各类标杆项目认定

2022年，海安开发区实施5G、工业互联网场景应用32个，其中，福克斯新能源、昌荣机电、浩驰科技等企业获批为南通市工业互联网融合创新项目；联发纺织、天成科技等企业获批为南通市“5G+工业互联网”融合应用项目；联发纺织、启弘纺织获批省绿色发展领军企业，鑫缘丝绸争创国家级绿色工厂，美勒森、康桥油脂等企业申报省级绿色工厂。

（四）重大智能装备首台（套）认定情况

至2021年底，海安开发区获江苏省级重大智能装备首台（套）认定设备数6件，同期全海安获认定17件，开发区占比38%；获得南通市级重大智能装备首台（套）认定设备数12件，同期全海安获认定40件，开发区占比33%。

（五）“智改数转”服务商培育情况

海安开发区拥有科创园和软件园两大“智改数转”引擎，科创园定位为机器人及智能制造相关的技术研发、企业孵化等，软件园定位为软件、数字技术应用等企业集聚。拥有中天互联、容宸科技等10家信息化咨询公司，有东华软件、品德网络、西信科技等25家工业软件服务公司，还有上海交通大学、苏州大学等5家产业技术研究院。2022年，园内图灵机器人、联发信息、交大研究院等10家单位入选南通“智改数转”服务商资源池。围绕企业智能工厂、智能车间、数字化应用开展“智改数转”诊断，完成60多家企业诊断工作，完成诊断报告50份。

二、推动“智改数转”过程中发现的问题

（一）部分企业不愿“转”

一方面，智能化、数字化意味着更精准、更透明、更规范，客观上要求企业管理更加扁平化，这对传统企业来说是种深层次的变革。所有流程明晰且可追溯，这势必会动到一些管理层或相关员工的利益，部分企业员工对“转型”有顾虑。另一方面，部分企业尤其是传统中小型企业认为自身目前没有智能化改造需求，且利润率也不高，而客观上“智改数转”需要真金白银长期持续的投入，这一成本从几万元到几十万元、几百万元不等，却很难立竿见影地“变现”，很多企业担心承担风险，不敢贸然启动智能化改造。转型成本顾虑，收益模式不明确，也是造成企业不愿“转”

的原因之一。

（二）部分企业不敢“转”

“智改数转”强调IT（互联网技术）、OT（操作技术）及DT（数据技术）的融合，前沿技术及研究成果需切合企业的实际需求，需要“政产学研金介用”充分融合。同时智能制造之根本依然是制造，强化基础制造能力和提升工艺水平为智能制造的当务之急，而眼下，企业内部同时掌握智能化和传统制造知识的人才紧缺，仅掌握信息技术的人才已不能满足数字化发展的需要，企业因缺少相应人才而不敢“转”。

（三）部分企业不会“转”

不少企业在“智改数转”过程中遇到转型方向不明确、实施路径不清晰、数字化转型没深度、库存资金占用严重等问题。部分企业项目管理覆盖面太广，涉及经营、设计、工艺、采购、检验、制造等全业务环节，而各基层业务部门对信息化认知层次差距较大，同时项目涉及多部门职责的交叉，各业务部门人员难以聚集，协调沟通困难，部分企业想短期投资、一蹴而就，更有不少已经“转起来”的企业缺乏有效的最新技术方案，也面临着如何“继续转”“转得好”的问题。

三、持续推进“智改数转”的对策建议

（一）满足企业资金需求，充分释放智改意愿

加大政策扶持力度，海安市、海安开发区均已出台支持企业数字化转型的相关政策，当务之急是要确保政策不折不扣及时落地。要帮助企业争取国家科技专项、省转型升级等资金支持，对“智改数转”领域具有引领性的重大项目给予重点扶持。创新金融服务模式，引导社会资本成立数字经济细分领域子基金，放大财政资金撬动作用。引导银行业金融机构加大对“智改数转”项目的信贷支持，鼓励金融机构单列中小微企业信贷计划实行优惠利率，为企业提供“一企一策”综合金融服务。引导企业抢抓资本市场改革重大机遇，鼓励企业通过资本市场充分融资。引进“智”“制”复合人才，充分利用当前人才鼓励政策，根据各企业需求定向引进同时掌握智能化和传统制造知识的复合型人才。

（二）支持骨干企业带头，形成行业示范标杆

鼓励龙头企业率先开展“智改数转”，引导制造业单项冠军、专精特新“小巨人”等行业龙头企业采用新技术、新工艺、新设备，对生产设施、工艺条件、物流供应和管理服务等分层级进行智能化改造升级，进一步鼓励龙头骨干企业积极申报智能制造示范工厂、示范车间和工业互联网标杆工厂等项目。推进图灵机器人、跃通数控等标杆示范企业依托自身技术优势，输出解决方案和经验，为中小企业提供“智改数转”支持和帮助。鼓励重点企业全面开展协作，推动大企业与工业互联网平台、云服务商、智能制造技术和系统集成商等开展重点产业链关键核心技术和装备攻关，推动装备关键技术突破。推动重点企业与高校院所开展合作，在科创园、软件园、上湖创新区内组建产业协同创新联合体、产业技术创新战略联盟等多种形式的载体平台。鼓励骨干企业研制推广数字装备，通过研发制造智能制造设备及关键零部件，打造首台（套）产品，提升核心装备和关键工序的数字化水平，进一步开展两化融合管理体系贯标，让数字化转型有“标”可循，持续做好融合创新工作，带动辐射形成一批融合应用制造企业。

（三）根据实际需求施策，帮扶中小微企业智改

支持中小微企业推进“智改数转”，由政府牵头，“智改数转”服务商主导，协同信息化领域专家共同建立专家组，为制造业企业数字化转型给予专业指导。对有意向的中小微企业上门进行专业辅导，根据企业实际需求提供详细的转型规划和有效的保障措施，进一步降低企业投资“智改数转”的风险，提升转型效率。支持中小微企业智能化技改项目，开展装备联网、关键工序数控化、业务系统云化等改造，推动中小微企业工艺流程优化、技术装备升级，对认定智能化技改项目中相应设备投入给予更高的补助。支持中小微企业“上云上平台”，将基础设施、业务系统逐步进行云化改造，便捷获取数字化服务，推动企业上云向深度用云发展，鼓励工业互联网平台为中小微企业设备运维、数据交互、制造云化提供服务支撑，提升中小微企业快速响应和柔性高效的供给能力。

（四）培育优秀服务机构，精准把脉企业需求

引进和培育专业化水平高、服务能力强的制造业“智改数转”服务商，鼓励服务商建立技术中心、实验室、检验检测中心等工业互联网平台，加强产业间合作，特别是机器人产业与其他优势产业互动。发挥区内上海交大、苏大等产业技术研究院的研发优势，开展纺织、新材料、装备制造等行业智能化改造相关技术攻关。鼓励制造业企业剥离软件开发、系统集成、信息服务等技术业务，成立独立法人，提供专业的“智改数转”服务。引导通信运营商提供新型基础设施服务，总结提炼转型模式和经验，开展远程办公服务示范。鼓励各服务商组建产业联盟合作平台进行需求市场化调研，开展“智改数转”项目预研。

（五）加快网络设施建设，打造园区精品平台

系统化推进“一主一新一特”三大产业集群进一步壮大，协调各通信运营商加速部署5G网络，率先形成可示范苏中引领苏北的“5G+工业互联网”生态体系，争创国家级融合应用先导区。依托软件园、科创园，围绕5G、工业互联网、智能制造等相关信息技术领域招引东南大学、同济大学、浙江大学等高校共建校地研究院，打造一流园区平台，争取两年内培育具备5G、工业互联网、工业机器人相关产品和应用企业20家以上。

节能减排、贸易摩擦等形势持续倒逼传统制造业转型升级，后疫情时代也催生许多新需求、新模式、新业态，“智改数转”是“两化融合”的关键抓手，是生产方式的深刻变革，海安开发区势必把握趋势，顺势而为、趁势而上，加快推进企业智能化改造、数字化转型的步伐，推动园区持续高质量发展。

（徐元生 陈 楷 魏少芹

执笔：汤成林 顾 威）

中国式现代化海安"开门红"

——2022年工业高质量发展十连冠立潮头

2022年是极为重要的一年，是贯彻落实党的二十大精神的开局之年，是中国式现代化建设起步之年。面对复杂严峻的外部环境和多重超预期的困难挑战，全市上下坚持以习近平新时代中国特色社会主义思想为指导，以迎接党的二十大、学习宣传贯彻党的二十大精神为主线，全面落实"疫情要防住、经济要稳住、发展要安全"重大要求，认真贯彻中央、省市重要决策部署和市委全委会精神，高效统筹疫情防控和经济社会发展，统筹发展和安全，全市经济社会难中求进、难中向好、好中提质、持续发展，实现中国式现代化建设"开门红"。全年完成地区生产总值1379.8亿元，增长1.9%；完成一般公共预算收入75亿元（含留抵退税9亿元）、固定资产投资458亿元、社会消费品零售总额420亿元。在全国县级市基本现代化排行榜中列第26位。全市工业高质量发展十连冠立潮头创新高，实现工业应税销售2187.7亿元，南通第一，规上工业增加值增速6%，入选全省首批制造业高质量发展示范区建设地区，在全国工业百强县（市）排行榜跃升至第17位。

一、新业绩——精彩纷呈

（一）稳增长喜传新捷报。全面落实中央、省市各类助企纾困政策，出台"纾困解难54条"，深化减税降费、政银企对接、挂钩联系企业等服务举措，帮助企业复工复产、稳定市场、树立信心，新增减税降费及退税缓税近36.2亿元，惠及市场主体1.24万户。紧盯重点行业、重点领域、规模以上重点企业，强化运行监测、跟踪服务，坚持目标导向、问题导向、效益导向，实行分类指导，精准施策，奋力推进高质量发展。完成规上工业总产值2144.64亿元，同比增长13%以上，总量南通第一、增幅第二；累计全年工业用电量46.5亿千瓦时，比上年有新增长。锦纶化纤、建工建材、电工电气等传统行业逆势前行，以产品工艺创新开拓市场销路，形成新的增长点。全市制造业实现税收40.74亿元，占全口径税收比重43.3%，占比较2021年提升了近3个百分点。工业对全市国民经济的支撑力和贡献度呈现逐年递升态势。2022年制造业增加值占GDP比重达到44.93%，较上年又提升了0.75个百分点，占比高居南通第一。

（二）大企业领航工程谱写新篇章。全市规模以上工业企业总数1307家，全年新增132家，其中亿元企业330家，两项数据均为南通最多；达50亿元企业6家，达10亿元企业30家。全力打造"单项冠军、专精特新"双名城，鹰球、兴华获评国家级制造业单项冠军企业（产品），6家企业获评国家级专精特新"小巨人"企业，总数南通第一。天楹集团获评国家级服务型制造业示范企业、荣获省长质量奖，严圣军获评"江苏制造突出贡献奖"先进个人；联发集团获评"江苏制造突出贡献奖"优秀企业。百强税收企业纳税25亿元，占比50%以上，同比增长6%。联发、天楹、金洲、鹏飞、亚太、西蒙6家企业税收超亿元。国企改革三年行动圆满收官，新一轮"3+2"国企重组构筑发展新格局。

（三）科技创新跃上新台阶。持续推进科技体制改革，高分通过国家创新型县（市）验收，成为首批国家创新型县（市），苏中苏北唯一。连续五年被省政府通报表彰为推动科技政策落实和科技体制改革成效明显地区，南通唯一。全市新增产学研合作项目223个，高企总数突破460家，省科技成果转化专项资金项目立项3项，争取省资金4500万元，立项数、资金总额均居南通第一。入选新一轮省创新型领军企业4家，占南通1/4。上海交大海安研究院成为南通今年唯一获批立项的省新型研发机构建设项目，获省资金1000万元。铁锚获评国家技术创新示范企业。太原理

2022年，西蒙电气（中国）有限公司完成税收超1亿元。图为公司生产车间。摄于2022年9月14日　翟慧勇／摄

工大学海安产业研究院投入运营。首创“机关部门服务企业科技行”，持续举办“创新创业在海安”“两院专家走进海安”活动，累计邀请千人次专家、教授来我市开展产学研深度合作。国防工业科技成果转化“江苏行”（南通站）活动请来了十大军工集团及所属成员单位、军方、高校派代表齐聚海安，在海举行重大活动，把专家、领导、项目都请到了家门口，方便企业对接。深入实施“海安英才”计划，首次召开人才发展大会，出台新一轮“人才强市36条”，引进国家级海外人才11人、高层次创新创业人才106人，人才综合竞争力位居全省前列。

（四）平台建设又有新提升。全市十大产业集群、国家开发区、省级高新区、滨海园区、物流园区和七个区镇园区、十大专业园区等载体平台持续健康发展、不断优化、日趋完善，建有功能平台N个，建有各级各类产业研究院、企业研究院、检验检测平台上百家。建立健全23家银行机构、35家保险机构、11家地方金融组织、4家证券公司营业部和多支产业基金互为补充、齐头并进的金融平台体系，为企业发展、项目落户提供类型多样、基础扎实的孵化和发展空间。园区发展能级不断攀升，开发区获评全国绿色低碳示范园区，高新区获批省知识产权建设示范园区。

（五）靶向发力增强新动能。紧紧抓住项目建设“牛鼻子”，新签约注册5亿元以上内资项目37个，3个省级重大项目和23个南通市级重大项目全部开工建设。实施传统产业换新工程，以智能制造为导向，制定工业技改项目建设计划，建立健全技改项目推进协调机制，实施重点技改项目“挂图作战”，加快技改步伐，促进企业提质增效，增强核心竞争力。全市上半年完成技改设备投入额30.5亿元，提前完成年度任务；全年实施“智能化改造数字化转型”项目421个，完成数南通第一。全省首家地方云——“海安云”顺利签约并成功落户，完成一期冷通道建设。外资外贸保稳提质，实现外资到账3亿美元，外贸进出口总额200亿元。持续深化“放管服”改革，强化政策扶持、政策服务，制定出台《优化提升营商环境举措68条》《纾困解难政策54条》和《白名单制度》，深入开展“金融业春风行动”“机关干部挂钩服务企业”“银政企对接座谈会”等活动，助力市场主体“再松绑”、渡难关，充分释放发展活力。深入推进两区赋权，实现“园区事项园区办”，优化再造审批流程，强化事中事后监管，助推更多项目实现“拿地即开工”。持续加大金融支持实体经济力度，全市制造业贷款余额、占比均居南通首位。

二、新举措——精准施策

（一）做大做强标杆企业。加强资源要素保障，形成一批自主创新能力强、品牌知名度高、行业影响力大的世界级龙头企业。实施“5123”大企业领航工程，瞄准产业链关键环节和核心技术，整合创新、市场、资本、人才和品牌等资源，提高产业集中度和资源配置效率，通过技术改造、产能扩大、新上项目和市场开拓等，建成一批投资规模大、科技含量高、带动能力强的高端龙头项目。全年目标新增规模以上工业企业130家，应税销售超亿元企业350家，力争新增50亿元级企业1~2家。

（二）加快产业基础再造。聚焦关键共性技术、前沿引领技术、应用型技术，探索开展新型产业技术集成创新试点，建立政产学研多方参与机制，开展跨学科、跨领域协作攻关，形成基础研究、技术开发、成果转化和产业创新全流程创新产业链。加快建设产品试验线、示范线，加速新产品、新技术示范应用。鼓励龙头企业整合产业链上下游企业、高校、科研院所创新资源，促进产业链与创新链深度融合。突出智能工厂、智能车间、互联网标杆工厂等新模式应用及试点示范项目建设、智能制造标准化试验验证、传统企业智能化改造、关键重大智能装备与系统应用等，提高产品质量和生产效率。

（三）推动产业链价值提升。把握内循环重大机遇，按照“承接起步、集群壮大、系统布局、重点突破”的发展思路，以“软件+硬件”“应用+服务”为主要发展路径，优化发展新型电子元器件、电子设备仪器、电子材料、集成电路等电子核心产业，重点培育人工智能、工业互联网、物联网、云计算、大数据服务、新兴软件和新型信息技术服务等新兴产业。对焦标志性核心基础零部件（元器件）、关键基础材料、先进基础工艺、工业基础软件，实施工程化、产业化突破，提高产品性能和质量稳定性与自给保障能力。围绕天楹重力储能、铁锚核机械手、鑫缘生物蛋白等前沿重点领域布局，新上一批重大自主创新项目，争取若干技术或领域率先突破。

（四）加强重大项目建设。坚持以技改投入、项目建设为主抓手，走“大项目—大企业—大产业”的跨越发展之路，增强制造业发展新动能，做响“二期现象”品牌。加快建设亚太三期、双弘高端生态混纺纱智能车间、弘盛新材料智能化生产线等项目，疏“堵点”，解难点，落实项目会商会办、产业配套对接等措施，促进企业尽快达产达效。深入实施传统产业焕新工程，围绕产品改造、设备改造、工艺改造、节能安全改造、生产环境改造扩大自身核心优势，谋划实施一批突破性、带动性、示范性强的重点技术改造项目，全年设备投入500万元以上技改项目不少于100个，累计技改设备投入不低于30亿元，推动优质企业“滚雪球式”发展。

（五）深化“亩产论英雄”改革。围绕企业提质增效，深入推进工业企业资源利用绩效综合评价工作，为工业企业精准“画像”，为落实好产业扶持，项目申报，工业用地、用电、用水、用气、用汽、排污和信贷等差别化政策提供保障。持续开展工业用地“空间再造”，扎实推进“一区多园”建设，规范各类产业集聚发展，进一步优化配置土地资源，实现布局优化。有效处置闲置低效土地，完善以亩均投入和亩均产出“双约束”的项目用地准入机制，提高土地利用效率。用足用活增强制造业内生动能激励政策，鼓励企业快投入、高产出、多贡献。

三、新征程——奋跃而上

（一）夯实产业强市硬支撑，构建现代化产业体系。坚持固本强基重实体，以制造业为主战场，以企业为主体，以新发展理念为引领，推动实体经济高质量发展。推进“产业筑基补链强链”，以强链为支撑点，优化发展纺织服装、化纤、磁性材料、电工电气、电梯等优势产业链；以补链为着力点，补齐机器人及智能制造、新能源、航空航天及轨道交通等产业链短板，推动产业链上下游互补发展，确保重点产业应税销售占比超过75%。加快布局新兴产业，优化发展电子核心产业，推动战略性新兴产业融合集群发展。做大做强特色园区，加强品牌建设；打造涵盖软件开发等多领域的平台经济创新高地。强化金融体系建设，争创金融生态示范县。

（二）坚持培优扶强高质量，打造“雁阵式”企业梯队。深入实施“5123”大企业领航工程，推动龙头企业优存量、挖潜能、扬优势、创品牌，建成一批高端龙头项目，做大做强标杆企业，发挥龙头企业带动作用，引导企业向大型化、集团化、国际化发展。目标“制造业单项冠军、专精特新”双名城，坚持专业化、精品化、新型化优质发展之路，梯次培育创新型企业、专精特新小巨人和单项冠军示范企业，增强中小企业核心竞争力。实施质量提升工程，争创质量奖，培育中国驰名商标和“江苏精品”，打造具有国内国际影响力的本土知名品牌，提升制造业软实力。深入实施“上市挂牌资本赋能”行动，加快企业主板上市、新三板挂牌步伐，完善梯次推进体系，构建全周期培育机制，形成滚动发展的良性循环。

（三）激活科创策源主引擎，构筑立体化创新高地。面向人工智能、新材料等细分领域，组织企业协同攻关，突破一批具有自主知识产权的关键核心技术。着力培育高新技术企业，建立五级梯次培育库，完善培育机制，力争净增高新技术企业55家，保持南通领先。推动数字化转型升级，加快新型基础设施建设，深入实施“智能化改造数字化转型”三年行动计划，完成项目数不少于400个；重点培育国家级智能制造试点示范企业（项目）1家、省工业互联网示范工程项目2家。推进数字产业化，重点引进培育发展信息通信业、软件服务业，推进电子信息产业园建设，强化部门数据共享、信息互通，建立区域发展“赋能智库”，为产业转型发展提供最佳数字化服务。营造一流创新生态，深化省科技创新体制综合改革，进一步放大“创新创业在海安”积极效应。加大金融支持科技力度，抓好知识产权保护服务工作。坚持“人才强市”战略，进一步落实“海安英才”计划和“人才强市36条”，全年招引产业领军人才10名、高层次创新创业人才100名、高层次人才创业项目50个，县域人才综合竞争力保持全省前五。

（四）加快开放开发强活力，融入“双循环”发展格局。加快融入长三角一体化，以建设长三角重要陆港城市、枢纽城市为抓手，充分发挥我市区位、产业、创新优势，全面推进与上海多方面、宽领域、深层次的接轨与合作，建设上海高端产业协同发展地，打造上海“卫星城”。坚持以构建国内大循环为主体，深度融入国内国际“双循环”，抢抓“一带一路”机遇，组织支持纺织服装、生态环保等优势特色产业“抱团出海”，联手拓展海外市场。推进高水平对外开放，提升外资利用水平，全市外资到账不少于4亿美元。做大做强台商产业园、中意生态园等外向型经济平台，加快发展跨境电商等新业态，充分发挥保税物流作用，培育外贸新增长点。

（五）筑牢环保安全生命线，提高绿色化发展水平。提高能源集约利用水平，有序推进碳达峰碳中和工作，编制《海安市碳达峰实施方案》，加强能源消费总量和强度“双控”。实施能效领跑者引领行动，建好重点企业能源管理体系，加快节能环保装备产品产业化，积极推广应用节能技术和产品。提高绿色发展水平，力争打造3个节能降碳示范应用场景，完成12家企业落后低效产能淘汰，确保30家以上企业通用用能设备能效提升。推进产业绿色升级，加快发展生态利用型、循环高效型、低碳清洁型和环境治理型等产业，实施开发区、高新区绿色循环化改造提升工程，创办以天楹集团牵头资源循环经济产业园。提升本质安全生产水平。严格安全生产目标考核和责任追究，切实做到关口前移，从源头上推动隐患治理，坚决防范遏制较大以上事故发生。

（六）优化营商环境出实效，推进深层次改革创新。深化“放管服”改革，用好用活“海安政策通”平台，常态化开展“领导服务企业现场办公行”“进企业、促发展”等活动，高效运营“海安政企通”“五个一”常态化服务企业工作机制，坚持部门、区镇联动，定期收集、集中会办解决企业发展难题。加快要素市场化配置，完善“工业企业绩效评价”“六大资源基础数据库”，集聚优势资源要素，保障优质发展。构建亲清政商关系，服务实体提质增效。弘扬企业家精神、工程师精神和工匠精神，开展“星级企业家”、百强企业等评选激励工作，树典型，学先进，大造舆论，形成全社会关心支持企业大发展的良好氛围。实施企业家提升行动，加快建设企业家后备梯队，助推民营经济传承发展。

（陈 楷 李 鉴
执笔：顾宇飞 晓 理）

2022年8月1日，海安市助企志愿服务队深入企业调研，宣传海安纾困政策

翟伟凯／摄

文件目录选编

海安市委印发、海安市委市政府联合印发文件

海委发文件

印发《海安市法治社会建设实施方案(2021—2025)》的通知 海委发〔2022〕1号 (2022年1月13日)

关于2022年海安市加快建设人才强市的若干政策意见 海委发〔2022〕2号(2022年1月3日)

印发《关于强化党内问责主体责任的实施意见》的通知 海委发〔2022〕7号 (2022年3月12日)

关于印发海安市贯彻落实《法治政府建设实施纲要(2021—2025年)》实施方案的通知 海委发〔2022〕14号(2022年4月20日)

印发《关于“十四五”开展镇村人居环境整治提升行动 扎实推进“三美三高”乡村建设的实施方案》的通知 海委发〔2022〕15号 (2022年5月6日)

印发关于促进社会组织高质量发展实施意见的通知 海委发〔2022〕21号(2022年9月16日)

关于深入学习宣传贯彻党的二十大精神的通知 海委发〔2022〕24号(2022年11月23日)

印发关于深入打好污染防治攻坚战实施意见的通知 海委发〔2022〕25号(2022年12月17日)

海委文件

2022年工业项目建设工作意见 海委〔2022〕3号 (2022年1月24日)

2022年开放型经济工作意见 海委〔2022〕6号 (2022年2月18日)

2022年招商引资工作意见 海委〔2022〕7号 (2022年2月18日)

关于2022年新时代文明实践全面推进“志愿之城”建设工作实施意见 海委〔2022〕9号 (2022年3月4日)

2022年科技工作意见 海委〔2022〕11号 (2022年3月8日)

关于2022年全力打造“苏中新鱼米之乡”全面推进乡村振兴重点工作的实施意见海委〔2022〕13号 (2022年3月8日)

2022年新型工业化发展意见 海委〔2022〕14号 (2022年3月10日)

关于实施“五炼五提”行动深入推进“领导干部能力建设提升年”的意见 海委〔2022〕18号 (2022年3月10日)

关于印发2022年生态文明建设暨环境保护实施意见的通知 海委〔2022〕20号 (2022年3月16日)

2022年服务业工作意见 海委〔2022〕22号 (2022年3月16日)

2022年招才引智工作意见 海委〔2022〕24号 (2022年4月2日)

2022年数字赋能及数字经济工作意见 海委〔2022〕26号 (2022年4月9日)

关于成立美丽海安建设领导小组的通知 海委〔2022〕45号 (2022年7月18日)

印发《关于深化国有企业全面从严治党主体责任的实施意见(试行)》的通知 海委〔2022〕66号 (2022年11月19日)

关于海安市2022年推进乡村振兴战略实施情况的报告 海委〔2022〕71号 (2022年12月27日)

海安市政府印发文件

海政规文件

关于印发海安市促进广场舞活动健康发展暂行办法的通知 海政规〔2022〕1号 (2022年1月13日)

关于印发海安市畜禽养殖区域划分管理办法的通知 海政规〔2022〕2号(2022年3月16日)

关于印发海安市城市生活垃圾处理费征收管理暂行办法(试行)的通知 海政规〔2022〕4号 (2022年5月5日)

关于印发海安市城市建筑垃圾处理费征收管理暂行办法(试行)的通知 海政规〔2022〕5号 (2022年5月5日)

关于印发海安市农村宅基地和住房建设管理办法(试行)的通知 海政规〔2022〕8号 (2022年8月2日)

海政发文件

关于加快“5G+工业互联网”数字赋能的若干政策意见 海政发〔2022〕14号 (2022年1月29日)

关于加快新型工业化发展的若干政策意见 海政发〔2022〕15号 (2022年1月29日)

关于加快创新驱动,推动经济高质量发展的政策意见 海政发〔2022〕16号 (2022年2月7日)

关于大力培育扶持企业上市挂牌的政策意见 海政发〔2022〕17号 (2022年2月7日)

关于印发海安市“十四五”应急管理体系和能力建设规划 海安市“十四五”安全生产规划的通知 海政发〔2022〕20号 (2022年2月23日)

关于促进海安市现代服务业高质量发展的若干政策意见 海政发〔2022〕24号 (2022年3月19日)

印发关于进一步帮助市场主体纾困解难着力稳定经济增长若干政策措施的通知 海政发〔2022〕31号 (2022年5月5日)

印发关于2022年加快推进农业农村现代化建设的若干政策意见的通知 海政发〔2022〕35号 (2022年4月29日)

关于印发支持建筑业企业健康发展若干政策措施的通知 海政发〔2022〕39号 (2022年6月28日)

关于增强制造业内生动能实现更高质量更有效益发展的若干政策意见 海政发〔2022〕43号 (2022年8月26日)

关于印发海安市全民科学素质行动规划纲要实施方案（2021—2035年）的通知 海政发〔2022〕45号 （2022年9月19日）

印发关于促进养老托育服务高质量发展实施意见的通知 海政发〔2022〕52号 （2022年12月23日）

关于推进标准化规范化便利化加快建设现代政务服务体系的实施意见 海政发〔2022〕53号 （2022年12月29日）

海安市委办印发、海安市委办市政府办联合印发文件

海委办文件

关于印发2021—2022年度全市党员冬训工作意见的通知 海委办〔2022〕1号 （2022年1月13日）

关于印发《海安市建立健全容错纠错机制实施办法》的通知 海委办〔2022〕5号 （2022年4月6日）

印发关于推动党史学习教育常态化长效化的实施方案的通知 海委办〔2022〕17号 （2022年10月10日）

印发《关于进一步深化派驻监督工作的实施意见》的通知 海委办〔2022〕22号 （2022年12月1日）

海办发文件

关于印发2022年自然资源和规划管理工作意见的通知 海办发〔2022〕1号 （2022年1月8日）

关于印发海安市突出环境问题领导包案解决工作方案的通知 海办发〔2022〕4号 （2022年1月18日）

关于印发海安市对台招商三年行动方案（2022—2024年）的通知 海办发〔2022〕5号 （2022年1月27日）

关于印发海安市2022年领导干部接访下访工作实施意见的通知 海办发〔2022〕8号 （2022年2月22日）

关于印发《海安市“十四五”人才发展规划》的通知 海办发〔2022〕9号 （2022年3月9日）

关于印发海安市现代服务业繁荣发展三年行动方案（2022—2024年）的通知 海办发〔2022〕13号 （2022年3月16日）

关于印发海安市企业上市三年行动计划的通知 海办发〔2022〕15号 （2022年3月19日）

关于印发海安市2022年产业集群强链培育工作的通知 海办发〔2022〕16号 （2022年3月26日）

关于印发《海安市2022年度党风廉政建设重点工作任务分解》的通知 海办发〔2022〕17号 （2022年3月29日）

关于印发《海安市2022年深化省级安全发展示范城市创建工作方案》的通知 海办发〔2022〕25号 （2022年5月6日）

关于印发2022年乡风文明专项整治行动实施方案的通知 海办发〔2022〕31号 （2022年5月18日）

关于印发海安市2022年“招商引资突破年”实施方案的通知 海办发〔2022〕39号 （2022年6月2日）

关于印发海安市2022年外资外贸外经重点企业大走访工作方案的通知 海办发〔2022〕43号 （2022年6月11日）

关于印发海安市继续开展富民强村帮促行动持续推进乡村全面振兴实施意见的通知 海办发〔2022〕69号 （2022年8月19日）

印发关于海安市“学子归巢”行动工作意见的通知 海办发〔2022〕70号 （2022年8月19日）

关于印发海安市国有企业改革优化整合方案的通知 海办发〔2022〕77号 （2022年9月16日）

关于印发海安市2022—2023年度乡村振兴示范村、先进村培育工作实施意见的通知 海办发〔2022〕78号 （2022年9月16日）

关于建立海安市社会组织管理联席会议制度的通知 海办发〔2022〕80号 （2022年9月16日）

关于印发《海安市贯彻落实省生态环境保护例行督察反馈意见整改实施方案》的通知 海办发〔2022〕85号 （2022年12月17日）

海安市政府办印发文件

关于印发《海安市“十四五”智慧城市建设规划》的通知 海政办发〔2022〕13号 （2022年1月29日）

关于印发海安市深入打好污染防治攻坚战细化实施方案的通知 海政办发〔2022〕22号 （2022年3月14日）

关于印发海安市“十四五”气象事业发展规划的通知 海政办发〔2022〕34号 （2022年4月18日）

关于印发海安市“十四五”现代服务业发展规划的通知 海政办发〔2022〕37号 （2022年4月22日）

关于印发海安市“十四五”综合交通发展规划的通知 海政办发〔2022〕38号 （2022年4月22日）

关于印发海安市“十四五”商贸物流业发展规划的通知 海政办发〔2022〕40号 （2022年4月22日）

关于印发海安市高质量推进“十四五”农村厕所革命实施意见的通知 海政办发〔2022〕41号 （2022年4月15日）

关于印发海安市“十四五”教育体育发展规划的通知 海政办发〔2022〕43号 （2022年4月25日）

关于印发海安市建筑产业“十四五”发展规划的通知 海政办发〔2022〕45号 （2022年4月29日）

关于印发海安市“十四五”海洋经济发展规划的通知 海政办发〔2022〕46号 （2022年5月3日）

关于印发海安市“十四五”能源发展规划的通知 海政办发〔2022〕47号 （2022年5月3日）

关于印发海安市“十四五”社会消防救援事业发展规划的通知 海政办发〔2022〕48号 （2022年4月28日）

关于印发海安市“十四五”生态建设与环境保护规划（2021—2025年）的通知 海政办发〔2022〕53号 （2022

年5月9日）

关于印发海安市“十四五”数字经济及信息化发展规划的通知 海政办发〔2022〕55号 （2022年5月9日）

关于印发海安市“十四五”残疾人事业发展规划的通知 海政办发〔2022〕57号 （2022年5月9日）

关于印发海安市“十四五”全面推进乡村振兴加快农业农村现代化规划的通知 海政办发〔2022〕58号 （2022年5月11日）

关于印发海安市“十四五”上湖创新区发展规划的通知 海政办发〔2022〕61号 （2022年5月18日）

关于海安市“十四五”文化和旅游发展规划的通知 海政办发〔2022〕62号（2022年5月20日）

关于印发海安市“美丽宜居乡村”建设规划的通知 海政办发〔2022〕71号 （2022年5月30日）

关于印发海安市“十四五”医疗保障规划的通知 海政办发〔2022〕77号 （2022年6月5日）

关于印发海安市“十四五”全方位高水平对外开放发展规划的通知 海政办发〔2022〕78号 （2022年6月2日）

关于印发海安市“十四五”消费促进规划的通知 海政办发〔2022〕79号 （2022年6月2日）

关于印发海安市“十四五”城镇住房发展规划的通知 海政办发〔2022〕80号 （2022年6月5日）

关于印发海安市妇女发展规划和儿童发展规划的通知 海政办发〔2022〕81号 （2022年6月7日）

关于印发海安市“十四五”保障和提升公共服务规划的通知 海政办发〔2022〕83号 （2022年6月9日）

关于印发海安市“十四五”服务贸易发展规划的通知 海政办发〔2022〕84号 （2022年6月9日）

关于印发海安市“十四五”社会信用体系建设规划的通知 海政办发〔2022〕90号 （2022年6月14日）

关于印发海安市“十四五”全社会节能实施意见的通知 海政办发〔2022〕91号 （2022年6月16日）

关于印发海安市“十四五”人力资源和社会保障事业发展规划的通知 海政办发〔2022〕93号 （2022年6月16日）

关于印发海安市“十四五”城市发展规划的通知 海政办发〔2022〕98号 （2022年6月5日）

关于印发海安市“十四五”农村生活污水治理规划(修编)的通知 海政办发〔2022〕99号 （2022年6月22日）

关于印发海安市“十四五”市政公用和园林绿化专项规划的通知 海政办发〔2022〕100号 （2022年6月23日）

关于印发海安市水环境区域生态补偿考核办法（2022年修订）的通知 海政办发〔2022〕101号 （2022年6月23日）

关于印发海安市“十四五”养老服务发展规划的通知 海政办发〔2022〕109号 （2022年6月30日）

关于印发海安市“十四五”水利发展规划的通知 海政办发〔2022〕111号 （2022年7月3日）

关于印发海安市“十四五”卫生健康发展规划的通知 海政办发〔2022〕113号 （2022年7月2日）

关于印发海安市“十四五”粮食流通和物资储备发展规划的通知 海政办发〔2022〕118号 （2022年7月11日）

关于印发海安市电子商务进农村综合示范工作实施方案的通知 海政办发〔2022〕123号 （2022年7月20日）

关于印发海安市“十四五”物业管理行业发展规划的通知 海政办发〔2022〕126号 （2022年7月26日）

印发关于加快推进国家现代农业产业园创建政策意见的通知 海政办发〔2022〕132号 （2022年8月2日）

关于印发海安市信用保证基金子产品“海创贷”实施办法(试行)的通知 海政办发〔2022〕133号 （2022年8月18日）

关于印发海安市国有土地上房屋征收房票安置实施办法(试行)的通知 海政办发〔2022〕142号 （2022年9月12日）

关于印发海安市优秀创新创业人才购房优惠实施办法的通知 海政办发〔2022〕145号 （2022年9月16日）

关于印发海安市“5123”大企业领航工程实施方案的通知 海政办发〔2022〕146号 （2022年9月16日）

关于印发海安市“无废城市”建设实施方案（2022—2025）的通知 海政办发〔2022〕157号 （2022年10月26日）

关于印发海安市“十四五”城市更新行动实施方案（2022—2025年）的通知 海政办发〔2022〕161号 （2022年10月26日）

印发关于促进建筑业高质量发展若干意见的通知 海政办发〔2022〕164号 （2022年11月29日）

关于印发海安市创建省农业生产全程全面机械化示范县实施意见的通知 海政办发〔2022〕165号 （2022年12月7日）

关于印发海安市中俄东线天然气管道配套接收工程建设实施意见的通知 海政办发〔2022〕167号 （2022年12月10日）

关于印发海安市养殖水域滩涂规划（2022—2030年）的通知 海政办发〔2022〕170号 （2022年12月19日）

关于印发海安市国家现代农业产业园建设项目实施管理办法的通知 海政办发〔2022〕174号 （2022年12月16日）

（市委办公室 市政府办公室）

文章题录

表87　2022年国家级媒体有关海安报道题录（选录）一览表

序号	日　期	标　　题	媒　体	版面／频道
1	1月1日	习近平主席新年贺词画面：海安“红领巾”在苏中七战七捷纪念馆前向党深情告白：“请党放心 强国有我”	中央广播电视总台	CCTV1
2	1月24日	春运期间首列长三角至东盟中欧班列从海安站发出	中央广播电视总台	CCTV13
3	2月8日	江苏海安：雨雪天气暖心举措保出行	中央广播电视总台	CCTV2
4	3月3日	江苏海安：老人被卷车底 警民合力抬车救援	中央广播电视总台	CCTV2 正点财经
5	3月29日	海安警方点赞疫情防控保安，依法处罚妨害疫情防控男子	中央广播电视总台	CCTV2
6	3月31日	江苏海安：新冠肺炎疫情防控 每天40多辆大货车 供应上海大米蔬菜	中央广播电视总台	CCTV13 新闻直播间
7	4月10日	江苏海安：首趟保供专列开行600多吨农副产品支援上海	中央广播电视总台	CCTV13 新闻直播间
8	4月15日	江苏海安开通“绿色通道”，一批批农产品送往上海	中央广播电视总台	CCTV1
9	4月21日	江苏海安市杂技团：高空长杆再现神舟飞船对接空间站，这种紧张感太还原了	中央广播电视总台	CCTV4
10	4月23日	“云上”广交会观察 企业焕新 新业态加快释放新动能丨江苏南通海关驻海安办事处：实现企业“抱团物流 合作出海”物流新模式	中央广播电视总台	CCTV13 朝闻天下
11	5月1日	定格工作照向劳动者们致敬丨5月1日，位于江苏省海安市南莫镇的江苏五水环境工程有限公司，员工在赶制供应方舱医院的污水处理设备	中央广播电视总台	CCTV13 共同关注
12	6月1日	全国夏粮主产区小麦收获已过两成丨江苏海安“丰”景	中央广播电视总台	CCTV1 新闻联播
13	6月3日	江苏海安：编制五彩绳 传承端午习俗	中央广播电视总台	CCTV13 朝闻天下
14	6月5日	在希望的田野上·三夏时节丨江苏海安：小麦收割过半 夏种同步展开	中央广播电视总台	CCTV13 朝闻天下
15	6月9日	在希望的田野上·春茧迎来收获季丨江苏海安：总产量约3.5万担	中央广播电视总台	CCTV13 新闻直播间
16	6月13日	守正创新抓好新时代国防教育 军地合力 国防教育走进校园长驻校园丨南通海安开展国防教育活动走进角斜小学	中央广播电视总台	CCTV7 国防军事早报
17	6月19日	影像志·我是光荣的中国民兵丨角斜“红旗民兵团”：守一方要塞 护一城平安	中央广播电视总台	CCTV7 国防军事早报
18	7月15日	江苏海安：八旬老人失足落水 “救援竹竿”救命	中央广播电视总台	CCTV2 正点财经
19	8月5日	江苏：芡实泥螺大量上市 水乡美味收获多丨海安泥螺返港	中央广播电视总台	CCTV2
20	8月12日	江苏海安：高温下幼童被困车内 民警破窗救援	中央广播电视总台	CCTV2 正点财经
21	8月3日	江苏海安：大片鹭鸟漫天飞舞带来勃勃生机	中央广播电视总台	CCTV纪录 央视新闻
22	9月13日	江苏海安：游客捉蟹遇涨潮被困 民警救援	中央广播电视总台	CCTV2 正点财经
23	9月15日	江苏海安：“梅花”过境 保障农业供电设施	中央广播电视总台	CCTV1 晚间新闻
24	9月17日	海安籍科学家缪峰	中央广播电视总台	CCTV13 新闻直播间

续表 87

序号	日 期	标 题	媒 体	版面 / 频道
25	10月5日	在希望的田野上・全国秋粮收获过四成丨江苏海安56万亩水稻陆续收割	中央广播电视总台	CCTV1 新闻联播
26	10月25日	金秋“丰”景丨江苏海安：晚秋蚕进入结茧期	中央广播电视总台	CCTV2 正点财经
27	11月7日	江苏海安：智能化养殖 全链条助力乡村振兴	中央广播电视总台	CCTV13 朝闻天下
28	11月30日	江苏海安：应对寒潮，组织渔船回港避风	中央广播电视总台	CCTV2 正点财经
29	1月17日	图片新闻：赶制灯笼（墩头镇毛庄村村民迎新年）	人民日报	12版
30	1月25日	图片新闻：冬奥特刊（海安城南实验小学）	人民日报	11版
31	1月28日	图片新闻：健康幸福过大年（墩头镇仇湖幼儿园）	人民日报	19版
32	2月11日	用心用情书写平凡英雄（卓牧闲）	人民日报	20版
33	3月2日	图片新闻：中国持续成为世界经济引擎（海安市腾昱智能科技有限公司）	人民日报	16版
34	3月24日	图片新闻：中国持续成为全球投资热土（西蒙电气海安生产基地）	人民日报	17版
35	3月31日	图片新闻：雅周现代农业园内，村民驾驶植保机在小麦田间喷洒药物	人民日报	18版
36	4月4日	图片新闻：海安铁路物流基地越南河内货运班列	人民日报	头版头条
37	4月7日	图片新闻：海安铁路物流基地铁海联运班列	人民日报	3版
38	4月11日	图片新闻：增强发展动力 增进民生福祉（黎明社区）	人民日报	7版
39	4月22日	图片新闻：水运繁忙	人民日报	3版
40	4月27日	图片新闻：带头读书学习 涵育阅读风尚（海安开发区24小时城市书房）	人民日报	10版
41	5月3日	图片新闻：海安铁路物流基地海铁联运班列和中欧班列	人民日报	3版
42	5月6日	图片新闻：数字乡村建设，让农民生活更美好（大公镇王院村农家书屋）	人民日报	18版
43	5月16日	图片新闻：勤锻炼 强体质（南莫中学）	人民日报	14版
44	6月6日	图片新闻：交通物流畅通向好（沈海高速海安北出口）	人民日报	13版
45	6月11日	图片新闻：乡村美育 多姿多彩（海安市教师发展中心附属小学）	人民日报	6版
46	7月19日	图片新闻：支部领着干 乡村活力足（墩头镇毛庄村）	人民日报	19版
47	7月21日	图片新闻：开展专项行动打击整治，维护老年人合法权益（海安市公安局李堡派出所防诈骗宣传）	人民日报	18版
48	7月22日	图片新闻：夏争时 忙农事（雅周镇许家庄村）	人民日报	18版
49	8月1日	图片新闻：援企稳岗促生产	人民日报	8版
50	9月18日	图片新闻：加强新时代全民国防教育	人民日报	6版
51	10月11日	图片新闻：“奋进新时代”主题成就展图片选登（2021年8月，海安星海社区志愿者为老人讲解智能手机操作方法）	人民日报	8版
52	10月12日	图片新闻：10月11日，海安高新区一丝绸企业车间内，工人正在赶制出口真丝绸产品	人民日报	3版
53	10月16日	团结奋进向未来——各地群众致信预祝党的二十大圆满成功（海安云南宁蒗支教教师）	人民日报	2版
54	10月20日	图片新闻：苏中纺织有限公司少数民族职工收看党的二十大开幕会	人民日报	8版
55	10月25日	图片新闻：驰而不息推进全面从严治党（海安网络文明“七彩空间”直播课堂）	人民日报	18版
56	11月8日	图片新闻：海安市委宣传部干部向社区党员群众宣讲党的二十大精神	人民日报	13版
57	11月17日	图片新闻：坚持全面依法治国 推进法治中国建设（墩头镇杜楼村）	人民日报	17版

续表87

序号	日 期	标 题	媒 体	版面／频道
58	12月31日	图片新闻：人民日报社评选2022年国内十大新闻丨10月26日，海安街道复兴社区志愿者以快板的形式向社区党员群众宣传党的二十大精神	人民日报	6版
59	1月7日	图片新闻：南通市昌荣机电有限公司开足马力加紧生产，力争实现新年“开门红”	人民日报·海外版	3版
60	2月22日	图片新闻：工业机器人 拥抱新机遇（图灵智能机器人）	人民日报·海外版	5版
61	2月24日	图片新闻：海安市继续贯彻落实“双减”政策，大力开展学生体育	人民日报·海外版	9版
62	2月26日	图片新闻：中央一号文件进田头（孙庄街道）	人民日报·海外版	3版
63	3月5日	图片新闻：海安助民企稳就业	人民日报·海外版	7版
64	3月16日	图片新闻：“智慧能源”助力低碳发展	人民日报·海外版	8版
65	3月25日	图片新闻：始终绷紧粮食安全这根弦（雅周现代农业园）	人民日报·海外版	头版
66	4月6日	图片新闻：帮助老年人跨越“数字鸿沟”	人民日报·海外版	11版
67	4月6日	图片新闻：海安田间地头处处一派忙碌景象	人民日报·海外版	3版
68	4月25日	图片新闻：4月18日，海安一家新能源科技公司车间内，工人们正在赶制出口太阳能光伏组件	人民日报·海外版	10版
69	5月5日	图片新闻：稳生产 保供应	人民日报·海外版	4版
70	5月6日	图片新闻：智慧体育助力全民健身（海安街道三塘村“全天候太阳能健身驿站”）	人民日报·海外版	8版
71	5月27日	图片新闻：海安举办文化艺术节	人民日报·海外版	7版
72	6月15日	图片新闻：旅游，向着美好出发	人民日报·海外版	12版
73	7月2日	图片新闻：他们的名字是共产党员（大公镇青年党员志愿者）	人民日报·海外版	8版
74	8月5日	图片新闻：墩头镇开展“合理用药、拒绝滥用”健康科普活动	人民日报·海外版	9版
75	8月16日	图片新闻：水乡采菱忙	人民日报·海外版	3版
76	8月19日	图片新闻：海安市坚持科技创新，以智能制造为主攻方向，初步形成机器人研发设计、生产制造、自动化及关键零部件的全产业链发展格局	人民日报·海外版	3版
77	9月12日	图片新闻：守护群众“脚下安全”	人民日报·海外版	5版
78	9月21日	图片新闻：外资企业生产忙	人民日报·海外版	5版
79	11月3日	图片新闻：体验秋收 劳动成长（墩头镇中心幼儿园）	人民日报·海外版	9版
80	11月11日	图片新闻：海安高新区文化志愿者在田庄村农家书屋与儿童一起阅读	人民日报·海外版	7版
81	4月21日	在潜心耕耘中磨砺文艺精品（卓牧闲）	光明日报	头版头条
82	3月22日	图片新闻：全力以赴保障夏粮丰收	光明日报	头版
83	2月8日	图片新闻：墩头小学开展“寻访身边劳模”活动	光明日报	15版
84	4月19日	图片新闻：开展“预防校园欺凌、拒绝校园暴力”宣教活动	光明日报	15版
85	9月27日	图片新闻：校内校外结合，让青少年科普有益有趣（墩头镇小学教育集团）	光明日报	14版
86	12月9日	图片新闻：航天科普点燃飞天梦（海安市瓦甸小学）	光明日报	11版
87	2月7日	图片新闻：新春开新局	经济日报	8版
88	2月16日	图片新闻：寅虎闹元宵 萌娃逛庙会	经济日报	9版
89	3月17日	图片新闻：“渔光互补”助力乡村振兴	经济日报	9版
90	4月13日	图片新闻：粮食安全保障体系加快建立（大公镇贲集村）	经济日报	9版
91	4月17日	图片新闻：绿色消费让生活更美好（李堡镇杨庄村）	经济日报	8版
92	4月21日	图片新闻：产业教授加速成果转化	经济日报	12版
93	4月23日	图片新闻：城市绿肺沁人心	经济日报	8版
94	4月30日	图片新闻：外贸稳 韧性足（江苏联发纺织股份有限公司）	经济日报	8版

续表 87

序号	日 期	标 题	媒 体	版面／频道
95	5月2日	图片新闻：劳动最光荣（江苏五水环境工程有限公司）	经济日报	8版
96	5月8日	给“软绵绵”干部敲警钟（海安滨海新区设立海绵奖做法专题评论）	经济日报	6版
97	5月14日	图片新闻：花卉产业绽放乡村	经济日报	8版
98	6月1日	图片新闻：5月31日，润保源谷物种植有限公司的农民驾驶农机收割小麦	经济日报	2版
99	6月22日	图片新闻：孙庄街道的农民抢抓农时忙夏种	经济日报	3版
100	9月1日	图片新闻：创新抢市场（南通瑞森光学股份有限公司）	经济日报	11版
101	9月26日	图片新闻：发展特色农业（角斜镇建场村）	经济日报	9版
102	10月19日	图片新闻：孙庄街道群众喜迎党的二十大胜利召开	经济日报	9版
103	2月15日	江苏海安排污权试点改革：虽有困惑仍坚定“破冰”	新华每日电讯	12版
104	3月13日	又乘春风浩荡时丨海安大公镇贲集村村民驾驶植保机械在麦田喷洒农药	新华每日电讯	4版
105	4月1日	重振县中十人谈丨江苏省海安高级中学校长吕建受邀参加访谈	新华每日电讯	10版
106	5月18日	图片新闻：“5·18”国际博物馆日（海安市教师发展中心附属小学）	新华每日电讯	4版
107	6月21日	图片新闻：优化服务助企纾困，助力复工复产	新华每日电讯	7版
108	1月6日	江苏海安：特种企业的“安全阀”拧得更紧了	新华社	客户端
109	1月11日	人民至上 勇毅护航：海安110抓规范提效能显担当	新华社	客户端
110	1月22日	海安公安：“五个一”掀起岁末反诈宣传新高潮	新华社	客户端
111	1月29日	十年相伴 法润春蕾——海安法院关爱贫困儿童纪实	新华社	客户端
112	2月17日	聚是一团火，散是满天星——海安滨海新区流动党员“归巢”充能	新华社	客户端
113	2月27日	革命老区的“青春”派出所	新华社	客户端
114	3月5日	海安：建设“志愿之城”引领时代新风	新华社	客户端
115	3月30日	海安“五学并举”开展新时代政法干警“十个严禁”专题学习活动	新华社	客户端
116	4月8日	图片新闻：春日晨曦乡村美	新华社	客户端
117	5月28日	江苏海安：娃娃梨园逐梦	新华社	客户端
118	6月3日	江苏海安：处处端阳处处祥	新华社	客户端
119	6月9日	江苏海安：一个派出所打造的警企联合反诈样本	新华社	客户端
120	7月5日	海安公安：一根竹竿背后的警民情	新华社	客户端
121	7月20日	南通海安：一张网兜起大小事　一扇门化解千千结	新华社	客户端
122	7月25日	守望相助 和合共生 海安农商行服务制造业实现高质量发展	新华社	客户端
123	7月26日	海安南莫镇“五步工作法”走访问民需——几句话，走进群众心窝里	新华社	客户端
124	7月29日	海安检察：强化溯源治理 打好安全生产“组合拳”	新华社	客户端
125	8月16日	江苏省海安高级中学红学馆开馆	新华社	客户端
126	8月24日	“红色引擎”迸发澎湃动力——海安法院党建引领全局工作纪实	新华社	客户端
127	9月22日	“微改革”撬动大服务——海安探索农业技术推广服务体系改革调查	新华社	客户端
128	9月28日	图片新闻：胡集街道体育健身公园	新华社	客户端
129	9月29日	图片新闻：白甸镇白甸村“和谐园”村民体育健身公园	新华社	客户端
130	11月1日	南通海安警方“护学岗”为学生撑起“平安伞”	新华社	客户端
131	11月7日	海安检察：规范高效推进听证工作，让公平正义在阳光下运行	新华社	客户端
132	11月28日	江苏省海安高级中学国医馆开馆	新华社	客户端

续表87

序号	日　期	标　　题	媒　体	版面／频道
133	12月9日	5个关键词看海安高新区人民法庭，“年轻、管得宽、有干劲、故事多、荣誉满满”	新华社	客户端
134	12月9日	江苏海安：智能化蛋鸡养殖 助力产业增收	新华社	客户端
135	12月21日	图片新闻：水杉换“红装”	新华社	客户端
136	3月16日	图片新闻：大公镇贲集村村民驾驶植保机械进行喷洒药物作业	农民日报	头版
137	5月10日	图片新闻：5月8日，曲塘高级中学举办拔河比赛	中国青年报	头版
138	4月21日	图片新闻：李堡小学乒乓球运动	中国教育报	头版
139	5月7日	图片新闻：城南实验小学学生笑迎“世界微笑日”	中国教育报	头版
140	10月31日	图片新闻：城南娃稻田里的劳动课	中国教育报	头版
141	11月5日	攀登文艺新高峰 书写时代新答卷	中国文化报	2版

表88　2022年省级媒体有关海安报道题录（选录）一览表

序号	日　期	标　　题	媒　体	版面／频道
1	1月11日	海安经济技术开发区构建现代科技创新体系	新华日报	头版
2	2月4日	冬日“一把火”训出“精气神”	新华日报	头版
3	2月18日	图片新闻：海安举行陕西略阳务工人员到海安就业欢迎仪式	新华日报	头版
4	2月28日	守正创新，工业优等生这样炼成	新华日报	头版头条
5	3月13日	又乘春风浩荡时 海安大公镇贲集村村民驾驶植保机械在田间喷洒农药	新华日报	头版
6	3月20日	“志愿之城”涵养“文明典范”	新华日报	头版
7	3月21日	海安高新区推进产才融合构筑创新高地：人才支撑，攀“高”追“新”动能澎湃	新华日报	头版
8	5月30日	锚定“枢纽海安、科创新城”战略定位：产业强市，锻造“铁打的”海安	新华日报	头版
9	7月12日	图片新闻：在墩头镇千步村，南京工业大学大学生志愿者和墩头派出所民警志愿者绘制“乡村振兴”主题墙绘作品	新华日报	头版
10	9月19日	文化“厚家底”涵养海安“硬实力”	新华日报	头版
11	10月11日	图片新闻：海安市农民集中居住区的秋日美景	新华日报	头版
12	12月11日	投资“海心安”，项目齐点赞	新华日报	头版
13	1月6日	海安农商行：坚定支农支小战略定位 争当乡村振兴金融主力军	新华日报	6版
14	1月10日	江苏海安：“万马奔腾”共建“科创新城”	新华日报	12版
15	1月20日	春节不打烊，钢铁驼队运货忙	新华日报	13版
16	1月27日	海安成立理论宣讲名嘴孵化室	新华日报	6版
17	1月30日	图片新闻：就地过年，共享“家滋味”	新华日报	4版
18	1月31日	江苏海安：印尼“七仙女”热盼中国年	新华日报	3版
19	2月8日	滨海新区五虎村党员冬训激发以“学”促“做”的活力	新华日报	15版
20	2月8日	海安：发布工会创新成果 推动开新局谋新篇	新华日报	7版
21	2月11日	多元共治，居民从“参与者”变“主人翁”	新华日报	5版
22	2月11日	“红色”新兴业态助推海安基层党建“破圈”	新华日报	15版
23	2月11日	图片新闻：大公镇幸福党建来敲门，幸福岗位送上门	新华日报	2版
24	2月12日	海安：理论“年货”送基层	新华日报	2版
25	2月14日	海安：公益诉讼诉前程序推动“水上村庄”解困	新华日报	11版
26	2月24日	海安：持续推动实现更加充分更高质量就业	新华日报	6版

续表89

序号	日 期	标 题	媒 体	版面/频道
27	2月24日	大公镇：虎福临门进万家 “叩”出幸福再出发	新华日报	14版
28	3月15日	海安检察“安心驿站”护未来	新华日报	16版
29	3月29日	海安曲塘：“三个一”打好多元解纷组合拳	新华日报	5版
30	3月30日	海安高新区隆政街道推动党员冬训“燎原”铺开	新华日报	11版
31	3月30日	海安市：“三抓三强”推进法治建设迈向更高水平	新华日报	16版
32	4月14日	教授助春耕，“耕”出好收成	新华日报	2版
33	4月19日	海安高新区从“新”出发——续写“百万雄鸡下江南”新篇章	新华日报	8版
34	5月11日	核酸采样安全又便利 海安首批“健康小屋”投用	新华日报	19版
35	5月11日	海安：党建网格与基层社会治理网格融合发展	新华日报	14版
36	5月17日	以“微改革”推动“新发展”	新华日报	12版
37	6月15日	手握金种子，种出“好丰景”——打造苏中新鱼米之乡的海安实践	新华日报	20版
38	6月24日	弘扬优良作风 书写工会事业“高分答卷”	新华日报	16版
39	8月8日	海安：创新开展实践锻炼 以“金融活水”助力乡村振兴	新华日报	5版
40	8月15日	海安：创新为翼，产业兴市动能澎湃	新华日报	4版
41	9月6日	海安：社会保障事业折射更多民生“温度”	新华日报	14版
42	9月9日	一条河一年“减肥”24.7吨的背后——“肥水”这样不流“外人田”	新华日报	5版
43	9月26日	海安：挑重担扛重责，勇当“主力军”	新华日报	18版
44	9月28日	党建引领，奏响“点绿成金”高质量发展交响曲	新华日报	8版
45	10月31日	海安全链条培养促进青年人才健康成长	新华日报	8版
46	12月9日	全产业链融合 创树联农带农新标杆——海安创建国家现代农业产业园的调研报告	新华日报	20版
47	12月29日	中洋河豚庄园：一条鱼“游”出乡村振兴新天地	新华日报	4版
48	1月7日	海安“理论集市 宣讲超市”生动宣讲党的十九届六中全会、省第十四次党代会精神	江苏省广播电视总台	江苏卫视 江苏新时空
49	1月31日	苏中七战七捷：各个击破 以少胜多	江苏省广播电视总台	江苏卫视 江苏新时空
50	2月10日	海安：争创全省首批制造业高质量发展示范区	江苏省广播电视总台	江苏公共新闻 新闻空间站
51	3月2日	南通海安：居家养老新模式 “孝心家”让晚年生活更美好	江苏省广播电视总台	江苏公共新闻 新闻空间站
52	3月19日	海安生态环境局成功依法依规办理南通地区首起生态损害“惩罚性”赔偿	江苏省广播电视总台	江苏卫视 江苏新时空
53	4月17日	海安舅舅：三十四年的接力支教	江苏省广播电视总台	江苏卫视 江苏新时空
54	7月9日	海安品建村：品美好生活 建美丽乡村	江苏省广播电视总台	江苏新闻广播 行走新时代鱼米之乡
55	8月5日	全省唯一 南通海安入选农村公路“路长制”典型案例	江苏省广播电视总台	江苏公共新闻 新闻空间站
56	8月8日	海安500多名跑步爱好者“向阳奔跑”	江苏省广播电视总台	江苏城市频道 零距离
57	9月23日	南通海安发展特色产业，助力经济高质量发展	江苏省广播电视总台	江苏公共新闻 新闻空间站
58	1月22日	多领域推动“微改革” 进一步激发海安活力	我苏网	我苏论政
59	1月20日	绘就“枢纽海安 科创新城”壮美蓝图：创新潮涌，“海安号”巨轮踏浪远航	扬子晚报	A6版

续表89

序号	日 期	标 题	媒 体	版面／频道
60	2月10日	争创全省制造业高质量发展示范区 海安“政策礼包”点燃工业新引擎	扬子晚报	A7版
61	4月1日	海安万人“云”节庆 隔着屏幕“闻”花香	扬子晚报	A8版
62	9月21日	放大优势，海安唱响“双城记”	扬子晚报	A2版
63	10月11日	海安：美丽村庄入画来	扬子晚报	A2版
64	10月22日	海安市雅周镇新型职业农民贲翔：当好“领头雁”，带出新型农民	扬子晚报	A3版
65	12月11日	争创首批制造业省级示范区：谋“智”求“新”，海安工业锻出“强筋骨”	扬子晚报	A2版
66	3月23日	生态美、产业兴，海安南莫镇走出乡村振兴特色发展之路	扬子晚报	紫牛新闻
67	4月3日	海安：奏响工业经济高质量发展“春之曲”	扬子晚报	紫牛新闻
68	4月10日	厚植“科创森林”，海安量质并举壮大高企集群	扬子晚报	紫牛新闻
69	4月10日	党建引领打造一流营商环境 海安以“软”环境铸就发展“硬”实力	扬子晚报	紫牛新闻
70	5月1日	念好“铁”字诀，海安锻造产业强市“钢筋铁骨”	扬子晚报	紫牛新闻
71	6月4日	海安：把脉问诊高质量发展 强化各类要素保障	扬子晚报	紫牛新闻
72	7月3日	稻麦单产连续16年全省第一，解密海安“丰收”背后的成功密码	扬子晚报	紫牛新闻
73	7月4日	奋步疾蹄、勇于创新，海安迈向中国式现代化新征程	扬子晚报	紫牛新闻
74	7月29日	海安：“青绿驿站”让城市更宜居 让市民更舒心	扬子晚报	紫牛新闻
75	8月11日	海安：“寻味海安”为乡村振兴注入活力	扬子晚报	紫牛新闻
76	8月16日	海安又一交割库挂牌，“枢纽经济”再添浓墨重彩一笔	扬子晚报	紫牛新闻
77	8月23日	“枢纽经济”引领现代服务业壮大，海安全力推进“双城”建设	扬子晚报	紫牛新闻
78	8月26日	海安：深入实施“5123”大企业领航工程 全面激活制造业高质量发展内生动力	扬子晚报	紫牛新闻
79	8月3日	职业教育，大有可为！新学年第一课，海安市长这样说……	扬子晚报	紫牛新闻
80	8月8日	南通唯一！海安通过国家首批创新型县（市）验收	扬子晚报	紫牛新闻
81	8月8日	海安：齐聚“文学之乡” 共赴文化之约	扬子晚报	紫牛新闻
82	8月31日	守牢食品安全底线，海安建成50家“明厨亮灶”餐饮示范单位	扬子晚报	紫牛新闻
83	9月2日	海安以志愿服务涵养城市文明	扬子晚报	紫牛新闻
84	9月2日	海安：城市建设蹄疾步稳 民生答卷彰显温度	扬子晚报	紫牛新闻
85	9月6日	做好“必答题” 兑现“军令状” 海安破题打造上海卫星城	扬子晚报	紫牛新闻
86	9月8日	“优等生”强实力再“出圈”，海安入围全省首批制造业高质量发展示范区	扬子晚报	紫牛新闻
87	9月21日	雅周现代农业园：以现代化养殖“新丝路”助力传统蚕桑“破茧成蝶”	扬子晚报	紫牛新闻
88	9月28日	海安高新区：打造南通沿江科创带“北桥头堡”	扬子晚报	紫牛新闻
89	11月1日	海安深化拓展新时代文明实践 全面推进“志愿之城”建设	扬子晚报	紫牛新闻
90	11月8日	彰显“侨”优势、汇聚“侨”智慧，赋能美丽海安共富发展	扬子晚报	紫牛新闻
91	12月7日	海安释放人才“磁吸效应”，招才引智激发创新创业活力	扬子晚报	紫牛新闻
92	12月9日	创新引领绿色转型，海安打造产业园区绿色发展“现实样板”	扬子晚报	紫牛新闻

（市委宣传部）

海安博物馆

索　引

说　明

一、本索引依照国家标准《索引编制规则（总则）（GB/T22466—2008）》的相关规则进行编制。

二、本索引分为主题索引和表格索引。

三、主题索引，以题目、条目和正文的主题为标目和主要来源进行标引；索引按标目词第一个字的汉语拼音音序排列，并添加标目首字的大写字母为助检符号，便于查找索引；索引标目后的数字表示内容所在的页码，数字后的拉丁字母（a,b,c）分别表示版面的一、二、三栏。

四、表格索引，以表格题名为标目，标目后的数字表示表格所在的页码。索引按照表格在全书中的先后顺序排列。

主题索引

A

B

C

D

E

F

G

H

J

N

P

Q

R

S

T

W

X

Y

Z

表格索引

（海　鉴）